L'Union européenne

L'Union européenne

8e édition

2010

Jean-Louis Clergerie
Maître de conférences à l'Université de Limoges
Chaire Jean Monnet

Annie Gruber
Professeur agrégé de droit public

Patrick Rambaud
Professeur à l'Université Paris Descartes
(Paris V)

DALLOZ

DALLOZ

31-35, rue Froidevaux - 75685 Paris cedex 14

ISBN 978-2-247-09052-5

« L'Europe sera unie ou elle sera cosaque...

L'agglomération de l'Europe arrivera tôt ou tard par la force des choses : l'impulsion est donnée et je ne pense pas... qu'il y ait en Europe d'autre équilibre que l'agglomération... des grands peuples... »

NAPOLÉON
(E.A. Las Cases, *Mémorial de Sainte-Hélène,* 1823)

SOMMAIRE

(Une table des matières détaillée figure à la fin de l'ouvrage)

PRÉFACE
à la huitième édition

En passant le relais aux auteurs actuels du Précis, le professeur Cartou qui en avait été le concepteur dès 1965 rappelait 35 ans plus tard que le droit communautaire avait été considéré pendant longtemps comme une discipline mineure au sein du droit public et il ajoutait :

« Les temps ont bien changé, et je m'en réjouis pour ma part, moi qui ai toujours cru en l'importance fondamentale de ce droit qui cimente la force des Etats dans un espace de paix et de puissance économique. Bien des progrès ont été accomplis par lui ou grâce à lui, dont l'Euro est à lui seul le symbole actuel le plus prometteur dans la marche en avant de l'intégration européenne. D'autres étapes de progrès se dessinent à l'horizon : l'adaptation des institutions aux futurs élargissements, l'organisation d'une défense commune, le développement du rôle actif du citoyen européen, l'Europe sociale... autant de chantiers pour les réformes des traités à venir » (Préface à la 3e édition, 2000).

Louis Cartou exprimait aussi la confiance qu'il plaçait en nous, qui partagions avec lui ce qu'il appelait « l'esprit européen », pour continuer son œuvre et faire comprendre à notre tour « la place particulière et privilégiée du droit communautaire dans notre monde contemporain et dans celui de demain ». Il va sans dire que sa disparition en 2005 renforce encore la volonté de fidélité à son égard et l'espoir de se montrer dignes de sa confiance avec l'ambition qui est la nôtre, depuis que nous assumons la responsabilité de ce Précis, de le rendre indémodable, de plus en plus complet et de l'adapter le mieux possible aux changements continuels de l'organisation européenne.

« À n'en pas douter, le XXIe siècle qui commence ne peut être que le "grand siècle" de l'Union européenne, de ses accomplissements, et le droit communautaire a un bel avenir devant lui », écrivait-il encore.

L'évolution de la construction européenne lui ont donné raison. Sans doute, la progression prévue s'est trouvée ralentie un temps par le double référendum négatif en 2005 de la France et des Pays-Bas rejetant le Traité établissant une constitution et par l'interruption consécutive du processus de ratification qui en a été la conséquence.

Cette nouvelle crise après tant d'autres a pu être surmontée par la signature à Lisbonne le 13 décembre 2007 d'un nouveau Traité qui marque la volonté de reprendre le processus interrompu en reprenant l'essentiel du projet constitutionnel arrêté tout en maintenant l'architecture conventionnelle existante. Les traités constitutifs sont simplement modifiés, le Traité sur l'Union européenne (TUE) étant complété par le Traité sur le fonctionnement de l'Union européenne (TFUE), nouvelle dénomination du Traité instituant la communauté européenne imposé par la disparition de celle-ci.

L'entrée en vigueur du nouveau Traité, prévue initialement le 1er janvier 2009, a été retardée par un premier référendum irlandais négatif en juin 2008, surmonté le 2 octobre 2009 par un second référendum positif avec 67,13 % de oui.

Les ultimes signatures du président polonais Lech Kaczynski, le 10 octobre 2009, et celle du président tchèque Vaclav Klaus, le 3 novembre 2009, ont permis de clore le processus de ratification du Traité qui est désormais en vigueur depuis le 1er décembre 2009.

Une fois de plus l'Europe « en panne » temporairement a pris un nouvel élan pour affronter l'avenir dans de meilleures conditions avec un Traité qui lui donne une meilleure visibilité et qui la prépare à ses futurs élargissements.

Jean-Louis Clergerie
Annie Gruber
Patrick Rambaud

AVERTISSEMENT

L'entrée en vigueur du Traité de Lisbonne a entraîné une nouvelle numérotation des articles du Traité sur l'Union européenne et du Traité sur le fonctionnement de l'Union européenne.

Pour des raisons de commodité, la numérotation utilisée sera celle de la version consolidée des deux traités constitutifs, publiée, sous sa forme définitive, au *JOUE* C. 83 du 30 mars 2010.

On se référera toutefois également aux numérotations anciennes, antérieures ou postérieures au Traité d'Amsterdam, lorsque cela sera jugé utile pour une meilleure compréhension des développements présentés.

SIGLES ET ABRÉVIATIONS

OLAF	Office de lutte anti-fraude
ACP	Pays d'Afrique, des Caraïbes, du Pacifique (Conventions de Lomé)
AELE	Association européenne du libre échange
AETR	Accord européen relatif au transport des équipages de véhicules effectuant des transports internationaux par route
AJDA	*Actualité juridique. Droit administratif*
ALENA	Accord de libre échange nord américain
ASA	Accord de stabilisation et d'association
AUE	Acte unique européen
BCE	Banque centrale européenne
BEI	Banque européenne d'investissement
BERD	Banque européenne de reconstruction et de développement
BMCE	*Bulletin mensuel des Communautés européenne* (devenu *BUE : Bulletin de l'Union européenne)*
BUE	*Bulletin de l'Union européenne*
CCMPG	Comité consultatif en matière de gestion de programme
CCRE	Conseil des communes et régions d'Europe
Cahiers dr. eur.	*Cahier de droit européen*
CE	Communauté européenne (après le Traité de Maastricht)
CECA	Communauté européenne du charbon et de l'acier
CED	Communauté européenne de défense
CEE	Communauté économique européenne
CEEA (ou Euratom)	Communauté européenne de l'énergie atomique
CEEP	Centre européen des entreprises à participation publique
CFIP	Cadre financier indicatif pluriannuel
CELEX	Base de donnée de la Communauté européenne
CEPOL	Collège européen de police
CES	Confédération européenne des syndicats
CIG	Conférence intergouvernementale
CJCE	Cour de justice des Communautés européennes
CM	Comité militaire
CNUCED	Conférence des Nations Unies pour le commerce et le développement
COPS	Comité politique et de sécurité
COREPER	Comité des représentants permanents
COSAC	Conférence des organes spécialisés dans les affaires communautaires
CPE	Coopération politique européenne
CSCE	Conférence sur la sécurité et la coopération en Europe
DNO	Dépenses non obligatoires
DO	Dépenses obligatoires
EAMA	États africains et malgaches associés
ECOFIN	Conseil des ministres des finances et affaires économiques

EDCE	Études et documents du Conseil d'État
EEE	Espace économique européen
EM	État-major
ESPRIT	*European strategic program for research in information technologies*
EURATOM (ou CEEA)	Communauté européenne de l'énergie atomique
EUROJUST	Unité européenne de coopération judiciaire
EUROPOL	Office européen de police
EUROSTAT	Office statistique des Communautés européennes
FABN	Force amphibie britannico-néerlandaise
FAHI	Force amphibie hispano-italienne
FECOM	Fonds européen de coopération monétaire
FED	Fonds européen de développement
FEDER	Fond européen de développement régional
FEOGA	Fonds européen d'orientation et de garantie agricole
FSE	Fonds social européen
FRUEO	Forces relevant de l'UEO
FUE	Traité sur le fonctionnement de l'Union européenne
GATT	*General Agreement on Tariffs and Trade*
GAE	Groupe aérien européen
ICE	Initiative citoyenne européenne
IESD	Identité européenne de sécurité et de défense
IFOP	Instrument financier d'orientation de la pêche
IME	Institut monétaire européen
IPA	Instrument d'aide de pré-adhésion
ISPA	Instrument structurel de préadhésion
JOCE	*Journal officiel des Communautés européennes*
JOUE	*Journal officiel de l'Union européenne* (depuis février 2003)
LPA	*Les Petites Affiches*
MERCOSUR	Marché commun du Sud
MIO-EUR	Million d'euros
NC	Nomenclature combinée
NIC	Nouvel instrument communautaire
OCM	Organisation commune de marché (agricole)
OMC	Organisation mondiale du commerce
OPCVM	Organismes de placement collectif en valeurs mobilières
OSCE	Organisation pour la sécurité et la coopération en Europe
PAC	Politique agricole commune
PE	Parlement européen
PECO	Pays d'Europe centrale et orientale
PESC	Politique étrangère et de sécurité commune
PESD	Politique européenne de sécurité et de défense
PMA	Pays moins avancés
PPE	Partie populaire européen
PSA	Processus de stabilisation et d'association
PSE	Parti des socialistes européens
PTM	Pays tiers méditerranéens
PTOM	Pays et territoires d'outre-mer
RAE	*Revue des affaires européennes*

RD publ.	*Revue de droit public*
Rec.	*Recueil de la Cour de justice des Communautés européennes*
RDUE	*Revue de droit de l'Union européenne*
RGEM	Représentants des gouvernements des États membres (au sein du Conseil)
RMC	*Revue du Marché commun*
RMUE	*Revue du marché unique européen* (devenue *RDUE*)
RTD eur.	*Revue trimestrielle de droit européen*
SADC	Communauté de développement d'Afrique australe
SAPARD	Programme spécial d'adhésion pour l'agriculture et le développement rural
SEBC	Système européen des banques centrales
SEC	Système européen de comptes intégrés
SME	Système monétaire européen
SPG	Système des préférences généralisées
TAC	Totaux admissibles de capture
TARIC	Tarif intégré des Communautés européennes
TEC	Tarif extérieur commun
TECS	*The europol computer system*
TFUE ou (FUE)	Traité sur le fonctionnement de l'Union européenne
TPI	Tribunal de première instance
TPIY	Tribunal pénal international pour la Yougoslavie
TREVI	Terrorisme, radicalisme, extrémisme et violence internationale
TU	Traité sur l'Union
TUE ou (UE)	Traité sur l'Union européenne
UE	Union européenne
UEM	Union économique et monétaire
UEMOA	Union économique et monétaire ouest africaine
UEO	Union de l'Europe occidentale
UPM	Union pour la Méditerranée
ZEE	Zones économiques exclusives

CHRONOLOGIE SOMMAIRE

9 mai 1950	Déclaration Schuman.
18 avr. 1951	Signature à Paris du Traité CECA.
30 août 1954	Refus par le Parlement français de la ratification du Traité de la Communauté européenne de défense.
25 mars 1957	Signature à Rome des Traités instituant la CEE et la CEEA.
1er janv. 1958	Entrée en vigueur des Traités de Rome.
20 juill. 1963	Première convention de Yaoundé conclue pour cinq ans, pour les États africains et malgaches associés.
8 avr. 1965	Signature du Traité de Bruxelles unifiant les exécutifs des trois Communautés.
1er juill. 1968	Achèvement anticipé de l'Union douanière entre les Six (suppression complète des barrières douanières intérieures, mise en place du tarif extérieur commun).
1er-2 déc. 1969	Sommet de la Haye.
21-22 avr. 1970	Accord sur l'adoption d'un système de ressources propres pour assurer le financement des Communautés.
22 janv. 1972	Traité d'adhésion du Danemark, de l'Irlande du Royaume-Uni et de la Norvège.
23 sept. 1972	Refus par référendum de la Norvège d'adhérer aux Communautés.
1er janv. 1973	Adhésion du Danemark de l'Irlande et du Royaume-Uni.
9-10 déc. 1974	Institution des « Conseils européens » par le sommet de Paris.
28 févr. 1975	Signature de la première Convention de Lomé.
20 sept. 1976	Accord conclu à Bruxelles pour l'élection du Parlement au suffrage universel.
1er janv. 1978	Entrée de la Grèce dans la CEE.
31 oct. 1979	Signature de la Convention de Lomé II.
13 mars 1979	Entrée en vigueur du SME.
8 déc. 1984	Signature de la Convention de Lomé III.
12 juin 1985	Signature du Traité d'adhésion de l'Espagne et du Portugal.
1er janv. 1986	Entrée de l'Espagne et du Portugal dans les Communautés européennes.
17-18 févr. 1986	Signature de l'Acte unique européen.
9 nov. 1989	Chute du mur de Berlin.
15 déc. 1989	Signature de la Convention de Lomé IV.
1er juill. 1990	Union monétaire RFA-RDA. Intégration de la RDA dans la CEE.

3 oct. 1990	Unification de l'Allemagne.
8 oct. 1990	Entrée de la Livre sterling dans le SME.
7 févr. 1992	Signature à Maastricht du Traité de l'Union européenne.
2 mai 1992	Signature de l'accord de Porto sur l'Espace économique européen (EEE).
Juin 1992	Rejet du Traité de Maastricht par le Danemark.
20 sept. 1992	Approbation en France par référendum du Traité de Maastricht.
18 mai 1993	Approbation définitive du Traité de Maastricht par le Danemark, à l'occasion d'un deuxième référendum.
1er nov. 1993	Entrée en vigueur du Traité de Maastricht.
1er janv. 1995	Entrée dans l'Union de trois nouveaux candidats : Autriche, Finlande, Suède.
2 oct. 1997	Signature du Traité d'Amsterdam modifiant le Traité sur l'Union européenne, les traités instituant les Communautés européennes et certains actes connexes.
1er janv. 1999	Mise en place de l'UEM. Création de l'euro.
1er mai 1999	Entrée en vigueur du Traité d'Amsterdam.
23 juin 2000	Signature de la Convention de Cotonou.
7 déc. 2000	Proclamation lors du Conseil européen de Nice de la Charte des droits fondamentaux de l'Union européenne.
26 févr. 2001	Signature du Traité de Nice.
1er janv. 2002	Substitution de l'Euro aux monnaies nationales.
1er févr. 2003	Entrée en vigueur du Traité de Nice.
16 avr. 2003	Traité d'adhésion de dix nouveaux États : République tchèque, Estonie, Chypre, Lettonie, Lituanie, Hongrie, Malte, Pologne, Slovénie, Slovaquie.
1er mai 2004	Entrée dans l'Union de dix nouveaux États.
29 oct. 2004	Signature du Traité établissant une constitution pour l'Europe.
29 mai 2005	Rejet français par referendum du Traité instituant une Constitution pour l'Europe.
1er juin 2005	Rejet néerlandais par referendum du Traité instituant une Constitution pour l'Europe.
25 avril 2005	Traité d'adhésion de la Bulgarie et de la Roumanie.
25 juin 2005	Révision de la Convention de Cotonou.
1er janv. 2007	Entrée dans l'Union de la Bulgarie et de la Roumanie.
12 déc. 2007	Consécration de la Charte des droits fondamentaux de l'UE.
13 déc. 2007	Signature du Traité de Lisbonne.
12 juin 2008	Non irlandais au Traité de Lisbonne.
13 juill. 2008	Lancement à Paris de l'Union pour la Méditerranée.
2 oct. 2009	Oui irlandais au Traité de Lisbonne
1er déc. 2009	Entrée en vigueur du Traité de Lisbonne.

INTRODUCTION
LA CONSTRUCTION EUROPÉENNE

1 En 1945, les Européens naguère si puissants s'aperçurent qu'ils n'existaient plus. Seuls les Anglais, invaincus sur le champ de bataille, purent conserver quelques illusions sur leur influence dans les affaires mondiales. L'avenir des Européens ne pouvait plus passer que par leur union. Ils le comprirent vite et entreprirent dès les lendemains de la guerre l'œuvre d'unification de l'Europe. Mais dans cette entreprise, les vieilles recettes du droit international, de la coopération interétatique, apparurent insuffisantes. À partir de 1950 des procédés nouveaux sont appliqués à la construction de l'Europe et semblent devoir conduire à la fédération politique. Après quelques années d'enthousiasme, les vicissitudes de la politique, le retour d'un nationalisme qui accompagnait la renaissance économique des États de l'Europe conduisirent à une certaine déception. Pourtant l'entreprise continue. C'est qu'il y a à cela de fortes raisons.

D'abord l'unification de l'Europe n'est pas une œuvre artificielle, conçue par des « technocrates », des « eurocrates ». Elle a peut-être pris un caractère trop technique, trop exclusivement économique. Mais l'œuvre est profondément politique et s'appuie sur de longues traditions intellectuelles, morales, spirituelles. La construction de l'Europe, ou sa reconstruction, a été préparée par l'Histoire et par les idées. Le véritable fondement de l'unité européenne réside dans ce que l'on peut appeler la « tradition européenne ». Dans une de ses plus belles pages, Victor Hugo écrivait : « le passé est une partie de nous-mêmes, la plus essentielle peut-être. Tout le flot qui nous porte, toute la sève qui nous vivifie nous vient du passé. Qu'est-ce qu'un arbre sans sa racine ? Qu'est-ce qu'un peuple sans son passé ? » (*Les Pyrénées*). Nous pensons que cette idée comporte toute la philosophie de la construction européenne. Sans tradition commune, l'entreprise européenne aurait-elle seulement commencé ?

Possible par son Histoire, l'Europe est aujourd'hui nécessaire. La société internationale est devenue telle qu'il n'y a pour les Européens plus d'autre espoir que leur unité s'ils veulent non seulement préserver ou retrouver une certaine influence dans les affaires mondiales, mais plus simplement assurer leur liberté et leur sécurité. Il s'agit pour les riches pays de l'Europe d'éviter de n'être dans la vie internationale que l'enjeu des plus grands secoués eux-mêmes par des mutations déstabilisantes dans le cas de l'URSS ou par des problèmes internes influant sur le reste du monde dans le cas des États-Unis.

Ainsi l'Europe est possible et nécessaire. Il reste à la construire et les difficultés sont nombreuses. La plus importante réside dans le conflit qui oppose ce qui serait nécessaire, des abandons de souveraineté à des organes supranationaux, et les vieilles répugnances des États à aliéner la moindre parcelle de cette souveraineté, même si celle-ci est devenue souvent une simple apparence. De ce conflit est né ce qu'il faut bien appeler la querelle de la « supranationalité ». Le résultat a été une construction européenne longtemps désordonnée selon des méthodes, des conceptions hétéroclites qui ont abouti à un foisonnement d'organisations dans lesquelles il n'est pas toujours facile de se reconnaître.

Ainsi la construction européenne rendue *possible par la tradition, nécessaire par la situation internationale, est freinée par les hésitations relatives aux méthodes* à suivre et aboutit à *des résultats complexes.*

Telles sont les idées-forces que nous retrouverons dans la présente introduction consacrée la construction européenne en étudiant la tradition européenne avant de nous attacher à la formation de l'Europe actuelle.

Section 1. *La tradition européenne.*

Section 2. *La formation de l'Europe actuelle.*

SECTION 1. LA TRADITION EUROPÉENNE

2 La *tradition européenne* trouve sa source dans l'Antiquité, païenne, et chrétienne. Maintenue dans l'Occident, cette tradition a fait de l'Europe une communauté de civilisation que les divisions politiques n'ont pu altérer ni au Moyen Âge, ni pendant les Temps modernes. Cette communauté de civilisation a subsisté lorsque l'Europe, arrivée à son apogée, a connu ses pires déchirements, au XIXe siècle et au XXe siècle. Nous étudierons cette tradition d'abord dans ses *sources*. Puis nous examinerons la *Communauté de civilisation* et les *divisions de l'Europe jusqu'au début du XIXe siècle*. Enfin nous verrons comment, au XIXe siècle et au XXe siècle, l'Europe est passée brusquement de l'*apogée à la faillite* (1815-1945) [1].

§ 1. Les sources antiques

3 ***Plan*** ◇ C'est toute l'Antiquité qui est la source de la tradition européenne, mais c'est par Rome que tous ses éléments ont été rassemblés et transmis. *Par la conquête et la romanisation du monde conquis, Rome a construit et répandu un type de civilisation et de culture fondé sur une conception de l'homme, un « Humanisme » qui doit l'essentiel de son contenu à l'Hellénisme.* Dans cet « humanisme », les historiens ont pu voir l'origine de *toutes* les renaissances, de Charlemagne à la « Renaissance » proprement dite [2].

Cet humanisme gréco-latin, enrichi d'autres apports, surtout par le christianisme, a été transmis depuis la fin de l'Antiquité, d'une manière continue.

1. Sur l'histoire générale de la construction européenne, v. P. Gerbet, *La Construction de l'Europe*, Paris, 1983, Imprimerie nationale.
2. V. not. H.-I. Marrou, *Histoire de l'éducation dans l'Antiquité*, Points.

Mais la tradition ne s'est perpétuée que dans un cadre géographique limité qui correspond seulement à une partie de l'Empire romain. Ce cadre est celui de l'Europe occidentale. Nous examinerons donc en premier lieu *Rome et les sources de la tradition européenne avant de voir la transmission de l'héritage antique et son cadre géographique.*

A. Rome et les sources de la tradition européenne

4 L'humanisme, la conception de l'homme que Rome a répandue dans son Empire, elle l'avait elle-même recueillie dans toutes les parties de cet Empire, elle l'avait assimilée, en avait fait la synthèse. L'héritage de Rome est double : il se compose de l'*humanisme païen* enrichi par l'apport du *christianisme.*

5 ***Les deux sources de la tradition : humanisme païen et christianisme*** ◇ *L'humanisme païen est l'œuvre de la Grèce.* Par le travail de nombreux siècles, les Grecs ont conçu l'homme selon un idéal qui a trouvé son expression parfaite dans la période hellénistique, dans ce que les historiens appellent la « civilisation de παιδεια » [1]. Cet idéal humain est le résultat d'une technique d'éducation perfectionnée au long des siècles par des générations de rhéteurs et de philosophes (parmi lesquels il faut citer deux noms, inégaux mais essentiels : Platon et Isocrate) [2]. Mais l'éducation grecque n'a pas été seulement une technique d'enseignement, une rhétorique. Elle portait en elle-même un fonds, une philosophie, une conception idéale de *l'homme que l'éducation a pour but de développer dans toutes ses facultés, physiques autant qu'intellectuelles* : « Plus que jamais, l'homme grec se pense comme le centre et la "mesure de toutes choses", mais cet humanisme a maintenant pris conscience de son exigence personnaliste : pour l'Hellénistique, l'existence humaine n'a pas d'autre but que d'atteindre à la forme la plus riche et la plus parfaite de la personnalité ; comme le coroplaste qui modèle et décore ses figurines d'argile, chaque homme doit se fixer comme tâche fondamentale de modeler sa propre statue » [3]. Il faut préciser toutefois que dans une conception strictement hiérarchisée de la société réduite à la Cité, seuls les citoyens qui ont droit de vote peuvent prétendre à cette éducation fondée sur la raison, à l'exclusion de ceux qui sont considérés *a priori* comme en étant dépourvus : les *esclaves*, simples « outils animés » selon Aristote, les *étrangers* à la Cité, et les *femmes* d'une façon générale. Ce qui donne une portée limitée à cet idéal grec qui permet à l'homme ainsi éduqué d'être un *homme complet* apte à remplir toutes les tâches de la Cité : le Romain au cours de sa carrière pouvait être successivement – juge, politique, chef d'armée.

L'humanisme grec a créé le règne de la personne humaine : l'homme est à la fois le fondement et la fin de la civilisation hellénistique. Cet humanisme

1. Marrou, *op. cit.*, p. 139 et s.
2. *Ibid.*
3. *Ibid.*, p. 143.

s'est imposé à Rome qui n'en a modifié profondément ni la technique ni la substance.

Mais, pendant les derniers siècles de Rome, le *christianisme* a apporté une philosophie nouvelle fondée sur une religion qui se répandait dans tout l'Empire. Le christianisme apportait aux anciens des vues nouvelles, éclairait des facultés de l'homme que l'humanisme grec avait moins cultivées que l'intelligence et la raison. Il fondait la vie humaine sur la foi et ajoutait à la culture antique non seulement une morale nouvelle, mais « un sens nouveau de la vie intérieure » [1]. Le christianisme engageait donc l'homme dans une voie profondément différente de celle que suivait le monde païen. Ici pas d'exclusive : si la condition humaine est la punition de la désobéissance à l'ordre divin qui constitue le péché originel, l'homme peut se racheter par la foi et la charité inspirées par Dieu. La rédemption et l'espérance sont ouvertes à tous les hommes qui vivent selon l'enseignement du Christ. L'humanisme païen était tout animé par la confiance en l'homme et mettait au service de l'homme la société, la morale, l'éducation. Le christianisme vouait l'homme au service de Dieu ; selon le chrétien, tout vient de Dieu, les peines et les joies, les échecs et les succès, tout doit lui être consacré.

6 ***Richesse et complexité de la tradition européenne*** ◇ Le christianisme s'ajoutant à l'humanisme païen, l'héritage de l'Antiquité était double : la culture de la raison devait, pour l'humaniste, assurer la perfection de l'homme ; la culture de la foi devait assurer la perfection du chrétien.

Mais ces deux héritages de l'Antiquité pouvaient-ils s'ajouter, ou devaient-ils se contrarier, se combattre ? La réponse à ce problème, donnée par l'Histoire, n'est pas simple : *l'Occident n'a jamais cessé d'être sollicité et parfois déchiré par la raison et par la foi.*

L'accord de la foi et de la raison a été parfois réalisé, aussi bien chez les individus que dans les sociétés. Toutes les époques ont connu des humanistes chrétiens, dont Saint Augustin est peut-être le type le plus parfait. *Parfois l'équilibre a été rompu* au profit de la foi ou de la raison : le Moyen Âge, ère religieuse, s'oppose aux Temps modernes, ère « rationaliste ». Dans tous les cas, on doit constater que l'humanisme et le christianisme n'ont jamais cessé d'exercer l'un sur l'autre une influence profonde : un écrit mystique du Moyen Âge (tel l'*Imitation de Jésus-Christ*) comporte bien des passages qui auraient pu être écrits par Marc Aurèle ou Epictète.

Ainsi, qu'ils s'opposent ou s'accordent, l'humanisme et le christianisme sont les deux éléments constants de la tradition européenne. Cette dualité explique la richesse et la complexité de cette tradition qui exclut toute uniformité. Elle explique que l'Europe occidentale ait pu produire des types humains très différents ; Mais saint Thomas et Voltaire sont aussi « occidentaux » l'un que l'autre. Elle explique aussi que les époques de l'Histoire de l'Europe aient pu être très diversifiées par leur culture dominante sans être étrangères les

1. *Ibid.*, p. 446.

unes aux autres : le Moyen Âge s'oppose à la Renaissance comme un mystique s'oppose à un humaniste.

La tradition européenne est donc riche, variée dans ses sources et dans ses développements, humains et historiques.

Produit de cette longue tradition, l'homme de l'Europe occidentale est généralement caractérisé par l'*équilibre* de la foi et de la raison, ou – chez les incroyants – de l'imagination et de l'intelligence. Peu d'hommes en Occident sont sans doute totalement dégagés, sinon de la religion, du moins de la morale chrétienne. La civilisation de l'Europe occidentale constitue elle aussi un *équilibre* entre tous les apports du monde antique, que Rome a trouvés dans toutes ses provinces. On pourrait comparer la richesse de la tradition européenne à la décoration d'une église romane. Certains motifs sont empruntés à des scènes ou des objets que le sculpteur a eus sous les yeux, d'autres viennent des âges et des pays les plus lointains : à côté des bergers qui semblent descendre des montagnes voisines, des animaux fabuleux, des lions ailés rappellent les palais babyloniens, des personnages et des guerriers solennels semblent sortir tout droit de leurs palais byzantins. Et pourtant l'ensemble est harmonieusement fondu dans une église romane.

B. La transmission de la tradition antique

7 ***L'apport de l'Antiquité*** ◇ Le rôle historique de Rome a été de répandre dans son Empire tout ce que lui ont apporté l'héritage des civilisations antiques, notamment de la Grèce et de l'Orient. Le discours prononcé par Claude devant le Sénat – pour appeler à siéger dans le même Sénat des hommes de la « Gaule chevelue », – montre bien quelle était la largeur de vue des Romains. Ceux-ci considéraient comme une tâche nécessaire l'assimilation des peuples vaincus : « Pourquoi Lacédémone et Athènes sont-elles tombées malgré leur puissance guerrière, si ce n'est pour avoir rejeté de leur sein, comme des hommes d'une autre race, les vaincus ? Romulus, notre fondateur, fit preuve d'une bien plus grande habileté : la plupart des peuples devinrent, le même jour, d'ennemis qu'ils étaient, citoyens de Rome » [1]. Ce qu'on désignerait aujourd'hui comme une politique d'intégration a pu donner une grande force à l'Empire romain et expliquer en partie sa longévité.

On peut trouver en saint Augustin la réalisation de l'idéal de Rome, « faire du monde entier une patrie unique » [2] : le futur saint de l'Église avait été d'abord un rhéteur latin, enseignant sur les bords du Rhin les « humanités » dont il avait appris les premiers rudiments à Carthage.

À l'héritage de Rome, l'Occident est resté fidèle au-delà de l'Empire. Avant et après les invasions, des barbares romanisés, tels Stilicon ou Théodoric, essayèrent de maintenir l'Empire. Les chrétiens eux-mêmes restèrent fidèles à l'éducation classique et même aux lettres païennes. Cette fidélité à la

1. Rapporté par Tacite, *Annales*, livre XI, § XXIV.
2. Marrou, *op. cit.*, p. 319.

civilisation romaine devait assurer les « renaissances futures » (Marrou). Mais encore fallait-il que l'héritage fût transmis. Or il le fut, malgré les invasions qui, du début du Ve siècle jusqu'au début du XIe siècle, des « barbares » aux Normands, plongèrent l'Occident dans l'anarchie.

8 ***La transmission*** ◇ Certes, dans l'effondrement de l'Empire, la barbarie s'étendit, la culture antique finit par se dissoudre. *Mais dans l'Occident ruiné, il y a toujours eu, quelque part, un foyer où la tradition s'est conservée.* Ce foyer s'est maintenu sous des formes diverses, s'est déplacé à travers les régions de l'ancien Empire romain. Ce foyer s'est trouvé successivement à Byzance, en Afrique, en Italie, en Espagne, en Angleterre. Dans ces pays, la tradition a été conservée sous différentes formes : dans les familles, dans ce qu'il a subsisté de l'école antique [1]. Mais surtout c'est à l'Église que la civilisation antique a dû de survivre.

L'Église, en effet, n'a pas renié l'héritage de Rome. Longtemps après la chute de l'Empire elle a poursuivi la romanisation des barbares [2]. L'évêque, *defensor civitatis*, a pris la relève des fonctionnaires impériaux. Et surtout dans la sauvegarde de la civilisation antique, c'est le rôle des monastères qu'il faut évoquer. C'est dans ces monastères que l'on peut saisir l'un des secrets de la transmission de la civilisation antique. Les monastères sont devenus des écoles, mais auparavant ils ont recueilli les savants formés hors de l'Église, les derniers lettrés issus de l'école antique. Quelques noms s'imposent parmi ces savants recueillis ou instruits dans les monastères : Cassiodore, Bède, Alcuin (qui contribua fortement à la renaissance carolingienne), etc.

L'Église assura la tradition : ses copistes transmirent les textes antiques, les belles-lettres profanes furent utilisées comme technique d'éducation dans les monastères, l'enseignement antique repris par l'Église prépara l'enseignement médiéval [3].

Ainsi, malgré les invasions et l'anarchie, la civilisation antique fut transmise. La nuit des invasions ne fut jamais totale et il y eut toujours un endroit de l'Europe qui resta éclairé par les derniers rayons de la culture antique. De ces foyers partirent toutes les renaissances. Mais la culture antique ne devait se perpétuer que dans une partie limitée de l'Empire romain : cette partie qui constitue *l'Europe occidentale*.

C. Le cadre géographique

9 ***L'Europe occidentale*** ◇ Le cadre géographique dans lequel s'est transmise la tradition antique, l'Europe occidentale, résulte d'une double rupture : entre l'Occident latin et l'Orient grec ; entre l'Europe et l'Afrique.

1. Sur tous ces points, v. Marrou, *op. cit.*, note p. 448 et s.
2. J. Decarraux, *Les moines et la civilisation*, p. 258.
3. Sur les origines antiques du trivium et du quadrivium : Marrou, *op. cit.*, p. 245 ; Decarraux, *op. cit.*, p. 229.

Avec l'Orient grec, la rupture fut préparée par le transfert à Byzance par Constantin, de la capitale de l'Empire. La rupture politique fut consacrée par les invasions barbares en Occident. Mais des raisons plus profondes expliquent cette séparation : la différence de langue et d'esprit. Les Grecs ont toujours dédaigné la culture et la langue latines. La rupture politique et culturelle fut accentuée par la rupture religieuse : l'esprit grec engagea le christianisme oriental vers des voies très différentes de celles suivies par l'Église romaine pour fonder se qui sera l'église orthodoxe de Grèce [1].

La séparation de l'Europe occidentale et de l'Afrique fut plus tardive mais plus profonde encore : elle fut évidemment la conséquence de la conquête par l'Islam de l'Afrique qui avait été longtemps la partie la plus prospère et la plus latinisée de l'Occident.

Cette double rupture entraîna le *déplacement du centre de la politique et de la civilisation de l'Europe de la Méditerranée vers le Rhin, la Seine et la Mer du Nord*. C'est au centre de cette région que Charlemagne devait placer la capitale de son nouvel empire : Aix-la-Chapelle. C'est de Charlemagne et de l'empire carolingien que les historiens s'accordent à dater la naissance de *l'Europe occidentale* [2].

Certes l'Empire carolingien n'a pas duré. L'unité politique en a été rapidement brisée par le Traité de Verdun. Mais, sur son territoire, la renaissance carolingienne a fait revivre la communauté religieuse, morale, intellectuelle héritée de la civilisation antique. *Désormais, dans ce cadre géographique, cette communauté intellectuelle et morale, cette civilisation commune ne s'effacera plus : elle surmontera les divisions politiques, les schismes religieux, les guerres.* Ainsi que le note Joseph Calmette : « il est frappant d'observer que les limites de notre Occident à nous coïncident, à très peu de chose près, avec celles qu'avait tracées l'épée carolingienne ».

Si cet Occident a ainsi survécu, c'est bien parce qu'il a servi de cadre géographique non à une politique, mais à une communauté de civilisation que l'on retrouve aussi bien dans l'Europe du Moyen Âge que dans l'Europe des temps modernes.

§ 2. L'Europe du Moyen Âge et des temps modernes

10 ***Généralités. Caractères permanents de l'Europe*** ◇ De l'échec des successeurs de Charlemagne est née l'Europe occidentale qui, jusqu'à nos jours, a été marquée par deux traits constants : unie par une communauté de civilisation, l'Europe est politiquement divisée.

La *division politique* a été le résultat immédiat de l'incapacité des successeurs de Charlemagne. Elle devait au cours des siècles suivants, être aggravée par les oppositions religieuses, économiques, coloniales, etc. La division,

1. La constitution actuelle de la Grèce précise à l'article 3 : « la religiion dominante en Grèce est celle de l'Église orthodoxe orientale du Christ ».

2. J. Calmette, *Charlemagne*, coll. « Que sais-je ? », p. 123-124.

depuis la fin de l'Empire carolingien jusqu'à nos jours, est la règle de l'Europe politique.

Mais si divisée soit-elle dans l'action, l'Europe ne présente pas moins un second caractère constant : elle est une *communauté de civilisation*. Toutefois, communauté ne signifie pas unité ou monolithisme. C'est au contraire la diversité, la variété, qui caractérisent la civilisation commune de l'Europe. La civilisation est fondée sur une certaine conception de l'homme. Mais chaque homme, chaque individu est complexe et porte en lui deux facultés qui parfois se complètent, parfois se combattent : l'intelligence, partie rationnelle de l'âme, apte à analyser, comprendre, construire ; l'imagination, l'intuition, partie « irrationnelle » de l'esprit qui obéit à des impulsions souvent mystérieuses. La complexité de la civilisation de l'Europe est à l'image de celle de l'esprit humain. Elle est d'ailleurs construite sur le double apport de la tradition païenne et de la tradition chrétienne qui sont fondées l'une sur la raison humaine, l'autre sur la foi. Comme l'esprit humain, la civilisation occidentale sera constamment sollicitée par la foi et par la raison. Parfois l'une des sources de la tradition européenne dominera : le Moyen Âge sera l'ère de la foi, la Renaissance verra se développer l'influence de la raison. À certaines époques, foi et raison s'équilibreront, dans les individus comme dans la société : Érasme, l'humaniste, faillit finir dans la pourpre d'un cardinal, Descartes resta chrétien. L'homme d'Occident sera parfois le moine, le croisé, parfois l'humaniste, le libertin, le philosophe.

Communauté de civilisation ne signifie donc pas uniformité. Ce qui caractérise cette communauté, ce n'est pas la ressemblance des hommes. Mêmes différents, les hommes de l'Europe occidentale présentent un caractère commun : leur faculté de recevoir et d'assimiler les mêmes idées. Lorsqu'une idée naît en un point de l'Europe, elle se répand dans tout le continent avec rapidité, de manière souvent irrésistible. Lorsqu'une technique est inventée quelque part en Europe, il n'est pas rare que simultanément elle soit découverte en un autre endroit de l'Europe. *La communauté de civilisation ne réside pas dans l'uniformité des hommes de l'Europe, mais dans leur commune manière de sentir, de raisonner, d'assimiler.*

Tels sont les caractères permanents qui nous paraissent définir l'Histoire de l'Europe et qui établissent entre le Moyen Âge et la Renaissance, les Temps modernes une curieuse symétrie. Le Moyen Âge est une *communauté de civilisation au cours de laquelle l'unité politique n'a pu, malgré le désir des hommes, être rétablie.* Avec les *Temps modernes* commence une époque où la *division politique s'est imposée, définitive, mais sans compromettre la communauté de civilisation.*

A. **L'Europe médiévale : communauté de civilisation, division politique**

11 Le Moyen Âge que nous considérons ici est celui qui, vers « l'an mil », sort de l'anarchie des invasions qui, du Ve siècle aux Normands, ont dévasté l'Europe. Le XIe siècle marque le début d'une renaissance médiévale, d'une

période de haute civilisation dont l'apogée sera atteinte aux XIIe et XIIIe siècles, dont le déclin commencera au XIVe siècle. Ce Moyen Âge est marqué par les deux caractères constants de la civilisation de l'Europe occidentale : civilisation commune ; division dans l'action.

a. La civilisation commune du Moyen Âge

12 C'est sans doute au Moyen Âge que l'Europe occidentale est apparue au plus haut point comme une communauté de civilisation. Cette communauté avait son fondement dans l'*homme du Moyen Âge* tout entier animé par la foi. Elle s'est exprimée en des formes diverses que l'on peut regrouper dans une idée : *la Chrétienté.*

1. L'homme du Moyen Âge

13 Nous ne pouvons avoir la prétention de décrire avec précision ce qu'était l'homme du Moyen Âge. Mais il est possible de montrer ce qu'avaient en commun les Occidentaux des conditions les plus diverses qui vivaient à cette époque : la profondeur de la foi. Nous le constaterons en rapprochant trois types d'hommes : *le souverain, le chevalier, l'homme du peuple.*

14 ***Le roi chrétien*** ◇ Le Moyen Âge a connu, en Saint-Louis, le modèle parfait du *roi chrétien*. Certes l'exemple est peut-être trop parfait, mais il a la valeur d'un modèle, d'un type de souverain conforme à l'idéal de son temps : ceux des monarques du Moyen Âge qui s'en éloignent le plus restent dans l'ensemble fidèles à ses grands traits. Le portrait moral de Saint Louis est bien connu, surtout par son biographe Joinville. Toute la vie, toute l'action du roi a été fondée sur le principe que la foi ne se discute pas : « Il disait que la foi et la croyance étaient une chose à quoi nous devions bien croire fermement, encore que nous n'en fussions certains que par ouï-dire » (Joinville).

À l'enseignement du christianisme, Saint Louis conformait sa vie privée et sa vie publique : sa justice, sa charité sont restées célèbres. Sa vie publique notamment fut largement vouée au service de Dieu, mais la sainteté du roi n'allait pas sans une certaine rudesse, ainsi qu'en témoignent diverses anecdotes rapportées par Joinville : à propos d'une conférence entre des Juifs et des clercs, « ainsi vous dis-je, fit le roi, que nul, s'il n'est très bon clerc ne doit disputer avec eux (les Juifs) ; mais un laïque, quand il entend médire de la loi chrétienne, ne doit pas défendre la loi chrétienne sinon avec l'épée, dont il doit donner dans le ventre autant qu'elle y peut entrer ».

Mais, si pieux fût-il, Saint Louis sut défendre énergiquement son indépendance à l'égard de l'Église : en refusant par exemple d'appliquer le bras séculier à des excommuniés dont les torts ne lui semblaient pas démontrés, « car ce serait contre Dieu et contre raison, s'il contraignait les gens à se faire absoudre quand le clergé leur ferait tort » (Joinville).

Tous les rois ou empereurs du Moyen Âge n'ont pas évidemment approché la perfection de Saint Louis, pas plus que les moines n'ont tous été des Saint

Bernard, ni tous les papes ou les évêques des saints. Bien des souverains ont eu une vie privée peu édifiante. De nombreux empereurs ont soutenu des guerres contre les papes. Mais tous les souverains du Moyen Âge ont été convaincus, comme Saint Louis, que la foi ne se discute pas et ils ont souvent mis leur épée à son service. Ces dispositions ont entraîné des situations contradictoires, et un même Empereur (tel Frédéric Barberousse) a pu partager son temps entre la croisade et le siège de Rome.

Ainsi, les monarques du Moyen Âge, sacrés par l'Église, sont des croyants ; comme les hommes de leur temps, ils craignent les armes spirituelles que la papauté peut utiliser contre eux. Il y a cependant eu des exceptions, en particulier Frédéric II de Hohenstaufen dont Daniel Rops écrit : « Le trait le plus étonnant de son caractère (...) était son attitude religieuse. C'est un des très rares hommes du Moyen Âge en qui l'on puisse repérer le scepticisme. Pour lui, toutes les religions se valaient et ne valaient pas grand-chose (...). Il est peu surprenant que ses contemporains l'aient tenu pour l'Antéchrist » [1].

15 ***Le chevalier*** ◇ Un autre type humain du Moyen Âge témoigne de l'emprise du christianisme sur le comportement des hommes : *le chevalier*. Selon Renouvin, la chevalerie « prit le caractère d'une espèce de confrérie internationale de tous les chevaliers, avec des rites d'admission, des règles de vie, et un idéal commun » [2]. L'esprit de la chevalerie fut largement l'œuvre de l'Église et contribua à adoucir la brutalité des mœurs. À côté des devoirs laïques (honneur, courtoisie à l'égard des femmes, protection des faibles, etc.), l'idéal chevaleresque comportait de nombreuses obligations religieuses : rester fidèle à l'Église, la protéger, poursuivre les hérétiques, etc. Dans les devoirs du chevalier on peut voir *« l'indice de l'effort poursuivi par l'Église pour transformer les mœurs seigneuriales et pour orienter vers des tâches plus équitables ou plus généreuses une activité trop souvent mal employée »* [3].

16 ***L'homme du peuple*** ◇ Mais c'est surtout dans l'*homme du peuple* que se trouvent le mieux dessinés les caractères de l'homme du Moyen Âge. Cet homme du peuple, au Moyen Âge, est facile à connaître. Il suffit de lire ce que pendant plusieurs siècles il a écrit et il a lu : la somme de son savoir et de ses croyances, de ses craintes et de ses espoirs, est toujours écrite dans la pierre des églises et des cathédrales que le Moyen Âge nous a léguées. L'Histoire de l'art est sans doute ce qui fait le mieux comprendre l'âme du Moyen Âge [4].

La cathédrale surtout est une « somme » des connaissances du temps. L'homme du Moyen Âge y est tout entier, parfois même s'y trouve physique-

1. D. Rops, *L'Église de la cathédrale et de la Croisade*, p. 254.
2. P. Renouvin, *Histoire des relations internationales*, t. I, p. 96.
3. A. Fliche, *La réforme grégorienne et la reconquête chrétienne* (1057-1123), p. 475, t. VIII de *L'Histoire de l'Église* de Fliche et Martin.
4. É. Male, *L'Art religieux au XIIIe siècle en France*, 8e éd., p. 19, v. sur le symbolisme au Moyen Âge de très nombreux exemples cités par cet ouvrage.

ment représenté dans son travail quotidien, aiguisant une faux, coupant des gerbes. La cathédrale contient tout ce que l'homme de ce siècle sait ou doit savoir, tout ce que, à l'époque de Saint Louis, Vincent de Beauvais a présenté dans ses « quatre miroirs » : le miroir de la nature, le miroir de la science, le miroir moral, le miroir de l'Histoire. La cathédrale est le miroir universel qui présente toutes les connaissances du siècle. Mais *toutes ces connaissances sont présentées selon une unité de philosophie, d'inspiration.*

Le principe fondamental de tout savoir, de toute morale, de toute action au Moyen Âge, c'est que le monde est une idée de Dieu. Par suite, tout l'effort de l'homme tend à chercher, en toute manifestation de la vie, le symbole d'une volonté de Dieu : la nature toute entière est un symbole dont la science a pour seul but de rechercher le sens caché ; l'Histoire, la Bible sont aussi des symboles derrière lesquels il faut toujours chercher une idée de Dieu. Le *symbolisme* est le caractère principal de la pensée au Moyen Âge : dans cette pensée, « ce qui est significatif, c'est le mépris de la réalité, c'est la conviction profonde qu'au travers de toutes les choses de ce monde, on peut atteindre à l'esprit pur, on peut entrevoir Dieu. Voilà le vrai génie du Moyen Âge » [1].

D'autre part, c'est *la pensée de Dieu qui seule inspire l'homme du Moyen Âge dans son travail, ses actions, sa morale.* La morale de l'homme est la morale chrétienne enseignée par les vitraux, les statues, les chapiteaux des églises. Le travail, par exemple, ne doit pas être un moyen de puissance ou de gain, mais de rédemption.

Voilà ce que l'église, la cathédrale enseignent aux hommes du Moyen Âge. Mais inversement, l'église, la cathédrale ont recueilli les croyances, les légendes auxquelles les hommes étaient attachés : légende dorée des saints, évangiles apocryphes ont fourni d'abondants motifs à l'iconographie religieuse.

Ainsi, tout l'homme du Moyen Âge se retrouve dans ce qui fut sa grande œuvre : son église et surtout sa cathédrale. Celle-ci exprime toute la philosophie du Moyen Âge : ce qui existe hors de l'homme vient de Dieu, tout ce qui est l'œuvre de l'homme doit être consacré à Dieu, doit être conforme à la volonté de Dieu.

Cette philosophie est celle de toute l'Europe occidentale. Elle est le lien qui unit tout l'Occident en une communauté de civilisation. Cette communauté, au Moyen Âge, c'est la Chrétienté.

2. La Chrétienté

17 ***La Chrétienté*** ◇ La Chrétienté n'est pas un concept politique : politiquement l'Europe du Moyen Âge est morcelée par le système féodal. La *Chrétienté*, au-dessus de ce morcellement féodal, est l'unité de fait qui réunit l'Europe, en fait une seule patrie [2]. La chrétienté, œuvre de l'Église, est une

1. Sur cette question il importe surtout de consulter les travaux d'É. Male. Plus particulièrement les deux beaux livres : *L'Art religieux du XII*e *siècle* et *L'Art religieux du XIII*e *siècle.*
2. B. Voyenne, *Histoire de l'idée européenne,* 3e éd., p. 45.

unité dont le fondement est d'ordre spirituel et moral. Elle désigne l'état de l'Europe depuis le XIe siècle jusqu'à la fin du XIIIe siècle : avec le début du XIVe siècle elle s'affaiblit en même temps que décline l'influence de l'Église et que s'impose la puissance des États.

C'est à partir de l'an mil que les éléments d'une unité de l'Europe se reconstituent. L'an mil [1], symbole des terreurs du Moyen Âge, doit surtout être considéré comme le début d'un siècle de renaissance, le XIe siècle. L'unité que l'Histoire a appelée Chrétienté s'est faite par l'Église, autour de l'Église. Elle est le résultat de la réforme entreprise par les Papes, la « réforme grégorienne » (du nom d'un des pontifes les plus éminents, Grégoire VII) [2]. L'Église en se réformant s'affranchit de la tutelle impériale, se centralise autour de l'autorité du Pape, épure ses mœurs. Les instruments dont l'Église se servit furent surtout les ordres monastiques, en particulier les clunisiens et les cisterciens [3].

L'autorité de l'Église, fondée sur la suprématie du Saint-Siège, fut rétablie sur toute l'Europe dont elle permit l'unité religieuse, morale, spirituelle. Mais cette unité devait entraîner des conséquences plus concrètes. Si, pour définir l'unité médiévale on utilise la terminologie moderne, on peut dire que la Chrétienté se manifeste, sous la direction de l'Église, par des *harmonisations,* des *libertés communes,* des *entreprises communes.*

18 ***Les formes de l'unité européenne*** ◇ Ainsi, les actions et les idées des hommes du Moyen Âge se trouvent *harmonisées,* rendues conformes à des modèles communs, définis par l'Église. C'est l'Église surtout qui dans toute l'Europe répand l'idéal chevaleresque, organise la « paix de l'Église » réforme les mœurs, renforce la famille et réhabilite le mariage chrétien. Dans toute l'Europe également, l'Église crée des universités dont les maîtres et les étudiants viennent de tous les points de l'Europe. L'art du Moyen Âge est aussi un art « harmonisé », et l'architecture ou la sculpture romane ou gothique sont européennes.

La Chrétienté connaît aussi des *libertés communes* pour la circulation, l'établissement, le travail : les étudiants et les maîtres se déplacent d'une université à l'autre, sans entrave. Il en est de même des artistes et des ateliers qui, dans toute l'Europe ont laissé des témoignages de leur passage [4].

On peut aussi considérer que la Chrétienté a permis ou inspiré de véritables *entreprises communes ;* la création d'ordres monastiques couvrant l'Europe entière, les pèlerinages, les croisades sont bien des entreprises « européennes » d'un objet particulier, conforme à l'esprit du temps. Mais dans ces entreprises, il en est dont l'esprit nous paraît plus moderne ; ainsi, les

1. H. Focillon, *L'An mil.*
2. V. A. Fliche et V. Martin, *Histoire de l'Église,* t. VIII.
3. V. Renouvin, *op. cit.,* t. I, p. 95.
4. V. les ouvrages précités de É. Male.

cisterciens transforment l'économie en défrichant toute l'Europe, en colonisant, en peuplant sans cesse de nouvelles régions [1].

On peut même reconnaître dans la Chrétienté des *moyens d'action communs :* certains ordres religieux ont pu être considérés comme une véritable force commune d'intervention. On a pu dire, selon M. Voyenne, « non peut-être sans exagération, que le Moyen Âge avait établi une organisation complète de la paix en Europe, avec sa législation, ses milices et son financement. Idéal qui n'a jamais été atteint depuis et que l'on s'efforce péniblement de reconstituer aujourd'hui » [2].

Ainsi, le Moyen Âge est, avec la Chrétienté, une ère d'unité spirituelle, morale et même matérielle. Cette unité est sous l'influence d'un pays dominant qui, au XIIIe siècle surtout, est la France. Cette unité fait bien de l'Europe médiévale une communauté de civilisation. *Mais la Chrétienté n'est pas une communauté politique.*

b. La division politique de l'Europe au Moyen Âge

19 ***L'opposition de la Papauté et de l'Empire*** ◇ Le Moyen Âge n'a pas été seulement une ère de civilisation commune. Tout l'effort de la doctrine et des politiques a été tourné vers un but : la construction politique d'une Europe unie. *L'unité politique a été le principe de l'Europe médiévale.* Mais ce principe a été revendiqué par deux puissances : le Pape et l'Empereur. *Entendu en deux sens différents, mis au service de deux ambitions opposées, le principe a été la cause d'un profond déchirement de l'Europe, d'une longue lutte entre l'Empire et la Papauté.* De cette lutte, de l'épuisement réciproque des antagonistes, est sortie la victoire d'un *nouveau principe,* annonciateur des Temps modernes : la doctrine des rois, « *le roi, Empereur en son royaume* ».

L'unité était pourtant le vœu profond de l'Europe du Moyen Âge : « les diverses nationalités de ce temps bien que déjà formées et vivantes, n'avaient d'elles-mêmes qu'une conscience obscure. On admettait alors qu'au-dessus des peuples et des rois devait exister une puissance générale, expression visible du monde chrétien, rouage supérieur qui semblait indispensable à la marche de l'humanité. Une pareille idée n'était que la survivance d'un très ancien état d'esprit, l'empreinte ineffaçable marquée sur les générations successives par l'Empire romain et par l'Empire de Charlemagne » [3].

Mais ce principe d'unité opposa les deux pouvoirs qui prétendaient l'organiser à leur profit respectif : le Pape et l'Empereur. Deux principes d'unité se heurtèrent et divisèrent profondément l'Europe médiévale.

20 ***La doctrine pontificale de l'unité*** ◇ La papauté prétendait d'abord réaliser autour d'elle l'unité de l'Occident. Pour pouvoir entreprendre sa

1. Fliche et Martin, *Histoire de l'Église,* préc., t. IX, 2e vol., p. 299.
2. Voyenne, *op. cit.,* p. 49. V. dans le même ouvrage les remarquables citations de Saint-Simon sur le Moyen Âge et son unité profonde, note p. 50.
3. A. Luchaire, *Innocent III,* t. III, p. 1, Paris, 1906.

propre réforme au XIe siècle, l'Église avait dû surmonter un obstacle fondamental : la tutelle du pouvoir temporel qui avait abouti à confier aux laïques l'investiture des clercs. Dans sa lutte pour s'affranchir de la tutelle du pouvoir temporel, la Papauté dut préciser comment elle concevait les relations de l'Église avec ce pouvoir et notamment avec l'Empire. La doctrine de l'Église fut notamment exposée par Grégoire VII dans les « *dictatus papae* ». Se fondant sur l'origine divine de l'Église, le Pape prétendait à la prééminence sur le pouvoir temporel. Non seulement il rejetait l'investiture laïque et toute immixtion du pouvoir temporel dans le spirituel, mais encore il affirmait à l'égard de l'Empereur (et du pouvoir temporel en général) une suprématie qui devait même permettre au Pape de déposer l'Empereur. Dans cette doctrine, le Pape était le sommet de la pyramide féodale. À la veille de son effondrement, cette doctrine parut triompher avec Innocent III.

21 ***La doctrine impériale de l'unité*** ◇ Au principe d'unité revendiqué par le Pape s'opposait une tradition unitaire impériale qui, à travers Charlemagne, se rattachait au souvenir de l'Empire romain. Les Empereurs germaniques, pénétrés de cette tradition, rejetaient bien entendu les prétentions du Saint-Siège. Mais en outre, ils revendiquaient pour le pouvoir temporel une tutelle sur le clergé. Les empereurs et les princes laïques entendaient disposer des dignités ecclésiastiques pour diverses raisons. D'abord, en général, parce que les évêchés étaient aussi les fiefs dont les princes laïques considéraient que le titulaire était « astreint à des fonctions spirituelles, à leurs yeux accessoires » [1]. D'autre part, il importait à l'empereur d'Allemagne de choisir des évêques qui lui soient dévoués car il s'appuyait sur ces évêques pour administrer l'Empire, de préférence aux seigneurs laïques héréditaires [2]. Nous avons déjà évoqué ce rôle particulier des évêques, véritables successeurs des fonctionnaires impériaux romains.

22 ***Le conflit du Pape et de l'Empereur*** ◇ Le conflit entre le Pape et l'Empereur n'était qu'un aspect particulier d'un conflit plus général entre l'Église et le pouvoir temporel. Mais c'est surtout entre le Pape et l'Empereur que les litiges étaient les plus aigus parce que ces deux pouvoirs représentaient deux principes d'unité qui ne pouvaient être conciliés ; l'Empereur aspirait à disposer de la tiare, le Pape entendait disposer de la Couronne impériale. Le Pape et l'Empereur se disputaient le sommet de l'ordre féodal européen.

Le résultat de cette rivalité entre les prétentions théocratiques du Pape et le Césaropapisme fut ce qu'il devait être logiquement : la lutte qui opposa longuement le Sacerdoce et l'Empire et qui aboutit à l'épuisement réciproque des deux adversaires vers le milieu du XIIIe siècle.

C'est alors qu'une *nouvelle réalité* s'imposa : *la puissance des États souverains qui annonçait l'Europe moderne.* Le règne de Philippe le Bel et de ses

1. A. Fliche, *La querelle des investitures*, p. 57.
2. P. Gaxotte, *Histoire de l'Allemagne*, t. I, p. 121.

légistes, la Papauté bafouée à Anagni, la suprématie de l'Empire rejetée, montraient avec deux siècles d'avance ce qu'allait être la nouvelle société européenne.

De l'Europe médiévale, un futur Pape, l'humaniste Aeneas Silvius Piccolomini faisait au milieu du XVe siècle l'oraison funèbre : « La Chrétienté n'a point de chef auquel tous veuillent obéir. Ni au Souverain Pontife, ni à l'Empereur on ne rend leur dû. Il n'est plus de respect ni d'obéissance. Nous regardons le Pape et l'Empereur comme des noms, des fictions. Chaque cité a son roi, chaque maison a son prince » [1].

B. L'Europe des temps modernes : division politique, civilisation commune

23 Dès la Renaissance, les traits de la société européenne moderne sont fixés. On peut en indiquer les caractères en inversant les propositions par lesquelles a été défini le Moyen Âge : *la division de l'Europe devient le principe,* alors qu'au Moyen Âge elle n'avait été qu'un fait contraire au vœu de la plupart des hommes ; mais *la profondeur des divisions n'empêche pas l'Europe de rester une communauté de civilisation.*

a. La division de l'Europe

24 À partir de la Renaissance, la division de l'Europe n'est plus seulement *politique,* elle devient aussi *religieuse* et *économique.*

25 ***La division politique de l'Europe*** ◇ La *division politique,* caractère principal de l'Europe des Temps modernes, résulte de la généralisation du principe « le roi de France est Empereur en son royaume ». L'Europe moderne est composée d'États souverains échappant à toute autorité qui leur soit supérieure. Les relations entre les États obéissent à des règles et à des techniques différentes de celles du Moyen Âge. Les États sont séparés par des frontières, des douanes ; leurs relations, fondées sur la diplomatie, la signature de conventions internationales, sont de plus en plus régies par le droit international. Chaque État se distingue de plus en plus du voisin, et le latin, langue universelle, recule devant les langues nationales. La Papauté a renoncé à exercer sur l'Europe son arbitrage : les papes de la Renaissance se comportent moins en chefs de la Chrétienté qu'en princes temporels italiens participant comme les autres aux luttes internes de l'Italie. Ainsi, avec les Temps modernes, ce qu'il pouvait exister d'unité dans la Chrétienté s'effondre [2]. La prééminence des États souverains entraîne ceux-ci dans un double effort d'hégémonie pour les États puissants, d'équilibre pour ceux qui le sont

1. Cité par D. de Rougemont, *Vingt-huit siècles d'Europe,* p. 73.
2. Sur cette question, v. les ouvrages d'Histoire générale, not. Renouvin, *op. cit.,* t. II, not. 1 à 16. V. aussi la collection « Peuples et civilisations » dirigée par L. Halphen et Ph. Sagnac.

moins. La volonté d'*hégémonie* des uns, le souci d'*équilibre européen* des autres, seront tout au long des Temps modernes les ressorts des relations internationales européennes [1]. Le désir d'hégémonie entraîne ainsi, dès le début des Temps modernes, les Français dans les guerres d'Italie ; les Anglais font de l'équilibre européen le principe de leur politique continentale [2].

26 ***Les autres sources de division*** ◇ La division politique de l'Europe se double, avec la Réforme, d'une *division religieuse.* Mais, malgré tout, la division de l'Europe est essentiellement politique : il ne se constitue pas de bloc catholique opposé au bloc protestant, mais des rois catholiques n'hésitent pas à chercher, auprès des protestants... ou des Turcs [3], des alliances contre d'autres rois catholiques (Richelieu tout cardinal qu'il fût, n'hésitait pas à s'allier aux princes protestants contre la catholique Maison d'Autriche).

Enfin, les Temps modernes marquent le début du grand essor de l'économie. Mais avec l'influence de la bourgeoisie, la naissance de l'industrie, l'apparition du capitalisme juridique, technique et financier, c'est aussi le *nationalisme économique* qui s'ajoute aux autres divisions de l'Europe. Le capitalisme prend dans l'État une influence croissante (notamment en apportant aux rois des concours financiers dont ceux-ci ont grand besoin) ; il renforce l'État en ajoutant à l'organisation politique et juridique les premiers éléments d'une structure économique ; il aggrave la division de l'Europe en ajoutant aux conflits politiques des rivalités économiques et bientôt des rivalités impériales pour la conquête des terres lointaines [4].

Les Temps modernes apparaissent donc comme une ère marquée pour l'Europe par la division. Celle-ci s'est perpétuée et s'est aggravée jusqu'à nos jours. La division européenne s'est même approfondie avec l'apparition du « nationalisme », en France d'abord, sous la Révolution, dans toute l'Europe ensuite au XIXe siècle.

La division et l'équilibre consacrés notamment par les Traités de Westphalie en 1648 sont devenus la règle de l'Europe moderne. Jusqu'à nos jours elle a soumis le continent tantôt à un équilibre précaire, tantôt à une série d'hégémonies successives : hégémonies espagnole, française, anglaise, allemande. Mais si grands qu'aient été les déchirements que les rivalités des États européens ont suscités, ils n'ont pas empêché l'Europe de rester une communauté de civilisation.

1. V. Hausser, *La prépondérance espagnole,* coll. « Peuples et Civilisations », p. 402, 403. *Cf.* Voyenne, *op. cit.,* p. 82.
2. Renouvin, *op. cit.,* t. II, p. 108.
3. C'est ce que François 1er vaincu à Pavie devant Charles Quint réalise pour la première fois en 1524 en faisant appel au puissant Sultan Soliman le Magnifique dans sa lutte contre l'Empereur. En reconnaissance, la France installe sa première ambassade à Constantinople en 1535 avant de signer l'année suivante un traité d'alliance avec le Sultan qui lui accorde des privilèges importants dans trois domaines : commercial, juridique et culturel.
4. Hauser, *op. cit.,* p. 349, 366, 451, 590, etc.

b. La communauté de civilisation

27 Divisée par ses rivalités politiques, religieuses, économiques, impériales, l'Europe n'en reste pas moins une communauté de civilisation caractérisée par l'aptitude de ses habitants à produire et à assimiler des idées communes.

Mais, *dans son fondement, cette civilisation diffère profondément de celle du Moyen Âge*. L'homme des Temps modernes n'est plus exclusivement animé par la foi chrétienne, mais de plus en plus sa pensée est dirigée par la « raison ». L'Antiquité païenne prend le dessus sur le christianisme. Ce profond renouvellement de la pensée est un *fait européen*. Nous le constaterons en examinant le fondement des transformations intellectuelles à partir de la Renaissance, puis les applications diverses de ces transformations.

1. Les transformations de la pensée européenne à partir de la Renaissance

28 ***Le fondement nouveau de la civilisation européenne*** ◇ Comme à toute autre époque, le fondement de la civilisation reste l'homme. Mais celui-ci se transforme profondément dans sa pensée et ses croyances. La Renaissance est l'époque à laquelle l'homme du Moyen Âge animé par la foi fait place à un homme nouveau, celui des Temps modernes, qui mettra de plus en plus sa confiance dans la raison humaine. L'homme du Moyen Âge était une créature vouée au service de Dieu, dont toutes les manifestations tendaient à honorer Dieu. C'est à la foi, à l'autorité, à la tradition que l'homme du Moyen Âge demandait l'explication du Monde, subordonnait sa raison, c'est sur la religion qu'il fondait sa philosophie.

Avec la *Renaissance,* une profonde révolution commence. Désormais, de plus en plus, l'homme va demander à la raison ce qu'au Moyen Âge il tirait de la religion, de la foi. Il remplace la confiance en Dieu par la confiance en lui-même, en sa raison. De celle-ci désormais, il va faire la base de sa philosophie, il va tirer l'explication des choses et du monde. L'homme du Moyen Âge croyait, l'homme des Temps modernes raisonne. Pour l'instruire, le livre remplace la cathédrale. L'homme ne trouve plus son enseignement au portail des églises mais le cherche dans les livres et dans l'observation. C'est *l'homme et la raison qui vont devenir, au cours des Temps modernes, la source, le but, l'objet de la civilisation.*

Cette transformation de l'idée que l'homme se fait de lui-même est une véritable révolution, fondée largement sur un retour à la tradition de l'Antiquité païenne (que le Moyen Âge n'avait d'ailleurs ni ignorée, ni rejetée). Cette révolution commence avec l'apparition d'un type d'homme nouveau, qui se répandra dans toute l'Europe : l'*humaniste.* Elle sera la base, le point de départ de bouleversements qui affecteront toutes les applications de la pensée, qui remettront en cause toute la structure de la société. La révolution qui commence par la Renaissance n'a pas encore fini de produire ses effets.

2. Le caractère européen de la révolution intellectuelle

29 ***Le caractère européen de la révolution intellectuelle*** ◇ La révolution intellectuelle et morale qui commence avec la Renaissance reste soumise à ce qui a été la règle constante de l'Europe : *la rapidité de la diffusion et l'assimilation des idées dans tout le continent.* Ce phénomène s'est appliqué aux idées nouvelles de la même façon qu'au Moyen Âge. Cette *aptitude commune* des Européens assure à tous les grands esprits, à toutes les grandes œuvres, un rayonnement européen : Erasme, Montaigne, Descartes inspirent toute l'Europe. Étudiant le XVIe siècle, Faguet constate : « dans chaque ville savante, le lettré qui arrive est chez lui ; il a des pairs, des alliés, des défenseurs et, demain, des disciples. Il entre tout poudreux. Il dit "argumentabor" et, s'il argumente bien, il est du pays, du grand pays latin, qui s'étend du fond de l'Allemagne à Salamanque et de Paris à Salerne » [1]. Au XVIIIe siècle on a pu parler de « république des lettres », d'une « république des savants », qui ne comportait pas de frontière et s'étendait à toute l'Europe.

Ainsi, malgré les déchirements parfois profonds de l'Europe des Temps modernes, *aucun mouvement de pensée ne reste spécifiquement national. C'est un trait constant de l'Europe, fondé sur la communauté d'esprit qui unit les Européens.*

30 ***La diversité intellectuelle de l'Europe*** ◇ Mais, pas plus que la communauté de civilisation au Moyen Âge, la « communauté d'esprit » des temps modernes ne signifie non plus uniformité, monolithisme. Au contraire, la révolution intellectuelle de la Renaissance étant fondée sur la « libération » de la raison, par opposition à la discipline médiévale imposée par la religion, le résultat a été ce qu'on pouvait attendre : *une immense variété intellectuelle et morale, une absence d'uniformité* dans la pensée et dans ses applications.

L'immense diversité intellectuelle que produisent la Renaissance et les Temps modernes ne tient pas seulement au fait que l'homme peut diriger sa pensée à son gré, selon sa raison individuelle. Elle résulte aussi du fait que l'influence du christianisme ne disparaît pas, que la foi n'est pas chassée par la raison. La révolution des Temps modernes a provoqué l'interpénétration de la foi et de la raison : les chrétiens les plus fervents ont cessé de penser et de raisonner comme ceux du Moyen Âge ; les rationalistes les plus extrêmes échappent rarement à l'influence du christianisme (et en particulier, à la morale chrétienne).

Cette coexistence du christianisme et du néo-paganisme explique que l'Humanisme n'ait pas rompu avec l'Église, qu'Erasme ait failli devenir cardinal, que Rabelais ait fini ses jours dans la soutane du curé de Meudon, qu'un des grands humanistes italiens de son temps, Aeneas Silvius Piccolomini, soit devenu le Pape Pie II en 1458. Inversement, l'Église a subi l'influence de l'humanisme.

1. É. Faguet, *Le seizième siècle, Rabelais,* p. 80.

Toutefois, l'Histoire montre que l'humanisme contenait en lui-même les germes antichrétiens que devaient développer les descendants logiques des humanistes : les libertins et les philosophes.

Ainsi, avec la Renaissance, les deux traditions du christianisme et du paganisme, de la foi et de la raison, se sont rencontrées et se sont mélangées en proportions qui varient selon les individus. L'Européen moderne est le produit de cette synthèse.

31 ***Les types humains européens*** ◇ Mais si l'Européen des Temps modernes n'est pas soumis à un modèle uniforme, *l'Europe a produit des « types humains » qui se sont répandus sur tout le continent.*

Le premier « type humain » qui se répandit en Europe fut l'« humaniste » [1]. L'humaniste est l'héritier du lettré antique, de la culture antique retrouvée. Il cherche son inspiration dans les lettres et les arts de l'Antiquité et par suite aussi dans la philosophie antique. On peut définir l'humaniste en reprenant la description que Faguet donne de l'homme de la Renaissance : « La Renaissance fut une émancipation de l'esprit humain suscitée par le commerce des hommes du XVIe siècle avec la pensée antique. En d'autres termes, comme la plupart des émancipations, ce fut un changement de servitude. Les hommes, éblouis par les grâces récemment ressuscitées de l'Antiquité, sortirent de l'école de l'Église pour se mettre à l'école des Anciens, et devinrent des dévots de Platon, de Plutarque et d'Epictète, pour se délivrer d'être des disciples de saint Augustin ou de saint Thomas (...). Ce sont des philosophes anciens dans des tempéraments de Français ou de Gaulois, avec quelques façons d'être et de parler qui sentent le chrétien » [2].

L'humaniste rend à la raison le rôle qu'elle avait dans la philosophie antique, notamment dans la pensée des stoïciens. Il s'affranchit de l'autorité et de la tradition, prétend trouver dans la raison la solution de tous les problèmes de la vie individuelle et sociale. Même s'il ne rompt pas avec la religion, l'humaniste affirme la primauté de la raison, place en elle toute sa confiance, emploie tous ses efforts à la développer.

Cet homme type de la Renaissance n'est pas d'un pays, il est de toute l'Europe : Erasme annonce une génération d'humanistes européens [3], dont l'influence s'étendra à toutes les parties du continent.

Après les humanistes, d'autres types humains prendront une valeur européenne : *l'honnête homme,* homme raisonnable, mondain, un peu superficiel mais équilibré « s'impose à l'Europe » [4], puis le *libertin,* plus tard, le *philosophe.*

1. Entendons par là ce que Faguet appelle l'« Homme de la Renaissance ».
2. Faguet, *op. cit.*, p. V et VI.
3. V. sur cette question Hauser et Renaudet, *Les débuts de l'âge moderne,* coll. « Peuples et civilisations », t. VIII.
4. Gaxotte, *La France de Louis XII,* p. 166 ; P. Hazard, *La crise de la conscience européenne,* p. 333.

32 ***Les effets européens de la révolution intellectuelle*** [1] ◇ Ce ne sont pas seulement des modèles humains communs qui se sont répandus dans toute l'Europe : ce sont aussi les idées qui se sont propagées. La transformation fondamentale de la pensée humaine a provoqué dans tous les domaines une révolution européenne. Toutes les notions construites au Moyen Âge sur la foi, l'autorité, la tradition, sont « repensées » et reconstruites selon les idées nouvelles, selon la raison. Toute la société et même l'homme intérieur sont remis en question et conçus sur les bases nouvelles : l'État, le Droit, la Morale, la Politique, la Religion, etc. Les idées nouvelles provoquent bientôt la naissance de l'esprit scientifique.

Nous ne décrirons pas ici les détails de cette révolution intellectuelle, morale, politique, scientifique, religieuse, économique, etc. *Nous nous bornerons à constater sa portée européenne.*

C'est en effet, à travers toute l'Europe que cette construction universelle est entreprise. La raison en est l'instrument et elle trouve bientôt dans la *nature* le matériau nécessaire : on verra apparaître un droit naturel, une morale naturelle, une religion naturelle. C'est sur les idées nouvelles que sont désormais fondées les doctrines de l'*État,* du *Droit,* de la *société :* dans l'ordre politique la conséquence sera la Révolution anglaise du XVIIe siècle, la Révolution française de 1789.

L'esprit scientifique, la naissance de la *science moderne,* à partir de la fin du XVIe siècle, est aussi un *fait européen.* Dès cette époque, les « chercheurs ne sont plus isolés, et une expérience réalisée quelque part est connue, reproduite, discutée dans l'Europe entière » [2]. Au XVIIIe siècle, la « République des savants » ne connaît pas de frontière et l'Encyclopédie reçoit une diffusion européenne : « il est certain que, née d'un modèle anglais, ayant reçu à Paris sa forme définitive, invitée à émigrer en Suisse, en Prusse, rayonnant sur les pays les plus divers, reproduite et imitée, l'Encyclopédie est une des forces représentatives de l'Europe » [3].

Comme la *science,* l'*art,* la *littérature,* la *mode* sont européens : ce n'était pas toujours heureux et, par exemple, pour copier le modèle de la Cour à Versailles, « les princes des cours d'Allemagne prenaient à leur tour des maîtresses, quelquefois à contrecœur : mais il ne fallait pas se singulariser » [4].

§ 3. L'apogée et la chute de l'Europe (1815-1945)

33 C'est au XIXe siècle que l'Europe semble arriver à sa plus grande puissance. Mais derrière le décor imposant de sa civilisation, l'Europe contient en elle les raisons de sa chute, les sources de la grande crise du XXe siècle.

1. V. surtout P. Hazard, *La crise de la conscience européenne* (1680-1715).
2. Hauser, *La prépondérance espagnole,* coll. « Peuples et civilisations », t. IX, p. 480.
3. P. Hazard, *La pensée européenne au XVIIIe siècle,* I, p. 272.
4. P. Hazard, *op. cit.*, p. 348.

A. L'apogée : le XIXe siècle

34 L'Europe du XIXe siècle reste fidèle à la double tradition respectée pendant tous les siècles de son Histoire depuis Charlemagne : la division politique, la communauté de civilisation.

Les *divisions* du XIXe siècle sont graves, lourdes de menaces. Les Européens n'en conservent pas moins la conscience de leur *solidarité, exprimée par les idées et, plus timidement, par la pratique.*

a. La division de l'Europe

35 Trois traits caractérisent l'Europe politique du XIXe siècle : la *division,* organisée par les traités de 1815 ; l'*équilibre* réalisé entre les États européens ; la *puissance* de l'Europe qui s'affirme dans tous les domaines et atteint son apogée.

36 ***La division*** ◇ La division de l'Europe au XIXe siècle est le résultat des Traités de 1815. Mais au cours du siècle, la géographie politique de l'Europe évolue dans un sens qui se révèle dangereux pour la paix.

En 1815, la carte de l'Europe résulte d'un partage réalisé selon les conceptions du XVIIIe siècle : c'est un partage patrimonial qui ignore la Révolution, l'Empire, les idées nouvelles et surtout les premières manifestations du mouvement national.

Au cours du siècle, la division de l'Europe se modifie. Certains États sont en déclin : l'Autriche et, dans une mesure relative, la France. D'autres voient leur puissance augmenter : l'Angleterre. Des États nouveaux apparaissent : l'Allemagne autour de la Prusse, l'Italie autour du Piémont. Mais ce qu'il y a de *plus important* à considérer dans cette nouvelle géographie politique, *c'est moins la répartition des territoires que la nature de la division de l'Europe.* À la fin du siècle ce ne sont plus, comme en 1815, des monarchies qui s'opposent, ce sont des États fondés sur les idées nationales. Et même, avec les progrès du « libéralisme » et de la démocratie, ce sont des opinions publiques qui s'affrontent. En outre, avec le progrès de l'économie, ce sont des économies nationales puissantes qui rivalisent. Les mouvements nationaux et libéraux, les progrès techniques et économiques accentuent les divisions. *La paix européenne, à la fin du XIXe siècle,* annonce ce que seront les guerres du XXe siècle : *des chocs entre des nations, des opinions, des économies dont les ressources seront totalement mobilisées.*

L'antagonisme de ces États européens puissants a conduit ceux-ci à chercher à se garantir les uns contre les autres par un système d'alliances. Ces alliances maintiennent durant tout le XIXe siècle un équilibre entre blocs rivaux.

37 ***L'équilibre*** ◇ La recherche ou le maintien de l'équilibre européen sera la principale préoccupation des États après la chute de Napoléon.

L'Europe compte des États qui entendent modifier sa géographie politique : la France pour réviser les traités de 1815, puis, après 1870, pour recouvrer l'Alsace-Lorraine ; la Russie par ses visées sur les Balkans et les Détroits ; la Prusse et le Piémont pour unifier l'Allemagne et l'Italie, etc.

Face à ces États, d'autres s'attachent au maintien du *statu quo* : la Grande-Bretagne pense, par l'équilibre européen, neutraliser le continent, ce qui doit lui laisser toute initiative outre-mer ; l'Autriche, en luttant contre les idées nationales et libérales, défend le principe même de son existence ; l'Allemagne, après 1870, entend se prémunir contre la France dont elle craint la volonté de revanche, etc.

Pour assurer le maintien du *statu quo* en Europe, les États nouent parfois des *coalitions générales* contre l'État suspect de menacer la paix : il en est ainsi de la France au lendemain de 1815 et même après 1870, lorsque le système de Bismarck s'attache à l'isoler par un réseau d'alliances d'ailleurs fragiles. Mais le plus souvent, l'équilibre est assuré par un *système d'alliances entre États.*

Malgré les efforts de coopération organisée, qui aboutissent d'ailleurs au règlement de nombreux problèmes politiques ou juridiques, *les alliances européennes sont créées selon les méthodes les plus traditionnelles de la diplomatie.* Les relations européennes restent au XIXe siècle, fondées sur des alliances mouvantes, nouées selon des méthodes diplomatiques anarchiques. La diplomatie du XIXe siècle reste un jeu d'esquives, de feintes et de ruses. Chaque État montre sa force, use d'intimidation, suscite des embarras aux autres États, s'efforce de diviser ses adversaires. Les alliances, changeantes, se font et se défont au gré des circonstances, l'allié de la veille devenant l'adversaire du lendemain (et réciproquement). L'Angleterre et Bismarck, notamment, excellent à ce jeu. L'Angleterre, surtout, a pour principe de ne pas avoir de principe, et de s'appuyer de façon pragmatique selon ses intérêts, alternativement sur l'un ou l'autre État de l'Europe. Ce jeu, poursuivi pendant tout le XIXe siècle, sera fatal à la paix. Au début du XXe siècle, les alliances se durcissent, deviennent des mécanismes dont le jeu automatique aboutit en 1914 à précipiter toute l'Europe dans un conflit né en Serbie [1].

38 ***La puissance : l'apogée de l'Europe*** ◇ L'Europe du XIXe siècle est aussi l'Europe qui atteint le sommet de sa puissance. Celle-ci s'applique à tous les domaines. Dans l'*action politique* les États de l'Europe se partagent le monde en Empires coloniaux. *La puissance économique et financière* fait de l'Europe la banque du monde (ce qui est surtout vrai de la Grande-Bretagne et de la France). La prééminence de l'Europe résulte aussi des *immenses progrès techniques accomplis au XIXe siècle.*

Cette puissance accrue contribue d'ailleurs à la division en suscitant des rivalités coloniales, économiques entre les États européens. Enfin elle va provoquer une autre conséquence : la guerre qui éclatera en 1914 ne ressem-

1. Renouvin, *op. cit.*, t. VI, p. 242.

blera à aucun des conflits antérieurs. Opposant des nations, des économies, des opinions, elle deviendra une guerre technique, une guerre de matériel.

L'Europe est, en 1914, arrivée à son plus haut degré de puissance. Mais celle-ci est de moins en moins exclusive. En dehors de l'Europe, de grands États commencent à contester la prééminence européenne : les États-Unis, le Japon, l'Empire russe. La guerre de 1914 va être le début d'un déclin brutal de l'Europe. Mais l'effacement de l'Europe permettra à ses États de prendre conscience d'une solidarité que les divisions du XIXe siècle n'ont pas détruite.

b. La solidarité de l'Europe

39 Malgré ses divisions, l'Europe du XIXe siècle reste, comme par le passé, une *communauté de civilisation. Les idées « européennes » survivent et même se précisent pendant le cours du siècle. Quelques institutions annoncent des possibilités d'organisation plus régulières des relations européennes. Enfin, on peut trouver dans la montée de nouvelles puissances, des raisons supplémentaires d'une solidarité politique européenne.*

40 ***L'Europe, communauté de civilisation*** ◇ Pendant tout le XIXe siècle, l'*Europe reste, dans tous les domaines de la vie de l'esprit, de l'art, de la science, de la technique, une communauté dans laquelle les échanges se multiplient, favorisés par le développement des communications, la multiplication des traductions* [1]. La persistance de cette communauté d'esprit, dont témoigne la diffusion des idées libérales et nationales qui vont bouleverser la carte de l'Europe, est constatée à toutes les époques du XIXe siècle. P. Gaxotte indique en 1830 : « Il y avait alors une sensibilité européenne. Une émeute survenue à Varsovie trouvait aussitôt son écho à Paris. Un peu partout, on s'est passionné pour l'indépendance grecque, et quand éclate la révolution parisienne en 1830, plusieurs États allemands, petits et moyens, en subissent le contrecoup » [2]. Et près d'un siècle plus tard, à la veille de la Grande Guerre, un autre historien peut affirmer : « jamais, dans le passé, les contacts n'avaient été plus actifs au point de vue économique et financier, et jamais, depuis le XVIIIe siècle, les échanges intellectuels n'avaient eu plus d'ampleur » [3].

41 ***Les idées européennes au XIXe siècle*** ◇ Le XIXe siècle fut aussi un grand siècle pour les *idées et les doctrines européennes*. Les idées de fédération européenne aboutirent même à un projet d'« États-Unis d'Europe », proposé par un « congrès des sciences politiques » tenu à Paris en 1900. Une

1. Renouvin, *op. cit.*, p. 150, 151.
2. P. Gaxotte, *Histoire de l'Allemagne*, II, p. 203.
3. Renouvin, *op. cit.*, t. VI, p. 226.

revue des « États-Unis d'Europe » fut créée, sous l'égide de Victor Hugo [1] et de Garibaldi, mais ne connut qu'une faible diffusion avant de disparaître en 1888 [2]. Nous verrons toutefois que l'idée européenne a été défendue par beaucoup de grands écrivains de ce siècle.

42 ***Les premières formes de coopération européenne organisée*** ◇ Le XIXe siècle a été l'époque des premiers essais, bien timides, d'une *coopération organisée des États européens.*

La défaite de Napoléon a eu pour conséquence la réorganisation de l'Europe, selon une structure qui subsiste jusqu'en 1914, caractérisée par une coopération organisée. Le fondement de cette coopération varia au cours du siècle. Au départ, l'éthique de ce « concert », fut incertaine, discutée : les Britanniques y voyaient un instrument de surveillance dirigé contre la France ; les Russes et Metternich entendaient faire de la Sainte-Alliance un système de défense des souverains légitimes contre les idées nouvelles (il y avait d'ailleurs derrière l'éthique officielle de la Sainte-Alliance russe ou de la Quadruple alliance britannique d'autres vues, moins avouées et parfaitement réalistes) [3]. L'éthique de la coopération européenne évolue pendant tout le siècle. Mais il subsiste du système de 1815, une survivance essentielle, la principale innovation des Traités de 1815 : *la coopération européenne organisée par la réunion fréquente de conférences, le « concert européen »* (dont le principe était énoncé clairement par l'article 6 du Traité de Paris du 20 novembre 1815).

La coopération européenne commença par la réunion, dans les années qui suivirent le Congrès de Vienne, de *conférences* tenues dans l'esprit du « système de Metternich » : ce furent les congrès d'Aix-la-Chapelle (1818), Troppau et Laybach (1820, 1821), Vérone (1822). L'échec du système de Metternich ne mit pas fin au *concert européen* qui se poursuivit jusqu'à la fin du siècle – jusqu'à la guerre de 1914.

Le *concert européen* apparaît donc comme la forme de coopération réalisée au XIXe siècle par les États européens. Il repose sur la *réunion de conférences périodiques et fréquentes et confie aux grands États européens le soin de régler par leur entente les questions politiques qui intéressent l'Europe entière.* Il n'implique aucune organisation permanente, ni *a fortiori* supranationale. Les conférences, quelle que soit leur fréquence, restent des conférences diplomatiques, réunissant des États pleinement souverains. Le nombre et l'identité de ces participants sont variables.

En fait les conférences furent nombreuses et, pendant tout le siècle, eurent pour objet d'assurer *le règlement des grands problèmes intéressant*

1. Dans un discours du 24 février 1855, V. Hugo évoque déjà avec précision les États-Unis d'Europe en anticipant même sur notre monnaie commune qu'il désigne comme « monnaie continentale ».

2. Renouvin, *op. cit.*, t. VI, p. 14, 53. Sur cette question v. aussi l'ouvrage de B. Voyenne préc. ; D. de Rougemont, *Vingt-huit siècles d'Europe*. V. le prochain chapitre du présent ouvrage.

3. J. Droz, *Histoire diplomatique de 1648 à 1919*, p. 289 et s.

l'Europe, même hors du continent. Nous rappellerons simplement quelques-unes des grandes conférences européennes : conférence de Londres de 1830 sur les affaires de Belgique ; congrès de Paris de 1856 après la Guerre de Crimée ; congrès de Berlin de 1878 ; conférence de Berlin et de Bruxelles de 1874 et 1885 (sur l'Afrique) ; conférences de La Haye de 1899 et 1907, etc.

Le concert européen assura aussi par son action le développement d'un *droit public européen et international,* par l'établissement des réglementations juridiques dans les domaines les plus divers (statut des fleuves internationaux, droit de la mer, droit de la guerre, etc.) et par la création de véritables *services publics internationaux : Union postale universelle, Union télégraphique, Union de Berne sur les chemins de fer, conventions pour la protection de la propriété industrielle, littéraire, artistique, etc.*

43 ***La perte de puissance de l'Europe*** ◇ Enfin, l'histoire de l'Europe au XIXe siècle ne peut méconnaître un fait qui sera décisif au cours du siècle suivant : ce que l'on pourrait appeler le « rétrécissement » de l'Europe, ou plutôt la diminution relative de sa puissance. Ce fait résulte de la simple constatation que hors de l'Europe occidentale de nouveaux États prennent une importance croissante : les États-Unis et le Japon. En Europe même, la Russie, par son étendue et ses ressources, semble appelée à exercer un poids politique croissant. Les esprits clairvoyants du XIXe siècle ont deviné la puissance future de ces pays : Napoléon, Tocqueville, Custine, Stendhal, etc.

Cette montée, hors d'Europe et en Europe même, d'États nouveaux entraîne une conséquence décisive pour l'avenir : dès le XIXe siècle, l'Europe cesse de dominer seule le monde. Une source de division de l'Europe s'atténue.

B. La chute (1914-1945) [1]

44 ***La chute de l'Europe*** ◇ Au mois de juillet 1914, l'Europe est à l'apogée de sa puissance. En 1945, elle n'existe plus : l'expression « Allemagne année zéro [2] » aurait pu être appliquée à toute l'Europe occidentale, la Grande-Bretagne exceptée – en apparence. L'Europe, en 1945, ne comptait plus : ni militairement, ni économiquement, ni politiquement. Bien des étrangers prédisaient qu'elle ne pourrait jamais relever ses ruines. Ce brusque passage de la primauté mondiale de l'Europe à son écrasement a été le résultat d'une rapide succession d'événements, en moins d'un tiers de siècle.

La *première guerre mondiale* a d'abord affaibli l'Europe et affirmé la puissance des États-Unis. Les années qui ont suivi la guerre ont préparé l'hégémonie européenne de l'Allemagne. La *France,* victorieuse, est sortie en fait épuisée du conflit. Elle fut rapidement isolée par la politique suivie par ses alliés de la Guerre. La Grande-Bretagne accorda son appui à l'Allemagne

1. V. not. J.-B. Duroselle, *Histoire diplomatique de 1919 à nos jours.*
2. C'était le titre d'un film tourné à l'époque dans les ruines de la capitale allemande.

contre la politique française (notamment sur la question des réparations), au nom de l'équilibre européen. Les États-Unis se détournèrent de l'Europe, refusèrent de ratifier le Traité de Versailles, signèrent en 1921, un traité de paix séparé avec l'Allemagne. L'URSS entreprit une politique d'entente avec l'Allemagne (Rapallo). La conférence de Washington de 1922 (sur le développement naval) donna lieu à une véritable coalition anglo-saxone contre la France [1]. Isolée devant l'Allemagne, la France adopta à l'égard de ce pays une politique hésitante, passant de l'application rigoureuse du Traité de Versailles (Poincaré), à un rapprochement assorti de l'organisation de la sécurité collective (Briand).

En dépit de sa défaite, l'Allemagne restait puissante par son économie et sa population. La dislocation de l'Autriche la laissait, seule, subsister comme grande puissance en Europe centrale. Dans le Traité de Versailles, l'Allemagne devait trouver de nombreuses *raisons de demander des révisions ou d'opposer des refus d'exécution.* Le territoire allemand avait été découpé arbitrairement, des populations allemandes avaient été rattachées à d'autres États (les Sudètes, Dantzig). Le problème des réparations souleva de multiples difficultés et les divisions qui opposaient les alliés fournissaient aux Allemands les moyens d'éluder certaines de leurs obligations. Finalement toutes les garanties du Traité de Versailles disparurent rapidement, dès la République de Weimar : l'occupation de l'Allemagne, les réparations, le contrôle des armements allemands. Les alliés tournèrent alors leurs efforts vers *l'organisation du désarmement et de la sécurité collective* (SDN, Pacte de Locarno, Pacte Briand-Kellog).

Mais deux événements décisifs (dont le second fut largement la conséquence du premier), vinrent bouleverser les relations internationales : le premier événement fut la *crise* de 1929 qui détermina le repli sur eux-mêmes des États-Unis (isolationnisme) et de la Grande-Bretagne (*Commonwealth*), entraîna la décomposition de la République de Weimar ; le second événement, directement lié au premier, fut l'*avènement d'Hitler*.

L'arrivée d'Hitler au pouvoir eut pour conséquences la fin des essais de désarmement et d'organisation de la sécurité collective, la disparition des dernières garanties prévues par le Traité de Versailles : l'Allemagne réarma, la Rhénanie fut remilitarisée, la Sarre, par un plébiscite, opta pour son retour au Reich. Les années 1938 et 1939 furent pour les alliés des années de débâcle diplomatique. L'Allemagne seule semblait avoir une politique continue, servie par une diplomatie qu'appuyaient la menace, l'intimidation, éventuellement le coup de force. La passivité des alliés permit le réarmement naval du Reich (accord bilatéral anglo-allemand du 18 juin 1935), la remilitarisation de la Rhénanie (mars 1936), l'*Anschluss*, le partage de la Tchécoslovaquie (1938), etc.

La France était par ailleurs soigneusement isolée par une série d'accords conclus par le Reich avec la Pologne (1934), l'Italie (axe Rome-Berlin), l'URSS (août 1939), alors que la Belgique se proclamait neutre et que les

1. Duroselle, *Histoire diplomatique de 1919 à nos jours*, p. 121.

États-Unis faisaient savoir qu'ils n'interviendraient pas dans un conflit européen (au mois de septembre 1938), le président Roosevelt déclarait « Inclure les États-Unis dans un front France-Grande-Bretagne contre Hitler est une interprétation cent pour cent fausse des chroniqueurs » [1].

Après une série de désastres diplomatiques, dont le plus célèbre est celui de Munich, la Grande-Bretagne et la France raidirent leur position et donnèrent leur garantie à des États menacés par Hitler, en particulier à la Pologne. Et c'est ainsi que la France et la Grande-Bretagne s'engagèrent, en septembre 1939, dans un conflit auquel elles ne s'étaient préparées ni par la diplomatie ni par les armes. La guerre aboutit d'abord à l'écrasement des États européens par les puissances de l'Axe, puis le conflit s'étant généralisé, à la défaite de l'Italie et l'anéantissement de l'Allemagne.

Le résultat de la seconde guerre mondiale fut : l'écrasement successif et total des États de l'Europe occidentale ; la suprématie mondiale partagée entre deux États géants, les États-Unis et l'URSS. En Europe, la Grande-Bretagne, militairement invaincue, conserva sur son indépendance réelle des illusions qui ne devaient pas être sans conséquences sur la construction européenne.

SECTION 2. LA FORMATION DE L'EUROPE ACTUELLE

45 Comme un édifice bien construit, l'Europe s'est faite sur des bases solides et communes, mais non sans difficulté et hésitation sur l'architecture à adopter. Les Communautés et l'Union qui ont pu se mettre en place tour à tour résultent d'une évolution de l'Europe confrontée aux crises mondiales.

§ 1. Les bases de la construction actuelle

46 ***Généralités*** ◇ La tradition européenne explique largement le développement de l'idée européenne et de ses doctrines d'unité qui sont le véritable ferment de la construction européenne actuelle. Mais nous verrons, après avoir examiné cette Europe des idées et des projets d'union que c'est dans un contexte très réaliste, que les problèmes économiques et politiques de la deuxième moitié du XXᵉ siècle ont imposé aux États européens la prise de conscience de la nécessité de « faire l'Europe », avant d'hésiter sur la voie à suivre.

A. L'Europe des idées et des projets

47 Dans l'héritage de Rome, les Européens ont trouvé avec les bases de leur civilisation un autre élément de leur tradition : le souvenir d'une unité

1. Cité par Duroselle, *op. cit.*, p. 248.

politique qui avait assuré dans tout l'Empire les bienfaits de la civilisation et de la paix romaines. Peut-être embellie par le temps, cette unité n'a jamais été oubliée et sa reconstitution a parfois tenté les conquérants. Dans la mémoire des Européens elle a laissé un souvenir que les écrivains et les philosophes politiques ont entretenu. Les doctrines européennes ont maintenu au cours des siècles l'idée de l'unité européenne et préparé l'Europe unie que notre époque s'efforce de construire.

Les doctrines [1] de l'unité européenne sont de toutes les époques : le Moyen Âge était fondé sur un principe unitaire que revendiquaient à la fois le Pape et l'Empereur – ce qui eut pour effet de diviser profondément l'Occident. Dans les temps modernes, les doctrines européennes traduisent la nostalgie de l'unité perdue et s'efforcent de concevoir la reconstitution de cette unité. Les premières doctrines de l'unité européenne sont nées dès la fin du Moyen Âge. Elles ont été d'autant plus nettes que les circonstances politiques divisaient profondément l'Europe. Ainsi, Pierre Dubois, l'un des grands « ancêtres » de la pensée européenne, est contemporain de Philippe le Bel et de ses légistes. « Nationaliste » lui-même, il est aussi européen, car « il est encore trop proche de la Chrétienté pour ne pas voir, en même temps que ce qu'il prône, ce qu'il détruit » [2].

Mais si l'Europe a inspiré, tout au long des siècles, d'innombrables écrivains, poètes, philosophes, théoriciens politiques, il faut distinguer parmi ceux-ci deux catégories. Pour les uns l'Europe fournit un thème de méditations générales. Pour d'autres, elle est l'objet de doctrines plus précises visant à la construction de systèmes politiques ou économiques. Il faut, dans la doctrine, distinguer *l'Europe des idées générales et l'Europe des projets plus précis*.

a. L'Europe des idées générales

48 ***L'Europe des idées générales*** ◇ Pour de nombreux – et souvent très grands – auteurs, l'Europe est un *thème de méditation :* les uns rêvent de l'unité perdue, d'autres prophétisent l'unité future, certains constatent l'unité morale qui existe. L'œuvre des philosophes, des poètes, des historiens, des pamphlétaires a eu pour mérite d'entretenir l'idée européenne. Au XVIIe siècle par exemple, Montesquieu, Voltaire font état d'une Europe dont ils constatent, l'existence, l'Europe « des lumières ». Selon Voltaire, les « Européens chrétiens sont ce qu'étaient les Grecs ; ils se font la guerre entre eux ; mais ils conservent dans ces dissensions tant de bienséance, et d'ordinaire tant de politesse, que souvent un Français, un Anglais, un Allemand

1. Il ne peut être question, dans un ouvrage de dimensions limitées, de donner, même sommairement, un historique des doctrines européennes. Nous n'en ferons ici qu'un résumé en indiquant les noms les plus éminents. Pour le reste, nous renvoyons aux ouvrages spécialement consacrés à cette question. En particulier v. D. de Rougemont, *Vingt-huit siècles d'Europe*, Paris, 1961 ; B. Voyenne, *Histoire de l'idée européenne*, Paris, 1964 ; v. aussi P.-H. Teitgen, « Les Étapes de l'idée européenne », *Études et documents CE*, 1963.

2. Voyenne, *op. cit.*, p. 55.

qui se rencontrent paraissent être nés dans la même ville » [1]. Voltaire se satisfait donc d'une Europe où l'on s'égorge poliment.

Au XIXe siècle l'exaltation de l'Europe apparaît ainsi dans les œuvres des plus grands écrivains. De tous, Victor Hugo est le plus grand, le plus lyrique. L'un des premiers il envisage les États-Unis d'Europe [2].

À côté de lui, dans toute l'Europe, une foule de poètes, de philosophes, d'écrivains plus ou moins illustres, exaltent l'idée de l'Europe : Lamartine, Michelet, Gioberti, Heine, etc. Mazzini fait de l'Europe une idée-force dont il anime les mouvements qu'il crée : Jeune Italie, Jeune Allemagne, Jeune Pologne, etc. [3].

Mais l'Europe de la doctrine n'est pas restée celle des idées générales, des thèmes poétiques, historiques, philosophiques. *Il y a aussi dans la doctrine une Europe des projets, parfois peu réalistes, mais précis.*

b. L'Europe des projets d'union

49 Il semble que *la doctrine de la construction européenne obéisse à un rythme fixé par l'Histoire :* les siècles où la division de l'Europe s'aggrave sont aussi ceux qui produisent les idées les plus fortes, les plus précises ; les siècles de silence relatif de la doctrine européenne sont ceux où il existe une certaine forme d'unité européenne. C'est ainsi qu'après l'apparition, dès la fin du Moyen Âge, de quelques *précurseurs,* nous constaterons la *pauvreté doctrinale du XVIe siècle,* la *richesse du XVIIe siècle,* le *silence relatif du XVIIIe siècle,* le *renouveau du XIXe siècle* jusqu'en 1914 ; le *XXe siècle,* à partir de 1914, ne sera plus seulement une ère doctrinale, mais il verra se réaliser les efforts d'unité européenne.

50 ***Les précurseurs*** ◇ Dès la fin du Moyen Âge, alors que la Chrétienté se défait au profit des États souverains, les premiers théoriciens apportent à la construction de l'Europe des idées qui, pour l'essentiel, subsisteront.

Avec *Pierre Dubois,* juriste contemporain de Philippe le Bel, la doctrine européenne moderne, tenant compte de l'existence d'États souverains échappant à l'autorité de l'Empereur et du Pape, fait dans l'Histoire une entrée sans éclat. Pour assurer la paix entre les États, Dubois propose un système institutionnalisé d'arbitrage international : les différends seront réglés pacifiquement par un « concile » de princes laïcs ou ecclésiastiques, le Saint-Siège pouvant statuer comme instance d'appel. Les idées de Pierre Dubois n'eurent aucune influence sur leur temps. Elles furent redécouvertes au XIXe siècle, en particulier par Renan, mais elles semblent avoir cheminé par tradition orale et inspiré divers projets postérieurs.

Si les idées de Pierre Dubois sont restées momentanément sans écho, il n'en a pas été de même d'un projet, sans doute suggéré par un homme

1. Voyenne, *op. cit.*, p. 97.
2. Sur ces auteurs, v. D. de Rougemont, *Vingt-huit siècles d'Europe*.
3. D. de Rougemont, *op. cit.*, p. 250.

d'affaires français, Antoine Marini, au roi de Bohême *Georges Podiebrad* (1420-1471). Proche des idées de Dubois, le projet de Podiebrad comportait des institutions précises. Fondé sur les principes de non-agression et d'aide mutuelle entre États, le projet prévoyait la création d'une confédération européenne limitant la souveraineté des États et dotée d'organes communs, l'assemblée (votant à la majorité simple), la Cour de justice, un budget fédéral, une force armée commune, une procédure d'arbitrage. Le projet échoua devant la dérobade de Louis XI et l'hostilité du Pape (contre lequel il était en partie dirigé).

51 ***Le XVIe siècle*** ◇ Si la fin du Moyen Âge a vu surgir les premières doctrines européennes modernes, le XVIe siècle surprend par son silence. Peut-être les hommes de la Renaissance ont-ils éprouvé moins d'inquiétude devant la division de l'Europe que leurs devanciers, témoins de l'effondrement de la Chrétienté. L'explication du silence du XVIe siècle tient peut-être à cette idée, formulée à propos d'Erasme : « Erasme est le type même de ces grands hommes du XVIe siècle qui ne parlent pas de l'Europe, parce qu'en somme ils ne voient rien qu'elle. Ce Hollandais de naissance a vécu à Bruxelles, à Paris, en Angleterre et en Suisse et il a visité l'Italie et l'Allemagne » [1]. L'Europe divisée politiquement reste une communauté de civilisation dont les hommes de la Renaissance se satisfont.

52 ***Le XVIIe siècle*** ◇ Par contre, au XVIIe siècle, la doctrine européenne produit quelques-uns de ses grands noms. Contemporain de Louis XIII, *Emeric Crucé* apporte à la construction européenne une idée neuve : le projet de Crucé a pour but d'assurer la paix, non seulement pour elle-même, mais aussi parce qu'elle doit favoriser l'économie et les échanges. Pour cela Crucé, dans son ouvrage le *Nouveau Cynée,* propose d'organiser la paix par l'arbitrage confié à une assemblée permanente siégeant à Venise et réunissant des représentants des États de la Chrétienté et même du reste du monde, de la Turquie, du Japon. De la même époque date un autre projet inclus dans le *Grand dessein attribué par Sully à Henri IV.* Ce projet suppose un « remodelage » de l'Europe, qui doit être divisée en quinze États d'importance à peu près égale. Entre ces États, la paix doit être assurée par l'organisation de « conseils provinciaux » siégeant à Dantzig (pour les royaumes du Nord-Est), Nuremberg (pour les Allemagnes), Vienne (pour l'Europe de l'Est), Bologne (pour les pays italiens), etc. Ces conseils provinciaux, statuant en premier ressort sur les litiges entre les États, doivent être « coiffés » par un « conseil très chrétien » de quarante membres représentant les quinze États. Le respect des décisions des conseils doit être assuré par une armée européenne financée en commun [2].

C'est au XVIIe siècle que, pour la première fois, un Américain, *William Penn,* propose à l'Europe des moyens de mettre fin aux guerres qui la

1. D. de Rougemont, *op. cit.*, p. 81.
2. D. de Rougemont, *op. cit.*, p. 96.

déchirent. Dans un « *Essay* » de 1693, William Penn suggère l'institution d'une Diète groupant des représentants des pays de l'Europe (et même de la Turquie), statuant à la majorité et disposant d'une force armée. La paix ainsi préservée doit permettre à l'Europe de développer son économie et sa civilisation [1].

Parmi les grands noms du XVIIe siècle il faut encore citer celui de *Leibniz*. Pour ce philosophe, l'unité européenne n'est pas exclusivement destinée à assurer la paix européenne : elle est par elle-même une nécessité, un système conforme à la philosophie générale de Leibniz, à sa conception du monde qui le porte à tout unifier (notamment les Églises catholique et protestante) [2].

53 ***Le XVIIIe siècle*** ◇ Le XVIIIe siècle est un siècle relativement pauvre en doctrines européennes. Et pourtant il a vu naître quelques grands projets : ceux-ci sont l'œuvre d'hommes qui appartiennent encore au XVIIe siècle ou qui appartiennent déjà au XIXe siècle. Le XVIIIe siècle des philosophes comporte plutôt des témoins que des théoriciens. Voltaire, Montesquieu constatent et exaltent cette Europe des lumières, cette « catholicité de la raison » [3] dont ils sont les témoins.

Pourtant, en dépit de sa relative pauvreté, le XVIIIe siècle a produit, à ses débuts et à sa fin, deux projets européens importants : celui de l'abbé de Saint-Pierre et celui de Kant.

Le « *Projet de paix perpétuelle* » de l'*abbé de Saint Pierre* fut d'abord publié en 1712, puis sous forme d'un abrégé, en 1729. L'abbé de Saint-Pierre proposait une organisation de la paix fondée sur un plan en cinq points : alliance perpétuelle entre les souverains ; respect par les États des décisions d'un « Sénat européen » ; contribution des États aux dépenses de l'alliance ; intervention collective contre les États qui ne respecteraient pas le pacte ; révision du pacte à la majorité, sauf sur les cinq points fondamentaux pour lesquels l'unanimité serait nécessaire [4]. L'organe essentiel du projet devait être un Sénat européen, de quarante membres, doté du pouvoir législatif et judiciaire statuant à la majorité, disposant de la force armée.

Le projet de l'abbé de Saint-Pierre fut résumé et commenté par *Jean-Jacques Rousseau* qui formula une critique essentielle : Rousseau reprochait au projet de l'abbé d'attendre des princes souverains la réalisation d'une confédération européenne. Le philosophe n'attendait cette confédération que d'une révolution [5].

Le projet de l'abbé de Saint-Pierre datait du début du XVIIIe siècle. La fin du siècle fut marquée par l'apparition d'autres projets, d'idées parfois neuves (tel celui de Bentham, écrit en 1789 et publié en 1939) [6]. Parmi les œuvres

1. Voyenne, *op. cit.*, p. 84.
2. D. de Rougemont, *op. cit.*, p. 117.
3. Selon l'expression de M. Voyenne, *op. cit.*, p. 88.
4. Voyenne, *op. cit.*, p. 93.
5. D. de Rougemont, *op. cit.*, p. 136.
6. Voyenne, *op. cit.*, p. 98.

importantes, il faut surtout retenir celle de *Kant*, publiée en 1795, le *Projet philosophique de paix perpétuelle*. Écrit pendant les guerres de la Révolution, ce projet proposait un système propre à assurer la paix de l'Europe. Ce système devait être fondé sur une construction juridique, une fédération d'États soumis à des lois communes. Le Droit devait constituer le lien fédéral, le fondement de la solution des litiges. En attendant que la construction de cette fédération soit possible, Kant proposait l'établissement d'un système beaucoup plus timide d'alliances entre États, un « congrès permanent des États », simple « union volontaire et en tous temps révocable » [1].

54 ***Le XIXe siècle (1815-1914)*** ◇ Les profonds changements apportés à l'Europe par la Révolution et l'Empire devaient faire du XIXe siècle une grande époque pour la doctrine européenne. De très grands écrivains proclament leur foi européenne, des esprits perspicaces prévoient que l'Europe verra sa suprématie menacée par les deux géants : la Russie, les États-Unis [2]. Mais au XIXe siècle la doctrine européenne est dominée par deux grands noms : Saint-Simon et Proudhon.

Les idées de *Saint-Simon* présentent de grandes nouveautés et quelques lacunes. Pour Saint-Simon, l'unité de l'Europe doit être fondée sur l'entente de la France et de la Grande-Bretagne : il ne prévoit pas – ce que certains de ses disciples envisagent – l'unité de l'Allemagne. La structure de l'Europe doit reposer sur un système parlementaire comportant un roi et un Parlement composé de deux chambres. La chambre haute doit être nommée par le roi, mais la chambre basse est conçue par Saint-Simon selon des idées originales. C'est surtout dans la composition de cette chambre basse que réside l'intérêt de la conception européenne de Saint-Simon. Cette chambre devra être nommée de façon à représenter les « corporations », c'est-à-dire les grandes catégories économiques, professionnelles. Ce Parlement européen sera investi d'importantes tâches communes surtout de nature économique, intéressant les grands travaux, l'instruction, etc. Le plan de Saint-Simon n'est pas très explicite à l'égard de l'autonomie que conserveront les États membres de la fédération. Il est surtout original dans la mesure où il prévoit la construction d'une Europe confiée moins aux politiques qu'aux savants, aux économistes, aux juristes, aux techniciens. Et cette construction est principalement mise au service de l'économie des États. La doctrine de Saint-Simon annonce de manière précise celle qui inspirera la fondation des Communautés européennes [3].

Les idées de *Proudhon* ne sont pas moins originales que celles de Saint-Simon. Allant contre l'opinion générale de son temps. Proudhon condamne à la fois la centralisation héritée des Jacobins et le principe des nationalités dans lequel il devine un danger : la création d'États puissants et rivaux, génératrice de guerres. Contre ce double danger, Proudhon propose d'appli-

1. Voyenne, *op. cit.*, p. 107.
2. Il est classique de citer Napoléon, Tocqueville, Custine, etc.
3. D. de Rougemont, *op. cit.*, p. 201 ; Voyenne, *op. cit.*, p. 117.

quer à l'Europe l'organisation fédérale qu'il a développée surtout dans un de ses ouvrages, *Du principe fédératif* (1863). Pour assurer aux hommes une liberté réelle, Proudhon veut organiser la société en la fondant sur la cellule vivante, celle dans laquelle les hommes se connaissent directement, essentiellement, la commune. La société doit être composée de fédérations successives (communes, provinces, etc.). L'Europe doit être l'une de ces fédérations, une « confédération de confédérations ». Elle devra rassembler les confédérations grecque, batave, Scandinave, italienne, etc., auxquelles se joindront les grands États européens revenus à la décentralisation [1].

Ainsi le XIXe siècle a appelé à l'unité européenne. Il a vu même naître l'idée et l'expression des « États-Unis d'Europe ». Mais il n'a pu éviter les grandes catastrophes du XXe siècle. Celles-ci ont eu pour effet de donner à l'idée européenne une impulsion nouvelle.

55 ***Le XXe siècle : idées et mouvements européens*** ◇ Le XXe siècle est un siècle au cours duquel l'idée européenne est moins l'objet d'approfondissements théoriques que d'efforts de réalisations. Il est l'ère des mouvements européens.

Après la première guerre mondiale, l'idée de fédération européenne fut reprise en 1922, par *Coudenhove-Kalergi,* notamment dans la publication d'un ouvrage : *Pan-Europe* [2]. Coudenhove-Kalergi prévoyait notamment la constitution d'une fédération européenne fondée sur des abandons de souveraineté consentis par les États européens. Pour réaliser ce projet et agir sur l'opinion, Coudenhove-Kalergi créa, sous le patronage de hautes personnalités, un mouvement intitulé l'Union Paneuropéenne dont Aristide Briand accepta d'être président d'honneur.

L'entre-deux-guerres vit la création d'autres mouvements tels que l'Union économique et douanière européenne, la Fédération pour l'entente européenne. Mais l'initiative la plus spectaculaire de l'époque fut celle prise par Aristide Briand devant la SDN. L'épisode est bien connu. Le 7 septembre 1929, Aristide Briand proposa à l'assemblée générale de la SDN de créer, entre les États européens, un lien fédéral, mais sans porter atteinte aux souverainetés de ces États. À la suite de cette proposition, Briand fut chargé par l'assemblée de présenter un mémorandum sur « l'organisation d'un régime d'union fédérale européenne ». À l'exception de la Grande-Bretagne, les États firent à ce mémorandum une réponse favorable qui cachait mal les répugnances de plus en plus grandes à accepter des abandons de souveraineté. On connaît le sort du projet qui fut enterré dans les formes classiques d'un renvoi à une commission d'étude.

L'échec de cette tentative précéda de peu les événements qui, à partir de 1933, devaient entraîner l'écrasement de l'Europe.

1. D. de Rougemont, *op. cit.*, p. 260 ; Voyenne, *op. cit.*, p. 141.
2. Voyenne, *op. cit.*, p. 168 et s.

56 ***Après la seconde guerre mondiale*** ◇ Après la seconde guerre mondiale, l'Europe est entrée dans l'ère des réalisations effectives. Mais la pression des « mouvements européens » a fortement agi sur ces réalisations.

L'idée d'une union européenne fut relancée par Winston Churchill dans un discours prononcé devant l'université de Zurich, le 19 décembre 1946. Elle rencontra dans toute l'Europe un écho qui détermina la fondation de divers mouvements européens ; l'*Union européenne des fédéralistes,* le *Mouvement socialiste pour les États-Unis d'Europe,* l'*Union parlementaire européenne* (de Coudenhove-Kalergi), les *Nouvelles équipes internationales,* etc. En décembre 1947 fut institué entre ces mouvements un *Comité international de coordination des Mouvements pour l'unité européenne.* Ce comité réunit plusieurs congrès dont l'un d'eux eut une influence décisive : le *Congrès de La Haye* (7-10 mai 1948) dont les initiatives aboutirent à la création du Conseil de l'Europe. Par la suite, le Comité de coordination s'érigea en *Mouvement européen.*

Par ailleurs d'autres initiatives créèrent des organisations d'action européenne : citons notamment le *Conseil des communes d'Europe* (constitué en 1951) qui réunit périodiquement les *États généraux des communes d'Europe.* Enfin après l'échec de la communauté européenne de défense (1954), Jean Monnet fonda un important mouvement, le *Comité d'action pour les États-Unis d'Europe.*

Ainsi la construction de l'Europe, dont nous sommes les témoins, a-t-elle été préparée par des générations d'écrivains, de philosophes, d'historiens, de poètes, de juristes, de théoriciens politiques. Tous n'ont pas connu un égal succès, mais tous ont contribué à entretenir la nostalgie de l'unité antique perdue, retrouvée brièvement du temps de Charlemagne, et l'espoir de la rétablir entre les parties dissociées de l'Europe.

57 ***Les deux conceptions opposées de l'Europe*** ◇ Mais *les doctrines européennes se sont heurtées à une difficulté dont leurs auteurs n'ont pas toujours eu une claire conscience.* Cette difficulté réside dans la *contradiction qui oppose l'unité de l'Europe et la souveraineté des États.* Il serait possible de classer les projets européens en deux groupes : « ceux qui, soucieux de respecter et de maintenir la souveraineté des États, s'en tenaient à proposer une coopération des gouvernements européens dans le cadre d'institutions permanentes dépourvues de pouvoir de contrainte, et ceux qu'on dirait aujourd'hui de type fédéral, parce qu'ils n'hésitaient pas à soumettre les États membres à une autorité supranationale » [1].

Cette contradiction n'est pas restée purement doctrinale. Elle est passée dans les faits lorsque la construction de l'Europe, après 1945, a été entreprise. Elle a conduit cette construction dans deux directions divergentes, a abouti à la distinction des deux Europes dont l'opposition est parfois vive.

1. P.H. Teitgen. « Les étapes de l'idée européenne », *Études et documents CE,* 1963, p. 13.

B. L'Europe des réalités économiques et politiques

58 Préparée par une longue tradition tant politique qu'intellectuelle ou morale, l'union de l'Europe est devenue nécessaire dans la deuxième moitié du XXe siècle. Pour le démontrer, *nous considérerons les besoins auxquels répond la principale des organisations européennes : la Communauté,* et les *enseignements* que son action a apportés. D'après l'expérience communautaire, on peut dire que la construction européenne est d'abord fondée sur des *raisons économiques ;* mais celles-ci aboutissent nécessairement à la coopération ou l'*union politique ;* celle-ci est de plus en plus imposée par l'*environnement mondial.*

a. Les fondements économiques de l'unité européenne

59 ***La construction européenne. Fondements économiques*** ◇ L'objectif lointain des hommes qui ont conçu et signé les Traités européens était sans aucun doute politique. Mais il répondait aussi à des besoins économiques plus immédiats qui, depuis, se sont précisés et illustrent aujourd'hui une constatation générale : l'unification est apparue aux États européens comme le meilleur - peut-être le seul - moyen d'*améliorer l'utilisation de leurs capacités économiques et techniques, d'accroître leur efficacité dans les conditions exigées par le monde moderne.* Ainsi, une évidence s'impose : nombreuses sont aujourd'hui les entreprises, les initiatives dont le poids est trop lourd pour les seules ressources d'un État européen isolé. L'exemple qui vient d'abord à l'esprit est celui de la conquête de l'espace que pendant longtemps seules les « super-puissances » ont pu mener à bien. D'autres exemples pourraient être cités, en particulier celui de l'organisation de la défense. Des échecs ou demi-échecs sur le plan économique ont dans les années passées dénoncé les méfaits du nationalisme appliqué à l'économie et à la technologie : l'aventure coûteuse du Concorde, la dispersion des efforts français et allemands sur la télévision en couleur, les premières centrales nucléaires françaises, etc. Souvent à une réussite technique a correspondu un échec économique.

Par ailleurs, l'unité européenne est la condition indispensable pour que soit offert aux entreprises européennes un marché intérieur assez vaste pour correspondre à leur potentiel. Ce marché intérieur, notion-clé de la Communauté européenne, n'est pas seulement nécessaire aux possibilités des entreprises européennes. Il est aussi la condition nécessaire pour que puissent se développer des entreprises capables d'opposer à la puissance d'entreprises étrangères (américaines notamment, mais aussi japonaises ou d'autres nationalités) une capacité de concurrence que les frontières douanières ne peuvent plus protéger. En outre, l'unité européenne peut donner aux pouvoirs publics communautaires des moyens plus grands que n'en auraient de simples États pour soumettre à un certain contrôle ces importants centres de décision de la vie internationale que sont les sociétés dites « multinationales » (publiques ou privées).

Une autre raison de la construction européenne résulte de ce que de nombreux problèmes ne peuvent plus être résolus par la seule volonté des pouvoirs d'un État, à l'intérieur des frontières de ce seul État. La perméabilité des frontières, l'interdépendance des États obligent aujourd'hui à chercher des solutions internationales à de tels problèmes. Il en est ainsi des problèmes qui intéressent la monnaie, l'environnement, les normes techniques, etc. Les solutions de ces problèmes devraient être mondiales ; mais dans leur recherche, une Europe unie doit pouvoir présenter son point de vue, défendre ses intérêts.

Ainsi, considérée du seul point de vue de l'économie, l'unité européenne est fondée sur de nombreuses raisons. Mais ces raisons, examinées de près, révèlent deux caractères. Les *problèmes économiques* auxquels correspond la Communauté européenne ne *sauraient être détachés des problèmes politiques*. L'*activité interne* de la Communauté a nécessairement des *prolongements extérieurs*.

b. Le caractère inséparable de « l'économique et du politique »

60 Fondée sur des objectifs économiques, la Communauté est dotée de compétences économiques. S'ensuit-il que le fonctionnement des institutions communautaires exclut tout ce qui touche aux compétences politiques ? Prétendre séparer l'économique et le politique n'est pas possible pour plusieurs raisons : ce serait contraire à l'*esprit des Traités européens :* contraire à la *logique ;* contraire à la *réalité ;* contraire à l'*évolution nécessaire* de la Communauté.

61 ***Le lien de l'économie et de la politique est en conformité avec l'esprit des traités*** ◇ Il est dans l'esprit des traités européens de lier la construction économique et la construction politique. Robert Schuman avait vu dans la CECA une forme nouvelle de construction de l'Europe : la « construction fonctionnelle » qui devait préparer l'union politique par la création de solidarités économiques. Sans doute aurait-il été surpris par la volonté de certains de ses successeurs dans les responsabilités européennes de séparer systématiquement l'économie, domaine des Communautés, de la politique, domaine des relations interétatiques. Cette séparation n'est pas seulement contraire à l'esprit des traités européens. Elle est surtout profondément illogique.

62 ***La logique interdit de dissocier l'économie et la politique*** ◇ La première raison de cet illogisme vient de l'impossibilité qu'il y a de séparer le domaine de l'économie (ou même de la technique) *et celui de la politique.* Toute discussion d'une certaine importance portant sur des questions économiques, techniques, juridiques aboutit tôt ou tard à un seuil politique. Toute solution à de tels problèmes découle nécessairement de choix politiques ; qu'il s'agisse de la fixation du prix du lait, de l'organisation d'un Fonds monétaire ou du choix entre des filières de centrales nucléaires, la solution technique adoptée découlera nécessairement de choix politiques. On voit

mal, dans un domaine comme celui de l'énergie, comment séparer l'économie, la technique et la politique.

63 ***Dissocier l'économie et la politique est contraire à la réalité du Marché commun*** ◇ Prétendre séparer l'économie et la politique revient à nier une évidence : la Communauté européenne est une communauté politique. Et les compétences politiques de la communauté économique ne peuvent rester limitées aux domaines de l'économie. Elles doivent nécessairement s'étendre aux domaines de la politique étrangère générale et de la défense.

Le Marché commun est d'abord une communauté politique parce qu'il n'est pas un ensemble de politiques, mais une *politique d'ensemble*. Le Marché commun fut d'abord considéré essentiellement comme une union douanière. Mais il est très vite devenu évident que cela ne suffisait pas à en faire un marché intérieur, ce qui était l'objectif économique poursuivi. D'autres obstacles que les droits de douane se sont opposés aux échanges. Il a fallu les surmonter par une série de politiques : politique de concurrence, politique fiscale, politique des transports, harmonisation de législations, etc. Puis, à mesure que le Marché commun dans son application montrait toute l'étendue de sa complexité, d'autres politiques devenaient nécessaires. Ainsi, outre les politiques prévues par les traités (politique sociale, politique agricole, etc.), d'autres domaines s'imposèrent aux compétences communautaires : politique industrielle, politique de la recherche, politique énergétique, politique régionale, politique des capitaux, politique à court et long termes, politique monétaire. L'union économique née de cette addition de politiques sectorielles a fini par s'imposer comme une politique d'ensemble. De *même que sans union économique* l'union douanière n'aurait pu survivre, l'union économique ne peut se maintenir si elle ne constitue pas un *ensemble cohérent*.

On doit donc poser en principe que l'union économique doit être développée dans toutes ses parties : sans politique des capitaux il ne peut y avoir de politique monétaire, sans politique fiscale, il ne peut y avoir de politique des capitaux, sans union monétaire le marché commun agricole, le marché commun industriel sont menacés, etc.

64 ***Les compétences communautaires condamnées à s'étendre dans les domaines de la politique générale*** ◇ Enfin, si le Marché commun apparaît comme un ensemble politique, il est évident que ses compétences ne peuvent rester limitées aux domaines de l'économie. Elles doivent s'étendre aux domaines généraux de la politique étrangère et de la défense. Dans une crise comme celle de l'énergie, comment était-il possible de séparer l'économie et la politique générale ? Comment la politique économique extérieure pourrait-elle ignorer la diplomatie générale ? L'une serait dans la compétence communautaire, l'autre resterait dans la dépendance des États-membres ? Comment pourrait-il exister des défenses nationales alors que les moyens économiques et technologiques seraient communs ? Et sans défense

nationale efficace, comment pourrait-il subsister une véritable politique étrangère nationale ? Il serait arbitraire de séparer du Marché commun la politique extérieure et la défense qui en dépendent.

Par ailleurs l'expérience a montré combien pouvait être gênante pour le développement de la Communauté sa dépendance dans le domaine de la défense. Les gouvernements européens estiment que leur sécurité reste fondée sur la protection américaine matérialisée par la présence de troupes américaines en Europe et sur la couverture nucléaire. Mais cette dépendance militaire entraîne pour les Européens le risque d'être soumis à des pressions américaines. Les États-Unis, en échange du maintien de leurs forces, peuvent avoir la tentation d'obtenir des Européens des contreparties économiques, commerciales, monétaires. Ce risque de pression devait amener les Européens à prolonger leur unité économique dans le domaine de la défense.

Si l'économie conduit à la politique, la politique peut susciter des mesures économiques. Ainsi, des prises de position politiques de la Communauté se sont traduites en décisions économiques. Il en fut ainsi à l'égard de l'URSS [1] et de l'Argentine [2] à l'occasion des affaires du Pakistan et des Malouines.

On peut considérer que la Communauté européenne est une communauté politique dans le domaine de l'économie mais n'aura d'existence et d'indépendance réelles que lorsqu'elle sera devenue pleinement communauté dans les domaines de la diplomatie générale et de la défense [3].

C. L'« environnement » mondial

65 Si l'Europe est appelée à s'unir économiquement et politiquement par la seule force de sa logique intérieure, la situation internationale dans laquelle elle se trouve aujourd'hui impose cette unité d'une manière plus impérative.

En premier lieu, tout naturellement l'Europe unie doit avoir, en tant que Communauté, des relations extérieures : ses politiques économiques communes se prolongent au-delà de ses frontières. La *Communauté a des intérêts extérieurs à défendre*. Mais ces intérêts extérieurs pourraient être menacés par la *situation de faiblesse qui est aujourd'hui celle de l'Europe* notamment à l'égard de certaines puissances.

66 ***Les intérêts propres à la Communauté dans les relations internationales*** ◇ S'il n'est pas logique de séparer les compétences économiques et les compétences politiques de la Communauté, il ne l'est pas davantage de séparer les problèmes intra-communautaires de leurs prolongements extérieurs. Dans le monde et du seul point de vue de l'économie, la Commu-

1. Règl. 596-82 prorogé pour 1983 par règl. 3482-82, *JOCE* L. 72, 16 mars 1982 et L. 365, 24 déc. 1982.
2. Règl. 877-82 et déc. CECA 82-221 *JOCE* L. 102, 16 avr. 1982. V. J. Pertek, « Les sanctions politiques à objet économique prises par la CEE à l'égard d'États tiers », *RMC* avr. 1983.
3. Cette question a été fortement posée en 1991 par la crise puis la guerre du Golfe.

nauté doit défendre des intérêts qui sont distincts de ceux des tiers, y compris de ses alliés occidentaux américains, japonais ou autres.

Depuis de nombreuses années, l'importance de ces intérêts spécifiques de l'Europe s'est notamment affirmée dans les domaines de l'agriculture, de la monnaie, de la technologie, de l'énergie, etc. Dans ces divers domaines les européens se sont souvent opposés à leurs alliés politiques américains. Cette impossibilité de séparer les politiques économiques internes de la communauté économique et leurs prolongements extérieurs a été constatée par la Cour de justice des Communautés européennes dans un arrêt capital qui n'a pas été sans soulever quelques remous dans certains États membres [1]. Ce qui montre le mieux l'étroite solidarité entre l'économie, la politique, les problèmes intra-communautaires, leurs prolongements extérieurs, c'est l'effet stimulant qu'ont produit - jusqu'à ce jour - les grandes crises internationales sur l'unification de l'Europe. La guerre de Corée de 1950 est contemporaine des premiers efforts de la CECA. En 1956 l'épisode de Suez fit dire à Louis Armand - dit-on - que les Européens devraient dresser une statue à Nasser. Les grandes crises monétaires de 1969 et surtout de 1971 (et des années suivantes) ont engagé les Européens dans la voie de l'Union économique et monétaire. La crise économique mondiale actuelle depuis 2008, n'échappe pas à la règle qui conduit les États membres de l'Union à rechercher des solutions communes et, par la même, à progresser dans un processus qui les unit toujours plus étroitement.

67 ***La situation de l'Europe dans la vie internationale*** ◇ L'unification européenne doit d'autre part beaucoup à l'environnement mondial.

Elle a été, à ses débuts, suscitée pour une large part par l'opposition des deux superpuissances. La suprématie économique américaine, la menace idéologique et militaire soviétique ont poussé à l'unification de l'Europe et l'ont favorisée.

L'effondrement des régimes communistes à partir de 1989, la disparition de l'URSS, rendent la construction européenne aussi importante qu'avant, mais peut-être plus difficile. Les États-Unis, seule superpuissance, seront moins enclins à ménager leurs alliés et à favoriser une unification qu'ils pourraient juger menaçante pour leur suprématie.

D'autre part, l'effondrement du communisme a suscité de nombreux affrontements nationalistes dont le conflit à l'intérieur de l'ex-Yougoslavie est l'un des plus graves.

Devant les événements survenus à l'Est, la Communauté a montré à la fois ses capacités et ses limites. Sur le plan économique, elle a pu constituer, pour les États de l'Europe de l'Est, un pôle de regroupement. Elle a pu apporter à ces pays des aides économiques importantes. Sur le plan politique et militaire, son absence de moyens et de compétences ne lui a pas permis d'intervenir efficacement (de même que l'Europe constituée a été absente des opérations de la « guerre du Golfe »).

1. V. ci-après.

Par ailleurs, dans le monde, la Communauté comporte quelques vulnérabilités, dans les domaines de l'énergie, des matières premières. Ses industries sont menacées de « délocalisations » vers des États dont la main-d'œuvre est moins coûteuse, moins socialement protégée. De nouvelles menaces s'ajoutent sans cesse à celles que représentent les puissances économiques et technologiques des États-Unis et du Japon.

68 ***Conclusion. La nécessité de construire l'Europe*** ◇ L'unification de l'Europe n'est donc pas le fruit de la méditation des rêveurs politiques. Elle est le produit des circonstances. Mais il pourrait être grave pour l'avenir de cette construction qu'elle ne tienne pas compte des réalités du XXIe siècle et qu'elle ne corresponde pas aux véritables nécessités des États européens. Il serait en particulier dangereux de concevoir l'Europe à l'image de la coopération européenne du XIXe siècle. Au XXe siècle et surtout depuis 1945 les raisons de l'unification européenne ont profondément changé. Au XIXe siècle s'était institué ce que l'on appela le « concert européen ». Les États européens qui le composaient étaient alors les grandes puissances du monde. Leur coopération avait pour but de leur éviter de se battre. Pour cela de grandes conférences diplomatiques se réunissaient périodiquement et s'efforçaient de résoudre les problèmes mondiaux qui auraient pu aboutir à des conflits. Le concert européen ne comportait que des réunions diplomatiques exemptes de toute organisation permanente. Les membres étaient des États réellement souverains (dont le nombre et l'identité étaient variables).

Mais aujourd'hui les besoins de l'unification européenne sont profondément différents. On ne concevrait plus de conflits militaires entre États européens. Leur « concert » ne pourrait plus prétendre régler les grands problèmes mondiaux ; ceux-ci sont désormais le domaine d'un concert mondial des supergrands soucieux d'éviter d'entrer en conflit. Plus prosaïquement les États de l'Europe, devenus moyennes ou petites puissances, ont à *définir, organiser, défendre des intérêts communs dans la politique mondiale.* Et pour cela un « concert européen » de diplomates ne suffit pas. Fixer le prix du lait ou défendre les intérêts des producteurs de céréales dans la compétition internationale est peut-être moins exaltant que régler le sort de l'Afrique ou des grands fleuves internationaux. Mais cela exige des *institutions permanentes* capables de prendre *chaque jour* des initiatives. *Ces institutions doivent être profondément différentes des périodiques conférences diplomatiques du XIXe siècle.* Le *grand problème* de la construction européenne est celui de son *efficacité* : *donc celui de ses institutions.*

C. L'Europe des hésitations

69 ***Le problème institutionnel*** ◇ La nécessité de faire l'Europe ne suffit pas à la faire. Confrontée à ses diverses difficultés, l'Europe a un problème préalable à résoudre : celui d'exister. L'existence pour l'Europe c'est la capacité de répondre aux problèmes qui lui sont posés. Or l'examen de ces

problèmes aboutit à une constatation fondamentale, unique : quels que soient son objet, sa nature, toute question qui se pose aux organes européens aboutit à un seuil politique, toute solution découle d'un choix politique. Cela est aussi vrai de la fixation du prix de la betterave que de la détermination d'un régime monétaire commun. Dès lors, pour *l'Europe, exister c'est être en mesure de résoudre des problèmes politiques*. Ce qui n'est possible que si l'Europe est dotée d'institutions capables de prendre des décisions politiques : *le problème de l'Europe est avant tout celui des institutions.*

70 ***L'hésitation sur la méthode*** ◇ Le problème institutionnel, clé du progrès de la construction européenne, peut traditionnellement être résolu selon deux conceptions : la conception *fédéraliste*, la conception *diplomatique* (sous quelque nom qu'on la désigne : en particulier « confédérale »). Il ne peut y avoir d'autre solution. En effet, lorsqu'un problème se pose à une institution, la décision finale ne peut se diviser. Dans le système diplomatique, l'organe qui statue est le collège des États à l'unanimité : ce sont donc les États qui décident seuls puisqu'un seul d'entre eux peut empêcher toute décision. Dans le système fédéral, c'est l'organe commun (qui peut être un conseil de ministres nationaux) qui statue, sans possibilité de veto d'un État membre.

Dans la construction de l'Europe ces deux voies ont été utilisées. L'unité de l'Europe fut d'abord cherchée par la voie classique des relations internationales. Elle fut poursuivie à partir de 1952 selon une méthode différente plus proche de la technique fédérale. Mais la construction des Communautés a rencontré des oppositions et la pratique a suscité une situation institutionnelle peu claire.

71 ***L'Europe diplomatique*** ◇ La coopération européenne ne fut d'abord que la *continuation de certaines alliances militaires* du temps de guerre. Le Traité de l'Union occidentale, signé à Bruxelles, le 17 mars 1948, prorogeait l'alliance de la France, de la Grande-Bretagne et de la Belgique. Cette alliance devait par la suite s'élargir, inclure les anciens ennemis, constituer l'Union de l'Europe Occidentale (UEO). Presque en même temps, la *coopération européenne s'appliquait à l'économie avec la création de l'Organisation européenne de coopération économique (OECE : Traité de Paris du 16 avril 1948). L'Europe politique naissait ensuite avec le Conseil de l'Europe. Enfin, la coopération européenne s'étendait à de nombreuses formes d'activités politiques, techniques, sociales, économiques.*

Mais cette coopération, si étendue fût-elle, n'avait qu'un caractère limité. Elle n'était qu'une construction diplomatique, interétatique conduisant à organiser seulement une sorte de coopération intergouvernementale. Ses principaux caractères résultaient : de l'antique *répugnance des États à aliéner une part de leur souveraineté* (la Grande-Bretagne surtout fut systématiquement hostile à toute forme de fédéralisme) : *de l'incertitude du nombre des participants* (parfois sept, parfois onze, parfois douze, dix-sept, etc.) ; *de l'absence de toute institution dotée d'un pouvoir « supranational ».*

L'Europe ainsi créée constituait une nébuleuse, géographiquement « large », mais inorganique. Rien ne la distinguait des constructions internationales traditionnelles.

72 ***L'Europe supranationale : les Communautés*** ◇ C'est au milieu de cet édifice bien classique que surgit, un jour de printemps de 1950, le 9 mai très exactement, une conception révolutionnaire de l'Europe, formulée par une déclaration d'un homme d'État : *Robert Schuman* [1]. *L'initiative politique de Robert Schuman allait créer dans la nébuleuse européenne un noyau dur d'États peu nombreux : l'Europe des « six », les Communautés européennes.*

Le nombre « six » résultait du hasard, du simple fait que les autres États sollicités s'étaient dérobés, avaient refusé les abandons de souveraineté qu'impliquait l'édification des Communautés.

La première application du nouvel effort d'intégration fut la constitution de la Communauté européenne du charbon et de l'acier (CECA). Dès la création de la CECA en 1957, l'intégration européenne nouvelle apparaissait avec des caractères qui l'opposaient aux institutions européennes antérieures : la CECA réunissait des *États peu nombreux, mais soumis à des organes supranationaux, de compétence limitée à certains domaines,* mais dotés en ces domaines du pouvoir *de prendre des décisions et de les imposer aux États membres.*

Cette intégration connut rapidement ses limites avec l'échec de la *Communauté européenne de défense et de la Communauté européenne* (politique) : l'entreprise réussie avec la CECA ne put, en 1954, être étendue à des compétences purement politiques. Le prolongement de la CECA en 1957 resta sur le terrain de l'économie avec la *Communauté économique européenne* (CEE) et la *Communauté européenne de l'énergie atomique* (CEEA).

Les Communautés européennes apparaissent donc comme une *unité restreinte* (quoique ouverte à l'adhésion d'autres États) *mais organisée, soumise à des institutions de caractère fédéral.* Certes, les organes communs n'exercent leurs compétences que dans les domaines de l'*économie.* Mais dans ces domaines, les organes communs disposent souvent d'un véritable pouvoir de décision.

73 ***La querelle de la supranationalité*** ◇ Les Traités de Paris et de Rome avaient ainsi fondé les Communautés selon le système fédéral, supranational. Mais la mise en vigueur du Marché commun coïncida avec le retour au pouvoir en France du général de Gaulle qui avait au cours des années précédentes manifesté son hostilité à la conception fédérale de l'Europe. Le mouvement qu'il animait, le Rassemblement du peuple français, avait fortement contribué à l'échec de la Communauté européenne de défense en

1. On ne peut dissocier du nom de R. Schuman celui de J. Monnet. Sur J. Monnet, v. les mémoires de J. Monnet ; v. aussi P. Fontaine, *Le comité d'action pour les États-Unis d'Europe de Jean Monnet*, thèse, Paris, 1974, Éd. Centre de recherches européennes, Lausanne.

1954. Au cours des années soixante, les principes fondamentaux de la construction communautaire furent remis en cause. À la « supranationalité » fut opposée « l'Europe des patries », c'est-à-dire une Europe se réduisant à une coopération interétatique exclusive de tout abandon de souveraineté dans une vue passéiste étrangère aux principes portés par les Pères fondateurs. Les années soixante furent jalonnées de crises dont la plus grave se produisit au cours du second semestre de 1965 pendant lequel la France cessa de participer aux institutions communautaires.

En apparence, la crise de 1965 fut provoquée par le fait que les « six » n'avaient pu parvenir à un accord sur les règlements agricoles avant le 1er juillet 1965. Les circonstances ont rapidement montré que la crise était en réalité de nature institutionnelle. Cela apparut clairement lors de la conférence de presse du général de Gaulle, le 9 septembre 1965. La crise résultait d'un conflit entre *deux conceptions de l'Europe : la construction « supranationale »* devant aboutir à une Europe fédérale, telle qu'elle évoluait normalement en conformité aux Traités de Paris et de Rome ; *l'Europe des conférences diplomatiques*, sans abandon de souveraineté, telle que semblait la souhaiter le général de Gaulle. La crise prit la forme d'une double contestation portant sur le rôle de la Commission et sur le principe du vote majoritaire au conseil des ministres. Pendant plus de six mois, la France s'abstint de siéger dans les institutions communautaires. Cette politique française de la « chaise vide » a constitué une crise qui n'a pu prendre fin qu'avec le *compromis de Luxembourg (janvier 1966). Celui-ci n'a en rien modifié les compétences des organes communautaires, mais la France a, par avance, indiqué qu'elle n'accepterait pas le principe majoritaire lorsque des intérêts, jugés par elle essentiels, seraient en jeu. Cette crise a, en quelque sorte, opposé l'Europe des Communautés et l'Europe du « concert européen » celle du XIXe siècle. Elle est bien apparue comme un exemple de la résistance des souverainetés à la construction fédérale européenne.*

La querelle de la « supranationalité » se manifesta sous d'autres formes, notamment par la proposition française de ce que l'on a appelé le « Plan Fouchet » qui tentait de superposer aux institutions communautaires une instance politique interétatique. Dans la pratique, des mécanismes diplomatiques furent institués sous la forme de réunions de conférences au sommet que le gouvernement français s'efforça d'institutionnaliser, de rendre périodiques, mais qui connurent un échec évident lors de la réunion de Copenhague à la fin de 1973. Dans le domaine des relations politiques, une procédure de coopération fut créée le 27 octobre 1970 sur la base de propositions présentées par un groupe de travail désigné sous le nom de son président, « comité Davignon ».

Les institutions ainsi affaiblies au cours des années soixante éprouvèrent dès lors de grandes difficultés pour affronter les grands problèmes. C'est pourquoi la Communauté a été ébranlée successivement depuis le début des années soixante-dix par les grandes crises monétaires, la crise de l'énergie, les difficultés croissantes rencontrées dans l'application de la politique agricole, les réticences et l'attitude ambiguë de la Grande-Bretagne à l'égard de la Communauté.

74 ***Vers une Europe politique : de la Communauté à l'Union européenne*** ◇ Dans le milieu des années quatre-vingt, la Communauté avait entrepris de nouvelles réformes, institutionnelles (création d'une procédure de « coopération avec le Parlement ») et matérielles (nouvelle politique économique et monétaire).

La fin des années quatre-vingt, le début des années quatre-vingt-dix ont été marqués par des événements historiques d'une portée immense, dominés par l'effondrement des systèmes communistes avec deux conséquences directes et majeures pour l'Europe communautaire.

1. Ces événements ont précipité l'évolution entreprise par l'Acte unique en 1986. Les États membres négocièrent et signèrent un nouveau traité, le *Traité de Maastricht instituant l'Union européenne.*

Cette Union européenne n'abolit pas les Communautés. Elle les englobe dans un ensemble plus large, plus ambitieux.

L'Union européenne est destinée à regrouper les *trois Communautés* et des *coopérations politiques institutionnalisées* dans les domaines de la politique étrangère, de la défense, de la police, de la justice.

2. Les États membres ont signé une décision [1] qui a eu pour effet d'étendre l'application de l'Union économique à ceux qui avaient été des candidats : l'Autriche, la Finlande et la Suède (la Norvège ayant refusé - par référendum - son entrée dans l'Union européenne).

L'Union européenne résulte ainsi d'une évolution profonde qui tend à renforcer la construction européenne confrontée à ses propres difficultés, mais aussi aux diverses crises mondiales surgies à partir des années soixante-dix.

Il nous faut examiner cette évolution en retenant que la *Communauté européenne* reste la partie essentielle de l'Union. Elle comporte des innovations non seulement juridiques et institutionnelles, mais dont certaines touchent la philosophie générale sur laquelle les Communautés ont été édifiées. Devenue « Communauté européenne » ou CE, la *CEE cesse d'avoir des objectifs purement économiques.* À côté des aspects traditionnels de l'édifice communautaire, nous constaterons l'apparition d'une *communauté civique.*

Mais l'Union européenne comprend encore des coopérations politiques dans les domaines des relations extérieures, de la défense, de la justice, de la sécurité.

§ 2. Les Communautés et l'Union européenne

75 Après avoir situé l'historique de l'évolution qui conduit l'Europe des Communautés à l'Union européenne, nous examinerons la structure générale de l'Union actuelle.

1. Décis. 95/1 et s., *JOCE* n° L. 1, 1er janv. 1995

A. Historique de l'évolution des Communautés à l'Union européenne

76 ***Généralités*** ◇ Dès leur début, les Communautés européennes se sont distinguées des traditionnelles institutions internationales par leur structure dont le modèle n'était pas celui du droit international mais celui du droit public interne selon une conception totalement originale.

Longtemps, les Communautés ont eu un objet en principe exclusivement économique. Prétendre cantonner les Communautés dans des compétences limitées était cependant illusoire, l'économie n'étant pas dissociable de la politique.

Dans les débuts des années quatre-vingt-dix, les bouleversements politiques mondiaux imposèrent une révision de la construction européenne. À la Communauté économique, doit succéder une Union européenne aux ambitions plus larges.

De cette trame évolutive, il ressort qu'on peut distinguer trois phases dans la construction européenne :

- la mise en place des Communautés (1950-1969) ;
- la Communauté devant les grandes crises et la première réforme importante ; l'Acte unique européen (1969-1986) ;
- la mise en place de l'Union européenne par le Traité de Maastricht (7 février 1992).

a. La mise en place des Communautés (1950-1969)

77 La première période des Communautés européennes est celle de leur mise en place, rendue parfois difficile en raison des conceptions particulières de la personnalité qui domine cette époque : le général de Gaulle. Mais cette période de mise en place fut calme à l'extérieur des Communautés. À l'intérieur, l'histoire des Communautés peut se ramener à une idée : *les trois Communautés ont été créées séparément,* mais *l'évolution logique conduisit à leur fusion progressive.*

78 ***La CECA*** ◇ L'histoire des Communautés a commencé avec la CECA et on peut donner à ces débuts une date précise : le 9 mai 1950. Ce jour-là, Robert Schuman, dans une déclaration fameuse, formula les principes dont les Communautés européennes ont été l'application. Robert Schuman proposa de « placer l'ensemble de la production franco-allemande de charbon et d'acier sous une haute autorité commune, dans une organisation ouverte à la participation des autres pays d'Europe ».

La *déclaration Schuman* fut suivie de négociations ouvertes à Paris le 10 juin 1950 sur la base d'un document de travail établi par la délégation française. Après plusieurs mois de négociations, le Traité fut paraphé (19 mars 1951) puis signé à Paris (18 avril 1951). Après les ratifications (les dernières furent acquises en juin 1952), *le Traité de Paris entra en vigueur le 25 juillet 1952.* La durée assignée à son application est de 50 ans. La

Grande-Bretagne avait refusé de participer à la CECA car elle n'avait pas accepté les principes de la déclaration Schuman qui imposaient d'importants abandons de souveraineté. Les Britanniques acceptèrent seulement une « coordination » avec la CECA.

L'initiative du Gouvernement français qui devait aboutir au Traité de Paris était fondée sur *diverses raisons*. Des *raisons économiques* pouvaient justifier l'entreprise. Les *véritables buts poursuivis étaient de nature politique*.

La déclaration Schuman assignait d'abord à la haute autorité un premier objectif politique : *mettre fin à la possibilité des guerres franco-allemande* par l'intégration des industries lourdes. La paix est l'élément fondateur de la démarche, c'est aussi sa finalité et son idéal de pérennité pour l'avenir. Mais surtout le projet de CECA constituait un *effort de construction européenne selon les méthodes nouvelles : il s'agissait de préparer la Communauté politique en commençant par la construction d'une Communauté économique. Robert Schuman indiquait dans sa déclaration ce qu'il attendait du dynamisme de la CECA : celle-ci devait être le « ferment d'une Communauté plus large et plus profonde ». L'Europe politique ne pouvant être réalisée immédiatement, « L'Europe ne se fera pas d'un seul coup, ni dans une construction d'ensemble. Elle se fera par des constructions concrètes créant d'abord une solidarité de fait ».*

Ainsi, apparaissait dans la Déclaration du 9 mai 1950 la conception d'une construction « fonctionnelle » de l'Europe, selon laquelle les liens économiques créant une solidarité de fait préparaient les liens politiques. L'approche graduelle et pragmatique conçue par Jean Monnet et reprise par la déclaration a eu les effets les plus remarquables. De la mise en commun du charbon et de l'acier au départ de cette construction, naîtra la forme la plus achevée d'intégration pacifique connue en Europe, voire dans le monde.

La réussite de la CECA eut une grande portée. Profondément différentes des formes traditionnelles de la coopération interétatique (utilisées dans la coopération européenne antérieure à la CECA), les institutions de la CECA préparaient celles du Marché commun et de l'Euratom.

Pourtant, la construction européenne connut des déboires dont le plus spectaculaire fut l'échec du Traité de Communauté européenne de défense devant le Parlement français.

79 ***La CEE*** ◇ L'échec de la Communauté européenne de défense (le 30 août 1954) aurait pu faire craindre que l'effort entrepris avec la CECA ne reste sans lendemain. Mais la réunion à Messine, en juin 1955, d'une conférence des ministres des Affaires étrangères des six membres de la CECA a marqué le début de travaux dont les Traités de Rome devaient être le résultat. La conférence de Messine fut suivie d'une série d'autres conférences réunissant des ministres ou des experts. Un comité d'experts devait se tenir à Bruxelles (juillet 1955-avril 1956) sous la présidence de M. Spaak et rédiger un « Rapport des chefs de délégations aux ministres des Affaires étrangères » qui allait servir de base aux travaux de la conférence des ministres des Affaires étrangères à Venise (mai 1956). Les travaux furent poursuivis par une conférence intergouvernementale pour le Marché commun et l'Eura-

tom qui se réunit à Bruxelles au château de Val Duchesse. Cette conférence s'accompagna d'ailleurs de réunions des ministres des Affaires étrangères (octobre 1956 à Paris, février 1957 à Bruxelles) et des chefs de gouvernements (février 1957 à Paris).

Cette longue préparation aboutit, le 25 mars 1957, à la signature des Traités européens à Rome. Ils comprenaient notamment le Traité instituant la Communauté économique européenne, le traité créant l'Euratom, une convention relative aux institutions communes à plusieurs Communautés. Ils furent complétés par des protocoles signés à Bruxelles le 17 avril 1957 relatifs aux privilèges et immunités et à la Cour de justice de la Communauté économique et de l'Euratom [1].

Les ratifications intervinrent rapidement : la France ratifia le 14 septembre 1957 [2] et le dernier État à ratifier le Traité de Rome fut la Hollande, le 4 décembre 1957.

Le Traité de Rome instituant la CEE fut conclu pour une durée illimitée (art. 240).

La création du Marché commun ainsi réalisé était fondée sur de *grandes ambitions. La première,* la plus avouée, visait à la *transformation des conditions économiques des échanges et par suite de la production,* sur le territoire de la Communauté. Mais l'*ambition politique* du Traité n'était pas moins évidente. Certes, les déclarations officielles qui accompagnèrent la signature du Traité furent - en souvenir de la CED - d'une grande prudence. Mais la CEE ne se présentait pas moins, à la suite de la CECA, comme une contribution à la construction « fonctionnelle » de l'Europe politique, substituée à l'intégration politique directe.

Les objectifs de la CEE sont donc à la fois vastes et clairs. Mais même si l'on ne considère que le contenu économique du Traité de Rome, celui-ci n'en apparaît pas moins important et surtout marqué d'un véritable caractère révolutionnaire. Certes la CECA, par sa technique juridique, est peut-être plus audacieuse que la CEE. Mais alors que la CECA n'intéresse qu'un secteur limité, quoique fort important, de l'économie, *le Marché commun applique l'intégration à l'ensemble de l'économie des États membres.* Et si le Traité est entré en vigueur avec discrétion, le *1er janvier 1958,* il a suffi de peu d'années pour que son importance s'impose à l'opinion.

80 ***La CEEA (Euratom)*** ◇ En même temps que le Traité de Rome instituait la CEE, un second Traité était signé à Rome et créait la Communauté européenne de l'énergie atomique ou CEEA, couramment appelée « Euratom ». L'histoire de ce Traité, sa préparation, son entrée en vigueur se confondent avec ceux de la CEE. Il est donc inutile d'y revenir et il suffira de rappeler que l'Euratom est entré en vigueur le 1er janvier 1958.

1. *JO* 8 avr. 1958. Le protocole sur les privilèges et immunités a été remplacé par un protocole unique annexé au Traité de Bruxelles, 8 avr. 1965.
2. En application d'une loi du 2 août 1957, *JO* 4 août 1957.

La création de cette communauté consacrée à l'énergie atomique poursuivait un but défini par l'article 1er du Traité : « contribuer, par *l'établissement des conditions nécessaires à la formation et à la croissance rapide des industries nucléaires,* à l'élévation du niveau de vie dans les États membres et au développement des échanges avec les autres pays ».

Il s'agissait donc, pour les signataires du Traité de l'Euratom, d'assurer à la fois la création et la croissance rapide des industries nucléaires, c'est-à-dire d'industries dans lesquels les États membres avaient pris un retard important par rapport à certains États : États-Unis, URSS, Grande-Bretagne [1].

Des raisons impératives poussaient les États membres de l'Euratom à développer les industries nucléaires. Ces raisons étaient surtout fondées sur les prévisions de l'augmentation des besoins énergétiques des États européens. *L'Europe - et en particulier la France - souffre, pour les formes d'énergie traditionnelle, d'un déficit qui lui impose d'importer des moyens énergétiques.* Ce déficit doit augmenter à mesure du développement de l'économie et, par suite, doit peser d'un poids sans cesse plus lourd sur la balance des paiements des États européens. Il risque en outre de mettre ceux-ci dans la dépendance de leurs fournisseurs. Le déficit en énergie traditionnelle a donc incité les États européens à chercher dans l'énergie nucléaire le moyen d'atteindre à l'indépendance énergétique.

Mais le développement de l'énergie nucléaire se heurtait à un obstacle : *son prix élevé.* Dans cette industrie, les États européens avaient pratiquement tout à faire (sauf la France qui avait entrepris des recherches avec des moyens limités) [2]. Le coût des investissements nécessaires dépassant les possibilités des États isolés, les membres de la CECA et de la CEE ont été amenés à s'unir pour constituer l'Euratom, conçu sur le modèle des autres Communautés.

81 ***Vers l'unification des Communautés*** ◇ Ainsi, la mise en vigueur des Traités de Rome suivant celle du Traité de Paris créait des Communautés distinctes dont la plus importante était la CEE. Résultat de l'évolution historique, cette coexistence n'était pas très logique et présentait des inconvénients de plus en plus sensibles : le plus visible, mais non le plus grave était celui des doubles emplois.

L'unification nécessaire fut entreprise dès la signature des Traités de Rome. Elle commença avec la signature de la *Convention de Rome du 25 mars 1957 relative à certaines institutions communes aux Communautés européennes. Elle fut poursuivie avec le Traité de Bruxelles du 8 avril 1965 portant fusion des exécutifs.*

La *Convention de Rome,* signée en même temps que les Traités créant la CEE et la CECA, a eu pour objet de rendre communes certaines institutions aux trois Communautés : l'*Assemblée parlementaire* et la *Cour de justice ;* à la

1. Sur l'origine de l'Euratom, v. D. Pépy, « L'Euratom », *Dr. soc.* janv. 1957.

2. Selon M. Pépy, dans son art. préc. (publié en 1957) : « On a pu dire que les États-Unis travaillaient sur des investissements de l'ordre de 5 000 milliards de francs, la Grande-Bretagne de 600 milliards, la France de 100 milliards » (il s'agit bien entendu de francs en 1957).

CEE et à la CEEA : le *Comité économique et social*. Cette convention a modifié certaines dispositions du Traité de Paris (art. 21 et 32) de manière à les rendre conformes à celles des autres Traités en ce qui concerne l'organisation de l'Assemblée parlementaire et de la Cour de justice.

Le *Traité de Bruxelles* du 8 avril 1965 (entré en vigueur le 1er juillet 1967) a prolongé ce premier effort d'unification. Ce Traité a eu pour objet d'*unifier les exécutifs* (et, par voie de conséquences, diverses institutions ou règles étroitement liées à ceux-ci). Les trois conseils des ministres (CEE, CECA, CEEA), les deux commissions (CEE, CEEA) et la haute autorité (CECA) ont été remplacés par un *Conseil unique* et une *Commission unique*. En outre, le Traité de Bruxelles a refondu en *une seule administration* celles des trois Communautés. Les Communautés ont été dotées d'un *budget de fonctionnement unique*. Au Traité de Bruxelles a été annexé un *protocole unique sur les privilèges et immunités* (substitué aux protocoles particuliers à chaque Communauté).

Toutefois, *la fusion des exécutifs comporte des effets limités :* les trois traités restent séparés et l'exécutif unique reste, pour leur application, l'exécutif de la CEE, de la CEEA, de la CECA. Il sera donc nécessaire d'aller plus loin dans l'unification des Communautés : la fusion des traités en marquera l'achèvement (ce qui ne signifiera pas le terme de l'unité européenne, en particulier dans le domaine politique).

b. La Communauté et les grandes crises mondiales (1969-1986). L'Acte unique européen

82 ***Le départ du général de Gaulle et la conférence de La Haye*** ◇

L'année 1969 constitue pour l'Histoire des Communautés le point de départ d'une époque nouvelle. Elle est marquée par la démission du général de Gaulle dont la politique, au cours des dernières années, avait fortement contribué à bloquer la communauté. Après son élection, le nouveau président, Georges Pompidou, prit l'initiative d'une « relance » européenne en suscitant la réunion d'une conférence au sommet. Celle-ci se tint à La Haye les 1er et 2 décembre 1969 et réunit les chefs des exécutifs des États membres. La nature de la réunion et sa courte durée ne lui permettaient pas de prendre des décisions très précises. Mais son but était de débloquer la construction européenne, de prendre un certain nombre d'engagements politiques à cet effet, et surtout de dissiper certaines méfiances nées au cours des années précédentes à l'encontre de la France. La conférence de La Haye de 1969 a engagé la Communauté vers l'achèvement de la politique agricole, les progrès de l'union économique et monétaire. Des décisions concrètes suivirent la conférence de La Haye, dans le domaine agricole, monétaire. Les Communautés furent dotées de ressources propres destinées à assurer leur financement. L'un des effets les plus importants de cette nouvelle dynamique fut la reprise des négociations relatives à l'adhésion de nouveaux États européens qui s'étaient jusque là tenus à l'écart et parmi lesquels la Grande-Bretagne.

83 ***L'élargissement des Communautés*** ◇ Le 22 janvier 1972 ont été conclus à Bruxelles les actes (et notamment le Traité) *d'adhésion aux Communautés européennes* de quatre nouveaux membres : le *Danemark*, l'*Irlande*, la *Norvège* et surtout la *Grande-Bretagne*.

L'adhésion de la Grande-Bretagne a marqué l'achèvement d'une longue période de négociations, de tensions, de difficultés qui ont commencé dès l'entrée en vigueur du Traité de Rome. Dans un premier temps, la Grande-Bretagne n'avait pas cru devoir participer à l'entreprise européenne, qu'elle prît la forme de la CECA, de la CED ou du Marché commun et de l'Euratom. Après avoir vainement tenté de dissoudre la Communauté dans une zone de libre échange (1958) puis constitué avec d'autres pays européens l'Association européenne de libre échange (AELE), la Grande-Bretagne posa sa candidature le 9 août 1961. Alors commença une longue période émaillée d'incidents : le premier « veto » du général de Gaulle (janvier 1963) fut suivi d'une période de sommeil relatif coupée de rencontres au sein de l'UEO ; une nouvelle candidature (mai 1967) n'eut pas de résultat plus heureux et échoua sur le second « veto » (décembre 1967). Il fallut attendre la *conférence de La Haye* (1er et 2 décembre 1969) pour que la question de l'adhésion de la Grande-Bretagne fût reprise dans des perspectives nouvelles. Les négociations avec les quatre candidats s'ouvrirent par une séance solennelle tenue à Luxembourg le 30 juin 1970. Après un an de négociations les parties parvinrent à un accord sur l'ensemble des problèmes que posaient les demandes d'adhésion et la mise en forme de cet accord a abouti à l'adoption le 22 janvier 1972 d'une série de textes.

Mais à la suite d'un référendum dont le résultat fut négatif le 23 septembre 1972, la Norvège renonça à adhérer aux Communautés. Les actes d'adhésion furent modifiés en conséquence [1]. L'adhésion de trois nouveaux membres, Danemark, Irlande, Royaume-Uni, est devenue effective le 1er janvier 1973 et a été entièrement réalisée à l'issue d'une période de transition qui s'est achevée - sous quelques réserves - à la fin de 1977 [2]. L'Europe des six est ainsi devenue l'Europe des neuf.

La *Grèce* a ensuite adhéré aux Communautés européennes [3]. Le Traité d'adhésion de l'*Espagne* et du *Portugal* a été signé le 12 juin 1985. Ces deux États sont entrés dans la Communauté le 1er janvier 1986 [4]. L'Europe des neuf devient l'Europe des douze.

84 ***Les années soixante-dix et quatre-vingt. Les grandes crises. Le renouveau des Communautés*** ◇ Depuis le début des années soixante-dix, la construction communautaire s'est poursuivie. Mais elle a été accompagnée par des crises mondiales de la plus grande gravité. Les deux crises

1. *JOCE* L. 2, 1er janv. 1973.
2. Le gouvernement de M. Wilson avait décidé de soumettre cette adhésion à un référendum. Ce référendum a été positif (5 juin 1975).
3. Les documents relatifs à l'adhésion de la Grèce sont publiés au *JOCE* L. 291, 19 nov. 1979.
4. V. les documents relatifs à cette adhésion au *JOCE* L. 302, 15 nov. 1985.

majeures furent au cours de ces deux décennies, la crise du dollar et la crise du pétrole.

La crise du dollar éclata brusquement en mai 1971 pour atteindre son sommet le 15 août 1971, date à laquelle le président Nixon annonça que le dollar était détaché de l'or.

La crise du pétrole survint en 1973. Le prétexte en fut une guerre déclenchée au Moyen-Orient, la guerre du « Yom Kippour », vers la fin de 1973.

D'autres événements, d'autres crises moins importantes parurent menacer la construction communautaire (tel le retour des travaillistes au pouvoir, en Grande-Bretagne en 1974 et la demande formulée par ceux-ci de renégocier l'adhésion de la Grande-Bretagne).

Ces crises furent finalement surmontées et si elles suscitèrent de graves difficultés à la Communauté, elles eurent aussi pour effet d'importants progrès : le système monétaire européen, la politique énergétique en ont été les résultats.

Les crises, d'une manière plus générale, ont imposé à la Communauté des efforts de réflexion sur son avenir. Des travaux multiples furent consacrés à tous les aspects de l'unification des Communautés, plus particulièrement aux institutions : rapport Tindemans de 1974 (du nom du premier ministre belge) ; rapports des « trois » et des « cinq » sages (consacrés en 1979 aux institutions), etc. Indépendamment des institutions, le développement général des Communautés a notamment inspiré le « livre blanc » publié par la Commission en juin 1985, sur l'achèvement du marché intérieur en 1992. Les conseils européens participèrent aussi aux efforts d'amélioration des institutions et de progrès des Communautés (notamment le conseil de Fontainebleau).

Le résultat essentiel de toute cette réflexion fut l'*Acte unique européen.*

85 ***L'Acte unique européen (février 1986)*** [1] ◇ Les travaux entrepris dans les années quatre-vingt, marqués par des documents importants (et le livre blanc de la Commission pour l'achèvement du marché intérieur en 1992 - Juin 1985) ont abouti à un texte qui modifie les traités européens : l'Acte unique européen signé à Luxembourg et La Haye les 17 et 28 février 1986. Cet Acte unique associe les Communautés et la coopération politique à la poursuite d'objectifs communs, tout en maintenant leur séparation. Il ouvre des perspectives nouvelles et prévoit de nouvelles institutions, tel le tribunal de première instance. Il faut comprendre qu'au milieu des années quatre-vingt, les dirigeants européens sont décidés à rompre avec l'euroscepticisme de la décennie précédente - Sous l'impulsion d'un trio moteur : Mitterrand - Kohl - Delors, se dessine une nouvelle relance de la construction européenne dont l'objectif est d'achever l'intégration économique initiée à Rome en 1957. La réalisation du Marché commun unique devient l'horizon qui va mobiliser les institutions et les États européens pendant près de dix ans.

1. *JOCE* L. 169, 29 juin 1987.

86 ***L'intégration de la RDA dans la Communauté*** ◇ L'année 1990 a connu des événements considérables et – au moins en partie – imprévisibles. Celui qui a le plus directement intéressé la Communauté a été la *réunification de l'Allemagne* dont la conséquence immédiate fut l'*intégration de l'ancienne RDA dans la CEE.*

Trois dates essentielles ont marqué ces événements : le 9 novembre 1989 le « Mur de Berlin » tombe, ce que personne n'avait osé imaginer ; le 1er juillet 1990 l'union monétaire est réalisée entre les deux Allemagnes ; le 3 octobre 1990 l'unité de l'Allemagne est rétablie.

Ces événements ont soulevé le problème de l'adhésion de l'ex République démocratique allemande (RDA). Celle-ci aurait pu être réalisée selon la procédure de l'article 237 du Traité. Cette procédure n'a pas été utilisée.

L'intégration de l'ex-RDA a été réalisée par une série de textes fondés sur le principe que les Länders de la RDA devenant des parties du territoire de l'Allemagne entraient de ce fait dans la CEE.

Toutefois l'entrée de l'ex-RDA dans la Communauté n'a pu se faire sans une *période de transition* justifiée par les disparités de développement économique.

87 ***Le processus d'intégration*** ◇ La procédure a été réalisée par *trois séries de texte.*

1. La RDA a été intégrée dans la Communauté avant même que l'Allemagne ne soit réunifiée. Ce fut l'objet d'un *règlement 1794.90 du Conseil et pour la CECA d'une décision 1796.90 de la Commission.* Ces textes fixaient les conditions auxquelles devait satisfaire la RDA pour que la Communauté puisse suspendre les droits de douane, les restrictions quantitatives, les taxes et mesures d'effet équivalent sur les produits est-allemands.

En application de ces textes, la Commission a pris *un règlement 1795.90 selon lequel la « République démocratique allemande est considérée comme faisant partie de la Communauté »* [1]. Le règlement est *entré en vigueur le 1er juillet 1990.*

2. Des mesures de transition étaient indispensables (ce qui avait été le cas pour tous les États qui depuis 1972 ont adhéré à la Communauté).

Les *dispositions transitoires* ont été adoptées par une série de textes (règlements, directives, décisions) du 4 décembre 1990 [2]. Elles sont entrées en vigueur en décembre 1990.

3. Les conditions dans lesquelles la RDA est entrée dans la Communauté ont soulevé un problème particulier. L'intégration effective de l'Allemagne de l'Est (1er juillet 1990) précédait l'unification de l'Allemagne. Et les mesures de transition ne pouvaient être adoptées immédiatement. C'est pourquoi l'entrée de la RDA dans la Communauté fut accompagnée de *mesures provisoires* (en attendant les *dispositions transitoires*). La période

1. Ces textes (règlements et décision 1794, 1795, 1796-90) sont datés du 29 juin 1990.
2. *JOCE* L. 353, 17 déc. 1990.

provisoire fut organisée par un règlement 2684.90 et une directive 90.476 du conseil du 17 septembre 1990 [1].

Cette période provisoire a pris fin lors de l'entrée en vigueur des dispositions transitoires (décembre 1990).

c. Le passage à l'Union européenne (1986-1992)

88 ***Les événements*** ◇ L'édifice construit par le Traité de Rome avait commencé à évoluer et, en particulier, l'Acte unique lui avait assigné un objectif faussement nouveau : l'achèvement du marché intérieur pour lequel la fin de 1992 était devenue la date symbolique. Mais également, l'Acte unique avait engagé la Communauté dans une politique économique et monétaire plus ambitieuse devant aboutir à une monnaie unique.

Cette évolution fut brutalement accélérée par les événements des années 1989-1991 : l'effondrement du système communiste et la guerre du Golfe.

Devant ces événements, les Douze ont réagi avec une inégale efficacité.

Face aux modifications du bloc de l'Est, dans ce qui relevait de l'économie, la Communauté bien organisée, expérimentée, a pu se révéler efficace. Elle a pu souvent apporter une aide immédiate. Elle a mis en œuvre des programmes d'aide et de coopération à plus long terme (programmes PHARE, TEMPUS, etc.) ; elle a institué un organisme de financement, la BERD, Banque européenne de reconstruction et de développement. Et surtout, la Communauté a agi sur les pays de l'Est, sortis de l'empire communiste, comme un pôle d'attraction et d'espérance.

L'ensemble des pays européens s'est trouvé placé devant une nouvelle perspective exaltante : celle d'une réunification du continent européen. La disparition du bloc soviétique a provoqué une rupture de l'ordre international à laquelle les pays membres des Communautés ont réagi rapidement en affirmant hautement la dimension politique du projet européen.

Mais dans les domaines diplomatique, politique et militaire, points faibles de la Communauté, les Douze, inorganisés, sans pouvoirs, ont montré une inefficacité à peu près totale.

Les Douze furent absents du Golfe. Ils ne purent empêcher l'explosion sanglante de la Yougoslavie, en partie due à des décisions intempestives de certains.

La raison de la différence d'efficacité est évidente : fortement organisée dans les domaines de l'économie, la Communauté peut agir avec des moyens importants comme une véritable puissance. Réduits à une simple coopération interétatique, frappée de l'impuissance traditionnelle de ce genre d'organisation, les Douze ne pouvaient guère avoir d'actions en dehors des frontières de leur union.

89 ***Les initiatives communautaires. Le Traité*** ◇ Ces événements ont donné aux Douze une impulsion qui s'est traduite dans les dispositions

1. *JOCE* L. 263, 26 sept. 1990 et L. 255, 28 sept. 1990.

prises par une suite de conseils européens. Dès avant les événements, les conseils européens de Hanovre (27, 28 juin 1988) et Madrid (26, 27 juin 1989) donnèrent une première impulsion à une nouvelle « Union économique et monétaire » qui commença le 1er juillet 1990.

Les conseils européens suivants réagirent aux événements de l'Est et du Golfe : conseil informel de Paris (18 novembre 1989), conseil de Strasbourg (8 et 9 décembre 1989), de Dublin (28 avril et 25 juin 1990), de Rome (27 octobre et 14 décembre 1990).

Ces divers conseils européens aboutirent à la constitution le 15 décembre 1990 de deux *« conférences intergouvernementales » (CIG) consacrées l'une à l'élaboration d'un Traité d'Union politique, l'autre au Traité d'Union économique et monétaire.*

La mission des CIG aboutit à la conclusion les 9 et 10 décembre 1991, à Maastricht, des deux traités.

Ces deux traités furent réunis en un seul qui fut signé - *toujours à Maastricht* - le *7 février 1992*. C'est le *« Traité sur l'Union européenne »* [1].

B. L'Union européenne

90 Quatre traités consacrent l'organisation de l'Union européenne : le premier, le Traité de Maastricht, en porte création - Le second, le Traité d'Amsterdam, s'inscrit dans la continuité du précédent qu'il renforce en poursuivant, de façon limitée toutefois, les réformes institutionnelles entreprises. Le troisième, le Traité de Nice, vise à adapter l'ensemble du système communautaire aux perspectives ambitieuses d'un élargissement de l'Union à l'échelle du continent européen. Quant au quatrième, l'actuel Traité de Lisbonne, il améliore sensiblement les trois précédents sans se substituer à eux, selon une méthode réformatrice désormais bien rodée tout en adaptant les institutions aux futurs élargissements.

91 ***a) La création de l'Union européenne. Le Traité de Maastricht (7 février 1992)*** ◇ Le Traité de Maastricht nécessite une double approche : l'une formelle dans la mesure où la structure du traité le rend particulièrement difficile à lire, l'autre sur le fond pour en saisir la portée.

92 ***La structure formelle du traité*** ◇ Du point de vue formel, le Traité de Maastricht se divise en sept titres, suivi de 17 protocoles et de 33 déclarations.

Les sept titres du Traité sont les suivants :

- Titre I. Dispositions communes.
- Titre II. Dispositions portant modification du Traité instituant la Communauté économique européenne en vue d'établir la Communauté européenne.

1. Traité de Maastricht et Traité de Rome modifié, *JOCE* C. 224, 31 août 1992.

– Titre III. Dispositions modifiant le Traité instituant la Communauté européenne du charbon et de l'acier.

– Titre IV. Dispositions modifiant le Traité instituant la Communauté européenne de l'énergie atomique.

– Titre V. Dispositions concernant une politique étrangère et de sécurité commune.

– Titre VI. Dispositions sur la coopération dans les domaines de la justice et des affaires intérieures.

– Titre VII. Dispositions finales.

Cette simplicité des titres recouvre une réelle complexité dans la structure formelle du Traité qui peut s'expliquer par plusieurs raisons.

La première est que le Traité de Maastricht prend la suite de textes, d'institutions et de politiques qu'il incorpore et qu'il modifie en même temps. En conséquence, la division en titres peut recouvrir des subdivisions en parties, elles-mêmes pouvant se subdiviser à leur tour en titres qui reprennent les propres titres des textes, incorporés. Ainsi le titre V sur la politique des transports ou le titre VI sur la politique économique et monétaire ne sont que des titres internes au Traité de Rome constituant lui-même le titre II du Traité de Maastricht.

La deuxième raison est que le texte de Maastricht est difficile à lire du fait de sa division en articles représentés par des lettres (de A à S). Or à l'intérieur de ces articles, les Traités communautaires incorporés et modifiés conservent leurs divisions numérotées. Ainsi le premier article du Traité CE est l'article G et le second l'article 2. Le premier article du Traité CECA est l'article H suivi des numéros normaux de ce traité. De même le premier article du Traité EURATOM est l'article I suivi des articles de ce traité.

La raison plus fondamentale de cette lourde complexité du texte tient à l'hostilité de plusieurs États à accepter de consentir des abandons de souveraineté dans des domaines régaliens essentiels au Traité.

93 ***Les protocoles*** ◇ Sur les 17 protocoles, joints au Traité, retenons les plus importants :

– *Protocole* sur les statuts du *Système européen de banques centrales* (SEBC) et de la *Banque centrale européenne ;*

– *Protocole* sur les statuts de l'*Institut monétaire européen ;*

– *Protocole* sur la procédure applicable en cas de *déficit excessif ;*

– *Protocole* sur les *critères de convergence* visés à l'article 109-J du Traité CE ;

– *Protocole* sur le *passage à la troisième phase* de l'Union économique et monétaire ;

– *Protocole* sur certaines dispositions relatives au *Royaume-Uni de Grande-Bretagne et d'Irlande du Nord.*

Ces protocoles constituent des dispositions d'application du Traité CE relatif à l'Union économique et monétaire.

– *Protocole* sur la *politique sociale* conclu entre les États de la CE à l'exception du Royaume-Uni ;

– *Protocole* sur la *cohésion économique et sociale.*

94 ***Les déclarations*** ◇ L'Acte final de la conférence comporte plusieurs déclarations. Les plus importantes concernent :

– le *rôle de l'UEO* (Union de l'Europe Occidentale) et des relations avec l'Union européenne et l'Alliance atlantique ;

– la *coopération policière.*

95 ***La structure fondamentale du Traité*** ◇ Sur le fond, le Traité de Maastricht marque la fin de la « méthode communautaire » telle qu'elle a été suivie depuis 1950. Avec lui, les États signataires entrent dans une nouvelle phase d'unification qui suppose que les décisions soient prises le plus près possible des citoyens et qui repose sur trois piliers d'importance inégale.

96 ***Le premier pilier*** ◇ Il est constitué par les Communautés européennes. Il se fonde sur les Traités de Paris et de Rome modifiés par l'Acte unique européen et modifiés par le Traité de Maastricht.

Au cœur de ce dispositif, la Communauté économique européenne (CEE) devient la Communauté européenne (CE). Le changement terminologique est révélateur d'une volonté essentielle des signataires de Maastricht : l'élargissement à des domaines non économiques des compétences communautaires. Il en résulte plusieurs conséquences.

1. Les compétences économiques communautaires sont développées. La Communauté européenne est désormais compétente pour agir dans 17 domaines répertoriés par le Traité modifié qui inclue des politiques qui s'étaient constituées jusque-là en marge du Traité de Rome sur des bases ténues. Il en est ainsi pour la protection du consommateur (art. 129 A), l'industrie (art. 130), la recherche (art. 130 F à 130 P), l'environnement (art. 130 R), la politique régionale (cohésion économique et sociale, art. 130 A à 130 E). Il s'y ajoute des nouveautés plus radicales. Ainsi des art. 129 B à D traitant d'une politique des réseaux transeuropéens qui concernent les secteurs des infrastructures du transport, des télécommunications et de l'énergie.

2. Les compétences non économiques s'ajoutent aux compétences économiques. Il s'agit :

– de la politique de l'éducation (indépendamment de la formation professionnelle des art. 117 et s.) (art. 126 et s.) ;

– de la culture (art. 128) ;

– de la santé publique (art. 129 et s.).

3. La politique monétaire prend un nouvel élan ayant pour objectif l'institution d'une monnaie unique, l'euro, alors que l'Écu dans le Système monétaire européen (SME) était seulement monnaie commune et laissait subsister les monnaies nationales. Le Royaume-Uni et le Danemark ont toutefois un statut dérogatoire qui leur permet de passer à la monnaie unique au moment de leur choix sous certaines conditions :

À côté de la CE, la CECA et la CEEA subsistent mais apparaissent de plus en plus comme des secteurs particuliers de la CE.

Les États membres et les institutions communautaires assurent le fonctionnement de ce premier pilier, originel par nature et qui constitue une organisation « intégrée », c'est-à-dire dotée d'une structure fédérale dans laquelle les décisions sont prises par des institutions distinctes de celles des États membres. Ce pilier est régi par le droit communautaire sous le contrôle de la Cour européenne de justice de Luxembourg.

À l'élargissement des compétences communautaires correspond un accroissement des compétences du Parlement européen dans les procédures de décision. Le Traité renforce le contrôle de ce Parlement sur le budget communautaire et introduit un vote d'approbation pour la désignation de la Commission européenne, ce qui correspond à une investiture parlementaire.

Les deux autres piliers ont en commun de fonctionner sur une simple base intergouvernementale, ce qui signifie que les matières qu'ils englobent ne sont pas « communautarisées » et qu'il n'y a pas de délégation de souveraineté sur ces questions.

97 ***Le second pilier*** ◇ Il recouvre les dispositions concernant *une politique étrangère et de sécurité commune* (PESC).

Cette politique est définie et mise en œuvre par l'Union et ses États membres. Ses objectifs visent la sauvegarde des valeurs communes, des intérêts fondamentaux et de l'indépendance de l'Union, le maintien de la paix et de la sécurité internationale. L'Union instaure une coopération systématique entre les États membres et met en œuvre des actions communes dans les domaines où les États membres ont des intérêts importants en commun. Chaque fois qu'il le juge nécessaire, le Conseil peut définir une position commune. Le Parlement n'a qu'un pouvoir consultatif.

La PESC englobe toutes les questions intéressant la sécurité de l'Union, y compris la définition à terme d'une politique de défense susceptible de conduire à une défense commune. L'Union de l'Europe Occidentale (UEO) qui fait partie intégrante du développement de l'Union européenne est chargée d'élaborer et de mettre en œuvre les décisions et les actions de l'Union qui intéressent la défense. Le Conseil, en accord avec l'UEO, adopte les modalités pratiques adéquates.

Comparée à ses ambitions, la PESC peut apparaître bien modeste en pratique aussi bien dans ses interventions diplomatiques que dans son volet militaire. Son impuissance lors du conflit bosniaque a bien montré ses limites. Les prises de position et les actions communes devant être adoptées à l'unanimité, la règle est évidemment source de blocage.

98 ***Le troisième pilier*** ◇ Il organise la coopération dans les domaines de la justice et des affaires intérieures (CJAI). Cette coopération renforcée est la

conséquence directe de l'établissement d'un espace européen sans frontières intérieures. Elle intéresse les questions d'intérêt commun répertoriées à l'article K1. Il s'agit de la politique d'asile, du franchissement des frontières et de son contrôle, de la politique d'immigration, des conditions d'entrée et de circulation, des conditions de séjour, de l'immigration et du travail irréguliers, des questions criminelles transfrontalières telles que la toxicomanie, le terrorisme, la fraude ainsi que la coopération en matière civile, pénale et dans le domaine douanier. Ces questions sont traitées dans le respect de la Convention de sauvegarde des droits de l'homme et des libertés fondamentales du 4 novembre 1950 et de la Convention relative au statut des réfugiés du 28 juillet 1951 et en tenant compte de la protection accordée aux personnes persécutées pour des motifs politiques. Ces dispositions ne portent pas atteinte aux responsabilités des États membres en ce qui concerne le maintien de l'ordre public et la sauvegarde de la sécurité intérieure.

En pratique, les États membres ont pu adopter une liste commune des pays soumis à visas d'entrée dans les États de l'Union européenne. Ils sont également parvenus à un accord sur une action commune dans le domaine de la lutte contre le racisme et la xénophobie. Enfin, parmi les innovations les plus remarquables du Traité, figurent celles qui concernent la légitimité démocratique de l'Union.

99 ***La Communauté civique européenne*** ◇ Le Traité de Maastricht comporte plusieurs dispositions qui fondent ce que l'on pourrait appeler une Communauté civique européenne. Celle-ci répond précisément au souci de combler le déficit démocratique souvent reproché aux institutions communautaires.

Le Traité institue en effet une citoyenneté européenne qui comporte de nombreux droits : celui de circuler et de séjourner librement sur le territoire des États membres, le droit de vote et d'éligibilité aux élections municipales et européennes pour les citoyens de l'Union résidant dans un État membre dont ils ne sont pas les ressortissants, la protection diplomatique et consulaire de n'importe lequel des États de l'Union dans un État tiers où leur propre pays ne serait pas représenté, le droit de pétition devant le Parlement européen, et enfin la faculté de saisir un médiateur nommé par le Parlement de Strasbourg.

Le Traité s'attache par ailleurs à accroître le rôle législatif du Parlement européen, tout en précisant le rôle des États dans la conception et la mise en œuvre des politiques communes selon le principe de subsidiarité. Selon ce principe, la Communauté n'intervient que si et dans la mesure où les objectifs de l'action envisagée ne peuvent pas être réalisés de manière satisfaisante par les États membres, et peuvent donc avoir de meilleurs effets au niveau communautaire. Le principe ne s'applique pas dans les matières où la compétence communautaire est exclusive, et permet dans tous les autres domaines une meilleure répartition des prises de décision entre les niveaux communautaire, national et régional.

100 ***La mise en vigueur du Traité de Maastricht*** ◇ Elle n'a pas obéi au calendrier prévu : avant le 1er janvier 1993 (art. R.) ou à défaut le 1er jour suivant le dépôt du dernier instrument de ratification. Il a fallu en fait attendre novembre 1993.

Entre-temps, des révisions constitutionnelles ont eu lieu dans certains États membres et la procédure référendaire est intervenue soit pour la révision elle-même soit pour la ratification.

Le résultat négatif du premier référendum danois en date du 22 juin 1992 a retardé le processus de ratification non seulement pour lui-même mais pour d'autres États comme le Royaume-Uni. La reconnaissance d'un « statut spécial » au profit du Danemark par le Conseil européen de Birmingham a permis de débloquer la situation et un second référendum organisé au Danemark en juin 1993 a obtenu cette fois un résultat positif.

En France, dans sa décision du 9 avril 1992, le Conseil constitutionnel saisi sur la base de l'article 54 de la Constitution, déclare non compatibles avec la Constitution et avec les conditions essentielles d'exercice de la souveraineté nationale trois types de dispositions : le droit de vote et d'éligibilité des citoyens européens aux élections municipales, les principales dispositions relatives à la troisième phase de l'Union économique et monétaire, l'article 100-C qui autorise le Conseil à arrêter à la majorité qualifiée la liste des États dont les ressortissants sont soumis à une obligation de visa. Une révision constitutionnelle est intervenue en conséquence suivant la voie parlementaire instituée à l'article 89. Le Congrès a adopté le projet de révision le 23 juin 1992. Un nouveau titre XV intitulé « Des Communautés européennes et de l'Union européenne » est inséré dans la Constitution.

Art. 88-1 : « La République française participe aux Communautés européennes et à l'Union européenne constituées d'États qui ont choisi librement en vertu des Traités qui les ont instituées d'exercer en commun certaines de leurs compétences. »

Art. 88-2 : « Sous réserve de réciprocité et selon les modalités prévues par le Traité sur l'Union européenne signé le 7 février 1992, la France consent aux transferts de compétences nécessaires à l'établissement de l'Union économique et monétaire européenne ainsi qu'à la détermination des règles relatives au franchissement des frontières extérieures des États membres de la Communauté. »

Art. 88-3 : « Sous réserve de réciprocité et selon les modalités prévues par le Traité sur l'Union européenne signé le 7 février 1992, le droit de vote et d'éligibilité aux élections municipales peut être accordé aux seuls citoyens de l'Union européenne résidant en France. Ces citoyens ne peuvent exercer les fonctions de maire ou d'adjoint au maire *ni participer à la désignation des électeurs sénatoriaux* et à l'élection des sénateurs. *Une loi organique votée dans les mêmes termes par les deux assemblées* détermine les conditions d'application du présent article. »

Art. 88-4 : « Le gouvernement soumet à l'Assemblée nationale et au Sénat, dès leur transmission au conseil des Communautés, les propositions d'actes communautaires comportant des dispositions de nature législative.

Pendant les sessions ou en dehors d'elles des résolutions peuvent être votées dans le cadre du présent article selon des modalités déterminées par le règlement de chaque assemblée. »

Le Conseil constitutionnel saisi à nouveau cette fois sur la conformité du Traité de Maastricht à la Constitution révisée a confirmé sa première décision en se fondant sur l'autorité de la chose jugée et sur la nature souveraine du pouvoir constituant. Quant à la ratification du Traité par la France, elle a été autorisée par voie référendaire le 20 septembre 1992 [1].

101 ***b) Après Maastricht*** ◇ Indépendamment de l'achèvement du marché intérieur réalisé le 1er janvier 1993 et qui est un succès communautaire, on peut relever deux événements majeurs dans la poursuite de l'intégration européenne : l'adhésion de nouveaux membres et la première révision du Traité de l'Union par le Traité d'Amsterdam.

102 ***L'adhésion de l'Autriche, la Finlande et la Suède*** ◇ 1er janvier 1995. L'adhésion des membres de l'AELE porte à quinze le nombre des États membres de l'Union. Une série de décisions du Conseil sont intervenues concernant cette adhésion :

– décision du Conseil de l'Union européenne le 1er janvier 1995 portant adoption des instruments relatifs à l'adhésion des nouveaux membres ;

– décision fixant au 1er janvier 1995 l'ordre de l'exercice de la présidence ;

– une déclaration commune de l'article 31 de la décision portant ajustement des instruments concernant l'adhésion de nouveaux États à l'Union européenne ;

– Une information concernant l'adhésion des États membres à l'Union. Certaines adoptions sont automatiques. Il en est ainsi pour le nombre de sièges et de voix au Parlement européen. La pondération est la suivante :

État membre	Députés du PE	Votes au Conseil	Commissaires
Belgique	25	5	1
Danemark	16	3	1
Allemagne	99	10	2
Grèce	25	5	1

1. Le référendum français a obtenu 13 162 992 oui contre 12 623 582 non au terme d'un débat animé par les partis politiques.

État membre	Députés du PE	Votes au Conseil	Commissaires
Espagne	64	8	2
France	87	10	2
Irlande	15	3	1
Italie	87	10	2
Luxembourg	6	2	1
Pays-Bas	31	5	1
Portugal	25	5	1
Royaume-Uni	87	10	2
Autriche	21	4	1
Finlande	16	3	1
Suède	22	4	1
TOTAL	626	87	20

Il y eut cependant deux points qui exigèrent une décision politique du Conseil :

– la *majorité simple* est de 44 voix (le nombre total est de 87). La *majorité qualifiée* est passée à *62,* la minorité de blocage étant de *26 voix ;*

– pour ne pas en venir au *nombre pair* de voix des magistrats (le nombre aurait été de 16), le *16ᵉ magistrat devient avocat général.*

Compte tenu de la forte attraction de l'Union, les problèmes tenant à sa capacité d'action réclament des solutions que le Traité de Maastricht n'a pu totalement résoudre faute d'intégrer complètement l'objectif d'une Union de type fédéral.

C'est en conscience de ses insuffisances que le Traité de Maastricht prévoit sa propre révision.

103 ***c) La révision du Traité de Maastricht*** ◇ La procédure de révision est mise en place par l'article N qui prévoit la convocation par le président du Conseil d'une conférence des représentants des gouvernements des États membres. La conférence programmée à l'article N *in fine* pour 1996 a pour double mission d'examiner les dispositions du présent Traité pour lesquelles une révision est prévue, et d'arrêter d'un commun accord, les modifications utiles à la poursuite des objectifs de l'Union énoncés aux articles A et B.

L'article B en effet postule d'examiner dans quelles mesures les politiques et formes de coopération instaurées par le Traité doivent être révisées en vue d'assurer l'efficacité des mécanismes et institutions communautaires.

Les articles J 4, § 6 et J 10 prévoient la révision de la PESC.

L'article 189 B, § 8 prévoit la possibilité d'un élargissement du champ d'application et de la procédure de codécision.

La déclaration n° 1 envisage d'ajouter l'énergie, le tourisme et la protection civile comme nouveaux titres du Traité.

La déclaration n° 16 prévoit l'examen de la hiérarchie des actes.

Dès le Conseil européen de Bruxelles des 10 et 11 décembre 1993, il était convenu que la conférence intergouvernementale de 1996 devrait examiner le rôle législatif du Parlement, les questions relatives au nombre des membres de la Commission et à la pondération des voix au Conseil des ministres.

En réalité la révision des Traités a été lancée à Messine le 2 juin 1995 par la constitution d'un groupe de réflexion composé des représentants des quinze ministres des Affaires étrangères, du président de la Commission et de deux représentants du Parlement, Mme Guigou et M. Brok. Le mandat de ce groupe de réflexion a été défini par le Conseil européen de Cannes des 2 et 27 juin 1995 en visant non seulement les points pour lesquels le Traité de Maastricht prévoyait une révision, mais aussi, de façon large, toute autre amélioration possible. Le Conseil européen de Madrid des 15 et 16 décembre 1995 devait fixer l'ouverture solennelle de la Conférence intergouvernementale de révision des Traités le 29 mars 1996.

Lors de ce Conseil ont été retenus les trois axes de la révision : une Union plus proche des citoyens, une efficacité et une légitimité plus grande des institutions, et le renforcement de la capacité d'action extérieure de l'Union. Les modalités d'association du Parlement européen par le biais de deux observateurs, ont été définies également lors de ce Conseil qui inaugure une formule inédite en la matière.

Le Conseil de Dublin des 13 et 14 décembre 1996 décide de mettre un terme aux travaux entrepris à la fin de la présidence néerlandaise et souligne l'importance des questions qui restent à la traîne et concernant les aspects institutionnels de la coopération renforcée.

La CIG devait conclure ses travaux en juin 1997 sans apporter de solution aux questions retenant le plus l'attention du public et liées aux futurs élargissements de l'Union. Ni la réduction du nombre de commissaires ni surtout la pondération des voix au Conseil des ministres que certains États liaient à l'accroissement du vote à la majorité qualifiée ne sont réglés. On désignera ces questions par la suite comme les « reliquats d'Amsterdam ». Jacques Delors a parlé à cette occasion d'un véritable « fiasco ».

En réalité, le nouveau Traité qui résulte de ces travaux apporte des progrès réels, et mérite un jugement plus nuancé.

104 ***Le Traité d'Amsterdam (2 octobre 1997)*** ◇ Comme son prédécesseur, le nouveau Traité d'Amsterdam intervient sur la forme et sur le fond des différents textes.

105 ***La révision formelle*** ◇ Le Traité d'Amsterdam vise à donner aux textes une meilleure lisibilité en améliorant leur forme caractérisée par une rare complexité dans le précédent Traité. À cet effet, le nouveau Traité apporte de nombreuses retouches formelles qui allègent et simplifient la rédaction [1].

Tout d'abord, les dispositions devenues obsolètes ou caduques sont supprimées ou abrogées. C'est ainsi que le nouveau chapitre consacré à l'Union douanière dans le Traité instituant la Communauté européenne voit tous les articles du Traité de Maastricht consacrés à la période de transition et aux aspects techniques de la mise en place d'un tarif douanier commun abrogés. Dans le même temps, les intitulés des sections 1 et 2 consacrées à l'élimination des droits de douane entre les États et à l'établissement du tarif douanier commun sont supprimés.

Par ailleurs, les dispositions qui traitent d'une même question de fond sont déplacées pour être regroupées de façon rationnelle. C'est ainsi que le nouvel article 13 du titre V du même Traité qui précise les compétences du Conseil en matière de politique étrangère et de défense incorpore dans son § 1 le précédent article J 8, § 1 qui stipule que le Conseil définit les principes et les orientations générales en la matière. Du même coup, le nouvel article 22 qui correspond lui-même à l'ancien article J 8 supprime ce même § 1 déplacé.

Parallèlement, le nouveau texte d'Amsterdam apporte des modifications rédactionnelles de portée limitée. Il en est ainsi du nouveau § 2 du même article 13 qui non seulement incorpore aussi l'ancien § 2, alinéa 1, du précédent article J 8 mais qui complète sa rédaction.

Le regroupement à l'article 23 des conditions de quorum nécessaires à l'adoption des décisions est un autre bon exemple de déplacement, de regroupement et de modifications combinés pour clarifier le texte.

Mais ce qui a constitué sans aucun doute la plus importante décision sur le plan formel, c'est l'abandon de la division opérée par le Traité de Maastricht associant lettres et chiffres, au profit d'une numérotation classique en chiffres. Cette nouvelle présentation que l'on peut considérer comme un « retour à la normale » requiert néanmoins la plus grande attention dans la mesure où les nouveaux numéros ne correspondent plus aux anciens et obligent les praticiens du droit à modifier leurs références [2].

C'est ainsi que s'agissant du Traité instituant la Communauté européenne qui compte dans sa nouvelle rédaction 314 articles contre 248 précédemment, c'est désormais l'article 234 qui fonde la compétence de la Cour de Justice pour statuer à titre préjudiciel et non l'ancien article 177. De la même façon, la procédure de codécision ne ressort plus de l'article 189 B, mais du nouvel article 251. Les exemples sont nombreux. Le seul inconvénient est la nécessité d'un temps d'assimilation pour que la nouvelle numé-

1. Cf. Rapport du secrétariat général du Conseil expliquant les raisons des simplifications article par article, *JOCE* L. 353, 20 nov. 1997.

2. Pour un tableau comparatif des deux Traités, voir le rapport d'information déposé par la délégation de l'Assemblée nationale pour l'Union européenne et présenté par M. H. Nallet, Rapport n° 336, 431 p.

rotation devienne aussi familière que celle qu'elle remplace, mais elle a le mérite de réaliser une simplification appréciable par rapport au Traité de Maastricht.

106 ***Les innovations fondamentales*** ◇ Sur le fond, le Traité d'Amsterdam consolide les trois grands piliers sur lesquels se fonde l'action de l'Union.

107 ***À l'égard du premier pilier constitué par les Communautés européennes*** ◇ Les avancées les plus innovantes traduisent la volonté manifeste de placer l'emploi et les droits des citoyens au cœur de l'Union. Il faut souligner en effet que les préoccupations sociales du Traité amorcent un changement radical en comblant une lacune longtemps reprochée à la construction européenne. En effet au reproche de déficit démocratique auquel le Traité de Maastricht a voulu remédier, s'ajoutait celui non moins pertinent de déficit social auquel répond cette fois le Traité d'Amsterdam.

Non seulement l'article 2 des dispositions communes assigne un niveau d'emploi élevé comme objectif de l'Union, mais il devient une mission de la Communauté européenne en liaison avec les politiques économiques (art. 2). À côté des ambitions de promotion d'un développement équilibré et durable des activités économiques, d'une croissance durable et non inflationniste, d'un haut degré de compétitivité et de performance, prend place l'exigence d'un niveau d'emploi et de protection sociale élevé. Si chaque État reste maître de sa politique en la matière, il l'inscrira désormais dans une stratégie européenne coordonnée (art. 3). Au moment où l'Europe compte plus de 18 millions de chômeurs, l'action commune sur le terrain de l'emploi inscrite dans le Traité est un progrès en soi qui mérite d'être souligné. Un nouveau titre VIII spécialement consacré à l'emploi (art. 125 à 130) prévoit quatre moyens au service de cette nouvelle politique commune (art. 128) : conclusions et lignes directrices annuelles, recommandations aux États membres et actions d'encouragement, les institutions responsables étant assistées dans leur travail par un nouveau comité de l'emploi à caractère consultatif (art. 130).

En outre, le poids donné par le Traité aux droits de l'homme et aux droits fondamentaux porte sur un vaste ensemble hétérogène. Concernant les droits de l'homme, l'article 6 des dispositions communes rappelle que l'Union est fondée sur les principes de la liberté, de la démocratie, du respect des droits de l'homme et des libertés fondamentales, ainsi que de l'État de droit, principes qui sont communs aux États membres, et l'article 7 prévoit pour la première fois une procédure de sanction en cas de violation de ces principes par un État membre.

Les droits fondamentaux recouvrent pour leur part aussi bien les dispositions sociales (art. 136 à 145) intéressant l'amélioration des conditions de vie et de travail notamment la protection sociale, le dialogue social, le développement des ressources humaines (art. 136), la lutte contre l'exclusion et la pauvreté (art. 137), mais aussi le principe d'égalité entre les hommes et les femmes en matière d'emploi et de travail (art. 141). S'y ajoutent les dispositions intéressant la citoyenneté de l'Union (art. 17 à 22), la promotion de la diversité culturelle (art. 151), l'amélioration de la santé publique (art. 152), la protection du consommateur envisagée dans une conception d'ensemble et non plus strictement économique (art. 153), sans oublier la consécration des droits opposables à l'administration, notamment les droits à la transparence et à la communication des documents communautaires (art. 255), ou encore les exigences nouvelles en matière de protection et d'amélioration de la qualité de l'environnement (art. 2 et 6).

Cette liste à la Prévert recouvre ainsi de nombreux progrès par rapport au Traité de Maastricht accentués dans leur mise en œuvre par un recours plus large à la procédure de codécision du Parlement et du Conseil des ministres.

108 ***À l'égard du deuxième pilier*** ◇ Le titre V (art. 11 à 28) du Traité fait l'objet d'une réécriture complète qui vise à améliorer le fonctionnement de la PESC. *Trois éléments sont à retenir.*

1. Le premier est que s'il n'attribue pas de façon expresse la personnalité morale à l'Union, le Traité d'Amsterdam lui reconnaît néanmoins implicitement une capacité juridique internationale par un véritable faisceau d'indices concordants. La politique étrangère et de sécurité commune y est affirmée comme celle de l'Union et l'article 11, § 1 et § 2, supprime la référence aux États membres. L'article 24 fournit un second indice en ouvrant à la présidence la possibilité de négocier un accord international et surtout au Conseil statuant à l'unanimité sur recommandation de la présidence, celle de le conclure. Certes, le même article prend soin de préciser qu'aucun accord ne lie un État membre qui déclare devoir se conformer à ses règles constitutionnelles. Dans l'attente de l'accomplissement par cet État des formalités de droit, les autres membres du Conseil peuvent convenir que l'accord leur est applicable à titre provisoire. Mais l'accord est bien conclu par l'Union qui se trouve ainsi renforcée. Le troisième indice est constitué par la possibilité nouvelle offerte au Conseil, chaque fois qu'il l'estime nécessaire, de nommer un représentant spécial auquel est conféré un mandat en liaison avec des questions politiques particulières.

2. Le second élément à l'actif du Traité concerne l'amélioration sensible apportée au fonctionnement de la PESC qui bénéficie d'instruments nouveaux. À côté des principes et des orientations générales définies par le Conseil européen, le nouvel article 13 permet à celui-ci de décider des stratégies communes qui précisent de façon concrète leurs objectifs, leur durée et les moyens que devront fournir l'Union et les États membres. Les actions communes (art. 14) et les positions communes (art. 15) mettent en œuvre ces stratégies décidées par le Conseil européen sur recommandation du Conseil. Cet encadrement de la PESC par le Conseil européen ouvre logiquement la prise de décision à la majorité qualifiée s'agissant de la mise en œuvre d'une stratégie, d'une action ou d'une position commune (art. 23, § 2).

L'unanimité reste la règle pour les autres questions y compris pour celles de sécurité. L'abstention constructive permet toutefois à un État de ne pas participer sans empêcher les autres d'agir. Seule, l'abstention d'un tiers des voix pondérées empêche l'adoption de la décision. La majorité simple permet de régler les questions de procédure.

Enfin, la mise en œuvre continue à relever de la responsabilité de la présidence, mais d'une part, le secrétaire général du Conseil, haut représentant pour la politique étrangère et de sécurité commune (art. 26) et d'autre part, la nouvelle unité de planification de la politique et d'alerte rapide, placée sous l'autorité du secrétaire général du Conseil, jouent désormais un rôle important.

3. Le troisième élément *concerne la sécurité commune.* Le Traité d'Amsterdam constitue une avancée dans l'affirmation d'une identité européenne de sécurité et de défense considérée comme un objectif de l'Union (art. 2, § 2, du préambule). S'il ne va pas jusqu'à établir une Défense européenne commune, il en prévoit la possibilité. L'article 17, § 1, dispose que la politique étrangère et de sécurité commune touche tous les aspects de la sécurité de l'Union y compris la définition progressive d'une politique de défense commune qui pourrait conduire à une défense commune. Cette hypothèse suppose une décision du Conseil approuvée par les États membres selon leurs règles constitutionnelles nationales. Le Traité prévoit également la possibilité nouvelle d'une coopération en matière d'armements.

Il est surtout important de relever que l'article 17, § 2, inclut désormais les *missions dites de Petersberg* [1] qui constituent une catégorie spéciale regroupant les missions humanitaires et d'évacuation, les missions de maintien de la paix et celles des forces de combat pour la gestion des crises y compris les missions de rétablissement de la paix. Concernant ce type de missions il est affirmé un droit de participation de tous les États membres sur un pied d'égalité y compris les États neutres, y compris le Danemark dont l'*opting out* l'exclut par ailleurs de toute participation à l'élaboration et à la mise en œuvre des décisions et obligations de l'Union en matière de défense. Les missions de l'article 17, § 2, supposent des modalités pratiques arrêtées par le Conseil en accord avec l'Union de l'Europe Occidentale (UEO).

Le Traité approfondit la coopération entre l'Union et l'UEO en matière de défense en même temps qu'il prend acte des obligations de la plupart des États membres au sein de l'Alliance atlantique ainsi que du fait que certains n'en font pas partie.

D'une façon générale, les progrès réalisés à l'égard de la PESC traduisent la volonté très ferme de donner à l'Union des moyens efficaces.

109 ***À l'égard du troisième pilier*** ◇ Intéressant la coopération dans les domaines de la justice et des affaires intérieures (CJAI), la rigidité de son caractère intergouvernemental était dénoncée comme cause d'échec patent des dispositions du Traité de Maastricht. L'unanimité comme seul processus décisionnel, l'exclusion des institutions communautaires entraînaient blo-

1. C'est le nom donné à la déclaration de l'UEO en 1992 sur les missions assurées par elle.

cages et immobilismes dans un domaine sensible pour l'opinion européenne.

Pour accroître l'efficacité du dispositif, il fallait combler le déficit sécuritaire et répondre aux problèmes liés à la mobilité des personnes et aux futurs élargissements de l'Union. Pour cela, le Traité d'Amsterdam constitue une avancée politique majeure et conduit à un processus d'intégration en la matière en fixant pour nouvel objectif à l'Union de maintenir et de développer l'Union en tant qu'espace de liberté, de sécurité et de justice au sein duquel est assurée la libre circulation des personnes en liaison avec des mesures appropriées (art. 2). À partir de cet objectif spécifique, s'opère un nouveau découpage matériel en deux blocs, des questions relevant du troisième pilier de Maastricht.

1. Le premier concerne une *communautarisation massive de la libre circulation des personnes* dans des conditions de sécurité garanties par les mesures d'accompagnement nécessaires. Le nouveau titre IV du Traité communautaire (art. 61 à 69) enrichit le pilier communautaire par transfert des questions intéressant le franchissement des frontières intérieures et extérieures de l'Union et la politique des visas (art. 62), les procédures d'asile (art. 63), les politiques d'immigration (art. 62, § 3), la coopération en matière civile et administrative (art. 65 et 66).

Pendant une période transitoire de cinq ans qui marque la progressivité de l'intégration, le Conseil statue en principe sauf exceptions à l'unanimité, et la Commission perd son monopole d'initiative partagé avec les États membres (art. 67, § 1). Au terme de cette période, les procédures communautaires s'appliquent et la Commission retrouve son initiative, mais doit examiner toute demande d'un État membre.

Il faut ajouter et sans aucun doute déplorer que l'espace de sécurité et de liberté commune du titre IV soit morcelé par les situations dérogatoires consenties à trois États en vertu des protocoles intéressant la position du Danemark, du Royaume-Uni et de l'Irlande (art. 69).

2. Le second comporte une *rénovation complète du pilier intergouvernemental* à la fois amputé des matières communautarisées, et spécialisé désormais dans un nouveau titre VII du Traité consacré à la coopération policière et judiciaire en matière pénale (art. 29 à 40). Dans la perspective commune de l'article 2, la coopération dont s'agit prend un sens spécifique comme le précise l'article 29, § 1, qui dispose que l'objectif de l'Union est d'offrir aux citoyens un niveau élevé de protection dans un espace de liberté, de sécurité et de justice.

À cette fin, il s'agit d'élaborer une action en commun entre les États membres dans le domaine de la coopération policière et judiciaire en matière pénale, en prévenant le racisme et la xénophobie et en luttant contre ces phénomènes. Le texte précise aussi bien les finalités que les moyens. Les finalités de prévention et de répression concernent les activités criminelles organisées ou non : le terrorisme, la traite d'êtres humains, les crimes contre les enfants, le trafic de drogue, le trafic d'armes, la corruption et la fraude. Trois types d'action sont définis : une coopération plus étroite entre services de police, des douanes et autres autorités compétentes (art. 30), une coopération de même renforcée entre les autorités judiciaires (art. 31), et les rapprochements en tant que de besoin des règles pénales en Europe (art. 31, al. e, et 34, § 2c).

Pour éviter l'immobilisme reproché au troisième pilier de Maastricht, les coopérations renforcées organisées par le nouveau Traité permettent aux États qui le veulent d'aller de l'avant sans attendre les retardataires, sous certaines conditions organisées par l'article 40 pour ce pilier et de façon générale par le titre VII (art. 43 à 45). La flexibilité n'est cependant pas automatique. Il faut que les États intéressés soient habilités à y recourir par le Conseil statuant à la majorité qualifiée après avis de la Commission (art. 40, § 2). Il faut aussi que l'action envisagée respecte les compétences du pilier concerné. Le seul blocage résulte de l'article 40, § 2, lorsqu'un État invoque et expose « des raisons de politique nationale importantes », en s'opposant à la décision d'autorisation. Il n'est pas alors procédé au vote. Mais ce blocage peut être surmonté et n'est pas assimilable à un veto puisque le Conseil peut décider de saisir le Conseil européen qui tranche en dernier ressort à l'unanimité.

La finalité assignée à cette procédure est de permettre à l'Union de progresser plus rapidement sans être retardée par les États réticents ou désireux de rejoindre seulement dans un second temps les États déjà liés.

Ce dispositif n'affecte pas les dispositions du protocole général qui intègre l'*acquis de Schengen* (art. 40.5) devenu opposable à tout candidat à l'adhésion à l'Union (art. 8 du Protocole). Rappelons sur ce point que deux États de l'Union ne sont pas partie à l'accord de Schengen, le Royaume-Uni et l'Irlande, et que le Danemark refuse toute communautarisation des questions concernées. Il s'agit là encore d'une flexibilité spéciale et prédéterminée par les États membres.

Au total, le Traité d'Amsterdam est une nouvelle étape positive dans la construction européenne qui n'a pu être définitivement franchie qu'en entrant dans le droit positif. Ce qui supposait réglés les problèmes constitutionnels internes posés aux États membres par la ratification du Traité. Il a fallu attendre en conséquence le 1er mai 1999 pour sa mise en vigueur.

110 ***La ratification par la France*** ◇ Saisi sur la base de l'article 54 de la Constitution, le Conseil constitutionnel s'est prononcé dans sa décision du 31 décembre 1997 [1] sur la compatibilité du Traité avec « la Constitution et les conditions essentielles d'exercice de la souveraineté nationale ». S'agissant des mesures relatives aux visas, à l'asile et à la libre circulation des personnes, le Conseil constitutionnel se référant à l'article 88-2 de la Constitution, considère que les transferts de compétence nouveaux par rapport au Traité de Maastricht appellent une nouvelle révision constitutionnelle. Il souligne que la mise en œuvre du principe de subsidiarité ne peut empêcher que l'ampleur des transferts n'affecte les conditions essentielles de la souve-

1. Cf. décis. n° 97-1394 DC, 31 déc. 1997, *JO* 3 janv. 1998, p. 165 à 168.

raineté nationale ; que si les mesures d'accompagnement de la période de transition n'affectent pas la souveraineté nationale dans la mesure où les décisions sont prises à l'unanimité et où les États membres conservent un pouvoir d'initiative. En revanche, le dispositif prévu au terme de cette période de cinq ans est contraire à la Constitution. Les États perdent alors en effet l'initiative et la règle de l'unanimité fait place à la majorité qualifiée et à la procédure de codécision. Le même raisonnement est suivi en ce qui concerne les mesures relatives au franchissement des frontières extérieures des États membres, et le Conseil constitutionnel décide en conséquence que l'autorisation de ratifier en vertu d'une loi le Traité d'Amsterdam ne peut intervenir qu'après *révision de la constitution.*

Comme dans le cas du Traité de Maastricht, la voie choisie pour la révision est la voie parlementaire, et le projet de loi constitutionnelle modifiant les articles 88-2 et 88-4 de la Constitution, voté en termes identiques par l'Assemblée nationale le 1er décembre 1998 et par le Sénat le 17 décembre 1998 a été soumis au Parlement réuni en Congrès le 18 janvier 1999 [1] pour être adopté sans surprise par 758 voix pour contre 111 voix contre [2].

111 ***d) L'Après Amsterdam*** ◇ « L'Après Amsterdam » est dominé par le projet ambitieux d'un élargissement qui fait passer l'Union pour la première fois à l'échelle d'un continent et qui l'oblige du même coup à se repenser et à se restructurer en conséquence [3].

Les défis et les enjeux de ce vaste projet en font un tournant historique à ne pas manquer si l'on veut que l'élargissement ne se traduise pas par un affaiblissement de l'Union mais au contraire par un renforcement de sa capacité à prospérer.

Cette période de préparation à l'Union élargie est aussi une période nouvelle de tâtonnements et de transition où le cadre opérationnel de l'élargissement proprement dit progresse plus vite que son cadre juridique. Une fois de plus, le problème existentiel de l'Union est avant tout celui de ses institutions. Leur adaptation aux nouvelles dimensions de l'Union devient une question prioritaire incluant nécessairement le règlement des questions laissées en suspens à Amsterdam.

§ 3. La transition vers une nouvelle grande Europe

112 ***Généralités*** ◇ À l'aube d'un nouveau millénaire, le projet d'élargissement est sans précédent dans l'histoire de l'Europe communautaire. Il ne s'agit plus d'adhésions isolées. Il s'agit d'intégrer 13 nouveaux États, principale-

1. Cf. Décr. 30 déc. 1998 tendant à soumettre un projet de loi constitutionnelle au Parlement réuni en Congrès, *JO* 31 déc. 1998, p. 20049.
2. Le Traité a été publié au *JO* 30 mai 1999, Annexe n° 123.
3. Cf. A. Gruber, « Les perspectives d'avenir de l'Union européenne », *LPA* 11 oct. 2000, p. 6 à 17.

ment d'Europe centrale et orientale, soit dans l'ordre alphabétique : Bulgarie, Chypre, Estonie, Hongrie, Lettonie, Lituanie, Malte, Pologne, Roumanie, Slovaquie, Slovénie, République Tchèque, Turquie.

Cette ouverture de l'Union est programmée dans ses grandes lignes pour s'échelonner sur la première décennie du XXIe siècle. Mais à plus ou moins long terme, d'autres États sont appelés d'ores et déjà à rejoindre l'Union dans de futures vagues d'élargissement pour intégrer dans leur famille historiquement naturelle les États des Balkans occidentaux issus de l'éclatement de l'ex-Yougoslavie. Tous n'ont pas atteint le même niveau d'avancement dans leur marche vers l'adhésion mais rien n'interdit de penser que la future Union de 28 États pourra encore accueillir d'autres États voisins avec lesquels elle se doit d'ores et déjà d'organiser et d'approfondir des accords de partenariat et de coopération pour éviter que les nouvelles frontières de l'Union ne deviennent à terme une ligne de partage plus ou moins honteuse entre richesse et pauvreté en Europe.

Dans cette perspective évolutive, l'Union a conscience qu'elle doit se préparer à l'élargissement en se dotant des moyens nécessaires à sa réussite. Ce qui suppose tout d'abord l'organisation d'un cadre opérationnel de l'élargissement pour permettre au processus d'adhésion de progresser et d'aboutir. Ce qui rend également nécessaire la réforme des institutions pour leur permettre un mode de fonctionnement aussi efficace pour une Union de 28 membres que pour les Communautés originaires de six États pour lesquelles elles avaient été mises en place. C'est encore l'occasion de renforcer l'Union européenne en lui donnant une « âme » par la reconnaissance d'une identité de droits et de valeurs communs.

A. La mise en place du processus d'élargissement

113 ***Les étapes*** ◇ Différentes étapes jalonnées périodiquement par la succession des Conseils européens ont permis la mise en place d'un dispositif opérationnel. La conscience des défis et des enjeux de l'élargissement conduit par ailleurs États membres et États candidats à pratiquer une dynamique de réformes importantes.

a. Le dispositif opérationnel de l'élargissement

114 Le dispositif d'élargissement suppose tout d'abord que les pays candidats remplissent les obligations exigées pour leur entrée dans l'Union telles qu'elles sont définies en particulier par les critères de Copenhague. Les progrès réalisés en vue de la mise en conformité avec les exigences de l'adhésion supposent par ailleurs un suivi et une évaluation méthodique.

115 ***Les critères de Copenhague*** ◇ C'est le Conseil européen de Copenhague tenu en juin 1993 qui détermine fondamentalement les critères d'adhésion que doivent remplir les pays candidats à l'Union. Critères politiques : ils imposent aux États candidats de disposer comme les États membres eux-

mêmes d'institutions garantissant la démocratie, l'État de droit, les droits de l'homme, le respect des minorités et leur protection. Critères économiques : il s'agit d'une économie de marché viable et de la capacité de faire face aux pressions concurrentielles et aux jeux des forces du marché à l'intérieur de l'Union. Une troisième série de critères englobe les autres obligations liées à l'adhésion, plus spécialement la prise en charge des objectifs de l'Union politique, économique et monétaire en même temps que ce qu'il convient de désigner globalement comme la reprise de l'acquis communautaire ou plus directement aujourd'hui « la reprise de l'ordre juridique de l'Union européenne ».

Pour soutenir les efforts des pays candidats dans l'adoption et l'application de cet acquis, une stratégie de pré-adhésion définie par le Conseil européen d'Essen des 9 et 10 décembre 1994 permet de mettre en œuvre un concours financier exceptionnel de la part de l'Union. Ce dispositif spécifique d'aides nécessite lui-même une méthode d'évaluation des besoins et la mise au point d'un encadrement adapté.

116 ***La méthode de « l'Agenda 2000 »*** ◇ Le Conseil européen de Madrid des 15 et 16 décembre 1995, charge la Commission d'établir une évaluation des demandes d'adhésion en même temps qu'une analyse des conséquences de l'élargissement pour l'Union [1].

Répondant à cette demande dans sa communication dite « Agenda 2000 », la Commission s'est engagée à faire régulièrement rapport au Conseil des progrès réalisés par chacun des pays candidats pour remplir les critères de Copenhague [2]. Le même Agenda 2000 contient les avis de la Commission sur les demandes d'adhésion des pays d'Europe Centrale et orientale (PECO) et recommande que des négociations soient ouvertes avec un premier groupe de six pays : République Tchèque, Estonie, Hongrie, Pologne, Slovénie et Chypre.

Le Conseil européen de Luxembourg des 12 et 13 décembre 1997 décide d'engager le processus d'élargissement et complète le dispositif par une « conférence européenne » constituant un forum de consultation politique pour permettre à l'ensemble des États membres et des pays candidats de discuter des problèmes d'intérêt général [3]. La méthode de l'Agenda 2000 est approuvée et il est précisé que les rapports réguliers de la Commission se fondent sur un examen préalable avec chaque État candidat de la mise en œuvre des partenariats pour l'adhésion et de l'état de reprise de l'acquis communautaire.

Le partenariat pour l'adhésion se définit comme un accord conclu entre l'Union et chaque pays candidat pour inscrire dans un cadre opérationnel unique les priorités à accomplir pour satisfaire aux critères d'adhésion,

1. Le Conseil de Madrid demandait que l'évaluation soit faite dans « les meilleurs délais » à l'issue de la CIG sur la révision du Traité (celle qui s'est achevée en juin 1997 à Amsterdam).
2. Le premier rapport détaillé est annoncé pour fin 1998.
3. La première réunion de cette conférence a eu lieu à Londres le 12 mars 1998.

de même que les moyens disponibles pour aider à leur mise en œuvre. Cet instrument est complété pour sa mise en application d'un programme national d'adoption de l'acquis communautaire, lui-même répertorié en 35 chapitres. Cet acquis représente notre droit commun et recouvre tous les domaines du droit matériel de l'Union tels que la libre circulation des marchandises, la propriété intellectuelle, l'agriculture et le développement rural, les transports, l'énergie, la politique régionale, la justice, l'éducation, l'environnement, les institutions, les télécommunications, la pêche ou le contrôle financier [1]. L'examen analytique de l'acquis ou screening est opéré chapitre par chapitre par la Commission avec le double but d'expliquer cet acquis et de mesurer les difficultés des pays candidats confrontés à la nécessité de créer ou de renforcer les structures indispensables à sa mise en œuvre. La révision périodique des partenariats pour l'adhésion permet de définir de nouvelles priorités en tenant compte des avancées réalisées. Le rapport régulier annuel de la Commission fait état de la situation des États concernés et délivre ses recommandations en conséquence.

117 ***La stratégie de pré-adhésion renforcée*** ◇ C'est ainsi que le processus d'adhésion a pu être lancé officiellement le 30 mars 1998 par une réunion des quinze ministres des Affaires étrangères de l'Union et des dix pays candidats d'Europe centrale et orientale et de Chypre. Le 5 octobre de la même année lors du Conseil « affaires générales » l'Union décide d'engager les premières négociations d'adhésion avec le premier groupe des six pays désignés par l'Agenda 2000.

Le Conseil européen de Berlin des 24 et 25 mars 1999 affirme que « l'élargissement est une priorité historique » et en conséquence renforce le dispositif de pré-adhésion en décidant que l'aide financière de l'Union sera plus que doublée à partir de 2000. Ce qui représente 3,120 milliards d'euros par an entre 2000 et 2006 répartis entre trois programmes dont deux spécifiques [2] prévus dès le Conseil de Luxembourg : SAPARD ou programme spécial d'adhésion pour l'agriculture et le développement rural à raison de 500 millions d'euros, ISPA ou instrument structural de préadhésion à raison d'un milliard d'euros par an pour financer les secteurs de l'environnement et des transports, et le solde pour doter le programme PHARE [3] opérationnel depuis 1990 mais réorienté sur le financement de la capacité administrative et judiciaire dans les domaines non couverts par les deux autres instruments. Le Conseil européen de Copenhague des 12 et 13 décembre 2002 devait relever le plafond des aides de l'Europe et au total l'Union a consacré ainsi

1. Pour l'inventaire complet des chapitres couvrant l'acquis communautaire voir le document de la Commission, l'Europe en mouvement, « l'Union européenne = poursuite de l'élargissement », 2001, p. 9.

2. Cf. Règl. CE n° 1267/1999 et CE n° 1268/1999, *JOCE* 161, 26 juin 1999, p. 73 et 87.

3. Règl. CEE n° 3906/89 du Conseil, *JOCE* L. 375, 23 déc.1989, p. 11 modifié en dernier lieu par le règl. CE n° 1266/1999 du Conseil, *JOCE* L. 161, 26 juin 1999, p. 68.

40,6 milliards d'euros à l'élargissement jusqu'en 2006. Ces aides financières ont été encore complétées par un effort particulier de la Banque européenne d'investissement représentant 7 milliards d'euros.

La Commission ayant adopté en octobre 1999 la 2e série de rapports réguliers et révisé les partenariats pour l'adhésion, le Conseil d'Helsinki des 10 et 11 décembre 1999 décide à son tour d'entamer les négociations pour l'adhésion dès février 2000 avec un second groupe de pays candidats : Bulgarie, Lettonie, Lituanie, Malte, la Roumanie et la Slovaquie. La Turquie se voit conféré quant à elle, le statut de pays candidat, la Commission devant mettre en œuvre avec lui une stratégie spécifique de pré-adhésion concrétisée en mars 2001 par un premier partenariat pour l'adhésion.

118 ***Les vagues successives de l'élargissement*** ◇ Dans son document de stratégie et son rapport sur les progrès réalisés par chacun des pays candidats adoptés le 9 octobre 2002, la Commission devait recommander de conclure les négociations d'adhésion pour la fin de l'année 2002 avec dix pays reconnus aptes à satisfaire aux critères imposés au début de l'année 2004, le but étant de signer le traité d'adhésion au printemps 2003.

En conséquence, lors du Conseil européen de Copenhague du 13 décembre 2002, les négociations ont été conduites à terme avec ces dix pays : République tchèque, Estonie, Chypre [1], Lettonie, Lituanie, Hongrie, Malte, Pologne, Slovénie et Slovaquie. Les avis [2] favorables de la Commission et du Parlement sur leur adhésion en date du 19 février 2003 et la décision positive du Conseil du 14 avril 2003 ont permis d'aboutir à la signature du traité d'adhésion du 16 avril 2003 prévu pour entrer en vigueur le 1er mai 2004 [3]. Cette date a pu être respectée [4], la procédure de ratification ayant été menée à son terme en temps voulu [5].

Deux décisions du Parlement européen et du Conseil en date du 19 mai 2003, l'une relative à l'adoption des perspectives financières en fonction de l'élargissement [6], et l'autre concernant la révision des perspectives financiè-

1. Le même Conseil rappelle qu'il préférerait voir une Chypre unifiée adhérer à l'Union et engage toutes les parties concernées à une reprise des pourparlers sur la base des propositions du secrétaire général des Nations-Unies. La réunification n'a pu être réalisée au 1er mai 2004.

2. Avis de la Commission du 19 févr. 2003 et résolutions du Parlement sur les demandes d'adhésion cf. *JOUE* L. 236, 23 sept. 2003 p. 3 à 15.

3. Avis concernant l'entrée en vigueur du Traité d'adhésion *cf. JOUE ibid.* p. 16.

4. Pour les actes relatifs à l'adhésion de la République tchèque, de la République d'Estonie, de la République de Chypre, de la République de Lettonie, de la République de Lituanie, de la République de Hongrie, de la République de Malte, de la République de Pologne, de la République de Slovanie et de la République slovaque à l'Union européenne *cf. JOUE* L. 236, 23 sept. 2003.

5. Les dix pays adhérents ont ratifié le Traité d'adhésion, tous par référendum, sauf Chypre qui a suivi la voie parlementaire. Des dispositions transitoires ont été arrêtées par le Conseil européen des 24 et 25 octobre 2002 pour la période allant de la date d'adhésion au 31 décembre 2004. Le Traité couvre la législature 2004-2009.

6. *Cf. JOUE* L. 147, 14 juin 2003, p. 25 et s.

res [1], sont intervenues pour tenir compte de la situation d'une Europe élargie à 25 membres pendant la période 2004-2006.

Mais les dix pays entrés dans l'Union européenne le 1er mai 2004 ne constituent que la première vague de l'élargissement. Pour la Bulgarie et la Roumanie, concernant leur harmonisation avec les critères de Copenhague, le Conseil européen de Bruxelles des 12 et 13 décembre 2003 fait siennes les conclusions adoptées par le Conseil du 17 novembre 2003 sur le suivi de préparation de ces pays à l'adhésion, et retient la nécessité pour eux de réaliser des progrès supplémentaires pour que les négociations d'adhésion puissent être conclues courant 2004 sur la même base et selon les mêmes principes que ceux déjà appliqués aux dix premiers États adhérents. Les efforts demandés aux deux États concernés portent notamment sur leurs capacités administratives et judiciaires de même que sur la réforme économique et structurelle. Les exigences imposées par l'Union et acceptées par eux ont été précisées lors de la clôture des négociations d'adhésion le 14 décembre 2004.

Après un avis favorable de la Commission [2] et l'avis conforme du Parlement européen [3], le Conseil de l'Union européenne a décidé le 25 avril 2005 [4] d'accepter les deux demandes d'admission, les conditions de leur admission et les adaptations des Traités nécessaires faisant l'objet d'un accord. Cette décision a été suivie d'un avis concernant l'entrée en vigueur du Traité d'adhésion [5] fixée sous réserve de la procédure de ratification au 1er janvier 2007 [6]. Le Conseil toutefois aurait pu décider de reporter cette date au 1er janvier 2008 en application des clauses de sauvegarde prévues au cas ou les deux pays n'auraient pas coopéré suffisamment pour remplir leurs obligations. Ces clauses n'ont pas eu à s'appliquer et les deux pays sont entrés dans l'Union le 1er janvier 2007 portant à 27 le nombre de ses membres et à 23 le nombre des langues officielles de l'Union qui devient ainsi riveraine de la mer Noire [7].

En ce qui concerne la Turquie, le Conseil européen de Bruxelles des 12 et 13 décembre 2003 affirme sa ferme volonté de contribuer à la mise en œuvre intégrale de la stratégie de pré-adhésion y compris le partenariat déjà engagé en vue de la décision du Conseil européen de décembre 2004 sur la base du rapport et des recommandations de la Commission. Ce dernier Conseil a indiqué que l'Union européenne continuera de suivre les progrès accomplis

1. *Cf. JOUE* L. 147, 14 juin 2003, p. 31 et s.

2. Avis de la Commission du 22 février 2005, *JOUE* L. 157, 21 juin 2005, p. 3.

3. Vote en date du 13 avril 2005 et acquis à une écrasante majorité par 497 voix pour, 93 contre et 31 abstentions.

4. Cf. Décis. Cons. UE relative à l'admission de la République de Bulgarie et de la Roumanie à l'Union européenne, *JOUE* L. 157, 21 juin 2005, p. 9.

5. Traité d'adhésion 25 avr. 2005, *JOUE* L. 157, 21 juin 2005.

6. Cf. Avis concernant l'entrée en vigueur du Traité d'adhésion *cf. Ibid.* p. 10.

7. Cf. Avis du Conseil n° 2006/C *JOUE* C. 321/1, 29 déc. 2006.

dans les réformes du pays sur la base d'un nouveau partenariat décidé par le Conseil le 19 mai 2003 révisé en 2005 [1].

Le 3 octobre 2005 le Conseil européen a décidé l'ouverture des négociations en vue de l'adhésion de la Turquie à l'Union européenne. La progression de ces négociations dont le terme n'est pas indiqué, dépend des réformes politiques réalisées et programmées dans un plan assorti d'un calendrier destinés à concrétiser les priorités retenues dans l'accord de partenariat actualisé en 2005 [2]. C'est ce que rappelle la décision du Conseil en date du 23 janvier 2006 relative aux principes et aux conditions figurant dans ce partenariat [3].

Il faut rappeler que la Turquie a signé dès le 12 septembre 1963 un accord d'association qui consacre les « fiançailles de la Turquie et de l'Union européenne » par des engagements réciproques, et le président de la Commission de l'époque, Walter Hallstein, pouvait déclarer fermement à cette occasion : « la Turquie fait partie de l'Europe. Un jour, le dernier pas sera franchi : la Turquie sera membre de plein exercice de la Communauté. » [4]. Cet accord prévoyait de réaliser une Union douanière avec l'Europe ; – ce qui a été réalisé par l'accord du 6 mars 1995. La Turquie est actuellement le seul État à avoir conclu un tel accord avec l'Union qui concrétise des relations privilégiées organisées dans le cadre d'un Conseil d'association et d'un Conseil de coopération douanière. – Les organismes institués par l'accord d'association interviennent dans le suivi de la mise en œuvre des partenariats, au même titre que le Conseil, sur la base des rapports annuels établis par la Commission.

Dans la perspective d'adhésion, la Turquie s'est lancée dans un programme accéléré de réformes ambitieuses sur les plans politique et juridique. Depuis 2001, la Constitution du 7 novembre 1982 a fait l'objet de 2 révisions dont la plus importante en 2001 intéresse les droits de l'homme et améliore le statut des principales libertés. Une troisième révision approuvée par le Parlement le 7 mai 2004 pose le principe de la supériorité des Traités par rapport aux lois (art. 20) en attendant une nouvelle révision dont le projet est actuellement discuté avant d'être soumis à un référendum en septembre 2010. Par ailleurs, neuf « paquets » législatifs ont permis d'harmoniser la plus grande partie de la législation avec les exigences de Copenhague. L'abolition de la peine de mort, les droits culturels des minorités et spécialement de la minorité Kurde, le nouveau Code civil avec un droit de la famille renouvelé et une reconnaissance de l'égalité des hommes et des femmes, autant de progrès justement salués par le Conseil de Bruxelles. Au total, ce sont quelques 460 lois qui ont été modifiées ou adoptées et les deux

1. C'est le règlement du Conseil en date du 26 févr. 2001 qui a prévu le processus d'adaptation des partenariats avec la Turquie, cf. *JOUE* L. 58, 28 févr. 2001, p. 1.

2. Cf. Partenariat pour l'adhésion 2005 cf. *JOUE* L. 22, p. 35 à 50.

3. Cf. Décis. Conseil 23 janv. 2006 relative aux principes et conditions figurant dans le partenariat pour l'adhésion de la Turquie, *JOUE*, *ibid.* p. 34.

4. Cf. A. Gruber, « Où en est l'élargissement de l'Union européenne ? », *LPA* 28 mai 2010, p. 6 et s.

tiers de la Constitution qui ont changé pour mettre la Turquie aux standards de l'Union.

Par ailleurs, la politique étrangère de la Turquie suit largement les orientations de la PESC. Elle s'est notamment engagée à ce titre en 2006 à participer aux opérations de gestion de crises prévues par l'Union [1].

D'autres réformes sont en cours et le gouvernement turc a accordé en 2008 une grande priorité aux préparatifs de l'adhésion en nommant un négociateur en chef à temps plein et en approuvant le programme national pour l'adoption de l'acquis.

Le dernier rapport de suivi de la Commission en date du 14 octobre 2009 souligne les progrès accomplis. Mais à ce jour et au rythme moyen de deux nouveaux chapitres par présidence semestrielle, douze chapitres seulement ont été ouverts au Screening, le douzième, environnement, l'a été le 21 décembre 2009. Le Parlement européen a appelé le 10 février 2010 à l'ouverture d'un treizième chapitre, « énergie » dans le domaine duquel la Turquie est un partenaire essentiel pour l'Union.

L'étonnante lenteur des négociations d'adhésion s'explique largement par le parasitage de questions politiques (comme la question chypriote par exemple) largement étrangères aux règles imposées aux autres États candidats et ceci malgré l'engagement formel du Conseil d'Helsinki de traiter la candidature turque « sur la base des mêmes critères qui s'appliquent aux autres pays candidats » [2].

Reste une troisième vague [3] ultérieure de l'élargissement programmée à terme.

119 ***La troisième future vague de l'élargissement*** ◇ Cette vague vise à faire entrer les États issus de l'éclatement de l'ex-Yougoslavie au sein de la famille européenne. La perspective d'une adhésion à long terme a été ouverte pour eux par le Conseil européen de Cologne des 3 et 4 juin 1999 dans le cadre du Pacte de stabilité pour l'Europe du Sud-Est. L'engagement en ce sens de l'Union européenne a été réaffirmé de façon plus précise par le sommet européen de Santa Maria da Feira des 19 et 20 juin 2000 qui précise pour la première fois que « tous les pays concernés sont des candidats potentiels à l'adhésion à l'Union européenne ». C'est ce que confirme encore la déclaration de Thessalonique qui clôture le sommet européen des 20 et 21 juin 2003 en proclamant que « l'avenir des Balkans est dans l'Union européenne ».

Or l'adhésion de cette future vague d'« entrants » passe par la solution de problèmes bien spécifiques liés à leur histoire et bien différents de ceux des PECO entrés dans l'Union en 2004 et 2007. La désintégration de l'ex-Fédération Yougoslave s'est traduite par la guerre la plus grave qu'ait connue

1. Cf. Accord publié au *JOUE* L. 189/17, 12 juill. 2006.
2. Sur ce point voir l'article préc. A. Gruber, *LPA* 28 mai 2010, p. 6 et s.
3. Le terme de « vague » permet de cibler la programmation d'adhésions qui ne sont pas isolées mais visent des groupes distincts de pays.

le continent européen depuis la seconde guerre mondiale. Pour les pays concernés meurtris par de douloureux conflits fratricides [1], la sortie de la logique de guerre et de crise, parallèle à la sortie du système communiste, implique de construire ou de reconstruire tous les rouages de la société en opérant une refonte complète des institutions publiques et des mécanismes de marché. Tous ces États sont soit des États candidats comme l'Ancienne République Yougoslave de Macédoine (ARYM) et la Croatie, au même titre que la Turquie, soit des « candidats potentiels ». Leur situation particulière leur vaut un dispositif particulier d'adhésion adapté à leurs difficultés et qui ne se limite pas au respect des critères de Copenhague.

Parallèlement au pacte de stabilité pour l'Europe du Sud-Est signé à Sarajevo en juillet 1999 qui recouvre ces critères tout en offrant une première approche globale des problèmes de la zone, l'Union européenne a développé à partir de 1999 un Processus de stabilisation et d'association (PSA) qui intéresse spécialement cinq pays des Balkans occidentaux : l'Albanie, l'Ancienne République Yougoslave de Macédoine (ARYM), la Croatie, la Bosnie-Herzégovine et la République fédérale de Yougoslavie (RFY). Le PSA constitue un « processus » d'accompagnement à long terme destiné à aider ces pays à faire les réformes drastiques nécessaires à une véritable association, qui représente elle-même l'étape préalable obligée avant leur future adhésion encore lointaine [2].

Le Kosovo est également concerné - Pour lui, le démarrage de ce processus coïncide avec le démarrage de l'État lui-même - Il a en effet déclaré son indépendance en février 2009 et adopté une constitution conforme aux normes européennes entrée en vigueur le 15 juin de la même année.

Pour ce pays auquel les Conseils européens de décembre 2007 et de février 2008 ont offert la même perspective européenne que pour les autres États de la région, l'Union européenne a mis en œuvre dans le cadre de la PESC [3] une mission dite « État de droit » et baptisée EULEX.

Par ailleurs, le Secrétaire général des Nations-Unies a commencé à reconfigurer la mission des Nations-Unies au Kosovo (MINUK). La résolution n° 1244/1999 du Conseil de sécurité des Nations-Unies continue d'être le cadre international du mandat des Nations-Unies au Kosovo.

Ajoutons ici que le referendum positif organisé au Monténégro le 21 mai 2006 en faveur de son détachement de la Serbie, devrait lui ouvrir la voie logique de sa candidature à l'entrée dans l'Union.

1. Même dans le cas de la Macédoine, restée hors du conflit, les conséquences de la guerre ont pesé lourdement sur son économie (embargo grec entre 1994-1995, blocus continental à l'encontre de la Serbie et du Montenegro). Les séquelles ont été aggravées par la crise albanaise interne déclenchée en 2001 et provoquant de violents affrontements clôturés par un cessez-le-feu en juillet 2001 et par la signature des accords d'Ohrid le 13 mai 2001 entre le gouvernement macédonien et des partis albanais.

2. Cf. A. Gruber, « Le cadre général et particulier de la collaboration de la France à l'intégration de la Macédoine dans l'Union européenne », *LPA* 17 juin 2004, p. 4 à 20.

3. Cf. Action commune 2008-124 PESC Conseil 4 févr. 2008, *JOUE* L. 42/92, 16 févr. 2008, p. 92.

120 ***PSA et ASA des futurs « entrants »*** ◇ Le PSA se concrétise par la négociation et la conclusion d'accords de stabilisation et d'association (ASA) par lesquels les signataires s'engagent à parvenir au terme d'une période de transition à une pleine association avec l'Union européenne. À ce jour, tous les États concernés, sauf le Kosovo, ont signé un ASA avec l'Union européenne : la Macédoine la première le 9 avril 2001 [1] et la Croatie le 29 octobre 2001 [2]. Pour la première qui a déposé officiellement sa demande de candidature le 22 mars 2004, l'ASA fixe une durée maximale de dix ans pour la réalisation de l'association, ce qui pourrait ouvrir la voie de l'adhésion à partir de 2011. Ce pays a été reconnu officiellement État candidat par décision du Conseil européen du 17 décembre 2005. Mais entre-temps il a connu une guerre civile entre février et août 2001 qui l'a affaibli et déstabilisé, conclue par l'accord-cadre d'Ohrid signé le 13 août 2001. Cet accord vise à renforcer le caractère multiethnique du pays à travers l'expansion du droit des minorités et la proclamation de son intégrité territoriale en même temps que son caractère unitaire. L'accord prévoit à cette fin un programme législatif d'envergure propre à rétablir la confiance et la stabilité politique. La mise en application de cet accord fondamental pour la démocratie et l'État de droit s'impose à la Macédoine [3] comme s'imposent les critères de Copenhague et le respect de son ASA. La Commission dans, son dernier rapport de suivi du 14 octobre 2009, note les progrès réalisés et les efforts encore nécessaires pour permettre l'ouverture des négociations accompagnée d'un partenariat de pré-adhésion [4] qu'elle envisage « dans un avenir proche » sans autre précision.

En ce qui concerne la CROATIE, son ASA prévoyait une période de transition de six ans seulement. Elle est aujourd'hui le plus avancé des pays candidats. Elle a déposé sa demande de candidature dès le 21 février 2003 en espérant pouvoir entrer dans l'Union en même temps que la Roumanie et la Bulgarie au 1er janvier 2007. Mais la nécessité de sa pleine coopération avec le Tribunal pénal international pour la Yougoslavie (TPIY) a retardé son statut de pays candidat octroyé par le Conseil européen des 17-18 juin 2004. L'ouverture des négociations a été elle-même reportée par le Conseil jusqu'à l'avis positif du procureur général du TPIY, ce qui a permis de faire démarrer l'examen analytique de l'acquis en octobre 2005.

Pour la Croatie, le processus d'adhésion est en phase terminale selon le dernier rapport de suivi de la Commission du 14 octobre 2009. Les derniers défis à relever concernent l'indépendance et l'efficacité du système judi-

1. Cet ASA est en vigueur depuis le 1er avril 2004.

2. Cf. Décr. n° 2007-249, 19 févr. 2007 portant publication de cet ASA, *JO* 27 févr. 2007, p. 3514.

3. Il faut noter que le nom du pays est un problème latent et la Commission souligne qu'il devra être réglé. L'ARYM, nom officiel utilisé par les organisations internationales, est en réalité contesté par le pays qui souhaite se voir reconnaître le nom de Macédoine, ce que la Grèce lui refuse en évoquant des motifs historiques.

4. Cette ouverture avait déjà été recommandée par la Commission dans son rapport de suivi du 9 novembre 2006. Le Conseil pourrait le confirmer en 2010.

ciaire, la réforme de l'administration publique ou encore la coopération régionale pour régler les rapports bilatéraux de voisinage. En fait, 28 chapitres sur 35 sont ouverts et 17 provisoirement fermés à la date de ce rapport, ce qui permet d'augurer que les négociations puissent être conclues en 2010 [1], ce qui signifierait, une pleine et entière adhésion au mieux en 2012, après ratification du futur traité d'adhésion.

Les ASA se complètent pour tous les pays concernés d'un partenariat européen propre à accélérer et à faciliter le processus.

121 ***Partenariat et encadrement financier*** ◇ Le principe du partenariat européen est posé par le Conseil de Thessalonique en juin 2003 qui en fait un des instruments de la méthodologie propre à l'adhésion des Balkans occidentaux.

Comme pour les PECO et la Turquie, chaque partenariat représente un guide pratique sur les priorités à entreprendre et constitue la base d'un plan d'action assorti d'un échéancier et d'une aide financière substantielle à travers différents programmes.

Dans un premier temps, ce sont les programmes PHARE (opérationnel on l'a vu pour les PECO) et OBNOVIA qui ont permis de financer sous forme de dons, des projets lancés par appels d'offres. Depuis le premier janvier 2001, l'Union européenne a mis en œuvre un nouveau programme qui remplace les deux précédents et spécifiquement destiné aux cinq pays compris par le PSA et au Kosovo. Il s'agit du programme CARDS (*Community Assistance for Reconstruction, Democratisation and Stabilisation*) qui vise à réorganiser et à intensifier l'action de l'Union dans la région. Les priorités de ce programme ont été définies sur la base d'un cadre stratégique couvrant la période 2000-2006.

Ce cadre général a été réactualisé et remplacé le 1er janvier 2007 par le nouvel Instrument d'aide de pré-adhésion (IPA) qui remplace l'ensemble des précédents instruments et programmes financiers en rassemblant dans un cadre unique l'aide destinée non seulement aux pays candidats, mais aussi aux pays potentiellement candidats. Les priorités en sont définies sur la base d'un Cadre stratégique pluriannuel, le cadre financier indicatif pluriannuel (CFIP) qui précise les intentions de la Commission en termes de dotations financières indicatives et globales pour chaque État bénéficiaire. Ces chiffres peuvent être revus annuellement pour tenir compte des besoins précisés dans les rapports de suivi de la Commission et en s'adaptant au changement évolutif de statut des bénéficiaires [2].

L'IPA est une enveloppe globale qui comprend cinq volets ciblés pour moduler l'aide européenne en fonction des besoins. Il s'agit de :

– l'aide à la transition et au renforcement des institutions ;

1. C'est ce que préconise le Parlement européen dans une communication du 10 février 2010. Cf. EuropaPress/(FR)/-FR@europarl.europa.eu

2. C'est le cas lorsqu'un candidat potentiel devient candidat officiel ou lorsqu'un candidat devient État membre par adhésion au terme du processus.

– la coopération transfrontalière ;
– le développement régional ;
– le développement des ressources humaines ;
– le développement rural.

Le tableau de l'IPA prévu pour la période 2008-2012 est le suivant :

Tableau de l'IPA en faveur des pays candidats

Enveloppes IPA en millions d'euros	2008	2009	2010	2011	2012	Total 2008-2012
Croatie	146,0	151,2	153,2	157,2	160,4	769,0
Arym	70,2	81,8	92,3	98,7	105,8	448,8
Turquie	538,7	566,4	653,7	781,9	899,5	3 340,2
Total	754,9	799,4	900,2	1 035,8	1 165,7	4 658,0

Tableau de l'IPA en faveur des pays candidats potentiels

Enveloppes IPA en millions d'euros	2008	2009	2010	2011	2012	Total 2008-2012
Albanie	70,7	81,2	93,2	95,0	96,9	437,0
Bosnie Herzégovine	74,8	89,1	106,0	108,1	110,2	488,2
Montenegro	32,6	33,3	34,0	34,7	35,4	170,0
Serbie	190,9	194,8	198,7	202,7	206,8	993,9
Kosovo	184,7	106,1	67,3	68,7	70,0	496,8
Total	553,7	504,5	499,2	509,2	519,3	2 585,9

Pour un total confondu de 7243,9 millions d'euros pour la période de référence, on comprend que l'Union européenne a fait le choix d'une politique de l'élargissement pour laquelle elle investit sur son propre avenir de Grande puissance mondiale.

Il convient de remarquer que cet important levier des réformes complète l'aide internationale relevant du pacte de stabilité et se double d'un montant sensiblement équivalent constitué par les aides bilatérales des pays de l'Union européenne, sans oublier le soutien souvent considérable des organisations non gouvernementales [1].

1. En ce qui concerne les seules organisations françaises de solidarité internationale, la Commission coopération développement estimait en 1996 qu'elles consacraient environ 700 mil-

Ces efforts financiers considérables sont à la hauteur des enjeux et des défis de l'élargissement pour lequel on doit encore signaler un outsider, l'Islande qui n'est encore qu'un candidat à la candidature et qui a en effet transmis sa demande à la Commission le 22 juillet 2009. Pour ce pays, il s'agit de la toute première démarche préalable avant que le Conseil prenne position sur sa demande.

b. Les enjeux et les défis de l'élargissement

122 La prise de conscience de l'importance de l'élargissement de l'Union ne conduit pas seulement à voir en lui un pari optimiste sur l'avenir. Il catalyse un ensemble d'enjeux et de défis [1] dont les conséquences sont multiples.

123 ***Les enjeux*** ◇ Pour tous les États concernés, actuels et futurs États membres, l'élargissement est un tournant historique qu'il s'agit de réussir pour qu'il constitue une véritable chance pour l'avenir de l'Union.

Les États membres en attendent un renforcement de l'Union accédant au rang de puissance mondiale. En étendant l'espace de liberté, de prospérité et de paix qui caractérise la construction européenne depuis plus d'un demi-siècle, l'Union élargie est passée de 375 à plus de 493 millions de citoyens le 1er mai 2004 et plus de 522 millions, le 1er janvier 2007. En tenant compte des trois candidats actuels, premiers futurs entrants logiques, ce chiffre devrait atteindre 603,2 millions d'habitants (incluant les 74,8 millions de la Turquie) et en anticipant plus loin sur l'entrée des candidats potentiels, l'Union devrait compter 620,1 millions de citoyens, donc aussi de consommateurs, sans compter l'éventuelle adhésion de l'Irlande et ses 0,3 millions d'habitants. L'expérience des deux précédentes vagues d'élargissement montre que tous les pays qui sont entrés dans l'Union ont connu une plus forte croissance que les autres et ont vu leurs écarts de niveau se réduire. L'Union a été jusque là gagnante à l'évidence en renforçant sa puissance politique et économique. Pour elle, l'enjeu majeur est d'être capable de faire face aux défis de la mondialisation et de la crise économique actuelle dans des conditions optimales [2]. Avec les perspectives ouvertes par l'élargissement, les enjeux économiques et politiques se confondent pour réussir une intégration plus poussée, soutenue par les réformes nécessaires en vue de stabiliser le continent européen et de renforcer la voix de l'Union dans le monde.

lions de francs par an à leurs actions concernant l'Europe de l'Est, soit un montant supérieur de plus de 20 % à celui des crédits de la collaboration bilatérale française.

1. Pour une réflexion d'ensemble sur le sujet, voir le supplément 1/2000 du *Bulletin de l'Union européenne* diffusé par la Commission européenne : 2000-2005 – donner forme à la nouvelle Europe. V. aussi A. Gruber, L'« élargissement de l'Union européenne », *in Enjeux diplomatiques et stratégiques 2010*, première partie : Les défis diplomatiques, Economica, juin 2010, p. 32 à 47.

2. Avec 522,1 millions d'habitants au 1er janvier 2007, l'Union européenne arrive en troisième positions du classement mondial derrière la Chine (1306,3 millions) et l'Inde (1080,3 millions). À titre comparatif, si le territoire de l'Union représente moins de la moitié (plus de 4 millions de Km^2) de celui des États-Unis (9,6 millions de Km^2), sa population est plus de 50 % plus grande (295,7 millions pour les États-Unis).

Pour les futurs États membres, les enjeux sont ceux d'une assise démocratique et sociale stable en même temps qu'une modernisation de leurs structures internes pour les mettre en phase avec l'acquis communautaire. Les partenariats pour l'adhésion autant que les programmes nationaux de l'acquis montrent bien l'importance des réformes réalisées pour satisfaire aux obligations de l'entrée dans l'Union, qu'elles soient politiques, économiques ou structurelles, qu'il s'agisse du renforcement des capacités institutionnelles et administratives, des avancées en matière de droits de l'homme ou encore de protection de l'environnement. Cette dynamique obligée est pour tous ces pays le gage d'un avenir stable et prospère au sein de l'Union.

124 ***Les défis*** ◇ Nombreux et variés, ils ne sont pas moindres que les enjeux pour les pays candidats comme pour l'Union.

Pour les pays candidats, l'entrée dans l'Union est en soi un défi considérable puisqu'elle dépend directement des efforts qu'ils sont à même d'accomplir pour que soit reconnue leur « capacité d'assumer les obligations de l'adhésion, y compris la prise en charge des objectifs de l'Union en matière politique et de l'Union économique et monétaire » selon l'expression utilisée par le Conseil de Copenhague. Le rythme des négociations d'adhésion est fonction du degré d'alignement des règles et pratiques de chaque État candidat sur celles de l'Union, de la complexité des questions à régler, sans que leur durée puisse en conséquence être prévue de façon précise.

Pour l'Union, le défi multidimensionnel, économique et financier, politique et institutionnel est à la mesure du bouleversement géopolitique entraîné par l'élargissement.

– **Défi économique et financier** : l'élargissement s'est situé dans une période capitale, celle du démarrage de l'Euro [1], monnaie unique au 1er janvier 2002 pour douze États de l'Union [2] et du même coup « monnaie-Continent » comme l'est le dollar. Dans cette conjonction qui donne un nouvel élan au marché intérieur unifié, la cohésion économique et sociale de l'Union ne doit pas être amoindrie par des retards de développement de tel ou tel État membre ou futur membre.

– **Défi politique** : la mise à l'épreuve de la capacité institutionnelle à gérer une Union intégrée de 27 membres et davantage encore, si on tient compte de la future troisième vague d'élargissement, pose le problème délicat de réformer un système prévu à l'origine pour seulement six États dans le cadre des Traités communautaires. Pour que l'Union puisse s'élargir sans s'affaiblir, elle se doit d'adapter ses institutions et donc ses Traités à ses nouvelles

1. Cf. Règl. du Conseil n° 975/98, 3 mai 1998, *JOCE* L. 139, 11 mai 1998, p. 1.

2. Les douze pays de la zone Euro sont : l'Allemagne, l'Autriche, la Belgique, l'Espagne, la Finlande, la France, la Grèce, l'Irlande, l'Italie, le Luxembourg, les Pays-Bas et le Portugal. Sur la base de la déclaration n° 6 relative aux affaires monétaires avec la République de Saint-Marin, la Cité du Vatican et la Principauté de Monaco, texte annexé au Traité de Maastricht, le Conseil du 31 décembre 1998 a arrêté trois décisions sur l'introduction de l'Euro dans ces États.

dimensions continentales. En fait, il faut prendre en compte une considération valable pour tous les pays candidats, actuels ou potentiels, que « le rythme de l'élargissement doit tenir compte de la capacité d'absorption de l'Union », ultime aléa posé par le Conseil européen des 15-16 juin 2006, et partiellement levé, au moins sur le plan institutionnel, par la mise en vigueur du Traité de Lisbonne le 1er décembre 2009. Il s'agit aussi d'améliorer notre modèle social et de permettre aux citoyens de l'Union de se reconnaître dans un fond de valeurs communes.

La révision du Traité d'Amsterdam par le Traité de Nice et la charte des droits fondamentaux de l'Union européenne se situent dans cette perspective. Le Traité de Lisbonne est venu à son tour renforcer l'efficacité des décisions communes et contribuer à faire de l'Union un acteur majeur du monde, non seulement par sa puissance économique, mais par son poids diplomatique et militaire.

B. Le Traité de Nice

125 Après la troisième série de rapports réguliers de la Commission en novembre 2000 assortie d'une stratégie pour la dernière phase de l'élargissement et d'un calendrier général des négociations finales, le Conseil européen de Nice de décembre approuve ces rapports et la stratégie proposée, adopte le « Traité de Nice » et proclame la charte des droits fondamentaux de l'Union européenne.

126 ***a) La révision du Traité d'Amsterdam*** ◇ La révision du Traité d'Amsterdam suit la procédure classique de la Conférence intergouvernementale prévue à l'article 48 du Traité UE. Malgré les progrès apportés, la nouvelle version corrigée du Traité de l'Union apparaît à bien des égards comme un nouveau « texte intermédiaire ».

127 ***De « reliquats » en « reliquats »*** ◇ La CIG ouverte le 14 février 2000 devait régler prioritairement les trois questions laissées en suspens par le Traité d'Amsterdam et désignés précisément comme les « reliquats d'Amsterdam » : la composition de la Commission, la pondération des voix au Conseil et l'extension du vote à la majorité qualifié. Ce mandat défini par le Conseil européen de Cologne en juin 1999 devait être élargi par la suite, d'une part aux coopérations renforcées [1] et d'autre part à la possibilité d'ouvrir l'ordre du jour [2].

Le sommet européen de Nice tenu sous la présidence française du 7 au 11 décembre 2000 clôture les travaux et témoigne par sa longueur même des difficultés rencontrées. Sans doute parce que les questions posées sont elles-mêmes difficiles puisqu'elles mettent en cause directement le partage du pouvoir dans l'Union, le poids de chaque État dans le processus de

1. *Cf.* Conseil européen de Santa Maria da Feira des 19 et 20 juin 2000.
2. *Cf.* Conseil européen d'Helsinki des 10 et 11 déc. 1999.

décision et son influence au sein des institutions. Ce n'est qu'à l'aube du quatrième jour de discussions serrées que l'accord final est obtenu « à l'arraché » [1]. Accord « minimal » [2] pour certains, « mieux que convenable, un bon accord » pour le président Chirac [3], autant de jugements contradictoires qui dissimulent mal les déceptions à l'égard du nouveau Traité qui laisse une impression d'inachevé [4] et qui n'a pu être signé à Nice que le 26 février 2001.

L'insuffisance du nouveau texte s'inscrit au point 7 de la 23ᵉ déclaration relative à l'avenir de l'Union annexée au Traité qui programme la convocation d'une nouvelle CIG en 2001 pour traiter une liste de questions qui figurent d'ores et déjà comme les « reliquats de Nice ». Autant dire que le Traité de Nice conclu pour une durée illimitée (art. 11) n'est qu'un nouveau texte destiné dès sa naissance à être corrigé et complété.

Par ailleurs, le risque inédit qu'il ne soit qu'un texte de référence pour cette future CIG a pu paraître plausible pendant un temps [5]. Il ne peut en effet entrer en vigueur qu'après ratification par tous les États membres, et plus précisément le premier jour du deuxième mois suivant le dépôt des instruments de ratification auprès du gouvernement italien de l'État qui procédera en dernier à cette formalité (art. 12-2, deuxième partie). En France la loi du 10 juillet 2001 autorise cette ratification [6]. Mais le projet de loi de ratification adopté par le Parlement irlandais le 29 mars 2001 a été rejeté par le referendum le 7 juin 2001 [7], freinant du même coup le processus de mise en vigueur laissé en suspens. L'hypothèque n'a été levée que le 20 octobre 2002 par un second referendum irlandais approuvant par 62,8 % des voix le Traité de Nice et l'élargissement qu'il rend possible [8].

Malgré les difficultés, les apports du Traité de Nice ont le mérite d'ouvrir la voie dès 2003 à l'élargissement de l'Union. Ces apports touchent davantage au fond qu'à la forme en procédant à des réformes institutionnelles modestes mais indispensables au fonctionnement d'une Union plus nombreuse.

1. *Cf. Le Monde* 12 déc. 2000, p. 1.
2. *Cf. Le Monde* 12 déc. 2000, p. 2.
3. *Cf.* Déclaration de Jacques Chirac à la tribune du Palais Acropolis 11 déc. 2000 à 4 h 45 précises.
4. Les titres à la Une de la presse ont été particulièrement sévères : « L'Europe des ambitions réduites » cf. *Le Figaro* 12 déc. 2000 qui développe le thème en dressant un bilan mitigé de la Présidence française : « L'ombre de Nice sur la Présidence française », cf. *Le Figaro* 30 et 31 déc. 2000, François Bayrou n'hésite pas à parler d'« échec », cf. *Info Session* 11 et 15 déc. 2000. PE 296.578, p. 13.
5. *Cf.* A. Gruber, « Le Traité de Nice : *to be or not to be ?* », *LPA* 27 juin, p. 15 à 23 et 28 juin 2001, p. 5 à 17.
6. *Cf.* Loi n° 2001-603 autorisant la ratification du Traité de Nice, modifiant le Traité sur l'Union Européenne, les Traités instituant les Communautés et certains actes connexes, *JO* 11 juill. 2001, p. 11027.
7. Ce projet de loi a été rejeté par referendum avec 53,87 % contre et seulement 13 % pour, avec il est vrai un faible taux de participation. Ce résultat a créé un véritable malaise et rouvert un débat sur le Traité de Nice. Cf. « La reforme ratée de Nice », *Les Échos* 14 et 15 déc. 2001.
8. Cette fois le non ne recueille que 37,11 % des voix avec une forte participation au scrutin cf. Après le « oui » de l'Irlande, les défis d'une Europe à vingt-cinq, *Le Figaro* 21 oct. 2002.

128 ***b) La présentation formelle du Traité*** ◇ Après un préambule inchangé, le texte de Nice comporte deux parties. La première traite des modifications de fond et se divise en six articles :

- L'article premier concerne les modifications du Traité UE.
- L'article 2 contient les modifications du Traité CE.
- L'article 3 rassemble les modifications du Traité CEEA.
- L'article 4 porte sur les modifications du Traité CECA.
- L'article 5 est relatif au protocole sur les statuts du Système européen des banques centrales (SEBC) et de la Banque centrale européenne (BCE).
- L'article 6 est consacré au protocole sur les privilèges et les immunités des communautés européennes.

La deuxième partie du Traité de Nice contient les dispositions transitoires et finales (art. 7 à 13).

Le texte est complété par quatre protocoles consacrés respectivement à l'élargissement de l'Union, au statut de la Cour de justice, aux conséquences financières de l'expiration du Traité CECA, et de l'adoption des décisions à la majorité qualifiée à partir du 1er mai 2004 en matière de visas, asile, immigration et autres politiques liées à la libre circulation des personnes (art. 67 Traité UE).

Le protocole concernant le traité CECA a été lui-même complété par deux décisions du Conseil en date du 1er février 2003 fixant les dispositions nécessaires à sa mise en œuvre [1] et précisant les lignes directrices pluriannuelles pour la gestion des avoirs de la CECA en liquidation et après clôture de la liquidation des avoirs du Fonds de recherche du charbon et de l'acier [2]. Ce dispositif a été actualisé par une nouvelle décision du Conseil en date du 29 avril 2008 [3].

Enfin 24 déclarations adoptées par la Conférence suivies de trois déclarations dont elle a simplement pris acte sont annexées à l'acte final.

Par ailleurs, le Traité de Nice opère un toilettage rédactionnel utile, mais lacunaire. Il prévoit par exemple à l'article 254 § 1 et 2 du Traité CE le remplacement des termes « *Journal officiel des communautés européennes* » par « *Journal officiel de l'Union européenne* », mais il maintient à l'article 46.a Traité UE la référence au Traité instituant la « Communauté économique européenne » [4], au cadre de l'UEO [5] à l'article 17 § 4 ou encore à l'ECU [6] à l'article 123 § 3 CE. La révision future du Traité devra éliminer plus rigoureusement les inexactitudes obsolètes.

1. *Cf. JOUE* L. 29, 5 févr. 2003, p. 22 et s.
2. *Cf. JOUE* L. 29, 5 févr. 2003, p. 25 et s.
3. *Cf. JOUE* L. 130, 20 mai 2008, p. 7 et s.
4. Libellé modifié au 1er novembre 1993.
5. Sans tenir compte de la déclaration de Marseille du 13 novembre 2000.
6. *Cf.* Règlement CE n° 1103/97, 17 juin 1997 fixant certaines dispositions relatives à l'introduction de l'Euro, *JOCE* L. 162, 19 juin 1997, p. 1.

129 ***c) Les apports essentiels sur le fond*** ◇ Sans modifier la structure fondamentale en trois piliers, le texte de Nice apporte des réponses intéressant les quatre dossiers majeurs de la CIG 2000 – la taille de la commission, la pondération des voix au sein du Conseil, l'extension du vote à la majorité qualifiée et, les coopérations renforcées. Par ailleurs, il intègre des modifications importantes affectant le fonctionnement des institutions qui ont été préparées et adoptées pour une large part en marge de la CIG. Retenons ici l'essentiel des avancées de Nice [1].

130 ***La taille de la Commission*** ◇ Ce problème est réglé en deux temps par l'article 4 du protocole sur l'élargissement de l'Union qui modifie l'article 213 CE et l'article 126 CEEA.

Dans un premier temps, à partir du 1er janvier 2005, la Commission comprend un national par État conformément aux vœux des petits États. Ce qui signifie que les cinq États les plus peuplés renoncent à leur deuxième commissaire. Dans un second temps ouvert dès l'adhésion d'un 27e État membre, le nombre des membres de la Commission est arrêté par le Conseil statuant à l'unanimité. Notons que le Traité ne précise pas expressément que ce nombre devra être inférieur à celui des États membres, mais le principe d'une rotation égalitaire induit directement un plafonnement de ce nombre. Les modalités de cette rotation seront elles-mêmes fixées par le Conseil à l'unanimité. En attendant l'entrée en vigueur du plafonnement, tout État qui adhère à l'Union a le droit d'avoir un commissaire au sein de la Commission.

131 ***La pondération des voix au sein du Conseil*** ◇ Là encore, le nouveau dispositif prévu à l'article 3 point 2 du protocole sur l'élargissement est différé au 1er janvier 2005 dans le cadre d'une Union encore à quinze États. Pour améliorer le système qui désavantage les grands États, le Traité de Nice modifie l'éventail de voix précédant de 2 à 10 voix appliqué à 6 groupes d'États pour l'ouvrir de 3 à 29 sur 9 groupes sans « décrochage » de l'Allemagne qui le souhaitait. Dans ce nouveau cadre, la majorité qualifiée est fixée à 169 voix et la minorité de blocage à 69.

Par la suite, et au fur et à mesure des adhésions, la déclaration n° 21 prévoit que le pourcentage du seuil de la majorité qualifiée et du nombre de voix de la minorité de blocage évoluera pour atteindre respectivement 73,4 % et 91. La vingtième déclaration projette le tableau de pondération des voix dans une Union de 27 membres [2].

Le double souci de légitimité étatique et démocratique introduit deux exigences nouvelles pour qu'une délibération soit adoptée à la majorité qualifiée. D'une part, elle doit être votée par une majorité d'États si elle est prise sur proposition de la Commission ou par au moins 2/3 des États dans les autres cas. D'autre part, un « filet démocratique » impose que cette

1. L'étude *supra* des institutions précisera les nouvelles règles.
2. V. ce tableau *supra*.

majorité d'États représente 62 % au moins de la population totale de l'Union. Tout État membre peut demander la vérification de cette condition.

132 ***L'extension du vote à la majorité qualifiée*** ◇ Pour éviter que l'arrivée de nouveaux États ne paralyse l'action de l'Union en multipliant les droits de veto, un avis de la Commission du 14 mars 2000 [1] a proposé de limiter les catégories de décisions justifiant le maintien de la règle de l'unanimité. Dans cet esprit, la Commission [2] et le Parlement européen [3] ont pris position en faveur de la généralisation du vote à la majorité qualifiée du Conseil de toutes les décisions à caractère législatif avec une extension corrélative de la co-décision Parlement/Conseil aux questions décidées à la majorité qualifiée.

Le Traité de Nice enregistre des progrès notables et élargit le champ d'application de la majorité qualifiée à 29 dispositions du Traité CE, dont 21 d'application immédiate dès l'entrée en vigueur du texte, et 8 d'application conditionnée ou différée [4]. Les acquis immédiats concernent notamment la coopération judiciaire dans les matières civiles ayant une incidence transfrontalière, l'approbation du statut des députés européens et des règlements de procédure de la Cour de justice, du Tribunal et de la Cour des comptes.

De plus, la procédure de co-décision s'appliquant à la quasi-totalité des questions soumises à la majorité qualifiée, devient désormais la procédure normale décisionnelle de droit commun, sauf exceptions.

133 ***Les coopérations renforcées*** ◇ Introduites comme un mécanisme de flexibilité, leurs conditions rigides ont été dissuasives et aucune n'a pu être mise en œuvre. C'est la raison pour laquelle le Traité de Nice assouplit le dispositif et étend son domaine à la PESC.

Dans tous les cas, le seuil d'ouverture est abaissé à huit États dans une Communauté de 27 membres, alors que la règle précédente de la majorité aurait exigé au moins 14 États.

Les coopérations renforcées engagées « en dernier ressort » (art. 43A UE) doivent obéir aux dix conditions, posées par l'article 43 UE et notamment tendre « à favoriser la réalisation des objectifs de l'Union et de la Communauté, à préserver et à servir leurs intérêts, et à renforcer leur processus d'intégration ».

Les décisions concernant la mise en œuvre d'une coopération renforcée relèvent des seuls États participants sur la base de l'article 44-1 UE, sans clause de vérification démographique, et ne font pas partie de l'acquis communautaire (art. 44-2 UE).

1. Avis de la Commission au titre de l'article 48 du Traité sur l'UE, cf. *Bull. UE*, suppl. 2/2000, p. 17 et s., et p. 51 et 52.
2. Cf. *ibid.*, p. 20 et s.
3. Cf. Proposition du Parlement européen, *doc. cit.* in *Info. Session* PE 283.879/FR, p. 12.
4. Les vetos maintenus dans des domaines sensibles traduisent les résistances de certains États membres comme la France pour la culture, la santé et l'éducation, ou la Grande Bretagne pour la fiscalité et la politique sociale. *Le Figaro* du 11 déc. 2000 titrait « préservation du "sanctuaire culturel" » pour expliquer la position française en ce domaine. Cf. p 2.

Certaines dispositions sont spécifiques à chacun des piliers.

Dans les premier et troisième piliers, les procédures sont pour partie harmonisées. La Commission qui reçoit la demande des États intéressés dispose d'un droit de proposition au Conseil. À défaut de proposition de la Commission, les États demandeurs peuvent soumettre au Conseil une initiative (art. 40A § 1 UE). De plus, le « quasi-veto » lié à des raisons importantes de politique nationale, est remplacé par le droit de tout État de saisir le Conseil (droit d'évocation) pour que s'ouvre un simple débat avant toute décision. Il revient ensuite au Conseil de statuer à la majorité qualifiée. L'avis conforme du Parlement n'est requis que lorsqu'il s'agit des domaines de compétences de la CE ou des matières relevant de la co-décision.

Dans le domaine de la PESC, les coopérations renforcées ouvertes au deuxième pilier ont pour but de « sauvegarder les valeurs et de servir les intérêts de l'Union dans son ensemble en affirmant son identité en tant que force cohérente sur la scène internationale » (art. 27A UE).

Elles sont limitées à la mise en œuvre d'une action commune ou d'une position commune à l'exclusion des questions ayant des implications militaires ou de défense (art. 27B UE).

134 ***Les autres avancées institutionnelles*** ◇ On peut distinguer celles qui modifient la composition [1] ou le mode de fonctionnement des institutions pour tenir compte d'une Union à terme de 27 membres.

C'est le cas du Parlement européen dont le rôle est étendu et le nombre de sièges plafonné à 732 avec un système de connections intermédiaires en fonction des adhésions. De la même façon la Cour des comptes voit sa composition fixée à un national de chaque État (art. 247 CE) et son rôle accru aménagé par la possibilité nouvelle de créer en son sein des chambres en vue d'adopter certains avis ou rapports en conformité avec son règlement intérieur.

En ce qui concerne le Comité économique et social et le Comité des régions, ils voient leurs effectifs plafonnés à 350 membres (art. 258 et 263 CE) nommés désormais pour quatre ans à la majorité qualifiée. Ce nombre est ramené à 344 dans une Union de 27 membres, ce qui permet d'éviter une diminution corrélative du nombre des membres représentant les quinze.

Affectant son mode de fonctionnement, la Banque européenne d'investissement (BEI) bénéficie d'une clause nouvelle d'habilitation permettant au Conseil statuant à l'unanimité à la demande de la banque et sur avis du Parlement européen et de la Commission, ou à la demande de la Commission et sur avis du Parlement européen et de la banque, de modifier les articles 4 (capital) 11 et 12 (Conseil d'administration) et 18 § 5 (encours total des prêts et garanties accordés par la BEI) de ses statuts (art. 266 CE).

Mais les réformes les plus novatrices apportées par le Traité intéressent le système judiciaire communautaire, la politique étrangère et de sécurité commune et la création d'Eurojust.

1. Les tableaux en sont donnés *supra* avec l'étude de chaque institution.

135 ***La réforme du système judiciaire*** ◇ De nombreux travaux [1] antérieurs au Traité de Nice avaient montré l'urgente nécessité [2] de réformer en profondeur un système inchangé depuis les traités originaires à l'exception de l'institution du Tribunal de première instance (TPI) prévu par l'Acte unique européen en 1986.

Le seuil critique constaté dans le traitement des dossiers tient aux augmentations croissantes des affaires introduites [3] et au stock des affaires pendantes [4] qui entraîne un allongement important de la durée moyenne des procédures [5]. Le président de la Cour Gil Carlos Rodriguez Iglesias a pu expliquer cette situation par l'effet conjugué de l'accroissement de l'activité législative des institutions communautaires, de la meilleure connaissance du droit communautaire par les professionnels de la Justice et par les citoyens, et bien sûr de l'augmentation du nombre des États membres [6]. Les adhésions nouvelles ne pouvant qu'alourdir encore un système menacé d'asphyxie, il fallait opérer une réforme d'envergure de son organisation et de ses modes de fonctionnement.

Dans un premier temps, d'importantes modifications du règlement de procédure de la Cour et du TPI sont intervenues en marge de la CIG pour simplifier et accélérer la procédure. Devant la Cour, une procédure accélérée introduite le 16 mai 2000 est entrée en vigueur dès le 1er juillet 2000 pour les renvois préjudiciels [7], puis le 28 novembre 2000 pour les recours directs [8]. Devant le TPI il s'agit de la création d'une procédure accélérée (« fast track »), de la possibilité de supprimer le deuxième échange de mémoires, du raccourcissement du délai d'intervention et de l'utilisation des moyens de communication modernes, et enfin de la simplification des dispositions sur les délais de distance [9]. Par ailleurs, la partie introductive des arrêts et des

1. Citons tout d'abord le document de réflexion de la Cour de Justice et du TPI intitulé « *L'avenir du système juridictionnel de l'Union européenne* », 10 mai 1999, 48 p. commenté par F. Berrod, A. Rigaud et D. Simon, *Europe* juill. 1999. De même, le rapport remis en janvier 2000 par un groupe de travail présidé par O. Due, ancien président de la Cour de Justice avant l'ouverture de la CIG. Cf. CONFER 4724/00. Le Parlement européen a lui aussi contribué à la réflexion comme en témoigne l'avis du 27 octobre 1999 sur rapport de W. Declercq cf. PE A-5-0058/99.

2. Voir sur le problème les analyses de R. Munoz et C. Turner, *Revising the Judical Architecture of the European Union,* 19 Yearbook of European Law, Oxford University Press 2000.

3. En 2000, la Cour a eu à traiter 503 affaires nouvelles et le TPI 398.

4. En 2000, le stock s'élève à 873 (803 en tenant compte des jonctions) devant la Cour et à 786 (661 en tenant compte des jonctions) devant le TPI.

5. En 2000, elle est de 21,5 mois pour les renvois préjudiciels et de 24 mois pour les recours directs devant la Cour. Devant le TPI, elle est de 27,5 mois (hors propriété industrielle et fonction publique).

6. Cf. M. Iglesias, « La Cour de justice et la réforme institutionnelle de l'Union européenne », avr. 2000.

7. Cf. Modifications du règlement de procédure de la CJCE du 16 mai 2000, *JOCE* L. 122, 24 mai 2000, p. 43.

8. Cf. Modification du règlement de procédure de la CJCE du 28 nov. 2000, *JOCE* L. 322, 19 déc. 2000, p. 1.

9. Cf. Modification du règlement de procédure du TPI du 6 déc. 2000, *JOCE* L. 322, 19 déc. 2000, p. 4.

ordonnances de la Cour et du TPI a été également simplifiée respectivement depuis le 1er janvier et le 1er février 2001 [1].

Le Traité de Nice opère une réforme importante, occultée par les médias et pourtant essentielle, puisqu'elle réalise une refonte novatrice de l'architecture d'ensemble qui se présente désormais comme une organisation juridictionnelle à trois niveaux.

À la base, la création de chambres juridictionnelles « adjointes » au TPI (art. 220 CE) est prévue pour permettre une amélioration en première instance. La première chambre mise en place doit être chargée du volumineux contentieux de la fonction publique [2].

Au cœur du dispositif, le Tribunal de première instance qui conserve son nom malgré ses nouvelles compétences en appel ou pourvoi des chambres juridictionnelles. Ses compétences sont élargies en matière de renvois préjudiciels et de recours directs, ce qui doit réaliser d'importants délestages au bénéfice de la Cour (art. 224 et 225 CE).

Au sommet, la Cour de Justice apparaît comme l'élément régulateur de tout le système juridictionnel. À titre exceptionnel, elle pourra jouer le rôle de troisième degré de juridiction à l'égard des décisions des chambres juridictionnelles.

Il y a là une construction cohérente qui apporte des solutions positives aux problèmes actuels des contentieux communautaires.

136 ***La politique étrangère et de sécurité commune PESC*** ◇ Devant l'incapacité de l'Union et de son « bras armé » l'UEO à gérer les crises du Sud-Est de l'Europe, s'est ouvert un débat sur la possibilité de créer une identité européenne de sécurité et de défense (IESD) au sein de l'OTAN. Mais c'est le principe d'une politique de sécurité et de défense commune dotée d'une capacité autonome d'action qui s'est dégagée notamment de la rencontre franco-britannique à Saint Malo du 4 décembre 1998.

Dès 1999, les Conseils européens de Cologne et d'Helsinski fixent trois objectifs en conséquence. Le premier de doter l'Union dès 2003 de la capacité de déployer en 60 jours et de soutenir pendant au moins un an des forces militaires de 50 000 à 60 000 hommes en vue d'assurer les missions humanitaires et d'évacuation, les missions de maintien de la paix et de forces de combat pour la gestion des crises y compris les missions de rétablissement de la paix (missions dites de Petersberg de l'art. 17 § 2). Cette force européenne d'intervention rapide a été confortée le 22 novembre 2004 par la décision du Conseil européen de créer 13 groupements tactiques (battlegroups) composés chacun de 1 500 hommes de troupe GT (1 500). Ils peuvent être « projetés » sur n'importe quel théâtre d'opération en dix jours cette fois, mais pour une durée limitée à trois mois – l'Europe militaire

1. La version codifiée des deux règlements de procédure, celui de la Cour de justice et celui du TPI a été publiée au *JOCE* C. 34, 1er févr. 2001.

2. C'est ce que recommande la déclaration n° 16 annexée à l'acte final.

naissante se donne ainsi une véritable base opérationnelle [1]. Le second objectif est de créer au sein du Conseil de nouveaux organes politiques et militaires pour assurer le contrôle et la direction stratégique des opérations. Le troisième est d'instituer un mécanisme pour la gestion non militaire des crises.

La politique européenne de sécurité et de défense (PESD) se concrétise avec les créations, par décisions du Conseil en date du 14 février 2000 du comité politique et de sécurité internationale [2] et de l'organe militaire intérimaire [3], complétés par un nouveau dispositif permettant le détachement d'experts militaires nationaux auprès du secrétariat général du Conseil [4] puis par l'institution d'un comité chargé des aspects civils de la gestion des crises [5]. Ces décisions sont entérinées par le Conseil européen de Feira (19-20 Juin 2000). - Un avis du service juridique du Conseil précise que ces évolutions ne nécessiteraient de modifications du Traité que « si l'on entendait transférer le pouvoir de décision du Conseil à un organe composé de fonctionnaires, ou modifier les dispositions du Traité relatives à l'UEO.

C'est précisément parce que le Conseil des ministres de l'UEO réuni à Marseille le 13 novembre 2000 a décidé de mettre fin aux activités opérationnelles de l'organisation, ce qui aboutit à leur transfert à l'Union, que le Traité de Nice modifie en conséquence l'article 17 UE. Les références à l'UEO sont supprimées à l'exception de l'article 17 § 4 qui maintient à la demande de la France la possibilité de coopération dans son cadre. Le nouveau Comité politique et de sécurité (COPS) succède au comité politique de l'article 25 UE pour assurer le contrôle politique et la direction stratégique des opérations de gestion de crise sous la responsabilité du Conseil qui peut aussi l'autoriser à prendre les décisions appropriées dans le cadre d'une telle opération. Enfin, la déclaration n° 1 annexée à l'acte final exprime la volonté que la politique européenne de sécurité et de défense soit opérationnelle le plus tôt possible, en 2001 au plus tard lors du sommet de Laeken, sans attendre la mise en vigueur du Traité.

L'Union s'est dotée dans un laps de temps très court d'un véritable commandement intégré au sein du Conseil qui décide sur recommandation du COPS du lancement d'une action et des modalités de sa gestion par le COPS. Celui-ci est désormais assisté d'un comité militaire [6] composé des chefs d'État-major des États membres - sous la direction de ce comité, l'État major de l'Union européenne est chargé pour sa part de l'expertise et de la stratégie militaire générale. Le rapport de la présidence approuvé par le

1. Lire l'enquête des *Échos*, 17 et 18 déc. 2004, p. 10 cf. J. Hubert-Rodier : « L'Europe militaire fait ses premiers pas ».
2. Décis. 2000/143/PESC du Conseil, 14 févr. 2000, *JOCE* L. 49, 22 févr. 2000, p. 1.
3. Décis. 2000/144/PESC du Conseil, 14 févr. 2000, *JOCE* L. 49, 22 févr. 2000, p. 2.
4. Décis. 2000/145/PESC du Conseil, 14 févr. 2000, *JOCE* L. 49, 22 févr. 2000, p. 3.
5. Décis. du Conseil, 22 mai 2000, *JOCE* L. 127, 27 mai 2000, p. 1.
6. Cf. Décis. du Conseil, 22 janv. 2001, *JOCE* L. 27, 30 janv. 2000, p. 1.

Conseil de Nice prévoit des modalités de coopération institutionnelle au niveau politique et militaire entre l'Union et l'OTAN [1].

Si l'Union européenne, consciente de son impuissance à empêcher le déclenchement de la guerre dans les pays éclatés de l'ex-Fédération Yougoslave, a su combler le vide juridique des Traités en matière de défense, c'est précisément sur le terrain des Balkans occidentaux que la PESD a pu montrer concrètement son efficacité. Une première fois le 1er janvier 2003 dans le cadre d'une opération de police en Bosnie-Herzégovine en prenant la suite de la mission de la paix assurée pendant plus de dix ans par les Nations Unies.

Par la suite, c'est dans l'Ancienne République Yougoslave de Macédoine (ARYM) que l'Union a dû intervenir pour contribuer à normaliser le pays secoué par une crise politique majeure déclenchée en février 2001 par les affrontements violents de l'UCK-M, le bras armé du mouvement ultra nationnaliste albanais et réglée par les accords signés à Ohrid le 13 août 2001. Dans un premier temps et à la suite de ces accords, l'OTAN a procédé au désarmement de l'UCK-M dans le cadre de son opération « *Essential Harvest* » (moisson essentielle) suivie d'une mission de paix dite *Amber Fox* chargée de garantir le processus d'apaisement qui s'est achevé le 31 mars 2003. C'est à cette date que pour la première fois dans l'histoire de l'Union européenne une force armée sous drapeau européen a pris le relais de l'OTAN dans le cadre de l'opération militaire dite CONCORDIA qui a pu faire appel aux moyens techniques de l'OTAN conformément à l'accord conclu en décembre 2002 entre l'UE et l'OTAN. Prévue pour une durée de six mois, l'opération a été prolongée jusqu'au 15 décembre 2003, par décision du Conseil [2] et sur demande du gouvernement macédonien. La fin de l'opération témoigne de sa réussite et signifie que des forces proprement militaires ne sont plus nécessaires sur le terrain. La situation post-conflit s'achève le même jour sur la mise en place d'une nouvelle opération de police de l'Union européenne (EUPOL-PROXIMA) placée sous le contrôle politique et la direction stratégique du COPS. La mission PROXIMA comme CONCORDIA avant elle, relève de l'engagement de l'Union européenne d'aider au rétablissement pacifié du pays sur la base de l'accord d'Ohrid et du processus de stabilisation et d'association de la région.

Les dernières avancées de la PESD sont marquées par la volonté de promouvoir une industrie européenne des équipements de défense et de soutenir la recherche dans les secteurs technologiques de pointe [3]. Dans ce sens le Conseil européen de Thessalonique a décidé de créer en 2004 une Agence intergouvernementale dans le domaine du développement des capacités de défense, de la recherche, de l'acquisition et de l'armement placée

1. Sur ces différents points cf. 3e partie.

2. Cf. Décis. 2003/563/PESC du Conseil, 29 juill. 2003 approuvant la décision du Conseil, 21 juill. 2003, *JOUE* L. 190, 30 juill. 2003, p. 20.

3. Cf. Rapport d'initiative sur la communication de la Commission sur la Défense européenne : questions liées à l'industrie et au marché, dans l'optique d'une politique communautaire en matière d'équipement de défense. P.E. Info-session 17-20 nov. 2003, p. 17.

sans l'autorité du Conseil et ouverte à la participation de tous les États membres. Cette nouvelle institution a été créée le 12 janvier 2004 pour devenir réellement opérationnelle en 2005 et se voit assigner quatre domaines d'intervention : le développement de la coopération, l'identification des besoins des armées, le renforcement de la base industrielle et technologique européenne et la préparation de l'avenir avec la recherche et le développement (R&D). Son objectif est de parvenir à mieux utiliser les budgets communautaires [1].

137 ***EUROJUST*** ◇ C'est de façon très discrète qu'une référence à EUROJUST est insérée à l'article 29 alinéa 2, 2e tiret UE. La déclaration n° 2 annexée à l'acte final rappelle que sa création a été prévue par les conclusions de la présidence du Conseil de Tampere des 15 et 16 octobre 1999. Eurojust doit contribuer à la coordination entre les autorités nationales compétentes aux termes de l'article 31 UE qui prévoit en outre un concours dans les enquêtes relatives aux affaires de criminalité transfrontalière grave [2], en particulier en cas de criminalité organisée, en tenant compte notamment des analyses effectuées par EUROPOL. Ce concours reste limité par le fait qu'il n'est pas reconnu à EUROJUST le pouvoir de donner des avis juridiques à l'organe policier comme le proposait l'Allemagne [3]. Par contre, EUROJUST [4] peut encore coopérer étroitement avec le réseau judiciaire européen crée lui-même par l'action commune du Conseil en date du 29 juin 1998 [5]. Cette coopération vise notamment à faciliter l'exécution des commissions rogatoires et la mise en œuvre des demandes d'extradition.

Il faut ajouter à toutes ces avancées du Traité de Nice les nouvelles dispositions concernant l'UEM (art. 100 et 111 § 4 CE), améliorant l'action sociale (art. 137 et 144 CE) et renforçant même la protection des droits fondamentaux par une nouvelle procédure d'alerte (art. 7 § 1 UE). C'est dire l'intérêt objectif de ce texte en dépit des difficultés de sa mise en vigueur.

C. La Charte des droits fondamentaux de l'Union européenne

138 Le sommet de Nice a permis de consacrer solennellement par un acte de haute valeur symbolique [6] la Communauté de civilisation qui unit les euro-

1. À titre comparatif le budget américain de la défense s'élève en 2005 à 401,7 milliards de dollars contre moins de 210 milliards par l'Union à 25.
2. Cf. Décis. du Conseil, 28 févr. 2002 instituant EUROJUST, *JOCE* L. 63, 6 mars 2000, p. 1.
3. Cf. Voir l'initiative de la RFA en vue de l'adoption d'une décision du Conseil relative à la création d'EUROJUST, cf. *JOCE* C. 316, 27 nov. 1995.
4. Pour une étude plus complète, v. *supra*.
5. Cf. Action commune adoptée par le Conseil 98/428/JAI le 29 juin 1998, *JOCE* L. 191, 7 juill. 1998, p. 4.
6. Cf. A. Gruber, « La Charte des droits fondamentaux de l'Union européenne : un message clair hautement symbolique », *LPA* 22 janv. 2001, p. 4 à 17.

péens. La proclamation conjointe par le Conseil, le Parlement européen et la Commission de la Charte des droits fondamentaux de l'Union européenne [1] le 7 décembre 2000 est un acte important. La Charte focalise les objectifs de rapprochement des citoyens avec l'Union en donnant une véritable dimension humaine à la construction européenne qui n'est plus seulement destinée par sa vocation d'origine à réaliser un vaste espace de paix et de prospérité économique, mais aussi à faire valoir et respecter un espace de civilisation fondé sur des valeurs communes propres à notre identité européenne.

La méthode suivie pour son élaboration innove autant que son contenu qui ne se réduit pas à une compilation de droits inscrits dans des textes déjà existants, mais qui ajoute une plus-value d'actualisation en phase avec l'évolution sociale. Par ailleurs, se pose le problème de la valeur d'un tel texte.

139 ***a) L'élaboration de la Charte*** ◇ Elle est exemplaire à la fois par l'originalité de sa méthode et par sa transparence.

140 ***La méthode de travail*** ◇ Décidée lors du Conseil de Cologne (3-4 juin 1999) la rédaction de la Charte est confiée à une formation ad hoc dénommée « enceinte » composée de quatre catégories de représentants des institutions européennes et nationales. Le Conseil européen de Tampere (16-17 octobre 1999) en a précisé la répartition : 15 représentants des chefs d'État et de gouvernement (un par État) [2], un représentant du président de la Commission, 16 membres du Parlement européen et 30 parlementaires nationaux (deux par État), en tout 62 membres ayant chacun un suppléant.

Sont prévus à titre d'observateurs appelés à siéger : deux représentants de la Cour de justice des Communautés européennes et deux représentants du Conseil de l'Europe dont un pour la Cour européenne des droits de l'homme. Une large concertation complète encore le dispositif qui prévoit la consultation obligatoire du comité économique et social, du comité des régions et du médiateur. Une ouverture sur la société civile est assurée par l'audition des ONG, des groupes sociaux, syndicats, associations et experts ayant un lien avec la question des droits fondamentaux.

L'« enceinte » rebaptisée par elle-même « Convention » dès sa première réunion a élu son président : Roman Herzog [3], ses trois vice-présidents et s'est organisée en sous-ensembles de travail. Un présidium composé du président, des vice-présidents [4] et de leurs collaborateurs s'est formé pour

1. Charte des droits fondamentaux de l'Union européenne, *JOCE* C. 364, 18 déc. 2000.

2. Notons que la désignation de G. Braibant pour représenter le chef d'État et le Gouvernement français n'a fait l'objet d'aucune publicité.

3. R. Herzog a été président de la Cour constitutionnelle allemande de 1987 à 1994 avant d'être président de la République fédérale d'Allemagne de 1994 à 1999.

4. La Vice-présidence comprend un membre du Parlement européen, Mr. M. de Vigo, un membre d'un parlement national, le finlandais M. G. Jansson et le représentant du Président du

assurer le rôle de direction et de coordination. Sous sa conduite, les listes de droits et les rédactions utiles aux mises au point successives ont été préparées par un groupe de fonctionnaires des institutions européennes. Les réunions séparées des composantes ont permis de rechercher compromis et accords, et la collaboration s'est organisée entre tous les éléments pour dégager les consensus de débats menés sans vote et sous un régime linguistique intégral (11 langues).

Cette procédure inédite innove encore par sa transparence. Tous les documents ont été rendus publics par écrit et accessibles à tous grâce au site internet mis en place à cet effet qui permet d'en suivre les étapes. En effet, un premier état du texte a pu être examiné lors du Conseil de Santa Maria de Feira (19-20 juin 2000) avant l'approbation à Biarritz du projet complet (13 et 14 octobre 2000). La Charte proclamée à Nice reprend ce dernier texte et clôture des travaux que la Convention a pu conduire dans les délais impartis à Cologne.

141 ***b) Le contenu*** ◇ Le texte de la Charte s'écarte du plan suggéré par le mandat de Cologne qui distingue trois catégories ou « corbeilles » [1] de droits. En premier, les droits de liberté, d'égalité et de procédure tels que garantis par la Convention européenne de sauvegarde des droits de l'homme et des libertés fondamentales (CEDH) et tels qu'ils résultent des traditions constitutionnelles communes des États membres en tant que principes généraux du droit. À l'égard des textes existants, le choix décisif de la Convention a été d'éviter la répétition des formules classiques et de procéder à une réécriture actualisée des droits à la lumière de l'évolution de la société, sans régression ni contradiction. L'article 52 alinéa 3 stipule que les droits contenus dans la Charte et qui correspondent à des droits garantis par la Convention EDH ont le même sens et la même portée dans les deux textes, mais sans faire obstacle à ce que le droit de l'Union accorde une protection plus étendue. De plus, lorsque les droits énoncés par la Charte sont prévus par les Traités communautaires ou par le Traité de l'Union, ils s'exercent dans les conditions et limites définies par ces traités, sans contradiction possible par conséquent (art. 52 al. 2). Enfin, les droits et libertés reconnus dans les textes existants ne peuvent être limités par la Charte qui leur assure le meilleur niveau de protection (art. 53).

La deuxième corbeille visait les droits fondamentaux réservés aux citoyens de l'Union, ce que la convention a considéré comme une limitation paradoxale pour un texte à vocation universelle.

Enfin, la troisième corbeille devait contenir des droits économiques et sociaux en renvoyant comme la première à des textes existants, charte sociale européenne et charte communautaire des droits sociaux fondamen-

Conseil européen, M. B. de Vasconcellos pendant la présidence portugaise et M. G. Braibant pendant la présidence française (2e semestre 2000).

1. Cf. A. Gruber : « Les trois corbeilles de mariage de l'Union européenne », *in Mélanges P. Sabourin, Bruylant, Bruxelles 2001, p. 167 à 186.*

taux, a condition qu'« ils ne justifient pas seulement des objectifs pour l'action de l'Union ».

Les difficultés rencontrées pour classer certains droits dans l'une ou l'autre des corbeilles a conduit la Convention à adopter un plan très différent qui encadre d'un préambule et de dispositions finales un corpus de droits, de libertés et de principes regroupés en six chapitres autour de six valeurs-titres réduites à un seul mot pour être faciles à comprendre et à retenir : dignité, libertés, égalité, solidarité, citoyenneté, justice.

142 ***Les innovations de la Charte*** ◇ La Charte intègre tous les droits civils et politiques tenus pour classiques, tels que l'interdiction de la torture (art. 4) de l'esclavage et du travail forcé (art. 5) le droit à la liberté et à la sûreté (art. 6). Mais elle formule aussi de nouveaux droits pour tenir compte de la bioéthique moderne avec, à l'article 3, la triple interdiction de principe des pratiques eugéniques, de faire du corps humain et de ses parties une source de profit et enfin du clonage reproductif des êtres humains.

S'agissant de la citoyenneté, on retrouve dans la Charte des droits déjà acquis, par les Traités : droit de vote et d'éligibilité aux élections européennes (art. 39) et municipales (art. 40), le droit d'accès aux documents (art. 42) l'accès au médiateur (art. 43) ou encore le droit de pétition (art. 44). Mais là encore, la charte innove avec l'énoncé d'un droit à une bonne administration (art. 41) qui impose aux institutions un code de bonne conduite incluant la motivation de leurs décisions et la réparation des dommages causés par elles ou par leurs agents.

Les consensus sur les droits sociaux ont été plus difficiles à dégager. Certains droits retenus au départ ont été écartés comme le droit au travail ou le droit au logement parce qu'ils fixent des objectifs politiques sans être des droits justiciables. Le droit à un revenu minimum ne figure pas non plus. D'autres droits se font très discrets comme le droit syndical fondu à l'article 12 dans la liberté de réunion et d'association ou le droit de grève qui s'inscrit dans le droit de négociation et d'actions collectives (art. 28). Seuls les droits classiques sont visés nettement dans des articles qui portent leur nom comme la protection contre le licenciement injustifié (art. 30). De nouvelles avancées apparaissent néanmoins avec le droit d'accès à un service gratuit de placement (art. 29), les droits à la sécurité sociale et à l'aide sociale (art. 34), la protection de la santé (art. 31 et 35), de l'environnement (art. 37), des consommateurs (art. 38), mais aussi des droits des enfants (art. 24 et 32), des personnes âgées (art. 25) et handicapées (art. 26).

143 ***c) La valeur de la Charte*** ◇ La Charte se définit comme un accord inter institutionnel entre le Conseil, le Parlement européen et la Commission. Jusqu'au Traité de Lisbonne signé le 13 décembre 2007 et en vigueur depuis le 1er décembre 2009, elle n'a pas de portée juridique contraignante faute d'avoir été intégrée dans le Traité de l'Union, ne serait ce que par référence dans l'article 6. Mais sa proclamation solennelle lors du Conseil européen

de Nice lui donne la valeur d'un engagement politique consacré dans un texte de référence appelé à évoluer. Si aucun de ses destinataires désignés à l'article 51 ne peut l'ignorer, qu'il s'agisse des institutions et organes de l'Union ou des États membres, il leur appartient de se saisir du texte dans leur pratique et de renforcer d'autant sa valeur de texte normatif de référence.

En France, la Commission consultative des droits de l'homme s'y réfère précisément en citant six de ses articles dans un avis du 25 janvier 2001 sur un projet de loi relatif à la bioéthique et en proposant d'insérer dans ce projet le passage de l'article 21 interdisant « toute discrimination fondée notamment sur les caractères génétiques ».

Plus directement, la Cour de justice des Communautés européennes peut être amenée à se fonder sur la Charte en lui donnant une valeur positive comme elle a pu le faire pour d'autres textes en reconnaissant à leurs règles valeur de principes généraux du droit. Certaines conclusions d'avocats généraux l'y ont invitée, telles celles de M. Antonio Tizzano présentées le 8 février 2001 [1] qui se réfèrent à l'article 31 § 2 de la Charte pour démontrer que le droit à un congé annuel minimal rémunéré est bien un droit fondamental reconnu par ailleurs dans d'autres textes [2]. Pour la seule année 2001, la Charte a été évoquée à dix-huit reprises par les avocats généraux de façon plus ou moins détaillée.

Le TPI n'a pas hésité pour sa part à franchir le pas le 6 mai 2002 en s'appuyant sur le droit d'accès au juge garanti par la Charte pour déclarer recevable le recours d'une société française de pêche contre deux règlements de la Commission européenne sur les filets maillants. Ce faisant, le TPI s'oppose à la jurisprudence de la Cour en s'avouant soucieux d'élargir les conditions d'accès des particuliers au juge communautaire.

D'une façon générale, le juge communautaire manifeste une retenue judiciaire en ne se référant à la charte qu'assortie d'une référence à d'autres textes dont elles se sert par la technique des principes généraux du droit [3], soit en renvoyant à la Convention européenne des droits de l'homme ou à la jurisprudence de la Cour de Strasbourg. Celle-ci par contre s'est emparée avec audace du texte de la Charte pour fonder ses décisions sans s'arrêter à l'absence de force contraignante comme par exemple dans l'affaire *Fretté c. France* [4] où l'article 21 (non-discrimination) est évoqué comme l'expression d'un consensus européen sur l'interdiction de toute discrimination fondée sur l'orientation sexuelle.

L'intégration officielle de la Charte dans le Traité établissant une Constitution pour l'Europe signé à Rome le 29 octobre 2004 [5] devait régler la question en donnant au texte pleine valeur obligatoire. Le double rejet par

1. Cf. Conclusions de l'avocat général M. A. Tizzano in *Rec. CJCE* 2001, p. 4886 à 4898.
2. Cf. J.L. Clergerie, « L'utilisation de la Charte communautaire des droits sociaux fondamentaux des travailleurs pour éclairer les dispositions d'une directive », *DH* 31 janv. 2002, p. 444.
3. Cf. pour exemple : CJCE 14 févr. 2008, *Dynamic meden Vertrieb GmbH*, aff. C244/06.
4. Cf. CEDH, 26 févr. 2002, *Fretté c. France* (IIIe section).
5. Cf. Traité établissant une Constitution pour l'Europe, *JOUE* C. 310, 16 déc. 2004.

referendum en France et aux Pays-Bas les 29 mai et 1er juin 2005 a interrompu le processus de ratification et maintenu le *statu quo ante* [1].

144 ***La consécration de la Charte à Lisbonne*** ◇ Conformément au mandat fixé en juin 2007 pour la CIG et dans un ordre semblable à celui de Nice, le Conseil, le Parlement européen et la Commission ont adopté le 12 décembre 2007 la Charte des droits fondamentaux dans sa rédaction revue et corrigée pour le Traité constitutionnel avec les adaptations nécessaires [2], et ceci avant même la signature du Traité de Lisbonne dès le lendemain.

– Le texte publié dès le 14 décembre 2007 [3] est désormais suivi des explications relatives à la Charte des droits fondamentaux établies sous l'autorité du praesidium qui l'a élaborée et mises à jour lors de la CIG 2004.

– Le Traité de Lisbonne signé le 13 décembre 2007 et en vigueur depuis le 1er décembre 2009 met fin à cette situation de pré-droit de la Charte par la référence qui lui est faite à l'article 6 TUE qui lui attribue expressément la même valeur que ces Traités [4].

– Contrairement au projet avorté de Traité instituant une Constitution pour l'Europe, le texte de la charte n'est pas incorporé lui-même au Traité de Lisbonne, mais la référence de l'article 6-1 suffit à lui donner valeur de droit contraignante au même titre que la Convention européenne de sauvegarde des droits de l'homme et des libertés fondamentales (art. 6-2) à laquelle l'Union adhère.

– Ce qui implique que les institutions, organes et agences de l'Union doivent en respecter les droits, de même que les États membres, à l'exception de la Grande Bretagne et provisoirement de la Pologne [5] pour lesquels un protocole sur l'application de la Charte (protocole n° 30) a été prévu. Ce qui signifie aussi que la Charte devient justiciable, les citoyens et les entreprises pouvant en demander l'application. La Cour de justice devra veiller à son respect.

– La ratification du Traité de Lisbonne donne donc à la Charte valeur de droit positif contraignant. En définissant le fonds commun de valeurs propre aux peuples de l'Union, la valeur morale hautement symbolique de ce texte désigné par Mr. Braibant comme « l'âme de l'Europe », donne une force essentielle à la cohésion européenne.

1. Pour une réflexion d'ensemble sur la Charte, cf. « La France face à la Charte des droits fondamentaux de l'Union européenne », ouvrage collectif dir. L. Burgogne Larsen, Bruylant 2005.
2. Par exemple, lorsqu'il s'agit des références non plus au Traité instituant la Communauté européenne, (texte originaire), non plus à la Constitution (texte pour le Traité constitutionnel), mais un Traité sur l'Union européenne (TUE) et au Traité sur le fonctionnement de l'Union européenne (TFUE).
3. Cf. *JOUE* C. 303, 14 déc. 2007.
4. Cf. Versions consolidées du Traité sur l'Union européenne et du Traité sur le fonctionnement de l'Union européenne, *JOUE* C. 115, 9 mai 2008.
5. Le nouveau gouvernement polonais issu des élections du 21 octobre 2007 a indiqué qu'il entendait adhérer à la Charte. Cf. « La promesse d'un gouvernement nettement pro-européen », *Le Monde* 22 oct. 2007.

D. L'après Nice : l'échec d'un projet constitutionnel

145 ***Les deux phases de révision du Traité de Nice*** ◇ Avant même que le problème de la mise en vigueur du Traité de Nice ne soit réglé, le dispositif novateur de sa révision est mis en place sur la base de la 23e déclaration sur l'avenir de l'Union qui lui est annexée. Parallèlement, un travail de réflexion est mené et des propositions formulées sur la réforme et la modernisation des structures et des modes de fonctionnement des institutions de l'Union.

La procédure désormais classique est écartée au profit d'une révision en deux phases. Une phase préparatoire doit permettre de dégager un consensus sur des propositions au terme d'un débat public associant toutes les parties intéressées. Une nouvelle CIG intervient ensuite pour se prononcer sur les modifications préconisées.

Conformément aux conclusions de la présidence du Conseil européen de Göteborg (15 et 16 juin 2001), une Convention est instituée par le Conseil de Laëken (14 et 15 décembre 2001) pour organiser le débat sur l'avenir de l'Union [1].

146 ***La Convention*** ◇ La nouvelle convention qui compte 105 membres et autant de suppléants est composée avec la même double mixité que celle qui avait été retenue pour la formation qui a élaboré la Charte : représentation des exécutifs et des parlements, des institutions européennes et nationales, avec cette fois une participation à part entière des 13 États candidats qui ne peuvent toutefois empêcher le consensus dégagé entre les États membres.

Sur ce dernier point en réalité, la Convention a décidé dès le début de ses travaux d'aller plus loin que prévu à Laeken. Non seulement les conventionnels originaires des pays candidats ont pu s'exprimer dans leur langue, mais l'un d'entre eux, élu par ses collègues, a pu prendre part à toutes les délibérations du Praesidium.

La Convention compte ainsi pour représenter l'Union : 16 membres du Parlement européen et deux représentants de la Commission et pour chaque État un représentant des chefs d'État et de gouvernement (15 + 13) et deux membres des parlements nationaux (30 + 26).

Comme pour la Charte, le rôle d'impulsion revient à un présidium de 12 membres = le président, M. Valéry Giscard d'Estaing, deux vice-présidents, MM. Giuliano Amato et Jean-Luc Dehaene, tous trois désignés à Laëken, et neuf membres de la Convention : les représentants des gouvernements exerçant la présidence du Conseil pendant la Convention (Espagne, Danemark, Grèce), deux représentants des parlements nationaux, deux représentants du Parlement européen et les deux représentants de la Commission.

Comme pour la Charte encore, des observateurs sont invités : trois représentants du Comité économique et social, trois représentants des partenai-

1. Le Parlement européen considère que si la nouvelle méthode de modification des Traités aboutit à un travail satisfaisant, elle sera un acquis définitif, cf. *Info-Session,* 10-13 déc. 2001 et 17 déc. 2001, PE 311-170, p. 9.

res sociaux européens, six représentants du comité des régions ainsi que le médiateur européen. Le président de la Cour de justice et celui de la Cour des comptes peuvent s'exprimer devant la Convention qui se réunit à Bruxelles et dont les débats et documents exprimés dans les onze langues de travail de l'Union sont publics. Plus largement, un forum est ouvert aux organisations représentant la société civile et deux sites Internet (Convention et forum) assurent la transparence et la communication.

Durant la durée des travaux, le site WEB de la Convention a reçu en moyenne 47 000 visiteurs par mois pour atteindre 100 000 en juin 2003. Le forum a enregistré pour sa part 1 264 contributions des ONG, des milieux académiques, économiques, notamment. Des réunions de pays intéressés ont été mises en place pour permettre l'expression des églises et des organisations religieuses, des groupes de réflexion des représentants d'organisations régionales et locales et des ONG. Une session plénière spéciale consacrée à la société civile a eu lieu en juin 2002. Une Convention des jeunes a été organisée en juillet 2002 et son président a pu suivre les travaux de la Convention en tant qu'observateur.

Les travaux de la Convention réunie pour la première fois le 28 février 2002 ont été prévus pour durer un an et son document final établi sur la base d'un Consensus a pu formuler une proposition qui ouvre la voie vers une constitution pour l'Europe ou vers un Traité constitutionnel, selon la double terminologie proposée par son président. La Convention devait choisir le 28 octobre 2002 de doter l'Union d'une Constitution plutôt que d'un nouveau Traité, mais il s'agit d'un Traité établissant une Constitution pour l'Europe, ce qui constitue une sorte d'hybride juridique, à la fois Constitution fédérative à n'en pas douter, et composante de la Constitution des États membres [1]. Cette perspective d'une mutation possible de l'Europe vers une Fédération d'un type nouveau intégrant des États Nations, soutenue avec quelques variantes par l'Allemagne et la France [2], montre que l'Union se situe alors à un tournant historique de son destin.

147 ***Les travaux de la Convention*** ◇ Dès son discours introductif du 26 février 2002 le président Valéry Giscard d'Estaing fixait la feuille de route des travaux de la Convention prévue pour se dérouler en trois étapes. La première est une phase d'écoute qui a duré quatre mois pour s'achever en juillet 2002. Elle a permis de cerner les attentes des citoyens vis-à-vis de l'Europe et notamment le triple besoin de simplification des procédures, de précision des compétences et de clarification de l'architecture complexe des

1. On pourrait trouver un modèle du genre avec l'acte fédératif de Vienne du 9 juin 1815 ou de la Constitution du Reich allemand du 16 avril 1871 cf. C. Schmitt, *Théorie de la Constitution*, PUF, Paris, 1993, p. 514.

2. Côté allemand voir notamment la déclarations de J. Fischer à l'Université de Humbolt à Berlin le 12 mai 2000 et de M. J. Rau devant le Parlement européen le 4 avril 2001. Côté français, les discours de J. Chirac du 27 juin 2000 devant les députés du Reichtag et du 6 mars 2001 prononcé à Strasbourg. Tous ont été reproduits et commentés par la presse.

Traités actuels. Une deuxième phase dite « d'étude », commencée dès septembre 2002 a vu la mise en place de dix groupes de travail en charge de dix thèmes de recherches : le contrôle de la subsidiarité, la personnalité juridique de l'Union, le rôle des Parlements nationaux, la Charte des droits fondamentaux, la gouvernance économique et sociale, les « actions complémentaires » de l'Union, la simplification des instruments et des procédures, la sécurité et la justice, l'action extérieure, la défense. Un onzième groupe a été constitué à la fin de l'année 2002 pour traiter de l'Europe sociale. Enfin, la troisième phase dite « de proposition » devait concentrer ses travaux sur huit questions essentielles : la manière d'assurer une plus grande efficacité à la mission du Conseil et de la Commission, la légitimité démocratique, la future présidence du Conseil, les modalités de nomination du président de la Commission, les modalités de recours au vote à la majorité qualifiée, la représentation extérieure de l'Union, l'avancée vers la politique européenne de défense, la prise en compte de l'effet du nombre des États membres sur le Conseil et sur la Commission.

Progressivement devait se dessiner l'architecture d'ensemble du futur Traité constitutionnel. Un avant-projet en date du 28 octobre 2002 [1] retenait un préambule et trois parties dans un texte unique, une première partie institutionnelle, une deuxième partie consacrée aux politiques de l'Union et une partie réservée aux clauses finales habituelles. Revu et corrigé, le projet devait être adopté par la Convention par un large consensus lors de sa dernière séance plénière le 13 juin 2003 avant d'être présenté au Conseil de Thessalonique le 20 juin 2003 en quatre parties, la deuxième étant occupée par la Charte des droits fondamentaux de l'Union européenne. À cette occasion, le président Valéry Giscard d'Estaing devait préciser, que la partie consacrée aux politiques et au fonctionnement de l'Union constituant désormais la troisième partie du texte nécessitait encore quelques ajustements et il annonçait que la Convention allait compléter son travail d'ici le dix juillet suivant. Ce qui explique que le projet définitif de Traité instituant une Constitution pour l'Europe porte la double date des 13 juin et 10 juillet 2003. Il a été remis officiellement au président du Conseil européen à Rome le 18 juillet 2003 [2].

148 ***Les principales avancées du projet*** ◇ Outre l'incorporation de la Charte des droits fondamentaux de l'Union européenne qui traduit la volonté de la voir consacrée en droit positif, le projet apporte de notables nouveautés sur le fond par rapport aux Traités qu'il fusionne et dont il améliore l'ensemble.

Le volet institutionnel y est particulièrement important en dotant l'Union de la personnalité juridique et en clarifiant la répartition des compétences entre l'Union et les États membres. Un nouveau mécanisme de contrôle du

1. Cf. Document Convention européenne, Secrétariat, Conv. 369/02.
2. Cf. Projet de Traité établissant une Constitution pour l'Europe, *JOUE* C. 169 18 juill. 2003.

principe de subsidiarité implique les parlements nationaux [1] chargés de veiller à son respect. Le projet améliore aussi la gouvernance économique et les procédures de coordination et il instaure un rôle particulier pour les États membres de l'Euro-groupe. Par ailleurs, il porte création de deux institutions appelées à jouer un rôle important, un président du Conseil européen élu par le Conseil à la majorité qualifiée et un ministre des Affaires étrangères nommé par le Conseil. Le texte prévoit une réduction sensible des instruments d'action, de quinze à six, avec l'apparition des notions de lois européennes et de lois cadres européennes et la disparition des notions actuelles de règlements et de directives, le règlement prenant le sens constitutionnel commun d'acte non législatif de portée générale pour la mise en œuvre d'actes législatifs et de certaines dispositions de la Constitution. En matière de défense commune, le projet prévoit la création d'une Agence européenne de l'armement, de la recherche et des capacités militaires. Sur ce point précis, et sans attendre la ratification éventuelle du nouveau Traité, cette Agence a été créée le 12 juillet 2004 sous le nom d'Agence européenne de la défense (et non de l'armement comme prévu initialement) pour tenir compte de sa composition qui comporte un petit état-major. C'est le Conseil européen de Thessalonique qui en a décidé ainsi. Enfin, la mise en œuvre d'un véritable espace de sécurité et de justice complète ce premier dispositif innovant qui abandonne en outre la complexe division en piliers et prévoit un droit de retrait.

Le projet vise en outre à adapter le mode d'organisation et de fonctionnement aux besoins d'une Europe élargie à vingt-cinq membres tout en prévoyant les évolutions futures.

Dans ce cadre, la composition du Parlement européen voit le barème de Nice légèrement modifié pour faire face aux conséquences de l'entrée à venir de la Bulgarie et de la Roumanie. Le nouveau tableau des représentations est établi par protocole annexé et vaut pour la législature 2004-2009, le tableau de Nice restant valable pour les élections de 2004. Pour la suite, le projet pose le principe d'une représentation dégressivement proportionnelle avec un seuil minimum de quatre sièges par État membre et un plafond relevé à 736 membres. Le Conseil statuant à l'unanimité devra fixer la composition du Conseil avant les élections de 2009 dans le respect de ces nouvelles règles.

Pour la Commission, le nouveau dispositif applicable à partir du renouvellement de 2009 prévoit un collège de quinze membres au total, y compris le président et le ministre des Affaires étrangères, vice-président de la Commission. Le président désigne lui-même treize commissaires parmi les 75 candidats proposés par les États membres (trois par État) sur la base d'un système de rotation égale, le Conseil pouvant intervenir pour que soit respecté l'éventail démographique et géographique des membres de l'Union.

Concernant les modes de décision, le Parlement européen, grand gagnant de la Constitution, verrait sa codécision étendue de 37 domaines, la co-

1. Le rôle des Parlements nationaux et l'application des principes de subsidiarité et de proportionnalité a fait l'objet de deux protocoles annexés.

décision devenant la règle générale. Pour ce qui est de la pondération des voix au Conseil européen et au Conseil des ministres, un protocole applicable au 1er novembre 2009 prévoit une nouvelle pondération des voix pour les délibérations qui requièrent une majorité qualifiée définie comme réunissant la majorité des États membres représentant les trois cinquièmes de la population de l'Union. Si les délibérations sont prises sur proposition de la Commission, elles doivent réunir 232 voix exprimant le vote favorable de la majorité des membres ; dans les autres cas, elles sont acquises si elles ont recueilli 232 voix exprimant le vote favorable d'au moins deux tiers des membres.

149 ***Les difficultés du projet*** ◇ En remettant le projet de Traité constitutionnel à la présidence italienne du Conseil européen, le président de la Convention exprimait le vœu que les États de l'Union puissent le signer de façon symbolique le 9 mai 2004, jour de l'Europe, et qu'ainsi, après le Traité de Rome, la Constitution de Rome puisse voir le jour.

Ce délai idéal n'a pu être tenu et à la veille du sommet des 17 et 18 juin 2004, les obstacles accumulés depuis le printemps 2003 n'ont pu être surmontés malgré les efforts déployés pour parvenir à un accord satisfaisant. Ce sont d'abord les divergences affichées sur la guerre d'Irak [1] qui, tout en faisant douter que l'Union puisse parler d'une seule voix, conduisent à renoncer au débat prévu sur les « questions constitutionnelles de fond » présentées par la Convention pour le Conseil de Bruxelles des 21 et 22 mars 2003 [2]. Dès le 1er avril à Luxembourg, les petits États prennent position contre le projet qui leur semble traduire une mainmise des grands États en renforçant le rôle du Conseil au détriment de la Commission seule capable à leurs yeux d'incarner l'intérêt commun. Bientôt rejoints par une majorité des États « entrants » en 2004 dans l'Union, le front du refus se grossit encore de « moyens » États : l'Espagne et la Pologne, désireuses de s'en tenir au Traité de Nice qui les avantage pour le calcul de la majorité qualifiée [3] et la répartition des votes aux Conseils, le Royaume Uni étant pour sa part hostile au principe d'une Constitution fédérale et à la forte limitation du recours à l'unanimité. À la veille du sommet de Thessalonique de juin 2003 et malgré les propositions de compromis, le blocage réunit dix-huit États en faveur du maintien du Traité de Nice.

Dans ces conditions, ni la CIG ouverte à Rome le 4 octobre 2003, appelée à se prononcer sur le travail de la Convention, ni l'ultime démarche des vingt-cinq ministres des Affaires étrangères réunis à Naples les 28 et

1. Cf. Ph. Gelié, « Un sommet européen empoisonné par l'Irak », *Le Figaro* 20 mars 2003, p. 10.

2. Les petits pays ont renoncé à se réunir avant le Conseil pour arrêter une position commune.

3. Espagne et Pologne ont 27 voix chacun au Conseil sur un total de 321 voix soit presque autant que les quatre plus grands États : France, Allemagne, Royaume-Uni, Italie qui disposent de 29 voix chacun. Voir l'article d'A. Leparmentier : « La Convention tente d'imposer un consensus aux États », *Le Monde* 7 juin 2003, p. 6.

29 novembre 2003 [1] ne parviendront à débloquer la situation et le Conseil de Bruxelles des 12 et 13 décembre 2003 se solde par un échec, sans parvenir à l'accord nécessaire pour l'adoption du texte proposé [2].

La reprise des négociations début mai 2004, les réunions des ministres des Affaires étrangères les 17, 18, 24 mai, témoignent de la persistance des pommes de discorde sur des points essentiels, qu'il s'agisse de la composition de la Commission qui mobilise les petits pays, de la majorité qualifiée et de la pondération des voix qui maintiennent l'opposition de l'Espagne et de la Pologne, ou encore de l'éventuelle référence dans le préambule à l'héritage chrétien réclamée par certains États (comme la Pologne) et refusé par d'autres (comme la France). Le sommet européen des 18 et 19 juin 2004 a permis un accord sur la base de nouveaux compromis négociés âprement jusqu'au dernier moment [3]. Cet accord obtenu à Bruxelles le 19 juin 2004 est aussi le premier acte politique de l'Europe à vingt-cinq. Mais pour l'entrée en vigueur de la Constitution les 25 États ont deux ans à partir de la date de signature du Traité prévue en octobre 2004 pour ratifier le texte par voie parlementaire ou référendaire. Finalement, le texte n'a pu être signé officiellement par les chefs d'État et de Gouvernement que le 29 octobre 2004 à Rome.

150 ***Les propositions parallèles de réformes institutionnelles*** ◇ En marge des travaux de la Convention, différents documents de travail portent sur la modernisation des structures et des modes de fonctionnement des institutions européennes. Dès le 15 février 2000 le président de la Commission Romano Prodi recommandait une nouvelle forme de gouvernance avec des « institutions fortes, efficaces et responsables » qui se concentrent d'avantage sur leurs missions fondamentales tout en procédant à une « décentralisation radicale des décisions » [4]. C'est ce à quoi s'engage la Commission dans son livre blanc sur la gouvernance européenne [5] en précisant qu'il s'agit de réformer la « méthode communautaire » autour de cinq principes : ouverture, participation, responsabilité, efficacité et cohérence. Les changements proposés visent notamment à accroître la participation des acteurs communautaires en rendant le fonctionnement de l'Union plus transparent et plus accessible au citoyen. Un recentrage des politiques et des institutions doit permettre de clarifier les rôles et d'identifier les objectifs à long terme. Le principe dominant est que pour

1. Sur cette rencontre rebaptisée « conclave » par ses organisateurs planera l'ombre d'une décision contestée du Conseil Ecofin sur le Pacte de stabilité qui a pour effet de nuire à la crédibilité des négociateurs français et allemands. Les propositions de la présidence italienne en matière de défense vont ainsi à l'encontre des demandes de la France et de l'Allemagne et répondent à l'inquiétude des États qui redoutent un directoire franco-allemand.

2. Le Conseil est qualifié de Conseil de crise à la une du *Monde* 13 déc. 2003.

3. G. A. Brouinet, « Les vingt-cinq sur la voie d'un compromis », *Le Figaro* 25 mai 2004, p. 5.

4. Cf. *Bull. UE,* Commission supplément 1/2000.

5. Cf. Commission, gouvernance européenne, un livre blanc (COM(2001) 428 final), *JOCE* C. 287, 12 oct. 2001.

contribuer à la gouvernance mondiale, l'Union doit d'abord réformer sa propre gouvernance.

Ces idées se sont concrétisées dans un accord interinstitutionnel du Parlement européen, du Conseil et de la Commission, accord dénommé « mieux légiférer » en date du 16 décembre 2003 [1].

D'autres éléments critiques concernent le Conseil lui-même et proposent l'abandon des présidences tournantes tous les six mois [2] ou la règle du Consensus au profit de la majorité qualifiée dans tous les domaines où ce vote est prévu par le Traité [3].

Autant d'apports utiles et que reprend en partie le projet de Traité établissant une Constitution pour l'Europe. Plus largement, on comprend que la réflexion de l'après Nice prépare la future grande Europe et que la période de transition s'inscrit dans une perspective de « refondation » du Contrat social qui lie les États de l'Union. C'est aussi sans doute l'occasion de parachever la construction initiée par Jean Monnet et Robert Schuman dont ils affirmaient eux-mêmes n'avoir tracé que la « première étape vers la Fédération européenne ».

151 ***Les vicissitudes de la ratification*** ◇ L'histoire de la construction européenne est jalonnée de crises toujours surmontées comme on a pu le voir. Celle qui s'est ouverte à l'occasion de la ratification de la première Constitution de la grande Europe était pour le moins inattendue s'agissant d'un texte consensuel ayant obtenu l'unanimité requise pour sa signature. Rien ne laissait présager d'opposition dirimante pour la ratification considérée trop souvent, et à tort, comme une simple formalité alors qu'elle obéit aux règles constitutionnelles de chaque pays et qu'elle peut ouvrir une véritable course à obstacles plus ou moins aléatoire, particulièrement quand elle est exigée de 25 États unanimes.

En France, le Traité constitutionnel a d'abord été soumis au Conseil constitutionnel saisi par le président de la République sur la base de l'article 54 de la Constitution. Ce contrôle, juridiquement facultatif était politiquement prévisible et le chef de l'État demande au Conseil dans sa lettre de saisine « si l'autorisation de ratifier doit être précédée d'une révision de la Constitution ».

La décision attendue du Conseil constitutionnel en date du 19 novembre 2004 [4] banalise les dispositions qui pouvaient être considérées comme les plus novatrices, notamment celles de la Charte insérée dans le texte comme sa deuxième partie, dans la mesure où elles doivent être lues à la lumière de la CEDH pour la plupart, et qu'elles ne sont pas contraires à notre Consti-

1. Cf. *JOUE* C. 321, 31 déc. 2003, p. 1 et s.

2. C'est là un point du rapport de M. J. Solana discuté lors du Sommet de Barcelone des 15 et 16 mars 2002.

3. C'est ce que propose le chancelier allemand G. Schröder et le Premier ministre britannique T. Blair.

4. Cf. Décis. 505 DC, 19 nov. 2004, *JO* 24 nov. 2004, p. 19885.

tution. Mais le Conseil censure de façon classique les transferts de compétence qui excédent ceux déjà consentis [1], ou encore les nouvelles modalités d'exercice de compétences déjà transférées, notamment la substitution de la règle de la majorité qualifiée à celle de l'unanimité au sein du Conseil qui prive la France de son droit de veto. De la même façon, les dispositions du Traité qui ont une incidence institutionnelle nationale nécessitent une révision de la Constitution, en particulier celles qui prévoient d'accroître la participation des Parlements nationaux aux activités de l'Union, notamment aux procédures simplifiées de révision du Traité (art. IV 444) ou encore celles qui leur attribuent un nouveau rôle consultatif sur les actes législatifs européens en vue de faire appliquer et respecter le principe de subsidiarité (art. 1-11 et art. 6, 7 et 8 prot. n° 2).

Conformément à la décision du Conseil un projet de loi constitutionnelle devait être adopté successivement par l'Assemblée nationale [2] puis par le Sénat [3] avant de l'être définitivement par le Congrès réuni à Versailles le 28 février 2005. La loi constitutionnelle du 1er mars 2005 qui en résulte constitue la 18e révision de notre Constitution. Elle offre une réécriture du titre XV consacré à l'Union européenne en augmentant les pouvoirs du Parlement aux nouveaux articles 88-4, 88-5 et 88-6 conformément au Traité. Par ailleurs, elle impose la règle nouvelle à l'art. 88-7 que « tout projet de loi autorisant la ratification d'un Traité relatif à l'adhésion d'un État à l'Union européenne est soumis au referendum par le président de la République ». Il est précisé que cet article n'est pas applicable aux adhésions faisant suite à une conférence intergouvernementale dont la convocation a été décidée avant le 1er juillet 2004. La Roumanie, la Bulgarie et la Croatie ne sont donc pas concernées. La Turquie par contre l'est à l'évidence.

Enfin, la loi constitutionnelle prend soin de préciser à l'article 3 qu'elle n'est elle-même applicable qu'à compter de l'entrée en vigueur du Traité établissant une Constitution pour l'Europe. Autant dire qu'elle est suspensive. L'obstacle préalable de la mise en conformité constitutionnelle étant franchi, encore faut-il que l'ultime étape de la ratification proprement dite le soit aussi.

C'est à ce stade qu'allait apparaître une situation inédite et indécise quant à l'avenir du Traité.

1. Il s'agit des nouvelles dispositions sur le contrôle aux frontières (art. 25) la coopération judiciaire en matière civile (art. III 269) ou pénale (art. III 270 et III 271), la création d'un parquet européen (art. III 274).

2. L'adoption du texte par l'Assemblée nationale en date du 1er février 2005 réunit 450 voix pour et 34 contre.

3. L'adoption du texte par le Sénat (une seule lecture) en date du 17 février 2005 réunit 263 voix pour et 27 contre.

152 ***L'Europe en panne*** ◇ Le chef de l'État français a longuement hésité [1] sur le choix du mode de ratification, parlementaire ou référendaire. La question du mode opératoire est en effet lourde de conséquences, l'action parlementaire pouvait être tenue pour acquise en tenant compte de la majorité gouvernementale favorable nécessairement au texte. La « *vox populi* » est par définition risquée. L'ensemble de la classe politique a très vite opté pour une consultation nationale tout en se divisant entre le camp du « oui » constitué par les partis de la majorité (UMP et UDF) rejoints par le parti socialiste après son référendum interne du 1er décembre 2004, et le camp du « non » qui n'a cessé de s'élargir au fil du temps [2].

Malgré l'effort du chef de l'État pour éviter toute politisation du referendum qu'il annonce avant l'été 2005 [3], et qu'il définit comme une question sur l'avenir national dont l'enjeu est « national et européen », la probabilité s'affirme progressivement que le vote français risque d'être un vote-sanction. Sur fond de chômage et de délocalisation aggravé par la polémique sur la directive Bolkenstein et la remise en cause du modèle social français, les partisans du « non » font valoir tantôt l'élargissement trop rapide et trop massif (10 États à la fois) de l'Union sans approfondissement préalable, tantôt l'absence d'Europe sociale [4], dans une campagne davantage anti-libérale qu'anti-européenne [5]. Les partisans du « oui » inquiets du message de mécontentement politique porté par les sondages commenceront par jouer la carte alarmiste de la dramatisation des conséquences du « non » en termes de perte d'influence et de marginalisation de la France dans une Europe en crise [6], avant d'admettre que l'Europe « restera ce qu'elle est » [7], au risque de banaliser le « non ». Le débat télévisé du chef de l'État face à 80 jeunes le 14 avril 2005 sur le thème « La Constitution permet à l'Europe de se protéger contre la mondialisation ultralibérale » ne réussira pas à convaincre et à endiguer la montée du « non » [8], non plus que la tension dans les derniers débats publics [9].

L'échec du referendum français du 29 mai 2005 suivi de près du rejet néerlandais le 1er juin 2005 sera longuement commenté par les médias qui soulignent que l'Europe en panne [10] ouvre une crise aux conséquences indéterminées.

1. Le président Chirac devait déclarer lors d'une conférence de presse le 18 juin 2004 : « je prendrai ma décision en temps utile », cf. A. Fulda, « Referendum : Chirac pèse toujours le pour et le contre », *Le Figaro* 21 juin 2004, p. 7.

2. Les premiers sondages annonçaient 66 % de oui.

3. Cf. discours lors des vœux aux corps constitués, cf. A. Guiral, Le referendum est « une question, pas une élection », *Libération* 8 et 9 janv. 2005, p. 14.

4. Cf. le débat entre J.-L. Borloo et H. Emmanuelli organisé par *Les Échos* 26 mai 2005, p. 7 faisant suite à l'analyse du 10 mai 2005, p. 2.

5. Le « non » n'apparaît pas comme classiquement souverainiste en particulier. Cf. J.-L. Clergerie et G. Wasserman, *Les conséquences du non*, Éd. d'organisation.

6. Cf. *Les Échos* 25 et 26 mars 2005, p. 4 et 17.

7. À la date du 8 avril 2005, 19 enquêtes réalisées par cinq instituts différents donnant le « non » majoritaire entre 52 et 55 %.

8. Cf. *Les Échos* 23 mai 2005, p. 3.

9. Cf. *Les Échos* 3 et 4 juin 2005, p. 7.

10. La Grande Bretagne sera la première à suspendre en referendum cf. *Les Échos* 7 juin 2005, p. 7.

153 ***La sortie de crise : le Traité de Lisbonne*** ◇ Le « non » français et le « nee » néerlandais ont incontestablement grippé le processus de ratification. Mais il faut rappeler que la conséquence d'un échec dans cinq pays était prévue dans la déclaration n° 30 annexée au Traité. Si au moins vingt pays ont ratifié positivement le Traité d'ici l'automne 2006, il est prévu que le Conseil européen puisse se saisir de la question. Sans autre précision et sans qu'on puisse augurer de la position qui sera la sienne. Néanmoins, ce n'est pas la voie qui a été suivie pour sortir de la crise.

Sans attendre l'échéance d'une vingtième ratification, le Conseil européen des 16 et 17 juin 2005 décide de lancer une « période de réflexion » d'un an, et dans une déclaration du 18 juin 2005, les chefs d'États et de gouvernements appellent à cette pause pour réfléchir et débattre sur le Traité dans les différents pays. Ils affirment en même temps la nécessité de poursuivre le processus de ratification, quitte à en adapter le calendrier initial, la mise en vigueur pouvant être envisagée au 1er janvier 2009. En réalité, ce processus reste lui-même en panne et les débats annoncés quasi inexistants. Seule réalité positive, l'Europe poursuit sa route, il n'y a pas eu de paralysie institutionnelle, et même si les discussions budgétaires pour 2007-2013 ont été difficiles lors du sommet des 16 et 17 décembre 2005, un accord a pu être conclu. Mais la question du Traité devait forcément être reprise tôt ou tard dans la mesure où son dispositif apportait des solutions constructives pour l'avenir de l'union.

– C'est ainsi que le Conseil européen des 15 et 16 juin 2006 charge la présidence allemande de mener des pourparlers avec tous les États membres de l'Union et de lui remettre son rapport sur sa mission.

Dès septembre 2006, durant la campagne présidentielle française, Nicolas SarKozy alors candidat, propose de débloquer la situation par un « Traité simplifié » qui reprendrait à l'identique les apports institutionnels de la défunte Constitution et qui n'ont jamais été contestés sur le fond, sous forme d'amendements aux traités existants.

Ce projet de Traité modificatif va se renforcer de façon décisive pendant le premier semestre 2007 sous présidence allemande.

Dès janvier 2007, à l'initiative des gouvernements espagnol et luxembourgeois, la réunion à Madrid des dix-huit États [1] ayant ratifié le Traité constitutionnel et de ceux qui lui sont favorables débouche sur une déclaration pour une « Europe meilleure » qui témoigne de leur volonté de ne négocier que sur la base de ce texte auquel ils sont attachés.

1. Les dix-huit pays ayant ratifié le Traité constitutionnel sont : l'Autriche, la Belgique, la Bulgarie, Chypre, l'Estonie, la Finlande, l'Allemagne, la Grèce, la Hongrie, l'Italie, la Lettonie, la Lituanie, Luxembourg, Malte, la Roumanie, la Slovaquie, la Slovénie et l'Espagne. Il faut leur ajouter les pays très favorables au Traité : Irlande et Portugal.

Les propos rassurants du nouveau président français et du nouveau gouvernement néerlandais précisent que le futur Traité, nouveau dans sa forme, sera au fond axé sur le Traité instituant la Communauté européenne [1] (TCE).

Par ailleurs, le 25 mars 2007, à l'occasion du cinquantième anniversaire du Traité de Rome, la déclaration de Berlin fixe l'échéance du processus achevé de révision du Traité de Nice, toujours actuel, avant les élections du Parlement européen en juin 2009.

Dans le même temps, la chancelière allemande, Angela Merkel, très favorable au projet de nouveau Traité, va œuvrer avec habileté pour que le texte futur soit préparé dans les meilleures conditions de concertation. Pour cela, dès le 2 janvier 2007, elle propose aux 27 États membres une consultation directe entre les différentes autorités gouvernementales centrales. Rompant avec la méthode des CIG antérieures, préparées par les ministres des affaires étrangères et leurs agents au sein des représentations permanentes au sein de l'Union, deux correspondants par pays vont être chargés des négociations entre les capitales, avec la participation des présidents du Parlement européen et de la Commission. Les rencontres bilatérales des correspondants étaient fixées de fin avril à début mai sur la base de 12 questions formulées par les correspondants allemands en avril 2007 et réduites par la suite à 3 auxquelles 4 nouvelles questions se sont ajoutées au cours des concertations [2].

Le rapport des correspondants nationaux remis le 6 juin 2007 a permis aux deux correspondants allemands coordonateurs de mettre au point un projet de mandat pour la CIG approuvé par le Conseil européen des 21-23 juin 2007. Mandat impératif peut-on dire, puisqu'il s'agissait de transcrire le mandat précis et l'accord politique de juin 2007. Convoquée par la présidence du Conseil le 17 juillet 2007, les travaux de la CIG ont débuté le 27 juillet et les négociations ont été conclues les 18 et 19 octobre 2007 à Lisbonne conformément à l'objectif fixé. Ce qui a permis la signature du Traité modificatif ou Traité de Lisbonne le 13 décembre 2007.

À cette date, il reste aux États membres à ratifier le Traité. Tous, y compris la France ont choisi la voie parlementaire. Seule exception, l'Irlande qui doit procéder par referendum comme le prévoit sa constitution. Si la ratification est acquise comme prévu et souhaité au 1er janvier 2009 ou au moins le 1er juin 2009 c'est-à-dire avant les élections européennes, c'est une nouvelle étape qui

1. Le TCE est le Traité de Rome du 25 mars 1957 modifié par l'Acte Unique européen (1986), le Traité de Maastricht (1992), le Traité d'Amsterdam (1997) et le Traité de Nice (2001).

2. Ces sept questions retenues sont : la question des symboles, de la primauté du droit communautaire sur le droit national, la qualité juridique de la Charte des droits fondamentaux, les particularités de la PESC et de la PESD articulées à l'ensemble des problématiques stratégiques de la politique extérieure européenne (point nouveau à l'initiative de la Grande-Bretagne), l'application et le contrôle de la répartition des compétences entre l'Union et les États membres (à l'initiative de la République Tchèque), le rôle des parlements nationaux dans le fonctionnement de l'Union (à l'initiative des Pays-Bas), et la question de la modification des modalités de vote au Conseil des ministres (à l'initiative de la Pologne).

s'ouvrira en levant l'hypothèque existentielle pour l'avenir de l'Union de la réforme institutionnelle.

154 ***Présentation formelle du Traité de Lisbonne*** ◇ Ni « mini », ni « simplifié », le nouveau Traité, plus justement qualifié par les institutions européennes de « réformateur », maintient l'existence de deux traités qui lui sont incorporés : d'une part, le Traité sur l'Union européenne ou TUE (55 articles plus le préambule) et d'autre part, le Traité sur le fonctionnement de l'Union européenne ou TFUE (358 articles) qui remplace formellement du moins le Traité instituant la Communauté européenne. L'article 1 alinéa 3 TUE précise sur ce point : « L'Union est fondée sur le présent Traité et sur le Traité sur le fonctionnement de l'Union européenne. Ces deux Traités ont la même valeur juridique. L'Union se substitue et succède à la Communauté européenne ».

Nonobstant le nouvel intitulé du TFUE, la continuité des deux textes par rapport aux précédents est formalisée sans ambiguïté *in fine* (juste avant la liste des signatures) par la mention : « Fait à Maastricht le 7 février 1992 » pour le TUE et « Fait à Rome le 25 mars 1957 » pour le TFUE. Ce qui indique clairement la nature modificative des nouveaux textes.

Après un préambule modifié pour inclure l'alinéa 1 du préambule du projet de Traité constitutionnel suivant : « S'inspirant des héritages culturels, religieux et humanistes de l'Europe, à partir desquels se sont développés les valeurs universelles qui constituent les droits inviolables et inaliénables de la personne humaine, ainsi que la liberté, la démocratie, l'égalité et l'État de droit, » le TUE compose six titres :

Titre I : Dispositions communes (art. 1 à 8)
Titre II : Dispositions relatives aux principes démocratiques (art. 9 à 12)
Titre III : Dispositions relatives aux institutions (art. 13 à 19)
Titre IV : Dispositions sur les coopérations renforcées (art. 20)
Titre V : Dispositions relatives à l'action extérieure de l'Union et dispositions spécifiques concernant la PESC (art. 21 à 46)
Titre VI : Dispositions finales (art. 47 à 55).

Le nouveau Traité de Lisbonne abandonne la structure traditionnelle depuis Maastricht en trois piliers, désormais fusionnés. La disparition des piliers intergouvernementaux ne fait pas disparaître pour autant la spécificité de la politique extérieure de l'Union, de la PESC et de la PESD, d'où l'importance des 25 articles qui leur sont consacrés dans le titre V du TUE complétés par la cinquième partie du TFUE qui consacre 17 articles à la description des mécanismes de fonctionnement de l'action extérieure de l'Union.

Le TFUE développe en effet les modalités pratiques de mise en œuvre des dispositions communes du TUE dont il est le complément. Il est lui-même divisé en 7 parties comprenant titres et chapitres. On remarquera dans le tableau des sept parties du TFUE que c'est la troisième qui vise les politiques et actions internes de l'Union qui est la plus volumineuse avec ses 24 titres.

- Première partie : Les principes (art. 1 à 17) incluant 2 titres.
- Deuxième partie : Non-discrimination et citoyenneté de l'Union (art. 18 à 25)
- Troisième partie : Les politiques et actions internes de l'Union (art. 26 à 197) incluant 24 titres recouvrant le droit matériel de l'Union.
- Quatrième partie : L'association des pays et des territoires d'Outre-Mer (art. 198 à 204)
- Cinquième partie : L'action extérieure de l'Union (art. 205 à 222) incluant 7 titres.
- Sixième partie : Dispositions institutionnelles et financières (art. 223 à 334) incluant 3 titres.
- Septième partie : Dispositions générales et finales (art. 335 à 358)

Le texte se complète de 37 protocoles suivis de deux annexes, la première prévue à l'article 38 du TFUE détaille la liste des produits relevant de la politique agricole commune, la seconde, celle des pays et territoires d'Outre-Mer auxquels s'appliquent les dispositions de la quatrième partie du TFUE.

Viennent enfin les 65 déclarations annexées à l'acte final de la conférence intergouvernementale qui a adopté le texte du Traité signé le 13 décembre 2007, et qui se distinguent en trois catégories :

A - les 43 déclarations relatives à des dispositions du Traité

B - les 7 déclarations relatives à des protocoles annexés aux Traités

C - les 15 déclarations d'États membres

À noter que protocoles et annexes font partie intégrante des Traités (art. 51 TUE).

Au total, un texte long et complexe [1], suivi des indispensables tableaux de concordance entre les anciennes et nouvelles numérotations qui permettent de repérer les articles abrogés, déplacés ou modifiés.

Comme les précédents Traités sur l'Union, le Traité de Lisbonne est conclu pour une durée illimitée (art. 53 TU) ; mais sans reliquat à reporter ultérieurement, il ne comporte pas de rendez-vous programmé pour sa propre révision comme l'avaient fait ses prédecesseurs [2]. Il s'inscrit donc dans la durée et tend à figer pour longtemps le droit primaire communautaire.

155 ***Les réformes fondamentales*** ◇ Sur le fond, les réformes sont nombreuses et importantes, même si le nouveau texte n'a plus l'ambition d'être une Constitution créant une entité fédérale. En conséquence, il ne reprend pas tout ce qui dans le projet constitutionnel avorté pouvait faire penser à l'Union comme à un État. C'est le cas des symboles [3], du ministre des

1. La dernière version consolidée du texte fait toutefois disparaître la double numérotation en chiffres et en lettres qui apparaissait dans les premières, cf. *JOUE* C. 115, 9 mai 2008.

2. Cf. point 7 de la 23e déclaration relative à l'avenir de l'Union et annexée au Traité de Nice.

3. Les 5 symboles de l'Union retenus par le projet de Traité établissant une constitution pour l'Europe étaient le drapeau (douze étoiles sur fond bleu) l'hymme (l'ode à la joie) la devise (l'euro) et la journée de l'europe célébrée le 9 mai.

Affaires étrangères, de la loi ou encore du principe de la primauté du droit de l'Union qui est relégué dans la déclaration n° 17 sans que cela n'ait d'ailleurs aucune incidence sur le droit positif établi par la jurisprudence de la Cour de justice.

L'objectif des réformes de Lisbonne est le même que celui du Traité constitutionnel : il s'agit de rendre les institutions opérationnelles pour une bonne gouvernance dans une Union à 27 membres (et plus à l'avenir) tout en renforçant un espace de liberté, de sécurité et de justice. En conséquence, le Traité vise précisément les droits fondamentaux et la démocratie, les institutions en même temps qu'il innove notamment en matière de coopérations renforcées.

156 ***Les droits fondamentaux et la démocratie*** ◇ Non seulement l'article 6-1 TUE donne à la Charte du 7 décembre 2000, adoptée le 12 décembre 2007 [1] « même valeur juridique que les Traités », mais l'Union dotée enfin de la personnalité morale (art. 47 TUE) adhère à la Convention européenne de Sauvegarde des droits de l'homme et des libertés fondamentales (art. 6-2 TUE). Ces droits et ces libertés, tels qu'ils résultent des traditions constitutionnelles font partie du droit de l'Union en tant que principes généraux.

L'article 7 permet de sanctionner la violation grave et persistante des valeurs communes par la suspension des droits d'appartenance à l'Union.

La démocratie est précisément déclarée « valeur commune » (art. 2 TUE) et ceci dans ses trois dimensions : démocratie représentative déclarée fondement du fonctionnement de l'Union, et démocratie participative incluant l'initiative citoyenne d'un million de ressortissants d'un nombre significatif d'États invitant la Commission à soumettre une proposition visant à l'adoption d'un acte juridique de l'Union (art. 11-4 TUE).

Enfin, démocratie contributive avec un renforcement du rôle des États membres et des parlements nationaux, ceux-ci contrôlant le respect des principes de subsidiarité et de proportionnalité (art. 12 b TUE). La coopération interparlementaire et avec le Parlement européen est développée aux termes du protocole n° 1.

157 ***Les Institutions*** ◇ Concernant les institutions, désormais au nombre de sept, la Banque centrale européenne (BCE) qui a acquis une crédibilité internationale incontestable devient une institution à part entière (art. 13-1 TUE). Les autres institutions voient le nombre de leurs membres plafonné et leurs règles de compétence renforcées.

Le Parlement européen est plafonné à 750 sièges. Il reçoit des compétences élargies et renforcées par la co-décision désignée comme la procédure législative ordinaire (art. 294 TFUE) avec la majorité qualifiée au Conseil. Il assure conjointement avec le Conseil les fonctions législatives et budgétaires.

1. Cf. Charte des droits fondamentaux de l'Union européenne suivie des explications, *JOUE* C. 303, 14 déc. 2007.

La majorité qualifiée de droit commun se définit à partir du 1er novembre 2014 (*statu quo ante* jusque-là) par 55 % des membres du Conseil comprenant au moins 15 d'entre eux et réunissant au moins 65 % de la population de l'Union, la minorité de blocage devant inclure au moins 4 membres représentant au moins 35 % de la population de l'Union, plus un (art. 238-3a TUE). Un échéancier permet une application progressive du nouveau système jusqu'au 1er avril 2017 (déclaration n° 7). Le protocole n° 36 fixe pour sa part la pondération des voix.

Le Conseil européen, désigné à l'article 13-1 comme institution de l'Union, se voit doté pour sa part d'un président stable élu par lui à la majorité qualifiée pour deux ans et demi renouvelable une fois, mettant ainsi un terme aux présidences tournantes semestrielles.

La Commission est elle aussi plafonnée à partir du 1er novembre 2014 aux deux tiers du nombre d'États membres y compris son président et le Haut représentant de l'Union pour les Affaires étrangères et la politique de sécurité [1]. Un système de rotation devra être fixé à l'unanimité par le Conseil européen.

Quant à la Cour de justice, elle est désormais définie comme comprenant plusieurs juridictions : la Cour de justice [2], le Tribunal qui perd opportunément sa dénomination de Tribunal de première instance rendue obsolète par son rôle en appel des tribunaux spécialisés également visés par l'article 19 TUE.

158 ***Les autres réformes*** ◇ Les coopérations renforcées voient leur régime amélioré. Une telle coopération peut être ouverte si neuf États y participent (a. 20-2 TUE). L'autorisation finale est prise par le Conseil à l'unanimité selon la procédure prévue aux articles 329 et 330 TFUE.

Pour la PESD, une clause de défense mutuelle affirme pour la première fois la solidarité militaire des États de l'Union en dehors même de la solidarité euro-atlantique (art. 42-7 TUE).

Le Traité prévoit dans ce domaine trois types de coopération renforcée :

- la coopération structurée permanente,
- la participation à des missions hors de l'Union (y compris humanitaires) (art. 43 TUE),
- la coopération dans le cadre de l'Agence européenne de défense et de l'armement (art. 42-3 TUE) organisée à l'article 45 TUE.

À noter que sauf pour les décisions ayant des incidences militaires ou dans le domaine de la défense, une « clause-passerelle » permet de passer de l'unanimité à la majorité simplifiée et de la procédure législative spéciale à la procédure législative ordinaire (a. 48-7 TUE).

1. Ce qui représente 18 commissaires pour une Europe de 27 États membres.
2. Dire que la Cour de justice comprend la Cour de justice… est d'une inélégance conceptuelle particulièrement maladroite.

La coopération judiciaire en matière civile (art. 81 TFUE), pénale (art. 82 TFUE) et policière (art. 87 TFUE) sont elles-mêmes renforcées. L'institution d'un parquet européen est prévue à l'article 86-1 du TFUE.

Enfin, les clauses finales du TUE prévoient deux dispositifs nouveaux.

D'une part, un droit de retrait de l'Union est reconnu à tout État membre selon une procédure fixée à l'article 50-1 TUE qui prévoit que le même État peut, par la suite, demander à adhérer à nouveau (art. 50-5 TUE).

D'autre part, à côté de la procédure de révision ordinaire des Traités que nous connaissons (art. 48-2 TUE) il est prévu des procédures de révision simplifiées (art. 48-6 TUE) pour les politiques et actions internes de l'Union (3e partie du TFUE). Elles ne font pas intervenir une CIG classique mais sont l'objet d'une décision prise à l'unanimité par le Conseil européen après avis du Parlement européen et de la Commission, éventuellement de la BCE si les modifications institutionnelles concernent le domaine monétaire. Dans tous les cas de figure, la décision doit être approuvée par les États membres pour entrer en vigueur.

C'est précisément le cas du Traité de Lisbonne, nouveau traité modificatif, qui doit être ratifié par tous les États membres avant d'être de droit positif.

159 ***La ratification du Traité*** ◇ En France, le processus de ratification a été lancé le jour même de la signature du Traité de Lisbonne le 13 décembre 2007 par la saisine du Conseil constitutionnel par le président de la République aux termes de l'article 54 de la Constitution.

Dans sa décision du 20 décembre 2007 [1], le Conseil constitutionnel ne fait pas jouer l'autorité de la chose jugée par sa décision du 19 novembre 2004 [2], voulant marquer par là les différences entre le Traité Constitutionnel et le nouveau Traité modificatif. Il se réfère néanmoins aux motifs de sa décision de 2004 chaque fois que les dispositions de Lisbonne sont identiques à celles du Traité Constitutionnel, qu'elles appellent ou non une révision de notre Constitution. Il en est ainsi de la Charte des droits fondamentaux qui ne nécessite pas de révision, non plus que l'adhésion à la Convention EDH. De même, l'obligation d'une révision pour les nouvelles procédures de révision simplifiée se fonde sur les mêmes motifs qu'en 2004.

Un grand nombre de dispositions appellent de même la révision, telles notamment celles sur les nouvelles prérogatives des parlements nationaux, sur les nouvelles modalités de décision et leurs clauses-passerelle ou encore sur l'institution d'un parquet européen.

La censure sans surprise de la part du Conseil a entraîné la révision de la Constitution opérée par la loi constitutionnelle du 4 février 2008 [3] modifiant le titre XV de la Constitution qui fait disparaître dans le même temps la

1. Cf. décis. 2007-560 DC 20, déc. 2007. À noter la rapidité d'une décision obtenue en une semaine.

2. Cf. décis. 2004-505, 19 nov. 2004.

3. Cf. Loi constit. 2008-103, 4 févr. 2008 modifiant le titre XV de la Constitution, *JO* 5 févr. 2008, p. 2202.

référence obsolète au Traité constitutionnel et qui intègre la substitution de l'Union aux Communautés.

Le Parlement français réuni en Congrès a donc pu ratifier le Traité de Lisbonne et la loi du 13 février 2008 [1] consacre cette étape, la France étant le quatrième État membre à ratifier le Traité [2].

Pour les autres États membres de l'Union, le mode de ratification sera le même que celui choisi par la France, la voie parlementaire devant être suivie y compris par ceux qui se disent les plus eurosceptiques comme le Royaume-Uni ou la République tchèque. L'Irlande seule a du se prononcer par referendum, sa Constitution rendant obligatoire la consultation populaire.

Le Traité une fois ratifié par tous les pays de l'Union pourra alors entrer en vigueur au plus tôt au premier janvier 2009 et même si un échéancier complexe le rend totalement applicable seulement en 2017.

160 ***Le frein irlandais*** ◇ Comme pour le Traité de Nice, les Irlandais ont rejeté le 13 juin 2008 le Traité de Lisbonne avec 53,4 % de « *no* » [3], imposant un nouveau défi à l'Union dont dix-huit États l'avaient ratifié à la même date. Le Président de la Commission européenne a immédiatement réagi en appelant à la poursuite des ratifications, de même que Paris et Berlin.

Selon un scénario déjà rodé entre 2001 et 2002, l'Irlande a négocié avec ses partenaires européens pour obtenir des garanties sur trois points essentiels pour débloquer la situation : le maintien de sa fiscalité attractive à taux réduit, sa neutralité militaire et sa politique familiale traditionnelle (incluant l'interdiction de l'avortement). L'hypothèque levée à l'égard de ces spécificités celtiques, mais aussi la crise [4] et la récession marquées par une forte poussée du chômage (15 % en 2009, soit 3 fois plus qu'en 2008), ont conduit les Irlandais à prendre conscience des avantages de l'Union alors même que la Banque centrale européenne injectait 120 milliards d'euros d'aide aux banques.

Et c'est avec 67,13 % de votes positifs que le second référendum irlandais du 2 octobre 2009 a permis à la présidente Mary Mc. Aleese de signer le 28e amendement de la Constitution permettant enfin la ratification de son pays.

Le oui irlandais a entraîné derrière lui les derniers récalcitrants. Tout d'abord le président polonais Lech Kaczynski qui disait l'attendre pour signer lui-même dès le 10 octobre 2009.

1. Cf. L. n° 2008-125, 13 févr. 2008 autorisant la ratification du Traité de Lisbonne modifiant le Traité sur l'Union européenne, le Traité instituant la Communauté européenne et certains actes connexes, *JO* 14 févr. 2008, p. 2712.

2. Après la Hongrie le 17 décembre 2007, puis Malte et la Slovénie le 29 janvier 2008.

3. À noter que le taux de participation était beaucoup plus élevé cette fois que pour le rejet du Traité de Nice : 53,13 % le 13 juin 2008 contre 30 % le 29 mars 2001.

4. C'est ainsi que *Le Figaro* a pu titrer le 30 septembre 2009 « La crise rend les Irlandais europhiles » sous la plume de S. Kovacs, envoyé spécial à Dublin.

Puis le très eurosceptique président tchèque Vaclav Klaus [1] qui a négocié âprement jusqu'au dernier moment son accord en le conditionnant à une dérogation pour son pays concernant la Charte des droits fondamentaux pour empêcher que les descendants des trois millions d'Allemands expulsés des Sudètes ne puissent réclamer la restitution ou l'indemnisation des biens confisqués par Prague après la Deuxième Guerre mondiale. Cette exemption tchèque devra être ratifiée par tous les pays de l'Union lors du prochain Traité d'adhésion, celui très proche de la Croatie. Cet obstacle levé, et après que la Cour constitutionnelle ait jugé le Traité conforme à la Constitution, le président tchèque a enfin signé le 3 novembre la loi ratifiant le traité mettant un terme à la nouvelle panne européenne.

Il convient de faire ici deux constatations :

– La première est que les quatre États hostiles au Traité dès le début des négociations, Royaume-Uni, Irlande, Pologne et République Tchèque, ont obtenu les dérogations qui leur confèrent un régime particulier dans l'application du Traité. Tantôt en vertu de textes incorporés au Traité comme par exemple le protocole n° 30 sur l'application de la Charte à la Pologne et au Royaume-Uni qui en écarte la justiciabilisé sauf si les droits concernés sont prévus dans leur législation. Ou encore la déclaration de la Pologne sur la Charte qui précise que celle-ci ne porte atteinte en aucune manière au droit des États membres de légiférer dans le domaine de la moralité publique, du droit de la famille ainsi que de la protection de la dignité humaine et du respect de l'intégrité humaine physique et morale.

– Tantôt comme résultats de discussions reprises après signature unanime du Traité et, dans ce cas, on peut s'étonner du fait que la surenchère politique prime sur le droit, et que le procédé tende à se banaliser, à la faveur d'un blocage référendaire.

– La deuxième constatation, très positive celle-là, est que, pas plus qu'en 2005 avec le double « non » français et néerlandais, le coup de frein du « non » irlandais n'a conduit à une impasse ou à un quelconque vide juridique.

– C'est le Traité de Nice (si décrié lors de sa signature !) et conclu pour une durée illimitée, qui a permis de franchir le cap en continuant à s'appliquer jusqu'à la mise en vigueur du nouveau Traité.

– La dernière signature tchèque a enclenché le processus de mise en vigueur conformément à l'article 357, alinéa 2 du TUE qui dispose :

« Le présent Traité entrera en vigueur le premier jour du mois suivant le dépôt de l'instrument de ratification de l'État signataire qui procédera le dernier à cette formalité ». La signature tchèque du 3 novembre 2009 a donc permis la mise en vigueur du Traité de Lisbonne le 1er décembre 2009.

1. C'est son pays qui a succédé à la France dans l'Union européenne au 1er janvier 2009.

PREMIÈRE PARTIE

L'ORGANISATION DE L'UNION EUROPÉENNE

161 ***L'unification au cœur de l'Union*** ◇ L'organisation de l'Union européenne repose sur une unification juridique fondamentale. L'Union européenne s'est organisée dans un premier temps sur les trois piliers de Maastricht repris, corrigés et enrichis par les Traités d'Amsterdam et de Nice.

- Les Communautés européennes (CE, CEEA) ;
- la politique étrangère et de sécurité commune (PESC) ;
- la coopération dans les domaines de la justice et des affaires intérieures (CJAI).

Le Traité de Lisbonne supprime les piliers sans pour autant bouleverser les fondements mêmes de l'organisation de l'Union en se présentant à l'article 1, alinéa 2 TUE comme une « nouvelle étape » du processus d'intégration. Les deux traités internes constitutifs du Traité de Lisbonne et qui ont même valeur juridique privilégient l'Union qui « se substitue et succède à la Communauté européenne » aux termes de l'article 1, alinéa 3 TUE. La CEEA conserve son cadre spécifique.

Dans ce nouveau contexte, un double encadrement institutionnel et juridique fondé sur le Traité soumet les populations et les territoires des États, membres à des institutions communes et à un régime juridique commun, conçus largement sur le modèle du droit public interne et non du droit international.

162 ***Le statut juridique de l'Union européenne*** ◇ Le statut juridique de l'Union est fixé par les *traités* et par le *protocole* n° *7 sur ces privilèges et immunités* annexé au Traité de Lisbonne du 13 décembre 2007.

Le Traité de Lisbonne attribue pour la première fois la personnalité morale à l'Union européenne en tant qu'Union (art. 335 TFUE). Les précédents traités ne reconnaissaient cette qualité qu'aux Communautés (art. 281 Traité CE et art. 184 CEEA). Désormais l'article 335 TFUE dispose : « Dans chacun des États membres, l'Union possède la capacité juridique la plus large reconnue aux personnes morales par les législations nationales ». Il en est toujours de même pour la CEEA (art. 185 Traité CEEA).

L'Union est représentée par la Commission. Mais elle l'est aussi par chacune des institutions au titre de leur autonomie administrative pour les questions liées à leur fonctionnement respectif.

L'Union peut donc acquérir et aliéner des meubles et des immeubles et ester en justice. L'article 343 TFUE dispose de plus : « L'Union jouit sur le territoire des États membres des privilèges et immunités nécessaires à l'accomplissement de sa mission dans les conditions définies au protocole du 8 avril 1965 [1] sur les privilèges et immunités de l'Union européenne. Il en est de même de la Banque Centrale européenne et de la Banque européenne d'investissement. Et le protocole n° 7 annexé au Traité de Lisbonne rappelle que la CEEA jouit des mêmes privilèges et immunités aux termes de l'article 181 de son Traité constitutif.

Les *biens, fonds, avoirs* et opérations de l'Union bénéficient des *privilèges* définis, sur la base de ce nouveau protocole.

Le statut des Communautés a posé un problème difficile : celui du *siège*. Le siège des institutions devait être fixé du commun accord des États membres (art. 289 Traité CE ; art. 189 CEEA).

Longtemps l'accord ne put se faire. Il y a été suppléé par une décision des représentants des gouvernements des États membres en date du 8 avril 1965, annexée au Traité dit de fusion et confirmée ultérieurement à plusieurs reprises avant que la question ne soit finalement réglée du commun accord des représentants des États membres le 12 décembre 1992 [2].

Selon ce texte :

– Le *Parlement* siège à Strasbourg (où se tiennent les douze sessions plénières mensuelles). Les sessions plénières additionnelles, les commissions siègent à *Bruxelles*. Le secrétariat général et les services restent à *Luxembourg*.

– Le *Conseil* siège à *Bruxelles*, mais en avril, juin, octobre, il tient ses sessions à *Luxembourg*.

– La *Commission* siège à *Bruxelles*, certains services étant établis à *Luxembourg* (décision 8 avril 1965, art. 7, 8, 9).

– La *Cour de justice* et le *tribunal de première instance* siègent à *Luxembourg*.

– Le *Comité économique et social* siège à *Bruxelles*.

– La *Cour des comptes* siège à *Luxembourg*.

– La *Banque européenne d'investissement* siège à *Luxembourg*.

1. Ce premier protocole reste le texte de référence complété désormais par le protocole n° 7 annexé au Traité de Lisbonne.

2. *JOCE* C. 341, 23 déc. 1992.

Si d'autres sièges, pour des organismes créés ou à créer, doivent être désignés, ils le seront du commun accord des États membres « lors d'un Conseil européen », en donnant priorité aux États qui n'en détiennent aucun [1]. La règle du commun accord des gouvernements des États membres s'inscrit désormais à l'article 341 TFUE.

Sur l'implantation des sièges, la Cour a été vigilante. Aussi, le Parlement est bien compétent pour régler son organisation intérieure, notamment pour répartir ses services, son personnel. Mais il ne peut utiliser ses compétences pour tenter de déplacer, en fait, son siège [2].

Toutefois un transfert limité de personnels et de services de Luxembourg à Bruxelles peut, s'il est justifié, ne pas constituer un transfert déguisé du siège [3].

Le statut des Communautés comprend un régime linguistique organisé par des règlements fondés sur l'article 290 CE : le règlement n° 1 du Conseil du 15 avril 1958 [4] modifié par les différents actes d'adhésion. Ce règlement désigne les langues officielles dans lesquelles les règlements et autres actes de portée générale doivent être rédigés (art. 4) et la parution du *JOCE* assurée (art. 5). Au moment de son adhésion à l'Union, chaque pays détermine la ou les langues qu'il veut voir devenir langues officielles. Avec 27 États depuis le premier janvier 2007, l'UE fonctionne actuellement avec 23 langues officielles [5], après l'adhésion de la Roumanie et de la Bulgarie [6]. L'importance de ces langues, et leur nombre croissant ont eu pour conséquence en juin 2002 que le service de traduction de la Commission est devenu une direction générale de la traduction à part entière, structurée sur une base linguistique avec un département par langue intervenant en matière de communication écrite, une direction générale de l'interprétation ne s'occupant que de la traduction orale.

1. Le Conseil européen de Bruxelles du 29 oct. 1993, au titre des RGEM réunis au niveau des chefs d'États et de gouvernements, a effectivement désigné une série de sièges pour de nouvelles institutions : notamment l'Institut monétaire européen (puis la BCE) (Francfort) ; Europol (La Haye) ; l'Agence européenne pour l'évaluation des médicaments (Londres) ; l'Observatoire européen des drogues et toxicomanie (Lisbonne) ; la Fondation européenne pour l'amélioration des conditions de travail (Dublin) ; l'Agence européenne pour la sécurité et la santé au travail (Bilbao) ; le CEDEFOP (Berlin, puis Thessalonique) ; la Fondation européenne pour la formation (Turin) ; le Centre de traduction des organes de l'Union (Luxembourg) ; l'Agence européenne pour l'environnement (Copenhague) ; Marché de l'harmonisation dans le marché intérieur (Alicante).

2. Cf. aff. 230-81, arrêt 10 févr. 1993 ; 108-83, arrêt 10 avr. 1984 ; 358-85 et 51-86, arrêt 22 sept. 1988.

3. Cf. aff. C. 213-88 et C. 39-89, arrêt 28 nov. 1991, *LPA* 5 févr. 1992.

4. Règlement n° 1 du Conseil, 15 avr. 1958, *JOCE* 6 oct. 1958.

5. Pour rappel en 1951 avec la fondation de la CECA, quatre langues étaient initialement reconnues comme officielles : l'allemand, le français, l'italien et le néerlandais. Avec l'Europe des quinze, on comptait 11 langues officielles jusqu'en 2004 où l'Europe des 25 en recouvraient 20.

6. Il convient de remarquer qu'avec la reconnaissance du bulgare comme langue officielle, l'alphabet cyrillique est devenu le troisième des trois alphabets employés dans l'UE.

163 ***Les Traités. Constitution de l'Union*** ◇ Personne morale de droit public, l'Union dispose d'organes pour s'exprimer. Les Traités définissant l'organisation et les compétences de ces organes apparaissent comme la Constitution de l'Union [1].

Sans doute, les traités européens restent-ils des traités [2]. Mais leur exécution, loin d'être abandonnée à la discrétion des États membres, est en effet confiée à de véritables *pouvoirs constitués : le Conseil, la Commission, le Parlement européen, la Cour de justice, la Cour des comptes créée par le « Traité budgétaire » du 22 juillet 1975, auxquels il convient désormais d'ajouter le Conseil européen et la Banque Centrale européenne (art. 13 TUE).*

Les conditions dans lesquelles ces organes exercent leurs compétences peuvent être assimilées à celles d'*institutions publiques de droit interne et diffèrent profondément des conditions de fonctionnement de toutes les organisations internationales* créées par des traités multilatéraux.

Les organisations *internationales* sont souvent des têtes sans corps destinées à inspirer plus qu'à diriger et leur action se heurte aux limites imposées par la faiblesse de leurs institutions. Les institutions et organes de l'Union - nous le verrons plus loin - ont été conçus pour assurer la direction effective de l'Union dans les domaines qui relèvent de leurs compétences. Leur efficacité résulte de transferts importants de compétences des États-membres aux Communautés. On se trouve en présence d'une construction juridique conforme aux techniques du droit interne. Les traités apparaissent bien comme la Constitution des Communautés.

Plus largement, le Traité de Lisbonne apparaît comme la grande Charte des États membres. L'encadrement institutionnel commun y occupe une place prééminente comme source et support d'un ordonnancement juridique dans lequel les traités se situent nécessairement au sommet de la hiérarchie des règles communes.

164 ***Les traités, sommet de la hiérarchie des règles de droit*** ◇ Les traités européens ne se sont pas bornés à créer un système institutionnel nécessaire à leur application. Ils contiennent aussi les éléments, plus ou moins précis, de la *législation communautaire*. Le plus souvent, ces éléments se réduisent - ce qui est normal - à des principes généraux. Mais parfois ils vont très loin dans le détail de la réglementation.

On a parfois opposé les dispositions précises du Traité CECA aux dispositions plus générales du Traité CE. Le Traité CECA, qualifié de « traité-loi »,

1. Cf. J.-L. Clergerie, V. Faure-Tronche, *Le système juridique de l'Union européenne*, coll. « Mise au point », Ellipses, 2004 : les auteurs y parlent de l'Union européenne comme « objet juridique non identifié ».

2. La formule plurielle : les traités est doublement justifiée si l'on pense d'une part, à la dualité interne du Traité de Lisbonne comprenant le Traité sur l'Union européenne et le Traité sur le fonctionnement de l'Union européenne et, d'autre part, au Traité instituant la Communauté européenne de l'énergie atomique et au Traité de Lisbonne.

n'aurait laissé à l'exécutif que des tâches d'exécution. Le Traité CE, qualifié de « traité-cadre », aurait confié à l'exécutif de larges tâches de réglementation.

Cette distinction ne nous paraît pas devoir être retenue : le Traité de Lisbonne - en particulier le Traité sur le fonctionnement de l'Union européenne - contient sur divers points des dispositions très précises d'application. [1]

Il suffit plus simplement de considérer que les traités européens, quel que soit leur degré de précision, contiennent la loi ordinaire de l'Union. Ils constituent le *sommet de la « légalité », de la hiérarchie des règles du droit de l'Union.*

Par ses objectifs comme par son contenu, ce droit de l'Union est une véritable législation interne, ou mieux selon l'expression du professeur Cartou « la législation ordinaire » des États membres de l'Union.

165 ***Plan de la première partie*** ◇ Pour comprendre l'organisation de l'Union européenne et l'unification juridique qui résulte de l'existence et du fonctionnement de l'Union, il nous faut étudier son triple encadrement institutionnel, juridique et financier. Ce qui justifie les trois titres de cette première partie :

Titre 1. L'encadrement institutionnel de l'Union européenne
Titre 2. L'encadrement juridique de l'Union européenne
Titre 3. L'encadrement financier de l'Union européenne

1. On pouvait déjà récuser la distinction dans le Traité CE.

TITRE 1

L'ENCADREMENT INSTITUTIONNEL DE L'UNION EUROPÉENNE

166 ***La structure globale de l'Union*** ◇ L'encadrement organique instauré par les Traités de Rome et de Paris mettait en place un « quadripartisme institutionnel » pour reprendre l'expression de Pierre Pescatore et chacun des trois traités le reproduisait en précisant les attributions propres du Conseil, de la Commission, du Parlement et de la Cour de justice.

Les premiers traités sur l'Union reprennent cet ensemble mais rompent avec ce « quadripartisme » pour ajouter la Cour des comptes dans l'organigramme institutionnel communautaire. Plus fondamentalement, ils consacrent le principe d'un cadre institutionnel unique. L'article 3, alinéa 1, du TUE stipule : « l'Union dispose d'un cadre institutionnel unique qui assure la cohérence et la continuité des actions menées en vue d'atteindre ses objectifs, tout en respectant et en développant l'acquis communautaire ».

Cette unité institutionnelle fondamentale est reprise dans son principe par le Traité de Lisbonne et vise désormais sept institutions principales répertoriées à l'article 13 TUE : il s'agit du Parlement européen, du Conseil européen, du conseil, de la Commission européenne, de la Cour de justice de l'Union européenne, de la Banque Centrale européenne et de la Cour des Comptes. Si le TUE apparaît comme la constitution politique de l'Union, ces institutions communes matérialisent l'Union dans l'exercice de leurs compétences. Ce sont donc bien les mêmes institutions communes qui adoptent les décisions nécessaires à la mise en œuvre des politiques européennes.

Le Traité de Lisbonne ne distingue plus selon que ces institutions communes interviennent dans le cadre des Communautés, dans celui de la PESC ou encore en matière de Coopération. De façon plus simple, les dispositions générales visant l'organisation des différentes institutions du Titre III du

TUE sont complétées par le dispositif opérationnel de leur fonctionnement au Titre I de la sixième partie du TFUE qui précise les compétences et les modes décisionnels. Ces derniers recouvrent une diversité de procédures.

À côté des sept institutions majeures, prennent place un grand nombre d'autres institutions ou organes prévus par les traités ou créés par les institutions elles-mêmes, le tout pour former un système complexe.

Ce qu'il faut retenir de cet ensemble institutionnel, c'est le double principe qui commande la structure globale de l'Union. D'une part, l'unité des institutions communes, d'autre part la diversité des procédures décisionnelles.

167 ***L'unité institutionnelle*** ◇ Si le Traité sur l'Union consacre le principe d'un cadre institutionnel unique, l'organigramme commun oblige à distinguer les institutions majeures désignées comme telles par l'article 13 et les organes complémentaires beaucoup plus nombreux.

Au sommet de l'édifice institutionnel de l'Union se situent les institutions dotées de compétences générales des articles 4 et 5. Parmi elles, on peut distinguer les institutions politiques et les institutions de contrôle.

Les institutions politiques constituent l'appareil décisionnel de l'Union, qu'il s'agisse de l'exécutif bicéphale : Conseil et Commission, ou qu'il s'agisse du Parlement européen devenu depuis sa première élection au suffrage universel direct les 7 et 10 juin 1979 l'assemblée représentative des peuples des États membres – il s'y ajoute désormais le Conseil européen promu institution à part entière par le Traité de Lisbonne qui reconnaît par là son rôle moteur d'impulsion politique bien qu'il n'exerce pas de fonction législative comme le rappelle l'article 15 TUE.

Les institutions chargées du contrôle juridique et financier des actes communautaires sont au nombre de deux. D'une part la Cour de Justice de l'Union européenne pour laquelle l'article 19-1 TUE précise qu'elle comprend la Cour de Justice, le Tribunal et des tribunaux spécialisés et, d'autre part, la Cour des comptes.

Pour ce qui est de la Banque centrale européenne promue elle aussi comme institution majeure de l'Union par l'article 13 TUE, elle joue un rôle essentiel au sein du système européen des banques centrales (SEBC) et doit être étudiée avec la politique monétaire de l'Union.

Les organes complémentaires, prévus ou non par les traités complètent ce dispositif institutionnel majeur.

Cette présentation générale du Titre 1 justifie un plan en trois chapitres :

Chapitre 1. Les institutions politiques communes
Chapitre 2. Les institutions de contrôle non politiques
Chapitre 3. Les organes complémentaires

CHAPITRE 1
LES INSTITUTIONS POLITIQUES COMMUNES

168 ***Généralités*** ◇ Le traité de Lisbonne a voulu marquer la place prééminente du Parlement européen, seule institution européenne véritablement démocratique, en le situant en première place dans la liste des institutions de l'Union de l'article 13 TUE. Il est suivi logiquement par le Conseil européen, le Conseil, et par la Commission européenne qu'il convient de désigner plus simplement comme la Commission.

Il convient donc de respecter cet ordre très significatif en examinant en premier lieu le Parlement européen.

SECTION 1. LE PARLEMENT EUROPÉEN

169 ***Présentation générale*** ◇ Le Parlement européen est régi par les articles 14 TUE, 223 à 235 TFUE et 107 à 114 Traité CEEA.

Cette institution qui représente les peuples des États membres de l'Union a considérablement évolué. Tout d'abord, l'assemblée commune CECA d'origine a été élargie à l'ensemble des trois Communautés par le Traité de Rome du 25 mars 1957 pour devenir l'Assemblée parlementaire européenne. Celle-ci s'est attribuée elle-même par résolution du 30 mars 1962 la dénomination de Parlement européen juridiquement officialisée en 1986 par l'Acte unique européen.

Plus fondamentalement, l'Assemblée réduite à 142 membres désignés par les Parlements nationaux lors de sa réunion constitutive du 19 mars 1958 à Strasbourg est devenue pleinement représentative et démocratique à partir de la décision et l'Acte sur les élections européennes au suffrage universel direct signés à Bruxelles le 20 septembre 1976 et appliqués la première fois les 7 et 10 juin 1979. Le nombre des parlementaires européens s'est lui-même accru au rythme des quatre élargissements européens pour passer de 193 au 1er janvier 1978 à 626 à partir du 1er janvier 1995. Dans le cadre d'une Union élargie à 27 membres, le nombre des eurodéputés est plafonné à 732 aux termes du Traité de Nice (art. 189 al. 2 CE nouveau et 107 al. 2 CEEA nouveau). Le traité de Lisbonne prévoit pour sa part un plafonnement à 750 députés plus le président comme le traité constitutionnel avant lui.

Parallèlement les compétences simplement consultatives au départ n'ont cessé de s'accroître pour donner au Parlement bien davantage que la fonction générale de délibération et de contrôle définie par le Traité de Rome. L'Acte unique européen et surtout les Traités sur l'Union lui permettent de participer à l'activité normative notamment par la procédure de codécision qui lui confère un véritable rôle législatif. Dans le même temps, ses fonctions budgétaire et politique ont été elles-mêmes développées.

Nous examinerons successivement la *composition et le statut parlementaire, l'organisation et le fonctionnement* du Parlement avant de préciser ses *attributions*.

§ 1. Composition et statut

A. Composition

170 ***L'article 190-2 du Traité CE*** ◇ Le Traité de Nice modifie sensiblement la composition du Parlement européen qui passe de 626 députés élus au suffrage universel direct à un total qui ne doit pas dépasser 732 députés [1] pour tenir compte de l'élargissement programmé en 2004. Ce dernier chiffre a été remplacé lui-même par 736 par l'article 9 du Traité d'adhésion du 25 avril 2005, chiffre lui-même retenu par le projet de Traité établissant une Constitution pour l'Europe.

L'article 24-1 du Traité d'adhésion du 25 avril 2005 [2] prévoit à titre de mesure transitoire, que par dérogation au nombre maximal de membres du Parlement européen fixé aux articles 189 alinéa 2 CE et 107 alinéa 2 CEEA, ce nombre est augmenté du nombre de représentants de la Bulgarie : 18, et de la Roumanie : 35 à compter de la date d'adhésion et jusqu'au début de la législature 2009-2014.

Mais à partir du début de cette législature, le nombre de représentants élus dans chaque État membre est fixé ainsi qu'il suit :

- Allemagne = 99
- Allemagne-France, Italie, Grande-Bretagne = 72
- Espagne, Pologne = 50
- Roumanie = 33
- Pays-Bas = 25
- Belgique, République Tchèque, Grèce, Hongrie, Portugal = 22
- Suède = 18
- Autriche, Bulgarie = 17
- Danemark, Slovaquie, Finlande = 13

1. Le projet de Traité établissant une constitution pour l'Europe prévoit que le nombre ne dépasse pas 736 jusqu'en 2009.
2. Cf. Traité d'adhésion, 25 avr. 2005 *JOUE* 157, 21 juin 2005, p. 211.

- Irlande, Lituanie = 12
- Lettonie = 8
- Slovénie = 7
- Estonie, Chypre, Luxembourg = 6
- Malte = 5

Soit un TOTAL de 736

On voit sur ce dernier tableau qu'à l'exception de l'Allemagne et de Malte, le plus grand et le plus petit État de l'Union, tous les autres États ont dû renoncer à un représentant au moins (la Roumanie : 2) pour ne pas dépasser le nombre fixé comme plafond maximal.

Le Nouveau Traité de Lisbonne porte à 751 le nombre de sièges au Parlement (y compris son président) et fixe un seuil minimum de six députés par État et un seuil maximum de 96 sièges en précisant que la représentation des citoyens suit un système de proportionnalité dégressive. Ce qui signifie que les États membres les plus peuplés acceptent d'avoir moins de sièges qu'ils ne devraient compte tenu de leur importance démographique. Le but est de permettre une meilleure représentation des États les moins peuplés.

À cet égard, un problème s'est posé à la suite des dernières élections parlementaires de juin 2009. Celles-ci ont eu lieu alors que le Traité de Nice était toujours en vigueur et que le Traité de Lisbonne, postérieur aux élections, attribue 18 sièges supplémentaires à 12 États membres en remarquant toutefois que l'Allemagne est appelée à perdre trois sièges, mais seulement à la fin de la législature. En attendant 2014, l'arrivée des 18 sièges supplémentaires devrait porter à 754 (736 + 18 ou encore 751 + 3) le nombre total des euro-députés. Ce qui rend nécessaire une modification du Traité de Lisbonne pour autoriser ce dépassement temporaire du nombre de sièges attribués.

171 ***Le régime des élections*** ◇ Les élections parlementaires ont lieu tous les cinq ans. Les dernières ont eu lieu en juin 2009. En l'absence d'une procédure électorale uniforme prévue par le Traité de Rome, l'élection est restée pendant longtemps réglée par les législations nationales. À l'exception du Royaume-Uni, fidèle au scrutin uninominal à un tour, tous les États membres ont adopté avec des variantes un système de représentation proportionnelle [1]. Mais l'article 190-4 du Traité CE a réaffirmé la volonté d'unifier le mode électoral européen en confiant au Parlement l'élaboration d'un projet qui permette l'élection selon une procédure uniforme dans tous les États membres ou conformément à des principes communs à tous les États membres [2].

1. Pour la France, cf. L. 7 juill. 1977 mod. par L. 94-104, 5 févr. 1994 et Décr. 28 févr. 1979.
2. Les élections des 10-11 et 13 juin 1999 concernaient 298 millions d'électeurs et ont été marquées par de fortes abstentions décevantes (53 % en France).

Ce sont les décisions du Conseil du 25 juin 2002 et du 23 septembre 2002 [1] qui uniformisent le régime des élections en prévoyant que dans chaque État membre désormais, les membres du Parlement européen sont élus au scrutin de liste ou de vote unique transférable, de type proportionnel. Les États peuvent constituer des circonscriptions ou prévoir d'autres subdivisions électorales en fonction de leurs spécificités nationales sans porter globalement atteinte au caractère proportionnel de ce mode de scrutin. Si les États prévoient (ce n'est pas une obligation) un seuil minimal pour l'attribution des sièges, celui-ci ne doit pas être supérieur à plus de 5 % des suffrages exprimés au niveau national.

B. Le statut parlementaire

172 ***Les règles statutaires*** ◇ Les eurodéputés bénéficient d'un statut fixé par différents textes dont l'acte du 20 septembre 1976 complété par la décision du Conseil des 28 juin 2002 et 23 septembre 2002, et le règlement du Parlement.

La nature de leur mandat représentatif garantit leur indépendance. L'article 41-1 de l'acte du 20 septembre 1976 dispose : « Les représentants votent individuellement et personnellement. Ils ne peuvent être liés par des instructions, ni recevoir de mandat impératif ».

La décision du Conseil des 25 juin 2002 et 23 septembre 2002 met fin au cumul du mandat européen avec un mandat parlementaire national à compter de l'élection au Parlement européen de juin 2004 [2]. Un certain nombre d'incompatibilités visent spécialement les fonctions de membres ou fonctionnaires des institutions et organismes communautaires les plus importants.

Enfin, les membres du Parlement bénéficient d'*immunités et de privilèges* définis par les articles 7 à 9 du protocole n° 7 sur les privilèges et immunités de l'Union européenne, annexé au Traité de Lisbonne. En particulier, les députés au Parlement européen n'encourent pas de responsabilité en raison des opinions ou des votes émis dans l'exercice de leurs fonctions. Ils bénéficient dans les États de leur nationalité des immunités parlementaires et, dans les autres États membres, de l'exemption de toute mesure de détention ou de poursuite judiciaire (sauf en cas de flagrant délit ou de levée de l'immunité parlementaire dans les conditions fixées par le règlement intérieur du Parlement).

En ce qui concerne l'indemnité parlementaire, le principe voulait jusqu'en 2005 qu'elle soit régie par les dispositions nationales et alignée sur

1. Cf. Décis. du Conseil, 25 juin 2002 et 29 sept. 2002 modifiant l'acte portant élection de représentants au Parlement européen au suffrage universel direct, annexe à la décision 76/787/CECA, CEE, EURATOM, en dernier lieu 2002/772/CE *JOCE* L. 283, 21 oct. 2002, p. 10.

2. Des dispositions transitoires sont prévues pour les membres du Parlement national irlandais et les membres du Parlement national du Royaume-Uni, les deux mandats pouvant être exercés concurremment jusqu'à la prochaine élection parlementaire en Irlande, et jusqu'à l'élection de 2009 pour le Royaume-Uni.

l'indemnité des parlementaires nationaux, ce qui engendrait de très fortes disparités selon les pays d'origine [1]. Au premier janvier 2004, les tableaux comparatifs montraient d'une part que les « quinze » étaient beaucoup mieux payés que les « dix entrants », avec une variation allant de 10 974 euros bruts mensuels pour l'Italie (la plus généreuse) à 761 pour la Hongrie, la France se situant dans une bonne moyenne avec 5 205 euros. Quant aux six indemnités complémentaires, notamment pour frais ou secrétariat, leur mode de calcul ou de paiement était souvent dénoncé comme abusif [2]. Pour régler ces questions embarrassantes, un statut du député européen, souhaité et discuté depuis 1999 devait être élaboré conformément à l'article 190-5 du Traité CE. Ce texte prévoit en effet que « le Parlement européen fixe le statut et les conditions générales d'exercice des fonctions de ses membres, après avis de la Commission et avec l'approbation du Conseil, statuant à la majorité qualifiée », et non plus à l'unanimité exigée seulement pour la fixation du régime fiscal des membres ou anciens membres du Parlement (art. 190-5 CE).

Ce statut très attendu a été adopté le 28 septembre 2005 [3]. Son article 10 prévoit une indemnité identique pour tous les députés égale à 38,5 % du traitement de base d'un juge de la Cour de justice des Communautés européennes [4]. Deux dispositions permettent toutefois de retarder cette égalisation indemnitaire. D'une part, une option transitoire est possible en faveur du régime national actuel pour les députés qui faisaient déjà partie du Parlement et ont été réélus avant l'entrée en vigueur du statut, soit le premier jour de la législature qui commence en 2009 (art. 25-1). D'autre part, l'article 29 permet à chaque État membre d'arrêter une réglementation dérogatoire qui maintient des eurodéputés au moins à égalité avec ses députés matinaux pendant une période qui ne peut cependant dépasser la durée de deux législatures [5].

Quant aux autres indemnités et avantages, ils sont réglementés par le nouveau statut - Le remboursement des frais de voyages à destination ou en provenance des lieux de travail de même que les autres missions est opéré sur la base des frais réels (art. 20 al. 2) - Les autres frais généraux liés au mandat peuvent faire l'objet d'un forfait.

Dans l'ensemble, le nouveau statut des députés européens traduit un louable effort de clarification.

1. V. *Le Figaro*, 22 mars 1999 : article consacré au Parlement européen en p. 1 et 5 et *Le Figaro*, 26 janv. 2004, p. 6 consacré à la polémique sur les revenus des députés européens.

2. En particulier les frais octroyés par le Parlement ne devraient plus être forfaitaires mais remboursés sur les factures pour éviter les abus.

3. Cf. Décis. Parlement européen n° 2005/684 CE, Euratom, 28 sept. 2005 portant adoption du statut des députés au Parlement européen, *JOUE* L. 262, 7 oct. 2005.

4. Cette solution était recommandée par un groupe d'experts mandaté par le Parlement par une étude remise en mai 2000.

5. Une décision du bureau du Parlement européen en date des 19 mai et 9 juillet 2008 portant mesures d'application du statut des députés du Parlement européen complète le dispositif qui prévoit des règles d'anti-cumul à l'article 2. *Cf. JOUE* C.159, 13 juillet. 2009.

§ 2. Organisation et fonctionnement

A. Organisation

173 ***Les règles internes*** ◇ L'article 229 TFUE dispose : le Parlement tient une session annuelle. Il se réunit de plein droit le deuxième mardi de mars. Mais il peut également siéger en sessions extraordinaires à la demande de la majorité de ses membres, du Conseil ou de la Commission.

Le Parlement désigne en son sein son président et son bureau (art. 14 § 3 TUE). Ce bureau est lui-même composé du président [1] (actuellement Jerzy Buzek a été élu le 14 juillet 2009 pour occuper ce poste pendant deux ans et demi jusqu'en janvier 2012), quatorze vice-présidents et cinq questeurs qui sont chargés de responsabilités administratives et financières intéressant directement les parlementaires et qui disposent d'une voie consultative. C'est le bureau qui désigne le secrétaire général du Parlement qui assure la direction des services du Parlement.

Le Parlement européen arrête son règlement intérieur comme il fixe librement son ordre du jour avec par conséquent la plus large autonomie.

B. Fonctionnement

174 ***Les règles*** ◇ Le fonctionnement du Parlement européen est compliqué par le nomadisme obligé des eurodéputés que rend nécessaire la pluralité dispersée du siège [2] : Strasbourg pour les douze sessions plénières (une semaine par mois), Bruxelles pour les commissions parlementaires et les groupes politiques et pour les sessions plénières additionnelles, Luxembourg enfin pour le secrétariat général et les services qui représentent 15,27 % de l'effectif total de l'Union européenne. Les fonctionnaires et autres agents qui travaillent quotidiennement au Parlement européen sont en effet au nombre de 5 399 pour l'exercice budgétaire 2004 [3], dont 4 591 fonctionnaires recrutés sur concours dans tous les États de l'Union, et placés sous l'autorité d'un Secrétaire général.

C'est la conférence des présidents qui réunit les présidents des groupes politiques et le président du Parlement qui détermine l'organisation des travaux et l'ordre du jour des sessions.

1. Après l'espagnol José Maria Gil-Robles désigné le 14 janvier 1997, la française Nicole Fontaine le 20 juillet 1999, l'irlandais Patrich Cox le 15 janvier 2002, Joseph Borell a été désigné en 2004.

2. Ce qui contribue à alourdir le coût du système indemnitaire incluant les remboursements de frais, y compris de transport, comme le soulignent différents rapports de la Cour des comptes.

3. Soit un effectif de 4 591 fonctionnaires et 808 agents temporaires, auxquels il faut ajouter les plusieurs centaines d'agents travaillant sous différents statuts, cf. *JOUE* L. 53, 23 févr. 2004, p. 1. Ce nombre est appellé à croître en fonction de l'augmentation des tâches du Parlement et des élargissements de l'UE. 150 nouveaux postes sont prévus, mais le budget administratif du Parlement restera dans la limite des 20 % qu'il a lui-même imposé en 1988 à toutes les institutions de l'UE.

Le Parlement européen comprend trois types de commissions prévues par l'article 109 du règlement intérieur et par le Traité lui-même : les 20 commissions permanentes qui préparent les travaux des sessions plénières, telles la commission des budgets, la Commission de la politique régionale, la commission de la pêche, ou encore la Commission des pétitions. Le Parlement dispose de trois sous-commissions et peut constituer à tout moment des commissions temporaires ayant un mandat particulier pour une durée en principe de douze mois maximum (par exemple la commission temporaire sur l'emploi).

Le Parlement peut enfin constituer à la demande du quart de ses membres, une commission temporaire d'enquête pour examiner « les allégations d'infraction ou de mauvaise administration dans l'application du droit de l'Union, sauf si les faits allégués sont en cause devant une juridiction et aussi longtemps que la procédure juridictionnelle n'est pas achevée » (art. 226 al. 1 TFUE).

L'existence de cette commission prend fin avec le dépôt de son rapport. Quant aux modalités d'exercice du droit d'enquête, elles sont déterminées d'un commun accord par le Parlement européen, le Conseil et la Commission (art. 226 al. 3 TFUE).

S'ajoutent à ces diverses commissions les délégations interparlementaires désignées par les groupes politiques et dont les compétences sont fixées par le Parlement. Il y en a 21 auxquelles se sont ajoutées 10 délégations aux commissions parlementaires mixtes pour entretenir des relations avec les parlements des pays candidats à l'adhésion, cette dernière catégorie étant reconduite pour les futures adhésions.

Enfin, les euro-députés ne siègent pas par délégation nationale, mais en groupes politiques transnationaux qui possèdent leur propre secrétariat [1]. Le Traité sur l'Union leur reconnaît un rôle important en stipulant que les partis politiques au niveau européen sont facteur d'intégration au sein de l'Union. Ensemble, ils représentent tout l'éventail des positions politiques sur l'Union européenne, depuis les fédéralistes les plus convaincus jusqu'aux eurosceptiques militants [2].

Il faut ajouter que les parlementaires organisent entre eux des intergroupes informels et transversaux qui peuvent être crées par des députés d'au moins trois groupes politiques différents. Il y en a actuellement 27 qui forment des cadres de réflexion et de discussion sur des thématiques précises telles que le changement climatique, le bien-être animal ou encore la jeunesse [3]. L'Irlandais Jin Higgins (Parti populaire européen) est en charge

1. Actuellement le Parlement européen compte huit groupes politiques y compris un groupe de non-inscrits, c'est à dire n'appartenant à aucun groupe. Les groupes politiques sont eux-mêmes issus de plus de cent partis politiques nationaux.

2. Actuellement le groupe du parti des socialistes européens (PSE) compte 184 signe et le groupe du parti populaire européen (PPE) en compte 265. Ce sont les deux groupes les plus nombreux et détiennent à eux seuls la majorité absolue des voix au Parlement européen.

3. L'intergroupe sur la jeunesse a été crée le 11 février 2010. Il a pour priorité la réflexion sur l'inclusion sociale, la mobilité et la citoyenneté active.

du règlement régissant ces intergroupes qui ne sont pas des organes officiels du Parlement mais permettent des échanges constructifs entre députés.

Il nous reste à préciser les compétences du Parlement européen.

§ 3. Compétences

175 Le Parlement européen dispose de compétences budgétaires, de pouvoirs de contrôle politique et d'une compétence normative. D'une façon générale, son rôle s'est fortement accru à la faveur du thème du « déficit démocratique » de l'Europe qu'il est susceptible de réduire par sa nature d'institution représentative des citoyens.

A. En matière budgétaire

176 ***Le rôle financier du Parlement européen*** ◇ Le remplacement des contributions financières des États membres par des ressources propres a entraîné une extension des attributions budgétaires du Parlement, d'abord par le Traité de Luxembourg signé le 22 avril 1970, puis par le Traité de Bruxelles du 22 juillet 1975.

À la différence des Parlements nationaux, il n'est pas compétent pour voter les recettes mais le Traité de Lisbonne lui reconnaît néanmoins un double rôle en la matière, ce qui renforce son pouvoir financier. Mais il joue un rôle important dans le processus budgétaire dès la préparation du budget (art. 314 TFUE). Saisi du projet de budget présenté par la Commission, avec une prévision des recettes et une prévision des dépenses, le Parlement peut approuver la position du Conseil qui lui est transmise ou l'amender sous réserve de respecter le taux maximum annuel d'augmentation déterminé par la Commission.

L'article 311 § 2 TFUE dispose que le Conseil statuant à l'unanimité fixe les dispositions applicables au système des ressources propres de l'Union. À ce niveau, le Parlement est seulement consulté. Par contre il doit approuver les mesures d'exécution de ce système fixées là encore par ce conseil (art. 311 § 3 TFUE).

Au terme d'une procédure de conciliation entre Parlement, Commission et Conseil, Parlement et Conseil doivent approuver le projet commun établi par un comité paritaire de conciliation réunissant autant de membres ou représentants du Conseil et du Parlement. Au terme de la procédure, le président du Parlement constate que le budget est définitivement adopté (art. 314 § 9 TFUE). Le budget, en effet, peut entrer en vigueur avant d'avoir été signé par le président du Parlement. Mais il peut aussi rejeter globalement le projet de budget comme il l'a fait en 1980 et 1985, et demander qu'un nouveau projet lui soit soumis (art. 272-8 CE).

Enfin, le Parlement européen discute le rapport général annuel (art. 200 CE) et contrôle l'exécution du budget (art. 318 TFUE) dont il donne décharge à la Commission (art. 319 TFUE).

B. Les pouvoirs de contrôle politique du Parlement

177 ***Les moyens d'action politiques du Parlement*** ◇ Ils intéressent la Commission, le Conseil européen et le Conseil de l'Union européenne et permettent au Parlement d'exercer une surveillance démocratique des autres institutions européennes.

Outre le vote d'investiture du président et des membres de la Commission (art. 17 § 7 TUE), le Parlement peut renverser la Commission en votant la motion de censure prévue à l'article 234 TFUE.

Sur un plan général, le Parlement exerce un contrôle par l'examen attentif des rapports réguliers qui lui adresse la Commission, notamment sur l'application du droit de l'Union, sur l'exécution du budget ou encore le rapport général.

L'article 230 TFUE précise que la Commission peut assister à toutes les séances du Parlement et est entendue à sa demande. La Commission répond oralement ou par écrit aux questions posées par le Parlement ou par ses membres. Le Conseil européen et le conseil sont entendus par le Parlement européen dans les conditions prévues par le règlement intérieur du Parlement européen et par celui du conseil. Mais il faut ajouter que la procédure des commissions temporaires d'enquête renforce son pouvoir de contrôle de même que l'examen des nombreux rapports que la Commission doit lui adresser obligatoirement.

Le Parlement peut encore recevoir des pétitions des citoyens de l'Union (art. 227 TFUE) et exercer par là un contrôle démocratique. La Commission parlementaire des pétitions reçoit environ 1 500 pétitions par an, principalement en matière d'environnement ou de respect des droits de l'homme.

Enfin, le Traité sur l'Union a institué un médiateur nommé par le Parlement après chaque élection pour la durée de la législature. Ce médiateur est habilité à recevoir les plaintes émanant de tout citoyen de l'Union « relatives à des cas de mauvaise administration dans l'action des institutions ou organes de l'Union » autres que la Cour de justice et le tribunal dans leurs fonctions juridictionnelles (art. 228 TFUE) [1]. Nous étudierons cette institution plus précisément plus loin.

Par ailleurs, le Parlement européen doit être consulté par le haut représentant de l'Union pour les affaires étrangères et la politique de sécurité sur les principaux aspects et les choix fondamentaux de la PESC et de la PESD (art. 36 TUE). Les points de vue doivent être dûment pris en considération. Dans ce domaine, il peut adresser des questions ou formuler des recommandations à l'attention du Conseil et du Haut représentant. Il procède deux fois par an à un débat sur les progrès réalisés dans la mise en œuvre de la politique

1. L'actuel médiateur est M. Nikiforos Diamandouros élu le 20 janvier 2010 par le Parlement européen. Il avait remplacé M. Jacob Soderman du fait du départ de celui-ci à la retraite pour assurer la fonction jusqu'à la fin de la législature. Le nouveau parlement issu des élections de 1999 l'a tout naturellement réélu.

étrangère et de sécurité commune, y compris la politique de sécurité et de défense commune.

Enfin, à l'ouverture de chaque sommet européen, le président du Parlement intervient pour exprimer le point de vue et les préoccupations de son institution sur des problèmes particuliers et sur les points inscrits à l'ordre du jour.

178 ***Les moyens d'action juridictionnels du Parlement*** ◇ En dehors des moyens *politiques* de pression sur les autres institutions, le Parlement dispose d'une autre possibilité importante : il peut intervenir par des moyens juridictionnels. Le « statut juridictionnel » du Parlement a été précisé par une série d'arrêts de la Cour de justice avant d'être renforcé par le Traité de Nice.

– Le Parlement peut être invité par la Cour à lui fournir des renseignements dans le cadre de recours directs ou de renvois préjudiciels (arrêts 270.84 et 149.85, 10 juillet 1986 ; 152.85, 15 janv. 1987).

– Le Parlement peut intervenir dans les litiges portés devant la Cour (arrêt 138 et 139.79, 19 oct. 1980).

– Le Parlement a été admis à former un recours en carence de l'article 232 du Traité CE : (arrêt 13.83, 22 mai 1985).

– Mais la Cour n'a pas reconnu au Parlement qualité pour former des recours directs en annulation contre les actes du Conseil et de la Commission sur la base de l'article 230 du Traité CE : ce texte dans la rédaction du Traité d'Amsterdam ne fait pas figurer le Parlement au nombre des institutions qualifiées à cet effet (arrêt 302.87, 27 août 1987).

La Cour avait atténué la portée de ce dernier arrêt en déclarant le Parlement recevable à former des recours directs en annulation contre des actes du Conseil ou de la Commission à condition que ces recours aient pour objet d'assurer le respect des prérogatives du Parlement. De tels recours constituent selon la Cour un moyen d'assurer l'équilibre institutionnel de la Communauté (arrêt C.70.88, 22 mai 1990).

Le Traité de Nice reconnaît au Parlement européen la possibilité de saisir la Cour de justice dans les mêmes conditions que les autres institutions (art. 263 § 2 TFUE). Il peut également saisir la Cour de la compatibilité d'un accord international avec le Traité (art. 218 § 11 TFUE).

C. La compétence normative du Parlement

179 ***Le Parlement législateur*** ◇ Cette compétence permettait traditionnellement au Parlement de participer au processus législatif selon quatre procédures : la consultation simple, la procédure d'avis conforme, la procédure de coopération et enfin la procédure de co-décision. Si la consultation reste inchangée, le Traité de Lisbonne modifie sensiblement ce dispositif en étendant le champ d'application de la procédure désormais désignée comme la procédure législative ordinaire. L'avis conforme est nouvellement appelé « approbation » et la procédure de coopération est supprimée.

180 ***a) La procédure de consultation simple*** ◇ Seul mode d'intervention prévu à l'origine, la consultation simple continue à s'appliquer dans les cas où aucune autre procédure n'est prévue. Cette consultation du Parlement par le Conseil peut présenter un caractère obligatoire dans les hypothèses prévues par les Traités. La consultation impose alors au Conseil de n'adopter une décision qu'après que le Parlement européen aura rendu un avis sur le sujet proposé par la Commission. Dans de tels cas, la consultation est une formalité substantielle et le défaut de consultation est sanctionné par la Cour de justice [1] qui considère que le Conseil n'est pas habilité à prendre une décision sans avoir épuisé « toutes les possibilités d'obtenir l'avis favorable du Parlement ». Toutefois, l'avis consultatif obligatoire ne lie pas le Conseil.

181 ***b) L'approbation*** ◇ Contrairement à l'avis simple même obligatoire, l'approbation lie le Conseil et confère au Parlement un véritable droit de veto. L'Acte unique européen de 1986 avait réservé la procédure d'avis conforme aux accords ayant des répercussions financières importantes : accords d'association et accords d'adhésion.

En 1992, le Traité de Maastricht avait étendu le pouvoir de blocage du Parlement dans un certain nombre de domaines tels que l'organisation, les objectifs et les principes applicables aux fonds structurels ou encore les conditions de séjour et de circulation des citoyens de l'Union. La même année, le Parlement a pu imposer sa conception des relations extérieures en refusant de donner son avis conforme positif sur la conclusion des protocoles financiers avec la Syrie et le Maroc. Il a justifié sa position par des raisons relatives au respect des droits de l'homme dans ces deux États.

Le Traité d'Amsterdam recentre l'ensemble du dispositif et accorde aux euro-députés une procédure d'avis conforme pour constater l'existence d'une violation grave et persistante des droits fondamentaux par un État membre (art. 7 TU). Le Traité de Nice étend ce droit d'avis conforme au nouveau dispositif d'alerte en cas de risque clair de violation grave de ces mêmes droits (art. 7 al. 1 nouv. TU). De plus pour déclencher ce nouveau dispositif, le Parlement dispose d'un droit d'initiative égal à celui de la Commission.

Le Traité de Lisbonne ne modifie pas ce dispositif repris à l'article 7 TUE mais le passage conceptuel de la notion d'avis conforme à celle d'approbation est significatif d'une volonté de marquer l'importance de la position prise par le Parlement dans cette procédure.

182 ***La procédure législative ordinaire : généralisation de la co-décision*** ◇ Cette procédure législative significativement qualifiée d'ordinaire généralise et banalise la procédure de co-décision. Celle-ci est une innovation majeure du Traité de Maastricht (art. 189 B) et s'inspire des rapports qui s'établissent entre le *Bundesrat* et le *Bundestag* dans le cadre de

1. Cf. CJCE, 29 oct. 1980, *Roquette*, aff. 138/79, *Rec.* p. 3383.

la procédure législative allemande. Prévue pour être applicable dans une quinzaine de cas, elle intéresse à l'origine le marché intérieur ou certains domaines nouveaux tels que l'éducation, la santé, la culture et les réseaux transeuropéens. Elle s'étend aussi aux secteurs de la libre circulation des travailleurs, de l'environnement, de la recherche et du développement technologique. Le Traité d'Amsterdam l'ouvre largement à la fois aux domaines anciens qui relevaient avant lui de la coopération ou de la consultation, et aux nouvelles matières communautarisées, par exemple la politique sociale.

Dès son entrée en vigueur, le Traité de Nice l'étend à la politique industrielle (art. 157 § 3 nouv. CE) et à la coopération judiciaire en matière civile à l'exception des aspects intéressant la famille (art. 65 CE). Il est prévu que la co-décision sera étendue encore aux mesures relatives à l'asile (art. 63 point 1 CE) et aux normes minimales relatives aux réfugiés (art. 63 point 2 sous a CE), pour autant que le Conseil aura arrêté préalablement et à l'unanimité une législation communautaire définissant les règles communes et les principes essentiels régissant ces matières. En outre, dans une déclaration relative à l'article 67 CE, les États membres se sont engagés à appliquer à partir du 1er mai 2004 la co-décision à la libre circulation des ressortissants des États tiers (art. 62 point 3 CE) et à l'immigration clandestine (art. 63 point 3 sous b CE). Il en est de même pour les procédures et conditions de délivrance des visas pour les États membres dès que sera adopté un accord sur le champ d'application des mesures concernant le franchissement des frontières extérieures des États membres.

Toutes ces avancées ont renforcé les prérogatives législatives du Parlement européen étendues encore par le Traité de Lisbonne qui ouvre la procédure législative ordinaire (qui remplace la co-décision) à 41 nouveaux domaines recouvrant notamment l'ensemble des nouvelles compétences reconnues à l'Union. Dans tous les domaines concernés, la procédure place le Parlement sur un pied d'égalité avec le Conseil, et garantit par là même la légitimité démocratique du droit de l'Union.

La **procédure législative ordinaire** (art. 294 du TFUE entraîne l'application de la majorité qualifiée au sein du Conseil et de la co-décision dans le processus d'adoption d'un acte législatif. Par opposition la **procédure législative spéciale** signifie que le Conseil des ministres se décide soit à l'unanimité, soit à la majorité qualifiée après approbation ou Consultation du Parlement européen.

183 ***La procédure de l'article 294 TFUE*** ◇ Cette procédure longue et complexe décrite par l'article 294 du TFUE applique le principe d'une double lecture, mais le pouvoir du Parlement colégislateur est ici renforcé.

Dans un premier temps, la Commission présente une proposition au Parlement et au Conseil.

1re lecture

– Le Parlement arrête sa position et la transmet au Conseil.

– Si cette position est approuvée par le Conseil, l'acte est adopté dans la formulation qui correspond à la position du Parlement.

– Si le Conseil n'approuve pas la position du Parlement, il adopte sa propre position en première lecture et la transmet au Parlement en l'informant « pleinement » des raisons de sa position. La Commission informe elle-même « pleinement » le Parlement de sa position (art. 294 TFUE).

2e lecture

Le Parlement dispose alors d'un délai de trois mois.

– Si dans ce délai, il approuve la position du Conseil en première lecture ou ne se prononce pas, l'acte est réputé adopté dans la formulation qui correspond à la position du Conseil.

– Il peut aussi rejeter la position du Conseil et dans ce cas, l'acte est réputé non adopté.

– Le Parlement peut encore amender la position du Conseil en première lecture à la majorité des membres qui le composent. Le texte ainsi amendé est transmis au Conseil et à la Commission qui émet un avis sur ces amendements (art. 294-7-e TFUE).

Un nouveau délai de trois mois s'ouvre alors au Conseil. Pour que l'acte soit réputé arrêté, il faut que le Conseil approuve ces amendements soit à la majorité qualifiée, soit pour ceux qui ont fait l'objet d'un avis négatif de la Commission, à l'unanimité.

Mais le Conseil peut encore ne pas approuver tous les amendements et dans ce cas, le président du Conseil, en accord avec le président du Parlement convoque le comité de conciliation dans un délai de six semaines (art. 251-3 CE).

La conciliation

Ce comité paritaire comprend autant de membres du Conseil ou leurs représentants que de représentants du Parlement et fait participer la Commission à ces travaux qui ont pour but d'aboutir à un accord sur un projet commun. C'est l'avant-dernière phase de la procédure.

La réunion du comité de conciliation peut avoir deux issues.

En premier lieu, le Comité peut ne pas approuver de projet commun ; l'acte proposé est alors répété non adopté.

En second lieu, le comité approuve un projet commun, ouvrant la voie a une troisième lecture.

3e lecture

À compter de cette approbation, le Conseil (à la majorité qualifiée) et le Parlement (majorité) ont six semaines pour statuer.

Si les deux institutions acceptent le projet commun, la décision est adoptée conformément audit projet. Dans ce cas, le texte final est cosigné par les deux présidents du Parlement et du Conseil. Mais si l'une des deux institutions n'approuve pas le projet commun, l'acte est réputé non adopté (art. 294-13 TFUE).

De toute cette procédure dite allégée par le Traité de Lisbonne, on peut souligner à la fois la lenteur qui peut s'aggraver de délais supplémentaires laissés à l'initiative du Parlement ou du Conseil (art. 294-14 TFUE). On peut aussi en retenir la lourdeur et la complexité caractérisées par l'enchaînement de phases procédurales visant toutes à obtenir l'accord du Conseil et du Parlement. Mais cet enchaînement signifie aussi que le dispositif peut s'interrompre à chaque étape dès lors que l'accord recherché est acquis.

La nécessaire conciliation du Conseil et du Parlement co-décideurs et co-législateurs réalise démocratiquement la conciliation des intérêts nationaux et de l'intérêt communautaire. Elle montre aussi toute l'importance du rôle du Parlement européen, première des institutions dans l'ordre protocolaire parce que seule issue du suffrage universel.

SECTION 2. LE CONSEIL EUROPÉEN

184 Il ne faut pas confondre le Conseil européen (composé des chefs des exécutifs : chefs d'États ou de gouvernements) et le Conseil (composé des ministres compétents) [1].

Le Conseil européen a pour *origine* les « sommets » pratiqués entre 1961 et 1974. Il a été *institué* lors d'un sommet tenu à Paris en décembre 1974. Le *Traité de Maastricht* en fait une institution majeure de l'Union européenne.

§ 1. Les conférences au sommet

185 ***La pratique des conférences*** ◇ Entre 1961 et 1974, la pratique a suscité une institution de fait extracommunautaire dont l'influence s'est parfois révélée importante, parfois décevante : les « conférences au sommet ». Sept sommets se sont tenus : Paris (février 1961), Bonn (juillet 1961), Rome (mai 1967), La Haye (décembre 1969), Paris (octobre 1972, premier sommet à neuf), Copenhague (décembre 1973), Paris (décembre 1974).

Les sommets étaient des réunions des chefs responsables des exécutifs des États membres, soit chefs d'État, soit chefs de gouvernement. Les plus importants de ces sommets ont été ceux de La Haye (1969) et de Paris (1972). À *La Haye,* les chefs des exécutifs avaient pour tâches de débloquer la construction européenne et de prendre divers engagements politiques. De cette conférence sortirent l'achèvement de la politique agricole, les négociations avec la Grande-Bretagne et les autres candidats à l'adhésion, les travaux pour la mise en œuvre d'une union économique et monétaire, etc.

La *conférence de Paris* réunie sur l'initiative du président de la République française s'est tenue, après quelques péripéties, les 19 et 20 octobre 1972. Elle a défini, dans un préambule au communiqué final, une série de principes intéressant notamment les relations extérieures et fondés sur la nécessité

1. Devenu, en raison de l'entrée en vigueur du Traité de Maastricht le « Conseil de l'Union européenne » (Décis. 93-591, 8 nov. 1993, *JOCE* L. 281, 16 nov. 1993).

pour la Communauté de s'affirmer dans le monde comme une entité distincte. Le communiqué publié à l'issue de la conférence comporte une série d'engagements politiques, parfois précis et même assortis de délais, parfois vagues et portant sur : la poursuite et l'achèvement d'une union économique et monétaire ; la mise en place d'une politique régionale ; le développement de la politique sociale, de la politique industrielle, scientifique et technologique, des politiques de l'environnement et de l'énergie ; la définition des principes des politiques extérieures communes à l'égard des pays en voie de développement, des pays industrialisés, des pays de l'Est ; la coopération politique ; le développement institutionnel ; enfin, l'aboutissement avant 1980 de la création d'une union européenne dont le contenu n'est pas précisé.

Par contre, la *conférence de Copenhague* réunie en décembre 1973 à l'occasion de la crise de l'énergie aboutit à des résultats décevants. Elle fut même ridiculisée car la décision qu'elle adopta de créer un fonds de développement régional ne put être mise en pratique quelques jours plus tard faute d'accord entre les ministres.

Les *dispositions* adoptées par les conférences au sommet *ne sont pas des actes communautaires* : ce sont des *engagements politiques* qui ne peuvent être juridiquement sanctionnés. Le rôle des sommets a été surtout de donner une impulsion aux institutions communautaires, de débloquer certaines négociations (ce fut le cas à La Haye pour la négociation sur l'adhésion de la Grande-Bretagne), de prendre des engagements politiques solennels et des initiatives nouvelles, d'en prévoir parfois la programmation.

L'importance que semblaient devoir prendre les sommets a posé la question de leur « institutionnalisation ». Le rapport Vedel [1] examinant le problème lui a apporté une réponse négative. Le système des sommets, « excellent dans son principe », présenterait des inconvénients « en tant qu'institutions se réunissant à date fixe » : il subirait un risque d'usure, menacerait de ralentir le fonctionnement des autres institutions qui pourraient être tentées, en cas de difficultés, de retarder leurs décisions dans l'attente d'un prochain sommet. Selon le rapport Vedel, c'est « l'occasion politique rendant leur intervention indispensable qui doit commander les dates des réunions ».

Le système des sommets a pris fin avec la conférence au sommet de Paris des 9-10 décembre 1974 qui a décidé la mise en place plus régulière et moins solennelle de « Conseils européens » réunissant les chefs de gouvernement.

§ 2. Les Conseils européens

186 *Communiqué de la conférence de Paris des 9-10 décembre 1974*

◇ Le « sommet de Paris » des 9-10 décembre 1974 a été le dernier réuni

1. Rapport du groupe *ad hoc* pour l'examen du problème de l'accroissement des compétences du Parlement européen. Publié en supplément aux *BCE* n° 4/72.

d'une manière solennelle. Les chefs d'État et de gouvernement ont institué une nouvelle procédure de caractère régulier. Selon le communiqué de la conférence de Paris, les chefs d'État et de gouvernement accompagnés des ministres des Affaires étrangères se réunissent trois fois par an « et chaque fois que nécessaire ». La réunion est tenue à un *double titre :* en *« Conseil de la Communauté »* et au titre de la *« coopération politique ».*

Au premier titre, le Conseil se tient dans les conditions normales des procédures communautaires avec le concours de la Commission exerçant toutes ses compétences. *Il s'agit donc d'un Conseil des Communautés mais composé des chefs des exécutifs et pas seulement de ministres.*

Au titre de la coopération politique, les chefs des exécutifs agissent selon les rapports de Luxembourg, Copenhague et Londres.

La première réunion du « Conseil européen » s'est tenue à Dublin, capitale de l'État qui assurait la présidence des Communautés, les 10 et 11 mars 1975. Elle a eu pour principal sujet de délibération des demandes de « renégociations » de la Grande-Bretagne. Depuis cette réunion, les Conseils européens se tiennent régulièrement et adoptent parfois d'importantes décisions (par exemple : le système monétaire européen décidé en principe à Brême en juillet 1978 ou encore la convocation d'une convention sur l'avenir de l'Europe décidée à Laeken en décembre 2001).

Les compétences des Communautés se sont étendues et sont surtout exercées par des ministres « techniques », les ministres des Affaires étrangères ayant vu leurs compétences se réduire. Il est donc utile de mettre périodiquement en présence, les chefs des exécutifs qui ont une vue d'ensemble des problèmes et peuvent parler au nom de tous leurs collègues.

L'existence du Conseil européen a été juridiquement consacrée par l'Acte unique (art. 2) qui prévoit qu'il se réunit « au moins deux fois par an ».

§ 3. **Le Conseil européen dans le Traité de l'Union**

187 ***Le statut du Conseil européen*** ◇ Le Conseil européen reçoit, dans le Traité de Maastricht, un statut officiel (art. D devenu art. 4 Traité d'Amsterdam). Selon cet article :

– Le Conseil européen est *composé* des *chefs d'État* et de *gouvernement* et du *président de la Commission.*

– Ceux-ci sont *assistés* par les ministres des Affaires étrangères et un membre de la Commission.

– La *présidence* revient au chef de l'exécutif de l'État qui préside le « Conseil » (c'est-à-dire le Conseil des ministres de la Communauté).

– Le Conseil Européen *se réunit* au moins *deux fois par an* [1].

– Son rôle est de donner l'*impulsion* nécessaire au développement de l'Union, de définir ses *orientations.* C'est lui qui a pris l'initiative par exemple de lancer l'Union monétaire.

1. En fait, il se réunit en moyenne quatre fois par an ; même si les réunions de juin et de décembre restent les plus importantes.

– Il présente au Parlement un *rapport* sur chacune de ses réunions et un rapport annuel (sur les progrès réalisés par l'Union).

– Pour son mode de fonctionnement, il adopte un règlement intérieur à la majorité simple (art. 235-3 TFUE) [1].

Le Traité de l'Union politique a donc fait du Conseil européen l'organe supérieur de l'Union. Par sa composition et par son rôle, il est en quelque sorte le gouvernement politique de l'Union.

Curieusement, il a fallu attendre le Traité de Lisbonne pour que son importance soit consacrée par l'attribution nouvelle du statut d'institution à part entière (art. 13 TUE).

L'article 15-1 TUE ajoute à ses missions celle de définir les priorités politiques générales tout en précisant qu'il n'exerce pas de fonction législative.

Désormais, le président du Conseil européen prend une nouvelle dimension, en personnifiant l'Union et en assurant sa représentation extérieure pour les matières relevant de la politique étrangère et de sécurité commune sans préjudice des attributions du haut représentant de l'Union pour les affaires étrangères et la politique de sécurité qui participe aux travaux du Conseil européen.

Le nouveau Président du Conseil européen, élu par celui-ci pour une durée de deux ans et demie renouvelable une fois, ne peut pas exercer de mandat national [2].

Outre sa fonction représentative, il préside et assure les travaux du Conseil européen comme le faisait avant lui le chef de l'État de gouvernement qui assurait la présidence semestrielle de l'Union. Il œuvre pour faciliter la Cohésion et le Consensus au sein du Conseil européen et présente au Parlement un rapport à la suite de chacune des réunions du Conseil européen.

Le premier président du Conseil européen est actuellement M. Herman Rompuy élu pour la période allant du 1er décembre 2009 au 31 mai 2012 [3].

1. Cf. Décis. CE 1er déc. 2007 portant adoption de son règlement intérieure, *JOUE* 2 déc. 2009, p. 51.

2. La décis CE 1er déc. 2009 fixe les conditions d'emploi du nouveau président du Conseil européen. Cf. *JOUE* 9 déc. 2009, p. 35.

3. Cf. Décis. CE 1er déc. 2009 portant élection du président du Conseil européen, *JOUE* 2 déc. 2009, p. 48.

SECTION 3. LE CONSEIL DE L'UNION EUROPÉENNE [1]

§ 1. Composition et organisation

188 ***Les structures internes*** ◇ Le Conseil de l'Union européenne, assisté notamment du comité des représentants permanents ou COREPER et d'un secrétariat général, fait l'objet des articles 16 TUE et 237 à 243 TFUE. Sa composition le désigne comme le Conseil des ministres de l'Union.

Aux termes de l'article 16-2 TUE « Le Conseil est composé d'un représentant de chaque État membre au niveau ministériel, habilité à engager le gouvernement de l'État membre qu'il représente et à exercer le droit de vote ». Ce dispositif exclut qu'un État membre puisse se faire représenter au Conseil par une personne n'ayant pas la qualité de membre du gouvernement, en particulier par un fonctionnaire, même de très haut rang.

De plus, le Conseil connaît une pluralité de formations dont les deux plus importantes sont prévues par l'article 16-6 TUE. Il s'agit du Conseil des affaires générales qui assure la cohérence des travaux des différentes formations du Conseil. Il prépare les réunions du Conseil européen et en assure le suivi en liaison avec le Président du Conseil européen et la Commission. Il s'agit aussi du Conseil des affaires étrangères qui élabore l'action extérieure de l'Union selon les lignes stratégiques fixées par le Conseil européen et assure la cohérence de l'action de l'Union. Il est présidé par le haut représentant de l'Union pour les affaires étrangères et la politique de sécurité. Les autres formations, de même que leur présidence, font l'objet des décisions du Conseil européen adoptées à la majorité qualifiée (art. 236 TFUE). Cette liste comprend : affaires économiques et financières (y compris le budget), Justice et affaires intérieures (y compris la protection civile), emploi, politique sociale, santé et consommateurs, Compétitivité (marché intérieur, industrie, recherche, tourisme), transports, télécommunications et énergie, agriculture et pêche, Environnement, éducation jeunesse et culture y compris l'audiovisuel [2].

La présidence est exercée à tour de rôle par chaque membre du Conseil pour une durée de six mois selon un ordre fixé par la décision du Conseil statuant à l'unanimité en date du 1er janvier 2007 [3]. Par ailleurs la décision du Conseil en date du 1er décembre 2009 établit les mesures d'application relative à la présidence du Conseil et la présidence des instances préparatoi-

1. Le Conseil s'appelle désormais officiellement ainsi, depuis l'entrée en vigueur du Traité de Maastricht, Décis. 93-591, 8 nov. 1993 (*JOCE* L. 281, 16 nov. 1993).

2. Cf. Décis. Conseil (affaires générales), 1er déc. 2009, *JOUE* 2 déc. 2009, p. 46.

3. Cf. Décis. Conseil, 1er janv. 2007, *JO* L. 1, 4 janv. 2007, p. 11. C'est ainsi que pour l'année 2010, le premier semestre est présidé par l'Espagne, le second par la Belgique. Pour l'année 2011, la Hongrie présidera le 1er semestre, la Pologne le second, 2012 verra se succéder le Danemark au premier semestre, Chypre au second.

res du Conseil [1]. C'est ainsi que les instances préparatoires [2] dans les domaines du commerce et du développement sont présidées par la présidence semestrielle. Mais les instances géographiques ou celles qui travaillent dans le domaine de la PESD de même que celles qui travaillent pour l'essentiel dans le domaine de la PESC sont présidées par un représentant du haut représentant.

Les *réunions* sont tenues sur convocation du président, à l'initiative du président, d'un État membre ou de la Commission (art. 237 TFUE). L'organisation du Conseil est fixée par le règlement intérieur.

Le Conseil est assisté d'un secrétariat général placé sous la responsabilité d'un secrétaire général nommé par le Conseil qui décide à la majorité simple de l'organisation du secrétariat général (art. 240-2 TFUE [3]).

§ 2. Fonctionnement et attributions

189 ***Les modalités d'action*** ◇ En fonction du sujet concerné, le Conseil prend sa décision à la majorité simple, à la majorité qualifiée ou à l'unanimité.

La règle de principe est le vote à la majorité qualifiée (art. 16-6 TUE) sauf dans les cas où les Traités en disposent autrement.

Pour les délibérations qui requièrent la majorité simple, le Conseil statue à la majorité des membres qui le composent (art. 238-1 TFUE).

La *majorité qualifiée* est organisée, dans ses dispositions générales, par les articles 205-2 du Traité CE 238 TFUE, et 118-2 du Traité CEEA.

Pour l'adoption de cette majorité les voix des États membres sont dotées d'une *pondération spéciale* établie selon des critères démographiques et politiques. Un éventail de voix de 3 à 29 est appliqué à 8 groupes d'États.

Depuis le 1er janvier 2007 date d'entrée de la Bulgarie et de la Roumanie dans l'Union, pour les délibérations du Conseil qui requièrent une majorité qualifiée, la pondération des voix est la suivante : [4]

- Allemagne, France, Italie, Royaume-Uni : 29
- Espagne, Pologne : 27
- Roumanie : 14
- Pays-Bas : 13
- Belgique, Grèce, Hongrie, Portugal, République tchèque : 12

1. Cf. Décis. Conseil, 1er déc. 2009, *JO* L. 9 déc. 2009, p. 28.
2. Il s'agit là de groupes de travail.
3. Une décision du Conseil du 1er décembre 2009 nomme M. P. de Boissieu secrétaire général du Conseil de l'Union européenne pour la période allant du 1er décembre 2009 jusqu'au jour suivant la réunion du Conseil européen de juin 2011. Cf. *JOUE* 9 déc. 2009, p. 37. Une décision du Conseil du 22 décembre 2009 nomme M. U. Corsepius pour lui succéder pour la période allant du 26 juin 2011 au 30 juin 2015 cf. *JOUE* 24 déc. 2009, p. 31.
4. Cf. Traité d'adhésion de la République de Bulgarie et de la Roumanie à l'Union européenne, *JOUE* L. 157, 21 juin 2005, p. 200.

- Autriche, Bulgarie, Suède : 10
- Danemark, Finlande, Irlande, Lituanie, Slovaquie : 7
- Chypre, Estonie, Lettonie, Luxembourg, Slovénie : 4
- Malte : 3

Les délibérations du Conseil sont acquises si elles ont recueilli au moins 255 voix exprimant le vote favorable de la majorité des membres lorsqu'elles doivent être prises sur proposition de la Commission. Dans les autres cas, les décisions doivent recueillir 255 voix exprimant le vote favorable des deux tiers des membres.

Un membre du Conseil peut demander que, lors de la prise de décision par le Conseil à la majorité qualifiée, il soit vérifié que les États membres constituant cette majorité qualifiée représentent au moins 62 % de la population totale de l'Union. S'il s'avère que cette condition n'est pas remplie, la décision en cause n'est pas adoptée. C'est là l'application du « filet démocratique » voulu à Nice [1].

Le Traité de Lisbonne maintient ce dispositif jusqu'au 31 octobre 2014.

À partir du 1er novembre 2014, la majorité qualifiée se définit comme étant égale à au moins 55 % des membres du Conseil réunissant au moins 65 % de la population de ces États (art. 16-4 TUE et art. 238-a TFUE). Ces mêmes pourcentages sont de 65 % et 72 % si le Conseil ne statue pas sur proposition de la Commission ou du haut représentant de l'Union pour les affaires étrangères et la politique de sécurité (art. 238-b TFUE).

La minorité de blocage prévue doit inclure au moins quatre États membres du Conseil (art. 16-4 TUE) représentant plus de 35 % de la population des États membres participants, plus un membre, faute de quoi la majorité qualifiée est réputée acquise.

Entre le 1er novembre 2014 et le 31 mars 2017, une période transitoire est modulée par la déclaration n° 7 et le protocole n° 9. [2]

Si des membres du Conseil représentant au moins trois quarts de la population ou trois quarts du nombre des États membres s'opposent à l'adoption d'un acte par le Conseil à la majorité qualifiée, le Conseil dont le rôle est de déployer les plus grands efforts pour renforcer la démocratie de tels actes, doit délibérer pour aboutir à une solution satisfaisante.

Cette disposition dite clause Joannina a été introduite pour que la Pologne accepte l'ensemble du dispositif.

À partir du 1er avril 2017, date prévue pour la pleine application du Traité, si des membres du Conseil représentant 55 % de la population ou 55 % du nombre des États membres nécessaires pour constituer une minorité de blocage indiquent leur opposition à l'adoption d'un acte par le Conseil à la

1. Cf. *supra* n° 105.

2. Pas moins de cinq textes s'appliquent à la majorité qualifiée : art. 16-4 TUE, art. 238-2 TFUE, protocole n° 36 sur les dispositions transitoires, déclaration n° 7 et protocole n° 9.

majorité qualifiée, le Conseil en délibère en recherchant là encore une solution satisfaisante.

Enfin le protocole n° 9 dispose qu'« avant l'examen par le Conseil de tout projet qui tendrait soit à modifier ou à abroger la décision ou l'une de ses dispositions, soit à en modifier indirectement la portée ou le sens par la modification d'un autre acte juridique de l'Union, le Conseil européen délibère préalablement dudit projet, statuant par consensus » la clause Joannina ne peut être mise en cause qu'avec l'accord de tous les États.

190 ***Les règles de principe*** ◇ Ces décomptes peuvent paraître complexes, mais ils laissent apparaître une *idée maîtresse : la majorité qualifiée ne doit laisser à aucun des États-membres de possibilité de veto.*

Quant à l'application de la règle de l'unanimité, elle n'est pas absente des Traités.

L'article 238 § 4 TFUE précise sur ce point : « Les abstentions des membres présents ou représentés ne font pas obstacle à l'adoption des délibérations du Conseil qui requièrent l'unanimité ».

Cette disposition a souvent permis d'adopter des décisions qui ne recueillaient pas toutes les voix des États membres : l'unanimité a été ainsi tournée au profit d'une majorité de fait. Mais *si l'unanimité s'applique dans les Communautés, c'est de manière telle qu'elle ne puisse pas paralyser l'application des Traités.*

Certes, dans les traités, l'unanimité apparaît nécessaire à un grand nombre de décisions du Conseil. Cette exigence pourrait être inquiétante pour l'efficacité des traités. Mais sur cette unanimité on peut observer que :

– Le plus souvent elle n'a été prescrite que pour une durée limitée (une, deux étapes, ou toute la période de transition) au-delà de laquelle le principe de la majorité (simple ou qualifiée) s'est appliqué.

– Selon la Cour de justice, lorsqu'une décision peut être fondée sur une disposition qui permet le vote à la majorité, elle ne doit pas l'être sur un autre article qui requiert l'unanimité [1].

– Parfois l'unanimité s'applique de manière permanente.

Un examen attentif des textes fait apparaître l'effort constant du Traité pour éviter que l'unanimité ne puisse constituer un moyen permanent de veto. C'est ainsi que l'unanimité protège l'application du Traité. En d'autres cas, *l'unanimité peut être tournée par une autre procédure prévue par le Traité et n'exigeant pas l'unanimité.* Ainsi l'article 115 TFUE : prévoit l'unanimité pour l'harmonisation des législations nationales, alors que l'article 116 al. 2 TFUE permet de prévenir ou de remédier à des distorsions par des directives adoptées à la majorité qualifiée.

Le Traité de Lisbonne met en place une clause-passerelle à l'article 48-7 alinéa 1. TUE qui permet, si le Conseil européen le décide, de passer de

1. Arr. 68-86, 23 févr. 1988.

l'unanimité à la majorité qualifiée sauf en ce qui concerne les décisions militaires ou dans le domaine de la défense [1].

Dans certains cas, *l'unanimité permanente* est normale : lorsqu'elle est requise pour des décisions qui modifient la portée du Traité, c'est-à-dire les domaines institutionnels.

Il faut ajouter que pour l'exercice de ses compétences, le Conseil statue à la majorité simple, à la majorité qualifiée ou à l'unanimité dans les conditions prévues par les traités.

Dans l'Union et la CEEA, le Conseil exerce les attributions les plus importantes, adopte les principales dispositions d'application des traités. L'article 16-1 TUE précise qu'il exerce conjointement avec le Parlement, les fonctions législatives et budgétaire. Il exerce aussi des fonctions de définition des politiques et de coordination, conformément aux conditions prévues par les traités.

Il appartient au Conseil, dans les actes qu'il adopte, de conférer à la Commission les compétences d'exécution et de les soumettre à « certaines modalités ». Ces modalités toutefois doivent répondre aux principes et règles que le Conseil, statuant à l'unanimité sur proposition de la Commission et après avis du Parlement européen, aura préalablement établis. De plus le Conseil peut également, dans des « cas spécifiques », se réserver d'exercer directement des compétences d'exécution.

La connaissance du fonctionnement du Conseil ne peut être complète si l'on ignore un organisme auquel la pratique a donné une grande importance : le Comité des représentants permanents.

§ 3. Le Comité des représentants permanents : COREPER

191 ***Le statut du comité*** ◇ Les Traités de Rome avaient simplement autorisé la création par le Conseil d'un comité des représentants des États membres. Ce comité a été officiellement créé par le Traité de Bruxelles (art. 4).

Ce comité des représentants permanents des gouvernements des États membres (appelé plus brièvement « COREPER ») est composé de 27 représentants permanents des États membres qui ont rang et prérogative d'ambassadeurs, ou de leurs adjoints pour les questions techniques. Les représentants permanents sont des agents diplomatiques et sont entourés de fonctionnaires spécialisés dans les grands secteurs de l'activité communautaire. Les fonctions des représentations permanentes peuvent être rattachées *à trois idées :*

– elles sont l'organe *des relations entre les gouvernements nationaux et l'Union.* Le COREPER veille à la cohérence des politiques et actions de

1. L'art. 48-7 al. 2 prévoit une autre clause passerelle permettant au Conseil européen de décider de passer d'une procédure législative spéciale à la procédure législative ordinaire.

l'Union et au respect des principes et des règles suivantes : principe de légalité, de subsidiarité, de proportionnalité et de motivation des actes ;

– elles participent *à la coordination des travaux des administrations nationales* intéressant les problèmes de l'Union ;

– elles participent *aux travaux des institutions de l'Union.*

Les relations entre les gouvernements nationaux et les Communautés sont assurées par les représentations permanentes qui ont pratiquement l'exclusivité des communications entre les Institutions et les capitales [1].

Les représentations permanentes participent à la *préparation et à la coordination des positions nationales.* Leur rôle est discret et efficace car les représentations ont des rapports étroits avec les administrations nationales dont elles sont les informatrices les mieux qualifiées. Aussi les représentants permanents et leurs adjoints assistent-ils régulièrement aux réunions des organes de coordination qui existent entre les ministères nationaux intéressés par la construction européenne. Pour la France, la représentation permanente est une structure interministérielle qui réunit une centaine de conseillers issus de tous les ministères concernés par les activités de l'Union autour du Représentant permanent. Cette représentation est en liaison permanente avec les ministères dont la coordination est assurée par le Secrétariat général des affaires européennes (SGAE).

Plus largement, les représentations permanentes sont en contact avec tous les acteurs concernés dans les processus de décision : parlementaires européens, parlementaires nationaux, collectivités locales, représentants des entreprises, des syndicats, des associations, des ONG, des chercheurs et des médias.

Les représentations permanentes participent aux *travaux des institutions et organes de l'Union* soit par l'intermédiaire du « *COREPER* », soit dans les comités ou les groupes de travail qui peuvent être institués par le COREPER, ou avec son aval, et qui sous l'autorité de ce dernier préparent les travaux du Conseil. Ces groupes de travail réunissent, à côté des fonctionnaires des représentations permanentes, des experts des gouvernements, des fonctionnaires de la Commission. Les représentations permanentes sont aussi présentes - au moins pour s'informer - dans les *comités de gestion,* dans les *groupes d'experts réunis par la Commission.* Les représentants permanents siègent aussi au *Conseil* où ils assistent leurs ministres nationaux (et parfois même les remplacent). Ils participent à l'élaboration et à la conduite des politiques de l'Union européenne.

Les représentations permanentes ont donc un rôle très important au sein de l'Union. Mais c'est par le *comité des représentants permanents,* le « COREPER » que ce rôle s'est surtout étendu.

1. Sur cette question voir un exposé de M. É. Noël à l'Institut des hautes études européennes de l'université de Bruxelles, 21 avr. 1966 ; Salmon, *Le rôle des représentants permanents dans la décision communautaire,* Colloque de Lyon, 11 nov. 1966, PU Bruxelles, 1969.

192 ***Organisation et rôle du COREPER*** ◇ Le COREPER est prévu par les articles 16-7 TUE et 240-1 TFUE. Il est composé des représentants permanents des États membres et présidé selon les sujets inscrits à son ordre du jour par le représentant permanent ou le représentant permanent adjoint de l'État membre qui assure la présidence du Conseil.

Il siège en deux formations : l'une de nature politique l'autre de nature technique.

La Commission est invitée à se faire représenter au COREPER (sauf décision contraire du Conseil).

Le COREPER désigne les *groupes de travail* qui ont pour tâche de préparer les questions dont il est saisi. Ces groupes sont :

– les uns des *groupes permanents* (groupes des relations extérieures, des questions de politique commerciale, des questions économiques, des questions financières, des questions sociales, des transports, des affaires générales, de l'information, etc.) ;

– les autres des *groupes ad hoc* chargés de suivre certaines questions particulières (groupe Autriche, groupe Algérie-Tunisie-Maroc, groupe brevets, etc.).

Le COREPER siège pratiquement toutes les semaines. Son secrétariat est fourni par le secrétariat du Conseil.

Les fonctions du COREPER sont définies de manière très générale par l'article 240-1 TFUE qui reprend lui-même la formule de l'article 16-7 TUE qui le désigne comme responsable de la préparation des travaux du Conseil en ajoutant qu'il est également responsable de l'exécution des mandats qui lui sont confiés par le Conseil. D'une manière générale, le COREPER a pour tâche d'assister le Conseil dans la préparation de ses décisions. Mais il est essentiel de noter que dans ses fonctions, le COREPER *ne doit se substituer :*

– *ni au pouvoir de décision du Conseil.* Il ne peut recevoir de celui-ci de délégation lui permettant de décider. L'article 240-1 TFUE lui accorde cependant la possibilité d'adopter des décisions de procédure dans les cas prévus par le règlement intérieur du Conseil ; ce règlement précise la liste des décisions de procédure que peut adopter le COREPER, à condition que les points concernés aient été inscrits à son ordre du jour provisoire au moins trois jours ouvrables avant la réunion, sauf dérogation adoptée à l'unanimité par le COREPER lui-même. Il en est ainsi par exemple de la décision de tenir une session du Conseil dans un autre lieu que Bruxelles ou Luxembourg, de recourir à la procédure écrite ou encore de consulter une institution ou un organe.

– *ni à la compétence d'initiative de la Commission.* Le Conseil délibère sur les *propositions* de la Commission, non sur des propositions présentées ou modifiées par le COREPER.

Il faut retenir que le Conseil ne statue que sur la base de textes préparés et débattus entre la Commission et les administrations nationales dans le cadre des groupes de travail et du COREPER qui constitue le plus important des comités placés auprès du Conseil.

SECTION 4. LA COMMISSION

193 ***Généralités*** ◇ Conçue par Jean Monnet comme le moteur de la construction européenne, la Commission apparaît « au cœur du système institutionnel des Communautés européennes » [1] comme l'exécutif collégial commun [2], organisé par les articles 17 TUE, 244 à 250 TFUE et 124 à 135 du Traité CEEA, organe politique majeur chargé d'« une mission générale d'initiative » selon l'heureuse expression de la Cour de justice des Communautés. La Commission comprend aussi une machine administrative particulièrement importante.

Il nous faut voir sa composition et son organisation en distinguant le collège politique de son appareil administratif avant de préciser ses compétences.

§ 1. Composition et organisation

194 ***Généralités*** ◇ La Commission est un organe de caractère « supranational ». Il lui appartient d'exprimer l'intérêt général de la Communauté. C'est aussi une puissante machine administrative.

A. Le collège politique

195 ***Composition*** ◇ Depuis le Traité de Nice, le souci d'éviter un gonflement excessif des effectifs de la Commission du fait de l'élargissement de l'Union s'est traduit par la volonté affirmée de réduire le nombre des commissaires. En rappelant que ceux-ci ne représentent pas les États, mais l'intérêt général de l'Union, le principe d'un nombre des commissaires inférieur à celui du nombre des États membres a fini par s'imposer non sans difficulté.

C'est ainsi qu'au-delà de l'adhésion du 27e membre de l'Union, le Traité de Nice prévoit que le Conseil statuant alors à l'unanimité devra plafonner le nombre des membres de la Commission pour qu'il soit inférieur à celui des États membres et compléter ce plafonnement en arrêtant les modalités d'une rotation égalitaire dans les désignations, tout en assurant une représentation de « l'éventail géographique et démographique » de l'Union. C'est ce système que prévoyait aussi le projet de Traité établissant une Constitution pour l'Europe [3].

1. Cf. J.V. Louis et M. Waelbroeck (dir.), *La Commission au cœur du système institutionnel des Communautés européennes*, Université de Bruxelles, 1989.
2. Le Traité de Bruxelles du 8 avr. 1965 a fusionné à compter du 1er juill. 1967 les trois exécutifs originaires des Traités de Paris et de Rome : la haute autorité de la CECA et les deux Commissions de la CEE et de la CEEA.
3. Cf. Projet de Traité établissant une constitution pour l'Europe, Assemblée nationale, Documents d'information, XII législature, rapport, n° 994, t. 3, p. 21.

Après l'adhésion de la Bulgarie et de la Roumanie le 1er janvier 2007, l'Union à 27 a continué cependant à compter un commissaire par État membre et le Traité de Lisbonne, tout en reprenant le principe d'un collège resserré, prévoit deux étapes pour sa mise en application.

En effet, entre le 1er décembre 2009, date d'entrée en vigueur du nouveau Traité et le 31 octobre 2014, la Commission est composée comme auparavant d'un ressortissant de chaque État membre, y compris son président et le haut représentant de l'Union pour les Affaires étrangères et la politique de sécurité qui en est l'un des vice-présidents.

Mais à partir du 1er novembre 2014, le Traité de Lisbonne plafonne le nombre des membres, y compris le président et le haut représentant de l'Union pour les affaires étrangères et la politique de sécurité aux deux tiers des États membres, à moins que le Conseil en décide autrement à l'unanimité, de la même façon qu'il établit le système de rotation égalitaire entre les États membres.

La *durée normale* des fonctions est de cinq ans. Elle peut être interrompue par démission volontaire ou démission d'office (art. 246 TFUE).

Plus particulièrement, aux termes de l'article 17-8 TUE, le Parlement européen peut être saisi d'une motion de censure sur la gestion de la Commission qui en tant que collège est responsable devant le Parlement européen.

Si cette motion est adoptée à la majorité qualifiée des deux tiers des voix exprimées et à la majorité des membres qui composent le Parlement, les membres de la Commission doivent abandonner collectivement leurs fonctions et le haut représentant pour les affaires étrangères et la politique de sécurité doit démissionner des fonctions qu'il exerce au sein de la Commission (art. 234 al. 2 TFUE). Le Parlement ne peut se prononcer sur cette motion que trois jours au moins après son dépôt et par un scrutin public.

Ce dispositif n'a jamais eu à s'appliquer malgré l'offensive lancée en janvier 1999 par les eurodéputés contre les commissaires soupçonnés de fraude, de corruption et de népotisme dans leur gestion. Une enquête confiée à un groupe d'experts indépendants devait donner lieu à un rapport accablant de 148 pages concluant à la responsabilité collective de la Commission accusée d'avoir perdu le contrôle de son administration même si par ailleurs il était relevé qu'il n'y avait eu aucun enrichissement personnel ou fraude directe. Au vu de ce rapport publié la veille, et pour éviter que la motion de censure évitée de justesse en janvier ne soit cette fois largement votée par le Parlement la Commission a décidé à l'unanimité de démissionner collectivement dans la nuit du lundi 15 au mardi 16 mars 1999, marquant le point d'orgue d'une crise sans précédent.

À noter que dans un tel cas de figure, et jusqu'à ce que leurs remplaçants soient désignés, les Commissaires démissionnaires restent en place pour expédier les affaires courantes, ce qui exclut de leur part toute initiative nouvelle. Le mandat des remplaçants expire à l'échéance normale du mandat des remplacés.

196 ***Désignation*** ◇ Les membres de la Commission sont choisis en raison de leur compétence générale et de leur engagement européen et parmi des personnalités offrant toutes garanties d'indépendance.

Cette désignation est désormais effectuée selon l'article 17-3 et 7 TUE. La procédure comporte une suite de phases au cours desquelles le Parlement européen intervient. Le principe reste cependant la désignation du commun accord des États membres :

– en premier lieu, en tenant compte des élections au Parlement européen, et après avoir procédé aux consultations appropriées, le Conseil européen statuant à la majorité qualifiée propose au Parlement un candidat à la fonction de Président de la Commission. Cette désignation doit être approuvée par le Parlement par un vote d'investiture précédé d'une déclaration du candidat proposé par le Conseil. La déclaration qui présente des orientations politiques est suivie d'un débat.

C'est ainsi que dès l'ouverture du sommet de Berlin et moins de 10 jours après la démission spectaculaire de la Commission en 1999, les Quinze ont désigné à l'unanimité l'italien Romano Prodi pour succéder à Jacques Santer. De la même façon le président portugais Jose Manuel Barroso a été désigné à l'unanimité par le Conseil du 18 juin 2004 et le Parlement a approuvé cette proposition le 22 juillet 2004 [1] à la majorité des suffrages exprimés. C'est encore ainsi que José Manuel Barroso, candidat à sa reconduction, a été réélu par le Parlement le 16 septembre 2009 à une large majorité (382 voix pour, 219 contre, 117 abstentions), sur un programme présenté la veille préconisant une relance européenne basée sur une économie sociale de marché.

Dans un second temps, les gouvernements des États membres, d'un commun accord avec le président désigné, désignent les autres personnalités qu'il propose de nommer membres de la Commission. Le choix de celles-ci s'effectue sur la base des suggestions faites par les États membres.

Le président et les autres membres de la Commission ainsi désignés sont soumis, en tant que collège à un vote d'approbation par le Parlement après audition des candidats commissaires. Ce n'est qu'après cette approbation qui fait figure là encore d'investiture, que la Commission est nommée par le Conseil européen statuant à la majorité qualifiée [2].

1. Vote acquis par 413 voix pour, 251 contre et 44 abstentions sur 711 votants, 3 bulletins nuls et 664 votes exprimés.

2. La procédure d'approbation est reprise par l'annexe XVII du règlement intérieur du Parlement et se décompose en sept étapes. 1. Le PE reçoit les C.V. des commissaires désignés. 2. Il adresse à ceux-ci un questionnaire écrit sur les priorités politiques et les domaines de responsabilité respectifs des candidats. 3. Chaque commissaire est invité à une audition publique de 3 heures devant la ou les commissions parlementaires compétentes pour le portefeuille qui lui a été attribué. 4. Chaque candidat fait l'objet ensuite d'une évaluation. 5. Le Président du PE et la Conférence des présidents sont saisis des résultats des auditions. 6. Le Président de la Commission présente l'ensemble du collège en séance plénière du PE à laquelle le Conseil est invité. 7. Le PE procède à un vote d'approbation que le Conseil européen n'a plus qu'à entériner à la majorité qualifiée.

Cette procédure s'est appliquée pour la première fois à la Commission désignée en janvier 1995 dont le président Jacques Santer devait déclarer : « Pour la première fois, la Commission peut se vanter d'une légitimité démocratique et parlementaire ». C'est cette même Commission qui devait normalement achever son mandat fin 1999 qui a dû démissionner prématurément de ses fonctions. Le 15 septembre 1999, le Parlement européen a confirmé son approbation donnée le 4 mai à la nomination de M. Romano Prodi pour le mandat restant à courir jusqu'au 22 janvier 2000 et pour la période du 23 janvier 2000 au 22 janvier 2005. Le même jour et pour un mandat de même durée, le Parlement européen a également investi les nouveaux commissaires proposés dès le 21 juillet et entendus du 30 août au 7 septembre par les différentes commissions parlementaires.

La mise en place de la première Commission Barroso a montré elle aussi l'importance de l'investiture du Parlement qui joue son rôle pleinement en se refusant d'être une simple « chambre d'enregistrement ». En l'espèce, la conférence des présidents du Parlement européen a décidé de fixer les auditions du 27 septembre au 1er octobre 2004 et du 4 au 8 octobre pour que le vote d'investiture puisse avoir lieu les 25-28 octobre à Strasbourg et permettre l'entrée en fonction de 1er novembre 2004. Au terme de ces auditions, la proposition du collège présentée par Mr. Barroso le 26 octobre a reçu un avis défavorable du Parlement hostile à la désignation d'un certain nombre de commissaires pressentis pour certains postes sensibles. Il s'agit notamment [1] de l'Italien Rocco Buttiglione, pour le poste de la justice, la liberté et la sécurité alors que sa position est apparue en désaccord avec la politique européenne en matière d'immigration, de droit d'asile et d'affaires intérieures, de même qu'au respect des droits de l'homme et de la non-discrimination. Pour éviter un vote négatif de refus de confiance du Parlement, le président Barroso a préféré retirer sa première proposition pour en présenter une autre [2] lors du Conseil européen de 4-5 novembre 2004 ce qui a entraîné de nouvelles auditions les 15 et 16 novembre. La nouvelle équipe remaniée (notamment par le remplacement de Mr. Buttiglione par Mr. Frattini) devait être présentée le 17 novembre pour un vote d'investiture le 18 novembre, acquis à une large majorité par 449 voix pour, 149 contre et 82 abstentions. Le mandat de la Commission a couvert du 22 novembre 2004 au 31 octobre 2009 pour réajuster les prévisions théoriques aux réalités d'un report de vote inédit jusque-là, et dû à l'avis négatif du Parlement entraînant une nouvelle présentation et consacrant le rôle du parlement en la matière.

La deuxième commission Barroso a été soumise à son tour aux auditions prévues du 11 au 19 janvier 2010 et, sauf pour la bulgare Roumania Jeleva, récusée par les eurodéputés notamment pour incompétence, l'épreuve orale

1. D'autres pressenties sont également concernés : la néerlandaise Neelie Kroes pour le poste influent de la concurrence, de la danoise Mariann Fischer-Boel pour l'agriculture, les deux pour des raisons de potentiels conflits d'intérêts, ou encore le hongrais Laszlo Kouacs pour incompétence.

2. La presse a pu titrer : « la gifle du Parlement européen à la Commission Barrosso » ; cf. *Les Échos* 28 oct. 2004 ; et souligner que cette « crise » venait ternir la signature de la Constitution le 29 oct. cf. *Les Échos* 29 et 30 oct. 2004.

a été positive dans son ensemble et la Commission a pu être investie le 9 février 2010 par 488 voix pour, 137 contre et 72 abstentions [1] pour un mandat qui s'achèvera le 31 octobre 2014.

Toute cette procédure a le mérite de donner une « onction » démocratique à une institution accusée depuis longtemps de ne pas avoir de caractère démocratique précisément. Ce que le Président Barroso devait souligner en notant que la responsabilisation devant le Parlement est « d'une importance cruciale pour la légitimité démocratique de la Commission. » Le président du Parlement européen Jerzy Busek devait déclarer : « C'est la première fois que nous procédons à l'investiture de la Commission européenne en tant que véritable co-législateur » [2].

197 ***Le Haut représentant de l'Union pour les affaires étrangères et la politique de sécurité*** ◇ Cette nouvelle institution représentative de l'Union a été créée par l'article 18 du TUE qui place le haut représentant à la tête de la diplomatie de l'Union qu'il représente en lui donnant un visage à l'étranger.

C'est le Conseil européen qui le nomme en statuant à la majorité qualifiée avec l'accord du Président de la Commission. Il peut également mettre fin à son mandat selon la même procédure.

L'article 18-2 du TUE précise le rôle du Haut représentant chargé de conduire la politique étrangère et de sécurité commune (PESC) de l'Union. Il contribue par ses propositions à l'élaboration de cette politique et l'exécute en tant que mandataire du Conseil où il préside le Conseil des affaires étrangères de l'Union. Le haut représentant agit de même pour la politique extérieure et de défense (PESD).

Vice-président de droit de la Commission, le haut représentant veille à la cohérence de l'action extérieure de l'Union. Il est chargé des responsabilités qui incombent à la Commission dans le domaine des relations extérieures et de la coordination des autres aspects de l'action extérieure de l'Union.

C'est la britannique Catherine Ashton qui a été nommée le 19 novembre 2009 à ce poste éminent et investie en tant que vice-présidente de la Commission par le vote du parlement du 9 février 2010 [3].

198 ***Nature-responsabilité de la Commission*** ◇ La Commission ayant pour mission de représenter l'intérêt commun de l'Union, ses membres sont, dans *l'exercice de leurs fonctions, soustraits à l'autorité des États dont ils ont la nationalité :* ils s'interdisent de recevoir ou de solliciter des instructions

1. La comparaison avec les résultats obtenus par la première Commission Barroso atteste d'une meilleure performance pour la nouvelle Commission.

2. Sur les péripéties des investitures du président Barroso et de la Commission voir les nombreux commentaires de presse, notamment l'article de P. Picard, « Le Conseil européen adoube José Manuel Barroso », *Le Monde* 16 juin 2009 ; ou celui de J. Docquiert, « La Commission Barroso II doit être investie aujourd'hui par le Parlement européen », *Les Échos* 9 févr. 2010, p. 7.

3. Cf. Décis. CE 9 févr. 2010, *JOUE* 11 févr. 2010, p. 7.

d'aucun gouvernement et les États membres s'interdisent de chercher à les influencer. Les membres de la Commission doivent s'abstenir de tout acte incompatible avec leurs fonctions ou l'exécution de leurs tâches (art. 17-3 al. 2 TUE).

La Commission est soumise à une véritable *responsabilité collective* dans les conditions de l'article 17-8 TUE. Mais, en outre, en cas de violation de leurs obligations générales (non-cumul, honnêteté) ou de faute grave, les membres de la Commission encourent une *responsabilité disciplinaire*.

Ils peuvent subir les sanctions de la démission d'office ou de la déchéance des droits à pension. La sanction est prononcée par la Cour de justice saisie par le Conseil statuant à la majorité simple, ou la Commission (art. 247 TFUE).

199 ***Organisation*** ◇ À la tête de la Commission est placé un président et de sept vice-présidents dont le haut représentant de l'Union pour les Affaires étrangères et la Politique de sécurité de plein droit (art. 17-4 TUE).

En cas de décès ou de démission, le président est remplacé pour la durée du mandat à courir (art. 246 al. 4 TFUE) selon la procédure de l'article 17 § 7 TUE. La règle est la même pour le haut représentant mais son remplacement suit la procédure prévue à l'article 18 § 1 TUE.

La Commission établit son *règlement intérieur dont elle assure* la publication [1] (art. 249-1 TFUE).

Elle ne siège valablement qu'en présence du nombre de membres *requis par le règlement intérieur*. L'article 7 prévoit la présence nécessaire de la majorité du nombre de ses membres. Elle prend ses décisions à la *majorité* de ses membres fixé à l'article 250 TFUE (en pratique la Commission s'efforce de statuer soit à l'unanimité, soit à une large majorité).

La Commission fonctionne *collégialement*. Le Traité de Nice a opéré un renforcement sensible des pouvoirs du président et le nouveau Traité de Lisbonne dispose dans le même sens que le président de la Commission définit les orientations dans le cadre desquelles la Commission exerce sa mission. Il décide de l'organisation interne de la Commission afin d'assurer la cohérence, l'efficacité et la collégialité de son action. Il nomme les vice-présidents autres que le haut représentant. Tout membre de la Commission présente sa démission si le président le lui demande y compris le haut représentant (art. 17-6 TUE). En pratique les membres de la Commission reçoivent chacun la responsabilité particulière d'un grand secteur d'activité de l'Union. Et pour éviter l'encombrement des réunions de la Commission celle-ci utilise la « *procédure écrite* » : il s'agit d'un système selon lequel les membres de la Commission reçoivent communication du projet à examiner ; s'ils n'opposent pas d'objection dans un délai déterminé (en général une semaine), le projet (par exemple une proposition) est adopté. Enfin, la Commission par une décision du 23 juillet 1975 a modifié

1. Cf. Décis. Commission 24 févr. 2010 modifiant son règlement intérieur, *JOUE* 5 mars 2010, p. 60.

son règlement intérieur [1] et introduit une innovation destinée, tout en respectant « le principe de la responsabilité collégiale », à améliorer les conditions de sa gestion. Par cette disposition elle s'autorise à *habiliter ses membres à prendre, en son nom, sous son contrôle, des mesures de gestion ou d'administration* « dans les limites et aux conditions qu'elle fixe ». Ces dispositions sont reprises à l'article 13 de l'actuel règlement intérieur de la Commission. De telles habilitations peuvent être accordées à des fonctionnaires (ce qui vaut pour leurs suppléants). Mais les subdélégations sont autorisées (sauf interdiction expresse figurant dans la décision d'habilitation). Le juge communautaire admet la légalité des délégations et contrôle les modalités de leur mise en œuvre [2].

L'article 9 du règlement stipule que les réunions de la Commission ne sont pas publiques. Les débats sont confidentiels. Mais la présence de fonctionnaires et d'autres personnes autorisées est prévue à l'article 10 du règlement intérieur. Sauf décision contraire de la Commission, le secrétaire général et le chef de cabinet du président assistent aux réunions. Par ailleurs, la Commission peut décider de procéder à l'audition de toute autre personne.

B. L'appareil administratif

200 ***Composition*** ◇ De toutes les institutions européennes qui ont chacune leur propre administration, la Commission dispose des plus forts effectifs administratifs : 72 % du total communautaire [3].

Le statut des agents dépend d'un règlement qui permet de distinguer les fonctionnaires occupant des emplois permanents et les agents contractuels occupant selon les cas des emplois temporaires ou permanents. Un règlement du Conseil fixe le barème applicable à leurs missions dans les États membres [4].

Le statut des fonctionnaires [5] permet de distinguer quatre catégories en ordre hiérarchique décroissant : A, B, C et D et trois cadres : linguistique, technique ou scientifique.

Le recrutement se fait normalement sur concours externe le plus souvent organisé par chaque institution. Mais il est possible de recruter sur une procédure d'appel d'offres et le recrutement par contrat se fonde sur des textes souvent imprécis créant un risque de mauvaise gestion. La crise ouverte en janvier 1999 et précédée de nombreuses alertes depuis 1998 a montré les dérives des recrutements contractuels multipliés sans que soient vérifiées suffisamment les qualifications requises et mettant en cause un

1. Décis. 75/461 de la Commission modifiant le règlement intérieur provisoire du 6 juill. 1967, *JOCE* L. 199, 30 juill. 1975. Ces textes sont aujourd'hui remplacés par le règlement intérieur du 17 févr. 1993.
2. Cf. CJCE, 23 sept. 1986, *Akzo Chemie*, aff. 5/85, *Rec.* p. 2585.
3. Le total des effectifs communautaires en 1998 est de 31 398 agents.
4. Cf. Régl. (CE, EURATOM) n° 1066/2006 du Conseil, *JOUE* 14 juill. 2006, p. 1.
5. Cf. Règl. 259/68 du Conseil 29 févr. 1968 relatif au statut des fonctionnaires des Communautés et régime applicable aux autres agents des Communautés, *JOCE* L. 56, 4 mars 1968, p. 1.

favoritisme au profit des proches de tel ou tel commissaire. Face à l'évolution de la Commission de plus en plus vouée aux tâches d'exécution et de gestion, c'est moins l'insuffisance des ressources humaines invoquée comme excuse par les commissaires auditionnés par le comité d'experts que les rigidités des services qui expliquent certains abus. Le redéploiement des effectifs n'a pas pu se faire, ce qui a conduit au recours abusif de contrats de prestations de service dans des conditions discutables et sans que les mécanismes internes de contrôle n'interviennent de façon efficace.

201 ***L'organigramme de l'administration*** ◇ Il est à la fois pyramidal et hiérarchisé et fait apparaître une division des services en directions générales ou DG et en services articulés eux-mêmes en directions et les directions en unités.

Chacune des directions générales est placée sous la direction d'un directeur général et rattachée à un commissaire européen lui-même assisté d'un cabinet dirigé par un chef de cabinet.

Les directions générales se répartissent les différents secteurs d'activités qui relèvent de la Commission [1] en distinguant les politiques et les relations extérieures. Pour répondre à des besoins particuliers, la Commission peut toujours créer des structures spécifiques chargées de missions précises dont elle détermine les attributions et les modalités de fonctionnement.

202 ***Les directions générales*** [2] ◇

Les directions générales politiques

DG : Affaires économiques et financières	DG : Justice, liberté et sécurité
DG : Agriculture et développement rural	DG : Marché intérieur et services
DG : Concurrence	DG : Pêche et affaires maritimes
DG : Éducation et culture	DG : Politique régionale
DG : Emploi, affaires sociales et égalité des chances	DG : Recherche
DG : Entreprise et industrie	DG : Santé et protection des consommateurs
DG : Agences exécutives	
DG : Environnement	DG : Société de l'information et médias
DG : Fiscalité et union douanière	DG : Transports et énergie

1. Une réforme récente initiée par le président de la Commission est venue restructurer les directions générales en adaptant la forme des appellations au fond des problèmes traités qui ont eux-mêmes évolué.

2. Les directions générales et services répertoriés dans les tableaux des numéros 202 et 203 sont ceux de la Commission Barroso II (2010-2014).

Les directions générales : « relations extérieures »

DG : Commerce	DG : Europ-Aid – Office de coopération
DG : Développement	DG : Aide humanitaire
DG : Élargissement	DG : Relations extérieures

Ces directions générales sont divisées en directions ayant à leur tête des directeurs responsables devant le directeur général.

Enfin dans chaque direction, des divisions ou unités dirigées par des chefs de division constituent les unités de base du travail administratif.

203 ***Les services*** ◇ Il faut ajouter à cet ensemble un secrétariat général, le groupe des conseillers politiques, et plusieurs services communs aux Communautés : le centre commun de recherche, Eurostat, le service d'audit interne. On regroupe tous ces services en services généraux et services internes.

Services généraux

DG : Communication	DG : Office européen de lutte antifraude
DG : Eurostat	DG : Secrétariat général
DG : Office des publications	DG : Centre commun de recherche

Services internes

- Budget	
- Bureau des conseillers de politique européenne	- Délégué à la protection des données de la Commission
- Informatique	- Ressources humaines et sécurité
- Infrastructure et logistique (Bruxelles)	- Interprétation
- Infrastructure et logistique (Luxembourg)	- Office de gestion et liquidation des droits individuels
- Service d'audit interne	- Traduction
- Service juridique	

Par ailleurs, des organes subsidiaires ont été créés à l'initiative de la Commission pour mettre en œuvre ses décisions. Le juge communautaire a admis cette pratique non prévue par les traités tout en limitant ses pouvoirs : l'organe subsidiaire ne peut pas être doté d'une compétence propre d'appréciation discrétionnaire. Il ne peut bénéficier que de pouvoirs d'exécution « nettement délimités » [1].

1. Cf. CJCE, 13 juin 1958, *Méroni c. Haute Autorité*, aff. 9/56, *Rec.* p. 11.

§ 2. Les compétences de la Commission

L'article 17-1 TUE résume de façon large les fonctions de la Commission. Il stipule précisément que la Commission promeut l'intérêt général de l'Union et prend les initiatives appropriées à cette fin. Elle veille à l'application des Traités ainsi que des mesures adoptées par les institutions en vertu de ceux-ci. Elle surveille l'application du droit de l'Union sous le contrôle de la Cour de justice de l'Union européenne. Elle exécute le budget et gère les programmes. Elle exerce des fonctions de coordination, d'exécution de gestion conformément aux conditions prévues par les traités. À l'exception de la politique étrangère et de sécurité commune, et des autres cas prévus par les traités elle assure la représentation extérieure de l'Union. Elle prend les initiatives de la programmation annuelle et pluriannuelle de l'Union pour parvenir à des accords institutionnels.

On retrouve dans ce texte les trois fonctions majeures dévolues à la Commission : de contrôle, d'initiative et d'exécution.

A. La mission de contrôle

204 ***Le contenu de la mission*** ◇ La Commission « veille à l'application des traités ainsi que des mesures adoptées par les institutions en vertu de ceux-ci ». Cette mission de surveillance qui lui a valu d'être désignée comme la « gardienne des traités » s'entend largement, recouvre l'application des traités et du droit dérivé et « s'exerce tant sur le comportement des États que, dans certains cas, sur celui des particuliers et celui des autres institutions [1].

Ce pouvoir de contrôle permet à la Commission de s'informer auprès des États membres et des entreprises en engageant toutes vérifications utiles. Les concentrations d'entreprises doivent lui être notifiées dès lors qu'une partie que leurs activités se déroulent tout ou partie sur le territoire de l'Union européenne. La Commission peut se prononcer sur la compatibilité des opérations économiques avec le marché commun. Ce pouvoir s'accompagne d'un droit de sanction.

La Commission peut ainsi traduire un État membre devant la Cour de justice pour manquement à ses obligations (art. 258-2 et 260 TFUE). Elle peut aussi infliger des sanctions aux entreprises qui méconnaîtraient le principe de libre-concurrence fondées sur les articles 101 et 102 TFUE. Elle contrôle également l'application des clauses de sauvegarde.

1. Cf. J. Amphoux, *Le droit de la Communauté européenne*, Mégret, éd. ULB, 1979, vol. 9, p. 163.

B. Le pouvoir d'initiative

205 ***La portée de l'initiative*** ◇ La Commission formule des recommandations ou des avis sur les matières qui font l'objet Traité si celui-ci le prévoit expressément ou si elle l'estime nécessaire.

En règle générale, la Commission dispose d'un quasi-monopole du pouvoir d'initiative, qui fait d'elle un organe d'impulsion du droit communautaire. En conséquence, la Commission propose, le Conseil dispose.

Ce rôle est important puisque par lui, la Commission participe à la formation des actes du Conseil. En effet, en dehors d'exceptions relevant des domaines réservés au Conseil des ministres, lorsqu'un acte du Conseil est pris sur proposition de la Commission, c'est-à-dire selon la règle générale, le Conseil ne peut prendre un acte constituant amendement de la proposition que statuant à l'unanimité (art. 293 TFUE).

Bien plus, la procédure législative ordinaire de l'article 294 TFUE consacre ce pouvoir d'initiative puisque c'est la commission qui présente une proposition au Parlement et au Conseil et qui est à la base du processus de la co-décision qui pourra suivre.

D'autres institutions peuvent demander à la Commission de faire usage de son pouvoir d'initiative. Le Conseil en vertu de l'article 241 TFUE peut lui demander de procéder à toutes études qu'il estime opportunes et de lui soumettre toutes propositions appropriées. Si la Commission ne soumet pas de proposition, elle en communique les raisons au Conseil.

De la même façon, le Parlement qui se voit reconnaître par le TUE un pouvoir d'incitation, peut demander à la Commission de soumettre toute proposition appropriée sur les questions qui lui paraissent nécessiter l'élaboration d'un acte de l'Union pour la mise en œuvre du présent Traité (art. 225 TFUE).

Il faut toutefois rappeler que la Commission n'est pas tenue de satisfaire les demandes du Conseil et du Parlement dans la mesure où la Cour de justice lui reconnaît un pouvoir d'appréciation discrétionnaire dans ce domaine [1].

En réalité, le pouvoir d'initiative de la Commission est très général et lui permet d'intervenir dans de nombreux cas pour faire les suggestions qu'elle estime nécessaires sous forme de documents de travail ou de mémorandums. Elle peut instruire d'office ou sur demande d'un État membre le cas d'infraction à la libre concurrence et proposer les moyens d'y mettre un terme. Elle peut même adresser des directives aux États membres, en ce qui concerne le régime des entreprises publiques et des entreprises auxquelles les États « accordent des droits spéciaux ou exclusifs » (art. 106-3 TFUE).

1. Cf. CJCE, 13 janv. 1990, *Fede SA*, aff. C. 331/88, 1, *Rec.* p. 4057. Le Traité de Lisbonne prévoit de même qu'un million de ressortissants d'un nombre significatif d'États membres pourront inviter la Commission à soumettre une proposition visant à l'adoption d'un acte juridique de l'Union, la Commission restant libre là encore de la suite à donner à cette demande.

C. Le pouvoir de décision et d'exécution

206 ***L'exécutif européen*** ◇ La Commission dispose d'un pouvoir de décision propre et participe à la formation des actes du conseil et du Parlement européen dans les conditions prévues au présent Traité. Elle exerce les compétences que le Conseil lui confère pour l'exécution des règles qu'il établit. Plus largement, elle exerce les fonctions d'exécution et de gestion conformément aux conditions prévues par les Traités (art. 17-1 TUE).

La Cour de justice a précisé les conditions dans lesquelles le Conseil délègue à la Commission des pouvoirs d'exécution. Lorsque le Conseil accorde à la Commission une délégation de compétence, celle-ci doit être *interprétée largement,* selon « l'économie générale du Traité » et les exigences de la pratique et non selon le sens littéral de l'habilitation. Le Conseil peut conférer à la Commission un pouvoir réglementaire pour l'exécution des règles qu'il a adoptées en vertu de ses compétences [1].

Cette possibilité n'est pas une obligation.

Les conditions d'exécution par la Commission des décisions du Conseil sont réglées par les articles 290 et 291 TFUE. Le Conseil a adopté une première décision en date du 13 juillet 1987 sur la base de l'article 202 CE pour fixer les « modalités de l'exercice des compétences d'exécution conférées à la Commission » [2].

Elle a constitué pendant de plus de dix ans le cadre réglementaire de l'habilitation de la Commission qui relève discrétionnairement du Conseil quant à son étendue et sa portée. Tantôt, la Commission reçoit une habilitation à agir seule, tantôt avec l'assistance d'un comité de composition interétatique. La décision du 13 juillet 1987 prévoyait seulement trois types de comités, mais les procédures mises en place appelaient une simplification et la déclaration n° 31 annexée à l'Acte final de la conférence intergouvernementale ayant adopté le Traité d'Amsterdam invitait la Commission à soumettre une proposition de modification de la décision avant la fin de l'année 1998. Pour des raisons de clarté, il a été jugé préférable d'abroger la décision, plutôt que de la modifier et de la remplacer par une décision nouvelle. C'est donc la décision du 28 juin 1999 [3] qui définit pour la première fois les critères applicables au choix de la procédure de comité sans que ces critères aient un caractère contraignant, le seul souci du texte étant d'assurer une plus grande cohérence et prévisibilité. En étudiant les organes créés par les institutions, nous verrons que la comitologie qui s'est largement développée sur la base de l'article 202 obéit désormais à des règles simples.

Mais il faut retenir que le Conseil peut toujours se réserver une compétence exécutive propre, mais seulement « dans des cas spécifiques » selon l'expression limitative de l'article 202 troisième tiret.

1. CJCE, 30 oct. 1975, aff. 23/75, *Rec.* 1975, p. 1279 ; 15 juill. 1970, aff. 41/69, *Rec.* 1970, p. 661.
2. Décis. 87/373, 13 juill. 1987, *JOCE* L. 197, 18 juill. 1987.
3. Cf. Décis. du Conseil, 28 juin 1999 fixant les modalités de l'exercice des compétences d'exécution conférées à la Commission, *JOCE* L. 184, p. 23.

D. Les autres compétences de la Commission

207 ***Les rôles financiers et représentatifs*** ◇ L'importance du rôle de la Commission ne se résume pas aux compétences de l'article 17-1 TUE reprises en termes identiques par l'article 124 CEEA.

Il faut ajouter les compétences financières de la Commission. C'est elle qui établit l'avant-projet de budget (art. 314-2 TFUE). Elle participe ensuite aux décisions du Parlement et du Conseil. Mais c'est elle aussi qui assure la gestion des fonds communautaires. Elle exécute le budget et gère les programmes.

De plus la Commission assure la représentation interne et externe de la Communauté dans l'exercice de sa capacité juridique. Sur le plan interne, l'article 335 TFUE prévoit qu'elle représente l'Union dans chacun des États membres pour l'acquisition ou l'aliénation des biens immobiliers et mobiliers ou encore le droit d'ester en justice.

Son pouvoir de représentation externe a été prévu par l'article 300 CE. La Commission présente des recommandations au Conseil qui doit les approuver pour qu'elle puisse ouvrir et conduire les négociations en consultation avec les comités spéciaux désignés par le Conseil. Sauf pour les accords commerciaux de l'article 133 du Traité CE, le Parlement européen est consulté avant la conclusion des accords par le Conseil sur proposition de la Commission.

C'est encore la Commission qui fait la liaison avec les organes de l'ONU et les institutions spécialisées des Nations Unies (art. 302, al. 1, CE). Elle assure les liaisons opportunes avec toutes les organisations internationales (art. 302, al. 2, CE).

L'application la plus spectaculaire de cette compétence a été faite par la Commission lors des négociations tarifaires au sein du GATT, connues successivement sous les noms de *(Dillon round, Kennedy round, Tokyo round, Uruguay round, etc.)*.

Cette compétence est essentielle car il est évident que l'Union représentée par la Commission a beaucoup plus de poids que n'en aurait chacun des États membres négociant isolément.

Il faut noter toutefois que le Conseil s'est vu reconnaître une compétence nouvelle de conclure des accords dans le cadre de la PESC et de la coopération politique et judiciaire en matière pénale (2e et 3e piliers) où la Commission dispose elle-même d'un droit d'intervention (art. 22-1 TU et 36-2 TU). [1]

1. Le Traité de Lisbonne prévoit que le haut représentant pour les Affaires étrangères et la politique de sécurité représente l'Union pour les matières relevant de la politique étrangère et de la sécurité commune comme son nom l'indique. Il conduit au nom de l'Union le dialogue politique avec les tiers et exprime la position de l'Union dans les organisations internationales et au sein des conférences internationales (art. 27 TUE).

Ces attributions sont diverses, mais un *principe commun* les anime : *quelle que soit la nature de la compétence exercée, la Commission doit s'inspirer exclusivement de l'intérêt communautaire. Ce principe fondamental fait de la Commission le conservatoire de l'esprit communautaire* [1].

1. Sur la notion d'intérêt communautaire et sur la nature du pouvoir politique des institutions, v. arrêts 154/78 et s., du 18 mars 1980, *Rec.* 1980 907.

CHAPITRE 2
LES INSTITUTIONS DE CONTRÔLE NON POLITIQUES

208 ***Plan du chapitre*** ◇ Indépendamment des fonctions particulières de contrôle que nous avons vues attribuées à la Commission ou au Parlement, deux institutions majeures communes ont une vocation de contrôle non politique, contrôle juridictionnel pour la Cour de justice et contrôle technique et budgétaire pour la Cour des comptes qui n'est pas une juridiction en dépit de sa dénomination.

La fonction juridictionnelle a longtemps été confiée à la seule *Cour de justice des Communautés européennes*. L'ampleur croissante de cette fonction a imposé la création d'un « *tribunal de première instance* », autorisée par l'Acte unique, réalisée par décision 88-591 du 24 octobre 1988. Ce Tribunal a été introduit dans le Traité CE par le Traité de Maastricht par l'article 168-A. La surcharge continue des affaires traitées ne pouvant qu'augmenter avec l'élargissement de l'Union, le Traité de Nice prévoit la possibilité de créer des chambres juridictionnelles spécialisées adjointes au Tribunal de première instance (art. 220 al. 2 CE), ce qui a entraîné d'importantes modifications dans l'architecture d'ensemble du système judiciaire communautaire.

Nous avions critiqué le maintien insolite de l'appellation « tribunal de première instance » dans la mesure où ce tribunal jouait le rôle d'instance d'appel vis-à-vis du nouveau Tribunal de la fonction publique qui lui était adjoint [1]. La dénomination « de première instance » disparaît opportunément dans le Traité de Lisbonne qui globalise non moins curieusement l'organisation juridictionnelle de l'Union à l'article 19-1 TUE qui dispose : « La Cour de justice de l'Union européenne comprend la Cour de justice, le Tribunal et des tribunaux Spécialisés ».

Nous examinerons donc successivement :

Section 1. *Le contrôle juridictionnel de la Cour de justice.*

Section 2. *Le tribunal et les tribunaux spécialisés.*

Section 3. *Le contrôle non juridictionnel de la Cour des comptes.*

SECTION 1. LE CONTRÔLE JURIDICTIONNEL DE LA COUR DE JUSTICE

209 ***Généralités*** ◇ La Cour de justice est une institution commune à l'Union et donc à l'Euratom. Les Traités de Paris et de Rome avaient chacun créé une

1. Cf. J.-L. Clergerie, A. Gruder, P. Rambaub, précis Dalloz, 7e éd., p. 178.

Cour de Justice. Mais ces juridictions ont été unifiées par la Convention de Rome signée en même temps que les Traités CEE et Euratom. En fait, c'est la Cour de justice de la CECA qui a vu ses compétences s'étendre à la CEE et à l'Euratom. Actuellement, la Cour exerce des compétences fondées sur les Traités.

Les textes applicables à la Cour de justice sont les suivants :

– Traité de Lisbonne, art. 19 TUE et art. 251 à 281 TFUE ;

– Traité de Rome (CEEA), articles 136 à 160 ;

– Protocole n° 3 du Traité de Lisbonne sur le statut de la Cour de justice modifié ;

– Décision du Conseil du 25 février 2010 [1] relative au fonctionnement du nouveau comité institué à l'article 255 TFUE pour donner un avis sur l'adéquation des candidats à l'exercice des fonctions de juge et d'avocat général de la Cour de justice et du Tribunal avant leurs nominations par les gouvernements des États membres.

Nous examinerons tour à tour *l'organisation* de la Cour ; ses *compétences,* en distinguant celles qui relèvent de l'Union et de la *CEEA* enfin la procédure [2].

§ 1. Organisation

A. Composition

210 ***Les différents intervenants*** ◇ L'organisation de la Cour de justice étant commune à l'Union et à la CEEA, nous ne rappellerons ici que les textes du Traité de Lisbonne.

L'article 19-2 TUE pose la règle de principe déjà affirmée par le Traité de Nice que « La Cour de justice est formée d'un juge par État membre », ce qui a permis une évolution de la composition liée aux adhésions soit vingt-cinq juges après l'adhésion des dix nouveaux États membres au 1er mai 2004 et vingt sept depuis le premier janvier 2007 après l'adhésion de la Bulgarie et de la Roumanie [3]. La Cour est assistée de huit avocats généraux.

Juges et avocats généraux sont choisis « parmi les personnalités offrant toutes garanties d'indépendance et réunissant les conditions requises pour

1. Cf. Décis. du Conseil 2010/124 UE 25 févr. 2010, *JOUE* 27 févr. 2010, p. 18.

2. La jurisprudence de la Cour étant devenue très abondante nous ne citerons que quelques arrêts importants. Pour plus de précisions, le lecteur pourra se reporter au recueil des arrêts de la Cour ; v. aussi le *Dictionnaire Joly du Marché commun* (Ve Cour de justice) ; J. Boulouis et R.-M. Chevallier, *Les grands arrêts de la Cour de justice des Communautés,* Dalloz, 1994. De nombreux articles ont été consacrés à la Cour. Relevons not. : M. Lagrange, « La Cour de justice des Communautés européennes », *EDCE* 1963 ; l'ordre juridique de la CECA vu à travers la jurisprudence de la Cour. *RD publ.* 1958, p. 845, R. Lecourt, *Le Juge devant le Marché commun* ; Genève 1970. P. Pescatore, « Aspects judiciaires de l'acquis communautaire », *RTD eur.* 1981.617, Ch. Philip, *La Cour de justice des Communautés européennes,* PUF, coll. « Que sais-je ? ».

3. Cf. Traité d'adhésion, 25 avr. 2005, *JOUE* L. 157, 21 juin 2005, p. 207.

l'exercice, dans leurs pays respectifs, des plus hautes fonctions juridictionnelles ou qui sont des jurisconsultes possédant des compétences notoires » (art. 253 TFUE). Ils sont nommés pour six ans d'un commun accord par les gouvernements des États après consultation du nouveau comité institué à l'article 255 pour apprécier l'adéquation des candidats à leurs futures fonctions. Ce comité est composé de sept personnalités choisies parmi d'anciens membres de la Cour de justice et du Tribunal, des membres des juridictions nationales suprêmes et des juristes possédant des connaissances notoires, dont l'un est proposé par le Parlement européen.

Les juges et les avocats généraux sont partiellement renouvelés tous les trois ans et leur mandat est renouvelable. Ce renouvellement partiel porte chaque fois sur quatre avocats généraux et alternativement sur treize et douze juges [1]. Depuis l'entrée de la Bulgarie et de la Roumanie dans l'Union, ce même renouvellement porte alternativement sur quatorze et treize juges. Les juges désignent parmi eux également pour trois ans un président dont le mandat est également renouvelable.

Auprès de la Cour, le rôle des avocats généraux est de présenter « publiquement, en toute impartialité et en toute indépendance, des conclusions motivées » (art. 252-2 TFUE). Ces magistrats tiennent auprès de la Cour un rôle identique à celui des commissaires du gouvernement devant le Conseil d'État français : il leur appartient de dire le droit en toute objectivité. Les seules décisions qui ne font pas l'objet de conclusions sont les avis rendus par la Cour relatifs à la non-contrariété d'un accord ou traité avec les Traités.

La Cour siège dans les formations de jugements suivantes : l'assemblée plénière composée de l'ensemble des juges, la grande chambre composée de 13 juges, les chambres composées de cinq ou trois juges (art. 16 du protocole sur le statut de la Cour annexé au Traité de Lisbonne).

Ajoutons enfin que la Cour de justice nomme son greffier dont elle fixe le statut (art. 254 al. 4 TFUE). Il a la responsabilité des archives de la Cour et de la publication du *Recueil des arrêts et des ordonnances* [2]. Il est chargé de porter la décision de la Cour à la connaissance des présidents du Parlement européen et de la Commission et la notifie au président du Conseil dans l'hypothèse de l'article 6 du Statut de la Cour lorsque des juges sont relevés de leurs fonctions ou déchus de leurs droits à pension et d'autres avantages sur jugement unanime des juges et avocats généraux de la Cour. Sous l'autorité du président, il a la garde des sceaux et assure l'administration générale de la Cour qui peut aussi nommer un ou plusieurs greffiers adjoints chargés d'assister le greffier et éventuellement de le remplacer.

La Cour de justice établit son règlement de procédure qui est soumis à l'approbation du Conseil statuant à la majorité qualifiée selon les termes de l'article 253 dernier alinéa du TFUE.

1. Cf. Traité d'adhésion, 13 avr. 2003, *JO* 28 mai 2004, Annexe au n° 123, p. 39030.
2. Les recueils des arrêts de la Cour ont été, à l'origine, numérotés en chiffres romains. Ils le sont aujourd'hui par années.

B. Statut

211 ***Les règles statutaires*** ◇ Précisons qu'avant d'entrer en fonction, les membres de la Cour de justice prêtent serment en séance publique et s'engagent à accomplir leurs activités en pleine impartialité et en toute conscience, en s'abstenant de divulguer le secret des délibérations. Leur indépendance est garantie par les textes qui prévoient notamment l'incompatibilité des fonctions de juge ou d'avocat général avec l'exercice d'un mandat politique, d'une charge administrative ou d'une activité professionnelle rémunérée ou non. L'article 4 du statut de la Cour les oblige à respecter les obligations découlant de leur charge, notamment les devoirs d'honnêteté et de délicatesse quant à l'acceptation, après cessation de celle-ci, de certaines fonctions ou de certains avantages. En cas de doute, la Cour décide. Lorsque la décision concerne un membre du Tribunal ou d'un tribunal spécialisé, la Cour décide après consultation du tribunal concerné. À noter que le greffier prête un serment identique à celui des juges (art. 10 Statut de la Cour).

En contrepartie de leurs obligations, les membres de la Cour bénéficient de privilèges et d'immunités. Ils jouissent d'une immunité de juridiction pour les actes accomplis pendant l'exercice et après cessation de leurs fonctions. Cette immunité peut toutefois être levée par la Cour européenne de justice siégeant en séance plénière. Lorsque la décision concerne un membre du Tribunal ou d'un tribunal spécialisé, la Cour décide là encore après consultation du tribunal concerné. Au cas où, l'immunité ayant été levée, une action pénale est engagée contre un juge, celui-ci n'est justiciable, dans chacun des États membres, que de l'instance compétente pour juger les magistrats appartenant à la plus haute juridiction nationale.

En outre, les articles 11 à 14 et l'article 17 du protocole sur les privilèges et immunités de l'Union européenne annexé au Traité de Lisbonne, s'appliquent aux juges, aux avocats généraux, aux greffiers et aux rapporteurs adjoints de la Cour de justice de l'Union européenne (art. 3, dernier alinéa, Statut de la Cour).

C. La Cour, juridiction interne de l'Union

212 ***Le juge de l'Union*** ◇ Telle est donc la composition de la Cour de justice de l'Union européenne à qui est impartie la mission générale d'*assurer* le respect du droit dans l'interprétation et l'application du Traité. Cette fonction essentielle, la Cour est appelée à la remplir non comme une juridiction internationale, mais dans des conditions identiques à celles des *juridictions étatiques*.

La juridiction internationale est à l'image du droit international. Le droit international entend imposer ses règles à des sujets dont le caractère spécifique est la « souveraineté », c'est-à-dire le pouvoir de ne se soumettre qu'à des obligations librement et discrétionnairement acceptées (au moins en apparence). De même, la juridiction internationale est une juridiction qui ne juge que les justiciables qui acceptent volontairement de s'y soumettre : la compétence obligatoire des juges internationaux est exceptionnelle.

Au contraire ici, la Cour de justice de l'Union européenne est compétente de plein droit dans tous les cas prévus par les traités. Aucune acceptation de compétences des États membres n'est nécessaire.

En conséquence, *la Cour de justice n'est pas une juridiction internationale, elle est la juridiction interne de l'Union* conçue à l'image des juridictions étatiques. À ce titre, elle poursuit ses justiciables, les saisit, les juge sans leur consentement (même si, pour certains d'entre eux, elle peut se révéler impuissante à leur imposer l'exécution : ainsi, si l'État soumis au contrôle des juges internes exécute ses condamnations, c'est volontairement car personne ne pourrait le lui imposer puisqu'il détient le monopole de la force publique) [1].

Il faut ajouter que, sans être assimilable aux juridictions existantes, la Cour cumule de façon originale les contrôles confiés généralement à des juges différents dans les systèmes juridiques nationaux. Elle apparaît à la fois comme une juridiction administrative et une juridiction judiciaire, en même temps qu'elle est juge constitutionnel et « Cour suprême d'une fédération européenne potentielle » [2]. Sa jurisprudence impose l'application uniforme du droit commun qu'elle contribue à développer en construisant un « système juridique commun de type fédéral » [3]. C'est cette construction qui a pu faire de l'Union européenne une Union de droit [4] au même titre qu'on parle d'un État de droit [5].

§ 2. Les compétences de la Cour de justice

213 ***Généralités*** ◇ La Cour de justice est une juridiction dont la compétence s'applique à l'Union. Celles-ci lui attribuent une mission générale : la Cour de justice assure le respect du droit dans l'interprétation et l'application des traités.

La compétence ainsi attribuée à la Cour n'est pas une compétence de droit commun, mais une *compétence d'attribution*. Selon l'article 274 TFUE « sous réserve des compétences attribuées à la Cour de justice de l'Union européenne par les Traités, les litiges auxquels l'Union est partie ne sont pas de ce chef, soustraits à la compétence des juridictions nationales ». De nombreuses dispositions des traités ou des règlements d'application attribuent à la

1. À l'occasion d'une question écrite, la Commission a pu indiquer que les États exécutent à peu près totalement les décisions de la Cour. Cf. *Communautés européennes, Informations*, fasc. 11, p. 1.

2. Cf. Ph. Moreau Defarges, *Les organisations internationales contemporaines*, Seuil, 1996, p. 90.

3. Cf. Ph. Moreau Defarges, *Les institutions européennes*, A. Colin, 6e éd., 2002.

4. Walter Hallstein, ancien président de la Commission, a été le premier à désigner la Communauté européenne comme une communauté de droit.

5. Voir l'étude de l'avocat général Lagrange, « La Cour de justice des Communautés européennes », *EDCE* 1963, p. 55.

Cour des compétences variées. La Cour a étendu ses compétences à la connaissance des « principes généraux du droit » et aux « droits fondamentaux de la personne » [1].

Dans les limites de sa compétence, la Cour exerce un *pouvoir exclusif* pour imposer aux États le respect des traités. Ainsi, selon l'article 344 TFUE, « les États membres s'engagent à ne pas soumettre un différend relatif à l'interprétation ou à l'application des traités à un mode de règlement autre que ceux prévus par ceux-ci ».

D'une façon générale, on peut dire que la Cour connaît toutes les formes du contentieux : l'annulation, l'interruption, la pleine juridiction, la répression. Elle peut être saisie en qualité d'arbitre et exerce des fonctions de jurisconsulte.

A. Le contentieux de l'annulation

214 ***La portée du recours en annulation*** ◇ Le contentieux de l'annulation (ou contentieux de la légalité) est celui dans lequel les recours ne peuvent poursuivre que l'annulation d'une décision, à l'exclusion de sa réformation. Ce contentieux ne peut être fondé que sur l'illégalité des décisions attaquées, non sur leur opportunité. Le contentieux de l'annulation se divise en général en deux catégories : le recours en cassation dirigé contre les décisions juridictionnelles, le recours pour excès de pouvoir dirigé contre les actes administratifs.

C'est un *véritable contentieux de l'excès de pouvoir* qui est attribué à la Cour depuis le Traité de Rome. L'actuel Traité de Lisbonne dispose en effet à l'article 263 TFUE : « La Cour de justice de l'Union européenne contrôle la légalité des actes législatifs, des actes du Conseil, de la Commission et de la Banque centrale européenne, autres que les recommandations et les avis, et des actes du Parlement européen et du Conseil européen destinés à produire des effets juridiques à l'égard des tiers. Elle contrôle aussi la légalité des actes des organes et organismes de l'Union destinés à produire des effets juridiques à l'égard des tiers ».

La Cour a étendu elle-même son contrôle de légalité sur les actes du Parlement européen qui produisent des effets juridiques vis-à-vis des tiers et ne se réduisent pas à un avis [2]. Désormais la règle en est inscrite dans le Traité et vaut aussi pour les actes du Conseil européen.

La ressemblance du contentieux ainsi attribué à la Cour de justice avec le recours pour excès de pouvoir apparaît d'autant mieux que l'on pénètre plus avant dans les détails que le Traité a précisés sur la procédure, les conditions de recevabilité ou d'annulation, les effets de l'annulation, etc.

Ainsi, on peut remarquer que seules peuvent être soumises à la censure de la Cour de justice des *décisions faisant grief*, puisque les avis et recomman-

1. Arrêt 4/73, 14 mai 1974, *Rec.* 1974 491. Cf. Pescatore, *op. cit.*, *RTD eur.* 1981 634 et s.
2. Arrêts 230/81, 10 févr. 1983 ; 108/83, 10 avr. 1984 ; 294/83, 23 avr. 1986 ; 34/86, 3 juill. 1987.

dations sont exclus du contrôle de légalité. Toutefois, la Cour a étendu le contrôle de légalité à *tout acte juridique produisant des « effets de droit »* [1]. Des recours peuvent être formés contre les actes pris selon la procédure de *codécision,* les *actes de la BCE,* les *actes du Parlement* qui produisent des effets juridiques à l'égard des tiers et de façon extensive de tout organe ou organisme de l'Union.

D'autre part, tout intéressé, État membre, Parlement européen, Conseil, Commission, mais également *« toute personne physique ou morale »* peut former un recours contre les actes dont il est le destinataire réel, qui le concernent directement et individuellement (art. 264 al. 4 TFUE).

La Cour de justice est également compétente dans les mêmes conditions pour se prononcer sur les recours formés par la Cour des comptes par la BCE, et par le Comité des régions dans le but de préserver leurs prérogatives [2] (art. 263 al. 3 TFUE). Le *délai du recours* est de deux mois, à compter soit de la publication (au *Journal officiel de l'Union européenne*), soit de la notification, soit du jour de la connaissance effective de la décision par le requérant [3]. Les *moyens d'annulation* peuvent être l'*incompétence,* la *violation des formes substantielles,* la *violation des Traités ou de toute règle de droit relative à leur application, le détournement de pouvoir* (art. 263 al. 2 TFUE). À ces moyens traditionnels, la jurisprudence a ajouté d'autres principes tels que le respect de la *« confiance légitime »* [4], la *proportionnalité* [5], des *« circonstances particulières »* [6].

Si le recours est fondé, la Cour de justice déclare nul et non avenu l'acte contesté (art. 264 al. 1 TFUE). Toutefois, la Cour de justice peut opérer une annulation partielle, en indiquant, si elle l'estime nécessaire, ceux des effets de l'acte annulé qui doivent être considérés comme définitifs (art. 264 al. 2 TFUE).

215 ***L'exception d'illégalité*** ◇ Le contentieux de l'annulation comporte encore une ressemblance avec le contrôle juridictionnel de légalité qui existe en France. Le « recours pour excès de pouvoir » de l'article 263 TFUE se complète de la possibilité d'un contrôle de légalité accessoire à un litige principal, d'une véritable *exception d'illégalité :* « nonobstant l'expiration du délai prévu à l'article 263 alinéa 6 TFUE, toute partie peut, à l'occasion d'un litige mettant en cause un acte de portée générale adopté par une institution, un organe ou un organisme de l'Union, se prévaloir des moyens prévus à

1. Arrêts 21/70, 31 mars 1971, *Rec.* 1971 263 ; cf. arrêt C. 366-88, 9 oct. 1990. C. 303-90, 13 nov. 1991 ; C. 325-91, 16 juin 1993.

2. Cette disposition reprend ce qu'avait décidé la Cour de justice. La Cour avait précédemment reconnu au Parlement qualité pour former des recours en carence (contre le Conseil) : cf. CJCE 22 mai 1985, 13/83. V. CJCE 27 sept. 1988, 302-87 et CJCE 22 mai 1990, C. 70-088.

3. V. sur les délais, CJCE 15 janv. 1987, 152/85.

4. CJCE 3 mai 1978, 122/77 *Rec.* 1978.1019 ; et 146/77, *Rec.* 1978, 360.

5. S. Neri, « Le principe de proportionnalité dans la jurisprudence de la Cour relative au droit communautaire agricole », *RTD eur.* 1981.652.

6. CJCE 18 mai 1986, 160/84.

l'article 263 TFUE pour invoquer devant la Cour de justice l'inapplication de cet acte (art. 277 TFUE).

216 ***Les recours en carence*** ◇ Outre les recours dirigés contre les actes des institutions, organes et organismes de l'Union, le Traité a prévu une procédure destinée à vaincre le *silence, l'abstention de l'administration de la Communauté.* Aux termes de l'article 265 TFUE, dans le cas où le Parlement européen, le Conseil européen, le Conseil, la Commission où la BCE en violation des Traités, s'abstiennent de statuer, les États membres et les autres institutions de l'Union peuvent saisir la Cour de justice pour faire constater cette violation. Il en est de même pour les organes et organismes de l'Union qui s'abstiennent de statuer. Et, de même, il appartiendrait à toute personne physique ou morale de saisir la Cour de toute abstention d'une institution, d'un organe ou d'un organisme de l'Union qui aurait « manqué de lui adresser un acte autre qu'une recommandation ou un avis » (art. 265 al. 3 TUE).

Cette censure du *silence de l'administration* obéit à des règles de procédure inspirées du contentieux administratif, notamment à la nécessité de la *décision préalable :* le recours juridictionnel doit être précédé d'une requête auprès de l'institution, l'organe ou l'organisme défaillant qui doit répondre dans un délai de deux mois, à l'expiration duquel son silence sera interprété comme un refus et pourra être attaqué devant la Cour dans un nouveau délai de deux mois [1] (art. 265 al. 2 du TFUE).

217 ***Les cas particuliers du contentieux de l'annulation*** ◇ On peut citer les cas particuliers prévus à l'article 271 TFUE.

La Cour de justice de l'Union européenne peut connaître des litiges concernant :

a) l'exécution des obligations des États membres résultant des statuts de la Banque européenne d'investissement pour laquelle le conseil d'administration de la Banque dispose d'un droit de recours ;

b) les délibérations du Conseil des gouverneurs de la Banque européenne d'investissement sur recours d'un État membre, de la Commission ou du Conseil d'administration de la Banque ;

c) les délibérations de la Banque européenne d'investissement sur recours des États membres ou de la Commission et seulement pour violation des formes prévues à l'article 19 § 2 et 5 à 7 inclus des statuts de la Banque ;

d) l'exécution par les banques centrales nationales des obligations résultant des traités et des statuts du SEBC et de la BCE sur recours du Conseil des gouverneurs de la BCE. Si la Cour reconnaît qu'une banque centrale nationale a manqué à une des obligations qui lui incombent en vertu des traités, cette banque est tenue de prendre les mesures que comporte l'exécution de l'arrêt de la Cour.

1. La Cour de justice a reconnu au Parlement la qualité pour former des recours en carence sur la base de l'article 232, ex-art. 175. Cf. CJCE 22 mai 1985, 13/83.

B. Le contentieux de l'interprétation

218 ***Dans le cadre CE*** ◇ *Le contentieux de l'interprétation*, c'est celui dans lequel le juge, sans trancher un litige déterminé, apprécie la légalité, détermine le sens d'un texte, à titre préjudiciel.

L'article 267 TFUE attribue à la Cour de justice compétence pour interpréter le droit de l'Union. La Cour statue à *titre préjudiciel* sur l'interprétation des traités ; *sur la validité et l'interprétation des actes pris par les institutions, organes et organismes de l'Union* ; sur l'interprétation des *statuts des organismes créés par un acte du Conseil* lorsque ces statuts le prévoient [1].

Le contentieux de l'interprétation donne l'occasion à la Cour de justice d'exercer sur les juridictions internes un certain contrôle. Si une question concernant l'interprétation des textes que nous venons d'indiquer se pose à une juridiction d'un État membre, celle-ci, si elle l'estime nécessaire, *peut* demander à la Cour de justice de statuer. Mais une juridiction interne *doit* demander l'interprétation de la Cour si ses décisions « ne sont pas susceptibles d'un recours juridictionnel de droit interne » (art. 267 b al. 3 TFUE) [2]. La question que doit résoudre la Cour n'est pas de statuer sur la compatibilité du texte national, avec le droit de l'Union. C'est de déterminer le sens de celui-ci pour permettre à la juridiction nationale d'apprécier la compatibilité du droit national avec le droit de l'Union. Le juge national est lié par les conclusions de la Cour - comme le remarque Renaud Dehousse : « le mécanisme de renvoi préjudiciel institue donc un véritable dialogue entre juge national et juge de l'Union [3].

Outre les dispositions de l'article 267 deux protocoles signés à Luxembourg le 3 juin 1971 ont attribué à la Cour compétence pour l'interprétation de deux conventions conclues entre les États membres sur la base de l'article 293 du Traité CE : la Convention sur la reconnaissance mutuelle des sociétés (29 février 1968) et la Convention sur la compétence judiciaire et l'exécution des décisions en matière civile et commerciale (27 septembre 1968) [4].

1. Trabucchi, « L'effet *erga omnes* des décisions préjudicielles rendues par la Cour de justice des Communautés », *RTD eur.* 1974 ; Lagrange, « L'action préjudicielle dans le droit interne des États membres et en droit communautaire », *RTD eur.* 1974 ; R.-M. Chevallier et D. Maidani, Guide pratique de l'article 177.

2. Sur les limites apportées à cette obligation voir les arrêts n°s 35 et 36/82, 27 oct. 1982. *Rec.* 1982. 3723 ; arrêt 283/81, 6 oct. 1982. *Rec.* 1982. 3415. Cf. J.-C. Masclet, La Cour de justice tempère l'obligation de renvoi préjudiciel porté aux juridictions suprêmes, *RMC* 1983. 363. H. Labayle, « Le Conseil d'État et le renvoi préjudiciel », *AJDA* 1983. 155. Sur la notion de juridiction CJCE arrêts 138-80, 18 juin 1980 ; 246-80, 6 oct. 1981 ; 102-81, 23 mars 1982 ; C. 24-92, 30 mars 1993, etc.

3. Cf. R. Dehousse, *La Cour de justice des Communautés européennes*, Montchrestien, 1994, p. 32.

4. Voir le protocole relatif à l'interprétation de la Convention du 27 sept. 1968 sur la compétence judiciaire et l'exécution des décisions en matière civile et commerciale publié au *JOCE* L. 204 2 août 1975.

La Cour a aussi reçu compétence pour interpréter la Convention de Rome sur les obligations contractuelles [1].

La Cour a étendu l'application de l'ex. article 177 aux Traités conclus par l'Union sur la base des articles 217 et 218-11 [2].

Le Traité de Nice prévoit un partage du contentieux de l'interprétation avec le Tribunal qui a vu dès le Traité de Nice ses compétences élargies à certaines questions préjudicielles déterminées par le statut (art. 256-3 TFUE et 140 A § 3 CEEA). Mais en cas de risque pour « l'unité ou la cohérence du droit communautaire », le tribunal pourra toujours décider de renvoyer l'affaire devant la Cour et ses décisions dans ce domaine pourront également faire l'objet d'un réexamen par la Cour.

219 ***Les procédures préjudicielles d'urgence*** ◇ Ces nouvelles procédures s'appliquent aux renvois relatifs à l'espace de liberté, de sécurité et de justice, dans les domaines couverts par le titre V du TFUE concernant la coopération policière et judiciaire en matière civile (chap. 3) et pénale (chap. 4). [3]

La Cour est saisie sur demande motivée d'une juridiction nationale de renvoi qui sursoit à statuer en attendant l'arrêt de la Cour, tout en restant compétente pour prendre les mesures conservatoires utiles pour protéger les intérêts des parties. La demande doit exposer les circonstances de droit et de fait qui justifient cette procédure dérogatoire et le risque encouru si le renvoi suit la procédure préjudicielle normale. [4]

La mise en œuvre de la procédure d'urgence est décidée par la Cour qui signifie sa décision en précisant le délai pour déposer mémoires ou observations écrites, de même que les points de droits sur lesquels ils doivent porter ainsi que leur longueur maximale. Cette procédure accélérée peut prévoir, en outre, la limitation des parties et autres intéressés visés pour être autorisés à déposer des mémoires ou observations écrites et dans des cas d'extrême urgence, l'omission de la phase écrite de la procédure (art. 23 *bis* al. 3 TFUE).

Cette procédure d'urgence a pour effet de simplifier et d'accélérer toutes les étapes, en donnant priorité à la question préjudicielle. Elle n'est envisageable qu'à titre exceptionnel justifié en raison des multiples contraintes qu'elle impose à la Cour ainsi que pour les parties et autres intéressés tels que les États membres.

1. Cf. protocole Bruxelles du 19 déc. 1988, *JOCE* L. 48, 20 févr. 1988.

2. Voir Arrêt 181/73, 30 avr. 1974, *Rec.* 1974 449 ; 266/81, 16 mars 1983. V. J. Groux, « L'invocabilité en Justice des accords internationaux des CE », *RTD eur.* 1983.

3. Cf. Note informative de la Cour de justice sur l'introduction de procédures préjudicielles par les juridictions nationales, *JOUE* C. 64, 8 mars 2008 p. 1.

4. Il peut s'agir d'une personne détenue ou privée de liberté lorsque la question soulevée est déterminante pour sa situation juridique, ou d'un litige concernant l'autorité parentale ou la garde d'enfants lorsque la compétence du juge saisi dépend de la réponse à la question préjudicielle.

C. La pleine juridiction

220 ***Le plein contentieux*** ◇ La Cour est également compétente pour connaître d'un ensemble de litiges variés que l'on peut faire entrer dans la catégorie du « *contentieux de pleine juridiction* ».

On oppose, dans la compétence des juridictions administratives françaises le contentieux de pleine juridiction, le « plein contentieux », aux contentieux de l'annulation ou de l'interprétation. Dans ces derniers, le juge n'exerce que des pouvoirs limités sur un objet limité : il doit se borner à annuler, interpréter des textes, en examiner la légalité. Et ce pouvoir s'applique à des actes juridictionnels ou administratifs.

Le contentieux, de pleine juridiction restitue au juge la plénitude de ses pouvoirs : le juge statue en fait et en droit, juge des personnes, inflige des peines, prononce des dommages-intérêts, attribue des réparations, etc. Ce sont donc les litiges les plus variés qui composent ce plein contentieux.

Ces caractères du plein contentieux se retrouvent dans de nombreux litiges soumis à la Cour de justice. C'est ainsi que la Cour de justice est appelée à connaître du plus typique des recours de pleine juridiction : l'action en indemnité à raison des dommages extra-contractuels causés par les institutions de l'Union ou par leurs agents dans l'exercice de leurs fonctions (art. 268 et 340 al. 2 TFUE et art. 151 CEEA).

C'est dans le plein contentieux que l'on peut faire entrer la compétence de la Cour pour juger les manquements des États à leurs obligations.

221 ***Les recours en manquement*** ◇ Une des compétences les plus importantes de la Cour est celle qui lui donne vocation à juger les États lorsque ceux-ci ne respectent pas les obligations que leur imposent le Traité et de manière générale le droit de l'Union.

Cette compétence repose sur trois articles 258, 259 et 260 TFUE. L'article 258 notamment, organise la principale procédure de poursuite des États membres (cette procédure est applicable également à la méconnaissance des obligations qui résultent du statut de la Banque centrale européenne art. 271 TFUE). La *BCE* peut utiliser l'article 258 à l'égard des *banques centrales nationales*.

Lorsque la *Commission* estime qu'un État membre manque à une des obligations que lui impose le Traité, elle met cet État en mesure de présenter ses observations puis émet un *avis motivé*. Si l'État incriminé ne se conforme pas à cet avis dans le délai qui lui est fixé, la *Commission peut saisir la Cour de justice* (art. 258 al. 2 TFUE).

L'initiative d'une telle action peut aussi appartenir aux *États membres*. Celui d'entre eux qui estime qu'un autre État membre n'exécute pas ses obligations *saisit la Commission*. En ce cas, la Commission met les États intéressés en mesure de présenter leurs observations écrites et orales puis émet un *avis motivé*. Si dans un délai de trois mois l'avis n'a pas été émis, son absence « *ne fait pas obstacle à la saisine de la Cour de justice* » (art. 259 al. 4 TFUE).

La procédure de droit commun ainsi définie prévoit donc, avant que la Cour de justice ne soit saisie, une intervention de la Commission. Cette procédure peut être simplifiée lorsque le Traité - exceptionnellement - le prévoit : ainsi, l'article 108 TFUE organise une procédure plus simple qui permet la saisine directe de la Cour de justice, « par dérogation aux articles 258 et 259 », pour réprimer les aides abusives.

Enfin, à côté de ses compétences ainsi définies par le Traité, la Cour peut connaître en général de tout différend entre États membres « en connexité avec l'objet du présent Traité ». Mais ces litiges doivent être portés devant la Cour en vertu d'un compromis (art. 273).

Ainsi le Traité attribue à la Cour une compétence extrêmement générale, qui lui permet de connaître des litiges les plus variés dont l'ensemble constitue bien un plein contentieux au sens que le droit interne attribue à cette expression.

222 ***Les sanctions contre les États pour inexécution des arrêts de la Cour*** ◇ L'article 260 TFUE complète l'article 258. Jusqu'au Traité de Maastricht les Traités se bornaient à prévoir, lorsque la Cour avait constaté un manquement, que l'État était tenu de prendre les mesures que comportait l'exécution de l'arrêt [1].

Le Traité de Maastricht a modifié cet article et introduit en outre des *sanctions pécuniaires* à l'égard des États qui n'exécuteraient pas un arrêt de la Cour.

À cet effet, une procédure est organisée en trois phases :

– la Commission estime qu'un État n'a pas pris les mesures prescrites par l'article 260 alinéa 1er. Elle met l'État en demeure de présenter ses observations ;

– l'État, dans le délai fixé par la Commission, ne prend pas les mesures d'exécution de l'arrêt. La Commission peut saisir la Cour en indiquant le montant de l'astreinte ou la somme forfaitaire à payer par l'État membre concerné qu'elle estime adaptée aux circonstances ;

– si la Cour constate que l'État n'a pas exécuté l'arrêt, elle peut le condamner à payer une *astreinte* ou une *somme forfaitaire* (art. 260 al. 3 TFUE).

223 ***Le contentieux de la répression*** ◇ Ce plein contentieux n'épuise pas les possibilités de la Cour qui peut aussi exercer un contentieux de la répression : « Les règlements établis conjointement par le Parlement européen et le Conseil en vertu des dispositions du présent Traité peuvent attribuer à la Cour de justice une compétence de pleine juridiction en ce qui concerne les sanctions prévues dans ces règlements » (art. 261 TFUE).

Lorsque des amendes ou des astreintes sont appliquées, la Cour peut être saisie. Elle a rendu sur ces sanctions des arrêts particulièrement intéressants.

1. Cf. Arrêts 314 à 316-81 et 83-82, 14 déc. 1982.

224 ***Les recours en responsabilité extra-contractuelle*** ◇ La Cour de justice est compétente pour connaître des litiges relatifs aux dommages causés par ses institutions ou par ses agents dans l'exercice de leurs fonctions (art. 340 al. 2 TFUE et art. 151 et 188 CEEA). Elle applique alors les principes généraux communs aux droits des États membres.

La jurisprudence de la Cour de justice exige « une violation suffisamment caractérisée d'une règle supérieure de droit protégeant les particuliers [1]. L'institution mise en cause doit avoir « méconnu de manière manifeste et grave, les limites qui s'imposent à l'exercice de ses pouvoirs » [2].

Enfin, la Cour de justice est compétente pour statuer sur tout litige entre l'Union et ses agents dans les limites et conditions déterminées par le statut des fonctionnaires de l'Union et le régime applicable aux autres agents de l'Union. L'article 46 du Statut précise que les actions contre l'Union en matière de responsabilité non contractuelle se prescrivent par cinq ans à compter de la survenance du fait qui y donne lieu. La prescription est interrompue soit par la requête formée devant la Cour, soit par la demande préalable que la victime peut adresser à l'institution compétente dans le délai de deux mois prévu par le Traité.

225 ***Les recours en responsabilité contractuelle*** ◇ L'article 272 TFUE attribue compétence à la Cour de justice pour statuer « en vertu d'une clause compromissoire contenue dans un contrat de droit public ou de droit privé passé par l'Union ou pour son compte ». La clause compromissoire ou d'arbitrage donne ainsi compétence à la Cour s'agissant de contrats conclus notamment par la Commission avec des universités dans les États membres pour la fourniture de services techniques, ou encore des contrats de recherche Euratom.

Le même dispositif est en effet prévu à l'article 153 CEEA.

D. Les contentieux particuliers

226 ***Les différentes interventions particulières*** ◇ Certaines compétences juridictionnelles de la Cour ne peuvent entrer aisément dans l'une des catégories traditionnelles.

On peut ainsi relever que la Cour est compétente pour statuer sur les différends entre États membres en connexité avec l'objet du Traité, si ce différend lui est soumis en vertu d'un compromis, hypothèse d'école jusque-là non appliquée mais prévue par l'article 273 TFUE et 154 CEEA.

Par ailleurs, le Traité de Nice prévoit que la Cour pourra se voir confier par le Conseil statuant à l'unanimité conformément à une procédure législative spéciale et après consultation du Parlement européen, certains litiges en rapport avec des actes à l'origine de titres européens de propriété industrielle (art. 262 TFUE).

1. Cf. CJCE 2 déc. 1971, *Akrtien-Zuckerfahik Schöppenstedt c. Conseil*, A p. 5/71, *Rec.* p. 975.
2. Cf. CJCE 4 oct. 1979, *K.S. Arkady*.

Dans le cadre du Traité Euratom, l'article 144 organise des *recours particuliers* à cette Communauté : un recours fondé sur l'article 12 (en vue de faire fixer les conditions appropriées des concessions de licences ou de sous-licences) ; un recours formé par des personnes ou entreprises contre des sanctions prononcées en application de l'article 83 (contre les infractions en matière de « contrôle de sécurité » organisé par le chapitre VII du titre II du Traité Euratom).

L'article 145 donne à la Cour de justice, saisie par la Commission, compétence pour *constater la violation de certaines obligations* - qui échappent à l'article 83 - par des personnes et entreprises.

À toutes ces compétences contentieuses s'ajoutent les compétences consultatives de la Cour de justice.

E. La Cour, jurisconsulte

227 ***Le principe*** ◇ La Cour exerce des fonctions de jurisconsulte dans les cas prévus par le Traité. Ainsi, la Cour peut avoir à connaître de la compatibilité avec les traités d'accords conclus avec les tiers selon les procédures communautaires telles que celles de l'article 218-11 TFUE. Ce contrôle est comparable au contrôle de conformité des traités par rapport à la Constitution exercé par le Conseil constitutionnel français aux termes de l'article 54 de la Constitution. Si l'accord fait l'objet d'un avis négatif de la Cour, il ne peut entrer en vigueur qu'après avoir été modifié dans les conditions fixées par l'article 48 TUE.

Reste à préciser la procédure suivie devant la Cour.

§ 3. La procédure

228 ***Généralités*** ◇ La compétence n'est pas tout ce qui rapproche la Cour de justice des tribunaux internes. La *procédure* comporte également des caractères qui sont inspirés de ces tribunaux. De l'étude qui précède, nous avons pu constater que les États ou les institutions de l'Union ne sont pas seuls à pouvoir saisir la Cour : les particuliers en ont aussi la possibilité. Mais surtout la Cour, si elle est quelquefois saisie par voie de compromis (ce qui est de droit commun devant les instances internationales), l'est plus généralement par voie de *citation directe,* parfois avec l'intervention préalable - sorte de préliminaire de conciliation - de la Commission.

La Cour de justice siège en chambres ou en grande chambre. Elle peut également siéger en assemblée plénière quand elle est saisie en application de l'article 228 § 2, de l'article 245 § 2, de l'article 247 ou de l'article 286 § 6 TFUE aux termes du Statut de la Cour (art. 16 al. 4).

Les huit chambres sont composées de trois à cinq juges et leurs délibérations ne sont valables que si elles sont prises par trois juges. Les présidents des chambres à cinq juges sont élus pour trois ans [1].

La grande chambre comprend treize juges. Elle est présidée par le Président de la Cour, actuellement Mr. Skouris élu [2] pour la période du 7 octobre 2009 au 6 octobre 2012. Font aussi partie de la grande chambre les présidents des chambres à cinq juges et d'autres juges désignés dans les conditions prévues par le règlement de procédure. La grande chambre ne peut délibérer valablement que si neuf juges sont présents.

La Cour siège en grande chambre lorsqu'un État membre ou une institution d'Union qui est partie à l'instance le demande (art. 16 Statut de la Cour).

Les délibérations en assemblée plénière ne sont valables que si quinze juges sont présents.

Devant la Cour, les États membres ainsi que les institutions de l'Union sont représentés par un agent nommé pour chaque affaire et éventuellement assisté d'un Conseil ou d'un avocat. Les autres parties sont représentées par un avocat.

La *procédure ordinaire* comporte une *phase écrite* et une *phase orale*. La Cour est saisie par une *requête* qui indique notamment le nom et le domicile du requérant, qui désigne la partie adverse, l'objet du litige, les moyens invoqués, etc. Le dépôt de la requête est suivi d'un *échange de mémoires* (défense, réplique, duplique). La procédure écrite est suivie, s'il y a lieu, d'une *instruction* qui peut donner lieu à diverses mesures [3], comparution des parties, audition de témoins, demande de renseignements et de documents, expertise, descente sur les lieux, commission rogatoire. L'instruction étant close par ordonnance du président, l'affaire revient devant la Cour où se déroule la *procédure orale* qui comporte notamment les plaidoiries des avocats, les conclusions de l'avocat général. L'*arrêt* est enfin rendu en audience publique sauf exception et pour des motifs graves. Il ne peut être assorti d'opinion dissidente mais doit être motivé et doit mentionner les noms des juges qui ont délibéré. Il peut faire l'objet de divers *recours* devant la Cour elle-même : en rectification d'erreur matérielle, en omission, en révision (en cas de découverte d'un fait nouveau de nature à influer sur l'arrêt) art. 44 du statut de la cour, en interprétation (art. 43 Statut).

1. Les quatre présidents des quatre chambres siégeant à cinq juges élus le 7 octobre 2009 sont : MM. Tizzano, Cunha Rodrigues, Lenaerts et Bonichot pour une période de trois ans expirant le 6 octobre 2012. Les présidents des quatre chambres siégeant à trois juges sont élus pour un an jusqu'au 6 octobre 2012. Cf. Élection des présidents de chambres 2009/C 267/04, *JOUE* C 267, 7 nov. 2009, p. 2.

2. Cf. Élection du président de la Cour en date du 7 octobre 2009 - 2009/C. 267/03, *JOUE* C. 267, 7 nov. 2009, p. 2.

3. Divers litiges importants intéressant la CECA ont donné lieu à des mesures d'instruction particulières : *descente sur les lieux* (14-59, *Rec.* V.445 ; 42 et 45-59, *Rec.* VII-103) ; *expertise* (23 et 34-58, *Rec.* VI. 575) ; *audition de témoins* (10-55, *Rec.* II. 367). V. Lagrange, « La Cour de justice des Communautés européennes », *EDCE* 1963, p. 64.

Diverses *procédures particulières* s'appliquent, en particulier au référé, aux incidents de procédure, aux décisions préjudicielles, au défaut, à l'opposition et à la tierce opposition, etc. Par ailleurs, l'introduction dans le règlement de procédure d'une procédure accélérée pour les renvois préjudiciels [1] (entrée en vigueur le 1er juillet 2000) puis pour les recours directs [2] (art. 62 *bis* CE entré en vigueur le 1er février 2001) a permis d'accélérer la procédure. Elle fait l'objet de l'article 23 *bis* du statut de la Cour.

Par ailleurs, une procédure sommaire permet au président de la Cour de statuer seul sur des conclusions tendant à l'obtention du sursis à exécution de l'article 278 TFUE et de l'article 157 du Traité CEEA, à l'application de mesures provisoires en vertu de l'article 279 TFUE, ou encore à la suspension de l'exécution forcée conformément à l'article 299 alinéa 4 TFUE ou à l'article 164 alinéa 3 Traité CEEA.

Enfin, les arrêts de la Cour sont *exécutoires* dans les conditions fixées par l'article 280 TFUE.

Toutefois, les compétences juridictionnelles de la Cour ont été en partie allégées par la mise en place du Tribunal.

SECTION 2. LE TRIBUNAL

229 ***Bases juridiques. Principe*** ◇ L'Acte unique européen de 1986 avait prévu la possibilité d'instituer une juridiction de première instance « adjointe » à la Cour. Sur demande de la Cour de justice et après consultation du Parlement européen, le Conseil, statuant à l'unanimité pouvait créer un Tribunal de première instance (TPI).

C'est par la voie d'une communication au Conseil que la Cour de justice a demandé la création de ce tribunal le 29 septembre 1987. Après avoir obtenu de la Commission et du Parlement des avis favorables, le Conseil a décidé le 24 octobre 1988 [3] d'instituer un Tribunal de première instance des Communautés européennes.

Entré en fonction le 1er novembre 1989, ce Tribunal est incorporé aux traités communautaires depuis Maastricht et il fait l'objet actuellement des articles 19 TUE, 254 à 256 TFUE et 140 A CEEA, en rappelant que le Traité de Lisbonne a supprimé la dénomination « de première instance » rendue obsolète par le rôle d'instance d'appel à l'égard du Tribunal de la fonction publique.

Le principe posé par l'article 256 TFUE est que les dispositions du protocole sur le statut de la Cour de justice s'appliquent au Tribunal sauf dispositions contraires. Certains textes plus spécifiques complètent les dispositions des traités.

1. *JOCE* L. 122, 24 mai 2000, p. 43.
2. *JOCE* L. 322, 19 déc. 2000, p. 4.
3. *JOCE* L. 319, 25 nov. 1988. mod. par décision 93-350 du Conseil du 8 juin 1993, *JOCE* L. 144, 16 juin 1993.

Le *règlement de procédure* a été adopté par le tribunal, en accord avec la Cour et avec l'approbation du Conseil donnée le 27 septembre 2008. Il a été modifié plusieurs fois. La dernière version codifiée a été publiée au *JOUE* n° L. 24 du 14 janvier 2009 [1], elle-même modifiée en date du 7 juillet 2009 après approbation du Conseil donnée le 15 juin 2009 [2].

Nous verrons successivement l'*organisation et les compétences* du Tribunal avant de préciser la *procédure*.

§ 1. Organisation

230 ***Composition*** ◇ Créé à l'origine pour être « adjoint à la Cour de justice », le Tribunal assure avec elle le respect du droit dans l'interprétation et l'application des traités (art. 19 TUE). Il est organisé en chambres de 3 ou 5 juges, la composition et l'attribution des chambres étant fixées par le règlement de procédure. Dans les cas prévus par celui-ci il siège en formation plénière ou à juge unique, la formation plénière n'intervenant que lorsque la difficulté en droit ou l'importance de l'affaire ou des circonstances particulières le justifient. L'article 50 du statut de la Cour prévoit aussi la possibilité de siéger en grande chambre.

L'article 19 TUE stipule qu'il compte au moins un juge par État. Soit 25 juges pour tenir compte de l'entrée des 10 nouveaux États au 1er mai 2004 [3], et 27 depuis le premier janvier 2007 date d'entrée dans l'Union de la Bulgarie et de la Roumanie, le nombre des juges étant fixé par l'article 48 du statut de la Cour [4]. Les membres du tribunal sont choisis parmi les personnes offrant toutes les garanties d'indépendance.

Ils sont nommés pour six ans du commun accord des États membres. Un renouvellement partiel a lieu tous les trois ans, les membres sortants pouvant être nommés à nouveau (art. 254 al. 2 TFUE). Les juges élisent parmi eux un président pour une période de trois ans renouvelable. Il est chargé de présider les séances plénières et de diriger les travaux et les services du TPI.

D'une façon générale et à moins que le statut de la Cour de justice n'en dispose autrement, les dispositions des traités relatives à la Cour sont applicables au Tribunal. Le statut des juges résulte du protocole n° 3 sur le statut de la Cour de justice de l'Union européenne (titre I). Avant leur entrée en fonction les juges prêtent serment devant la Cour de justice d'exercer leurs fonctions en toute impartialité et en toute conscience, de ne rien divulguer du secret des délibérations.

Le traité précise que le statut peut prévoir que le Tribunal est assisté d'avocats généraux. Les juges eux-mêmes peuvent être appelés à en exercer les fonctions selon les règles que fixe le règlement de procédure. L'article 252

1. Cf. *JOUE* L. 24, 28 janv. 2009, p. 9.
2. Cf. *JOUE* L. 184/10, 17 juill. 2009, p. 10.
3. Cf. Traité d'adhésion, 16 avr. 2003, *JO* 28 mai 2004, Annexe au n° 123, p. 39030.
4. Cf. art. 48, Traité d'adhésion, 25 avr. 2005, *JOUE* L. 157, 21 juin 2005, p. 207.

alinéa 2 TFUE précise le rôle des avocats généraux : « présenter publiquement, en toute impartialité et en toute indépendance des conclusions motivées ». Celui qui en assume la charge ne participe pas au délibéré. Les conclusions ne sont pas publiées.

Le tribunal comporte un greffier qu'il nomme pour six ans et dont il définit le statut (art. 254 al. 4 TFUE). Le greffier prête devant le tribunal le même serment que les juges devant la Cour. Le tribunal peut nommer aussi un ou plusieurs greffiers adjoints chargés d'assister le greffier et de le remplacer (art. 21 de la version codifiée du règlement de procédure [1]).

Le Tribunal établit son règlement de procédure en accord avec la Cour de justice. Ce règlement est soumis à l'approbation du Conseil.

§ 2. Compétences

231 ***Les différents recours*** ◇ La transformation du rôle du TPI apparaît dès l'article 220 alinéa 1 CE du Traité de Nice qui dispose : « La Cour de justice et le tribunal de première instance assurent, dans le cadre de leurs compétences respectives, le respect du droit dans l'interprétation et l'application du présent Traité ». De juridiction adjointe à la Cour, le TPI est ainsi élevé au rang de seconde branche de la juridiction communautaire. Cette valorisation s'accompagne de la reconnaissance de compétences nouvelles.

Jusque-là, le TPI, adjoint à la Cour, était chargé de connaître à sa place en première instance et sous réserve d'un pourvoi devant celle-ci des questions de droit, de certaines catégories de recours excluant les questions préjudicielles de l'article 234. Ces catégories de recours étaient fixées par le Conseil statuant à l'unanimité sur demande de la Cour et après consultation du Parlement et de la Commission.

Le Traité de Lisbonne comme le Traité de Nice avant lui reconnaît au Tribunal une compétence de principe, pour les recours directs à l'exception de ceux qui sont attribués à un tribunal spécialisé ceci en application de l'article 257 TFUE et de ceux que le statut réserve à la Cour de justice (art. 51 Statut). Relèvent donc en principe du Tribunal les recours en légalité (art. 263 TFUE) en carence (art. 265 TFUE) en plein contentieux (art. 268 TFUE), les litiges entre l'Union et ses agents (art. 270 TFUE) et ceux qui dépendent d'une clause compromissoire (art. 272 TFUE).

Le tribunal est encore compétent pour connaître des questions préjudicielles qui relèvent de l'article 267 mais comme précédemment il s'agit d'une compétence limitée à des matières spécifiques déterminées par le statut.

1. Cf. *JOUE* C. 193, 14 août 2003, p. 49.

§ 3. Procédure

232 ***Les règles*** ◇ Le protocole n° 3 annexé au Traité de Lisbonne sur le statut de la Cour de justice de l'Union européenne consacre son titre IV au tribunal et fixe les règles de procédure essentielles précisées et complétées, en tant que de besoin par son règlement de procédure.

L'article 54 du protocole règle les cas où le tribunal ou la Cour sont saisis par erreur d'affaires relevant de l'autre juridiction et fixe les modalités du renvoi d'une juridiction à l'autre.

Le même article règle encore deux situations particulières. La première vise les cas où la Cour et le Tribunal sont saisis d'affaires ayant le même objet, soulevant la même question d'interprétation ou mettant en cause la validité du même acte. Le tribunal peut alors suspendre la procédure jusqu'au prononcé de l'arrêt de la Cour. La deuxième concerne les demandes d'annulation du même acte et ne nécessitant qu'un seul jugement sur la question. Dans de tels cas, le Tribunal peut se dessaisir pour que la Cour puisse statuer seule. Réciproquement la Cour peut décider de suspendre la procédure dont elle est saisie pour que la procédure se poursuivre devant le Tribunal.

Lorsqu'un État membre et une institution de l'Union contestent le même acte, le tribunal se dessaisit pour que la Cour puisse statuer sur ces recours (art. 54 protocole *in fine*).

L'article 55 du protocole précise que les décisions du Tribunal sont notifiées à toutes les parties ainsi qu'à tous les États membres et aux institutions de l'Union, même s'ils ne sont pas intervenus au litige devant le tribunal.

Une procédure accélérée (« *fast track* ») permet de supprimer le deuxième échange de mémoire (art. 47 règlement de procédure). La décision en est prise par le tribunal qui considère que le contenu du dossier est suffisamment complet pour permettre aux parties de développer leurs moyens et arguments au cours de la procédure orale. Toutefois des compléments au dossier peuvent être autorisés sur demande motivée du requérant dans un délai de deux semaines de la notification de cette décision.

233 ***Les recours devant la Cour de justice*** ◇ Les recours devant la Cour de justice sont réglés par des articles nouveaux introduits dans le statut de la Cour.

a) *Les recours peuvent être formés par toute partie ayant succombé* (même partiellement) dans ses conclusions. Les *intervenants* peuvent se pourvoir contre des décisions qui les affectent directement. Les *États membres* et les *institutions* peuvent former un pourvoi même s'ils ne sont pas intervenus au litige (art. 56 al. 2 et 3 protocole).

b) Le *délai* de recours est en principe de *deux mois* à compter de la notification de la décision attaquée, contre les décisions du Tribunal mettant fin à l'instance, ainsi que contre ses décisions qui tranchent partiellement le litige au fond ou qui mettent fin à un incident de procédure portant sur une exception d'incompétence ou d'irrecevabilité (art. 56 al. 1 protocole).

c) Le pourvoi ainsi formé *n'a pas d'effet suspensif* (sous réserve de décision de la Cour selon les articles 278 et 279 TFUE ou des articles 157 et 158 CEEA (art. 60 al. 1 protocole) ce qui lui permet, si elle estime que les circonstances l'exigent, d'ordonner le sursis à l'exécution de l'acte attaqué, ou de prescrire les mesures provisoires nécessaires.

Une décision du tribunal *annulant un règlement* ne prend effet qu'à l'expiration du délai de recours, ou si un pourvoi a été formé, à compter de son rejet par la Cour (art. 60 al. 2 protocole).

d) Les pourvois devant la Cour sont soumis à un principe essentiel : *ils sont limités aux questions de droit*. Les *moyens* qui peuvent être invoqués devant la Cour sont : l'*incompétence* du tribunal ; les *irrégularités de procédure* nuisant aux intérêts du requérant ; la *violation du droit de l'Union par le Tribunal* (art. 58 protocole).

e) Le recours, s'il est fondé, aboutit à l'*annulation* de la décision du tribunal. En ce cas deux solutions sont possibles :

– La Cour peut *statuer* elle-même définitivement sur le litige si le litige est en état d'être jugé.

– La Cour peut *renvoyer* le litige devant le tribunal qui est alors lié par les points de droit tranchés par la Cour (art. 61 protocole).

– Lorsqu'un pourvoi formé par un État membre ou une institution de l'Union qui ne sont pas intervenus au litige devant le tribunal est fondé, la Cour peut, si elle l'estime nécessaire, indiquer ceux des effets de la décision annulée du tribunal qui doivent être considérés comme définitifs à l'égard des parties au litige (art. 61 al. 3 protocole).

f) Dans le cadre des questions préjudicielles transférées au Tribunal et en cas de risque « pour l'unité ou la cohérence du droit de l'Union » le tribunal peut renvoyer l'affaire devant la Cour. Les décisions du Tribunal dans ce domaine, peuvent exceptionnellement faire l'objet d'un réexamen par la Cour (art. 256 § 3 TFUE). Si la Cour constate que la décision du Tribunal porte atteinte à l'unité ou à la cohérence du droit de l'Union, la réponse apportée par la Cour aux questions faisant l'objet du réexamen se substitue à celle du Tribunal.

§ 4. Les tribunaux spécialisés

234 ***Le nouveau dispositif du Traité de Lisbonne*** ◇ L'article 220 alinéa 2 CE du Traité de Nice disposait que des chambres juridictionnelles peuvent être « adjointes » au TPI pour exercer dans certains domaines spécifiques des compétences juridictionnelles. La décision en revenait au Conseil statuant à l'unanimité soit sur proposition de la Commission et après consultation du Parlement européen et de la Cour de justice, soit sur demande de la Cour de justice et après consultation du Parlement et de la Commission (art. 225 A al. 1 CE).

En application de ce dispositif, la décision du Conseil en date du 2 novembre 2004 [1] a adjoint au tribunal de première instance une chambre juridictionnelle pour statuer sur le Contentieux de la fonction publique de l'Union européenne [2]. Pour la distinguer des formations de jugement, elle est dénommée tribunal de la fonction publique de l'Union européenne.

Pour permettre la mise en place de cette nouvelle juridiction spécifique de première instance, la même décision porte en annexe les dispositions nécessaires relatives aux compétences, à la composition, à l'organisation et à la procédure suivie (annexe 1 au Statut de la Cour de justice).

Le nouveau Traité de Lisbonne traite désormais des « tribunaux spécialisés » et prévoit à l'article 257 al. 1 qu'ils peuvent être créés par le Parlement européen et le Conseil statuant conformément à la procédure législative ordinaire. Le Parlement européen et le Conseil statuent par voie de règlements, soit sur proposition de la Commission et après consultation de la Cour de justice, soit sur demande de la Cour de justice et après consultation de la Commission. L'initiative reste inchangée mais la décision ne relève plus du Conseil statuant à l'unanimité.

235 ***La mise en place du tribunal de la fonction publique*** ◇ L'article 1 de l'annexe 1 précise que le « tribunal de la fonction publique » exerce en première instance les compétences pour statuer sur les litiges entre l'Union et ses agents en vertu de l'article 270 TFUE et de l'article 152 du Traité CEEA, y compris les litiges entre tout organe ou organisme et son personnel pour lesquels la compétence est attribuée à la Cour de justice de l'Union européenne.

La composition du tribunal est de sept juges, nommés à l'unanimité par le Conseil pour six ans, ce mandat étant renouvelable. Leur nombre peut être augmenté par décision du Conseil statuant à la majorité qualifiée si la Cour de justice le demande. Ils sont choisis parmi des personnes offrant toutes les garanties d'indépendance et possédant la qualité requise pour l'exercice de fonctions juridictionnelles. Le Conseil doit veiller en outre à une composition équilibrée du tribunal lors de la nomination des juges, en prenant une base géographique aussi large que possible parmi les ressortissants des États membres et en tenant compte des systèmes juridiques nationaux représentés.

Pour faciliter la prise de décision du Conseil portant nomination des juges, il est institué un comité consultatif indépendant composé de sept personnalités (anciens membres de la Cour de justice et du TPI et juristes possédant des compétences notoires). Ce comité donne un avis sur l'adéquation des candidats aux fonctions en cause et établit une liste de candidats possédant l'expérience de haut niveau la plus appropriée. Le nombre de candidats retenus par cette liste correspond au moins au double du nombre

1. Cf. Décis. du Conseil 2004/752/CE, *Euratom*, 2 nov. 2004, *JOUE* 333, p. 7.

2. La déclaration n° 16 relative à l'article 225 A du Traité CE adoptée lors de la signature du Traité de Nice le 26 févr. 2001 invitait à cette création en raison du volume important de ce contentieux. *Cf. JOCE* C. 80, 10 mars 2001, p. 80.

de juges à nommer par le Conseil qui désigne aussi les membres du comité en statuant à la majorité qualifiée sur recommandation du président de la Cour de justice. Les premiers juges ont été nommés par le Conseil le 22 juillet 2005 [1].

Les juges désignent parmi eux le président du tribunal de la fonction publique. Son mandat de trois ans est renouvelable. Le tribunal nomme pour six ans le greffier dont il fixe le statut. Juges et greffier prêtent le serment prévu par le statut. Ils bénéficient des privilèges et immunités applicables.

236 ***Composition et organisation du tribunal de la fonction publique*** ◇ L'article 4-2 de l'annexe 1 du statut de la Cour de justice dispose que le tribunal de la fonction publique siège en chambres composées de trois juges. Il peut aussi, dans certains cas déterminés par son règlement de procédure siéger en assemblée plénière, en chambre de cinq juges ou à juge unique.

Sauf renvoi d'une affaire à l'assemblée plénière ou à la chambre siégeant avec cinq juges qui suppose ou la difficulté des questions de droit soulevées, ou l'importance de l'affaire ou des circonstances exceptionnelles, et sauf renvoi à un juge unique, qui est aussi le juge rapporteur, le tribunal siège normalement en chambres de trois juges. Sauf dérogations pour raison de connexité ou d'équilibrage des charges de travail, relèvent de la première chambre toutes les affaires, à l'exception de celles concernant principalement les questions de recrutement, de notation/promotion et de cessation définitive des fonctions qui relèvent de la deuxième chambre. La troisième chambre se voit attribuer un certain nombre d'affaires indépendamment des domaines concernés selon une fréquence automatique déterminée en réunion plénière.

Le président du tribunal de la fonction publique préside l'assemblée plénière et la chambre de cinq juges. S'il se trouve affecté à une chambre à trois juges cette chambre est présidée par lui. Il siège aussi en qualité de juge des référés.

Reste à voir le particularisme procédural applicable aux décisions du tribunal de la fonction publique, spécialement les règles du pourvoi.

237 ***Procédure*** ◇ L'article 7-3 de l'annexe 1 du protocole sur le statut de la Cour de justice de l'Union européenne pose en principe la réduction de la phase écrite de la procédure à un seul échange de mémoires sauf décision contraire du Tribunal de la fonction publique qui peut décider alors, avec l'accord des parties, de statuer sans procédure orale.

À tout stade de la procédure, et dès le départ de la requête, le tribunal de la fonction publique peut examiner les possibilités d'un règlement amiable du litige et peut essayer de le faciliter.

Par ailleurs, l'article 8-1 et 2 de ce même texte règle les problèmes des requêtes ou autres actes de procédure mal dirigés et retransmis de greffe à

1. Cf. Décis. 2005/577/CE, *Euratom* du Conseil, 22 juill. 2005, *JOUE* 28 juill. 2005, p. 28.

greffe à la juridiction compétente : Cour de justice, tribunal ou tribunal de la fonction publique.

De plus, si la même question d'interprétation se pose dans des affaires soumises au tribunal et au Tribunal de la fonction publique, celui-ci *peut* (ce n'est pas une obligation) surseoir à statuer jusqu'au prononcé de l'arrêt du tribunal. Enfin, si ces deux tribunaux sont saisis d'affaires ayant le même objet, le Tribunal de la fonction publique *décline* sa compétence (cette fois le présent impératif implique une obligation) pour que le tribunal puisse statuer sur ces affaires.

238 ***Le pourvoi devant le tribunal de première instance*** ◇ Aux termes de l'article 257 alinéa 3 TFUE il est prévu que les décisions des tribunaux spécialisés peuvent faire l'objet d'un pourvoi limité aux questions de droit ou, lorsque la décision portant création du tribunal spécialisé le prévoit, d'un appel portant également sur les questions de fait, devant le tribunal.

L'article 11 de l'annexe 1 au Statut de la Cour de justice de l'Union européenne organise le pourvoi [1] comme seul recours limité par conséquent aux questions de droit portant sur l'incompétence du tribunal de la fonction publique, les irrégularités de procédure portant atteinte aux intérêts du requérant et la violation du droit de l'Union. En conséquence, un pourvoi ne peut porter uniquement sur la charge et le montant des dépens.

La procédure du pourvoi qui n'a pas d'effet suspensif, comprend elle aussi une phase écrite et une phase orale, mais le tribunal peut décider, l'avocat général et les parties entendus, de statuer sans phase orale, sauf demande motivée d'une partie. Cette dernière demande doit être présentée dans un délai d'un mois, à compter de la signification de la clôture de la procédure écrite.

Lorsque le pourvoi est fondé, le tribunal annule la décision du tribunal de la fonction publique, statue lui-même sur le litige et sur les dépens. Il renvoie l'affaire devant le tribunal de la fonction publique lorsque le litige n'est pas en état d'être jugé.

En cas de renvoi devant lui, le tribunal de la fonction publique est lié par les points de droit tranchés par le tribunal qui apparaît bien comme un second degré de juridiction à l'égard du tribunal de la fonction publique. La substitution par le Traité de Lisbonne de la dénomination nouvelle de « tribunal », à celle de « tribunal de première instance » du Traité de Nice paraît à cet égard parfaitement opportune.

Bien plus, la construction d'une structure juridictionnelle nouvelle à trois niveaux apparaît avec la possibilité exceptionnelle en cas de risque sérieux d'atteinte à l'unité ou à la cohérence du droit de l'Union d'un réexamen par la Cour des décisions du Tribunal (art. 256 TFUE). De ce point de vue, la désignation générique de Cour de justice de l'Union européenne englobant la Cour de justice elle-même, le tribunal et les tribunaux spécialisés (art. 19 TUE) ne semble pas très heureuse en suggérant une confusion organique qui n'existe pas.

1. Cf. Décis. CJCE 12 oct. 2005, *JOUE* L. 298, 15 nov. 2005.

SECTION 3. LE CONTRÔLE NON JURIDICTIONNEL DE LA COUR DES COMPTES

239 ***Généralités*** ◇ La Cour des comptes a été créé par le Traité de Bruxelles du 22 juillet 1975 à la demande du Parlement européen. Le texte entré en vigueur le 1er juillet 1977 réforme la procédure budgétaire, renforce les pouvoirs de l'Assemblée de Strasbourg et attribue à la nouvelle Cour des comptes un rôle éminent de contrôleur financier.

La Cour des comptes reprend notamment les compétences qui avaient été attribuées à la Commission de contrôle des Communautés européennes et aux commissaires aux comptes CECA [1]. Elle est devenue une « institution » à part entière depuis Maastricht et l'article 13 TUE la désigne comme une des institutions majeures de l'Union européenne.

Le Traité sur le fonctionnement de l'Union européenne lui consacre la section 7 du titre I de la sixième partie consacré aux dispositions institutionnelles. Le Traité CEEA traite de la Cour des comptes aux articles 160 A à 160 C.

§ 1. Organisation et statut

240 ***Les règles*** ◇ Après l'élargissement du 1er janvier 1995, la Cour des comptes était composée de quinze membres nommés pour six ans par le Conseil statuant à l'unanimité après consultation du Parlement européen (art. 247-3 CE). Le Traité de Nice plafonne la composition à un national de chaque État membre et prévoit que le Conseil se prononcera à la majorité qualifiée et non plus à l'unanimité pour la nomination des membres de la Cour. Après l'entrée de dix nouveaux États dans l'Union au 1er mai 2004, la Cour des comptes est complétée par la nomination de dix membres supplémentaires [2]. Selon le même principe, l'article 47 du Traité d'adhésion du 25 avril 2005 [3] prévoit qu'à l'entrée de la Bulgarie et de la Roumanie dans l'Union, la Cour des comptes est complétée par la nomination de deux membres supplémentaires. En contrepartie de l'augmentation du nombre de ses membres, le Traité prévoit que la Cour peut créer en son sein des chambres en vue d'adopter certaines catégories de rapports ou d'avis dans les conditions prévues par son règlement intérieur. Celui-ci, établi par la Cour, est soumis à l'approbation du Conseil (art. 287 *in fine* TFUE).

1. Cf. Traité de Bruxelles, art. 22 nouveau.
2. Cf. Traité d'adhésion 16 avr. 2003, *JO* 8 mai 2004, Annexe au n° 123, p. 39047.
3. Cf. Traité d'adhésion 25 avr. 2005, *JOUE* L. 157, 21 juin 2005, p. 206.

Le Traité de Lisbonne reconduit la règle de principe qui stipule que la Cour est composée d'un ressortissant de chaque État membre (art. 285 al. 2 TFUE).

La Cour est normalement organisée en groupes d'audit qui comprennent un certain nombre de divisions spécialisées couvrant les différents domaines budgétaires. Parmi eux, le groupe coordination, évaluation, assurance et développement (CEAD) est chargé de la coordination, de la déclaration, d'assurance ainsi que de la qualité et du développement de la méthodologie d'audit de la Cour. Chaque membre de la Cour est affecté à un groupe d'audit.

Le mandat des membres de la Cour est renouvelable de même que celui de son président désigné parmi eux pour trois ans. Le choix des membres de la Cour doit porter sur des personnalités appartenant ou ayant appartenu dans leur pays respectif aux institutions de contrôle externe ou possédant une qualification particulière pour cette fonction. Ils doivent offrir toutes garanties d'indépendance.

Le statut de la Cour des comptes s'inspire largement de celui de la Cour de Justice des Communautés européennes. Les membres de la Cour des comptes doivent en particulier exercer leurs fonctions en toute indépendance, dans l'intérêt général de l'Union, ne doivent solliciter ou accepter d'instruction d'aucun Gouvernement, d'aucun organisme, et doivent s'abstenir de tout acte incompatible avec le caractère de leurs fonctions. Ils ne représentent pas l'État dont ils sont les nationaux.

L'article 286-4 TFUE interdit aux membres de la Cour des comptes d'exercer une activité professionnelle, rémunérée ou non pendant la durée de leurs fonctions. Le même article leur impose un certain nombre de devoirs : d'honnêteté et de délicatesse quant à l'acceptation, après cessation de leur charge, de certains avantages ou fonctions dans le respect de leurs obligations.

En dehors des renouvellements réguliers et des décès, la cessation des fonctions peut intervenir par démission volontaire ou par démission d'office déclarée par la Cour de justice. Dans ce cas, les membres concernés restent en fonction jusqu'à ce qu'il soit pourvu à leur remplacement. Mais la Cour de justice peut, sur demande de la Cour des comptes, déclarer démissionnaires d'office ou déchus de leurs droits à pension ou d'autres avantages en tenant lieu, les membres de la Cour des comptes qui cesseraient de répondre aux conditions requises ou de satisfaire aux obligations de leur charge (art. 286-6 TFUE).

Le protocole n° 7 sur les privilèges et immunités de l'Union européenne annexé au Traité de Lisbonne applicable aux juges de la Cour de justice, s'applique aussi aux membres de la Cour des comptes. Le Conseil fixe, à la majorité qualifiée, les conditions d'emploi des conseillers (notamment les traitements, indemnités et pensions de même que toutes indemnités tenant lieu de rémunérations).

L'expérience professionnelle des auditeurs, acquise dans les secteurs public et privé, est très variée (comptabilité, audit interne et externe, droit et économie). Le personnel de la Cour se compose à la fois de fonctionnaires permanents et d'agents temporaires. Un secrétaire général assure le secrétariat de la Cour. Il est responsable de la gestion du personnel et de l'administration de la Cour dont le budget représente 1,6 % du total des dépenses administratives des institutions et organismes de l'Union européenne.

La Cour agit en collège. Rapports d'audit et avis sont adoptés à la majorité des voix. Notons encore que les réunions de la Cour ne sont pas publiques.

§ 2. Les compétences

241 ***La portée du contrôle de la Cour des comptes*** ◇ La Cour des comptes qui n'est pas une juridiction dispose de pouvoirs très étendus en matière de contrôle financier et assiste le Parlement européen et le Conseil dans l'exercice de leur propre fonction de contrôle de l'exécution du budget (art. 287-4 al. 4 TFUE). Plus largement, elle assure le contrôle des comptes de l'Union (art. 285 al. 1 TFUE).

L'article 287 TFUE détermine les compétences de la Cour et les conditions générales de leur exercice.

La Cour exerce une compétence générale pour contrôler les comptes de la totalité des recettes et des dépenses de l'Union et de tous les organes et organismes créés par celle-ci dans la mesure où l'acte de fondation n'exclut pas cet examen. Elle fournit au Parlement et au Conseil une déclaration d'assurance concernant la « fiabilité » des comptes et la légalité et la régularité des « opérations sous-jacentes ». Cette déclaration pourra être complétée par des appréciations spécifiques pour chaque domaine majeur de l'activité de l'Union (art. 287-1 al. 2 TFUE). Cette indication nouvelle du Traité de Nice reprise par le Traité de Lisbonne a permis d'accroître le rôle de la Cour. Ajoutons que cette déclaration qui s'apparente à la déclaration générale de conformité établie par la Cour des comptes française, est publiée au *Journal officiel de l'Union européenne* [1].

a) Dans son *objet*, le contrôle s'applique à la légalité, à la régularité des recettes et des dépenses et la Cour s'assure de la bonne gestion financière. Pour cela, la Cour opère deux types d'audit.

D'une part, l'audit financier qui porte sur la fiabilité des comptes, leur légalité et leur régularité, permet de contrôler que les états financiers sont bien complets et exacts, et que les opérations effectuées sont conformes à la législation applicable. L'audit couvre tous les aspects, depuis la perception d'une recette, à l'engagement ou au paiement d'une dépense par les différents services de la Commission jusqu'aux opérations individuelles correspondant à un montant perçu par l'UE ou par un bénéficiaire final.

1. C'est ainsi, par exemple, que la déclaration d'assurance de la Cour des comptes pour l'exercice clos le 31 décembre 2008 est publiée avec le rapport annuel sur l'exécution du budget au *JOUE* C. 269, 10 nov. 2009, p. 9. Elle est accompagnée des observations de la Cour et réponses de la Commission.

Le contrôle des recettes s'effectue sur la base des constatations comme des versements de recettes à la Communauté. Le contrôle des dépenses s'effectue sur la base des engagements comme des paiements. Les contrôles peuvent être effectués avant la clôture des comptes de l'exercice budgétaire considéré. La Cour signale tous les cas d'irrégularité ou de fraude présumée [1].

D'autre part, l'audit sur la légalité et la régularité des opérations sous-jacentes qui comprend deux piliers principaux : des tests directs des opérations sélectionnées sur un échantillon statistique représentatif qui permet d'apprécier les erreurs éventuelles, soit par calcul incorrect de l'opération, soit par non-respect d'une disposition réglementaire ou contractuelle. Le deuxième pilier est une évaluation de l'efficacité du système de contrôle et de surveillance lorsqu'il s'agit de garantir la régularité.

b) Dans *ses méthodes,* le contrôle peut être effectué sur pièces et, au besoin, sur place.

Sur pièces, la Cour des comptes bénéficie d'un large droit de communication. En effet, tout document ou toute information nécessaires à l'accomplissement de sa mission, sont communiqués à la Cour sur sa demande par les autres institutions de l'Union, par les organes ou organismes gérant des recettes ou des dépenses au nom de l'Union, par les personnes physiques ou morales bénéficiaires de versements provenant du budget et par les institutions de contrôle nationales ou, si celles-ci ne disposent pas des compétences nécessaires, par les services nationaux compétents.

Sur place, la Cour des comptes dispose d'un droit d'accès étendu auprès des autres institutions de l'Union mais aussi dans les locaux de tout organe ou organisme gérant des recettes ou des dépenses au nom de l'Union et dans les États membres y compris dans les locaux de toute personne physique ou morale bénéficiaire de versements provenant du budget.

En ce qui concerne l'activité de gestion de recettes et de dépenses de l'Union exercée par la Banque européenne d'investissement, le droit d'accès de la Cour aux informations détenues par la Banque est régi par un accord conclu entre la Cour, la Banque et la Commission. En l'absence d'accord, la Cour a néanmoins accès aux informations nécessaires à son contrôle (art. 287-3 al. 3 TFUE).

À l'égard du contrôle dans les États membres, l'article 257-3 TFUE précise qu'il s'effectue en liaison avec les institutions de contrôle nationales ou, si celles-ci ne disposent pas des compétences nécessaires, avec les services nationaux compétents. À cette occasion, la Cour des comptes et les institutions de contrôle nationales des États membres pratiquent une coopération empreinte de confiance et respectueuse de leur indépendance qui peut aller jusqu'à une participation au contrôle.

1. En cas de fraude présumée, les faits sont immédiatement communiqués à l'Office européen de lutte anti-fraude (OLAF) qui procède à une enquête approfondie et diligente les poursuites s'il y a lieu.

c) Les résultats des travaux de la Cour font l'objet d'un *rapport annuel* établi après la clôture de chaque exercice. Il est transmis à chaque institution et publié au *Journal officiel de l'Union européenne*, accompagné des réponses des institutions mises en cause par les observations de la Cour des comptes.

Ce rapport soigneusement analysé par le Parlement européen et le Conseil de l'Union relève les irrégularités, les erreurs et les fautes dans l'exécution du budget, imputables aux institutions et organes communautaires aussi bien qu'à la gestion des États membres. S'ajoutent au rapport annuel, des rapports annuels spécifiques relatifs à chaque organisme et agence de l'UE [1].

Par ailleurs, la Cour peut à tout moment présenter des *observations*, notamment sous forme de rapports spéciaux [2], sur des questions particulières à son initiative ou à la demande d'une autre institution de l'Union. En 2009 par exemple, la Cour a présenté un rapport spécial sur le nouvel instrument de pré-adhésion (ISPA) mis en œuvre à partir de 2000 pour la période 2000-2006 et conclue sur des recommandations utiles à la bonne gestion de cet instrument.

La Cour peut encore rendre des avis à la demande d'une des autres institutions de l'Union [3]. C'est ainsi que sur demande du Conseil, la Cour des comptes a formulé un avis sur le projet de règlement du Conseil modifiant le règlement financier applicable au budget général des communautés européennes aussi que sur le projet de règlement subséquent de la Commission modifiant les modalités d'exécution de ce règlement.

Rapports annuels, rapports spéciaux, observations et avis sont adoptés à la majorité des membres de la Cour, sous réserve des catégories de rapports et avis qui peuvent être affectés aux nouvelles chambres dans les conditions déterminées par le règlement intérieur de la Cour.

Par contre, n'étant pas dotée de pouvoirs juridictionnels, la Cour n'est pas habilitée à poursuivre judiciairement les infractions qu'elle peut être conduite à constater au cours de ses contrôles.

Il est intéressant de relever que la Cour des comptes fait vérifier annuellement depuis la clôture de l'exercice 1987, les comptes de sa gestion administrative par un réviseur indépendant qui réalise un audit sur ses états financiers. Les travaux du réviseur, publiés depuis 1992 au *Journal officiel des Communautés européennes* puis de l'Union européenne visent à obtenir une assurance raisonnable que les données comptables et les états financiers ne comportent pas d'anomalies significatives [4].

1. C'est ainsi que le rapport spécial n° 5 de la Cour en 2008 concerne les agences de l'Union insiste sur la nécessaire mise en évidence des résultats, en activant la mesure de la performance.

2. La liste des rapports spéciaux adoptés par la Cour figure dans le rapport annuel de 2009 en Annexe II cf. *JOUE* C. 269, 10 nov. 2009, p. 255.

3. La liste complète des rapports et avis figure en annexe du rapport annuel.

4. V. par ex. : Rapport du réviseur indépendant sur les comptes de la Cour des comptes relatif à l'exercice 2008, *JOUE* C. 254, 23 oct. 2009.

Bien que récente parmi les institutions de l'Union, la Cour des comptes a déjà pu faire la preuve de son autorité morale tout en contribuant à la transparence financière du système institutionnel de l'Union.

CHAPITRE 3
LES ORGANES COMPLÉMENTAIRES

241-1 À côté des institutions désignées comme telles par les traités, un grand nombre d'organes jouent un rôle important. On peut les différencier selon qu'ils sont prévus par les traités ou créés par les institutions.

SECTION 1. LES ORGANES PRÉVUS PAR LES TRAITÉS

On peut répertorier parmi eux les organes consultatifs qui suivent la logique démocratique par leur représentation, tels le Comité économique et social européen (CESE) et le Comité des régions, les organes de gestion spécialisés dont les plus importants ont un rôle financier et les organes de contrôle comme le Médiateur.

§ 1. Les organes consultatifs

242 ***La fonction consultative. Généralités*** ◇ La fonction consultative est très importante dans l'Union. Elle comporte d'abord des organes qui interviennent auprès des institutions politiques compétentes pour préparer et éclairer leur prise de décision. Ils ont en commun d'être des organes politiques de la consultation à vocation générale, ce qui les distingue des nombreux organes consultatifs spécialisés créés par les institutions et que nous verrons plus loin.

Dans le cadre des organes consultatifs créés par les traités, il convient d'examiner le *Comité économique et social européen* et le *Comité des régions* qui assistent le Parlement européen, le Conseil et la Commission.

A. Le Comité économique et social

243 ***Composition et rôle*** ◇ L'article 300 alinéa 2 du Traité sur le fonctionnement de l'Union européenne stipule que le Comité économique et social est composé de représentants des organisations d'employeurs, de salariés et d'autres acteurs représentatifs de la société civile, en particulier dans les domaines socio-économiques, civique, professionnel et culturel.

En prévision de l'élargissement le Traité de Nice a plafonné le nombre des membres à 350, ce qui a permis de maintenir pour les quinze États membres constituant l'Union avant le 19 mai 2004 le même nombre de sièges. Pour les autres, la déclaration relative à l'élargissement prévoit une nouvelle répartition des sièges entérinée par le Traité d'adhésion du 16 avril 2003 [1].

À partir du 1er janvier 2007, le Traité d'adhésion du 25 avril 2005 prévoit à l'article 48 que le Comité économique et social est complété par la nomination de 27 membres, soit 12 pour la Bulgarie et 15 pour la Roumanie. [2] Leur mandat est prévu pour expirer en même temps que celui des membres qui sont en fonction au moment de l'adhésion. La composition qui en résulte concernant ces États est la suivante :

- Pologne	21
- Roumanie	15
- Bulgarie, Hongrie, République Tchèque	12
- Lituanie, Slovaquie	9
- Estonie, Lettonie, Slovénie	7
- Chypre	6
- Malte	5

Le Traité de Lisbonne maintient le plafonnement du nombre des membres du Comité économique et social à 350. Le Conseil, statuant à l'unanimité, sur proposition de la Commission adopte une décision fixant la composition du Comité. C'est encore le Conseil qui fixe les indemnités des membres du Comité (art. 301 TFUE).

Les membres du Comité ne doivent être liés par aucun mandat impératif. Ils exercent leurs fonctions en pleine indépendance, dans l'intérêt général de l'Union. Ils sont nommés pour un mandat de cinq ans renouvelable. Le Conseil adopte la liste des membres établie conformément aux propositions des États membres (art. 259 § 1 nouv. CE).

Pour ces nominations, le Conseil consulte la Commission et peut consulter les organisations européennes représentatives des secteurs économiques et sociaux, et de la société civile intéressés à l'activité de l'Union. Il doit tenir compte, dans son choix, de la nécessité d'assurer une « représentation adéquate » aux différentes catégories économiques et sociales. Pour son *organisation intérieure,* le Comité désigne son *président* et son *bureau* pour un mandat de deux ans et demi.

Le Comité établit son règlement intérieur (art. 303 al. 2 TFUE) [3]. Il est convoqué par son président à la demande du Parlement européen, du Conseil ou de la Commission mais il peut également se réunir de sa propre initiative (art. 303 al. 3 TFUE) ce qui lui confère une large autonomie acquise depuis le Traité de Maastricht.

1. Cf. Traité d'adhésion 16 avr. 2003, *JO* 28 mai 2004, Annexe au n° 123, p. 39031.
2. Cf. Traité d'adhésion 25 avr. 2005, *JOUE* L. 157, 21 juin 2005, p. 218.
3. Règlement intérieur (adoption en session plénière du 12 mars 2008 d'une modification) cf. *JOUE* L. 159, 20 juin 2009, p. 10.

Le Comité est divisé en *sections spécialisées* selon les principaux domaines d'activité des Communautés. Il comprend notamment une section agricole, une section des transports, une section marché unique, production et consommation etc.

Le Comité peut aussi, dans les conditions prévues par son règlement intérieur, instituer des *sous-comités*, chargés de préparer les projets d'avis à soumettre à ses délibérations. C'est le règlement intérieur qui fixe les modalités de composition et les règles de compétence concernant les sections spécialisées et les sous-comités.

Le Comité rend des avis obligatoires ou facultatifs. Le Comité doit être *obligatoirement consulté* dans tous les cas où le Traité le prévoit. Mais le Parlement européen, le Conseil et la Commission peuvent toujours lui *demander un avis lorsqu'ils le jugent opportun* (art. 304 al. 2 TFUE). C'est ainsi que l'avis du Comité sur le « livre vert sur les successions et testaments » a été rendu le 26 octobre 2005 sur demande de la Commission. [1] Le Comité peut lui même en prendre l'initiative dans tous les cas où il le juge utile. On peut citer ici pour exemple l'avis du Comité sur la « situation et perspectives des sources d'énergie « traditionnelles [2] » que sont le charbon, le pétrole et le gaz naturel dans la future combinaison énergétique ». L'avis du Comité peut être enfermé dans un délai qui ne peut être inférieur à un mois à compter de la communication qui lui est adressée par le Parlement européen, le Conseil ou la Commission. Dans un tel cas, passé ce délai, il peut être passé outre à l'absence d'avis (art. 304 al. 2 TFUE).

L'avis du Comité ainsi qu'un compte-rendu des délibérations sont transmis au Parlement, au Conseil et à la Commission (art. 304 al. 3 TFUE).

B. Le Comité des régions

244 ***Composition et rôle*** ◇ Le Comité des régions assure la représentation des collectivités infra-étatiques au sein de l'Union. Les traités communautaires ne reconnaissaient à l'origine que les États comme partenaires des institutions de l'Europe. C'est à l'initiative de l'Allemagne soutenue par les actions militantes du Conseil des communes et régions d'Europe (CCRE) que le Comité des régions a pu être créé malgré l'hostilité de la Grande-Bretagne et de la France.

Le Traité de Lisbonne précise qu'il est composé de représentant des collectivités régionales et locales qui sont, soit titulaires d'un mandat électoral au sein d'une de ces collectivités, soit politiquement responsables devant une assemblée élue (art. 300 al. 3 TFUE).

Dans la perspective de l'élargissement, le Traité de Nice a plafonné le nombre des membres à 350. La répartition des sièges a été corrigée succes-

1. Cf. Avis 2006/C 28/01, 26 oct. 2005, *JOUE* 3 févr. 2006, p. 1.
2. Cf. Avis 2006/C 28/02, 26 oct. 2005, *ibid.* p. 5 à 15.

sivement par le Traité d'adhésion du 16 avril 2003 et par le Traité d'adhésion du 25 avril 2005 intéressant la Bulgarie et la Roumanie [1].

La composition concernant les douze États entrés dans l'Union en 2004 et 2007 est la suivante :

- Pologne	21
- Roumanie	15
- Bulgarie, Hongrie, République Tchèque	12
- Lituanie, Slovaquie	9
- Estonie, Lettonie, Slovénie	7
- Chypre	6
- Malte	5

Le Traité de Lisbonne maintient le plafonnement du nombre des membres du Comité des régions à 350. Le Conseil statuant à l'unanimité sur proposition de la Commission, adopte une décision fixant la Composition du Comité.

Les membres du Comité sont nommés sur proposition des États membres respectifs pour un mandat de cinq ans renouvelable. Le Traité de Lisbonne tire les conséquences du mandat électif local au titre duquel les membres ont été proposés. À l'échéance de ce mandat, celui des membres du Comité prend fin d'office et leur remplacement pour la période restante suit la même procédure. Ils ne peuvent pas être simultanément membres du Parlement européen (art. 305 al. 2 TFUE).

Leur statut est inspiré de celui des membres du Conseil économique et social : ils ne sont liés par aucun mandat impératif et exercent leurs fonctions en pleine indépendance dans l'intérêt de l'Union.

Le Comité des régions désigne son président et son bureau pour une durée de deux ans et demi. Il établit son règlement intérieur [2].

Le comité des régions est un Comité consultatif qui donne des avis dans des conditions identiques à celles du Comité économique et social : lorsque le Traité le prévoit et dans tous les autres cas, en particulier lorsqu'ils ont trait à la coopération transfrontalière ou à l'initiative du Parlement européen, du Conseil ou de la Commission, ou même de sa propre initiative.

Les cas de consultation obligatoire sont nombreux. Il intervient dans tous les domaines qui intéressent directement les collectivités territoriales [3], qu'il s'agisse de l'éducation et de la formation professionnelle (art. 165.4 et 166.4 TFUE) de la culture (art. 167.5 al. 2 TFUE) de la santé publique (art. 168.5 TFUE) des réseaux transeuropéens de transports, de télécommu-

1. Cf. Traité d'adhésion 25 avr. 2005, *JOUE* préc., p. 218.

2. Le règlement intérieur actuel du Comité des régions a été publié au *JOUE* C. 6, 9 janv. 2010, p. 13 et est entré en vigueur le jour suivant sa publication.

3. Tel est le cas par exemple de l'avis du Comité des régions sur l'adoption du livre vert sur la cohésion territoriale par la Commission et qui préconise de prendre en compte la dimension maritime cf. *JOUE* C.120, 28 mai 2009, p. 23.

nications et d'énergie (art. 172 al. 1 et 194 TFUE), de l'environnement (art. 192.2 TFUE) ou encore du Fonds de cohésion et des fonds structurels.

Depuis sa première réunion en mars 1994, le Comité des régions a su créer une dynamique nouvelle en stimulant la coopération inter-régionale, tout en faisant du principe de subsidiarité un motif essentiel de ses avis et de sa « Lettre d'information ».

§ 2. Les organes de gestion spécialisés

Les plus importants ont un rôle technique financier et par leur organisation et leurs compétences méritent à plus d'un titre d'être qualifiés d'institutions. Nous ferons une place particulière à la Banque européenne d'investissement alors que les organes financiers propres à l'Union économique et monétaire seront traités dans la deuxième partie. Nous verrons par contre ici le cas de l'agence d'approvisionnement dans le cadre de l'Euratom.

A. La Banque européenne d'investissement

245 ***Généralités*** ◇ La Banque européenne d'investissement a été créée par le *Traité* de Rome du 25 mars 1957 instaurant la CEE, et par un *protocole* annexe qui définit son *statut*. Ses attributions ont été élargies par les *conventions de Yaoundé, de Lomé et de Cotonou* et certains *accords d'association*. Le Traité de Lisbonne lui consacre les articles 308 et 309 TFUE, complétés par le protocole n° 5, sur les statuts de la Banque qui lui est annexé [1].

Nous examinerons : la *mission* ; l'*organisation* ; les *ressources* ; les *emplois de ces ressources,* avant de préciser l'ambivalence de sa nature.

246 ***a) Mission générale de la BEI*** ◇ La mission générale de la BEI est définie par l'article 309 alinéa 1 TFUE et précisée par le protocole sur les statuts de la Banque.

La Banque doit contribuer « au développement équilibré et sans heurt du Marché commun dans l'intérêt de l'Union ». La cohésion économique et sociale dans l'Europe élargie est devenue sa priorité. À cette fin, en faisant appel aux marchés des capitaux et à ses ressources propres, elle « facilite, par l'octroi de prêts et de garanties » le financement de diverses catégories de projets dans tous les secteurs de l'économie :

« *a*. Projets envisageant la mise en valeur des régions moins développées. » 34 milliards d'euros de prêts ont été consacrés par la BEI en 2005 à la réduction des déséquilibres entre les différentes régions.

1. Ces statuts peuvent être modifiés par le Conseil statuant à l'unanimité conformément à une procédure législative spéciale à la demande de la BEI et après consultation du Parlement européen et de la Commission ou sur proposition de la Commission et après consultation du Parlement et de la BEI (art. 308 al. 3 TFUE).

« *b.* Projets visant la modernisation ou la conversion d'entreprises ou la création d'activités nouvelles induites par l'établissement ou le fonctionnement du Marché commun qui, par leur ampleur ou par leur nature, ne peuvent être entièrement couverts par les divers moyens financiers existant dans chacun des États membres. »

« *c.* Projets d'intérêt commun pour plusieurs États membres qui, par leur ampleur ou par leur nature, ne peuvent être entièrement couverts par les divers moyens de financement existant dans chacun des États membres ». C'est ainsi que dans le cadre de la stratégie de Lisbonne qui fixe pour objectif de l'Union de bâtir une économie fondée sur la connaissance et l'innovation, la Banque a débloqué des prêts d'un montant de 10,7 milliards d'euros en 2005 et son président, Philippe Maystadt a pu annoncer qu'elle mobiliserait 50 milliards supplémentaires d'ici la fin de la décennie pour accroître la capacité d'innovation de l'Union et améliorer sa compétitivité à long terme. C'est le cas des grandes infrastructures de communication comme Eurotunnel ou des réseaux transeuropéens de transports, télécommunications et de l'énergie ou encore de la protection de l'environnement. Pour les deux derniers secteurs cités, la BEI a consenti 8,2 milliards d'euros de prêts pour les réseaux transeuropéens de transport et 12,3 milliards pour la protection de l'environnement.

Dans l'accomplissement de sa mission générale, la Banque facilite le financement de programmes d'investissement en liaison avec les interventions des fonds structurels et des autres instruments financiers de l'Union. Elle sert d'intermédiaire notamment pour les opérations réalisées pour le compte et aux risques de l'Union, par exemple dans le cadre du mode de financement connu sous le nom de « Nouvel instrument communautaire » ou NIC.

Ces interventions devaient à l'origine être limitées au territoire européen des États membres [1]. Mais la Banque a aujourd'hui la possibilité – dans certaines limites – d'accorder des prêts aux États associés (ACP) [2], aux pays et territoires d'outre-mer et aux États liés à la Communauté par des accords d'association dans les conditions fixées par ces accords [3].

Un projet ambitieux qui est aussi un véritable défi intéresse la BEI et l'Union. Il s'agit de doter les pays ACP des grands réseaux d'infrastructure indispensables à leur développement économique : réseaux routiers, ferroviaires, d'énergie et de télécommunications, avec un effort particulier pour l'Afrique. Le 9 février 2006, la Commission européenne et la BEI ont annoncé ensemble la création d'un nouveau fonds européen destiné à financer les infrastructures sur l'ensemble du continent africain, la première

1. La BEI a prêté au total en 2008 : 57 milliards d'euros. Elle prête deux à deux fois et demie plus que la Banque mondiale.

2. ACP : États d'Afrique, des Caraïbes et du Pacifique.

3. Dans le cadre des prêts que la BEI a consentis en 2007, 1,6 % concerne les pays ACP/PTOM (pays et territoires d'outre-mer, 1,9 % l'Amérique latine, l'Asie, auxquels s'ajoutent 6,1 % pour l'Europe du Sud-Est, 0,5 % pour le Caucase Sud et 3 % pour les pays méditerranéennes, 6,4 % milliards d'euros concernant les politiques de coopération et de développement de l'UE.

y consacrant 60 millions d'euros et la BEI 260 millions de prêts pour la seule période de lancement 2006-2007. Par la suite, les États membres qui se sont engagés à augmenter leur aide publique au développement de 20 milliards d'euros par an, sont appelés à compléter les fonds pour aider l'ensemble des pays ACP également concernés.

La BEI soutient également les pays candidats à l'adhésion et les pays partenaires de l'Union. Au total elle est active au sein de l'UE et dans 140 pays du monde entier.

247 ***b) Organisation*** ◇ La BEI est dotée de la personnalité juridique et de la capacité de conclure des accords avec des pays tiers. Les membres de la Banque sont les États membres (art. 308 TFUE).

Ceux-ci sont soumis à un ensemble d'*obligations* qui peuvent être *sanctionnées,* selon l'article 24 du statut, par la suspension de l'octroi de prêts ou de garanties décidée à la majorité qualifiée du Conseil des gouverneurs. Cette sanction ne libère pas l'État qui en est l'objet, ni ses ressortissants, de leurs obligations à l'égard de la Banque.

La Banque bénéficie de divers *privilèges* définis notamment par les articles 26 et 27 du statut des exécutifs.

La Banque jouit des *privilèges et immunités* organisés par le protocole annexé n° 7 annexé au Traité de Lisbonne (art. 21).

Ses biens sont *exemptés de toute réquisition ou expropriation* « sous quelque forme que ce soit » (art. 26 § 2). Ils ne peuvent être saisis ou soumis à exécution forcée que « par décision de justice » (art. 27). Elle ne paye pas d'impôts et ne sert pas de dividendes aux États actionnaires. Elle jouit dans les États-membres « *de la capacité juridique la plus large reconnue aux personnes morales par les législations nationales* » et peut « notamment » acquérir et aliéner des biens mobiliers et immobiliers et ester en justice (art. 26). Les litiges qui peuvent l'opposer à des prêteurs, des emprunteurs ou des tiers sont de la compétence des juridictions nationales « sous réserve des compétences attribuées à la Cour de justice de l'Union européenne. La Banque peut aussi prévoir, dans un contrat, une procédure d'arbitrage (art. 27) ».

Un accord interinstitutionnel tripartite entre la Cour des comptes, la BEI et la Commission ouvre un droit d'accès de la Cour aux informations détenues par la Banque en ce qui concerne l'activité de gestion de recettes et de dépenses de l'Union exercée par la Banque. Mais nous avons vu plus haut qu'en l'absence d'accord, la Cour a néanmoins accès aux informations nécessaires pour effectuer le contrôle des recettes et des dépenses de l'Union gérées par la Banque (art. 287-3 al. 3 TFUE).

En outre, un dialogue constructif avec le Parlement européen a permis à la Commission parlementaire du contrôle budgétaire de superviser les activités financières de la Banque qui intervient dans de nombreux domaines où le Parlement jouit lui-même de compétences législatives : marché intérieur, développement régional, recherche, environnement, éducation, santé ou encore élargissement.

Le siège de la Banque a été établi à Luxembourg par décision des représentants des États membres, adoptée à Bruxelles le 8 avril 1965, « relative à l'installation provisoire de certaines institutions » (art. 5).

La BEI est un organisme fortement structuré. Elle est gérée par trois organes : le conseil des gouverneurs qui dispose d'importants pouvoirs, le conseil d'administration et le comité de direction (art. 6).

248 ***Le Conseil des gouverneurs (art. 7)*** ◇ est composé des ministres désignés par les États membres.

Il a pour *compétence générale* de définir, par ses directives, la politique et les principes généraux du crédit conformément aux objectifs de l'Union, et de veiller à leur application. Il exerce en outre tout un *ensemble de compétences* définies par le statut (art. 7 § 3) et décide de l'augmentation du capital souscrit [1], exerce les pouvoirs prévus pour les prêts spéciaux, pour la nomination et la démission d'office des membres du conseil d'administration et du comité de direction, décide de l'octroi des financements, à réaliser en tout ou partie hors des territoires des États membres, approuve le rapport annuel du conseil d'administration, le bilan annuel, le compte de profits et pertes, le règlement intérieur, etc.

Enfin, le conseil pourrait, à l'unanimité, prendre toute décision relative à la *suspension de l'activité* ou à la *liquidation* de la Banque (art. 7 § 4).

Le conseil des gouverneurs prend en principe ses décisions à la *majorité des membres qui le composent, représentant au moins 50 % du capital souscrit,* sauf disposition contraire du statut. La majorité qualifiée requiert la réunion de 18 voix et 68 % du capital souscrit (art. 8 al. 2).

249 ***Le conseil d'administration*** ◇ Le conseil d'administration est – avec le comité de direction – l'organe chargé de *l'exécution de la politique* du crédit, *de la gestion courante* de la Banque dont il contrôle la saine administration.

Il est composé de 28 administrateurs et de 18 suppléants nommés pour cinq ans et dont le mandat est renouvelable.

Les membres du conseil d'administration sont choisis parmi les personnalités « offrant toute garantie d'indépendance et de compétence ». Ils ne sont responsables qu'envers la Banque (art. 9 § 2 *in fine*). Le conseil d'administration peut coopter lui-même six experts (trois titulaires et trois suppléants) qui participent aux séances sans droit de vote. De la même façon, les suppléants peuvent participer aux séances du conseil d'administration, mais sans droit de vote, sauf s'ils remplacent un titulaire empêché.

En cas de *vacances* par suite de décès ou de démission volontaire, d'office ou collective, les membres du conseil sont remplacés dans les conditions prévues pour leur nomination, mais seulement pour la durée de leur mandat restant à courir (art. 9 § 4 al. 1).

1. La Banque est dotée d'un capital de 164 808 169 000 euros souscrit par les États membres augmenté par décision du conseil des gouverneurs en date du 30 mars 2009 pour passer à 232 392 989 000 euros, applicable au 1er avril 2010.

Il appartient au conseil des gouverneurs d'établir (à l'unanimité) les *incompatibilités* avec les fonctions d'administrateurs et de suppléant et de fixer la *rétribution* des membres du conseil d'administration (art. 9 § 5). Les *séances* du conseil d'administration sont *présidées* par le président ou (à son défaut) par un vice-président du comité de direction sans prendre part au vote (art. 9 § 2). Le conseil d'administration exerce les *compétences* que lui attribue l'article 9 § 1 : décider de l'octroi de crédits, de garanties et de la conclusion d'emprunts, fixer les taux d'intérêt des prêts, les commissions de garantie, contrôler la « saine administration de la banque », assurer la conformité de la gestion de la banque aux dispositions du Traité CE, des statuts et des directives du conseil des gouverneurs. Il peut aussi déléguer certaines de ses attributions au comité de direction sur la base d'une décision prise à la majorité qualifiée. À la fin de chaque exercice le conseil d'administration soumet au conseil des gouverneurs un rapport qui est publié après approbation par celui-ci (art. 9-1).

Le conseil d'administration et les administrateurs encourent une *responsabilité collective* et *individuelle*. La non-approbation du rapport annuel entraîne la démission du conseil d'administration. Lorsqu'un administrateur ne remplit plus « les conditions nécessaires pour exercer ses fonctions », le Conseil des gouverneurs peut, à la majorité qualifiée, prononcer sa démission d'office (art. 9 § 3).

Chaque administrateur dispose d'une *voix*. Les décisions du conseil d'administration sont prises sauf dispositions contraires des statuts par au moins un tiers des membres du conseil ayant une voix délibérative, représentant au moins 50 % du capital souscrit. La *majorité qualifiée et le quorum* nécessaire à la validité des délibérations sont fixés par le règlement intérieur de la Banque (art. 10 § 1).

250 ***Le comité de direction*** ◇ Le comité de direction est nommé pour une durée de six ans, renouvelable, par le conseil des gouverneurs sur proposition du conseil d'administration ayant statué à la majorité qualifiée. Il se compose de neuf membres, un président et huit vice-présidents (art. 11 § 1). Il est *chargé de tâches* définies par l'article 11 des statuts : il assure la gestion des affaires courantes de la banque sous l'autorité du président et sous le contrôle du conseil d'administration ; il prépare les décisions du conseil d'administration notamment pour la conclusion des emprunts, l'octroi de prêts et de garanties ; il assure l'exécution de ces décisions. Le *président* ou, en cas d'empêchement un vice-président, *représente* la Banque en matière judiciaire ou extra-judiciaire. Il recrute et licencie les fonctionnaires et employés de la Banque et ceux-ci sont placés sous son autorité (art. 11 § 7).

Le comité de direction adopte à la *majorité* des avis sur les projets de prêts, de garantie et d'emprunts (art. 11 § 4).

La *rémunération* et les *incompatibilités* des fonctions des membres du comité de direction sont fixées par le conseil des gouverneurs.

Le comité de direction et le personnel de la Banque ne sont responsables que devant la Banque. Le conseil des gouverneurs statuant à la majorité qualifiée, sur proposition du conseil d'administration (adoptée aussi à la majorité qualifiée) peut prononcer, à l'égard des membres du comité de direction, la *démission d'office* (art. 11 § 2).

251 ***Contrôle*** ◇ Le contrôle des opérations de la Banque est confié à un comité de six membres nommés par le conseil des gouverneurs, à raison de leur compétence [1]. Ce comité vérifie que les activités de la Banque sont conformes aux meilleures pratiques bancaires et il est responsable de la vérification des comptes de la Banque, de la *régularité des opérations* et des *livres* de la Banque. Il confirme la *conformité du bilan et du compte de profits et pertes* aux écritures comptables. Il confirme que le bilan et le compte de profits et pertes « *reflètent exactement, à l'actif comme au passif, la situation de la Banque* » (art. 12) et qu'ils sont conformes aux écritures comptables.

252 ***c) Relations extérieures de la BEI*** ◇ Les statuts organisent les relations de la banque avec les États membres et avec les tiers.

Avec les *États membres,* la Banque communique par l'intermédiaire de l'autorité désignée par chaque État. Pour l'exécution des opérations financières, la Banque a recours à la Banque d'émission de l'État (art. 13).

Avec les *tiers,* les statuts se bornent à prévoir que la Banque « coopère avec les organisations internationales dont l'activité s'exerce en des domaines analogues aux siens » et qu'elle « recherche » tous contacts utiles avec les institutions bancaires et financières des pays auxquels elle étend ses opérations (art. 14).

253 ***Suspension d'activité. Liquidation*** ◇ L'article 27 des statuts définit les conditions dans lesquelles l'*activité* de la Banque pourrait être suspendue et les modalités de son éventuelle *liquidation.*

Dans le cas de *suspension d'activité,* toutes les activités de la banque doivent être arrêtées « sans délai », à l'exception des opérations nécessaires « pour assurer dûment l'utilisation, la protection et la conservation des biens, ainsi que le règlement des engagements ». En cas de *liquidation,* le Conseil des gouverneurs nomme les liquidateurs et leur donne les instructions nécessaires (art. 25). Il veille à la sauvegarde des droits des membres du personnel.

254 ***d) Les ressources*** ◇ La Banque dispose de diverses catégories de ressources qui assurent son indépendance à l'égard des États membres et même lui permettent d'imposer à ceux-ci des obligations.

255 ***Le capital*** ◇ La Banque dispose d'abord de son *capital,* souscrit par les États membres conformément aux *statuts.* Ce capital est augmenté lorsque de

1. Le règlement intérieur précise les qualifications requises des membres de ce comité.

nouveaux membres adhèrent à la banque ce qui correspond à leurs apports [1]. Le conseil des gouverneurs peut, à l'unanimité, décider l'augmentation du capital souscrit.

Les États membres *versent* une part du capital actuellement égal à 232 392 989 000 euros, souscrit par les États à concurrence de montants définis par l'article 4. Le capital souscrit est versé par les États membres à concurrence de 5 % de ces montants. En cas d'augmentation du capital, le pourcentage qui doit être versé est décidé par le conseil des gouvernements statuant à l'unanimité.

Le solde du capital peut être exigé par la Banque si cela lui est nécessaire pour faire face à ses obligations à l'égard de ses bailleurs de fonds. Le versement est effectué par chaque État membre proportionnellement à sa quote-part dans le capital souscrit et désormais exclusivement en euros (art. 5).

Les *États membres ne sont responsables qu'à concurrence de leur quote-part du capital* souscrit et non versé (art. 4 § 1).

256 ***Autres ressources*** ◇ La Banque tire des ressources des *intérêts qu'elle perçoit*. Ces intérêts (ainsi que les commissions de garantie) doivent être adaptés « aux conditions qui prévalent sur le marché des capitaux », et être calculés de manière à permettre à la Banque de faire face à ses obligations, de couvrir ses frais et de constituer un fonds de réserve prévu par l'article 22 des statuts.

La Banque n'accorde pas de réduction d'intérêt, mais le bénéficiaire du prêt peut obtenir des États membres « ou d'une tierce instance » des bonifications d'intérêts compatibles avec l'article 17 § 2.

La Banque peut enfin obtenir des ressources en s'adressant aux *marchés internationaux de capitaux* ou aux *marchés nationaux* des États membres : ceux-ci ne peuvent refuser leur accord que si leurs marchés des capitaux sont menacés de troubles graves (art. 20).

La Banque doit constituer un *fonds de réserve* à concurrence de 10 % du capital souscrit et le Conseil d'administration peut décider la constitution de réserves supplémentaires. Les statuts ont prévu que le fonds de réserve devait être constitué au moyen des recettes d'intérêts provenant des prêts accordés par la Banque sur les sommes à verser par les États membres (art. 22). Les ressources du fonds de réserve doivent être placées de façon à être à tout moment en état de réponse à l'objet de ce fonds.

257 ***e) Les emplois. Destination*** ◇ Les ressources de la BEI sont destinées pour l'essentiel à des utilisations à l'*intérieur du territoire européen* des États membres. Mais les *conventions de Yaoundé, Lomé* et de *Cotonou des accords*

1. Le Traité d'adhésion du 25 avril 2005 a fixé la quote-part de la Bulgarie à 14 800 000 euros et celle de la Roumanie à 42 300 000 euros, ces contributions étant versées en huit tranches égales entre le 31 mai 2007 et le 30 novembre 2011. Cf. *JOUE* L. 157, p. 211. Le capital de la BEI au 1er janvier 2008 était de 167,8 milliards d'euros.

d'association ont étendu le domaine des compétences de la BEI [1]. Nous n'examinerons ici que le régime des interventions à l'intérieur de la CE, selon le Traité de Rome et le statut de la BEI.

258 ***Prêts et garantie. Forme. Bénéficiaires*** ◇ Les prêts doivent obéir aux critères de l'article 309 TFUE qui définit la mission de la Banque.

Ils sont destinés à des investissements réalisés sur le territoire européen des États membres. Mais par décision à la majorité qualifiée du conseil des gouverneurs, sur proposition du conseil d'administration, la Banque peut accorder des financements pour des investissements réalisés, en tout ou en partie, hors du territoire européen des États membres (art. 16 § 2).

Les *bénéficiaires* des prêts peuvent être des États membres, des entreprises privées ou publiques. Mais lorsque le bénéficiaire n'est pas un État membre, la Banque subordonne l'octroi du prêt à la garantie de l'État membre sur le territoire duquel le projet doit être réalisé ou à « d'autres garanties suffisantes » (art. 16 § 3) soit à la solidarité du débiteur. Les prêts de la Banque sont assortis d'intérêts fixés dans les conditions prévues par l'article 19 des statuts.

La Banque peut aussi accorder sa *garantie* aux emprunts contractés par des « collectivités », des entreprises publiques ou privées, en vue de réaliser des investissements conformes à l'article 309 TFUE (art. 16 § 4).

259 ***Procédure*** ◇ Les financements sont accordés selon la *procédure* fixée par l'article 19 des statuts.

a) *La demande de prêt ou de garantie* peut être adressée à la Banque : par l'*intermédiaire de la Commission ;* par l'*intermédiaire de l'État membre* sur le territoire duquel le projet doit être réalisé ; *directement par une entreprise ou entité publique ou privée.*

La *Commission* doit être saisie pour avis des demandes adressées par l'intermédiaire d'un État membre ou directement par les entreprises.

L'*État membre* sur le territoire duquel le projet doit être réalisé doit être saisi pour avis des demandes adressées par l'intermédiaire de la Commission, ou directement par les entreprises.

L'*avis* de l'État intéressé et de la Commission doit être donné dans un délai de deux mois à l'expiration duquel la Banque considère que le projet ne soulève pas d'objection.

b) Les demandes de financement sont *examinées par le comité de direction* qui vérifie leur conformité aux règles des statuts de la Banque et notamment des articles 16 et 18. Si le comité de direction se prononce en faveur du financement, il soumet la proposition correspondante au conseil d'administration. S'il se prononce contre l'octroi du financement, il soumet au conseil d'administration les documents appropriés accompagnés de son avis. Mais il

1. Elle participe ainsi à la mise en œuvre des politiques d'aide au développement dans près de 120 pays dans le monde.

peut aussi subordonner son avis favorable aux conditions qu'il considère comme essentielles.

c) C'est le *conseil d'administration* qui statue sur les demandes de prêts ou de garantie. Si l'*avis du comité de direction est négatif,* le conseil d'administration ne peut accorder le prêt ou la garantie qu'à l'unanimité. Si l'avis de la Commission est négatif, le conseil d'administration ne peut accorder le prêt ou la garantie qu'à l'unanimité (l'administrateur nommé sur désignation de la Commission s'abstenant de prendre part au vote). Si *les avis du comité de direction et de la Commission sont négatifs,* le conseil d'administration ne peut accorder le financement en cause.

d) Enfin, pour rappel, la *Banque ne doit pas financer de projet auquel s'oppose l'État membre sur le territoire duquel il doit être réalisé* (art. 18-6).

260 ***Règles générales de gestion*** ◇ Les interventions de la Banque (prêts et garanties) sont soumises à des règles liées par un *principe général :* la gestion doit être *prudente.*

D'abord, les prêts de la banque ont un *caractère subsidiaire :* il ne peut y être recouru que dans la mesure où d'autres moyens de financement ne peuvent être trouvés à des conditions raisonnables (art. 16 statut).

D'autre part, diverses règles imposent à la Banque une *gestion prudente :* les prêts consentis aux personnes autres que les États membres doivent être subordonnés à des *garanties* suffisantes ; l'*encours total* [1] des crédits de la Banque ne doit pas dépasser 250 % du capital souscrit des réserves, des provisions non affectées et l'excédent du compte de profits et pertes (art. 16 § 5) ; la Banque peut se prémunir contre le *risque de change* en assortissant les contrats de prêts et de garantie, de clauses « qu'elle estime appropriées » (art. 16 § 6) [2] ; la Banque *ne doit pas acquérir de participation* dans les entreprises, *ni assumer de responsabilités de gestion* « à moins que la protection de ses droits ne l'exige pour garantir le recouvrement de sa créance » (art. 18 § 2). La Banque doit aussi veiller à ce que *ses fonds soient utilisés de la façon la plus rationnelle* dans l'intérêt de l'Union : les prêts et garanties ne peuvent être accordés que « lorsque le service d'intérêt et d'amortissement » est assuré par les bénéfices d'exploitation, dans le cas d'investissements mis en œuvre par des entreprises du secteur de la production, ou par des engagements de l'État dans lequel l'investissement est réalisé et à condition que la réalisation du projet « contribue à l'accroissement de la productivité économique en général et favorise la réalisation du Marché intérieur » (art. 20-1).

L'octroi des prêts peut être subordonné à l'organisation d'*adjudications internationales* (art. 18 § 5). Enfin la Banque doit s'abstenir de financer les projets auxquels s'opposerait l'État membre sur le territoire duquel ils devraient être réalisés (art. 18 § 6).

1. Les encours de la BEI atteignaient 325 milliards de dollars au 1er janvier 2008.

2. La BEI s'est volontairement soumise aux règles prudentielles de Bale II et à la supervision d'une commission bancaire au Luxembourg.

Une clause d'habilitation inclue par le Traité de Nice et à l'article 308 TFUE permet au Conseil statuant à l'unanimité à la demande de la BEI et après consultation du Parlement européen et de la Commission, ou à la demande de la Commission et après consultation du Parlement européen et de la BEI, de modifier les statuts de cette banque. Ce dispositif devrait permettre au Conseil d'adapter les statuts de la BEI à l'élargissement.

261 ***La nature ambivalente de la BEI*** ◇ L'autonomie juridique et financière de la BEI ne doit pas conduire à conclure à son indépendance totale vis-à-vis de l'Union. Dès 1976 [1], elle est qualifiée « d'organisme Communautaire ». Dans un arrêt de 1988 la Cour de justice souligne la position « ambivalente » de la BEI « en ce sens qu'elle est caractérisée par une indépendance quant à la gestion de ses affaires, notamment dans le domaine des opérations financières d'une part, et par un lien étroit avec la Communauté d'autre part » [2].

Les nouvelles modalités de contrôle sur l'activité de gestion des recettes et des dépenses de l'Union exercée par la Banque manifeste un progrès dans la connaissance des finances de l'Union (art. 287.3 al. 3 TFUE). La responsabilité extra-contractuelle de la banque peut être engagée devant la Cour [3].

B. L'Agence d'approvisionnement Euratom

262 ***Généralités*** ◇ L'article 52 du Traité CEEA a créé une Agence qui dispose de pouvoirs considérables aux fins de pourvoir à l'approvisionnement du marché commun nucléaire. Nous verrons son organisation et ses conditions générales de fonctionnement avant de différencier ses attributions selon qu'il s'agit de produits provenant ou non de l'Union.

263 ***a) Organisation. Conditions générales de fonctionnement*** ◇ L'article 54 du Traité a prévu les *conditions de l'organisation de l'agence*. L'agence, dotée de la personnalité juridique et de l'autonomie financière est régie par des statuts arrêtés par le Conseil (à la majorité qualifiée et sur proposition de la Commission). Ses statuts peuvent être modifiés en la même forme par le Conseil. Ils fixent le capital social dont la majorité doit appartenir à l'Union et aux États membres, les modalités de sa souscription, sa répartition. Ils déterminent aussi les conditions de sa gestion commerciale, etc. [4].

Sur cette agence, l'*Union détient un pouvoir de tutelle*. Ce pouvoir de tutelle donne à la Commission, qui en est investie, un droit de contrôle sur les

1. Cf. CJCE, 15 juin 1976, *John. Mills c. BEI*, aff. 110-75, *AGM Warner*, *Rec.* p. 955-981, point 14.
2. Cf. CJCE, 3 mars 1988, *Commission c. BEI*, aff. 85/88, *Rec.* p. 1320.
3. Pour une définition par la Cour de justice du terme institution au sens de l'article 288 CE, cf. CJCE, 2 déc. 1992, *SGEEM et Etroy c. BEI*, aff. C-370-89, *Rec.* p. I-6211-6250, point 16.
4. Les statuts de l'agence sont fixés par décision du Conseil du 6 nov. 1958 (*JOCE* 6 déc. 1958), modifiée par décision n° 73-45 du Conseil du 8 mars 1973 (*JOCE* 30 mars 1973).

dirigeants et sur les actes de l'agence. La Commission est d'abord compétente pour *nommer le directeur général et le directeur général adjoint*. Ensuite elle donne ses *directives* à l'agence. Elle peut opposer son *veto* aux décisions de l'agence. Enfin elle peut-être saisie d'une requête contre tout acte « implicite ou explicite » accompli par l'agence dans l'exercice de son droit d'option ou de son droit exclusif de conclure les contrats de fournitures. Sur ces requêtes la Commission doit statuer dans le délai d'un mois.

Le Traité organise aussi les *relations entre l'agence et les États membres* qui ont surtout l'obligation de communiquer à l'agence tous renseignements utiles à l'usage de son « droit d'option » ou de son « droit exclusif » [1] et de garantir sur leurs territoires le libre exercice de ses fonctions (art. 55 et 56).

264 ***b) Les compétences de l'agence*** ◇ Instrument de la politique commune d'approvisionnement, l'agence dispose d'un droit d'option sur les produits en provenance de l'Union.

265 ***Le droit d'option*** ◇ L'article 52-2-B accorde à l'agence un droit d'option sur les minerais, les matières brutes, les matières fissiles spéciales produites sur le territoire des États membres. Ce *droit d'option* est développé par les articles 57 et suivants.

Le droit d'option a un objet différent selon qu'il s'applique aux matières « dont la propriété appartient à l'Union en vertu des dispositions du chapitre VIII », c'est-à-dire aux *matières fissiles spéciales* [2] ou autres produits, c'est-à-dire aux *minerais et matières brutes*. À l'égard des *matières fissiles spéciales* l'option permet à l'agence d'acquérir les *droits d'utilisation et de consommation*. Sur les *autres produits*, l'agence peut acquérir le *droit de propriété*.

L'exercice de l'option est réalisé par la *conclusion de contrats* avec les producteurs de minerais, matières brutes ou fissiles, qui sont tenus d'offrir à l'agence les matières qu'ils produisent (art. 57-2 et 58).

L'exercice du droit d'option *n'est pas obligatoire*. S'il n'est pas utilisé, le producteur des matières intéressées ne bénéficie pas cependant d'une liberté complète à l'égard de sa production. S'il transforme ces produits il devra offrir à l'agence le résultat de ces transformations. S'il désire exporter, il devra obtenir l'autorisation de la Commission qui subordonnera cette autorisation au respect des intérêts généraux de l'Union et à la condition que les

1. Un conflit a opposé la Commission à la France qui depuis 1965 ne communiquait plus ses contrats d'approvisionnement à l'agence en se fondant sur l'article 76 qui prévoyait que sept ans après l'entrée en vigueur du Traité, le Conseil devrait confirmer le chapitre VI de l'Euratom ou le modifier. La Cour de justice saisie du litige a donné tort à la France. Voir aff. 7-71, 14 déc. 1971, *Rec.* 1971. 1003.

2. Le *régime de propriété des matières fissiles* spéciales est défini par les articles 86 à 91 du Traité. Le principe est que ces matières sont la *propriété de la Communauté* (art. 86), les États, personnes et entreprises ayant un « droit *d'utilisation et de consommation* le plus étendu » sur les matières entrées régulièrement en leur possession (art. 87).

contrats ne comportent rien de contraire aux objectifs du Traité. Enfin si ces exportations ont pour objet des matières fissiles spéciales elles ne pourront être réalisées que par l'intermédiaire de l'agence.

266 ***L'agence, intermédiaire entre les producteurs et les utilisateurs*** ◇ L'exercice du droit d'option doit permettre à l'agence d'assurer une équitable répartition des produits entre les utilisateurs. À cet effet, l'article 60 fait de l'agence l'intermédiaire entre les producteurs et les utilisateurs [1].

Selon cet article, les *utilisateurs* doivent périodiquement faire connaître à l'agence leurs besoins de fournitures en indiquant les quantités, la nature, les lieux de provenance, les conditions de prix, etc.

D'autre part, les *producteurs* informent l'agence des fournitures qu'ils sont en mesure d'offrir.

L'Agence informe alors les utilisateurs des offres et des demandes qu'elle a reçues et elle invite ces utilisateurs à passer *commande*. Lorsqu'elle connaît l'ensemble de ces commandes, l'agence indique à quelles conditions elle peut y satisfaire. Mais, entre les producteurs et les utilisateurs l'*agence n'est pas simplement un intermédiaire passif*. En principe l'agence - sous réserve « d'obstacles juridiques ou matériels » - doit satisfaire à toutes les commandes (art. 61). Si elle n'est pas en état de le faire elle répartit les fournitures « au prorata des commandes correspondant à chacune des offres ».

L'agence n'est donc pas une « bourse », mais elle dirige activement les échanges selon le principe de l'égalité entre les utilisateurs.

267 ***Le droit d'option et les matières fissiles spéciales*** ◇ Nous avons indiqué que l'*exercice du droit d'option avait une portée particulière lorsqu'il était appliqué aux matières* « dont la propriété appartient à l'Union en vertu des dispositions du chapitre VIII » c'est-à-dire aux *matières fissiles spéciales*. Par son droit d'option, l'agence obtient seulement le droit d'utilisation et de consommation de ces matières, dont l'Union est déjà propriétaire en application de l'article 86. L'exercice de ce droit d'option est soumis à des conditions particulières par l'article 62. Le même article définit les obligations qui restent imposées au producteur de ces matières lorsque l'agence n'use pas de son droit d'option.

– Par contre, s'agissant des produits ne provenant pas de l'Union, l'agence dispose d'un droit exclusif en matière d'importations.

268 ***Le monopole des importations*** ◇ À l'égard des minerais, matières brutes et matières fissiles « ne provenant pas de l'Union » les dispositions du Traité sont beaucoup plus brèves et figurent dans les articles 64 et 66.

1. V. le règlement adopté par l'agence le 5 mai 1960 pour fixer les modalités relatives à la confrontation des offres et des demandes (*JOCE* 11 mai 1960). Modifié par règlement du 15 juill. 1975, *JOCE* L. 193, 25 juill. 1975.

Pour l'acquisition de ces matières à l'extérieur de l'Union le principe est simple et repose sur le *droit exclusif de l'agence pour conclure les accords ou les conventions d'importation* (art. 64).

La *répartition* des produits ainsi importés entre les utilisateurs est soumise au mécanisme de l'article 60 que nous avons étudié.

Toutefois, *si l'agence ne parvient pas à satisfaire toutes les demandes des utilisateurs à des prix raisonnables,* l'article 66 organise une *procédure de remplacement*. Les utilisateurs peuvent, pendant une durée d'un an, conclure directement des contrats avec des producteurs extérieurs mais sous le contrôle de la Commission : celle-ci doit recevoir communication des projets de contrats et peut s'opposer à leur conclusion s'ils sont contraires aux objectifs du Traité.

Enfin l'agence peut encore intervenir sur les prix.

269 ***Les prix*** ◇ La réglementation du Traité comporte *les principes selon lesquels les prix doivent être déterminés et les fondements de diverses interventions de la Communauté sur les prix.*

En principe, les prix doivent résulter de la « *confrontation des offres et de la demande* » réalisée dans les conditions de l'article 60 (art. 67). Lorsque l'agence établit, selon l'article 60, les conditions auxquelles elle peut satisfaire aux demandes des utilisateurs, elle peut proposer à ceux-ci une *péréquation de prix.*

À ce principe, *les États ne doivent pas s'opposer par leurs réglementations* nationales et d'autre part, *l'article 68 interdit les pratiques discriminatoires* destinées à assurer à certains utilisateurs une « position privilégiée » qui serait contraire à l'égalité d'accès aux approvisionnements.

Toutefois, il peut appartenir au Conseil, statuant à *l'unanimité* et sur proposition de la Commission de *fixer les prix* (art. 69).

§ 3. Le médiateur européen

270 ***Généralités*** ◇ L'institution du médiateur introduite par le Traité de Maastricht constitue un des éléments de la citoyenneté européenne en ce qu'elle vise à mieux garantir la protection des droits des citoyens contre les cas de mauvaise administration dans les institutions, organes ou organismes de l'Union européenne.

Cette institution qui s'inscrit dans la logique démocratique de l'Union est prévue par les articles 228 TFUE et 107 D CEEA. La décision du Parlement européen (PE) du 9 mars 1994 [1] fixe son statut et les conditions générales d'exercice des fonctions, complété par les articles 159 à 161 du règlement du Parlement européen.

Nous préciserons son statut, ses attributions et ses moyens.

1. Cf. Décis. 94-262 du Parlement européen, 9 mars 1994, *JOCE* L. 113, 4 mai 1994, et décision 94-114 du Conseil, 7 févr. 1994 approuvant cette décision, *JOCE* L. 54, 25 févr. 1994.

A. Statut et conditions générales d'exercice des fonctions

271 ***Les règles*** ◇ En étudiant le Parlement, nous avons déjà vu que le médiateur est élu par le Parlement européen après chaque élection pour la durée de la législature et que son mandat est renouvelable. Le choix du PE se porte sur une personnalité, citoyen de l'Union, offrant toute garantie d'indépendance et réunissant dans son pays les conditions requises pour les plus hautes fonctions juridictionnelles ou possédant une expérience et une compétence notoires en matière de médiation. Ce qui est le cas de M. Jacob Söderman nommé premier médiateur européen le 12 juillet 1995 et « *ombudsman* parlementaire » dans son pays depuis 1989. Il a été réélu pour cinq ans le 27 octobre 1999 par les nouveaux eurodéputés élus eux-mêmes le 13 juin précédent. Son départ à la retraite a provoqué une élection anticipée de son remplaçant par le Parlement réuni en session plénière à Strasbourg. C'est M. Nikoforos Diamandouros qui a été élu le 15 janvier 2003 [1] pour assurer cette fonction jusqu'à la fin de la législature après avoir prêté serment devant la Cour de justice. Il a été élu par les eurodéputés le 11 janvier 2005 [2] pour un mandat normal et réélu le 20 janvier 2010.

Les fonctions du médiateur prennent fin en effet soit à échéance de son mandat, soit par démission volontaire ou démission d'office. La démission d'office est prononcée par la Cour de justice à la demande du Parlement européen lorsque le Médiateur ne remplit plus les conditions requises pour l'exercice de ses fonctions ou en cas de faute grave.

Le médiateur doit exercer ses fonctions en pleine indépendance, dans l'intérêt de l'Union et de ses citoyens. Au moment d'entrer en fonction, il en prend l'engagement solennel devant la Cour de justice de même que de respecter les obligations découlant de sa charge pendant toute la durée de son mandat et même après cessation de celui-ci.

Cette indépendance implique que le médiateur ne sollicite ni n'accepte d'instructions d'aucun gouvernement ni d'aucune institution, organe ou organisme, et qu'il s'abstienne de tout acte incompatible avec le caractère de ses fonctions. De plus, pendant toute la durée de celles-ci, il ne peut exercer aucune autre fonction politique, administrative ou professionnelle, rémunérée ou non.

Un haut niveau de rémunération conforte cette indépendance, le médiateur étant assimilé à un juge de la Cour de justice en ce qui concerne sa rémunération, ses indemnités et sa pension. Il bénéficie enfin des immunités attachées à sa fonction.

Enfin, le siège de l'institution se trouve à Strasbourg.

1. Il a été élu au 2e tour de scrutin par 294 voix contre 215 à M. Roy Perry, 26 blancs et nuls sur un total de 535 votes exprimés.

2. Élection acquise au 1er tour de scrutin par 564 voix contre 45 à M. Giuseppe Fortunato, 34 abstentions sur un total de 643 votes exprimés.

B. Les attributions

272 ***Les différents rôles*** ◇ Le médiateur est habilité à recevoir les plaintes émanant de tout citoyen de l'Union ou de toute personne physique ou morale résidant ou ayant son siège statuaire dans un État membre. Ces plaintes portent sur des cas de mauvaise administration dans l'action des institutions, organes ou organismes de l'Union à l'exclusion de la Cour de justice de l'Union européenne dans l'exercice de ses fonctions juridictionnelles (art. 228) Le concept de « mauvaise administration » n'est pas défini par les textes et peut recouvrir toutes sortes de décisions abusives prises par l'administration du fait d'une mauvaise information, d'une incurie administrative, de discriminations, de retards ou d'incompétence, la gamme en est très large.

Toute plainte doit être introduite dans les deux ans à compter de la date à laquelle les faits sont portés à la connaissance du plaignant et doit avoir été précédée des démarches appropriées auprès des administrations concernées selon une règle de principe applicable aussi aux médiateurs nationaux.

Le médiateur recherche avec l'institution ou l'organe concerné une solution au problème posé. S'il constate un cas de mauvaise administration, il saisit l'institution organe ou organisme concerné en lui soumettant ses recommandations. Celle-ci dispose d'un délai de trois mois pour répondre et faire connaître sa position par un avis adressé au médiateur. Un rapport du médiateur est ensuite transmis au PE et à l'institution, organe ou organisme concerné.

Il faut ajouter que le médiateur peut aussi conseiller à la personne dont émane la plainte de s'adresser à une autre autorité. La plainte toutefois n'interrompt pas les délais de recours dans les procédures administratives ou juridictionnelles.

C. Les moyens du médiateur

273 ***Les modalités d'intervention*** ◇ Pour accomplir sa mission, le médiateur dispose de pouvoirs d'enquête importants pour clarifier tout cas de mauvaise administration.

Il dispose à cet égard d'une totale liberté d'appréciation puisqu'il procède aux enquêtes « qu'il estime justifiées » (art. 228 § 1 al. 2 TFUE). Il établit ces enquêtes soit de sa propre initiative, soit sur la base des plaintes qui lui ont été présentées directement ou par l'intermédiaire d'un membre du Parlement européen sauf si les faits allégués font ou ont fait l'objet d'une procédure juridictionnelle.

À cette fin, le médiateur dispose d'un large droit de communication. Tout d'abord, les institutions, organes et organismes de l'Union sont tenus de lui fournir tous les renseignements qu'il leur demande. Ils doivent aussi lui donner accès aux dossiers concernés. La seule limite qui peut lui être opposée est le secret dûment justifié.

De la même façon, les autorités des États membres sont tenues de fournir au médiateur toutes les informations qu'il estime nécessaires pour contribuer à éclairer des cas de mauvaise administration dans le cadre de ses compétences. Ces informations peuvent être couvertes par le secret dans le cadre du droit national, mais l'État membre peut néanmoins lui en permettre l'accès, à condition qu'il s'engage à ne pas les divulguer.

Le médiateur peut encore demander les témoignages qu'il estime opportuns de la part des agents et fonctionnaires des administrations mises en cause. Ils ne peuvent s'y refuser, mais ils s'expriment sur instruction de leur administration et restent liés par l'obligation du secret professionnel, ce qui peut limiter la portée de leurs prestations.

Si l'assistance qu'il souhaite dans le cadre de son enquête ne lui est pas apportée, le médiateur en informe le Parlement européen qui entreprend les démarches appropriées.

Pour renforcer l'efficacité de ses enquêtes et pour mieux sauvegarder les droits et les intérêts des plaignants, le médiateur peut être amené à collaborer avec les autorités du même type existant dans certains États membres dans le respect du droit national applicable.

L'enquête peut être entreprise à l'initiative du médiateur ou à la suite d'une plainte. Dans ce dernier cas, la personne dont émane la plainte est tenue informée du résultat de l'enquête.

Dans le cadre des enquêtes, le médiateur et son personnel sont eux-mêmes tenus de ne pas divulguer les informations et les pièces dont ils ont connaissance. Ils sont également liés par l'obligation de réserve pour toute information qui pourrait porter préjudice au plaignant où à toute autre personne concernée. Toutefois si l'enquête conduit le médiateur à connaître de faits qu'il estime relever du droit pénal, il en informe les autorités nationales compétentes ainsi que le cas échéant, l'administration de l'Union dont relève le fonctionnaire ou l'agent mis en cause.

Pour chaque dossier traité, le médiateur transmet un rapport au Parlement européen et à l'institution, organe ou organisme concerné. La personne dont émane la plainte est informée du résultat des enquêtes. Par ailleurs, le médiateur présente chaque année un rapport au Parlement européen sur les résultats de ses enquêtes. Ce rapport d'activité permet de mesurer l'intérêt de cette nouvelle institution dont l'expérience acquise montre la nécessité d'améliorer notamment la Communication entre citoyens européens et institutions européennes. Sur ce point, le médiateur actuel, M. Diamandouros a préconisé trois types de mesures susceptibles de renforcer la confiance des citoyens envers ces institutions :

1. le développement d'une charte européenne de l'information et de la communication pour s'assurer que les activités de communication concernant l'Europe servent les intérêts des citoyens ;

2. la mise en place d'une « sphère publique européenne » au sein de laquelle les citoyens puissent interagir entre eux et avec les institutions de l'Union par le biais de nouveaux outils de communication ;

3. l'implication des institutions de l'Union, des médias et de la société civile dans le processus de communication.

Le médiateur qui approuvait l'adoption par la Commission en février 2006 d'un livre blanc sur la communication [1] a souligné lui-même le rôle d'autorité morale et d'influence qu'il peut jouer en matière de réformes en déclarant : « le médiateur se doit de soutenir pleinement toute tentative visant à renouer avec les citoyens européens »

Plus récemment, une consultation publique sur l'initiative citoyenne européenne (ICE) qui s'est achevée le 31 janvier 2010 a permis à M. Diamandouros de rappeler l'importance du droit de pétition prévu à l'article 227 TFUE et plus encore du dispositif de l'article 11 § 4 TUE qui prévoit qu'un million de citoyens de l'Union ressortissant d'un nombre significatif d'États [2], peuvent inviter la Commission à soumettre une proposition législative dans un domaine de compétence de l'Union [3]. Pour faciliter cette initiative, le médiateur a exprimé l'idée que la Commission devrait donner un avis sur sa recevabilité et présenter des conclusions juridiques sur ce point pour en permettre un contrôle effectif.

SECTION 2. LES ORGANES CRÉÉS PAR LES INSTITUTIONS

274 ***Généralités*** ◇ L'Union européenne compte un très grand nombre d'organes subsidiaires. En dehors des grands organes consultatifs comme le comité économique et social, et le comité des régions, l'étude des institutions de l'Union permet de constater la multiplication de groupes et de comités qui assistent l'exécutif de l'Union. Leur nombre, leur variété sont tels que ces organes paraissent interdire toute classification. Ils varient en effet d'abord d'après leur *origine :* ils peuvent avoir été créés par les traités, le plus souvent sur le fondement des traités, par le Conseil ou par la Commission. Leur composition *ad hoc* est variable : majoritairement experts nationaux ou représentants permettant la prise en compte des intérêts des États membres dans la prise de décision, mais aussi fonctionnaires de l'Union.

Une grande diversité caractérise leur rôle, leurs fonctions. Leur rôle peut être d'assister le Conseil. C'est le cas du comité politique et de sécurité qui a succédé au comité politique. Placé sous l'autorité du Conseil, il est chargé de suivre la situation internationale relevant de la PESC et contribue à la définition des politiques en émettant des avis sur la définition des politiques à l'intention du Conseil à la demande de celui-ci, du haut représentant de l'Union pour les affaires étrangères et la politique de sécurité ou de sa propre initiative. Sous la responsabilité du Conseil et du haut représentant, il assure

1. Cf. Communiqué de presse n° 4/2006, 1er févr. 2006.
2. Cf. Communiqué de presse n° 4/2010, 9 févr. 2010.
3. Cette initiative pourrait se heurter en effet à un veto reposant sur l'exercice du contrôle du principe de subsidiarité par les Parlements nationaux.

le contrôle politique et la direction stratégique des opérations de gestion de crise. Aux fins d'une de ces opérations et pour la durée de celle-ci, le Conseil peut autoriser ce comité à prendre les décisions appropriées concernant le contrôle politique et la direction stratégique de l'opération (art. 38 TUE).

Les comités peuvent aussi assister la Commission et même, dans certains cas, les deux institutions, Conseil et Commission. C'est le cas du nouveau comité consultatif de la protection sociale institué afin de promouvoir, la coopération en matière de protection sociale entre les États membres et avec la Commission. Il a pour mission notamment de préparer des rapports, de formuler des avis ou d'entreprendre d'autres activités dans les domaines relevant de sa compétence soit à la demande du Conseil ou de la Commission, soit de sa propre initiative (art. 160 TFUE).

Il doit suivre la situation sociale et l'évolution des politiques de protection sociale dans les États membres et dans l'Union. Il est également chargé de faciliter les échanges d'informations, d'expériences et de bonnes pratiques entre les États membres et la Commission.

Les comités sont permanents ou au contraire créés pour un temps limité ou une opération déterminée. En outre, leur *intervention* est *obligatoire ou facultative.* Et l'*objet des interventions* est aussi des plus variés : ils préparent techniquement les décisions ou les propositions de la Commission ; ils donnent des avis ou des consultations ; peuvent participer aux décisions de l'Union. *Ces différentes interventions peuvent avoir diverses raisons d'être : coordonner les politiques des États membres entre elles et avec celles de la CE (cas du comité de politique économique)* ; assurer une étroite *coopération entre les États membres et l'Union pour appliquer certaines règles du droit de l'Union* (commission consultative des marchés publics) ; organiser la *coopération de l'Union et des milieux professionnels,* etc.

La prolifération de ces organes subsidiaires qui se comptent par centaines oblige à opérer une distinction en regroupant, d'une part, les comités qui assistent la Commission dans sa tâche d'exécution, et d'autre part, ceux qui résultent d'une décentralisation des institutions ou qui se rattachent à une institution sur la base de l'article 352 TFUE.

§ 1. Les comités assistant la Commission

275 ***Généralités*** ◇ Les nombreux comités qui assistent la Commission sont souvent désignés comme « comités de l'article 155 », ex-article 155 CE devenu l'article 211 du Traité de Nice. Cet article a été abrogé par le Traité de Lisbonne et remplacé en substance par un nouveau dispositif qui permet comme le précédent d'attribuer à la Commission des compétences d'exécution. Ce sont ces compétences qui sont à la base d'un phénomène couvert lui-même par le vocable générique de « comitologie » dont il convient de rappeler les fondements avant d'en préciser le cadre réglementaire et de distinguer les catégories de comités concernés.

A. Les fondements de la « comitologie »

276 ***Les compétences d'exécution de la Commission*** ◇ L'article 17 § 1 TUE précise notamment que la Commission exerce les fonctions d'exécution et de gestion conformément aux conditions prévues par les traités. Dans ce contexte, l'article 290 TFUE dispose qu'un acte législatif peut déléguer à la Commission le pouvoir d'adopter des actes non législatifs de portée générale qui complètent ou modifient certains éléments non essentiels de l'acte législatif. Cette délégation de pouvoir qui peut toujours être révoquée par décision du Parlement européen ou du Conseil, exclut les éléments essentiels d'un domaine qui sont réservés à l'acte législatif. Le souci de ne pas abandonner les décisions importantes à la discrétion de la Commission se traduit par une délimitation explicite des objectifs, du contenu, de la portée et de la durée de la délégation de pouvoir.

Plus précisément, l'article 291 § 2 TFUE dispose que lorsque des conditions uniformes d'exécution des actes juridiquement contraignants de l'Union sont nécessaires, ces actes confèrent à la Commission des compétences d'exécution. Les modalités de contrôle par les États membres de l'exercice de ces compétences d'exécution par la Commission sont fixées par le Parlement et le Conseil statuant par voie de règlements conformément à la procédure législative ordinaire.

Ce dispositif reprend le principe du délestage d'une partie des compétences d'exécution du Conseil et répond à une nécessité pratique au regard de l'ampleur des attributions de celui-ci. Les compétences d'exécution de la Commission jouent un rôle important et leur exercice s'est développé tant sur la base de l'ex-article 155 CE que sur l'article 211, alinéa 4 du Traité de Nice en s'accompagnant d'une prolifération de comités destinés certes à assister la Commission, mais plus fondamentalement à la surveiller dans sa prise de décision.

La procédure des comités non prévue par les traités offre l'avantage politique double de rassurer le Conseil lui-même mais aussi les États membres en garantissant par leur composition une confrontation des intérêts nationaux et des intérêts de l'Union arbitrée par la Commission, ce que reconnaît la Cour de justice dans un arrêt de 1973 [1].

La création d'organes subsidiaires ne devait poser un problème de licéité que dès lors que ces organes n'étaient pas limités à un rôle strictement consultatif, mais pouvaient participer au processus décisionnel. Dans l'arrêt *Meroni* rendu dans le cadre de la CECA [2], la Cour de justice avait exigé dès 1958 que la création de tels organes trouve son fondement dans les traités, que l'organe créé ne dispose d'aucun pouvoir de décision, mais seulement des fonctions d'exécution étroitement contrôlées, et que ses compétences

1. Cf. CJCE, 14 mars 1973, *Westzucker*, aff. 52-72, *Rec.* p. 321-356, point 17, al. 1 et 2.
2. Cf. CJCE, 13 juin 1958, *Meroni c. Haute Autorité de la CECA*, aff. 9-56, *Rec.* vol. IV, 1958, t. 11 à 48.

n'altèrent pas l'équilibre institutionnel notamment entre le Conseil et la Commission.

Précisément, à côté des comités consultatifs dont l'avis ne lie pas la Commission se sont développés de nouveaux types de comités, comités de gestion et comités de réglementation, et bien qu'ils soient assortis d'un droit d'évocation du Conseil en cas d'avis négatif, leur influence dans la prise de décision a pu faire problème. La Cour devait admettre la compatibilité du recours aux comités de gestion avec l'organisation institutionnelle communautaire. En effet, le Conseil n'étant pas tenu de déléguer à la Commission sa compétence d'exécution, il peut toujours subordonner cette délégation à la mise en place d'un organe de gestion, dès lors que celui-ci ne dispose pas du pouvoir de décision aux lieu et place de la Commission. La validité de la procédure affirmée dans l'arrêt *Köster* [1] tient à la « neutralité juridique » du comité de gestion qui ne peut substituer son avis à la décision de la Commission nullement dépossédée de son pouvoir décisionnel, conformément aux principes posés par l'arrêt *Meroni*.

La même légitimité a été admise par la Cour s'agissant des comités de réglementation [2].

L'Acte unique européen de 1986 a cependant imposé une clarification en exigeant du Conseil une énumération exhaustive des modalités d'exercice des compétences d'exécution déléguées à la Commission. C'est la décision du Conseil en date du 28 juin 1999 qui a opéré cette clarification en fixant un cadre réglementaire à la comitologie.

B. Le cadre réglementaire de la comitologie

277 ***La décision du Conseil 1999/468/CE du 28 juin 1999*** ◇ La réglementation prescrite par l'Acte unique européen (art. 10 AUE modifiant art. 145 Traité CEE) a fait l'objet d'une première décision du Conseil du 13 juillet 1987 [3].

Le régime adopté dans cette décision loin d'être révolutionnaire systématise des procédures déjà utilisées et connues sous des noms divers : comités consultatifs, de gestion, comités de réglementation.

Mais à la longue [4], il est apparu nécessaire de clarifier davantage les procédures et de les adapter en tenant compte des compétences respectives des institutions, en permettant notamment au Parlement d'être mieux informé des travaux des comités et de voir son avis pris en considération dans le cas où il estime que le projet de mesure soumis au comité dans le cadre de la procédure de réglementation excède les compétences prévues

1. Cf. CJCE, 17 déc. 1970, *Köster*, aff. 22-70, *Rec.* p. 1161-1181.
2. Cf. CJCE, 5 oct. 1977, *Carlo Tedeschi c. Denkavit commerciale*, aff. 5/77, *Rec.* p. 1555.
3. Décision 87-373, *JOCE* L. 197, 18 juill. 1987.
4. La déclaration n° 31 annexée à l'acte final de la C16 ayant adopté le Traité d'Amsterdam invitait la Commission à proposer au Conseil une modification de la décision du 13 juillet 1987.

dans l'acte de base. La décision du Conseil du 28 juin 1999 [1] abroge la décision du 13 juillet 1987 et la remplace pour plus de clarté [2].

Cette décision rappelle tout d'abord à l'article 1 qu'en dehors des cas spécifiques où le Conseil se réserve le droit d'exercer directement les compétences d'exécution, ce qui ne correspond pas à sa vocation propre, celles-ci relèvent de la Commission conformément aux dispositions prévues dans l'acte de base qui peut les soumettre à certaines modalités procédurales. Le choix de ces modalités fait partie de la proposition soumise alors par la Commission au Conseil. Il obéit a des critères précis mais non contraignants et permet la mise en place des comités correspondants.

278 ***Procédures et comités*** ◇ Trois types de procédure correspondant à trois types de comités sont ici organisées, les comités étant tous composés de représentants des États membres et présidés par le représentant de la Commission.

a) La procédure consultative. Elle est appliquée chaque fois qu'elle est considérée comme la plus appropriée. Elle met en place un **comité consultatif** dont l'avis ne lie pas la suite de l'opération. L'article 3-4 de la décision dispose toutefois que la Commission tient « le plus grand compte » de cet avis et qu'elle doit informer le comité de la façon dont elle l'a fait.

Cette procédure s'applique à la politique de concurrence. Elle est généralement appréciée des institutions et permet d'éclairer la Commission sur les éventuelles difficultés que pourrait connaître sa décision.

b) La procédure de gestion. Ici l'avis est demandé a un **comité de gestion** et voté à la majorité qualifiée et affectée de la pondération prévue pour l'adoption des décisions du Conseil prises sur proposition de la Commission. En cas de non-conformité des mesures arrêtées à l'avis émis par le comité, la Commission les communique au Conseil, qui dispose alors d'un véritable pouvoir d'évocation en ce qu'il peut alors réformer la décision dans un délai de trois mois à compter de la date de communication.

Cette procédure s'applique aux mesures de gestion relatives à l'application de la politique agricole commune, et de la politique commune de la pêche ou encore aux politiques relatives à la mise en œuvre de programmes ayant des incidences budgétaires notables.

c) La procédure de réglementation. Cette procédure est la plus complexe des trois et peut faire intervenir le Parlement. S'agissant d'assister la Commission dans la prise de mesures de portée générale, cette modalité procédurale subordonne leur adoption à l'avis rendu par un **comité de réglementation**. Cet avis est émis à la majorité qualifiée dans les mêmes conditions que la procédure de gestion.

1. Cf. Décis. du Conseil 1999/468 CE fixant les modalités de l'exercice des compétences d'exécution conférées à la Commission, *JOUE* L. 184, p. 23.

2. Le règlement CE 1882.2003 du Parlement européen et du Conseil du 29 sept. 2003 porte adaptation de cette décision aux différents comités assistant la Commission et dont la liste figure dans trois annexes consacrées aux trois procédures applicables.

Deux cas se présentent alors :

– le plus simple est celui d'un avis positif du comité de réglementation. La Commission arrête alors les mesures envisagées conformes à l'avis du comité ;

– en cas d'avis négatif du comité, ou en cas d'absence d'avis, la Commission doit soumettre au Conseil une proposition relative aux mesures à prendre et elle doit en informer le Parlement européen.

Le Parlement saisi peut estimer qu'une proposition présentée par la Commission excède les compétences d'exécution prévues par l'acte de base. Il informe le Conseil de sa position.

Trois solutions s'offrent alors au Conseil :

– soit, le cas échéant à la lumière de cette position éventuelle du Parlement, il statue lui-même à la majorité qualifiée sur la proposition de la Commission dans un délai qui ne peut excéder trois mois ;

– soit, dans le même délai, il s'oppose à la majorité qualifiée à la proposition qui lui est soumise. La Commission doit la réexaminer et soumettre au Conseil une proposition modifiée ou une proposition législative sur la base du Traité ;

– soit il n'adopte aucune mesure ou n'indique aucune opposition, et la Commission arrête les mesures d'application sur la base de sa proposition initiale.

Cette procédure de réglementation s'applique aux mesures de portée générale visant à mettre en place les éléments essentiels d'un acte de base, y compris les mesures concernant la protection de la santé ou de la sécurité des personnes, des animaux ou des plantes.

Comité de gestion ou de réglementation donnent au Conseil un véritable pouvoir d'évocation en cas d'avis négatif, ce qui lui permet de substituer sa propre action à celle de la Commission et de conserver la décision finale.

d) La procédure de sauvegarde. Enfin, à ces trois procédures, s'en ajoute une autre reprise de la décision du 13 juillet 1987 à l'article 6 de la nouvelle décision qui prévoit une *procédure de sauvegarde* qui s'applique lorsque l'acte de base confère à la Commission le pouvoir de décider de mesures de sauvegarde.

Selon ces dispositions, la Commission *communique* au Conseil et aux États membres toute *décision* concernant les *mesures de sauvegarde* (dont l'adoption est précédée d'une consultation des États).

Tout *État membre* peut *déférer* la décision *au Conseil* (dans un délai fixé pour chaque cas).

Le *Conseil* peut (dans un délai fixé pour chaque cas) :

– à la majorité qualifiée prendre des mesures différentes ;

– à la majorité qualifiée, confirmer, modifier, abroger la décision de la Commission ;

– ne pas statuer dans le délai fixé : en ce cas la décision de la Commission est réputée révoquée.

§ 2. Les organes fondés sur l'article 352 TFUE

279 ***Création*** ◇ Il appartient au Conseil statuant à l'unanimité sur proposition de la Commission et après consultation du Parlement européen d'adopter les dispositions appropriées pour concrétiser les moyens d'action nécessaires à la réalisation des objectifs fixés par les traités quand ceux-ci ne les ont pas prévus (art. 352 TFUE). Ce dispositif qui était prévu par l'article 308 CE permet de combler certaines lacunes des traités sans avoir à recourir à une révision proprement dite.

C'est ainsi que le programme PHARE (Pologne, Hongrie, Aide à la restructuration économique) a été créé en 1989 [1] sur le fondement de l'article 308-CE. Prévu à l'origine pour permettre la mise en œuvre d'une politique d'aide économique en faveur de la Pologne et de la Hongrie, il s'est étendu largement à d'autres pays. Il a également créé une dynamique en contribuant à la mise en place de la Fondation européenne pour la formation professionnelle et du programme TEMPUS (le pendant d'ERASMUS). Depuis 1999, son rôle a été renouvelé dans le cadre de la stratégie de pré-adhésion préparant l'élargissement de l'Union jusqu'à la mise en place d'un nouvel instrument financier global de pré-adhésion [2].

La création de la Banque européenne pour la reconstruction et le développement (BERD) dont le siège est à Londres entre également dans le cadre de l'ex-article 308 CE.

Sans multiplier les exemples, ni prétendre à une exhaustivité parfaitement inutile en ce qu'elle aboutirait à un catalogue sans intérêt, nous ferons néanmoins trois remarques :

Tout d'abord, certains comités peuvent être créés par le Conseil pour l'assister directement tel le « comité permanent de l'emploi » destiné à assurer une concertation entre les autorités communautaires et les partenaires sociaux. Le Conseil crée parfois des groupes pour préparer la coordination des positions des États membres et si possible présenter une position commune dans les relations internationales (il en a été ainsi pour certaines conférences internationales, telle la troisième conférence sur le droit de la mer).

En second lieu, il faut retenir qu'un grand nombre de comités assistent à la fois le Conseil et la Commission. Ces comités sont en général les plus importants et leur rôle dépasse la simple fonction consultative. Ainsi, par exemple, le comité des gouverneurs des Banques centrales, remplacé par l'Institut monétaire européen, puis ultérieurement par la Banque centrale européenne devenue institution à part entière dans le Traité de Lisbonne.

On peut encore citer pour exemples les : comité de politique économique, comité de la recherche scientifique et technique, CREST, comité de l'énergie, etc.

1. Règl. 3906/89 du Conseil, 18 déc. 1989, *JOCE* L. 131, 23 mai 1990.
2. V. *supra*.

Enfin, certains organismes ainsi créés et dotés de la personnalité juridique ont pour vocation de décentraliser des services des institutions.

Il s'agit principalement des agences même si elles sont désignées parfois différemment (office, observatoire, fondation, centre).

A. Les agences communautaires

280 On peut définir les agences communautaires comme des organismes de droit public européen personnalisés distincts des institutions communautaires. Elles ont été créées en vertu d'un acte communautaire dérivé en vue de remplir une tâche de nature technique, scientifique ou de gestion bien spécifique et précisée dans l'acte constitutif correspondant. Il peut s'agir d'agences exécutives créées sur décision de la Commission. Elles contribuent à l'exécution des politiques communes et répondent à un besoin de décentralisation de l'Union. Leur mode de fonctionnement les rapproche sensiblement des établissements publics français. Il peut s'agir encore d'agences dites de régulation créées par des règlements du Conseil ou en co-décision avec le Parlement européen. Celles-ci sont tantôt totalement autonomes financièrement comme l'office de l'harmonisation dans le marché intérieur, (OHMI) ou l'office communautaire des variétés végétales (OCVV). Dans ce cas elles facturent toutes leurs prestations. Les autres bénéficient d'une subvention du budget général.

Différenciées par leur désignation et leur objet, elles sont constituées selon un modèle organisationnel unique. Un conseil d'administration composé de délégués des administrations des États membres et un représentant de la Commission. Un directeur exécutif est le représentant légal de l'agence. Un ou plusieurs comités techniques ou scientifiques composés d'experts se répartissent les travaux qui consistent souvent à réunir et diffuser des informations objectives, fiables et comparables indispensables à la prise de décision ultérieure.

Parmi les agences de l'Union les plus importantes répondant à cette présentation on peut distinguer quatre sous-groupes selon leur type d'activité.

a) Les agences qui facilitent le fonctionnement du marché intérieur.

1. OHMI ou office de l'harmonisation dans le marché intérieur. Situé à Alicante en Espagne, il s'intéresse aux marques, dessins et modèles. Leur enregistrement les protège sur le territoire de l'Union.

2. EMEA, Agence européenne des médicaments. Située à Londres, elle évalue les nouveaux médicaments à usage humain et vétérinaire et surveille leurs effets sur le territoire de l'Union. Ses avis servent de base aux autorisations de la commission de mise sur le marché.

3. OCVV, ou Office communautaire des variétés végétales. Situé à Angers en France, l'office octroyé des titres de protection attachés à une forme de la propriété industrielle pour chaque nouvelle espèce.

4. EFSA ou autorité européenne de sécurité des aliments. Située à Parme, elle dispense des conseils scientifiques indépendants sur tous les sujets intéressant la sécurité alimentaire.

Elle doit évaluer les risques pesant sur la chaîne alimentaire, de la production à l'offre aux consommateurs. Son mandat concerne aussi la sécurité des aliments pour les animaux. Elle donne aussi des conseils sur la nutrition en relation avec la législation communautaire.

b) Les observatoires ou assimilés.

5. OEDT : Observatoire européen des drogues et des toxicomanies. Situé à Lisbonne au Portugal, il rassemble et diffuse les informations sur ces phénomènes et les problèmes qu'ils engendrent en Europe.

6. L'Agence européenne pour l'environnement située à Copenhague qui joue un rôle d'observatoire sur l'état de l'environnement au niveau européen.

7. L'Agence des droits fondamentaux de l'Union européenne [1]. Elle remplace l'observatoire européen des phénomènes racistes et xénophobes. Comme lui, elle collecte, analyse et diffuse les informations, elle formule des avis. Elle coopère avec la société civile pour sensibiliser le public sur les droits fondamentaux. Elle publie un rapport annuel et son siège comme celui de l'EUMC est à Vienne. Elle a débuté ses activités le 1er mars 2007.

8. AESM : Agence européenne pour la sécurité maritime. Située à Lisbonne et créée au lendemain du désastre de l'Erika pour contribuer à renforcer le système global de sécurité maritime dans les eaux communautaires, particulièrement la prévention des risques d'accident maritime, de pollution et de décès en mer. Des représentants de l'agence effectuent des inspections dans les États membres. Elle doit contribuer à la mise en place d'un système européen d'information sur le trafic maritime.

9. AESA : Agence européenne pour la sécurité aérienne. Située à Cologne, elle doit aider l'Union à établir et maintenir un niveau élevé et uniforme de sécurité de l'aviation civile et de protection de l'environnement aérien, à aider les États membres à remplir sur une base commune les obligations que leur impose l'OACI, enfin à promouvoir l'ensemble de ces exigences.

10. ENISA : Agence européenne chargée de la sécurité des réseaux et de l'information. Située en Grèce à Héraklion, et créée dans le cadre des dispositifs de vigilance des techniques nouvelles de communication, elle joue le rôle d'un observatoire sur ces questions.

11. ECDC : Centre européen de prévention et de contrôle des maladies : situé à Stockholm, c'est un nouvel observatoire et un centre d'études, mettant en œuvre le principe de précaution pour renforcer la vigilance en ce domaine.

c) Les agences visant à promouvoir le dialogue social.

12. CEDE FOP : Centre européen pour le développement de la formation professionnelle. Situé à Thessalonique, il a pour mission de favoriser le

1. Elle a été créée par règlement du Conseil, 15 févr. 2007, *JOUE* L. 53, p. 1. L'adoption d'un cadre pluriannuel pour la période 2007-2012 a fait l'objet d'une publication, *JOUE* L. 63, p. 14.

développement de la formation professionnelle et de la formation continue tout au long de la vie.

13. EUROFOUND : fondation européenne pour l'amélioration des conditions de vie et de travail. Située à Dublin en Irlande, elle se livre à des réflexions sur les moyens d'améliorer le dialogue social et les conditions de vie à moyen et à long terme.

14. ETF : Fondation européenne pour la formation située à Turin, elle vise à contribuer au développement dans les pays associés, MEDA et PECO.

15. EU-OSHA : Agence européenne pour la sécurité et la santé au travail. Située à Bilbao en Espagne, elle facilite les flux d'informations sur ces sujets au niveau communautaire.

d) Les agences exécutant des programmes ou tâches pour l'Union.

16. CdT : Centre de traduction des organes de l'Union européenne. Il doit répondre aux besoins en traductions des autres agences communautaires.

17. EAR : Agence européenne pour la reconstruction [1]. Son siège est en Grèce, mais son centre opérationnel est au Kosovo. Elle est chargée de mettre en œuvre les programmes de la Commission pour la reconstruction et l'aide au retour des réfugiés. Donc l'action s'étend à l'ensemble des pays des Balkans occidentaux, appelés à terme à entrer à leur tour dans l'Union dans une future vague d'élargissement.

18. ERA : Agence ferroviaire européenne. Située à Lille-Valenciennes et nouvellement créée, pour contribuer par ses études à l'amélioration et l'extension des réseaux européens.

Tous ces organismes, comités, fondations, agences, font l'objet d'un contrôle et d'un rapport spécial de la Cour des comptes. Le rapport spécial n° 5 de 2008 insiste sur la démarche de résultat et de performance inhérentes au principe de bonne gestion financière et applicable aux agences et d'une façon générale à la gestion publique de l'Union.

B. Les organes décentralisés et complémentaires de la PESC, de la coopération policière et de la coopération judiciaire en matière pénale

281 Dans le cadre de la coopération organisée par la politique étrangère et de sécurité commune (PESC), trois agences ont été créées en vue de remplir des tâches bien spécifiques et là encore de nature technique, scientifique et de gestion. Il s'agit des agences suivantes :

AED : Agence européenne de défense.

Prévue à l'article 42 § 3 TUE, elle identifie les besoins opérationnels, promeut des mesures pour les satisfaire, contribue à identifier, et, le cas échéant, mettre en œuvre toute mesure utile pour renforcer la base industrielle et technologique du secteur de la défense ; l'agence participe à la

1. V. plus haut n° 120 sur le rôle de l'agence dans les Balkans.

définition d'une politique européenne des capacités et de l'armement, et assiste le Conseil dans l'évaluation de l'amélioration des capacités militaires. Elle est placée sous l'autorité du Conseil qui en fixe le statut par une décision prise à la majorité qualifiée ; elle est ouverte à tous les États membres qui souhaitent y participer (art. 45 TUE).

IES : Institut d'études et de sécurité de l'Union européenne.

CSUE : Centre satellitaire de l'Union européenne.

Un nouveau service européen pour l'action extérieure a été créé par l'article 37 § 3 TUE pour appuyer l'action du haut représentant pour les affaires étrangères et la politique de sécurité commune. Le service collabore avec les services diplomatiques des États membres et est composé de fonctionnaires des services compétents du secrétariat général du Conseil et de la Commission ainsi que de personnel détaché des services diplomatiques nationaux. Une décision du Conseil fixe son organisation et son fonctionnement.

La coopération policière et la coopération judiciaire en matière pénale, dispose de trois organes décentralisés :

1) EUROPOL : Office européen de police institué en 1992 pour traiter les informations sur la criminalité à l'échelle européenne. Entièrement opérationnel en 1999, sa mission est définie à l'article 88 TUE : il apporte son concours aux États membres dans la lutte et la prévention contre le crime international organisé et alimente un système informatisé de données. Il est responsable devant le Conseil justice et affaires intérieures (JAI).

2) EUROJUST : Organe européen pour le renforcement de la coopération judiciaire. Institué par une décision du Conseil du 28 février 2002, il contribue à l'adoption, au niveau européen, de mesures structurelles permettant une coordination optimale des actions d'enquête et de poursuites débordant le cadre d'un seul territoire national, dans le plein respect des libertés et des droits fondamentaux. Il intervient sur la base des opérations effectuées et des informations fournies par les autorités des États membres et par Europol (art. 85 TUE).

3) FRONTEX : Agence européenne pour la gestion de la coordination opérationnelle aux frontières extérieures des États membres de l'Union européenne. Crée par un règlement du Conseil en date du 26 octobre 2004 [1], l'agence coordonne la coopération opérationnelle entre les États membres en matière de gestion des frontières extérieures, effectue des analyses de risques, contribue à l'établissement de normes communes de formation des gardes frontières et apporte aux États membres une assistance technique et opérationnelle notamment pour organiser des opérations de retour conjointes.

En outre, un nouveau Comité permanent institué au sein du Conseil par l'article 71 TFUE vise à assurer la promotion et le renforcement de la coopération opérationnelle en matière de sécurité intérieure.

1. Cf. règl. (CE) 2007/2004 du Conseil, 26 oct. 2004, *JOUE* L. 349, 25 nov. 2004.

282 ***Les autres acteurs de l'Union européenne*** ◇ Au-delà du cadre institutionnel mis en place par les traités et des organes créés par les institutions, on ne saurait clore cette étude sans rappeler brièvement que de très nombreux acteurs jouent un rôle d'influence sensible dans l'action et l'évolution de l'Union et qu'ils sont organisés pour être reconnus comme interlocuteurs ou partenaires des institutions [1], notamment du Parlement et de la Commission.

Les Parlements nationaux sont ainsi associés à la décision de l'Union en contribuant à en atténuer le déficit démocratique. C'est dans ce but que la conférence des organes spécialisés dans les affaires communautaires et européennes des Parlements de l'Union européenne (COSAC) a été créée à Paris le 16 et 17 novembre 1989 pour rassembler des représentants des Parlements nationaux (deux tiers) et du Parlement européen (un tiers des membres). Le protocole n° 1 annexé au Traité de Lisbonne consacre le principe d'une coopération interparlementaire entre le Parlement européen et les Parlements nationaux qui jouent un rôle essentiel dans l'application du principe de subsidiarité. Le protocole n° 2 prévoit à l'article 7 § 2 un droit d'alerte si un projet d'acte législatif ne respecte pas ce principe. Un tiers des voix attribuées aux Parlements nationaux, s'il s'agit d'un projet relevant de l'espace de liberté de sécurité et de justice, oblige la Commission à réexaminer sa proposition.

Le Titre I du protocole n° 1 sur le rôle des Parlements nationaux [2] dans l'UE traite des informations qui leur sont destinées et prescrit la transmission directe des documents de consultation de la Commission, des actes de programmation et des projets d'actes législatifs en même temps qu'ils sont transmis au Parlement européen et au Conseil. Les Parlements nationaux peuvent adresser un avis motivé aux présidents du Parlement européen, du Conseil et de la Commission concernant la conformité d'un projet d'acte législatif avec le principe de subsidiarité. Pour cela un délai minimum de huit semaines doit être respecté entre la transmission par la Commission au Conseil d'une proposition législative ou d'une proposition de mesure de coopération et l'inscription à l'ordre du jour du Conseil.

Les très nombreux groupes d'intérêt [3] très divers jouent également un rôle important et reconnu dans l'Union.

Dans une communication du 2 décembre 1992, la Commission distingue parmi eux deux catégories. D'une part, les organisations sans but lucratif [4] ce qui regroupe les associations et fédérations européennes et internationales, les bureaux de Länder ou d'autorités territoriales intervenant hors du

1. Une circulaire du Premier ministre Dominique de Villepin, relative à l'association du Parlement, des collectivités territoriales, des partenaires sociaux et de la société civile aux processus de décision européens en date du 19 déc. 2005 vise à encourager leur implication dans les instances de consultation existantes, cf. *JO* 9 févr. 2006, p. 2073.

2. L'article 88-4 de la Constitution organise en France le rôle de notre Parlement national en la matière.

3. On peut aussi les désigner comme des « lobbies », groupes de pression ou de promotion.

4. Un répertoire comportant plus de 1 000 organisations (CONECCS) existe sur Internet.

cadre institutionnel de l'Union. D'autre part, les organisations à but lucratif : conseillers juridiques, agences de relations publiques ou consultants, agissant sur instruction pour défendre l'intérêt de tiers, par exemple pour représenter des entreprises.

La Commission les associe en les consultant dans le cadre des comités consultatifs et groupes d'experts où leur compétence technique spécialisée contribue à améliorer et équilibrer les propositions et décisions de la Commission. Mais ils peuvent aussi intervenir dans des groupes *ad hoc* constitués en fonction des besoins.

L'implication des destinataires de la décision dans l'élaboration de la législation communautaire permet une meilleure transparence du processus décisionnel et constitue une ouverture démocratique de la Commission à la société civile.

Enfin, les trois organisations syndicales interprofessionnelles européennes constituent également des interlocuteurs reconnus et influents dans l'Union. Il s'agit de la Confédération européenne des syndicats (CES) constituée en 1973 qui regroupe la presque totalité des Confédérations syndicales des pays de l'Union ainsi que des syndicats de pays tiers mais européens pour défendre les intérêts des travailleurs européens. Il s'agit encore de l'Union des Confédérations de l'industrie et des employeurs d'Europe (UNICE) constituée en 1958 pour regrouper les organisations patronales des pays européens et les intérêts des milieux d'affaires. Enfin, le Centre européen des entreprises à participation publique (CEEP) crée en 1961, regroupe les entreprises publiques qui souhaitent y adhérer en se démarquant de l'UNICE par le souci de l'intérêt général. Représentatives à l'échelle européenne, elles sont consultées par la Commission sur les sujets qui les concernent [1].

Mais il nous faut voir maintenant que l'unité institutionnelle de l'Union que notre étude a mise en évidence se double de l'unité de son système juridique qui fait l'objet du Titre 2.

1. D'autres organisations syndicales cherchent à être reconnues par l'Union pour être consultées par la Commission mais leur représentativité européenne n'est pas établie suffisamment.

TITRE 2

L'ENCADREMENT JURIDIQUE DE L'UNION EUROPÉENNE

283 ***Plan*** ◇ L'encadrement juridique de l'Union se caractérise par un ensemble unitaire complexe de règles et de principes qui imposent aux États membres l'efficacité d'un ordre juridique autonome. Dans ce vaste ensemble se dégage une hiérarchie de règles de droit dont les conditions d'application renforcent l'unité du droit communautaire.

Ce qui nous conduit à distinguer les différentes sources du droit communautaire avant de voir leur mise en œuvre.

Cette courte présentation du Titre 2 justifie son plan en deux chapitres.

- Chapitre 1. Les sources du droit de l'Union.
- Chapitre 2. La mise en œuvre du droit de l'Union.

CHAPITRE 1
LES SOURCES DU DROIT DE L'UNION

284 ***Généralités. Les Communautés, paradoxe juridique*** ◇ Dès leur apparition, les Communautés ont été considérées comme des institutions de caractère original. Et sans doute l'étaient-elles par leurs objectifs, leur esprit. Mais les nouveautés les plus importantes apportées par les signataires des Traités de Paris, de Rome, de Maastricht, d'Amsterdam, de Nice et maintenant de Lisbonne ne résident pas dans les buts poursuivis. La définition d'objectifs politiques et économiques communs se retrouve dans toute organisation interétatique, y compris les moins « intégrées ».

Mais *la véritable révolution* apportée par les Communautés dans les institutions européennes apparaît lorsqu'on considère les *techniques juridiques employées à leur construction*. Certes, au premier aspect, le droit de l'Union apparaît composé d'éléments bien connus : traités internationaux, actes juridiques unilatéraux émis par des organes compétents, actes juridictionnels. Mais si, au-delà des éléments simples, on considère l'ensemble constitué par leur combinaison, alors la construction juridique de l'Union apparaît profondément originale. Cette originalité résulte de ce que l'on pourrait appeler le *« paradoxe » fondamental des Communautés européennes*.

Dans le droit, les distinctions, les catégories sont nombreuses. Il en est une au moins qui est nette : la distinction de l'ordre juridique interne et de l'ordre juridique international.

L'ordre juridique interne régi par le droit public, l'organisation des pouvoirs publics, les relations de ceux-ci et des particuliers ; par le droit privé, les relations entre particuliers. Ce droit, en vigueur à l'intérieur d'une collectivité étatique, a pour fondement la loi, acte unilatéral émis par les organes nationaux compétents.

L'ordre juridique international régit les relations entre États. C'est le droit des relations interétatiques. L'instrument de ce droit est normalement le Traité, accord entre États souverains.

Ce que l'on peut appeler le paradoxe des Communautés dès leur création, c'est l'ambition qu'ont eue leurs concepteurs de construire un ordre juridique interne au moyen de techniques juridiques dont la base est le Traité international [1].

Les sources du droit de l'Union illustrent par leur complexité le « paradoxe » de l'Union. Elles forment une hiérarchie de règles de droit dont le sommet est constitué par les Traités de Paris et de Rome.

1. Sur l'originalité du droit communautaire : v. arrêt 26-62 de la CJCE, 5 févr. 1963, *Rec.* 1963.3. Cf. Boulouis et Chevallier, *Grands arrêts de la CJCE*, t. I, arrêt n° 1.

D'une façon générale, on peut distinguer parmi elles les sources écrites et les sources non écrites.

SECTION 1. LES SOURCES ÉCRITES

285 Les sources écrites comprennent en premier lieu les sources primaires, fondamentales, créatrices de règles nouvelles ; en second lieu des sources dérivées, secondaires, comportant les règles de droit fondées sur les Traités, destinées à en assurer l'application. Ce que nous appellerons *sources fondamentales* repose sur l'accord des États membres ; les *sources secondaires* sont les actes émis par les organes compétents institués par les traités européens et forment le droit de l'Union dérivé.

§ 1. Les sources fondamentales

286 Les sources fondamentales du droit communautaire sont composées des actes juridiques créateurs de dispositions nouvelles qui n'ont de base dans aucun texte antérieur. Ce droit nouveau résulte de l'accord des États-membres et constitue le fondement des actes juridiques émis par les organes de l'Union. Cet accord des États s'est d'abord exprimé dans les *Traités européens* de Paris et de Rome, leurs annexes et divers protocoles venant compléter les Traités ; il faut leur ajouter depuis, les Traités sur l'Union européenne et leurs protocoles annexés, l'ensemble de ce droit primaire (ou originaire) prévalant sur toute autre norme.

Mais dans le fonctionnement de l'Union, la pratique a suscité l'adoption de règles qui n'avaient pas été prévues par les Traités. À défaut d'une fonction législative que les traités n'ont pas organisée [1], les États-membres ont pris l'initiative de créer des dispositions nouvelles dans des *conventions* qui peuvent aussi être conclues par l'Union. Les sources conventionnelles, sources fondamentales du droit de l'Union occupent elles aussi une place éminente dans la hiérarchie des normes en s'imposant aux sources secondaires du droit dérivé.

A. Le droit communautaire primaire

287 ***Les sources primaires*** ◇ Les sources primaires comportent en premier lieu les *Traités européens* et divers *protocoles* qui leur sont annexés.

1. Le Traité de Lisbonne introduit la notion d'acte législatif sans créer pour autant une catégorie nouvelle d'acte juridique. Il peut s'agir en effet d'un règlement, d'une directive ou d'une décision dès lors que cet acte a été adopté par une procédure qualifiée de législative, ordinaire ou spéciale, qui marque la promotion du Parlement placé à égalité avec le Conseil dans le premier cas, aux pouvoirs renforcés dans le second.

Pour la CE, les sources primaires sont le *Traité de Rome* du 25 mars 1957 et ses annexes, et divers protocoles dont le plus important définit le statut de la Banque européenne d'investissement. À ces diverses conventions, il faut ajouter le protocole de Bruxelles, du 17 avril 1957, sur la Cour de justice.

Les sources fondamentales de l'Euratom sont constituées par le *Traité de Rome,* instituant la Communauté européenne de l'énergie atomique, diverses annexes et protocoles annexés à ce traité, et enfin par le protocole de Bruxelles du 17 avril 1957 sur la Cour de justice.

Depuis 1970 plusieurs accords ont été conclus qui parfois ont modifié des traités originaux :

– *Traités de Luxembourg du 22 avril 1970* (modification des compétences budgétaires pour tenir compte de l'attribution aux Communautés des ressources propres) mis en vigueur le 1er janvier 1971 [1] ;

– *Actes du 22 janvier 1972* (adhésion de trois nouveaux États membres) mis en vigueur le 1er janvier 1973 [2] ;

– *Traité de Bruxelles du 22 juillet 1975* (sur les pouvoirs budgétaires du Parlement et la création de la Cour des comptes) mis en vigueur le 1er juillet 1977 [3] ;

– *« Acte » du 20 septembre 1976* (élection du Parlement au suffrage universel) [4] appliqué aux élections de 1979 ;

– *« Acte » des 23 et 24 mai 1979* (adhésion de la République Hellénique) [5] ;

– *« Acte » du 12 juin 1985* (adhésion de l'Espagne et du Portugal) [6] ;

– *Acte Unique Européen* des 17 et 28 février 1986 [7] ;

– *Traité sur l'Union Européenne (Maastricht)* du 7 février 1992 [8] ;

– *Décision* du Conseil, portant adoption de l'instrument relatif à l'adhésion des nouveaux États membres (Autriche, Finlande, Suède) au 1er janvier 1995 [9] ;

– *Traité d'Amsterdam* du 2 octobre 1997 entré en vigueur le 1er mai 1999 ;

– *Traité de Nice* du 26 février 2001 entré en vigueur le 1er février 2003 ;

– *Traité du 16 avril 2003* (adhésion de la République Tchèque, l'Estonie, Chypre, la Lettonie, la Lituanie, la Hongrie, Malte, la Pologne, la Slovénie, la Slovaquie) ;

– *Traité du 25 avril 2005* (adhésion de la Bulgarie et de la Roumanie) ;

– Traité de Lisbonne du 13 décembre 2007 mis en vigueur le 1er décembre 2009.

On doit observer que les traités constitutifs peuvent prévoir une durée d'application limitée ou non, 50 ans pour le Traité CECA qui a pris fin le

1. *JOCE* 2 janv. 1971.
2. *JOCE* 27 mars 1972.
3. *JOCE* L. 359, 31 déc. 1977.
4. *JOCE* L. 8 oct. 1976.
5. *JOCE* L. 291, 19 nov. 1979.
6. *JOCE* L. 302, 15 nov. 1985.
7. *JOCE* L. 169, 29 juin 1987.
8. *JOCE* C. 224, 31 août 1992.
9. *JOCE* L. 1er janv. 1995.

23 juillet 2002 (art. 97 CECA), illimitée pour les deux Traités de Rome. Ils prévoient également les règles applicables à leur propre révision.

Le Traité de Lisbonne innove en la matière en organisant à l'article 48 TUE une procédure de révision ordinaire et des procédures simplifiées. Il innove encore en prévoyant pour la première fois à l'article 50 TUE un droit de retrait de l'Union pour tout État membre qui peut demander à adhérer à nouveau.

Il faut ajouter que les protocoles et annexes font partie intégrante des traités (art. 51 TUE). Ce qui inclut pour le Traité de Lisbonne ses 37 protocoles et 65 déclarations annexées, tantôt relatives à des dispositions des traités, tantôt relatives à des protocoles annexés, tantôt, enfin, figurant simplement en tant que déclarations des États membres.

288 ***La prééminence du droit primaire*** ◇ Ce droit primaire se situe au sommet de la pyramide des normes de l'Union et joue le même rôle qu'une constitution dans le droit national. La Cour de justice n'hésite pas à qualifier les traités constitutifs de « charte constitutionnelle de base » [1], tout en opérant elle-même une hiérarchisation interne de ces textes.

C'est ainsi que les traités fondateurs auxquels sont assimilés protocoles et déclarations annexés ont une prééminence sur les traités d'adhésion qui ne peuvent leur être contraires et doivent être interprétés « en tenant compte des fondements et du système de la Communauté tels qu'ils sont fixés par le Traité » [2].

De plus, au sein même des traités originaires, la Cour de justice considère que certaines dispositions sont supérieures à d'autres. Il en est ainsi des dispositions institutionnelles ou structurelles qui priment sur les dispositions de nature matérielle, tel l'article 218 TFUE sur les accords de l'Union ou encore des dispositions de principe placées en tête des traités comme l'article 3 TUE.

Le droit primaire de l'Union prévaut sur le droit conventionnel de l'Union autant que sur le droit dérivé de l'Union.

289 ***Les rapports des traités entre eux*** ◇ Il ressort de la jurisprudence de la Cour, que les traités étant indépendants, les dispositions de l'un d'entre eux ne peuvent être utilisées pour résoudre les litiges nés d'un autre, dans toute la mesure ou l'Union européenne ne se traduit pas par une fusion des Communautés en une Communauté unique. Ce qui a permis à certains auteurs de parler d'une « coexistence des traités » [3].

1. Cf. CJCE, 23 avr. 1996, *Parti écologiste Les Verts c. Parlement européen,* aff. 294/83, *Rec.* p. 1339.

2. Cf. CJCE, 29 mars 1979, *Commission c. Royaume-Uni,* aff. 231/78, *Rec.* p. 1447-1467, point 12.

3. Voir J. Boulouis, *Droit institutionnel des Communautés européennes,* Montchrestien, 4e éd., p. 182.

Mais le juge a relevé très tôt entre les trois traités fondateurs d'origine une « *communauté d'inspiration* » [1] qui permet entre eux diverses interférences.

La *jurisprudence* a tiré des conséquences de cette communauté d'inspiration pour assurer une *interférence cohérente* des divers traités : il en a été ainsi pour l'interprétation des articles relatifs à l'exception d'illégalité [2].

B. Le droit communautaire conventionnel

290 ***Les différents types d'accords*** ◇ Il faut distinguer ici les accords conclus par l'Union, les accords conclus par les États membres avec des pays tiers et les accords conclus entre les États membres [3].

291 ***a) Les accords conclus par l'Union*** ◇ L'Union étant dotée de la personnalité juridique a la capacité de conclure des Traités avec un ou plusieurs États ou organisations internationales. L'article 216 § 2 TFUE. précise que de tels accords lient les institutions de la Communauté et les États membres.

L'ensemble des engagements de l'Union dans la société internationale repose sur quelques articles du Traité : l'article 218 TFUE pour la procédure de négociation et de conclusion des accords entre l'Union et des pays tiers ou organisations internationales, l'article 207 TFUE pour les accords commerciaux, l'article 220 TFUE pour les relations de l'Union avec les organisations internationales, etc. Les compétences extérieures de l'Union dans les domaines relevant de l'Euratom obéissent aux dispositions du Traité CEEA. Les relations extérieures de l'Euratom sont ici organisées selon le modèle de l'Union.

La Cour de justice a fixé le statut juridique du droit communautaire conventionnel de même que sa place dans la hiérarchie des normes. Dans un arrêt *Haegeman,* la Cour affirme que « les dispositions de l'accord forment partie intégrante, à partir de l'entrée en vigueur de celui-ci, de l'ordre juridique communautaire » [4].

Ces accords liant l'Union ont une valeur inférieure aux traités constitutifs [5]. L'article 218 § 11 prévoit que la Cour de justice peut être consultée « sur la compatibilité d'un accord envisagé avec les dispositives des traités. Le droit de saisine est ouvert à un État membre, au Parlement européen, au Conseil ou à la Commission. L'accord qui a fait l'objet d'un avis négatif de la Cour de justice ne peut entrer en vigueur sauf modification de celui-ci ou révision des traités. Ce dispositif de contrôle préventif joue le même rôle que le contrôle de constitutionnalité des traités et accords prévu à l'article 54 de

1. Arrêt 13.60, 18 mai 1962, *Rec.* 1962. 165, Boulouis et Chevallier, *op. cit.*, arrêt n° 3.
2. Boulouis et Chevallier, *ibid.*, voir les arrêts cités.
3. Hauschild, « L'importance des conventions communautaires pour la création d'un droit communautaire », *RTD eur.* 1975.
4. Cf. CJCE, 30 avr. 1974, *Haegeman c. État Belge*, aff. 181/73, *Rec.* p. 449.
5. V. l'avis 1/91, 14 déc. 1991, rendu sur la base de l'art. 228-2 al. 2 CEE, *Rec.* I-6079.

la Constitution française. En pratique la déclaration d'incompatibilité de certains accords par la Cour de justice européenne s'est traduite par leur modification.

Si les accords conclus par l'Union sont subordonnés au droit communautaire originaire, ils s'imposent au droit communautaire dérivé pour lequel ils constituent une référence du contrôle de légalité [1]. En conséquence, leur violation par un acte de droit dérivé peut entraîner l'annulation de cet acte.

Il faut noter que les règles applicables aux accords conclus par l'Union sont également valables pour les accords mixtes, c'est-à-dire les accords conclus parallèlement par l'Union et ses États membres avec des tiers [2]. Les conventions de Yaoundé et de Lomé, conclues dans le cadre de la coopération au développement avec les États ACP (Afrique, Caraïbes, Pacifique) sont des accords mixtes. Il en est de même de la convention de Cotonou signée le 23 juin 2000 pour vingt ans.

Enfin, ajoutons que par extension, la Cour de justice admet que les décisions prises par un organe de gestion créé par un accord auquel l'Union est partie, peuvent être source de droit dans l'ordre juridique de l'Union [3].

292 ***b) Les accords conclus par les États membres avec les pays tiers*** ◇

En ce qui concerne les accords internationaux antérieurs au 1er janvier 1958 [4] ou pour les États adhérents, antérieurs à leur date d'adhésion, l'article 351 alinéa 1 TFUE dispose que les droits et obligations qui en résultent ne sont pas affectés par les dispositions des traités.

Dans la mesure où ces conventions ne sont pas compatibles avec les traités, le ou les États membres en cause doivent s'efforcer par tous les moyens appropriés d'éliminer les incompatibilités. À cette fin, l'article 351 alinéa 2 TFUE prévoit que les États membres se prêtent une mutuelle assistance en vue d'arriver à cette fin et adoptent, le cas échéant, une attitude commune.

L'article 307, alinéa 3, ajoute que dans l'application de ces conventions, les États membres tiennent compte du fait que les avantages consentis dans les traités par chacun des États membres font partie intégrante de l'établissement de l'Union et sont, de ce fait, inséparablement liés à la création d'institutions communes, à l'attribution de compétences en leur faveur et à l'octroi des mêmes avantages par tous les autres États membres.

Retenons qu'en principe, les conventions conclues par des États membres avec des pays tiers sont opposables à l'Union. Dans un arrêt de 1972, la Cour de justice a conclu au caractère obligatoire du GATT pour les Communautés qui n'étaient pas parties à l'accord en appliquant la théorie de la succession. D'une part en effet la compétence des États membres en matière de politique

1. Cf. CJCE, 12 sept. 1972, *International Fruit*, aff. jointes, 21 à 24/72, *Rec.* p. 1219.
2. Cf. CJCE, 30 sept. 1987, *Demirel*, aff. 12/86, *Rec.* p. 3719.
3. Cf. CJCE, 20 sept. 1990, *S.Z. Sevince c. Staatsecretaris van Justitie*, aff. C. 192/89, *Rec.* p. 3461.
4. 1er janvier 1958 : date d'entée en vigueur des Traités de Rome.

commerciale a fait l'objet d'un transfert au profit de la Communauté. D'autre part dans la mesure où les institutions communautaires ont effectivement assumé des compétences précédemment exercées par les États membres, sans que les États tiers ne s'y opposent, le juge communautaire en déduit que « les dispositions de cet accord ont pour effet de lier la Communauté » [1].

Par contre, et toujours en principe, les accords postérieurs au 1er janvier 1958 ou à la date d'adhésion d'un État adhérent, ne sont pas opposables à l'Union lorsqu'ils sont conclus dans un secteur relevant des compétences de l'Union.

293 ***c) Les accords conclus entre États membres*** ◇ Concernant tout d'abord les accords entre États membres antérieurs au 1er janvier 1958 ou à la date d'adhésion, l'article 350 TFUE stipule que « les dispositions des traités ne font pas obstacle à l'existence et à l'accomplissement des unions régionales entre la Belgique et le Luxembourg, ainsi qu'entre la Belgique, le Luxembourg et les Pays-Bas dans la mesure où les objectifs de ces unions régionales ne sont pas atteints en application des traités ».

La Cour de justice a considéré que cette disposition permet aux États-membres « d'appliquer les règles en vigueur dans le cadre de leur union par dérogation aux règles de la Communauté dans toute la mesure où cette Union se trouve en avance sur la mise en œuvre du marché commun » [2].

Toutefois les traités constitutifs priment sur les accords conclus avant leur entrée en vigueur entre les États membres [3].

Concernant les accords entre États membres postérieurs au 1er janvier 1958 ou à la date d'adhésion, les traités ont eux-mêmes *prévu* que les États membres entreprendraient des négociations, signeraient des accords en *divers domaines* relevant principalement du droit privé international.

Ce dispositif prévu à l'article 293 CE a permis la conclusion d'un certain nombre d'accords entre les États membres [4]. Ces questions étant désormais réglées par le droit de l'Union, l'article 293 CE a été abrogé par le Traité de Lisbonne.

294 ***Les accords des représentants des États membres au sein du Conseil*** ◇ En second lieu, les États membres concluent de véritables accords en forme simplifiée, non soumis à ratification : ces accords prennent la forme *d'accords des représentants des États membres réunis au sein du Conseil des ministres*. Ces accords sont particulièrement fréquents et constituent des normes inter-étatiques. Ils ne sont pas source d'un droit de l'Union en principe.

1. Cf. CJCE, 12 déc. 1972, *International Fruit*, préc.
2. Cf. CJCE, 16 mai 1984, *Pakvries c. Minister Van Landbouw en Visserij*, aff. 105/83, *Rec.* p. 2101.
3. Cf. CJCE, 27 sept. 1988, *Matteuci c. Communauté française de Belgique et a*, aff. 235/87, *Rec.* p. 5589.
4. Il en est ainsi par exemple des conventions relatives aux brevets européens (Munich 5 octobre 1973 et Luxembourg 15 décembre 1982).

295 ***Autres accords entre États membres*** ◇ Mais surtout la pratique a soulevé une question : lorsque dans le domaine des compétences de l'Union une matière a été omise par le Traité – il en est ainsi, à l'origine, par exemple, de la politique de l'énergie – les organes de l'Union doivent-ils s'abstenir de prendre des initiatives et s'en remettre à une révision du Traité ?

C'est sous la forme de conventions que les États membres ont pallié certaines lacunes des traités et créé des règles de droit originales. Dans divers domaines, des accords et des conventions ont pu ainsi être conclus.

Par de telles conventions, les États membres des Communautés ont pu créer des règles de droit nouvelles, non fondées sur les dispositions des Traités.

Après 1970, les lacunes du Traité ont été comblées par un recours de plus en plus fréquent à l'article 308 TCE. Certaines politiques développées sur des bases juridiques très minces ont été intégrées dans le Traité de Rome par l'Acte unique puis par les Traités de Maastricht, d'Amsterdam et de Nice (cf. par exemple l'environnement, la recherche). L'hypothèse d'un droit lacunaire des traités est reprise, on l'a vu, à l'article 352 TFU qui permet de régler la question par l'adoption des mesures appropriées par le Conseil statuant à l'unanimité sur proposition de la Commission et après approbation du Parlement européen.

§ 2. Le droit de l'Union dérivé

296 ***Généralités*** ◇ Les traités européens ne pouvaient prétendre contenir des règles complètes, définitives, immuables, ne laissant place qu'à des mesures d'exécution. Les traités institutifs donnent aux institutions de l'Union un important pouvoir décisionnel pour les compléter, les préciser et assurer leur mise en œuvre. Le droit de l'Union dérivé ou droit secondaire est constitué par la masse des règles de droit établies par les organes de l'Union dûment habilitées par les traités. Par son importance, il représente la source essentielle du droit de l'Union.

Dans ce vaste ensemble on distingue traditionnellement les actes que l'on peut qualifier de typiques en ce qu'ils relèvent de la nomenclature fixée par les Traités, et ceux qui prolifèrent en pratique sous des formes diverses hors nomenclature : actes « innomés » ou atypiques par opposition aux premiers.

A. Les actes « typiques » du droit dérivé

297 ***Les catégories*** ◇ Les articles 288 TFUE et 161 CEEA énumèrent cinq catégories d'actes unilatéraux qui relèvent des institutions pour l'accomplissement de leur mission : les règlements, les directives, les décisions, les recommandations et les avis. Les trois premières concernent des actes

juridiques obligatoires. Pour elles, le Traité de Lisbonne innove en ce qui concerne leurs procédures décisionnelles. Adoptées par procédure législative ordinaire ou spéciale, elles constituent désormais des actes législatifs.

298 ***a) Le règlement*** ◇ L'article 288 alinéa 2 TFUE définit le règlement comme un acte de portée générale obligatoire dans tous ses éléments et directement applicable dans tous les États membres. Il est l'acte le plus solennel, le plus important du bloc de la légalité de l'Union et la principale source du droit dérivé. Il est également la seule catégorie d'acte pour laquelle les traités prévoient expressément l'effet direct, ce qui signifie qu'il crée des droits et des obligations qui s'imposent directement aux États membres, à leurs organes et aux particuliers sans aucune procédure portant réception dans le droit national.

Le règlement de l'Union correspond à la loi [1] ou au règlement dans l'ordre interne et dispose du même champ d'application que les traités institutifs. La Cour de justice définit sa portée générale en précisant qu'il s'applique à « des situations déterminées objectivement et comporte des effets juridiques à l'égard de catégories de personnes envisagées de manière générale et abstraite » [2].

Du point de vue organique, les règlements se différencient selon leurs auteurs : traditionnellement le Conseil et la Commission, mais aussi depuis Maastricht la Banque centrale européenne (art. 132 § 1 al. 2 TFUE). Les règlements adoptés conjointement par le Parlement européen et le Conseil selon la nouvelle [3] procédure législative ordinaire décrite à l'article 294 TFUE qui banalise la co-décision pour la considérer comme la procédure décisionnelle de droit commun, constituent des actes législatifs. En tant que tels, ils peuvent aussi être adoptés par une procédure législative spéciale (art. 297 § 1, al. 2 TFUE). Dans le premier cas, ils sont signés par le président du Parlement et par le président du Conseil ; dans le second, par le président de l'institution qui les a adoptés.

Du point de vue matériel, la jurisprudence distingue les règlements dits « de base » et les règlements d'exécution. Les premiers se fondent directement sur une disposition du Traité concerné et déterminent les « éléments essentiels de la matière à régler » [4]. Les règlements d'exécution ne portent pas sur les éléments essentiels sans que l'on puisse se référer pour autant à un critère objectif de cette notion.

Enfin, le règlement doit obligatoirement être publié au *Journal officiel de l'Union européenne* et devient exécutoire à la date qu'il fixe ou, à défaut, le vingtième jour suivant sa publication (art. 297 § 2 al. 2 TFUE).

1. Le Traité de Lisbonne a conservé la dénomination traditionnelle des actes de l'Union sans introduire les notions de loi ou loi-cadre prévues par le Traité constitutionnel avorté tout en introduisant l'expression générique de procédure législative.
2. Cf. CJCE, 11 juill. 1968, *Zuckerfabrick Watenstedt*, aff. 6/68, *Rec.* p. 596.
3. La dénomination est nouvelle non la typologie des actes en décalage avec cette notion de procédure législative.
4. Cf. CJCE, 17 déc. 1970, *Otto Scheer*, aff. 30/70, *Rec.* p. 1197.

299 ***b) La directive*** ◇ L'article 288 alinéa 3 TFUE dispose que « la directive lie tout État membre destinataire quant au résultat à atteindre tout en laissant aux instances nationales la compétence quant à la forme et aux moyens ».

Sans avoir en principe de portée générale, elle ne s'adresse pas aux particuliers mais à un ou plusieurs, voir à tous les États membres, en créant à leur charge une obligation de résultat : celle de transcrire la directive dans leur droit national dans les délais prescrits. Il appartient à chaque État membre destinataire de choisir les formes et les moyens pour y parvenir, pourvu que ces moyens soient des actes juridiques contraignants. La Commission publie régulièrement le tableau de bord des transpositions faites par les États membres invités à combler leur déficit en la matière en rappelant que les retards accumulés privent en pratique les citoyens et les entreprises de leurs droits et nuisent au fonctionnement quotidien du marché intérieur [1]. En ce qui concerne la France, son choix se porte de préférence sur le recours à de véritables trains d'ordonnances [2] pour combler son retard [3] et pour éviter de lourdes sanctions financières. Mais le Parlement rétif à cette procédure qu'il juge attentatoire à ses droits vote plus volontiers les lois d'habilitation nécessaires, s'il considère que les directives entrent dans un « strict cadre technique ». Si elles ont à ses yeux un caractère trop politique, il arrive que les présidents des deux assemblées refusent l'examen par ordonnances, de directives ayant pourtant reçu le soutien de la France à Bruxelles, comme en février 2004 dans le cadre des directives sur l'intermédiation en assurance, la protection des inventions végétales ou encore le délicat « paquet télécoms » visant l'harmonisation de la réglementation pour les réseaux télécoms et audiovisuels [4]. Mais les retards sont parfois imputables directement aux ministères peu pressés de s'adapter aux textes européens, en particulier le ministère de l'Économie des Finances et de l'Industrie [5]. À cet égard, la Cour de justice considère comme inadéquate l'utilisation de « simples pratiques administratives, par nature modifiables au gré de l'administration et dépourvues d'une publicité adéquate » [6]. Pour améliorer la situation en France il a été créé en 2005 un secrétariat général

1. Cf. K. de Meyer et J. Docquiert, article sur les transpositions des directives *in Les Échos* 24 janv. 2005, p. 7.

2. Pour exemple, loi n° 2004-237 du 18 mars 2004 portant habilitation du gouvernement à transposer par ordonnance, des directives communautaires (une trentaine !) et à mettre en œuvre certaines dispositions du droit communautaire, cf. *JO* 19 mars 2004, p. 5311 et s.

3. Un bilan établi au début de l'année 2004, fait état de 108 actes communautaires non transposés, dont certains vieux de dix ans. Cf. *Les Échos* 13 et 14 févr. 2004, p. 2 : « transposition des directives : la France reste le mauvais élève de l'Europe »... mais il n'est pas le seul !

4. Le ministre français délégué aux Affaires européennes a proposé l'installation dans les deux assemblées d'une journée mensuelle de la transposition.

5. Au 1er janvier 2004 Bercy totalisait 35 actes communautaires non transposés, suivi par le Ministère de l'écologie et du développement durable : 13 actes non transposés. En janvier 2005, la France est néanmoins globalement en progrès et a pu réduire en six mois un déficit de transposition de façon significative, passant dans le classement des « quinze anciens » États membres du dernier rang au dixième.

6. Cf. CJCE, 15 mars 1983, *Commission c. Italie,* aff. 145/82, *Rec.* p. 718.

des affaires européennes placé sous l'autorité du Premier ministre, chargé notamment d'assurer en liaison avec le secrétariat général du Gouvernement, le suivi interministériel de la transposition des directives et des décisions-cadres [1].

En pratique, la part de liberté reconnue aux destinataires dépend du contenu de la directive. Plus celle-ci est précise et détaillée, moins l'État destinataire n'a de marge d'appréciation pour sa mise en application. À l'extrême, il ne peut que reproduire le texte de la directive dans son propre acte national. Les États membres ont souvent critiqué le recours à de telles directives, en exprimant leur préférence pour les « directives-cadres », notamment lors du sommet d'Edimbourg en 1992.

Sous certaines conditions qu'elle a elle-même posées et qui sont soumises à vérification cas par cas, la Cour de justice reconnaît aux directives un effet direct. Il faut que les directives soient « inconditionnelles » et « suffisamment précises » [2]. Il ne faut pas qu'elles donnent une grande marge d'appréciation à l'autorité nationale pour sa mise en œuvre [3]. Le juge communautaire considère en effet que si les traités réservent l'applicabilité directe aux règlements « il n'en résulte pas que d'autres catégories d'actes... ne puissent jamais produire d'effet analogue » [4]. Toutefois, la directive susceptible de produire des effets directs dans les relations entre les États membres et les particuliers, n'est invocable qu'après expiration du délai de transposition dans le droit national.

La Cour de justice admet par ailleurs que le justiciable puisse demander au juge national d'engager la responsabilité de l'État pour défaut de transposition de directive [5].

Enfin, précisons que les directives peuvent être adoptées par la Commission, la Banque centrale européenne ou le Conseil et qu'elles peuvent être également prises conjointement selon la procédure de l'article 294 TFUE. Dans ce cas, la directive constitue elle aussi un acte législatif adopté par procédure législative ordinaire ou spéciale (art. 297 § 1 al. 2 TFUE). Les directives doivent être publiées au *Journal officiel de l'Union européenne* et entrent en vigueur dans les mêmes conditions que les règlements. Il en est de même quand la directive est adressée à tous les États membres. Les autres directives sont notifiées à leurs destinataires et prennent effet par cette notification (art. 297 § 2 al. 3).

300 ***c) La décision*** ◇ L'article 288 alinéa 3 TFUE précise que « la décision est obligatoire dans tous ses éléments. Lorsqu'elle désigne des destinataires, elle n'est obligatoire que pour ceux-ci ». Les destinataires peuvent être des États

1. Cf. Décr. n° 2005-1283, 17 oct. 2005 relatif au comité interministériel sur l'Europe et au secrétariat général des affaires européennes, *JO* 18 oct. 2005, p. 16488.
2. Cf. CJCE, 5 avr. 1979, *Ratti*, aff. 148/78, *Rec.* p. 1269.
3. Cf. CJCE, 2 août 1993, *Marshall*, aff. 271/91, *Rec.* p. 4367.
4. Cf. CJCE, 4 déc. 1974, *Van Duyn*, aff. 41/74, *Rec.* p. 1337.
5. Cf. CJCE, 19 nov. 1991, *Francovich et Bonifaci*, aff. jtes. 6/90 et 9/90, *Rec.* p. 5357.

membres, des personnes physiques ou des personnes morales. Dépourvue de portée générale, la décision est un acte administratif individuel. Elle sert à régler des situations concrètes propres à des destinataires particuliers.

Aucune mesure nationale de réception n'est nécessaire pour la décision qui est d'effet direct même si son applicabilité directe n'est pas expressément mentionnée par les traités. La Cour de justice considère en effet qu'il serait incompatible avec l'effet contraignant que les traités reconnaissent à la décision « d'exclure en principe que l'obligation qu'elle prévoit puisse être invoquée par les personnes concernées » [1].

L'article 299 TFUE précise par ailleurs que « actes du Conseil, de la Commission ou de la Banque centrale européenne qui comportent, à la charge des personnes autres que les États, une obligation pécuniaire forment titre exécutoire ».

La décision peut avoir pour auteur le Conseil de l'Union européenne ou la Commission soit dans le cadre de ses pouvoirs propres soit dans le cadre des compétences d'exécution déléguées par le Conseil ou encore la Banque centrale européenne (art. 132 § 1 al. 3).

En principe, comme tout acte individuel, les décisions sont notifiées à leurs destinataires et prennent effet par cette notification, à l'exception des décisions adoptées selon la procédure législative ordinaire de l'article 294 TFUE qui doivent être publiées de même que les décisions que la BCE choisit de publier (art. 132 § 2 TFUE). Les décisions publiées entrent alors en vigueur au jour qu'elles fixent ou, à défaut, le vingtième jour suivant leur publication.

301 ***d) Les recommandations et avis*** ◇ L'article 288 *in fine* TFUE, précise seulement que les recommandations et les avis ne lient pas.

Dépourvus de toute force obligatoire, ces actes ne font pas grief et sont insusceptibles de recours devant le juge communautaire. Ils ne constituent pas des actes législatifs [2].

L'article 292 TFUE précise les conditions dans lesquelles le Conseil adopte des recommandations. Il statue sur proposition de la Commission dans tous les cas où les traités prévoient qu'il adopte des actes sur proposition de la Commission. Il statue à l'unanimité dans les domaines pour lesquels l'unanimité est requise pour l'adoption d'un acte de l'Union. La Commission, ainsi que la Banque centrale européenne dans les cas prévus par les traités, adoptent elles aussi des recommandations.

Les recommandations incitent les États à adopter une ligne de conduite et même si elles ne créent ni droits ni obligations, la Cour de justice des Communautés indique que les juges nationaux « sont tenus de prendre les recommandations en considération en vue de la solution des litiges qui leur

1. Cf. CJCE, 10 nov. 1992, *Hansa Fleisch*, aff. 156/91, *Rec.* p. 5589.

2. La dénomination « d'actes législatifs » ne concerne que les catégories d'actes juridiques ayant une portée obligatoire : règlement, directive ou décision.

sont soumis, notamment quand elles sont de nature à éclairer l'interprétation d'autres dispositions nationales ou communautaires » [1].

Les avis comme leur nom l'indique, permettent aux institutions d'exprimer une opinion et parce qu'ils ne lient pas, il convient de les distinguer pour rappel des avis conformes que le Parlement européen peut adopter et que nous avons déjà examinés.

302 ***Les actes non législatifs*** ◇ Cette catégorie d'actes recouvre outre les décisions du Conseil européen, tous les actes adoptés par le Conseil seul ou après simple consultation du Parlement européen au cours d'une procédure non qualifiée de législative, mais aussi par la Commission, la Banque centrale européenne ou encore les organes ou organismes de l'Union. Il peut s'agir des actes délégués prévus à l'article 290 TFUE qui dispose qu'un « acte législatif peut déléguer à la Commission le pouvoir d'adopter des actes non législatifs de portée générale qui complètent ou modifient certains éléments non essentiels de l'acte ». Ces actes délégués se distinguent des actes d'exécution qui peuvent avoir pour base tous les « actes juridiquement contraignants », y compris éventuellement un acte délégué (art. 291 TFUE). Adopté par la Commission par délégation [2] ou par le Conseil, l'acte d'exécution peut n'avoir qu'un caractère individuel contrairement à l'acte délégué qui ne peut avoir qu'une portée générale.

Il convient d'ajouter à ces actes non législatifs les accords interinstitutionnels longtemps ignorés des traités et reconnus désormais par l'article 295 TFUE qui dispose : « le Parlement européen, le Conseil et la Commission procèdent à des consultations réciproques et organisent d'un commun accord les modalités de leur coopération. À cet effet, il peuvent, dans le respect des traités, conclure des accords interinstitutionnels qui peuvent revêtir un caractère contraignant ». En pouvant être sources de droit, ces accords prennent une nouvelle importance. La Charte des droits fondamentaux de l'Union européenne, accord institutionnel adopté en 2000, n'a acquis de force contraignante que par son intégration dans le Traité de Lisbonne.

B. Les actes hors nomenclature

303 ***Les autres types d'actes*** ◇ La pratique montre la prolifération d'actes des institutions étrangers à la nomenclature, soit parce qu'ils n'en ont pas les effets : actes atypiques, soit parce qu'ils ne sont ni prévus ni définis par les traités : « actes innommés ».

304 ***a) Les actes « atypiques »*** ◇ Ce sont les actes qui empruntent leur nom à la nomenclature sans en avoir les caractères. Par exemple les règlements

1. Cf. CJCE, 13 déc. 1989, *Grimaldi*, aff. C. 322/88, *Rec.* p. 4407.
2. Acte délégué et acte d'exécution procèdent tous les deux d'une délégation même si le Traité de Lisbonne n'emploie ce terme qu'à l'article 290 TFUE.

lorsqu'il s'agit des règlements intérieurs des institutions. Ils fixent les règles d'organisation et de fonctionnement propres à chaque institution habilitée à les adopter. Ces actes ont un régime particulier et ne sont pas dépourvus de toute force contraignante. La Cour de justice a pu ainsi annuler une directive du Conseil qui méconnaissait le règlement intérieur du Conseil [1].

305 ***b) Les « actes innomés »*** ◇ Ce sont tous ceux qui n'entrent dans aucune catégorie prévue par les traités. La pratique en a été inaugurée par la haute autorité de la CECA et s'est très largement développée dans le cadre des Traités de Rome et des Traités de l'UE depuis Maastricht.

Le plus souvent il s'agit d'actes qui expriment des intentions ou des engagements de comportement sans portée juridique en principe. Ils sont l'expression d'une « *soft law* » au sein de l'Union.

C'est le cas pour les *résolutions* du Conseil ou de la Commission. Ces textes, dénués d'efficacité juridique, sont cependant importants. Ce sont (du moins pour les résolutions adoptées par le Conseil) des engagements politiques qui sont ensuite développés sous des formes juridiques efficaces : règlements, directives, décisions. Des résolutions ont été ainsi à l'origine de la mise en œuvre des politiques industrielle, énergétique, de la recherche, etc.

On trouve encore d'autres dénominations comme les codes de conduite, les programmes d'action ou encore les délibérations et « décisions à caractère d'orientation » qu'utilise volontiers le Conseil, de même que les très nombreuses communications de la Commission.

Sous certaines conditions, le juge communautaire admet que de tels actes, quelle qu'en soit la forme, puissent produire des effets de droit et tomber sous son contrôle. Le contenu et le degré d'achèvement de l'acte sont pris en considération. Le juge communautaire écarte les actes simplement préparatoires ou intermédiaires de même que les actes à usage purement interne pour retenir comme susceptibles de son contrôle les actes achevés indiquant aux États membres ou aux opérateurs économiques des règles de conduite à suivre de façon obligatoire.

C'est ce qui ressort de la jurisprudence *AETR* [2] s'agissant du contrôle de légalité d'une délibération du Conseil fixant une ligne de conduite obligatoire aussi bien pour les États membres que pour les institutions.

Certaines communications de la Commission tendent de même à acquérir un caractère normatif par leur contenu et leurs destinataires, comme par exemple la communication relative à la coopération entre la Commission et les juridictions nationales pour l'application des articles 101 et 102 TFUE. Le juge communautaire a pu de même en 1993 déclarer recevable un recours de la France contre une communication de la Commission dès lors que son examen l'apparente à un « code de conduite » pour les États membres et

1. Cf. CJCE, 23 janv. 1988, *Royaume-Uni c. Conseil*, aff. 68/86, *Rec.* p. 890.
2. Cf. CJCE, 31 mars 1971, *Commission c. Conseil* (AETR), aff. 22/70, *Rec.* p. 263-296.

qu'elle constitue « un acte destiné à produire des effets juridiques propres » [1].

Notons encore l'existence de déclarations communes du Conseil, de la Commission et du Parlement européen [2]. Ces actes signés par les présidents des trois institutions ne sont pas sources de droit, mais correspondent à des engagements de comportement entre les institutions. On peut citer la déclaration conjointe des trois institutions sur « le consensus européen pour le développement » publiée au *Journal officiel de l'Union européenne* le 24 février 2006 et qui en précisant la vision de l'Union pour le développement vise à inspirer la politique commune en la matière et à lui servir de guide [3].

L'ensemble du droit de l'Union dérivé doit respecter non seulement le droit primaire de l'Union et le droit conventionnel complémentaire, mais aussi un certain nombre de principes et de règles qui relèvent des sources non écrites du droit de l'Union que nous allons examiner maintenant.

SECTION 2. LES SOURCES NON ÉCRITES

306 ***Généralités*** ◇ L'encadrement juridique du droit de l'Union comprend des sources non écrites, appliquées et hiérarchisées par la Cour de justice qui en impose le respect.

Ce recours au droit non écrit se fonde sur un certain nombre de dispositions des traités.

D'une part, les articles 19 TUE et 136 CEEA confient à la Cour de justice la compétence générale d'assurer le respect du droit dans l'interprétation et l'application des traités. D'autre part, les articles 263 alinéa 2 TFUE et 146 CEEA prévoient parmi les moyens d'annulation des actes communautaires celui de la violation des traités et de toute règle de droit relative à leur application.

Par ailleurs, l'article 6 alinéas 1, 2 et 3 TUE proclame que l'Union reconnaît les droits, les libertés et les principes énoncés dans la charte des droits fondamentaux de l'Union européenne, qu'elle adhère à la Convention européenne de sauvegarde des droits de l'homme et des libertés fondamentales et que les droits fondamentaux garantis par cette Convention et tels qu'ils résultent des traditions constitutionnelles communes aux États membres font partie du droit de l'Union en tant que principes généraux. De la même façon en matière de responsabilité extra-contractuelle, l'article 340 alinéa 2 TFUE fait lui aussi référence aux principes généraux communs aux États membres.

1. Cf. CJCE, 16 juin 1993, *France c. Commission*, aff. C325 / 91, *Rec.* p. I 3283-3313, point 23.
2. Cf. Pour un exemple : déclaration du 5 avr. 1977, marquant l'attachement au respect des droits fondamentaux, *JOCE* C. 103.
3. Cf. Déclaration conjointe du Conseil et des représentants des gouvernements des États membres réunis au sein du Conseil, du Parlement européen et de la Commission sur la politique de développement de l'Union européenne intitulée « le consensus européen », 2006/C 46/01, cf. *JOUE* C. 46, 24 févr. 2006, p. 1.

Le droit de l'Union recouvre ainsi les règles non codifiées : la jurisprudence, les principes généraux du droit et le droit coutumier né de la pratique.

§ 1. La jurisprudence

307 ***Une source essentielle du droit*** ◇ La jurisprudence de la Cour de justice de l'Union européenne constitue une source du droit essentielle. Sur de nombreux points, la Cour de justice, par sa jurisprudence, complète et précise les dispositions des traités, en même temps qu'elle en assure le respect.

Son importance nous est déjà familière à ce stade de notre étude comme elle apparaîtra constamment par la suite dans la mesure où les décisions de la Cour de justice ont une réelle fonction normative.

Nous rappellerons brièvement ici que l'importance de la contribution de la Cour dans la formation du droit de l'Union, tient à l'autorité des décisions auxquelles s'applique la règle du précédent, particulièrement les décisions rendues sur recours en annulation et les décisions interprétatives.

L'interprétation du droit de l'Union joue un rôle remarquable dans l'évolution même des règles applicables. Jusqu'à la mise en vigueur du Traité de Nice, la Cour a été précisément investie du monopole de l'interprétation authentique des traités et du droit dérivé. Cette interprétation s'impose aux juges nationaux qui la saisissent à titre préjudiciel dans les conditions de l'article 267 TFUE, comme elle s'impose à toute autorité y compris à la Cour elle-même qui lui fait référence de façon expresse. L'avantage du rôle de la Cour est d'assurer dans tous les États membres une interprétation uniforme qui renforce l'Union de droit.

Cet avantage n'a pas disparu avec la mise en vigueur du Traité de Lisbonne [1] puisque, on l'a vu, dans les matières spécifiques ou le statut attribue compétence au Tribunal pour connaître des questions préjudicielles de l'article 267 TFUE, la Cour peut être saisie en cas de risque et d'atteinte à l'unité ou à la cohérence du droit communautaire. Bien plus, les décisions rendues par le Tribunal sur des questions préjudicielles peuvent exceptionnellement faire l'objet d'un réexamen par la Cour de justice et en cas de risque d'atteinte là encore à l'unité ou à la cohérence du droit de l'Union (art. 256 TFUE). Il y a là une garantie essentielle du maintien de l'unité d'interprétation dont la Cour demeure responsable.

Cet apport de la jurisprudence doit précisément beaucoup aux méthodes d'interprétation de la Cour dont certaines restent classiques, mais dont la plupart sont audacieuses et utilisent largement les principes généraux du droit pour combler les lacunes des textes ou étendre la portée des dispositions imprécises. Le recours systématique aux méthodes téléologiques ou finalistes contribue puissamment au développement du droit de l'Union. La

1. Le Traité de Lisbonne reconduit sur ce point le dispositif du Traité de Nice.

Cour a précisé elle-même les exigences de sa démarche : « chaque disposition de droit communautaire doit être replacée dans son contexte et interprétée à la lumière de l'ensemble des dispositions de ce droit, de ses finalités et de l'état de son évolution à la date à laquelle l'application de la disposition en cause doit être faite » [1].

Nous verrons plus loin que les principes de l'applicabilité directe et de la primauté du droit de l'Union sur le droit national figurent parmi les apports les plus remarquables de la Cour dans la construction du droit de l'Union.

§ 2. Les principes généraux du droit

308 ***Généralités*** ◇ La jurisprudence de la Cour de justice consacre de nombreux principes généraux du droit et leur reconnaît une valeur supérieure au droit dérivé de l'Union et aux accords conclus avec des pays tiers par l'Union, seule ou conjointement avec les États membres.

La Cour de justice dégage ces principes en s'inspirant de diverses sources qui permettent d'opérer entre eux une distinction. Par ailleurs, c'est par le biais des principes généraux du droit que la Cour a pu imposer le respect des droits fondamentaux.

A. Les différents types de principes

309 ***La typologie*** ◇ La Cour de justice peut trouver ses sources d'inspiration dans le droit de l'Union lui-même, dans le droit international public, dans les systèmes juridiques au sens large de même que dans les droits internes des États membres.

310 ***a) Les principes du droit de l'Union*** ◇ Selon la formule de M. Kovar [2], ces principes s'inspirent « de la nature de l'union, de l'économie du système établi par les Traités et les objectifs qu'ils assignent aux institutions ».

Ces principes peuvent être déduits par la Cour à partir d'une règle des Traités. C'est ainsi que la Cour de justice a pu généraliser le principe de non-discrimination qui a pris une importance nouvelle avec le Traité de Lisbonne qui consacre la deuxième partie du TFUE à la non-discrimination et à la citoyenneté de l'Union et qui interdit toute discrimination du fait de la nationalité. La généralisation opérée par la Cour permet d'appliquer ce principe dans de nombreux domaines.

Dans d'autres situations, le juge considère que la règle posée par les traités n'est que l'expression d'un principe plus général qu'il induit de façon

1. Cf. CJCE, 6 oct. 1982, *Cilfit*, *Rec.* p. 3415.
2. Cf. Robert Kovar, *J.-Cl. Europe*, Fasc. 411, p. 7.

audacieuse. C'est le cas du principe d'équilibre institutionnel dégagé dans l'arrêt *Meroni* que nous avons déjà analysé [1].

Parmi les principes les plus importants du droit de l'Union, il faut retenir plus particulièrement :

– le principe de liberté, lui-même lié aux principes d'égalité et d'unité : par exemple la libre circulation des marchandises [2] et des personnes [3] ;

– le principe de solidarité entre les États membres [4] qui sert de fondement au transfert de souveraineté des pays membres de l'Union en matière de politique commerciale ;

– le principe de préférence de l'Union qui joue notamment en matière de politique agricole [5].

311 ***b) Les principes du droit international public*** ◇ Le juge communautaire ne fait appel aux principes du droit international public que pour autant qu'il les estime compatibles avec la nature juridique et la structure institutionnelle de l'Union. Pour lui, la spécificité de l'ordre juridique de l'Union interdit par exemple l'application du principe selon lequel une violation substantielle d'un traité multilatéral par l'une des parties autorise une partie atteinte par la violation à suspendre sa propre application du Traité [6]. Les États membres de l'Union ne peuvent se faire justice eux-mêmes en appliquant un principe inconciliable avec le droit de l'Union, même si ce principe est par ailleurs codifié par l'article 60 de la Convention de Vienne sur le droit des traités.

De la même façon la Cour de justice écarte d'autres principes du droit international tel que l'utilisation de l'estoppel [7] ou le principe de réciprocité [8].

Par contre, la Cour applique volontiers le principe de territorialité qui « s'oppose à ce qu'un État refuse à ses propres ressortissants le droit d'avoir accès à son territoire et d'y séjourner » [9], en rappelant que ce principe est « universellement reconnu en droit international public » [10].

La Cour applique encore le principe de l'effet utile et bien entendu le principe « pacta sunt servanda » qui signifie que les traités sont obligatoires pour les parties.

1. Cf. CJCE, 13 mai 1958, *Meroni c. Haute autorité CECA*, aff. 9/56, *Rec.* p. 11.
2. Cf. CJCE, 1er juill. 1969, *Commission c. Italie*, aff. 24/68, *Rec.* p. 193.
3. Cf. CJCE, 28 oct. 1975, *Rutili c. Min. de l'Intérieur*, aff. 36/75, *Rec.* p. 1219.
4. Cf. CJCE, 7 févr. 1973, *Commission c. Italie*, aff. 39/72, *Rec.* p. 101.
5. Cf. CJCE, 13 mars 1968, *Beus c. Hauptzollamt Munich*, aff. 5/67, *Rec.* p. 126.
6. Cf. CJCE, 13 nov. 1964, *Commission c. Luxembourg et Belgique*, aff. jtes. 90/63 et 91/63, *Rec.* p. 1217.
7. Cf. CJCE, 16 oct. 1980, *Boizard c. Commission*, aff. jtes. 63/79 et 64/79, *Rec.* p. 2975.
8. Cf. CJCE, 29 févr. 1976, *Commission c. Italie*, aff. 52/75, *Rec.* p. 277.
9. Cf. CJCE, 4 déc. 1974, *Van Duyn c. Home Office*, aff. 41/74, *Rec.* p. 1337.
10. Cf. CJCE, 27 sept. 1922, *A. Anlström osakeytiö e.a. c. Commission*, aff. jtes. 89-104-116-117 et 125 à 129/85, *Rec.* p. 5193, point 18.

312 ***c) Les principes communs à tous les systèmes juridiques*** ◇ La Cour de justice applique ici un certain nombre de principes qui assurent une bonne application du droit de l'Union.

Ils peuvent contribuer à garantir la protection juridictionnelle des ressortissants de l'Union comme le principe du droit à un recours juridictionnel contre toute décision d'une autorité nationale refusant un droit conféré par les traités [1].

Ils peuvent aussi obliger au respect de règles essentielles de procédure comme le respect des droits de la défense [2] qui s'impose même en l'absence de toute réglementation concernant la procédure en cause.

Ils peuvent encore imposer aux actes de l'Union le formalisme protecteur des droits des intéressés. Le principe de sécurité juridique implique qu'il n'y ait aucune ambiguïté concernant le droit applicable. La Cour résume ainsi la portée du principe : la législation de l'Union « doit être claire et son application prévisible pour tous ceux qui sont concernés. Cet impératif de sécurité juridique requiert que tout acte visant à créer des effets juridiques emprunte sa force obligatoire à une disposition du droit de l'Union qui doit expressément être indiquée comme base légale et qui prescrit la forme juridique dont l'acte doit être revêtu » [3].

La Cour de justice applique encore le principe de bonne foi [4].

313 ***d) Les principes généraux communs aux droits internes des États membres*** ◇ Ce type de principes est le seul à être visé expressément par un Traité institutif. L'article 340 TFUE stipule en effet qu'en matière de responsabilité non contractuelle, l'Union doit réparer, conformément aux principes généraux communs aux droits des États membres, les dommages causés par ses institutions ou par ses agents dans l'exercice de leurs fonctions. La même référence est reprise pour la réparation des dommages causés par la Banque centrale européenne ou par ses agents dans l'exercice de leurs fonctions (art. 340 al. 2 TFUE).

Au titre de cette catégorie, la Cour applique notamment le principe de l'égalité des administrés devant la réglementation [5] ou encore le principe du retrait des actes administratifs [6].

B. Les droits fondamentaux

314 ***Les différents droits fondamentaux*** ◇ Les traités n'offrent aucun catalogue de référence des droits fondamentaux. Seul le principe de l'égalité

1. Cf. CJCE, 15 mai 1986, *Johnston c. The Chief Constable of the Royal Ulster Constabulary*, aff. 222/84, *Rec.* p. 1651-1694.
2. Cf. CJCE, 10 juill. 1986, *Belgique c. Commission*, aff. 45/85, *Rec.* p. 2321-2350.
3. Cf. CJCE, 16 juin 1993, *France c. Commission*, aff. C. 325/91, *Rec.* p. I. 3283-3313, point 26.
4. Cf. CJCE, 22 mars 1961, *SNUPAT c. HACECA*, aff. 42/59, *Rec.* p. 103.
5. Cf. CJCE, 12 nov. 1969, *Stauder c. Ville d'Ulm*, aff. 29/69, *Rec.* p. 419-430.
6. Cf. CJCE, 12 juill. 1957, *Algera c. Assemblée commune CECA*, aff. jtes. 7/56 et 3 à 7/57, *Rec.* p. 81.

de rémunération pour les hommes et pour les femmes est inscrit dès l'origine à l'article 119 du Traité CEE, actuel article 157 TFUE.

C'est en élargissant ses sources d'inspiration que la Cour de justice a pu intégrer les droits fondamentaux aux principes généraux du droit et développer une jurisprudence protectrice des droits de l'homme.

La première mention des droits fondamentaux faite par le juge communautaire apparaît dès 1969 dans l'arrêt *Stauder*. La Cour y affirme que la disposition qui lui est soumise ne porte pas atteinte aux droits fondamentaux de la personne consacrés par les principes généraux du droit communautaire [1].

Dès lors, la formule répétitive de la jurisprudence sera la suivante : « Les droits fondamentaux font partie intégrante des principes généraux du droit dont la Cour de justice assure le respect » [2]. Pour assurer la sauvegarde de ces droits, la Cour trouve deux sources d'inspiration particulièrement riches : d'une part les « traditions constitutionnelles communes aux États membres » [3], d'autre part, « les indications fournies par les instruments internationaux concernant la protection des droits de l'homme auxquels les États membres ont coopéré ou adhéré » [4]. Parmi ces instruments, la Convention européenne des droits de l'homme revêt une signification particulière et la Cour s'est référé très souvent à ses dispositions pour élargir la gamme des principes généraux du droit de l'Union, bien avant que le Traité de Lisbonne porte adhésion de l'Union à la convention.

C'est ainsi que la Cour a pu intégrer au droit de l'Union un certain nombre de droits, notamment :

– le droit de propriété [5] ;

– le droit de séjour d'un ressortissant de l'Union dans un autre État membre [6] ;

– la liberté de religion et de croyance [7] ;

– la protection de la vie privée [8] ;

– le droit à un procès équitable [9] ;

– le droit à la non-rétroactivité des dispositions pénales [10].

Les droits fondamentaux, faisant partie intégrante des principes généraux du droit de l'Union, équivalent dans la hiérarchie des normes au droit primaire de l'Union. Si une violation d'un droit fondamental par un acte de

1. Cf. CJCE, 12 nov. 1969, *Stander c. Ville d'Ulm*, aff. 29/69, *Rec.* p. 419-430.

2. Cf. CJCE, 17 déc. 1970, *Internationale Handesgesellschaft c. Einfuhr und Vorrattstelle für Getreide und Futturmittel*, aff. 11/70, *Rec.* p. 1125-1158, point 4.

3. Cf. CJCE, 28 oct. 1992, *Ter Voort*, aff. C. 219/91, *Rec.* p. 5425.

4. Cf. CJCE, 14 mai 1974, *Nold c. Commission*, aff. 4/73, *Rec.* p. 491.

5. Cf. CJCE, 14 mai 1974, *Nold c. Commission*, préc.

6. Cf. CJCE, 28 oct. 1975, *Rutili c. Ministre de l'Intérieur*, aff. 36/75, *Rec.* p. 1219.

7. Cf. CJCE, 27 oct. 1976, *Paris c. Conseil*, aff. 130/75, *Rec.* p. 1589.

8. Cf. CJCE, 26 juin 1980, *National Panasonic c. Commission*, aff. 136/79, *Rec.* p. 2033.

9. Cf. CJCE, 29 oct. 1980, *Landeweyck et a. c. Commission*, aff. jtes. 209/78 à 215/78 et 218/78, *Rec.* p. 3125.

10. Cf. CJCE, 10 juill. 1984, *Kent c. Royaume Uni*, aff. 63/83, *Rec.* p. 2689.

droit dérivé est constatée, la Cour prononce à titre rétroactif la nullité de l'acte et sa décision lie toutes les parties.

La jurisprudence impose cependant des limites aux droits fondamentaux. La Cour de justice estime qu'il « ne peut vérifier la compatibilité avec la Convention européenne des droits de l'homme d'une réglementation nationale qui ne se situe pas dans le cadre du droit communautaire » [1].

Certains textes communautaires sont venus officialiser ces droits fondamentaux. Le préambule de l'Acte unique européen fait ainsi une place aux droits fondamentaux reconnus par les constitutions et les lois des États membres, par la Convention européenne des droits de l'homme et par la charte sociale européenne.

Le Traité sur l'Union européenne consacre désormais leur intégration au droit de l'Union à l'article 2 TUE qui énonce les valeurs sur lesquelles se fonde l'Union : le respect de la dignité humaine, la liberté, la démocratie, l'égalité, l'état de droit, le respect des droits de l'homme, y compris des droits des minorités. Ces valeurs sont communes aux États membres dans une société caractérisée par le pluralisme, la non-discrimination, la tolérance, la justice, la solidarité et l'égalité entre les femmes et les hommes.

L'article 6 TUE s'est enrichi de deux textes, la Charte des droits fondamentaux de l'Union européenne qui prend valeur contraignante et la Convention européenne de sauvegarde des droits de l'homme et des libertés fondamentales. Autant de droits fondamentaux désormais incorporés aux traités.

Le dispositif de l'article 7 du TUE mis en place par le Traité d'Amsterdam permet de réagir en cas de violation grave par un État membre des valeurs communes définies à l'article 2 TUE. Dans un premier temps, le Conseil européen réuni au niveau des chefs d'État et de gouvernement et statuant à l'unanimité sur proposition d'un tiers des États membres ou de la Commission et après avis conforme du Parlement européen, peut constater cette violation après avoir invité le gouvernement de l'État concerné à présenter ses observations. Dans un second temps, la constatation peut conduire le Conseil statuant à la majorité qualifiée à suspendre certains droits découlant des traités, notamment le droit de vote de l'État concerné au sein du Conseil. L'évolution de la situation peut amener le Conseil à modifier les mesures prises ou à y mettre fin dans les mêmes conditions de majorité (art. 7 § 1, 2 et 3 CE).

Le Traité de Nice a modifié profondément l'article 7 § 1 repris par le Traité de Lisbonne sur le fond et sur la procédure. Sur le fond, un dispositif d'alerte préventif peut être déclenché en cas de risque clair de violation grave des valeurs de l'Union sans attendre sa réalisation. Le Parlement pourra l'initier au même titre que la Commission ou le tiers des États membres. Pour faciliter la procédure et la rendre moins solennelle, c'est le Conseil des ministres statuant à la majorité des quatre cinquièmes, après approbation du Parlement, qui constate ce risque après avoir entendu l'État concerné. Le Conseil peut aussi demander à des personnes indépendantes de présenter un

1. Cf. CJCE, 30 sept. 1987, *Demirel c. Ville de Schwabisch Gmuend*, aff. 12/86, *Rec.* p. 3719.

rapport sur la situation de cet État. Il est clair que le choix de la majorité renforcée et non plus de l'unanimité empêchera tout blocage à ce stade de la procédure qui privilégie la prévention des atteintes aux valeurs communes de l'Union. L'unanimité n'est maintenue que pour constater l'existence de la violation elle-même (art. 7 § 2 TUE).

§ 3. La place de la pratique dans les sources du droit

315 ***L'interprétation par la Cour de justice*** ◇ Contrairement au droit international public où elle est une source fondamentale du droit, la coutume est quasi inexistante dans le droit de l'Union. Toutefois, certaines pratiques répétées en marge des textes sans être censurées par la Cour de justice, pourraient avoir vocation à former à la longue des règles coutumières.

La Cour de justice ne l'a pas exclu, tout en rappelant qu'« en tout état de cause, une simple pratique ne peut prévaloir sur les normes du Traité » [1]. Une pratique *contra-legem* ne pourrait en aucun cas être source du droit. Par contre une pratique *praeter legem* intervenant en complément des textes pour régler une question non prévue par les traités pourrait aboutir à la création d'une règle coutumière. On peut considérer à ce titre comme une coutume en voie de formation le recours aux accords informels que nous avons vu se multiplier entre les institutions.

En ce qui concerne les accords interinstitutionnels entre le Parlement européen, le Conseil et la Commission, ils sont devenus sources de droit reconnues par le Traité de Lisbonne à l'article 295 TFUE.

1. Cf. CJCE, 9 août 1994, *République française c. Commission*, aff. C. 327/91, *Rec.* p. I. 3641-3680.

CHAPITRE 2
LA MISE EN ŒUVRE DU DROIT DE L'UNION EUROPÉENNE

316 ***Généralités*** ◇ Les règles de principe qui commandent la mise en œuvre du droit de l'Union contribuent fortement à sa spécificité et à son autonomie. À commencer par l'immédiateté du droit de l'Union intégré de plein droit dans l'ordre interne des États membres sans procédure de réception particulière. La Cour de justice en souligne l'originalité dans son arrêt *Costa c. Enel* du 15 juillet 1964 : « À la différence des traités internationaux ordinaires, le Traité de la CEE a institué un ordre juridique propre intégré au système juridique des États membres lors de l'entrée en vigueur du Traité et qui s'impose à leurs juridictions » [1].

Cette conception moniste des relations entre le droit de l'Union et les droits internes des États membres est servie par deux principes fondamentaux, l'effet direct et la primauté, véritables clefs de voûte du système juridique communautaire, ce que nous verrons dans une première section.

Une deuxième section traitera de la régulation des compétences. Par ailleurs, l'efficacité de l'encadrement juridique implique que les États membres mettent en œuvre les actes de l'Union et en assurent le respect, ce que nous examinerons dans une troisième section.

SECTION 1. LES RELATIONS DU DROIT DE L'UNION ET DES DROITS NATIONAUX

Les relations entre le droit de l'Union et les droits nationaux des États membres obéissent nécessairement aux principes de l'effet direct et de la primauté du droit de l'Union.

§ 1. L'effet direct du droit de l'Union

A. Le principe

317 ***La jurisprudence Van Gend en Loos*** ◇ Les traités institutifs ne créent pas de droits et d'obligations au profit ou à la charge des seuls États membres.

1. Cf. CJCE, 15 juill. 1964, *Costa c. Enel*, aff. 6/64, *Rec.* p. 1141.

Les ressortissants sont également sujets du droit de l'Union et peuvent s'en prévaloir devant leurs juridictions nationales.

Le principe en est affirmé pour la première fois par la Cour de justice dans l'arrêt de principe *Van Gend en Loos* du 5 février 1963 [1]. Le juge rappelle en premier lieu que l'objet du Traité de Rome est de mettre en place un marché commun « dont les sujets sont non seulement les États membres, mais également leurs ressortissants », puis il pose le principe que « le droit communautaire, indépendant des législations des États membres, de même qu'il crée des charges dans le chef des particuliers est aussi destiné à engendrer des droits qui entrent dans leur patrimoine juridique ».

À côté des recours ouverts aux États devant la Cour de justice, l'arrêt institue une voie de droit à l'initiative des particuliers, leur permettant d'agir devant leurs juges nationaux en invoquant les droits qu'ils tiennent du droit communautaire, et indirectement de faire sanctionner les manquements des États.

Le principe de l'effet direct n'a pas pour autant de portée générale.

B. La portée du principe

318 ***L'application*** ◇ L'effet direct s'applique en raison de leur nature aux règlements qui sont, aux termes de l'article 288 alinéa 2 TFUE directement applicables dans tout État membre.

Pour les autres sources du droit, la Cour de justice détermine selon certains critères si elles sont ou non d'effet direct c'est-à-dire si elles ont un caractère « *self executing* ».

319 ***a) Les traités originaires*** ◇ La Cour a reconnu l'effet direct à *divers articles des traités*. Mais cette reconnaissance de l'effet direct est subordonnée à diverses conditions posées par la jurisprudence. Les articles des traités peuvent imposer aux États des *obligations positives* ou *négatives*. Mais leurs dispositions doivent être *claires* et *précises* et *juridiquement complètes*. Elles ne doivent prévoir *aucune réserve subordonnant leur application à une disposition de droit interne*. Elles doivent être *techniquement parfaites* et créer des droits et des obligations aux particuliers sans requérir l'adjonction de dispositions internes ou *l'intervention d'actes communautaires*. Elles ne *doivent imposer aux juges aucun jugement de valeur dépassant l'appréciation juridique*, aucune appréciation de caractère politique.

Selon ces critères, la Cour a reconnu l'effet direct à certains articles des traités. C'est le cas de l'article 18 TFUE interdisant les discriminations, des articles 101 et 108 TFUE qui prohibent les ententes et les abus de position dominante. C'est aussi le cas des articles 49 et 56 TFUE qui interdisent les restrictions à la liberté d'établissement ou à la libre prestation des services à l'intérieur de l'Union.

1. Cf. CJCE, 5 févr. 1963, *Van Gend en Loos*, aff. 26/62, *Rec.* p. 1-58.

La Cour a reconnu l'effet direct à des dispositions qui semblaient ne lier les États que dans des conditions d'un Traité ordinaire et dont l'application semblait dépendre de la seule diligence des États membres. Il en a été ainsi de l'ex-article 119 CEE actuel article 157 TFUE relatif à l'égalité des salaires masculins et féminins : la Cour, reconnaissant l'effet direct à ce texte, alors que des dispositions nationales en faisant application n'avaient pas été adoptées, *a établi l'indépendance de l'effet direct à l'égard des techniques d'introduction du droit communautaire dans le droit national* [1].

Les articles d'effet direct sont relativement nombreux. Le juge a refusé par contre l'applicabilité directe à certains types de dispositions :

– les dispositions institutionnelles ;

– les dispositions dont l'exécution est subordonnée à l'exercice d'une compétence de l'Union ;

– les dispositions qui laissent aux États membres une large faculté d'appréciation.

Parmi les articles dépourvus d'effets directs, on peut citer l'article 2 TUE qui précise les objectifs de la Communauté, l'article 117 TFUE qui oblige l'État membre à consulter la Commission lorsqu'il y a lieu de craindre que l'établissement ou la modification d'une disposition législative, réglementaire ou administrative ne provoque une distorsion de concurrence. L'article 151 alinéa 1 TFUE qui énonce les objectifs sociaux de la Communauté n'est pas non plus susceptible d'effets directs.

320 ***b) Les directives*** ◇ La Cour a *reconnu la possibilité de produire un effet direct aux directives* en dépit de l'objection que l'on aurait pu soulever selon laquelle les directives sont introduites dans les États membres par des actes juridiques nationaux. L'article 288 alinéa 3 TFUE précise que les instances nationales sont compétentes quant à la forme et aux moyens pour atteindre le résultat prescrit par la directive. Mais la Cour a considéré la « substance » et la « fonction » de la directive dans le « système du Traité ». Elle a estimé qu'une directive dont l'objet est de « fixer à un État membre une date limite pour l'exécution d'une obligation du droit de l'Union » n'intéresse pas seulement les rapports entre la Commission et cet État, mais entraîne aussi des conséquences juridiques dont « peuvent se prévaloir et les autres États-membres (...) et les particuliers lorsque, par sa nature même, la disposition qui édicte cette obligation est directement applicable » [2].

L'effet direct de la directive ne se produit qu'à l'expiration du délai imparti à l'État membre pour introduire ses dispositions dans le droit national, en cas de défaillance de l'État [3]. C'est précisément lorsque la directive n'a pas été transcrite dans les délais impartis à l'État membre que son effet direct présente un intérêt essentiel en apportant aux particuliers une « garantie

1. Cf. CJCE, 8 avr. 1976, aff. 43/75, *Rec.* p. 455. Une liste des articles du Traité CEE a été établie en réponse à une question écrite 2388-82 d'un parlementaire, *JOCE* C. 177, 4 juill. 1983.

2. Cf. CJCE, 17 déc. 1970, *SACE*, aff. 33/70, *Rec.* p. 1970-1213.

3. Cf. CJCE, 5 avr. 1979, *Ratti*, aff. 148, 78, *Rec.* p. 1269.

minimale ». La Cour précise en effet que « dans tous les cas où les dispositions d'une directive apparaissent comme étant, du point de vue de leur contenu, inconditionnelles et suffisamment précises, ces dispositions peuvent être invoquées, à défaut de mesures d'application prises dans les délais, à l'encontre de toute disposition nationale non conforme à la directive, ou encore en tant qu'elles sont de nature à définir des droits que les particuliers sont en mesure de faire valoir à l'égard de l'État » [1]. Encore faut-il là encore que la directive soit claire, précise et complète.

L'effet direct des directives s'impose non seulement aux juridictions, mais également aux autorités administratives, y compris aux communes, qui sont tenues de les appliquer et d'écarter l'application des règles du droit national qui n'y sont pas conformes [2].

Mais, si une directive peut, par son effet direct, créer des droits au profit des particuliers, elle ne peut leur créer d'obligation. En effet, les directives n'ont d'effet contraignant qu'à l'égard des États membres [3].

321 ***c) Les décisions*** ◇ La Cour a aussi reconnu que les *décisions* (y compris celles de la Commission), pouvaient produire un effet direct. Selon la Cour, exclure que l'obligation créée par une décision puisse être invoquée par les personnes concernées serait « incompatible avec l'effet contraignant reconnu à la décision par l'article 288 alinéa 4 TFUE ».

La jurisprudence *Franz Grad* admit pour la première fois en 1970 que « le droit pour les justiciables de s'en prévaloir en justice » [4] peut être le même s'agissant d'une décision ou s'agissant d'un règlement malgré les différences de nature des deux sources du droit.

Le raisonnement en faveur de l'effet direct de la décision reprend les arguments de l'effet utile du droit de l'Union à l'appui de l'effet direct de la directive. À la différence de la directive, la décision n'exige pas toutefois nécessairement l'existence d'un droit national d'exécution quand le destinataire n'est pas un État ou quand l'exécution par un État comprend des obligations qui ne concernent pas les particuliers [5].

322 ***d) Le droit conventionnel*** ◇ La Cour a reconnu que des accords conclus par la Communauté étaient susceptibles de produire un effet direct (ce qui n'est pas le cas des dispositions du GATT) [6]. Ainsi, un accord conclu par le Conseil constitue un acte pris par les institutions que la Cour est compétente pour interpréter (arrêt 171/73, 30 avr. 1974). Un tel acte peut produire un

1. Cf. CJCE, 19 janv. 1982, *Becker*, aff. 8/81, *Rec.* p. 52.
2. Cf. CJCE, aff. 103-88, 22 juin 1989. Cf. aff. C. 188-89, 12 juill. 1990.
3. Cf. CJCE, aff. 152/84, 26 févr. 1986 ; 80/86, 8 oct. 1987.
4. Cf. CJCE, 6 oct. 1970, *Franz Grad*, aff. 9/70, *Rec.* p. 825.
5. Rappelons que règlements, directives et décisions peuvent être des actes législatifs par leur procédure d'adoption (législative ordinaire ou spéciale) ou des actes non législatifs ne relevant pas d'une procédure conjointe du Parlement européen et du Conseil. V. *supra*.
6. Cf. CJCE, 12 déc. 1972, *International Fruit*, aff. 21/72, *Rec.* p. 1219.

effet direct aux conditions fixées par la jurisprudence, s'il comporte une obligation claire et précise, qui n'est subordonnée dans son exécution ou ses effets à l'intervention d'aucun acte ultérieur.

C'est ce qui ressort de l'arrêt *Demirel* [1] rendu à propos de l'accord d'association avec la Turquie. La même solution s'applique aux actes du Conseil d'association instituée par un tel accord [2].

L'effet direct a été ainsi reconnu par la Cour à la Convention de Yaoundé [3], et donc celles de Lomé et de Cotonou.

§ 2. La primauté du droit de l'Union européenne

A. Le principe

323 ***La jurisprudence Costa c. Enel*** ◇ En l'absence de toute disposition expresse des traités fondateurs établissant la primauté du droit communautaire sur les droits nationaux [4], c'est à la Cour de justice des Communautés qu'il revient d'en avoir posé le principe.

Saisie à l'occasion d'un litige qui opposait devant un juge italien l'entreprise nationale de production d'électricité et un de ses abonnés, la Cour précise la nature du droit communautaire et de ses relations avec les ordres juridiques nationaux. Cet arrêt *Costa c. Enel* du 15 juillet 1964 [5] rendu un peu plus d'un an après l'arrêt *Van Gend en Loos* marque une étape décisive dans la construction du droit de l'Union.

a) La Cour a d'abord estimé que le *droit communautaire ne créait pas entre les États membres des relations interétatiques classiques*. Selon l'arrêt 6/64, « en instituant une Communauté de durée illimitée dotée d'institutions propres, de la personnalité, de la capacité juridique, d'une capacité de représentation internationale et plus particulièrement de pouvoirs réels issus d'une limitation de compétence ou d'un transfert d'attributions des États à la Communauté, ceux-ci ont limité, bien que dans des domaines restreints, leurs droits souverains et créé ainsi un corps de droit applicable à leurs ressortissants eux-mêmes ».

b) La Cour de justice a fondé la suprématie du droit communautaire sur une série d'*arguments*. D'abord des *textes clairs*, tels que l'article 189 du Traité CEE (actuel art. 288 TFUE), *prévoient l'application directe*, dans les États membres, de certaines catégories de textes. D'autre part, *si par des*

1. Cf. CJCE, 30 sept. 1987, *Demirel*, aff. 12/86, *Rec.* p. 3719.
2. Cf. CJCE, 20 sept. 1990, *Sevince*, C. 192/89, *Rec.* p. I-3461.
3. Cf. CJCE, 5 févr. 1976, *Bresciani*, aff. 87/75, *Rec.* p. 129.
4. Le Traité constitutionnel plaçait la primauté du droit européen parmi les principes fondamentaux de l'Union (art. 1-6). Le Traité de Lisbonne n'a pas repris cet article et la primauté du droit adopté par l'Union fait l'objet de la déclaration n° 17 qui renvoie elle-même à la jurisprudence de la Cour, dont il est rappelé que le principe de primauté est pour elle, inhérent à la nature particulière de la Communauté européenne.
5. Cf. CJCE, 15 juill. 1964, *Costa c. Enel*, aff. 6/64, *Rec.* p. 1141.

mesures nationales les États membres *pouvaient méconnaître le droit communautaire, leurs engagements ne seraient que conditionnels,* ils pourraient créer à leur profit des discriminations par des mesures unilatérales. Enfin, parmi les arguments retenus par la Cour de justice, il faut aussi mentionner que le *droit national ne peut réformer le droit communautaire dont la source est différente.* Sur tous ces arguments la Cour a fondé une conclusion sans équivoque ; « *Issu d'une source autonome, le droit né du Traité ne pourrait donc, en raison de sa nature spécifique originale, se voir judiciairement opposer un texte interne quel qu'il soit, sans perdre son caractère communautaire et sans que soit mise en cause la base juridique de la Communauté elle-même* ». Contre ce droit « *ne saurait prévaloir un acte unilatéral ultérieur incompatible avec la notion de Communauté* ». De ce principe, la Cour a fait de nombreuses applications.

En affirmant la « prééminence » du droit communautaire, le principe posé par cet arrêt, de jurisprudence constante, devait être constamment repris et précisé dans sa valeur comme élément de l'« ordre public communautaire » [1] et surtout dans sa très large portée.

Le principe de primauté n'est pas inscrit dans le Traité de Lisbonne [2]. C'est la brève déclaration n° 17 annexée au Traité qui précise que « selon une jurisprudence constante de la Cour de justice de l'Union européenne, les traités et le droit adopté par l'Union sur la base des traités priment le droit des États membres dans les conditions définies par ladite jurisprudence ». Ce texte est complété par l'avis du service juridique du Conseil en date du 22 juin 2007 qui figure au document 11197/07 (JUR 260). Cet avis précise : il découle de la jurisprudence de la Cour de justice que la primauté du droit communautaire est un principe fondamental dudit droit. Selon la Cour, ce principe est inhérent à la nature particulière de la Communauté européenne.

À l'époque du premier arrêt de cette jurisprudence constante, la primauté n'était pas mentionnée dans le Traité. Tel est toujours le cas actuellement. Le fait que le principe de primauté ne soit pas inscrit dans le Traité de Lisbonne ne modifiera en rien l'existence de ce principe ni la jurisprudence en vigueur de la Cour de justice.

B. La portée du principe

324 ***L'application*** ◇ Il faut comprendre la primauté du droit de l'Union comme imposant l'intégralité de ses sources à tous les organes des États membres. Ce qui signifie aussi que toutes les normes de droit interne, quelle que soit leur nature et quel que soit leur rang : Constitution, lois ou actes administratifs, sont concernées.

Dans un arrêt important de 1970 que nous avons déjà évoqué à propos des droits fondamentaux, la Cour affirme que « l'invocation d'atteintes portées,

1. Cf. Ord. 22-06-1965, *Acciaierie San Michèle*, 1967, *Rec.* p. 35.
2. Le Traité constitutionnel avorté inscrivait cette primauté à l'article 1-6 parmi les principes fondamentaux de l'Union. Le Traité de Lisbonne n'a pas repris cette disposition.

soit aux droits fondamentaux tels qu'ils sont formulés par la Constitution d'un État membre, soit aux principes d'une structure constitutionnelle, ne saurait affecter la validité d'un acte communautaire ou son effet sur le territoire de cet État » [1].

Cette primauté du droit de l'Union s'impose également au droit national antérieur et au droit national postérieur. Dans un arrêt de principe, la Cour confirme la primauté absolue du droit de l'Union en même temps que sa complémentarité avec le principe de l'effet direct, en particulier en insistant même fortement sur *l'obligation du juge national chargé d'appliquer le droit communautaire de ne pas tenir compte du droit national incompatible :* « le juge national, chargé d'appliquer, dans le cadre de sa compétence, les dispositions du droit (de l'Union), a l'obligation d'assurer le plein effet de ces normes, en laissant au besoin inappliquée, de sa propre autorité, toute disposition de la législation nationale, même postérieure, sans qu'il ait à demander ou à attendre l'élimination préalable de celle-ci par voie législative ou par tout autre procédé constitutionnel » [2].

Le conflit de normes entre le droit de l'Union et le droit interne se règle facilement quand il s'agit d'une norme contraire antérieure, qu'il s'agisse d'une loi [3] ou d'un règlement [4]. Le conflit est réglé comme un conflit de normes dans le temps, la plus ancienne étant réputée abrogée ou privée d'effets.

S'agissant du conflit entre le droit de l'Union et la loi postérieure contraire, les juridictions françaises ont longtemps été divisées sur son règlement. La primauté du droit de l'Union est pourtant parfaitement conforme avec l'article 55 de la Constitution de 1958 qui dispose : « Les traités ou accords régulièrement ratifiés ou approuvés ont, dès leur publication une autorité supérieure à celle des lois, sous réserve, pour chaque accord ou traité, de son application par l'autre partie ».

Dans un arrêt de principe en date du 24 mai 1975 [5], *Société des Cafés Jacques Vabre,* la Cour de cassation devait faire prévaloir le Traité CEE sur un texte de valeur législative postérieur. L'arrêt se fonde sur l'article 55 en même temps qu'il reprend de façon significative les termes de l'arrêt *Costa c. Enel* en rappelant « qu'en raison de sa spécificité (du Traité de Rome), l'ordre juridique qu'il a créé est directement applicable aux ressortissants de ces États et s'impose à leurs juridictions ».

Par contre, le juge administratif va s'isoler pendant longtemps dans un refus de faire prévaloir le droit communautaire sur la loi postérieure contraire. Dans son arrêt de principe du 1er mars 1968 *Syndicat général des semoules de France* [6], le Conseil d'État suit le raisonnement de son commis-

1. Cf. CJCE, 17 déc. 1970, *Internationale Handelsgesellschaft,* aff. 11/70, préc.
2. Cf. CJCE, 9 mars 1978, *Administration des Finances c. Simmenthal,* aff. 106/77, *Rec.* p. 629.
3. Cf. CJCE, 15 juill. 1964, *Costa c. Enel,* aff. 6/64, préc.
4. Cf. CJCE, 14 déc. 1971, *Politi,* aff. 43/71, *Rec.* p. 1039.
5. Cf. Ch. mixte, 24 mai 1975, concl. Touffait, *JCP* 1975. II. 18180 *bis.*
6. Cf. CE, 1er mars 1968, *Syndicat général des semoules de France,* concl. Questiaux, *AJDA* 1968. II. 235.

saire du gouvernement Madame Questiaux selon laquelle : « Le juge ne peut ni censurer, ni méconnaître une loi ». Il a fallu attendre le revirement de jurisprudence opéré par l'arrêt *Nicolo* du 20 octobre 1989 [1] pour que le juge administratif accepte enfin la primauté du droit communautaire [2] alors même que la Cour de justice avait, entre-temps, précisé dans l'arrêt *Simmenthal* de 1978 l'inapplicabilité de plein droit de toute disposition législative interne contraire, « même postérieure » [3]. Par la suite, le Conseil d'État acceptera de faire prévaloir un règlement communautaire dans son arrêt *Boisdet* du 24 septembre 1990 [4] avant de reconnaître la primauté d'une directive communautaire dans l'arrêt du 28 février 1992 *SA Rothmans International France et SA Philip Morris France* [5].

La primauté du droit de l'Union admise désormais par tous les États membres appelle encore deux remarques.

De la primauté du droit de l'Union, la Cour a tiré diverses conséquences importantes et notamment le principe de *l'effet direct* que produisent les règles du droit de l'Union dans certaines conditions. De la primauté du droit de l'Union, il faut rapprocher l'*irréversibilité* [6]. Ainsi, si dans un domaine relevant des compétences de l'Union, le Conseil tenu de statuer dans un délai défini ne prend pas sa décision, les États membres ne recouvrent pas le pouvoir de statuer : le transfert de compétence est définitif et total [7].

De la primauté du droit de l'Union, la jurisprudence a aussi déduit que des déclarations unilatérales d'États membres inscrites aux procès verbaux de réunions du Conseil, ne peuvent être invoquées pour interpréter un acte de l'Union, la portée des règles adoptées par les institutions ne pouvant être modifiée par les réserves ou objections présentées par les États membres lors de l'élaboration de ces règles [8].

325 ***La complémentarité des principes*** ◇ Il faut souligner que les principes d'effet direct et de primauté se combinent pour assurer une pleine efficacité du droit de l'Union qui doit produire ses effets, même en l'absence d'effet direct attaché à une norme de l'Union.

Non seulement, lorsqu'une norme de l'Union d'effet direct confère des droits à un particulier, celui-ci peut engager la responsabilité de l'État qui ne

1. Cf. CE Ass. 20 oct. 1989, *Nicolo, Rec.* p. 190.
2. Sur la position du juge administratif français, v. A. Gruber, « L'arrêt *Nicolo* ou la victoire du Conseil d'État sur le Conseil d'État », *LPA* 15 nov. 1989, p. 4.
3. Cf. *CJCE*, 9 mars 1978, *Administration des finances de l'État c. Sté Simmenthal*, aff. 106/77, concl. Reischl, Rec. p. 629.
4. Cf. CE 24 sept. 1990, *Boisdet, Rec.* p. 250.
5. Cf. CE Ass., 28 févr. 1992, *SA Rothmans International France et SA Philip Morris France, Rec.* p. 20.
6. Arrêt n° 7-71, 14 févr. 1971, *Rec.* 1971 p. 1003. Sur cette question, voir note, P. Pescatore, « Aspects judiciaires de l'acquis communautaire », *RTD eur.* 1981.617.
7. CJCE, arrêt 804/79, 5 mai 1981, *D.* 1982 et note L. Cartou p. 333. Cf. arrêts 47 et 48-83, 28 mars 1984 ; C. 158-89, 17 mai 1990.
8. CJCE, arrêt 143/83, 30 janv. 1985.

respecte pas ces droits devant le juge national, [1] ce qui valorise le rôle des particuliers dans l'application du droit de l'Union en même temps que celui du juge national. La réparation du préjudice assure alors, comme on l'a vu, la protection des droits des particuliers établis par le droit de l'Union. Mais si une directive même dénuée d'effet direct n'est pas transposée par l'État alors qu'elle prévoit un droit pour les particuliers, la défaillance de l'État suffit à engager sa responsabilité, ce qui tend à lui imposer le respect des obligations attachées à la nature de la norme de l'Union. La jurisprudence en est venue à dégager le principe de la pleine efficacité des normes de l'Union dans un arrêt de 1996 [2] qui affirme clairement que la réparation « vise à effacer les conséquences dommageables pour les bénéficiaires d'une directive, du défaut de transposition de celle-ci par un État membre ».

SECTION 2. **LA RÉGULATION DES COMPÉTENCES**

325-1 Le Traité de Maastricht s'est efforcé de rendre plus réelle la participation des citoyens de l'Union aux décisions prises par les institutions.

Il a, à cet effet, posé un principe, formulé par son article A : « Le présent Traité marque une nouvelle étape dans le processus créant une Union sans cesse plus étroite entre les peuples de l'Europe, dans laquelle *les décisions sont prises le plus près possible des citoyens* ». Cette disposition est reprise dans le préambule du Traité de Lisbonne qui ajoute : « dans le respect du principe de subsidiarité ».

Ce principe implique les réformes institutionnelles destinées à renforcer la légitimité démocratique des institutions [3] et, dans une certaine mesure, le principe de subsidiarité et son complément indispensable le principe de proportionnalité.

L'article 5 TUE précise que les principes de subsidiarité régissent l'exercice des compétences de l'Union.

Le protocole n° 2 annexé au Traité de Lisbonne leur est consacré : il établit un système de contrôle.

§ 1. **Le principe de subsidiarité**

326 Ce principe qui traduit la nécessité du respect de l'identité nationale [4] des États membres (art. 4 § 2 TUE) est introduit dans le Traité par le préambule

1. Dans un arrêt *Köbler* du 30 septembre 2003, la Cour retient cette responsabilité de l'État quand le juge national méconnaît manifestement sa jurisprudence et n'exerce pas son obligation de renvoi préjudiciel (art. 234 Traité CE). En retenant la faute du juge, la Cour renforce à la fois la primauté et l'effet direct.

2. Cf. CJCE, 5 mars 1996, *Brasserie du pêcheur et Factortame III*, aff. jtes C-46/93 et C 48-/93, *Rec.* p. 1029-1163.

3. Sur ce point, cf. *supra*.

4. Cf. à ce propos J.-L. Clergerie, *Le principe de subsidiarité*, Ellipses, Paris, 1997.

et par l'article 5 TUE qui dispose que dans les domaines qui ne relèvent pas de sa compétence exclusive, l'Union intervient seulement si, et dans la mesure où, les objectifs de l'action envisagée, ne peuvent pas être atteints de manière suffisante par les États membres, tant au niveau central qu'au niveau régional et local, mais peuvent l'être mieux au niveau de l'Union, en raison des dimensions ou des effets de l'action envisagée.

A. Les caractères du principe de subsidiarité

327 ***a) Un principe ambigü*** ◇ Pour de nombreux auteurs (Vlad Constantinesco par exemple) la subsidiarité devrait permettre de limiter le poids de l'Union et préserver les compétences des États. Pour d'autres (notamment Monique Chemillier-Gendreau), elle pourrait bien, tout au contraire, aboutir à une extension illimitée des compétences de l'Union, dont les domaines d'intervention ont par ailleurs été sensiblement étendus par les traités successifs de l'Union depuis Maastricht.

Cette ambiguïté résulte du caractère essentiellement philosophique d'un principe, dont l'idée avait été inspirée par Aristote à Saint Thomas d'Aquin, avant d'être laïcisée au début du XVIIe siècle par l'allemand Althusius.

La subsidiarité a ensuite été reprise par la doctrine de l'Église catholique. Le Pape Pie XI a été le premier à s'y référer explicitement en 1931, dans son Encyclique « *Quadragesimo Anno* » sur la question sociale. Elle est également présente dans la plupart des Constitutions allemandes, depuis 1871, où elle a plutôt joué en faveur du *Bund* que des *Länder,* contrairement aux intentions de ses défenseurs [1].

Elle constitue sans aucun doute « une pédagogie de l'approche fédérale » (Jacques Delors) destinée à protéger les citoyens contre les interventions abusives de l'Union.

328 ***b) Un principe régulateur de compétences*** ◇ La subsidiarité *n'a pas pour objet* de répartir les compétences entre les États et l'Union, ce qui relève des traités. Son rôle est seulement de *régler l'exercice des compétences* de l'Union qui sont des compétences d'attribution.

La subsidiarité répond au principe d'attribution en vertu duquel l'Union n'agit que dans les limites des compétences que les États membres lui ont attribuées dans les traités pour atteindre les objectifs que ces traités établissent. Toute compétence non attribuée à l'Union dans les traités appartient aux États membres (art. 5 TUE).

Par là, la subsidiarité apparaît comme une sorte de principe directeur, pour définir la frontière entre les compétences des États membres et celles de l'Union et le principe d'attribution permet de mettre en œuvre un critère de

1. Il n'est donc pas étonnant qu'elle ait été introduite en droit communautaire à la demande de M. Jacques Delors, alors président de la Commission européenne, et sous la pression des *Länder* allemands.

légalité justiciable devant la Cour de justice de l'Union européenne (art. 8 protocole n° 2).

La subsidiarité obéit encore au critère de nécessité défini à l'article 5 § 3 TFUE qui précise les cas où – hormis pour la compétence exclusive – l'Union intervient : si les objectifs de l'action envisagée « ne peuvent être réalisés de manière suffisante » par les États membres et peuvent « donc », en raison des dimensions ou des effets de l'action envisagée, « être mieux réalisés au niveau de l'Union ».

329 ***c) Un principe longtemps implicite*** ◇ Plusieurs articles des traités originaires portent la marque du principe de subsidiarité. Une telle référence, même implicite, n'est pas étonnante dans la mesure où les « pères » de l'Europe (Jean Monnet et Robert Schuman) se sont ouvertement inspirés du « fédéralisme coopératif », mis en place par la loi fondamentale de Bonn de 1949, dont certaines dispositions ont trait à la subsidiarité (art. 30 et 72).

Le traité CECA (art. 5 et 95-1) et surtout les Traités de Rome (art. 81 ex-85, 82 ex-86, 86 ex-90, 94 ex-100, 308 ex-235) renvoient en effet plus ou moins directement à la subsidiarité. Ainsi le renvoi préjudiciel (art. 234 CE, 150 Euratom et 41 CECA) permet-il à la Cour de justice de se prononcer sur l'interprétation ou la validité du droit communautaire, tout en laissant aux juridictions nationales le soin de statuer sur le fond. De même la directive (art. 249-3 CE et 161-3 Euratom) autorise-t-elle la Communauté à déterminer les actions à entreprendre, tout en confiant leur mise en œuvre aux États membres.

Il faudra cependant attendre l'Acte unique européen des 17 et 28 février 1986, pour qu'il soit expressément fait référence à la subsidiarité, dans un domaine certes limité, celui de l'environnement (art. 174-4, ex-130 R-4, du titre XIX, ex-titre XVI) [1].

Le mécanisme de contrôle mis en place par le Traité de Lisbonne valorise le rôle des parlements nationaux véritables gardiens du respect de la subsidiarité et aussi de la proportionnalité par les actes de l'Union.

B. La portée du principe de subsidiarité

Elle dépend étroitement de son domaine d'application et des conditions de sa mise en œuvre.

330 ***Le domaine d'application du principe : les compétences concurrentes*** ◇ Après avoir rappelé que l'Union n'agit que dans les limites des compétences que les États membres lui ont attribuées dans les traités (art. 5 al. 2 TUE) le même texte rappelle que toute compétence non attribuée à

1. L'article 12-2 du projet de Traité sur l'Union européenne (projet Spinelli), rejeté par le Conseil européen de Fontainebleau des 25 et 26 juin 1984, fut en réalité le tout premier à se référer à ce principe, mais il ne fut jamais appliqué.

l'Union appartient aux États membres. Et l'article 5 § 3 distingue les compétences exclusives de l'Union et les compétences que l'on peut qualifier de partagées ou de concurrentes.

La référence aux domaines qui ne relèvent pas de la compétence exclusive de la Communauté, qui apparaît pour la première fois dans le Traité de Nice, n'est pas sans poser certaines questions.

Le Traité de Lisbonne s'efforce de clarifier cette distinction à l'article 2 § 1 et 2 TUE complété par le protocole n° 25 sur les compétences partagées et la déclaration n° 18 concernant la délimitation des compétences. L'application du principe de subsidiarité permet de veiller à la ligne de partage entre compétences exclusives et compétences partagées.

331 ***Compétences exclusives et compétences partagées*** ◇ Les *compétences exclusives* de l'Union européenne sont celles qu'elle est seule autorisée par les traités à exercer le plus souvent pour remplir les objectifs fixés par leurs préambules. La Commission dans sa communication du 27 octobre 1992 [1] s'est donc efforcée de fixer les éléments d'une qualification des compétences exclusives qui permet de comprendre leur nature.

Elle fonde cette qualification sur deux éléments « cumulatifs », l'un dit « fonctionnel », l'autre « matériel ».

Par élément « fonctionnel », la Commission entend qu'il existe une *obligation d'agir* dont l'Union est *seule responsable* et qui est éventuellement *sanctionnée* par un *recours en carence* (art. 265 TFUE).

Ce que la Commission appelle « élément matériel », c'est le *dessaisissement des États* membres du pouvoir d'intervenir *unilatéralement* sauf s'ils sont habilités par l'Union pour légiférer eux-mêmes ou pour mettre en œuvre les actes de l'Union.

Ainsi, la compétence exclusive est une compétence confiée à titre obligatoire à l'Union, assortie parfois d'une obligation de résultat, les États membres ne pouvant plus intervenir unilatéralement dans les domaines de cette compétence exclusive. L'article 2 § 1 TFUE reprend les deux éléments ainsi dégagés.

L'article 3 TFUE dresse pour la première fois dans un traité la liste des domaines dans lesquels l'Union exerce une compétence exclusive :

a) l'union douanière ;

b) l'établissement des règles de concurrence ;

c) la politique monétaire pour les États membres dont la monnaie est l'euro ;

d) la conservation des ressources biologiques de la mer dans le cadre de la politique commune de la pêche ;

e) la politique commerciale commune.

Cette liste est complétée d'une part par l'article 3 § 2 TFUE en matière de conclusion d'un accord international lorsqu'elle est prévue par un acte

1. Communication de la Commission, *Bull. CE* 10/92, p. 122-123.

législatif de l'Union ou quand elle est nécessaire à la compétence interne exclusive de l'Union.

Les compétences partagées (ou concurrentes). L'article 2 § 2 TFUE donne une définition simple des compétences partagées : « Lorsque les traités attribuent une compétence partagée, (...) l'Union et les États membres peuvent légiférer et adopter des actes juridiquement contraignants » dans le domaine visé.

L'article 4 TFUE donne une liste indicative des compétences partagées en visant les « principaux domaines » où elles s'appliquent.

Les compétences partagées ont un caractère transitoire [1] : les États membres conservent le droit d'intervenir aussi longtemps et pour autant que l'Union n'a pas fait usage du droit que lui donnent les traités pour remplir les objectifs qui lui sont assignés. L'Union pourra donc toujours intervenir quand une question n'a pu, par exemple, être réglée efficacement par les États. De plus, les États peuvent toujours décider de modifier les traités en vue d'accroître ou de réduire les compétences attribuées à l'Union (al. 2 déclaration n° 18).

Le TFUE distingue une troisième série de compétences : les actions d'appui de coordination ou de complément de l'article 6.

332 ***Les compétences de l'article 6 TFUE*** ◇ Il s'agit des compétences d'appui de coordination ou de complément reconnues à l'Union à l'égard de l'action des États membres, sans pour autant remplacer leurs compétences propres. L'article énumère les domaines d'action concernés : la protection et l'amélioration de la santé humaine, l'industrie, la culture, le tourisme, l'éducation, la formation professionnelle, la jeunesse et le sport, la protection civile et la coopération administrative.

La compétence de l'Union concerne la finalité européenne de ces domaines. Les actes juridiquement contraignants de l'Union adoptés sur la base des traités relatifs à ces domaines ne peuvent pas comporter d'harmonisation des dispositions législatives et réglementaires des États membres.

333 ***Le contrôle préventif de la subsidiarité*** ◇ Le Traité de Lisbonne organise un contrôle de la subsidiarité qui donne un rôle essentiel aux Parlements nationaux directement intéressés par la mise en œuvre du principe.

L'article 12 TFUE stipule que les Parlements nationaux contribuent au bon fonctionnement de l'Union « en veillant au respect du principe de subsidiarité ».

Cette vigilance est rendue possible par une transparence des travaux de l'Union organisée par le protocole n° 1 sur le rôle des Parlements nationaux

1. Il en résulte que la compétence « autonome » (ou « propre ») des États n'a qu'un caractère provisoire (cf. réponse du Conseil de l'Union du 10 mars 1994 à plusieurs questions écrites, *JOCE* 11 avr. 1994, C. 102/4).

de l'Union européenne qui renforce leur droit à l'information. L'ensemble des documents de consultation de la Commission, de même que tous les projets d'actes législatifs adressés au Parlement européen et au Conseil sont transmis directement aux Parlements nationaux sans passer par l'intermédiaire de leurs gouvernements respectifs, quel que soit l'initiateur du projet qui peut être un groupe d'États, la Commission, le Parlement européen, la Cour de justice, la Banque centrale européenne ou la Banque européenne d'investissement (art. 2 protocole n° 1).

Cette transparence donne aux Parlements nationaux les moyens de réagir préventivement en s'opposant aux initiatives qu'ils estiment contraires aux compétences de l'Union. Dans un délai de huit semaines à compter de la transmission d'un projet d'acte législatif qui doit être motivé au regard des principes de subsidiarité et de proportionnalité, tout Parlement national ou toute chambre de l'un de ces Parlements, s'il est bicaméral, peut adresser après consultation éventuelle des Parlements régionaux ayant des pouvoirs législatifs, un avis motivé exposant les raisons pour lesquelles il estime que le projet en cause n'est pas conforme au principe de subsidiarité (art. 6 § 1 protocole n° 2).

Les initiateurs du projet tiennent compte des avis motivés dans les conditions suivantes. Chaque Parlement national dispose de deux voix, une pour chaque chambre s'il est bicaméral. Si l'avis motivé représente au moins un tiers des voix attribuées aux Parlements nationaux, le projet doit être réexaminé, ce seuil étant abaissé à un quart des voix si le projet en cause intéresse l'espace de liberté, de sécurité et de justice. L'initiateur concerné a le choix de maintenir son projet, de le modifier ou de le retirer par une décision motivée.

Dans le cadre de la procédure législative ordinaire, le dispositif de contrôle est renforcé. En effet, dans ce cas la majorité simple des voix attribuées aux Parlements nationaux entraîne le réexamen de la proposition par la Commission qui peut là encore décider de la maintenir, de la modifier ou de la retirer. Si la Commission choisit de maintenir sa proposition, son avis motivé de même que ceux des Parlements nationaux sont transmis au législateur de l'Union (Conseil des ministres et Parlement européen), ce qui déclenche une procédure spécifique prévue par l'article 7 § 3 alinéa 2 du protocole n° 2. Elle se décompose en deux temps : a) avant d'achever la première lecture, le législateur examine si la proposition législative est compatible ou non avec le principe de subsidiarité en tenant compte des motifs invoqués et partagés par la majorité des Parlements nationaux ainsi que de l'avis motivé de la Commission. b) si 55 % des membres du Conseil ou la majorité des suffrages exprimés au Parlement européen font que le législateur est d'avis que la proposition n'est pas compatible avec le principe de subsidiarité, l'examen de la proposition n'est pas poursuivi.

Ici, il convient de faire deux remarques. La première est que, quelle que soit la procédure d'adoption de l'acte législatif, il n'y a pas d'obligation de retrait de la part de l'initiateur, quel que soit le niveau de la contestation parlementaire nationale.

La seconde concerne le cas particulier de la coopération judiciaire en matière civile qui reconnaît un véritable droit de veto aux Parlements nationaux. L'article 81 TFUE prévoit en effet que la proposition de décision ayant une incidence transfrontalière est soumise à une procédure législative spéciale (unanimité du Conseil après consultation du Parlement européen) sauf si le Conseil sur proposition de la Commission, décide de procéder selon la procédure législative ordinaire (c'est là une des « clauses passerelles » du Traité de Lisbonne), cette décision étant elle-même prise à l'unanimité après consultation du Parlement européen.

Dans ce dernier cas, la proposition est transmise aux Parlements nationaux. En cas d'opposition d'un seul Parlement national dans un délai de six mois après cette transmission, la décision n'est pas adoptée.

Le contrôle préventif de la subsidiarité n'est pas le seul contrôle possible, après adoption de l'acte législatif, un contrôle juridictionnel est possible.

334 ***La justiciabilité du principe de subsidiarité*** ◇ Le contrôle de la Cour de justice a d'abord été admis à titre préjudiciel dans le cadre d'un litige porté devant une juridiction nationale. Le Conseil européen d'Edimbourg avait estimé à juste titre que l'interprétation et la vérification du respect de ce principe relevait du contrôle de la Cour compétente pour toutes les questions relevant des traités. La jurisprudence limitait néanmoins le contrôle aux faits postérieurs au Traité de Maastricht [1].

Le Traité de Lisbonne consacre le contrôle du principe de subsidiarité par la Cour de justice de l'Union européenne à l'article 8 du protocole n° 2 qui lui est annexé. L'article 8 alinéa 1 prévoit, conformément aux modalités prévues par l'article 263 TFUE concernant le contrôle de légalité, un nouveau moyen d'annulation pour violation du principe de subsidiarité. Le nouveau recours est ouvert directement à un État membre ou transmis par celui-ci conformément à son ordre juridique au nom de son Parlement national ou d'une chambre de celui-ci s'il est bicaméral. Ce recours est encore ouvert au comité des régions s'agissant d'actes législatifs pour lesquels le TFUE prévoit sa consultation [2].

§ 2. Le principe de proportionnalité

335 « En vertu du principe de proportionnalité, le contenu et la forme de l'action de l'Union n'excèdent pas ce qui est nécessaire pour atteindre les objectifs des traités » (art. 5 § 4 al. 1 TUE).

A. Le contenu du principe de proportionnalité

336 ***1) Origines*** ◇ Ce principe formulé à l'origine par la Cour constitutionnelle allemande, est présent dans le droit interne de la plupart des États

1. Conseil européen d'Edimbourg, *Bull. CE* 12/92, points 1, 2, 3.
2. Cf. TPI 21 févr. 1995, *Vereniging van SPO c. Commission, Rec.* II, p. 185.

membres (comme en matière d'expropriation, d'excès de pouvoir, de légitime défense, etc.). Bien que ne figurant dans aucun des trois traités originaires, ce principe était déjà présent en matière de politique agricole commune, où le législateur communautaire disposait d'un pouvoir discrétionnaire, conformément aux articles 34 et 37 CE [1] : l'article 34-2, alinéa 2, prévoit en effet que l'action des organisations communes de marché doit se limiter à la poursuite des objectifs définis à l'article 33 CE.

Défini dès 1956 par la Cour, pour qui « l'action de la Communauté n'excède pas ce qui est nécessaire pour atteindre les objectifs du présent Traité » [2], ce principe est ensuite devenu un principe général du droit communautaire [3], avant d'être institutionnalisé par le Traité de Maastricht.

Il est repris par le Traité de Lisbonne complété par le protocole n° 2 qui vise les deux principes de subsidiarité et de proportionnalité et qui lui est annexé.

337 ***2) Domaine*** ◇ Ce principe s'applique, contrairement au principe de subsidiarité aussi bien aux compétences concurrentes qu'aux compétences exclusives de l'Union [4]. Il concerne également le degré d'intensité des sanctions applicables aux violations du droit de l'Union et prononcées par les autorités de l'Union et les autorités nationales [5].

B. La portée du principe

1) Ce principe impose aux institutions communautaires de n'utiliser que des moyens strictement proportionnés aux objectifs poursuivis, afin que les charges qu'elles peuvent imposer ne soient pas « démesurées par rapport aux buts visés » [6].

2) Il permet de rendre acceptable aux yeux de certains États membres (Royaume-Uni, Danemark), le principe de subsidiarité synonyme de fédéralisme. Il constitue en outre pour ces pays une garantie supplémentaire, en les protégeant contre toute intervention injustifiée ou excessive de la Communauté, qui devra toujours démontrer la proportionnalité des mesures prises au regard des objectifs à atteindre [7]. Il conviendra toutefois que cette disproportion soit manifeste [8].

3) Il évoque pour la Commission le « critère d'intensité » (ou « principe de modération ») (communication du 27 octobre 1992 précitée).

1. V. conclusions Dutheillet de Lamothe sous CJCE, 17 déc. 1970, aff. 11/70, *Internationale Handelgesellschaft, Rec.* p. 1125.
2. CJCE, 26 nov. 1956, aff. 8/55, *Fédération charbonnière de Belgique, Rec.* p. 199.
3. CJCE, 18 mars 1980, aff. 154/58, *Valsabbia, Rec.* p. 1907.
4. Cf. Conseil européen d'Edimbourg, 11 et 12 déc. 1992 préc.
5. CJCE, 12 déc. 1989, aff. C-265/88, *L. Messner, Rec.* p. 4209.
6. CJCE, 11 juill. 1989, aff. 265/87, *Herman Schräder, Rec.* p. 2237.
7. CJCE, 5 juill. 1977, aff. 120/76, *Kurt Becher, Rec.* p. 1269.
8. CJCE, 28 juin 1979, aff. 236/78, *Lentes, Rec.* p. 2314.

4) Ses conditions d'application ont été précisées par le protocole (n° 30) sur l'application des principes de subsidiarité et de proportionnalité, annexée au traité d'Amsterdam du 2 octobre 1997 (entré en vigueur le 1er mai 1999).

5) Actuellement, c'est l'article 5 TUE et le protocole n° 2 qui en précise la portée.

338 ***Les conditions d'application des principes de subsidiarité et de proportionnalité*** ◇ Les textes du Traité de Lisbonne traitent davantage du principe de subsidiarité, mais les deux principes subsidiarité et proportionnalité sont le plus souvent l'objet de dispositions communes.

C'est ainsi que le protocole n° 2 rappelle en préambule la détermination des hautes parties contractantes à fixer les conditions d'application de ces deux principes et à établir un système de contrôle.

L'article 1 du protocole assigne aux institutions de l'Union la charge de veiller au respect des deux principes.

L'article 5 du même protocole prescrit l'obligation de motiver les projets d'actes législatifs au regard des principes de subsidiarité et de proportionnalité. Plus particulièrement, sur un plan pratique, tout projet d'acte législatif devrait [1] comporter une fiche contenant des éléments circonstanciés permettant d'apprécier le respect des deux principes. Cette fiche devrait inclure des indications financières, le but étant de faire en sorte que la charge financière ou administrative soit la moins élevée possible au regard de l'objectif à atteindre par le projet en cause.

La déclaration n° 18 concernant la délimitation des compétences traite du cas où l'Union décide de cesser d'exercer sa compétence et précise que ce cas de figure peut se produire quand les institutions compétentes de l'Union décident d'abroger un acte législatif, en particulier en vue d'assurer le respect constant des principes de subsidiarité et de proportionnalité.

Enfin, le protocole n° 2 fait obligation à la Commission de présenter chaque année au Conseil européen, au Parlement européen, au Conseil et aux Parlements nationaux, un rapport sur l'application des principes de subsidiarité et de proportionnalité. Le rapport doit être également transmis au comité économique et social et au comité des régions.

SECTION 3. L'EFFICACITÉ DU DROIT DE L'UNION

339 L'efficacité du droit de l'Union résulte non seulement de son applicabilité directe et de sa primauté, mais d'autre part des conditions générales de son application et des obligations liées à cette application.

1. Le conditionnel « devrait » est ici aussi inopportun qu'ambigu, s'agissant d'établir des règles d'application.

§ 1. Les conditions générales d'application du droit de l'Union

340 ***Généralités*** ◇ Pour assurer l'efficacité du droit de l'Union, les traités ont défini les conditions d'introduction des actes de l'Union dans la législation applicable dans les États membres. D'autre part l'application du droit de l'Union doit être *uniforme et continue*. Les textes doivent être *techniquement accessibles* grâce à la *codification* et à la communication sous ses formes variées, y compris par *l'utilisation de l'informatique*. Enfin l'efficacité suppose des *moyens de contrainte,* mais aussi, en contrepartie d'éventuels *assouplissements*.

A. Les règles applicables

341 ***Introduction du droit de l'Union dans les législations nationales*** ◇ Nous avons vu que, hormis les traités eux-mêmes, le droit de l'Union comportait trois catégories d'actes juridiques obligatoires : les règlements, les directives et les décisions. Les règlements pénètrent directement dans le droit des États membres, alors que les directives sont appliquées par l'intermédiaire d'actes juridiques nationaux [1].

Nous n'ajouterons à cela que quelques observations :

a) Le Traité ne dit rien des « décisions ». On peut penser qu'elles s'intègrent directement à l'ordre juridique national puisque, pour être exécutoires et pour créer des obligations aux États, il n'est prévu aucune intervention des organes nationaux.

b) Le principe de l'entrée directe des règlements dans le droit national non seulement ne suppose pas d'intervention de règles nationales en organisant la « réception », mais encore l'interdit [2].

c) Bien que la directive doive être appliquée par l'intermédiaire d'actes juridiques nationaux, son caractère obligatoire n'est pas moindre que celui qui s'attache au règlement [3].

d) Les règles relatives à l'introduction des actes de l'Union dans le droit national ne doivent pas être confondues avec une importante conséquence de l'application du droit de l'Union : le principe de l'effet direct dont nous avons vu toute l'importance.

342 ***L'application et l'interprétation uniformes du droit de l'Union*** ◇ Il n'y aurait pas de droit de l'Union si les règles qui le constituent étaient

1. Sur l'application directe des règlements : voir arrêt 94/77, 31 janv. 1978, *Rec.* 1978, p. 99. Sur la procédure de transposition des directives dans le droit français, cf. une circulaire du 25 janv. 1990 (*JO* 1er févr. 1990).

2. CJCE, arrêts 34/73, 10 oct. 1973, *Rec.* 1973, p. 981, 50/76, 2 févr. 1977, *Rec.* 1977, p. 146 ; 94/77, 31 janv. 1978, *Rec.* 1978, p. 99.

3. Arrêts 10/76, 22 sept. 1976, *Rec.* 1976, p. 1359 ; C. 6-90 et C. 9-90, 19 nov. 1991.

appliquées selon des critères différents par chaque État membre. Une conception uniforme du droit de l'Union s'impose. Elle est assurée tant par l'*unité d'interprétation* que par l'*unité d'application* des actes juridiques.

a) L'*interprétation uniforme* des textes communautaires est assurée, sur la base de l'article 267 TFUE, et 150 CEEA, et ceci à titre exclusif. Tout autre mode de règlement d'un différend relatif à l'interprétation est exclu par principc (art. 344 TFUE).

b) L'*application des textes* doit aussi être réalisée de manière *uniforme*. Elle doit se fonder sur des critères objectifs définis dans un cadre européen, non sur des notions variables selon les particularités de chaque droit national [1]. Pour favoriser l'application uniforme du droit de l'Union, une décision 92-481 du Conseil, du 22 septembre 1992 organise un plan d'action pour les échanges de fonctionnaires nationaux [2].

L'unité d'application et l'unité d'interprétation ne doivent pas, en particulier, être compromises par la diversité des langues officielles de la Communauté : un texte rédigé en une langue ne doit pas être considéré isolément, mais être appliqué et interprété selon les buts et la volonté réelle de son auteur et à la lumière des versions établies dans toutes les autres langues de l'Union [3]. En cas de divergences entre les diverses versions linguistiques d'un texte de l'Union celui-ci doit être interprété en fonction de l'« économie générale » et de la finalité de la réglementation dont il fait partie [4].

343 ***Le droit de l'Union dans le temps*** ◇ *Dans le temps,* le droit de l'Union s'applique dans des conditions semblables à celles du droit national dans un État.

a) Le droit de l'Union *ne rétroagit pas*. Mais un texte qui modifie une disposition antérieure s'applique, sauf dérogation aux effets futurs de situations nées sous le régime du texte ancien [5].

Toutefois, la Cour de justice a décidé que si le principe de *sécurité juridique* s'opposait à la rétroactivité d'un acte communautaire, l'application de cet acte à partir d'une date antérieure à sa publication pouvait être justifiée, à titre exceptionnel, lorsque le but à atteindre l'exige et à condition que la « *confiance légitime* » des intéressés soit dûment respectée [6].

D'autre part l'*interprétation* par la Cour d'une disposition du droit communautaire s'applique à la période antérieure à l'arrêt puisqu'elle fixe le sens

1. Arrêts 29/69, 12 nov. 1969, *Rec.* XV, p. 419, etc. ; 55/77, 6 déc. 1977, *Rec.* 1977, p. 2327 ; 69/79, 10 janv. 1980, *Rec.* 1980, p. 75. Cf. une application intéressante de l'uniformité : lorsqu'une juridiction nationale accorde un sursis à l'exécution d'un acte fondé sur un règlement communautaire arrêts C. 143-88 et C. 92-89, 21 févr. 1991.

2. *JOCE* L. 286, 1er oct. 1992.

3. Arrêts 19/67, 5 déc. 1967, *Rec.* 1967, p. 408. Cf. autres arrêts : 80/76, *Rec.* 1977, p. 435 ; 30.77, 27 oct. 1977, *Rec.* 1977, p. 1999 ; 9.79, 12 juill. 1979, *Rec.* 1979, p. 2717.

4. Arrêt 100.84, 28 mars 1985.

5. CJCE, arrêt 127/66, 25 oct. 1978, *Rec.* 1978, p. 1991. Arrêt 212 à 217.80, 12 nov. 1981. *Rec.* 1981, p. 2735.

6. CJCE, arrêts n° 98/78 et 99/78, 25 janv. 1979, *Rec.* 1979.69 et 101 et D. Waellbrœck, « Le principe de non-rétroactivité en droit communautaire », *RTD eur.* 1983. 363.

participent à l'adoption de ces règles, ils ont la possibilité de bloquer cette adoption. Mais une fois adoptées, les règles de l'Union s'imposent aux États.

348 ***L'application du droit de l'Union par les États membres*** ◇ Les États membres sont tenus d'assurer l'exécution des actes des institutions de l'Union dans des conditions contraignantes et juridiquement sanctionnées. Il y a là une obligation d'appliquer et de donner plein effet au droit de l'Union.

Des règles détaillées figurent parfois par exception dans le Traité lui-même. Ainsi, pour la suppression des droits de douane, c'est le Traité de Rome qui en a fixé tous les détails d'application : droit à partir duquel les réductions devaient être opérées ; rythme, pourcentage des réductions ; paliers à atteindre aux différentes étapes. L'application du tarif douanier commun donne un autre exemple de dispositions détaillées d'application figurant dans le Traité lui-même : principe de la moyenne arithmétique, écarts autorisés, procédure, rythme et pourcentage d'alignement, etc. *Mais ce ne sont là que des exceptions parfois passagères. L'article 31 TFUE renvoie ainsi à une décision du Conseil sur proposition de la Commission les droits du tarif douanier commun. Très logiquement en effet, les règles détaillées d'application doivent être précisées par les organes de l'Union :* ainsi, pour la politique agricole, le Traité ne contient que des principes, l'application résulte de nombreux règlements et décisions adoptés par le Conseil et la Commission.

Dans cette exécution, les États constituent le dernier degré de la hiérarchie. Il leur appartient d'exécuter les décisions des organes de l'Union auxquelles, sans doute, ils ont participé, mais qu'ils ne peuvent plus discuter, ni réformer. Les États membres prennent toutes mesures générales ou particulières, propres à assurer l'exécution des obligations découlant du présent Traité ou résultant des actes des institutions de l'Union.

La Cour de justice rappelle que « conformément aux principes généraux qui sont à la base de la Communauté et qui régissent les relations entre l'Union et les États membres, il appartient aux États membres d'assurer sur leur territoire l'exécution des règlements de l'Union » [1].

De très nombreuses dispositions du Traité imposent à l'État, sous une forme impérative, d'exécuter les décisions prises par les organes de l'Union : l'État *doit* prendre des dispositions, doit agir *dans les délais fixés,* ou au contraire, *ne doit pas* ou *s'abstient* ; tels actes sont *interdits*. Telles sont les formules fréquemment employées pour enjoindre à l'État d'exécuter le Traité et les décisions prises pour son application par les institutions communes.

Ainsi, indépendamment de la part qu'il prend à l'élaboration des décisions du Conseil, *l'État apparaît comme un rouage subordonné pour l'applica-*

1. Cf. CJCE, 27 mai 1997, *Peter*, aff. C. 290/91, *Rec.* p. I.2981-3009, point 8.

Commission « entre en consultation avec les États membres intéressés ». Si cette consultation n'aboutit pas à un accord éliminant la distorsion le Parlement européen et le Conseil statuant conformément à la procédure législative ordinaire arrêtent les directives nécessaires à cette fin. Toutes autres mesures utiles prévues par les traités peuvent être adoptées (art. 116 TFUE).

Si des distorsions semblent devoir résulter d'un *projet* d'établissement ou de modification d'une disposition législative, réglementaire ou administrative, l'État membre responsable du projet doit consulter la Commission ; celle-ci, après avoir consulté les États membres, « recommande (...) les mesures appropriées pour éviter la distorsion en cause ». Si l'État responsable ne se conforme pas à la recommandation, il ne peut être demandé aux autres membres de modifier leurs législations nationales pour éliminer la distorsion ; si, passant outre la recommandation, un État membre provoque une distorsion à son seul détriment, il n'est pas fait application de l'article 116 TFUE. Telles sont les dispositions sur lesquelles peuvent s'appuyer, en premier lieu, les organes de l'Union pour assurer l'harmonisation des législations nationales.

c) Autres dispositions. Par ailleurs, le Traité de Lisbonne contient dans certaines de ses dispositions la base de l'harmonisation des législations nationales dans des domaines précis. Il en est ainsi pour la législation fiscale (art. 113 TFUE), les dispositions intéressant la libre circulation des travailleurs (art. 46 TFUE).

Les traités peuvent aussi prévoir que certaines mesures ne comportent pas d'harmonisation des dispositions législatives et règlementaires des États membres (art. 149 TFUE par exemple).

Enfin, les institutions de l'Union, peuvent, pour mettre en œuvre une politique juridique, se fonder sur leurs compétences générales définies par les articles 16 TUE (Conseil) et 17 TUE (Commission).

Sur la base de ces diverses dispositions, les institutions de l'Union ont entrepris un vaste travail de rapprochement des législations. Ces travaux font l'objet de publications périodiques, notamment dans les rapports annuels de la Commission.

356 ***L'harmonisation par des actes adoptés selon la procédure de l'article 115 TFUE*** ◇ Outre la procédure de l'article 114 TFUE, l'article 115 du même Traité reconduit la procédure qui était celle de droit commun du Traité de Nice. En effet, sans préjudice de l'article 114, le Conseil, statuant à l'unanimité conformément à une procédure législative spéciale, et après consultation du Parlement européen et du Comité économique et social, arrête des directives pour le rapprochement des dispositions législatives règlementaires et administratives des États membres qui ont une incidence directe sur l'établissement ou le fonctionnement du marché intérieur.

357 ***Méthodes*** ◇ Les techniques utilisées pour l'harmonisation des législations ne sont pas réduites à l'adoption de directives qui demeure par sa nature un instrument privilégié pour l'harmonisation des règles de droit (et notamment l'article 115 TFUE). Les directives sont en effet bien adaptées à cette tâche : elles peuvent aller jusqu'à contenir un modèle dont les législations nationales reprennent les dispositions. Il en est souvent ainsi et nous citerons à titre d'exemple la sixième directive sur la taxe à la valeur ajoutée.

La directive n'est cependant pas le seul instrument utilisé et l'harmonisation peut revêtir d'autres formes. En disposant que le Parlement européen et le Conseil statuant conformément à la procédure législative ordinaire arrêtent « les mesures » relatives au rapprochement des droits nationaux, l'article 114 TFUE ouvre la voie à des règlements ou encore à des décisions en la matière.

Les *conventions* peuvent ainsi être utilisées pour harmoniser les droits nationaux. On peut ainsi citer la Convention de Rome du 19 juin 1980 sur la loi applicable aux obligations conventionnelles. Cette convention a pour but de soumettre à des règles uniformes la solution des conflits de lois dans les obligations contractuelles [1].

358 ***L'application supranationale des règles de droit national*** ◇ L'intégration de l'Union présente une autre conséquence intéressante : en certains cas, des règles ou des mesures *nationales* adoptées par un État membre sont dotées d'une *efficacité « supranationale »*, et peuvent être appliquées dans d'autres États membres. Cette application supranationale résulte notamment d'une « convention relative à la compétence judiciaire et à l'exécution des décisions en matière civile et commerciale » signée à Bruxelles le 27 septembre 1968. Mais d'autres textes de l'Union sont intervenus et assurent en certains domaines une application supranationale de mesures nationales.

359 ***La convention de Bruxelles sur la compétence judiciaire et l'exécution des décisions en matière civile et commerciale*** [2] ◇ La convention de Bruxelles sur la compétence judiciaire et l'exécution des jugements, signée à Bruxelles le 27 septembre 1968, est entrée en vigueur le 1er février 1973. S'appliquant aux décisions en matière civile et commerciale (à l'exclusion de certains domaines tels que l'état et la capacité des personnes, les régimes matrimoniaux, les successions, etc.), la convention a un double objet.

1. *JOCE* L. 266, 9 oct. 1980. Des protocoles signés le 19 déc. 1988 à Bruxelles ont donné à la Cour de justice compétence pour interpréter cette convention (*JOCE* L. 48, 20 févr. 1988).

2. *JOCE* L. 299, 31 déc. 1972. Un protocole du 3 juin 1971 attribue à la Cour de justice compétence pour interpréter la convention. *JOCE* L. 204, 2 août 1975. La Grande-Bretagne, l'Irlande et le Danemark ont adhéré à la Convention et au protocole par convention du 9 oct. 1978 (*JOCE* L. 30 oct. 1978). Sur ces accords voir le rapport Jenard et Schlosser, *JOCE* C. 59, 5 mars 1979. Pour l'adhésion de la Grèce, voir Conv. 25 oct. 1982, *JOCE* L. 388, 31 déc. 1982. La convention et le protocole font l'objet d'une présentation plus récente (*JOCE* C. 189, 28 juill. 1990).

a) *Répartir les compétences* entre les juridictions à l'intérieur de la Communauté, sur la base du principe général selon lequel une personne domiciliée dans un État membre est attraite, quelle que soit sa nationalité devant les juridictions de cet État. La convention précise la portée du principe et les dérogations qu'il comporte (Convention, titre II).

b) *Assurer la reconnaissance et l'exécution des jugements.* La convention (titre III) définit les conditions et les limites de la reconnaissance mutuelle des jugements. D'autre part, elle définit les conditions d'exécution dans un État membre des décisions rendues dans un autre État membre [1].

360 ***Dispositions diverses*** ◇ D'autres textes de l'Union assurent à des mesures nationales une efficacité juridique dans les États de la Communauté autres que celui qui les a adoptées. Il en est ainsi notamment dans les domaines fiscal et financier. On peut citer les directives concernant l'assistance mutuelle en matière de recouvrement de créances résultant du fonctionnement du FEOGA, de prélèvement agricole, de droits de douane ; les directives relatives à l'assistance mutuelle dans le domaine des impôts directs.

1. Une convention de contenu identique à celle de Bruxelles, a été signée à Lugano le 16 sept. 1988 entre les États de la CEE et ceux de l'AELE. *JOCE* L. 319, 25 nov. 1988. La convention de Bruxelles est étendue - sous quelques réserves - aux procédures instituées dans le cadre de l'accord du 15 déc. 1989 sur le brevet communautaire pour le règlement des litiges (protocole sur le règlement des litiges en matière de contrefaçon et de validité des brevets communautaires. *JOCE* L. 401, 30 déc. 1989).

TITRE 3
L'ENCADREMENT FINANCIER DE L'UNION EUROPÉENNE

361 ***Généralités. Historique (avant 1965)*** ◇ Les institutions financières des Communautés européennes constituent un ensemble complexe d'organes, de règles, de mécanismes. La complexité de cet ensemble tient à plusieurs causes. Il convient d'en rappeler l'évolution pour mieux comprendre les changements opérés par le Traité de Lisbonne.

En premier lieu, les institutions financières doivent assurer le financement d'une *grande variété d'interventions des Communautés.* Il faut distinguer notamment entre le financement du *fonctionnement* des Communautés et le financement des *interventions* communautaires économiques, sociales, techniques.

D'autre part, l'histoire des Communautés explique aussi la complexité des institutions financières. Les trois Communautés se sont développées séparément. Leurs systèmes financiers respectifs ont, par suite, présenté des différences importantes.

Le système financier de la CEE était le plus simple, le plus classique : un budget unique groupait les dépenses de fonctionnement et les dépenses d'intervention soumises à des règles particulières (Fonds social européen, Fonds européen d'orientation et de garantie agricole ou FEOGA). Toutefois, à côté du budget, certaines interventions de la CEE passaient par le canal de la Banque européenne d'investissement et par le Fonds européen de développement. Le *système financier de l'Euratom* comportait deux budgets distincts : le budget de fonctionnement et le budget de recherches et d'investissement. En outre, le financement de certaines institutions était assuré par des moyens extrabudgétaires (agences). Enfin, dans le *système financier de la CECA, seules les dépenses de fonctionnement faisaient l'objet d'un budget établi par les organes de la Communauté. Par ailleurs, la CECA disposait de compétences d'intervention qui lui permettaient de fournir des aides aux investissements, à la recherche, à la reconversion, etc.*

362 ***Historique de 1965 à l'Acte unique européen*** ◇ On peut ainsi résumer l'esprit général des finances communautaires avant 1965 en constatant qu'il y avait deux systèmes d'institutions : plus interétatiques dans la CEE et l'Euratom, plus intégrées, « fédérales » dans la CECA.

À partir de 1965, les institutions financières ont profondément évolué. Cette évolution s'est faite à partir de finances semblables à celles d'organisations internationales, alimentées par des cotisations d'États membres vers un système de finances internes comparables à celles d'un État.

Plusieurs *raisons* expliquent cette évolution :

– la *fusion* des exécutifs par le Traité de Bruxelles du 8 avril 1965 a entraîné la refonte des moyens financiers de la Communauté (1965) ;

– des *ressources propres* ont été substituées aux contributions antérieures (1970) ;

– l'*Assemblée* a été élue au *suffrage universel.*

D'une manière générale, *l'évolution des Communautés* s'est faite dans le sens d'une intégration accrue. Il était normal qu'elle s'exprime aussi dans le domaine financier.

À partir des années soixante-dix, une nouvelle nécessité est apparue : celle de *contrôler plus étroitement les finances communautaires*. En effet, l'évolution de la Communauté, ses élargissements successifs, ont contribué à accroître les dépenses alors que les recettes ne suivaient pas.

Cette évolution s'est traduite dans les textes concernant les finances. Le Traité de Luxembourg (22 mai 1970) modifiant les Traités de Rome, de Paris et de Bruxelles a intégré le budget de recherches et d'investissement de l'Euratom dans celui des Communautés. Contribuant à financer la recherche non nucléaire, ce budget est devenu le « budget de recherches et d'investissement ».

Par ailleurs, d'importantes modifications aux dispositions financières des Traités européens ont été apportées par un *Traité signé à Bruxelles le 22 juillet 1975*, qui a accru les pouvoirs budgétaires de l'Assemblée et modifié le contrôle financier, fondé désormais sur l'institution d'une *Cour des comptes*.

363 ***Historique depuis l'Acte unique européen*** ◇ L'Acte unique européen a prescrit (par l'introduction des articles nouveaux 130-D et E dans le Traité de Rome) la réorganisation d'ensemble des « fonds à finalité structurelle », c'est-à-dire le Fonds social, le FEOGA, le Fonds européen de développement régional ou FEDER.

À la suite de l'Acte unique des textes très importants ont été adoptés au cours de l'année 1988 et modifiés depuis. Ces textes concernent :

– la *discipline des finances communautaires* par la réforme des *ressources propres* (décis. 88-376, 24 juin 1988 mod. par décis. 94-728, 31 octobre

1994 elle-même modifiée par décis. [1] 2000/597/CE, Euratom du Conseil, 29 sept. 2002 [2]) et par le renforcement de la *« discipline budgétaire »* (décis. 94-729, 31 oct. 1994 du Conseil, *JOCE* L. 293, 12 nov. 1994) ainsi que par accord interinstitutionnel du 6 mai 1999 entre le Parlement européen, le Conseil et la Commission [3] remplacé par l'accord interinstitutionnel du 17 mai 2006 [4] ;

– la *réorganisation des fonds structurels* et des *interventions financières des Communautés* (règlement 2052-88, 24 juin 1988 ; règlements d'application 4253 à 4256-88, 31 déc. 1988) ;

– le *Traité de Maastricht* n'a apporté que quelques modifications secondaires au système financier de la CE. On doit cependant signaler la création d'un *fonds de cohésion* au profit de certains États membres, pour la réalisation de certains investissements. Pour la période 1993-1999, ce fonds a permis de cofinancer, à hauteur de 85 % des dépenses publiques des projets environnementaux ou d'infrastructures de transport situés en Espagne, en Grèce, en Irlande et au Portugal ;

– le règlement (CE, Euratom) n° 1605/2002 du Conseil du 25 juin 2002 [5] porte *règlement financier applicable au budget général* des Communautés européennes ;

– le règlement (CE) n° 2012/2002 du Conseil du 11 novembre 2002 institue le *fonds de solidarité de l'Union européenne* [6]. Il a été créé pour exprimer la solidarité de l'Union à l'égard des populations touchées par des catastrophes.

Le règlement (CE) n° 1927/2006 du Parlement européen et du Conseil institue le fonds d'ajustement à la mondialisation. Il a été créé pour fournir un appui complémentaire aux travailleurs licenciés subissant les conséquences des modifications majeures de la structure du commerce mondial, et pour les aider dans leurs efforts de réinsertion sur le marché du travail.

Le Traité de Lisbonne modifie sensiblement les règles en consacrant tout d'abord une pratique de bonne gouvernance financière qui a permis aux institutions européennes depuis 1988 d'établir des perspectives financières tous les cinq ou six ans en fixant des plafonds annuels de dépenses par grandes rubriques. Désormais le cadre financier pluriannuel doit être respecté par le budget annuel de l'Union. Le Traité de Lisbonne simplifie également la procédure budgétaire.

1. Cf. *JOCE* L. 293, 12 nov. 1994.
2. Cf. *JOCE* L. 253, 7 oct. 2000, p. 42.
3. Cf. *JOCE* C. 172, 18 juin 1999, p. 1. Ce texte remplace toute une série de textes intervenus depuis 1982.
4. Cf. *JOUE* C. 139, 14 juin 2006.
5. Cf. *JOCE* L. 248, 16 sept. 2002 et rectificatif public au *JO* L. 25, 30 janv. 2003. Une proposition de règlement du Conseil modifiant le règlement financier applicable au budget général a été soumise à la Cour des comptes pour avis. Cf. avis 10/2005, *JOUE* C. 13, 18 janv. 2006, p. 1.
6. Cf. *JOCE* C. 283, 14 nov. 2002, p. 3.

364 ***Plan*** ◇ On peut conclure de ce bref rappel historique que l'encadrement financier de l'Union européenne a évolué que le fondement d'une accumulation de textes qui conduisent à distinguer actuellement :

– le budget de l'Union qui regroupe les budgets des institutions et ceux des fonds structurels, du Fonds social européen (FSE) du Fonds européen d'orientation et de garantie agricole (FEOGA) du Fonds européen de développement régional (FEDER) ou encore du Fonds de cohésion ou de l'important budget de la recherche et de l'investissement. En outre, dans le cadre du budget annuel, l'instrument de flexibilité [1] peut être mobilisé pour compléter certains financements ;

– divers *mécanismes de financement* particuliers : essentiellement la Banque européenne d'investissement (BEI), le nouvel instrument communautaire (NIC), et le Fonds européen de développement (FED).

L'étude des finances de l'Union doit aujourd'hui être entreprise *comme s'il s'agissait de finances publiques étatiques*. Il s'agit bien, en effet, des finances internes d'une collectivité intégrée d'États.

Nous distinguerons dans cette étude :

– *l'étude générale du budget, des ressources, des dépenses et des contrôles* (Chapitre 1) ;

– les *autres moyens financiers* (Chapitre 2).

1. Son action se fonde sur le point 27 alinéa 5 de l'accord interinstitutionnel du 17 mai 2006 sur la discipline budgétaire et la bonne gestion financière.

CHAPITRE 1
LE BUDGET DE L'UNION EUROPÉENNE

365 Les finances publiques de l'Union doivent être étudiées comme celles d'un État. Il est traditionnel de distinguer dans l'étude des institutions financières :

– le *droit budgétaire*, c'est-à-dire la présentation des documents budgétaires, la préparation, le vote du budget ;

– l'*exécution du budget, selon les règles de la comptabilité publique et les contrôles financiers nécessaires. En conséquence. Nous examinerons en premier lieu le droit budgétaire proprement dit avant de voir l'exécution du budget et nous ferons la place qui revient aux contrôles.*

Le Traité de Lisbonne consacre le titre VII de la sixième partie du TFUE aux dispositions financières.

Des règlements adoptés par le Parlement européen et le Conseil selon la procédure législative ordinaire complètent le dispositif du Traité en établissant les règles financières qui fixent notamment les modalités relatives à l'établissement et à l'exécution du budget de même qu'à la reddition et à la vérification des comptes.

SECTION 1. LE DROIT BUDGÉTAIRE

366 Le droit budgétaire est composé des règles auxquelles sont soumis la préparation et le vote des autorisations budgétaires. Il règle la *présentation et le contenu du budget* et la *procédure* de son adoption par les autorités investies du pouvoir budgétaire.

§ 1. Contenu et présentation du budget

367 ***Plan*** ◇ L'article 310 alinéa 1 TFUE stipule que toutes les recettes et toutes les dépenses de l'Union doivent faire l'objet de prévisions pour chaque exercice budgétaire et être inscrites au budget.

Dans ce paragraphe, nous examinerons donc :
- les recettes ;
- les dépenses ;
- la structure générale du budget.

A. Les recettes

368 ***a) Évolution*** ◇ Depuis la fusion des exécutifs par le Traité de Bruxelles du 8 avril 1965, chaque Communauté a contribué au financement du budget

commun. Les ressources fournies par chaque Communauté étaient inscrites au budget selon les règles prescrites par chacun des traités selon la règle du *statu quo* (art. 20, Traité de Bruxelles). Cela a entraîné une importante différence entre les recettes fournies par la CE et la CEEA d'une part, la CECA d'autre part.

Les recettes CEE et CEEA provenaient pour l'essentiel de *contributions des États membres* réparties selon les clés fixées par les traités (art. 200-1, Traité CEE, art. 172-1, Traité CEEA). Les recettes CECA étaient constituées principalement par le *prélèvement* sur les produits des industries charbonnières et sidérurgiques qui était un véritable impôt communautaire.

Ce régime a été profondément modifié par une décision du Conseil du 21 avril 1970 attribuant aux Communautés des *ressources propres*. Toutefois, seules les recettes CEE et CEEA ont été modifiées par ce texte (cette décision a été remplacée par une décision du 31 octobre 1994 elle-même modifiée par décision n° 2000/597/CE, Euratom du Conseil en date du 29 septembre 2000 [1]).

Selon le Traité sur l'Union (art. 311 TFUE), le budget est désormais intégralement financé par des ressources propres.

Le Conseil statuant conformément à une procédure législative spéciale, à l'unanimité et après consultation du Parlement européen, fixe les dispositions applicables au système des ressources propres de l'Union.

Le principe de l'unanimité du Conseil du Traité de Nice a été reconduit par le Traité de Lisbonne mais la décision du Conseil ne s'applique plus simplement à la limite des ressources. Dans ce cadre, il est possible pour le Conseil d'établir de nouvelles catégories de ressources propres ou d'abroger une catégorie existante. Cette décision n'entre en vigueur qu'après son approbation par les États membres, conformément à leurs règles constitutionnelles respectives, ce qui demeure un processus de mise en vigueur insolite au regard de la primauté du droit de l'Union.

369 ***b) Composition des ressources propres*** ◇ Le régime des recettes de l'Union est fixé par la décision 2000/597 du Conseil.

a. La décision présente en premier lieu la *structure du système des ressources propres* dont l'article 1er indique qu'elles financent « intégralement » le budget, en ajoutant - curieusement - « sans préjudice d'autres recettes » expression qui est reprise par l'article 311 alinéa 1 TFUE.

La décision énumère les ressources propres qui comprennent :

– les *ressources agricoles* : « prélèvements, primes, montants supplémentaires ou compensatoires », etc. ;

– la *TVA* appliquée à une assiette uniforme déterminée par les règles communautaires. Cette assiette est cependant limitée pour chaque État-membre à 50 % de son PNB ;

1. Cf. Décis. 70/243/CECA/CEE/Euratom, *JOCE* L. 94, 28 avr. 1970. Décis. 31 oct. 1994, *JOCE* 293, 12 nov. 1994. Décis. 29 sept. 2000, *JOCE* L. 257, 7 oct. 2000, p. 42.

– enfin, une recette est constituée par l'application d'un taux calculé au *PNB des États membres*.

En outre, peuvent s'ajouter aux ressources propres d'autres taxes instituées dans le cadre de politiques communes.

b. La décision 94-728 comporte des dispositions pour *discipliner* les ressources propres, en limitant les crédits auxquels elles correspondent :

– les *crédits de paiement* ne pourront pas dépasser un pourcentage du PNB, fixé pour les années prochaines ;

– les *crédits d'engagement* ne dépasseront pas non plus un pourcentage de ce PNB ;

– une *stricte relation entre crédits d'engagement et de paiement* doit être maintenue afin que les plafonds fixés soient respectés (art. 3-2).

c. Les règles relatives aux ressources propres font l'objet d'une importante dérogation au profit d'un État membre. La Grande-Bretagne a obtenu à son profit une « correction » de sa charge financière lors du Sommet de Fontainebleau en 1984. À une époque où la PAC représentait 70 % des dépenses communes dont la Grande-Bretagne bénéficiait peu, Margaret Thatcher avait exigé un « retour sur investissement » en considérant que la contribution britannique était disproportionnée par rapport aux « retombées » que son pays en retirait. Le rabais représentait 66 % de la contribution de Londres et rompait avec le principe de solidarité des États membres. À la longue, il a pu apparaître comme un privilège de plus en plus exorbitant, la PAC ne représentait que 40 % des dépenses, et les charges de l'élargissement de 2004 supposant un effort solidaire commun [1]. Les perspectives budgétaires 2007-2013 étant de 849,3 milliards d'euros avec 50 milliards de rabais pour Londres, la réduction de ce privilège a été âprement discutée lors des sommets de juin et décembre 2005 entraînant une crise qui n'a pu être surmontée [2] que par l'acceptation de Tony Blair, toutefois moindre que ce qui lui était demandé. La contribution supplémentaire du Royaume-Uni n'excédera pas un montant maximal de 10,5 milliards d'euros (aux prix de 2004). Le rabais n'a donc pas été supprimé, même s'il est de plus en plus difficile à justifier aux yeux des autres contributeurs au budget.

Il faut ajouter que d'autres arrangements financiers ont été introduits lors du sommet de Bruxelles des 15 et 16 décembre 2005. [3] Ils permettent notamment à l'Allemagne, à l'Autriche, aux Pays-Bas et à la Suède de bénéficier d'une réduction de leurs contributions annuelles fondées sur le RNB. Ces réductions s'appliqueront seulement à la période 2007-2013.

1. En fait, plus l'Europe s'est élargie, plus Londres a vu son rabais grossir = 4,6 milliards d'euros par an entre 1997 et 2008 et 5,3 milliards en 2004. Sans changement, il atteindrait 7 milliards d'euros entre 2007 et 2013. En clair, Londres ne paierait qu'un tiers du coût de l'élargissement. Voir sur ce point *les Échos*, 15 déc. 2005, p. 6.

2. Cf. voir les articles consacrés par Les Échos au problème et commentant l'intransigeance du Royaume-Uni sur son rabais en juin 2005 et sur les débats en décembre 2005 in *Les Échos*, 20 juin 2005 et 15, 16 et 17 déc. 2005.

3. Voir le document du Conseil 15915/05 CADREFIN 268, 19 déc. 2005 et l'avis n° 2/2006 de la Cour des comptes, 28 juin 2006, *JOUE* C. 203, 25 août 2006, p. 50.

d. La décision pose les *principes généraux de l'exécution* des ressources propres (art. 8) :

– il appartient aux États membres de percevoir ces ressources selon leurs dispositions législatives, réglementaires ou administratives nationales, mais *adaptées* au droit de l'Union ;

– la Commission examine régulièrement les dispositions nationales des États membres, prescrit les adaptations qu'elle juge nécessaires, par rapport à l'« autorité budgétaire » ;

– les États sont tenus de mettre les ressources perçues à la disposition de la Commission.

e. Les *contrôles* applicables au fonctionnement du système sont :

– les contrôles prévus à l'article 319 TFUE (vérification des comptes, contrôles de conformité et de régularité) ;

– les contrôles organisés selon l'article 322-1-b TFUE ;

– un contrôle organisé par le Conseil sur le recouvrement et la mise à disposition de la Commission des ressources propres (art. 8-2) [1].

B. Les dépenses

370 À l'égard des dépenses, le Traité de Lisbonne opère une modification de fond importante en supprimant la distinction entre dépenses obligatoires et dépenses non obligatoires. Par ailleurs, il consacre le plafonnement des dépenses dans un encadrement financier pluriannuel.

371 ***a) La suppression de la distinction entre les dépenses obligatoires (DO) constituées principalement par les aides directes agricoles et les dépenses non obligatoires (DNO)*** ◇ Cette distinction qui aura connu une longue application reposait sur une définition aux termes de laquelle les DO étaient les dépenses que l'autorité budgétaire était tenue d'inscrire au budget pour permettre à l'Union de respecter ses obligations telles qu'elles résultent des traités ou des actes arrêtés en vertu de ceux-ci. La distinction avait des conséquences très importantes sur le déroulement de la procédure budgétaire, le Conseil ayant le dernier mot sur les premières, le Parlement européen sur les secondes dans certaines limites toutefois (la moitié du taux maximum d'augmentation des DNO établi chaque année)

Le Traité de Lisbonne opère ici une réelle simplification en supprimant la distinction de procédure établie pour les DO et DNO. Désormais le Parlement et le Conseil fixent ensemble toutes les dépenses de même que toutes les recettes en établissant le budget annuel de l'Union conformément à la procédure législative spéciale de l'article 314 TFUE. Cette innovation présente l'avantage de rééquilibrer le rôle des deux institutions dans l'approbation du budget.

1. Sur l'exécution des ressources propres, cf. règlement 1552 mod. par règlement 3464-93, 10 déc. 1993, *JOCE* L. 317, 18 déc. 1993 et 1553-89, 29 mars 1989, *JOCE* L. 155, 7 juin 1989.

372 ***b) Le cadre financier pluriannuel*** ◇ Le Traité de Lisbonne consacre pour la première fois dans un Traité le cadre financier pluriannuel mis en pratique depuis 1988 comme un véritable outil de planification financière et de bonne gouvernance. Le souci de limiter la progression des dépenses et, si possible, de les maîtriser, s'est traduit par la pratique des perspectives financières établies pour cinq ou six ans.

C'est cette pratique que l'article 312 TFUE établit de façon claire en définissant le cadre financier pluriannuel comme visant à assurer l'évolution ordonnée des dépenses de l'Union dans la limite de ses ressources propres. Établi pour une période d'au moins cinq années, il encadre le budget annuel qui doit le respecter. Cadre financier pluriannuel et budget annuel sont établis en euros (art. 320 TFUE).

C'est le Conseil, statuant conformément à une procédure législative spéciale, qui adopte un règlement fixant le cadre financier pluriannuel. Le Conseil statue à l'unanimité, après approbation du Parlement européen qui se prononce à la majorité des membres qui le composent. Le passage de cette décision à la majorité qualifiée du Conseil est néanmoins possible (clause-passerelle) si le Conseil européen, statuant lui-même à l'unanimité, en décide. Dans une déclaration n° 59 annexée au Traité, le Royaume des Pays-Bas se déclare prêt à approuver une telle décision dès lors qu'une solution satisfaisante aura été apportée à sa « situation des paiements nette négative, excessive par rapport au budget de l'Union » [1].

Le rôle du cadre financier pluriannuel est de fixer le montant des plafonds annuels des crédits pour engagement par catégorie de dépenses et du plafond annuel des crédits pour paiements. Il prévoit aussi toute autre disposition utile au bon déroulement de la procédure budgétaire annuelle (art. 312 § 3 TFUE).

Enfin, si un nouveau cadre financier n'est pas adopté à l'échéance du précédent, les plafonds correspondant à la dernière année de celui-ci sont prorogés jusqu'à l'adoption de cet acte. Le cadre financier pluriannuel actuel porte sur la période 2007-2013, c'est-à-dire sur une durée de sept ans.

C. Contenu. Présentation. Structure

Le budget de l'Union, sa présentation, sa structure, sont définis par le règlement financier du 25 juin 2002 [2].

373 ***Définition. Budgets supplémentaires ou rectificatifs*** ◇ Le règlement financier donne du *budget* de l'Union la définition la plus classique : « l'acte qui prévoit et autorise, pour chaque exercice, l'ensemble des recettes et des dépenses estimées nécessaires de la Communauté européenne et de la Communauté européenne de l'énergie atomique » (art. 4-1). L'article 310

1. Ce qui signifie que les Pays-Bas reçoivent du budget de l'Union qu'ils ne lui versent.
2. Cf. règl. 1605/2002 du Conseil, 25 juin 2002 portant règlement financier applicable au budget général des Communautés européennes, *JOCE* L. 248, 16 sept. 2002.

alinéa 1 TFUE dispose que toutes les recettes et les dépenses de l'Union doivent faire l'objet de prévisions pour chaque exercice budgétaire et être inscrites au budget.

Au budget général, annuel, peuvent s'ajouter des *budgets supplémentaires* ou *rectificatifs*. La Commission peut présenter des avant-projets de budgets supplémentaires ou rectificatifs justifiés par des « circonstances inévitables, exceptionnelles ou imprévues » (art. 37-1). L'autorité budgétaire délibère en tenant compte de l'urgence (art. 37-3).

374 ***Contenu. Structure*** ◇ Le contenu général du budget est constitué des dépenses et des recettes de l'Union dont le règlement financier rappelle la composition :

– un état systématique des recettes et des dépenses ;

– des sections divisées en états des recettes et des dépenses de chaque institution.

Ces dépenses et ces recettes sont présentées dans le budget selon les formes prescrites par le traité et par le règlement financier. Le budget doit comporter un *état général* des *recettes* de l'Union. Les défenses du Parlement européen, du Conseil européen et du Conseil de la Commission ainsi que la Cour de justice de l'Union européenne font l'objet de parties séparées du budget sans préjudice d'un régime spécial pour certaines dépenses (art. 316 al. 3 TFUE). Pour l'application du règlement, le Comité économique et social, le comité des régions, le médiateur et le contrôleur européen de la protection des données sont assimilés aux institutions de l'Union. Le règlement financier a introduit le budget établi par activité dès le budget 2004. Le document de base est la fiche d'activité qui permet d'établir un lien entre les informations relatives aux résultats de toutes les activités de la Commission et les ressources nécessaires.

Le Traité de Lisbonne pose lui-même des règles de présentation et d'exécution des crédits bien connues du droit financier interne. Il s'agit de la spécialité des crédits formulée à l'article 316 alinéa 2 TFUE qui pose la règle que les crédits sont spécialisés par chapitre groupant les dépenses selon leur nature et leur destination. Il s'agit aussi de la possibilité de report : les crédits non utilisés à la fin de l'exercice budgétaire peuvent faire l'objet d'un report limité au seul exercice suivant (art. 316 al. 1 TFUE). Les crédits relatifs aux dépenses de personnel sont exclus de ce report. Il s'agit encore de la possibilité de virements de crédits à l'intérieur du budget soit de chapitre à chapitre, soit de subdivision à subdivision (art. 317 al. 3 TFUE). Le caractère limitatif et l'annualité des crédits comme la possibilité d'utilisation anticipée sont prévus par le règlement.

Le budget annuel comme le cadre financier pluriannuel sont établis en euros. L'article 321 TFUE prévoit toutefois la possibilité pour la Commission de transférer dans la monnaie de l'un des États membres les avoirs qu'elle détient dans la monnaie d'un autre État membre, dans la mesure nécessaire à leur utilisation pour les objets auxquels ils sont destinés par les traités. Ces transferts sont opérés, sous réserve d'en informer les autorités compétentes des États membres et le Traité souligne lui-même que la Commission évite, dans la mesure du possible, de procéder à de tels transferts si elle détient des avoirs disponibles ou mobilisables dans les monnaies dont elle a besoin (art. 321, al. 1 TFUE).

§ 2. Le pouvoir budgétaire

Étudier le « pouvoir budgétaire » c'est étudier les *organes compétents* pour décider des dépenses et des recettes d'une collectivité et les conditions dans lesquelles ces décisions sont prises. La *procédure d'adoption et d'exécution d'un budget* est soumise à des règles de discipline bien connues dans les législations financières nationales : les *principes budgétaires*.

A. Les principes budgétaires

375 Étroitement inspirées du droit financier interne, les institutions financières de l'Union comportent naturellement les principes qui constituent dans les États les bases mêmes du droit budgétaire. Nous examinerons ces principes : unité, vérité budgétaire, annualité, équilibre, universalité, spécialité que l'on peut qualifier de principes fondamentaux auxquels s'ajoutent, ceux qui s'apparentent à l'idée de bonne gouvernance : bonne gestion financière et transparence. Fondés sur les traités, ils sont précisés par le TFUE et par le *règlement financier* du 25 juin 2002.

376 ***Principes d'unité et de vérité budgétaire*** ◇ Le principe de l'unité budgétaire est la règle qui impose d'enfermer dans un document unique la totalité des dépenses et des recettes estimées nécessaires de l'Union. Ces dépenses et ces recettes comprennent (art. 4 et 5) : les dépenses et les recettes de l'Union, y compris les dépenses administratives entraînées pour les institutions par les dispositions du Traité dans le domaine de la politique étrangère et de sécurité commune et dans celui de la coopération policière et judiciaire en matière pénale, ainsi que les dépenses opérationnelles entraînées par la mise en œuvre de ces dispositions.

Le budget comporte l'inscription de la garantie des opérations d'emprunt et de prêts contractés par l'Union, ainsi que l'inscription des versements au fonds de garantie relatif aux actions extérieures.

Le principe de l'unité connaît néanmoins quelques exceptions dont la plus importante est celle de la gestion hors budget des opérations du fonds européen de développement (le FED).

Côté vérité, aucune recette ni aucune dépense ne peut être effectuée autrement que par imputation à une ligne du budget sous réserve de l'article 74 qui visent les recettes perçues au titre d'amendes, astreintes et sanctions ainsi que les intérêts produits. Ceux-ci ne sont pas enregistrés définitivement à titre de recettes budgétaires aussi longtemps que les décisions correspondantes sont susceptibles d'être annulées par la Cour de justice.

Aucune dépense ne peut être engagée ni ordonnancée au-delà des crédits autorisés et aucun crédit ne peut être inscrit au budget s'il ne correspond pas à une dépense estimée nécessaire.

377 ***L'annualité*** ◇ Le budget de l'Union est soumis au principe de l'*annualité budgétaire*, l'exercice allant du 1er janvier au 31 décembre (art. 313 TFUE). Selon ce principe les dépenses et recettes sont votées pour un exercice, préalablement à cet exercice, seulement pour cet exercice, mais pour sa totalité (art. 271 CE). Les crédits non utilisés à la fin de l'exercice sont annulés sauf report au seul exercice suivant (art. 316 al. 1 TFUE) à l'exception des crédits relatifs aux dépenses de personnel connue nous l'avons déjà précisé plus haut.

L'annualité n'est cependant pas appliquée sans certains assouplissements. D'une part les budgets annuels sont encadrés par le cadre financier pluriannuel qui planifie financièrement les politiques de l'Union à suffisamment long terme pour les rendre plus efficaces. L'actuel cadre financier porte sept ans : 2007-2013. En 2010, la Commission doit mettre à jour les prévisions relatives aux crédits de paiement pour la période postérieure à 2013.

D'autre part certaines dépenses peuvent être autorisées pour des périodes excédent l'exercice.

a) Le règlement financier, dans sa rédaction de 2002, maintient la distinction entre deux catégories de crédits : les « *crédits dissociés* » ; les « *crédits non dissociés* » (art. 7-1). Les *crédits dissociés* donnent lieu à des crédits d'engagement et à des crédits de paiement avec reports sur l'exercice suivant des crédits non utilisés. Ils sont appliqués aux opérations pluriannuelles (art. a. 9-2). Les crédits non dissociés correspondant à des obligations contractées à la clôture de l'exercice. Ils sont reportés de droit au seul exercice suivant. Le règlement financier précise que les *crédits d'engagement* couvrent, pendant l'exercice en cours « le coût total des engagements juridiques contractées dont la réalisation s'étend sur plus d'un exercice ». Le règlement décrit d'autre part les modalités techniques d'inscription et de présentation des crédits dissociés dans le budget (art. 8).

Le règlement financier rapproche les crédits dissociés et non dissociés. L'ensemble des crédits non dissociés et des crédits d'engagement des crédits dissociés constitue « les *crédits pour engagement* ». L'ensemble des crédits non dissociés et des crédits de paiement des crédits dissociés constitue « les *crédits pour paiement* » (art. 7 règlement financier).

b) L'article 77-3 du règlement financier, s'applique aux obligations juridiques contractées pour des actions « dont la réalisation s'étend sur plus d'un exercice ». Une date limite doit être précisée « vis-à-vis » du bénéficiaire, en tenant compte de l'exigence de réalisation pluriannuelle des opérations et des conditions spécifiques d'exécution.

c) La règle de l'annualité n'empêche pas la possibilité de l'*utilisation anticipée* des crédits ou de *reports* (art. 9 et 10).

d) Enfin si le budget n'est pas arrêté à l'ouverture de l'exercice, le règlement précise les conditions de recours au système des « douzièmes provisoires » prévu à l'article 315 alinéa 1 TFUE.

378 ***Équilibre budgétaire*** ◇ Le principe de l'équilibre budgétaire, souvent oublié dans les États, est affirmé par les traités européens. Ainsi l'article 310 alinéa 3 TFUE précise que « le budget doit être équilibré en recettes et en dépenses », et établi conformément à l'article 14 du règlement financier.

Rappelons toutefois la possibilité de budgets supplémentaires ou rectificatifs.

Mais le principe s'applique aussi au cas - plutôt rare - d'un excédent budgétaire [1]. Le solde de chaque exercice est inscrit dans le budget suivant en recette ou en crédit de paiement, selon qu'il s'agit d'un excédent ou d'un déficit (art. 15).

379 ***Universalité. Non-affectation.*** ◇ Les principes d'universalité et de non-affectation sont différents mais étroitement liés. Selon le premier, le budget doit contenir la totalité des dépenses et des recettes, sans contraction, sans compensation entre elles.

Le règlement financier précise la portée du principe et les cas possibles de dérogation à la règle de non-affectation.

L'article 18 prévoit en effet l'affectation de certaines recettes à des dépenses spécifiques à titre dérogatoire, la règle générale étant la non-affectation et l'acte de base applicable pouvant toujours prescrire l'affectation à des dépenses spécifiques, des recettes qu'il prévoit.

380 ***Principe de spécialité*** ◇ Les articles 21 à 25 du règlement financier rappellent la règle de base, à savoir que les crédits sont spécialisés par titres et chapitres, les titres étant subdivisés en articles et postes (art. 21) tout en permettant une certaine flexibilité de gestion indispensable aux institutions pour les virements de crédit dont les procédures sont harmonisées. Ne peuvent être dotées de crédits par voie de virement que les lignes budgétaires pour lesquelles le budget autorise un crédit ou porte la mention « pour mémoire » (pm ; art. 25-1). Par ailleurs les crédits correspondant à des recettes affectées ne peuvent faire l'objet de virement que pour autant que ces recettes conservent leur affectation (art. 25-2).

381 ***Principe de bonne gestion financière*** ◇ L'article 310 TFUE stipule que le budget est exécuté conformément au principe de bonne gestion financière.

1. Ces principes sont développés par le règlement du 21 déc. 1977, not. art. 26. À noter que l'excédent budgétaire pour 2000 a été le plus important jamais enregistré avec 11,6 milliards d'euros soit plus de 14 % pour les crédits de paiement. La Cour de comptes note que le report d'un tel excédent se traduit nécessairement par une distorsion des recettes de l'exercice suivant et recommande à la Commission d'examiner au mieux la procédure de budget rectificatif et supplémentaire pour éviter une telle situation. Cf. *JOCE* C. 359, 15 déc. 2001, p. 7.

Les États membres et l'Union coopèrent pour que les crédits inscrits au budget soient utilisés selon ce principe. Le principe de bonne gestion financière se définit lui-même par référence aux principes d'économie, d'efficience et d'efficacité. Économie supposant que les moyens mis en œuvre sont disponibles en temps utile, dans les quantités et qualités appropriées et au meilleur prix. Efficience exigeant le meilleur rapport entre les moyens mis en œuvre et les résultats. Efficacité enfin visant l'atteinte des objectifs fixés et l'obtention des résultats escomptés.

Pour assurer le respect de ce principe, des indicateurs de performance sont établis par activité et des informations sont fournies à l'autorité budgétaire par les administrations chargées de la dépense. Les institutions doivent procéder à une évaluation ex ante et ex post appliquées à tous les programmes et activités qui occasionnant des dépenses importantes (art. 27). Toute proposition susceptible d'avoir une incidence budgétaire, y compris sur le nombre des emplois, doit être accompagnée d'une fiche financière et de l'évaluation de l'opération (art. 28-1).

Au cours de la procédure budgétaire, la Commission fournit les renseignements appropriés permettant une comparaison entre l'évolution des besoins en crédits et les prévisions initiales. Ces renseignements comprennent les profits accomplis et l'état d'avancement de l'autorité législative sur les proportions présentées. Les besoins en crédit sont, le cas échéant, révisés en conséquence (art. 28-2).

382 ***Principe de transparence*** ◇ L'article 29 du règlement pose le principe que le budget est établi, exécuté et fait l'objet d'une reddition de comptes dans le respect du principe de transparence. La publication du budget et des budgets rectificatifs définitivement arrêtés doit se faire au Journal officiel de l'Union européenne dans un délai de rigueur de deux mois après la date du constat de l'arrêt définitif du budget. Sont également publiés à ce même Journal officiel les états financiers consolidés et les rapports de la gestion financière établis pour chaque institution.

Une information sur les opérations d'emprunts et prêts contractés par l'Union doit figurer en annexe au budget (art. 30-1). Enfin, les opérations du fonds de garantie relatif aux actions extérieures font l'objet d'une information dans les états financiers.

B. Préparation et adoption du budget

383 ***Les textes*** ◇ Depuis la fusion des exécutifs par le Traité de Bruxelles du 8 avril 1965, la procédure budgétaire obéissait aux dispositions, rédigées en termes identiques, des articles 203 CEE, 177 CEEA et 78 CECA. Cette procédure attribuait au Conseil compétence pour adopter le budget, la Commission n'ayant qu'un rôle de préparation et de consultation et le Parlement n'ayant que la possibilité d'imposer au Conseil une deuxième délibération sur le projet qui lui était soumis.

Ces dispositions ont été modifiées par une succession de textes.

Le *Traité de Luxembourg* du 22 avril 1970, puis le *Traité du 22 juillet 1975* ont accru les compétences du Parlement pour tenir compte de l'attribution de ressources propres aux Communautés. En particulier l'adoption finale du budget a été attribuée au Parlement.

Des conflits budgétaires ayant à plusieurs reprises, depuis 1978, opposé les institutions (notamment le Conseil et le Parlement), les conditions de déroulement de la procédure ont fait l'objet d'un effort d'amélioration – sans modification des traités. Ce fut l'objet d'une déclaration commune des institutions (Conseil, Commission, Assemblée) *du 30 juin 1982* [1] remplacée par l'accord interinstitutionnel du 6 mai 1999.

Le principal objectif de cet accord a été de clarifier une importante notion dont dépendait la procédure : *la distinction des dépenses obligatoires et des dépenses non obligatoires, des DO et des DNO* supprimée par le Traité de Lisbonne, le Parlement et le Conseil établissant le budget annuel comprenant une prévision de l'ensemble des recettes et des dépenses.

Depuis 1988 ont été adoptés plusieurs textes qui imposent aux autorités communautaires une *discipline budgétaire* [2]. Le dernier texte en date fixe le cadre financier applicable pour la période 2007-2013. Il s'agit de l'accord interinstitutionnel entre le Parlement européen, le Conseil et la Commission en date du 17 mai 2006 modifié par décision du Parlement et du Conseil en date du 6 mai 2009.

Par ailleurs le Traité de Lisbonne fixe les nouvelles règles de la procédure budgétaire à l'article 314 TFUE. Nous examinerons successivement la discipline budgétaire et la procédure d'adoption du budget.

384 ***a) La discipline budgétaire*** ◇ Les difficultés budgétaires des Communautés, qui ont été révélées par le retard du vote de certains budgets (notamment 1987 et 1988) voire le rejet comme en janvier 2006, et par des conflits entre le Conseil et le Parlement, ont inspiré l'adoption de mesures destinées à maîtriser les finances communautaires. Ce souci s'est manifesté dans les textes pris à l'égard des ressources propres et des « fonds structurels ».

En même temps que ceux-ci, les institutions adoptaient un groupe de dispositions relatif à la *discipline budgétaire*. Déjà, en 1984, dans des « conclusions », le Conseil avait pris l'engagement d'assurer une telle disci-

1. *JOCE* C. 194, 28 juill. 1982 et *JOCE*, 18 juin 1999, p. 1.

2. Il s'agit de l'accord interinstitutionnel du 29 oct. 1993 (*JOCE* C. 331, 7 déc. 1993, p. 1), de la déclaration tripartite du 6 mars 1995 concernant l'inscription de dispositions financières dans les actes législatifs (*JOCE* C. 102, 4 avr. 1996, p. 4), de la déclaration commune du 12 déc. 1996 concernant l'amélioration de l'information de l'autorité budgétaire sur les accords de pêche (*JOCE* C. 20, 20 janv. 1997, p. 109) ; de l'accord interinstitutionnel du 16 juill. 1997 sur les dispositions concernant le financement de la PESC (*JOCE* C. 286, 22 sept. 1997, p. 80) ; de l'accord interinstitutionnel du 13 oct. 1998 sur les bases légales et l'exécution du budget (*JOCE* C. 344, 12 nov. 1998, p. 1) et enfin de l'accord interinstitutionnel du 17 mai 2006 (*JOUE* C. 139, 14 juin 2006) modifié le 6 mai 2009 (*JOUE* L. 132, 25 mai 2009, p. 8).

pline en fixant chaque année, pour l'année suivante, un « cadre de référence ».

Les premiers textes précisant la discipline budgétaire datant de 1988. Il s'agit d'une décision du Conseil 88/377, et d'une déclaration du Conseil européen des 11 et 12 février 1988 publiée avec la décision. La volonté exprimée était de réduire les interventions publiques agricoles et d'accroître le rôle du marché pour la fixation des prix.

Un premier accord interinstitutionnel sur la discipline budgétaire et l'amélioration de la procédure budgétaire a pu être adopté. Le texte actuel est l'accord interinstitutionnel en date du 17 mai 2006 modifié en 2009 et qui contient des prévisions chiffrées pour les années 2007-2013. Si on tient compte de la pratique des « perspectives financières » depuis 1988, ce cadre de prévision est le quatrième dans l'histoire de l'Union.

385 ***Le principe de la discipline budgétaire*** ◇ Le principe de la *discipline budgétaire* est introduit dans le Traité CE (art. 270) par le Traité de Maastricht. Le nouvel article interdit à la Commission de présenter ou de modifier des propositions, de prendre des mesures d'exécution susceptibles d'avoir des incidences notables sur le budget sans apporter l'assurance que les mesures projetées pourront être financées dans la limite des ressources propres. Le Traité de Lisbonne ajoute à la formule « et dans le respect du cadre financier pluriannuel », au cœur du dispositif établi en application de la discipline budgétaire.

Dans la même optique, l'article 317 TFUE prescrit à la Commission d'exécuter le budget selon le « principe de bonne gestion financière ». Les États membres coopèrent avec la Commission dans ce but (art. 317 al. 1 TFUE).

386 ***L'accord interinstitutionnel sur la discipline budgétaire et la bonne gestion financière du 17 mai 2006*** [1] ◇ Les trois institutions politiques majeures de la CE (Parlement européen, Conseil et Commission) ont adopté un texte sur la discipline budgétaire et l'amélioration de la procédure budgétaire complété à plusieurs reprises et remplacé par un accord du 17 mai 2006. Lui-même a été modifié partiellement par deux décisions du Parlement européen et du conseil en date du 6 mai 2009 et du 17 décembre 2009 [2].

L'accord interinstitutionnel est composé en trois parties suivies de quatre annexes et de plusieurs déclarations. La première partie concerne les perspectives financières, la seconde collaboration interinstitutionnelle au cours de la procédure budgétaire, la troisième contient des dispositions relatives à la bonne gestion des fonds de l'UE.

Nous examinerons les différents éléments de l'accord.

1. *JOUE* C. 139, 14 juin 2006. L'accord est entré en vigueur le 1er janv. 2007.
2. *JOUE* L. 132, 29 mai 2009, p. 8 et *JOUE* L. 347, 24 déc. 2009, p. 26.

1) Les principes. Le préambule fixe *les principes de base.* L'accord a pour *objet* d'assurer la discipline budgétaire et l'amélioration de la procédure et de la coopération des institutions Son *objectif* est de régler, pour une période à moyen terme, l'évolution des dépenses dans les limites des ressources propres.

L'accord présente plusieurs caractères :

– il est *global,* couvre toutes les dépenses, engage toutes les institutions ;

– il est *intangible,* ne peut être modifié que du commun accord de toutes les institutions parties à l'accord et selon les procédures qu'il prévoit, notamment en cas de révision du Traité pendant la période couverte par le cadre financier pluriannuel 2007-2013. Les modifications du cadre financier prévues aux articles 21 et 23 obéissent aux procédures prévues par l'accord ;

– il ne *modifie pas les compétences budgétaires* définies par les traités.

2) Les perspectives financières (plafonds). La première partie fixe les règles concernant les « perspectives financières » pour 2007-2013.

Ces « perspectives financières » déterminent le *plafond* annuel des dépenses présentées en six rubriques [1] :

1 - Croissance durable (compétitivité et cohésion) ;

2 - Conservation et gestion des ressources naturelles ;

3 - Citoyenneté, liberté, sécurité et justice ;

4 - l'UE en tant qu'acteur mondial ;

5 - Administration ;

6 - Compensations.

Elles sont présentes, chiffrées, dans l'annexe I pour un total de près de 975 milliards d'euros pour sept ans.

Les perspectives financières constituent la *référence obligée de la discipline budgétaire.* Elles fixent pour chaque année, chaque rubrique, les montants de dépenses en *crédits.* Mais elles présentent aussi des plafonds, des crédits pour engagement et *pour paiement.* Sont distingués les montants en crédits pour paiements laissés disponibles en vue de l'élargissement.

Les institutions, Parlement, Conseil, Commission s'engagent à exercer leurs compétences en respectant ces plafonds tant dans la préparation que dans l'exécution du budget. Seuls les plafonds indiqués pour les aides de préadhésion ont un caractère seulement indicatif, les deux branches de l'autorité budgétaire pouvant décider d'en modifier la répartition d'un commun accord.

Et pour chaque exercice, les crédits de paiement ne doivent pas imposer un « taux d'appel » des ressources propres supérieur au plafond prévu pour celles-ci. Si besoin est, le pouvoir budgétaire (les « deux branches », c'est-à-

1. Les rubriques correspondent aux politiques menées par l'Union sont elles-mêmes subdivisées en différents secteurs. Leur ordre et leur chiffrage sont significatifs des priorités voulues par l'Union. La croissance durable totalise jusqu'à 433 001 millions d'euros et se donne pour objectif de stimuler la recherche, l'éducation, l'innovation et la mobilité, tout en renforçant le potentiel économique de l'Union.

dire le Parlement et le Conseil) réduit (selon les règles fixées par l'art. 272 § 9 al. 5 Traité CE) les plafonds des perspectives financières, pour respecter les plafonds des ressources.

3) L'adaptation et la révision. Les perspectives financières ne peuvent, cependant, avoir un caractère trop rigide. Elles peuvent faire l'objet d'*adaptation* ou de *révision*.

Deux systèmes d'*adaptation annuelle* sont prévus : des *ajustements techniques*, des ajustements *« liés aux conditions d'exécution »*.

a) Chaque année, des *« ajustements techniques »,* ont lieu selon une formule que la vertu (il est vrai toute neuve) de la transparence n'a pas touchée de son aile : « en amont de la procédure budgétaire de l'exercice n + 1 » (cette formule saugrenue peut sans doute se traduire par : avant le début de la procédure budgétaire pour le prochain exercice ?), la commission procédera à l'ajustement technique du cadre financier.

Cet ajustement technique est effectué, selon les données et prévisions économiques les plus récentes, en fonction de l'évolution des PIB des États membres et des prix et s'applique aux plafonds des rubriques et sous-rubriques (crédits pour engagements et pour paiements) à l'exception des « réserves ».

En même temps que les ajustements techniques (« conjointement »), la Commission propose au pouvoir budgétaire (aux « deux branches », le Conseil et le Parlement) des ajustements des crédits de paiement rendus nécessaires par les *conditions d'exécution* pour assurer leur « évolution ordonnée » au regard des « crédits pour engagement ». Cette adaptation permet des transferts de dotations non utilisées sur des exercices ultérieurs. [1] Le Parlement et le Conseil statuent sur la proposition de la Commission avant le 1er mai « de l'année n » (c'est-à-dire de l'exercice en cours ?).

b) Les perspectives financières ne sont pas seulement adaptées, elles peuvent faire l'objet de *révision*. Il ne s'agit plus d'ajuster les crédits à la conjoncture mais de faire face à des actions non prévues, mais dans le *respect du plafond des ressources propres*.

Il appartient à la Commission de présenter les propositions à cet effet aux « deux branches » du pouvoir budgétaire. La décision doit intervenir avant le début de l'exercice ou du premier des exercices concernés. La décision est prise par le Parlement européen et le Conseil selon une procédure législative spéciale si la révision ne dépasse pas 0,03 % du RNB ou par le Conseil statuant à l'unanimité au-delà de 0,03 % du RNB de l'Union européenne.

La révision peut entraîner des « réaffectations » de crédits à l'intérieur des rubriques (en raison de la « sous-exécution » de certains crédits), et des

1. Pour exemple : concernant les retards d'adoption de programmes opérationnels et l'absence d'engagements des crédits prévus pour les fonds structurels, le fonds de cohésion, le développement rural et le fonds européen pour la pêche qui en a résulté, cf. décision du Parlement et du Conseil du 29 avr. 2008 modifiant l'accord interinstitutionnel du 17 mai 2006 sur la discipline budgétaire et la bonne gestion financière en ce qui concerne l'adaptation du cadre financier pluriannuel, *JOUE* L. 128, 16 mai 2008, p. 8.

transferts entre rubriques. Les institutions examinent les possibilités de compenser le relèvement du plafond d'une rubrique par l'abaissement du plafond d'une autre rubrique. C'est ainsi que la décision du Parlement européen et du Conseil en date du 17 décembre 2009 modifie l'accord institutionnel du 17 mai 2006 pour prévoir un financement complémentaire en faveur de projets dans le domaine de l'énergie et de l'internet à large bande ainsi que des investissements dans le cadre de la réforme de la politique agricole commune. Le relèvement du plafond prévu pour les crédits d'engagement de la sous rubrique 1a – est de 1 779 000 000 euros pour 2010. Le relèvement est prévu pour être compensé par une réduction des crédits d'engagement dans les rubriques 1a, 1b, 2, 3a et 5 pour l'exercice 2009 et des plafonds des crédits d'engagement dans les rubriques 1a, 2 et 5 pour l'exercice 2010 [1].

L'annexe I de l'accord institutionnel qui répertorie tous les chiffrages est modifiée en conséquence comme elle doit l'être à chaque révision.

Les révisions sont donc tenues de respecter la relation prévue entre crédits pour engagement et crédits pour paiements. Le recours à l'instrument de flexibilité dont le plafond annuel s'élève à 200 millions d'euros peut être proposé par la Commission après examen de toutes les possibilités de réaffectation des crédits sous la rubrique concernée par des besoins de dépenses supplémentaires. La décision en est prise par commun accord des deux branches de l'autorité budgétaire.

4) La réserve d'aide d'urgence. Les perspectives financières contiennent, outre les plafonds des crédits, une réserve pour aides d'urgence à laquelle sont affectées des ressources qui ne sont appelées qu'en cas d'utilisation. La dotation annuelle de la réserve est fixée à 221 millions d'euros pour la durée du cadre financier.

La réserve est destinée à permettre de répondre rapidement à des besoins spécifiques d'aide à des pays tiers, à la suite d'évènements qui n'étaient pas prévisibles, en priorité pour des actions à caractère humanitaire, mais aussi, le cas échéant, pour la gestion civile d'une crise et la protection civile.

La mise en œuvre des réserves part d'une proposition de la Commission qui doit organiser une concertation des trois institutions (trilogue) pour obtenir l'accord des « deux branches » du pouvoir budgétaire.

5) La procédure. L'accord n'est pas limité au contenu des perspectives financières. Il organise une *réforme de la procédure budgétaire*.

L'accord confirme d'abord quelques principes : le budget doit donner, dans le respect de la discipline budgétaire, les moyens aux institutions de remplir leurs obligations ; l'accord institue en outre une procédure de concertation interinstitutionnelle, décrite dans l'annexe II.

Dans la préparation du budget, l'accord rappelle que la Commission présentant son avant-projet doit maintenir une stricte relation entre les crédits d'engagement et les crédits de paiement. Et les institutions doivent

1. Cf. *JOUE* L. 347, 24 déc. 2009, p. 26.

dans la procédure et l'adoption du budget ménager des « *marges disponibles* » entre les *crédits adoptés* et les *plafonds* prévus, afin de permettre essentiellement l'inscription de crédits supplémentaires *sans révision des plafonds.*

6) La collaboration interinstitutionnelle. La partie II de l'accord et son annexe II concernent l'amélioration de la collaboration *interinstitutionnelle* « en matière budgétaire », baptisée « *trilogue* », entre les trois institutions, Parlement, Conseil, Commission.

Une concertation *se situe* chaque année *après* les ajustements techniques des perspectives et *avant* la décision de la Commission d'adoption de l'avant-projet du budget. Son *objet* doit être - en respectant les compétences budgétaires - de déterminer les priorités à retenir pour le prochain budget.

La Commission, dans la présentation de son avant-projet, distingue les *crédits* correspondant à des dispositions *législatives nouvelles ou prévues* et les *crédits* correspondant à l'*application de la législation existante lors de l'arrêt du précédent budget*. Elle les actualise en cours de procédure si cela est nécessaire.

La *procédure de concertation* s'applique à ces crédits à la demande du Parlement ou du Conseil, notamment si le Conseil envisage de s'écarter de l'avant-projet.

L'*objectif* de la concertation est la recherche d'un accord entre le Conseil et le Parlement avant que le Conseil n'ait établi son projet.

Dans la *réunion des trois institutions* (le « trilogue »), celles-ci sont *représentées* respectivement par le président du Conseil « budget », le président de la Commission des budgets du Parlement, le membre de la Commission chargé du budget. La réunion a lieu, en principe, lors de la « rencontre traditionnelle » qui réunit les mêmes personnes au jour fixé par le Conseil pour l'établissement du budget.

Le Parlement et le Conseil doivent respecter les résultats obtenus dans cette concertation « durant toute la procédure budgétaire en cours ».

387 ***Un instrument de discipline et de contrôle : la fiche financière (art. 28 Règlement financier)*** ◇ Lors de la modification du règlement financier (par le règlement Euratom, CECA, CEE n° 610-90, 13 mars 1990) le Conseil a introduit un nouvel article 3 qui crée un instrument de discipline et de contrôle : la « *fiche financière* » reconduite par le règlement financier du 25 juin 2002.

Une fiche financière doit accompagner « toute proposition ou communication » de la Commission au Conseil « susceptible d'avoir une incidence budgétaire », y compris « sur le nombre des emplois ». Cette fiche doit être *mise à jour* selon « l'état des délibérations ».

Si la fiche concerne des « *activités de caractère opérationnel* » elle doit comporter la justification du montant de l'intervention de l'Union, fondée sur « des données statistiques appropriées ».

Pour des *actions pluriannuelles,* la fiche s'accompagne d'un « *échéancier* prévisible des besoins annuels, en crédits et en effectifs », établi en tenant compte des « perspectives financières » (annexées à « l'accord interinstitutionnel » sur la *discipline budgétaire*).

L'article 3 établit lui-même le lien entre la *fiche financière et la procédure budgétaire*. Au début de celle-ci, la Commission fournit les « renseignements appropriés » permettant de comparer les besoins en crédits et les prévisions initiales des fiches financières (art. 28-2).

Afin de prévenir les risques de fraudes et d'irrégularités, la Commission fait état dans la fiche financière d'informations concernant les mesures de prévention et de protection existantes ou envisagées (art. 28-3).

388 ***b) La procédure budgétaire*** ◇ Le Traité de Lisbonne a renouvelé la procédure budgétaire en la simplifiant et en resserrant son calendrier. C'est l'article 314 TFUE qui en fixe les règles.

Le Conseil européen et le Conseil statuant conformément à une procédure législative spéciale établissent le budget.

a) La préparation. L'exercice budgétaire commence le 1er janvier et s'achève le 31 décembre. Dans un premier temps, à titre préparatoire, chaque institution, à l'exception de la Banque centrale européenne, dresse un état prévisionnel de ses dépenses avant le 1er juillet pour l'exercice budgétaire suivant. La Commission groupe les états dans un projet de budget qui comprend une prévision des recettes et une prévision des dépenses et qui peut aussi comporter des prévisions divergentes.

b) L'adoption par l'autorité budgétaire. Le Parlement européen et le Conseil sont saisis de la proposition de la Commission au plus tard le 1er septembre. La Commission peut toujours modifier le projet au cours de la procédure jusqu'à la convocation éventuelle du Comité de conciliation. Après examen, le Conseil adopte sa position sur le projet de budget et la transmet au Parlement au plus tard le 1er octobre en l'informant des raisons de sa position.

Le Parlement dispose alors d'un délai de 42 jours après cette transmission pour :

– Soit adopter la position du Conseil. Dans ce cas, le budget est adopté ;

– Soit ne pas statuer dans les délais ; là encore le budget est réputé adopté ;

– Soit adopter à la majorité des membres qui le composent, des amendements. Le projet amendé est alors transmis au Conseil et à la Commission. Dans ce cas, le président du Parlement européen, en accord avec le président du Conseil, convoque sans délai le comité de conciliation. Celui-ci toutefois ne se réunit pas si dans un délai de 10 jours après cette transmission, le Conseil informe le Parlement qu'il approuve tous ses amendements.

c) L'intervention du comité de conciliation. Le comité de conciliation (art. 314 § 5 TFUE) composé paritairement de membres du Conseil et de membres du Parlement européen (ou leurs représentants) a pour mission d'aboutir à un accord sur un projet commun sur la base des positions du PE et du Conseil dans un délai de 21 jours à partir de sa convocation. L'accord doit être adopté à la majorité qualifiée des membres du Conseil et à la majorité des membres représentant le Parlement.

La Commission participe aux travaux et contribue à la recherche de cet accord.

Si dans le délai de 21 jours l'accord est obtenu sur un projet commun, le Parlement européen et le Conseil disposent chacun d'un délai de 14 jours pour approuver le projet.

Plusieurs cas de figure peuvent alors se présenter.

a) Le budget est réputé définitivement adopté si le Parlement et le conseil approuvent le budget ou bien ne parviennent pas à statuer ou encore si l'une des institutions l'approuve et l'autre pas.

b) Si les deux institutions rejettent le projet (le Parlement à la majorité des membres qui le composent) ou même une seule d'entre elles le rejette tandis que l'autre ne parvient pas à statuer, un nouveau projet de budget est présenté par la Commission.

c) Si le Parlement européen rejette le projet et que le Conseil l'approuve, un nouveau projet est présenté par la Commission.

d) Si le Parlement approuve le projet alors que le Conseil le rejette, le Parlement européen peut, dans un délai de 14 jours à compter de la date du rejet par le Conseil, décider de confirmer l'ensemble ou une partie des amendements qui étaient les siens avant la réunion du comité de conciliation. Sa décision est alors prise à la majorité des membres qui le composent et des trois cinquièmes des suffrages exprimés. Si un des amendements n'est pas confirmé, la position agrée au sein du comité de conciliation concernant la ligne budgétaire objet de cet amendement est alors retenue. Le budget est réputé définitivement adopté sur cette base. L'article 314 § 8 TFUE ajoute que si dans le délai de 21 jours imparti au comité, il n'y a pas d'accord sur un projet commun, la Commission doit présenter un nouveau projet de budget.

d) L'adoption définitive. Au terme de la procédure, le président du Parlement européen constate que le budget est définitivement adopté.

389 ***Les douzièmes provisoires*** ◇ La procédure budgétaire est complétée par une procédure de *douzièmes provisoires*. Lorsqu'au début d'un exercice (1er janvier) le budget n'est pas encore adopté, les dépenses peuvent être votées mensuellement par chapitre ou par toute autre division, dans les limites du douzième des crédits ouverts au budget de l'exercice précédent, et sans que cette mesure puisse avoir pour effet de mettre à la disposition de la Commission des crédits supérieurs au douzième de ceux prévus dans le budget en préparation.

Le Conseil, sur proposition de la commission, peut toutefois autoriser des dépenses excédant le douzième « sous réserve que les autres conditions fixées à l'alinéa premier soient respectées » (art. 315 TFUE).

Dans tous les cas de figure, les décisions autorisant des dépenses excédant le douzième prévoient simultanément les mesures nécessaires en matière de ressources (art. 315 al. 3 TFUE).

La décision entre en vigueur 30 jours après son adoption si, dans ce délai, le Parlement européen statuant à la majorité des membres qui le composent, ne décide pas de réduire ces dépenses.

SECTION 2. L'EXÉCUTION DU BUDGET ET LES CONTRÔLES

390 ***Généralités*** ◇ Le budget de l'Union étant adopté [1], il reste à l'exécuter. L'autorité principalement responsable de cette tâche est la Commission. Selon l'article 317 TFUE, « la Commission exécute le budget en coopération avec les États membres, conformément aux dispositions des règlements pris en exécution de l'article 322, sous sa propre responsabilité et dans la limite des crédits alloués, conformément au principe de la bonne gestion financière. Les États membres coopèrent avec la Commission pour faire en sorte que les crédits soient utilisés conformément aux principes de la bonne gestion financière ». Les conditions d'exécution sont précisées par le règlement financier, notamment dans son titre IV.

L'article 53 de ce règlement précise que la Commission exécute le budget soit de manière centralisée, soit en gestion partagée ou décentralisée faisant intervenir des pays tiers, soit en gestion conjointe avec des organisations internationales. Lorsqu'elle exécute le budget de façon centralisée, elle peut le faire directement dans ses services, ou indirectement en confiant des tâches d'exécution budgétaires ou à des « agences exécutives » ou à des organismes créés à cette fin par les communautés, ou encore à des organismes nationaux publics ou des entités de droit investis d'une mission de service public dans les conditions prévues par le règlement financier.

L'exécution budgétaire se présente sous forme d'un mécanisme complexe dont le rôle est de percevoir les recettes et d'exécuter les dépenses.

Par certains aspects, cette mission reste très « classique », conforme au droit budgétaire et aux règles de la comptabilité publique que pratiquent habituellement les États. Mais elle présente aussi certains éléments moins habituels résultant du fait que les ressources de l'Union sont perçues par l'intermédiaire des États membres. C'est dans des conditions particulières que ces recettes sont mises à la disposition de la Commission.

L'étude de l'exécution du budget est fondée sur la *distinction classique des ordonnateurs et des comptables,* qui intéresse à la fois la perception des *recettes* et la réalisation des *dépenses*. Elle se prolonge nécessairement de l'examen des contrôles financiers.

1. Sur l'adoption du budget, la Cour de justice a rendu un important arrêt 34-86 du 3 juill. 1986. La Cour a d'abord reconnu que la « constatation » par le président de l'Assemblée est un acte du Parlement susceptible d'être attaqué en annulation sur la base de l'article 173. En l'espèce la constatation était intervenue avant l'achèvement de la procédure et le budget était donc reconnu invalide. Mais en raison des nécessités de la continuité du service public et de la sécurité juridique, cette invalidité n'a pas entraîné l'annulation des engagements et des paiements antérieurs à la date de l'arrêt.

§ 1. Les règles générales

A. La séparation des ordonnateurs et des comptables

391 ***Généralités*** ◇ La séparation des ordonnateurs et des comptables est la règle d'organisation sur laquelle repose l'exécution du budget de l'Union. Les règlements financiers en posent le principe : « l'exécution du budget est assurée suivant le principe de la séparation des ordonnateurs et des comptables » [1]. Les fonctions d'ordonnateur, de comptable et de contrôleur financier (remplacé par un auditeur interne) sont incompatibles entre elles. Le règlement financier précise aussi les tâches qui incombent aux ordonnateurs et aux comptables. Par ailleurs, il faut compter parmi les acteurs financiers les régisseurs d'avances qui complètent le rôle des comptables.

392 ***Les ordonnateurs. Les délégataires*** ◇ Il n'appartient qu'à l'ordonnateur d'engager les dépenses, de constater les droits à recouvrer, d'émettre les titres de recettes et de paiement. L'institution exerce les fonctions d'ordonnateur. Chaque institution détermine dans ses règles administratives internes les agents de niveau approprié auxquels elle délègue des fonctions d'ordonnateur dans le respect des conditions prévues dans son règlement intérieur, avec la possibilité de subdélégations. L'ordonnateur délégué ou subdélégué peut être assisté par un ou plusieurs agents placés sous la responsabilité du premier.

Les ordonnateurs délégués ou subdélégués ne peuvent agir que dans les limites des pouvoirs qui leur sont confiés (art. 59 § 1 à 4).

Tout ordonnateur engage sa responsabilité disciplinaire et pécuniaire dans les conditions prévues par le statut et le règlement.

393 ***Les comptables*** ◇ Chaque institution nomme un comptable chargé de la bonne exécution des paiements, de l'encaissement des recettes et du recouvrement des créances. Il doit aussi préparer et présenter les comptes, tenir la comptabilité, définir les règles et les méthodes comptables conformément au titre VII du règlement consacré à la reddition des comptes et à la comptabilité ainsi que le plan comptable. Il est également chargé de la gestion de la trésorerie. Il dispose d'un droit d'accès aux informations nécessaires auprès des ordonnateurs qui en assument la fiabilité (art. 61 règlement). Seul habilité à manier les fonds et les valeurs, le comptable est responsable de leur conservation [2]. Cette responsabilité disciplinaire ou pécuniaire est précisée à l'article 67 du règlement qui prévoit les cas de perte ou détérioration des fonds, valeurs et documents, la modification indue des comptes bancaires ou courants postaux, les recouvrements ou paiements non conformes aux ordres donnés, l'omission d'encaissement des recettes dues. Le comptable

1. Cf. règl. financier nouv., art. 58.
2. *Ibid.*, art. 67.

exerce un contrôle sur les dépenses dans la mesure où « en cas d'erreur matérielle, de contestation relative à la validité de l'acquit libératoire ou d'inobservation des formes prescrites par le (...) règlement financier [il] doit suspendre les paiements » [1]. Dans ses tâches, le comptable peut être assisté d'un ou plusieurs comptables subordonnés nommés dans les mêmes conditions [2] et placés sous sa responsabilité hiérarchique.

394 ***Les régisseurs d'avances*** ◇ Le règlement financier précise qu'en vue du paiement de dépenses de faible montant et d'encaissement de recettes autres que les ressources propres, il peut être créé des régies d'avances qui sont alimentées par le comptable de l'institution et qui sont sous la responsabilité des régisseurs d'avances désignés par le comptable de l'institution (art. 63). Comme les comptables, les régisseurs d'avance engagent leur responsabilité disciplinaire ou pécuniaire et peuvent être à tout moment suspendus de leurs fonctions, temporairement ou définitivement par l'autorité qui les a nommés (art. 64).

B. Les recettes

Les recettes destinées à financer l'Union sont soumises à des *dispositions générales,* contenues dans le règlement financier. Mais les *ressources propres* font l'objet de règles spécifiques qui font l'objet d'une décision du Conseil statuant selon une procédure spéciale, prise à l'unanimité et après consultation du Parlement européen (art. 311 al. 2 TFUE). Enfin, pour le recouvrement des ressources, les États membres disposent d'un régime *d'assistance mutuelle.*

a. Les dispositions générales

395 ***Perception des recettes*** ◇ Le budget ne peut comporter de recettes négatives (art. 42 al. 1). L'essentiel des ressources de l'Union est constitué par les ressources propres. L'article 311 alinéa 1 TFUE dispose en effet : « Le budget est sans préjudice des autres recettes, intégralement financé par des ressources propres ». Ce sont des montants nets présentés en tant que tels dans l'état synthétique des recettes du budget.

Toutefois d'autres recettes sont possibles : impôts perçus sur les agents de l'Union [3], amendes, etc. L'article 18 du règlement financier distingue 10 types de recettes affectées en vue de financer des dépenses spécifiques ; notamment le montant des indemnités d'assurances perçues, les recettes provenant d'indemnités locatives, de la vente de publications ou films. La Commission peut encore accepter toutes libéralités en faveur de l'Union

1. *Ibid.*, art. 61.
2. *Ibid.*, art. 62.
3. Cf. Prot. sur les privilèges et immunités, art. 13, 20 et 21.

sous réserve de l'autorisation du Parlement et du Conseil lorsque les libéralités sont susceptibles d'entraîner des charges particulières (art. 19).

Le règlement financier pose, sur la perception des recettes, des règles générales fondées sur la séparation des ordonnateurs et des comptables.

La procédure de recouvrement comporte *trois phases* :

– l'ordonnateur compétent présente, pour toute mesure ou situation susceptible d'engendrer une créance des Communautés, une prévision de créance (art. 70). L'auditeur interne qui remplace le contrôleur financier n'intervient pas ici comme son prédécesseur par un contrôle préalable. Il n'intervient dans l'exécution du budget que pour l'évaluer ;

– toute créance constatée fait l'objet d'un *ordre de recouvrement* ;

– l'*exécution* de l'ordre de recouvrement est confiée au *comptable* qui doit assurer la perception aux dates prévues. Le comptable doit veiller à la conservation des droits des Communautés (art. 73).

Le règlement financier définit en outre dans quelles conditions une créance constatée peut ne pas être recouvrée [1]. La décision par laquelle le comptable renonce au recouvrement doit être motivée.

b. Les règles spécifiques des ressources propres

396 ***Les textes*** ◇ L'exécution des ressources propres incombe aux autorités nationales, agissant selon leurs législations et réglementations *adaptées au droit de l'Union*. La Commission examine régulièrement ces législations et réglementations et prescrit les adaptations qu'elle juge nécessaires [2].

Par dérogation à l'article 70-1 du règlement financier, les ressources propres versées à échéances fixes par les États membres ne font pas l'objet d'une prévision de créance préalable à la mise à disposition de la Commission des montants par les États membres. Elles font l'objet, de la part de l'ordonnateur compétent, d'un ordre de recouvrement.

1. Généralités. Définitions. Dispositions organiques

397 ***L'Union, directement titulaire de ses ressources*** ◇ Le règlement pose un principe important : le *droit de l'Union sur une ressource propre naît dès que ce droit est constaté*. La constatation est faite par l'ordonnateur délégué. Et cette *constatation existe dès que le montant dû est communiqué par le service compétent au redevable*. La *communication* est effectuée dès que le redevable est connu, que le droit peut être calculé par les autorités compétentes qui doivent agir dans le respect de toute disposition relative à l'exécution du budget. L'Union est directement propriétaire des ressources – du moins de celles auxquelles s'applique le règlement. Ces ressources n'appartiennent pas à l'État percepteur et ne constituent pas des « contributions ».

1. Art. 73-2.
2. *Ibid.*

Toutefois, pour des raisons pratiques évidentes, ce sont les administrations nationales qui procèdent à la constatation des droits. Chaque État doit communiquer à la Commission (qui les communique aux autres États-membres sur leur demande) la dénomination des services responsables de la constatation ainsi que les dispositions législatives ou réglementaires applicables à la constatation, la perception, la mise à la disposition des ressources propres.

Les *pièces justificatives* relatives à ces opérations doivent être conservées dans les conditions prescrites par le règlement financier (en règle générale pendant au moins trois années civiles à compter de la fin de l'année à laquelle ces pièces se rapportent).

398 ***Le comité consultatif des ressources propres*** ◇ Dans la gestion de ses ressources propres, la Commission est assistée du *comité consultatif des ressources propres* institué par l'article 20 du règlement (et qui prolonge celui qu'avait créé le règlement 2891-77). Ce comité est composé de représentants des États membres (cinq au plus par État) et présidé par un représentant de la Commission.

Le comité examine - mais à titre consultatif - les questions qui lui sont soumises par son président (de son initiative ou de celle d'un État membre) et notamment celles visées par les articles 48 et 49 (par exemple les « cas de force majeure ». Il examine aussi les prévisions de ressources propres.

2. La comptabilisation des ressources propres

399 ***Comptabilisation. Ventilation des droits. Délais*** ◇ La première phase de la procédure applicable aux ressources propres est la *comptabilisation* des droits constatés. L'organe compétent est le *Trésor* de l'État membre (ou l'organisme qui en tient lieu) à qui il est prescrit de « *ventiler* » les ressources selon leur nature (art. 8).

L'inscription des droits constatés dans la comptabilité tenue par le Trésor se fait au plus tard le *premier jour ouvrable* « après le *19* du *deuxième mois suivant celui au cours duquel le droit a été constaté* » (donc si le droit a été constaté en janvier, le délai de comptabilisation expirera le 20 mars suivant, si c'est un jour ouvrable). Le délai est différent pour *la TVA* et la « *ressource complémentaire* » fondée sur le PNB.

Dans ces délais, chaque État membre transmet à la Commission des relevés de sa comptabilité (relevés mensuels pour les droits normalement constatés). Ils doivent aussi (depuis le 1er janvier 1990) informer, semestriellement, la Commission des fraudes et irrégularités (supérieures à un certain montant), des mesures prises ou prévues pour en prévenir la répétition (art. 65-1). L'article 325 TFUE fait obligation aux États membres en effet de prendre les mêmes mesures pour combattre la fraude portant atteinte aux intérêts financiers de l'Union que celles qu'ils prennent pour combattre la fraude portant atteinte à leurs propres intérêts financiers. La lutte contre la fraude est l'œuvre de l'Union et des États membres. La

Commission, pour en prévenir les risques, fait état dans la fiche financière d'informations concernant les mesures de prévention et de protection existantes ou envisagées.

En outre chaque État transmet *annuellement* à la Commission avant le 1er mai un *compte récapitulatif* des droits constatés, assorti d'un *rapport.*

Des dispositions spécifiques sont prévues pour la comptabilisation séparée de droits constatés recouvrés tardivement.

3. La mise à la disposition de la Commission

400 ***L'obligation de l'État*** ◇ Les États membres ont l'obligation de mettre le montant des droits constatés à la disposition de la Commission dans les conditions déterminées par le règlement.

Toutefois les États peuvent être dispensés de cette obligation si le recouvrement n'a pu être effectué pour des raisons de force majeure, ou dans des cas où un examen approfondi des circonstances établit qu'il est « définitivement impossible de procéder au recouvrement pour des raisons qui ne sauraient leur être imputables » [1].

401 ***Mise à la disposition*** ◇ La *mise à la disposition* est réalisée par l'*inscription* des ressources propres au *crédit* d'un *compte,* tenu sans frais, *au nom de la Commission* auprès du *Trésor* (ou de l'organisme qui en tient lieu). Ces sommes sont *converties en Euros* par la Commission si nécessaire, et reprises dans sa comptabilité budgétaire qui enregistre tous les actes d'exécution budgétaires en recettes et en dépenses (art. 137-2 règlement financier).

Le règlement décrit largement les *délais* et les *modalités* de cette mise à la disposition en distinguant : les ressources propres normales, la TVA et la ressource complémentaire.

402 ***Pénalités de retard*** ◇ Les *retards* dans l'inscription au compte de la Commission sont sanctionnés par une *pénalité* représentée par un intérêt d'un taux égal à celui pratiqué sur le marché monétaire au jour de l'échéance et majoré de 0,25 % par mois de retard.

4. La trésorerie

403 ***L'ajustement des ressources aux besoins. La trésorerie*** ◇ Pour *ajuster ses ressources à ses besoins,* la Commission a besoin d'une trésorerie. Celle-ci est organisée par les textes financiers.

1. Sur les obligations des États, la jurisprudence s'est prononcée à plusieurs reprises. La Grande-Bretagne a été condamnée pour n'avoir pas effectué le paiement anticipé (prescrit par l'article 10-2 du règlement 2891-77 alors en vigueur (arrêt 93-85, 18 déc. 1986). Un État ne peut être excusé d'un versement tardif par une grève des employés de banque (arrêt 70-86, 17 sept. 1987).

En premier lieu, pour assurer les besoins de trésorerie découlant de l'exécution du budget, la Commission dispose des sommes inscrites à son compte selon l'article 12.

Si les besoins excèdent ces avoirs, la Commission peut tirer au-delà de ceux-ci, dans *certaines conditions* : que des crédits correspondants à ces dépenses figurent au budget, que les limites des ressources propres prévues soient respectées. La Commission informe préalablement les États membres des dépassements prévisibles (art. 12-2).

Ces *conditions peuvent ne pas être appliquées* dans un cas particulier prévu par l'article 12-3 : la défaillance d'un emprunteur de la Commission mettant celle-ci dans l'impossibilité de remplir ses propres obligations à l'égard de ses prêteurs.

La contribution à la trésorerie (dite « différence entre les avoirs globaux et les besoins de trésorerie ») est *répartie* entre les États en proportion des recettes prévues « en provenance de chacun d'entre eux » (art. 12-4).

5. **Contrôle** [1]

404 ***Les contrôles*** ◇ Les finances publiques sont toujours accompagnées de *contrôles* sévères. La gestion des ressources propres n'y fait pas exception et le titre VII du règlement leur consacre essentiellement l'article 18.

Les autorités de contrôle relèvent des États membres et de la Commission.

a) En premier lieu, les *contrôles de droit commun* s'appliquent en principe.

Il s'agit :

– des contrôles des États membres, organisés par les *législations nationales* ;

– des contrôles de l'Union organisés par les *Traités* (art. 318, 319 et 322 TFUE, 180 *ter* et 183 C Traité Euratom).

b) Des *contrôles spécifiques* s'appliquent en outre pour la vérification des ressources propres.

En premier lieu, les États doivent effectuer les *contrôles supplémentaires* que demande la *Commission* (qui peut aussi y être *associée* si elle le désire).

Pour *limiter ces contrôles supplémentaires,* la Commission peut demander, pour des cas spécifiques, communication de certaines pièces.

D'autre part, la Commission peut procéder, par des agents mandatés, à des vérifications sur place. Ces agents ont accès aux pièces justificatives. La Commission avertit « en temps utile » l'État membre intéressé, dont des agents participent aux vérifications (art. 18-3).

c) Chaque *semestre,* les *États membres* adressent un *rapport* à la *Commission* sur les résultats de leurs contrôles, ainsi que sur les questions de principe et les problèmes les plus importants soulevés (notamment sur le plan contentieux) par l'application du règlement.

d) Tous les *trois ans,* la *Commission* adresse un *rapport* au *Conseil* et au *Parlement* sur le fonctionnement du système de contrôle.

1. Règl. 1553-89, *JOCE* L. 155, 7 juin 1989.

6. Dispositions spécifiques à la TVA

405 ***Le règlement 1552-89. Généralités*** ◇ Un règlement concernant le régime uniforme définitif de perception des ressources propres provenant de la TVA a été adopté par le Conseil [1].

Ce règlement 1552-89 modifié contient des dispositions spécifiques applicables au calcul, à la perception, aux contrôles applicables à la ressource propre constituée par la TVA. Pour la période 2007-2013, des arrangements spéciaux introduits par le Conseil européen de Bruxelles du 15 et 16 décembre 2005 permettent à l'Autriche, l'Allemagne, les Pays-Bas et la Suède de bénéficier de taux d'appel réduits de la ressource TVA [2].

Le *champ d'application* de cette TVA est celui que définit la 6e directive (77-388). Les *bases de l'impôt* sont fondées sur les opérations imposables au sens de cette directive. En sont *exclues* les opérations exonérées par la même directive (art. 13 à 16). Toutefois, une série d'opérations énumérées visées par l'*article 28 de la sixième directive entrent dans la base de la TVA* : opérations exonérées avec remboursement des taxes payées au stade antérieur (28-2), opérations taxées en vertu de l'article 28-3a, ou exonérées (28-3b), opérations taxées en vertu d'un droit d'option (28-3c). Les États peuvent ne pas prendre en compte dans la base de la TVA communautaire les entreprises dont le chiffre d'affaire annuel n'excède une certaine somme fixée par les textes (art. 2-3).

Le règlement précise d'autre part les *méthodes de calcul* de la base des ressources TVA (art. 3 à 6).

406 ***Comptabilisation. Mise à la disposition*** ◇ Des mesures s'appliquent à la comptabilisation et à la mise à la disposition :

– avant le 31 juillet les États transmettent à la Commission un *relevé* du *montant total* de la base des ressources TVA de *l'année civile précédente,* calculées selon l'article 3 et à laquelle s'applique le taux de l'article 1 (art. 7-1) ;

– avant le 30 avril, les États membres transmettent à la Commission une *estimation* de la base des ressources TVA pour l'*exercice suivant* (art. 8) ;

– si des rectifications doivent être apportées aux relevés, visés par l'article 7-1, des exercices précédents, elles doivent être faites par *accord entre la Commission* et l'État membre concerné. À défaut d'accord, la Commission décide des mesures nécessaires. Les rectifications ne sont plus faites sur les relevés d'un exercice après le 31 juillet de la quatrième année qui suit cet exercice (art. 9).

407 ***Contrôles*** ◇ Pour le contrôle des ressources de la TVA, la Commission s'adresse aux administrations compétentes des États membres auprès desquelles elle s'assure notamment : de la régularité de diverses opérations, du

1. Règl. 1553-89, *JOCE* L. 155, 7 juin 1989 modifié.
2. V. doc. Conseil 15915/05 CADREFIN 268, 19 déc. 2005.

montant total des recettes perçues, de la conformité au règlement des calculs effectués pour déterminer le montant des ressources TVA, etc. (art. 11).

Les États membres doivent *fournir* à la Commission diverses *informations* relatives aux dispositions applicables à la TVA : procédures d'enregistrement des assujettis, de détermination et de recouvrement de la TVA, des systèmes de contrôle en vigueur à l'égard de cet impôt, etc. (art. 12-1). La *Commission* recherche avec les États membres les *possibilités d'améliorer* les procédures appliquées par ceux-ci (art. 12-2). Elle rédige tous les trois ans, un *rapport* destiné au *Parlement* et *au Conseil,* sur les procédures et les éventuelles améliorations envisagées (art. 12-3).

c. L'assistance entre les États membres pour le recouvrement des recettes

408 ***Le mécanisme de l'assistance mutuelle*** ◇ La directive n° 76/308/CEE du Conseil du 18 mars 1976 modifiée a pour objet d'organiser entre les États-membres une assistance permettant le recouvrement dans un État de créances nées dans un autre [1].

L'article 2 de la directive énumère les créances visées par la directive. Il s'agit des *restitutions, interventions et toutes mesures faisant partie du système de financement du FEOGA ; du prélèvement agricole ; des droits de douane ; de la TVA ; des frais et intérêts relatifs à leur recouvrement.*

Lorsqu'une créance est née sur le territoire d'un État celui-ci ne peut normalement la recouvrer sur le territoire d'un autre État, ce qui favorise certaines formes de fraude et d'évasion fiscales. C'est pour s'y opposer que les États s'accordent une assistance mutuelle, administrative et judiciaire.

L'assistance mutuelle organisée par la directive met en œuvre une procédure dans laquelle interviennent une *autorité requérante* et une *autorité requise* dont l'article 3 donne la définition : l'autorité requérante est l'autorité compétente de l'État qui demande l'assistance ; l'autorité requise est l'autorité compétente de l'État à qui la demande est adressée. Ces autorités doivent être précisées par les États qui en établissent la liste et se la communiquent (art. 19).

Le *mécanisme général* de l'assistance mutuelle consiste dans *l'obligation* pour l'autorité requise de *fournir à la requérante les renseignements* utiles au recouvrement des créances nées dans l'État de cette autorité, de *notifier au redevable les actes relatifs à ces créances,* de procéder à la demande de l'autorité requérante au *recouvrement des créances visées.* Il convient d'observer que ce mécanisme repose sur une idée fondamentale : la procédure de recouvrement est – en règle générale – conduite selon la *loi nationale de l'État requis.*

1. Cf. *JOCE* L. 73, 19 mars 1976, étendue à la TVA par directive 79/1071, 6 déc. 1979, *JOCE* L. 331, 27 déc. 1979. Une directive 77/794/CEE, 4 nov. 1977 fixe les modalités pratiques nécessaires à l'application de certaines dispositions de la directive 76/3086/CEE, *JOCE* 333, 24 déc. 1977, p. 11.

C. Les dépenses

409 Le Traité de Lisbonne rappelle que les dépenses inscrites au budget sont autorisées pour la durée de l'exercice budgétaire annuel en conformité avec le règlement financier (art. 310 § 2 TFUE).

L'exécution de dépenses inscrites au budget, requiert l'adoption préalable d'un acte juridiquement contraignant de l'Union qui donne un fondement juridique à son action et à l'exécution de la dépense correspondante en conformité là encore avec le règlement financier, sauf dérogations prévues par celui-ci (art. 310 § 3 TFUE).

Le *règlement financier du 25 juin 2002* organise l'exécution des dépenses, qui doit respecter les règles et principes budgétaires, notamment ceux qui intéressent la disponibilité et l'utilisation des crédits.

Les règles d'exécution sont essentiellement définies par les articles 75 et suivants du règlement et comportent la classique division en quatre opérations : *l'engagement, la liquidation, l'ordonnancement, le paiement.*

410 ***Engagement. Contrôle financier*** ◇ L'engagement budgétaire est défini par l'article 76 du règlement financier : « opération de réservation des crédits nécessaires à l'exécution de paiement ultérieurs en exécution d'un engagement juridique ». L'engagement juridique est l'acte par lequel l'ordonnateur crée ou constate une obligation de laquelle il découle une charge. Pour toute mesure de nature à provoquer une dépense à la charge du budget, l'ordonnateur compétent doit procéder préalablement à un engagement budgétaire avant de conclure un engagement juridique vis à vis de tiers (art. 77-1).

Il appartient à *l'ordonnateur compétent* de formuler des *propositions d'engagement* qui doivent contenir les diverses mentions énumérées par l'article 76 du règlement financier et notamment l'objet, l'évaluation, l'imputation budgétaire de la dépense et la désignation du créancier. Certaines dépenses peuvent faire l'objet d'un engagement provisionnel lorsque le montant des dépenses en cause ou les bénéficiaires finals ne sont pas déterminés de façon définitive. Les décisions prises par la Commission conformément aux dispositions qui l'autorisent à accorder un soutien financier au titre des différents fonds ou « d'actions analogues » valent engagement.

L'engagement est soumis à un *contrôle financier*. Ce contrôle est exercé principalement par l'ordonnateur compétent. Lors de l'enregistrement d'un engagement budgétaire, l'ordonnateur s'assure de : l'exactitude de l'imputation budgétaire, la disponibilité des crédits, la conformité de la dépense « au regard des dispositions des traités, du budget, du présent règlement et des modalités d'exécution, ainsi que de tous les actes pris en exécution des traités et des règlements » et du respect du principe de la bonne gestion financière » (art. 78).

En outre la Cour des comptes est informée trimestriellement de ces décisions.

Parmi les engagements, certains sont soumis à des règles particulières : ceux qui correspondent aux marchés publics de travaux, de fournitures et de services conclus par l'Union. Ces contrats sont soumis aux conditions, procédures et contrôles prescrits par les articles 88 et suivants du règlement financier du 25 juin 2002.

411 ***Liquidation*** ◇ Selon l'article 79 du règlement financier, la liquidation a pour objet : de vérifier l'existence des droits du créancier, de déterminer et vérifier la réalité et le montant de la créance, de vérifier les conditions de l'exigibilité.

La liquidation repose sur la présentation de pièces justificatives permettant de constater les droits acquis du créancier et le service fait. Cette constatation incombe à l'ordonnateur.

Pour les traitements, salaires et indemnités, il n'y a pas en principe de liquidation individuelle, mais une liquidation fondée sur les « États collectifs » établis par le service chargé du personnel.

412 ***Ordonnancement. Contrôle financier*** ◇ Selon l'article 80 du règlement financier, l'ordonnancement est l'acte par lequel l'ordonnateur, après avoir vérifié la disponibilité des crédits, donne au comptable, par l'émission d'un ordre de paiement, l'instruction de payer une dépense liquidée.

L'*ordonnance de paiement,* datée et signée de l'*ordonnateur,* doit comporter diverses mentions : l'exercice d'imputation, l'article du budget (et toute subdivision nécessaire) ; la somme à payer, l'identité du créancier, le mode de paiement, l'objet de la dépense. Elle doit être accompagnée des pièces justificatives indiquées aux articles 45 et 46 du règlement.

Les ordonnances sont soumises au *contrôleur financier* qui *appose son visa,* après avoir vérifié : la régularité de l'émission du titre de paiement ; sa concordance avec l'engagement ; l'exactitude de son montant : l'exactitude des imputations budgétaires ; la disponibilité des crédits ; la régularité des pièces justificatives ; l'exactitude de la désignation du créancier.

Après l'apposition du visa, le titre de paiement accompagné des pièces justificatives est transmis au comptable.

413 ***Paiement*** ◇ Le paiement est effectué, dans chaque institution, par un *comptable.* Il est assuré dans les limites des fonds disponibles (art. 82). Dans certains cas, le comptable doit refuser de payer : en cas d'erreur matérielle, de contestation relative à la validité de l'acquit libératoire, d'inobservation des formes prescrites par le règlement financier.

Si le comptable suspend le paiement, il doit en exposer les motifs dans une déclaration écrite adressée à l'ordonnateur ; l'ordonnateur peut saisir l'autorité désignée par l'institution dans les conditions déterminées par le règlement intérieur. Celle-ci peut, sous sa responsabilité propre, requérir qu'il soit procédé au paiement. Pour certaines dépenses il peut être créé des régies d'avances. Les paiements sont effectués dans les conditions prévues par l'article 81 et 82 du règlement financier.

Le paiement doit s'appuyer sur la preuve que l'action correspondante est conforme aux dispositions de l'acte de base ou du contrat et couvre une ou plusieurs opérations suivantes :

a) un paiement de la totalité des montants dus ;

b) un paiement des montants dus selon les modalités suivantes ;

i) un préfinancement, éventuellement fractionné en plusieurs versements ;

ii) un ou plusieurs paiements intermédiaires ;

iii) un paiement de solde des montants dus.

La comptabilité distingue ces différents types de paiement au moment de leur exécution (art. 81).

Il convient d'ajouter que les opérations de liquidation, d'ordonnancement et de paiement des dépenses doivent être accomplies dans les délais fixés par les modalités d'exécution qui précisent également les conditions dans lesquelles les créanciers peuvent bénéficier d'intérêts de retard à la charge de la ligne supportant la dépense en principal (art. 83).

§ 2. Les contrôles financiers

414 ***Généralités*** ◇ Les finances publiques exigent un système rigoureux de contrôle. L'Union européenne n'échappe pas à cette règle et les traités ont prévu ces contrôles qu'organisent les règlements financiers. Dans L'Union, il existe deux catégories de contrôles : l'un au niveau de l'exécution du budget, sur les ordonnateurs et les comptables : l'autre au niveau politique des relations entre la Commission et le Conseil et le Parlement.

En premier lieu, le Traité de Lisbonne prévoit un *contrôle des ordonnateurs* et des *comptables,* assorti de responsabilités (art. 322 § 1 b TFUE). Mais le Traité se borne à confier l'organisation de ce contrôle aux règlements financiers [1]. Ce contrôle est organisé par le règlement financier modifié du 25 juin 2002.

En second lieu, les traités prévoient un *système de contrôle,* de *reddition* et de *vérification* des comptes dans lequel le rôle essentiel est exercé par une institution créée par le Traité du 22 juillet 1975, la *Cour des comptes.* Cette Cour des comptes a été substituée à la Commission de contrôle prévue par les Traités CEE (art. 206, CEEA art. 180 et CECA art. 78 *sexto*). Elle a été unifiée pour les trois Communautés par l'article 22 du Traité de Bruxelles, modifié par le Traité du 22 juillet 1975.

1. Cf. Traité CEEA, art. 183 *c.*

Enfin, l'article 325 TFUE impose aux États membres et à l'Union de combattre la *fraude nuisant aux intérêts financiers de l'Union* [1]. En particulier les États membres coordonnent leur action à cette fin et organisent avec la Commission une collaboration étroite et régulière entre les autorités compétentes. Afin d'offrir une protection effective et équivalente dans les États membres et dans les institutions, organes et organismes de l'Union, le Parlement européen et le Conseil, statuant conformément à la procédure législative ordinaire, arrêtent, après consultation de la Cour des comptes, les mesures nécessaires pour prévenir et lutter contre la fraude (art. 315 § 4).

Mais il n'est pas inutile de relever que chaque institution crée en outre une fonction d'audit interne qui doit être exercée dans le respect des normes internationales. L'auditeur interne est responsable de la vérification du bon fonctionnement des systèmes et des procédures d'exécution du budget. Cet auditeur ne peut-être ni ordonnateur, ni comptable (art. 85). En fait, il joue un double rôle de conseil et de contrôle. Il conseille son institution dans la maîtrise des risques (art. 86 al. 1) et apprécie l'adéquation et l'efficacité des systèmes de gestion internes ainsi que leur performance (art. 86).

A. **Ordonnateurs et comptables : contrôle, responsabilité**

415 ***Les contrôles*** ◇ La technique de la comptabilité publique s'appliquant à l'Union impose l'institution d'un système de contrôles et de responsabilités, caractéristiques des finances publiques.

Dans les finances de l'Union, les dépenses irrégulières sont interdites par le jeu d'un ensemble de verrous dont les pièces maîtresses sont les ordonnateurs et les comptables. Du fait de la disparition du contrôleur financier, l'ordonnateur voit son rôle et ses responsabilités se renforcer.

Le contrôleur financier est remplacé par un auditeur interne qui n'est pas impliqué dans ces opérations financières. Il n'a pas pour fonction d'exercer un contrôle préalable aux décisions des ordonnateurs de ces opérations comme pouvait le faire le contrôleur financier. Il assure néanmoins une sorte de surveillance régulière et accompagne ses rapports de recommandations à l'institution qui doit assurer leur suivi. Un rapport d'audit interne annuel récapitule pour elle le nombre et le type d'audits effectués, les recommandations formulées et les suites données à ces recommandations.

Il n'en demeure pas moins que le contrôle préalable relève des ordonnateurs eux-mêmes.

Les *comptables* exercent aussi sur les dépenses un contrôle qui leur permet de suspendre les paiements dans les conditions fixées par le règlement financier.

1. Cf. résolution du Conseil, 13 nov. 1991 concernant la protection des intérêts financiers de la Communauté, *JOCE* C. 328, 17 déc. 1991.

Leur rôle n'est pas sensiblement modifié par le nouveau règlement financier plus explicite par contre sur les procédures de mise en cause des responsabilités.

416 ***La responsabilité*** [1] ◇ Les ordonnateurs et les comptables sont soumis à une responsabilité organisée par le règlement financier.

L'ordonnateur engage sa responsabilité pécuniairc dans les conditions du statut qui disposent que le fonctionnaire peut être tenu de réparer en totalité ou en partie le préjudice subi par l'Union en raison de fautes personnelles graves commises dans l'exercice ou à l'occasion de ses fonctions.

L'*ordonnateur* qui, sans se conformer aux conditions fixées par le règlement financier ou à ses dispositions d'application, constate des droits à recouvrer, émet des titres de recouvrement, engage une dépense ou signe une ordonnance de paiement, engage sa responsabilité « disciplinaire et éventuellement pécuniaire ». Il en est de même lorsqu'il néglige ou retarde « sans justification » l'émission d'un ordre de recouvrement ou d'un ordre de paiement pouvant entraîner la responsabilité civile d'une institution à l'égard de tiers (art. 66).

Les *comptables* et les régisseurs d'avances engagent leur responsabilité disciplinaire et pécuniaire pour les paiements irréguliers, pour la mauvaise conservation des fonds, valeurs et documents qui leur sont confiés et pour l'exécution incorrecte des ordres qu'ils reçoivent pour l'emploi et la gestion des comptes bancaires et de comptes courants postaux (*ibid.*, art. 67).

Les responsabilités disciplinaire et pécuniaire des ordonnateurs, comptables et régisseurs d'avance ne préjugent pas de leur responsabilité pénale qui peut être engagée dans les conditions prévues par le droit national et par les dispositions en vigueur relatives à la protection des intérêts financiers de l'Union et à la lutte contre la corruption impliquant des fonctionnaires de l'Union ou des États membres (art. 65-1).

Pour couvrir leur responsabilité pécuniaire, les comptables contractent une assurance dont l'institution supporte les frais. Chaque institution donne quitus au comptable dans un délai de deux ans à compter de la remise du compte.

Le règlement financier organise aussi la responsabilité disciplinaire ou pécuniaire des *régisseurs d'avances* (*ibid.*, art. 68).

La responsabilité des ordonnateurs, des comptables, des régisseurs d'avances, peut être engagée dans les conditions prévues aux articles 22 et 86 à 89 du statut des fonctionnaires de l'Union (*ibid.*, art. 64 à 68).

1. Cf. résolution du Conseil, 13 nov. 1991 concernant la protection des intérêts financiers de la Communauté, *JOCE* C. 328, 17 déc. 1991.

B. La reddition, la vérification des comptes et la décharge

417 ***Le contrôle a posteriori*** ◇ Un contrôle *a posteriori* vient compléter le contrôle concomitant exercé sur les ordonnateurs. Dans ce contrôle, un rôle éminent incombe à la *Cour des comptes* créée par le Traité du 22 juillet 1975, consacrée par le Traité sur l'Union. L'article 287 § 4 alinéa 4 TFUE attribue à la Cour une mission générale d'assistance du Parlement européen et du Conseil dans l'exercice de leur fonction de contrôle de l'exécution du budget.

Aux *documents émis par la Cour des comptes* s'ajoutent le *compte de gestion* et le *bilan financier* établis par la Commission.

Nous avons étudié l'organisation et les compétences de la Cour des comptes chargée de contrôler les comptes de la totalité des recettes et des dépenses de l'Union et de tous les organes et organismes créés par celle-ci dans la mesure où l'acte de fondation n'exclut pas cet examen. Nous avons précisé qu'elle fournit au Parlement et au Conseil une déclaration d'assurance concernant leur « fiabilité » de même que la régularité des « opérations sous-jacentes » (art. 287 § 1 al. 2 TFUE). Cette déclaration est complétée par des appréciations spécifiques pour chaque domaine majeur de l'activité de l'Union.

Il nous reste à préciser plus particulièrement les contrôles exercés par la Commission concrétisés dans des documents spécifiques.

418 ***Les États financiers*** ◇ Il appartient à la Commission d'établir « les comptes de l'exercice écoulé afférents aux opérations du budget » et le « bilan financier décrivant l'actif et le passif de l'Union » (art. 318 al. 1 TFUE). Ces pièces sont établies dans les conditions fixées par le règlement financier modifié du 25 juin 2002.

Les comptes des institutions et des organismes créés par l'Union, dotés de la personnalité juridique et qui reçoivent des subventions à la charge du budget, sont accompagnés d'un rapport sur la gestion budgétaire et financière de l'exercice (art. 122).

Les comptes de l'Union comprennent :

a) les états financiers des institutions ;

b) les états financiers consolidés qui présentent de façon agrégée les informations financières des précédents ;

c) les états sur l'exécution du budget des institutions et des budgets des organismes ;

d) les états consolidés sur l'exécution du budget.

Les états financiers sont présentés en millions d'euros.

L'annexe aux états complète et commente l'information présentée aux états et fournit toutes les informations complémentaires prescrites par la pratique comptable au niveau international lorsque celles-ci sont pertinentes par rapport aux activités de l'Union (art. 126).

La Commission approuve les comptes consolidés définitifs et les transmet avant le 31 juillet suivant l'exercice clos au Parlement européen, au Conseil et à la Cour des comptes.

Les comptes consolidés définitifs sont publiés pour le 31 octobre suivant l'exercice clos au *JOUE* accompagnés de la déclaration d'assurances fournie par la Cour des comptes (art. 287 § 1 al. 2 TFUE et art. 160 e Traité Euratom).

419 ***Le bilan et le compte de résultat*** ◇ La Commission doit établir avant le 1er mai un *bilan financier* décrivant l'actif et le passif de la Communauté au 31 décembre de l'exercice écoulé. Il est joint une « balance des comptes » établie à la même date « en mouvements et en soldes ».

Le compte de résultat récapitule la totalité des opérations budgétaires de l'exercice en recettes et en dépenses. Il est présenté suivant la même structure que le budget lui-même.

L'annexe au compte de résultat de l'exécution budgétaire complète et commente l'information donnée par celui-ci.

Le compte de résultat économique présente le résultat économique au 31 décembre de l'exercice écoulé.

Le bilan et le compte de résultat économique représentent la situation patrimoniale et financière de l'Union en même temps que le résultat économique de l'exercice clos.

La Commission établit un rapport d'évaluation des finances de l'Union fondée sur les résultats obtenus.

Les États financiers, le bilan financier, l'analyse de la gestion financière sont transmis au plus tard le 31 juillet au Parlement, au Conseil et à la Cour des comptes. Les comptes sont publiés pour le 31 octobre au *JOUE*.

420 ***Le cas particulier des comptes de la Cour des comptes : le réviseur indépendant*** ◇ La Cour des comptes fait vérifier annuellement les comptes de sa gestion administrative depuis 1987 par un réviseur indépendant dont le rapport est publié au *JOCE* depuis 1992 [1].

Cette vérification donne lieu à un audit des états financiers suivants communiqués par la Cour des comptes : le bilan, le compte de résultat économique pour l'exercice clos, le tableau du flux de trésorerie ainsi que l'état des variations de l'actif et de l'annexe contenant un résumé des principales méthodes comptables et autres notes explicatives.

Le rôle du réviseur indépendant est double : d'une part, il s'agit d'évaluer ces états financiers au vu des montants et des informations qu'ils contiennent pour obtenir une assurance raisonnable qu'ils ne comportent pas d'anomalies significatives. Si tel est le cas, il peut conclure qu'ils donnent une image fidèle de la situation financière de la Cour et établit en conséquence un certificat sur la régularité et la sincérité des états financiers.

1. Conformément à la décision prise par le collège de la Cour des comptes en sa réunion du 8 juill. 1993.

D'autre part, l'audit du réviseur comprend l'examen des procédures administratives et comptables, de la bonne gestion financière et du système de contrôle interne pour donner un avis sur leur caractère approprié et sur leur conformité avec les règlements en vigueur. [1]

421 ***Le contrôle. La reddition et la vérification des comptes. La décharge*** ◇ Un contrôle *a posteriori,* exercé par le Parlement et le Conseil des ministres, vient compléter les contrôles décrits ci-dessus.

À la suite du Conseil, le Parlement examine les comptes et le bilan ainsi que le rapport d'évaluation et le rapport annuel de la Cour des comptes assorti des réponses des institutions [2] contrôlées aux observations de la Cour des comptes, la déclaration d'assurance de l'article 287 TFUE et, enfin, les rapports spéciaux pertinents de la Cour des comptes. Il appartient au *Parlement,* sur *recommandation du Conseil,* de *donner décharge à la Commission sur l'exécution du budget* (art. 319 § 1 TFUE).

La décision de décharge porte sur les comptes de la totalité des recettes et des dépenses de l'Union, ainsi que sur le solde qui en découle et sur l'actif et le passif de l'Union décrits dans le bilan financier (art. 146-1 règlement financier).

Avant de donner décharge à la Commission, ou à toute autre fin se situant dans le cadre de l'exercice des attributions de celle-ci en matière d'exécution du budget, le Parlement européen peut demander à entendre la Commission sur l'exécution des dépenses ou le fonctionnement des systèmes de contrôle financier. La Commission soumet au Parlement toute information nécessaire au bon déroulement de la procédure de décharge qui doit avoir aboutir normalement avant le 30 avril de l'année n + 2 pour l'exécution du budget de l'exercice n.

Les commentaires qui accompagnent la recommandation du Conseil et les observations du Parlement qui accompagnent sa décision de décharge font l'objet d'un suivi sur les mesures prises en conséquence par les institutions et par les États membres qui en font rapport sur demande du Parlement ou du Conseil (art. 147). Les rapports des institutions sont également transmis à la Cour des comptes.

La Commission met tout en œuvre pour donner suite aux observations accompagnant la décision de décharge et aux autres observations du Parlement concernant l'exécution des dépenses de même qu'aux commentaires qui accompagnent les recommandations de décharge du Conseil (art. 319 § 3 al. 1 TFUE).

1. Cf. Rapport du réviseur indépendant sur les comptes de la Cour des comptes relatifs à l'exercice 2008, *JOUE* L. 254, 23 oct. 2009.

2. Cf. Rapport annuel de la Cour des comptes sur l'exécution du budget relatif à l'exercice 2008 accompagné des réponses des institutions, *JOUE* C. 269, 10 nov. 1989.

À la demande du Parlement ou du Conseil, la Commission fait rapport sur les mesures prises à la lumière de ces observations et commentaires et notamment sur les instructions données aux services chargés de l'exécution du budget. Ces rapports sont également transmis à la Cour des comptes (art. 319 § 3 al. 2).

CHAPITRE 2
LES AUTRES MOYENS FINANCIERS

422 Le budget de l'Union européenne nous est apparu très proche des institutions financières que nous connaissons dans les États.

Cependant, si la législation financière française distingue entre les dépenses ordinaires et les dépenses en capital, cette distinction ne s'adapte pas exactement aux finances de l'Union. En effet, en dehors des dépenses ordinaires de fonctionnement, certaines dépenses qui, par leur importance, ne peuvent être considérées comme « ordinaires », ne correspondent pas uniquement à des investissements. Il convient donc d'examiner non les dépenses en capital de l'Union, mais les *dépenses d'intervention.*

De ces dépenses, il conviendra d'abord de distinguer un budget spécifique qui ne peut se rattacher complètement ni aux dépenses ordinaires ni aux dépenses d'interventions, le *budget de la recherche* (Section 1).

Nous examinerons ensuite les *instruments financiers* des interventions (Section 2).

SECTION 1. LE BUDGET DE RECHERCHE ET DE DÉVELOPPEMENT TECHNOLOGIQUE

423 Le budget de recherche et de développement technologique a pour origine le budget de recherche et d'investissement de l'Euratom institué par l'article 171 du Traité CEEA devenu budget de recherche et d'investissement.

Ce budget dont la vocation n'est plus limitée au domaine nucléaire est incorporé au budget général de l'Union. Il couvre la politique de l'Union au titre de la recherche, du développement technologique et de l'espace, à laquelle le Traité de Lisbonne consacre le titre XIX de la troisième partie du TFUE. L'Union investit pour soutenir les chercheurs et encourager leur coopération transfrontalière (art. 179 § 1 et 2 TFUE). La politique spatiale européenne entre dans le cadre (art. 189 TFUE). L'Union établit toute liaison utile avec l'agence spatiale européenne.

424 ***Régime juridique. Ressources*** ◇ L'article 160-1 du règlement financier du 25 juin 2002 indique expressément que le budget de recherche et d'investissement est soumis au droit financier commun. Toutefois, quelques dispositions du règlement contiennent des règles spécifiques au budget de recherche. Ces dispositions dérogatoires intéressent : la *présentation budgétaire* (présentation fonctionnelle, nomenclature, plans financiers, échéancier ; le *contenu des dépenses* (actions directes, indirectes, concertées ; les *virements*).

Un programme-cadre pluriannuel dans lequel est repris l'ensemble des activités de l'Union est arrêté par le Parlement et le Conseil statuant conformément à la procédure législative ordinaire de l'article 294 TFUE, après consultation du Comité économique et social (art. 182 al. 1 TFUE). Ce programme fixe les objectifs scientifiques et technologiques à réaliser, indique les grandes lignes des actions à mener dans la poursuite de ces objectifs, fixe le montant global maximal et les modalités de la participation financière de l'Union au programme-cadre, ainsi que les quotes-parts respectives de chacune des actions envisagées. Le programme-cadre est adapté ou complété en fonction de l'évolution des situations. Le Conseil statuant conformément à une procédure législative spéciale et après consultation du Parlement européen et du Comité économique et social, arrête les programmes spécifiques qui permettent la mise en œuvre des actions. La somme des montants estimés nécessaires fixés par ces programmes spécifiques, ne peut pas dépasser le montant global maximal fixé par le programme-cadre et pour chaque action (art. 182 § 3 TFUE).

Le *financement* des dépenses de recherche est assuré pour l'essentiel par les ressources propres, ce qui n'exclut pas la possibilité de *programmes complémentaires* auxquels ne participent que certains États membres qui assurent leur financement sous réserve d'une participation éventuelle de l'Union (art. 184 al. 1 TFUE). L'Union arrête les règles applicables à ces programmes complémentaires, notamment en matière de diffusion des connaissances et d'accès d'autres États membres [1]. En complément des actions prévues dans le programme cadre pluriannuel, le Parlement européen et le Conseil, statuant conformément à la procédure législative ordinaire, et après consultation du Conseil économique et social, établissent les mesures nécessaires à la mise en œuvre de l'espace européen de recherche.

Les crédits de recherche et de développement technologique sont inscrits soit dans un des titres du budget relatif au domaine politique de la recherche par l'exécution d'actions directes ou indirectes, soit dans un chapitre relatif aux activités de recherche inséré dans un autre titre (art. 160 règlement).

La Commission peut procéder en ce qui concerne les dépenses opérationnelles à des virements de titre à titre à condition qu'il s'agisse de crédits utilisés à la même fin (art. 160-2 al. 1 règlement).

Par dérogation aux dispositions communes, la Commission peut procéder à l'intérieur du titre du budget relatif au domaine politique de la recherche par actions directes, à des virements entre chapitres dans une limite de 15 % des crédits qui figurent sur la ligne à partir de laquelle il est procédé au virement (art. 161-4).

Pour ce qui concerne l'*Euratom,* cette Communauté peut aussi, pour ses recherches, émettre des *emprunts* dans les conditions prévues par le Traité CEEA (art. 172-4).

1. Cette possibilité a été expressément prévue par l'Acte unique européen (art. 140L Traité CEE).

425 ***Les dépenses*** ◇ Les dépenses du budget de recherche de l'Euratom étaient essentiellement énumérées par l'article 174, paragraphe 2 du Traité CEEA. L'objet de ces dépenses s'est élargi au financement des « objectifs de recherche et de développement technologique » (qui sont inclus dans la nomenclature du titre III du règlement financier). Pour atteindre ces objectifs, le budget finance les actions définies par le règlement financier :

– des *actions directes,* programmes financés intégralement par le budget, exécutés dans les établissements du centre commun de recherche (CCR) ;

– des *actions indirectes,* financées partiellement par le budget, exécutées par contrats conclus avec des tiers ;

– des *actions concertées* constituées par des actions individuelles de recherche menées dans les États membres, coordonnées par l'Union et dont seules les dépenses administratives sont financées par le budget ;

– des *participations financières* éventuelles à des *programmes complémentaires* (art. 184 TFUE) ou à des *programmes de recherche* ou de développement entrepris par *plusieurs États membres* (art. 184 al. 1 TFUE) ou à des actions de *coopération avec des pays tiers* ou des organisations internationales (art. 170 TFUE) ou la *participation* à des *entreprises communes* (art. 187 TFUE) ;

– d'*autres activités* telles que recherches exploratoires, travaux de support scientifique et technique propres à la Commission, prestations pour le compte de tiers.

SECTION 2. LES INSTRUMENTS FINANCIERS DES INTERVENTIONS

Au service des interventions financières, l'histoire de l'Union a mis tout un ensemble d'instruments financiers complexes. On peut les regrouper en trois catégories [1].

– les fonds à finalité structurelle ;
– la Banque européenne d'investissement ;
– les autres instruments financiers.

Une institution financière, non communautaire, a été instituée pour apporter une aide aux pays de l'Est : la Banque européenne pour la reconstruction et le développement (BERD). Elle sera examinée avec les relations extérieures de l'Union.

§ 1. Les fonds à finalité structurelle

426 ***Les différents « Fonds structurels »*** ◇ Les fonds structurels sont financés par des crédits inscrits dans le budget de la Commission et sont consacrés à des interventions spécifiques.

1. Nous reprenons ici le vocabulaire employé par les textes : notamment par l'article 130B et suiv. ajoutés au Traité CEE par l'Acte unique et modifié par le Traité de Maastricht.

Le Parlement et le Conseil, statuant par voie de règlements conformément à la procédure législative ordinaire et après consultation du Comité économique et social et du comité des régions, définissent les missions, les objectifs prioritaires et l'organisation des fonds à finalité structurelle, ce qui peut comporter le regroupement des fonds. Sont également définies selon la même procédure, les règles générales applicables aux fonds, ainsi que les dispositions nécessaires pour assurer leur efficacité et la coordination des fonds entre eux et avec les autres instruments financiers existants (art. 177 al. 1 TFUE).

Ces fonds ont été créés dans des conditions différentes :

– le *Fonds social européen (FSE) a été créé par le Traité de Rome lui-même, dans son article 123 CEE, actuel article art. 162 TFUE ;*

– le *Fonds européen d'orientation et de garantie agricole (FEOGA) a été fondé sur la base de l'article 40-4 du Traité de Rome par le règlement n° 25 du Conseil du 4 avril 1962. Ce fonds comprend deux sections, une section, une section orientation et une section garantie. Seule la section orientation du FEOGA entre dans les fonds structurels (cf. l'article 2-1 du règlement 2052-88 qui énumère les fonds structurels et art. 178 al. 2 TFUE). La section garantie s'en trouve donc exclue.*

Le règlement n° 25 du 4 avril 1962 a été modifié en dernier lieu par le règlement CEE 728/70 et remplacé par le règlement (CE) n° 1290/2005 du Conseil en date du 21 juin 2005.

La réforme de la politique agricole commune PAC de juin 2003 et d'avril 2004 a introduit de profonds changements y compris dans les modes de financement de cette politique. Le règlement CE n° 1290/2005 du Conseil du 21 juin 2005 [1] abroge ainsi le règlement n° 25 du Conseil et remplace le FEOGA par deux nouveaux fonds de financement des dépenses agricoles. Il s'agit : du *Fonds européen agricole de garantie ou FEAGA* et du *Fonds européen agricole pour le développement rural ou FEADER ;*

– un *Fonds européen d'ajustement à la mondialisation* ou FEM consacré par l'accord interinstitutionnel sur la discipline budgétaire du 17 mai 2006 est destiné à fournir un appui complémentaire aux travailleurs affectés par les conséquences de changements structurels majeurs de la configuration du commerce mondial, afin de les aider à intégrer le marché du travail [2]. Le montant annuel alloué *au fonds ne peut dépasser 500 millions d'euros pour la période 2007-2013.*

– le *Fonds européen de développement régional (FEDER)* a été initialement créé par un règlement 724-75 du 18 mars 1975 remplacé par le règlement 1787-84 du 19 juin 1984. L'article 176 TFUE définit sa mission.

Puis, à la suite d'incidents graves, la Communauté a pris des dispositions nouvelles en matière de pêche. Pour le financement des mesures structurel-

1. Cf. règlement (CE) 1290/2005, 21 juin 2005 relatif au financement de la politique agricole commune, *JOUE* L. 209, 11 août 2005. Les demandes d'intervention faites par les États membres concernent les licenciements intervenus dans différents secteurs.

2. Ce fonds a été créé par le règlement n° 1927/2006 du Parlement européen et du Conseil, *JOUE* C. 406, p. 1.

les elle a institué un nouvel « *instrument financier d'orientation de la pêche* » (IFOP). Un Fonds européen pour la pêche complète le dispositif pour faciliter l'établissement de programmes opérationnels par règlement CE n° 1198/2006 (dénommée par la suite règlement de base) [1].

– le *Fonds de cohésion*, prévu à l'article 120 D du Traité de Maastricht a été institué par le règlement n° 1164/94 du Conseil en date du 16 mai 1994 [2]. Il intervient au titre de la politique de convergence de l'Union qui vise au développement harmonieux de l'ensemble de l'Union. Il contribue financièrement à la réalisation de projets dans le domaine de l'environnement et dans celui des réseaux transeuropéens en matière d'infrastructure des transports (art. 177 al. 2 TFUE) ;

– un *instrument financier pour l'environnement LIFE* institué par le règlement (CE) n° 1655/2000 du Parlement européen et du Conseil a été mis en place par étapes dont la troisième s'est achevée au 31 décembre 2004 et prolongée jusqu'au 31 décembre 2006 [3] pour être à nouveau reconduit ;

– le *Fonds de solidarité de l'Union européenne* a été institué par le règlement n° 2012/2002 du 11 novembre 2002 pour exprimer la solidarité de l'Union à l'égard des populations touchées par des catastrophes [4] majeures ayant des répercussions graves sur les conditions de vie, le milieu naturel ou l'économie. Il permet par une prise de décision rapide d'engager et de mobiliser dans les plus brefs délais, des ressources financières spécifiques ;

– l'accord interinstitutionnel du 17 mai 2006 suivi de la co-décision du Parlement et du Conseil en date du 24 octobre 2007, permettent la mobilisation du Fonds à concurrence d'un montant annuel maximal d'un milliard d'euros [5].

La réforme 2000-2006 des fonds structurels a permis de promouvoir un développement global harmonieux en menant des actions tendant au renforcement de la cohésion sociale et économique. Pour la période 2007-2013 et avec le même objectif, la Commission a prévu 336 milliards d'euros pour la politique structurelle et régionale. C'est le point budgétaire le plus important après le budget agricole.

Nous présenterons ici successivement les principaux fonds dont le contrôle financier exercé par la Cour des comptes fait l'objet d'un rapport annuel spécial, après avoir précisé le cadre de la réforme de la politique structurelle de l'UE.

427 ***La réforme de la politique structurelle : 2007-2013*** ◇ La réforme entreprise sur la période 2000-2006 se poursuit sur la période 2007-2013 avec une reprise adaptée des objectifs en fonction des nouvelles données économiques et sociales de l'Europe élargie à 27 États membres.

1. Cf. *JOCE* 173, 7 juill. 1994 et *JOUE* L. 161, 26 juin 1999, p. 54.
2. Cf. règl. (CE) n° 1164/94 du Conseil, 16 mai 1994, *JOCE* L. 130, 25 mai 1994.
3. Cf. règl. (CE) 1655/2000, *JOCE* L. 192, 28 juill. 2000 modifié par le règl. (CE) 1682/2004 du PE et du Conseil, *JOUE* L. 308, 5 oct. 2004, p. 1.
4. Cf. *JOUE* L. 311, 14 nov. 2002, p. 3.
5. Cf. Décis. n° 1530/2007/CE du Parlement européen et du Conseil, *JOUE* L. 337, p. 1.

Une triple ambition inspire cette réforme :

– améliorer et renforcer l'efficacité des instruments structurels par un approfondissement de la concentration des aides sur des objectifs ciblés prioritaires réduits en nombre ;

– maintenir le niveau budgétaire de la cohésion économique et sociale ;

– étendre l'effort de cohésion régionale aux nouveaux États membres.

Pour renforcer l'efficacité des instruments de la politique structurelle, les objectifs redéfinis ont été réduits à trois (au lieu des sept précédemment poursuivis).

a) L'objectif 1 vise à promouvoir le développement et l'ajustement structurel des régions en retard de développement dont le PIB moyen par habitant est inférieur à 75 % de la moyenne de l'Union européenne - 2/3 des actions des fonds structurels sont prises au titre de cette première cible soit 69,7 % de la dotation globale des fonds structurels.

Les mêmes critères s'appliquent aux régions ciblées par le but de « convergence » pour la période 2007-2013. L'élargissement de l'Union le 1er mai 2004 a eu pour effet d'aggraver l'écart économique entre les régions les plus hautement développées (Londres et banlieue par exemple) et les régions européennes les plus modestement développées qui est passé du simple au double, à un écart de 1 à 7. Cet écart a été encore élargi par l'entrée de la Bulgarie et de la Roumanie dans l'UE le 1er janvier 2007 et certains experts considèrent qu'il faut une cinquantaine d'années en moyenne pour le résorber. En conséquence, l'orientation des fonds pour réaliser l'objectif de convergence drainera 78 % des moyens de subventions pour cette nouvelle période.

b) L'objectif 2 contribue à soutenir la reconversion économique des régions en difficultés structurelles autres que celles éligibles au nouvel objectif 1. Il s'agit notamment des zones confrontées à un problème de diversification économique, qu'il s'agisse des zones en mutations économiques, des zones rurales en déclin, des zones en crise dépendantes de la pêche ou encore des quartiers urbains en difficulté.

Une partie des fonds de cette deuxième cible sert l'objectif « convergence » de la période 2007-2013. Dans ce nouveau cadre, le but n° 2 est redéfini comme celui de la « compétitivité régionale et du développement » et couvre là encore toutes les régions qui ne sont pas sujettes au but de « convergence ». L'objectif recouvre la création de marchés de travail intégratifs, avec une prise en considération prioritaire de la situation d'emploi des régions. Dans le cadre de cet objectif, 18 % de l'équipement général seraient financés par les fonds structurels concernés.

c) L'objectif 3 rassemble toutes les actions en faveur du développement des ressources humaines hors des régions éligibles à l'objectif 1. Il recouvre l'ensemble des mesures prises au titre du nouveau titre sur l'emploi du Traité d'Amsterdam et de la stratégie européenne pour l'emploi.

Une partie des fonds utilisés pour cet objectif 3 sert l'objectif « compétitivité régionale de développement » retenu pour la période 2007-2013 en ce qui concerne les actions en faveur de l'emploi. Cette nouvelle période budgétaire fait une place particulière à la « coopération territoriale européenne » définie comme troisième objectif prioritaire. Il s'agit de renforcer la coopération entre les espaces transnationaux confrontés à des défis communs : sécurité maritime, protection contre les inondations, transport par exemple. L'échange des expériences à travers la coopération interrégionale devrait permettre d'aménager des programmes communs. L'expérience de l'initiative communautaire INTERREG constitue ici un modèle utile de référence.

Un nouvel *Instrument européen de voisinage* (ENI-IEV) doit contribuer aux domaines partiels transfrontaliers de la coopération territoriale.

Il faut ajouter que les pays entrés dans l'Union européenne de même que les États candidats actuels ont bénéficié ou bénéficient de programmes spécifiques et d'une aide de pré-adhésion. Après l'adhésion, ce sont les programmes des fonds structurels et les projets du fonds de cohésion qui prennent le relais d'accompagnement nécessaire au rattrapage des retards ciblés selon la politique structurelle de l'Union.

Ajoutons encore qu'une part de la dotation globale des Fonds est versée à l'IFOP et que le solde est consacré aux initiatives communautaires, aux actions innovantes et aux mesures d'assistance technique.

A. Le Fonds social européen (FSE)

428 ***Textes*** ◇ Le fonds social européen (FSE) est défini par le Traité lui-même dans son *article 162 TFUE*. Il sert à améliorer les possibilités d'emploi des travailleurs dans le marché intérieur et à contribuer ainsi au relèvement du niveau de vie. À cette fin, il vise à promouvoir, à l'intérieur de l'Union, les facilités d'emploi et la mobilité géographique et professionnelle des travailleurs, ainsi qu'à faciliter l'adaptation aux mutations industrielles et à l'évolution des systèmes de production, notamment par la formation et la reconversion professionnelles.

Le Fonds social européen est administré par la Commission assistée par un comité dont la composition et les compétences sont précisées notamment par l'article 28 du règlement 4258-88 [1] et qui est lui-même présidé par un membre de la Commission. Il est composé de représentants des gouvernements et des organisations syndicales de travailleurs et d'employeurs.

Le FSE a été réorganisé à plusieurs reprises [2] et les dispositions de l'article 125 du Traité CEE (sur les missions du fonds) sont caduques (cf. décision du Conseil 83-516, 17 oct. 1983, art. 8). Les dernières dispositions qui règlent le régime et la mission du FSE sont – outre le Traité – les textes relatifs à la rationalisation des fonds structurels : les *règlements 2052-88* et *4253-88* et le *règlement particulier au FSE 4255-88*.

1. Sur ce comité, cf. *supra*.
2. Cf. A. Gruber, « Le Fonds social européen à la veille d'un bilan », *RTD eur.* 1982, p. 251 à 287.

Le Parlement européen et le Conseil, statuant conformément à la procédure législative ordinaire et après consultation du Comité économique et social, adoptent les règlements d'application relatifs au Fonds social européen (art. 164 TFUE).

429 ***Missions du FSE*** ◇ Le fonctionnement du FSE ne peut plus aujourd'hui être séparé de celui des autres Fonds et instruments financiers. Le FSE est le principal instrument de la politique sociale communautaire.

Depuis 2000, l'accent est mis sur l'amélioration du fonctionnement des marchés du travail ainsi que sur la réinsertion des chômeurs. Il a pour objet de combattre le chômage de longue durée, assurer l'insertion des jeunes ou des personnes exposées à l'exclusion du marché du travail, faciliter l'adaptation aux mutations industrielles et à l'évolution des systèmes de production. Il intervient, de même que le Fonds de cohésion et le Fonds européen de développement régional, pour servir la politique de convergence menée par l'Union pour renforcer le potentiel économique de l'ensemble de l'UE.

B. Le Fonds européen de développement régional (FEDER)

430 ***Textes*** ◇ Le Fonds européen de développement régional (FEDER) a été créé par un règlement 725-75 du 18 mars 1975 en tant qu'instrument essentiel de la politique régionale. Son existence a été consacrée par l'AUE (art. 176 TFUE). Il est destiné à « contribuer à la correction des principaux déséquilibres régionaux dans l'Union par une participation au développement et à l'ajustement structurel des régions en retard de développement et à la reconversion des régions industrielles en déclin. »

Les règlements d'application relatifs au Fonds européen de développement régional sont pris par le Parlement européen et le Conseil, statuant conformément à la procédure législative ordinaire et après consultation du Comité économique et social et du Comité des régions (art. 178 al. 1 TFUE).

Il a été réorganisé avec les autres fonds structurels et son régime est aujourd'hui fondé sur le règlement 2052-88, 4253-88 et sur son règlement spécifique 4255-88 [1]. En termes des ressources financières, le FEDER est de loin le fonds structurel le plus important.

431 ***Mission*** ◇ Les missions du FEDER sont définies, sur la base de l'article 176 TFUE par le règlement 2052-88, art. 3-1.

Selon ce texte, le FEDER a pour mission :

– le *soutien aux objectifs 1 et 2* (développement, ajustement, reconversion des régions) ;

1. Modifié par le règlement 2083-93, 20 juill. 1993, *JOCE* L. 93, 31 juill. 1993.

– le soutien aux *études* et *expériences pilotes* relatives au développement régional (et particulièrement aux régions frontalières). Plus largement, il contribue au développement des régions défavorisées. Il intervient dans le financement des initiatives INTERREG dont l'objectif est de stimuler la coopération transfrontalière, transnationale et interrégionale. Il en est de même pour les actions du programme URBAN qui favorise la revitalisation économique et sociale des villes et des banlieues en crise.

Pour les *actions* entreprises dans les régions concernées, le FEDER soutient :

– les investissements productifs ;
– la création, la modernisation d'infrastructures ;
– les actions destinées à développer le « potentiel endogène » des régions.

432 ***Le comité du FEDER*** ◇ Le FEDER étant dirigé par la Commission, celle-ci est assistée d'un *comité consultatif* (art. 17 règlement 2052-88) dont les *compétences* sont précisées par le *règlement 4253-88* (art. 27).

Le comité (« pour le développement et la reconversion des régions ») est *composé* de représentants des États membres, *présidé* par le représentant de la Commission. Un représentant de la BEI y assiste sans droit de vote. Le comité émet ses *avis* sur les projets de décision de la Commission sur les « cadres communautaires d'appui », les « rapports périodiques » (art. 8 régl. 4254-88) l'établissement et la révision des zones « éligibles » au titre de l'objectif n° 2, etc.

C. Le FEOGA

433 ***Organisation générale : la section-orientation et la section-garantie*** ◇ L'*article 40-4* du Traité de Rome avait prévu, pour permettre l'organisation de la politique agricole commune, la possible création d'« un ou plusieurs fonds d'orientation et de garantie agricoles ».

Sur cette base, le FEOGA fut créé par le *règlement n° 25 du 4 avril 1962* qui a défini ses missions en distinguant trois catégories d'interventions :

« *a.* les restitutions à l'exportation vers les pays tiers ;

b. les interventions destinées à la régularisation des marchés ;

c. les actions communes décidées en vue de réaliser les objectifs définis à l'article 39 paragraphe 1 sous a du Traité CEE y compris les modifications de structure nécessaires au bon fonctionnement du marché commun ».

Ce fonds constitue une grande partie du budget de l'Union européenne. L'article 40 § 3 TFUE stipule qu'afin de permettre à l'organisation commune des marchés agricoles d'atteindre ses objectifs, il peut être créé un ou plusieurs fonds d'orientation et de garantie agricole.

Les deux premières catégories d'interventions ciblées sont des interventions de conjoncture, la troisième a pour objet des actions sur les structures. Cette distinction correspond à la *double vocation* de la politique agricole commune : assurer la stabilité des marchés, améliorer les conditions structurelles de la production.

Cette double vocation a entraîné une conséquence administrative et financière : la distinction, au sein du FEOGA de deux sections : la *section garantie* (pour les interventions de conjoncture) la *section orientation* (pour financer la politique des structures).

Cette distinction a été consacrée – et renforcée – par le règlement 2052-88. Selon ce texte, seul le FEOGA section orientation a le caractère d'un fonds structurel et fonctionne selon les règles relatives à ces fonds et figure à ce titre à l'article 178 alinéa 2 TFUE.

Il est donc nécessaire d'*examiner brièvement et séparément* le *FEOGA garantie* et le *FEOGA orientation.*

a. Le FEOGA. Section garantie

434 ***Missions et administration*** ◇ La section garantie du FEOGA assure le financement des interventions destinées à stabiliser les marchés et à garantir les prix dans le cadre des objectifs généraux de la politique agricole commune.

Ces interventions sont les restitutions aux exportations et les interventions destinées à régulariser les marchés.

Le fonctionnement de la section garantie est organisé par le *règlement financier n° 729-70* du 21 avril 1970 [1] modifié en dernier lieu par le règlement financier (CE, Euratom) n° 1605/2002 du Conseil du 25 juin 2002. Les interventions sont financées selon le règlement (CE) n° 1258/99 du 17 mai 1999 applicable jusqu'au 15 octobre 2006. Ce règlement spécifique relatif au financement de la Politique agricole commune (PAC) est relayé par le nouveau dispositif mis en place par le règlement (CE) n° 1290/2005 du Conseil du 21 juin 2005.

435 ***Gestion financière. Contrôle*** ◇ L'administration du fonds est assurée par le comité du FEOGA et s'organise dans le cadre d'une coopération entre la Commission et les États membres. Le comité du fonds est composé de représentants des États membres et de la Commission et joue un rôle consultatif [2]. Les États membres désignent les *organismes payeurs*, seuls habilités à effectuer les paiements vers les bénéficiaires sur la base de la réglementation de l'Union. Les États membres transmettent chaque mois à la Commission les déclarations des dépenses. Les crédits nécessaires pour couvrir les dépenses du FEOGA sont mis à la disposition des États par la Commission sous forme d'*avances sur la prise en compte des dépenses effectuées (et préfinancées) par eux.* En outre un *fonds de roulement* peut être mis à leur

1. *JOCE* L. 94, 28 avr. 1970.

2. Pour exemple, le comité du FEOGA a été saisi pour consultation par la Commission sur les avances à verser en février 2006 pour la prise en compte des dépenses payées en décembre 2005, cf. 639ᵉ réunion, 20 janv. 2006. Lors de la même réunion, une consultation du comité portait sur un projet de décision de la Commission concernant l'apurement des comptes présentés par la Pologne, la Roumanie et la Bulgarie relatif aux dépenses relevant du programme SHAPARD.

disposition pour la mise en œuvre des programmes dans le cadre des actions pour le développement rural.

Des contrôles très rigoureux justifiés par l'importance des sommes en jeu sont organisés à *trois niveaux* et incombent : aux *États-membres* qui doivent assurer la régularité des opérations financées par le fonds, prévenir ou poursuivre les irrégularités ; à la *Commission* qui dispose de moyens directs de contrôle et doit prendre une décision d'apurement financier portant sur l'intégralité, l'exactitude et la véracité des comptes transmis. Si des paiements incorrects ont été effectués, elle peut demander le recouvrement des sommes excessives dans le cadre de la procédure d'apurement. L'État membre concerné accepte ou conteste la décision en saisissant l'organe de conciliation. En cas d'échec, la Cour de justice intervient pour trancher. Les contrôles incombent encore au *Parlement et au Conseil* qui sont saisis chaque année, avant le 1er juillet, d'un rapport financier de la Commission [1].

Le règlement (CE) n° 1290/2005 du Conseil dispose que le FEOGA section garantie finance les dépenses effectuées par les États jusqu'au 15 octobre 2006. Un dispositif transitoire concernant les dépenses encourues par les organismes payeurs agréés au titre des dépenses de développement rural entre le 16 octobre et le 31 décembre 2006 sont prises en compte par le budget du nouveau FEADER pour la période 2007-2013 sous certaines conditions.

b. Le FEOGA. Section orientation

436 ***Textes. Missions*** ◇ À la différence du FEOGA section garantie, le FEOGA section orientation est un « fonds à finalité structurelle ». Les *textes généraux* relatifs à ces fonds s'appliquent, mais en outre, il est soumis à un *règlement spécifique :* le règlement 4256-88 du 19 décembre 1988 [2] modifié. Les articles 43 et 178 alinéa 2 TFUE traitent du FEOGA section orientation.

La *mission* du FEOGA orientation a été modifiée. Elle consiste « notamment » à « *renforcer* » et « *réorganiser les structures agricoles* » (y compris celles du commerce, de la transformation, de la pêche, de la sylviculture ; assurer la *reconversion* des productions, promouvoir le développement d'activités complémentaires pour les agriculteurs ; assurer un « niveau de vie équitable » aux agriculteurs ; contribuer à la sauvegarde de l'environnement, au maintien de l'espace rural, etc.). D'une façon générale, la section orientation finance des dépenses de développement rural autres que celles qui sont financées par le « FEOGA garantie ».

Le règlement (CE) n° 1290/2005 du Conseil que prévoit que les sommes engagées pour le financement des actions de développement rural par le FEOGA section orientation, en vertu d'une décision de la Commission entre le 1er janvier 2000 et le 31 décembre 2006, pour lesquelles les documents nécessaires à la clôture des interventions n'ont pas été communiqués dans le

1. Règl. 729/79, art. 8, 9 et 10. Cf. arrêt 51-81, 6 mai 1982.
2. Modifié par le règl. 2085-93, 20 juill. 1993 *JOCE* L. 93, 31 juill. 1993.

délai de transmission du rapport final, sont dégagées d'office au plus tard le 31 décembre 2010 sous certaines conditions.

Le même règlement met en place deux nouveaux fonds qui succèdent au FEOGA dans ses deux sections : FEAGA et FEADER.

c. Les nouveaux Fonds agricoles : FEAGA et FEADER

437 ***Création*** ◇ Pour atteindre les nouveaux objectifs de la politique agricole commune et assurer le financement des différentes mesures de cette politique, tout en tenant compte des différences de traitements réglementés, le règlement (CE) n° 1290/2005 crée deux nouveaux fonds agricoles européens qui remplacent le FEOGA. Le premier est le Fonds européen agricole de Garantie (FEAGA) destiné à financer les mesures de marché et d'autres mesures. Le second est le Fonds européen pour le développement rural (FEADER), destiné, comme son nom l'indique, à financer les programmes de développement rural. Le FEAGA et le FEADER sont des parties du budget général de l'Union (art. 2-2 règlement).

Dans ce budget, le financement communautaire de la PAC est accru pour la période 2007-2013 et représente 13,7 milliards d'euros par an. Les montants mis à la disposition du FEADER et ceux mis à la disposition du FEAGA pour la période 2007-2013 ont été fixés par une décision de la Commission en date du 24 mai 2006 [1]. Le financement de la PAC est assuré soit de *manière centralisée* par les services de la Commission, soit dans le cadre de la *gestion partagée* entre la Commission et les États membres conformément à l'article 53 du règlement financier (CE, Euratom) du 25 juin 2002. La Commission dans ce dernier cadre met en œuvre des procédures d'apurement des comptes et des corrections financières. Sur ce point le règlement (CE) n° 1290-2005 du 21 juin 2005 améliore les possibilités de recouvrement des fonds communautaires indûment perçus et renforce la discipline budgétaire, imposant notamment un plafond annuel des dépenses financées par le FEAGA qui doit être respecté en toutes circonstances et à toutes les étapes de la procédure budgétaire et de l'exécution de budget (art. 18). Un dispositif d'alerte et de suivi mensuel est mis en œuvre par la Commission (art. 20) pour éviter les dérapages.

Sous le contrôle de la Commission, les États membres agréent les organismes payeurs, l'agrément étant soumis à des conditions sévères (art. 6) de garanties nécessaires. Ils prennent toutes les mesures nécessaires pour prévenir et poursuivre les irrégularités, pour mettre en place un système de gestion et de contrôle efficace comportant la certification des comptes des organismes payeurs quant à leur véracité, leur intégralité et leur exactitude (art. 7) et une déclaration d'assurance.

Des règles spécifiques distinguent FEAGA et FEADER.

1. Cf. Décision de la Commission, 24 mai 2006, *JOUE* L. 136, p. 10.

438 ***Le FEAGA*** ◇ Le FEAGA finance de *manière centralisée* les dépenses suivantes (art. 3-2) :

a) la contribution à des actions vétérinaires ponctuelles ;

b) la promotion des produits agricoles effectuée par la Commission ou par l'intermédiaire d'organisations internationales ;

c) les mesures concernant la caractérisation, la collecte et l'utilisation des ressources génétiques conformes à la réglementation de l'Union ;

d) la mise en place et la maintenance des systèmes d'information comptable agricoles ;

e) les systèmes d'enquête agricole, y compris sur la structure des exploitations agricoles ;

f) les dépenses relatives au marché de la pêche.

D'autres actions peuvent encore être financées de manière centralisée par le FEAGA à l'initiative et/ou pour le compte de la Commission.

Par contre le FEAGA gère en gestion partagée entre les États membres et la Commission les dépenses intéressants (art. 3-1) :

a) les restitutions fixées pour l'exportation des produits agricoles vers les pays tiers ;

b) les interventions destinées à la régulation des marchés agricoles ;

c) les paiements directs aux agriculteurs ;

d) la contribution de l'Union aux actions d'information et de promotion en faveur des produits agricoles sur le marché intérieur des communautés et dans les pays tiers dont la réalisation est effectuée par les États membres sur la base de programmes indépendants de ceux du FEADER.

439 ***Le FEADER*** ◇ Le FEADER constitue le seul instrument de financement et de programmation du développement rural. Le règlement (CE) n° 1698/2005 du Conseil en date du 20 septembre 2005 [1] concernant le soutien au développement rural par ce fonds précise que ses missions viennent en complément des politiques de marché et de soutien au revenu appliquées dans le cadre de la PAC, de la politique de cohésion et de la politique commune de la pêche.

Les objectifs poursuivis sont définis à l'article 4 de ce règlement et leur mise en œuvre développée au titre IV :

1. l'amélioration et la compétitivité de l'agriculture et de la sylviculture par un soutien à la restructuration, au développement et à l'innovation ;
2. l'amélioration de l'environnement et de l'espace rural par un soutien à la gestion des terres ;
3. l'amélioration de la qualité de vie en milieu rural et la promotion de la diversité des activités économiques.

Le FEADER finance en gestion partagée la contribution financière de l'Union aux programmes de développement conformément à la législation de l'Union relative au soutien au développement rural. L'aide du FEADER intervient en complément des actions nationales, régionales et locales qui contribuent aux

1. Cf. Règl. (CE) 1698/2005 du Conseil, 20 sept. 2005, *JOUE* L. 277, 21 oct. 2005.

priorités de l'Union (art. 5). Cette complémentarité suppose un partenariat entre la Commission et les États membres ainsi qu'avec les autorités et organismes responsables et représentatifs associés dans le cadre d'une concertation étroite dans le respect de leurs compétences réciproques (art. 6) et du principe de subsidiarité (art. 7).

D. Nouveaux instruments financiers

440 ***a) Le Fonds européen d'investissement*** ◇ Le *Fonds européen d'investissement* [1] a été créé à Luxembourg (lieu du siège de la Banque européenne d'Investissement) pour « promouvoir la reprise économique en Europe » (objectif fixé à Édimbourg en décembre 1992 par le Conseil européen). Il a reçu la personnalité juridique et l'autonomie financière.

Sa mission est de contribuer au maintien de l'objectif économique de la Communauté, qui est d'assurer le développement des « réseaux transeuropéens » et le développement des « petites et moyennes » entreprises.

Ses membres sont l'Union (par l'intermédiaire de la commission) la BEI et des institutions financières des États membres.

Le fonds donne sa garantie à des prêts consentis selon toutes « les formes du droit », dans les limites fixées par le règlement intérieur (art. 29) et prend des participations à la condition qu'elles soient minoritaires et temporaires (art. 28) à compter d'un délai de deux ans à partir de l'entrée en vigueur de ses statuts adoptés le 25 mai 1994.

Le fonds peut participer aux opérations accessoires à de telles réalisations. Le capital du fonds est fixé à deux milliards d'euros (dont 600 millions détenus par la Communauté et 800 millions par la BEI).

Il est géré par :

- une *assemblée générale ;*
- un *conseil de surveillance ;*
- un *comité financier*.

Les comptes du fonds sont vérifiés par un « collège » de *deux commissaires aux comptes*.

441 ***b) L'instrument financier d'orientation de la pêche (IFOP)*** ◇ Le règlement 2080-93 du 20 juillet 1993 introduit dans le « dispositif opérationnel issu de la réforme des fonds structurels » défini par le règlement 2052-88 un nouvel instrument financier, particulier à la politique de structure de la pêche : *l'IFOP, instrument financier d'orientation de la pêche* actuellement réglementé par le règlement (CE) n° 1263/1999 du 21 juin 1999 [2].

a) Il en définit d'abord les missions, c'est-à-dire les *objectifs* : a) contribuer à atteindre *de manière durable*, un *équilibre* entre les *ressources et leur*

1. *JOCE* L. 173, 7 juill. 1994.
2. Cf. Règl. (CE) 1263/1999 du Conseil, 21 juin 1999, relatif à l'Instrument financier d'orientation de la Pêche, *JOUE* L. 161, 16 juin 1999, p. 54.

exploitation ; b) renforcer la *compétitivité* des structures d'exploitation, le développement d'*entreprises économiquement viables* ; c) améliorer l'*approvisionnement* et la *valorisation* des produits de la pêche. Et l'IFOP soutient aussi les études et expériences pilotes qui intéressent l'adaptation des structures.

b) Dans le cadre de ces objectifs généraux (qui ont pour objet global l'adaptation des structures de la pêche), le règlement délimite les *domaines d'application* (qui peuvent être révisés selon la procédure prévue à l'article 6) : les opérations de redéploiement, les associations temporaires d'entreprises, les sociétés mixtes, l'adaptation des capacités.

c) Dans le cadre des objectifs et des domaines d'application, le règlement indique de manière plus précise les « *actions* » que peut financer l'IFOP (et dont la liste peut être adaptée par le Conseil selon l'article 6). Les actions pourront concerner : restructuration, renouvellement, modernisation de la flotte de pêche, amélioration des conditions de transformation et de commercialisation des produits, développement de l'aquaculture, pêche expérimentale, équipement des ports, prospection des marchés, « mesures spécifiques ». Et dans ce cadre, le règlement (art. 3 § 2) précise un certain nombre d'actions possibles (ex. : amélioration de la qualité des produits, mise aux normes de l'Union des produits en matière d'hygiène, de santé, et sécurité sur les lieux du travail, d'environnement, etc.).

d) Enfin, l'IFOP peut financer des études, des actions pilotes, des « actions concertées portant remède à des difficultés ponctuelles touchant des aspects spécifiques du secteur », des initiatives de vulgarisation.

La reforme de la politique structurelle 2000-2006 tient compte d'une double filiation de l'IFOP avec la politique de développement régional et la politique commune de la pêche. Les actions structurelles en faveur de la pêche apparaissent comme un volet de la politique commune de la pêche, voire même comme un instrument au service d'une politique sectorielle.

442 ***c) Le Fonds financier de cohésion*** ◇ Le Traité de Maastricht prévoyait la création de ce fonds au plus tard le 31 décembre 1993 pour prendre le relais d'un instrument financier de cohésion mis en place à titre transitoire par le Conseil le 30 mars 1993. Le Traité stipulait que ce nouveau fonds permettait à la Communauté de contribuer au financement dans les États membres de projets dans le domaine de l'environnement et dans celui des réseaux transeuropéens en matière d'infrastructure des transports (art. 129 C et 130 D).

Ce fonds a été créé par un règlement du Conseil en date du 16 mai 1994 [1], et le Traité d'Amsterdam reprend le dispositif intéressant l'objet du fonds (art. 155-I al. 3 et 163 al. 2), y compris la précision que l'action de la Communauté tient compte de la viabilité économique potentielle des projets en cause (art. 155-I al. 5) qui doivent viser en outre la réalisation des objectifs définis par le Traité. La réforme de la politique structurelle 2000-

1. Cf. Règl. 1164-94 du Conseil, *JOCE* L. 130, 25 mai 1994.

2006 simplifie son fonctionnement et renforce le rôle des États membres dans le contrôle financier.

Le Traité de Lisbonne confirme la double vocation assignée au Fonds de cohésion par le Traité de Maastricht dans le domaine de l'environnement et des réseaux transeuropéens dans le cadre de la politique de cohésion économique, sociale et territoriale (art. 177 al. 2 TFUE).

C'est ainsi que l'article 192 § 5 *in fine* TFUE prévoit le soutien financier du Fonds de cohésion pour soutenir les actions des États qui répondent aux objectifs fixés par l'Union dans le cadre de sa politique de l'environnement, sans préjudice du principe « pollueur - payeur ».

De même, l'Union peut contribuer au financement dans les États membres de projets spécifiques par le biais du Fonds de cohésion (art. 171 § 1 al. 3 TFUE).

§ 2. L'aide aux investissements industriels

443 ***Le Nouvel instrument communautaire (NIC)*** ◇ L'Union contribue, par des moyens non budgétaires, au financement de certains investissements. Tel était, depuis le début, le rôle du système d'emprunt CECA. Des emprunts Euratom peuvent être lancés pour permettre le financement des centrales nucléaires [1].

Mais surtout, la Communauté a entrepris de favoriser les investissements industriels par la création d'un mode de financement connu sous le nom de « Nouvel instrument communautaire » (NIC). Ce financement a été institué par des décisions du Conseil du 16 octobre 1978 et du 15 mars 1982. Il a été renouvelé et renforcé par une décision du 19 avril 1983 [2].

a) Le NIC consiste en un système d'emprunts et de prêts qui se correspondent et doivent être libellés dans la même unité de compte. Ces prêts et emprunts sont intégrés aux objectifs de la Communauté. Ils doivent correspondre aux objectifs prioritaires (convergence des économies, compétitivité, innovation, etc.), dans les domaines intéressés (énergie, infrastructure, PME), en tenant compte des nécessités du développement régional et de l'emploi. Le NIC peut être utilisé isolément ou « conjointement avec d'autres instruments de financement communautaire », ce qui souligne l'intérêt croissant porté aux « programmes intégrés ».

b) Les emprunts sont fixés globalement et autorisés par tranches par décision du Conseil (à la majorité qualifiée, sur proposition de la Commission et après consultation du Parlement). La Commission négocie et contracte les emprunts dont le montant est versé à la Banque européenne d'investissement.

1. Cf. décision 77/271/CEE, 29 mars 1977, *JOCE* L. 88, 6 avr. 1977, modifiée par la décision 82/170/CEE, 15 mars 1982, *JOCE* L. 78, 24 mars 1982.

2. Cf. décisions 78/870/CEE, *JOCE* L. 298, 25 oct. 1978 ; 82/169/CEE, *JOCE* L. 78, 24 mars 1982 ; 83/200/CEE, *JOCE* L. 112, 28 avr. 1983.

c) L'exécution des prêts associe la BEI aux opérations du NIC. Le Conseil fixe les lignes directrices de l'éligibilité des projets. En fonction de ces lignes directrices, la Commission décide quels projets sont retenus. La Banque reçoit mandat de les exécuter par une convention conclue avec la Commission. Elle accorde les prêts selon les procédures prévues par ses statuts. Les contrats de financement sont signés par la Commission. Les risques des opérations du NIC incombent à l'Union et non à la BEI.

d) Le mécanisme ainsi créé est soumis aux contrôles de droit commun selon le règlement financier applicable au budget général des Communautés.

e) Le NIC constitue évidemment le plus important des « autres instruments financiers », qui font l'objet, avec les fonds structurels et la BEI, de la rationalisation des interventions financières de l'Union par le règlement 2052-88 du 24 juin 1988.

Il a disparu pratiquement depuis au profit d'autres formes d'intervention.

§ 3. Les interventions fondées sur l'article 352 TFUE

444 ***Les aides particulières d'« intérêt communautaire »*** ◇ Le 26 juin 1984, le Conseil a adopté trois règlements instituant des aides particulières d'« intérêt communautaire », au profit de la Grande-Bretagne et de l'Allemagne [1].

Il s'agit d'aides dans les domaines de l'emploi, des transports et de l'énergie. Ces aides ne sont financées par aucun des moyens structurels habituels, Fonds social, FEDER, FEOGA etc. *Elles étaient fondées sur l'ex-article 308 CE.*

Ces financements sont en réalité des mesures exceptionnelles de compensation accordées à la Grande-Bretagne et à l'Allemagne par les Conseils européens de Stuttgart puis de Fontainebleau. Nous avons vu que ces compensations ont été très critiquées et revues à la baisse en ce qui concerne la Grande-Bretagne lors des discussions budgétaires pour la période 2006-2013 qui ont marqué le Sommet européen de décembre 2005.

L'actuel article 352 TFUE reprend dans ses dispositions générales et finales le dispositif de l'ex-article 308 CE en prévoyant que si une action de l'Union paraît nécessaire, dans le cadre des politiques définies par les traités, pour atteindre l'un des objectifs visés par ceux-ci sans qu'ils aient prévu les pouvoirs d'action requis à cet effet le Conseil, statuant à l'unanimité sur proposition de la Commission et après approbation du Parlement européen, adopte les mesures appropriées. Formule laconique qui donne à l'Union une souplesse d'action et d'intervention en cas de « carence » des textes.

On ne saurait conclure ce chapitre sans rappeler que le Traité dote l'Union d'un système autonome de financement : la Banque européenne d'Investissement (BEI) dont nous avons déjà mesuré l'importance en tant qu'organe de gestion spécialisé [2].

1. Cf. Règl. 1888 à 1890/84, *JOCE* L. 177, 4 juill. 1984.
2. Cf. *supra*, Titre 1, chap. 3.

DEUXIÈME PARTIE

L'UNION ÉCONOMIQUE

445 ***Généralités. Plan*** ◇ L'Union européenne est avant tout une union économique dont les bases sont le Traité sur le fonctionnement de l'Union européenne (TFUE), nouvelle dénomination du Traité instituant la Communauté européenne, et le Traité Euratom. Elle repose sur l'édification d'un marché unifié, le marché intérieur, qui englobe l'ensemble des marchés nationaux et qui constitue un espace de liberté et de développement pour l'ensemble des entreprises des États membres auxquelles est offert un marché de 500 millions de consommateurs.

Cet espace est le cadre de multiples actions communes qui sont destinées à atteindre les objectifs fixés par les traités dans des domaines de plus en plus variés et qui traduisent une solidarité toujours plus étroite entre les États membres. Outre les actions spécifiques visées par le Traité Euratom, elles sont visées par les articles 3 à 6 TFUE qui, sans reprendre l'énumération des diverses actions imparties à la CE à laquelle procédaient les articles 3 et 4 CE, les répartissent entre les diverses catégories de compétences attribuées à l'UE ; elles sont ensuite détaillées dans la troisième partie du traité relative aux « politiques et actions internes de l'Union ». Financées totalement ou partiellement par le budget communautaire, elles sont conduites par l'Union en liaison étroite avec les États.

C'est ce double aspect de l'union économique instituée, marché intérieur et politiques de l'Union, qu'il convient de présenter ici.

Titre 1. Les bases du marché intérieur
Titre 2. Les politiques de l'Union

TITRE 1

LES BASES DU MARCHÉ INTÉRIEUR

446 ***Du marché commun au marché intérieur*** ◇ L'objectif premier assigné à la CEE par le Traité de Rome (art. 2) est l'établissement d'un marché commun, à l'intérieur duquel est garantie la libre circulation des marchandises, des personnes, des services et des capitaux [1]. Réalisée pour l'essentiel à partir du 1er janvier 1970, cette liberté de circulation s'accommode toutefois du maintien des formalités douanières et policières qui accompagnent le franchissement des frontières par les marchandises et les personnes. Allant plus loin dans la voie de l'intégration communautaire, la Commission a proposé en 1985 (Livre blanc sur l'achèvement du marché intérieur) la suppression de ces formalités afin de parvenir à un « espace sans frontières intérieures ». Cet objectif ambitieux est adopté l'année suivante par l'AUE (art. 8A CEE, actuel art. 26 TFUE) qui fixe sa réalisation au 1er janvier 1993, mais en la subordonnant à l'adoption des mesures nécessaires (le Livre blanc en recensait 279) [2]. Le Traité de Lisbonne tirera logiquement les conséquences de cette réalisation en supprimant l'expression de marché commun.

La suppression de tous les obstacles à la liberté des échanges entre les États membres n'est cependant pas suffisante à garantir le bon fonctionnement de ce marché. Elle doit s'accompagner de la définition de règles encadrant le comportement des entreprises et des États afin d'éviter que ceux-ci ne faussent le libre jeu de la concurrence au détriment des consommateurs.

Telles sont donc les deux bases du marché intérieur : la liberté de circulation (Chapitre 1) et le respect de la concurrence (Chapitre 2).

1. Le Traité CEEA fixe le même objectif dans le domaine nucléaire (art. 2).

2. Ce que souligne une déclaration annexée à l'AUE qui précise que, à défaut de ces mesures, l'échéance ainsi fixée « ne crée pas d'effets juridiques automatiques ». La Cour de justice a confirmé l'absence d'effet direct de l'art. 8 A dans l'arrêt *Wijsenbeck* (CJCE 21 sept. 1999, aff. C-378/97, *Rec.* p. I-6207).

CHAPITRE 1
LA LIBERTÉ DE CIRCULATION

447 ***Sa place dans le Traité de Rome*** ◇ Énoncée parmi les objectifs assignés à la Communauté (art. 3 CEE), la libre circulation est, à l'origine, incluse parmi les « fondements de la Communauté » qui constituent la deuxième partie du Traité. Elle concerne d'abord les marchandises (Titre I) et ensuite les personnes, les services et les capitaux (Titre III). Ces dispositions ont été ultérieurement regroupées dans la troisième partie du Traité, réaménagée par le Traité de Maastricht, avec les autres actions confiées à la Communauté, regroupement maintenu par le Traité de Lisbonne.

Il s'agit d'une liberté économique, liée à l'ouverture des marchés nationaux à la concurrence européenne, qui doit permettre aux acteurs économiques de tirer pleinement profit des acquis d'un marché unifié. Progressivement mise en œuvre durant la période transitoire instituée par le Traité, elle devait être effective à l'expiration de celle-ci, fixée au 31 décembre 1969, mais l'échéance ne sera que partiellement respectée, la suppression des nombreux obstacles existants se révélant plus ardue que prévue.

C'est ce que l'on constatera en envisageant successivement :

- la libre circulation des marchandises ;
- la libre circulation des personnes ;
- la libre circulation des services ;
- la libre circulation des capitaux.

SECTION 1. LA LIBRE CIRCULATION DES MARCHANDISES

448 ***Les obstacles à la libre circulation des marchandises*** ◇ L'établissement d'une union douanière entre les membres de la Communauté implique la disparition des droits de douane et taxes d'effet équivalent frappant leurs échanges de marchandises et leur remplacement par un tarif douanier commun (art. 23 CE, art. 28 TFUE) [1].

La suppression de ces obstacles tarifaires ne suffit cependant pas à garantir une liberté sans entrave. Elle doit s'accompagner de l'élimination des obstacles non tarifaires que constituent les restrictions quantitatives et autres

1. Le territoire douanier de l'UE est défini par l'art. 3 C. douanes communautaire (Règl. 2913/92, 12 oct. 1992, *JOCE* L. 302, 19 oct. 1992). Il ne correspond pas entièrement à la définition du champ d'application territoriale du Traité donnée par l'art. 355 TFUE (ex-art. 299 CE). Il inclut notamment Monaco et Saint-Marin qui ne sont pas membres de l'UE.

mesures d'effet équivalent tant à l'importation (art. 28 CE, art. 34 TFUE) qu'à l'exportation (art. 29 CE, art. 35 TFUE).

On étudiera donc l'élimination des obstacles tarifaires puis l'élimination des obstacles non tarifaires.

§ 1. L'élimination des obstacles tarifaires

449 ***Les marchandises bénéficiaires de cette élimination*** ◇ Le Traité (art. 28 § 1 et art. 30 TFUE) interdit les droits de douane et les taxes d'effet équivalent qui pénalisent, en les renchérissant, les importations et les exportations de marchandises entre les États membres. Bénéficient de cette exonération les « produits originaires des États membres » ainsi que les « produits qui se trouvent en libre pratique » dans l'UE (art. 28 § 2), ces derniers étant les produits en provenance de pays tiers qui ont été régulièrement importés dans un État membre après accomplissement des formalités douanières et paiement des droits de douane (art. 29 TFUE) [1]. Mais si les droits de douane ont été supprimés sans difficulté, il n'en a pas été de même pour les taxes d'effet équivalent dont l'élimination s'est révélée plus délicate.

A. La suppression des droits de douane

450 ***Les modalités de leur suppression*** ◇ Elles ont été fixées par les articles 12 à 17 CEE [2]. Les droits à l'importation devaient être progressivement éliminés au cours de la période de transition (art. 13 § 1) selon les modalités définies aux articles 14 et 15. Les droits existants (ce sont, selon l'article 14, les droits en vigueur au 1er janvier 1957, droits « gelés » en vertu de l'art. 12) sont réduits par étapes, au rythme fixé par l'article 14. Ils disparaîtront en définitive plus rapidement que prévu, 18 mois avant la fin de la période transitoire, le 1er juillet 1968, grâce à trois décisions d'accélération prises en 1960, 1962 et 1966. Les droits à l'exportation, eux, ont été supprimés à la fin de la première étape (31 décembre 1961), conformément aux dispositions de l'article 16.

B. La suppression des taxes d'effet équivalent

451 ***Le principe de leur suppression*** ◇ Aux droits de douane sont assimilées les taxes d'effet équivalent qui doivent être également supprimées au cours de la période de transition (art. 13 CEE). Les taxes à l'exportation doivent disparaître, comme les droits de douane, à la fin de la première étape, celles frappant les importations selon le rythme fixé par des directives de la

1. La définition des marchandises concernées, dites « marchandises communautaires », est précisée par l'art. 4-7 C. douanes communautaire.

2. Devenues caduques, ces dispositions ont été abrogées par le Traité d'Amsterdam.

Commission. Leur disparition n'est cependant pas aussi effective que pour les droits de douane ; elle se heurte en effet à la difficulté de les identifier avec précision et de les distinguer de notions voisines, les impositions intérieures discriminatoires et les redevances pour services rendus.

452 ***La notion de taxe d'effet équivalent*** ◇ Non définie par le Traité, elle dépend d'une appréciation essentiellement économique : constitue une telle taxe toute charge financière qui aura pour effet de renchérir le prix du produit importé (ou, mais plus rarement, exporté). La Cour de justice en a donné une interprétation très large, englobant toute « charge pécuniaire, fut-elle minime, unilatéralement imposée, quelles que soient son appellation et sa technique et frappant les marchandises nationales ou étrangères à raison du fait qu'elles franchissent la frontière... alors même qu'elle ne serait pas perçue au profit de l'État, qu'elle n'exercerait aucun effet discriminatoire ou protecteur » [1]. Le fait générateur de ces taxes est le franchissement d'une frontière [2] : c'est le produit importé ou exporté qui est imposé, et donc pénalisé en violation du Traité.

453 ***Distinction avec les impositions intérieures discriminatoires*** ◇ L'article 110 TFUE (ex-90 CE) interdit aux États membres de frapper les produits importés, d'une part d'impositions supérieures à celles que subissent les produits nationaux similaires, et d'autre part d'impositions de nature à protéger d'autres productions. Ces impositions devaient en principe disparaître durant la période transitoire, mais en fait il peut en exister toujours et l'intervention de la Commission et de la Cour de justice pour les éliminer demeure nécessaire.

Pour déterminer si un droit litigieux relève du régime des taxes d'effet équivalent ou de celui des impositions intérieures discriminatoires, il faut rechercher s'il se rattache à un « régime général de redevances intérieures appréhendant systématiquement des catégories de produits selon des critères objectifs appliqués indépendamment de l'origine du produit » [3] ou, plus simplement, à un « système général d'impositions intérieures imposant une même charge, selon les mêmes critères, aux produits nationaux et importés » [4]. Tel est le cas de la TVA ou des droits d'accise (droits de consommation sur certains produits comme le tabac, l'alcool ou l'essence). Ces droits ne seront illicites que s'ils frappent plus sévèrement les produits des autres États membres. L'article 110 n'est applicable en outre qu'aux impositions frap-

1. CJCE 1er juill. 1969, *Commission c. Italie*, aff. 24/68, *Rec.* p. 193.
2. Frontière qui n'est pas obligatoirement internationale mais qui peut être intérieure. Hypothèse de l'octroi de mer qui est imposé à tous les produits entrant dans les départements français d'outre-mer, qu'ils proviennent de la métropole ou d'un autre État (CJCE 16 juill. 1992, *Legros*, aff. 163/90, *Rec.* p. 4658).
3. CJCE 3 févr. 1981, *Commission c. France*, aff. 90/79, *Rec.* p. 283.
4. CJCE 20 mars 1984, *Commission c. Belgique*, aff. 314/82, *Rec.* p. 1543.

pant les produits importés et les produits nationaux similaires. Il ne l'est pas s'il n'y a pas de produit national taxable [1].

Le critère de « généralité » ne suffit pas, cependant, à distinguer les deux types de taxe lorsqu'il s'agit de qualifier les taxes parafiscales. Celles-ci, qui sont perçues au profit d'organismes professionnels publics ou privés afin de financer des activités propres à des secteurs économiques donnés [2], sont appréciées au regard du Traité en fonction d'un critère spécifique. Le juge national doit, selon la jurisprudence de la Cour, rechercher à qui profite réellement leur utilisation : elles seront assimilées à des taxes d'effet équivalent si elles servent à financer des avantages qui bénéficieront exclusivement aux produits nationaux [3] car il y a pour ces derniers, en ce cas, une compensation intégrale de la charge de la taxe, à la différence des produits importés qui, eux, la subiront intégralement comme s'ils avaient acquitté une taxe d'effet équivalent. Elles constitueront des impositions intérieures dans le cas contraire, mais seront discriminatoires si leur affectation profite davantage aux produits nationaux qu'aux produits importés [4].

454 ***Distinction avec les redevances pour service rendu*** ◇ Le Traité ne prévoit aucune exception à l'interdiction des taxes d'effet équivalent mais ne fait pas obstacle à ce que soient perçues des taxes en contrepartie de certains services procurés aux opérateurs économiques. La distinction entre les unes et les autres n'est pas toujours évidente, par exemple dans le cas des contrôles sanitaires exercés sur les produits alimentaires importés. Selon la jurisprudence, de telles redevances sont licites si, outre les hypothèses où elles sont formellement autorisées par le droit communautaire [5], leur montant est proportionnel au coût réel du service, si le débiteur, et non l'ensemble de la collectivité, tire personnellement profit du service qu'il est appelé à financer [6] et si celui-ci ne lui est pas imposé. En pratique, la jurisprudence ne retiendra que rarement la qualification de redevance pour service rendu.

455 ***Remboursement des taxes indues*** ◇ Toute taxe acquittée en violation du Traité, qu'elle constitue une taxe d'effet équivalent ou une imposition intérieure discriminatoire, doit être remboursée. L'action en répétition de l'indu n'existant pas en droit communautaire, ce sont les juridictions nationales qui sont compétentes pour se prononcer sur les demandes de remboursement dans les limites, fixées par la Cour de justice, du principe de

1. CJCE 11 déc. 1990, *Commission c. Danemark*, aff. C-47/88, *Rec.* p. I-4509 : inapplication de l'art. 95 CEE (actuel art. 110) à la taxe d'immatriculation des voitures neuves importées au Danemark en l'absence de production automobile dans ce pays.
2. Elles ont été supprimées en France au 31 déc. 2003 par la L. org. du 1er août 2001.
3. CJCE 19 juin 1973, *Carmine Capolongo*, aff. 77/72, *Rec.* p. 611 ; pour une bonne synthèse des critères distinctifs, v. CJCE *2 août 1993, Cellulose Beira Industrial*, aff. C-266/91, *Rec.* p. I-4337.
4. CJCE 11 mars 1992, *Cie commerciale de l'Ouest*, aff. C-78/90, *Rec.* p. I-1847.
5. Tel le droit acquitté en matière de contrôle sanitaire prévu par une directive : CJCE 25 janv. 1977, *Baudhuis*, aff. 46/76, *Rec.* p. 5.
6. CJCE 14 déc. 1972, *Marimex*, aff. 29/72, *Rec.* p. 1309.

l'autonomie procédurale [1]. Les procédures nationales seront applicables dès lors qu'elles respectent les deux principes dégagés par la Cour : le *principe de non-discrimination* ou d'*équivalence,* qui interdit de traiter différemment les demandes de remboursement des taxes contraires au droit communautaire et celles des taxes contraires au droit national, et le *principe d'effectivité,* qui garantit que l'exercice du droit au remboursement ne sera pas rendu « impossible, voire excessivement difficile » [2] par les exigences du droit interne (telle l'imposition d'un délai de forclusion trop bref ou, surtout, l'obligation faite au demandeur de prouver qu'il n'a pas répercuté le montant de la taxe sur une autre personne [3]). Sous cette réserve, les États ont le droit d'appliquer les règles spéciales du contentieux fiscal au lieu du régime général de la répétition de l'indu du droit civil qui est plus favorable au demandeur, le délai pour agir étant beaucoup plus long qu'en matière fiscale [4].

§ 2. L'élimination des obstacles non tarifaires

456 ***La nature de ces obstacles*** ◇ Outre les droits tarifaires, le Traité interdit les restrictions quantitatives (contingents ou quotas) et les mesures d'effet équivalent à l'importation (art. 34 TFUE, ex-28 CE) comme à l'exportation (art. 35 TFUE, ex-29 CE). Les contingents à l'importation devaient être éliminés au cours de la période de transition (art. 32 CEE) selon les modalités de l'article 33, les contingents à l'exportation au plus tard à la fin de la première étape. Les mesures d'effet équivalent devaient disparaître suivant la procédure et le rythme fixés par des directives de la Commission (art. 33 § 7). Les échéances ont été respectées pour les contingents mais la disparition des autres obstacles n'est pas encore totale : leur suppression est rendue difficile tant par le flou qui enrobe leur définition que par la tendance des États membres à y recourir comme un moyen de protectionnisme déguisé [5].

Après avoir précisé leur notion, on examinera les modalités de leur suppression et les exceptions au principe de prohibition que prévoit le droit communautaire.

1. CJCE 9 nov. 1983, *San Giorgio,* aff. 199/82, *Rec.* p. 3595.
2. CJCE 9 févr. 1999, *Dilexport,* aff. C-343/96, *Rec.* p. I-579.
3. À plusieurs reprises, la Cour de justice a jugé qu'une telle obligation était contraire au droit communautaire dès lors qu'elle pesait sur le seul demandeur et qu'elle risquait d'empêcher le remboursement effectif : *San Giorgio,* aff. 199/82 préc. ; CJCE 14 janv. 1997, *Sté Comateb,* aff. C-192 à 218/95, *Rec.* p. I-165 ; *Dilexport,* aff. C-343/96 préc. ; 9 déc. 2003, *Commission c. Italie,* aff. C-129/00, *Rec.* p. I-14637.
4. CJCE 15 sept. 1998, *EDIS,* aff. C-231/96, *Rec.* p. I-4951.
5. L'interdiction de ces mesures s'impose également aux institutions communautaires (CJCE 17 mai 1984, *Denkavit Nederland,* aff. 15/83, *Rec.* p. 2171 ; 25 juin 1997, *Kieffer et Thill,* aff. C-114/96, *Rec.* p. I-3629).

A. La notion de mesures d'effet équivalent

457 ***La définition par la Commission*** ◇ C'est la Commission, la première, qui a fixé sa position dans la directive du 22 décembre 1969 portant suppression des mesures d'effet équivalent à des restrictions quantitatives à l'importation [1]. Elle y énumère les mesures de toute nature qui, selon elle, tombent sous le coup de l'article 30 CEE (art. 34 TFUE). Adoptant une conception large, la directive englobe les dispositions législatives, réglementaires, les pratiques administratives, ainsi que tous les actes émanant d'une autorité publique, y compris les incitations, qui peuvent, à un titre ou à un autre, pénaliser les importations. Le critère à prendre en considération sera les conditions de commercialisation du produit importé : dès lors que celle-ci sera rendue plus difficile ou onéreuse que celle du produit national ou qu'à l'inverse cette dernière bénéficie de conditions plus favorables, on sera en présence de mesures interdites par l'article 30. Leur caractère discriminatoire n'est pas nécessaire ; il suffit, pour être contraires au Traité, que les effets restrictifs qu'elles produisent sur la libre circulation des marchandises « dépassent le cadre des effets propres d'une réglementation de commerce », ce qui sera le cas si leurs effets sont hors de proportion par rapport au résultat recherché ou lorsque le même objectif peut être atteint par un moyen moins contraignant, en clair si elles violent le principe de proportionnalité. Cette approche sera confirmée par la jurisprudence de la CJCE.

458 ***La définition par la jurisprudence*** ◇ La notion de mesures d'effet équivalent a été également l'objet d'une abondante jurisprudence dont les contours ont été tracés par trois grands arrêts de principe : les arrêts *Dassonville, Cassis de Dijon, Keck et Mithouard* [2]. L'arrêt *Dassonville* inaugure cette jurisprudence en adoptant une définition très compréhensive de ces mesures qui vise « toute réglementation commerciale des États membres susceptible d'entraver directement ou indirectement, actuellement ou potentiellement, le commerce intracommunautaire ». Tel est le cas, en l'espèce, d'une réglementation belge qui exige que les importateurs de whisky soient en possession d'un document attestant l'appellation d'origine du produit, document que les importateurs parallèles (il s'agit en l'occurrence de whisky importé de France) peuvent difficilement se procurer à la différence des importateurs directs. La CJCE étend cette notion à l'hypothèse de mesures non discriminatoires dans l'arrêt *Cassis de Dijon* où elle juge qu'une réglementation qui interdit de commercialiser en Allemagne une liqueur présentant un taux d'alcool inférieur à une teneur minimale constitue une mesure restrictive

1. Dir. 70/50, adoptée en vertu de l'art. 33, § 7 (abrogé par le Traité d'Amsterdam), *JOCE L.* 13, 19 janv. 1970. Bien que n'étant plus en vigueur, elle n'en continue pas moins à exprimer la doctrine de la Commission en la matière.

2. CJCE 11 juill. 1974, *Dassonville*, aff. 8/74, *Rec.* p. 837 ; 20 févr. 1979, *Rewe-Zentral AG* (dit *Cassis de Dijon*), aff. 120/78, *Rec.* p. 649 ; 24 nov. 1993, *Keck et Mithouard*, aff. 267 et 268/91, *Rec.* p. I-6097.

prohibée par l'article 30 CEE. L'arrêt connaît un grand retentissement car il affirme le droit des marchandises « légalement produites et commercialisées dans un État membre » à être introduites dans tout autre État membre. Ce droit est fondé sur le principe de la reconnaissance mutuelle des législations nationales qui sont réputées équivalentes pour favoriser la libre circulation des marchandises [1].

La définition ainsi retenue se révèle toutefois trop large et la CJCE sera conduite à se montrer plus exigeante dans l'appréciation des mesures soumises à son examen. De son propre aveu en effet, sa jurisprudence a favorisé la multiplication des contestations dirigées contre les mesures nationales de toute nature pouvant entraver la liberté commerciale de tel ou tel opérateur économique. Elle va redéfinir en conséquence les contours de sa définition dans l'arrêt *Keck et Mithouard* dans lequel elle va tracer la frontière qui sépare désormais *a priori* les mesures qui relèvent de l'article 30 de celles qui n'en relèvent pas (ou plus). Seules, en principe, les réglementations qui fixent, même de manière non-discriminatoire, les conditions de commercialisation portant directement sur les marchandises - à savoir celles qui se rapportent à la dénomination, la forme, les dimensions, le poids, la composition, la présentation, l'étiquetage ou le conditionnement des produits - peuvent continuer à être qualifiées de mesures d'effet équivalent dès lors qu'elles rendent plus difficile ou onéreuse la commercialisation des produits importés ; celles qui déterminent seulement leurs modalités de vente - telles la fermeture des magasins le dimanche, les restrictions en matière de publicité, l'interdiction ou la réglementation des ventes à perte (cas de l'arrêt *Keck et Mithouard*), des ventes par correspondance ou du démarchage à domicile - ne le peuvent plus « pourvu qu'elles s'appliquent à tous les opérateurs concernés exerçant leur activité sur le territoire national, et pourvu qu'elles affectent de la même manière, en droit comme en fait, la commercialisation des produits nationaux et de ceux en provenance d'autres États membres » [2]. La jurisprudence ultérieure a confirmé, en dépit des critiques qui ont accompagné ce changement d'orientation [3], que la distinction ainsi opérée entre les deux catégories de mesures constituait bien la *summa divisio* en la matière. La portée du revirement est toutefois parfois atténuée par l'application de l'exception relative aux modalités de vente discriminatoires à laquelle procède la Cour, comme dans sa jurisprudence antérieure, sans

1. L'arrêt sera commenté dans une communication de la Commission (*JOCE* C. 256/2, 3 oct. 1980) qui mettra l'accent sur le droit de libre circulation ainsi reconnu aux marchandises, sous réserve des exceptions admises par le Traité.

2. Pour une modalité de vente ne répondant pas à ces conditions et jugée discriminatoire par la Cour, v. CJCE 13 janv. 2000, *Schutzverband*, aff. C-254/98, *Rec.* p. I-151.

3. On lui a reproché de marquer un recul dans la protection que le droit communautaire offre aux opérateurs économiques et de reposer sur une distinction parfois difficile à mettre en œuvre pratiquement (par ex., en ce qui concerne la publicité dont on peut se demander si elle affecte les conditions de commercialisation des produits ou les modalités de leur vente ; pour cette dernière solution, v. CJCE 9 févr. 1995, *Leclerc Sipiec*, aff. C-412/93, *Rec.* p. I-179 ; 9 juill. 1997, *Agostini et TV-shop*, aff. C-34, 35 et 36/95, *Rec.* p. I-3843 ; A. Rigaux, « La jurisprudence *Keck et Mithouard* à l'épreuve des règles nationales de publicité », *Europe* mai 2001. chron. p. 5).

imposer au requérant qui l'invoque de prouver l'effet discriminatoire de celles-ci (CJCE 8 mars 2001, *Gourmet International Products*, aff. C-405/98, *Rec.* p. I-1795).

Aux mesures étatiques ainsi condamnées s'ajoute, exceptionnellement, la passivité d'un État membre qui n'agit pas de manière appropriée afin de rétablir la libre circulation des marchandises perturbée pas des initiatives d'origine privée (CJCE 9 déc. 1997, *Commission c. France*, aff. C-265/95, *Rec.* p. I-6990 : manifestations d'agriculteurs entravant l'importation de fruits et légumes en provenance de divers États membres) [1].

B. Les modalités de suppression de ces mesures

459 ***Les deux types de modalités*** ◇ La suppression des entraves aux échanges de marchandises peut être obtenue par deux procédés qui sont utilisés concurremment. Le premier, ponctuel et *a posteriori*, consiste à faire sanctionner par la Cour les mesures existantes ; le second, de portée générale et *a priori*, tend à prévenir l'apparition de telles mesures par l'harmonisation des réglementations nationales régissant la commercialisation des produits.

460 ***La suppression par la Cour de justice*** ◇ Comme toutes les dispositions nationales contraires au droit communautaire, les mesures d'effet équivalent doivent être éliminées dès lors qu'elles ont été condamnées par la Cour de justice, saisie soit d'une question préjudicielle en interprétation posée par une juridiction nationale (les arrêts *Dassonville*, *Cassis de Dijon*, *Keck et Mithouard* ont été rendus sur cette base) soit d'une action en manquement introduite par la Commission [2]. Des très nombreux arrêts ainsi rendus, il est possible de dégager une liste des mesures prohibées qui doivent être abrogées par les États concernés au nom de l'autorité de la chose jugée, liste qui pour l'essentiel rejoint celle dressée par la Commission dans sa directive précitée [3]. Cette élimination « au coup par coup » présente l'inconvénient d'être lente et d'une efficacité limitée, les États n'ayant que trop tendance à faire de ces mesures un efficace instrument de protection-

1. Les pouvoirs de la Commission ont été renforcés à cet égard : elle peut enjoindre l'État membre concerné de mettre fin à la violation de la libre circulation des marchandises commise par des personnes privées (Règl. 2679/98, 7 déc. 1998, *JOCE* L. 337, 12 déc. 1998).

2. Les actions en manquement semblent moins fréquentes ici qu'en matière d'obstacles tarifaires, comme si la Commission hésitait à se prononcer sur les mesures dénoncées par les entreprises et préférait laisser celles-ci agir.

3. Parmi les très nombreuses mesures examinées par la CJCE ont été ainsi, par ex., déclarés contraires à l'art. 30 certaines modalités de contrôle sanitaire et phytosanitaire (CJCE 8 juill. 1975, *Rewe Zentralfinanz*, aff. 4/75, *Rec.* p. 843), des régimes de prix minimaux (CJCE 24 janv. 1978, *Van Tiggele*, aff. 82/77, *Rec.* p. 25 ; 29 janv. 1985, *Cullet*, aff. 231/83, *Rec.* p. 305), des campagnes de promotion de produits nationaux (CJCE 24 nov. 1982, *Commission c. Irlande*, aff. 249/81, *Rec.* p. 4005), des règles sur la présentation des produits commercialisés (CJCE 13 mars 1984, *Prantl*, aff. 16/83, *Rec.* p. 1299), des formalités administratives (CJCE 9 juill. 1990, *Commission c. Belgique*, aff. C-304/88, *Rec.* p. I-2801).

nisme et à remplacer en conséquence les dispositions déclarées illicites par de nouvelles qu'il faudra du temps pour soumettre au contrôle du juge. Au-delà de ses interventions ponctuelles, la CJCE parviendra pourtant à dégager des règles générales qui influenceront le législateur communautaire dans sa tâche d'harmonisation des réglementations nationales.

461 ***La suppression par le législateur*** ◇ D'une plus grande efficacité est l'adoption par le Conseil de directives d'harmonisation visant à faire disparaître les distorsions entre les « dispositions législatives, réglementaires et administratives (...) qui ont une incidence directe sur l'établissement et le fonctionnement du marché commun » (art. 94 CE ; art. 115 TFUE qui remplace l'expression de marché commun par celle de marché intérieur). Mais cette adoption se heurtera dans la pratique à la difficulté d'obtenir l'unanimité des États membres exigée par le Traité. Un certain nombre de directives verront le jour mais leur nombre est très insuffisant pour répondre au besoin d'un fonctionnement harmonieux du marché commun [1]. Ce processus d'harmonisation est complété par la mise en place d'une procédure d'information pour les normes et réglementations techniques qui n'ont pas fait l'objet de mesures d'harmonisation [2]. Celle-ci crée l'obligation pour les États membres de notifier à la Commission leurs projets de normes et règles sous peine d'inopposabilité aux tiers. En cas d'opposition de la Commission ou d'un État membre, celle-ci peut engager la procédure d'édiction de normes européennes par des organismes professionnels habilités (le comité européen de normalisation notamment) ou proposer l'adoption de mesures législatives. Cette obligation de notification a été ultérieurement étendue à toutes les mesures nationales qui dérogent à la libre circulation des marchandises (Décis. 3052/95, 13 déc. 1995) [3]. La procédure d'information mutuelle instituée permet d'identifier les problèmes en vue de leur éventuel règlement.

Les résultats insuffisants obtenus sur la base de cette procédure ont incité la Communauté à rechercher d'autres méthodes d'harmonisation : la « nouvelle approche » et la définition d'une procédure plus efficace.

1. Ces directives ont pour objet d'éliminer les entraves techniques aux échanges résultant des disparités d'un État membre à l'autre dans les dispositions relatives à la fabrication ou la composition d'un produit. Elles concernent principalement les produits industriels, les denrées alimentaires et les produits pharmaceutiques. Pour un exemple controversé, v. la directive « chocolat » qui définit les ingrédients pouvant être employés dans la fabrication du chocolat (Dir. 2000/36, 23 juin 2000, *JOCE* L. 197, 3 août 2000).

2. Procédure instituée par la Dir. 83/189, 28 mars 1983 (*JOCE* L. 109, 26 avr. 1983), modifiée en 1994 (dispositions aujourd'hui codifiées par la Dir. 98/34, 22 juin 1998, *JOCE* L. 204, 21 juill. 1998). Les normes et réglementations visées fixent les spécifications techniques applicables à la fabrication, l'utilisation ou la commercialisation d'un produit. Seules les réglementations sont obligatoires pour les entreprises.

3. *JOCE* L. 321, 30 déc. 1995.

1°) La « nouvelle approche ». Adoptée par une résolution du Conseil du 7 mai 1985 [1], elle vise à simplifier le processus d'harmonisation en s'inspirant directement de la jurisprudence *Cassis de Dijon*. Prenant appui sur le principe d'équivalence des législations nationales dégagé par la CJCE, cette méthode limite l'effort d'harmonisation à la fixation des « exigences essentielles de sécurité » qui protégeront la santé et la sécurité des utilisateurs et consommateurs [2]. Tout produit les respectant pourra circuler librement dans la Communauté. Les normes techniques existantes, qu'elles soient communautaires ou nationales, ne sont pas obligatoires mais les producteurs qui ne les respectent pas doivent, s'ils veulent bénéficier de la liberté de circulation, prouver que leurs produits sont conformes à ces « exigences ». Des procédures types d'évaluation de conformité sont insérées dans les directives pour faciliter la mise en œuvre de cette harmonisation.

2°) Une nouvelle procédure de décision. En vue de rendre plus aisée l'adoption des directives nécessaires à la réalisation du marché intérieur, l'AUE a introduit dans le Traité CEE une procédure dérogeant à celle de l'article 94 CE (art. 95 CE, actuel art. 114 TFUE). Le Conseil, depuis le Traité de Maastricht, statue à la majorité qualifiée selon la procédure de codécision (le Traité de Lisbonne prévoit l'application de la procédure législative ordinaire). L'unanimité est cependant maintenue pour l'adoption de certaines mesures (fiscalité, libre circulation des personnes, droits et intérêts des salariés). L'harmonisation, toutefois, n'est pas toujours complète : les États membres sont autorisés, dans certaines limites, à conserver des dispositions dérogatoires, voire à en adopter de nouvelles (v. *infra* C).

La procédure se révèle efficace : la plupart des directives prévues ont été adoptées et les marchandises peuvent circuler en échappant désormais aux contrôles frontaliers qui ont été abolis.

C. Les exceptions au principe de la libre circulation

462 ***Leurs sources*** ◇ Comme la plupart des libertés, la libre circulation des marchandises n'est pas sans limite. Certaines dérogations aux interdictions édictées par les articles 34 et 35 TFUE sont admises au nom d'intérêts supérieurs. Elles sont prévues par l'article 36 mais ne sont pas les seules, la Cour en ayant autorisé d'autres.

463 ***1°) Les exceptions prévues par le Traité*** ◇ L'article 36 TFUE reconnaît aux États membres le droit d'instituer certaines limites en matière d'importations, d'exportations ou de transit [3], en vue de protéger certains

1. *JOCE* C. 136, 4 juin 1985.
2. V. à titre d'ex. Dir. 88/378, 3 mai 1988, relative à la sécurité des jouets (*JOCE* L. 187, 16 juill. 1988).
3. Une marchandise en transit est une marchandise qui circule dans un État tiers après avoir quitté l'État exportateur et avant son entrée dans l'État importateur.

intérêts qui sont jugés prioritaires. Ces limites doivent cependant respecter certaines conditions.

464 ***a) Les intérêts protégés*** ◇ De caractère non économique, ils sont énumérés, de manière limitative, par l'article 36. Constituant des exceptions au principe général de la libre circulation, ils doivent être interprétés strictement [1]. La plupart d'entre eux sont des intérêts d'ordre général : sont ainsi visées « des raisons de moralité publique, d'ordre public, de sécurité publique, de protection de la santé et de la vie des personnes et des animaux ou de préservation des végétaux, de protection des trésors nationaux ayant une valeur artistique, historique ou archéologique ». Seul le dernier intérêt pris en compte concerne des droits particuliers : ceux des titulaires d'un titre de propriété industrielle ou commerciale (tels un brevet, une licence ou une marque).

Les mesures prises par les États membres à ces divers titres seront bien entendu contrôlées, le cas échéant, par la Commission ou la Cour. Ce contrôle a généré une jurisprudence abondante qui s'efforce de concilier les exigences respectives de la libre circulation et de la protection des intérêts légitimes invoqués par les États (ou les opérateurs économiques lorsque sont en jeu les droits de la propriété intellectuelle) [2], jurisprudence d'autant plus abondante qu'elle a été dégagée, dans la grande majorité des cas, à l'occasion de la mise en œuvre de l'article 28 CE, voire, mais beaucoup plus rarement, de l'article 29 CE [3].

Le législateur communautaire intervient parfois pour opérer lui-même cette conciliation. Diverses directives ont, par exemple, été adoptées pour harmoniser les réglementations nationales en matière de contrôle de la qualité des produits alimentaires. Elles visent à déterminer les modalités des contrôles exercés et l'autorité des résultats auxquels ils conduisent de telle façon que puisse être évitée toute contestation entre États membres sur les mesures à prendre en vue de protéger la santé des consommateurs [4]. Pour

1. CJCE 17 juin 1981, *Commission c. Irlande,* aff. 113/80 dite « Souvenirs d'Irlande », *Rec.* p. 1625.

2. La CJCE a ainsi reconnu le droit de chaque État membre de « déterminer les exigences de la moralité publique sur son territoire, selon sa propre échelle de valeurs et dans la forme qu'il a choisie » (14 déc. 1979, *Henn et Darby,* aff. 34/79, *Rec.* p. 3795), le droit de garantir sa sécurité d'approvisionnement en pétrole (10 juill. 1984, *Campus Oil,* aff. 72/83, *Rec.* p. 2727) ou le droit d'interdire la mise sur le marché de substances jugées dangereuses (7 nov. 1989, *Nijman,* aff. 125/88, *Rec.* p. 3543) ; en matière de protection des droits intellectuels, elle fait une distinction entre l'existence du droit conféré à leur titulaire (droit exclusif de l'auteur ou de l'inventeur sur son œuvre) et son exercice (la protection du droit exclusif cesse après la première mise en circulation du produit) ; la jurisprudence tend à élargir la protection des titulaires de marques afin de protéger les consommateurs contre le risque de confusion engendré par des marques de consonance plus ou moins proche (v. par ex. CJCE 22 juin 1976, *Terrapin,* aff. 119/75, *Rec.* p. 1039).

3. L'État membre dont la mesure a été jugée contraire à ces articles a en effet tendance à plaider la compatibilité de celle-ci avec le Traité en se fondant sur les dérogations qu'il prévoit.

4. La directive sur les contrôles vétérinaires (Dir. 89/662, 11 déc. 1989, *JOCE* L. 376, 31 déc. 1989) précise ainsi que le contrôle a lieu un départ du produit et qu'il s'impose à l'État de

autant, l'harmonisation n'ôte pas tout droit aux États membres de maintenir certaines réglementations spécifiques ; ce droit est affirmé avec netteté dans le cadre du marché intérieur.

465 ***Les limites de l'harmonisation dans le marché intérieur*** ◇ L'article 114 TFUE autorise les États membres à invoquer certains motifs qui leur permettront d'échapper aux contraintes de l'harmonisation prévue pour la réalisation du marché intérieur en conservant des dispositions dérogatoires [1]. Outre les intérêts visés à l'article 36, les États peuvent se référer à la protection de l'environnement ou du milieu du travail. Le Traité d'Amsterdam a renforcé ce droit en autorisant, à côté des mesures dérogatoires antérieures à l'harmonisation (seules visées à l'origine), les dispositions dérogatoires postérieures qui sont justifiées par « des preuves scientifiques nouvelles » et qui répondent à un « problème spécifique » de l'État qui les adopte.

L'État membre qui désire bénéficier de ce droit notifie à la Commission les mesures concernées ; celle-ci vérifie la compatibilité de ces mesures avec le Traité et peut saisir, ainsi que les autres États membres, la Cour en cas d'usage abusif de cette faculté.

Les directives peuvent en outre inclure une clause de sauvegarde autorisant les États membres à prendre des mesures provisoires fondées sur les exceptions de l'article 36 ; ces mesures sont soumises « à une procédure de contrôle de l'Union ».

Enfin, dans l'hypothèse où elle a autorisé le maintien ou l'adoption d'une norme nationale dérogatoire, la Commission doit s'interroger sur l'opportunité de proposer une adaptation de la mesure d'harmonisation concernée.

466 ***b) Les conditions de validité des mesures dérogatoires*** ◇ La légitimité du but poursuivi ne suffit pas à garantir la validité des mesures prises. Celles-ci ne doivent, en outre, constituer ni un « moyen de discrimination arbitraire » ni une « restriction déguisée dans le commerce entre États membres » (art. 36 et 114) ; l'article 114 ajoute ni une « entrave au fonctionnement du marché intérieur ».

– *Un moyen de discrimination arbitraire.* Une mesure fondée sur l'un des buts des articles 36 ou 114 sera discriminatoire si elle a pour résultat de pénaliser en fait les produits importés par rapport aux produits nationaux : tel est le cas, par exemple, de la réglementation française sur la publicité des boissons alcoolisées qui se révèle plus favorable aux boissons nationales qu'aux boissons étrangères en classant les premières dans la catégorie des

destination, ce dernier ne pouvant opérer ses propres contrôles que dans les conditions fixées par elle. La directive instituant des contrôles sur les denrées alimentaires (Dir. 89/397, 14 juin 1989, *JOCE* L. 186, 30 juin 1989) adopte les mêmes dispositions.

1. Cette faculté est une compensation au fait que les directives de l'art. 114 sont adoptées à la majorité qualifiée et non à l'unanimité comme celles de l'art. 115. Sur le contrôle exercé par la Commission, v. CJCE 17 mai 1994, *France c. Commission,* aff. C-41/93, *Rec.* p. I-1829.

boissons « digestives » pour lesquelles la publicité est autorisée et les secondes dans celle des boissons « apéritives » pour lesquelles elle est interdite [1].

– *Une restriction déguisée dans le commerce entre États membres.* Constitue une telle restriction la mesure qui, n'étant pas réellement nécessaire pour atteindre l'objectif poursuivi, est contraire au principe de proportionnalité. La jurisprudence sur les contrôles sanitaires en est une bonne illustration. Lorsqu'ils ne sont pas autorisés par des dispositions communautaires spécifiques, les contrôles exercés à l'importation ne sont admis que s'ils ne font pas double emploi avec ceux qui ont été pratiqués à l'exportation ; ils doivent se limiter aux mesures destinées à parer aux risques du transport ou découlant d'éventuelles manipulations postérieures au contrôle opéré au départ [2].

467 ***2°) Les exceptions admises par la jurisprudence*** ◇ La volonté d'interpréter strictement l'article 30 CE (actuel art. 36) n'a pas empêché la CJCE d'accepter de prendre en compte divers arguments avancés par les États pour justifier le caractère restrictif de certaines réglementations. Elle leur a ainsi reconnu le droit d'opposer au principe de la libre circulation des « exigences impératives » non prévues par le Traité mais néanmoins compatibles avec lui.

a) La notion d'« exigences impératives ». Elle a été précisée dans l'arrêt *Cassis de Dijon* dans les termes suivants : les entraves à la liberté de circulation résultant des disparités des réglementations nationales (que la Cour admet en l'absence de directives d'harmonisation) « doivent être acceptées dans la mesure où ces prescriptions peuvent être reconnues comme étant nécessaires pour satisfaire à des exigences impératives tenant, notamment, à l'efficacité des contrôles fiscaux, à la protection de la santé publique, à la loyauté des transactions commerciales et à la défense des consommateurs ». À cette liste, par nature évolutive, s'ajoutera ultérieurement d'autres « exigences », telle la protection de l'environnement [3].

La Cour recherchera donc, indépendamment des limites fixées par l'article 30, si les mesures nationales contestées devant elle poursuivent ou non « un but d'intérêt général de nature à primer les exigences de la libre circulation des marchandises ».

Cette jurisprudence ne concerne par ailleurs que les seules mesures frappant indistinctement les marchandises nationales et les marchandises importées similaires (raison pour laquelle la Cour ne l'applique pas dans l'affaire précitée des « souvenirs d'Irlande » où la réglementation litigieuse ne vise que des produits importés).

b) Leur compatibilité avec le Traité. La position de la Cour semble *a priori* peu conciliable avec l'interprétation restrictive qu'elle donne des exceptions de l'article 30 CE. Comment expliquer en effet que d'un côté elle

1. CJCE 10 juill. 1980, *Commission c. France*, aff. 152/78, *Rec.* p. 2299.
2. CJCE 7 avr. 1981, *United Foods*, aff. 132/80, *Rec.* p. 995.
3. CJCE 20 sept. 1988, *Commission c. Danemark*, aff. 302/86, *Rec.* p. 4627.

souligne le caractère limitatif de ces dernières et que de l'autre elle se reconnaisse, de façon prétorienne, le droit d'en créer de nouvelles ? La réponse est simple : la Cour ne se situe pas sur le même plan lorsqu'elle applique l'article 30 ou la notion d'exigences impératives. Dans le premier cas, elle vérifie si une mesure qu'elle a jugée relever de l'article 28 CE peut être autorisée en vertu de l'article 30, alors que dans le second elle reste au stade de sa qualification au regard de l'article 28, la mesure ne tombant dans le champ de la prohibition édictée par ces articles que si elle ne peut être justifiée par l'une de ces « raisons d'intérêt général » devant lesquelles la Cour accepte de faire plier le principe de libre circulation.

Sa position est tout aussi compatible avec les articles 94 et 95 CE. La CJCE précise dans l'arrêt *Cassis de Dijon* que l'interdiction des mesures d'effet équivalent ne vise pas seulement les restrictions commerciales (jurisprudence *Dassonville*) mais aussi les restrictions techniques (*i.e.* les normes relatives à la qualité des produits, à leurs éléments constitutifs) qui, selon le défendeur dans cette affaire, n'auraient pu être éliminées que par l'adoption de directives d'harmonisation. Si l'intervention du législateur communautaire est utile, elle n'est pas indispensable à la mise en œuvre de la libre circulation car, comme le souligne la CJCE, « un principe fondamental ne saurait être subordonné dans sa réalisation à une condition préalable, telle que l'harmonisation, qui aurait pour conséquence de vider ce principe de ce contenu » [1].

SECTION 2. LA LIBRE CIRCULATION DES PERSONNES

468 ***Les éléments constitutifs de cette liberté*** ◇ Telle qu'elle est conçue par le Traité CE (et le TFUE), la libre circulation des personnes se présente comme un ensemble de droits dont la nature est tantôt politique tantôt économique. Étudiée dans sa seule dimension économique [2], elle s'analyse comme le droit pour une personne d'exercer une activité professionnelle dans un autre pays que le sien, droit reconnu aux travailleurs salariés (art. 45 TFUE, ex-39 CE) comme aux travailleurs indépendants (art. 49 et 56 TFUE, ex-43 et 49 CE). Effectif, en principe, depuis la fin de la période transitoire (1er janvier 1970), ce droit s'exerce dans les conditions fixées par les textes d'application adoptés par le législateur en vertu du Traité et sous le contrôle vigilant de la Cour qui s'est attachée à en donner une interprétation libérale. Le régime institué repose sur la distinction entre les activités salariées et les activités non-salariées, les problèmes à résoudre n'étant pas les mêmes pour ces deux types d'activités.

1. A. Mattera, « L'article 30 du Traité CEE, la jurisprudence "*Cassis de Dijon*" et le principe de reconnaissance mutuelle, instruments au service d'une Communauté plus respectueuse des diversités nationales », *RMUE* 4-1992. p. 13.
2. Les aspects politiques sont examinés dans la troisième partie.

§ 1. La libre circulation des travailleurs salariés

469 ***Bénéficiaires*** ◇ Ce droit est reconnu à tout ressortissant d'un État membre ainsi qu'aux membres de sa famille, quelle que soit la nationalité de ceux-ci, même s'ils ont la nationalité d'un État tiers [1]. Il n'est pas nécessaire que celui-ci ait lui-même une activité professionnelle (cas des inactifs) pour que les membres de sa famille en bénéficient. La liberté de circulation confère à ses bénéficiaires le droit d'avoir un emploi salarié, à l'exception de certains emplois publics qui peuvent être réservés par les États à leurs nationaux.

470 ***A. Les droits du travailleur salarié*** ◇ Ils sont énoncés par l'article 45 et garantissent à leur titulaire l'exercice d'une activité salariée dans les mêmes conditions que celles applicables aux travailleurs nationaux. Leurs modalités d'exercice sont fixées par le règlement 1612/68 du 15 octobre 1968 [2].

1°) Le droit d'exercer une activité salariée. Aux termes de l'article 45, la libre circulation des travailleurs comporte le droit de répondre à des emplois effectivement offerts, de se déplacer et de séjourner librement dans l'État membre concerné pour occuper l'emploi obtenu, et d'y demeurer après cessation de l'activité professionnelle. Ces dispositions ont été interprétées largement. La CJCE a étendu le droit « de répondre à des emplois effectivement offerts », qui implique le droit de se déplacer pour répondre à des offres précises, à toute personne qui, à défaut de pouvoir justifier de telles offres, recherche effectivement du travail [3]. Ce droit n'est pas limité dans le temps, la Cour jugeant inopposables au demandeur d'emploi, qui « apporte la preuve qu'il continue à chercher un emploi et qu'il a des chances véritables d'être engagé » [4], les délais fixés tant au plan communautaire [5] qu'au plan national [6]. Le droit de rester dans l'État d'accueil pour le travailleur retraité a d'autre part été étendu à la victime d'une incapacité temporaire ou permanente de travailler par un règlement de la Commission (art. 2 Règl. 1251/70) [7].

1. Il peut toutefois être provisoirement suspendu pour les ressortissants des nouveaux États membres : les traités d'adhésion de 2003 et de 2005 autorisent ainsi les États membres à leur refuser ce droit pendant une période maximale de 7 ans.

2. Règl. relatif à la libre circulation des travailleurs à l'intérieur de la Communauté (*JOCE L.* 257, 19 oct. 1968). Sur le déplacement des travailleurs dans le cadre d'une prestation de services, v. Dir. 96/71, 16 déc. 1996 (*JOCE L.* 18, 21 janv. 1997).

3. CJCE 8 avr. 1976, *Royer*, aff. 48/75, *Rec.* p. 497.

4. CJCE 26 févr. 1991, *Antonissen*, aff. 292/89, *Rec.* p. I-745.

5. *Royer* préc. : délai de trois mois inscrit au procès-verbal de la séance du 15 oct. 1968.

6. *Antonissen* préc. : délai de six mois fixé par la législation anglaise ; la Cour accepte néanmoins l'idée d'un délai raisonnable imparti à l'intéressé pour la recherche d'un emploi.

7. Le droit des retraités ayant été ultérieurement élargi par la Dir. 90/365 du 28 juin 1990 qui leur donne le droit de se retirer dans l'État membre de leur choix, ce règlement a été abrogé en 2006.

Une fois admis dans l'État membre où il va travailler, le salarié sera protégé par la règle du traitement national.

2°) Le droit au traitement national. Il est énoncé par l'article 45 qui rappelle [1] que la libre circulation « implique l'abolition de toute discrimination, fondée sur la nationalité, entre les travailleurs des États membres en ce qui concerne l'emploi, la rémunération et les autres conditions de travail ». Il confère au salarié migrant tout en ensemble de droits qui sont définis par le règlement 1612/68. Ce sont :

a) des droits relatifs à l'accès à l'emploi ; tous les textes restreignant le droit au travail des étrangers sont inapplicables, à l'exception des dispositions sur les « connaissances linguistiques requises en raison de la nature de l'emploi à pourvoir » ; les ressortissants communautaires jouissent de la même priorité que les nationaux pour obtenir un emploi et ont le même droit à bénéficier de l'assistance des bureaux de placement ;

b) des droits relatifs à l'exercice de l'emploi ; l'égalité de traitement est garantie dans les « conditions d'emploi et de travail, notamment en matière de rémunération, de licenciement, et de réintégration professionnelle ou de réemploi » ;

c) des droits relatifs aux avantages sociaux et fiscaux ; les avantages sociaux sont visés à l'article 42 qui donne mission au Conseil de prendre les mesures nécessaires pour que les travailleurs migrants conservent le bénéfice des cotisations qu'ils ont versées antérieurement ; ces mesures ont fait l'objet du règlement 1408/71 du 14 juin 1971 [2] qui coordonne les réglementations nationales de sécurité sociale et détermine la législation – celle de l'État d'accueil – qui leur est applicable ;

d) des droits en matière syndicale, notamment le droit de voter et d'être élu aux élections syndicales ;

e) des droits au bénéfice de la famille ; outre les droits propres du salarié, celui-ci peut faire bénéficier sa famille de tous les droits et avantages de caractère social qui sont reconnus aux nationaux (bourses d'études, cartes de réduction pour familles nombreuses, prêts d'accession à la propriété, etc.).

L'égalité de traitement n'est cependant pas illimitée ; elle ne joue pas pour les « emplois dans l'administration publique » qui échappent aux contraintes de la libre circulation.

471 ***B. L'exception des « emplois dans l'administration publique »*** ◇

Elle est prévue par l'article 45 § 4 qui exclut ces emplois du champ d'application des trois paragraphes précédents. La portée de cette exception dépend de l'interprétation que l'on donne à cette expression. Elle est très large si l'on

1. Le droit au traitement national est en effet déjà affirmé par l'art. 18 TFUE (ex-art. 12 CE) qui interdit « toute discrimination exercée en raison de la nationalité ».

2. *JOCE* L. 149, 5 juill. 1971. Ce règlement a été remplacé par Règl. 883/2004, 29 avr. 2004 (*JOUE* L. 314, 7 juin 2004) à partir du 1er mai 2010 (date d'entrée en vigueur du Règl. d'application 987/2009, 16 sept. 2009, *JOUE* L. 284, 30 oct. 2009).

définit ces emplois d'un point de vue organique comme l'ensemble des emplois relevant d'un statut de droit public (plusieurs millions d'emplois en France) ; elle est restreinte si l'on adopte une approche fonctionnelle, fondée sur la nature de l'activité exercée pour identifier les emplois concernés.

La Cour a rejeté le critère organique dans l'arrêt *Sotgiu* [1], estimant « sans intérêt de savoir si un travailleur se trouve engagé en qualité d'ouvrier, d'employé ou de fonctionnaire, ou encore si son lien d'emploi relève du droit public ou du droit privé », car ces qualifications, qui varient selon les États membres, ne sauraient fournir « un critère d'interprétation approprié au droit communautaire ». Elle se rallie, en conséquence, à l'approche fonctionnelle qui lui permet de définir les emplois « réservés » en raison de leur nature particulière ; ces emplois « comportent une participation, directe ou indirecte, à l'exercice de la puissance publique et aux fonctions qui ont pour objet la sauvegarde des intérêts généraux de l'État ou des autres collectivités publiques » [2]. La soustraction de tels emplois au principe de libre circulation est justifiée, souligne la Cour, parce qu'ils « supposent (...), de la part de leurs titulaires, l'existence d'un rapport particulier de solidarité à l'égard de l'État ainsi que la réciprocité de droits et de devoirs qui sont le fondement du lien de nationalité ».

Du propre aveu de la Cour, l'application de ces critères se révèle cependant en pratique difficile [3]. Elle se heurte aux divergences régnant dans les conceptions nationales de la fonction publique. Devant ces difficultés, il est permis de se demander si l'intervention du législateur communautaire ne constituerait pas une solution plus efficace. La Commission semblait y avoir songé dans le programme de travail qu'elle avait présenté en septembre 1988 pour développer la « dimension sociale du marché intérieur » en se proposant d'ouvrir le secteur public à la libre circulation [4] mais son intention n'a pas été concrétisée. Il appartient donc aux États membres de définir, sous le contrôle de la Commission et de la Cour, soit les emplois qu'ils entendent réserver à leurs nationaux, soit, à l'inverse, ceux qu'ils acceptent d'ouvrir aux ressortissants communautaires [5].

1. CJCE 12 févr. 1974, aff. 152/73, *Rec.* p. 153.

2. CJCE 17 déc. 1980, *Commission c. Belgique,* aff. 149/79, *Rec.* p. 3881.

3. C'est pourquoi la Cour préfère, dans cet arrêt, en laisser le soin aux parties. Celles-ci n'ayant pu se mettre d'accord, la Cour statuera définitivement dans un second arrêt rendu le 26 mai 1982 (*Rec.* p. 1845).

4. Cette ouverture devait concerner les transports, la distribution du gaz et de l'électricité, les postes et télécommunications, la radiodiffusion, la santé publique, l'enseignement et la recherche civile.

5. La France a d'abord choisi d'utiliser cette dernière méthode (v. Décr. 30 nov. 1992 ouvrant l'enseignement primaire et l'enseignement secondaire aux ressortissants des autres États membres pris en application de L. 26 juill. 1991) avant d'opter pour la première (L. 26 juill. 2005 qui réserve aux nationaux les seuls emplois fixés par décret en Conseil d'État).

§ 2. La libre circulation des travailleurs indépendants

472 ***Un aménagement complexe*** ◇ La libre circulation des non-salariés soulève des problèmes beaucoup plus complexes que traduisent les dispositions du Traité qui lui sont consacrées (art. 49 à 62 TFUE, ex-43 à 55 CE). Elle ne se limite pas, en effet, aux activités des personnes physiques mais englobe celles des personnes morales qui leur sont assimilées pour bénéficier des avantages qu'elle procure aux opérateurs économiques. Elle requiert en outre l'adoption de mesures appropriées pour écarter les nombreux obstacles qui entravent sa réalisation.

473 ***Les bénéficiaires de cette liberté*** ◇ Ce sont les ressortissants des États membres [1] qui exercent une profession indépendante de quelque nature qu'elle soit (profession libérale, commerçant, artisan, exploitant agricole, etc.) et les sociétés qui leur sont assimilées en vue de bénéficier du droit d'établissement (art. 54 TFUE, ex-48 CE) et de la libre prestation de services (art. 62 TFUE, ex-55 CE). Peuvent bénéficier de cette assimilation les sociétés qui possèdent la nationalité d'un État membre [2] et qui exercent une activité commerciale, quel que soit leur statut (société civile ou commerciale, société coopérative, établissement public, etc.), à la seule exception de celles qui ne poursuivent pas de but lucratif. Une condition supplémentaire a été cependant introduite par le Conseil en décembre 1961 dans le programme d'action adopté pour la mise en œuvre de ces libertés (v. *infra*) : la nécessité d'un « lien effectif et continu avec l'économie d'un État membre » [3].

Pour faciliter l'exercice des libertés communautaires aux sociétés commerciales, un nouveau type de société a été créé après plus de 30 ans de discussions : la société européenne dont le statut est fixé par le règlement 2157/01 du 8 octobre 2001 [4]. Cette société relève directement du droit

1. Y compris les ressortissants des 12 nouveaux États membres dès leur adhésion. L'art. 56 prévoit une exception en faveur des ressortissants d'États tiers établis dans la Communauté : ils peuvent bénéficier de la libre prestation de services sur décision du PE et du Conseil statuant conjointement.

2. Il leur faut pour cela, aux termes de l'art. 54, avoir été constituées « en conformité de la législation d'un État membre » et avoir « leur siège statutaire, leur administration centrale ou leur principal établissement à l'intérieur de l'Union ».

3. Pour régler les difficultés nées des divergences de conception en matière de nationalité des sociétés, une convention a été conclue, le 29 févr. 1968, (en application de l'art. 220 CEE, abrogé par le Traité de Lisbonne) sur la reconnaissance mutuelle des sociétés, mais elle n'est jamais entrée en vigueur, les Pays-Bas ayant refusé de la ratifier en raison de son caractère insuffisamment libéral à leurs yeux.

4. *JOCE L.* 294, 10 nov. 2001 ; règlement complété par la Dir. 2001/86 du même jour relative à l'implication des travailleurs dans une société européenne. Les deux textes ne sont applicables qu'à partir du 8 oct. 2004 (date limite de la transposition de la directive). Outre la société européenne, deux autres personnes morales de statut communautaire ont été créées : le groupe-

communautaire, le droit national de l'État membre où elle est immatriculée ne jouant qu'un rôle complémentaire. Sa création est réservée aux sociétés existantes qui sont implantées sur le territoire de deux où plusieurs États membres.

A. Le droit d'exercer des activités non salariées

474 Celles-ci peuvent s'exercer soit sous la forme du droit d'établissement soit sous la forme de la liberté de prestation de services ; comme pour les activités salariées, une exception est prévue.

475 ***1°) Les deux formes d'exercice de ces activités*** ◇ **a) Le droit d'établissement.** Consacré par l'article 49, il se définit comme le droit reconnu au ressortissant d'un État membre de s'installer dans un autre État membre pour y exercer une activité non salariée. Il englobe aussi le droit de constituer et de gérer des entreprises et celui de créer des agences, des succursales ou des filiales. Ces droits sont garantis par le principe de l'égalité de traitement (ou du traitement national). Allant plus loin, la CJCE a jugé que l'article 43 CE interdisait également toute mesure, même non discriminatoire, qui est « susceptible de gêner ou de rendre moins attrayant l'exercice, par les ressortissants communautaires, des libertés fondamentales garanties par le Traité » (telle l'interdiction, en France, de la rémunération des comptes courants bancaires : 5 oct. 2004, *Caixa Bank*, aff. C-442/02, *Rec.* p. I-8961). Elle a récemment admis qu'une grève déclenchée contre un projet de délocalisation (transfert de l'immatriculation d'un navire dans un autre État membre) pouvait constituer l'une de ces mesures (11 déc. 2007, *the International Transport Workers'Federation c. Viking*, aff. C-438/05, *Rec.* p. I-10779).

Le droit d'établissement peut s'exercer à titre principal ou à titre secondaire. À titre principal, il implique l'installation du travailleur indépendant ou l'implantation du siège social d'une société dans un État autre que l'État d'origine ; à titre secondaire, l'installation d'un établissement annexe à l'établissement principal (cabinet, filiale, agence ou succursale), cette possibilité étant surtout utilisée par les personnes morales [1]. Le droit d'établissement principal est moins ouvert aux personnes morales qu'aux personnes physiques car les premières ne bénéficient pas du droit de transférer leur siège social dans un autre État membre, faute d'entente entre les États

ment européen d'intérêt économique, qui est une structure de coopération entre les entreprises (Règl. 2137/85, 25 juill. 1985, *JOCE L.* 199, 31 juill. 1985) et la société coopérative européenne (Règl. 1435/2003, 22 juill. 2003 et Dir. 2003/72 relative à l'implication des travailleurs dans cette société, *JOUE L.* 207, 18 août 2003).

1. Sur l'ouverture en France d'un cabinet secondaire par un avocat allemand, v. cependant CJCE 12 juill. 1984, *Klopp*, aff. 107/83, *Rec.* p. 2971.

membres sur ce point [1]. Ce droit sera en revanche reconnu, mais strictement réglementé, pour les sociétés européennes (art. 8 Règl. 2157/2001 préc.).

b) La libre prestation de services. Le principe est formulé par l'article 56 qui interdit toute restriction en matière de prestation de services à l'égard des ressortissants des États membres qui sont établis dans un autre État que celui du destinataire de la prestation.

À la différence du droit d'établissement, cette liberté n'implique pas l'obligation de résidence pour le prestataire, tout au plus un droit de séjour temporaire qui sera lié à la durée de la prestation [2]. La distinction entre les deux libertés n'est toutefois pas toujours évidente dans la mesure où la jurisprudence admet que le prestataire occasionnel peut disposer dans l'État où il intervient de l'installation nécessaire à son activité (un bureau par exemple) dès lors que celle-ci n'a pas le caractère d'un établissement secondaire, et où le Traité se borne, sans autre précision, à permettre cette activité « à titre temporaire » (art. 57) (CJCE 30 nov. 1995, *Gebhard,* aff. C-55/94, *Rec.* p. I-4165 : cas d'un avocat allemand travaillant régulièrement dans un cabinet en Italie sans être inscrit au barreau de ce pays et qui ne peut de ce fait bénéficier de la libre prestation de services). La prestation s'effectuera en principe dans les mêmes conditions que celles qui sont imposées aux prestataires nationaux. L'application du traitement national doit cependant se concilier avec la nature propre de cette liberté ; elle ne doit pas conduire à imposer au prestataire des obligations trop lourdes qui constitueraient une entrave à son exercice. La recherche de cette conciliation rend nécessaire l'élaboration d'une législation appropriée qui prévoira tantôt la soumission de la prestation au droit de l'État du prestataire, tantôt à celui de l'État où la prestation est effectuée. On en verra ultérieurement diverses illustrations.

Le Traité n'a reconnu expressément ce droit qu'aux prestataires de services mais il a été étendu par le Conseil, dans le programme d'action qu'il a adopté en vertu de l'article 63 CEE, aux destinataires des prestations, extension qui a permis d'élargir notablement son champ d'application, vu l'interprétation très large que la CJCE a donnée de la notion de destinataire [3].

1. La plupart des législations nationales assimilent ce transfert à une dissolution de la société, ce qui constitue une solution fiscalement très défavorable. Cette situation a conduit la CJCE à conclure qu'un tel droit n'existait pas en l'état actuel du droit communautaire (CJCE 27 sept. 1988, *Sté Daily Mail,* aff. 81/87, *Rec.* p. 5505). Elle atténue toutefois les inconvénients de cette solution en reconnaissant le droit d'une entreprise à transférer dans un autre État son siège effectif (CJCE 5 nov. 2002, *Überseering,* aff. C-208/00, *Rec.* p. I-9919) et le droit de créer dans un autre État une succursale qui sera le siège de l'activité effective d'une société (CJCE 9 mars 1999, *Centros,* aff. C-212/97, *Rec.* p. I-1459).

2. Le prestataire ne se déplace pas nécessairement, soit qu'il effectue sa prestation à distance (envoi d'une consultation juridique à son destinataire), soit qu'il reçoive son client. Dans le premier cas, la liberté de circulation de la prestation est indépendante de la liberté de circulation des personnes.

3. Elle a reconnu cette qualité aux touristes (CJCE 31 janv. 1984, *Luisi et Carbone,* aff. 286/82 et 26/83, *Rec.* p. 377 ; 2 févr. 1989, *Cowan,* aff. 186/87, *Rec.* p. 195).

476 ***2°) Les dérogations à la libre circulation*** ◇ Certaines activités sont soustraites, en raison de leur nature, à l'application de ce principe. L'article 51 (ex-45 CE) qui les exclut du bénéfice du droit d'établissement les définit comme celles « participant, même à titre occasionnel, à l'exercice de l'autorité publique » ; il s'applique également en matière de prestations de services (art. 62, ex-55 CE) [1].

L'interprétation de cette disposition a été soumise à la CJCE dans l'affaire *Reyners* [2], à propos de la profession d'avocat. Rejetant une thèse maximaliste prônant l'exclusion de l'ensemble de cette profession du droit d'établissement, la Cour a jugé que seuls certains de ses aspects tombaient sous le coup de l'article 55 CEE (art. 45 CE), ceux qui « comportent une participation directe et spécifique à l'exercice de l'autorité publique ». Elle a précisé que les activités de consultation et d'assistance juridique, de représentation et de défense des parties en justice, ne répondaient pas à cette définition.

Outre le Traité, la Cour applique les exceptions jurisprudentielles qu'elle admet depuis l'arrêt *Cassis de Dijon* et qu'elle étend à toutes les libertés de circulation. Certaines atteintes à la libre circulation peuvent être justifiées par des « raisons impérieuses d'intérêt général » [3].

B. La mise en œuvre des droits des non-salariés

477 Le Traité fixait des objectifs dont la réalisation dépendait de l'adoption de mesures appropriées ; en leur absence, il appartenait à la Cour de déterminer au coup par coup si les droits de libre circulation étaient effectifs ou non.

478 ***1°) L'adoption de mesures appropriées*** ◇ Elle est précédée initialement par l'obligation faite aux États membres de ne pas aggraver les restrictions existantes (obligations de *standstill* édictées par les articles 53 et 62 CEE, abrogés par le Traité d'Amsterdam).

La procédure d'adoption de ces mesures a été fixée initialement par l'article 54 CEE. Le Conseil devait élaborer, à l'unanimité, avant la fin de la première étape de la période de transition (31 décembre 1961), un programme d'action énumérant les mesures à prendre [4]. Ce programme devait ensuite être mis en œuvre par des directives dont les règles d'adoption ont

1. Le Traité prévoit, en outre, que le législateur (PE et Conseil) peut dispenser certaines activités de l'application des dispositions sur le droit d'établissement et la libre prestation de services (art. 51 TFUE).

2. CJCE 21 juin 1974, aff. 2/74, *Rec.* p. 631.

3. Elles sont très variées comme en témoigne l'énumération, empruntée à la jurisprudence, de l'art. 4 pt 8 de la Dir. 2006/23 relative aux services dans le marché intérieur (v. *infra*) : protection des consommateurs, de la propriété intellectuelle, de la conservation du patrimoine historique et artistique et de la culture nationale, prévention de la fraude, sécurité routière, préservation de l'équilibre financier de la sécurité sociale, etc.

4. Un programme semblable devait être adopté pour la libre prestation de services (art. 63 CEE, actuel art. 52, issu de la rédaction du Traité d'Amsterdam qui abroge les dispositions devenues caduques). V. *JOCE L.* 2, 15 janv. 1962.

changé : adoptées d'abord à l'unanimité elles le furent ensuite à la majorité qualifiée et selon la procédure de codécision [1]. L'unanimité demeurait cependant exigée pour l'harmonisation des réglementations nationales sur l'accès à certaines professions (professions bancaires, médicales et paramédicales) lorsque les mesures à prendre relevaient de la compétence du législateur national (art. 57 CEE). Maintenue par le Traité de Maastricht pour les mesures impliquant la modification d'une disposition législative concernant « la formation et les conditions d'accès de personnes physiques » à une profession (art. 47 CE), elle est en définitive supprimée par l'article 53 TFUE.

Les directives prévues doivent indiquer, pour chaque activité, les étapes et les conditions de la libération ainsi que les obstacles à supprimer.

L'ampleur du programme à réaliser n'a pas permis de respecter l'échéance fixée par le Traité. Seules certaines directives ont vu le jour avant le 1er janvier 1970 (directives concernant la libération des professions non réglementées dans le commerce et l'industrie) mais l'essentiel restait à faire, notamment pour l'exercice des professions libérales. La Cour s'est efforcée de pallier la carence du législateur en examinant si les libertés proclamées par le Traité pouvaient s'appliquer aux professions non régies par les directives prévues.

479 ***2°) L'apport jurisprudentiel à la libre circulation*** ◇ Par deux arrêts rendus la même année dans l'affaire *Reyners* [2] puis dans l'affaire *Van Binsbergen* [3], la CJCE a admis que, en l'absence des directives d'harmonisation prévues et à l'expiration de l'échéance fixée par le Traité, le droit d'établissement et la libre prestation de services étaient invocables par des particuliers à l'encontre des dispositions nationales qui y faisaient obstacle.

Dans l'arrêt *Reyners,* elle a reconnu l'effet direct, au moins partiel, de l'article 52 CEE (art. 49 TFUE) en le déclarant opposable à une disposition d'un État membre qui interdisait aux étrangers l'accès à la profession d'avocat. La Cour a jugé que cette disposition édictait une discrimination fondée sur la nationalité prohibée par le Traité et que cette prohibition n'avait nul besoin de mesures d'application pour s'imposer aux États membres. Elle a souligné, en revanche, que les directives destinées à favoriser l'exercice effectif du droit d'établissement (reconnaissance des diplômes, coordination des conditions professionnelles exigées) demeuraient, elles, nécessaires et qu'en leur absence le juge ne saurait se substituer au législateur défaillant pour garantir une liberté d'établissement sans entrave.

Dans l'arrêt *Van Binsbergen,* elle a écarté une règle nationale qui imposait une obligation de résidence dans l'État où devait être effectuée la prestation (en l'espèce la représentation d'une personne devant une juridiction par le mandataire de son choix), aucun motif valable ne justifiant cette atteinte à

1. Les directives relatives à la libération des prestations de services, qui étaient adoptées après consultation du PE, le sont désormais conjointement par le PE et le Conseil (art. 59 TFUE).
2. CJCE 21 juin 1974, aff. 2/74, *Rec.* p. 631.
3. CJCE 3 déc. 1974, aff. 33/74, *Rec.* p. 1299.

la liberté de prestation de services. Elle a cependant insisté sur l'utilité des mesures prévues pour accompagner cette liberté, à savoir le respect des règles professionnelles édictées dans l'intérêt général pour garantir la compétence et l'honorabilité du prestataire « de passage » par rapport à ses confrères établis.

L'intervention de la CJCE a permis ainsi de compenser, au moins en partie, le retard pris dans l'élaboration des directives, en particulier celles consacrées aux professions réglementées.

480 ***Le cas des professions réglementées*** ◇ **1°) Notion.** Les professions réglementées sont celles dont l'accès et les conditions d'exercice ne sont pas libres mais font l'objet de prescriptions précises répondant à des exigences professionnelles de compétence et d'honorabilité. Ce sont notamment les professions médicales et paramédicales (médecins, dentistes, pharmaciens, etc.) et les professions juridiques (avocats, notaires, etc.) [1].

Les garanties de compétence professionnelle, attestées par la possession de diplômes ou de titres professionnels, sont visées par l'article 47 § 1 (art. 53 § 1 TFUE) qui prévoit l'adoption de directives sur « la reconnaissance mutuelle des diplômes, certificats et autres titres ».

Les garanties d'honorabilité impliquent la soumission à une discipline professionnelle déterminée par des règles déontologiques dans le cadre d'organisations appropriées (ordres professionnels). L'article 47 § 2 (art. 53 § 2 TFUE) s'y réfère indirectement en prévoyant des directives harmonisant l'accès aux activités non salariées et leurs conditions d'exercice.

2°) Les directives d'harmonisation. Le législateur communautaire a suivi la même démarche que pour la libre circulation des marchandises. Il s'est d'abord engagé dans la voie de directives sectorielles pour harmoniser, profession par profession, leurs conditions d'accès et d'exercice [2]. Mais le processus est lent, l'ouverture de chaque profession demandant l'adoption de deux directives, l'une pour coordonner les législations nationales, l'autre pour obtenir la reconnaissance mutuelle des diplômes, et difficile, les divergences entre les États membres se révélant délicates à surmonter. C'est pourquoi, inspiré par la méthode de la « nouvelle approche », il s'est tourné vers la solution de directives générales fondées sur le principe de la reconnaissance mutuelle pour résoudre, de façon globale, le problème de l'équivalence des formations professionnelles. Une première directive sur les

1. Sur les difficultés soulevées par l'application de cette définition, v. CJCE 1er févr. 1996, *Aranitis*, aff. C. 164/94, *Rec.* p. I-135.

2. Le secteur de la santé en donne un bon exemple : ont été successivement adoptées des directives sur les médecins (1975), les infirmiers (1977), les dentistes et vétérinaires (1978), les sages-femmes (1980) et les pharmaciens (1985).

diplômes d'enseignement supérieur a été adoptée le 21 décembre 1988 [1]. Elle s'applique à toutes les professions réglementées qui ne sont pas déjà soumises à des dispositions spécifiques. Elle pose le principe général de l'équivalence des formations reçues d'une durée minimale de trois ans, le titulaire d'un diplôme propre à l'exercice d'une profession déterminée ne pouvant se voir opposer par un État membre un « défaut de qualification ». Dans l'hypothèse où la formation de l'intéressé apparaîtrait insuffisante pour des raisons diverses, l'État membre concerné peut cependant exiger, selon les cas, une expérience professionnelle, un stage d'adaptation ou une épreuve d'aptitude. Cette directive n'a pas permis de régler toutes les difficultés soulevées par le droit d'établissement des avocats, ce qui a conduit la Communauté à se doter d'un texte spécifique [2].

Une seconde directive, d'inspiration analogue, couvre les autres formations de l'enseignement post-secondaire [3]. Elle s'applique aux autres professions réglementées, celles qui sont accessibles après les études secondaires ou des études supérieures courtes.

Cet ensemble normatif a été complété par la directive 1999/42 du 7 juin 1999 [4] qui étend aux professions non visées par les directives générales le mécanisme de reconnaissance des diplômes et de qualifications professionnelles qu'elles instituent.

Enfin, dans un but de simplification, la Communauté a remplacé l'ensemble de cette législation (à l'exception des directives sur les avocats) par un texte général, la directive 2005/36 relative à la reconnaissance des qualifications professionnelles [5], qui reprend les principes de base de la directive 89/48 : l'État d'accueil reconnaît la validité de la qualification acquise dans l'État d'origine pour exercer la même profession et, en cas de différence substantielle, peut imposer un stage d'adaptation ou une épreuve d'aptitude.

La volonté de rendre effectives les libertés offertes aux activités non salariées ne concerne pas seulement les professions réglementées, elle se retrouve dans d'autres secteurs également difficiles à « ouvrir », tel le secteur bancaire ou celui des marchés publics qui seront examinés ultérieurement.

SECTION 3. LIBRE CIRCULATION DES SERVICES

481 ***La libération d'un secteur économique*** ◇ Si elle est liée à la libre circulation des personnes, la libération des services ne se confond pas pour

1. Dir. 89/48 relative à un système général de reconnaissance des diplômes d'enseignement supérieur qui sanctionnent des formations professionnelles d'une durée minimale de trois ans (*JOCE* L. 19, 24 janv. 1989).
2. Dir. 16 févr. 1998 (*JOCE* L. 77, 14 mars 1998) ; la libre prestation de services des avocats est régie par un autre texte particulier : Dir. 77/249, 22 mars 1977 (*JOCE* L. 78, 26 mars 1977).
3. Dir. 18 juin 1992, *JOCE* L. 209, 24 juill. 1992.
4. *JOCE* L. 201, 31 juill. 1999.
5. Dir. 7 sept. 2005, *JOUE* L. 255, 30 sept. 2005.

autant avec elle [1]. Les services, que le Traité définit comme « les prestations fournies normalement contre rémunération » et ne relevant pas des autres libertés de circulation (art. 57 TFUE) [2], constituent un secteur d'activité prédominant en Europe (70 % du PIB des États membres), source de croissance et d'emplois, mais dont l'ouverture à la concurrence est loin d'être achevée. La Commission l'avait constaté dans un rapport sur « l'état du marché intérieur des services » qui est à l'origine de la proposition de directive *Bolkestein* (du nom du commissaire chargé du marché intérieur à l'époque) présentée en janvier 2004 et adoptée, après de sensibles modifications, le 12 décembre 2006 (directive 2006/123 relative aux services dans le marché intérieur) [3]. Son objectif est de fixer le cadre général de la libération des services sans remettre en cause pour autant les dispositions spécifiques régissant certains d'entre eux, notamment les services financiers.

§ 1. Le cadre général

482 ***Les dispositions de la directive 2006/123*** ◇ Elles visent à favoriser l'accès aux activités de service et leur exercice pour tous les prestataires, quelle que soit leur nationalité, établis dans un État membre ; mais leur application comporte de nombreuses dérogations [4]. Elles concernent principalement les mesures de simplification administrative, l'encadrement des régimes d'autorisation, le régime de la libre prestation de services et le contrôle des prestataires.

Les mesures de simplification administrative sont prévues aux articles 5 à 8. Les États doivent examiner les procédures et formalités existantes et les simplifier si elles ne sont pas « suffisamment simples » (art. 5). Ils doivent accepter les documents délivrés dans un autre État. La Commission peut contribuer à cet effort de simplification en élaborant des formulaires harmonisés. Des « guichets uniques » (art. 6) doivent être institués pour faciliter les demandes d'information des intéressés et l'accomplissement des formalités exigées. L'utilisation des procédés électroniques doit être développée à cette fin (art. 8).

L'encadrement des régimes d'autorisation s'inscrit dans la mise en œuvre du droit d'établissement des prestataires. Il est minutieusement fixé par les articles 9 à 15. Le maintien d'un régime d'autorisation est subordonné à certaines conditions : ne pas être discriminatoire pour le prestataire, être justifié par une raison impérieuse d'intérêt général (ces raisons sont énumé-

1. Notamment lorsque c'est la prestation de service, et non le prestataire ou le destinataire, qui se déplace.

2. L'art. 57 précise qu'ils comprennent des activités industrielles, commerciales, artisanales et celles des professions libérales.

3. *JOUE* L. 376, 27 déc. 2006

4. Outre les services d'intérêt économique général visés à l'art. 1er, les services exclus sont énumérés à l'art. 2, tels les services financiers, les services de transport, les services de santé ou les services audiovisuels.

rées à l'article 4-8 mais, d'origine jurisprudentielle, leur liste peut être allongée par la CJCE), et être proportionnel à l'objectif poursuivi (art. 9). Il doit répondre en outre aux critères formulés par l'article 10 qui ajoute aux conditions précédentes la clarté, l'objectivité, la publication et la transparence. Le refus d'autorisation doit être motivé et susceptible d'un recours juridictionnel. Les « exigences » [1] imposées dans les États membres sont strictement réglementées : certaines sont interdites (art. 14), telles les exigences en matière de nationalité ou de résidence, d'autres doivent être « évaluées » (art. 15) par les États qui doivent vérifier si elles sont conformes aux principes de non-discrimination et de proportionnalité et si elles sont justifiées par une raison impérieuse d'intérêt général. Les résultats de cet examen font l'objet d'un rapport qui est soumis à une procédure d'évaluation mutuelle (art. 39). Toute nouvelle exigence introduite par un État doit être notifiée à la Commission qui contrôlera sa compatibilité avec le droit communautaire.

Le régime de la libre prestation de services est fixé par les articles 16 à 21. La directive ne reprend pas le principe de « l'État d'origine » figurant dans la proposition initiale et qui avait été très contesté. L'application dudit principe aurait conduit en effet à soumettre l'exécution de la prestation au droit de l'État d'établissement du prestataire et les adversaires de la proposition craignaient le risque d'une concurrence défavorable aux prestataires établis dans l'État du lieu de la prestation, les réglementations nationales pertinentes variant sensiblement d'un État à l'autre. L'article 16 se borne à réaffirmer le droit d'un prestataire de fournir ses services dans un autre État que celui où il est établi et à interdire les exigences risquant d'entraver ce droit ; échappent à cette interdiction les exigences justifiées par des raisons d'ordre public, de sécurité publique, de santé publique et de protection de l'environnement ainsi que les règles en matière de conditions d'emploi, même formulées dans des conventions collectives [2]. Des dérogations individuelles sont en outre autorisées « dans des circonstances exceptionnelles » pour protéger les destinataires de services lorsque le droit du prestataire ne leur offre pas les mêmes garanties que leur droit national (art. 18) mais l'État concerné ne peut y recourir qu'en respectant la procédure d'assistance mutuelle prévue (art. 35).

Le contrôle des prestataires relève de la coopération des États intéressés par l'entremise de « points de liaison » (art. 28) par lesquels transitent demandes d'informations, d'inspections ou d'enquêtes. Chaque État contrôle l'activité des prestataires établis sur son territoire (art. 29), mais le contrôle de l'activité du prestataire à l'étranger incombe à l'État où la prestation est fournie. Ce dernier peut agir à la demande de l'État d'établissement.

1. Ce sont, aux termes de l'art. 4-7, l'ensemble des obligations, interdictions, conditions ou limites, qu'elles soient d'origine publique ou professionnelle, qui restreignent les activités de service.

2. La conciliation de la libre prestation de services avec la protection des travailleurs bénéficiant d'une convention collective a été examinée par la CJCE dans l'affaire *Laval* (18 déc. 2007, aff. C-341/05, *Rec.* p. I-11767).

§ 2. La libération des services financiers

483 ***Les conditions de cette libération*** ◇ Elles sont mentionnées initialement dans les articles 57 et 61 CEE. L'article 61 (art. 58 TFUE) souligne le lien qui l'unit à la libre circulation des capitaux, la libération des banques et des assurances devant être réalisée « en harmonie » avec elle. Mais les restrictions aux mouvements de capitaux ne sont pas le seul obstacle à éliminer. Les réglementations nationales qui assurent le contrôle étroit des pouvoirs publics au nom d'impératifs généraux (protection de la stabilité du système financier, des investisseurs et des épargnants) doivent être aussi harmonisées. L'article 57 y faisait écho en disposant que les mesures concernant la protection de l'épargne, la distribution du crédit et la profession bancaire devaient être prises à l'unanimité [1].

Les mesures adoptées vont permettre d'assurer les libertés effectives d'établissement et de prestation de services des banques (établissements de crédit), des assurances, des opérateurs intervenant sur les marchés de valeurs mobilières. L'ouverture à la concurrence de ces activités sera facilitée par l'harmonisation des conditions professionnelles de leur exercice.

A. Les établissements de crédit

484 ***La suppression des obstacles aux libertés de circulation*** ◇ Elle a été entreprise par la première directive « coordination » du 12 décembre 1977 visant l'accès à l'activité des établissements de crédit et son exercice. Sont concernées les entreprises qui reçoivent des dépôts du public et octroient des crédits pour leur propre compte. Le droit d'établissement n'est qu'entrouvert, la création d'une succursale dans un autre État membre nécessitant l'autorisation de ce dernier. Une deuxième directive « coordination » est adoptée le 15 décembre 1989, qui libéralise les conditions d'exercice de la liberté d'établissement (l'autorisation de l'État d'implantation des succursales est supprimée) et instaure la liberté de prestation de services. Ces textes sont codifiés par une directive du 20 mars 2000 (modifiée, le 18 septembre 2000, pour y inclure les établissements de monnaie électronique) [2], remplacée par la directive 2006/48 du 14 juin 2006 [3].

1°) Le droit d'établissement. Il s'exerce par la création de filiales ou de succursales. La création des premières obéit aux mêmes conditions que celles applicables aux nouvelles banques (capital minimal, compétence et honorabilité des fondateurs, indication des activités pour lesquelles l'agrément est demandé) (art. 6 et s.). L'État d'implantation, après avoir consulté l'État d'établissement de la société mère, délivre un agrément qui est notifié à la Commission. Celle-ci dresse la liste des banques agréées qui est publiée au

1. Disposition supprimée par le Traité de Maastricht.
2. Dir. 2000/46, *JOCE* L. 275, 27 oct. 2000, toujours en vigueur.
3. *JOUE* L. 177, 30 juin 2006.

JOUE. La création des secondes s'effectue selon le système de la « licence bancaire unique » (art. 25) : c'est l'État d'agrément qui donne l'autorisation nécessaire, en informe l'État d'accueil de la succursale et contrôle l'activité de cette dernière. L'État d'accueil peut fixer les conditions que la succursale devra respecter pour des raisons d'intérêt général (art. 26), exiger de celle-ci des rapports d'activité à des fins statistiques (art. 29) et prendre les mesures appropriées en cas d'irrégularités commises par la succursale : si le pouvoir de sanction appartient en principe à l'État d'agrément, l'État d'accueil peut l'exercer en cas d'inertie de ce dernier (art. 30) et de violation des conditions qu'il a imposées à la succursale lors de son implantation (art. 31).

2°) La liberté de prestation de service. Elle bénéficie du même système. La banque qui désire offrir pour la première fois ses services dans un autre État membre informe simplement l'État d'agrément qui prévient l'État d'accueil (art. 28). Ces services doivent naturellement être couverts par l'agrément délivré à la banque lors de sa création. La détermination du droit applicable aux contrats conclus avec les clients relève de la convention de Rome du 19 juin 1980 (remplacée par le Règl. 593/2008 du 17 juin 2008, sur la loi applicable aux obligations contractuelles) [1] qui consacre le principe du libre choix des parties, tempéré par l'obligation pour la banque de respecter les lois d'ordre public de l'État du client (telles les lois de protection des consommateurs). Le contrôle des activités de la banque s'exerce dans les mêmes conditions que celles du contrôle des succursales.

485 ***L'harmonisation des conditions d'exercice de la profession bancaire*** ◇ Diverses dispositions les réglementent, les unes contenues dans la directive 2006/48, les autres dans des directives spécifiques La directive 2006/48 fixe les principes du contrôle prudentiel (*i.e.* des risques encourus) exercé sur les établissements bancaires. Le contrôle est exercé par l'État d'agrément, y compris sur les succursales établies dans d'autres États membres. Il porte sur l'existence des fonds propres que doit posséder la banque, sur le respect du ratio de solvabilité (*i.e.* le rapport existant entre les fonds propres et l'ensemble des engagements souscrits) qui est fixé en fonction de la nature des risques encourus et sur les « grands risques » qui doivent être notifiés aux autorités de surveillance et ne pas dépasser certaines limites, le « grand risque » existant dès que l'engagement dépasse 10 % des fonds propres de l'établissement. La directive 2006/48 est complétée sur ce point par la directive 2006/49 du même jour sur l'adéquation des fonds propres des entreprises d'investissement et des établissements de crédit qui détermine, en fonction de la nature des risques encourus, le minimum de fonds propres nécessaires. La présentation des comptes annuels et consolidés des banques est l'objet de la directive 86/635 du 8 décembre 1986 [2] qui impose une structure et un contenu identiques de leur comptabilité. Une autre

1. *JOUE* L. 177, 4 juill. 2008
2. *JOCE* L. 372, 31 déc. 1986.

directive [1] règle le problème de l'assainissement et de la liquidation des établissements bancaires. Elle soumet les établissements implantés dans divers États membres au seul droit de l'État où est situé le siège social et définit les modalités de publicité et d'information des créanciers. Enfin, les dépôts bancaires sont protégés contre le risque d'insolvabilité de la banque par un système de garantie qui doit être créé dans chaque État membre et agréé par lui [2]. Les banques ont l'obligation d'y adhérer.

B. Les assurances

486 ***Leur soumission aux libertés de circulation*** ◇ Elle s'est révélée délicate à réaliser en raison tant des aspects techniques de cette activité que des nombreux contrôles publics existants. La liberté de prestation de services a été la plus difficile à mettre en œuvre, le législateur ne l'imposant qu'à la suite des arrêts de la CJCE qui ont souligné que si l'État où le risque est situé était en droit, dans l'intérêt des assurés, de prendre certaines mesures restrictives, l'obligation pour l'assureur d'avoir une installation sur son territoire était incompatible avec cette liberté [3]. La législation applicable vise les diverses formes d'activité en matière d'assurances : elle distingue l'assurance-vie des autres types d'assurance et règle la situation des intermédiaires et de la réassurance [4]. Elle les soumet à un régime proche de celui des établissements de crédit tant pour l'exercice du droit d'établissement que pour celui de la libre prestation de services.

1°) Le droit d'établissement. Il est subordonné à la délivrance d'un agrément délivré par l'État où la compagnie d'assurance a son siège social (État d'origine) si celle-ci répond aux conditions fixées (forme juridique de l'entreprise, capital minimal, programme d'activités, identité des actionnaires et associés). Depuis 1992, cet agrément suffit pour créer des succursales dans les autres États membres (principe de l'agrément unique). Comme en matière bancaire, l'assureur notifie son projet à l'État d'origine qui en informe l'État concerné après avoir vérifié le respect des conditions prescrites (notamment que les activités prévues relèvent bien de l'agrément donné à l'assureur). Le contrôle de la succursale incombe à l'État d'origine mais l'État de l'assuré impose les conditions d'assurance qui s'appliquent sur son territoire, les réserves techniques dont la succursale doit disposer et la fiscalité frappant le contrat d'assurance.

2°) La libre prestation de services. Elle n'est pleinement reconnue qu'en 1992 et bénéficie, elle aussi, du système de l'agrément unique. L'entreprise

1. Dir. 2001/24, 4 avr. 2001, *JOCE* L. 5 mai 2001.
2. Dir. 94/19, 30 mai 1994, *JOCE* L. 135, 31 mai 1994.
3. Arrêts du 4 déc. 1986 rendus sur les actions en manquement exercées par la Commission contre plusieurs États membres (France, Danemark, Allemagne, Irlande ; aff. 220/83, 252/83, 205/84, 206/84, *Rec.* p. 3663).
4. Dir. 2002/92, 9 déc. 2002, sur l'intermédiation en assurance (courtiers et agents d'assurance, *JOCE* L. 9, 15 janv. 2003) et Dir. 2005/68, 16 nov. 2005, sur la réassurance (*JOUE* L. 323, 9 déc. 2005).

d'assurance agréée, qui se propose d'offrir pour la première fois ses services dans un autre État membre, prévient l'État d'origine. S'il ne s'y oppose pas [1], ce dernier en informera l'État où s'exécuteront les prestations.

La libre prestation de services implique le principe de la liberté tarifaire qui est consacré par les directives. Ce principe n'est pas remis en cause, contrairement à ce que pensait la Commission, par le système du « bonus/malus » institué par certains États membres en matière d'assurance automobile (CJCE 7 sept. 2004, *Commission c. Luxembourg*, aff. C-346/02 ; *Commission c. France*, aff. C-347/02, *Rec.* p. I-7517).

Le cumul de cette liberté avec le droit d'établissement est expressément admis par les directives.

Celles-ci déterminent enfin le droit applicable : sauf exception, le contrat est normalement régi par le droit de l'État où réside l'assuré ; si le risque est encouru dans un autre État, l'assuré a le choix entre les droits des deux États. En matière d'assurance-vie, c'est le droit de l'État de l'assuré sauf si ce droit permet de choisir un autre droit.

487 ***L'harmonisation des conditions d'exercice*** ◇ Les assureurs sont soumis aux mêmes dispositions que les banquiers. Ils doivent respecter les règles du contrôle prudentiel, fixées par les directives générales, qui limitent leurs engagements en fonction des risques assumés et déterminent la nature des provisions techniques qui leur permettent de faire face à leurs engagements. Des directives spécifiques règlent, comme en matière bancaire, des points particuliers : l'assainissement et la liquidation des entreprises d'assurance (Dir. 2001/17, 19 mars 2001) [2] et la présentation des comptes annuels et consolidés (Dir. 91/674, 19 déc. 1991) [3] ; une autre institue une surveillance complémentaire des entreprises faisant partie d'un groupe d'assurance (Dir. 98/78, 27 oct. 1998) [4] qui oblige les États à étendre leur surveillance à toutes les sociétés du groupe afin de vérifier si l'activité de celles-ci n'aurait pas une influence sur la situation financière de l'entreprise en risquant d'affaiblir sa solvabilité. L'entreprise doit à cet égard informer les autorités compétentes de toutes les opérations importantes réalisées au sein du groupe (relations société mère/filiale, prise de participation etc.).

C. Les marchés de valeurs mobilières

488 ***L'intégration des marchés de capitaux*** ◇ Le développement de la réglementation des marchés de valeurs mobilières répond au *plan d'action pour les services financiers* lancé par la Commission en mai 1999. Son objectif est de réaliser un marché commun des capitaux afin de permettre à toute

1. Le droit d'opposition de l'État d'agrément est formellement prévu alors que la directive bancaire est muette sur ce point.
2. *JOCE* L. 110, 20 avr. 2001.
3. *JOCE* L. 374, 31 déc. 1991.
4. *JOCE* L. 330, 5 déc. 1998.

entreprise de lever des capitaux dans n'importe quel État membre et aux investisseurs d'intervenir sur les places financières de leur choix pour y acheter et vendre des valeurs mobilières. Les dispositions adoptées portent sur trois points : l'admission des valeurs mobilières à la cotation, le statut des acteurs du marché et la protection des investisseurs.

1°) L'admission des valeurs mobilières à la cotation. Les conditions d'admission de ces valeurs à la cote d'une bourse de valeurs sont fixées par la directive 2001/34 du 28 mai 2001 [1] qui codifie les dispositions antérieures (les premières avaient été prises en 1979), modifiée par les directives 2003/71 du 4 novembre 2003 [2] et 2004/109 du 15 décembre 2004 [3]. L'admission en bourse doit être précédée par la publication d'une note d'information, le prospectus, dont le contenu est harmonisé. Approuvé par l'État du siège social de l'émetteur des valeurs (l'État d'origine), le prospectus est reconnu par tous les États membres comme l'instrument d'information approprié des investisseurs (système du « passeport unique » institué par la Dir. 2003/71). Il indique la situation financière de l'émetteur et précise les caractéristiques des valeurs émises. L'information communiquée doit être régulière, périodique et continue. Outre le prospectus, l'entreprise doit présenter des rapports financiers annuels et semestriels, complétés, le cas échéant, par des déclarations intermédiaires de la direction concernant les changements importants dans la répartition du capital. L'État d'origine contrôle le respect de ces obligations et peut en imposer d'autres, l'harmonisation communautaire ne fixant que des normes minimales.

2°) Le statut des acteurs du marché. Les organismes de placement collectif en valeurs mobilières (OPCVM) ont été les premiers réglementés (Dir. 85/611, 20 déc. 1985) [4]. Constitués soit sous la forme contractuelle de fonds communs de placement gérés par une société de gestion, soit sous la forme statutaire de sociétés d'investissement, ils doivent répondre à certaines caractéristiques concernant leur objet (qui doit être exclusivement le placement), la répartition des risques et les modalités de rachat ou de remboursement des parts. Ils doivent obtenir un agrément de l'État d'origine et se soumettre à son contrôle. Ils bénéficient du droit d'établissement et de la liberté de prestation de services et ont accès aux marchés réglementés.

Ces principes sont étendus aux bourses elles-mêmes par la directive 2004/39 du 26 avril 2004 concernant les marchés d'instruments financiers [5]. Elles doivent obtenir un agrément. Applicable aux entreprises d'investissement et aux marchés réglementés, cette directive fixe le cadre législatif du fonctionnement des marchés financiers dont elle renforce l'intégration. Ces entreprises sont soumises aux mêmes règles que les ban-

1. *JOCE* L. 184, 6 juill. 2001.
2. *JOUE* L. 345, 31 déc. 2003.
3. *JOUE* L. 390, 31 déc. 2004.
4. *JOCE* L. 375, 31 déc. 1985.
5. *JOUE* L. 145, 30 avr. 2004 ; cette directive modifie la Dir. 85/611 et abroge la réglementation antérieure sur les services d'investissement (Dir. 93/22).

ques en matière de fonds propres (la directive 2006/49 précitée leur est également applicable).

3°) La protection des investisseurs. Outre l'information qui doit leur être fournie, elle est assurée par des dispositions réprimant les « abus de marché » et instituant un système d'indemnisation. Les « abus de marché » sont visés par la directive 2003/6 du 28 janvier 2003 sur les opérations d'initiés et les manipulations des marchés [1]. Chaque État membre désigne une autorité unique investie de pouvoirs de surveillance, d'enquête et de sanction, et tenue de coopérer avec les autres autorités nationales. L'indemnisation des investisseurs est prévue par la directive 97/9 du 3 mars 1997 [2] qui s'inspire des mêmes principes qu'en matière bancaire : l'entreprise doit adhérer à un système de garantie agréé par l'État d'origine et le plafond d'indemnisation fixé à 20 000 euros peut être relevé par celui-ci.

Une lacune subsiste cependant : l'absence de réglementation des offres publiques d'achat ou d'échange d'actions qui risquent de perturber les marchés ; une proposition de la Commission a échoué en 2001, faute d'accord entre le Conseil et le Parlement.

D. Les conglomérats financiers

489 ***La surveillance de ces conglomérats*** ◇ Une directive du 16 décembre 2002 [3] a établi une surveillance complémentaire des établissements de crédit, des entreprises d'assurance et des sociétés d'investissement appartenant à un conglomérat financier, c'est-à-dire à un groupe fournissant des produits et des services relevant de différents secteurs des marchés financiers. Elle vise à adapter les modalités du contrôle prudentiel à l'apparition récente de ces nouveaux groupes financiers qui ne se livrent pas à des activités homogènes sur les marchés financiers. La surveillance porte principalement sur les fonds propres, la concentration des risques et les transactions au sein du conglomérat. Elle est assurée, dans chaque État membre, par un coordonnateur unique et, au niveau de l'Union, par le réseau constitué par l'ensemble des coordonnateurs nationaux.

SECTION 4. LA LIBRE CIRCULATION DES CAPITAUX ET DES PAIEMENTS

490 ***La place de cette liberté dans le régime du marché intérieur*** ◇ La liberté de circulation des capitaux et des paiements présente un double aspect. Elle est d'abord conçue comme une mesure d'accompagnement des autres libertés dont elle constitue une condition essentielle, celles-ci ne

1. *JOUE* L. 96, 12 avr. 2003.
2. *JOCE* L. 84, 26 mars 1997.
3. Dir. 2002/87, *JOCE* L. 35, 11 févr. 2003.

pouvant s'exercer réellement et complètement que si aucune restriction d'ordre financier ne subsiste. La libre circulation des marchandises et des prestations de services ne peut évidemment être effective que si la liberté des paiements, *i.e.* le droit de transférer d'un État membre à l'autre l'argent nécessaire au règlement des transactions conclues, est garantie ; de même le libre transfert des capitaux est-il indispensable à l'exercice sans entrave du droit d'établissement. Mais elle est aussi, on l'a vu, la condition *sine qua non* de la réalisation d'un espace financier qui doit permettre aux opérateurs économiques, et d'abord aux services financiers, de tirer pleinement profit du marché intérieur. Cette liberté a été longue à mettre en œuvre puisqu'elle n'est devenue pleinement effective qu'en 1990.

§ 1. Une réalisation progressive

491 ***A. Les étapes*** ◇ La libre circulation des capitaux et des paiements n'a pas été aisée à réaliser car elle met en jeu l'équilibre de la balance des paiements des États membres et partant la valeur de leur monnaie. Elle ne peut donc qu'être affectée par les mesures prises par les États pour défendre la stabilité générale de leur économie. Cet impact économique explique l'évolution progressive des dispositions la régissant et la lenteur du processus qui a conduit à la disparition complète des restrictions l'entravant.

1°) Le régime initial est fixé par les articles 67 à 73 CEE. Il se caractérise par sa prudence car, si l'article 67, § 1, prévoit la suppression progressive des restrictions aux mouvements de capitaux pendant la période de transition, c'est seulement « dans la mesure nécessaire au bon fonctionnement du marché commun ». Il n'édicte ainsi qu'une obligation conditionnelle dont l'exécution est laissée à la libre appréciation du Conseil, seul juge de ce qui est « nécessaire au marché commun » [1]. Au cas où le fonctionnement du marché des capitaux d'un État membre serait perturbé par les mesures de libération prises, des mesures de sauvegarde peuvent être d'autre part édictées par celui-ci avec l'autorisation de la Commission (art. 73).

La libération des paiements courants est visée par les articles 67, § 2, et 106, le premier relatif aux paiements afférents aux mouvements de capitaux qui doivent être libérés à la fin de la première étape (31 décembre 1961), le second aux paiements afférents à l'ensemble des échanges entre États membres (marchandises, personnes, services, capitaux) qui doivent obtenir les autorisations de change nécessaires [2].

La dualité de régimes prévus par le Traité rend nécessaire de distinguer les notions respectives de mouvements de capitaux et de paiements. Selon la

1. C'est pourquoi la CJCE a jugé que l'art. 67 était dépourvu d'effet direct, à la différence des autres dispositions proclamant les libertés fondamentales du Marché commun (11 nov. 1981, *Casati*, aff. 203/80, *Rec.* p. 2595).

2. L'obligation faite aux États membres est cependant à nouveau conditionnelle, ceux-ci s'efforçant seulement de « n'introduire aucune nouvelle restriction de change à l'intérieur de la Communauté (...) et de ne pas rendre plus restrictives les réglementations existantes » (art. 71).

CJCE, les paiements sont des « transferts de devises qui constituent une contre-prestation dans le cadre d'une transaction sous-jacente », tandis que les mouvements de capitaux sont des « opérations financières qui visent essentiellement le placement ou l'investissement du montant en cause, et non la rémunération d'une prestation » [1].

2°) Les premières mesures de libération sont prises dès 1960, élargies en 1962, avant qu'une longue période d'immobilisme ne s'instaure, provoquée par les désordres monétaires qui vont secouer la Communauté à partir de la fin des années soixante. Elle prend fin au milieu des années quatre-vingt avec l'adoption d'autres mesures en 1986, avant que ne soit instituée la libération complète des mouvements de capitaux. À la veille de cette libération, les capitaux sont répartis entre trois listes, la première regroupant les capitaux « inconditionnellement » et « immédiatement » libérés (liste A), la deuxième les capitaux libérés « conditionnellement », à la condition que leur libération ne fasse pas obstacle à la politique économique d'un État membre (liste B), la troisième les capitaux non libérés (liste C). Les dernières restrictions, qui concernent principalement les capitaux à court terme, sont supprimées en 1988.

3°) La libération totale des mouvements de capitaux est prescrite par la directive 88/361 du 24 juin 1988 [2] à partir du 1er juillet 1990 [3]. Elle est déjà effective avant cette date pour plusieurs États membres (Allemagne, Royaume-Uni, France), et ne le sera qu'ultérieurement pour certains autres (Irlande, Espagne, Portugal, Grèce) qui obtiennent un délai supplémentaire pour sa transposition [4]. Cette directive est devenue caduque avec l'entrée en vigueur du Traité de Maastricht qui réaménage le régime applicable à la matière [5].

§ 2. Le régime de la libre circulation des capitaux et des paiements

Il repose sur le principe édicté par l'article 63 TFUE interdisant toutes les restrictions aux mouvements de capitaux et aux paiements [6]. Cette interdiction n'est pas limitée aux relations entre les États membres mais s'étend, innovation remarquable, aux relations avec les États tiers. Elle est toutefois restreinte au nom de la lutte contre le blanchiment des capitaux.

1. CJCE 31 janv. 1984, *Luisi et Carbone*, aff. 286/82 et 26/83, *Rec.* p. 377.
2. *JOCE L.* 178, 8 juill. 1988.
3. Cette date sera choisie rétroactivement par le Traité de Maastricht comme le point de départ de la 1re étape du processus de mise en place de l'UEM (v. *infra*).
4. Le Traité repousse au 31 déc. 1995 la fin de la période dérogatoire reconnue à certains États membres que la directive avait fixée au 31 déc. 1993.
5. Les art. 67 à 73 CEE sont abrogés et remplacés par les art. 56 à 60 CE (art. 63 à 66 TFUE).
6. Cette nouvelle rédaction confère à cette liberté le caractère d'une disposition d'effet direct (14 déc. 1995, *Sanz de Lera*, aff. C-163/94, *Rec.* p. I-4821) qui avait été reconnu antérieurement à la directive 88/361.

492 ### *A. Le régime applicable aux relations entre les États membres* ◇

Entre les États membres s'applique un régime de liberté absolue. La clause de sauvegarde qu'avait instituée la directive 88/361 pour protéger les États membres contre les mouvements spéculatifs de capitaux à court terme est supprimée. Le même régime s'applique, en outre, à tous, le droit de dérogation reconnu à certains États membres (la Grèce a été la dernière à en bénéficier) ayant disparu le 1er janvier 1996.

Les États membres conservent cependant le droit de prendre, pour des raisons d'intérêt général, les mesures que vise l'article 65 [1] : droit d'appliquer des traitements fiscaux différents aux contribuables qui ne sont pas dans des situations (de résidence et de localisation du placement) analogues ; droit de lutter contre la fraude fiscale et d'exercer un contrôle efficace sur les établissements financiers ; droit d'exiger une déclaration des mouvements de capitaux à des fins d'information administrative ou statistique ; droit de maintenir l'ordre et la sécurité publics [2]. Ces mesures ne doivent pas, toutefois, constituer un moyen de discrimination arbitraire ou une restriction déguisée à la libre circulation.

L'application de ce régime aux opérations de privatisation réalisées dans la plupart des États membres a conduit la Commission à s'opposer aux pratiques nationales destinées à maintenir des droits préférentiels au profit de ceux-ci. La CJCE a jugé, à sa demande, contraires tout à la fois au régime de la libre circulation des capitaux et à celui du droit d'établissement la restriction du droit d'acquérir des participations dans le capital des entreprises privatisées et la limitation des droits des nouveaux actionnaires dans la gestion de celles-ci [3].

La législation communautaire veille par ailleurs à garantir la bonne exécution des paiements transfrontaliers. Une directive de 1997 [4] régit les

1. Mesures reprises de la Dir. 88/361.

2. En vue de lutter, par ex., contre le blanchiment de l'argent sale, mais cet objectif est également poursuivi par la Communauté (v. *infra*).

3. Affaires dites des « *golden shares* ». La Cour a condamné successivement l'Italie (23 mai 2000, *Commission c. Italie,* aff. C-58/99, *Rec.* p. I-3811), le Portugal (4 juin 2002, *Commission c. Portugal,* aff. C-367/98, *Rec.* p. I-4731), la France (4 juin 2002, *Commission c. France,* aff. C-483/99, *Rec.* p. I-4781), l'Espagne (13 mai 2003, *Commission c. Espagne,* aff. C-463/00, *Rec.* p. I-4581) et le Royaume-Uni (13 mai 2003, *Commission c. Royaume-Uni,* aff. C-98-01, *Rec.* p. I-4641) ; elle a, en revanche, admis, comme non discriminatoires, les « *golden shares* » belges (4 juin 2002, *Commission c. Belgique,* aff. C-503/99, *Rec.* p. I-4809). De même, l'Italie a-t-elle été condamnée pour avoir entravé l'exercice par EDF de ses droits d'actionnaire dans la société Montedison (2 juin 2005, *Commission c. Italie,* aff. C-174/04, *Rec.* p. I-4933), ainsi que l'Espagne pour avoir restreint les droits des investisseurs publics étrangers dans le capital de certaines sociétés nationales (11 févr. 2008, *Commission c. Espagne,* aff. 274/06, Rec. p. I-26). La Commission avait fixé sa position dans une communication sur les investissements intracommunautaires (*JOCE* C. 220, 19 juill. 1997). Elle y énumère les motifs que les États membres sont en droit d'invoquer pour restreindre la liberté de circulation : outre les dispositions de l'art. 58 (art. 65 TFUE) et celles des art. 46 (droit d'établissement, art. 49 TFUE) et 296 (protection de la sécurité nationale, art. 346 TFUE), ils comprennent les « raisons impérieuses » issues de la jurisprudence *Cassis de Dijon*.

4. Dir. 97/5, 27 janv. 1997, *JOCE* L. 43, 14 févr. 1997.

virements d'un État membre à l'autre ne dépassant pas 50 000 euros. Les établissements bancaires doivent informer les personnes concernées des conditions applicables (délai, frais, etc.) et les indemniser en cas de mauvaise exécution. Elle a été complétée par le règlement 2560/01 [1] sur les paiements transfrontaliers en euros qui impose, pour les virements et les opérations de paiement électronique jusqu'à 50 000 euros, la même tarification que pour les paiements internes similaires [2].

493 ***B. Le régime applicable aux relations avec les États tiers*** ◇ S'ils sont également libérés, les mouvements de capitaux en provenance ou vers des États tiers sont, en revanche, susceptibles de quelques restrictions.

L'article 64 maintient en vigueur les restrictions qui existaient au 31 décembre 1993 dans les droits nationaux ou en droit communautaire en matière d'investissements directs, d'établissement ou de prestation des services financiers, d'admission de titres sur les marchés de capitaux. Le PE et le Conseil peuvent les réduire ou les supprimer selon la procédure législative ordinaire, mais le Conseil peut aussi, à l'inverse, les aggraver, à l'unanimité et après consultation du PE.

L'article 66 autorise le Conseil, après consultation de la BCE, à prendre, pour six mois maximum, les mesures « strictement nécessaires » lorsque les mouvements de capitaux avec un pays tiers « causent ou menacent de causer des difficultés graves pour le fonctionnement de l'union économique et monétaire ».

494 ***C. La lutte contre le blanchiment des capitaux*** ◇ Les préoccupations d'ordre public qui autorisent les États membres à restreindre la libre circulation des capitaux ont été reprises par la Communauté en vue de renforcer l'efficacité de la lutte contre le blanchiment de l'« argent sale » [3]. Une première directive a été adoptée en 1991, qui oblige les États à contrôler l'origine de l'argent transitant dans les circuits financiers. Elle a été remplacée par celle du 26 octobre 2005 [4] qui étend le champ du contrôle à la prévention du financement du terrorisme. Les États doivent imposer à tous les professionnels concernés (banques, établissements financiers, experts comptables, avocats [5], notaires, etc.) des obligations relatives à l'identification de leur clientèle, à la réunion de documents susceptibles de fournir des preuves de blanchiment, à la surveillance des transactions suspectes et à

1. Règl. du 19 déc. 2001, *JOCE* L. 344, 28 déc. 2001.
2. La règle ne s'applique pas aux chèques mais peut être étendue aux paiements entre un membre de l'eurogroupe (v. *infra*) et un État membre ayant conservé sa monnaie nationale avec accord de ce dernier.
3. Pratique consistant à recycler dans le circuit financier des capitaux provenant d'activités illicites (tel le commerce des stupéfiants).
4. Dir. 2005/60, *JOUE* L. 309, 25 nov. 2005.
5. Sur l'obligation faite aux avocats de dénoncer le blanchiment de capitaux et sa compatibilité avec le respect de leur indépendance, v. CJCE 26 juin 2007, *Ordre des barreaux francophones e.a.*, aff. C-305/05, Rec. p. I-5305.

l'information des autorités compétentes. Ils doivent créer une cellule de renseignement financier qui centralisera les informations reçues et les transmettra aux autorités chargées de la répression. Ils doivent à cette fin prévoir les sanctions appropriées.

La lutte contre l'argent d'origine douteuse concerne aussi l'argent liquide. Un règlement du même jour [1] oblige toute personne entrant sur le territoire de la Communauté ou en sortant à déclarer les sommes d'au moins 10 000 euros dont elle est porteuse.

1. Règl. 1989/2005, 26 oct. 2005, *JOUE* L. 309, 25 nov. 2005.

CHAPITRE 2
LE RESPECT DE LA CONCURRENCE

495 ***Plan*** ◇ Il ne suffisait pas de poser les principes d'une libre circulation des marchandises, des personnes, des services et des capitaux, et d'organiser entre les États membres le désarmement douanier. Encore fallait-il assurer que cette liberté s'exercerait dans des conditions de saine concurrence. C'est pourquoi, parmi les objectifs assignés à la Communauté, figure celui d'élaborer « un régime assurant que la concurrence n'est pas faussée dans le marché intérieur » (art. 3g CE, disposition non reprise par le Traité de Lisbonne).

Les règles appropriées sont regroupées dans le chapitre 1 du titre VII [1] de la IIIe partie (art. 101 à 109 TFUE). Les unes sont destinées à empêcher les pratiques restrictives des entreprises (Section 1), les autres à prévenir certaines pratiques discriminatoires imputables aux États membres (Section 2).

SECTION 1. LES PRATIQUES DES ENTREPRISES

496 ***Les pratiques visées*** ◇ Le libre jeu de la concurrence est d'abord menacé par certaines pratiques des entreprises qui vont chercher à s'organiser pour échapper aux contraintes qu'il fait peser sur elles (nécessité d'améliorer constamment leur compétitivité pour résister à la concurrence sans cesse accrue qu'engendre l'élargissement du marché qui s'offre à elles). Ces pratiques sont dites « restrictives », car elles ont pour résultat de limiter les effets attendus d'une libre concurrence. Le Traité FUE les réprime dans ses articles 101 et 102 (ex-art. 81 et 82 CE), consacrés respectivement aux ententes et aux abus de position dominante. Ce contrôle du comportement des entreprises (§ 1) a été complété ultérieurement par un contrôle de leurs structures, à travers le régime des concentrations qui a été institué par le Conseil pour prévenir la constitution de groupes dont le poids dominant sur le marché risque d'altérer le bon fonctionnement de celui-ci (§ 2).

§ 1. Le contrôle du comportement des entreprises

497 ***Son champ d'application*** ◇ Il est largement défini. Le contrôle institué porte sur toute entreprise, quelle que soit sa nationalité, du secteur privé

1. Le titre VII comprend deux autres chapitres consacrés respectivement à la fiscalité et au rapprochement des législations qui ont également une incidence sur le fonctionnement de la libre concurrence.

comme du secteur public, dont le comportement est susceptible d'avoir une incidence sur la concurrence dans le marché intérieur. Par « entreprise », il faut entendre « toute entité exerçant une activité économique indépendamment du statut juridique de cette activité et de son mode de financement » (CJCE 23 avr. 1991, *Höfner*, aff. C-41/90, *Rec.* p. I-1979) [1]. Le contrôle s'exerce sur la base d'un critère de localisation qui prend seulement en compte le « lieu où l'entente est mise en œuvre » [2], l'endroit où elle a été conclue étant sans pertinence à cet égard.

Le Traité interdisant aux entreprises de se livrer à certaines pratiques charge la Commission de veiller au respect de cette interdiction en lui confiant les pouvoirs d'action nécessaires.

A. L'interdiction des pratiques restrictives des entreprises

Deux types de pratiques sont interdits en raison de leurs effets néfastes sur la concurrence : certaines ententes (art. 101) et les abus de position dominante (art. 102).

498 ***1°) Les ententes*** ◇ Elles ne sont pas toutes interdites, certaines pouvant se révéler bénéfiques par les progrès économiques et techniques qu'elles peuvent procurer et les avantages qu'elles peuvent offrir de ce fait aux consommateurs. Elles sont réglementées par l'article 101 et les mesures prises pour son application en vertu de l'article 103 [3]. Ces textes définissent les pratiques interdites, prévoient la validation de certaines d'entre elles, organisent la répression des ententes illicites.

499 ***Les pratiques visées*** ◇ L'article 101 ne s'applique qu'à des accords ou concertations d'entreprises. Il ne s'applique pas à des réglementations publiques ou à des accords entre entreprises et pouvoirs publics (tels que des contrats de concession) [4]. Mais un État ne pourrait légaliser des mesures privées contraires à l'article 101. En ce cas, selon la Cour de justice, il manquerait aux obligations que lui impose l'article 5 CEE (art. 4 § 3 TUE),

1. Cette définition permet d'exclure les organismes de sécurité sociale qui accomplissent « une fonction de caractère exclusivement social, fondée sur le principe de la solidarité nationale et dépourvue de but lucratif » (CJCE 17 déc. 1993, *Poucet et Pistre*, aff. C-159 et C-160/91, *Rec.* p. I-637).

2. CJCE 27 sept. 1988, *Ahlström e.a* (« *Pâtes de bois* »), aff. 89/85 et s., *Rec.* p. 5193.

3. Cet art. prévoit que les règlements ou directives « utiles » sont adoptés par le Conseil à la majorité qualifiée après consultation du Parlement. Dans l'attente de ces textes, il appartient aux États membres de contrôler le respect des principes posés par l'art. 101 (art. 104, ex-art. 84 CE) sans que soit exclue pour autant la compétence de la Commission (art. 105, ex-85 CE).

4. V. par ex. le cas des concessions du service des pompes funèbres (CJCE 4 mai 1988, *Bodson*, aff. 30/87, *Rec.* p. 2479).

« lu en combinaison avec les articles 3f (abrogé par le Traité de Lisbonne) et 85 (art. 101 TFUE) » [1].

Les ententes visées peuvent revêtir trois formes : les accords formels conclus entre entreprises (contrats), les décisions d'associations d'entreprises et les pratiques concertées, expression vague qui désigne toute pratique qui, sans se concrétiser dans un engagement juridique formel (ou dont l'existence est impossible à prouver) traduit la volonté de ses auteurs d'adopter des attitudes convergentes en vue d'atteindre un but fixé en commun.

500 ***Les pratiques illicites*** ◇ Ce sont celles qui, aux termes de l'article 101 § 1 « sont susceptibles d'affecter le commerce entre États membres et qui ont pour objet ou pour effet d'empêcher, de restreindre ou de fausser le jeu de la concurrence à l'intérieur du marché commun » [2], qu'il s'agisse d'ententes horizontales, par exemple conclues entre producteurs, ou verticales, telles les ententes entre producteurs et distributeurs. Le critère de l'illicéité retenu est donc indépendant du caractère intentionnel ou non du comportement adopté : seul compte l'effet produit.

Cette définition générale est complétée par l'énumération des cas les plus fréquents de ces pratiques, telles la fixation des prix d'achat, de vente ou d'autres conditions de transaction, la limitation ou le contrôle de la production, des débouchés, du développement technique et des investissements, ou encore la répartition des marchés ou des sources d'approvisionnement. Le Traité ne limite pas à cet égard le pouvoir d'appréciation des autorités chargées de l'appliquer, elles sont libres d'interdire d'autres pratiques que celles énoncées.

501 ***Les pratiques autorisées*** ◇ Toutes les ententes ne sont pas condamnées. L'article 101 ne concerne pas celles qui n'ont pas d'effet sur la concurrence. Le règlement 17/62, pris pour l'application des articles 85 et 86 (art. 101 et 102 TFUE), énumérait ainsi une série d'ententes qui étaient présumées compatibles avec les règles du marché commun. Il prévoyait aussi l'adoption par la Commission d'*attestations négatives* qui certifiaient que les ententes notifiées à cette fin ne relevaient pas de l'article 85. Le règlement 1/2003 qui le remplace ne reprend pas ces dispositions mais confirme ce cas de figure en permettant à la Commission de procéder, lorsque « l'intérêt public communautaire (...) le requiert » à des constatations d'inapplication de l'article 81 CE/101 TFUE (art. 10).

D'autres ententes peuvent être autorisées en vertu de l'article 101 § 3, alors même qu'elles restreignent la concurrence, parce que leurs effets positifs l'emportent sur leurs effets négatifs. Ce sont celles qui « contribuent à améliorer la production ou la distribution des produits ou à promouvoir le

1. CJCE 30 avr. 1986, *Nouvelles Frontières* (tarifs aériens), aff. 209 à 213/84, *Rec.* p. 1425 ; 3 déc. 1987, *Bureau national interprofessionnel Cognac*, aff. 136/86, *Rec.* p. 4789.

2. À la condition que les entreprises soient indépendantes, l'art. 101 ne s'appliquant pas aux entreprises d'un même groupe.

progrès technique ou économique, tout en réservant aux utilisateurs une partie équitable du profit qui en résulte » (tels les accords de distribution exclusive de certains produits de marque). Il faut cependant qu'elles n'imposent que les restrictions indispensables à la réalisation de leurs objectifs et qu'elles ne permettent pas d'éliminer la concurrence « pour une partie substantielle des produits en cause ». Des procédures appropriées sont aménagées, on le verra, pour exempter ces ententes de l'application de l'article 101 § 1.

502 ***La répression*** ◇ Le Traité organise la répression des ententes illicites. Celles qui revêtent une forme juridique (accords, décisions d'associations d'entreprises) sont nulles de plein droit (art. 101 § 2) [1]. Des sanctions pécuniaires, astreintes ou amendes, sont en outre prévues (art. 103 § 2) ; elles sont fixées par la Commission.

503 ***2°) Les abus de position dominante*** ◇ Le Traité interdit une autre forme de pratique restrictive, « le fait pour une ou plusieurs entreprises d'exploiter de façon abusive une position dominante sur le marché intérieur » dès lors qu'il est susceptible d'affecter le commerce entre les États membres (art. 102). La notion d'abus n'est pas définie, pas plus que celle de position dominante, mais elle est illustrée par une liste indicative très proche de celle de l'article 101 § 1 (imposition des prix d'achat ou de vente, limitation de la production ou des débouchés, etc.). La constatation d'une telle infraction suppose que soit d'abord établie l'existence d'une position dominante individuelle ou collective, position qui permet à des entreprises « leaders » d'élaborer leur stratégie commerciale en toute indépendance et sans redouter la concurrence d'autres entreprises. Elle implique que soit délimité le « marché de référence », qui est le marché sur lequel est commercialisé le produit ou le service de l'entreprise concernée. La jurisprudence fait peser sur ces entreprises une obligation de vigilance qui leur impose de veiller à ne pas restreindre davantage une concurrence déjà affaiblie, du fait de la position dominante, par des moyens jugés anormaux, compte tenu du droit légitime d'une entreprise à défendre ses intérêts (CJCE 21 févr. 1973, *Continental Can*, aff. 6/72, *Rec.* p. 215). À la différence des ententes, ces « abus » ne peuvent évidemment pas bénéficier d'une procédure de validation ; ils sont purement et simplement interdits et encourent les mêmes sanctions pécuniaires que les ententes illicites.

1. Il appartient aux juridictions nationales de tirer les conséquences de cette nullité, en indemnisant par ex. les victimes de ces ententes.

B. La mise en œuvre de l'interdiction des pratiques restrictives

504 ***L'évolution de la réglementation applicable*** ◇ Fixées initialement par le règlement 17/62 [1], les modalités de mise en œuvre des règles sur les ententes et les abus de position dominante ont été profondément modifiées par le règlement 1/2003 [2] à la demande de la Commission qui entendait tirer parti de l'expérience acquise en ce domaine et souhaitait moderniser le régime existant [3]. Elle saisissait, en septembre 2000, le Conseil d'une proposition de révision visant, pour l'essentiel, à transférer aux autorités nationales la responsabilité principale de veiller au respect des articles 81 et 82 CE, la Commission se réservant les affaires d'intérêt communautaire et apportant son appui aux dites autorités dans l'exercice de leurs attributions. Cette solution s'inscrivait dans le cadre du principe de subsidiarité dont l'application au droit de la concurrence avait déjà conduit la Commission à se décharger sur les autorités nationales de l'examen d'un nombre croissant d'affaires. Elle répondait au souci de la Commission de mieux répartir les compétences entre ses services et ceux des États membres afin d'affecter ses moyens aux seules affaires qui le méritent (les ententes ou abus de position dominante qui mettent en jeu des intérêts importants pour la Communauté) ou qu'elle a l'obligation de traiter (concentrations, aides d'État). Adopté le 16 décembre 2002, le nouveau règlement se substitue au précédent à partir du 1er mai 2004 [4]. Il met en place une nouvelle architecture de l'appareil de contrôle des pratiques restrictives, la Commission constituant avec les autorités nationales compétentes un réseau européen de la concurrence au sein duquel les responsabilités sont partagées.

1. La responsabilité de la Commission

505 ***Le rôle de la Commission et la diversité de ses pouvoirs*** ◇ Placée à la tête du réseau européen de concurrence (v. *infra*), la Commission a pour mission principale de veiller à son bon fonctionnement. Elle prête son

1. Complété par deux règlements d'application de la Commission. Cette réglementation n'était pas applicable à l'agriculture et aux transports régis par des règlements propres.
2. Règl. 16 déc. 2002, *JOCE* L. 1, 4 janv. 2003.
3. Elle avait exposé ses vues dans un livre blanc sur la modernisation du droit de la concurrence publié en 1999 (*JOCE* C. 132, 12 mai 1999).
4. Cette application tardive s'explique par la durée nécessaire à l'élaboration des textes de mise en œuvre de la réforme. Ceux-ci n'ont été adoptés que le 30 mars 2004 par la Commission. Outre un règlement sur les règles de procédure fixant les dispositions relatives aux auditions, plaintes et d'accès au dossier (Règl. 773/2004, 7 avr. 2004, *JOUE L.* 123, 27 avr. 2004), ils comportent une série de communications (publiées au *JOUE* C. 101, 27 avr. 2004) sur les divers points que met en jeu la réforme. Celle-ci s'applique également aux transports, le Règl. 1/2003 abrogeant les dispositions procédurales spécifiques des règlements régissant respectivement les transports terrestres (Règl. 1017/68, 19 juill. 1968, *JOCE L.* 175, 23 juill. 1968), les transports maritimes (Règl. 4056/86, 22 déc. 1986, *JOCE L.* 378, 31 déc. 1986) et les transports aériens (Règl. 3975/87, 14 déc. 1987, *JOCE L.* 374, 31 déc. 1987).

assistance aux autorités nationales qui le composent en leur transmettant les informations en sa possession et en répondant à leur demande de consultations. Elle ne se réserve plus que les affaires qui présentent « un intérêt communautaire particulier », pour lesquelles elle jouit d'un droit de priorité, sa décision d'engager une procédure dessaisissant automatiquement les autorités nationales [1].

Le règlement 1/2003 maintient à son profit la diversité des pouvoirs dont elle bénéficiait antérieurement : pouvoirs d'enquêter, de statuer sur le comportement des entreprises et de les sanctionner en cas d'infraction.

506 ***Les pouvoirs d'enquête*** ◇ Prévus par le chapitre V du règlement, ils sont exercés par la Commission agissant d'office ou sur plainte. Ils lui permettent d'engager des enquêtes dans un secteur économique donné ou sur un type particulier d'accords appliqués dans des secteurs variés lorsque la situation y régnant fait présumer que la concurrence est restreinte ou faussée (art. 17). Pour établir la réalité d'une éventuelle infraction, la Commission peut, à l'amiable ou par voie contraignante, adresser des demandes de renseignement aux entreprises (art. 18) ; elle peut aussi effectuer des inspections dans les locaux des entreprises (art. 20) ou les faire effectuer par des agents nationaux (art. 22), droit qui a été étendu par le règlement 1/2003 à l'inspection d'autres locaux, y compris le domicile des chefs d'entreprise et des autres membres du personnel (art. 21). En cas de résistance de l'entreprise, ou d'inspection d'un domicile privé, la Commission doit obtenir l'autorisation préalable d'un juge national [2]. Enfin, elle peut recueillir les déclarations de toute personne physique ou morale qui accepterait d'être interrogée par elle (art. 19).

507 ***Le pouvoir de statuer sur le comportement des entreprises*** ◇ La Commission dispose à ce titre d'une série de pouvoirs qu'elle peut exercer, en règle générale, après consultation d'un comité composé de représentants des États membres (le comité consultatif prévu à l'article 14).

a) Le pouvoir de constater et de faire cesser les infractions. Les décisions de la Commission condamnant une entreprise sont prévues à l'article 7. Elles sont prises au terme d'une procédure contradictoire destinée à préserver les droits des entreprises poursuivies (en application du principe de la protection des droits de la défense au respect duquel la jurisprudence veille strictement). Celle-ci s'ouvre par l'envoi d'une *communication des griefs* qui invite l'entreprise destinataire à s'expliquer sur l'accusation portée contre elle (procédure fixée par l'article 27, complété par un règlement d'application de la Commission du 30 mars 2004). La procédure définit les droits

1. Le dessaisissement ne joue pas en cas de simples mesures d'enquête.

2. Sur les difficultés contentieuses nées de l'exercice du droit d'inspection ou de vérification (expression utilisée par le Règl. 17/62), v. CJCE 21 sept. 1989, *Hoechst c. Commission*, aff. 46/87, *Rec.* p. 2859 (refus d'une entreprise de se soumettre à une vérification) et 22 oct. 2002, *Roquette Frères*, aff. C-94/00, *Rec.* p. I-9011 (pouvoirs du juge national saisi d'une décision de vérification).

respectifs des entreprises accusées et des entreprises plaignantes en leur permettant de présenter leurs observations par écrit mais aussi, si elles le souhaitent, par oral au cours d'une *audition* dirigée par un agent impartial de la Commission, le *conseiller-auditeur*. Au-delà de la condamnation qu'elle prononce, et qui vaut injonction à l'entreprise de mettre un terme à sa pratique répréhensible, la Commission peut imposer « toute mesure corrective de nature structurelle ou comportementale qui soit proportionnée à l'infraction commise et nécessaire pour faire cesser effectivement l'infraction ».

b) Le pouvoir de prendre des mesures provisoires. L'article 8 confirme ce pouvoir qui avait été reconnu à la Commission par la jurisprudence dans le silence du règlement 17/62 [1]. De telles mesures peuvent être prises d'office, en cas d'urgence, lorsqu'il existe un risque de préjudice grave et irréparable causé à la concurrence.

c) Le pouvoir d'accepter les engagements des entreprises. Pour éviter d'être condamnées, les entreprises peuvent prendre l'engagement de modifier leur comportement ou leurs structures dans le sens souhaité par la Commission. En cas d'acceptation de cette dernière, l'engagement peut être rendu obligatoire par voie de décision (art. 9).

d) Le pouvoir d'autoriser certaines pratiques. Le règlement 17/62 organisait une procédure d'exemption individuelle pour les ententes répondant aux conditions de l'article 81 § 3. Elles devaient être notifiées à la Commission qui pouvait, seule, les autoriser. Le nouveau règlement abroge ce dispositif en instituant un régime d'*exception légale*, qui permet aux autorités nationales d'appliquer elles-mêmes l'article 81 § 3 CE/101 § 3 TFUE. La notification préalable est supprimée. Désormais, toute entente peut être librement mise en œuvre et appliquée jusqu'à ce qu'elle soit éventuellement déclarée illicite par l'autorité compétente qu'auront saisie ceux qui la contestent. La Commission garde toutefois, on l'a dit, le droit de prendre d'office une décision de « constatation d'inapplication » de l'article 81 lorsque les conditions de l'exemption d'une entente sont réunies et que « l'intérêt public communautaire » le justifie (art. 10).

En revanche, la procédure d'exemption collective qui avait été créée en dehors du règlement 17/62 est maintenue expressément en vigueur par le règlement 1/2003 (art. 29). Elle repose sur l'article 81 § 3 CE/101 § 3 TFUE, qui mentionne des catégories d'ententes exemptables, et sur l'article 83 CE/103 TFUE qui prévoit l'adoption de mesures appropriées pour permettre, notamment, à la Commission d'assurer une « surveillance efficace » et de réaliser la « simplification du contrôle administratif ». Elle consiste pour la Commission, habilitée à cet effet par le Conseil [2], à édicter

1. V., par ex., TPI 28 janv. 1992, *La Cinq c. Commission*, aff. T-44/90, *Rec.* p. II-1.

2. Le Règl. 1/2003 ne reprend pas la proposition de la Commission de supprimer l'exigence de cette habilitation qui est donnée par un règlement du Conseil, tel le Règl. 19/65 du 2 mars 1965 (*JOCE* L. 36, 6 mars 1965), modifié le 10 juin 1999 (Règl. 1215/1999, *JOCE* L. 148, 15 juin 1999),

des règlements définissant par catégorie d'accords les conditions de leur exemption *a priori*. Cette pratique est désormais consacrée par le Traité lui-même (art. 105 § 3 TFUE).

La rédaction de ces règlements a évolué : initialement très détaillée (elle constituait une description complète des clauses permises, obligatoires et interdites), elle se borne aujourd'hui à préciser les clauses incompatibles avec l'article 101 § 3, les autres clauses étant autorisées. Certains ont une portée générale, tel le règlement 2790/1999 [1] qui traduit une nouvelle politique en matière de restrictions verticales (accords de distribution) [2], d'autres une portée spécifique, comme le règlement 1400/2002 sur la distribution dans le secteur automobile [3]. Une entente relevant de l'un de ces règlements peut néanmoins être privée par la Commission ou une autorité nationale du bénéfice de l'exemption prévue lorsqu'il s'avère qu'elle produit des effets incompatibles avec le Traité (art. 29).

508 ***Les pouvoirs de sanction*** ◇ La Commission peut infliger des sanctions pécuniaires aux entreprises qui ont violé les règles de procédure ou de fond s'imposant à elles. Elle dispose en la matière d'un pouvoir entièrement discrétionnaire pour infliger ou non une telle sanction et en déterminer le montant à l'intérieur des limites posées par le règlement [4]. Le montant des amendes prononcées tient compte de la gravité et de la durée de l'infraction commise, mais aussi de l'attitude plus ou moins coopérative des entreprises au cours de la procédure engagée contre elles. Les modalités de sa fixation sont précisées dans des lignes directrices rendues publiques pour des raisons de transparence [5]. La Commission applique en outre une politique de clémence, inspirée de la pratique américaine, qui consiste à garantir l'impunité totale ou partielle des entreprises qui dénoncent les ententes auxquelles elles participent [6]. Les sanctions peuvent être supprimées, réduites ou augmentées par le juge communautaire saisi d'un recours de pleine juridiction (art. 31). Leur recouvrement sera assuré, le cas échéant, par une procédure d'exécution forcée, prévue par le Traité (art. 299 TFUE), qui fait appel au concours des autorités nationales (la décision infligeant l'amende ou l'astreinte doit obte-

qui vise les accords de distribution et d'approvisionnement exclusifs et les accords de brevet, licence, transfert de technologie et franchise, ou le Règl. 2821/71 du 20 déc. 1971 (*JOCE* L. 285, 29 déc. 1971) sur les accords de spécialisation, de recherche et de développement.

1. Règl. Commission, 22 déc. 1999 relatif à des catégories d'accords verticaux et de pratiques concertées (*JOCE* L. 336, 29 déc.1999).
2. Politique exposée dans la communication publiée au *JOCE* C. 291, 13 oct. 2000.
3. Règl. Commission, 31 juill. 2002, *JOCE* L. 203, 1er août 2002.
4. À la différence du Règl. 17/62 qui fixait une fourchette, le Règl. 1/2003 ne fixe plus qu'un montant maximal : 1 % du chiffre d'affaires total de l'exercice précédent pour les amendes sanctionnant les infractions aux règles de procédure et 10 % du chiffre d'affaires total réalisé au cours de la même période en cas de violation des règles de fond (art. 23) ; pour les astreintes sanctionnant le retard d'une entreprise à exécuter une obligation que lui a imposée la Commission, 5 % par jour du chiffre d'affaires journalier moyen de l'exercice précédent (art. 24).
5. Les lignes actuelles ont été publiées au *JOUE* C. 210, 1er sept. 2006.
6. Politique actuellement définie dans la communication publiée au *JOUE* C. 298, 8 déc. 2006.

nir l'exequatur avant d'être mise à exécution par un huissier). L'action de la Commission est soumise à des règles de prescription : les sanctions ne peuvent être prononcées que dans un délai de trois ans pour les infractions aux règles sur les pouvoirs d'enquête, et de cinq ans pour les autres infractions (art. 25) ; leur exécution est prescrite au bout de cinq ans (art. 26).

2. La responsabilité des autorités nationales

509 ***La coopération instituée entre elles et la Commission*** ◇ Innovation la plus marquante du règlement 1/2003, les autorités nationales, agissant au sein du réseau européen de coopération qui est mis en place [1], assument désormais la responsabilité principale de l'application du droit des ententes et des abus de position dominante. Cette responsabilité incombe non seulement aux autorités spécialisées chargées de la concurrence (tel le conseil - devenu autorité - de la concurrence en France ou le *Bundeskartellamt* en Allemagne) mais aussi à l'ensemble des juridictions qui peuvent être appelées à régler une affaire de concurrence. Les articles 11 à 16 définissent les modalités de la coopération que les unes et les autres entretiennent avec la Commission [2].

a) Les autorités chargées de la concurrence. L'autorité nationale qui décide l'ouverture d'une enquête doit en informer la Commission et, le cas échéant, les autres autorités nationales. Elle leur communique (au moins trente jours avant) la décision qu'elle a l'intention de prendre et procède avec elles à tout échange d'informations utiles. Elle reçoit de la Commission les documents en sa possession et peut la consulter « sur tout cas impliquant l'application du droit communautaire » (art. 11). Les affaires traitées par les autorités nationales peuvent être soumises, à titre d'information, au comité consultatif sans que celui-ci puisse émettre d'avis à leur égard (art. 14). Ces autorités n'exercent, rappelons-le, leur compétence qu'autant que la Commission n'a pas décidé d'exercer la sienne sur les affaires dont elles étaient saisies (art. 11).

b) Les juridictions. Dans l'exercice de leurs fonctions, les tribunaux et cours internes peuvent demander à la Commission des informations et solliciter des avis de sa part (art. 15). Les décisions qu'ils rendent lui sont notifiées par les États membres. Les autorités spécialisées et la Commission peuvent d'office leur adresser des observations écrites sur les affaires dont ils sont saisis et, avec leur autorisation, intervenir à l'audience (*ibid.*). Ils doivent respecter les décisions déjà prises par la Commission et, dans l'attente d'une décision de celle-ci, il leur appartient de se prononcer sur l'opportunité de suspendre la procédure engagée devant eux pour éviter une éventuelle contradiction (art. 16), le règlement ne leur imposant pas de se dessaisir dans ce cas.

1. Mise en place qui est l'objet d'une communication de la Commission adoptée le 30 mars 2004 (*JOUE* C. 101, 27 avr. 2004).
2. Modalités précisées dans deux communications publiées au *JOCE* C. 101, 27 avr. 2004.

§ 2. Le contrôle des structures des entreprises

510 ***L'élaboration d'un régime spécifique*** ◇ Le comportement des entreprises n'est pas le seul danger menaçant la concurrence. La constitution de groupes puissants issue de concentrations d'entreprises en est un autre. Pourtant, à la différence du Traité CECA qui instituait un régime d'autorisation préalable, le Traité CEE était muet sur les concentrations. Cette lacune se révélant gênante [1], le Conseil a créé un régime spécifique de contrôle par le règlement (4064/89) du 21 décembre 1989, modifié par le règlement 1310/97) du 30 juin 1997 [2]. Souhaitant une réforme plus radicale, la Commission avait exprimé ses vues dans un livre vert sur la révision du règlement concentrations [3] qui avait donné lieu à un large débat dans les milieux intéressés. Le Conseil a finalement adopté, le 20 janvier 2004, un nouveau règlement [4] qui est entré en vigueur le 1er mai 2004 et a remplacé la réglementation antérieure dont il maintient cependant l'économie générale. Le régime ainsi défini ne s'applique qu'aux concentrations d'une certaine dimension dont la réalisation est subordonnée à une autorisation préalable.

511 ***A. La notion de concentration de dimension européenne*** ◇ Le règlement s'applique aux regroupements d'entreprises, réalisés par fusion ou prise de contrôle (art. 3), d'une dimension suffisante. Celle-ci est appréciée à l'aide de trois critères (art. 1er). Le premier permet de juger l'importance économique de la concentration : c'est le chiffre d'affaires total réalisé au plan mondial par les entreprises concernées, qui doit être supérieur à cinq milliards d'euros ; le deuxième permet d'apprécier la dimension spécifiquement européenne de l'opération, deux au moins des entreprises concernées devant réaliser, chacune, plus de 250 millions d'euros de leur chiffre d'affaires dans le marché intérieur (élargi à l'EEE) ; le dernier de déterminer le caractère transnational du regroupement au sein du marché intérieur, chaque entreprise ne devant pas réaliser plus des 2/3 de son chiffre d'affaires européen dans un seul État membre.

Ces seuils ont été abaissés par le règlement 1310/97 dans le cas de concentrations qui, ayant un impact significatif dans trois États membres au moins, devaient être notifiées dans chacun de ces États en vertu de leur législation interne. Il institue le système du « guichet unique » pour des

1. Les concentrations ne peuvent en effet être abordées qu'*a posteriori*, à travers les art. 85 et 86 CEE, ce qui ne répond qu'imparfaitement aux problèmes qu'elles soulèvent.

2. *JOCE L.* 395, 30 déc. 1989 et *JOCE L.* 180, 9 juill. 1997. Cette réglementation a été très discutée, certains États membres la jugeant inutile (le Conseil avait été saisi d'une proposition de la Commission dès 1973).

3. Publié en déc. 2001 (Comm. C. 2001/745).

4. Règl. 139/2004 (*JOUE L.* 24, 29 janv. 2004), complété par un règlement d'application de la Commission (Règl. 802/2004, 7 avr. 2004, *JOUE L.* 133, 30 avr. 2004) et par une communication relative aux « lignes directrices sur l'appréciation des concentrations horizontales » (*JOUE* C. 31, 5 févr. 2004).

raisons de simplification et de sécurité juridique (l'autorisation accordée par un État pouvait être refusée par un autre), qui s'applique aux concentrations réalisant un chiffre d'affaires total supérieur à 2 milliards et demi d'euros.

Le règlement 139/2004 conserve ces seuils mais assouplit la rigueur du système par le développement des hypothèses de renvoi. Il permet à la Commission de renvoyer l'examen d'une « concentration communautaire » à un État membre lorsque celle-ci affecte ou menace d'affecter la concurrence à l'intérieur de cet État et que le marché affecté « présente les caractéristiques d'un marché distinct » (art. 9) ; il autorise, à l'inverse, un ou plusieurs États membres à renvoyer à la Commission une concentration qui, sans atteindre les seuils prévus, « affecte le commerce entre États membres et menace d'affecter de manière significative la concurrence sur le territoire » de ou de ces États (art. 22).

512 ***B. Le régime de l'autorisation préalable*** ◇ Il a pour but de permettre à la Commission, qui dispose d'une compétence exclusive à cet effet, d'interdire les concentrations qui constituent une menace pour la concurrence [1]. Les concentrations répondant aux critères précités doivent en conséquence lui être notifiées.

513 ***a) Les concentrations interdites*** ◇ Le règlement 4064/89 privilégiait la constitution d'une position dominante comme facteur d'incompatibilité d'une concentration avec les règles du marché commun. Aux termes de son article 2, devaient être interdites « les opérations de concentration qui créent ou renforcent une position dominante ayant comme conséquence qu'une concurrence effective serait entravée de manière significative dans le marché commun ou une partie substantielle de celui-ci ». Plus souple, son successeur n'en fait plus qu'un élément à prendre en compte pour juger si une concentration risque d'entraver la concurrence de manière significative, l'entrave résultant « notamment du fait de la création ou du renforcement d'une position dominante » (art. 2 § 3). La différence est en fait secondaire : seuls importent en réalité les critères d'appréciation, d'ailleurs plus économiques que juridiques, que la Commission utilisera pour déterminer s'il y a ou non « entrave significative à la concurrence » [2]. Le règlement invite en outre la Commission à tenir compte, dans son appréciation, de certaines données économiques générales (énumérées à l'article 2 § 1)

1. Cette compétence exclusive n'échappe pas, bien entendu, au contrôle de la juridiction communautaire qui n'hésite pas, le cas échéant, à censurer les erreurs d'appréciation de la Commission. En 2002, le TPI a ainsi annulé trois décisions de refus d'autorisation : 6 juin 2002, *Airtours c. Commission*, aff. T. 342/99, *Rec.* p. II-2585 ; 22 oct. 2002, *Schneider c. Commission*, aff. T. 310/01, *Rec.* p. II-4071 ; 25 oct. 2002, *Tetra Laval c. Commission*, aff. T-5/02, *Rec.* p. II-4071. Cette dernière décision a été confirmée par la CJCE (15 févr. 2005, *Commission c. Tetra Laval*, aff. C. 12/03 P, *Rec.* p. I-987).

2. Sur cette question, v. « Lignes directrices sur l'appréciation des concentrations horizontales », *JOUE* C. 31, 5 févr. 2004.

mais, à la différence du droit des ententes, ne lui permet cependant pas d'autoriser les concentrations « de progrès » après mise en balance de leurs avantages et de leurs inconvénients. Elle ne peut se prononcer en effet que sur la base des atteintes à la concurrence [1].

b) La procédure de notification. Toute concentration de dimension européenne doit être notifiée à la Commission avant sa réalisation et après la conclusion de l'accord ou la publication de l'offre publique d'achat ou d'échange ou de l'acquisition d'une participation de contrôle (art. 4). La notification a un effet suspensif (art. 7) : la concentration ne peut être mise en œuvre, sauf exception (les entreprises peuvent demander une dérogation en cas d'OPA ou d'OPE), qu'après que la Commission l'a autorisée. Celle-ci dispose d'un délai de 25 jours ouvrables pour autoriser l'opération ou déclarer la notification sans objet (faute de dimension suffisante) (art. 10 § 1) ; en cas de « doute sérieux », elle ouvre, dans le même délai, la procédure d'examen approfondi, procédure très proche de celle du règlement 1/2003 (de caractère contradictoire, elle donne tous pouvoirs à la Commission pour demander des renseignements et procéder à des vérifications). La décision finale doit être prise dans un délai de 90 jours ouvrables (art. 10 § 3). Elle peut autoriser l'opération, en l'assortissant éventuellement de conditions ou de charges, ou l'interdire (art. 8). Si la concentration a déjà été réalisée, la Commission peut ordonner sa dissolution ou, en cas d'impossibilité, « toute autre mesure appropriée » visant à rétablir la situation antérieure (*ibid.*). Les infractions commises par les entreprises sont sanctionnées par des amendes (art. 14) ou des astreintes (art. 15) similaires à celles qui sont infligées en matière d'ententes et d'abus de position dominante.

SECTION 2. **LES PRATIQUES DES ÉTATS MEMBRES**

514 ***La soumission des États membres aux contraintes de la concurrence*** ◇ Le respect de la concurrence ne s'impose pas qu'aux entreprises, il s'impose aussi aux États en raison des responsabilités qui sont les leurs dans le domaine de l'économie. Le Traité FUE, reprenant les dispositions du Traité CE, les soumet à une double obligation à ce titre : celle de ne pas fausser la concurrence en aidant financièrement certaines entreprises, et celle de veiller à ce que le secteur public industriel et commercial fonctionne conformément aux règles de la libre concurrence. S'ajoute en outre l'obligation qui leur est faite d'ouvrir les procédures de passation des marchés publics, traditionnellement réservées aux entreprises nationales, à toutes les entre-

1. Même si l'exposé des motifs du règlement témoigne de la volonté de replacer le contrôle des concentrations dans un cadre économique plus large (tel le pt 23 mentionnant que la Commission doit se référer aux objectifs fondamentaux de l'art. 2 CE ou le pt 29 l'invitant à publier des orientations sur la prise en considération des gains d'efficacité à attendre d'une concentration).

prises européennes intéressées. L'étude de la soumission des États aux contraintes de la concurrence commande donc d'examiner successivement le régime des aides publiques (ou aides d'État), l'aménagement du secteur public industriel et commercial et la réglementation des marchés publics.

§ 1. Les aides d'État

515 ***Caractères généraux de leur régime*** ◇ Fixé par les articles 107 à 109, le régime institué par le Traité FUE est plus souple que celui du Traité CECA dont l'article 4 se bornait à interdire « les subventions ou aides accordées par les États ou les charges spéciales imposées par eux, sous quelque forme que ce soit ». Il comporte les règles de fond édictées par l'article 107, qui distingue les aides interdites de celles qui sont autorisées, et les règles de procédure fixées par l'article 108 qui est longtemps resté la seule source pertinente en la matière, le Conseil n'usant que récemment du pouvoir d'adopter les règlements d'application prévus par l'article 109. L'ensemble de ces dispositions constitue une véritable mise sous tutelle des politiques nationales d'aides aux entreprises. En effet, le régime institué définit d'abord les conditions de licéité de ces aides, confère ensuite à la Commission les pouvoirs nécessaires au contrôle de leur respect et donne enfin à la CE/UE le droit de réglementer les diverses catégories d'aides conduisant à l'élaboration d'une politique communautaire des aides d'État.

A. Les conditions de licéité des aides

L'article 107 distingue les aides d'État incompatibles avec les règles de la concurrence et les aides d'État compatibles avec elles.

516 ***1°) Les aides incompatibles*** ◇ Elles sont définies dans les termes suivants : « Sauf dérogations prévues par le présent Traité, sont incompatibles avec le marché commun, dans la mesure où elles affectent les échanges entre les États membres, les aides accordées par les États ou au moyen de ressources d'État sous quelque forme que ce soit, qui faussent ou qui menacent de fausser la concurrence en favorisant certaines entreprises ou certaines productions » (art. 107 § 1).

L'aide illicite est ainsi définie par trois éléments : sa nature, ses effets et son caractère sélectif ; des problèmes spécifiques se posent par ailleurs lorsque l'aide est destinée à une entreprise publique.

517 ***a) La nature de l'aide*** ◇ L'aide doit avoir une origine publique, résulter d'une intervention directe ou indirecte de l'État (cas d'une aide accordée par un organisme contrôlé par l'État). La notion est interprétée largement : elle englobe les aides des administrations centrales comme les aides des collectivités locales, le critère décisif étant que l'aide soit attribuée en vertu d'un

acte de puissance publique. Les aides doivent être en principe financées par des ressources publiques mais la jurisprudence a assoupli cette exigence : elle admet le financement par des taxes parafiscales (CJCE 30 janv.1985, *Commission c. France*, aff. 290/83, *Rec.* p. 439 : « une aide ne doit pas nécessairement être financée par les ressources de l'État pour être qualifiée d'étatique ») et même, exceptionnellement, par des ressources d'origine privée (CJCE 12 déc. 1996, *Air France c. Commission*, aff. T-358/94, *Rec.* p. II-2109 : utilisation par une filiale de la Caisse des dépôts et consignations des dépôts de sa clientèle privée pour souscrire à une augmentation de capital d'Air France).

Dès lors qu'elle a un caractère financier, la forme de l'aide est indifférente. L'avantage procuré à l'entreprise peut être *positif*, résulter d'un transfert de ressources à son profit (subvention, prêt), ou *négatif*, constituer un allégement de ses charges (exonération fiscale, abandon d'une créance) [1]. Il ne doit pas avoir de contrepartie, ne pas être la conséquence d'un marché conclu avec l'entreprise.

518 ***b) Les effets de l'aide*** ◇ L'aide incompatible se définit par deux effets cumulés : elle doit « affecter les échanges entre les États membres » et « fausser ou menacer de fausser la concurrence ». L'interprétation de l'un et l'autre est large. L'affectation des échanges peut n'être que minime (cas d'une entreprise aidée qui n'exporte pas mais dont le soutien peut avoir une incidence sur les importations des produits concurrents de ceux fabriqués par l'entreprise) et l'atteinte à la concurrence peut n'être que potentielle. L'importance de l'aide est toutefois prise en considération pour apprécier l'effet produit : la règle *de minimis* s'applique et conduit la Commission à faire échapper les aides d'un faible montant à l'interdiction de l'article 107 § 1 (v. *infra*).

L'appréciation de l'aide porte uniquement sur ses effets, leur finalité est indifférente. Dès lors qu'elle confère à une entreprise un avantage concurrentiel, l'aide est illicite, même si elle poursuit un objectif social.

519 ***c) La sélectivité de l'aide*** ◇ L'aide doit avantager certaines entreprises ou productions par rapport à d'autres. Si toutes étaient aidées, il ne s'agirait plus d'une aide d'État mais d'une mesure générale traduisant un choix de politique économique ou sociale. L'aide peut toutefois bénéficier à un grand nombre d'entreprises, tel le taux de réescompte préférentiel accordé aux entreprises exportatrices d'un État membre qui a été condamné par la CJCE à la demande de la Commission (10 déc. 1969, *Commission c. France*, aff. 6 et 11/69, *Rec.* p. 523).

1. Sur les diverses formes d'aides, v. la liste dressée par la Dir. 2006/111 du 16 nov. 2006 relative à la transparence financière entre l'État et les entreprises publiques (*JOCE* L. 318, 17 nov. 2006). La nature financière de l'aide conduit à ne pas qualifier d'aide d'État, par ex., le régime de faveur consenti aux armateurs allemands pour leur permettre d'engager des marins étrangers qui ne seront pas soumis au droit social allemand (CJCE 17 mars 1993, *Sloman Neptun*, aff. C-72/91, *Rec.* p. I-887).

520 ***d) Les aides aux entreprises publiques*** ◇ Elles relèvent du même régime que les aides aux entreprises privées mais soulèvent certains problèmes spécifiques du fait que ces entreprises sont la propriété d'une collectivité publique d'une part et que certaines d'entre elles gèrent une activité de service public d'autre part.

L'incidence de la propriété publique : le soutien financier apporté à l'entreprise par son propriétaire relève-t-il du rôle normal de ce dernier ou constitue-t-il une aide d'État ? La CJCE répond à cette question par l'application du critère de l'« actionnaire avisé » : l'apport en capital à une entreprise n'est pas une aide si « dans des circonstances similaires, un associé privé, se basant sur des possibilités de rentabilité prévisibles, aurait procédé à un tel apport » [1].

L'incidence de la gestion d'un service public : la compensation par la collectivité des charges du service public relève-t-elle du régime des aides d'État ? Elle est admise en matière de transports et déclarée compatible avec le Traité [2] mais, en dehors de cette hypothèse, elle a suscité de nombreuses discussions. La CJCE a finalement tranché en jugeant qu'elle ne constituait pas une aide d'État si elle répondait à trois conditions : 1) les obligations de service public « compensées » doivent être « clairement définies » ; 2) les paramètres servant au calcul de la compensation doivent être « préalablement établis de façon objective et transparente » ; 3) le montant de la compensation ne doit pas dépasser « ce qui est nécessaire pour couvrir tout ou partie des frais occasionnés, en tenant compte des recettes réalisées ainsi que d'un bénéfice raisonnable » [3].

Les compensations qui ne respectent pas ces conditions ne sont pas nécessairement illicites ; constituant des aides d'État, elles peuvent être autorisées en vertu de l'article 106 § 2 CE [4] (v. *infra*).

521 ***2°) Les aides compatibles*** ◇ Outre les aides consenties aux transports et aux services d'intérêt économique général, deux catégories d'aides échappent à l'interdiction : les aides compatibles de plein droit et celles qui sont autorisées par la Commission.

522 ***a) Les aides compatibles de plein droit*** ◇ Elles sont visées à l'article 107 § 2 et déclarées « compatibles avec le marché intérieur ». Ce sont les aides de caractère social accordées pour encourager la consommation de

1. Critère défini par la Commission dans une communication de septembre 1984 et appliqué la même année par la CJCE (14 nov. 1984, *Intermills c. Commission*, aff. 323/82, *Rec.* p. 3809) ; jurisprudence constante : 21 mars 1990, *Belgique c. Commission*, aff. 142/87, *Rec.* p. 2321 ; 3 oct. 1991, *Italie c. Commission*, aff. 261/89, *Rec.* p. I-4437.

2. Art. 93 TFUE : « Sont compatibles avec le présent Traité les aides (...) qui correspondent au remboursement de certaines servitudes inhérentes à la notion de service public ».

3. CJCE 24 juill. 2003, *Altmark Trans*, aff. C-280/00, *Rec.* p. I-7747.

4. V. Décis. et communication Commission, 13 juill. 2005 concernant les aides d'Etat accordées sous forme des compensations de service public (*JOUE* L. 312 et C. 297, 29 nov. 2005).

certains produits, les aides versées en cas de catastrophe naturelle et celles destinées à compenser le handicap économique que subissent en Allemagne certaines régions du fait de la division du pays. La Commission peut seulement vérifier qu'elles ont été attribuées à bon droit par les États membres [1].

523 ***b) Les aides autorisées par la Commission*** ◇ Selon l'article 107 § 3, elles « peuvent être considérées comme compatibles avec le marché intérieur ». Il en existe quatre catégories, d'autres pouvant être créées par le Conseil [2]. Ce sont les aides au développement des régions « dans lesquelles le niveau de vie est anormalement bas ou dans lesquelles sévit un grave sous-emploi », ainsi que des régions visées à l'article 349 qui sont handicapées par « leur situation structurelle, économique et sociale » (disposition nouvelle introduite par le Traité de Lisbonne : il s'agit des régions insulaires situées à l'extrême périphérie de l'UE, tels les DOM français), les aides à la promotion de « projets importants d'intérêt européen commun » ou destinées à remédier à une perturbation grave de l'économie d'un État membre, les aides au développement de certaines activités ou de certaines régions si « elles n'altèrent pas les conditions des échanges dans une mesure contraire à l'intérêt commun », les aides à la promotion de la culture et de la conservation du patrimoine qui répondent aux mêmes conditions [3].

Lorsqu'elle autorise une aide relevant de l'une de ces catégories, la Commission doit indiquer formellement la disposition de l'article 107 § 3 sur laquelle elle s'appuie.

B. Les pouvoirs de contrôle de la Commission

La Commission dispose d'une compétence exclusive, sous réserve d'un pouvoir exceptionnellement reconnu au Conseil, pour se prononcer sur la compatibilité d'une aide avec le Traité [4]. Elle a en conséquence l'obligation de l'exercer [5].

524 ***Les sources de ces pouvoirs*** ◇ Les règles de mise en œuvre de l'article 107 sont fixées dans l'article 108 dont l'application par la Commission a généré une pratique désormais codifiée par un règlement du Conseil adopté

1. Ainsi la juridiction communautaire contrôle-t-elle, par ex., le bien-fondé de l'attribution en Allemagne des aides compensant la division du pays (CJCE 19 sept. 2000, *Allemagne c. Commission*, aff. C-156/98, *Rec.* p. I-6857 : illicéité, l'exception, qui est toujours en vigueur, n'étant pas applicable en l'espèce). Le Traité de Lisbonne permet au Conseil de supprimer cette exception cinq ans après son entrée en vigueur.

2. Telles les aides qui ont été accordées pendant une certaine période à la construction navale.

3. Ces dernières ont été introduites par le Traité de Maastricht.

4. Compétence qu'a reconnue la jurisprudence (CJCE 22 mars 1977, *Ianelli et Meroni*, aff. 74/76, *Rec.* p. 557).

5. Ce qu'a précisé la jurisprudence (CJCE 2 avr. 1998, *Commission c. Sytraval*, aff. C-367/95 P, *Rec.* p. I-1719).

tardivement, le règlement 659/1999 du 22 mars 1999 [1]. Elles distinguent le contrôle des aides existantes et celui des aides nouvelles.

525 ***1°) Le contrôle des aides existantes*** ◇ Il porte sur les régimes d'aides en vigueur dans les nouveaux États membres, et sur lesquels la Commission ne s'est pas encore prononcée [2], ainsi que sur les régimes d'aides déjà autorisés. La Commission procède à leur examen en liaison avec les États membres et leur propose toutes « mesures utiles exigées par le développement progressif ou le fonctionnement du marché intérieur » sous forme de recommandations (art. 108 § 1). En cas de refus des États d'y donner suite, elle ouvre la procédure formelle de l'article 108 § 2. Si elle juge une aide incompatible avec le Traité, sa décision ne sera pas rétroactive.

526 ***2°) Le contrôle des aides nouvelles*** ◇ Il concerne tout projet nouveau, régime d'aides comme aide individuelle, et se déroule selon la procédure définie par l'article 108 § 2 et 3 et par le chapitre II du règlement 659/1999 [3]. Celle-ci débute par une phase préliminaire, suivie, le cas échéant, par la phase de la procédure formelle d'examen.

527 ***a) La phase préliminaire*** ◇ Elle est prévue par l'article 108 § 3 : « La Commission est informée, en temps utile pour présenter ses observations, des projets tendant à instituer ou à modifier des aides ». Les États membres ont ainsi l'obligation de notifier leurs projets, sous réserve de certaines exceptions [4]. La notification a un effet suspensif, toute aide accordée sans attendre le « feu vert » de la Commission (comme toute aide non notifiée) étant « *illégale* » et pouvant donner lieu à récupération sur injonction de la Commission (art. 11 Règl.) ou d'une juridiction nationale [5]. La Commission dispose de deux mois pour statuer. Elle peut estimer que l'aide projetée n'est pas une aide d'État, décider de ne pas soulever d'objection à son application ou, en cas de doute ou d'opinion négative, décider d'ouvrir une procédure formelle d'examen. Si aucune décision n'est prise dans ce délai, l'aide est réputée autorisée et peut être mise en œuvre après que la Commission a été informée, sauf opposition de celle-ci dans les 15 jours suivant son information.

1. *JOCE* L. 83, 27 mars 1999.
2. L'aide sur laquelle la Commission ne s'est pas encore prononcée peut continuer à s'appliquer (CJCE 15 mars 1994, *Banco de credito industrial*, aff. C-387/92, *Rec.* p. I-877).
3. Complété par le Règl. de la Commission du 21 avr. 2004 qui prescrit notamment les formes de la notification (Règl. 794/2004, *JOUE* L. 140, 30 avr. 2004).
4. L'art. 89 CE/109 TFUE donne au Conseil le pouvoir de dispenser certaines aides de cette obligation. Il a été fait usage de cette possibilité par le Règl. 994/98 du 7 mai 1998 relatif à certaines catégories d'aides « horizontales » qui sont présumées compatibles avec le Traité et seront définies par la Commission (*JOUE* L. 142, 14 mai 1998).
5. Pouvoir reconnu par la CJCE (11 déc. 1973, *Lorenz*, aff. 120/73, *Rec.* p. 1471).

528 ***b) La phase de la procédure formelle d'examen*** ◇ Elle est visée par l'article 108 § 2. C'est une procédure contradictoire : la décision de l'ouvrir, qui est publiée, invite l'État membre en cause et les autres parties intéressées à présenter leurs observations dans un délai donné (normalement un mois, art. 6 Règl.). Les observations émises par ces dernières sont communiquées à l'État membre qui a un mois pour y répondre.

La Commission doit prendre une décision « dès que les doutes (...) sont levés » (art. 7 Règl.). La durée maximale de la procédure est en principe de 18 mois mais elle peut être prorogée avec l'accord de l'État membre. À défaut, la Commission doit, à la demande de l'État, statuer dans les deux mois suivants. Son approbation de l'aide peut être conditionnelle et le règlement lui donne les pouvoirs de vérification nécessaires pour veiller au respect de ses conditions (art. 22). En cas de refus d'approbation, et si l'aide a déjà été accordée, elle peut enjoindre l'État membre de la récupérer. L'État qui ne se conforme pas à ses décisions peut être poursuivi devant la Cour de justice.

Les décisions de la Commission peuvent être naturellement l'objet de recours en annulation exercés soit par les États membres [1], soit par les entreprises bénéficiaires (lorsqu'elles sont tenues de restituer l'aide reçue), soit par les entreprises concurrentes [2]. L'État qui n'exercerait pas un tel recours ne serait plus en droit de contester la légalité de la décision dans le cadre de l'action en manquement engagée contre lui [3]. De même, l'entreprise qui n'aurait pas attaqué auparavant la décision de la Commission, à la condition qu'elle lui ait été communiquée, ne pourrait-elle plus plaider son illégalité devant le juge national [4].

529 ***c) L'intervention du Conseil*** ◇ Elle est prévue par l'article 108 § 2 alinéa 3 qui permet au Conseil de « court-circuiter » exceptionnellement la Commission. Saisi par les États membres concernés, celui-ci peut, « si des circonstances exceptionnelles [le] justifient », décider à l'unanimité d'autoriser une aide qui serait normalement interdite par la Commission. La saisine du Conseil suspend la procédure éventuellement ouverte par la Commission. Il a trois mois pour statuer, faute de quoi la Commission recouvre sa compétence.

Cette procédure, qui revient au fond des choses à faire primer la politique sur le droit, n'est pas facilement acceptée par la Commission [5].

1. Les recours des États sont portés devant le TPI (dénommé le « tribunal » par le Traité de Lisbonne) depuis le 1er juin 2004 en vertu d'une révision du statut de la Cour.

2. CJCE 15 juin 1993, *Matra c. Commission*, aff. C-225/91, *Rec.* p. I-3203.

3. CJCE 19 mars 1985, *Commission c. France*, aff. 93/84, *Rec.* p. 834

4. CJCE 9 mars 1994, *TWD*, aff. C-188/92, *Rec.* p. I-833.

5. Ses deux dernières utilisations par le Conseil ont été contestées devant la CJCE : 29 févr. 1996, *Commission c. Conseil*, aff. C-122/94, *Rec.* p. I-881, légalité de l'autorisation donnée à des aides à la viticulture en France et en Italie ; 29 juin 2004, *Commission c. Conseil*, aff. C-110/02, *Rec.* p. I 6333, illégalité de l'autorisation donnée à l'aide aux éleveurs de porcs portugais destinée à leur permettre de rembourser une aide antérieure interdite par la Commission.

C. La politique communautaire des aides d'État

530 ***Son élaboration par la Commission*** ◇ Chargée d'autoriser les aides qui peuvent être considérées comme compatibles avec le Marché commun, la Commission sera conduite à élaborer une véritable politique des aides d'État. Afin d'éviter tout risque d'arbitraire ou de partialité dans l'adoption de ses décisions individuelles, elle va en effet définir au préalable sa doctrine en fixant, pour chaque catégorie d'aides, les conditions de leur octroi.

Cette politique a ses sources, ses principes directeurs et sa réglementation.

531 ***1°) Les sources de cette politique*** ◇ Ce sont pour l'essentiel des actes de la Commission qui ont fixé, à l'origine, les conditions dans lesquelles les États membres pouvaient aider financièrement les entreprises. La plupart d'entre eux sont de simples communications, actes *a priori* non contraignants, que la Commission peut adopter librement et adapter facilement à l'évolution des circonstances. Elles n'en lient pas moins celle-ci, qui ne peut normalement s'en écarter lorsqu'elle les applique à des situations individuelles [1]. Elles sont nombreuses et fréquemment modifiées afin de tenir compte des ajustements que la Commission juge souhaitables d'apporter à sa politique.

Des actes obligatoires sont aussi adoptés, notamment dans les secteurs où la réglementation des aides constitue l'élément d'une politique industrielle (telles les aides à la construction navale dont les modalités d'octroi ont été définies par des directives puis un règlement du Conseil ou les aides à la sidérurgie qui ont été régies par un « code » fixé par une décision de la Commission). Le recours aux actes contraignants se développe aujourd'hui dans le cadre du règlement 994/98 précité qui l'autorise à dispenser de la notification préalable certaines catégories d'aides. S'inspirant de la technique des règlements d'exemption de catégories d'ententes, ce règlement, qui vise certaines aides horizontales (PME, recherche et développement, environnement, emploi et formation) ainsi que les aides régionales et les aides de faible importance, habilite la Commission à définir les aides « dispensées » et à préciser les critères qu'elles devront respecter pour bénéficier de la présomption de compatibilité que leur reconnaît le règlement [2].

1. Dans l'arrêt *Deufil c. Commission* (24 févr. 1987, aff. 310/85, *Rec.* p. 901), la CJCE se borne à les qualifier de « règles indicatives définissant les lignes de conduite que la Commission entend suivre et qu'elle demande aux États membres de respecter », mais dans l'arrêt *CIRFS c. Commission* (24 mars 1993, aff. C-313/90, *Rec.* p. I-1125), elle juge que la Commission est liée par les règles qu'elle a adoptées (en application des principes *patere legem* et de la protection de la confiance légitime). Dans sa jurisprudence plus récente, elle fonde le pouvoir normatif de la Commission sur l'art. 88 § 1 CE/108 § 1 TFUE (proposition de « mesures utiles exigées par le développement progressif ou le fonctionnement du marché commun/marché intérieur ») et souligne qu'il doit s'exercer en accord avec les États membres (29 juin 1995, *Espagne c. Commission*, aff. C-135/93, *Rec.* p. I-1651).

2. La Commission a adopté, le 12 janv. 2001, ses trois premiers règlements (*JOUE* L. 10, 13 janv. 2001) ; ils concernent les aides à la formation, les aides de faible importance et les aides

532 ***2°) Les principes directeurs*** ◇ La Commission a dégagé un certain nombre de principes communs qui guideront l'appréciation qu'elle doit porter sur les divers types d'aides relevant de sa compétence.

a) ***Le principe d'intérêt communautaire*** joue pour définir la stratégie à suivre en vue de concilier les diverses données qui entrent en ligne de compte en matière de concurrence : nécessité d'assurer une compétitivité suffisante des entreprises européennes vis-à-vis de la concurrence internationale, de préserver l'équilibre entre les diverses régions de l'UE, d'éviter le risque de surenchère entre les États membres.

b) ***Le principe de transparence communautaire*** conduit à refuser les aides dont la finalité n'est pas claire et qu'il est difficile de rattacher avec certitude à l'une des catégories d'exceptions prévues par le Traité.

c) ***Le principe de contrepartie communautaire*** signifie que l'effet perturbateur d'une aide doit être compensé par l'avantage qu'elle offrira à l'UE dans son ensemble (le renforcement de son potentiel industriel par exemple).

d) ***Le principe de proportionnalité*** fait référence au caractère du marché affecté par l'aide. Si le marché est en croissance, seules les aides à l'investissement seront autorisées (et les aides au fonctionnement interdites) ; s'il est en crise, un équilibre doit être recherché entre l'utilité d'une restructuration des entreprises viables et le caractère inéluctable de la disparition des entreprises non compétitives et structurellement déficitaires. Le principe s'appliquera, notamment, au soutien des entreprises en difficulté qui ne sera admis que s'il assure la viabilité de l'entreprise et si l'aide lui offre des chances réelles de redressement qui bénéficieront aussi à l'UE.

533 ***3°) La réglementation des aides*** ◇ Elle est très développée, la Commission ayant choisi d'encadrer les diverses catégories d'aides qu'elle a recensées. Au-delà des grandes catégories que sont les aides régionales, sectorielles et horizontales, elle identifie, pour les soumettre à des réglementations appropriées, les divers types d'aides existants en fonction de leur objet [1].

a) ***Les aides régionales*** sont d'autant plus admises qu'elles peuvent être versées par l'UE elle-même dans le cadre de sa politique de cohésion économique et sociale (v. *infra*). Elles sont réglementées depuis 1971 et régies actuellement par les lignes directrices publiées en mars 2006 [2]. Leur autorisation se fonde sur l'article 107 § 3 a ou c. La Commission a établi une carte

aux PME. Un 4e règlement relatif aux aides à l'emploi a été adopté le 12 déc. 2002 (*JOUE* L. 337, 13 déc. 2002). Ces règlements spécifiques ont été ultérieurement remplacés par un règlement général d'exemption par catégories, le Règl. 800/2008 du 6 juin 2008 (*JOUE* L. 214, 9 août 2008) qui élargit le champ des aides dispensées de notification (neuf catégories visées) et impose aux États membres d'informer la Commission de leur application.

1. Aides aux PME, à la formation, à l'emploi, au développement régional, aides multisectorielles, à la recherche et au développement, au sauvetage et à la restructuration d'entreprises en difficulté, à la production audiovisuelle, à la protection de l'environnement, au capital-investissement, à l'agriculture, à la pêche, aux transports, à la construction navale.

2. *JOCE* C. 54, 4 mars 2006 ; ces lignes concernent la période 2007/2013.

des régions européennes, classées en fonction de leur état de développement et aptes à recevoir des aides. L'ensemble de ces régions est regroupé en quatre zones qui couvrent la moitié environ du territoire communautaire et pour lesquelles sont fixés respectivement les plafonds d'aides autorisés [1]. Les aides sont interdites dans les autres régions. La Commission a progressivement restreint le champ d'application territorial de ces aides pour limiter celles-ci aux régions qui en ont le plus besoin.

b) ***Les aides sectorielles*** peuvent être autorisées sur la base de l'article 107 § 3 c. La Commission les envisage avec une certaine méfiance en raison des risques de perturbation des marchés qu'elles génèrent. Elle ne les admet que si elles contribuent à rétablir l'équilibre du marché ou à permettre la mise en œuvre de programmes de réadaptation industrielle. Elle adopte à cet effet des mesures d'encadrement, les « disciplines communautaires », secteur par secteur (industrie textile ou industrie automobile par exemple). Dans les secteurs en crise, les aides devront être provisoires et viser le seul redressement du secteur ; leur versement sera lié à la réalisation de plans de restructurations qui doivent se borner à maintenir la capacité productive de l'entreprise aidée et pas à l'augmenter. Dans les secteurs en développement, exposés à une forte concurrence internationale, les aides devront permettre de développer une industrie européenne (aides à l'industrie cinématographique ou informatique par exemple).

c) ***Les aides horizontales*** sont diverses. Elles englobent les aides qui ne relèvent pas des deux catégories précédentes, telles les aides à la protection de l'environnement, à la recherche et au développement, aux PME ou à l'emploi. Fondées sur l'article 107 § 3 b, les aides à l'environnement sont encadrées par la communication du 21 décembre 2000 [2] reprise par le règlement 800/2008. Leur versement est notamment autorisé pour le financement d'investissements concernant des installations anti-pollutions ou l'adaptation des processus de production aux exigences de l'environnement. Les aides à la recherche et au développement ont un double fondement : l'article 107 § 3 b ou c. Elles sont visées par une communication de 2006 [3] et le règlement 800/2008 qui distinguent la recherche fondamentale, où les aides ne sont pas plafonnées, de la recherche industrielle où elles sont plafonnées. Les aides aux PME et à l'emploi sont désormais régies par les règlements précités de la Commission qui, reprenant les communications antérieures sur ce point, les dispensent de notification préalable. Les aides pouvant être accordées aux PME sont d'une intensité variable selon l'objectif poursuivi (développement régional, protection de l'environnement, recherche, etc.). Les aides à l'emploi sont autorisées pour la résorption du chômage, la reconversion d'entreprises, la réduction du coût du travail ou l'implantation d'entreprises dans des quartiers urbains défavorisés.

1. Les plafonds intègrent le montant des aides communautaires qui complètent éventuellement les aides nationales.
2. *JOCE* C., 3 févr. 2001.
3. *JOCE* C. 323, 30 déc. 2006.

§ 2. Le secteur public industriel et commercial

534 ***Secteur public et concurrence*** ◇ L'économie de marché pratiquée par les États européens n'est pas incompatible avec la présence de nombreuses et importantes entreprises publiques. Leur existence est admise par le Traité FUE qui adopte une position de neutralité à leur égard, son article 345 (ex-295 CE) énonçant qu'il « ne préjuge en rien le régime de la propriété dans les États membres » [1]. Certaines de ces entreprises évoluant dans le secteur concurrentiel ne se distinguent en rien des entreprises privées, d'autres exercent des activités d'intérêt général justifiant la possession de droits exclusifs ou spéciaux qui doivent être conciliés avec le droit de la concurrence. Tel est l'objet des articles 37 (ex-31 CE) et 106 (ex-86 CE) qui, portant respectivement sur les monopoles de caractère commercial et sur les monopoles de services, imposent à ceux-ci une obligation d'aménagement.

A. L'aménagement des monopoles de caractère commercial

535 ***Les monopoles visés*** ◇ Relevant de l'article 37 qui est inclus dans la partie du Traité consacrée à la libre circulation des marchandises, les monopoles de caractère commercial sont ceux qui produisent et commercialisent des marchandises. Dans son célèbre arrêt *Costa c. ENEL* [2], la CJCE les a définis comme les monopoles portant « sur des transactions commerciales sur un produit susceptible, d'une part, d'être l'objet de concurrence, d'autre part, de jouer un rôle effectif dans les échanges ». Les monopoles visés sont les monopoles nationaux entendus comme « tout organisme par lequel un État membre, *de jure* ou *de facto,* contrôle, dirige ou influence sensiblement, directement ou indirectement, les importations ou les exportations entre les États membres ». L'organisme ainsi désigné peut avoir un statut de droit public (un service de l'administration ou un établissement public) ou de droit privé (les « monopoles d'État délégués ») dès lors qu'il dispose des droits exclusifs ou spéciaux que l'État lui a attribués pour exercer son activité sur l'ensemble du territoire national [3]. Le principal monopole est celui sur le gaz et l'électricité dont l'aménagement, en raison notamment de l'importance stratégique qu'il revêt au sein des économies nationales, a soulevé de grandes difficultés.

536 ***L'obligation d'aménager*** ◇ Elle devait être initialement réalisée durant la période transitoire, la Commission adressant à cette fin des recomman-

1. Est ainsi permise aussi bien la nationalisation d'entreprises privées (telles les nationalisations françaises de 1982 /1983) que la création *ex nihilo* de nouvelles entreprises publiques.

2. CJCE 15 juill. 1964, aff. 6/64, *Rec.* p. 1141.

3. Ils sont très variés comme le montre l'exemple français : monopoles sur les poudres et explosifs, sur la potasse, sur le papier de presse, sur le tabac et les allumettes, sur l'alcool, sur les hydrocarbures, sur le gaz et l'électricité.

dations appropriées aux États membres. L'objectif n'a pas pu être atteint ; les mesures nécessaires se sont révélées difficiles à prendre : outre les obstacles politiques auxquels leur adoption s'est heurtée, celle-ci a été entravée par l'imprécision même de la notion d'aménagement prévue par le Traité. Certains ont soutenu que cet aménagement impliquait la disparition du monopole lui-même jugé radicalement incompatible avec le principe de la libre concurrence ; d'autres ont souligné que le Traité n'exigeait pas cette disparition, ce que les États membres n'auraient du reste pas accepté [1]. Les mesures d'aménagement ont finalement été prises par les États membres après la période de transition [2], la Cour de justice intervenant à diverses reprises pour préciser dans chaque cas le contenu de l'aménagement à réaliser.

Aux termes de l'article 37, les États membres doivent aménager leurs monopoles « de telle façon que soit assurée, dans les conditions d'approvisionnement et de débouchés, l'exclusion de toute discrimination entre les ressortissants des États membres ». La Cour a précisé le sens de cette obligation, à propos d'un litige mettant en cause le monopole des tabacs en Italie [3], en distinguant les droits exclusifs à l'importation et à l'exportation, qui sont interdits parce que discriminatoires, et les droits exclusifs de production qui sont a contrario licites. Elle a jugé peu après que les premiers n'étaient pas les seuls concernés car l'obligation d'aménager porte plus largement sur « toute action liée à l'existence (du monopole) et ayant une incidence sur les échanges entre les États membres », telle l'imposition des produits importés à des conditions moins favorables que celle des produits du monopole [4] ou la vente à un prix nettement inférieur du produit du monopole par rapport au produit importé [5].

La jurisprudence a d'autre part admis que l'obligation d'aménager comportait des exceptions. Elle reconnaît que les motifs de l'article 30 (art. 36 TFUE) qui permettent de déroger à la libre circulation des marchandises, peuvent être invoqués en faveur d'un monopole commercial [6]. Et surtout, elle a considéré que le monopole sur le gaz et l'électricité pouvait se justifier à la lumière des considérations de service public que consacre l'article 106.

537 ***Le cas particulier de l'électricité et du gaz*** ◇ L'ouverture de ce monopole à la concurrence a nécessité des solutions particulières. Consciente de son importance pour la plupart des États membres, la Commission

1. Certains monopoles ont été en effet institués pour des raisons d'intérêt général supérieur, tel le monopole fiscal sur le tabac ou les allumettes ou l'idéologie des nationalisations qui a conduit, en France, à l'instauration du monopole sur le gaz et l'électricité.

2. À l'exception du monopole sur le gaz et l'électricité, la France a ainsi aménagé ses divers monopoles commerciaux entre 1970 et 1979.

3. CJCE 3 févr. 1976, *Manghera,* aff. 59/75, *Rec.* p. 91.

4. CJCE 17 févr. 1976, *Rewe Zentrale,* aff. 45/75, *Rec.* p. 181.

5. CJCE 13 mars 1979, *Hansen,* aff. 91/78, *Rec.* p. 935.

6. CJCE 10 juill. 1984, *Campus Oil,* aff. 72/83, *Rec.* p. 2727 ; 23 oct. 1997, *Franzen,* aff. C-189/95, *Rec.* p. I-5909.

a témoigné d'une grande prudence pour convaincre ceux-ci d'accepter de libéraliser le secteur de l'électricité et du gaz. Elle n'a agi que tardivement, à partir du milieu des années quatre-vingt et dans la perspective de la réalisation du marché intérieur, en combinant la voie législative et la voie judiciaire, cette dernière n'étant utilisée que comme moyen de pression pour pousser les États membres à accepter la solution législative. Une directive a finalement été adoptée le 16 décembre 1996 [1] avant que la CJCE ne statue sur les actions en manquement dirigées contre quatre « récalcitrants », la France, les Pays-Bas, l'Espagne et l'Italie [2]. La directive adopte une solution équilibrée. Elle limite aux « gros consommateurs » d'électricité le droit de faire appel à la concurrence et précise les obligations de service public que les États membres peuvent imposer aux fournisseurs (obligation de distribution, égalité de traitement etc.). L'introduction de la concurrence peut s'effectuer, aux choix des États, selon deux modalités : celle de l'*accès négocié des tiers au réseau*, qui repose sur la conclusion de contrats entre le gestionnaire du réseau et les utilisateurs/fournisseurs, ou celle de l'*acheteur unique* dans laquelle le titulaire du monopole est tenu d'acheter et de distribuer l'électricité au prix conclu entre les fournisseurs et les consommateurs, augmenté du prix d'utilisation du réseau. Une autre directive étend ultérieurement ces principes au gaz naturel [3]. Une seconde étape a été franchie avec l'adoption des directives « accélération » qui, abrogeant les textes antérieurs, accentuent l'effort de libéralisation dans ces deux secteurs [4]. Elles généralisent au 1er juillet 2004 le bénéfice de la libre concurrence pour toutes les entreprises avant de l'étendre à l'ensemble des consommateurs à partir du 1er juillet 2007. Pour favoriser l'accès de tous les fournisseurs aux réseaux de transport et de distribution, des gestionnaires de réseaux, distincts des anciens monopoles nationaux, sont désignés dans chaque État membre. Outre la charge de l'entretien des réseaux, ils définissent leurs conditions d'accès sur une base non discriminatoire, notamment le montant des redevances que devront acquitter les fournisseurs, et concluent avec ces derniers les contrats pour leur utilisation. Les fournisseurs sont soumis aux obligations de service public que fixent les États pour garantir la continuité et la qualité du service et aux dispositions impératives édictées pour la protection des droits des consommateurs. Le fonctionnement du marché est placé sous le contrôle d'une autorité de régulation qui veille au respect des principes le régissant et règle les différends soulevés par leur application. Ces autorités constituent le groupe des régulateurs européens créé en 2003 et placé auprès de la Commission.

1. Dir. 96/92 concernant des règles communes pour le marché intérieur de l'électricité (*JOCE L.* 27, 30 janv. 1997).
2. Arrêts 23 oct. 1997, aff. 157/94 à 160/94, *Rec.* p. I-5699.
3. Dir. 98/30, 22 juin 1998, concernant le marché intérieur du gaz naturel (*JOCE L.* 204, 21 juill. 1998).
4. Dir. 2003/54 sur l'électricité et Dir. 2003/55 sur le gaz, 26 juin 2003 (*JOCE L.* 176, 15 juill. 2003).

Les arrêts rendus par la Cour confirment de leur côté la situation juridique spécifique du monopole de l'électricité. Contrairement aux autres monopoles commerciaux, il relève à la fois de l'article 31 (art. 37 TFUE) et de l'article 86 (art. 106 TFUE) [1], ce qui autorisait les États poursuivis à opposer à la Commission la « mission particulière » confiée aux titulaires de droits exclusifs pour échapper aux contraintes de la concurrence (dérogation admise par l'article 86 § 2).

B. L'aménagement des monopoles de services

538 ***L'article 106 TFUE*** ◇ Les monopoles de services sont soumis exclusivement au régime de cet article (ex-86 CE) [2] qui s'applique à l'ensemble des entreprises publiques. Après avoir imposé aux États membres de veiller à ce que les entreprises publiques respectent les règles de la concurrence (§ 1), cet article fait une exception en faveur des « entreprises chargées de la gestion de services d'intérêt économique général ou présentant le caractère d'un monopole fiscal » dès lors que leur « mission particulière » risque d'être mise en échec par l'application de ces règles. Leur affranchissement des contraintes de la concurrence ne doit toutefois pas affecter le « développement des échanges (...) dans une mesure contraire à l'intérêt de la Communauté » (§ 2). La conciliation de ces intérêts contradictoires risque d'être délicate et est confiée à la Commission qui dispose à cet effet du pouvoir d'adresser, « en tant que de besoin, les directives ou décisions appropriées aux États membres » (§ 3). Faisant un large usage de celui-ci [3], la Commission va s'attaquer en premier lieu au secteur des télécommunications.

539 ***La libération des télécommunications*** ◇ Elle a été entreprise par l'adoption par la Commission d'une directive ouvrant à la concurrence le marché des terminaux de communication [4]. Celle-ci reconnaît à tous les opérateurs économiques le droit de commercialiser les appareils branchés sur le réseau (téléphones, fax, répondeurs, etc.), mais réserve aux États le contrôle de la conformité desdits appareils aux normes techniques de leurs

1. Solution admise pour la première fois par l'arrêt *Commune d'Almelo* à propos de concessions exclusives de distribution de l'électricité aux Pays-Bas (CJCE 27 avr. 1994, aff. C-393/92, *Rec.* p. I-1477).

2. La CJCE a déclaré expressément qu'ils n'étaient pas concernés par l'art. 31 CE (30 avr. 1974, *Sacchi*, aff. 155/73, *Rec.* p. 409).

3. La Commission ne s'est pas bornée en effet à prendre des décisions individuelles, elle a adopté des mesures générales que certains États membres ont contestées pour incompétence mais qui ont été admises par la CJCE : 6 juill. 1982, *France, Italie et Royaume-Uni c. Commission*, aff. 18/82, *Rec.* p. 2545 ; 19 mars 1991, *France c. Commission*, aff. C-202/88, *Rec.* p. I-1223.

4. Dir. 88/301, 16 mai 1988, *JOCE L.* 131, 27 mai 1988.

réseaux et de la vérification de la qualification technique des opérateurs [1]. Elle constitue la première étape d'un processus de libéralisation aujourd'hui arrivé à son terme et qui englobe, au-delà des télécommunications proprement dites, l'ensemble des communications électroniques incluant les technologies de l'information sous leurs diverses formes que la Communauté se propose de développer et de mettre au service d'une société de l'information créatrice d'emplois et de croissance.

La législation applicable a été refondue en 2002 pour tenir compte de cet élargissement. Elle se compose pour l'essentiel de cinq directives adoptées par le Conseil et le Parlement en vertu de l'article 95 (art. 114 TFUE), une directive-cadre [2] et quatre directives spécifiques [3], et d'une directive de la Commission fondée sur l'article 86 CE [4]. Elle consacre l'ouverture sans restriction des réseaux et des services de communications électroniques aux opérateurs munis d'une autorisation, des autorités nationales, séparées des opérateurs « historiques » (anciens titulaires de monopoles) devant veiller à ce libre d'accès. Celles-ci doivent en outre contrôler que les opérateurs assurent bien le service universel qui peut être mis à leur charge [5] et surveiller que les entreprises « puissantes » sur le marché n'entravent pas la concurrence ; elles peuvent à cette fin leur enjoindre des comportements déterminés. Elles notifient la liste de ces opérateurs et entreprises à la Commission. Les terminaux demeurent régis par la directive de la Commission de 1988 ; leur commercialisation est subordonnée au respect des prescriptions techniques formulées par la directive 1999/5 du 9 mars 1999 [6].

Cette législation a été modifiée en dernier lieu par deux directives et un règlement du 25 novembre 2009 [7]. Les directives visent à renforcer les droits des consommateurs dans l'utilisation des services de télécommunications, tels le droit de changer rapidement (un jour ouvrable) d'opérateur téléphonique en conservant le même numéro, celui d'obtenir une meilleure information sur les services souscrits ou la liberté d'accéder à internet. Le règle-

1. L'opérateur public qui commercialise des terminaux doit être séparé de l'autorité qui délivre l'agrément nécessaire à cette commercialisation (CJCE 13 déc. 1991, *Régie des télégraphes et téléphones*, aff. 18/88, *Rec.* p. I-5941).

2. Dir. 2002/21, 7 mars 2002 fixant le cadre réglementaire commun des réseaux et services de communications électroniques (*JOCE* L. 108, 24 avr. 2002)

3. Dir. 2002/20, 2002/19 et 2002/22 du même jour concernant respectivement le régime des autorisations délivrées aux opérateurs, les conditions d'accès au secteur et le service universel garanti aux consommateurs (*JOCE* L. 108, 24 avr. 2002) et Dir. 2002/58, 12 juill. 2002 sur la protection des données et de la vie privée (*JOCE* L. 201, 31 juill. 2002)

4. Dir. 2002/77, 16 sept. 2002, sur les marchés de réseaux et de services de communication électronique (*JOCE* L. 249, 17 sept. 2002)

5. Le service universel correspond aux obligations de service public que les pouvoirs publics sont en droit d'imposer aux fournisseurs dans l'intérêt des consommateurs ; il se définit comme l'ensemble de prestations minimales devant être fournies à un prix raisonnable à ces derniers quelle que soit leur situation géographique.

6. Dir. adoptée par le Conseil et le Parlement concernant les équipements hertziens et les équipements terminaux de télécommunications et la reconnaissance mutuelle de leur conformité (*JOCE* L. 91, 7 avr. 1999).

7. Dir. 2009/136 et 2009/140 et Règl. 1211/2009, *JOUE* L. 337, 18 déc. 2009.

ment crée un organe de régulation européen des communications électroniques, composé des 27 régulateurs nationaux, qui est chargé d'assurer une concurrence équitable et une meilleure cohérence des règlementations nationales sur les marchés de télécommunications.

540 ***L'apport de la jurisprudence*** ◇ L'article 86 CE a été fréquemment invoqué devant la CJCE. Celle-ci a d'abord tiré les conséquences de la soumission des entreprises publiques aux règles générales de la concurrence en affirmant que ces entreprises ne devaient pas conclure d'ententes contraires à l'article 81 CE [1] ou se rendre coupables d'abus de position dominante [2]. Mais elle s'est surtout efforcée, à diverses reprises, de concilier les nécessités des services d'intérêt économique général avec les exigences de la concurrence. Face à une situation de monopole, elle s'interroge sur le caractère d'intérêt général ou non que revêt l'activité exercée puis vérifie, en cas de réponse positive, que l'application du droit de la concurrence ne risque pas d'affecter la « mission particulière » qui a été confiée au titulaire du monopole [3]. En règle générale, elle s'est montrée plus favorable à l'existence des monopoles que la Commission. Elle admet ainsi le monopole dans la mesure où il permet de préserver l'équilibre financier de l'opérateur public qui serait menacé par la concurrence portant sur les activités rentables du service qu'il exerce ; en d'autres termes, la Cour reconnaît au monopole le droit de compenser ses activités non rentables par la mise à l'écart de la concurrence sur ses activités rentables. Le monopole ne peut pas en revanche porter sur des activités spécifiques, détachables du service qu'il est tenu d'assurer et qu'il n'est pas en mesure d'exercer [4]. De même, elle accepte un monopole d'importation si celui-ci se révèle nécessaire à la mission d'intérêt général du service [5] ; pour en juger, elle appréciera les conditions économiques dans lesquelles opère son gestionnaire, et notamment les coûts qu'il doit supporter du fait tant du cadre réglementaire général qui s'impose à lui (en matière de protection de l'environnement par exemple) que de ses obligations spécifiques. Ainsi, selon la jurisprudence, un monopole de services sera-t-il compatible avec le droit communautaire dans les conditions suivantes : s'il porte sur l'accomplissement d'un service d'intérêt général, s'il est nécessaire à l'équilibre économique du gestionnaire du service et si cet équilibre résulte de la prise en compte des obligations générales et particulières s'imposant à lui.

1. Aff. 155/73, *Sacchi*, préc.
2. CJCE 4 mai 1988, *Bodson*, aff. 30/87, *Rec.* p. 2479 ; dans le cas d'un monopole, l'abus sera le plus souvent constitué par la pratique de prix jugés excessifs.
3. La Cour a ainsi admis le monopole en matière de télévision (aff. 155/73, *Sacchi*, préc.), le monopole de l'établissement et de l'exploitation du réseau public de télécommunications (aff. 18/88, *Régie des télégraphes et téléphones*, préc.), le monopole du service de pilotage dans les ports (18 juin 1998, *Corsica Ferries France*, aff. C-266/96, *Rec.* p. I-3949) ou encore le monopole de distribution de l'électricité (aff. *Cne d'Almelo*, préc.).
4. La Cour a fixé sa position à propos du monopole postal en Belgique (19 mai 1993, *Corbeau*, aff. C-320/91, *Rec.* p. I-2563).
5. Aff. *Cne d'Almelo* préc. ; position confirmée dans les arrêts du 23 oct. 1997 préc.

541 ***La libération des services postaux*** ◇ L'application des principes jurisprudentiels n'était pas suffisante pour contraindre les États à abandonner leur monopole en matière postale. Comme pour les autres secteurs monopolisés, le législateur est intervenu pour fixer le cadre juridique du marché intérieur des services postaux. Une première directive a été adoptée le 15 décembre 1997 [1], qui définit le contenu du service universel que les opérateurs ont l'obligation d'assurer et les normes de qualité qui leur sont imposées. Elle autorise le maintien du monopole sur certains aspects de ce service et précise ceux qui peuvent être mis en concurrence. Elle est modifiée en 1992 [2] afin d'ouvrir davantage le secteur à la concurrence : le monopole sur la distribution des lettres de moins de 100 grammes est abandonné au 1er janvier 2003, ce plafond étant abaissé à 50 grammes au 1er janvier 2006. L'achèvement du marché intérieur est réalisé par la directive 2008/6 du 20 février 2008 [3]. Le monopole est totalement supprimé, mais cette suppression ne sera effective pour la majorité des États qu'au 31 décembre 2010, date limite de la transposition du nouveau texte qui est repoussée de deux années supplémentaires pour certains d'entre eux.

542 ***L'émergence d'une conception européenne du service public*** ◇ À travers l'application de l'article 86 CE, la Commission a élaboré une véritable doctrine du service public « à l'européenne » qui est fondée sur l'objectif de satisfaire certains besoins d'intérêt général au moindre coût pour la collectivité. Ses prises de position en faveur de l'ouverture des monopoles publics à la concurrence ont suscité un vaste débat où se sont affrontés les partisans d'un service public « à la française », confié à la puissance publique, seule à même de répondre à certains besoins vitaux, et les partisans d'un service économique d'intérêt général qui doit être géré par l'opérateur économiquement le plus performant. Le Traité d'Amsterdam s'y référait en termes prudents, en introduisant dans le Traité CE une disposition soulignant la place de ces services dans l'Union (art. 16) ; sans trancher en faveur de l'une ou l'autre conception, il se borne à affirmer que la Communauté et les États membres doivent veiller, dans leur domaine respectif, à ce que ces services fonctionnent « sur la base de principes et dans des conditions qui leur permettent d'accomplir leur mission ».

La conception développée par la Commission repose sur la définition, dans chacun des grands secteurs « monopolisés », du service de base qui doit être obligatoirement assuré (service universel) et peut l'être par un opérateur choisi par les pouvoirs publics qui lui imposeront un cahier des charges, et des services qui, n'en étant pas le complément indispensable, peuvent en conséquence être ouverts à la concurrence sans restriction.

1. Dir. 97/67, *JOCE* L. 15, 21 janv. 1998.
2. Dir. 2002/39, 10 juin 2002, *JOCE* L. 176, 15 juill. 2002.
3. *JOUE* L. 52, 27 févr. 2008.

La publication par la Commission, en mai 2003, d'un livre vert sur les services d'intérêt général [1] avait centré le débat sur l'utilité de fixer les principes de base d'un régime communautaire des services publics dans une directive-cadre mais la Commission y avait provisoirement renoncé devant les réticences rencontrées par sa proposition [2]. Le Traité de Lisbonne reprend toutefois cet objectif en chargeant le PE et le Conseil de fixer dans des règlements les principes et les conditions régissant le fonctionnement de ces services (art. 14 TFUE).

§ 3. Les marchés publics

543 ***Un secteur traditionnellement cloisonné*** ◇ Les marchés passés par les administrations et les entreprises publiques pour l'exécution de leurs travaux, l'achat de leurs fournitures ou des services nécessaires à leur fonctionnement, qui représentent plus de 16 % du PIB des États membres, ont longtemps été réservés aux entreprises nationales pour des raisons variées où les considérations de politique économique se mêlaient à la simple routine. Ce cloisonnement était préjudiciable tant aux acheteurs publics qui surpayaient leurs commandes du fait d'une concurrence insuffisante [3] qu'aux entreprises elles-mêmes dont le développement était entravé par la fermeture de marchés à l'exportation prometteurs. Il était de plus totalement contraire aux principes du marché commun et condamné de ce fait à disparaître. La Communauté a donc entrepris un effort progressif de libération qui l'a conduit à soumettre l'ensemble des catégories de marchés publics, au-delà des règles générales du Traité, à une réglementation spécifique appropriée.

544 ***Les règles générales du Traité CE/TFUE*** ◇ À défaut de dispositions visant expressément les marchés publics [4], ceux-ci relèvent des principes de base du marché intérieur. Le principe de la libre circulation des marchandises s'applique ainsi aux marchés de fournitures : il interdit aux acheteurs publics de donner la préférence aux produits nationaux ou, à l'inverse, d'exclure les produits importés dans leurs offres de marchés, de telles dispositions constituant des mesures d'effet équivalent à des restrictions quantitatives [5]. Les marchés de travaux et les marchés de services bénéficient du droit d'établissement et de la liberté de prestation de services qui permet-

1. COM(2003) 270 final.
2. Livre blanc sur les services d'intérêt général publié en mai 2004 (COM(2004) 374 final).
3. Dans un rapport sur le « coût de la non-Europe » publié dans les années quatre-vingt, la Commission avait estimé à vingt milliards d'écus par an le surcoût injustifié résultant de cette situation.
4. La seule mention que le Traité consacre aux marchés publics concerne les marchés conclus dans le domaine de la recherche (art. 163 CE/179 TFUE).
5. CJCE 22 sept. 1988, *Commission c. Irlande*, aff. 45/87, *Rec.* p. 4929 et 20 mars 1990, *Dupont de Nemours Italiana*, aff. C-21/88, *Rec.* p. I-889. La Commission a formellement repris ces

tent respectivement aux entreprises de s'installer dans n'importe quel État membre ou d'effectuer des travaux ou de fournir des services sans être astreintes à une obligation de résidence. Ces règles générales sont applicables aux marchés publics qui échappent à l'application des directives d'harmonisation adoptées par le législateur communautaire [1]. Dans le cas contraire, ce sont les directives qui s'appliquent et qui font obstacle en principe à l'invocation du Traité.

545 ***La réglementation spécifique*** ◇ Elle est contenue dans les directives d'harmonisation qui ont été progressivement élaborées par la Communauté [2]. La suppression des restrictions à la liberté des échanges ne suffisant pas à garantir l'égalité des chances de toutes les entreprises désireuses de répondre aux offres de marché proposées dans la Communauté [3], il a été nécessaire d'aller plus loin. Les procédures de passation des marchés publics ont été harmonisées puis, pour garantir leur respect, les procédures de recours l'ont été également.

Chaque catégorie de marchés publics relève à l'origine d'une directive propre [4], à l'exception des marchés concernant l'eau, l'énergie, les transports et les télécommunications (secteurs dits « spéciaux ») qui sont soumis à une directive unique [5] en raison des particularités existant dans ces secteurs (les marchés publics y sont passés tantôt par des autorités publiques tantôt par des organismes privés).

Dans un but de simplification, ces textes ont été regroupés dans deux directives, l'une sur les marchés publics dans les secteurs traditionnels (Dir. 2004/18) et l'autre sur les marchés publics dans les secteurs spéciaux (Dir. 2004/17) qui ont été adoptées le 30 avril 2004 [6]. L'une et l'autre ne s'appliquent qu'aux marchés qu'elles déterminent de manière précise, notamment par la fixation de seuils : 6 242 000 euros pour les marchés de travaux, 162 000 euros pour les marchés de fournitures et de services passés par les administrations centrales et 249 000 pour ceux passés par les collectivités locales (la distinction est la conséquence de l'entrée en vigueur de l'accord international sur les marchés publics conclu dans le cadre de l'*Uruguay round* en 1994, v. *infra*) (art. 7 Dir. 2004/18) ; le seuil est relevé

interdictions dans sa Dir. 70/32 du 17 déc. 1969 qui tire les conséquences de l'application de l'art. 30 (art. 34 TFUE) aux marchés de fournitures.

1. Aff. 45/87, *Commission c. Irlande* préc.

2. Sur la base des art. 47 (droit d'établissement), 55 (libre prestation de services) et 95 CE (rapprochement des législations nationales ayant une incidence sur le marché intérieur).

3. Cette suppression avait fait l'objet d'une directive adoptée par la Commission le 17 déc. 1969 pour étendre aux marchés de fournitures l'interdiction de l'art. 30 CEE (elle n'est plus en vigueur).

4. Dir. sur les marchés de travaux, 26 juill. 1971 ; Dir. sur les marchés de fournitures, 21 déc. 1976 (plusieurs fois modifiées, ces directives ont été codifiées, la première, par la Dir. 93/37, la seconde, par la Dir. 93/36, 14 juin 1993) ; Dir. sur les marchés de services, 18 juin 1992.

5. Dir. 17 sept. 1990, remplacée par Dir. 53/38, 14 juin 1993.

6. *JOUE* L. 134, 30 avr. 2004.

uniformément à 499 000 euros pour ces marchés dans les secteurs spéciaux (art. 16 Dir. 2004/17) [1]. Elles s'appliquent aux concessions de travaux publics mais pas à celles de service public. La directive 2004/17 modifie par ailleurs les contours des secteurs spéciaux : elle exclut les télécommunications mais englobe les services postaux. De manière plus générale, elle prévoit qu'elle cessera de s'appliquer dès lors que les secteurs concernés connaîtront une concurrence effective (les États membres pourront obtenir une décision en ce sens de la Commission).

Les voies de recours internes contre les violations de la réglementation communautaire ont été par ailleurs harmonisées afin de renforcer les possibilités des entreprises victimes d'irrégularités de défendre efficacement leurs droits. Tel est l'objet des directives « recours » qui définissent les remèdes applicables en cas de violation des directives dans les secteurs traditionnels [2] et spéciaux [3] et qui ont été modifiées en 2007 [4].

D'autre part, en vue de permettre l'établissement progressif d'un marché européen des équipements de défense, une directive [5] particulière a harmonisé les procédures de passation des marchés publics dans le domaine de la défense et de la sécurité. Elle s'applique aux marchés de fournitures d'équipement militaire et d'équipements sensibles (matériels soumis à des procédures de classification) ainsi qu'aux marchés de travaux et de services concernant la défense. Les marchés visés doivent dépasser, pour les fournitures et les services, 412 000 euros, et pour les travaux, 5 150 000 euros. La directive comporte ses propres règles en matière de recours.

A. L'harmonisation des procédures de passation

546 ***Objet de l'harmonisation*** ◇ Les procédures demeurent fixées par les droits nationaux mais l'harmonisation communautaire les soumet à deux principes fondamentaux – la transparence et la non-discrimination – qui orientent l'ensemble des dispositions arrêtées par les directives et qui s'imposent aux autorités passant les marchés [6].

Les entreprises intéressées doivent être pleinement informées des offres de marchés lancées dans la Communauté et de leurs caractéristiques et être

1. Ces seuils sont réévalués tous les deux ans par la Commission en fonction de l'évolution des taux de conversion des droits de tirages spéciaux du FMI en euros.

2. Dir. 89/665, 24 déc. 1989 (*JOCE L.* 395, 30 déc. 1989). Son application a été étendue aux marchés de services (art. 46 Dir. 92/50).

3. Dir. 92/13, 25 févr. 1992 (*JOCE L.* 76, 23 mars 1992).

4. Dir. 2007/66, 11 déc. 2007 (*JOUE* L. 335, 20 déc. 2007).

5. Dir. 2009/81, 13 juill. 2009 (*JOUE* L. 216, 20 août 2009).

6. Lorsque ce sont des autorités publiques (administrations d'État, collectivités territoriales, organismes de droit public), elles sont appelées « pouvoirs adjudicateurs », lorsque ce sont des organismes de droit privé (dans le cas des marchés conclus dans les secteurs spéciaux), on les désigne par l'expression d'« entités adjudicatrices ».

placées sur un strict pied d'égalité au regard des conditions posées pour l'attribution de ces marchés [1].

Sont réglés successivement à cet effet : les modalités de publicité des marchés, le choix de leurs procédures de passation, les prescriptions techniques imposées aux entreprises, les conditions générales de leur participation et les critères d'attribution des marchés.

547 ***La publicité des marchés*** ◇ Elle est assurée par la publication au *JOUE* (dans une série spécialisée « S » qui n'est plus diffusée que par la voie électronique) d'un avis de marché établi conformément à un modèle uniforme. Il contient les informations obligatoires que prescrit la réglementation communautaire (objet du marché, procédure de passation, critères d'attribution, délai de remise des offres, etc.). Des avis nationaux peuvent être également publiés, mais ils doivent se borner à reprendre les informations figurant dans l'avis communautaire.

L'obligation de publicité s'étend aux marchés conclus. Les États doivent communiquer à la Commission, sous la forme d'avis, des informations sur le résultat des procédures de passation dont le contenu est fixé par les directives.

548 ***Les procédures de passation*** ◇ Elles sont définies par les directives et ne peuvent être utilisées que dans les conditions prescrites. Il existe trois grands types de procédure : les procédures *ouvertes* dans lesquelles toutes les entreprises intéressées sont autorisées à présenter leurs offres, les procédures *restreintes* dans lesquelles les entreprises admises à soumissionner ont été auparavant sélectionnées, et les procédures *négociées* ou de *gré à gré*, avec ou sans mise en concurrence préalable [2], dans lesquelles l'autorité adjudicatrice négocie librement les conditions d'attribution du marché à l'entreprise de son choix. Les deux premières peuvent être utilisées sans restriction, contrairement aux troisièmes qui ne peuvent l'être que dans les cas limitativement énumérés. La directive 2004/17 est toutefois plus libérale en autorisant l'emploi de ces dernières à la seule condition qu'une mise en concurrence ait été effectuée (elle énumère en outre les cas dans lesquels la mise en concurrence n'est pas exigée).

Un *concours* est parfois organisé pour départager les candidats à certaines prestations de services (le projet est choisi par un jury indépendant et l'autorité compétente est alors tenue d'attribuer le marché à son auteur). Une nouvelle procédure a, enfin, été créée par la directive 2004/18, celle du *dialogue compétitif*, qui permet au pouvoir adjudicateur de discuter avec les entreprises sélectionnées du contenu d'un marché qu'il n'est pas en mesure

1. En particulier les entreprises *soumissionnaires* (celles qui ont remis une proposition) et les entreprises *candidates* (celles qui ont été invitées à participer à une procédure restreinte ou négociée).

2. Un avis est publié en cas de mise en concurrence préalable et l'autorité adjudicatrice est tenue en principe de retenir au moins trois entreprises.

ou ne souhaite pas déterminer seul (tel un projet portant sur de grands projets d'infrastructures).

549 ***Les prescriptions techniques*** ◇ Ce sont les spécifications d'ordre technique auxquelles doivent répondre les fournitures, services ou travaux demandés. Elles sont précisées dans les cahiers des charges généraux qui régissent les diverses catégories de marchés et dans les cahiers des charges particuliers qui s'appliquent à chaque marché. Elles doivent se référer à la hiérarchie complexe établie par les directives et dont les traits principaux sont les suivants : priorité doit être donnée aux normes nationales transposant les normes européennes (sous réserve d'une possibilité d'y déroger qui doit figurer dans les cahiers des charges et être motivée) ; à défaut, référence doit être faite aux spécifications techniques nationales conformes aux exigences essentielles posées par les directives d'harmonisation ; les dispositions « préférentielles », qui mentionnent des procédés de fabrication ou des produits d'une provenance déterminée et qui ont pour effet de favoriser ou d'éliminer certaines entreprises, sont interdites à moins qu'elles ne soient accompagnées de la formule « ou équivalent ».

550 ***Les conditions générales de participation des entreprises*** ◇ Toutes les entreprises n'ont pas la capacité (technique, financière ou autre) nécessaire pour exécuter n'importe quel marché. Il a donc été nécessaire d'établir des critères de sélection appuyés sur des moyens de preuve.

Les entreprises sont d'abord soumises à des conditions d'*honorabilité :* absence de faillite, de condamnation pour « délit affectant la moralité professionnelle », de fautes graves, etc. La *preuve* peut être apportée par la présentation d'extrait de casier judiciaire ou de certificat délivré par l'autorité compétente.

Les entreprises doivent apporter la preuve de leurs *aptitudes techniques* (savoir-faire, efficacité, expérience, fiabilité) au moyen des références demandées par le pouvoir adjudicateur (dans l'avis publié au *JOUE*).

Les entreprises doivent aussi démontrer, références à l'appui, leur capacité économique et financière.

Enfin, les entreprises doivent justifier de l'accomplissement de *diverses obligations* telles que l'inscription au registre des professions ou au registre du commerce. Certains États tiennent des *listes d'entreprises agréées* qui peuvent constituer une présomption d'aptitude.

551 ***Les critères d'attribution*** ◇ En dehors des marchés négociés qui préservent l'entière liberté des autorités adjudicatrices, celles-ci attribuent les marchés soit sur la base de *l'offre la plus basse* soit sur la base de *l'offre économiquement la plus avantageuse*, de loin la plus couramment retenue. Cette dernière peut être appréciée selon toute une gamme de données qui varient selon les marchés : outre le prix, la valeur technique, les qualités esthétiques, la fiabilité du service après-vente, les délais de livraison, etc. Les

autorités nationales sont libres de choisir les critères qu'elles jugent appropriés (les directives ne donnent que des exemples) mais la réglementation communautaire leur impose d'indiquer dans les documents contractuels le poids respectif qu'elles donnent à chacun d'eux et la jurisprudence leur interdit de se référer à des critères qui n'auraient pas de lien avec l'objet du marché [1].

L'attribution du marché au *moins disant* n'est pas toujours automatique, les directives autorisant les autorités adjudicatrices à écarter les *offres anormalement basses*. Cette possibilité est toutefois subordonnée à la condition que l'auteur de l'offre ait été au préalable invité à s'expliquer sur les raisons du prix anormalement bas présenté [2].

B. L'harmonisation des procédures de recours

552 ***Les recours institués*** ◇ Les voies de recours internes étant très différentes d'un État membre à l'autre, l'efficacité de la protection des entreprises victimes d'une violation de leurs droits commandait qu'elles soient harmonisées pour éviter les traitements inégaux selon le lieu de l'illégalité commise. Les recours ainsi harmonisés sont organisés par les États membres. Ils doivent être à la disposition de toute *personne intéressée* par l'obtention d'un marché public et ayant été lésée par une violation alléguée d'une règle de passation. Ils peuvent aboutir à plusieurs solutions : annulation de décisions illégales, adoption de mesures provisoires (telle la suspension de la procédure de passation), attribution de dommages-intérêts. L'instance de recours à saisir peut être une juridiction ou une autorité non juridictionnelle, à la condition que les décisions de cette dernière soient susceptibles de recours devant une juridiction « au sens de l'article 177 (art. 267 TFUE) du Traité ».

La directive 92/13 prévoyait en outre une procédure de conciliation qui pouvait être mise en œuvre à la demande de l'une des parties à un litige, mais, faute d'utilisation, elle a été supprimée par la directive 2007/66. Les deux directives « recours » donnent aussi à la Commission le droit d'intervenir auprès d'un État membre pour lui notifier toute irrégularité dans la procédure de passation d'un marché donné et l'inviter à corriger celle-ci. Cette intervention se conjugue avec les pouvoirs généraux de gardienne des traités que la Commission a reçus et qui l'autorisent à engager l'action en manquement contre l'État contrevenant. La directive 2007/66 vient renforcer les garanties offertes aux entreprises. Elle institue d'abord un délai minimal entre l'attribution du marché et sa conclusion (la signature du contrat qui clôt la procédure) afin de donner le temps aux concurrents évincés d'exercer utilement un recours (car un marché conclu est en général définitif selon les droits nationaux) et sanctionne ensuite plus lourdement

1. La référence à la protection de l'environnement dans un marché de fourniture d'autobus a été ainsi contestée mais admise par la CJCE (17 sept. 2002, *Concordia Bus*, aff. C-513/99, *Rec.* p. I-7213).
2. CJCE 22 juin 1989, *Fratelli Costanzo*, aff. 103/88, *Rec.* p. 1839.

les irrégularités commises. Les marchés attribués en violation de la réglementation communautaire sont, au choix des États, privés d'effets juridiques ou donnent lieu à des sanctions de substitution (pénalités financières infligées aux autorités coupables, diminution de la durée du marché). La directive souligne que l'octroi de dommages et intérêts ne constitue pas une telle sanction.

TITRE 2

LES POLITIQUES DE L'UNION

553 ***Présentation générale*** ◇ Si, à l'origine, les politiques que les traités communautaires chargent la Communauté d'élaborer et de gérer sont relativement réduites, elles vont par la suite se multiplier de telle sorte qu'il devient de en plus difficile d'en donner une vue d'ensemble complète et cohérente.

Aux politiques spécifiques prévues initialement par les Traités CECA et CEEA pour développer respectivement les secteurs du charbon et de l'acier et de l'énergie nucléaire, le Traité CEE a ajouté deux politiques communes dans les domaines de l'agriculture et des transports [1].

D'autres politiques feront ultérieurement leur apparition dans le cadre de la CEE. Créées, pour la plupart, par les institutions sur la base de l'article 235 CEE (art. 352 TFUE) après l'expiration de la période de transition, elles ont été ensuite insérées dans le Traité CEE par l'AUE, tandis que d'autres étaient ajoutées ultérieurement par le Traité de Maastricht. Cette extension marque le développement constant de la coopération entre les États membres et la prise de conscience croissante des intérêts communs qui les unissent. La diversité des actions que l'UE est invitée à engager est telle aujourd'hui qu'elle recoupe largement l'éventail des politiques nationales conduites en matière économique et sociale. Mais cette diversité ne doit pas faire illusion. Certaines n'ont pas de consistance réelle et se ramènent à des objectifs vagues de coopération assortis des procédures permettant de l'engager. D'autres confèrent à l'UE des pouvoirs normatifs et budgétaires importants. L'action de l'UE revêt ainsi une intensité très inégale, son engagement variant selon le domaine dans lequel elle intervient et le type de compétence

1. Une troisième politique commune est prévue en matière de commerce extérieur, elle sera étudiée dans la 4e partie.

qui lui est rattaché. Le Traité de Lisbonne le montre bien, qui répartit entre les diverses compétences attribuées à l'UE les diverses politiques qu'elle a pour mission d'élaborer et de gérer [1]. Pour s'en tenir aux seules actions qui n'ont pas encore été étudiées, il distingue celles qui relèvent de la compétence exclusive de l'UE (politique monétaire, conservation des ressources biologiques de la mer), celles qui sont partagées, selon des nuances variées, avec les États membres (politique sociale, cohésion économique et sociale, agriculture et pêche, environnement, protection des consommateurs, transports, réseaux transeuropéens, énergie, santé publique, recherche et développement technologique), celles qui ne sont soumises qu'à une compétence de coordination (politique économique, emploi) et celles pour lesquelles l'UE ne dispose que d'une simple compétence d'appui (industrie, culture, tourisme, éducation, formation professionnelle, jeunesse et sport), son intervention se limitant ici à définir des programmes de soutien au développement de ces domaines, le pouvoir d'harmoniser les législations nationales lui étant refusé.

En vue d'atteindre les objectifs économiques et sociaux que l'article 3 UE définit en termes très généraux (l'UE « œuvre pour le développement durable de l'Europe fondé sur une croissance économique équilibrée (...), une économie sociale de marché hautement compétitive qui tend au plein-emploi et au progrès social »), l'UE agit dans trois directions :

– elle élabore et gère les politiques sectorielles communes que prévoient les traités (Chapitre 1) ;

– elle s'efforce de définir des politiques générales qui constituent l'amorce d'une politique économique et sociale commune (Chapitre 2) ;

– elle renforce par des actions complémentaires de protection et de développement certaines politiques nationales existantes (Chapitre 3).

1. Le Traité reprend sur ce point les dispositions de la Constitution européenne.

CHAPITRE 1
LES POLITIQUES SECTORIELLES COMMUNES

554 ***Généralités*** ◇ Dans certains domaines, les traités investissent l'UE de très larges compétences afin de lui permettre de substituer, dans l'intérêt commun et dans la mesure où cela est jugé nécessaire, une politique proprement communautaire aux politiques nationales existantes. Celle-ci hérite alors des pouvoirs que les États membres ont accepté de lui transférer pour des raisons d'efficacité. Les politiques communes ainsi élaborées soumettent les secteurs qu'elles régissent à des règles spécifiques qui peuvent déroger aux règles générales du Traité, les fondateurs de la CEE n'ayant pas voulu exposer trop brutalement et sans « garde-fou » les secteurs fragiles que sont, pour des raisons principalement structurelles (poids des entreprises familiales et artisanales notamment), l'agriculture et les transports (routiers et fluviaux), au choc de la libre concurrence. La politique agricole, qui englobe également les produits de la pêche, a été complétée ultérieurement par l'élaboration d'une politique autonome de la pêche rendue nécessaire par les changements profonds qui ont affecté le secteur depuis une trentaine d'années.

Des politiques spécifiques ont par ailleurs été conduites dans le cadre de la CECA et de la CEEA avec les moyens propres que possédaient ces deux communautés sectorielles. Il ne subsiste plus que la politique de l'énergie nucléaire, la politique du charbon et de l'acier n'ayant pas survécu à la disparition de la CECA. Seront ainsi successivement présentées la politique agricole (Section 1), la politique de la pêche (Section 2), la politique des transports (Section 3) et la politique de l'énergie nucléaire (Section 4).

SECTION 1. LA POLITIQUE AGRICOLE

555 ***L'importance de la PAC*** ◇ La politique agricole commune (PAC) est la première politique mise en œuvre par la Communauté et demeure la politique budgétairement la plus importante (près de 45 % du budget communautaire lui sont consacrés). Elle occupe une place essentielle dans l'histoire de la construction européenne dont elle a symbolisé longtemps, par le modèle d'intégration qu'elle a favorisé, les succès et les échecs. À l'origine d'innovations institutionnelles marquantes (les ressources budgétaires propres, le pouvoir budgétaire du Parlement, la comitologie) mais aussi de crises et de tensions aiguës (la crise de 1965 réglée par le « compromis » de Luxembourg des 28 et 29 janvier 1966, les « marathons » agricoles consacrés à l'examen des propositions de la Commission), elle repose sur une volonté interventionniste qui tranche avec le libéralisme ambiant de la

philosophie communautaire. Elle enferme en effet les agriculteurs dans un cadre juridique contraignant qui les assujettit à des obligations dont le strict respect commande l'octroi des aides dont ils peuvent bénéficier. Ses résultats, inégaux, comme l'évolution de la conjoncture économique l'ont contrainte à des ajustements permanents et à des réformes plus profondes dont l'enjeu en fin de compte est le maintien ou l'abandon d'une politique commune de plus en plus difficile à gérer et dont la pérennité n'est garantie que jusqu'à 2013.

Cette politique sera présentée à travers ses principes de base, ses modalités de mise en œuvre et les réformes dont elle a été l'objet.

§ 1. Les bases de la politique commune

556 ***Les motifs d'une politique commune*** ◇ Le Traité de Rome a tenu à soumettre l'agriculture à des dispositions spéciales et à la considérer comme une « politique commune » en raison des caractères particuliers de cette activité, qui interdisaient la libération pure et simple des produits agricoles visés dans l'ensemble des États membres par d'importantes interventions publiques.

L'agriculture ne pouvait cependant pas rester en dehors du Marché commun : d'abord à cause de la difficulté de distinguer certains produits agricoles de produits industriels (notamment dans les industries alimentaires) ; ensuite pour ne pas exclure d'une véritable union douanière les produits agricoles qui jouent dans l'économie de certains États membres un rôle essentiel ; enfin à cause de la place occupée, du moins à l'origine, par la population agricole.

La politique conduite par l'UE poursuit des objectifs qui lui sont propres, repose sur des principes qui la structurent et englobe les produits que définit le Traité.

A. Les objectifs

557 ***Des objectifs difficiles à mettre en œuvre et à concilier*** ◇ Les cinq objectifs généraux énumérés par l'article 39 TFUE (ils n'ont pas été modifiés depuis l'origine) semblaient difficiles à mettre en œuvre, tant pour les producteurs que les consommateurs, sans accepter une baisse d'effectifs de la population agricole. Ils étaient également difficiles à concilier entre eux. Ils visaient en effet à :

1) accroître la productivité de l'agriculture en développant le progrès technique, en assurant le développement rationnel de la production agricole, ainsi qu'un emploi optimum des facteurs de production, notamment de la main-d'œuvre ;

2) relever le niveau de vie des agriculteurs, afin de leur assurer un niveau de vie équitable ;

3) stabiliser les marchés ;

4) garantir la sécurité des approvisionnements ;
5) assurer des prix raisonnables pour les consommateurs.

Ces objectifs, relativement ambitieux, sont en effet de nature différente (technique, économique ou sociale). Parfois contradictoires (relever le niveau de vie des agriculteurs et assurer des prix raisonnables pour les consommateurs), ils peuvent difficilement être atteints en même temps. Aucun n'étant supérieur à un autre, la « prééminence » de l'un d'eux ne pourrait donc qu'être « temporaire » et « conjoncturelle », alors que la « conciliation » des objectifs qui pourraient s'avérer contradictoires devra être « permanente » [1]. Une telle préférence n'est pas la conséquence d'une quelconque hiérarchie préétablie et permanente, mais constitue bien une décision de nature politique [2].

L'agriculture n'échappe pas en outre aux objectifs de la politique commerciale commune qui doit « contribuer au développement harmonieux du commerce mondial » en supprimant progressivement les limitations aux échanges internationaux (art. 206 TFUE).

558 ***La nécessité de poursuivre le progrès technique et l'organisation des marchés*** ◇ La politique agricole commune s'est donc orientée vers deux séries d'objectifs : le progrès technique et l'organisation des marchés.

Les dispositions du Traité CE/TFUE qui ont trait à la technique agricole sont relativement brèves : la Communauté/UE doit seulement entreprendre la « coordination efficace » des efforts accomplis dans les domaines de la formation professionnelle, de la recherche, de la vulgarisation et peut à cette fin créer des « projets ou institutions financés en commun » (art. 35 CE/41 TFUE).

Les principes d'une politique d'organisation des marchés sont plus longuement développés par l'article 34 CE/40 TFUE. Ce texte donne aux institutions le choix entre plusieurs types d'organisations. Il permettait, par ordre d'intégration croissante, des règles communes de concurrence, la coordination des organisations nationales de marché ou une organisation européenne du marché. Il indique en outre, sans que cette énumération soit limitative, diverses modalités d'intervention possibles : création d'un ou de plusieurs fonds d'orientation et de garantie agricole, réglementation des prix, subventions à la production ou à la commercialisation, stockage, mécanismes communs de stabilisation à l'importation ou à l'exportation.

B. Les principes

1. Les principes généraux

559 ***Leur contenu*** ◇ Le Traité édicte deux principes essentiels qui commandent le régime de l'agriculture au sein du marché intérieur. Ce sont :

1. CJCE 24 oct. 1973, *Balkan Import-Export*, aff. 5/73, *Rec.* p. 1091.

2. La Cour a par ex. placé sur un même plan la stabilité du marché et la sauvegarde du niveau de vie des agriculteurs (CJCE 15 juin 1976, *Frecasseti*, aff. 113/75, *Rec.* p. 983).

– la soumission de l'agriculture aux règles générales de la libre circulation des marchandises [1] ;

– la prise en compte des particularités du secteur. Il n'était en effet pas possible, lors de l'entrée en vigueur du Traité de Rome, de supprimer purement et simplement les frontières entre les six marchés agricoles nationaux : trop de différences les opposaient tant pour les prix, que pour les interventions et les structures. Dès lors, le marché intérieur ne pouvait être réalisé que par des mesures prises dans le cadre d'une politique commune.

Le Traité ne constituant qu'un cadre, il appartenait donc aux instances communautaires de prendre les mesures nécessaires à son application, selon la procédure initialement prévue par l'article 43 CEE qui a été modifiée par le Traité de Lisbonne, la procédure consultative étant remplacée par la procédure législative ordinaire (art. 43 TFUE).

2. Les principes spécifiques

560 ***1°) L'unicité du marché et des prix*** ◇ Ce principe doit permettre la libre circulation des produits agricoles à l'intérieur de la Communauté, grâce à la suppression des droits de douane et des contingentements, à la mise en place d'un tarif douanier commun, ainsi qu'à l'harmonisation des réglementations administratives, sanitaires et vétérinaires. Elle suppose également la fixation par le Conseil de prix directeurs et l'interdiction des subventions nationales [2]. Ces prix, qui sont fixés en euros depuis le 1er janvier 1999, l'ont été à l'origine en unités de compte (qui correspondait à l'époque à la définition du dollar), puis en écus. Ils étaient ensuite traduits en monnaies nationales. Ce système fut profondément perturbé par les crises monétaires à partir de 1968, du fait de l'indexation des prix agricoles sur ces unités de compte.

Une telle situation ne pouvait qu'aboutir à une augmentation des prix agricoles dans les pays ayant dévalué (comme la France, le 10 août 1969) et à une diminution des revenus agricoles dans les pays ayant réévalué (comme l'Allemagne, le 27 octobre 1969), du fait de la baisse des prix. Aussi avait-on organisé un régime « agrimonétaire », basé sur la dissociation de l'écu (l'unité de compte alors en vigueur) et du taux de conversion des monnaies appliqué à la politique agricole.

Mais les taux agricoles spécifiques (appelés « taux verts ») produisaient un autre effet : une fois leurs prix traduits en monnaie nationale, les produits des pays à monnaie dévaluée devenaient moins chers à l'exportation, ceux des pays à monnaie réévaluée plus chers.

L'instauration des « montants compensatoires », à partir de 1969 entre la France et l'Allemagne, devait permettre d'en corriger les conséquences.

1. La libre circulation des produits agricoles devant être garantie « dans des conditions analogues à celles qui existent dans un marché national » (CJCE 10 déc. 1974, *Charmasson*, aff. 48/74, *Rec.* p. 1383).

2. « La réalisation d'un marché unique reposant sur un système de prix communs serait compromise par l'octroi de certaines aides » (CJCE 23 janv. 1975, *Galli*, aff. 31/74, *Rec.* p. 47).

561 ***Les montants compensatoires*** ◇ Étendus à l'ensemble des pays de la Communauté par un règlement du Conseil du 11 juillet 1971, ces « montants compensatoires », conçus, dès l'origine comme provisoires [1], ont été démantelés à partir de 1985 (Règl. Conseil, 11 juin 1985 et 2 juill. 1987), avant d'être supprimés définitivement à compter du 1er janvier 1993 par le règlement 3813/92 du 28 décembre 1992 [2]. Il s'agissait en effet d'un système complexe et injuste pour les pays à monnaie faible et qui a coûté très cher à la Communauté jusqu'au début des années quatre-vingt (12 % des dépenses agricoles).

Le régime institué s'appliquait en cas de différence entre le taux de conversion agricole et le taux pivot (c'est-à-dire officiel) de l'écu. Les pays dont la monnaie était réévaluée (le taux « vert » devenait inférieur au taux officiel de conversion) bénéficiaient de montants « positifs » ; ceux-ci étaient perçus sur leurs importations et versés à l'exportation. À l'inverse, les pays ayant dévalué étaient soumis à des montants négatifs : perçus à l'exportation, ils étaient versés pour soutenir leurs importations.

562 ***2°) La préférence communautaire*** ◇ Il s'agissait à l'origine de donner la priorité à la production communautaire par rapport aux importations en provenance des pays tiers, en utilisant, outre les droits de douane, le système des prélèvements.

Le tarif douanier commun, institué dès 1968, s'applique en principe aux produits agricoles importés. Mais pour ceux qui font l'objet d'une réglementation particulière, il était remplacé ou complété par un système de « prélèvement », qui était une taxe différentielle concernant les importations dont les prix étaient inférieurs à ceux de la Communauté et dont le montant était fixé par des règlements de la Commission [3].

Ce principe n'a jamais constitué cependant qu'une orientation de la PAC qui peut être écartée lorsque le Conseil le juge opportun. La CJCE ne lui a reconnu en effet qu'une portée juridique toute relative [4]. Il est aujourd'hui largement remis en cause du fait des engagements pris par la CE/UE dans le cadre de sa politique commerciale extérieure (v. *infra*).

563 ***3°) La solidarité financière*** ◇ Elle suppose la mise en commun de l'ensemble des dépenses liées à la politique agricole commune, dont tous les États membres doivent assumer la responsabilité. Elle est en principe totale

1. Cf. CJCE 24 oct. 1973, *Balkan Import Export c. Hauptzollamt Berlin Packhof*, aff. 5/73, *Rec.* p. 1091.

2. *JOCE L.* 387, 31 déc. 1992. Les montants compensatoires ont été remplacés par un régime agrimonétaire qui s'est appliqué jusqu'en 2002 aux pays ayant conservé leur monnaie nationale et qui a été fixé par un Règl. du 15 déc. 1998.

3. Le prélèvement rendait plus coûteux le produit importé que le produit communautaire.

4. V. en dernier lieu, *CJCE* 10 mars 2005, *Espagne c. Conseil*, aff. C. 342/03, *Rec.* p. I-1975. La Cour y déclare que la préférence communautaire n'est obligatoire en aucun cas et ne peut constituer une « exigence légale dont la violation entraîne l'invalidité de l'acte concerné ».

pour les dépenses relatives à la gestion des marchés agricoles (prix garantis, aides et primes, restitutions aux exportations) qui sont prises en charge par le budget communautaire, mais seulement partielle pour les dépenses de structures, la CE/UE cofinançant seulement les dépenses engagées par les États membres dans le respect des objectifs communautaires. Le financement de ces dépenses a d'abord été assuré par le *Fonds européen d'orientation et de garantie agricole* (FEOGA), créé par le règlement 25/62 et divisé en deux sections correspondant aux deux volets de la PAC, la section *garantie* pour les dépenses de gestion et la section *orientation* pour les dépenses structurelles. La solution du fonds unique a été abandonnée en 2005 avec la création du FEAGA (*Fonds européen agricole de garantie*) et du FEADER (*Fonds européen agricole pour le développement rural*) [1] qui sont opérationnels depuis le 1er janvier 2007 et dont le fonctionnement obéit sensiblement aux mêmes règles que celles applicables antérieurement au FEOGA.

C. Les produits

564 ***La définition des produits relevant de la PAC*** ◇ Selon l'article 38 TFUE : « le marché intérieur s'étend à l'agriculture, à la pêche et au commerce des produits agricoles. Par produits agricoles on entend les produits du sol, de l'élevage et de la pêcherie, ainsi que les produits de première transformation qui sont en rapport direct avec ces produits ». Pour qu'un produit transformé soit considéré comme « agricole », il faudra donc qu'il s'agisse d'un produit de première transformation qui ait un rapport direct avec la matière première. La Cour a donné une conception extensive de cette définition en se fondant sur « l'interdépendance économique manifeste entre les produits de base et les produits issus du processus productif » [2]. Ces produits sont énumérés dans l'annexe I du Traité qui a un caractère limitatif [3].

§ 2. La mise en place de la politique agricole commune

565 ***L'élaboration de la PAC*** ◇ Conformément à ce qu'avait prévu le Traité de Rome (art. 43 CEE), la politique agricole commune a été définie lors de la conférence de Stresa du 3 au 12 juillet 1958. Les mesures à prendre ont été élaborées par la Commission et adoptées par le Conseil, après consultation

1. Règl. 1290/2005, 21 juin 2005 relatif au financement de la politique agricole commune (*JOUE* L. 209, 11 août 2005).
2. CJCE 29 mai 1977, *Hauptzollamt Bielefeld c. Koenig*, aff. 198/73, *Rec.* p. 619. L'élément déterminant pour la Cour est que dans le prix du produit transformé la part de la matière agricole de base ne soit pas marginalisée.
3. Elle a toutefois été complétée par le Conseil en vertu d'une disposition initiale du Traité qui lui conférait ce pouvoir dans ses deux premières années d'application.

du Comité économique et social et de l'Assemblée parlementaire. Les premiers projets de règlements ont été présentés au Conseil à partir de mai 1961. Les négociations, souvent difficiles, aboutirent à leur adoption le 14 janvier 1962 (création du FEOGA, adoption de règles de concurrence spécifiques notamment). Traduisant la priorité donnée par la Communauté à la régulation des marchés, les organisations communes de marché (OCM) ont été progressivement mises en place durant la période transitoire, les éléments d'une politique d'aménagement des structures agricoles, dont la nécessité avait été pourtant soulignée à Stresa, ne se mettant en place qu'à partir des années soixante-dix. Une législation très fournie s'est ainsi développée dont l'essentiel, parmi les nombreuses règles applicables, concerne l'organisation et le fonctionnement des marchés agricoles.

A. Les règles applicables

Les règles applicables à l'agriculture sont celles du droit communautaire général sous réserve de leur adaptation aux caractéristiques du secteur.

1. L'application du droit communautaire général

566 ***La difficulté d'appliquer la législation communautaire à l'agriculture*** ◇ L'article 38 TFUE (ex-32 CE) pose le principe fondamental selon lequel le droit communautaire s'applique en principe à l'agriculture, sous réserve des adaptations que peuvent imposer les caractères particuliers de cette activité : « sauf dispositions contraires des articles 39 à 44 inclus, les règles prévues pour l'établissement du marché intérieur sont applicables aux produits agricoles ». Comme l'a rappelé la Cour : « il découle du paragraphe 2 de l'article 38 (art. 32 CE 38 TFUE) que les dérogations admises en matière agricole aux règles prévues pour l'établissement du marché commun, constituent des mesures d'exception d'interprétation restrictive » (CJCE 14 déc. 1962, *Commission c. Luxembourg et Belgique*, aff. 2/62, *Rec.* p. 813) [1].

L'application des règles du Traité, même adaptées ou complétées, ne suffit pas cependant à permettre l'établissement d'un marché intérieur dans lequel les produits agricoles circuleraient librement. Il a donc été nécessaire, on l'a dit, de prévoir des dispositions qui organisent cette politique commune : « Le fonctionnement et le développement du marché intérieur pour les produits agricoles doivent s'accompagner de l'établissement d'une politique commune des États membres » (art. 38 § 2 TFUE).

Il existe donc des limites à l'application du droit communautaire général.

1. La Cour a par ailleurs jugé que les dispositions de la réglementation agricole prévalent sur la réglementation générale du Traité (CJCE 16 nov. 1989, *Commission c. Conseil*, aff. 131-87 et 11-88, *Rec.* p. 3743).

2. Les limites à l'application du droit communautaire général

Il sera en effet souvent nécessaire d'adapter ou de compléter la législation communautaire.

a. La nécessité d'adapter les règles communautaires générales

Sur les trois grands domaines de la législation communautaire - concurrence, liberté de circulation des produits, des personnes, des services et des capitaux, établissement d'un tarif douanier commun - le Traité comporte des dispositions propres au secteur agricole.

567 ***Les dispositions générales du Traité*** ◇ Les règles de concurrence ne concernent l'agriculture, selon l'article 42 TFUE (ex-36 CE), « que dans la mesure déterminée par le Parlement européen et le Conseil (...) compte tenu des objectifs généraux définis par l'article 39 ». D'autre part, le même article précise que les aides peuvent être autorisées par le Conseil pour permettre la protection des exploitations défavorisées « par des conditions structurelles ou naturelles » ou la réalisation de « programmes de développement économique ».

Conformément à cet article, le règlement 26/62 du 4 avril 1962 a défini les conditions d'application à l'agriculture des règles de concurrence en matière d'ententes et d'aides d'État [1]. Les dispositions des articles 101 à 106 TFUE sont applicables, sauf aux ententes qui font partie d'une organisation nationale de marché ou qui sont nécessaires aux objectifs de l'article 39. Celles des articles 107 à 109 le sont également, sous réserve de certaines règles particulières.

La liberté de circulation ne s'applique pas à tous les produits agricoles pour tenir compte des nécessités de la protection sanitaire ou de la répression de fraudes [2]. Mais pour la plupart des produits, il existe un système d'organisation commune des marchés destiné à favoriser cette liberté.

Le tarif douanier commun s'applique par ailleurs en principe, rappelons-le, aux produits agricoles importés dans l'UE.

b. La nécessité de compléter les règles communautaires générales

Une telle exigence concerne plus particulièrement la politique des prix et la politique structurelle.

1. Il a été remplacé par le Règl. 1184/2006 (*JOUE* L. 214, 4 août 2006).
2. En ce qui concerne notamment les produits bénéficiant d'un label communautaire, appellation d'origine ou attestation de spécificité dont le régime est respectivement fixé par les Règl. 510 et 509 du 20 mars 2006 (*JOUE* L. 93, 31 mars 2006).

568 ***La politique des prix*** ◇ Elle constitue l'un des traits les plus marquants de la PAC, même si elle a perdu beaucoup de son importance avec la révision opérée en 1992. Le Conseil fixait plusieurs types de prix communs au stade du commerce de gros (les États restaient libres de réglementer les prix de détail), les prix *indicatifs*, les prix d'*intervention*, les prix de *retrait* et les prix de *seuil*.

Les prix *indicatifs* sont les prix de base des produits dont découlent tous les autres. Ils sont fixés au niveau jugé souhaitable pour l'orientation des productions concernées – à la baisse pour freiner la culture des produits excédentaires, à la hausse pour encourager celle des produits dont le développement est souhaité.

Les prix d'*intervention* sont les prix garantis aux agriculteurs, ceux auxquels sont achetés leurs produits par les organismes nationaux agréés à cette fin. Ils sont inférieurs aux précédents (90 % du prix *indicatif* par exemple pour les céréales).

Les prix de *retrait*, propres à certains marchés (les produits de la pêche par exemple) sont les prix en dessous desquels les produits doivent être retirés du marché, les exploitants recevant une compensation financière.

Les prix de *seuil* jouent dans les échanges extérieurs. Ils représentent les prix minimaux auxquels les importations peuvent entrer sur le marché communautaire et servent de base à la fixation des prélèvements destinés à les rendre moins compétitives sur ce marché.

Ces prix étaient ainsi autant d'instruments d'intervention au service des objectifs de la PAC (orientation de la production agricole, garantie du revenu des agriculteurs, ajustement de l'offre à la demande). S'il existe toujours, le système des prix communs a été simplifié, plusieurs d'entre eux ayant été supprimés et marginalisé, la Communauté utilisant désormais, on le verra, d'autres instruments d'action.

569 ***La politique des structures agricoles*** ◇ Le Traité de Rome contenait relativement peu d'indications concernant l'amélioration des structures agricoles. La PAC s'est d'abord attachée à la régulation des marchés avant de s'intéresser progressivement au cadre dans lequel s'inscrivait l'agriculture. Il faudra en effet attendre le « plan Mansholt » en décembre 1968, pour que la Communauté se préoccupe réellement de réformer les structures agricoles.

La politique des structures agricoles avait en effet à l'origine essentiellement pour but d'accroître la productivité en développant le progrès technique (art. 39 CEE/33 CE/39 TFUE). Le Conseil peut, dans ce cadre, autoriser des aides « pour la protection des exploitations défavorisées par des conditions naturelles ou structurelles » (art. 36 CE/42 TFUE). Elle a débuté par un règlement du Conseil du 4 octobre 1962 relatif à la coordination des politiques des structures agricoles qui crée une Commission permanente des structures agricoles. Elle a ensuite été développée au cours des années soixante-dix où furent adoptées par le Conseil trois directives 72/159, 72/160 et 72/161 du 17 avril 1972, relatives respectivement à la « modernisation des exploitations », à l'« encouragement à la cessation d'activité » et à la « qualification professionnelle ». Ces textes ont ensuite été remplacés par le règlement du 12 mars 1985 relatif à « l'efficacité des structures des exploitations agricoles », puis par le règlement du 25 avril 1988, relatif à la « cessation de l'activité agricole ». Elle a été systématisée par le règlement 2328/91 du Conseil du 15 juillet 1991, qui constitue une juxtaposition de politiques portant sur les structures de l'agriculture et convergeant vers un objectif commun : l'équilibre des marchés dans le respect des objectifs généraux de la politique agricole définis par le Traité.

Pour la réalisation de ces objectifs, le règlement définit une série d'actions dont les dépenses seront « cofinancées » par le FEOGA-orientation.

Très variées, elles ont trait à la lutte contre la surproduction (développement de la culture extensive, reconversion des productions excédentaires), à l'amélioration de la gestion des exploitations, à l'aide aux investissements, au soutien de l'agriculture dans les régions défavorisées, à la protection de l'environnement et au reboisement. Cette politique est poursuivie par l'adoption, le 30 juin 1992, de trois nouveaux règlements accompagnant la réforme de la PAC entreprise en 1992 (Règl. 2078 à 2080/92 portant respectivement sur le respect de l'environnement par les méthodes de production, sur les aides à la préretraite des agriculteurs et sur les aides à la protection des forêts).

Elle a été par la suite élargie, la politique des structures devenant une politique du développement rural chargée de revitaliser les régions rurales en déclin dans le cadre de la politique de cohésion économique et sociale [1]. Des actions non spécifiquement agricoles peuvent être désormais cofinancées à ce titre par la Communauté (telles les mesures de rénovation de villages, de conservation du patrimoine rural ou des activités touristiques et artisanales).

B. Les organisations communes de marché

570 ***Présentation générale*** ◇ Créées en vertu de l'article 40 TFUE (ex-34 CE), les organisations communes de marché (OCM) constituent le cadre dans lequel s'effectuent la commercialisation des produits agricoles concernés et les interventions publiques destinées à réguler le marché. Une vingtaine ont été instituées qui englobent plus de 95 % de la production agricole [2]. Les règles les régissant sont très variées car elles reflètent les

1. Règl. 1257/1999 du 17 mai 1999, sur le soutien au développement rural (*JOUE* L. 160, 26 juin 1999) remplacé, au 1er janv. 2007, par le Règl. 1698/2005 du 20 sept. 2005 (*JOUE* L. 277, 21 oct. 2005). Le Conseil a en outre adopté, le 20 févr. 2006, une décision fixant les orientations stratégiques de la Communauté pour la période 2007/2013 (Décis. 2006/144, *JOUE* L. 55, 25 févr. 2006).

2. Les produits qui ne sont pas soumis à une OCM (les pommes de terre par ex.) relèvent des règles générales du Traité mais certains d'entre eux sont également soumis à des règles spécifiques (tel l'alcool éthylique ou l'apiculture qui relèvent respectivement des Règl. 670/2003, 8 avr. 2003, *JOUE* L. 97, 15 avr. 2003, et 797/2004, 28 avr. 2004, *JOUE* L. 125, 28 avr. 2004).

particularités propres à chaque marché, particularités qui ne rendent pas nécessaire le même degré d'intervention.

Certaines OCM comportent un dispositif complet de garantie des prix et de soutien du marché (céréales, viande bovine et ovine), d'autres lient la garantie des prix au plafonnement de la production (sucre, lait et produits laitiers) ou à la survenance d'une crise grave (vin, viande porcine), d'autres encore ne prévoient pas de prix communs mais des aides directes à la production (oléagineux, protéagineux) ; certains produits, enfin, ne bénéficient que d'une protection douanière (volailles, œufs, fleurs et plantes).

Ces règles ont été regroupées sans modification dans un règlement unique, le règlement 1234/2007 du 22 octobre 2007 [1], qui abroge les règlements sectoriels antérieurs [2]. Elles portent respectivement sur les prix communs, les actions régulatrices et les échanges extérieurs.

571 ***Les prix communs*** ◇ La fixation de prix communs répond, on l'a vu, à un double objectif : orienter la production à la hausse ou à la baisse selon ce que les responsables de la PAC jugent souhaitable et garantir aux agriculteurs un revenu minimal. Élément essentiel de la PAC à l'origine, elle a perdu ensuite beaucoup de son importance à travers les réformes successives de celle-ci mais demeure l'un des dispositifs d'intervention sur les marchés. Son régime a été simplifié. Il prévoit un *prix de référence* et un *prix d'intervention*. Le premier, qui correspond aux anciens prix indicatifs ou d'orientation, est fixé directement par le règlement de base applicable (l'article 8 du règlement OCM unique le fixe désormais pour chaque type de produit concerné, par exemple 101,31 euros par tonne de céréales) [3] mais il peut être modifié par le Conseil [4]. Le second est le prix garanti versé aux agriculteurs par les organismes nationaux habilités, qui ont l'obligation d'acheter la production offerte dès lors qu'elle répond aux conditions de qualité [5], de date (l'achat ne peut se faire qu'à certaines périodes) et parfois de volume définies par la réglementation communautaire. Il est fixé par la Commission et est en principe égal au prix de référence sous réserve des bonifications ou réfactions prévues pour des produits déterminés (il est par exemple de 80 % pour le sucre). Les stocks ainsi constitués doivent être ensuite écoulés selon les modalités prévues par la réglementation qui relèvent des actions que la Communauté peut entreprendre pour réguler le fonctionnement du marché.

1. Règl. OCM unique (*JOUE* L. 299, 16 nov. 2007), modifié par le Règl. 361/2008 du 14 avr. 2008 (*JOUE* L. 121, 5 mai 2008).

2. À l'exception des règlements relatifs aux OCM qui devaient être modifiés, tel celui des fruits et légumes qui a été ultérieurement intégré dans le règlement unique par le Règl. 361/2008.

3. Il était fixé initialement chaque année par le Conseil au terme d'une négociation qui constituait un temps fort de la vie communautaire.

4. Le pouvoir du Conseil de fixer les prix a été maintenu par le Traité de Lisbonne (art. 43 § 3 TFUE).

5. Objet de normes qui sont soit fixées par des règlements de la Commission soit par le règlement de base (v. annexes Règl. OCM unique).

572 ***Les actions régulatrices*** ◇ L'ajustement de l'offre à la demande ne peut être assuré par le seul dispositif des prix communs. Il nécessite d'autres types d'intervention qui ont pour objet de rechercher l'équilibre du marché, d'éviter tant le risque de pénurie que celui de surproduction. Initialement détaillées dans les règlements de base, les actions régulatrices ne sont plus visées qu'en termes généraux, un large pouvoir étant reconnu à la Commission pour les définir et les mettre en œuvre [1]. Les principales d'entre elles concernent la lutte contre les productions excédentaires.

Divers procédés sont utilisés pour éviter l'engorgement des marchés par des productions trop abondantes. Les produits excédentaires sont, selon les dispositions applicables, achetés par les organismes d'intervention ou stockés par les producteurs. Les opérations sont financées par le budget communautaire : dans le premier cas, la Commission rembourse aux organismes nationaux les achats qu'ils avaient l'obligation d'effectuer [2], dans le second, des aides au stockage sont versées, obligatoires ou facultatives selon les produits. Les stocks ainsi constitués doivent ensuite être écoulés, soit par la vente (selon des procédures d'adjudication), soit par la distribution gratuite, soit par la transformation du produit en vue d'autres utilisations (distillation du vin par exemple). Des mesures exceptionnelles de soutien du marché peuvent en outre être prises par la Commission dans certaines circonstances (maladies animales, perte de confiance des consommateurs pour un produit déterminé, chute des prix de certains produits).

La croissance quasi structurelle des stocks excédentaires des principales productions européennes (céréales, lait, notamment) a conduit à l'adoption de mesures plus générales de maîtrise de la production. À la fin des années quatre-vingt a été mis en place le système des *stabilisateurs* qui consiste à fixer une quantité maximale de production à prix garanti dont le dépassement entraîne pour les exploitants une double sanction financière : le paiement d'une taxe de coresponsabilité destinée à associer les producteurs à la charge de l'écoulement de leur production excédentaire et la diminution, l'année suivante, du prix d'intervention. Certaines OCM sont soumises au régime des *quotas*. Introduit pour le sucre dès 1967, ce régime est étendu au secteur laitier en 1984 et est toujours en vigueur [3]. À la différence des *stabilisateurs* qui pesaient sur l'ensemble de la profession, il institue une responsabilité individuelle du producteur qui doit supporter un prélèvement sur les quantités vendues au-delà du quota qui lui a été attribué (27,83 euros pour 100 kilos de lait). Le Conseil fixe et répartit entre les États membres un volume global garanti, à charge pour eux d'attribuer à chaque producteur une « quantité de référence » ou quota.

1. La réglementation des céréales prévoit ainsi que la Commission peut adopter des mesures d'intervention particulières « si la situation du marché l'exige ».

2. À la fin de chaque exercice, elle vérifie la régularité des dépenses engagées par ces organismes et met à leur charge celles qui n'ont pas respecté les prescriptions communautaires.

3. Un Règl. du 29 sept. 2003, repris par le Règl. unique, a prorogé les quotas laitiers jusqu'au 30 mars 2015.

573 ***Les échanges extérieurs*** ◇ Ils s'inscrivent dans un cadre administratif qui demeure très dirigiste alors même que le régime des importations et des exportations a évolué pour s'adapter aux nouvelles règles du commerce international.

Une *autorisation* est nécessaire pour exporter ou importer des produits agricoles. Elle est délivrée par l'organisme national qui gère le marché du produit concerné pour le compte de la Commission. Il faut, pour l'obtenir, constituer une *garantie financière* qui sera perdue totalement ou partiellement, sauf cas de force majeure, si le bénéficiaire de l'autorisation ne réalise pas l'opération projetée ou ne la réalise qu'en partie. La CJCE a reconnu le bien-fondé de ce système rigoureux en jugeant qu'il répondait de manière appropriée au besoin d'information des gestionnaires des marchés qui devaient connaître avec certitude les flux d'importations et d'exportations ayant une incidence sur l'équilibre des marchés [1].

Le régime des *importations* a été profondément modifié à la suite de la conclusion des accords de Marrakech en 1994 (v. *infra*, quatrième partie). Mettant en œuvre le principe de la préférence communautaire, il protégeait le marché communautaire des importations aux prix mondiaux (très inférieurs à l'époque aux prix européens) au moyen d'un prélèvement qui compensait la différence de prix et que payait l'importateur. Ce mécanisme ayant été interdit par l'accord « agriculture » de 1994, les importations ne sont plus soumises en principe qu'aux droits de douane prévus par la nomenclature douanière. Les taxes d'effet équivalent aux droits de douane, les restrictions quantitatives et les mesures d'effet équivalent à ces restrictions ont également été interdites par l'accord. Des droits additionnels peuvent toutefois être institués lorsque le prix des produits importés tombe en dessous d'un prix fixé par le Conseil, le *prix de déclenchement*, qui doit être notifié à l'OMC, ou lorsque le volume des importations dépasse le *volume de déclenchement* qui a été fixé par le Conseil, sauf s'il n'y a pas de risque de perturbation du marché. Des mesures de sauvegarde peuvent être également prises si les conditions prévues par les accords de Marrakech sont réunies (v. *infra*).

Les *exportations* de certains produits peuvent donner lieu à des *restitutions* qui sont en fait des subventions. À l'inverse des prélèvements, elles permettent de compenser la perte que subit l'exportateur contraint de vendre au prix du marché mondial. Elles doivent être demandées par les exportateurs et sont calculées par la Commission qui peut inclure un élément de politique commerciale afin de stimuler les exportations sur certains marchés. Aux termes du règlement « OCM unique », le montant de la restitution tient compte « du marché mondial, des besoins spécifiques de certains marchés et des obligations internationales de la Communauté ». Si elles n'ont pas été bannies par l'accord de 1994, les restitutions ont vu néanmoins leur impor-

1. CJCE 17 déc. 1970, *Internationale Handelsgesellschaft*, aff. 11/70, *Rec.* p. 1125 : contestation de ce système au nom du principe de proportionnalité garanti par la constitution allemande.

tance diminuer, le volume des exportations subventionnées devant baisser de 21 % par rapport aux années 1991/1992.

§ 3. Les réformes de la politique agricole commune

La PAC a été profondément réformée en 1992, le Conseil finissant par accepter, le 21 mai [1], la nouvelle orientation proposée par le commissaire chargé de l'agriculture, l'Irlandais McSharry. Les modifications postérieures ne feront qu'en amplifier les effets.

L'examen des causes de cette réforme permettra de mieux comprendre les mesures mises en œuvre.

A. Les causes de la réforme

574 ***La PAC victime de ses résultats*** ◇ La nécessité de réformer la PAC tient paradoxalement aux résultats qu'elle a permis d'obtenir. L'agriculture a été incontestablement modernisée de façon profonde et durable, mais en choisissant résolument de s'inscrire dans une logique productiviste et libre-échangiste la politique menée n'a pu éviter les effets pervers qui ont rendu sa révision inévitable. Il s'agit principalement de l'apparition d'excédents, de la remise en cause des fondements sur lesquels elle reposait et de l'augmentation croissante de ses coûts.

575 ***L'apparition d'excédents*** ◇ La politique mise en œuvre quand l'Europe manquait encore de la plupart des produits alimentaires a très rapidement permis une augmentation sensible de la production (2 % par an de 1973 à 1988) qui, faute d'un accroissement parallèle de la consommation (0,5 % durant la même période), a abouti à partir des années soixante-dix à l'apparition d'excédents. D'énormes stocks se sont constitués, coûteux à gérer et difficiles à écouler (jusqu'à 33 millions de tonnes de céréales, 1 million de tonnes de viande, 850 000 tonnes de lait à la veille de la réforme). Cette augmentation a été favorisée tout à la fois par le développement des méthodes intensives de production, qui se sont révélées néfastes pour l'environnement (pollution de l'eau, dégradation des terres), et le niveau élevé des prix garantis aux producteurs, qui répondait au souci d'améliorer leur revenu.

576 ***La remise en cause des fondements de la PAC*** ◇ Elle résulte de la multiplication des accords commerciaux préférentiels conclus avec certains pays ou groupes de pays, ainsi que de la participation de la Communauté aux grands cycles de négociations au sein du GATT qui conduisent au recul de la

1. Les OCM sont en conséquence modifiées par une série de règlements adoptés les 6 et 30 juin (*JOCE* L. 181, 1er juill. 1992 et L. 215, 30 juill. 1992).

préférence communautaire. L'agriculture a été ainsi au centre des discussions de l'*Uruguay Round* (1986-1994) sur une libéralisation accrue des échanges commerciaux de toute nature (biens et services). La Communauté, sous la pression des États-Unis, a dû revoir à la baisse ses mécanismes de garantie et de protection (baisse de 20 % des prix garantis et, on l'a dit, suppression des prélèvements aux importations et réduction des subventions aux exportations).

577 ***L'augmentation croissante des dépenses agricoles*** ◇ La PAC est rapidement devenue trop coûteuse. De 1965 à 1990, les crédits qui lui sont consacrés passent de 77 millions à plus de 4 milliards d'euros. La charge qui pèse sur le budget (60 % du budget en 1991) est d'autant plus lourde que les recettes agricoles diminuent avec la diminution des importations (baisse corrélative des prélèvements) et les dépenses augmentent continuellement du fait à la fois du développement des exportations (financement des restitutions) et du poids sans cesse plus lourd de la gestion des stocks excédentaires. Or la PAC n'est plus la seule politique que la Communauté doit gérer. D'autres politiques ont fait leur apparition, également coûteuses à financer, notamment la politique de cohésion économique et sociale, qui obligent les responsables à faire des choix budgétaires. Une révision drastique était dès lors inévitable.

B. Les mesures adoptées

578 ***Une rupture avec l'orientation initiale*** ◇ Les mesures de régulation de la production adoptées dans les années quatre-vingt (quotas, stabilisateurs) n'ayant pas suffi à résoudre la crise, la réforme McSharry va plus loin et marque une rupture avec l'orientation qui avait présidé à l'élaboration de la PAC. Elle substitue pour l'essentiel un système de soutien direct au revenu des agriculteurs au mécanisme de soutien par les prix (système des *deficiency payments*), qui sont fortement baissés, tout en poursuivant l'effort de maîtrise de la production par la politique de « gel des terres ». Elle encourage, d'autre part, le développement de l'agriculture « extensive », qui implique une baisse des rendements mais favorise l'amélioration de la qualité des produits.

579 ***La baisse des prix*** ◇ Les prix garantis ne sont pas supprimés mais marginalisés dans le nouveau dispositif de soutien au revenu. Ils baissent de 25 % en moyenne (33 % pour les céréales, 15 % pour la viande de bœuf) de 1993 à 1996 puis, à nouveau, de 15 à 20 % selon les produits durant la période 2000/2006 [1]. L'objectif est de rapprocher les prix européens des prix

1. Augmentation décidée par le Conseil européen en mars 1999 dans le cadre de l'Agenda 2000 présenté par la Commission en vue d'adapter la PAC aux contraintes budgétaires des années 2000.

mondiaux afin de relancer les exportations et de diminuer les charges d'intervention.

580 ***Les aides directes*** ◇ La perte de revenu qui en résulte pour les exploitants est compensée par le versement d'aides directes. Un règlement du 30 juin 1992 [1] institue au profit des producteurs de céréales et d'autres cultures arables (produits oléagineux) des aides à l'hectare. Le régime en est fort complexe et son application incombe aux États membres qui doivent élaborer des plans de régionalisation qui seront soumis à l'approbation de la Commission et serviront de base à la détermination du montant des aides. Son principe est le suivant : chaque exploitant éligible reçoit une aide forfaitaire en fonction de la surface cultivée et indépendamment du volume de sa production (principe du *découplage*), aide modulée selon les régions et accordée dans la limite de superficies moyennes établies dans les plans de régionalisation. Son versement est par ailleurs subordonné à l'engagement de l'exploitant de cesser de cultiver une certaine partie de ses terres qui constitue, on va le voir, l'un des instruments de maîtrise de la production mis en place antérieurement à la réforme mais repris par elle.

Ce régime a été renforcé par la « réforme Fischler » (du nom de son promoteur, le commissaire autrichien chargé de l'agriculture) du 23 juin 2003, qui est rendue nécessaire par les résultats mitigés obtenus (les excédents ont été réduits - le stock de céréales diminuant, par exemple, de 33 millions de tonnes en 1993 à 9 millions deux ans plus tard - mais les dépenses ont continué de croître, doublant même de 1990 à 2000) et le poids croissant des contraintes budgétaires (plafonnement des dépenses agricoles par l'Agenda 2000). Un paiement unique par exploitation, se substituant aux diverses aides antérieures, a été créé par le règlement 1782/2003 du 29 septembre 2003 qui, ayant subi diverses modifications, a été remplacé par un nouveau règlement début 2009 [2]. Son montant est fonction des aides reçues les années précédentes (2000/2002) mais revu à la baisse afin de dégager les ressources nécessaires au financement du développement rural (de 2005 à 2012 la baisse sera de 37 %). Des baisses supplémentaires peuvent intervenir en cas de dépassement du plafond budgétaire fixé en vertu du mécanisme de discipline financière mis en place à partir de 2007 [3]. La diminution de l'aide communautaire peut être cependant compensée par des aides nationales dont le montant est plafonné.

La réforme accentue le découplage qui pourra néanmoins être écarté dans certaines limites par les États craignant un déficit de certaines productions. Elle introduit également un nouveau principe, la *conditionnalité*, qui permet de lier le versement de l'aide au respect de certaines conditions en matière de

1. Règl. 1765/92 instituant un régime de soutien aux producteurs de certaines cultures arables (*JOCE* L. 181, 1er juill. 1992).
2. Règl. 73/2009, 19 janv. 2009 (*JOUE* L. 30, 31 janv. 2009).
3. Accord interinstitutionnel du 17 mai 2006 sur la discipline budgétaire et la bonne gestion financière pour la période 2007/2013 (*JOUE* C. 139, 14 juin 2006).

protection de l'environnement, de sécurité des aliments, de santé des animaux et des végétaux et du bien-être des animaux. Les normes à prendre en compte sont définies par les États conformément aux prescriptions communautaires. Ceux-ci doivent aussi mettre en place un système de conseil à l'intention des exploitants pour les aider à s'adapter à ces nouvelles contraintes et un système intégré de gestion et de contrôle qui permet de vérifier la régularité des demandes de paiement.

Le rôle ainsi imparti aux États membres dans l'application des réformes de la PAC, qui repose sur la mise en œuvre du principe de subsidiarité, confirme bien en définitive le déclassement de cette politique - dont le volet « gestion des marchés » avait longtemps été cité comme un exemple de compétence exclusive (v. mémorandum de la Commission de 1992 sur la mise en œuvre du principe de subsidiarité) - qui est désormais rangée dans la catégorie des compétences partagées par le Traité de Lisbonne (art. 4 TFUE).

581 ***Le « gel des terres »*** ◇ Il a été introduit en 1988 dans le cadre de la politique d'aménagement des structures (« retrait des terres arables ») mais la réforme de 1992 en a fait l'une des mesures de régulation des marchés, financée en conséquence par la section « garantie » du FEOGA. Il consiste dans l'engagement des exploitants, moyennant une compensation financière, de cesser de cultiver une partie de leur superficie [1] pendant 5 ans. Ceux-ci sont tenus d'entretenir le sol (plantation d'arbres, cultures non destinées à la consommation humaine, etc.). Leur engagement est en principe facultatif mais en fait obligatoire dès lors qu'il conditionne le versement des aides directes. Seuls les petits exploitants (moins de 92 tonnes de production annuelle) échappent à cette obligation. Ce caractère obligatoire a toutefois été suspendu en 2007 avant d'être supprimé en 2009.

SECTION 2. **LA POLITIQUE DE LA PÊCHE**

582 ***La naissance d'une politique autonome*** ◇ La pêche n'a été considérée initialement que comme une activité relevant de l'agriculture. Les produits de la « pêcherie » font partie des produits agricoles soumis à la politique commune prévue par le Traité (art. 38 § 1 TFUE) et leur commercialisation s'effectue en conséquence dans le cadre d'une OCM. Mais le caractère spécifique du secteur, les problèmes propres auxquels il est confronté [2], une plus grande ouverture aussi de la Communauté aux questions maritimes [3], vont conduire à l'élaboration d'une politique autonome, distincte de la PAC,

1. Le pourcentage de la superficie concernée a varié : de 20 % à l'origine il est tombé à 10 % en 1999.

2. Contrairement à l'agriculture où la production est en général excédentaire, la pêche souffre d'une diminution constante de ses ressources.

3. Imputable tout à la fois au changement de sa composition (entrée du Royaume-Uni, de l'Irlande et du Danemark) et à l'évolution du droit international de la pêche, marquée par une

que consacrera le Traité de Maastricht prévoyant « une politique commune dans les domaines de l'agriculture et de la pêche » (art. 3 e CE, disposition reprise par art. 38 § 1 TFUE).

Les premières mesures sont adoptées à l'expiration de la période transitoire (deux Règl. du 20 oct. 1970), qui jettent les bases d'une politique des structures et d'une politique des marchés, mais le véritable tournant en la matière est le Traité d'adhésion de 1972 [1] qui, d'une part, donne au Conseil le pouvoir de déterminer, à partir du 1er janvier 1979, « les conditions d'exercice de la pêche en vue d'assurer la protection des fonds et la conservation des ressources biologiques de la mer » (art. 102) et, d'autre part, entérine les exceptions au principe communautaire de la liberté d'accès aux zones de pêche qui avait été posé en 1970 (art. 100 et 101). L'échéance du 1er janvier 1979 n'ayant pu être respectée [2], ce n'est qu'en janvier 1983 que le Conseil adoptera les dispositions qui concrétisent la naissance d'une véritable politique commune [3]. Celle-ci couvre, aux termes de l'article 1er du règlement 2371/2002 [4] qui la régit actuellement, « la conservation, la gestion et l'exploitation des ressources aquatiques vivantes, l'aquaculture, ainsi que la transformation et la commercialisation des produits de la pêche et de l'aquaculture ». Ces activités doivent être pratiquées soit sur le territoire des États membres, soit dans les eaux communautaires, soit par des navires de pêche communautaires. Dominée aujourd'hui par le souci d'assurer le développement durable des activités de pêche, elle comprend divers éléments : un régime de l'exploitation des ressources, un régime de commercialisation des produits et un régime d'adaptation des structures.

§ 1. L'exploitation des ressources

Elle relève du règlement 2371/2002 qui règle le droit d'accès aux zones de pêche et définit le régime de la gestion des ressources.

extension importante de la largeur des zones de pêche des États côtiers qu'entérine la nouvelle convention sur le droit de la mer du 10 déc. 1982.

1. Dans les négociations duquel la pêche a joué un rôle important et même décisif, dans le cas de la Norvège, puisqu'elle est l'un des motifs déterminants du refus de ce pays de ratifier le Traité.

2. Pour des motifs essentiellement politiques, les États membres ne parvenant pas à se mettre d'accord ; la carence du Conseil a conduit les États intéressés à prendre eux-mêmes les mesures de conservation appropriées, ce qu'ils n'avaient pas en principe le droit de faire, la compétence ayant été attribuée à la Communauté ; la CJCE a toutefois admis cette pratique, dès lors qu'elle était nécessaire et mise en œuvre après concertation avec la Commission (16 févr. 1978, *Commission c. Irlande*, aff. 61/77, *Rec.* p. 417).

3. Règl. 170/83 du 25 janv. 1983 instituant un régime communautaire de conservation et de gestion des ressources de pêche

4. Règl. du 20 déc. 2002 relatif à la conservation et à l'exploitation durable des ressources halieutiques dans le cadre de la politique commune de la pêche (*JOCE* L. 358, 31 déc. 2002).

A. Le droit d'accès aux zones de pêche

583 ***Son affirmation*** ◇ L'article 17 du règlement réaffirme le principe de l'égalité d'accès aux zones de pêche de l'UE qui a été proclamé depuis l'origine et dont bénéficient les navires de pêche communautaires (navires battant pavillon d'un État membre et immatriculés dans le Communauté) [1]. Les navires immatriculés dans les États tiers ne seront admis que sur la base d'un accord conclu avec l'UE. Ce droit, qui s'exerce naturellement dans le respect des mesures de conservation décidées par le Conseil, est toutefois écarté dans certaines zones.

584 ***Les zones de pêche concernées*** ◇ Le règlement les définit comme les eaux sous souveraineté (mers territoriales) ou juridiction des États membres (zones de pêche ou zones économiques exclusives) [2]. Sont exclues les eaux adjacentes aux pays et territoires d'outre-mer bénéficiant du régime d'association prévu par la IVe partie du Traité CE/TFUE. Ces zones sont divisées en huit régions. Au-delà de l'espace ainsi défini, les navires communautaires ont également accès à la haute mer, mais toujours dans le respect des mesures de conservation liant les États membres [3], ainsi qu'aux zones de pêche d'États tiers ayant conclu avec la CE/UE des accords à cet effet et dans les conditions fixées par ces accords.

585 ***Les limites au droit d'accès*** ◇ Le principe de l'égalité d'accès n'a jamais été absolu. Sa proclamation, en 1970, s'accompagnait d'une restriction dans la zone côtière de trois milles, réservée aux activités des ressortissants de l'État riverain qui, présentée comme provisoire, n'en a pas moins été régulièrement prorogée par la suite. La zone d'exclusion a été portée à six milles par le Traité d'adhésion de 1972 puis à 12 milles par le règlement 170/83 qui préserve cependant les droits historiques [4] et les « relations de voisinage ». En même temps, son existence a été prolongée successivement par le règlement de 1983 pour dix ans, par un autre règlement de 1992 [5] jusqu'au 31 décembre 2002, enfin par le règlement 2371/2002 jusqu'au 31 décembre 2012. Fruit d'un compromis délicat entre les tenants des droits historiques et ceux des droits exclusifs des États riverains, les règlements successifs

1. Les traités d'adhésion peuvent priver provisoirement certains nouveaux membres de ce droit (tels l'Espagne et le Portugal, entrés le 1er janv. 1986, qui ne devaient bénéficier de la politique commune de la pêche qu'à partir du 1er janv. 2003).
2. Zones qui ont connu une extension considérable avec l'évolution du droit international de la mer. Les États membres ont ainsi décidé de créer, à partir du 1er janv. 1977, une zone de 200 milles dans l'Atlantique et la mer du Nord en vertu d'un accord intervenu à La Haye en octobre 1976.
3. La CJCE a en effet reconnu la compétence de la CE pour conclure des accords de pêche couvrant la haute mer (14 juill. 1976, *Kramer et a.*, aff. 34 et 61/76, *Rec.* p. 1279).
4. Droits coutumiers reconnus par le droit international qui autorisent les navires de certains États à pêcher dans les eaux relevant de la juridiction d'autres États.
5. Règl. 3760/92 du 20 déc. 1992 qui abroge le précédent.

définissent dans une annexe les bandes côtières de 6 à 12 milles qui sont ouvertes aux titulaires de droits historiques ainsi que les espèces que ceux-ci sont autorisés à pêcher [1]. Les espaces ainsi définis ne peuvent être modifiés unilatéralement par un État membre, même en vertu d'une autorisation du droit international [2].

Le droit d'accès peut aussi être limité dans certaines « zones sensibles » où l'état des ressources appelle des mesures particulières de protection, telle la zone des Shetlands (*Shetland box*), au nord de l'Écosse, visée à l'article 18 du règlement 2371/2002. Le droit d'y pêcher est réservé à quatre États membres (Royaume-Uni, Allemagne, France et Belgique) pour un nombre de navires déterminé.

B. La gestion des ressources

586 ***L'étendue de la compétence communautaire*** ◇ Pour assurer la conservation des ressources biologiques de la mer et garantir leur exploitation durable, ce qui est l'objectif principal de la politique commune de la pêche, l'UE est investie d'une compétence exclusive (art. 3 TFUE). Aux termes de l'article 4 du règlement, « le Conseil arrête les mesures communautaires régissant l'accès (...) aux ressources et l'exercice durable des activités de pêche ». Sa compétence n'est pas purement interne, elle est aussi internationale. La CE a conclu une trentaine d'accords de pêche avec des États tiers, soit pour ouvrir de nouvelles zones de pêche aux navires communautaires, soit, à l'inverse, pour autoriser des navires d'États tiers à pêcher dans les eaux communautaires, dans les conditions déterminées par ces accords.

Le régime mis en place pour gérer ces ressources implique, en premier lieu, l'édiction de mesures de conservation et de répartition des ressources disponibles et, en second lieu, l'institution de contrôles efficaces.

1. Les mesures de conservation et de répartition des ressources

587 ***Les principes d'adoption*** ◇ Le Conseil, sur proposition de la Commission, adopte ces mesures [3] qui doivent répondre à un certain nombre de principes.

Elles doivent d'abord prendre en compte les données scientifiques pertinentes sur l'état de conservation des diverses espèces. La Commission est entourée, à cette fin, de divers organismes consultatifs, composés d'experts et de représentants des diverses catégories d'intérêts, qui lui fournissent les

1. Les droits exclusifs des pêcheurs côtiers sont ainsi réservés en principe à la zone des six milles.

2. CJCE 9 juill. 1991, *Commission c. Royaume-Uni*, aff. 146/89, *Rec.* p. I-3533 : condamnation de la rectification du tracé des lignes de base britanniques, autorisée par le droit international de la mer, qui aboutissait à modifier les zones ouvertes aux pêcheurs français.

3. Pouvoir confirmé par le Traité de Lisbonne (art. 43 § 3 TFUE).

informations nécessaires [1]. Les avis émis ne lient ni la Commission ni le Conseil qui disposent d'un pouvoir discrétionnaire en la matière [2].

Elles doivent respecter ensuite l'« approche de précaution » que le règlement introduit dans la politique de la pêche et qui marque une extension du domaine du principe de précaution prévu pour l'environnement par l'article 174 § 2 (art. 191 § 2 TFUE). En vertu de ce principe, l'UE ne doit pas renoncer à l'adoption des mesures de conservation qu'elle jugerait utiles sous prétexte qu'il n'existerait pas de données scientifiques pertinentes pour les justifier de manière indiscutable.

Elles doivent aussi tenir compte des activités de pêche traditionnelles et des besoins spécifiques des régions particulièrement dépendantes de la pêche.

L'ensemble de ces considérations, dont le poids respectif est apprécié librement par le législateur communautaire, est coiffé par un principe directeur, le principe de *stabilité relative* des activités de pêche, qui impose à l'UE de respecter, dans la mesure du possible, les quotas de pêche qui ont été attribués précédemment aux États membres afin de maintenir, dans chacun d'eux, l'équilibre économique du secteur.

588 ***Les mesures de conservation*** ◇ Elles ont été renforcées par le règlement dans la perspective du développement durable qui oriente désormais la politique de la pêche. Des plans pluriannuels peuvent être arrêtés par le Conseil : plans de *reconstitution* pour les espèces menacées d'extinction (art. 5), qui sont prioritaires, et plans de *gestion* pour les espèces dont il faut assurer le maintien (art. 6). Des mesures d'urgence, de caractère provisoire, peuvent également être prises, soit par la Commission (art. 7) en cas de menace grave pour la conservation des ressources ou pour l'écosystème, soit par les États membres (art. 8), qui, après notification à la Commission, peuvent être modifiées ou abrogées par cette dernière. Dans les deux cas, les décisions de la Commission peuvent être déférées au Conseil. Par ailleurs, l'objectif de conservation est aussi au cœur de l'abondante réglementation technique élaborée en vertu du règlement 3094/86 [3] et portant sur l'utilisation des engins de pêche, la taille minimale des captures, les périodes d'interdiction ou de limitation de la pêche etc.

L'ensemble de ces dispositions peut être en outre complété, le cas échéant, par des mesures nationales : en l'absence de réglementation communautaire appropriée, les États riverains peuvent édicter des règles de substitution dans la zone des 12 milles bordant leurs côtes (art. 9) ; ils peuvent les

1. Comité scientifique, technique et économique de la pêche, dont les membres sont désignés par la Commission ; comité de la pêche et de l'aquaculture, qui est le comité de gestion assistant la Commission dans la mise en œuvre de la politique de la pêche ; conseils consultatifs régionaux, institués par l'art. 31 du Règl. et aux travaux desquels la Commission peut participer.

2. CJCE 21 nov. 1993, *Mondiet*, aff. C-405/92, *Rec.* p. I-6133.

3. Règl. du 7 oct. 1986 prévoyant certaines mesures techniques de conservation des ressources de pêche (*JOCE* L. 288, 11 oct. 1986), modifié ultérieurement à diverses reprises.

appliquer aux navires des autres États membres après consultation de la Commission, de l'État membre et du conseil consultatif régional concernés.

589 ***La répartition des ressources*** ◇ Après recensement, dans la limite des mesures de conservation existantes, du montant des ressources disponibles [1] ou « possibilités de pêche » [2], le Conseil les répartit, suivant le principe de *stabilité relative*, entre les divers États membres, à charge pour eux de gérer, selon le dispositif de leur choix, les « possibilités de pêche » allouées. Ces « possibilités » correspondent à des quotas fixés en fonction de zones et d'espèces déterminées. Elles sont réparties par chaque État aux navires immatriculés chez lui et qui possèdent une licence de pêche délivrée par lui [3]. Lorsque le quota est atteint, l'État membre en informe la Commission qui interdit la poursuite de la pêche. Les échanges de quotas entre États sont admis dès lors qu'ils demeurent dans les limites du quota communautaire global ; ils doivent être notifiés à la Commission.

Les États membres doivent en outre adapter leurs *capacités de pêche* [4] à leurs quotas (art. 11 Règl.) : la mise en service de nouveaux navires doit être compensée par le retrait d'un tonnage équivalent ; le respect de cette obligation conditionne le versement de l'aide financière prévue au titre des actions structurelles (v. § 3).

2. Les contrôles

590 ***Les modalités de contrôle*** ◇ Des contrôles efficaces sont évidemment indispensables pour assurer le respect de dispositions aussi contraignantes. Leur régime a été fixé dans un texte spécifique, le règlement 2847/93 [5], dont les règles de base ont été reprises dans le règlement 2371/2002 [6] (chapitre V). Diverses modalités sont prévues selon les domaines de la réglementation commune à respecter : inspection et contrôle des navires et de leur

1. Montant obtenu après adjonction aux ressources des eaux communautaires des ressources des zones de pêche d'États tiers ouvertes aux pêcheurs communautaires et diminution des ressources réservées aux pêcheurs d'États tiers ayant conclu un accord avec la CE.

2. Selon l'expression utilisée par le règlement (art. 20) qui remplace l'ancienne dénomination de « totaux admissibles de captures » (TAC).

3. Le régime de la licence est fixé par le Règl. 3690/93 du 20 déc. 1993 (*JOCE* L. 341, 31 déc. 1993). La licence est une autorisation délivrée à un navire répondant à des caractéristiques données d'exercer une activité de pêche dans des conditions précises d'espace et de temps. Certaines sont attribuées exceptionnellement par la Commission (navires pêchant dans la *Shetland Box* et navires d'États tiers pêchant dans les eaux communautaires).

4. Cette expression désigne le potentiel de chaque flotte de pêche nationale, apprécié en termes de tonnage et de puissance des navires.

5. Règl. 12 oct. 1993 instituant un régime de contrôle applicable à la politique commune de la pêche

6. Le Règl. 2847/93 est resté en vigueur jusqu'à l'adoption des mesures d'application du chapitre V par le Règl. 1224/2009 du 20 nov. 2009 (*JOUE* L. 343, 22 déc. 2009). Il avait été modifié par le Règl. 768/2005 du 26 avr. 2005, qui créait une agence communautaire de contrôle des pêches, chargée d'assister la Commission et les États membres dans leurs tâches de contrôleurs.

activité, contrôle des captures, contrôle de l'utilisation des engins de pêche, régulation et fermeture des activités de pêche. Les contrôles incombent aux États membres et à la Commission.

a) Les États membres ont la responsabilité principale de veiller à l'application de la réglementation communautaire et d'assurer la répression des infractions [1]. Ils exercent leurs pouvoirs de contrôle en mer conformément aux règles du droit international public : contrôle limité en haute mer aux seuls navires battant leur pavillon, contrôle étendu à tous les navires dans leur zone de juridiction nationale. Leur compétence a toutefois été élargie par le règlement 2371/2002 qui les autorise à contrôler, d'une part, tout navire dans les eaux communautaires avec l'autorisation de l'État riverain concerné ou dans le cadre d'un programme de contrôle spécifique adopté par la CE en vertu du règlement 2847/93, et, d'autre part, tout navire d'un État membre au-delà des eaux communautaires. D'une manière générale, les contrôles doivent être facilités par l'obligation de coopération qui est instituée entre l'État du pavillon et l'État riverain, le second devant fournir au premier les informations demandées. Les résultats de ces inspections sont communiqués à la Commission. Les sanctions encourues par les contrevenants sont énumérées par l'article 25 du règlement 2371/2002 (amendes, saisie des engins ou des captures prohibées, retrait de la licence, etc.). Elles excluent les peines d'emprisonnement.

b) La Commission exerce des contrôles sur pièce et sur place, à bord des navires et dans les locaux terrestres. Ses pouvoirs sont cependant limités : ses inspecteurs doivent être accompagnés d'agents nationaux, sauf si elle agit en vertu d'un programme de contrôle spécifique, mais son pouvoir d'action, dans cette dernière hypothèse, cesse en cas de refus des intéressés de s'y soumettre. Elle peut vérifier en outre la régularité des contrôles nationaux en exerçant ses propres contrôles [2].

§ 2. La commercialisation des produits

Comme pour la plupart des produits agricoles, la commercialisation des produits de la pêche et de l'aquaculture s'inscrit dans une OCM qui, créée en 1970, est actuellement régie par le règlement 104/2000 [3]. À l'instar des autres OCM, celle-ci réglemente le régime des échanges intracommunautaires d'une part et celui des échanges extérieurs d'autre part.

1. Objet de la police des pêches maritimes.
2. Ce pouvoir lui permet de traduire devant la Cour l'État coupable d'irrégularités : cas de la France, condamnée par la Cour de justice à verser une amende et une astreinte pour ne pas avoir exécuté un arrêt qui condamnait ses défaillances en matière de contrôle (12 juill. 2005, *Commission c. France*, aff. C- 304/02, Rec. p. I-11763).
3. Règl. 17 déc. 1999 (*JOCE* L. 17, 21 janv. 2000).

A. Les échanges intracommunautaires

Leur régime se caractérise par le rôle important qui est reconnu aux organisations de producteurs dans la gestion des marchés.

591 ***Les organisations de producteurs*** ◇ Elles sont constituées à l'initiative des producteurs pour prendre les mesures propres à assurer l'exercice rationnel de la pêche et l'amélioration des conditions de vente de leur production (art. 5). Elles doivent être reconnues par les pouvoirs publics afin de bénéficier des droits et aides prévus par la réglementation communautaire. Elles doivent justifier à cette fin d'une activité économique suffisante, *i.e.* couvrir une zone suffisamment importante. La Commission publie les décisions de reconnaissance après en avoir contrôlé, le cas échéant, le bien-fondé. Elles constituent l'instrument de gestion principal de l'OCM en assurant la mise en œuvre des plans de capture, la concentration des offres et la régularisation des prix. Leurs adhérents [1] doivent écouler leurs produits par leur intermédiaire et conformément à la politique de commercialisation qu'elles élaborent pour adapter l'offre à la demande.

592 ***Le mécanisme des prix*** ◇ Le Conseil fixe chaque année un prix d'*orientation* pour les divers produits (art. 18) qui est établi en fonction de la moyenne des prix des trois campagnes de pêche précédentes et des perspectives d'évolution de l'offre et de la demande.

Un prix de *retrait*, destiné à assurer un revenu minimal aux pêcheurs, est fixé par la Commission, qui ne peut dépasser 90 % du prix précédent (art. 17). Lorsque le prix de vente d'un produit tombe au-dessous de ce prix (avec une marge de tolérance de plus ou moins 10 % selon la décision prise par l'organisation de producteurs concernée), le produit est retiré du marché et le producteur est indemnisé par un fonds d'intervention alimenté par les cotisations des membres de l'organisation, complétées par une aide des États membres et de l'UE dans les conditions prévues par la réglementation communautaire.

Un prix de *référence* est également fixé par la Commission, qui est utilisé pour protéger le marché intérieur contre les importations à bas prix de certains produits (art. 29).

593 ***Autres modalités d'intervention*** ◇ Au mécanisme des prix s'ajoutent d'autres modalités de régulation des marchés : les *aides au report*, dont bénéficient les produits retirés qui seront remis sur le marché après transformation en vue de leur consommation (art. 21) et les *aides au stockage*

1. Ainsi que les non-adhérents lorsque les décisions de l'organisation de producteurs sont rendues obligatoires à leur endroit par les pouvoirs publics (ce qui est le cas lorsque l'organisation est jugée suffisamment représentative).

privé qui sont versées au profit de certains produits congelés à bord des navires avant leur commercialisation.

B. Les échanges extérieurs

Leur régime ne présente qu'un intérêt pratique secondaire, à la différence de la situation prévalant en matière agricole. Bien que troisième producteur mondial, l'UE importe en effet la moitié environ des produits qu'elle consomme et n'exporte que très peu.

594 ***Les importations*** ◇ La protection du marché est assurée par des droits de douane [1] et, en cas de risque de perturbation grave, par des mesures de sauvegarde (le système des prélèvements n'a jamais été appliqué). Le prix de certains produits importés ne doit pas être inférieur au prix de référence.

595 ***Les exportations*** ◇ Le problème posé par les exportations agricoles de l'UE, et qui est source de conflits au sein du GATT/OMC, ne se rencontre pas ici. Les exportations sont libres et n'ont jamais été subventionnées (le système des restitutions ne leur est pas applicable).

§ 3. L'adaptation des structures

596 ***La politique des structures de la pêche*** ◇ Elle a pour principal objectif de s'efforcer d'atténuer les conséquences socio-économiques des transformations profondes affectant le secteur de la pêche du fait de la raréfaction des ressources et du durcissement des mesures de conservation qui en résulte. Elle participe aussi, plus largement, à la réalisation de l'objectif du développement des zones rurales au titre de la politique de cohésion économique et sociale. Elle est régie, depuis le 1er janvier 2007, par le règlement 1198 du 27 juillet 2006 [2]. Cette politique prévoit l'adoption de programmes d'actions de restructuration pluriannuels pour les flottes de pêche et définit les divers types de mesures qui peuvent être soutenus financièrement par la CE/UE.

597 ***La restructuration des flottes de pêche*** ◇ C'est l'objectif prioritaire de la politique structurelle de la pêche, qui est au cœur des programmes que les États membres doivent élaborer et soumettre à la Commission pour approbation. Les *programmes d'orientation* prévus par la réglementation antérieure (Règl. 2792/1999) ont été remplacés par les *plans stratégiques nationaux* et les *plans opérationnels* qui couvrent la période 2007/2013. Les premiers,

1. Ceux ci peuvent être suspendus pour les besoins d'approvisionnement du marché, notamment ceux des conserveries.
2. Règl. relatif aux fonds européens pour la pêche (*JOUE* L. 223, 15 août 2006).

discutés avec la Commission, indiquent les objectifs et priorités que les États définissent pour mettre en œuvre les orientations communautaires. Les seconds arrêtent les axes prioritaires, assortis des moyens financiers permettant de les réaliser. Devant ajuster leur *effort de pêche* [1], les États doivent se fixer des objectifs annuels en matière de renouvellement et de modernisation des flottes de pêche dans un cadre financier contraignant. Le versement des aides publiques est strictement réglementé : le principe de base est qu'un navire dont le retrait a donné lieu à une aide publique ne peut être remplacé. Les programmes opérationnels sont révisables avec l'accord de la Commission.

598 ***Les mesures socio-économiques*** ◇ Le règlement prévoit le versement de diverses primes servant à compenser la perte de revenus des pêcheurs intervenue à la suite de circonstances variées : primes aux préretraités, aux propriétaires de navires cessant définitivement ou provisoirement leur activité, primes à la reconversion ou à la diversification des activités etc.

599 ***Les autres actions structurelles*** ◇ Les autres actions finançables par l'UE sont des mesures de portée générale concernant notamment l'équipement des ports de pêche, la transformation et la commercialisation des produits, le développement de l'aquaculture, la promotion et la recherche de nouveaux débouchés, l'innovation et l'assistance technique.

600 ***L'instrument de financement*** ◇ Pour financer cette politique, la CE a créé, fin 1992, l'Instrument financier d'orientation de la pêche (IFOP) qui, sur le modèle des autres fonds structurels, prenait à sa charge de 30 à 50 % des dépenses engagées par les États membres au titre de la politique structurelle de la pêche ainsi qu'à celui de la politique de développement rural. Il a été remplacé à partir du 1er janvier 2007 par le fonds européen de la pêche qui dispose d'une enveloppe de 3 849 millions d'euros pour la période 2007/2013. Les actions qu'elle permet de cofinancer doivent être évaluées selon les mêmes modalités que celles qui sont prévues par la politique de cohésion économique et sociale (v. *infra*).

SECTION 3. LA POLITIQUE DES TRANSPORTS

601 ***Le choix d'une politique commune*** ◇ Comme l'agriculture, les transports doivent être soumis à un régime particulier prenant la forme d'une politique commune qui est prévue par le titre IV de la deuxième partie du Traité CEE (titre VI 3e partie TFUE). Plusieurs raisons justifient cette solution : l'importance économique du secteur, qui mobilise à lui seul près de

1. L'effort de pêche d'un État est le produit de la capacité de sa flotte et de son activité, *i.e.* de la période pendant laquelle ses navires ont le droit de pêcher.

40 % des investissements publics, le rôle crucial qu'il est appelé à jouer dans le développement des échanges généré par l'établissement du marché commun, mais aussi les « aspects spéciaux » qu'il présente (art. 91 TFUE) [1] et la nécessité de tenir compte « de la situation économique des transporteurs » dans la fixation des prix et des conditions de transport (art. 94 TFUE).

Cette politique n'englobe, aux termes de l'article 84 CEE (art. 100 TFUE) que les transports terrestres (routiers, ferroviaires et fluviaux), mais le Conseil peut adopter des « dispositions appropriées » [2] pour la politique maritime et aérienne, ce qu'il fera à partir de 1986. Son élaboration se révélera laborieuse, l'absence de volonté politique des États membres se conjuguant à l'imprécision des indications du Traité pour la repousser. L'article 75 (art. 91 TFUE) se borne en effet à prévoir l'adoption de règles communes pour les transports intracommunautaires, l'introduction du droit d'établissement et de la liberté de prestation de services (visée de manière spécifique à l'article 61 CE/ 58 TFUE) et « toutes autres dispositions utiles » [3]. Le Traité de Maastricht y ajoute « les mesures permettant d'améliorer la sécurité des transports », entérinant la position de la CJCE qui avait reconnu que la sécurité relevait des objectifs de la politique commune [4].

Dans un premier temps, seules des mesures ponctuelles ont été adoptées, très insuffisantes au regard de l'objectif d'une politique commune, car comme l'avouait la Commission, en 1983, « tout ou presque restait à faire » (communication 11 févr. 1983) [5]. La carence du Conseil [6] fut condamnée, à la demande du Parlement, par la CJCE [7] mais celle-ci se borna à sanctionner l'absence de mise en œuvre de la liberté de prestation de services, jugeant qu'on ne pouvait reprocher au Conseil le défaut d'élaboration de la politique prévue, eu égard au très large pouvoir d'appréciation que lui reconnaissait le Traité. Les négociations menées en vue de la réalisation du marché intérieur permirent finalement de rattraper le retard accumulé et d'ouvrir pleinement les divers types de transports – y compris les transports maritimes et aériens

1. Entre autres, la dépendance des transports vis-à-vis des infrastructures construites par les pouvoirs publics, la concurrence entre les grandes entreprises ferroviaires et une multitude de petits transporteurs routiers ou fluviaux, les obligations de service public imposées à certains transporteurs, et une certaine rigidité de l'offre et de la demande.

2. À l'origine à l'unanimité, depuis l'AUE à la majorité qualifiée. Le Traité de Lisbonne prévoit que ces dispositions seront désormais adoptées selon la procédure législative ordinaire.

3. Ces mesures étaient prises selon la procédure de codécision depuis le Traité d'Amsterdam, à l'exception de celles qui risquent « d'affecter gravement le niveau de vie et l'emploi dans certaines régions, ainsi que l'exploitation des équipements de transport » compte tenu du développement du marché commun, et qui l'étaient à l'unanimité après consultation du Parlement. Le Traité de Lisbonne généralise l'utilisation de la procédure législative ordinaire en supprimant cette dérogation.

4. CJCE 28 nov. 1978, *Schumalla*, aff. 97/78, *Rec.* p. 2311.

5. L'échéance fixée par le Traité (1er janv. 1970) était ainsi largement dépassée.

6. Constituée, selon le PE, par son refus de se prononcer sur plusieurs propositions de la Commission.

7. CJCE 22 mai 1985, *PE c. Conseil*, aff. 13/83, *Rec.* p. 1513.

– à la concurrence souhaitée par le Traité. Il en résulte la mise en place d'un cadre réglementaire très développé qui caractérise, pour l'essentiel, cette politique, les aspects budgétaires ne revêtant une certaine importance, à la différence des deux politiques précédentes, que pour la réalisation des réseaux transeuropéens de transport programmée par le Traité de Maastricht (titre XII CE/titre XVI TFUE) et à laquelle l'UE va contribuer financièrement.

Seront ainsi étudiés successivement le régime des transports terrestres, celui des transports maritimes et aériens, et la réalisation des réseaux transeuropéens.

§ 1. Les transports terrestres

A. Les transports routiers

602 ***Généralités*** ◇ Ils assurent près des trois quarts du trafic de marchandises, contre 50 % en 1970, mais seulement moins de 10 % du transport de voyageurs [1]. C'est un secteur aux structures fragiles, caractérisé par un grand nombre de petites entreprises, dont l'ouverture à la concurrence ne peut être envisagée qu'avec prudence et de manière progressive. La réglementation distingue les transports publics, ou transports pour compte d'autrui, et les transports privés, ou transports pour compte propre [2]. Les premiers sont les seuls concernés par les problèmes d'accès et de concurrence mais certaines mesures s'appliquent aux deux types de transport, telles les mesures prises au titre de la police des transports. Outre l'instauration du droit d'établissement et de la liberté de prestation de services, la réglementation adoptée vise à harmoniser l'ensemble des conditions d'exercice des transports routiers.

603 ***Le droit d'établissement*** ◇ Sa mise en œuvre est subordonnée à l'harmonisation des conditions d'accès à la profession et à la reconnaissance mutuelle des titres professionnels, régie actuellement par la directive 96/26 [3].

Les *conditions d'accès* ont été harmonisées dès 1974 à la fois pour le transport de marchandises et pour le transport de voyageurs. Les transporteurs doivent répondre à des conditions d'honorabilité (absence de condamnation pénale grave, de mise en faillite, de déclaration d'inaptitude), de capacité financière (capital minimal, réserves) et de capacité professionnelle (réussite à un examen écrit ou expérience professionnelle suffisante).

La *reconnaissance mutuelle des titres professionnels* a été obtenue en 1977. Chaque État membre doit accepter les documents délivrés par les autres États

1. 79 % des personnes se déplacent en voiture individuelle.
2. La distinction a été faite par la première directive sur les transports internationaux de marchandises par route (Dir. 23 juill. 1962).
3. Dir. 29 avr. 1996 (*JOCE* L. 124, 23 mai 1996), modifiée par Dir. 98/76, 1er oct. 1998 (*JOCE* L. 277, 14 oct. 1998).

membres et attestant que les diverses conditions exigées pour l'exercice de l'activité de transport routier sont remplies. Il délivre aux transporteurs établis sur son territoire une licence qui est valable dans l'ensemble de la CE [1].

Cette directive étant appliquée de manière « disparate » par les États membres, la Commission a souhaité son remplacement par un règlement. Celui-ci a été adopté le 21 octobre 2009 par le PE et le Conseil [2] mais ne s'appliquera qu'à partir du 4 décembre 2011 pour laisser à la Commission le temps nécessaire pour adopter les mesures d'exécution complémentaires prévues.

604 ***La liberté de prestation de services*** ◇ Elle a été plus difficile à réaliser comme en témoigne la condamnation judiciaire du Conseil en 1985. Devant être mise en œuvre dans le cadre de la politique commune aux termes de l'article 51 CE, elle nécessite l'adoption de dispositions appropriées que l'arrêt de la Cour ne rend pas obsolètes [3]. Ces dispositions portent respectivement sur le transport de voyageurs et sur le transport de marchandises en distinguant, pour chacun d'eux, le régime applicable aux transports transnationaux et celui applicable aux transports de cabotage.

1°) Les transports de voyageurs. *Les transports entre les États membres* sont régis par un règlement du 16 mars 1992, modifié en 1998 [4]. Ils sont ouverts à tous les titulaires d'une licence qui désirent exploiter un service régulier. Ils ne sont toutefois pas totalement libérés dans la mesure où ils sont soumis à une autorisation donnée soit par l'État membre de départ soit par l'État membre d'arrivée, autorisation qui peut être refusée pour des motifs économiques (en cas de menace pour la viabilité des services existants, y compris ferroviaires). La décision est prise après concertation des deux États intéressés ; en cas de désaccord, la Commission tranche.

Les transports de cabotage, i.e. à l'intérieur d'un seul État, ont été libérés par le règlement 2454/92, remplacé par le règlement 12/98 du 11 décembre 1997 [5]. Celui-ci n'a qu'une portée limitée car il ne concerne pratiquement que les services occasionnels, les services réguliers (essentiellement urbains et suburbains) ne pouvant être exercés que sous la forme du droit d'établissement. Une clause de sauvegarde est prévue en cas de risque de perturbation du marché.

1. Le régime de cette licence « unique » est fixé par le Règl. 881/92 du 26 mars 1992 (*JOCE* L. 95, 6 avr. 1992).
2. Règl. 1071/2009 (*JOUE* L. 300, 14 nov. 2009)
3. La Cour le souligne du reste expressément en rejetant l'argument en faveur de la reconnaissance de l'effet direct de l'art. 61 CEE comme conséquence de la carence imputable au Conseil.
4. Règl. 684/92 (*JOCE* L. 74, 20 mars 1992) et Règl. 11/98, 11 déc. 1997 (*JOCE* L. 4, 8 janv. 1998). Ils ont été remplacés par le Règl. 1073/2009 du 21 oct. 2009 (*JOUE* L. 300, 14 nov. 2009) qui ne sera toutefois applicable qu'à partir du 4 déc. 2011.
5. *JOCE* L. 4, 8 janv. 1998 ; le règlement de 1992 avait été annulé pour consultation irrégulière du PE mais maintenu en vigueur jusqu'à l'adoption du nouveau règlement.

2°) Les transports de marchandises. Leur libération s'est révélée délicate et n'a été obtenue que progressivement. Elle est totale depuis le 1er juillet 1998.

Le régime des *transports transnationaux* est fixé par le règlement 881/92 [1] qui abroge le régime antérieur des contingents nationaux et communautaires. Pour ouvrir progressivement un marché strictement cloisonné par un système d'autorisations nationales négociées entre les États concernés, des autorisations communautaires, dont le nombre était augmenté progressivement, étaient en effet délivrées par la Commission aux États membres qui les répartissaient entre leurs transporteurs respectifs. Le transport est désormais libre d'un État membre à l'autre, mais il s'agit d'une liberté « surveillée », les contingents pouvant être rétablis pour un an maximum en cas de besoin [2].

Le régime du *cabotage* avait été libéralisé à la fin des années quatre-vingt par un règlement du 21 décembre 1989 qui avait introduit le système des contingents communautaires, augmentés chaque année en fonction de l'évolution du trafic interne des États membres. Ceux-ci ont été supprimés à partir du 1er juillet 1998 par le règlement 3118/93 du 25 octobre 1993 [3]. Une clause de sauvegarde est prévue, mais en pratique, et au moins jusqu'à présent, la concurrence faite aux transporteurs nationaux demeure tout à fait marginale.

605 ***Harmonisation des conditions d'exercice des transports routiers***

◇ Au-delà du droit d'accès au marché, l'activité des transporteurs routiers doit être facilitée par l'harmonisation de l'ensemble des réglementations applicables à cette profession.

La *police des transports* fait l'objet de diverses mesures : réglementation du permis de conduire (adoption d'un modèle européen, reconnaissance mutuelle des permis nationaux) [4], fixation de normes minimales en matière sociale pour des raisons tant de protection sociale que de sécurité routière (durée hebdomadaire de travail, temps de conduite, périodes de repos) [5],

1. Règl. 26 mars 1992 (*JOCE* L. 95, 6 avr. 1992). Il a été remplacé par le Règl. 1072/2009 du 21 oct. 2009 (*JOUE* L. 300, 14 nov. 2009).

2. En vertu d'un mécanisme communautaire de sauvegarde en cas de crise institué par le Règl. 3916/90 du 21 déc. 1990 (*JOCE* L. 375, 31 déc. 1990).

3. *JOCE* L. 279, 12 nov. 1993 ; le règlement de 1993 remplace celui de 1989 qui a été annulé, le 16 juill. 1992, pour consultation irrégulière du PE. Il a été, à son tour, remplacé par le Règl. 1072/2009 préc.

4. Dir. 91/439, 29 juill. 1991 (*JOCE* L. 237, 24 août 1991).

5. La réglementation actuelle est définie par le Règl. 561/2006 du 15 mars 2006 (*JOUE* L. 102, 11 avr. 2006), qui abroge le Règl. 3280/85 et la Dir. 2006/22 du même jour. Le nouveau texte renforce les contrôles que les États membres doivent exercer pour s'assurer du respect des obligations instituées. Le règlement introduit le principe de l'extraterritorialité des poursuites, un État membre pouvant sanctionner une infraction commise dans un autre État membre (art. 19) ; la Dir. 2002/15 du 11 mars 2002 qui fixe des normes minimales à respecter est par ailleurs toujours en vigueur (*JOCE* L. 380, 23 mars 2002).

définition des caractéristiques techniques des véhicules autorisés à circuler (poids et dimensions notamment) [1].

Les *prix* sont visés par l'article 95 TFUE, qui interdit les tarifs discriminatoires en fonction du pays d'origine ou de destination, et relèvent du règlement 4058/89 du 21 décembre 1989 [2] qui institue un régime de liberté « surveillée » : les tarifs doivent être communiqués aux États membres qui les notifient à la Commission afin de permettre à celle-ci de surveiller l'évolution du marché. Ils ne doivent pas être anormalement bas.

Le problème du *coût d'utilisation des infrastructures routières* et de son imputation aux transporteurs est l'objet de la directive 1999/62 du 17 juin 1999 [3]. Répondant à un objectif de transparence, celle-ci énumère les diverses taxes, péages et droits d'usage que les États membres ont le droit de percevoir et en fixent les taux minimaux ainsi que les conditions de leur perception.

Le *régime de la concurrence* est empreint d'un certain particularisme. L'application des articles 81 et 82 CE (art. 101 et 102 TFUE) relève d'un texte spécial, le règlement 1017/68 [4], dont les particularités procédurales ont toutefois été abrogées par le règlement 1/2003 (v. *supra*, Titre 1, Chapitre 2). En matière d'aides d'État, l'article 73 CE (art. 93 TFUE) déclare compatibles avec le Traité les aides à la coordination des transports et au financement de « certaines servitudes inhérentes à la notion de service public » [5]. Un règlement de 1970 [6] complète cette disposition en énumérant la liste des aides autorisées en matière de transports : outre les aides visées à l'article 87 CE (art. 107 TFUE) (v. *supra*, Titre 1, Chapitre 2), sont visées les aides à la promotion des transports combinés (transport de camions par chemin de fer) et celles destinées à résorber, à titre exceptionnel, une surcapacité des moyens de transport.

B. Les transports ferroviaires

606 ***Généralités*** ◇ La situation des chemins de fer en Europe présente un aspect contrasté : s'ils ne transportent plus que 15 % des marchandises et 7 % des voyageurs, le développement des TGV en fait un mode de transport très concurrentiel et un secteur d'avenir qui tranche avec le déclin des trains conventionnels. Par ailleurs, elle est *a priori* peu propice à l'introduction de la concurrence, le secteur étant souvent aux mains d'opérateurs jouissant

1. Dir. 96/53, 25 juill. 1996 (*JOCE* L. 235, 17 sept. 1996).
2. *JOCE* L. 390, 30 déc. 1989.
3. *JOCE* L. 187, 20 juill. 1999.
4. Règl. 19 juill. 1968, qui remplace pour les transports Règl. 17/62 (*JOCE* L. 175, 23 juill. 1968). Modifié à diverses reprises, il a été remplacé par Règl. de codification 169/2009, 26 févr. 2009 (*JOUE* L. 61, 5 mars 2009).
5. Les conditions d'octroi des aides aux transporteurs assumant une mission de service public ont été précisées par le Règl. 1191/69 du 26 juin 1969 (*JOCE* L. 156, 28 juin 1969).
6. Règl. 1107/70, 4 juin 1970 (*JOCE* L. 130, 15 juin 1970). Il a été remplacé, ainsi que le Règl. 1191/69, par le Règl. 1370/2007, 23 oct. 2007 relatif aux services publics de transport de voyageurs par chemin de fer et par route (*JOUE* L. 315, 3 déc. 2007).

d'un monopole et fréquemment déficitaire du fait notamment de la lourdeur des investissements nécessaires. La CE s'est donné pour objectif de revitaliser ce mode de transport [1] et de créer un espace ferroviaire européen à l'horizon 2010 [2].

607 ***Séparation de la gestion des infrastructures et du service des transports*** ◇ Elle répond au souci de clarifier les relations entre l'entreprise ferroviaire et l'État, la première ne devant pas seule supporter les charges de construction et d'entretien du réseau qui incombent, au moins partiellement, au second. Elle a été mise en œuvre en deux étapes. Une première directive relative au développement des chemins de fer communautaires [3] n'a imposé, prudemment, qu'une séparation comptable, la gestion du réseau pouvant être confiée à l'entreprise ferroviaire, mais elle prescrit la soumission de cette dernière à un statut d'indépendance commerciale vis-à-vis de l'État [4]. Allant plus loin, une seconde directive [5] confie la gestion des infrastructures à un organisme désigné par l'État et distinct de l'entreprise ferroviaire. Ce gestionnaire a pour mission de développer et d'entretenir le réseau qui est ouvert, contre paiement d'une redevance [6], à toutes les entreprises ferroviaires souhaitant l'utiliser. Il publie, à cette fin, un document de référence indiquant les caractéristiques du réseau, ses conditions d'accès et de tarification, les règles de répartition des capacités entre les transporteurs.

608 ***L'ouverture progressive du marché*** ◇ Toutes les entreprises ferroviaires titulaires d'une licence d'exploitation [7] ont aujourd'hui accès au marché des autres États membres pour le transport de marchandises au terme d'une évolution commencée en 1991. La directive 91/440 a entrouvert le marché en donnant le droit d'accès aux entreprises de transports combinés et aux membres de groupements transnationaux (associations d'entreprises ferroviaires), mais en le limitant pour ces derniers aux seuls États où sont établies les entreprises concernées. La directive 2001/12 élargit ce droit à l'utilisation d'un réseau transeuropéen de fret constitué d'un certain nombre de grandes lignes que les États acceptent d'ouvrir à la concurrence, avant qu'une troisième directive [8] ne le généralise à l'ensemble du réseau, au 1er janvier 2006 pour les transports intracommunautaires, et au 1er janvier

1. Livre blanc 1996, COM(96)421.
2. Livre blanc 2001, COM(2001)370.
3. Dir. 91/440, 29 juill. 1991 (*JOCE* L. 237, 24 août 1991).
4. C'est en application de cette directive que la France a créé, par L. 13 déc. 1997, un nouvel établissement public, Réseau ferré de France, pour prendre en charge la gestion du réseau.
5. Dir. 2001/12, 26 févr. 2001 (*JOCE* L. 75, 15 mars 2001).
6. Les redevances ne doivent pas obligatoirement couvrir la totalité des frais supportés par le gestionnaire, les États membres étant autorisés à contribuer au financement de ces frais.
7. Les conditions de son attribution sont définies par la Dir. 95/18 du 19 juin 1995 (*JOCE* L. 143, 27 juin 1995), modifiée par la Dir. 2001/13 du 26 févr. 2001 (*JOCE* L. 75, 15 mars 2001).
8. Dir. 2004/51, 29 avr. 2004 (*JOUE* L. 164, 30 avr. 2004).

2007 pour les transports nationaux. Quant aux transports de voyageurs, la Commission, dans son Livre blanc de 2001, avait proposé leur ouverture à l'horizon 2010. Cet objectif a été réalisé par la directive 2007/58 [1] qui fixe au 1er janvier 2010 l'ouverture du transport international de voyageurs.

609 ***La répartition des capacités d'infrastructures*** ◇ L'accès des entreprises intéressées au « réseau ferroviaire communautaire » suppose que soit aménagée une procédure appropriée, qui permette de coordonner les demandes et de les répartir en fonction des créneaux disponibles. Tel est l'objet de la directive 2001/14 du 26 février 2001 [2] sur la répartition des capacités d'infrastructure ferroviaire. Celle-ci prévoit que les entreprises doivent demander au gestionnaire du réseau de leur attribuer des capacités ou « sillons » sur les lignes et aux horaires souhaités, éventuellement après négociation en cas de demandes identiques. Les « sillons » peuvent être accordés en priorité aux demandeurs gérant des services d'intérêt général. Une coopération entre les gestionnaires est prévue lorsque la demande porte sur des lignes à cheval sur plusieurs réseaux nationaux. Le transporteur qui s'estime victime d'un traitement « inéquitable ou discriminatoire » peut saisir l'autorité de contrôle indépendante que chaque État a l'obligation de mettre en place [3].

610 ***L'harmonisation des normes techniques et de sécurité*** ◇ Elle répond à un double objectif : réaliser l'interopérabilité des systèmes ferroviaires nationaux en vue de constituer un système ferroviaire unifié et renforcer la sécurité de ce système.

L'interopérabilité des systèmes ferroviaires suppose que soient rendues compatibles entre elles les caractéristiques techniques des réseaux et des trains. Elle a d'abord été entreprise pour les TGV avec la création d'un réseau européen à grande vitesse qui s'insère dans les réseaux transeuropéens de transports prévus par le Traité de Maastricht. Une directive de 1996 [4] définit les « exigences essentielles » que les États membres doivent respecter pour la construction et l'exploitation de leurs réseaux. Elle a été ensuite étendue au système ferroviaire conventionnel par une directive de 2001 [5]. L'élaboration des spécifications techniques nécessaires est confiée, depuis 2004, à une agence spécialisée, l'Agence européenne ferroviaire [6].

Les règles de sécurité ont été renforcées par la directive 2004/49 concernant la sécurité des chemins de fer communautaires [7]. Les États membres doivent

1. Dir. 23 oct. 2007 (*JOUE* L. 315, 3 déc. 2009).
2. *JOCE* L. 75, 15 mars 2001.
3. Autorité indépendante du gestionnaire comme de l'entreprise ferroviaire nationale ; la directive précise que ce peut être le ministère chargé des transports.
4. Dir. 96/48, 23 juill. 1996 (*JOCE* L. 235, 17 sept. 1996).
5. Dir. 2001/16, 19 mars 2001 (*JOCE* L. 110, 20 avr. 2001).
6. Règl. 881/2004, 29 avr. 2004 (*JOUE* L. 169, 30 avr. 2004).
7. Dir. 29 avr. 2004 (*JOUE* L. 164, 30 avr. 2004).

instituer des autorités indépendantes chargées de la sécurité qui délivrent aux entreprises ferroviaires un certificat de sécurité et aux gestionnaires des réseaux un agrément de sécurité attestant que les unes et les autres se conforment aux normes existantes. Ces autorités sont en outre responsables de la conduite des enquêtes en cas d'accident. Les réglementations nationales sont examinées par l'Agence ferroviaire européenne qui peut saisir la Commission des infractions qu'elle a constatées ou des projets d'harmonisation qu'elle a préparés. La Commission peut suspendre l'application des règles nationales pendant six mois maximum.

611 ***La définition des droits et obligations des voyageurs*** ◇ Un règlement du 23 octobre 2007 [1] est venu préciser, comme en matière de transports aériens (v. *infra*), les droits et les obligations des voyageurs ferroviaires. Il fixe en conséquence les normes minimales de qualité que les transporteurs doivent respecter et dont l'inobservation peut entraîner l'indemnisation des passagers. Son entrée en vigueur est toutefois repoussée deux ans après la date de sa publication (3 décembre 2007) pour laisser, notamment, aux États le temps d'adapter leur législation.

C. Les transports fluviaux

612 ***Généralités*** ◇ Secteur en déclin, à l'exception de la navigation sur le Rhin qui relève d'un régime propre défini par la convention de Mannheim du 17 octobre 1868 [2], la navigation fluviale n'assure plus que 9 % du transport de fret et est dans une situation de surcapacité structurelle qui a conduit la CE à conduire une politique de résorption.

613 ***L'accès au marché*** ◇ Il est subordonné à la possession, par le transporteur, d'une attestation de capacité professionnelle qui est délivrée par les États membres et bénéficie de la reconnaissance mutuelle [3]. Le titulaire de cette attestation doit détenir en outre un certificat de conduite lui donnant le droit de circuler sur toutes les voies d'eau navigables de la CE, à l'exception du Rhin qui nécessite un certificat spécial, la « patente de batelier du Rhin ». Délivré par l'État membre où il est établi, ce certificat fait l'objet d'une reconnaissance réciproque, selon les prescriptions de la directive 91/672 [4] ; les modalités de son octroi ont été harmonisées par la directive 96/50 [5]. La

1. Règl. 1371/2007 (*JOUE* L. 315, 3 déc. 2007).
2. Cette convention lie quatre États membres (France, Allemagne, Pays-Bas et Belgique ; un cinquième - le Royaume-Uni - l'a dénoncée) et la Suisse. Elle crée la Commission centrale pour la navigation du Rhin qui gère le régime de navigation qu'elle institue et dont le bénéfice a été étendu à tous les États membres par le Règl. 2919/85 du 17 oct. 1985 (*JOCE* L. 280, 22 oct. 1985).
3. Ses conditions d'obtention sont définies par la Dir. 87/540 du 9 nov. 1987 (*JOCE* L. 322, 12 nov. 1987).
4. Dir. 12 déc. 1991 (*JOCE* L. 373, 31 déc. 1991).
5. Dir. 23 juill. 1996, (*JOCE* L. 235, 17 sept. 1996).

libre prestation de services a été introduite à partir du 1er janvier 1993 par le règlement 392/91 [1]. Elle peut être exercée par tout transporteur habilité à effectuer des transports internationaux et n'utilisant que des navires immatriculés dans la CE.

614 ***La résorption de l'excédent structurel*** ◇ Pour remédier à la surcapacité régnant dans le secteur, le règlement 1101/1989 [2] a institué la règle du « déchirage ». Celle-ci interdit les augmentations de capacité de la flotte fluviale en subordonnant l'entrée en service d'un nouveau navire à la destruction d'un navire équivalent ou au paiement d'une contribution égale à la prime de « déchirage » versée en cas de mise à la casse d'un navire (règle dite du « vieux pour neuf »). Cette prime est financée par un fonds de « déchirage » alimenté par les cotisations des bateliers, complétées par les subsides versés par les États et par la CE. La règle « vieux pour neuf » s'est appliquée jusqu'en avril 2003 [3] mais peut être réactivée en cas de perturbation grave du marché.

615 ***L'harmonisation des règles techniques*** ◇ Les navires doivent répondre à certaines prescriptions techniques et être munis du certificat communautaire de navigabilité qui atteste leur conformité à ces prescriptions [4]. Les États membres, qui délivrent ce certificat, peuvent renforcer les prescriptions applicables dans certaines zones de navigation [5]. Dans le bassin rhénan, le certificat est accordé par la Commission centrale pour la navigation du Rhin, mais il permet de naviguer dans l'ensemble de la CE.

616 ***La libéralisation de l'affrètement*** ◇ L'affrètement dans la navigation fluviale reposait sur la solution traditionnelle du « tour de rôle » qui visait à empêcher toute concurrence réelle entre les bateliers. Les offres et les demandes étaient centralisées auprès de bourses ou bureaux d'affrètement, l'attribution du fret s'opérant dans l'ordre chronologique de leur inscription. Les prix étaient fixés après entente entre les pouvoirs publics et la profession. Ce système rigide a été supprimé par la directive 96/75 [6] qui introduit la liberté de choix du transporteur et la liberté des prix. Une clause de sauvegarde est toutefois prévue.

1. Règl. 16 déc. 1991 (*JOCE* L. 373, 31 déc. 1991), complété par Règl. 1356/96, 8 juill. 1996 (*JOCE* L. 175, 13 juill. 1996).
2. Règl. 27 avr. 1989 relatif à l'assainissement structurel de la navigation intérieure (*JOCE* L. 116, 28 avr. 1989).
3. Elle avait été prorogée pour quatre ans par le Règl. 718/99 du 29 mars 1999 qui abrogeait le règlement antérieur (*JOCE* L. 90, 2 avr. 1999).
4. Prescriptions édictées par la Dir. 82/714 du 4 oct. 1982, qui impose la possession du certificat (*JOCE* L. 301, 28 oct. 1982).
5. La Dir. 82/714 distingue quatre zones de navigation auxquelles s'ajoute le bassin rhénan.
6. Dir. 19 nov. 1996, *JOCE* L. 304, 27 nov. 1996.

§ 2. Les transports maritimes et aériens

617 ***La naissance d'une politique commune*** ◇ La navigation maritime et aérienne est, à l'origine, exclue de la politique commune des transports par l'article 84 CEE. Deux raisons expliquent sans doute ce choix : le marché des transports maritimes et aériens est par nature plus mondial qu'européen, et ces transports évoluent dans un cadre international organisé faisant intervenir des institutions spécialisées des Nations Unies (l'OMI et l'OACI) [1]. Elle n'échappe pas pour autant aux dispositions générales du Traité de Rome comme la CJCE va le reconnaître pour la navigation maritime [2] puis pour la navigation aérienne [3]. Mais l'importance de ces deux types de transports va pousser la CE à adopter, à partir des années quatre-vingt, les « dispositions appropriées » que l'article 84 l'autorise à prendre pour les soumettre à une réglementation commune peu différente de celle qui a été arrêtée au titre de la politique commune.

A. Les transports maritimes

618 ***Généralités*** ◇ Le secteur est en crise : la part de la flotte communautaire dans le transport mondial de marchandises ne cesse de régresser (de plus de 32 % en 1978 à 13 % en 1995), concurrencée par le développement des pavillons de complaisance (de 19 % en 1978 à plus de 31 % en 1995). Il est organisé dans le cadre du système des conférences maritimes internationales qui servent à répartir le trafic entre les compagnies en évitant une concurrence « sauvage ». La première initiative de la CEE est l'adoption par le Conseil, le 4 novembre 1976, d'une résolution déclarant que les transports maritimes doivent faire l'objet d'une « approche communautaire ». L'année suivante, est instituée une procédure de consultation entre les États membres face au protectionnisme de certains États tiers. Le Conseil invite également les États membres à ratifier le Code de conduite des conférences maritimes que la CNUCED a adopté en 1974. Une réglementation commune est enfin mise en place, le 22 décembre 1986, avec l'adoption de quatre règlements portant respectivement sur la liberté de prestation de services (4055/86), l'application des articles 85 et 86 CEE (4056/86), les

1. Organisation maritime internationale et Organisation de l'aviation civile internationale.

2. CJCE 4 avr. 1974, *Commission c. France*, aff. 167/73, *Rec.* p. 359 : soumission au principe de la libre circulation des personnes (violation dudit principe par une disposition qui réserve aux nationaux français un certain pourcentage d'emplois sur les navires immatriculés en France) ; la libre circulation des marins est facilitée aujourd'hui par la reconnaissance mutuelle des titres professionnels (Dir. 2001/25, 14 avr. 2001, *JOCE* L. 136, 18 mai 2001). Une exception peut être prévue pour les commandants de bord et leurs seconds en raison des prérogatives de puissance publique dont ils sont investis (CJCE 30 sept. 2003, *Collège des officiers de la marine marchande espagnole*, aff. C-405/01, *Rec.* p. I-10391).

3. CJCE 30 avr. 1986, *Asjes (Nouvelles Frontières)*, aff. 209 à 213/84, *Rec.* p. 1425 : soumission au droit des ententes des dispositions relatives à la fixation des tarifs aériens (homologation par les pouvoirs publics des tarifs fixés après concertation entre les compagnies aériennes).

pratiques tarifaires déloyales (4057/86) et le libre accès au trafic transocéanique (4058/86) [1]. Les transporteurs se voient garantir le bénéfice des libertés fondamentales du marché commun et imposer des règles de plus en plus contraignantes en matière de sécurité.

619 ***Le droit d'établissement*** ◇ Il implique le droit pour un transporteur de faire immatriculer ses navires dans les conditions non discriminatoires fixées par les États membres. Ceux-ci peuvent exiger un lien substantiel entre le navire et l'État qui lui accorde son pavillon [2]. Le transporteur a de même le droit de changer de lieu d'immatriculation. Dès lors que ses navires sont « en règle » [3], les États n'ont pas le droit de s'y opposer, leur refus éventuel devant être notifié à la Commission qui statue sous réserve de la saisine du Conseil [4].

La CJCE a jugé récemment, rappelons-le (v. *supra* le droit d'établissement), que ce droit ne pouvait être remis en cause au nom de la protection des travailleurs, dans une affaire où était contestée la décision d'un armateur finlandais d'immatriculer l'un de ses ferries en Estonie pour alléger ses charges salariales (CJCE 11 déc. 2007, *Viking*, aff. C. 438/05, *Rec.* p. I-10779).

620 ***La liberté de prestation de services*** ◇ Son introduction s'est heurtée aux difficultés tenant à l'existence des engagements en matière de partage des cargaisons assumés par les transporteurs dans le cadre des conférences maritimes ou des accords conclus avec des États tiers. Le système des conférences maritimes avait été d'abord accepté, on l'a dit, par la CEE, le Conseil invitant, en 1979, les États membres à ratifier le Code de conduite de la CNUCED sous réserve d'émettre des réserves [5] afin de rendre compatible l'application du Code avec le droit communautaire.

La libre prestation de services a été introduite par le règlement précité 4055/86 qui fixait un calendrier de suppression des restrictions y faisant obstacle. Elle devait être effective le 1er janvier 1993 mais le calendrier n'a pas été totalement respecté. Le règlement ouvre les liaisons intracommunautaires mais aussi celles entre les États membres et les États tiers [6] à toute

1. *JOCE* L. 378, 31 déc. 1986.
2. Conformément aux règles du droit international (art. 91 Conv. droit de la mer, 10 déc. 1982).
3. C'est-à-dire conformes aux prescriptions sur l'équipement des navires fixées par Dir. 96/98, 20 déc. 1996 (*JOCE* L. 46, 17 févr. 1997).
4. Règl. 789/2004, 21 avr. 2004, sur le changement de registre (*JOUE* L. 138, 30 avr. 2004) ; le droit au changement avait été reconnu en 1991.
5. Règl. 954/79, 15 mai 1979 (*JOCE* L. 121, 17 mai 1979) : les réserves portent notamment sur la clause de répartition « 40/40/20 » qui réserve 40 % du trafic respectivement à l'État de départ et à celui d'arrivée, les 20 % restants étant répartis entre les transporteurs d'États tiers.
6. Le droit d'accès à ces liaisons est renforcé par Règl. 4058/86 préc. qui prévoit une action coordonnée en vue de sauvegarder le libre accès au trafic transocéanique : en cas d'échec des démarches entreprises par la Commission à la demande des États membres concernés, la CEE peut

compagnie établie non seulement dans un État membre mais aussi dans un État tiers à condition qu'elle utilise des navires immatriculés dans la CE et qu'elle soit contrôlée par des ressortissants communautaires. Les arrangements conclus entre transporteurs devaient être en conséquence aménagés et la conclusion de nouveaux arrangements interdite, sauf si c'est le seul moyen pour un transporteur communautaire de desservir une ligne concernant un État tiers [1].

Le droit de cabotage a été reconnu par le règlement 3577/92 [2] à partir du 1er janvier 1993, mais avec d'assez nombreuses limitations et exceptions qui ne devaient disparaître qu'à la fin de 1998 (fin 2003 pour la Grèce). Les États ont le droit d'imposer des obligations de service public sur la desserte de leurs îles. Une clause de sauvegarde permet à la Commission de suspendre provisoirement l'application du règlement dans la zone perturbée.

621 ***Le régime de la concurrence*** ◇ Il est l'objet des règlements précités 4056/86 et 4057/86. Le premier visait l'application du droit des ententes et des abus de position dominante. Il exemptait de l'interdiction de l'article 85 CEE (art. 101 TFUE) les accords issus des conférences maritimes et portant sur les horaires, les escales, les prix et conditions de transport, la répartition du trafic. Ses particularités procédurales ont été abrogées par le règlement 1/2003. La Commission avait préconisé, dans son Livre blanc sur la politique des transports à l'horizon 2010, la suppression de cette exemption dont l'ampleur ne lui paraissait plus justifiée. Cette suppression est intervenue en 2006 [3].

Le second vise les pratiques tarifaires déloyales de certains transporteurs d'États tiers. Il permet aux compagnies communautaires qui subissent un préjudice de ce fait de saisir la Commission qui, après enquête, pourra proposer au Conseil d'adopter des droits compensateurs sur le fret embarqué ou débarqué par ceux-ci dans les ports de la CE.

Sont aussi concernées les aides d'État : elles sont autorisées dans les conditions actuellement déterminées par une communication de la Commission de 2004 [4].

622 ***La sécurité maritime*** ◇ Les risques de la navigation maritime, liés notamment au transport des hydrocarbures, justifient l'édiction d'une réglementation de plus en plus développée qui juxtapose les normes internationales issues de l'OMI et les normes proprement communautaires. La

prendre des mesures de rétorsion contre l'État tiers qui entrave le droit d'accès des navires communautaires.

1. Le Conseil a pu ainsi autoriser l'Italie à conclure un accord de partage de trafic avec l'Algérie (CJCE 30 mai 1989, *Commission c. Conseil*, aff. 355/87, *Rec.* p. 1517).
2. Règl. 7 déc. 1992, *JOCE* L. 364, 12 déc. 1992.
3. Règl. 1419/2006, 25 sept. 2006 qui abroge le Règl. 4056/86 (*JOUE* L. 269, 28 sept. 2006).
4. « Orientations communautaires sur les aides d'État au transport maritime » (*JOUE* C. 13, 17 janv. 2004).

conformité des navires à ces normes est attestée par le certificat que délivrent les États du pavillon après inspection par une « société de classification ». Ces sociétés doivent être agréées dans les conditions initialement fixées par la directive 94/57 du 22 novembre 1994 qui prévoyait que leur agrément était notifié par les États membres à la Commission et publié au *JO*. Cette législation a été refondue par une directive et un règlement du même jour (Dir. 2009/15 et Règl. 391/2009, 23 avr. 2009) [1]. Les critères de l'agrément sont renforcés et il est désormais octroyé par la Commission conjointement avec les États membres.

Les États membres doivent en outre contrôler les navires - qu'ils battent pavillon d'un État membre ou d'un État tiers - mouillant dans leurs ports en vertu de la directive 95/21 [2]. Ils vérifient le respect des règles de sécurité, de la prévention de la pollution, des conditions de vie et de travail à bord. Ils peuvent immobiliser le navire qui présente un risque manifeste pour la sécurité, la santé ou l'environnement. En pratique, le manque de moyens explique que seule une petite minorité de navires soit effectivement contrôlée.

Ils ont également l'obligation de sanctionner par des peines appropriées, administratives et pénales, les infractions commises par les navires rejetant en mer des substances polluantes (pratique du « dégazage ») [3].

Dans ses tâches de proposition et de contrôle en matière de sécurité, la Commission est assistée, depuis 2002, par l'Agence européenne pour la sécurité maritime [4].

Un autre aspect de la sécurité a par ailleurs été pris en compte pour conjurer la menace du terrorisme. Une réglementation a été établie pour protéger les navires et les installations portuaires constituant « l'interface immédiate port/navire » [5] ; elle a été complétée par des dispositions couvrant l'ensemble des zones d'activité portuaire [6].

B. Les transports aériens

623 ***L'évolution de leur régime*** ◇ L'exploitation commerciale de la navigation aérienne relève depuis l'origine d'un régime qui privilégie la souveraineté de l'État. Elle s'inscrit dans le cadre d'accords bilatéraux entre les États concernés qui sont fondés sur le principe de réciprocité : le trafic est partagé à égalité entre les compagnies des deux parties. La remise en cause de ce régime à la fin des années soixante-dix, sous l'influence des États-Unis qui amorcent une politique de désengagement de l'État, va conduire la Commis-

1. *JOUE* L. 131, 28 mai 2009.
2. Dir. 19 juin 1995, *JOCE* L. 157, 7 juill. 1995.
3. Dir. 2005/35, 7 sept. 2005 (*JOUE* L. 255, 30 sept. 2005) qui incorpore au droit communautaire les normes de la convention internationale Marpol 73/78 et les assortit de sanctions dissuasives pour renforcer leur effectivité.
4. Règl. 1406/2002, 27 juin 2002, *JOCE* L. 208, 5 août 2002.
5. Règl. 725/2004, 31 mars 2004, *JOUE* L. 129, 29 avr. 2004.
6. Dir. 2005/65, 26 oct. 2005, *JOUE* L. 310, 25 nov. 2005.

sion à définir une « approche communautaire » pour les transports aériens et à proposer au Conseil l'adoption de « dispositions appropriées » (art. 84 CEE) pour favoriser leur développement [1]. Un autre facteur propice à un changement de régime va jouer : l'intervention de la CJCE qui juge incompatible avec les principes du marché commun le système en vigueur de la fixation des tarifs [2]. Une nouvelle réglementation va être progressivement élaborée, qui passe par quatre grandes étapes : l'adoption de quatre « paquets » de mesures en 1987, 1990, 1992 et 2004, qui ont principalement pour objet d'ouvrir le secteur à la concurrence, d'harmoniser les conditions d'exploitation et de créer un espace aérien unifié dont l'accès aux transporteurs des pays tiers doit être réglé par des accords internationaux.

1. L'ouverture à la concurrence

624 ***Une ouverture progressive*** ◇ La première mesure de libéralisation est la décision 87/602 sur la répartition de la capacité en sièges entre les transporteurs et l'accès aux liaisons des services réguliers entre États membres [3]. Elle assouplit la règle de la répartition paritaire du trafic entre les compagnies des États concernés en introduisant la « multidésignation » sur certaines lignes [4]. Un deuxième pas est franchi avec le règlement 2343/90 [5] qui abroge le texte précédent. Le domaine de la « multidésignation » est élargi et la part de trafic réservée aux transporteurs nationaux sur certaines lignes supprimée au 1er juillet 1992. La libéralisation complète sera obtenue par le règlement 2408/92 concernant l'accès aux liaisons aériennes intracommunautaires [6] qui fixe son entrée en vigueur au 1er janvier 1993 sur les vols transnationaux, et au 1er avril 1997 sur les vols nationaux. Il est complété par le règlement 2407/92 [7] concernant la licence de transporteur aérien que doit posséder toute compagnie désireuse d'accéder au marché.

625 ***L'accès au marché*** ◇ Tout titulaire d'une licence d'exploitation délivrée par l'État membre d'établissement peut desservir n'importe quelle ligne à partir d'un aéroport de la CE. La licence atteste qu'il en a la capacité économique, financière et technique. Le refus de l'État peut être déféré à la Commission qui procédera à un réexamen de la demande [8]. Le titulaire de la licence doit en outre détenir un certificat de transporteur qui prouve qu'il

1. Mémorandum 4 juill. 1979 (*BCE*, suppl. 5-79, p. 28).
2. Aff. *Nouvelles Frontières* préc. : l'homologation par les pouvoirs publics des tarifs fixés après concertation entre les transporteurs est contraire à l'art. 85 CEE.
3. Décis. 14 déc. 1987.
4. Règle suivant laquelle plusieurs transporteurs d'un même État peuvent se faire concurrence sur une ligne donnée.
5. Règl. 24 juill. 1990.
6. Règl. 23 juill. 1992 (*JOCE* L. 240, 24 août 1992).
7. Règl. 23 juill. 1992 (*JOUE* L. 240, 24 août 1992).
8. La Commission n'a pas le pouvoir d'imposer sa décision à l'auteur du refus, mais elle peut saisir la Cour d'une action en manquement si celui-ci n'accepte pas l'interprétation du règlement qu'elle lui propose.

possède la capacité professionnelle et l'organisation nécessaires pour effectuer le service demandé. Les décisions des États membres d'accorder ou de retirer une licence sont publiées au *JO*.

Le droit d'accès reconnu couvre l'ensemble des services aériens, qu'ils soient réguliers ou non. Les États membres ont le droit d'imposer des obligations de service public sur les lignes « considérées comme vitales pour le développement économique » de certaines régions (obligation, par exemple, de desservir tel ou tel aéroport régional). Le service est alors attribué selon une procédure d'appel d'offres qui doit être publiée au *JO*.

Les États peuvent aussi réglementer la répartition du trafic entre les aéroports constituant des « systèmes aéroportuaires » (aéroports desservant une même ville) [1] et imposer aux transporteurs certaines conditions en cas de problème grave de congestion de l'espace aérien ou d'atteinte à l'environnement. Les mesures prises peuvent être modifiées par la Commission [2]. Des règles communes [3] régissent l'attribution des créneaux horaires dans les aéroports confrontés à des problèmes d'encombrement (aéroports dits « coordonnés ») : un coordonnateur est chargé de régler les difficultés qu'elle soulève.

2. L'harmonisation des conditions d'exploitation

626 ***Les tarifs*** ◇ Le « premier paquet » comportait une mesure destinée à rendre compatible le régime de leur fixation avec le Traité CEE, la décision 87/601, qui modifiait le système en vigueur de l'homologation en supprimant la concertation préalable entre les transporteurs. Elle a été remplacée par le règlement 2342/90 qui abroge la règle de la « double approbation » (donnée par les deux États situés aux extrémités de la ligne). L'approbation des tarifs par un seul État suffit désormais. Le règlement 2409/92 [4] sur les tarifs de passagers et de fret lui succède. Il libère les tarifs « charter » et de fret qui sont fixés par le contrat de transport ; les tarifs de passagers demeurent sous la surveillance des États : s'ils sont fixés par les transporteurs, ils doivent être communiqués aux pouvoirs publics qui peuvent s'opposer aux tarifs jugés trop élevés ou trop bas. En ce cas, le refus d'approbation peut être déféré par l'autre État intéressé à la Commission qui tranchera le différend, sous réserve d'un appel possible au Conseil (règle de la « double désapprobation »).

627 ***Le régime de la concurrence*** ◇ La question est en pratique très importante car le transport aérien est un secteur propice au développement de

1. La liste de ces « systèmes » est dressée dans une annexe au règlement 2408/92.
2. La Commission a ainsi condamné, le 16 sept. 1998, la répartition du trafic opérée par les autorités italiennes entre les aéroports milanais de Linate et de Malpensa. Sa décision a été confirmée par la CJCE (18 janv. 2001, *Italie c. Commission*, aff. 361/98, *Rec.* p. I-385).
3. Règl. 95/93, 18 janv. 1993 (*JOCE* L. 14, 22 janv. 1993) modifié par Règl. 793/2004, 21 avr. 2004 (*JOUE* L. 138, 30 avr. 2004).
4. Règl. 23 juill. 1992, *JOUE* L. 240, 24 août 1992.

pratiques anticoncurrentielles. De nombreux accords sont conclus entre les divers opérateurs y intervenant et les États soutiennent fréquemment, par des aides diverses, les compagnies nationales. En conséquence, il a été soumis à un régime spécifique, défini par le règlement 3975/87 relatif aux modalités d'application des articles 85 et 86 CEE. Celui-ci énumère dans une annexe les ententes pouvant être exemptées, celles dont « leur seul objet ou effet est d'apporter des améliorations ou d'instaurer une coopération sur le plan technique » [1]. Un second règlement portant sur la concurrence est également adopté, le même jour, par le Conseil, qui autorise la Commission à exempter certaines catégories d'accords [2]. L'application de ces textes a donné lieu à de nombreuses décisions de la Commission, concernant notamment les redevances discriminatoires réclamées à certaines compagnies par les gestionnaires d'aéroports. Pour prévenir ces difficultés, des principes communs sur la perception des redevances ont été adoptés par une directive du 11 mars 2009 [3].

En matière d'aides d'État, les conditions de leur versement sont fixées par « les lignes directrices dans le secteur de l'aviation » adoptées par la Commission en 1994 [4], complétées par celles sur le financement des aéroports et les aides au démarrage de nouvelles lignes à partir d'aéroports régionaux (qui concernent en pratique les aides aux transporteurs « *low cost* ») [5].

628 ***Libre circulation des personnes, des services et des marchandises***

◇ La circulation du *personnel navigant technique* est facilitée par l'acceptation mutuelle des licences professionnelles instituée par la directive 91/670 [6].

L'aménagement des *services d'assistance en escale* (prise en charge des bagages, ravitaillement et entretien des aéronefs, etc.) soulève des problèmes délicats vu la diversité des modalités de leur exécution (les prestataires peuvent être les transporteurs eux-mêmes, les gestionnaires d'aéroports ou des entreprises spécialisées). Les accords conclus à cette fin ont d'abord été exemptés par la Commission avant que ne soit adopté par le Conseil un texte général fixant les conditions d'accès au marché de l'assistance en escale [7]. Le marché n'est ouvert qu'avec prudence, les États membres gardant la possi-

1. Il a été abrogé par le Règl. 411/2004, 26 févr. 2004 (*JOUE* L. 68, 6 mars 2004) qui étend le régime de concurrence, jusque-là applicable aux seuls vols intracommunautaires, aux liaisons entre la CE et les pays tiers. Les particularités procédurales ont d'autre part été abrogées par le Règl. 1/2003.
2. Ce sont les accords relatifs à la coordination des capacités et au partage des recettes, les accords relatifs aux systèmes de réservation informatisés et les accords relatifs aux services d'assistance en escale qui ont été exemptés par les trois règlements de la Commission du 26 juill. 1988 (*JOCE* L. 239, 30 août 1988).
3. Dir. 2009/12, *JOUE* L. 70, 14 mars 2009.
4. *JOCE* C. 350, 10 déc. 1994.
5. *JOUE* C. 312, 9 déc. 2005.
6. Dir. 16 déc. 1991, *JOCE* L. 373, 31 déc. 1991.
7. Dir. 96/67, 15 oct. 1996, *JOCE* L. 272, 25 oct. 1996.

bilité de s'opposer à la libre concurrence dans certaines conditions, mais les mesures qu'ils prennent à cet égard peuvent être réformées par la Commission.

Le transport des *marchandises* est régi par le règlement 294/91 [1] qui précise les modalités administratives de leur libre circulation.

629 ***Les droits des passagers*** ◇ Les passagers doivent être protégés et leurs droits garantis lorsqu'ils sont victimes de dommages imputables aux incidents ou aux accidents affectant la navigation aérienne.

Un règlement de 1991 a d'abord institué un régime protecteur face à la pratique généralisée du « *surbooking* » : les victimes de cette pratique ont droit à une indemnité. Le régime est aujourd'hui fixé par le règlement 261/2004 [2] qui détaille les conditions du droit des passagers à être indemnisés et à bénéficier d'une assistance en cas de refus d'embarquement, d'annulation ou de retard important d'un vol. La CJCE a considéré que les victimes d'un retard égal ou supérieur à trois heures avaient droit aux mêmes indemnisations que celles d'un vol annulé (CJCE 19 nov. 2009, *Sturgeon*, aff. C-402/07 et C-432/07).

Un régime de responsabilité du transporteur en cas d'accident a d'autre part été élaboré par le règlement 2027/97 [3]. Il pose le principe d'une responsabilité illimitée du transporteur qui n'est exonéré de son obligation de réparer les dommages causés aux voyageurs et à leurs bagages qu'en cas de faute de la victime [4].

630 ***Les normes techniques*** ◇ Une procédure de certification a été mise en place pour permettre la délivrance des certificats attestant que les aéronefs respectent les normes imposées en matière de fabrication, d'exploitation et d'entretien [5]. Elle a été modifiée par le règlement 1592/2002 [6] qui crée une Agence européenne de la sécurité aérienne chargée d'assister la Commission dans la préparation (rôle de proposition) et l'application (rôle de contrôle) de la réglementation technique pertinente.

La CE applique par ailleurs les normes de l'OACI concernant la lutte contre les avions trop bruyants. Elle a défini dans une directive de 1992 [7] les modalités de retrait des appareils ne respectant pas ces normes, retrait

1. Règl. 4 févr. 1991 relatif au fonctionnement des services de fret aérien, *JOCE* L. 36, 8 févr. 1991.
2. Règl. 11 févr. 2004, *JOUE* L. 46, 17 févr. 2004.
3. Règl. 9 oct. 1997, *JOCE* L. 285, 17 oct. 1997.
4. Régime modifié par le Règl. 889/2002 du 13 mai 2002 (*JOCE* L. 140, 30 mai 2002) pour harmoniser ses dispositions avec la nouvelle convention internationale de Montréal sur la responsabilité des transporteurs aériens en cas d'accident du 28 mai 1999.
5. Règl. 3922/91, 16 déc. 1991 (*JOCE* L. 373, 31 déc. 1991) ; la plupart de ces normes ont été adoptées par l'OACI.
6. Règl. 15 juill. 2002 fixant les règles communes dans l'aviation civile, *JOCE* L. 240, 7 sept. 2002.
7. Dir. 92/14, 2 mars 1992.

programmé de 1995 à 2002. L'élimination des avions bruyants s'effectue désormais en vertu de la directive 2002/30 [1].

631 ***Les systèmes informatisés de réservation*** ◇ Leur usage, très développé dans le transport aérien, est régi par le règlement 2299/89 qui instaure un code de conduite pour leur utilisation [2]. Le but est d'éviter que le transporteur, propriétaire du système, ne traite pas de manière égale les autres transporteurs qui s'y raccordent. Les accords conclus entre les utilisateurs de ces systèmes bénéficient d'un règlement d'exemption de la Commission.

3. La création d'un espace aérien unifié

632 ***Le « ciel unique européen »*** ◇ Le dernier « paquet » de mesures vise à réaliser le « ciel unique européen ». Son adoption, le 10 mars 2004, fait suite à une communication de la Commission du 1er décembre 1999 dénonçant les obstacles au bon fonctionnement de la navigation aérienne. L'objectif est de remédier au cloisonnement de l'espace aérien qui demeure divisé en zones nationales soumises à des règles distinctes, de lui étendre la logique du marché intérieur qui postule la disparition des frontières intracommunautaires. Est en conséquence proposée l'instauration d'une gestion commune de l'espace. Le Conseil ayant approuvé cet objectif, quatre règlements ont été adoptés qui définissent les modalités propres à le réaliser [3]. La réforme repose sur l'idée que l'espace aérien constituant une ressource limitée doit être utilisé de manière optimale. Les zones nationales disparaissent, remplacées par des « blocs » d'espace fonctionnels dans lesquels la navigation obéit à des règles harmonisées, établies après concertation entre toutes les parties intéressées. La CE peut faire appel à l'organisme de contrôle européen existant, Eurocontrol, et lui confier un mandat. Ces dispositions sont applicables depuis le 1er janvier 2005.

4. La conclusion des accords aériens

633 ***Le problème de la compétence communautaire*** ◇ La réalisation d'un marché intérieur de la navigation aérienne laisse ouverte la question de savoir à qui appartient la compétence pour conclure des accords avec les pays tiers. La Commission soutenait qu'il s'agit d'une compétence communautaire et critiquait en conséquence les accords « ciel ouvert » (« *open sky* ») que plusieurs États membres avaient conclus avec les États-Unis. Dans sa communication du 12 mai 1999 sur « *L'industrie du transport aérien en Europe : du marché unique aux défis mondiaux* », elle soulignait que de tels

1. Dir. 26 mars 2002 sur les règles et procédures concernant des restrictions d'exploitation liées au bruit (*JOCE* L. 85, 28 mars 2002).
2. Règl. 24 juill. 1989 (*JOCE* L. 220, 29 juill. 1989).
3. Règl. 549 à 552/2004 relatifs respectivement aux principes de base, à la fourniture de services de navigation aérienne, à l'espace aérien et à l'interopérabilité du réseau européen de gestion du trafic aérien (*JOUE* L. 96, 31 mars 2004).

accords entravaient l'édification d'un marché équilibré et perturbaient la concurrence, les compagnies européennes ne pouvant, à la différence des transporteurs américains qui bénéficient de la 5e liberté [1] dans la CE, programmer leurs vols vers les États-Unis à partir de n'importe quel État membre. Le Conseil penchant pour la compétence nationale, et refusant pour cette raison de donner à la Commission le mandat de négociation qu'elle sollicitait, c'est la CJCE, saisie d'actions en manquement contre les États membres concernés (Royaume-Uni, Danemark, Suède, Finlande, Belgique, Luxembourg, Autriche, Allemagne) qui a tranché le différend. Dans les arrêts du 5 novembre 2002 [2], elle a jugé que si la CE ne disposait pas d'une compétence générale exclusive en la matière, les États membres ne pouvaient pas conclure des accords contenant des dispositions relevant de la réglementation communautaire existante (sur les tarifs aériens et le système informatisé de réservations) qui conférait à la CE des compétences exclusives partielles. Elle a en outre estimé que les États avaient violé l'article 43 CE sur le droit d'établissement en ne faisant pas bénéficier l'ensemble des transporteurs européens des avantages que les accords offraient à leurs propres transporteurs. À la suite de ces arrêts, le Conseil a autorisé, en juin 2003, la Commission à ouvrir des négociations avec les États-Unis. Il l'a chargée en outre d'obtenir la renégociation des accords bilatéraux existants afin de les rendre compatibles avec les exigences que la Cour a formulées dans ses arrêts de 2002 [3].

Un accord avec les États-Unis a été en définitive conclu le 2 mars 2007. Une décision du 25 avril suivant a autorisé sa signature et son application provisoire à partir du 30 mars 2008 [4]. Il constitue la première étape d'un processus de négociation qui doit se poursuivre. Les accords bilatéraux existants sont en conséquence suspendus. Il ouvre, conformément aux aspirations de la CE, le marché américain à tout transporteur européen et à partir de n'importe quel aéroport d'un État membre, mais ne confère pas le droit de cabotage.

§ 3. Les réseaux transeuropéens

634 ***Un nouvel aspect de la politique des transports*** ◇ La politique des transports s'est enrichie, avec le Traité de Maastricht, d'un nouvel objectif portant sur l'établissement de réseaux transeuropéens. En vue de faciliter les échanges dans l'espace sans frontières intérieures qu'est devenu le marché commun, il s'agit, aux termes de l'article 154 CE (art. 170 TFUE), de « fa-

1. Droit pour un transporteur de desservir deux États autres que l'État d'immatriculation.
2. *Rec.* p. I-9519 et s.
3. À cette fin a été instituée une procédure de renégociation des accords qui prévoit que les États membres soumettent à la Commission les dispositions qu'ils envisagent de conclure ; des clauses types, établies en accord avec la Commission, peuvent également être insérées dans les accords (Règl. 847/2004, 29 avr. 2004, *JOUE* L. 157, 30 avr. 2004).
4. *JOUE* L. 134, 25 mai 2007

voriser l'interconnexion et l'interopérabilité des réseaux nationaux » en tenant compte en particulier de « la nécessité de relier les régions insulaires, enclavées et périphériques aux régions centrales de la Communauté ». Les transports de marchandises et de personnes ne sont pas seuls concernés, l'objectif visant aussi les réseaux de télécommunications et des sources d'énergie. À cette fin, le Traité définit les moyens d'action appropriés (art. 171 TFUE) et prévoit l'utilisation de la procédure législative ordinaire pour leur mise en œuvre (art. 172 TFUE).

635 ***Les moyens d'action de l'UE*** ◇ Celle-ci va apporter son concours aux États membres dans la réalisation de ces réseaux. En premier lieu, elle arrête les grandes orientations dont devront s'inspirer les États et précise les « projets d'intérêt commun » qu'elle aidera à mettre en œuvre [1]. En 2004, la CE a ainsi adopté trente projets prioritaires à engager avant 2010 et qui portent sur l'aménagement de liaisons routières, ferroviaires, fluviales et maritimes (projet des « autoroutes de la mer ») [2]. La Commission peut désigner, pour chaque projet, un coordonnateur chargé de suivre l'état de son avancement. En second lieu, la CE peut apporter une aide financière dont les modalités sont actuellement fixées par le règlement 680 du 20 juin 2007 [3]. Elle peut cofinancer les études de préparation des projets, contribuer aux garanties d'emprunts, accorder des bonifications d'intérêts et même des subventions directes dans des cas « dûment justifiés ». Son aide ne peut en principe dépasser 10 % du coût total des investissements engagés. Elle est décidée par la Commission sur la base d'un programme indicatif pluriannuel et dans la limite d'une enveloppe budgétaire fixée pour la période 2007/2013 à 8 013 millions d'euros [4]. Ne peuvent être soutenus que les projets économiquement viables (art. 171 TFUE) et approuvés par les États membres concernés (art. 172 TFUE). Les modalités de l'octroi du concours financier communautaire sont actuellement fixées par le règlement 67/2010 du 30 novembre 2009 [5].

La Commission veille enfin à la coordination des politiques nationales. Elle peut aussi organiser une coopération avec les pays tiers qui seraient concernés par le développement des réseaux transeuropéens.

1. Ces orientations et ces projets ont été fixés, pour les transports, par Décis. 1692/96, 23 juill. 1996 (*JOCE* L. 228, 9 sept. 1996), modifiée par Décis. 884/2004, 29 avr. 2004 (*JOUE* L. 167, 30 avr. 2004).

2. Décis. 884/2004 préc. ; aux dispositions sur les transports ferroviaires il faut ajouter les directives spécifiques relatives à l'interopérabilité d'une part du système ferroviaire transeuropéen à grande vitesse et d'autre part du système ferroviaire transeuropéen conventionnel (v. *supra* section 1).

3. *JOUE* L. 162, 22 juin 2007.

4. Règl. 680/2007 préc. Cette enveloppe représente une augmentation substantielle par rapport à la période 2000/2006 (4 600 millions).

5. *JOUE* L. 27, 30 janv. 2010.

SECTION 4. LA POLITIQUE DE L'ÉNERGIE NUCLÉAIRE

636 ***La création de la CEEA (Euratom)*** ◇ Elle répond au désir des fondateurs de l'Europe communautaire de se doter d'un instrument d'action approprié afin de développer l'utilisation pacifique de l'énergie atomique et de remédier ainsi au déficit énergétique des pays européens, la technologie de l'époque rendant alors possible la production d'électricité d'origine nucléaire. Elle est saluée à ce titre comme une réalisation majeure de la construction européenne [1].

Les espoirs placés en elle ne se concrétiseront pourtant que très partiellement en raison d'un manque de volonté de ses membres, en particulier la France [2], pour nouer une coopération active en vue de créer une industrie nucléaire européenne qui est l'un des objectifs principaux d'Euratom.

Pour autant, la nouvelle Communauté s'est révélée utile par la contribution qu'elle a apportée au développement de la recherche et au traitement de la question essentielle qu'est la sécurité nucléaire. Elle a été épargnée par les multiples révisions qui ont affecté la CEE et conservée lors de la restructuration de l'UE par la Constitution européenne puis par le Traité de Lisbonne, les auteurs de ces traités ayant jugé souhaitable de maintenir un régime spécifique pour une source d'énergie bien particulière.

Le Traité CEEA est ainsi simplement modifié par le protocole n° 2 annexé au Traité de Lisbonne qui incorpore les principaux changements institutionnels intervenus mais sans toucher à ses dispositions matérielles ni aux procédures décisionnelles les accompagnant.

Le régime qu'il institue porte sur quatre points essentiels : l'approvisionnement, les activités scientifiques, le développement industriel et les relations extérieures.

§ 1. L'approvisionnement

Les articles qui lui sont consacrés (Chapitre 6) font partie des « Dispositions favorisant le progrès dans le domaine de l'énergie nucléaire » du titre II du Traité. Ils définissent les principes généraux (Titre II), créent l'instrument de la politique d'approvisionnement, l'Agence, et organisent l'intervention de la CEEA dans les domaines des prix, de la prospection et de la production [3].

1. La création d'Euratom a même été considérée à l'époque comme plus importante que celle de la CEE dont les chances de réalisation apparaissaient faibles.

2. Celle-ci ne se montre guère disposée en effet à partager avec ses partenaires l'avance qu'elle a acquise grâce à la création du Commissariat à l'énergie atomique en 1945.

3. Les petites livraisons de matières nucléaires échappent à l'application du chapitre 6 (Règl. 66/2006 Commission, 16 janv. 2006, *JOUE* L. 11, 17 janv. 2006).

A. Les principes généraux

637 ***Principes généraux*** ◇ L'article 52 définit les principes d'une politique commune de l'approvisionnement en minerais, matières brutes et matières fissiles spéciales, politique fondée sur la règle de l'égal accès aux ressources.

Il interdit d'abord les pratiques destinées à attribuer une position privilégiée à certains utilisateurs et crée ensuite une *agence* dont les pouvoirs sont considérables, mais doivent être exercés selon le principe de non-discrimination entre les utilisateurs. L'Agence dispose d'un *droit d'option* sur les minerais, matières brutes, matières fissiles spéciales produites sur le territoire des États membres et d'un *droit exclusif* pour la conclusion des contrats portant sur la fourniture des mêmes produits en provenance de « l'intérieur ou de l'extérieur de la Communauté ».

B. L'Agence

1. Organisation

638 ***Traits généraux*** ◇ L'article 54 précise l'organisation de l'Agence. Dotée de la personnalité juridique et de l'autonomie financière, celle-ci est régie par des statuts arrêtés par le Conseil à la majorité qualifiée et sur proposition de la Commission. Ils fixent le capital social dont la majorité doit appartenir à la Communauté et aux États membres, les modalités de sa souscription et de sa répartition. Ils déterminent aussi les conditions de sa gestion commerciale [1].

L'Agence est placée sous le contrôle de la Commission, qui lui donne ses directives, possède un droit de veto sur ses décisions et nomme le directeur général et son adjoint (art. 53). Elle peut être en outre saisie d'une requête contre tout acte « implicite ou explicite » accompli par l'Agence dans l'exercice de son droit d'option ou de son droit exclusif de conclure les contrats de fournitures. Elle doit statuer dans le délai d'un mois [2].

L'Agence est assistée d'un comité consultatif de 56 membres (représentants des producteurs et des utilisateurs, experts) nommés pour trois ans par les États membres, qui doit être saisi avant l'adoption de certaines mesures (tel l'établissement du bilan et du rapport annuels de l'Agence ou l'édiction d'un règlement fixant les modalités de confrontation des offres et des demandes).

1. Les statuts de l'agence ont été initialement fixés par la décision du 6 nov. 1958. Ils le sont actuellement par Décis. 2008/114, 12 févr. 2008 (*JOUE* L. 41, 15 févr. 2008).

2. V. Aff. T-458/193 (TPI 15 sept. 1995, *ENU c. Commission*, *Rec.* p. II-1675) dans laquelle était contestée l'attitude de la Commission qui n'avait pas désavoué le refus de l'Agence d'acheter l'uranium produit par une entreprise portugaise : légalité de ce refus.

Les États membres doivent communiquer à l'Agence tous renseignements utiles à l'usage de son droit d'option ou de son droit exclusif (art. 55) et de garantir sur leurs territoires le libre exercice de ses fonctions (art. 56) [1].

2. Attributions

639 ***Le droit d'option sur les produits en provenance de la Communauté*** ◇ L'article 52 § 2 accorde à l'Agence un droit d'option sur les minerais, les matières brutes, les matières fissiles spéciales produites sur le territoire des États membres. Ce droit est détaillé par les articles 57 et suivants.

Le droit d'option a un objet différent selon qu'il s'applique aux matières « dont la propriété appartient à la Communauté en vertu des dispositions du chapitre VIII », c'est-à-dire aux matières fissiles spéciales [2] ou autres produits, c'est-à-dire aux minerais et matières brutes. À l'égard des matières fissiles spéciales, l'option permet à l'Agence d'acquérir les droits d'utilisation et de consommation. Sur les autres produits, l'Agence peut acquérir le droit de propriété.

Ce droit est mis en œuvre par la conclusion de contrats avec les producteurs de minerais, matières brutes ou fissiles, qui sont tenus d'offrir à l'Agence les matières qu'ils produisent (art. 57 § 2).

Son exercice n'est pas obligatoire. S'il n'est pas utilisé, le producteur des matières intéressées ne bénéficie pas pour autant d'une liberté complète à l'égard de sa production. S'il transforme ces produits il devra offrir à l'Agence le résultat de ces transformations. S'il désire exporter, il devra obtenir l'autorisation de la Commission qui subordonnera cette autorisation au respect des intérêts généraux de la Communauté et à la condition que les contrats ne comportent rien de contraire aux objectifs du Traité. Enfin, si ces exportations ont pour objet des matières fissiles spéciales elles ne pourront être réalisées que par l'intermédiaire de l'Agence.

640 ***Le rôle d'intermédiaire entre les producteurs et les utilisateurs*** ◇ L'exercice du droit d'option doit permettre à l'Agence d'assurer une équita-

1. Un conflit a opposé la Commission à la France qui depuis 1965 ne communiquait plus ses contrats d'approvisionnement à l'Agence en se fondant sur l'art. 76 qui prévoyait que sept ans après l'entrée en vigueur du Traité, le Conseil devrait confirmer le chapitre VI ou le modifier. La Cour de justice saisie du litige a donné tort à la France jugeant que ledit chapitre demeurait en vigueur tant que le Conseil ne s'est pas formellement prononcé (14 déc. 1971, *Commission c. France*, aff. 7/71, *Rec.* p. 1003).

2. Le régime de la propriété des matières fissiles spéciales est défini par les art. 86 à 91. Le principe est que ces matières sont la propriété de la Communauté (art. 86), les États, personnes et entreprises ayant un « droit d'utilis*ation* et de consommation le plus étendu » sur les matières entrées régulièrement en leur possession (art. 87).

ble répartition des produits entre les utilisateurs. L'article 60 fait d'elle l'intermédiaire entre les producteurs et les utilisateurs [1].

Il prévoit que les utilisateurs doivent périodiquement faire connaître à l'Agence leurs besoins de fournitures en indiquant les quantités, la nature, les lieux de provenance et les conditions de prix. De leur côté, les producteurs informent l'Agence des fournitures qu'ils sont en mesure d'offrir. Celle-ci prévient alors les utilisateurs des offres et des demandes qu'elle a reçues et les invite à passer commande en leur indiquant les conditions d'achat. Dans l'exercice de ces fonctions, elle n'est pas un simple intermédiaire passif car elle doit en principe satisfaire toutes les commandes sous réserve « d'obstacles juridiques ou matériels » (art. 61). Si elle n'est pas en état de le faire, elle répartit les fournitures « au prorata des commandes correspondant à chacune des offres ».

641 ***Le droit d'option et les matières fissiles spéciales*** ◇ L'exercice du droit d'option a une portée particulière lorsqu'il est appliqué aux matières « dont la propriété appartient à la Communauté en vertu des dispositions du chapitre VIII » c'est-à-dire aux matières fissiles spéciales. Par son droit d'option, l'Agence obtient seulement le droit d'utilisation et de consommation de ces matières, qui sont déjà la propriété d'Euratom en vertu de l'article 86. L'exercice du droit d'option est soumis à des conditions d'utilisation par l'article 62. Le même article définit les obligations qui restent imposées au producteur de ces matières lorsque l'Agence n'use pas de son droit d'option.

642 ***Le monopole des importations sur les produits ne provenant pas de la Communauté*** ◇ À l'égard des minerais, matières brutes et matières fissiles « ne provenant pas de la Communauté » les dispositions du Traité sont beaucoup plus brèves et figurent dans les articles 64 et 66.

Pour l'acquisition de ces matières l'Agence dispose d'un droit exclusif pour conclure les accords ou conventions d'importation (art. 64).

La répartition des produits ainsi obtenus entre les utilisateurs est soumise au mécanisme de l'article 60 déjà étudié.

Toutefois, si l'Agence ne parvient pas à satisfaire toutes les demandes à des prix raisonnables, les utilisateurs pourront, pendant un an, conclure directement des contrats avec des producteurs extérieurs mais sous le contrôle de la Commission : celle-ci doit recevoir communication des projets de contrats et peut s'opposer à leur conclusion s'ils sont contraires aux objectifs du Traité (art. 66).

1. V. Règl. adopté par l'Agence le 5 mai 1960 pour fixer les modalités relatives à la confrontation des offres et des demandes (*JOCE*, 11 mai 1960), modifié par Règl 15 juill. 1975 (*JOCE L.* 193, 25 juill. 1975).

C. Autres interventions dans l'approvisionnement

643 ***Les prix*** ◇ En principe, les prix doivent résulter de la « confrontation des offres et de la demande » réalisée dans les conditions de l'article 60 (art. 67). Lorsque l'Agence établit, selon l'article 60, les conditions auxquelles elle peut satisfaire les demandes des utilisateurs, elle peut proposer à ceux-ci une péréquation de prix.

Les États ne doivent pas faire obstacle à ce principe par leurs réglementations nationales et l'article 68 interdit les pratiques discriminatoires destinées à assurer à certains utilisateurs une « position privilégiée » qui serait contraire à l'égalité d'accès aux approvisionnements.

Le Conseil peut, de son côté et statuant à l'unanimité sur proposition de la Commission, fixer les prix (art. 69).

644 ***La prospection, la production, le stockage*** ◇ Pour assurer l'approvisionnement des industries nucléaires, le Traité donne aux institutions communautaires des pouvoirs d'intervention en matière de prospection, de production et de stockage. Ces interventions sont assorties de moyens de contrôle et de pression sur les États membres.

a) Dans le domaine de la *prospection*, la Commission peut « intervenir financièrement » dans les limites du budget et aux conditions qu'elle définit (art. 70).

Elle peut aussi intervenir *indirectement* en adressant aux États membres des recommandations destinées à stimuler le développement de la prospection et de la production minières. Les États membres sont tenus d'informer la Commission et le Conseil du développement de leurs recherches, de leur exploitation, de l'état de leurs réserves probables et des investissements miniers effectués ou prévus (*ibid.*)

Si le Conseil considère, à la majorité qualifiée, que les efforts d'un État membre dans la prospection et la production sont insuffisants, cet État est censé avoir renoncé pour lui et pour ses ressortissants, au « droit d'égal accès aux autres ressources intérieures de la Communauté ». Cette sanction doit se prolonger pendant tout le temps que l'État ne remédie pas à cette insuffisance (*ibid.*).

En outre, la Commission peut adresser aux États membres des recommandations sur les réglementations fiscales ou minières (art. 71).

b) Par ailleurs, l'article 72 prévoit la constitution de stocks. L'Agence peut, pour les besoins des livraisons courantes, constituer des stocks « commerciaux » et la Commission décider de constituer des stocks de « sécurité » financés selon des modalités déterminées par le Conseil.

c) La crise de l'énergie des années soixante-dix a incité Euratom à réduire sa dépendance extérieure. Le Conseil a créé en mai 1973 un comité permanent pour l'enrichissement de l'uranium et a adopté en juin 1974 une résolution concernant l'approvisionnement en uranium enrichi. La Commission a recommandé aux États membres de se doter de capacités de production d'uranium enrichi pour alimenter les centrales nucléaires européennes. Deux techniques ont été alors adoptées : *Eurodif* (France, Belgique, Italie, Luxembourg) et *Urenco* (Allemagne, Pays-Bas, Grande-Bretagne).

§ 2. Les activités scientifiques

Le secteur nucléaire est par excellence le domaine de la recherche. Euratom est chargé de contribuer au développement des connaissances scientifiques par les recherches qu'il réalise ou coordonne, par la diffusion de leurs résultats et par la protection qu'il assure contre le risque nucléaire.

A. La recherche

645 ***Le rôle d'Euratom*** ◇ Le Traité assigne à Euratom, par l'entremise de la Commission, une double mission : promouvoir et faciliter la recherche dans les États membres d'une part et réaliser ses propres recherches d'autre part (art. 4 § 1).

Le domaine de la recherche est défini par l'article 4 § 2 qui renvoie à une longue liste de ses divers thèmes annexée au Traité (annexe I). Cette liste peut être modifiée par le Conseil à la majorité qualifiée sur proposition de la Commission.

1. Le soutien des recherches nationales

À l'égard des recherches poursuivies dans les États membres, la Commission exerce deux catégories d'actions : d'une part elle « oriente, coordonne, informe », d'autre part, elle « aide ».

646 ***La coordination des recherches nationales*** ◇ Les interventions d'orientation, de coordination et d'information sont définies par l'article 5 du Traité. Selon ce texte, la Commission s'informe auprès des « États membres, personnes ou entreprises » de leurs programmes de recherche. Elle formule des avis sur ces programmes, par lesquels elle déconseille les « doubles emplois inutiles » et oriente les recherches vers les secteurs où les études sont insuffisantes. Ces avis peuvent être publiés avec l'accord des États ou personnes qui ont communiqué les programmes. La Commission peut consulter des experts et des représentants de centres de recherches publics ou privés. Enfin, elle publie une liste des secteurs dans lesquels la recherche apparaît insuffisante.

647 ***Les aides de la Communauté*** ◇ Par ailleurs, la Commission peut apporter à la recherche poursuivie dans les États membres des aides qui sont soumises aux dispositions de l'article 6. Elle peut fournir un apport en nature ou un concours technique. Elle peut livrer, à titre gratuit ou non, des matières brutes ou des matières fissiles spéciales nécessaires à l'exécution des

programmes, mettre à la disposition des États, personnes ou entreprises, des installations, des équipements et des experts.

Elle peut accorder aussi un concours financier dans le cadre de contrats de recherche, mais ce concours ne comporte pas de subventions. Elle peut intervenir, enfin, pour « provoquer un financement en commun par les États membres, personnes ou entreprises intéressées ».

2. Les recherches communautaires

648 ***Caractères généraux*** ◇ La compétence d'Euratom en matière de recherche n'est pas limitée au soutien pouvant être apporté aux recherches nationales. Elle s'étend à l'exécution de programmes de recherche propres, mais cette tâche reste complémentaire de celle des États membres.

L'organisation générale de la recherche communautaire est définie par l'article 7 du Traité. Selon ce texte, il appartient au Conseil, à l'unanimité, sur proposition de la Commission et après avis du comité scientifique et technique [1], de définir des programmes de recherche et d'enseignement pour une durée qui ne doit pas dépasser cinq ans. Le financement des programmes est assuré par des crédits du budget de recherche et d'investissement. Leur mise en œuvre appartient à la Commission qui doit rédiger un rapport annuel au Conseil et doit tenir informé le Comité économique et social.

L'exécution des programmes incombe partiellement au *Centre commun de recherche* (CCR).

649 ***Les programmes de recherche*** ◇ Selon les termes du Traité, la recherche communautaire devait faire l'objet de programmes quinquennaux réalisés en partie par le Centre commun des recherches nucléaires [2] et en partie par d'autres organismes liés par contrat à Euratom. Deux importants programmes quinquennaux furent ainsi réalisés entre 1958 et 1967 avant qu'une crise grave n'éclatât en 1967 qui menaça l'existence même d'Euratom. Elle se manifesta notamment par le refus de l'adoption de programmes d'une envergure comparable à ceux qui avaient été appliqués précédemment. Euratom ne fut maintenu en vie que par l'adoption de « programmes intérimaires » couvrant un seul exercice et ne comportant qu'un budget très réduit (24 millions d'unités de compte en 1969). Une solution fut finalement trouvée en 1970 qui entraîna les conséquences suivantes :

Le *Centre commun de recherches nucléaires* fut réorganisé et devint le *Centre commun de recherche*. Son organisation est aujourd'hui fixée par une décision de la Commission du 20 novembre 1985 [3].

1. Organisme consultatif prévu par l'art. 134 du Traité. Il est composé de 41 personnalités scientifiques nommées *intuitu personae* pour cinq ans par le Conseil après consultation de la Commission.
2. Organisme de recherche créé par la Commission en vertu de l'art. 8 du Traité.
3. Décis. 85/593 (*JOCE L.* 373, 31 déc. 1985).

Son activité a été élargie à la recherche non nucléaire [1].

La politique d'Euratom en matière de recherche s'inscrit dans une série de programmes de caractère général ou spécifique dont les derniers sont le 7e programme-cadre en matière de recherche et de formation couvrant la période 2007/2011 (Décis. 2006/970, 18 déc. 2006, *JOUE* L. 400, 30 déc. 2006) et le programme spécifique sur le CCR (Décis. 2006/977, *ibid.*), le premier doté de 2 751 millions d'euros, le second de 517 millions. Les règles de participation des entreprises et des centres de recherche aux actions du 7e programme sont définies par le règlement 1908/2006 du 19 décembre 2006 (*ibid.*)

650 ***L'enseignement*** ◇ D'autre part, il appartient à la Commission d'organiser l'enseignement pour la formation des techniciens.

Le Traité lui confie le soin de créer, dans le cadre du Centre commun de recherches nucléaires, des écoles destinées à assurer la formation des spécialistes nécessaires à l'utilisation de la technologie nucléaire (prospection minière, traitement des combustibles irradiés, utilisation des radio-éléments, etc.) (art. 9 § 1).

Est également prévue la création d'une « institution de niveau universitaire » dont le Conseil définit les modalités de fonctionnement (art. 9-2).

B. La diffusion des connaissances

651 ***Les dispositions du Traité*** ◇ À côté des activités de recherche, le Traité a confié à Euratom le soin d'assurer la diffusion des connaissances acquises en matière nucléaire. Le chapitre 2 de son titre II organise des régimes différents selon que les connaissances à diffuser sont ou ne sont pas à la disposition de la Communauté.

La diffusion « des connaissances dont la Communauté a la disposition » est organisée par les articles 12 et 13 et ne soulève pas grande difficulté. Pour les autres connaissances, le Traité prévoit des procédures de diffusion par « procédés amiables » (art. 14 et 15), par « communication d'office » (art. 16) et par « concession de licences par voie d'arbitrage ou d'office » (art. 17 et s.). D'autres dispositions organisent la protection du secret (art. 24 à 27) et la réparation du préjudice que pourraient subir des propriétaires de brevets du fait de fuites imputables à la communication à la Communauté (art. 28).

C. La protection contre le risque nucléaire

Le Traité consacre dans son titre II deux séries de dispositions à la prévention des risques liés à l'utilisation de l'énergie nucléaire : le chapitre III sur la protection sanitaire et le chapitre VII sur le contrôle de sécurité.

1. En vertu de la résolution adoptée le 25 avr. 1972 par les représentants des États membres réunis au sein du Conseil.

652 ***La protection sanitaire*** ◇ Pour assurer la protection sanitaire de la population et des travailleurs contre les dangers de « radiations ionisantes », le Traité a prévu diverses mesures. La protection est fondée sur la définition de normes de base établies et révisées par le Conseil (art. 30 et s.). La responsabilité de l'application de ces normes incombe aux États membres (art. 33 et s.) sous le contrôle de la Commission (art. 38). La protection sanitaire fait l'objet de programmes de recherches et d'un certain nombre de règles destinées à la garantir. Des dispositions ont été ainsi adoptées pour protéger la population et les travailleurs contre les risques des rayonnements ionisants [1] ou pour instituer des procédures de contrôle sur les manipulations de produits radioactifs [2] et sur les transferts de substances radioactives [3] ou de déchets radioactifs [4] d'un État à l'autre. Les denrées alimentaires et les aliments pour bétail ne peuvent être commercialisés, après un accident nucléaire, que s'ils respectent les niveaux maximaux admissibles de contamination radioactive [5].

L'article 37 impose par ailleurs aux États membres d'informer la Commission des rejets d'effluents radioactifs auxquels ils procèdent, sans préciser la nature civile ou militaire des installations qui en sont la source. Un différend est né sur la portée de cette disposition et son applicabilité aux installations militaires, le Traité ne visant en principe que les utilisations pacifiques de l'énergie nucléaire. Il a été tranché par la CJCE qui a rejeté l'action en manquement introduite par la Commission contre le Royaume-Uni qui ne lui avait pas notifié le rejet d'effluents causé par le démantèlement d'un réacteur militaire [6].

653 ***Le contrôle de sécurité*** ◇ Il porte sur l'utilisation par les exploitants d'installations nucléaires des « minerais, matières brutes et matières fissiles spéciales ». La Commission vérifie que ces produits sont utilisés conformément à l'usage qui a été indiqué par les exploitants (art. 77), son contrôle devant être facilité par l'obligation faite à ces derniers de lui communiquer les caractéristiques techniques de leurs installations (art. 78) et de lui adresser les relevés d'opérations concernant lesdits produits (art. 79) [7]. Elle exerce ses contrôles par l'envoi d'inspecteurs qui ont accès aux installations, accompagnés le cas échéant, et à la demande des États concernés, par des agents nationaux (art. 81). En cas d'opposition de l'exploitant, elle doit se

1. Dir. 96/29, 13 mai 1996, fixant les normes de base relatives à la protection sanitaire de la population et des travailleurs contre les rayonnements ionisants (*JOCE* L. 159, 29 juin 1996).

2. Par ex., Dir. 2003/122, 22 oct. 2003 relative au contrôle des sources radioactives scellées de haute activité (*JOUE* L. 346, 31 déc. 2003).

3. Règl. 1493/93, 18 juin 1993 (*JOCE* L. 148, 19 juin 1993).

4. Dir. 2006/117, 20 nov. 2006 (*JOCE* L. 337, 5 déc. 2006).

5. Règl. 3954/87, 22 déc. 1987 (*JOCE* L. 371, 30 déc. 1987), modifié après la catastrophe de Tchernobyl par Règl. 2218/89, 18 juill. 1989 (*JOCE* L. 211, 22 juill. 1989).

6. CJCE 12 avr. 2005, *Commission c. Royaume-Uni*, aff. C-61/03, *Rec.* p. I-2477.

7. Les obligations des exploitants sont précisées dans un règlement de la Commission, prévu par l'art. 79, qui est actuellement le Règl. 302/2005, 8 févr. 2005 (*JOUE* L. 54, 28 févr. 2005).

faire délivrer un mandat par le président de la CJCE ou, s'il y a urgence, prendre une décision qu'elle fera confirmer par ce dernier. Des sanctions sont prévues lorsqu'un exploitant est en infraction, elles sont énumérées par l'article 83 [1]. Le Conseil peut, à l'unanimité et à la demande de la Commission ou d'un État membre, adapter les modalités du contrôle « au cas où des circonstances nouvelles le nécessiteraient » (art. 85).

§ 3. Le développement des industries nucléaires

La politique industrielle appliquée au secteur nucléaire vise à assurer le développement de cette industrie, ce qui requiert des moyens financiers pour permettre les investissements et des moyens juridiques particuliers qui ont pris la forme d'« entreprises communes ».

A. Les investissements

654 ***Le contrôle général de la Communauté sur les investissements*** ◇ Il est prévu par le chapitre 4 du titre II. Le Traité ne prévoit pas de financement communautaire des investissements mais il soumet ceux-ci à un contrôle général de la Commission.

La Commission doit d'abord susciter les initiatives des personnes et entreprises intéressées et faciliter un développement coordonné des investissements en publiant périodiquement, après avis du Comité économique et social, des programmes de caractère indicatif. Ces programmes ont notamment pour objet de définir les objectifs de production d'énergie nucléaire et les investissements que ces objectifs rendent nécessaires (art. 40).

Elle doit ensuite être informée des projets d'investissements des entreprises. Ces dernières, lorsqu'elles relèvent des industries énumérées par l'annexe II au Traité doivent lui communiquer leurs projets d'installations nouvelles, de remplacements ou de transformations dont la nature ou l'importance répondent aux critères posés par le Conseil (art. 41). Ces projets, qui doivent être communiqués à la Commission (et pour information aux États intéressés) dans les délais fixés par l'article 42, peuvent être publiés, avec l'accord des États membres, personnes ou entreprises intéressées (art. 43).

Le Conseil a toutefois été plus loin que les dispositions du Traité en habilitant la Commission à contracter des emprunts pour financer la construction de centrales électronucléaire [2].

1. Ce sont l'avertissement, le retrait d'avantages particuliers, la mise sous administration d'une autorité désignée conjointement par la Commission et l'État membre intéressé, et le retrait des matières brutes ou fissiles spéciales.
2. Décis. 77/270, 29 mars 1977 (*JOCE* L., 6 avr. 1977).

B. Les entreprises communes

Le Traité permet la création d'« entreprises communes » auxquelles est consacré le chapitre 5. Il fixe la procédure et les conditions de leur création, leur régime juridique et les avantages particuliers dont elles peuvent bénéficier.

655 ***Conditions et procédure de création*** ◇ La création de ces entreprises est prévue par l'article 45 : le statut d'« entreprise commune » peut être attribué aux entreprises qui présentent une « importance primordiale pour le développement de l'industrie nucléaire ». La procédure à suivre est définie à l'article 46. Le projet de création peut émaner de la Commission, d'un État membre ou de « toute autre initiative ». Il est examiné par la Commission qui prend l'avis des États membres et de tout organisme public ou privé qui lui semble utile avant de le transmettre au Conseil accompagné d'un avis motivé. Si cet avis est favorable, la Commission soumet au Conseil des propositions sur le lieu d'implantation, les statuts, le volume et le rythme du financement, la participation éventuelle de la Communauté au financement, la participation éventuelle de tiers (États, organisations internationales, ressortissants d'États tiers) au financement ou à la gestion, l'attribution à l'entreprise de divers avantages prévus dans l'annexe III au Traité. Elle joint à son avis un rapport détaillé.

Sur la base de ces documents, il appartient au Conseil de décider la création de l'entreprise commune selon la procédure définie par l'article 47. Il se prononce à la majorité qualifiée et à l'unanimité en ce qui concerne la participation financière de la CEEA et celle d'un État tiers, d'une organisation internationale ou d'un ressortissant d'un État tiers au financement ou à la gestion de l'entreprise. La révision des statuts de l'entreprise doit être approuvée par le Conseil dans les mêmes formes que celles prévues à l'article 47.

Le modèle de l'entreprise commune a été peu utilisé mais le Conseil en a créé une importante en 2007 (Décis. 2007/198, 27 mars 2007, *JOUE* L. 90, 30 mars 2007) l'*entreprise commune pour ITER et le développement de l'énergie de fusion* qui concrétise l'apport d'Euratom à la réalisation d'un projet international de construction d'un réacteur capable de produire cette nouvelle source d'énergie (v. *infra*, les relations extérieures d'Euratom). D'une durée de 35 ans, cette entreprise associe Euratom, les 27 États membres et un État tiers, la Suisse.

656 ***Le régime juridique*** ◇ Les entreprises communes sont soumises à un régime juridique particulier qui, en les soustrayant à l'application à titre principal des droits nationaux, leur confère le caractère de « sociétés européennes ».

Selon l'article 49 du Traité, elles sont dotées de la personnalité juridique et bénéficient dans chaque État membre de la « capacité juridique la plus large reconnue aux personnes morales par les législations nationales respectives ».

Elles sont gérées selon les « règles applicables aux entreprises industrielles ou commerciales ». Leurs statuts peuvent « à titre subsidiaire » se référer aux législations nationales des États membres pour combler leurs éventuelles lacunes.

Mais en dépit de leur statut européen, ces entreprises relèvent des juridictions nationales pour le règlement de leurs litiges.

657 ***Les avantages particuliers*** ◇ Les entreprises communes peuvent bénéficier de certains avantages particuliers. Le Conseil peut leur octroyer, à l'unanimité, tout ou partie des avantages énumérés par l'annexe III, et fixer les conditions auxquelles ces avantages sont subordonnés. Parmi ces avantages figurent diverses exonérations fiscales ou douanières, des facilités de change, le bénéfice de la concession de licences par voie d'arbitrage ou d'office, etc. [1]

§ 4. Les relations extérieures

658 ***Les compétences internationales d'Euratom*** ◇ Les relations extérieures d'Euratom sont fondées sur l'existence d'un tarif douanier commun et sur l'exercice par les organes communautaires de compétences pour conclure des accords internationaux (titre II, chapitres 9 et 10). Les articles 199 et suivants invitent Euratom à établir des relations avec diverses organisations internationales (ONU, GATT, Conseil de l'Europe, OCDE, etc.). Euratom a ainsi signé, à Vienne, le 18 juillet 1975 un accord de coopération avec l'Agence internationale de l'énergie atomique. Cet accord prévoit notamment une coopération et des consultations sur les questions d'intérêt commun, une représentation de la Communauté à l'assemblée générale de l'Agence par la Commission, des échanges d'informations et de documents.

Avec l'Agence internationale de l'énergie (créée en 1974 au sein de l'OCDE), Euratom a conclu un accord-cadre qui organise la coopération dans le domaine de la recherche énergétique.

La procédure de conclusion de ces accords est fixée par l'article 101 qui confère à la Commission, outre le pouvoir de négocier, celui de conclure l'accord sous réserve de l'approbation du Conseil.

Euratom a ainsi adhéré à plusieurs conventions conclues au sein de l'Agence internationale pour l'énergie atomique (AIEA), telles la convention sur la sécurité nucléaire de 1994 et la convention sur la protection physique des matières nucléaires et des installations nucléaires de 1979, amendée en 2005.

1. L'entreprise commune pour ITER bénéficie de l'ensemble des avantages de l'annexe III.

Elle a aussi négocié et conclu avec six partenaires (Chine, Corée du Sud, États-Unis, Inde, Japon et Russie), le 21 novembre 2006, l'accord ITER créant une organisation internationale d'énergie de fusion dont le siège est en France, ainsi que l'implantation du site du réacteur à construire pour maîtriser le processus de fusion nucléaire (Cadarache).

659 ***Le contrôle communautaire des accords ou conventions conclus par les États membres ou leurs ressortissants*** ◇ La CEEA exerce un pouvoir de contrôle sur les accords conclus par les États membres ou les conventions conclues par des particuliers dans les domaines qui relèvent de ses compétences.

Elle contrôle d'abord les accords ou conventions que les États membres projettent de conclure et qui intéressent l'application du Traité. La Commission doit être saisie de ces projets. Si elle constate l'existence de clauses contraires au Traité, elle adresse ses observations à l'État concerné dans un délai d'un mois. L'État peut alors saisir la Cour de justice qui aura à se prononcer sur la compatibilité du projet avec le Traité [1]. La convention ou l'accord projeté ne pourra être signé que lorsque l'État aura levé les objections de la Commission ou se sera conformé à la délibération de la Cour sur la « compatibilité du projet avec le Traité » (art. 103).

Enfin, le Traité interdit à toute personne ou entreprise qui conclut ou renouvelle des accords ou conventions avec des tiers (États, organisations internationales, ou ressortissants d'États tiers) de se prévaloir de ces accords ou conventions pour se soustraire aux obligations que lui impose celui-ci. La Commission peut requérir des États dont relèvent ces personnes toute information relative à ces accords et demander à la Cour de justice de statuer sur la compatibilité de ceux-ci avec les dispositions du Traité (art. 104).

1. V. Délib. Cour n° 1/78, 14 nov. 1978 rendue sur requête du Gouvernement belge et fondée sur l'application de l'art. 103 Traité CEEA (*Rec.* p. 2151). Elle constitue le seul cas d'application de l'art. 103.

CHAPITRE 2
LES POLITIQUES GÉNÉRALES

660 ***Présentation*** ◇ Traduisant une volonté politique plus ambitieuse, la Communauté s'efforce d'élaborer des politiques générales qui, au-delà des actions sectorielles, commandent l'évolution de l'économie européenne dans son ensemble. La création de l'Union économique et monétaire (UEM) par le Traité de Maastricht représente à cet égard une étape majeure, même si les éléments qui la constituent apparaissent peu cohérents. L'UEM juxtapose en effet une politique économique qui repose sur un simple mécanisme de coordination des politiques nationales, notamment budgétaires, et une politique monétaire intégrée dans laquelle les États membres ont accepté de transférer à une autorité indépendante, la Banque centrale européenne, les compétences qu'ils détenaient, renonçant ainsi à une prérogative régalienne majeure.

La logique combinée du marché intérieur et de l'UEM devrait conduire ces politiques à englober la fiscalité et la protection sociale : la fiscalité, parce qu'elle est tout à la fois un facteur concurrentiel important pour les entreprises et la source des ressources budgétaires des États, la protection sociale, parce que, outre le facteur essentiel qu'elle représente pour la concurrence, elle est intimement liée aux politiques économiques des États membres comme l'exprime bien la formule traditionnelle de politique *économique et sociale*. Or, si des mesures ont effectivement été adoptées au plan communautaire dans ces deux domaines, il ne s'agit guère que de réglementations partielles, les réticences de certains États membres empêchant la naissance de véritables politiques.

C'est ce que l'on s'attachera à montrer dans les quatre sections suivantes :
Section 1. La politique économique
Section 2. La politique monétaire
Section 3. La politique fiscale
Section 4. La politique sociale

SECTION 1. LA POLITIQUE ÉCONOMIQUE

661 ***Plan*** ◇ La conduite de la politique économique a toujours été en principe laissée aux États membres, même si la politique monétaire, dont elle est pourtant devenue assez rapidement indissociable, leur échappe désormais totalement. Le Traité de Maastricht fait en effet de la coordination des politiques économiques nationales la condition d'une politique monétaire intégrée. On retracera l'évolution de cette politique avant d'en étudier les fondements.

§ 1. L'évolution de la politique économique

662 ***Les dispositions initiales du Traité CEE*** ◇ Parmi les missions assignées à la Communauté par le Traité de Rome en 1957 figure « le rapprochement progressif des politiques économiques des États membres » et le « développement harmonieux des activités économiques des États membres » (art. 2). Cet objectif est précisé dans le titre II de la IIIe partie intitulée « La politique économique » qui mêle les aspects proprement économiques (Chapitre I « La politique de conjoncture ») et les aspects monétaires (Chapitre II « La balance des paiements »). Aux termes de l'article 103, la *politique de conjoncture* est une « question d'intérêt commun » et le Conseil peut décider à l'unanimité des mesures appropriées à la situation.

663 ***Les dispositions du Traité de Maastricht*** ◇ Avant le tournant que constituent la conclusion et l'entrée en vigueur du Traité de Maastricht (7 février 1992, 1er novembre 1993), l'Acte unique européen des 17 et 28 février 1986 s'était attaché à donner à la Communauté une nouvelle impulsion économique indispensable à la relance de la construction européenne : création à compter du 1er janvier 1993 d'un véritable marché intérieur, renforcement de la cohésion économique et sociale, développement de la recherche et du développement technologique, amélioration des conditions de travail, consolidation du SME... Il avait également pour but de préparer l'avènement de la monnaie unique. Dans cette perspective, la politique économique de la Communauté fut réorganisée en 1990 (Décis. 12 mars 1990) avec l'institution d'une « surveillance multilatérale » des économies européennes et d'une coopération des banques centrales au sein d'un « comité des gouverneurs des banques centrales ». La conduite de l'économie devait ainsi préparer progressivement l'avènement de la monnaie unique.

Le Traité de Maastricht programme l'établissement d'une Union économique et monétaire dans laquelle la politique économique, qui reste de la compétence des États membres, est conçue comme le complément indispensable de la politique monétaire qui est au contraire appelée à leur échapper totalement et définitivement à partir du 1er janvier 1999, date de l'achèvement de l'UEM. Les politiques économiques nationales demeurent « une question d'intérêt commun » et doivent être coordonnées selon la procédure minutieusement fixée par le Traité. Les États doivent conduire leur politique conformément à certains principes directeurs énumérés par l'article 4 § 3 CE (« prix stables, finances publiques, conditions monétaires saines et balance des paiements stable ») et dans le cadre des grandes orientations arrêtées en commun ; ils doivent en outre respecter le principe d'une « économie de marché où la concurrence est libre » (art. 4 § 1 CE).

Ces dispositions ne sont pas modifiées par le Traité de Lisbonne (art. 120 à 126 TFUE).

§ 2. Les fondements de la politique économique

664 La politique économique de la Communauté est fondée sur trois disciplines : économique, financière et budgétaire.

A. La discipline économique

665 ***Son contenu*** ◇ L'essentiel de la politique économique réside dans une discipline commune qui comporte deux éléments : la définition de *grandes orientations* et la *surveillance multilatérale*. Elle est complétée par un *régime d'assistance* entre les États membres.

1. La discipline commune

666 ***Les grandes orientations*** ◇ L'article 121 § 2 TFUE définit la procédure d'adoption des grandes orientations des politiques économiques des États membres et de l'UE. Elle se déroule de la manière suivante :

Le Conseil, sur recommandation de la Commission, élabore un projet fixant ces orientations et le présente au Conseil européen qui « débat d'une conclusion ». Sur la base de celle-ci, les orientations sont finalement adoptées par le Conseil à la majorité qualifiée sous forme d'une recommandation. Le PE en est informé.

Adoptées initialement chaque année, ces recommandations couvrent depuis 2003 une période pluriannuelle. Les orientations actuelles couvrent la période 2008-2010 (Recomm. 2008/390, 14 mai 2008, *JOUE* L. 137, 27 mai 2008).

667 ***La surveillance multilatérale*** ◇ La définition des grandes orientations est complétée par une surveillance multilatérale qu'organise l'article 121 § 3, complété par le règlement 1466/97 [1].

L'objectif est d'assurer la coordination la plus étroite des politiques économiques et la convergence des performances économiques des États membres. Ceux-ci sont tenus, en vertu du règlement 1466/97, de présenter des programmes de *stabilité* s'ils ont adopté l'euro (afin de prévenir le risque de déficit budgétaire excessif) ou de *convergence* s'ils ne l'ont pas adopté.

À cette fin, le Conseil, sur la base de rapports de la Commission, surveille l'évolution de l'économie dans les États et l'UE, ainsi que la conformité des politiques suivies au regard des « grandes orientations », et procède régulièrement à une évaluation d'ensemble. Le Conseil et la Commission s'appuient sur les informations que leur fournissent les États membres.

1. Règl. relatif au renforcement de la surveillance des positions budgétaires ainsi que de la surveillance et de la coordination des politiques économiques (*JOCE* L. 209, 2 août 1997).

Si cette procédure aboutit à la constatation que « les politiques économiques d'un État membre ne sont pas conformes aux grandes orientations (...) ou risquent de compromettre le bon fonctionnement de l'Union économique et monétaire » (art. 121 § 4), la Commission peut adresser un « avertissement » à l'État concerné et saisir le Conseil d'une proposition de recommandation sur les mesures appropriées à prendre par l'État. Au cas où les recommandations du Conseil ne seraient pas suivies d'effet, celui-ci peut décider de les rendre publiques sur proposition de la Commission.

Les résultats de cette surveillance font l'objet d'un rapport du président du Conseil et de la Commission au PE (art. 201 § 5).

2. L'assistance communautaire

668 ***L'entraide entre les États membres*** ◇ L'article 122 crée un mécanisme d'assistance aux États membres qui rencontreraient de graves difficultés économiques, soit dans l'approvisionnement en certains produits, notamment énergétiques (art. 122 § 1), soit en raison de catastrophes naturelles ou « d'évènements exceptionnels échappant à (leur) contrôle » (art. 122 § 2). Dans le premier cas, le Conseil peut prendre « dans un esprit de solidarité entre les États membres » les mesures appropriées à la situation ; dans le second, il peut accorder une assistance financière aux États concernés et en informe le PE. Depuis le Traité de Nice, il statue dans les deux cas à la majorité qualifiée alors qu'auparavant il se prononçait à l'unanimité dans la première hypothèse.

B. La discipline financière

669 ***L'assainissement du financement des dépenses publiques*** ◇ La discipline économique comporte un prolongement financier qui revient à interdire aux États membres de vivre à crédit sans cependant que soient gênés des mouvements nécessaires à leur trésorerie ou à la gestion de leurs réserves de change. Cette discipline résulte des articles 123 à 125 TFUE.

1) L'article 123 interdit à la Banque centrale européenne (BCE) et aux banques centrales nationales (BCN) d'accorder des découverts ou tout autre type de crédit aux institutions ou organes de l'UE, aux administrations nationales, régionales ou locales, aux autres autorités publiques et aux autres organismes ou entreprises publics des États membres. Mais cette interdiction ne touche pas les établissements publics de crédit bénéficiant de la part de la BCE et des banques centrales du « même traitement que les établissements privés de crédit ».

2) L'article 125 interdit à l'UE et aux États membres de prendre en charge les engagements des autorités publiques ou d'en répondre : administrations centrales, autorités régionales ou locales, organismes ou entreprises publics (ce qui n'interdit pas les garanties financières mutuelles en vue de la réalisation en commun de projets spécifiques).

3) Selon l'article 124, les mêmes institutions, administrations ou organes de l'UE ou des États membres, ne doivent pas non plus bénéficier d'un accès privilégié aux « institutions financières ». Les dispositions d'application de ces règles ont été précisées par les règlements 3603 et 3604/93 du 13 décembre 1993 [1].

Le règlement 3603/93 précise les conditions de l'application de la discipline financière telle qu'elle ressort des articles 123 et 125, le règlement 3604/93 complète l'article 124. Ils définissent le sens des termes utilisés par le Traité pour permettre la mise en œuvre des interdictions édictées (« découvert », « autres types de crédit », « accès privilégié », « considération de caractère prudentiel », etc.).

C. La discipline budgétaire

670 ***Son objet*** ◇ Une politique économique considérée par les États membres « comme une question d'intérêt commun » (art. 121 § 1) est évidemment incompatible avec de grandes disparités budgétaires. C'est pourquoi l'article 126 TFUE impose aux États membres de respecter la discipline budgétaire qu'organise le Traité. Cette discipline s'impose à tous les États membres, mais seuls les membres de la zone euro sont susceptibles d'être assujettis à des mesures contraignantes.

671 ***L'interdiction des déficits budgétaires excessifs*** ◇ L'article 126 § 1 interdit aux États membres les déficits publics excessifs. Le respect de cette obligation est contrôlé par la Commission. Celle-ci se fonde sur deux critères : le rapport entre le déficit et le produit intérieur brut et le rapport entre la dette publique et le produit intérieur brut. Ces rapports ne doivent pas dépasser des « valeurs de référence » qui sont précisées dans le protocole sur la « procédure applicable en cas de déficit excessif » annexé au Traité (126 § 2) [2], à savoir 3 % du déficit budgétaire et 60 % de la dette publique par rapport au PIB.

Les dispositions du Traité ont été complétées par le règlement 3605/93 du 22 novembre 1993 [3] qui, outre les définitions nécessaires à leur application, précise la procédure des diverses notifications que doivent effectuer les États membres deux fois par an (notifications relatives au déficit prévu et effectif et au niveau de la dette publique effective, aux dépenses d'investissements publics et aux charges d'intérêt).

La surveillance de la Commission aboutit, si un État ne satisfait pas à ces obligations, à un rapport qui tient compte de tous les « facteurs pertinents »,

1. *JOCE* L. 332, 31 déc. 1993.
2. Protocole qui sera remplacé par les « dispositions appropriées » que le Conseil adopte à l'unanimité après consultation du PE et de la BCE (art. 126 § 14).
3. *JOCE* L. 332, 31 déc. 1993.

en particulier la position économique et budgétaire à moyen terme de l'État. Le rapport est adressé pour avis au comité institué par l'article 134 TFUE [1].

Si la Commission estime qu'il y a, ou risque d'y avoir, dans un État membre, un déficit excessif, elle adresse un avis à celui-ci et en informe le Conseil. Il appartient au Conseil, sur proposition de la Commission et l'État concerné ayant présenté ses observations, de décider après une « évaluation globale » s'il y a ou non déficit excessif. En cas de déficit, et sur recommandation de la Commission, il adresse à l'État des recommandations d'avoir à corriger son déficit dans le délai qu'il lui impartit (art. 126 § 5 à 7).

Si ses recommandations ne sont pas respectées, le Conseil peut les rendre publiques (art. 126 § 8), et si l'État persiste à ne pas leur donner suite, il peut être mis en demeure de réduire son déficit dans un délai déterminé et de présenter des rapports à ce sujet (art. 126 § 9) [2].

Le respect de cette procédure par les États membres ne peut faire l'objet d'une action en manquement qui est exclue par l'article 126 § 10 mais la Cour peut être saisie d'un recours en annulation ou en carence contre l'institution qui l'aurait méconnue [3].

L'État de la zone euro qui ne se conforme pas à la mise en demeure du Conseil s'expose aux sanctions prévues à l'article 126 § 11 [4]. Le Conseil peut, sur recommandation de la Commission et en informant le Parlement, adopter une ou plusieurs des mesures suivantes :

- imposer à l'État de publier les « informations supplémentaires » qu'il lui indique avant d'émettre des obligations ou des titres ;
- inviter la Banque européenne d'investissement à « revoir sa politique de prêt » à cet État ;
- exiger de l'État un dépôt sans intérêt auprès de l'UE ;
- imposer des amendes [5].

Les mesures ainsi prises sont abrogées lorsque le déficit excessif a été corrigé (art. 126 § 12).

1. Il s'agit, depuis le 1er janv. 1999, du Comité économique et financier prévu par l'art. 134 TFUE avec pour mission d'assister la Commission et le Conseil en vue de promouvoir la coordination des politiques économiques nationales. Les États membres, la Commission et la BCE y nomment chacun deux membres au maximum. Il a succédé au comité monétaire qui avait été créé par le Traité de Maastricht.

2. Cette disposition n'est pas applicable aux non-membres de la zone euro.

3. V. arrêt CJCE 13 juill. 2004, *Commission c. Conseil*, aff. C-27/04, *Rec.* p. I-6649 dans lequel la Commission a obtenu l'annulation du refus du Conseil, le 25 nov. 2003, de poursuivre la procédure d'infraction pour déficit excessif engagée contre la France et l'Allemagne à l'initiative de la Commission ; la Cour annule la décision du Conseil de suspendre cette procédure, les dispositions applicables ne prévoyant pas la suspension dans le cas d'espèce.

4. Les États qui restent en dehors de cette zone sont également liés par l'obligation d'éviter les déficits budgétaires excessifs mais n'encourent pas de sanction s'ils ne la respectent pas.

5. Leur montant a été plafonné à 0,5 % du PIB de l'État en infraction par le Règl. 1467 du 7 juill. 1997 post cité. Elles sont versées à la BCE. Le règlement prévoit aussi la transformation en amende du dépôt sans intérêt si le déficit n'est pas corrigé dans les deux ans suivant la mise en demeure du Conseil.

672 ***Le pacte de stabilité et de croissance*** ◇ Conclu le 17 juin 1997 par le Conseil européen d'Amsterdam [1], il vise à pérenniser l'interdiction des déficits excessifs qui risqueraient de nuire à la stabilité de l'euro. Il résulte d'une proposition allemande, présentée le 11 novembre 1995, afin d'éviter, qu'après la mise en place de l'euro (1er janvier 1999), certains États ne puissent être tentés de relâcher leurs efforts en vue d'assurer la convergence de leurs économies, avec le risque d'une augmentation de leur déficit public et de leur endettement. Cette proposition, dont le principe avait été approuvé par le Conseil européen de Madrid (15 et 16 décembre 1995), visait donc à prévenir et éventuellement sanctionner d'éventuels dérapages.

L'adoption de ce pacte, que certains ont qualifié de « plan de rigueur à perpétuité », impose à tous les États de la zone euro de contenir le déficit de leurs administrations publiques à 3 % maximum de leur PIB, quelle que soit la conjoncture. Ce chiffre, qui avait été retenu parmi les critères de convergence pour le passage à l'euro, devient ainsi une règle de fonctionnement essentielle de l'UEM.

Pour assurer la mise en œuvre du pacte, la résolution du Conseil européen est accompagnée de deux règlements du Conseil du 7 juillet 1997 qui viennent préciser et renforcer les procédures du Traité sur la surveillance multilatérale et les déficits budgétaires excessifs, les règlements 1466/97 (préc.) et 1467/97 [2]. Ce dernier autorise, à titre exceptionnel et temporaire, le dépassement de la valeur de 3 % s'il résulte d'une circonstance inhabituelle, indépendante de la volonté de l'État membre en déficit ou s'il est consécutif à une grave récession économique (baisse annuelle du PIB d'au moins 2 %). Il établit par ailleurs des délais précis aux diverses étapes de la procédure : le Conseil a, par exemple, quatre mois pour constater, à la demande de la Commission, l'existence d'un déficit excessif, tandis que l'État concerné dispose du même délai pour suivre les recommandations du Conseil et a un an pour corriger son déficit.

L'application du pacte s'est révélée en pratique difficile lorsque les États en infraction ont un poids particulier au sein de l'UEM, telle la France ou l'Allemagne, comme l'a illustré le différend qui a opposé à ce propos la Commission au Conseil [3].

1. Résol. Conseil européen relative au pacte de stabilité et de croissance (*JOCE* C. 236, 2 août 1997).

2. Règl. visant à accélérer et à clarifier la mise en œuvre de la procédure concernant les déficits excessifs (*JOCE* L. 209, 2 août 1997) ; il a été modifié par Règl. 1056/2005, 27 juin 2005 (*JOUE* L. 174, 7 juill. 2005).

3. Le refus du Conseil, le 25 nov. 2003, de poursuivre, contre l'avis de la Commission, la procédure pour déficit excessif engagée contre l'Allemagne et la France, respectivement le 21 janv. et le 3 juin 2003, constitue, on l'a vu, un exemple de la difficulté pour les États d'accepter les contraintes qui leur sont imposées par le pacte (CJCE aff. C-27/04 préc.).

SECTION 2. LA POLITIQUE MONÉTAIRE

673 ***L'instauration d'une politique monétaire commune*** ◇ Couronnant logiquement l'évolution de l'attitude de la CEE à l'égard des problèmes monétaires, le Traité de Maastricht a prévu la définition et la conduite d'une politique monétaire et de change commune qui inclut la création d'une monnaie unique. L'objectif, confirmé par le Traité de Lisbonne, est de maintenir la stabilité des prix et de soutenir les politiques économiques générales dans l'UE (art. 119 § 2 TFUE).

Cette évolution est en effet marquée par la continuité des préoccupations de l'Europe pour établir une solidarité monétaire qui est indispensable, l'expérience le montre, au bon fonctionnement d'un marché économique intégré [1]. C'est dans le cadre d'une union monétaire fortement organisée que cet objectif sera atteint.

§ 1. L'établissement progressif d'une solidarité monétaire

674 ***Les dispositions initiales du Traité CEE*** ◇ Les questions monétaires ne sont pas ignorées, même si elles ne constituent pas un objectif prioritaire, l'édification du marché commun passant d'abord par l'élimination des obstacles à la libre circulation, l'élaboration des politiques communes prévues et la mise en place d'un dispositif garantissant que la concurrence ne sera pas faussée dans ce nouveau marché. Aux termes de l'article 104 CEE, les États membres devaient assurer l'équilibre de leur balance de paiement et maintenir la confiance dans leur monnaie. Ils s'engageaient par ailleurs à considérer leur politique de taux de change comme un « problème d'intérêt commun » afin de ne pas altérer les conditions de la concurrence (art. 107 CEE). Une coordination des politiques monétaires était en outre prévue par l'article 105, qui a conduit à la création d'un comité des gouverneurs des banques centrales des États membres et d'un comité monétaire chargé d'éclairer le Conseil et la Commission sur les mesures à prendre.

La nécessité d'une action plus vigoureuse se fera jour lorsqu'apparaîtront les premiers désordres monétaires à la fin de la période transitoire (dévaluation du franc français en août 1969 et réévaluation du deutschmark au mois d'octobre suivant). La crise monétaire mondiale, provoquée par la décision des États-Unis de supprimer en août 1971 la convertibilité du dollar en or et de le laisser flotter désormais sur le marché des changes, va pousser la CEE à s'efforcer de mettre en place une zone de stabilité monétaire entre ses membres.

1. L'impact des désordres monétaires sur les échanges agricoles, qui a rendu nécessaire l'adoption des montants compensatoires monétaires, en est un exemple éloquent.

675 ***A. Le premier projet d'UEM*** ◇ La création d'une union économique et monétaire est décidée au sommet de La Haye qui marque la relance de la construction européenne après le départ du général de Gaulle (1er et 2 décembre 1969). Elle doit se faire par étapes et s'étaler sur dix ans. Elle a pour origine le plan Barre (alors vice-président de la Commission) présenté en février 1969, qui propose l'adoption d'une stratégie monétaire commune ; ses conclusions sont approuvées par le Conseil qui confie à un groupe de travail présidé par le premier ministre luxembourgeois, Pierre Werner, le soin d'élaborer un projet d'union (Rapp. Werner, 8 oct. 1970). Ce projet est adopté par une résolution du Conseil le 22 mars 1971 [1].

Le rapport Werner, première tentative de grande envergure pour définir une politique monétaire à la mesure de la Communauté, partait du constat que les crises survenant dans un État membre se répercutaient dans toute la Communauté et pouvaient compromettre l'intégration. Ce risque résultait du succès même de la Communauté : la suppression des frontières intracommunautaires avait en effet permis l'interpénétration croissante des économies. Mais les politiques permettant de redresser des tendances économiques dangereuses restaient nationales ; elles n'ont pas été remplacées par des moyens d'action communautaire. La politique économique de chaque État membre est, dès lors, devenue impuissante à maîtriser des crises, dont l'origine se situait dans d'autres États membres.

La CEE devait donc se transformer en un ensemble économique plus cohérent, dans la mesure où l'union douanière supposait une union économique et monétaire.

L'objectif est de réaliser une union monétaire caractérisée par la convertibilité totale des monnaies de la Communauté et qui est le préalable à la création d'une monnaie unique prévue pour le 31 décembre 1980.

Il supposait d'abord une convergence des économies, assurée par des politiques unifiées ou harmonisées et imposait ensuite une union économique et monétaire. Pour y parvenir, il fallait réduire les marges de fluctuation entre les monnaies nationales, avant de pouvoir parvenir à la liberté complète des mouvements de capitaux et de procéder à la fixation définitive des taux de change entre les monnaies.

Ce projet ne put être mis en œuvre, la crise du dollar entraînant un flottement divergent des monnaies européennes (entre monnaies fortes et monnaies faibles) et rendant impossible de ce fait d'atteindre l'objectif de réduire à 0,60 % le taux de variation des marges entre elles. Pour autant, la CEE ne renoncera pas à l'idée de discipline monétaire comme le montre l'instauration, peu après, du *serpent monétaire européen*.

676 ***Le serpent monétaire européen*** ◇ Cette nouvelle tentative de stabilisation monétaire repose sur la résolution du Conseil du 21 mars 1972, suivie

1. L'adoption d'une résolution marquait la volonté politique de réaliser l'UEM mais l'engagement du Conseil n'avait pas de portée juridique comme l'a souligné la CJCE dans l'arrêt *Schlüter*, 24 oct. 1973 (aff. 9/73, *Rec.* p. 1135).

de l'accord des banques centrales qui est conclu, à Bâle, le 10 avril 1972. Elle s'inscrit dans le cadre plus général du système monétaire international issu des accords de Bretton Woods.

Ce système obligeait les États à définir leur monnaie selon un étalon commun. Le droit communautaire interdisait aux États membres de modifier discrétionnairement leurs parités [1] et leur imposait des consultations préalables. Les États membres maintenaient entre eux, et avec le dollar, une parité déterminée.

Ces marges de flottement ont connu deux phases : avant 1973, celle du « serpent dans le tunnel », et à partir de 1973, celle du « serpent sorti du tunnel ».

La marge de flottement avait d'abord été fixée par la résolution précitée du 21 mars 1972, puis par l'accord de Bâle du 10 avril suivant. Pendant cette période, le flottement des monnaies fut soumis à une double limite. Les monnaies européennes ne devaient pas dépasser un écart de 2,25 % par rapport à leur parité officielle. À l'égard du dollar, elles ne devaient pas s'écarter de plus ou moins 4,5 % de cette parité. Ainsi, aucune monnaie de la Communauté ne pouvait être supérieure ou inférieure de 4,50 % de sa valeur officielle en dollar. Le dollar restait donc le point fixe autour duquel le flottement des monnaies restait limité.

La variation des marges entre les monnaies européennes (+/- 2,25 %) évoquait l'image d'un « serpent » qui évoluait dans le « tunnel » plus large que constituait leur variation par rapport au dollar (+/-4,5 %).

Le « serpent est ensuite sorti du tunnel » lorsque les États membres ont convenu d'abandonner la référence au dollar, donc la limitation du flottement autour de lui qui les contraignait à le soutenir (Accord 12 mars 1973). Mais ils restaient soumis à l'obligation de respecter la fluctuation maximale de 2,25 %.

Cet engagement avait pour conséquence qu'une monnaie pouvait conduire les autres à la hausse. Les monnaies ainsi entraînées devenaient surévaluées avec toutes les retombées habituelles sur l'économie (exportations freinées, importations stimulées). Cette situation se produisit avec la prééminence du mark qui contraignit certains États membres, dont la France, à sortir du serpent [2].

La discipline ainsi instaurée est soutenue par un mécanisme d'entraide qui prévoit divers types de concours financiers (soutiens à très court terme, à court terme et à moyen terme) faisant intervenir les banques centrales et qui permettent de financer les interventions destinées à contenir les variations monétaires dans les limites fixées et, au-delà, le déséquilibre des balances de paiement des États membres. Un Fonds européen de coopération monétaire (FECOM) fut créé à cet effet en 1973.

1. Art. 107 CEE.
2. D'autres États membres (le Royaume-Uni, l'Irlande, l'Italie) se sont tenus à l'écart du système.

Doté de la personnalité juridique, géré par un conseil d'administration composé des membres du comité des gouverneurs des banques centrales et d'un membre de la Commission, le FECOM avait pour mission d'assurer le bon fonctionnement de la réduction des marges de flottement entre les monnaies des États membres, notamment par l'utilisation des aides monétaires à court et très court termes (à l'exclusion des aides à moyen terme), en favorisant la concertation entre banques centrales.

En dépit de ses résultats mitigés, le « serpent » ne sera pas abandonné mais au contraire perfectionné avec la création du système monétaire européen (SME).

677 **B. *Le SME*** ◇ Les difficultés rencontrées par la tentative de créer une union économique et monétaire ont conduit les États membres à reconstruire, en 1978, un système monétaire destiné à leur assurer une certaine stabilité.

1°) Sa création. La décision d'instituer un SME, dont l'initiative revient au président Giscard d'Estaing et au chancelier allemand Helmut Schmidt, est prise par le Conseil européen de Bruxelles, le 5 décembre 1978. Il est créé par un règlement du 18 décembre 1978 et entre en vigueur le 13 mars 1979 [1].

Il reprend l'objectif du « serpent » mais en en corrigeant les insuffisances. À la différence de celui-ci, le SME comporte une « définition commune des monnaies », un étalon autour duquel la stabilité devait être assurée [2]. Cela ne pouvait naturellement se concevoir sans une solidarité monétaire à court et moyen termes et sans une convergence des économies des États membres à plus long terme.

2°) Ses éléments. Les éléments principaux du SME sont un instrument de mesure commun aux monnaies participantes, la définition de limites de flottement entre ces monnaies, et des moyens de solidarité monétaires.

a. Un instrument commun de mesure : l'écu

Pour assurer la stabilité entre les monnaies des États membres, il a été nécessaire de réintroduire entre elles un instrument commun de mesure, l'écu (*European Currency Unit*), qui va servir à définir la valeur de chaque monnaie nationale entrant dans sa composition. Il remplace l'unité de compte européenne qui avait été créée en 1974. Le rôle et le statut de l'écu ont été fixés par la résolution du Conseil européen du 5 décembre 1978 et par deux règlements du 21 décembre 1978 [3].

1. Certains États n'y participeront qu'avec retard, tels le Royaume-Uni en 1990, la Grèce en 1998, l'Espagne et le Portugal en 1989 et 1992.

2. La différence essentielle entre le SME et le « serpent » (après qu'il eut été détaché du dollar), était que dans le serpent, les monnaies étaient stabilisées entre elles, mais aucune ne l'était par rapport à un étalon, un point fixe.

3. *JOCE* L. 379, 30 déc. 1978.

À l'image des droits de tirage spéciaux du Fonds monétaire international (DTS) l'écu était défini par un panier composé des monnaies nationales, dont la valeur avait été fixée par un règlement du 19 juin 1989 [1].

Il était émis par le FECOM en contrepartie du dépôt, par les États membres, de 20 % de leurs réserves de change (or et devises).

Il était d'abord un instrument de mesure des monnaies dans la CEE. Chaque monnaie était définie en écu et dotée d'un cours pivot (ainsi, un écu valait x francs, y marks, etc.), d'où étaient déduites les valeurs respectives des monnaies entre elles. La définition des cours pivots pouvait être modifiée selon la procédure prévue dans la résolution du 5 décembre 1978.

Il servait d'unité de compte pour les opérations du SME, d'instrument de règlement entre les autorités monétaires de la CEE et était aussi utilisé comme avoir de réserve.

Un règlement du 28 octobre 1985 habilitera les États tiers et les autorités monétaires internationales à détenir et à utiliser des écus pour leurs transactions.

b. La définition de limites de flottement entre les monnaies nationales

C'est autour de l'écu que les monnaies participant au SME devaient être stabilisées. La stabilisation imposait aux États membres de ne pas laisser leur monnaie dépasser une marge de flottement par rapport à lui et de prendre des mesures lorsque le flottement de leur monnaie atteignait un « seuil de divergence ».

Le SME reprenait les marges du « serpent » en fixant aux monnaies nationales une marge de flottement de plus ou moins 2,25 % de part et d'autre des cours pivots [2]. Certaines monnaies bénéficiaient cependant d'une marge de flottement de 6 % (la lire, la livre sterling, l'escudo et la drachme).

Le SME présentait l'avantage par rapport à l'ancien « serpent » de prévoir un mécanisme, le « seuil de divergence », qui permettait d'éviter que les monnaies n'atteignent (à la hausse comme à la baisse) les limites de flottement autorisées. Il jouait ainsi le rôle d'un signal qui devait entraîner la réaction des États intéressés, signal qui se déclenchait lorsqu'une monnaie atteignait 75 % de la marge de flottement. Les États devaient alors intervenir en prenant les mesures prévues par la résolution de 1978, telles que « des interventions diversifiées, des mesures de politique monétaire intérieure, des modifications des taux pivots ou d'autres mesures de politique économique ».

1. L'écu était ainsi *composé* : 0,6242 Mark allemand ; 0,08784 livre sterling ; 1,332 franc français ; 151,8 lires italiennes ; 0,2198 florin néerlandais ; 3,301 francs belges ; 0,130 franc luxembourgeois ; 0,1976 couronne danoise ; 0,008552 livre irlandaise ; 1,440 drachme grecque ; 6,885 pesetas espagnoles ; 1,393 escudo portugais.

2. La marge de flottement a été portée à 15 % lors de la grave crise monétaire de l'été 1993.

c. Le financement des interventions monétaires

La stabilisation des monnaies supposant une entraide monétaire, le SME a repris et renforcé les concours qui avaient été institués auparavant dans le cadre du « serpent ». Ce sont des facilités de crédit que le FECOM accordait aux banques centrales pour financer les dépenses de soutien qu'elles engageaient afin de maintenir la valeur des monnaies à l'intérieur des marges autorisées.

3°) Son bilan. Le SME, mis en place en 1979, au moment du deuxième choc pétrolier et dans un contexte inflationniste, a permis, à partir de 1982, de faire diminuer l'inflation qui a pu se stabiliser à partir de 1987 même s'il n'a pu enrayer ultérieurement la grave crise monétaire de l'été 93. Il a favorisé également le rapprochement des taux d'intérêt dans la CEE. D'autre part, l'usage privé de l'écu (par opposition à son usage « officiel » réservé aux banques centrales du SME) s'est de plus en plus répandu dans les relations internationales. Le SME a permis enfin de stimuler modérément la croissance, et facilité ainsi la création de l'union monétaire programmée par le Traité de Maastricht.

§ 2. La création de l'Union monétaire

678 ***La relance du projet d'UEM*** ◇ Dans la perspective de la mise en place du marché unique prévu pour le 1er janvier 1993, le Conseil européen d'Hanovre (27 et 28 juin 1988), a décidé de relancer le projet d'UEM ; il a confié à un comité présidé par le président de la Commission [1], Jacques Delors, « la mission d'étudier et de proposer des étapes concrètes menant à cette union ».

Le « rapport Delors » (« rapport sur l'union économique et financière dans la Communauté européenne ») d'avril 1989, qui s'était d'ailleurs très largement inspiré du rapport Werner et qui avait été approuvé par le Conseil européen de Madrid (26 et 27 juin 1989), est à la base des dispositions du Traité de Maastricht.

Cette Union, qui suppose la convertibilité totale des monnaies, la liberté complète des capitaux et l'élimination des marges de fluctuation, repose surtout sur une monnaie unique, l'euro, qui marque l'abandon de la souveraineté monétaire des États qui l'ont adoptée. Après avoir retracé les étapes de sa réalisation, on examinera le cadre institutionnel auquel elle a donné naissance et les conditions de l'introduction de l'euro.

1. Et comprenant le vice-président de la Commission, les gouverneurs des banques centrales des douze États membres et trois experts indépendants.

A. Les étapes de sa réalisation

Trois phases successives sont prévues par le Traité. Le passage de la première à la deuxième est automatique, contrairement à la troisième phase dont l'entrée est subordonnée à diverses conditions.

679 ***Les deux premières phases*** ◇ ***La première phase*** (1er juillet 1990-31 décembre 1993) a été décidée par le Conseil européen de Strasbourg des 8 et 9 décembre 1989, avant même la signature du Traité de Maastricht. Elle reposait essentiellement sur une libération complète des mouvements de capitaux au sein de l'Union (abolition de toute forme de contrôle des changes au 1er juillet 1990, date limite de la transposition de la directive 88/361). Elle supposait également l'achèvement du marché unique et le renforcement de la coordination des politiques économiques et monétaires, en particulier grâce à la stabilité des prix et à la réduction des déficits budgétaires.

La deuxième phase s'ouvre le 1er janvier 1994 et s'achève au plus tôt le 31 décembre 1996, au plus tard le 31 décembre 1998, lorsqu'est prise la décision d'entrer dans la dernière phase. Elle n'entraîne pas encore de transferts de compétence au profit de l'Union. Elle avait en effet seulement pour but de pousser les États membres à se préparer à la troisième phase en leur imposant un certain nombre d'obligations économiques et juridiques ; elle comportait également plusieurs modifications institutionnelles.

a) *Les obligations des États membres* concernaient d'abord l'adaptation de leur législation en fonction des exigences de l'union monétaire, notamment pour garantir l'indépendance de leurs banques centrales (art. 108 CE) [1].

Les États étaient aussi été tenus d'appliquer les dispositions relatives à la libération des capitaux, et d'établir des « programmes pluriannuels » pour assurer la « convergence durable et nécessaire », en matière de stabilité des prix et d'assainissement des finances, de manière à permettre l'« évaluation » que le Conseil devra réaliser pour déterminer les États susceptibles de passer à la monnaie unique (art. 116 CE).

Ils avaient également à défendre leur monnaie, sous le contrôle de la Commission (art. 120 CE). Pour faire face à une « crise soudaine » de sa balance des paiements, un État pouvait prendre les mesures de sauvegarde nécessaires à la défense de sa monnaie ; ces mesures devaient cependant apporter « le minimum de perturbations » dans le fonctionnement du marché commun et ne pas excéder ce qui était « strictement indispensable ». La Commission et les autres États en étaient aussitôt informés et le Conseil pouvait modifier, suspendre ou supprimer les mesures adoptées.

Mais les États devaient surtout mener des politiques économiques susceptibles de leur permettre de satisfaire aux « critères de convergence », en particulier éviter les déficits excessifs.

1. V. par ex. L. 4 août 1993 (modifiée par L. 31 déc. 1993) qui a doté la Banque de France d'une grande indépendance statutaire, afin de la préparer à la troisième phase de l'UEM.

b) *Les modifications institutionnelles* portaient sur la création d'un nouvel organisme, l'Institut monétaire européen (IME), qui remplace le FECOM (art. 117 CE). Doté de la personnalité juridique et dirigé par un conseil composé d'un président et des gouverneurs des banques centrales, il n'est que provisoire, sa tâche étant de préparer le « cadre réglementaire, organisationnel et logistique » qui permettra aux institutions monétaires chargées de gérer la politique monétaire d'être opérationnelles dès le passage à la troisième phase. Il cédera alors la place à la BCE.

680 ***L'entrée dans la troisième phase*** ◇ Elle s'effectue à la date choisie par le Conseil en fonction des conditions fixées par l'article 121 CE et dans les limites temporelles tracées par le même article (entre le 1er janvier 1997 et le 1er janvier 1999). Elle a pour objet principal d'opérer le transfert de la compétence monétaire des États à une autorité monétaire indépendante, la BCE.

a) *Les conditions* imposées sont de nature économique. Elles sont destinées à imposer aux États membres un effort de convergence de leurs politiques économiques, l'objectif étant de parvenir à un degré de convergence durable de leurs performances. Énumérées par l'article 121 CE, elles ont été précisées par le protocole sur les critères de convergence annexé au Traité. Elles portent sur la stabilité des prix (le taux moyen d'inflation ne doit pas dépasser de plus de 1,5 % le taux moyen des trois États les plus performants), la modération des finances publiques (respect des plafonds de 3 % du déficit budgétaire et de 60 % du montant de l'endettement public), le respect des marges normales de fluctuation dans le SME (pas de tension grave ni de dévaluation dans les deux dernières années) et une convergence économique et monétaire durable (le taux d'intérêt à long terme ne doit pas dépasser de plus de 2 % celui des États ayant les taux les plus bas).

Le respect de ces critères sera vérifié au terme d'une procédure minutieusement décrite par l'article 121.

b) *La procédure* repose sur les rapports de la Commission et de l'IME, puis sur leur examen par le Conseil et aboutit à une décision du Conseil « réuni au niveau des chefs d'État et de Gouvernement ». Sur la base des rapports qui lui sont présentés, le Conseil, sur recommandation de la Commission, évalue alors, à la majorité qualifiée, la capacité de chaque État membre à remplir les conditions qui lui sont imposées et regarde également si une majorité d'États répond à ces critères. Après avoir consulté le Parlement européen, il transmet ses conclusions, sous forme de recommandations, au Conseil réuni au *niveau des chefs d'État et de Gouvernement* qui prend alors la décision, s'il y a une majorité suffisante d'États membres répondant aux conditions requises, d'entrer dans la troisième phase et d'en fixer la date.

Le Conseil européen de Madrid des 15 et 16 décembre 1995 a décidé que la troisième phase ne commencerait que le 1er janvier 1999, date ultime prévue par le Traité et dont un protocole sur le passage à la troisième phase (aujourd'hui abrogé) soulignait le caractère « irréversible ». La décision formelle a été finalement prise, le 3 mai 1998 [1] : seule la Grèce n'a pas été qualifiée pour participer à cette troisième étape. La Suède, qui ne faisait toujours pas partie du SME, ayant rejoint le Danemark et le Royaume-Uni dans leur refus de l'euro, seuls onze États sur quinze devaient donc à l'époque participer à cette dernière phase de l'UEM.

c) L'ouverture de la troisième phase entraîne deux conséquences principales : l'entrée en fonction de l'autorité monétaire commune de gestion, le *Système européen des banques centrales* (SEBC) dirigé par la BCE, et la création de la monnaie unique, l'euro [2]. Si l'euro ne chasse pas immédiatement les monnaies des États qui l'ont adopté, la première mesure prise pour assurer son introduction est la fixation du taux de conversion irrévocable des monnaies entre elles et du taux de leur conversion en euros. La décision est prise par le Conseil, sur proposition de la Commission et après consultation de la BCE, à l'unanimité des seuls États de la zone euro.

Ces conséquences ne produisent toutefois pas les mêmes effets pour tous les États membres. Certains d'entre eux, restant à l'écart de la monnaie unique, sont soumis à un statut dérogatoire.

681 ***Les États soumis à un statut dérogatoire*** ◇ Ils sont au nombre de onze depuis le 1er janvier 2009.

Outre les trois États précités (Danemark, Royaume-Uni et Suède) qui refusent l'euro depuis la décision du Conseil [3] d'ouvrir la troisième phase, ce sont la majorité des nouveaux États membres, à l'exception de la Slovénie, de Malte, de Chypre et de la Slovaquie. Les traités d'adhésion de 2003 et de 2005 les plaçaient sous le régime du statut dérogatoire prévu par l'article 122 CE pour les États ne répondant pas aux conditions fixées, mais quatre d'entre eux ont été ultérieurement admis, le 1er janvier 2007 pour la Slovénie, l'année suivante pour Malte et Chypre et le 1er janvier 2009 pour la Slovaquie. La Grèce, qui avait été initialement écartée, a été admise le 1er janvier 2001.

L'article 122 CE précisait le contenu de ce statut qui est repris par l'article 139 TFUE. Ce dernier énumère les dispositions qui ne s'appliquent pas aux États en relevant et suspend les droits de vote qui leur sont rattachés. Il s'agit pour l'essentiel des droits et obligations des États membres à l'égard du SEBC et spécialement de la BCE. En revanche, ils gardent le bénéfice du « concours mutuel » prévu à l'article 119 CE (art. 143 TFUE) « en cas de difficultés ou de menace grave de difficultés » des balances de paiement [4].

1. Décis. 98/317/CE Conseil, 3 mai 1998, *JOCE* L. 139, 11 mai 1998.

2. Et non l'écu comme prévu par le Traité de Maastricht. Ce changement de dénomination a été décidé, à la demande de l'Allemagne, par le Conseil européen de Madrid et consacré par le Règl. 1103/97, 17 juin 1997 post cité.

3. Ce que n'autorisait pas le Traité de Maastricht à l'origine mais a été accepté à la suite du refus danois de le ratifier.

4. Ce mécanisme d'assistance avait été institué provisoirement pour tous les États membres jusqu'à l'ouverture de la troisième phase. Il est organisé par le Règl. 332, 18 févr. 2002 (*JOCE* L. 53, 23 févr. 2002).

La situation du Danemark et du Royaume-Uni est précisée par deux protocoles particuliers annexés au Traité de Maastricht (puis au Traité de Lisbonne) et qui constituent de véritables « réserves » (autorisations données à un État partie de ne pas appliquer certaines dispositions d'un Traité).

Le maintien de ces monnaies nationales soulève le problème de leurs relations avec l'euro. Pour le régler, le Conseil européen de Dublin (13 et 14 décembre 1996) avait réaménagé le SME sous le nom de « mécanisme de change européen » (MCE). Celui-ci repose sur des taux pivots et des marges de fluctuation maximales, fixés d'un commun accord par les responsables de la zone euro (ministres des finances et BCE) d'un côté et par les ministres des finances et les banques centrales des États extérieurs de l'autre. Mais le MCE n'étant pas obligatoire, tous les États concernés ne l'ont pas accepté (cas de la Suède et du Royaume-Uni). Les traités d'adhésion imposent toutefois aux nouveaux États membres d'y participer pendant au moins deux ans pour être éligibles à l'euro.

L'article 122 CE (art. 140 TFUE) définit, enfin, la procédure à suivre pour changer de statut. Tous les deux ans, ou à la demande d'un État intéressé, la Commission et la BCE présentent un rapport sur le respect des critères d'admission à l'union monétaire. Le Conseil, composé des chefs d'État et de Gouvernement (le Conseil européen depuis l'entrée en vigueur du Traité de Lisbonne), se prononce, à la majorité qualifiée et sur proposition de la Commission, après consultation du Parlement, sur l'admission des États qui satisfont désormais auxdits critères, avant de supprimer les dérogations qui leur étaient applicables.

B. Le cadre institutionnel

La conduite de la politique monétaire de l'Union est confiée à une organisation spécifique, le SEBC (Système européen des banques centrales). Un organisme consultatif a également été créé pour éclairer les institutions et les États membres sur le fonctionnement de l'UEM, le Comité économique et financier. La pratique a, en outre, donné naissance à une instance de concertation entre les membres de la zone euro, l'eurogroupe.

1. Le SEBC

682 ***Sa composition*** ◇ Le SEBC réunit la Banque centrale européenne (BCE) et les banques centrales nationales (BCN) qui sont indépendantes de tout pouvoir politique, de l'UE comme des États membres. Son statut, incluant celui de la BCE, est fixé par un protocole annexé au Traité.

a. Son organisation

683 ***La Banque centrale européenne*** ◇ Ses organes de gestion sont le directoire, le conseil des gouverneurs et le conseil général.

Le directoire se compose d'un président, d'un vice-président et de quatre autres membres (art. 11 § 1 Statut), nommés pour une période non renouvelable de huit ans par accord entre États membres « au niveau des chefs d'État ou de Gouvernement » (désormais le Conseil européen), sur recommandation du Conseil et après consultation du Parlement européen et du conseil des gouverneurs. Ils sont choisis parmi les ressortissants des États membres de l'eurogroupe « dont l'autorité et l'expérience professionnelle dans le domaine monétaire ou bancaire sont reconnues » (art. 283 TFUE). Ils ne peuvent être démis de leurs fonctions que par la Cour de justice quand ils ont cessé de remplir les conditions nécessaires à l'exercice de leur activité ou pour faute grave. Il prend ses décisions en principe à la majorité de ses membres avec voix prépondérante du président en cas de partage. Le président de la BCE est invité à participer aux réunions du Conseil des ministres toutes les fois qu'il délibère sur des questions relatives au SEBC (art. 284 TFUE). Responsable de la gestion courante de la BCE, le directoire est plus particulièrement chargé d'exécuter la politique monétaire sur la base des décisions du conseil des gouverneurs.

Le conseil des gouverneurs réunit les membres du directoire (le président et le vice-président leur sont communs), et les gouverneurs des banques centrales des membres de l'eurogroupe (art. 10 § 1 Statut). Le président du Conseil et un membre de la Commission peuvent (sans voix délibérative) participer à ses travaux. Il se réunit à huis clos au moins dix fois par an et se prononce en principe à la majorité des présents, sans pondération, dès lors que sont présents les deux tiers de ses membres. Organe de direction de la BCE, il a pour tâche essentielle de définir la politique monétaire de l'UE et d'établir les opérations nécessaires à son exécution.

Le conseil général comprend le président et le vice-président de la BCE, ainsi que les gouverneurs des banques centrales de tous les États membres de l'Union européenne. Les autres membres du directoire ont droit de participer à ses réunions, mais sans droit de vote (art. 45 § 2 Statut). Il n'a qu'un caractère transitoire, dans la mesure où il a pour mission d'examiner si les États à statut dérogatoire ont acquis la capacité d'accéder à la troisième phase et de gérer les relations entre l'euro et les monnaies de ces États.

Son statut garantit l'indépendance de la Banque tant vis-à-vis des institutions de l'UE que des États membres ; elle ne doit ni solliciter, ni accepter d'instructions d'eux (art. 130 TFUE).

Elle dispose de la personnalité juridique nécessaire à sa mission (art. 282 TFUE). Elle est dotée d'un capital de cinq milliards d'euros qui est souscrit par les BCN de l'eurogroupe selon une clé de répartition déterminée par l'article 29 de son statut (qui tient compte de l'importance de la population de l'État et de sa part dans le PIB de l'UE) et qui peut être augmenté par le conseil des gouverneurs à la majorité qualifiée [1].

1. Majorité spéciale qui doit représenter les deux tiers du capital souscrit et la moitié des actionnaires.

Elle détient aussi les réserves de change que lui fournissent les BCN proportionnellement à leur participation dans le capital de la BCE et dont le montant peut s'élever jusqu'à cinquante milliards d'euros et même au-delà (mais il faut alors une décision du Conseil qui précise les conditions et les limites de ces versements supplémentaires). Ces réserves sont rémunérées.

Des pouvoirs de décision importants lui sont attribués par l'article 138 TFUE. Elle peut arrêter des règlements, prendre des décisions, émettre des recommandations et des avis.

Ses actes contraignants relèvent du contrôle de légalité exercé par la Cour de justice (art. 263 TFUE).

Le non-respect de ses règlements et de ses décisions par les entreprises peut être sanctionné par des *amendes* et des *astreintes* (art. 132 TFUE).

Elle peut engager une action en manquement contre les banques centrales qui ne respecteraient pas leurs obligations (art. 35 Statut).

684 ***Les banques centrales nationales*** ◇ Toutes les banques centrales des États membres font partie du SEBC [1], mais seules celles de la zone euro participent à la gestion de la politique monétaire commune et sont soumises aux dispositions régissant la monnaie unique.

Elles relèvent des législations nationales de chacun des États, mais ceux-ci ont l'obligation d'assurer la compatibilité de leurs législations avec le Traité et le statut du SEBC. En particulier, le mandat de gouverneur d'une banque centrale nationale ne doit pas être inférieur à cinq ans. Le rôle général des banques centrales nationales est défini par l'article 14 § 3 du statut du SEBC : faisant « partie intégrante » du SEBC, elles agissent selon les orientations et instructions de la BCE. Les fonctions exercées par les banques nationales, en dehors de celles prévues par le statut du SEBC, le sont sous leur responsabilité, et à leur propre risque. Elles sont considérées comme ne faisant pas partie des fonctions du SEBC.

b. Ses missions

685 ***Les objectifs et fonctions du SEBC*** ◇ Les principaux objectifs sont la stabilité des prix et de manière générale le soutien aux politiques économiques générales dans l'UE.

Pour les réaliser, le protocole assigne au SEBC des missions dont l'exécution incombe à la BCE et aux banques centrales nationales (art. 3 § 1) : la définition et la mise en œuvre de la politique monétaire de la Communauté, la conduite des opérations de change, la détention et la gestion des réserves officielles de change des États membres, la promotion du bon fonctionnement des systèmes de paiement.

Outre ces missions, la BCE exerce des fonctions consultatives (art. 127 TFUE) sur tout acte communautaire proposé dans les domaines de sa

1. Les banques qui demeurent en dehors de la zone euro doivent ainsi contribuer financièrement aux activités de la BCE concernant les relations de leurs monnaies avec l'euro.

compétence et aussi à la demande des autorités nationales. Elle peut aussi, de sa propre initiative, donner des avis aux autorités communautaires et nationales.

La BCE, assistée des banques centrales nationales et en coopération avec les institutions de l'UE, les autorités nationales compétentes et les organisations internationales, collecte les informations statistiques qui lui sont néccssaires (art. 5).

Elle peut participer aux institutions monétaires internationales, ainsi que, avec son accord, les BCN (art. 6-2).

En bref, elle joue le rôle déterminant dans le fonctionnement de l'union monétaire. Elle est la seule habilitée à autoriser les émissions de billets de banque par les BCN et peut également émettre et fixer le volume de la frappe des pièces de monnaie par les États membres (art. 128 TFUE). Elle fixe chaque mois les taux d'intérêt directeurs qui commandent le prix de l'argent dans la zone euro. Le Conseil peut aussi lui confier des missions spécifiques en matière de contrôle prudentiel des banques et des établissements financiers autres que les entreprises d'assurances (art. 127 TFUE).

C'est le conseil des gouverneurs qui définit sa politique et prend les décisions nécessaires, et le directoire qui les met en œuvre, notamment en donnant les instructions appropriées aux BCN pour qu'elles exécutent les opérations incombant au SEBC.

686 ***Les opérations du SEBC*** ◇ Dans l'exercice de leurs compétences, la BCE et les BCN ont vocation à accomplir les opérations variées que définit le chapitre VI du statut (« Fonctions monétaires et opérations assurées par le SEBC »). Elles concernent les dépôts et le crédit, la régulation de la monnaie, les paiements, les relations extérieures, et le contrôle prudentiel.

La BCE et les BCN peuvent ouvrir des comptes aux établissements de crédit, aux organismes publics et aux « autres intervenants du marché ».

Elles disposent de divers moyens de régulation de la monnaie. Elles peuvent acheter et vendre, prendre ou mettre en pension, emprunter ou prêter des créances, des titres, des métaux précieux. Ces dispositions sont prises selon les règles générales fixées pour les opérations d'*open market* et de crédit par la BCE ou les BCN (art. 18). La BCE peut, d'autre part, imposer aux établissements de crédit la constitution de réserves obligatoires auprès de la BCE ou des BCN, en fonction des objectifs de politique monétaire (art. 19). Le conseil des gouverneurs peut autoriser toute autre méthode de contrôle monétaire qu'il jugera opportune (art. 20).

En matière de paiements, la BCE doit organiser « des systèmes de compensation » dans la Communauté et avec les tiers (art. 22).

Enfin, la BCE et les banques nationales peuvent avoir à accomplir des tâches dans les relations extérieures : entretenir des relations avec les banques centrales, les établissements financiers de pays tiers, les organisations internationales ; acquérir et vendre des « avoirs de change » et des métaux précieux, les détenir, les gérer ; effectuer tous les types (prêts, emprunts) avec les pays tiers (art. 23).

Ces diverses fonctions comportent les restrictions qu'édicte, rappelons-le, l'article 123 TFUE et qui visent à empêcher les aides aux déficits publics. L'article 21 du statut les reprend en interdisant au SEBC d'accorder des découverts aux institutions de la Communauté et aux diverses administrations des États membres.

2. Le Comité économique et financier

687 ***Composition et statut*** ◇ Les modalités de sa composition et son statut ont été fixés par deux décisions du Conseil prises en application de l'article 114 (art. 134 TFUE) [1]. Les États membres, la Commission et la BCE doivent nommer chacun deux membres du Comité et éventuellement deux suppléants, qui doivent être choisis parmi les experts ayant des compétences « exceptionnelles » dans le domaine économique et financier. Les États membres sont représentés par le directeur du Trésor et un dirigeant de la banque centrale nationale, la Commission par deux hauts fonctionnaires et la BCE par deux de ses responsables. Le président du Comité est élu en son sein à la majorité pour un mandat de deux ans renouvelable.

Le Comité est convoqué par son président, à la demande de la Commission, du Conseil, de deux de ses membres ou de sa propre initiative. Les décisions sont prises à la majorité de ses membres, mais quand il s'agit de questions sur lesquelles le Conseil pourrait être appelé à se prononcer par la suite, les représentants des banques centrales nationales et de la Commission ne prennent pas part au vote.

688 ***Attributions*** ◇ Ce Comité qui a remplacé, on l'a dit, le Comité monétaire à partir du 1er janvier 1999, n'a comme son prédécesseur qu'un rôle purement consultatif, notamment en ce qui concerne le suivi de la situation économique et financière des États membres et de la Communauté, le taux de change de l'euro et les relations avec les pays tiers et les institutions internationales. Il doit également contribuer à la préparation des travaux du Conseil, particulièrement en ce qui concerne les recommandations requises dans le cadre de la surveillance multilatérale, ainsi que les décisions requises dans le cadre de la procédure concernant les déficits excessifs. Il adresse des avis (spontanés ou demandés) et remet des rapports réguliers à la Commission et au Conseil ; il procède « au moins une fois par an » à l'examen de la situation des mouvements de capitaux et de libération des paiements. Il suit également la situation monétaire et financière, ainsi que le régime des paiements des États membres sur lesquels il présente régulièrement des rapports au Conseil.

1. Cf. Décis. 98/743/CE Conseil, 21 déc. 1998 sur les modalités relatives à la composition du comité économique et financier (*JOCE* L. 358, 31 déc. 1998) ; Décis. 99/8/CE Conseil, 31 déc. 1998, portant adoption du statut du comité économique et financier (*JOCE* L. 5, 9 janv. 1999), toutes deux applicables au 1er janv. 1999.

3. Le conseil de l'eurogroupe

689 ***La représentation politique des membres de la zone euro*** ◇ À l'initiative de la France et de l'Allemagne, le Conseil européen a décidé à Luxembourg, les 12 et 13 décembre 1997, la création de cette instance non prévue par les traités, pour essayer de compenser l'influence de la BCE. Il s'agissait de permettre aux ministres de la zone euro de « se réunir entre eux de façon informelle pour discuter des questions liées aux responsabilités spécifiques qu'ils partagent en matière de monnaie unique ». La Commission et dans certains cas, la BCE sont présentes à ses réunions. Composé des ministres des finances des pays de la zone euro, ce conseil a pour but de permettre les discussions relatives à la gestion de la monnaie unique et de favoriser la concertation en matière économique et budgétaire, mais il n'a pas compétence pour s'occuper des politiques de change.

Son existence a été consacrée par le Traité de Lisbonne et est l'objet d'un protocole annexé. Initialement présidé par le ministre de l'État membre président le Conseil de l'UE, il l'a été ensuite par un président élu pour deux ans et demi, solution qu'avait confirmée la Constitution européenne et que reprend le Traité de Lisbonne. Il débat de sujets d'intérêt commun au cours de « réunions informelles »

Ce conseil, dans lequel certains États (dont la France) voyaient l'ébauche d'un gouvernement économique de la zone euro, ne semble guère répondre, du moins en l'état actuel des choses, à un objectif aussi ambitieux. Simple instance de discussion, il est en effet dépourvu de tout pouvoir de décision.

C. L'introduction de l'euro

690 ***Le livre vert de la Commission*** ◇ L'introduction d'une nouvelle monnaie soulève toujours des problèmes d'ordre pratique et juridique qui doivent être réglés avant qu'elle ne devienne effective, *a fortiori* lorsqu'il s'agit d'une monnaie qui doit se substituer à nombre de monnaies nationales. Ils ont été examinés par la Commission dans le Livre vert qu'elle a publié en mai 1995. Elle y décrit le scénario d'introduction de la monnaie unique qu'elle propose : à partir du 1er janvier 1999, l'euro remplacera l'écu et deviendra une véritable monnaie dont l'utilisation ne sera pas pour autant tout de suite obligatoire pour les particuliers (principe « ni interdiction ni obligation »). Elle ne le deviendra progressivement qu'à partir du 1er janvier 2002, au terme d'une brève période de coexistence entre la nouvelle monnaie et celles qu'il remplace. Ces propositions seront acceptées par le Conseil européen de Madrid, sous réserve d'un allongement à six mois de la période de coexistence entre les monnaies qui peut toutefois être réduit par les États (cas de la France, notamment, qui abandonne le franc en février 2002).

691 ***Les aspects juridiques de cette introduction*** ◇ La Commission étudie aussi les aspects juridiques de cette introduction, qui concernent le sort des actes juridiques libellés dans les anciennes monnaies, le cours légal de la

nouvelle monnaie et les règles de conversion. Ils sont l'objet de deux règlements, l'un du 17 juin 1997 et l'autre du 3 mai 1998 [1].

Le principe de la continuité des contrats, principe bien établi en droit international privé en cas de remplacement d'une monnaie par une autre, avait été adopté par le Conseil européen de Madrid avant d'être énoncé en ces termes par l'article 3 du règlement 1103/97 : « l'introduction de l'euro n'a pas pour effet de modifier les termes d'un instrument juridique ou de libérer ou de dispenser de son exécution, et elle ne donne pas à une partie (...) le droit de le modifier ou d'y mettre fin unilatéralement » (sauf manifestation de volonté contraire des parties).

Le cours légal de l'euro est institué par l'article 10 du règlement 974/98 qui dispose que seuls les billets et les pièces libellés en euros auront cours légal à partir du 1er janvier 2002 (sous réserve de la période de coexistence qui prend fin au plus tard le 30 juin suivant) [2]. Il est précisé que nul en principe n'est tenu d'accepter en paiement plus de cinquante pièces.

L'euro est protégé contre la contrefaçon et la falsification. L'article 12 du règlement 974/98 impose aux États de les sanctionner. Il a été complété par la décision-cadre du 29 mai 2000 [3] qui fait obligation aux États d'édicter les sanctions pénales appropriées.

Les règles de conversion sont fixées par le règlement 1103/97 (art. 4). Le taux de conversion de chaque monnaie en euros a été défini par six chiffres significatifs qui ne peuvent être ni arrondis ni tronqués. Un euro est ainsi égal à 6,55957 francs français. Le résultat de la conversion pouvait toutefois être arrondi au centime supérieur ou inférieur dans la mesure où il n'existe pas d'unité inférieure au centième d'euro (art. 5). L'application de ces règles a donné lieu à contentieux, la CJCE ayant eu à connaître de contestations portant sur le résultat de la conversion obtenu qui aboutissait à une augmentation de prix contraire à une stricte application du principe de la continuité des actes juridiques [4].

1. Règl. 1103/97 fixant certaines dispositions relatives à l'introduction de l'euro (*JOCE* L. 162, 19 juin 1997) et Règl. 974/98 concernant l'introduction de l'euro (*JOCE* L. 139, 11 mai 1998), le premier adopté par tous les États membres en vertu de l'art. 235 CEE (art. 352 TFUE), le second par les seuls États retenus par le Conseil pour utiliser l'euro. Cette dualité s'expliquait par la nécessité d'adopter rapidement les règles les plus urgentes, l'art. 109 L CEE, qui permettait au Conseil de prendre les « mesures nécessaires à l'introduction de la (...) monnaie unique », ne pouvant être appliqué qu'une fois connue la liste des États membres retenus puisque seul le vote de ces derniers est prévu.

2. Les caractéristiques des billets ont été définies dans une Décis. BCE, 7 juill. 1998 (*JOCE* L. 8, 14 janv. 1999), celles des pièces par le Règl. 975/98 Conseil du 3 mai 1998 (*JOCE* L. 319, 11 mai 1998).

3. *JOCE* L. 140, 14 juin 2000.

4. CJCE 14 sept. 2004, *Verbraucher*, aff. C-19/03, *Rec.* p. I-8183 : augmentation du prix de la minute de communication téléphonique ; CJCE 18 janv. 2007, *Estager*, aff. C-359/05, *Rec.* p. I-58 : augmentation d'une taxe à la production de produits agricoles.

SECTION 3. LA POLITIQUE FISCALE

692 ***Présentation*** ◇ Une politique fiscale ne pouvait être absente d'un ensemble économique aussi vaste que la Communauté. Pourtant les dispositions du Traité CEE concernant la fiscalité sont des plus modestes. Elles se réduisent essentiellement aux articles 95 à 99. Cela s'explique par le fait que la politique fiscale initiale correspondait à une conception de la Communauté limitée à une union douanière.

Ce n'est qu'après l'établissement du marché commun que la politique fiscale communautaire s'est développée. Elle a dû s'adapter à l'évolution de celui-ci, qui est passé du stade d'une simple union douanière à celui d'une union économique et monétaire.

Elle a suscité de nombreux travaux qui n'ont débouché jusqu'à présent que sur des résultats partiels. Ils soulignent la double orientation de cette politique, attachée d'une part à résoudre les problèmes classiques de la fiscalité internationale, auxquels les principes du marché unique donnent une acuité particulière (élimination des discriminations, de la double imposition et de l'évasion fiscale), et d'autre part à adapter les législations fiscales nationales aux exigences du droit communautaire.

Le Traité de Lisbonne reprend sans modification les dispositions antérieures (art. 110 à 113 TFUE).

Les diverses mesures prises en matière fiscale seront successivement étudiées après la présentation des éléments constituant la politique fiscale de l'UE.

§ 1. Les éléments de la politique fiscale

693 ***Les dispositions du Traité*** ◇ Elles sont limitées et fondées sur l'idée générale que les États membres ne doivent pas pouvoir substituer aux barrières douanières des barrières fiscales. Elles ne sont en somme qu'un appendice de l'union douanière. Le TFUE consacre à la fiscalité les dispositions suivantes :

– les articles 110 à 112 destinés à éviter les discriminations et les doubles impositions en matière d'impôts indirects de consommation ;

– l'article 113 qui prescrit l'*harmonisation des législations nationales relatives aux impôts indirects de consommation* (taxes sur le chiffre d'affaires, accises) ;

– en revanche, l'article 293 CE, qui prévoit l'élimination de la double imposition à l'intérieur de la Communauté par une convention entre les États membres, est abrogé.

À ces dispositions spécifiques, il convient d'ajouter que les institutions de l'UE peuvent prendre des mesures fiscales en se fondant sur les dispositions générales du Traité qui prévoient l'harmonisation des législations nationales ayant une incidence directe sur le fonctionnement du marché intérieur (art. 115).

Ces dispositions ont conduit la Commission à multiplier les initiatives pour dessiner les contours d'une politique fiscale cohérente [1]. Elles se sont heurtées tant aux difficultés techniques que soulève l'harmonisation de régimes complexes qu'à l'obstacle de l'unanimité qui demeure exigée en matière fiscale.

Mais si les dispositions fiscales du Traité n'ont pu déboucher que sur des mesures très en deçà des ambitions de la Commission, les principes de base qui régissent le marché commun vont se révéler, grâce à la CJCE, d'efficaces outils pour contraindre les États membres à supprimer les obstacles de nature fiscale pouvant entraver les libertés de circulation [2]. Constituent, par exemple, une mesure d'effet équivalent à une restriction quantitative, interdite par l'article 28 CE (art. 34 TFUE), le refus d'accorder des avantages fiscaux à des publications pour la seule raison qu'elles sont imprimées dans un autre État membre (CJCE 7 mai 1985, *Commission c. France*, aff. 18/94, *Rec.* p. 1339) ou une mesure contraire à la liberté d'établissement des sociétés, garantie par l'article 52 (art. 49 TFUE), la disposition fiscale d'un État membre qui réserve aux sociétés établies sur son territoire le bénéfice de l'avoir fiscal, refusé en conséquence aux succursales et agences de sociétés établies dans un autre État membre (CJCE 28 janv. 1986, *Commission c. France*, aff. 270/83, *Rec.* p. 273). De même, pour éviter des distorsions préjudiciables à la libre circulation des capitaux, le régime de l'imposition des revenus de l'épargne a été harmonisé afin de soumettre à la fiscalité de l'État de résidence du contribuable les intérêts perçus sur l'épargne placée dans un autre État membre [3]. La lutte contre l'imposition discriminatoire des dividendes perçus par les personnes physiques a par ailleurs poussé la Commission à rappeler aux États membres les principes jurisprudentiels qui condamnent ces règles discriminatoires [4].

Les libertés de circulation ne constituent pas au demeurant les seules normes à l'aune desquelles est appréciée la compatibilité des législations fiscales nationales avec le droit communautaire, le droit de la concurrence joue aussi. Les exonérations fiscales consenties par les États pour soutenir les entreprises sont ainsi fréquemment contrôlées par la Commission qui vérifie leur conformité avec le régime des aides d'État.

1. Initiatives sous la forme principalement de communications, telles les communications du 1er oct. 1997 et 5 nov. 1997 relatives à la lutte contre la concurrence fiscale dommageable (COM(97)435 et COM(97)564) ou, plus récemment du 10 déc. 2007 sur la lutte contre les abus en matière de fiscalité directe (COM(2007)785).

2. Même lorsque les législations fiscales en question ne relèvent pas de l'harmonisation prévue par les règles communes sur la fiscalité ; comme l'a déclaré la CJCE à propos de la fiscalité directe : « si la fiscalité directe relève de la compétence des États membres, il n'en reste pas moins que ces derniers doivent l'exercer dans le respect du droit communautaire » (14 févr. 1995, *Schumacker*, aff. C-279/93, *Rec.* p. I-225).

3. Dir. 2003/48, 3 juin 2003, *JOUE* L. 157, 26 juin 2003.

4. Communication 19 déc. 2003, COM(2003)810.

694 ***Les objectifs de la politique fiscale*** ◇ Cette politique a pour objectif de résoudre dans une perspective communautaire deux catégories de problèmes : des problèmes fiscaux interétatiques et des problèmes spécifiquement communautaires.

1°) La solution des problèmes fiscaux entre États membres. Entre les États de l'UE des problèmes fiscaux internationaux se posent. Mais l'intégration de ces États dans une structure institutionnalisée rend ces problèmes plus aigus. Ceux-ci sont bien connus : ils résultent des dangers de double imposition, d'évasion fiscale ou d'utilisation discriminatoire de l'impôt. Ils sont contraires à l'équité fiscale et à la neutralité économique en faussant les échanges et les conditions de la production. Ces problèmes, qui prennent sans cesse plus d'ampleur, ont pour origine la mondialisation de la production et du développement des échanges d'une part et le maintien d'une stricte souveraineté fiscale des États d'autre part. Cette situation produit plusieurs effets : la complexité du statut des contribuables qui peuvent individuellement être soumis à plusieurs souverainetés fiscales ; des disparités entre les législations nationales ; l'utilisation par les États à des fins économiques de l'arme fiscale.

Or il apparaît que ces problèmes se posent de manière plus aiguë à l'intérieur de l'Europe communautaire car les relations n'y sont plus interétatiques, mais sont celles d'une union douanière et d'un marché intérieur où la liberté de circulation est complète. Dans ces conditions, laisser les États membres totalement libres de gérer leurs systèmes fiscaux équivaudrait à leur permettre de remplacer les barrières douanières supprimées, par des barrières fiscales. Ce serait aggraver encore les problèmes fiscaux que posent la double imposition et l'évasion fiscale. Dès lors, le premier objectif de la CEE a été de prendre des dispositions pour prévenir ou résoudre ces problèmes. Ce sont ces dispositions que visait l'article 293 (impôts directs) et que visent toujours les articles 90 (art. 110 TFUE) et suivants (impôts de consommation). L'objectif recherché est de neutraliser économiquement les impôts.

2°) La solution des problèmes fiscaux spécifiquement communautaires. D'autre part, l'existence de la Communauté ne posait pas seulement des problèmes fiscaux traditionnels, même aggravés, en raison du fait que le marché intérieur ne se bornait pas une simple union douanière mais a évolué vers union économique et monétaire, c'est-à-dire une zone soumise à des politiques économiques et sociales communes, parmi lesquelles la fiscalité occupe une place importante. Elle en a fait naître de nouveaux.

Dans la mesure où la politique économique et monétaire doit assurer la convergence des économies nationales, il ne faut pas en effet risquer de fausser l'équilibre entre les États membres par des fiscalités nationales trop divergentes, susceptibles d'altérer les conditions de la concurrence entre eux.

Il faut veiller en outre à ce que les fiscalités nationales ne risquent pas d'entraver l'efficacité des nombreuses politiques communes qui ont été engagées dans le cadre du marché intérieur afin de contribuer à son développement équilibré.

Le double objectif que poursuit la politique fiscale de la CE/UE peut être ainsi résumé : servir le marché intérieur en éliminant les risques de discrimination fiscale interne et servir l'union économique en soumettant la fiscalité aux nécessités des politiques communes ou en empêchant qu'elle ne les contrarie.

695 ***Les méthodes de la politique fiscale*** ◇ Ce n'est pas seulement dans ses objectifs que la politique fiscale commune présente des particularités : c'est aussi dans les méthodes qu'elle peut utiliser. À côté des moyens traditionnels du droit fiscal international, la Communauté trouve dans son intégration la possibilité d'utiliser d'autres méthodes.

1°) Méthodes classiques améliorées. Les problèmes fiscaux internationaux reçoivent dans les relations interétatiques habituelles des solutions fondées sur le principe de la souveraineté de l'État en matière fiscale.

D'un côté, l'État applique sa loi, unilatéralement, sur son territoire : c'est la territorialité de l'impôt ; de l'autre, il conclut des conventions fiscales avec les autres États. L'application de la « territorialité » permet de régler l'essentiel des problèmes concernant les impôts de consommation par le système de la compensation aux frontières, mais elle ne suffit pas pour d'autres impôts (notamment sur les revenus, les bénéfices, la fortune, etc.). Les problèmes concernant ceux-ci ne peuvent être réglés que par des conventions internationales, notamment pour éliminer les doubles impositions.

La compensation aux frontières s'applique dans le marché intérieur mais aux méthodes traditionnelles la CE a apporté certains perfectionnements : d'une part, les compétences nationales en matière de compensation sont soumises à une réglementation commune (art. 90 et s. CE/110 et s. TFUE) inspirée des règles du GATT ; d'autre part, certaines dispositions adoptées dans l'UE assurent aux législations fiscales des États membres (en matière d'évasion fiscale) une efficacité supranationale.

2°) Méthodes communautaires. Mais la politique fiscale doit poursuivre des ambitions plus larges que la seule solution des problèmes fiscaux entre États membres. Elle doit aboutir à créer un territoire fiscal unifié. Cet objectif requiert d'autres méthodes dont la CE a trouvé les moyens dans son organisation et sa structure. Le législateur communautaire peut en effet agir sur les législations nationales afin d'éliminer les disparités dans la mesure où elles nuisent à la construction communautaire. À cet effet deux méthodes peuvent être utilisées : l'harmonisation des législations et la création de règles communes. La première est amorcée par l'article 93 (art. 113 TFUE). Des possibilités plus générales sont par ailleurs ouvertes par divers articles, au premier rang desquels l'article 94 (art. 115 TFUE). Leur utilisation a conduit à l'un des résultats les plus spectaculaires de la politique fiscale : l'harmonisation des structures de la TVA.

§ 2. Les mesures contre les discriminations, les doubles impositions et l'évasion fiscale

696 ***Vue générale*** ◇ Le Traité CEE avait lui-même prévu les mesures à prendre pour éviter les doubles impositions et les discriminations fiscales. Ces mesures ne modifiaient pas les compétences législatives et administratives nationales mais les soumettaient à une discipline commune. Aux dispositions prévues par le Traité les travaux de la Communauté ont ajouté des mesures destinées à lutter contre l'évasion fiscale.

A. Le problème des doubles impositions en matière de fiscalité directe

697 ***Les conventions d'élimination*** ◇ Problème classique du droit fiscal international, l'élimination du risque de double imposition a fait l'objet d'études approfondies [1] et donné lieu à de très nombreuses conventions bilatérales. Le Traité prévoyait la conclusion d'un accord assurant « l'élimination de la double imposition à l'intérieur de la Communauté » (art. 293 CE) mais cet accord n'a pas été conclu et le Traité de Lisbonne n'a pas repris cette disposition. Les accords bilatéraux conclus entre les États membres ont compensé, il est vrai, l'absence d'un tel accord.

Une convention a été toutefois conclue entre les États membres sur un point particulier : la convention du 23 juillet 1990 pour l'élimination des doubles impositions essentiellement suscitées par les corrections des bénéfices d'entreprises associées d'États membres différents [2]. Elle prévoit que si les États concernés n'ont pu se mettre d'accord, une commission consultative est saisie. Son avis est contraignant en cas de désaccord persistant entre les États.

Les conventions de double imposition intéressent essentiellement les impôts sur le revenu (personnes physiques ou sociétés) ou certains droits indirects (impôts sur les successions). Elles ne s'appliquent pas aux impôts de consommation pour lesquels l'élimination de la double imposition est réalisée par d'autres méthodes, celles que prévoient les articles 110 et suivants du TFUE.

B. L'élimination des discriminations et des doubles impositions en matière de fiscalité indirecte

698 ***Le système de compensation aux frontières*** ◇ Dans les relations fiscales internationales, l'élimination de la double imposition en matière

1. V. surtout le modèle de convention de double imposition concernant le revenu et la fortune publié par l'OCDE (dernière version 29 avr. 2000).
2. *JOCE L.* 225, 20 août 1990.

d'impôts de consommation est assurée par un système de « compensation » ou d'« aménagement » aux frontières. Il réside essentiellement dans la détaxation des exportations et l'application aux produits importés d'impôts équivalents à ceux que payent les produits nationaux similaires. Ce système est admis et réglementé par le GATT. Le Traité CEE l'a repris et réglementé de manière à ce qu'il ne puisse être utilisé pour remplacer les barrières douanières ou pour stimuler les exportations. Cette réglementation est contenue dans les articles 110 à 112 TFUE.

Selon l'article 110, les États membres ne doivent pas frapper directement ou indirectement les produits importés des autres États membres d'impôts supérieurs à ceux qui frappent effectivement les produits nationaux similaires. D'autre part, ils ne doivent pas frapper les produits des autres États membres d'impositions intérieures de nature à protéger indirectement d'autres productions. Ces discriminations devaient être supprimées durant la période transitoire.

L'article 111 interdit aux États membres d'accorder aux produits exportés vers un autre État membre, des ristournes d'impôt supérieures aux impôts dont ces produits ont été effectivement frappés.

Enfin, l'article 92 interdit d'appliquer la compensation aux frontières aux impôts autres que les « taxes sur le chiffre d'affaires, les droits d'accises et les autres impôts indirects ». Des dérogations ne pourraient être accordées que par l'approbation préalable donnée, pour une durée limitée, par le Conseil statuant à la majorité qualifiée sur proposition de la Commission.

699 ***Le respect de la non-discrimination : les consultations préalables entre États membres*** ◇ Pour assurer le respect du principe de non-discrimination, a été instituée, dès 1960, une procédure de consultation préalable.

Elle prévoit que les projets nationaux portant sur la modification des taxes compensatoires à l'importation et des ristournes à l'exportation sont soumis à examen préalable de la part de la Commission et d'experts gouvernementaux.

C. L'évasion fiscale

700 ***Le problème posé*** ◇ La CE est particulièrement vulnérable à l'évasion fiscale dans la mesure où elle unit la plus large circulation de biens, services, personnes, capitaux au maintien de fiscalités qui, en dépit de quelques dispositions adoptées, restent nationales. Elle a donc entrepris de lutter contre l'évasion fiscale.

Ses travaux ont porté sur l'étude des cas d'évasion fiscale et sur les moyens de les combattre. Plusieurs communications ont été adoptées par la Commission dont la dernière précitée du 10 décembre 2007 sur la lutte contre les abus en matière de fiscalité directe. Elle y invite les États membres à adapter leurs règles « anti-abus » à la jurisprudence de la Cour et à rechercher des solutions coordonnées pour combattre ces abus. Elle rappelle notamment que la lutte contre l'évasion fiscale, qu'elle définit comme la pratique qui consiste à échapper à l'emprise de la législation fiscale d'un État membre au moyen de « montages purement artificiels », peut constituer une raison impérieuse d'intérêt général permettant à un État de déroger aux libertés communautaires fondamentales et précise les critères qui permettent d'identifier ces montages.

701 ***La coopération entre États membres*** ◇ Divers textes ont aménagé des procédures de coopération entre les administrations fiscales en vue de lutter contre la fraude et l'évasion fiscale. Une première directive relative au recouvrement de certaines créances a été adoptée en 1976 [1]. Elle prévoit l'assistance mutuelle des autorités compétentes pour le recouvrement des droits de douane et de certains paiements liés à la PAC ; son champ d'application a été progressivement étendu aux impôts de consommation en 1979 [2] puis aux impôts sur le revenu et la fortune en 2001 [3]. Une autre directive [4] concerne l'assistance mutuelle dans le domaine des impôts directs et indirects [5]. Elle organise entre les États des échanges de renseignements destinés à permettre « l'établissement correct » des impôts visés. Deux règlements ont d'autre part défini les modalités de l'échange d'informations par voie électronique entre les services fiscaux. Le premier porte sur la TVA [6], le second sur les droits d'accise (droits sur les alcools, le tabac et les produits énergétiques) [7]. Pour rendre cette coopération administrative plus efficace, un programme de formation adéquate des fonctionnaires nationaux, cofinancé par l'UE et les États membres, a par ailleurs été mis en place [8].

§ 3. L'harmonisation des législations fiscales

702 ***Objectifs et méthodes*** ◇ Les objectifs fiscaux de l'UE peuvent être poursuivis par des méthodes que sa structure permet, à savoir l'harmonisation des législations nationales et même l'adoption de règles communes. Ces méthodes ont pu trouver un fondement juridique dans divers articles du Traité et notamment dans les articles 113 et 115 TFUE (ex-93 et 94 CE).

1. Dir. 76/308, 15 mars 1976, *JOCE* L. 73, 19 mars 1976.
2. Dir. 79/1071, 6 déc. 1979, *JOCE* L. 331, 27 déc. 1979.
3. Dir. 2001/44, 15 juin 2001, *JOCE* L. 175, 28 juin 2001.
4. Dir. 77/799, 19 déc. 1977, *JOCE* L. 336, 27 déc.1977.
5. Son application aux impôts indirects (TVA) résulte d'une modification intervenue en 2003 (Dir. 2003/93, 7 oct. 2003, *JOCE* L. 264, 15 oct. 2003).
6. Règl. 1798/2003, 7 oct. 2003 (*JOCE* L. 264, 15 oct. 2003), modifié par Règl. 143/2008, 12 févr. 2008 (*JOUE* L. 44, 20 févr. 2008).
7. Règl. 2073/2004, 16 nov. 2004, *JOUE* L. 359, 4 déc. 2004.
8. Programme « Fiscalis » ; créé le 30 mars 1998, sa durée a été prolongée jusqu'à la fin 2007 par Décis. 2235/2002, 3 déc. 2002 puis jusqu'à la fin 2013 par celle du 11 déc. 2007 (Décis. 1482/2007, *JOUE* L. 330, 15 déc. 2007).

L'harmonisation des législations ou l'adoption de règles communes ne doit toutefois pas être systématique : le rapport Neumark [1] l'avait souligné dès l'origine en précisant qu'il ne devait y être recouru que dans la mesure où les besoins de l'unification de la Communauté l'imposaient. Dès lors, les travaux d'harmonisation ou d'unification ont porté sur les impôts qui intéressaient le plus le marché unifié. Ils n'ont pas été limités aux impôts indirects mais se sont étendus aux impôts directs. Ils ont parfois abouti à des résultats importants (harmonisation de la structure de la TVA) mais dans l'ensemble ils progressent lentement en raison des obstacles techniques ou de la tiédeur politique des États. Mais ces travaux, qu'ils aient ou non abouti, constituent une politique fiscale d'ensemble qui fait apparaître deux grands domaines d'application étroitement liés au fonctionnement du marché intérieur : l'imposition des entreprises et l'imposition de la consommation.

A. L'imposition des entreprises

1. La fiscalité de l'entreprise et les objectifs communautaires

L'harmonisation de la fiscalité des sociétés vise deux objectifs : assurer, par la neutralité de l'impôt, le maintien entre les entreprises des conditions d'une saine concurrence ; favoriser, ou ne pas contrarier, l'adaptation des entreprises dans la perspective d'une politique industrielle commune.

703 ***Fiscalité de l'entreprise et concurrence*** ◇ La neutralité fiscale destinée à maintenir les conditions d'une saine concurrence intéresse la circulation des produits et la capacité concurrentielle des entreprises.

La neutralité de l'impôt à l'égard de la circulation des produits doit résulter de mesures précédemment étudiées concernant l'élimination des discriminations, les doubles impositions, et l'évasion fiscale. Mais l'harmonisation des impôts de consommation doit également y contribuer.

À l'égard de la capacité de concurrence des entreprises, l'objectif de la politique fiscale est surtout d'éviter que la circulation des capitaux, l'orientation des investissements ne soient faussées par des raisons fiscales. Divers travaux ou propositions ont tendu à ce résultat.

Le Conseil a adopté le 1er décembre 1997 un code de conduite dans le domaine de la fiscalité des entreprises [2] en vue de réduire les distorsions fiscales subsistant dans le marché intérieur. Les États membres s'engagent à ne pas introduire de nouvelles mesures fiscales dommageables - celles qui par l'institution d'un bas niveau d'imposition sont susceptibles d'affecter la localisation des entreprises dans la Communauté - et à supprimer progressivement les mesures existantes. Ils doivent s'informer mutuellement de toutes les mesures visées par le Code.

1. Premier rapport consacré à la politique fiscale en 1962. Il a posé les fondements de cette politique, défini ses objectifs et ses grandes lignes.
2. *JOCE* C. 2, 6 janv. 1998.

704 ***Fiscalité de l'entreprise et politique industrielle*** ◇ Depuis le début des années soixante-dix on ne peut ignorer l'importance prise par la politique industrielle, dont un des aspects réside dans l'adaptation des entreprises. La fiscalité des sociétés doit favoriser, ou au moins ne pas contrarier, cette adaptation de manière à permettre, selon les besoins, le rapprochement, la scission, la spécialisation des entreprises. Ce problème a fait l'objet de diverses directives (imposition des sociétés mères et filiales ; régime des fusions et scissions ; imposition des rassemblements de capitaux) et de propositions qui sont étudiées ci-dessous. Ces textes appliquent une politique dont les grandes lignes avaient été définies par une étude générale de la Commission, le *mémorandum du 1er décembre 1965 relatif au rapprochement des entreprises* [1].

Dans ce mémorandum, la Commission présentait un inventaire des obstacles qui s'opposent à la concentration et à l'adaptation des entreprises dans le marché commun. Les plus importants de ces obstacles sont, avec les disparités du droit des sociétés, les divergences fiscales. Ces obstacles fiscaux sont différents selon la forme de rapprochement envisagée. Dans le cas des fusions, les obstacles fiscaux se situent au moment de l'opération de fusion qui est susceptible d'entraîner des conséquences fiscales diverses : imposition de plus-values, de réserves, droit d'apport, etc. Dans le cas de rapprochement sans fusion, qui laisse subsister la personnalité des diverses sociétés, les obstacles fiscaux se révèlent postérieurement au regroupement, notamment avec le risque de double imposition des sociétés mères et filiales. Des obstacles fiscaux de même nature peuvent s'opposer à des opérations que l'adaptation des entreprises peut rendre nécessaires, telles que la scission. Le mémorandum avait donc tracé une politique de neutralisation de l'impôt à l'égard de ces diverses opérations. Cette politique a pris la forme des propositions et directives suivantes.

2. Les travaux et mesures d'application

La multiplication de ces travaux a conduit la Communauté à étudier de nombreux aspects de la fiscalité des entreprises, soit sous forme d'études, soit sous forme de propositions. La Commission s'est intéressée successivement au régime fiscal des amortissements, des stocks, des plus-values ; aux dispositions d'encouragement des investissements ; au système de retenue à la source des impôts sur les valeurs mobilières ; au régime des bénéfices distribués ; aux participations ; aux holdings ; au crédit d'impôt, etc.

Elle a présenté des propositions fiscales qui intéressent tant les bénéfices que la structure des entreprises. Plusieurs directives ont été adoptées, parfois après de longs délais.

705 ***L'imposition des bénéfices des sociétés*** ◇ Les efforts entrepris par la Commission pour harmoniser l'assiette et le taux de l'impôt sur les bénéfices

1. Doc. Sec(65)300.

des sociétés n'ont pas encore abouti. Les problèmes d'assiette, qui intéressent notamment le régime des amortissements, des frais d'exploitation, des stocks et des pertes, avaient été étudiés dès 1964 par un groupe de travail. La Commission avait présenté sans succès, en 1984, une proposition de directive sur le régime fiscal du report des pertes des sociétés. Elle a repris la question dans une communication du 19 décembre 2006 sur le traitement fiscal des pertes dans les situations transfrontalières [1] où elle constate que la divergence des législations nationales et l'absence de dispositions communautaires empêchent la possibilité, pour une société, d'imputer sur ses bénéfices les pertes de ses succursales ou de ses filiales établies dans d'autres États membres. La CJCE, de son côté, était parvenue à la même conclusion en jugeant que le droit d'établissement ne s'opposait pas au refus d'une législation nationale d'admettre qu'une société puisse réduite le montant de ses bénéfices imposables par la prise en compte des pertes de ses filiales étrangères [2]. L'harmonisation des taux avait été proposée en 1975 par la Commission mais elle est sans doute politiquement trop sensible pour avoir quelque chance de recueillir l'unanimité nécessaire.

706 ***La directive 90/434 du 23 juillet 1990 sur les fusions, scissions, apports d'actifs, échanges d'actions intéressant des sociétés d'États membres différents*** [3] ◇ Elle institue un régime fiscal commun, applicable aux opérations visées dans son intitulé. Ces opérations ne doivent pas être pénalisées par rapport aux mêmes opérations réalisées à l'intérieur des États.

Le statut fiscal ainsi organisé s'applique dans plusieurs hypothèses :

– en ce qui concerne les plus-values, les États membres n'appliquent pas l'impôt aux plus-values résultant de la différence entre la valeur réelle et la valeur fiscale du patrimoine transféré (la valeur fiscale étant celle qui aurait été retenue dans l'assiette de l'impôt en cas de vente du patrimoine) ;

– les provisions constituées en franchise d'impôt par la société apporteuse sont reprises dans les mêmes conditions par les établissements stables de la société bénéficiaire (situés dans l'État de la société apporteuse) ;

– la reprise des pertes non amorties fiscalement de la société apporteuse est accordée aux mêmes établissements stables ;

– si l'annulation d'une participation de la société bénéficiaire dans la société apporteuse fait apparaître des plus-values celles-ci ne sont pas imposées, etc.

1. COM(2006)824.

2. CJCE 13 déc. 2005, *Marks et Spencer*, aff. C-446/03, *Rec.* p. I-10837 ; la Cour a admis toutefois une exception si la filiale a épuisé les possibilités de prendre en compte ses pertes dans l'État où elle réside.

3. *JOCE* L. 225, 20 août 1990 ; modifiée par Dir. 2005/19, 17 févr. 2005 (*JOUE* L. 58, 4 mars 2005) qui étend le régime fiscal applicable au transfert du siège social de la société européenne et de la société coopérative européenne.

707 ***La directive 90-435 du 23 juillet 1990 relative à la fiscalité des sociétés mères et des filiales d'États membres différents*** [1] ◇ Cette directive n'harmonise pas les législations fiscales nationales relatives au régime des sociétés mères et filiales mais institue un régime commun applicable aux groupes de sociétés relevant d'États membres différents (la société mère étant celle qui détient une participation d'au moins 25 % dans une autre société).

Le régime prévu est des plus classiques : l'État de la société mère n'impose pas les bénéfices reçus par celle-ci de sa filiale. Il lui est cependant possible de les imposer, mais en déduisant les impôts payés par la filiale à l'État de son siège.

Ce régime est provisoire et s'appliquera jusqu'à l'institution d'un « système commun d'impôt sur les sociétés ».

708 ***La directive 2003/49 du 3 juin 2003 relative aux paiements d'intérêts et de redevances effectués entre des sociétés associées d'États membres différents*** [2] ◇ Elle fixe le régime fiscal commun applicable à certains paiements dus par une société à une autre qui lui est associée (l'association résultant d'une détention d'au moins 25 % du capital d'une société par une autre) et qui est située dans un autre État membre. Sont visés les paiements d'une part des intérêts, qui représentent les revenus des créances de toute nature, et d'autre part de redevances, qui sont perçues en rémunération de l'usage d'un droit de propriété intellectuelle (droit d'auteur, brevet, marque etc.). Ces paiements sont exonérés de toute imposition dans l'État où la société débitrice est établie.

709 ***L'imposition des rassemblements de capitaux*** ◇ Le régime fiscal des rassemblements de capitaux a été harmonisé par une directive du 3 octobre 1969, modifiée à diverses reprises. La législation applicable a été refondue par la directive 2008/7 du 12 février 2008 [3].

Le droit de timbre qui était appliqué aux titres représentatifs des capitaux est supprimé. D'autre part, les droits d'apport sont harmonisés tant dans leur taux (1 % au maximum depuis le 1er janvier 1976) que dans leur structure (définition du redevable, de la matière imposable, des bases de l'impôt, etc.).

710 ***Dispositions spéciales à certaines catégories de sociétés*** ◇ Des dispositions fiscales particulières peuvent être prévues par des textes intéressant certaines catégories spéciales d'entreprises. Il en est ainsi du règlement

1. *JOCE* L. 225, 20 août 1990 ; modifiée par Dir. 2003/123, 22 déc. 2003 (*JOCE* L. 7, 13 janv. 2004).
2. *JOCE* 157, 26 juin 2003 ; modifiée par Dir. 2004/76, 29 avr. 2004 (*JOUE* L. 157, 30 avr. 2004).
3. *JOUE* L. 46, 21 févr. 2008.

relatif au statut de société européenne [1]. Mais surtout le Traité CEEA prévoit, rappelons-le, un statut particulier qui peut être attribué aux « entreprises communes » dont il encourage la création (art. 45 et s.). Le statut de ces entreprises peut comporter des avantages fiscaux particuliers qui sont énumérés à l'annexe III.

B. Les impôts de consommation

711 ***Leur nécessaire harmonisation*** ◇ Les impôts prélevés sur la consommation ont un rapport certain avec la circulation des biens. L'effet économique de tels impôts devait évidemment retenir l'attention des négociateurs du Traité de Rome. C'est pourquoi les dispositions fiscales du Traité visent à peu près uniquement ces impôts. Ultérieurement, l'AUE a prévu leur harmonisation, dans la mesure nécessaire à l'achèvement du marché intérieur, avant le 31 décembre 1992. Le Traité distingue les « accises », qui sont des impôts de consommation spécifiques, et l'impôt général sur la dépense qui est constitué par les taxes sur le chiffre d'affaires.

1. Les accises

712 ***Les mesures prises*** ◇ L'harmonisation des accises a été entreprise en complément à l'harmonisation des taxes sur le chiffre d'affaires. Plusieurs raisons importantes justifient ce rapprochement : ces impôts sont de nature à fausser la concurrence entre les États membres en créant ou maintenant des discriminations ; ils sont liés à des politiques économiques (agricultures, énergie, etc.) ; l'harmonisation des taxes sur le chiffre d'affaires doit s'accompagner de l'harmonisation des autres impôts de consommation pour que les frontières intra-communautaires puissent disparaître. L'harmonisation des accises devait d'ailleurs être réalisée selon la méthode employée pour les taxes sur le chiffre d'affaires : l'unification de la structure a précédé celle des taux. La Commission avait classé les accises en quatre catégories : accises à harmoniser, accises dont l'harmonisation devait être décidée après un examen plus approfondi, accises pouvant subsister sans harmonisation, accises à supprimer et à remplacer éventuellement par la TVA.

Leur harmonisation a été menée à bien en 1992. Trois groupes de produits sont désormais soumis aux accises harmonisées par une série de directives [2] : les tabacs manufacturés, les produits énergétiques et l'électricité, les boissons alcooliques.

1. Règl. 2157/01, préc.

2. L'harmonisation des tabacs manufacturés est régie par la Dir. 95/59, 27 nov. 1995 relative aux structures de l'accise (*JOCE* L. 291, 6 déc. 1995) et par la Dir. 92/79, 19 oct. 1992 (*JOCE* L. 316, 31 oct. 1990) sur les cigarettes et 92/80 du même jour sur les autres tabacs manufacturés ; l'harmonisation des droits sur les boissons alcooliques relève des Dir. 92/83 et 92/84 du même jour ; celle des produits énergétiques et de l'électricité de la Dir. 2003/96, 27 oct. 2003 qui restructure le cadre communautaire de leur taxation.

L'harmonisation porte à la fois sur la structure de ces accises et sur leur taux (qui sont des taux minima).

La détermination de la dette d'impôt, son exigibilité, sa perception sont organisées par une directive du 16 décembre 2008 [1] de manière à permettre la suppression effective des frontières fiscales, l'accise étant payée à la sortie d'entrepôts fiscaux situés dans l'État de mise à la consommation.

2. Les taxes sur le chiffre d'affaires

713 ***La généralisation de la TVA*** ◇ Lorsque le Traité de Rome entra en vigueur, le régime des taxes sur le chiffre d'affaires dans les États membres de la CEE était caractérisé par une grande diversité des taux et des structures.

À côté de la taxe sur la valeur ajoutée (TVA) pratiquée en France, d'autres États appliquaient des systèmes de taxes à cascade ou de taxes uniques.

Cette diversité avait justifié le régime de compensation organisé à l'origine par l'article 95 afin de neutraliser les impôts dans les échanges intracommunautaires. Mais un tel régime ne pouvait être que transitoire et un marché intérieur ne pouvait être compatible avec le maintien de frontières fiscales. Des travaux ont donc été entrepris afin de remédier à cette situation. Ils ont conduit à l'adoption d'un système commun de TVA, établi par diverses directives, principalement la « sixième directive TVA » du 17 mai 1977, qui ont été refondues en dernier lieu par la directive 2006/112 du 28 novembre 2006 *relative au système commun de TVA* [2], dont il convient d'indiquer l'organisation générale et le cadre territorial.

714 ***Le principe de la TVA « commune »*** ◇ Le mécanisme de la TVA conçu par les directives a été décrit avec une particulière clarté par la Cour de justice [3].

« La première directive énonce que le principe d'un système commun de la TVA est d'appliquer aux biens et aux services un impôt général sur la consommation exactement proportionnel aux prix des biens et des services, quel que soit le nombre de transactions intervenues dans le processus de production et de distribution antérieur au stade d'imposition.

Il ressort de ce système que la taxe n'est plus déductible lorsque la chaîne des transactions est achevée. Elle est alors perçue sur le consommateur final, celui-ci ne pouvant répercuter son montant en l'absence de transaction ultérieure comportant un prix ».

Dans ce système, le commerçant qui perçoit la TVA et déduit celle que lui a facturée son fournisseur est *assujetti*. Le consommateur final, lui, est *redevable* : c'est lui qui paye en définitive la totalité de la TVA perçue en amont.

1. Dir. 2008/118 relative au régime général de l'accise (*JOUE* L. 9, 14 janv. 2009).
2. *JOUE* L. 347, 11 déc. 2006.
3. CJCE 1er avr. 1982, *Hong Kong Trade*, aff. 89-81, *Rec.* p. 1277.

715 ***Un territoire fiscal unifié*** ◇ La TVA harmonisée s'applique aux opérations réalisées dans le cadre territorial qu'avait défini la sixième directive, modifiée à de nombreuses reprises, notamment pour tenir compte des élargissements successifs de l'UE [1], et remplacée en définitive par la directive de 2006.

L'article 5 de celle-ci définit le champ d'application territorial du « système commun ». Ce champ englobe le territoire des États membres, au sens de l'article 299 CE (art. 355 TFUE), qui délimite le cadre territorial du Traité sous réserve de certains cas particuliers visés aux articles 6 et 7 de la directive. L'article 6 énumère les portions de territoire des États membres qui sont exclus du « système commun », qu'ils fassent partie (cas, par exemple, des DOM français ou des îles anglo-normandes) ou non (telles les enclaves espagnoles de Ceuta et Melilla au Maroc) du territoire douanier communautaire. L'article 7, au contraire, étend le « système » à des territoires extérieurs à l'UE mais qui, en raison des liens particuliers qu'ils ont avec certains États membres, sont intégrés au territoire douanier (Monaco ou Saint-Marin par exemple).

Ces dispositions ont pour objectif que les échanges entre États membres cessent d'être considérés pour l'application de la TVA à des opérations d'importation et d'exportation.

716 ***L'harmonisation des structures de la TVA*** ◇ Elle a été réalisée pour l'essentiel par la sixième directive, dont les dispositions ont été reprises par la directive 2006/112. Elle s'effectue selon un modèle qui s'impose à tous les États membres, le but étant non seulement d'éliminer les discriminations fiscales entre les États membres mais également de fournir une assiette uniforme à l'application de la TVA communautaire qui est l'une des ressources propres du budget communautaire.

Cette harmonisation comporte :

– une définition précise des assujettis et des redevables ;

– les conditions de détermination des bases de l'impôt et notamment la définition des opérations imposables (livraisons de biens, prestations de services, importations) et de la matière imposable, les conditions de la naissance et de l'exigibilité de la dette d'impôt par le fait générateur ;

– les méthodes de calcul de l'impôt par application d'un taux (que la directive ne fixe pas) et du mécanisme de déduction qui est la principale caractéristique de la TVA ;

– la réglementation des exonérations et des régimes particuliers ;

– la création d'un comité consultatif de la TVA ;

La directive 2006/112 a été modifiée sur des points techniques par deux directives du 12 février 2008 [2], qui visent respectivement à préciser le lieu

1. Dernière modification par Dir. 2004/66 (*JOUE* L. 168, 1er mai 2004) qui l'étend aux dix nouveaux États membres.

2. Dir. 2008/8 et 2008/9, *JOUE* L. 44, 20 févr. 2008.

d'imposition des services (l'État de consommation) et à faciliter le remboursement des assujettis qui ne résident pas dans l'État de remboursement.

Une jurisprudence de la Cour de justice, de plus en plus importante permet de préciser les conditions de l'application de cette législation [1].

717 ***Les taux de la TVA*** ◇ L'harmonisation des taux a été longtemps différée, l'article 12 de la Sixième directive se bornant à rappeler la compétence des États pour les fixer. Mais à la suite du Livre blanc de la Commission de 1985, des travaux de rapprochement des taux ont été entrepris. Ils ont abouti à la directive 92/77 du 19 octobre 1992 dont les dispositions ont été reprises par la directive 2006/112.

Les taux, jusqu'au 31 décembre 1992 ont été fixés par les États membres. À compter de cette date, les taux doivent être harmonisés selon les dispositions de la directive. Les États devront rapprocher leurs taux sur les minima prescrits par la directive.

Le taux normal minimal est de 15 % jusqu'au 31 décembre 2010.

Deux taux réduits sont prévus, qui ne doivent pas être inférieurs à 5 %. Ils sont limités aux catégories de livraisons et de prestations énumérées dans la directive 2006/112 (denrées alimentaires - sauf les boissons alcooliques - fourniture d'eau, transports de personnes, etc.).

Des dispositions particulières sont prévues pour certains biens ou activités (fournitures de gaz ou d'électricité, œuvres d'art, antiquités, or, etc.).

Le champ d'application des taux réduits doit être réexaminé tous les deux ans par le Conseil qui se prononce à l'unanimité sur proposition de la Commission.

SECTION 4. LA POLITIQUE SOCIALE

718 ***Plan*** ◇ La politique sociale de l'UE s'inscrit dans le prolongement de la libre circulation des travailleurs qui implique la création d'un marché commun du travail. Mentionnée dès l'origine par le Traité (art. 117 à 128 CEE), elle se résume alors à une coordination peu contraignante des politiques nationales. Elle évoluera par la suite, devenant, au-delà du droit positif, l'objet, dans certains milieux, d'une revendication en faveur d'une Europe sociale conçue comme le moyen de corriger les excès du libéralisme inhérent à l'économie de marché, mais ces espoirs demeurent pour l'instant déçus. Elle comporte deux volets essentiels : une politique de l'emploi et de la formation et l'élaboration d'un statut social protecteur minimal des travailleurs.

1. Pour un ex., v. Arrêt 18 janv. 2001, *Commission c. Espagne*, aff. C-83/99, *Rec.* p. I-445 dans laquelle la Cour de justice a estimé que l'exploitation des autoroutes à péage par des opérateurs privés devait être soumise à la TVA au taux normal, contrairement à la pratique suivie par les États concernés qui l'exonéraient.

§ 1. La politique de l'emploi et de la formation

A. La politique de l'emploi

La politique de l'emploi consiste à mettre en présence l'offre et la demande de travail, et à promouvoir l'emploi pour lutter contre le chômage.

719 ***Le marché commun de l'emploi*** ◇ La confrontation de l'offre et de la demande de travail est prescrite par l'article 46 TFUE qui invite le PE et le Conseil à créer les « mécanismes » à cette fin. En particulier, la deuxième partie du règlement du Conseil du 15 octobre 1968 est consacrée à la « mise en contact et compensation des offres et demandes d'emploi ». En outre, la Commission contribue au fonctionnement du marché commun de l'emploi par divers travaux et, notamment, par un rapport annuel sur les problèmes conjoncturels de main-d'œuvre. Elle est assistée par divers organismes, tels le bureau européen de coordination, qui centralise les statistiques et diffuse les informations sur le marché de l'emploi, ou le comité permanent de l'emploi, qui a été créé en 1970 pour assurer une concertation permanente entre les parties intéressées - représentants du Conseil et de la Commission, des organisations patronales et syndicales. Une codification européenne des professions a d'autre part été établie par la Commission en 1972 (« système européen de diffusion des offres et demandes d'emploi »)

Par ailleurs, à la suite d'une résolution du Conseil du 21 janvier 1974, des directives ont entrepris d'harmoniser les législations sociales des États membres afin de protéger les salariés contre les risques de perte d'emploi (v. *infra*).

720 ***À la recherche d'une politique de l'emploi*** ◇ Avec l'accroissement continu du chômage en Europe, les préoccupations en faveur de l'emploi sont devenues plus pressantes. Le Traité de Maastricht s'en était fait l'écho en visant, parmi les objectifs fondamentaux de la Communauté, « un niveau d'emploi élevé » (art. 2), mais la compétence en la matière restant nationale, cet objectif était demeuré un vœu pieux. Allant plus loin, le Traité d'Amsterdam avait chargé la Communauté de coordonner les politiques étatiques de l'emploi et d'élaborer une « stratégie coordonnée pour l'emploi ». Le Traité de Lisbonne confirme cet objectif et maintient les dispositions existantes.

Le Conseil adopte des « lignes directrices » en matière d'emploi qui doivent être compatibles avec les orientations des politiques économiques (art. 148 § 2 TFUE) [1]. L'élaboration de cette « stratégie » est au cœur du titre IX consacré à l'emploi. Les États membres, tout en conservant leurs compétences, s'engagent à renforcer la coordination de leurs actions au sein

1. Les lignes directrices actuelles ont été fixées par la Décis. 2008/618 du 15 juill. 2008 (*JOUE* L. 198, 26 juill. 2008) ; elles couvrent la période 2008-2010.

du Conseil sur la base des lignes directrices et des recommandations adoptées par ce dernier. Le Conseil et le PE (depuis le Traité de Lisbonne) peuvent, en outre, adopter des « actions d'encouragement » visant à promouvoir les initiatives en matière de création d'emplois. Un comité de l'emploi, créé par le Conseil, aide les institutions à promouvoir la coordination des politiques nationales. Il donne des avis au Conseil et à la Commission, à leur demande ou de sa propre initiative (art. 150 TFUE).

Mettant en œuvre ces dispositions, le Conseil européen, lors de sa réunion à Luxembourg en novembre 1997, a lancé une stratégie européenne pour l'emploi qui institue un mécanisme de surveillance multilatérale des politiques menées par les États membres sur la base des lignes directrices arrêtés par le Conseil [1].

B. La politique de la formation

721 ***Généralités*** ◇ La formation professionnelle était prévue par l'article 128 du Traité de Rome qui invitait le Conseil à en poser les principes, ce qui fut fait par une décision du 2 avril 1963.

Sur ces bases, de nombreuses dispositions furent adoptées notamment en faveur de certaines catégories (jeunes, handicapés, etc.). Un centre européen de formation professionnelle (CEDEFOP) a été créé en 1975.

La correspondance des qualifications professionnelles a par ailleurs été établie par le Conseil en 1985.

La formation professionnelle est en principe distincte de l'enseignement général, en particulier universitaire, qui demeure de la compétence des États membres [2], mais l'évolution ultérieure à contribuer à leur rapprochement.

Le Traité de Maastricht a introduit dans le Traité CE une disposition nouvelle consacrée à l'éducation (art. 126 CE/165 TFUE) à côté de celle sur la formation professionnelle (art. 127 CE/166 TFUE).

Le rôle de l'UE est dans ces deux domaines limité car le Traité lui interdit d'harmoniser les réglementations nationales.

722 ***L'éducation*** ◇ De nombreuses initiatives ont été prises à son égard. Celles-ci n'ont d'ailleurs pas été le seul fait des institutions politiques. La Cour de justice est également intervenue.

Ces interventions se heurtaient à un principe : l'éducation relevait des compétences nationales, sauf dans les cas où elle était liée à une formation professionnelle, ce qui permettait de la soumettre à la politique de l'emploi [3].

La Cour de justice, dans plusieurs arrêts, s'est efforcée d'élargir la notion de formation professionnelle de manière à lui rattacher le plus possible les

1. V. Décis. 600/2005 fixant les lignes directrices pour la période 2005/2008 (*JOCE* L. 205, 6 août 2005).
2. CJCE 21 juin 1988, *Lair*, aff. 39/86, *Rec.* p. 3161.
3. CJCE 13 févr. 1985, *Gravier*, aff. 293/83, *Rec.* p. 593 ; 27 sept. 1988, *Humbel*, aff. 263/86, *Rec.* p. 5365.

études universitaires [1]. Mais elle n'a pu que confirmer que la politique de l'éducation restait dans le domaine des compétences nationales [2].

La politique de la formation s'est aussi inscrite dans des programmes (COMET [3], coopération, universités-entreprises, ERASMUS [4], mobilité des étudiants, etc.) ainsi que dans de nombreuses résolutions, recommandation, conclusions, du Conseil ou de la Commission.

L'article 165 TFUE s'applique à l'éducation en général. Il fixe les principes des interventions de l'UE, leur objet et les procédures permettant de les adopter.

Le secteur de l'éducation est soumis au principe de subsidiarité. Les États conservent en la matière la responsabilité essentielle. C'est ce qui ressort des termes du paragraphe premier : l'UE « contribue au développement d'une éducation de qualité en encourageant la coopération entre États membres » ; elle appuie et complète leur action en « respectant pleinement » leur responsabilité quant à son contenu, à son organisation et à sa diversité.

Les interventions de l'UE portent principalement sur la coopération (adoption, par exemple, du programme COMET sur le rapprochement des universités et des entreprises [5]), les échanges entre systèmes éducatifs nationaux (tel le programme Erasmus destiné à favoriser la mobilité des étudiants), le développement d'échanges d'informations et d'expériences, etc.

L'UE favorise aussi les échanges avec les tiers, pays ou organisations internationales.

L'ensemble de ces mesures sont prises selon la procédure législative ordinaire mais elles ne peuvent, répétons-le, avoir de caractère contraignant pour les États. Ce sont seulement des actions d'encouragement ou des recommandations.

723 ***La formation professionnelle*** ◇ L'article 166 TFUE est à peine moins restrictif que l'article 165 bien qu'il concerne un secteur appartenant déjà au domaine des compétences communautaires.

La subsidiarité y joue aussi. Le Traité ne donne à l'UE qu'une compétence restreinte. Si elle « met en œuvre une politique de formation professionnelle », celle-ci se borne à « appuyer » et « compléter » les actions des États membres qui gardent la responsabilité principale de leur politique de formation. Elle dispose à cette fin d'un instrument de financement approprié, le Fonds social européen (FSE), prévu depuis l'origine par le Traité de Rome (art. 162 TFUE).

Le *contenu* de cette politique n'est pas seulement consacré aux échanges. L'action de la Communauté doit faciliter l'adaptation aux mutations indus-

1. CJCE 2 févr. 1988, *Blaizot*, aff. 24/86, *Rec.* p. 379 ; 21 juin 1988, *Brown*, aff. 197/86, *Rec.* p. 3205 ; 30 mai 1989, *Commission c. Conseil*, aff. 242/87, *Rec.* p. 1425 ; 30 mai 1989, *Royaume-Uni c. Conseil*, aff. 56/88, *Rec.* p. 1615.
2. Aff. 39/86 préc. ; 31 mars 1993, *Kraus*, aff. C. 19/92, *Rec. p.* I-1663.
3. *JOCE* L. 222, 8 août 1988.
4. *JOCE* L. 166, 25 juin 1987.
5. *JOCE* L. 222, 8 août 1988.

trielles, améliorer la formation, en faciliter l'accès, favoriser l'insertion professionnelle et la reconversion, etc. (sans oublier de favoriser la coopération avec les tiers).

La procédure décisionnelle est la même que pour l'éducation (procédure législative ordinaire) mais seuls peuvent être prises des mesures incitatives et des programmes d'action.

§ 2. L'élaboration d'un statut protecteur des travailleurs

A. Les sources du statut

724 ***L'évolution des dispositions du Traité*** ◇ Le Traité de Rome avait prévu dès l'origine une politique sociale mais ses dispositions laissaient aux États membres l'essentiel des compétences. La situation est restée inchangée jusqu'au Traité de Maastricht qui a tenté de mettre sur pied une véritable politique sociale commune mais, devant l'opposition du Royaume-Uni, a dû se contenter d'en renvoyer le contenu à un protocole annexé liant les onze autres États membres seulement. La décision du gouvernement travailliste de l'accepter ultérieurement a permis au Traité d'Amsterdam de l'intégrer dans le Traité de Rome. Le Traité de Nice a ensuite élargi son domaine en y incluant de nouvelles questions pouvant donner lieu à des mesures communautaires. Le Traité de Lisbonne consacre cette évolution en reprenant dans les articles 151 à 161 TFUE formant le titre X « Politique sociale » l'ensemble des dispositions du Traité CE.

725 ***Les principes de base*** ◇ La politique sociale vise à mettre en œuvre les droits sociaux fondamentaux proclamés en Europe par la *charte sociale européenne* conclue le 18 octobre 1961 dans le cadre du Conseil de l'Europe et par la *charte communautaire des droits sociaux fondamentaux des travailleurs* adoptée en décembre 1989 par le Conseil européen (art. 151 TFUE).

Elle repose sur le dialogue des partenaires sociaux (art. 152 TFUE) qui doit être encouragé par la Commission ; celle-ci doit notamment les consulter avant toute proposition législative (art. 154 TFUE). Ce dialogue peut déboucher sur la conclusion d'accords que des décisions du Conseil pourront rendre applicables (art. 155 TFUE).

L'UE ne disposant que d'une compétence partagée avec les États membres (art. 4 UE) son action ne vise qu'à « soutenir » et « compléter » celle des États, soit en adoptant des mesures d'études et d'action pour « améliorer les connaissances », « développer les échanges d'informations », « promouvoir des approches novatrices » ou « évaluer les expériences » (art. 153 § 2 TFUE), soit en adoptant des directives d'harmonisation dans les (nombreux) domaines énumérés par l'article 153 § 1 TFUE (protcction de la santé et de la sécurité des travailleurs, conditions du travail, sécurité sociale et protection sociale des travailleurs, etc.). Devant respecter les diversités nationales, et les compétences conservées par les États, l'UE fixe seulement « des prescriptions minimales applicables progressivement », qui ne doivent pas contrarier « la création et le développement » des PME (art. 152 § 2).

Ces directives sont adoptées selon la procédure législative ordinaire, à l'exception de celles portant sur certaines questions sensibles (telles la sécurité sociale, la représentation et la défense collective des travailleurs, la cogestion) qui le sont par le Conseil statuant à l'unanimité après consultation du PE (art. 153 § 2).

De cette harmonisation, sont exclus la question des rémunérations, le droit d'association, le droit de grève et de *lock-out* (art. 153 § 5).

La mise en œuvre des directives peut être confiée, à leur demande, aux partenaires sociaux par les États membres, ceux-ci demeurant responsables vis-à-vis de la Commission de leur correcte application dans les délais de transposition prévus (art. 153 § 3).

Enfin, le principe de l'égalité de rémunération entre les hommes et femmes à travail égal est rappelé par le Traité. Il est conçu comme l'expression d'un principe plus général d'égalité des chances et d'égalité de traitement entre les sexes en matière d'emploi et de travail dont le législateur de l'UE est invité à développer l'application (art. 157 TFUE).

Sur le plan institutionnel, un comité de la protection sociale, prévu par le Traité de Nice, a été créé par le Conseil (art. 160 TFUE). Il est chargé de promouvoir la coopération entre les États membres et avec la Commission. Chaque État et la Commission y nomment deux membres. Ses attributions sont purement consultatives : il suit la situation sociale, facilite les échanges d'informations, prépare des rapports et formule des avis.

B. Le contenu du statut

Les engagements pris ne sont pas restés lettre morte même si les divergences entre les États membres ont empêché l'élaboration d'une politique sociale plus ambitieuse. Les mesures prises définissent seulement un statut protecteur minimal des travailleurs. Elles visent d'une part à garantir l'égalité des droits entre les hommes et les femmes et d'autre part à consacrer sur le plan européen la protection qui leur est généralement reconnue en droit interne.

726 ***La protection de l'égalité entre les sexes*** ◇ Le Traité CEE n'abordait cette question que sous l'angle de la rémunération, l'article 119 imposant aux États membres de veiller à l'égalité des salaires « entre les travailleurs masculins et les travailleurs féminins pour un même travail » [1]. Cette

1. Soulignant l'importance de cette disposition, la CJCE avait reconnu qu'elle était directement applicable dans les relations entre les employeurs et leurs salariés (8 avr. 1976, *Defrenne*, aff. 43/75, *Rec.* p. 455).

obligation a été mise en œuvre par la directive 75/117 [1]. Mais la Communauté ne s'en est pas tenue là ; elle a donné une portée plus générale au principe de l'égalité de traitement entre les sexes en l'étendant à d'autres domaines : accès à l'emploi, à la formation et à la promotion professionnelle et conditions de travail [2], régimes professionnels de sécurité sociale [3], charge de la preuve d'une discrimination sexuelle [4]. D'une manière générale, l'approche purement formelle du principe d'égalité a dû être conciliée avec la politique engagée en faveur d'une « pleine égalité entre hommes et femmes dans la vie professionnelle », qui a conduit à une certaine reconnaissance de la pratique des « discriminations positives » à laquelle fait écho l'article 157. Celui-ci autorise en effet les États membres à prendre des mesures spécifiques pour « faciliter l'exercice d'une activité professionnelle par le sexe sous-représenté ou à prévenir ou compenser des désavantages dans la carrière professionnelle » [5].

La recherche de l'égalité hommes/femmes est en fin de compte devenue l'un des axes majeurs de la politique communautaire. Elle inspire le programme de la Commission qui a adopté successivement une « stratégie cadre » (2001-2005) puis une « feuille de route » (2006-2010) recensant les actions à entreprendre.

727 ***Les autres mesures protectrices*** ◇ Elles portent sur les divers éléments d'un statut du salariat en droit communautaire. L'employeur a l'obligation d'informer le salarié sur les éléments essentiels du contrat de travail [6] et ne peut utiliser le contrat à durée déterminée que dans les conditions qui ont été fixées par les partenaires sociaux dans l'accord-cadre du 18 mars 1999 [7]. Le temps de travail a été aménagé : la durée maximale hebdomadaire est en principe de 48h (dérogation possible avec l'accord du salarié) et les congés payés sont d'au moins quatre semaines [8]. Les principales dispositions en matière de sécurité et de santé des travailleurs ont été définies dans une

1. Dir. 10 févr. 1975, *JOCE* L. 45, 19 févr. 1975.
2. Dir. 76/207, 9 févr. 1976 (*JOCE* L. 39, 14 févr. 1976), modifiée par Dir. 2002/73 (*JOCE* L. 269, 5 oct. 2002)
3. Dir. 86/378, 24 juill. 1986 (*JOCE* L. 225, 12 août 1986), modifiée par Dir. 96/97 (*JOCE* L. 46, 17 févr. 1996).
4. Dir. 97/80, 15 déc. 1997, *JOCE* L. 14, 20 janv. 1998.
5. Cette possibilité, qui revient à faire prévaloir l'égalité « réelle », avait d'abord été condamnée par la CJCE (17 oct. 1995, *Kalanke*, aff. C-450/93, *Rec.* p. I-3051), avant d'être admise par elle dans l'arrêt Marshall (11 nov. 1997, aff. C-409/95, *Rec.* p. I-6363).
6. Dir. 91/533, 14 oct. 1991, *JOCE* L. 288, 18 oct. 1991.
7. Mis en œuvre par la Dir. 99/70, 28 juin 1999 (*JOCE* L. 175, 10 juill. 1999).
8. Les textes antérieurs (Dir. 93/104 et 2000/34) ont été codifiés par la Dir. 2003/88, 4 nov. 2003 (*JOCE* L. 299, 18 nov. 2003).

directive-cadre [1], complétée par diverses directives particulières dans des domaines spécifiques. Une agence européenne pour la sécurité et la santé au travail a été créée en 1994 pour fournir à la Commission et aux États membres les informations techniques, scientifiques et économiques utiles à cet égard [2]. Les droits des salariés sont protégés en cas de licenciements collectifs [3], de transferts d'entreprises [4], d'insolvabilité de l'employeur [5]. Enfin, leur participation à la vie de l'entreprise est garantie par l'existence d'un comité d'entreprise européen ou d'une procédure d'information ou de consultation qui doivent être créés dans les entreprises de mille travailleurs au moins et possédant un établissement de cent cinquante personnes minimum dans au moins deux États membres [6].

1. Dir. 89/391, 12 juin 1989, *JOCE* L. 183, 29 juin 1986.

2. Règl. 2062/94, 18 juill. 1994, *JOCE* L. 216, 20 août 1994.

3. Dir. 98/59, 20 juill. 1998 abrogeant la Dir. 75/129 (*JOCE* L. 225, 12 août 1998).

4. Dir. 2001/23, 12 mars 2001 abrogeant la Dir. 77/187 et 98/50 (*JOCE* L. 82, 22 mars 2001).

5. Dir. 80/987, 20 oct. 1980 (*JOCE* L. 283, 28 oct. 1980), modifiée par la Dir. 2002/74 (*JOCE* L. 270, 8 oct. 2002), remplacée par la Dir. 2008/94, 22 oct. 2008 (*JOUE* L. 283, 28 oct. 2008).

6. Dir. 94/45, 22 sept. 1994 (*JOCE* L. 254, 30 sept. 1994), modifiée par la Dir. 97/74, 15 déc. 1997 qui étend son application au Royaume-Uni. Elle a été remplacée par la Dir. 2009/38, 6 mai 2009 (*JOUE* L. 122, 16 mai 2009) mais reste en vigueur jusqu'au 5 juin 2011.

CHAPITRE 3
LES POLITIQUES DE DÉVELOPPEMENT ET DE PROTECTION

728 ***Plan*** ◇ À côté des politiques sectorielles et générales qui ont été exposées précédemment, l'UE gère enfin des politiques de soutien aux actions conduites par les États membres afin d'en renforcer l'efficacité et de contribuer ainsi à la réalisation de certains objectifs de développement et de protection fixés par le Traité.

Parmi ces politiques, il est possible de distinguer ainsi celles qui, à titre principal, ont le développement pour finalité (Section 1) et celles qui ont la protection pour but (Section 2). Ces deux objectifs sont parfois étroitement mêlés au sein d'une même politique, telle la politique de l'énergie qui, pour cette raison, mérite un examen à part (Section 3).

SECTION 1. LES POLITIQUES DE DÉVELOPPEMENT

729 ***Les politiques concernées*** ◇ Le Traité CE chargeait la Communauté de promouvoir « un développement harmonieux, équilibré et durable des activités économiques, un niveau d'emploi (...) élevé, une croissance durable (...), le relèvement du niveau (...) de vie » (art. 2 CE). Le Traité de Lisbonne ne reprend pas formellement cette disposition mais conserve bien entendu ses objectifs (art. 3 UE). L'UE doit donc agir en ce sens et aider les États membres à les atteindre. Au-delà de l'établissement du marché intérieur, qui est le principal facteur de croissance des entreprises par l'élargissement des débouchés qu'il leur offre, des actions sectorielles, d'une importance variable, sont intervenues. La principale d'entre elles, par l'effort budgétaire consenti (2e poste budgétaire après la politique agricole), est la politique de développement régional qui est destinée à renforcer la cohésion économique et sociale du milieu communautaire et qui a été introduite sous cet intitulé dans le Traité CE, le Traité de Lisbonne lui ajoutant le qualificatif de « territoriale ». Elle est prolongée par une politique de recherche et de développement technologique qui vise à accroître la compétitivité de l'économie européenne au regard de ses concurrentes mondiales (États-Unis, Japon, et, plus récemment, les pays émergents). L'une et l'autre ont été entreprises avant même leur consécration par l'AUE en 1986.

§ 1. La politique de cohésion économique, sociale et territoriale

730 ***Naissance et évolution*** ◇ S'il ne prévoit à l'origine aucune action spécifique en faveur du développement régional, le Traité de Rome n'en contenait pas moins des dispositions montrant que la question n'avait pas été ignorée. L'article 39 § 2 (repris par le TFUE avec la même numérotation) souligne la nécessité de tenir compte, dans l'élaboration de la politique agricole commune, des « disparités structurelles et naturelles entre les diverses régions agricoles » ; l'article 92 (art. 107 TFUE) autorise les aides étatiques au développement des « régions dans lesquelles le niveau de vie est anormalement bas ou dans lesquelles sévit un grave sous-emploi » ; l'article 130 (art. 309 TFUE) prévoit le financement par la Banque européenne d'investissement (BEI) de « projets envisageant la mise en valeur des régions moins développées ».

Les disparités régionales devenant plus sensibles avec le premier élargissement de la CEE, la décision d'élaborer une politique communautaire pour les combattre est prise en octobre 1972 au sommet de Paris et se concrétise, en 1975, par la création d'un instrument de financement, le Fonds européen de développement régional (FEDER), et d'un organisme consultatif, le comité de politique régional. Ce dernier examine les plans de développement que les États membres sont invités à présenter à la Commission pour obtenir un cofinancement de la part du FEDER.

Cette politique a fait son entrée dans le Traité de Rome avec l'AUE (titre V, devenu le titre XVIII dans le TFUE, art. 174 à 178 TFUE). Elle apparaît comme la contrepartie, concédée aux États membres les moins développés, de la programmation du marché intérieur au 1er janvier 1993. Son objectif est de « promouvoir un développement harmonieux de l'ensemble de l'UE » et, en particulier, de réduire « l'écart entre les niveaux de développement des diverses régions et le retard des régions les moins favorisées » (art. 174 TFUE).

Pour lui donner une plus grande efficacité, l'AUE pose, en outre, le principe d'une réforme des mécanismes de financement qui repose sur une meilleure coordination des conditions d'intervention des divers instruments financiers de la Communauté (art. 16/CE/177 TFUE).

731 ***La réforme des fonds structurels*** ◇ Jusqu'à la conclusion de l'AUE, les interventions de la CEE se faisaient dans le cadre des diverses politiques sectorielles ; leur financement était assuré par le fonds structurel qui était rattaché à chacune d'elles (le fonds social finançait la politique sociale, le FEDER la politique régionale, le FEOGA-orientation la politique des structures agricoles).

Mais toutes ces interventions avaient fini par interférer, les aides régionales produisant des effets au-delà de leur domaine d'intervention. Des risques de double emploi étaient à redouter. La nécessaire discipline budgétaire imposait une rationalisation de ces interventions.

L'Acte Unique avait, en conséquence, inséré dans le Traité CEE une disposition imposant la rationalisation et la coordination des fonds à finalité structurelle et des autres instruments financiers.

Cette prescription a été mise en œuvre par le règlement 2052/88 du 24 juin 1988 et par une série de textes d'application : les règlements 4253 à 4256/88 du 19 décembre 1988.

Modifiés en 1993, ces textes ont été remplacés en 1999 puis en 2006 par une nouvelle série de règlements qui confirment l'orientation générale de la réforme.

Le sens général de cette réforme est de substituer aux interventions par politique, des interventions par objectif, qui sont communes à l'ensemble des instruments financiers.

Ainsi, on peut dire qu'il n'y a plus de fonds spécialisés dans le soutien des politiques sectorielles. Il y a trois groupes d'objectifs (régional, social, agricole) auxquels participent - à des degrés divers - non seulement les fonds structurels, mais aussi les autres instruments financiers, au premier rang desquels la BEI (Banque européenne d'investissement).

Les textes actuels qui régissent les fonds structurels comportent en premier lieu, des dispositions générales contenues dans le règlement 1083/2006 [1] et qui traduisent l'effort de rationalisation des interventions financières de la Communauté et en second lieu, des dispositions spécifiques qui organisent la mise en œuvre de chacun des objectifs et des fonds structurels correspondants. Ces dispositions figurent dans les règlements 1080, 1081 et 1084/2006 [2].

Ces dispositions déterminent les objectifs à atteindre et définissent les conditions d'intervention de l'UE.

A. Les objectifs de la politique de cohésion

732 ***L'évolution de leur détermination*** ◇ La réforme de 1988 reposait sur le choix d'un petit nombre d'objectifs prioritaires dont le financement devait mobiliser l'ensemble des ressources des fonds structurels. Son esprit n'a pas été remis en cause par les textes de 1999 puis de 2006 qui maintiennent la concentration de l'aide communautaire sur des objectifs centraux en se bornant à en modifier le nombre et l'intitulé selon l'ordre des priorités arrêté par le Conseil.

Initialement au nombre de cinq [3], ils furent portés à six par le Traité d'adhésion de 1994 pour tenir compte des problèmes spécifiques de déve-

1. Règl. 11 juill. 2006 portant dispositions générales sur le FEDER, le fonds social européen et le fonds de cohésion (*JOUE* L. 210, 31 juill. 2006).

2. Applicables respectivement au FEDER, au fonds social européen et au fonds de cohésion ; les deux premiers ont été adoptés le 5 juill., le troisième le 11 juill. (*JOUE* L. 210, 31 juill. 2006).

3. Numérotés de 1 à 5, ils portaient respectivement sur la promotion du développement des régions en retard de développement, la reconversion des régions industrielles en déclin, des actions de caractère social et des actions en faveur des zones rurales affectées par les réformes de la PAC.

loppement que soulève la partie septentrionale, très faiblement peuplée, de la Suède et de la Finlande, avant d'être ramenés à trois à partir de 1999 [1] : le développement des régions en retard (objectif n° 1), la reconversion des zones en déclin (objectif n° 2) et la formation et l'emploi (objectif n° 3). L'enveloppe budgétaire qui était affectée aux fonds structurels [2] chargés de financer les actions éligibles pour la période 1999/2006 s'élevait à 195 milliards d'euros.

733 ***Les objectifs actuels*** ◇ Le règlement 1083/2006 (art. 3) maintient le nombre de trois objectifs (qui ne sont plus numérotés) mais en modifie l'intitulé et, en partie, le contenu. Les crédits affectés à leur réalisation sont substantiellement augmentés par rapport à la période précédente : 347 milliards d'euros pour la période 2007/2013.

Le premier objectif est la *convergence* qui correspond à l'ancien objectif n° 1. Il concerne en effet les régions les moins développées dont il s'agit d'améliorer la croissance et l'emploi. Il mobilise plus de 80 % des crédits. Les dépenses engagées par l'UE sont prises en charge par le FEDER, le FSE et, innovation du règlement 1803, le fonds de cohésion qui, jusqu'à présent, intervenait indépendamment des deux fonds précédents [3]. Le FEADER, qui a succédé au FEOGA-orientation, et le fonds européen de la pêche, à l'IFOP, peuvent intervenir à titre complémentaire conformément aux objectifs qui leur ont été assignés.

Les régions éligibles au titre de cet objectif sont celles dont le PIB par tête d'habitant est inférieur à 75 % de la moyenne communautaire, celles qui relèvent du fonds de cohésion et les régions « ultra-périphériques » qui peuvent bénéficier d'une aide spécifique du FEDER pour compenser les surcoûts dus à leur éloignement.

La liste de ces régions est arrêtée par la Commission au niveau de NUTS II (nomenclature des diverses collectivités territoriales composant la CE) qui correspond à la première subdivision du territoire étatique (*région* française ou *land* allemand).

Le deuxième objectif est la *compétitivité régionale et l'emploi* qui concerne les autres régions. Il bénéficie de 16 % environ des crédits. Son financement est assuré par le FEDER et le FSE. Le but est de renforcer l'« attractivité » de

1. Règl. 1260/99, 21 juin 1999.

2. Ceux-ci étaient au nombre de quatre : le FEDER, le Fonds social européen (FSE) prévu dès l'origine par le Traité CEE (art. 146 CE), le FEOGA-orientation et l'Instrument financier d'orientation de la pêche (IFOP) créé en 1992.

3. La création du fonds de cohésion en mai 1994 est intervenue en application du Traité de Maastricht (art. 161 CE) pour aider les États les moins développés à atteindre les objectifs de convergence économique et de lutte contre les déficits budgétaires excessifs impliqués par la réalisation de l'UEM. Il finance deux catégories de dépenses, la réalisation d'infrastructures de transports et des actions de protection de l'environnement, mais son intervention est réservée aux États dont le revenu national brut est inférieur à 90 % du revenu moyen de la CE, soit l'Espagne, le Portugal, la Grèce et les douze nouveaux membres de l'UE ; l'Irlande n'en bénéficie plus depuis le 1er janvier 2004.

ces régions en renforçant leur compétitivité et la création d'emplois. Les États membres peuvent choisir le niveau territorial qu'ils souhaitent pour l'intervention de la Communauté, NUTS I (le territoire étatique dans son ensemble) ou NUTS II.

Le troisième objectif est la *coopération territoriale européenne*, qui remplace l'ancien programme *Interrreg* qui répondait à une initiative communautaire. Il est financé par le FEDER qui lui consacre 2,50 % environ de ses ressources. Il vise à renforcer la coopération entre collectivités territoriales à divers niveaux, transfrontalier, transnational et interrégional, afin de soutenir leur action en matière de développement urbain, rural ou côtier. La liste de ces collectivités est arrêtée par la Commission, au niveau de NUTS III (l'équivalent du département) en ce qui concerne la coopération transfrontalière.

Pour faciliter la réalisation de cet objectif, un *groupement européen de coopération territoriale* a été créé [1]. Composé d'États membres (au moins deux), de collectivités régionales et locales et d'organismes de droit public, il est chargé de mettre en œuvre des programmes cofinancés par l'UE. Ses compétences sont précisées par la convention de coopération que doivent conclure ses membres et qui détermine, notamment, les modalités de son action : soit de son propre chef soit par l'intermédiaire de l'un de ses membres. Il est doté de la personnalité morale et est régi par le droit de l'État où il a son siège.

B. Les conditions d'intervention de l'UE

L'UE apporte un soutien financier coordonné aux actions de développement qui sont entreprises par les États membres après que la Commission les a approuvées. Ce soutien doit être demandé par les États ou les organismes qu'ils désignent.

L'analyse de ce dispositif conduit à examiner successivement les actions éligibles, les modalités du concours financier apporté et les divers contrôles institués.

1. Les actions éligibles

734 ***Les principes de base*** ◇ L'intervention de l'UE est commandée par trois principes (art. 9) : la complémentarité, le partenariat et la proportionnalité.

1°) La complémentarité. Le concours financier de l'UE ne constitue qu'un complément du financement consacré par l'État à son effort de développement, il ne se substitue pas à lui. C'est la simple conséquence du principe de subsidiarité appliqué à la politique de cohésion : l'État est le principal responsable de son développement, l'UE ne saurait pallier ses

1. Règl. 1082/2006, 5 juill. 2006, *JOUE* L. 210, 31 juill. 2006.

défaillances en la matière. L'aide que cette dernière peut lui apporter est encadrée par les règles suivantes :

a) La coordination des instruments financiers communautaires (art. 9) : elle incombe à la Commission lorsque, ayant approuvé les projets des États membres, elle définit l'importance et les formes de l'aide qui sera apportée aux États. Les subventions des fonds structurels peuvent être complétées par des prêts de la BEI, qui participe d'ailleurs au montage financier du concours de l'UE, la ventilation subventions/prêts s'opérant selon les méthodes sophistiquées de l'ingénierie financière.

b) L'additionnalité des ressources communautaires (art. 15) : elle découle du principe de complémentarité et signifie que l'aide ne peut être apportée qu'une fois engagées les ressources nationales ; l'UE se borne à cofinancer les dépenses engagées par les États : en conséquence, les crédits des fonds structurels seront annulés en cas d'inaction de l'État.

c) La conformité de l'aide (art. 9) : les opérations financées par la Communauté doivent respecter le droit communautaire (les marchés publics doivent, par exemple, être attribués conformément aux directives les régissant).

2°) Le partenariat. En vertu de ce principe, les actions entreprises doivent être le résultat d'une étroite concertation entre la Commission, les États membres et les autorités nationales qu'ils désignent, ainsi que l'ensemble des acteurs concernés par le développement (les « forces vives »). Le principe joue au stade de l'élaboration des projets qui seront soumis à l'approbation de la Commission comme à celui de leur réalisation. Il traduit en somme la conception qui sous-tend la politique de développement : celle-ci doit être « l'affaire de tous ».

3°) La proportionnalité. Principe bien connu du droit communautaire, ce principe n'a été introduit dans la politique de cohésion qu'en 2006 (art. 13) avec une signification un peu différente de celle que lui donne le Traité (art. 5 UE). Il conduit à moduler les obligations qui sont imposées aux États en fonction de l'importance des dépenses prévues par les programmes opérationnels. Il influe sur le choix des indicateurs utilisés pour l'évaluation et la gestion des programmes et sur les modalités des contrôles exercés pour vérifier leur correcte exécution.

735 ***La procédure de sélection*** ◇ Les actions soutenues par l'UE doivent s'inscrire dans des programmes élaborés par les États dans le cadre d'orientations stratégiques qui ont été arrêtées par le Conseil et par les États.

1°) Les orientations stratégiques. ***a)*** Les grandes lignes de la politique de cohésion sont l'objet d'*orientations stratégiques* que le Conseil adopte après avis conforme du Parlement (art. 25). Elles définissent le cadre indicatif de l'intervention des fonds. Préparées par la Commission en « coopération étroite » avec les États, les orientations actuelles couvrent la période 2007/2013 mais peuvent être revues à mi-parcours [1].

1. Elles ont été adoptées par la Décis. 702 du 6 oct. 2006 (*JOUE* L. 291, 21 oct. 2006).

b) Chaque État présente ensuite un cadre de référence stratégique national (art. 27) qui établit le lien entre les orientations communautaires et la politique qu'il entend mener et qui servira à préparer la programmation des fonds dans le respect des objectifs assignés à chacun d'eux par le règlement spécifique le régissant. Il couvre les deux premiers objectifs mais n'est pas obligatoire pour le troisième (la coopération territoriale). Il est transmis à la Commission qui a trois mois pour formuler ses observations. Il contient notamment la liste des programmes opérationnels que l'État envisage de réaliser.

2°) Les programmes opérationnels. Ils peuvent être présentés en même temps que le cadre de référence stratégique et regroupent les actions dont le soutien financier est demandé à la Commission (art. 32). Ils contiennent un plan de financement qui précise le montant de l'aide demandé. Leur approbation par la Commission vaut engagement d'accorder le concours des fonds. La participation maximale de ceux-ci est fixée pour chacun des axes prioritaires indiqués dans les programmes.

2. Les modalités du concours financier

736 ***Les formes du soutien communautaire*** ◇ Elles ne sont plus précisées par les règlements de 2006 comme elles l'ont été dans le passé. L'UE verse des subventions aux États qui peuvent être utilisées à diverses fins. Ce sont en principe des aides non remboursables qui, outre le cofinancement des dépenses engagées par les États, peuvent être utilisées pour des bonifications d'intérêt (le FEDER peut alléger la charge des prêts de la BEI qui ne peut, statutairement, se livrer à une telle pratique), des garanties d'emprunts ou des prises de participation dans le capital d'entreprises (ce que la BEI n'a pas non plus le droit de faire), en matière notamment de capital-risque. Les subventions peuvent être complétées, on l'a dit, par les prêts de la BEI [1] et, depuis 1993, par les garanties d'emprunts et les opérations de capital-risque que sa filiale, le Fonds européen d'investissement (FEI) [2], réalise au profit des PME.

Les subventions et prêts peuvent être *individuels* ou *globaux* selon l'importance des bénéficiaires. Ils sont *globaux* pour les PME. Ce procédé consiste à attribuer à un organisme national une enveloppe de crédits qui sera distribuée par celui-ci conformément aux stipulations de la convention qu'il a conclue avec l'autorité nationale compétente pour le versement des subventions (art. 48) ou la BEI pour l'attribution de prêts.

1. Ces prêts sont certes à titre onéreux mais ils sont intéressants pour les emprunteurs (États, collectivités territoriales, entreprises) car la BEI, qui est une banque de développement dont le capital appartient aux États membres, ne poursuit pas de but spéculatif et n'a donc pas à rémunérer ses actionnaires.

2. Le FEI a été créé le 25 mars 1993 par accord entre les États membres pour « promouvoir la reprise économique en Europe » (objectif du Conseil européen d'Édimbourg de déc. 1992). Doté de la personnalité juridique, son capital est partagé entre la BEI, qui en détient 61,9 %, la CE (représentée par la Commission), 30 %, et des banques nationales, 8,1 %. Ses statuts sont incorporés dans ceux de la BEI.

737 ***Le taux de participation des fonds*** ◇ Il est fixé par la Commission sur la base des critères de l'article 52 - gravité des problèmes à résoudre, capacité financière de l'État concerné, intérêt pour l'UE des interventions financées, etc. - et dans la limite des plafonds fixés par cet article pour chacun des trois objectifs prioritaires : 75 % du total des dépenses éligibles (publiques ou publiques et privées selon les cas) pour la *convergence*, plafond relevé à 80 % pour les bénéficiaires du fonds de cohésion et à 85 % pour les régions ultra-périphériques ; 50 % pour la *compétitivité* et l'*emploi* (85 % pour les régions ultra-périphériques) ; 75 % pour la *coopération territoriale européenne*. La participation minimale des fonds pour les axes prioritaires est, aux termes de l'article 54, de 20 % des dépenses publiques éligibles.

C. Les contrôles

Très développés, ils sont destinés à vérifier la régularité des opérations financées et leur efficacité économique. Ils juxtaposent une procédure de suivi, un contrôle financier et une procédure d'évaluation.

738 ***La procédure de suivi*** ◇ Elle est régie par les articles 63 à 67. Elle repose sur le principe de la responsabilité incombant à l'autorité de gestion qui a été désignée par l'État et qui figure dans le programme opérationnel approuvé par la Commission. Ladite autorité est chargée de suivre le bon déroulement des opérations engagées et d'en informer la Commission par des rapports d'exécution (rapport annuel et rapport final). Elle est assistée à cette fin par des comités de suivi qui sont créés par l'État au début de la réalisation des projets et qui doivent s'assurer de l'efficacité et de la qualité des opérations au moyen d'indicateurs de suivi qui sont précisés dans les programmes opérationnels [1]. Ils sont présidés par un représentant de l'État ou de l'autorité de gestion ; la Commission et la BEI y sont représentées.

739 ***Le contrôle financier*** ◇ Il est partagé entre les États membres et la Commission. La responsabilité principale incombe aux États qui « préviennent, détectent et corrigent les irrégularités, les communiquent à la Commission qu'ils tiennent informée de l'évolution des poursuites administratives et judiciaires » (art. 70). Ils récupèrent les sommes allouées irrégulièrement et peuvent les réaffecter à l'intervention concernée.

La Commission vérifie l'efficacité des systèmes nationaux de gestion et de contrôle (art. 72). Elle peut effectuer des contrôles sur place, assistée ou non d'agents nationaux. À l'issue de ces vérifications, elle peut adresser des observations aux États et leur notifier des conclusions auxquelles ils doivent donner suite. En cas d'irrégularité non corrigée, elle peut suspendre ou supprimer tout ou partie de la contribution des fonds, voire ordonner leur

1. Il s'agit d'indicateurs, les uns physiques, les autres financiers, qui figurent sur une liste publiée par la Commission.

remboursement, mais sa décision ne peut être prise que conformément au principe du respect des droits de la défense : elle doit inviter au préalable l'État membre, et, le cas échéant, le bénéficiaire de l'aide communautaire à s'expliquer [1].

740 ***La procédure d'évaluation*** ◇ Prévue par l'article 47, elle est définie dans les programmes opérationnels. Elle doit permettre d'apprécier l'efficacité des actions de développement retenues et réalisées. Elle est mise en œuvre à plusieurs reprises : une évaluation *ex ante* est effectuée au stade de la préparation des programmes, mais seulement pour l'objectif *convergence*, elle relève de la responsabilité des autorités chargées de cette préparation ; une autre évaluation est faite à mi-parcours par l'autorité nationale de gestion, mais elle n'est plus systématique (conséquence de l'application du nouveau principe de proportionnalité) ; une évaluation *ex post* incombe, enfin, à la Commission en partenariat avec l'État concerné. Les deux dernières évaluations sont faites par des experts indépendants. Les actions jugées performantes à mi-parcours peuvent bénéficier d'une allocation supplémentaire au titre de la *réserve de performance* prévue à l'article 50 (3 % des crédits affectés aux deux premiers objectifs lui sont consacrés). Elle est attribuée par la Commission sur proposition de l'État membre.

§ 2. La politique de la recherche, du développement technologique et de l'espace [2]

741 ***L'évolution de la politique de la recherche*** ◇ Si la recherche s'impose aujourd'hui comme un facteur majeur de la compétitivité européenne, elle n'a trouvé à ses débuts aucune base juridique dans le Traité CEE. Celui-ci, à la différence des traités CECA et CEEA, ne contenait en effet aucune disposition susceptible de fournir une base légale à la politique de la recherche.

La CEE a cependant jeté les bases d'une telle politique, qui avait été préparée par divers travaux, notamment un mémorandum de la Commission du 14 juin 1972 sur les « objectifs et moyens pour une politique commune de la recherche scientifique et du développement technologique ». La volonté d'élaborer cette politique a conduit le Conseil à adopter une série de résolutions le 14 janvier 1974 concernant principalement la coordination des politiques nationales et la définition des actions d'intérêt communautaire en ce domaine. Celui-ci s'est ensuite fréquemment appuyé sur l'article 235 CEE (art. 352 TFUE) pour adopter diverses mesures avant que l'AUE ne vienne consacrer l'existence de cette nouvelle politique com-

1. Selon la réglementation applicable, l'État ou l'autorité qu'il désigne est le seul interlocuteur de la Commission et c'est lui qui est protégé par les droits de la défense, mais la jurisprudence a étendu ces droits au profit des entreprises jugées coupables d'irrégularités.
2. Le mot « espace » a été ajouté par le Traité de Lisbonne.

munautaire en l'incorporant dans le Traité de Rome (titre VI). Après quelques modifications, c'est désormais le titre XIX (art. 179 à 190 TFUE) qui la régit.

La compétence attribuée à l'UE est bien entendu une compétence partagée qui ne porte pas atteinte aux compétences nationales en la matière, ce que souligne expressément le Traité de Lisbonne qui, reprenant le texte de la Constitution européenne sur ce point, énonce que l'exercice de la compétence de l'Union ne peut « avoir pour effet d'empêcher les États membres d'exercer la leur » (art. 4 TFUE).

L'importance et la complexité de cette politique ont imposé des dispositions institutionnelles spécifiques qui seront présentées avant que ne soient dégagées les orientations de la politique scientifique de l'UE.

A. Les dispositions institutionnelles

Le Traité de Rome n'ayant rien prévu en matière de recherche, il a été nécessaire de créer les moyens institutionnels de cette nouvelle politique. Les institutions de la recherche comportent divers organismes de conception et de gestion autour du Conseil et de la Commission. En outre l'UE dispose d'un très important organe d'exécution : le *Centre commun de recherche*.

742 ***Les organes de conception et de gestion*** ◇ Pour éclairer la Commission et le Conseil sur les mesures à prendre, divers organismes scientifiques consultatifs composés d'experts ont été créés. La Commission a été ainsi assistée d'un *comité consultatif de la recherche et du développement industriel* (1984) qui a été remplacé, en 1988, par le *forum européen de la recherche* puis, en 2001, par le *comité consultatif européen pour la recherche.* Composé de quarante-cinq experts dans le domaine scientifique, industriel et des services, nommés par la Commission, ce dernier a pour mission de la conseiller dans la conception et la mise en œuvre de la politique de la recherche.

Le Conseil a créé par l'une de ses résolutions du 14 janvier 1974 le *Comité de la recherche scientifique et technique* (CREST) qui associe des représentants des États membres et de la Commission et qui assiste les deux institutions dans l'exercice de leurs compétences en matière scientifique.

Des organismes de pure gestion peuvent être également institués. Un *conseil européen de la science* a été ainsi créé pour mettre en œuvre le programme de relance de la recherche fondamentale (« recherche exploratoire ») arrêté par le 7e programme-cadre. Il est dirigé par un conseil scientifique de 22 membres chargé de sélectionner les projets qui seront subventionnés. Il dispose à cette fin d'un budget de 7 milliards et demi d'euros. Son statut pourrait évoluer vers celui d'une agence indépendante.

Les relations avec les États tiers sont assurées par l'existence du groupe de travail COST (*Coopération scientifique et technique*) qui a été créé au sein de l'OCDE en 1971 et qui regroupe les membres de l'UE et d'autres pays européens.

743 ***Le centre commun de recherche*** ◇ Pour l'application de la politique de la recherche et notamment pour l'exécution des programmes, l'UE dispose du *Centre commun de recherche* (CCR).

Créé par le Traité Euratom (art. 8) sous le nom de *Centre commun de recherches nucléaires*, cet organisme a été réorganisé, à la suite de la crise d'Euratom dans les années soixante, par une décision de la Commission du 13 janvier 1971. Il a perdu sa vocation exclusivement nucléaire pour exercer une compétence générale en matière de recherche, ce que traduit sa nouvelle appellation. Son statut est fixé par une décision de la Commission du 20 novembre 1985 [1].

Rattaché à la Direction générale de la recherche, il regroupe les établissements créés par la Commission pour assurer l'exécution de programmes de recherche de l'UE et qui sont répartis entre cinq États membres : Petten aux Pays-Bas, Geel en Belgique, Karlsruhe en Allemagne, Séville en Espagne et, le plus important, Ispra en Italie.

Il est dirigé par un directeur général et un conseil d'administration et dispose de deux organes consultatifs, le conseil scientifique et le comité scientifique.

Le directeur général est nommé pour quatre ans renouvelables. Il est placé sous l'autorité du directeur général de la recherche. Il est chargé de l'organisation et du fonctionnement du CCR et prépare et l'exécute les programmes de recherche. Il peut déléguer ses pouvoirs aux responsables des établissements.

Le conseil d'administration est composé d'un représentant par État membre, nommé pour trois ans (mandat renouvelable) par la Commission sur désignation de chaque État. Il assiste et conseille la Commission dans la « formulation des décisions stratégiques » (élaboration de programmes). Il se réunit deux fois par an.

Le conseil scientifique est également composé de représentants des États membres mais son président est nommé par la Commission. Il se réunit six fois par an et assiste et conseille la Commission dans les diverses tâches que précise son statut.

Un comité scientifique assiste le directeur général. Il est composé pour deux tiers des principaux responsables des « départements et projets » du CCR et pour un tiers de représentants élus par le personnel scientifique et technique.

B. Les orientations de la politique de la recherche

744 ***Les dispositions du Traité*** ◇ Elles définissent d'abord les objectifs assignés à la politique scientifique de l'UE. Aux termes de l'article 179 § 1 TFUE, l'UE doit réaliser un « espace européen de la recherche » qui doit permettre de renforcer ses bases scientifiques et techniques et d'améliorer

1. *JOCE L.* 373, 31 déc. 1985, modifiée par Décis. Commission, 16 nov. 1994 (*JOCE*, 21 déc. 1994).

ainsi la compétitivité de l'industrie européenne, et promouvoir les actions de recherche « jugées nécessaires » au titre de ses autres politiques.

Les moyens généraux à employer sont énumérés par le Traité (art. 179 § 2) : encouragement aux entreprises, centres de recherche et universités, ouverture des marchés publics, définition de normes communes, élimination des obstacles juridiques et fiscaux à la coopération des centres de recherche et des entreprises.

Le Traité définit ensuite la conception générale de la politique de recherche. Celle-ci incombe principalement aux États membres, la politique de l'UE ne faisant que la compléter (art. 180 TFUE). L'UE doit coordonner l'action des États, définir ses propres programmes pour les recherches qui dépasseraient les moyens individuels de chaque État. À cette fin, elle s'attache à réaliser un marché commun de la science et de la recherche, à coordonner son action avec celle des États membres et à nouer une coopération avec les tiers.

1. Le marché commun scientifique

745 ***Vers un espace européen de la recherche*** ◇ La création d'un marché commun scientifique a pour objet de faire de l'UE un espace scientifique unique, un marché intérieur de la recherche. Cela implique la suppression des obstacles intérieurs qui empêchent ou gênent la diffusion des connaissances, la circulation des chercheurs, des savants et des produits technologiques, de favoriser aussi la constitution d'entreprises de taille suffisante pour répondre aux besoins de la recherche. Tout un ensemble de dispositions de caractère général répond à ces objectifs.

En premier lieu, les diverses mesures prises au titre de la politique industrielle [1] telles que l'harmonisation des législations, la création du statut de la société européenne ou le développement des industries de technologie avancée, lié directement aux efforts de recherche (aéronautique, informatique).

En second lieu, le principe de la libre circulation des personnes qui favorise les échanges de scientifiques (par exemple, la liberté d'établissement dans le domaine des activités médicales et pharmaceutiques).

En troisième lieu, la circulation matérielle des connaissances qui bénéficie du développement des moyens technologiques modernes (création, par exemple, d'un réseau européen de télécommunications, *Euronet*) et de la création d'une société de l'information garantissant à tous l'accès aux réseaux de communication électronique (v. Dir. 2002/19 à 2002/22 préc., *JOCE* L. 108, 24 avr. 2002).

La diffusion des connaissances résultant de la réalisation des programmes de recherche est assurée par des dispositions particulières, adoptées soit dans le cadre d'Euratom, soit dans le cadre de l'UE. Un règlement du Conseil du

1. Politique qui relève d'un titre spécifique (titre XVII) qui vise, parmi les objectifs qui lui sont fixés, celui « de favoriser une meilleure exploitation du potentiel industriel des politiques d'innovation, de recherche et de développement technologique » (art. 173 TFUE).

17 septembre 1974 a arrêté le régime de diffusion des connaissances applicable aux programmes de recherche pour la CEE [1].

En dernier lieu, la protection des inventions bénéficie de la convention européenne de Munich du 5 octobre 1973 instituant un régime européen des brevets [2]. Elle crée un office européen des brevets mais les brevets attribués par celui-ci relèvent du droit national des États parties. Une autre convention, l'accord de Luxembourg du 15 décembre 1989 [3], prévoit la création d'un brevet communautaire délivré par l'office européen des brevets mais, faute d'un nombre de ratifications suffisant, elle n'a pu entrer en vigueur. Une proposition de règlement sur le brevet communautaire allant dans le même sens a été adoptée par la Commission le 1er août 2000 mais n'a pas eu plus de succès.

En revanche, une *marque communautaire* a été créée par un règlement du 20 décembre 1993 qui instaure un office communautaire des marques [4].

2. L'harmonisation des politiques nationales

746 ***La coordination des politiques nationales et communautaires*** ◇ L'UE joue un double rôle à l'égard des politiques nationales : elle les stimule et les coordonne.

Elle les stimule d'abord en incitant les États à prendre des mesures nécessaires au développement de la recherche. Un moyen, particulièrement important, de stimuler la recherche et ses applications pratiques réside dans le financement de projets de démonstration. Ces projets, qui se situent entre la recherche et l'exploitation commerciale, doivent démontrer la viabilité technique et financière d'un projet.

La coordination des efforts nationaux et communautaires n'est pas moins nécessaire. Elle est prescrite par l'article 181 TFUE. Les programmes nationaux de recherche doivent en particulier être confrontés non seulement pour éviter les doubles emplois mais aussi pour servir de base à la coopération entre les États.

3. Les actions communes

747 ***Les origines de la programmation scientifique*** ◇ La programmation est une nécessité imposée par les exigences diverses de la recherche, notamment par son coût élevé et l'importance des moyens humains et techniques nécessaires.

Le Traité CEE n'avait rien prévu sur ce point, mais la programmation était appliquée dans le cadre des traités CECA et Euratom. Le rapport du groupe PREST (Politique de la recherche scientifique et technique) annexé au

1. Règl. 2380/74, *JOCE L.* 255, 20 sept. 1974.
2. La convention de Munich est entrée en vigueur le 7 octobre 1977 (*JOCE* C. 17 nov. 1977). Elle lie 31 États européens.
3. *JOCE L.* 401, 30 déc. 1989.
4. Règl. 40/94, *JOCE L.* 11, 14 janv. 1994.

deuxième programme de politique à moyen terme avait défini les principes de la programmation appelée à sélectionner les objectifs, les moyens et les méthodes. Des résolutions du Conseil, en date du 14 janvier 1974, avaient précisé les conditions de la programmation. Les priorités de la recherche étaient elles-mêmes programmées. L'une d'entre elles avait approuvé un programme d'action « en matière de *prévisions*, d'*évaluations*, de *méthodologie* ». D'autres programmes portant sur le même objet avaient été adoptés par la suite.

La programmation avait été soumise à une procédure d'adoption et d'adaptation des programmes destinées à leur donner la souplesse nécessaire pour faire face à la rapidité de l'évolution des connaissances (Décis. 84/337 Conseil, 29 juin 1984).

La programmation de la recherche a finalement reçu un statut d'ensemble avec l'insertion de cette politique dans le Traité de Rome. L'adoption de programmes de recherche, de développement technologique et de démonstration est désormais prévue par l'article 180 TFUE.

748 ***Les divers programmes*** ◇ Le principal élément de la programmation est le programme-cadre pluriannuel que détaille l'article 182 TFUE.

Ce programme regroupe l'ensemble des actions de l'UE.

Il indique pour chaque action les grandes lignes, le montant global maximal de la participation financière de l'UE et les règles de participation des divers organismes de recherche intéressés (entreprises, centres de recherche, universités). Il précise aussi les dispositions applicables à la diffusion des résultats (art. 183 TFUE).

Il est adopté selon la procédure législative ordinaire et après consultation du Comité économique et social. Le premier programme (1987-1991) a été adopté en 1987. Le programme actuel est le 7e adopté par la décision 2006/1982 du 18 décembre 2006 (*JOUE* L. 412, 30 déc. 2006), il couvre la période 2007-2013.

Le programme-cadre est mis en œuvre par des programmes spécifiques qui sont définis à l'intérieur de chacune des actions et adoptés par le Conseil à la majorité qualifiée après consultation du Parlement et du Comité économique et social [1].

Sa mise en œuvre peut comporter d'autres éléments :

– des programmes complémentaires que financent les États qui acceptent d'y participer et auxquels l'UE peut décider de participer selon le procédure législative ordinaire après consultation du Comité économique et social (art. 184 TFUE) ;

– la participation de l'UE à des programmes entrepris par plusieurs États membres (tel le programme *Eureka*) (art. 185 TFUE) ;

1. Le 7e programme-cadre contient quatre programmes spécifiques nationaux, dont le programme « Idées » que doit mettre en œuvre le *Conseil européen de la science* préc.

– la création d'entreprises communes (ou de « toute autre structure nécessaire ») (art. 187 TFUE), décidée par le Conseil à la majorité qualifiée après consultation du Parlement et du Comité économique et social.

Pour assurer à la programmation une souplesse et une efficacité suffisantes, l'article 182§ 2, reprenant les dispositions antérieures adoptées par la décision 84/337 du Conseil précitée, permet que le programme-cadre soit « adapté ou complété en fonction de l'évolution des situations ».

D'autres dispositions ont prévu d'organiser une évaluation régulière des programmes. Instituée par une résolution du Conseil du 3 décembre 1986, elle consiste à « évaluer les résultats des programmes, (...) leur opportunité au vu des besoins de la Communauté, (...) l'efficacité de la gestion et l'utilisation des ressources ». Cette évaluation doit permettre de décider de la poursuite, de la révision ou de la fin des programmes. Elle doit être à la fois interne (par les services de la Commission assistée d'organes consultatifs) et externe (par des experts indépendants, des consultants extérieurs). Elle est mentionnée à l'article 181 § 2 TFUE.

749 ***L'élaboration d'une politique spatiale*** ◇ Confirmant les activités spatiales menées, non sans difficultés, en coopération avec l'Agence spatiale européenne (ASE), le Traité de Lisbonne intègre la politique spatiale à la politique scientifique de l'UE en adoptant les mêmes méthodes d'action. L'UE est invitée à « promouvoir des initiatives communes, soutenir la recherche et le développement technologique et coordonner les efforts nécessaires pour l'exploration et l'utilisation de l'espace » (art. 189 TFUE). Elle peut adopter un programme spatial, mais toute harmonisation des dispositions internes des États membres est formellement exclue. Ses relations avec l'ASE sont maintenues : elle établit « toute liaison utile » avec elle.

4. La coopération avec les tiers

750 ***Les actions entreprises*** ◇ Les actions communes dans le domaine de la recherche ne sont pas nécessairement limitées aux États membres. Certains projets par leur ampleur peuvent rendre souhaitable ou nécessaire une coopération avec des tiers. Cette coopération, reprise par l'article 186 TFUE prend plusieurs formes.

L'UE peut conclure, selon la procédure générale de l'article 212 TFUE, avec des États tiers ou des organisations internationales des accords portant sur des projets déterminés.

Une coopération plus systématique a été entreprise en 1971 à l'initiative de la Communauté, qui réunit 19 États européens membres de l'OCDE au sein du groupe *COST*. Elle n'eut au début que des résultats modestes, n'aboutissant qu'à l'adoption de projets d'importance limitée auxquels l'adhésion des membres du groupe n'était que facultative.

Mais le groupe *COST est* devenu par la suite un centre de coopération de la Communauté avec les autres États européens sur la base de projets communautaires. Cette évolution a été déclenchée par deux communications du Conseil du 21 avril 1980.

La première définit les catégories possibles de coopération : programmes communautaires auxquels les États COST intéressés, non membres de la CEE, peuvent être associés (cat. I) ; les actions COST qui font également l'objet d'un programme communautaire (cat. II) ; les actions COST auxquelles les États membres participent parallèlement à la Communauté (cat. III) ; enfin, les actions COST sans participation de la Communauté (cat. IV).

La deuxième communication définit les procédures de coopération possibles. Elle cite plusieurs formes envisageables : la conclusion d'une convention ou accord international, l'adoption d'une résolution par une conférence ministérielle, l'adoption d'une déclaration commune d'intention ; la conclusion d'un contrat de droit privé ou tout autre accord conclu entre des institutions ou organismes. La communication apporte des précisions quant à l'emploi de ces procédures selon les catégories de coopération envisagées.

SECTION 2. LES POLITIQUES DE PROTECTION

751 ***L'objectif de protection*** ◇ Le marché intérieur n'est pas seulement un espace de croissance ; c'est aussi un espace de protection dans lequel s'applique une législation harmonisée qui vise à offrir aux Européens un socle minimum de garanties contre les principaux risques engendrés par la société industrielle moderne, les États membres conservant la possibilité de renforcer ces garanties par des mesures nationales plus protectrices.

La Communauté a élaboré en premier lieu une politique de l'environnement qui juxtapose l'édiction de normes de plus en plus nombreuses et le financement de programmes de recherche et de mise au point de dispositifs appropriés de lutte contre les diverses sources de pollution. Elle a développé en second lieu une politique de protection des consommateurs qui doivent pouvoir bénéficier en toute quiétude des bienfaits d'une concurrence accrue et des progrès de la technologie. En même temps que cette dernière, ont été introduites par le Traité de Maastricht des dispositions sur la santé publique, reprises et complétées en dernier lieu par le Traité de Lisbonne (art. 168 TFUE). Elles font obligation à l'UE d'assurer un « niveau élevé de protection de la santé humaine (...) dans la définition et la mise en œuvre de toutes (ses) politiques et actions ». Mais l'élaboration d'une politique autonome de la santé se voit freinée par la prudence de l'article 168 qui borne le rôle de l'UE à des actions de coordination et d'encouragement ne pouvant déboucher sur l'harmonisation des réglementations nationales. C'est pourquoi seront seules examinées ici les politiques de protection de l'environnement et de protection des consommateurs.

§ 1. La politique de protection de l'environnement

752 ***Origine*** ◇ Au cours de ses premières années, la CEE a surtout poursuivi la réalisation de la liberté de circulation des produits, des services, des person-

nes et le développement quantitatif de la production. Ce n'est que très postérieurement à l'entrée en vigueur du Traité de Rome que certains excès de la civilisation industrielle ont conduit la Communauté à s'intéresser au développement qualitatif.

La politique de la « qualité de la vie » était sans doute annoncée par diverses mesures prises ou prévues dans le cadre de certaines politiques communes (politique agricole, politique sociale) en vue de d'améliorer les conditions de vie et de travail, mais c'est le sommet européen de Paris des 19-20 octobre 1972 qui prit les initiatives décisives en invitant les institutions à établir un programme de politique de l'environnement et à le réaliser en utilisant notamment l'article 235 CEE. Un premier programme fut défini par une déclaration du Conseil du 22 novembre 1973. Il visait l'élaboration d'une politique générale *ayant pour but de protéger et d'améliorer le cadre de vie de l'homme en évitant ou supprimant les pollutions, en protégeant le milieu naturel, en ménageant les ressources naturelles et d'une manière générale en améliorant les conditions de vie et de travail.* La politique de l'environnement fut ultérieurement incluse dans le Traité de Rome par l'AUE. Elle est aujourd'hui régie par le titre XX (art. 191 à 193 TFUE).

Sur ces bases juridiques s'est développée une politique ambitieuse dont les divers éléments puis la mise en œuvre seront exposés.

A. Les éléments de la politique de l'environnement

753 ***Ses objectifs*** ◇ Ils sont définis par l'article 191 § 1 TFUE mais ils ne concernent pas seulement cette politique. L'article 11 TFUE leur donne en effet une portée beaucoup plus large en précisant que la protection de l'environnement doit être intégrée dans toutes les politiques et actions de l'UE afin de promouvoir, notamment, le développement durable.

Ils sont regroupés en quatre points essentiels : 1) préserver, protéger et améliorer la qualité de l'environnement ; 2) protéger la santé des personnes ; 3) utiliser prudemment et rationnellement les ressources naturelles ; 4) promouvoir sur le plan international les mesures répondant aux problèmes régionaux ou planétaires de l'environnement.

Ils se rattachent à une idée centrale qui est d'améliorer la qualité du cadre de vie et de mettre l'expansion au service de l'homme. S'y ajoute la nécessité pour les générations présentes de transmettre aux générations futures un environnement sain et la garantie d'un « développement durable » qui est désormais à la croisée des politiques de développement et des politiques de l'environnement.

Ces objectifs sont ensuite précisés dans les divers programmes adoptés par l'UE, qui dégagent les grands axes de la politique à suivre, à savoir :
- prévenir, réduire, et si possible supprimer les nuisances ;
- maintenir l'équilibre écologique et protéger la biosphère ;
- assurer la bonne gestion des ressources et du milieu naturel ;
- orienter le développement en fonction d'exigences qualitatives ;

– tenir compte de l'environnement dans l'aménagement des structures et du territoire ;

– rechercher avec les États tiers des solutions communes aux problèmes de l'environnement.

Ces objectifs ne se réduisent pas, on le voit, à l'élimination des pollutions, mais s'appliquent plus généralement à la qualité de la vie et au souci de ménager les ressources et le milieu naturels.

754 ***Ses principes*** ◇ L'article 191 § 2 TFUE énumère les principes juridiques sur lesquels doit reposer la politique de l'UE : principes de *précaution* et d'*action préventive*, de *correction à la source* des atteintes à l'environnement, du *pollueur-payeur*.

Ces principes ne sont pas propres au droit de l'UE, ils sont inhérents à toute politique de l'environnement, internationale comme interne.

Le principe de précaution [1] qui a été introduit par le Traité de Maastricht, se distingue de l'action préventive par l'absence de certitude de la réalisation du risque ; cette dernière ne repose que sur une forte probabilité qui suffit cependant à justifier l'adoption de mesures pour conjurer ce risque ; l'action préventive, elle, vise à empêcher la réalisation d'un risque certain (pollution de la mer par des hydrocarbures par exemple).

À la prévention, se rattache étroitement la politique de l'*éducation,* de l'*information* [2] qui vise à modifier les comportements, les habitudes, notamment des consommateurs afin de les « responsabiliser ».

L'obligation de traiter autant que possible les pollutions à leur source constitue le principe de *proximité* [3], principe qui n'est qu'une expression particulière du principe de subsidiarité en conduisant à une répartition des responsabilités en fonction de la nature de chaque pollution. Il inspire, notamment, la législation sur les déchets.

Du principe de proximité, il faut rapprocher celui de l'*autosuffisance,* qui est l'obligation pour les États de se doter de moyens suffisants pour l'élimination des pollutions. On peut y ajouter l'obligation d'éliminer les pollutions (notamment les déchets) par des procédés écologiquement sains [4].

Le principe « *pollueur-payeur* » est le principe majeur de la politique de l'environnement. Il a été formulé pour la première fois par le Conseil de l'OCDE en 1972 et repris par l'AUE. Il s'applique à la fois *a priori* et *a posteriori : a priori*, il impose aux pollueurs potentiels de prendre à leur charge les frais de dispositifs préventifs ; *a posteriori*, il leur impose de réparer des dommages causés par la pollution dont ils sont responsables [5].

1. Sur le principe de précaution, v. Communication Commission, 2 févr. 2000, COM[2000]1.

2. V. par ex., Résol. Conseil, 24 mai 1988 sur l'éducation en matière d'environnement, *JOCE* C. 177, 6 juill. 1988.

3. Pour une application intéressante de ce principe : CJCE 9 juill. 1992, *Commission c. Belgique,* aff. C. 2/90, *Rec. p.* I-4431.

4. Cf. Règl. 259-93, 1er févr. 1993, *JOCE L.* 30, 6 févr. 1993.

5. Ce principe est à la base du régime de la responsabilité environnementale qui a été institué par la Dir. 2004/35 du 21 avr. 2004 (*JOUE* L. 143, 30 avr. 2004).

755 ***Ses contraintes*** ◇ Elles découlent du caractère réaliste de cette politique qui oblige l'UE à tenir compte d'un certain nombre de données scientifiques et économiques qu'énumère l'article 191 § 3 : « données scientifiques et techniques disponibles », « conditions de l'environnement dans les diverses régions », « avantages et charges » pouvant résulter de l'action ou de l'absence d'action, « développement économique et social de l'Union dans son ensemble et développement équilibré de ses régions ».

La prudence dont elle doit ainsi témoigner la conduira à éviter d'imposer des « coûts jugés disproportionnés » à un État membre ; en cas d'adoption d'une mesure impliquant de tels coûts, elle devra prévoir des dérogations temporaires et/ou le soutien financier du fonds de cohésion (art. 192 § 5 TFUE).

Ce réalisme ne risque pas pour autant de nuire à la protection de l'environnement car les mesures prises ne constituent qu'une législation protectrice minimale ; les États membres sont autorisés à adopter des normes plus strictes, qu'ils doivent communiquer à la Commission, afin que celle-ci vérifie leur compatibilité avec le Traité (art. 193 TFUE)

B. La mise en œuvre de la politique de l'environnement

1. Les moyens institutionnels et financiers

756 ***Les procédures de décision*** ◇ Elles sont prévues par l'article 192 TFUE qui maintient le dualisme procédural antérieur.

La majorité des actions nécessaires à la réalisation des objectifs fixés sont adoptées par le PE et le Conseil selon la procédure législative ordinaire (auparavant, c'était la procédure de codécision introduite par le Traité d'Amsterdam) et après consultation du comité économique et social et du comité des régions.

Certaines catégories de décisions restent soumises à une autre procédure législative, une procédure « spéciale » dans laquelle le Conseil statue à l'unanimité après consultation du Parlement et des deux comités. Ce sont celles qui concernent les dispositions fiscales, l'aménagement du territoire, l'affectation des sols, la gestion des ressources hydrauliques, enfin, la question particulièrement sensible des mesures « affectant sensiblement » le choix d'un État membre entre différentes sources d'énergie et la « structure générale » de son approvisionnement énergétique.

Le Conseil, appliquant la procédure spéciale, pourra toutefois décider d'étendre à ces décisions la procédure législative ordinaire,

L'exécution et le financement des mesures prises par l'UE incombent principalement aux États membres.

757 ***L'agence européenne pour l'environnement*** ◇ Créée par un règlement du 7 mai 1990 [1] cette agence anime un *réseau européen d'information et d'observation pour l'environnement* qui a été institué en même temps qu'elle et qui réunit les organismes nationaux spécialisés en la matière. Dotée de la personnalité morale, elle assure la collecte, la coordination et la cohérence des informations relatives à l'environnement. Elle fournit à la Commission les informations nécessaires à la préparation de ses propositions. Elle coopère avec les États membres et les organisations internationales. Elle est ouverte aux États tiers avec qui elle peut conclure des accords.

Les informations recueillies doivent être mises à la disposition du public. Une directive du 7 juin 1990 a organisé et harmonisé l'accès à l'information relative à l'environnement détenue par les autorités publiques [2]. Les droits de la population ont en outre été renforcés par l'adhésion, le 17 février 2005, de la CE à la convention d'Aarhus du 25 juin 1998 sur l'accès à l'information, la participation du public au processus décisionnel et l'accès à la justice en matière d'environnement.

758 ***L'instrument de financement LIFE*** ◇ La politique de l'environnement a été dotée d'un fonds de financement propre, *LIFE*, en 1992. Actuellement régi par un règlement du 23 mai 2007 [3] (« *LIFE +* ») qui couvre la période 2007/2013 avec une enveloppe de plus deux milliards d'euros, il cofinance (de 50 à 75 %) les actions entreprises dans les trois domaines suivants : nature et biodiversité, politique et gouvernance en matière d'environnement, information et communication. Les actions éligibles sont détaillées dans une annexe. Ses critères d'intervention sont l'intérêt communautaire de l'action entreprise, sa cohérence et sa fiabilité (appréciées par son rapport coût-efficacité), son caractère novateur. Par ailleurs, il ne peut financer que des actions ne relevant pas d'une autre source de financement de l'UE.

759 ***La programmation des actions à entreprendre*** ◇ Elle est prévue par les articles 191 et 192 TFUE mais avait commencé bien avant l'introduction de l'environnement dans le Traité de Rome. Deux types de programmes sont prévus, les programmes généraux et les programmes spécifiques.

1°) ***Les programmes généraux*** ont d'abord été adoptés par des instruments non contraignants du Conseil (déclaration, résolution), le premier acte juridique contraignant (décision conjointe du PE et du Conseil) intervenant en 1998 pour réviser le cinquième programme. Six programmes se sont succédé, le dernier couvrant la période 2001-2010 [4] pour laquelle il définit les objectifs et les priorités de l'action communautaire. Il met l'accent sur la nécessité de substituer une approche stratégique à une approche purement législative afin de mieux mobiliser l'ensemble des acteurs concernés par la

1. Règl. 1210/90, *JOCE* L. 120, 11 mai 1990.
2. Dir. 90/313, *JOCE* L. 158, 23 juin 1990.
3. *JOUE* L. 149, 9 juin 2007.
4. Décis. 1600/2002, 22 juill. 2002, *JOCE* L. 242, 10 sept. 2002.

protection de l'environnement. Cinq axes prioritaires sont dégagés, accompagnés, pour chacun d'eux, d'actions spécifiques destinées à les mettre en œuvre. Ce sont : l'amélioration de l'application de la législation en vigueur, l'intégration de l'environnement dans les autres politiques, la collaboration avec les entreprises, l'implication et la modification du comportement des citoyens, la prise en compte de l'environnement dans l'aménagement et la gestion du territoire. Cet effort porte sur les quatre domaines prioritaires qui ont été retenus par les programmes antérieurs : le changement climatique, la biodiversité, la protection de la santé et la gestion durable des ressources et des déchets.

2°) *Les programmes spécifiques* sont des programmes de recherche qui sont rattachés aux objectifs définis par les programmes généraux.

De tels programmes ont été adoptés, par exemple, dans les domaines du stockage des déchets radioactifs, du traitement et de l'utilisation des boues d'épuration ou du recyclage des papiers et cartons.

Pour assurer leur réalisation, le Conseil institue des « actions communes », notamment pour des « projets de démonstration » qui sont financés par le budget de l'UE.

2. La législation de l'environnement

760 ***Présentation*** ◇ Une abondante législation concrétise aujourd'hui la politique européenne de l'environnement. S'attaquant à toutes les menaces de dégradation des milieux terrestre, aquatique et atmosphérique, elle impose de lourdes obligations aux États, qui ne sont pas d'ailleurs toujours respectées en pratique, ce qui conduit la Commission à multiplier les actions contre les auteurs d'infractions [1]. Issue des nombreuses directives d'harmonisation des réglementations nationales ou des accords mixtes conclus avec les États tiers, elle comprend, pour l'essentiel, des dispositions qui visent à prévenir et réduire les diverses sources de pollution et d'autres qui, dans la perspective du développement durable, assurent la protection et la valorisation des ressources disponibles.

761 ***La prévention et la réduction des sources de pollution*** ◇ Au titre de cet objectif, la CE a élaboré notamment une politique de l'eau. De nombreuses directives sectorielles ont été adoptées pour garantir la qualité de l'eau en fonction de ses divers usages (consommation, baignade, conchyliculture) ; elles fixent les normes de qualité minimales que les États doivent respecter

1. L'absence de transposition ou la transposition incorrecte des directives « environnement » constitue actuellement l'un des cas les plus fréquents de la violation du droit communautaire par les États membres. Pour renforcer l'efficacité des normes communautaires, la CE s'est vu reconnaître par la CJCE le droit de définir dans une directive les infractions pénales que constituent certaines atteintes à l'environnement et que les États membres doivent sanctionner par des peines appropriées (13 sept. 2005, *Commission c. Conseil*, aff. C-176/03, *Rec.* p. I-7879 : annulation de la décision-cadre adoptée par le Conseil qui avait écarté la proposition de directive de la Commission).

pour chacun d'eux. Elles ont été « coiffées » par une directive générale qui impose aux États membres d'instituer des autorités de gestion de l'eau dans le cadre de districts hydrographiques en vue d'« assurer un approvisionnement en eau de surface et en eau souterraine de bonne qualité pour les besoins d'une utilisation durable, équilibrée et équitable de l'eau » [1]. D'autres mesures ont été prises pour lutter contre la pollution de l'air (limitation des gaz d'échappement, contrôle des installations industrielles polluantes, fixation de doses maximales de rejet dans l'atmosphère de certaines substances toxiques etc.) et des mers (interdiction du rejet de produits polluants à partir du rivage ou des navires), pour combattre le bruit (fixation, par le biais de l'harmonisation des normes techniques applicables à la fabrication des divers types de moteurs, du nombre maximal de décibels autorisé).

Bon nombre des mesures adoptées ont une origine internationale. La Communauté a conclu des accords avec les États tiers ou participe à des conventions internationales relatives à d'importants problèmes d'environnement, tels la convention de Barcelone du 16 février 1976 et ses protocoles visant à préserver la Méditerranée de la pollution [2], la convention d'Helsinki du 18 mars 1992 sur la protection et l'utilisation des cours d'eau transfrontaliers et des lacs internationaux [3], ou la convention de Berne du 12 avril 1999 pour la protection du Rhin [4]. Ce droit de conclure des accords internationaux a été consacré par le Traité de Maastricht (art. 174 CE/191 TFUE). Leur introduction dans l'ordre juridique communautaire a conduit à l'adoption de divers règlements qui viennent compléter la législation proprement communautaire [5].

Dans un autre domaine, la CE est associée aux efforts de la communauté internationale pour lutter contre les gaz à effet de serre. Elle a conclu [6], parallèlement aux États membres, le protocole de Kyoto du 10 décembre 1997 qui vise à stabiliser les concentrations de ces gaz dans l'atmosphère afin d'éviter les perturbations du climat. Les États membres et elle sont conjointement responsables de l'exécution de l'obligation de réduire les émissions de gaz. L'objectif est de diminuer de 8 % par an ces émissions durant la période 2008-2012. La CE s'est dotée à cette fin des instruments appropriés : un mécanisme de surveillance des émissions [7] et un système d'échange entre les entreprises de quotas d'émission qui sont en fait de véritables « permis de

1. Dir. 2000/60, 23 oct. 2000 établissant un cadre pour une politique communautaire dans le domaine de l'eau (*JOCE* L. 327, 22 déc. 2000).
2. Décis. 25 juill. 1977, *JOCE* L. 240, 19 sept. 1977.
3. Décis. 24 juill. 1995, *JOCE* L. 186, 5 août 1995.
4. Décis. 7 nov. 2000, *JOCE* L. 289, 16 nov. 2000.
5. Tel le Règl. 259/93, 1er févr. 1993 (*JOCE* L. 30, 6 févr. 1993) pris pour l'application de la convention de Bâle du 22 mars 1989 sur les mouvements transfrontaliers de déchets dangereux.
6. Décis. 25 avr. 2002, *JOCE* L. 130, 15 mai 2002.
7. Actuellement régi par la Décis. 280/2004, 11 févr. 2004 (*JOUE* L. 49, 19 févr. 2004).

polluer » [1]. Dans le cadre des plans pluriannuels nationaux approuvés par la Commission, les entreprises des secteurs concernés reçoivent, depuis le 1er janvier 2005, des quotas fixant les volumes de gaz qu'elles sont autorisées à rejeter (un quota correspondant à une tonne de gaz). 95 % des quotas sont délivrés gratuitement, mais la part des quotas payants a augmenté à partir de 2008. Un contrôle est institué : la Commission désigne un administrateur central qui tient un registre sur lequel sont inscrits les attributions, transferts et annulations des quotas.

Cette volonté de lutter contre toutes les sources de pollution a conduit la CE à soumettre l'ensemble des produits chimiques, dont bon nombre sont potentiellement dangereux, à un régime d'enregistrement, d'évaluation et d'autorisation très contraignant pour les industriels (système « *Reach* », créé par le Règl. 1907/2006 du 18 déc. 2006 [2]). Géré par une *Agence européenne pour les substances chimiques*, ce système prévoit l'enregistrement dans une base de données de toutes les substances chimiques produites ou importées, l'évaluation de leur impact sur la santé et l'environnement, la substitution de produits moins nocifs aux produits les plus dangereux et la nécessité d'une autorisation pour employer des produits dangereux.

762 ***La protection et la valorisation des ressources*** ◇ Le souci de protéger et de valoriser les ressources inspire notamment la législation sur les déchets dont les principes généraux sont fixés par une directive [3]. Définis comme les « biens meubles dont le détenteur se défait ou a l'intention ou l'obligation de se défaire », les déchets doivent être éliminés ou valorisés par des entreprises agréées selon des plans de gestion élaborés par les États membres. Des directives sectorielles complètent ces principes de base (collecte et élimination des huiles usagées ou des déchets toxiques ou dangereux par exemple). La protection des ressources concerne aussi la conservation du patrimoine naturel, la préservation de la faune et de la flore sauvages [4]. Une directive de 1979 sur la conservation des oiseaux sauvages [5] dresse la liste des espèces protégées et interdit certaines méthodes de chasse ou de capture. La protection de la biodiversité est visée par une directive de 1992 sur la conservation des habitats naturels, de la faune et de la flore sauvages [6].

1. Dir. 2003/87 du 13 oct. 2003 établissant un système d'échange de quotas d'émission de gaz à effets de serre dans la Communauté (*JOCE* L. 275, 25 oct. 2003).

2. *JOUE* L. 396, 30 déc. 2006.

3. Dir. 75/442 modifiée à diverses reprises et remplacée par la Dir. de codification 2006/12 du 5 avr. 2006 relative aux déchets (*JOUE* L. 114, 27 avr. 2006).

4. Préservation parfois assurée en vertu d'obligations internationales : v. par ex. Règl. 338/97, 9 déc. 1996 (*JOCE* L. 61, 3 mars 1997) pris pour l'application de Conv. Washington, 3 mars 1993 (amendée en 1983) sur le commerce international des espèces sauvages menacées d'extinction.

5. Dir. 79/409, 2 avr. 1979 (*JOCE* L. 103, 25 avr. 1979). Modifiée à diverses reprises, elle a été remplacée par la Dir. de codification 2009/147 du 30 nov. 2009 (*JOUE* L. 20, 26 janv. 2010).

6. Dir. 92/43, 21 mai 1992, *JOCE* L. 206, 22 juill. 1992.

763 ***Un régime particulier de responsabilité*** ◇ La législation communautaire a été, enfin, enrichie par l'édiction d'un régime particulier de responsabilité applicable en cas de dommages à l'environnement. Créé par la directive 2004/35 précitée, ce régime assure la prévention et la réparation des dommages causés au milieu aquatique, aux espèces et habitats naturels protégés, et en matière de contamination des sols. Les activités polluantes (énumérées dans une annexe, tel le traitement des déchets) sont soumises à autorisation et à un régime de responsabilité sans faute de l'exploitant ; les autres activités ne sont visées que si elles causent des dommages aux espèces protégées et aux habitats naturels, la responsabilité ne jouant qu'en cas de faute de l'exploitant. En cas de menace de pollution, l'exploitant est mis en demeure de prendre les mesures adéquates et, à défaut, doit payer les frais engagés à sa place.

§ 2. La politique de la protection des consommateurs

764 ***L'origine de cette politique*** ◇ Les consommateurs ne sont pas seulement au cœur de la politique communautaire de la concurrence, ils sont aussi les destinataires d'une politique spécifique de protection qui a été progressivement mise en place, en même temps que la politique générale de l'environnement. L'initiative est venue du sommet de Paris en octobre 1972 et les premiers efforts de la CEE se sont inscrits dans un *programme préliminaire* pour l'information des consommateurs, adopté par le Conseil dans une résolution du 14 avril 1975. Ce programme sera suivi par d'autres qui, comme lui, seront adoptés sous une forme juridique non contraignante. Une politique des consommateurs s'élabore ainsi, dans le silence du Traité CEE. Les articles 100 (art. 115 TFUE) et 235 (art. 352 TFUE) serviront de base, le cas échéant, à l'adoption d'actes obligatoires. Ignorée, à la différence de la politique de l'environnement, par l'AUE, cette politique est consacrée par le Traité de Maastricht et son domaine élargi par le Traité d'Amsterdam. Le Traité de Lisbonne la confirme (art. 169 TFUE), sans autre modification que formelle, la disposition de l'article 153 CE précisant que les « exigences de la protection des consommateurs sont prises en considération » dans les autres politiques communautaires devenant l'objet d'un article liminaire du Traité, l'article 12 TFUE.

765 ***Les dispositions du Traité*** ◇ L'article 169 TFUE reprend les (brèves) dispositions antérieures en énonçant les objectifs généraux d'une politique des consommateurs, en indiquant les procédures à employer et en précisant, comme en matière d'environnement, que les États membres pourront imposer des mesures de protection plus strictes.

L'UE a pour but de « promouvoir les intérêts » des consommateurs et de leur assurer « un niveau élevé de protection ». À cette fin, elle contribue à la protection de leur santé, de leur sécurité et de leurs intérêts économiques, ainsi que (disposition introduite par le Traité d'Amsterdam), à la promotion de leur droit à l'information, à l'éducation et à la constitution d'organisations de défense de leurs intérêts.

Les mesures qu'elle prend relèvent soit de la politique générale d'harmonisation des droits nationaux prévue par l'article 114 TFUE (procédure législative ordinaire pour l'adoption des mesures ayant pour objet l'établissement et le fonctionnement du marché intérieur) soit d'une action spécifique d'« appui » et de « complément » des politiques nationales (mesures prises selon la procédure législative ordinaire après consultation du comité économique et social).

766 ***La programmation de la politique des consommateurs*** ◇ Cette politique est définie dans des programmes qui ont été d'abord adoptés par des résolutions du Conseil puis par des décisions conjointes du PE et du Conseil. Ces programmes sont préparés par la Commission, assistée par un *groupe consultatif européen des consommateurs* qui représente les organisations nationales et européennes des consommateurs [1].

Le programme en vigueur (Décis. 1926/2006, 18 déc. 2006) [2] couvre les années 2007-2013. Il met l'accent sur les actions destinées à développer la consultation et l'information des consommateurs, ainsi que l'application effective des règles les protégeant. Il est accompagné d'une enveloppe de 160 millions d'euros servant à financer les actions entreprises. Plus généralement, l'objet de ces programmes est de protéger les droits fondamentaux du consommateur (protection, information, réparation des dommages, etc.), de proposer les moyens d'actions et les conditions d'une coopération avec les tiers.

767 ***Le contenu de la politique des consommateurs*** ◇ Protéger les consommateurs, c'est, selon les programmes arrêtés, poursuivre les objectifs suivants :

a) D'abord assurer à ceux-ci l'exercice des droits fondamentaux qui ont été énoncés par le programme préliminaire et confirmés par le second programme.

• *Le droit à la protection de la santé et de la sécurité* a conduit à l'adoption de nombreuses directives, telles la directive 92/59 du 29 juin 1992 sur la sécurité générale des produits (*JOCE* L. 228, 11 août 1992) [3], la directive 87/357 du 25 juin 1987 sur les produits qui, n'ayant pas l'apparence de ce qu'ils sont, compromettent la santé ou la sécurité des consommateurs (*JOCE* L. 192, 11 juill. 1987), la directive 88/378 du 3 mai 1988 sur la sécurité des jouets, *JOCE* L. 187, 16 juill. 1988), la directive du 14 juin 1989 sur les produits alimentaires (*JOCE* L. 86, 30 juin 1989). Le problème de la

1. Créé par la Commission (en dernier lieu, par Décis. 2009/705, 14 sept. 2009, *JOUE* L. 244, 16 sept. 2009), ce groupe est composé de 29 membres, un représentant pour les organisations nationales de chaque État membre et deux représentants pour les organisations européennes.
2. *JOUE* L. 404, 30 déc. 2006.
3. Dir. refondue par Dir. 2001/95, 3 déc. 2001 (*JOCE* L. 11, 15 janv. 2002).

sécurité alimentaire qui est devenu crucial (crise de la « vache folle », viande aux hormones, utilisation des OGM etc.) a conduit la Commission à publier un livre blanc sur la question en 2000 dont le contenu a inspiré le règlement 178/2002 du 28 janvier 2002 [1]. Celui-ci fixe les prescriptions générales de la législation alimentaire, crée une Autorité européenne de la sécurité des aliments (chargée d'émettre des avis techniques et de fournir l'information nécessaire aux responsables) et définit les procédures à mettre en œuvre pour garantir la sécurité des denrées alimentaires [2].

• *La protection des intérêts économiques* alimente une autre série de textes variés, notamment la directive 84/450 du 10 septembre 1984 relative à la publicité trompeuse (*JOCE* L. 250, 19 sept. 1984) [3], la directive 85/577 du 20 décembre 1985 sur la protection des consommateurs dans les contrats négociés hors des établissements commerciaux (*JOCE* L. 372, 31 déc. 1985), la directive 97/7 du 20 mai 1997 sur la protection en matière de contrats à distance (*JOCE* L. 144, 4 juin 1997) [4], la directive 87/102 du 22 décembre 1986 sur le crédit à la consommation qui, après diverses modifications, a été remplacée par la directive 2008/48 du 14 avril 2008 (*JOUE* L. 121, 7 mai 2008), la directive 98/6 du 16 février 1998 sur l'indication des prix des produits (*JOCE* L. 80, 18 mars 1998), la directive 1999/44 du 25 mai 1999 sur certains aspects de la vente et des garanties des biens de consommation (*JOCE* L. 171, 7 juill. 1999). En dernier lieu, le législateur communautaire s'est montré soucieux d'assurer la protection du consommateur dans les nouvelles techniques de vente qu'offre la société de l'information (Dir. 2000/31, 8 juin 2000 relative à certains aspects juridiques de la société de l'information, et notamment du commerce électronique, dans le marché intérieur, *JOCE* L. 178, 17 juill. 2000, qui fait suite à la directive 1999/93 sur un cadre communautaire pour les signatures électroniques, *JOCE* L. 13, 19 janv. 2000).

Traduisant une approche plus synthétique de la protection du consommateur, une directive-cadre du 11 mai 2005 [5] réprime les pratiques commerciales déloyales qu'elle définit comme les pratiques contraires à la diligence professionnelle et qui sont susceptibles d'altérer le comportement du consommateur moyen. Une liste « noire » de ces pratiques est annexée à la directive.

• *Le droit à la réparation des dommages* est garanti par la directive 85/374 du 25 juillet 1985 sur la responsabilité du fait des produits défectueux (*JOCE* L. 210, 7 août 1985) [6] ; celle-ci définit un régime de responsabilité sans

1. Règl. relatif à la sécurité des denrées alimentaires (*JOCE* L. 31, 1er févr. 2002).
2. Le lien entre la santé et les consommateurs a conduit la Commission à proposer l'établissement d'un programme d'action commun pour la période 2007-2013.
3. *JOCE* L. 31, 1er févr. 2002.
4. Une directive particulière a été adoptée ultérieurement pour les contrats à distance portant sur les services financiers (Dir. 2002/65, 13 sept. 2002, *JOCE* L. 271, 9 oct. 2002).
5. Dir. 2005/29, *JOUE* L. 149, 11 juin 2005.
6. Modifiée par la Dir. 1999/34 du 10 mai 1999 (*JOCE* L. 141, 4 juin 1999) qui étend ce régime de responsabilité aux produits agricoles précédemment exclus par la Dir. 85/374.

faute pour le producteur en cas de dommage causé par un défaut du produit qu'il a fabriqué, importé ou vendu, lorsque l'identité du fabricant est inconnue ; il complète, sans les remplacer, les régimes nationaux des responsabilités contractuelle et extracontractuelle.

Par ailleurs, une autre directive du 19 mai 1998 [1] a fixé le régime des *actions en cessation* en matière de protection des intérêts des consommateurs ; ces actions, qui visent à faire cesser ou interdire les infractions contraires aux intérêts collectifs des consommateurs, peuvent être engagées par des « entités qualifiées » qui sont des organismes publics indépendants ou des associations de consommateurs. La Commission en établit la liste qui est publiée au *JO*.

b) Les objectifs étant définis, les programmes proposent un ensemble de mesures précises. Pour chaque objectif, ils définissent les principes à respecter, les actions prioritaires à entreprendre et les méthodes à utiliser. Ainsi, par exemple pour la protection de la santé et de la sécurité du consommateur, la Commission prescrit diverses actions prioritaires intéressant les produits alimentaires, la nourriture du bétail, les engrais, les appareils ménagers, les jouets, etc. Parmi les méthodes, la Commission prévoit, par exemple, de fixer des normes de sécurité au niveau communautaire (il en est ainsi pour les produits qui incluent de substances toxiques, inflammables, explosives, etc.). La protection du consommateur rejoint ainsi d'autres politiques, comme celles de l'environnement [2], de l'agriculture ou de la normalisation (harmonisation des normes techniques).

SECTION 3. UNE POLITIQUE MIXTE : LA POLITIQUE DE L'ÉNERGIE

768 ***Généralités*** ◇ La politique de l'énergie que la Communauté s'est efforcée, avec beaucoup de difficultés, de mettre en place comporte un mélange d'éléments à la fois de développement (recherche de nouvelles sources d'énergie) et de protection (assurer la régularité de l'approvisionnement du marché européen) qui la rend d'autant plus inclassable au regard des autres politiques de l'UE que l'énergie relève de dispositions diverses.

769 ***L'élaboration d'une politique de l'énergie*** ◇ La question de l'énergie n'est abordée à l'origine que sous l'angle sectoriel des traités CECA, pour le charbon, et CEEA, pour l'énergie nucléaire. Elle est ignorée du Traité CEE qui

1. Ce texte a été remplacé par la Dir. 2009/22, 23 avr. 2009 (*JOUE* L. 110, 1er mai 2009) qui codifie ses diverses modifications.
2. Pour un ex. de mesure à la jonction de ces deux politiques, v. Règl. 66/2010, 25 nov. 2009 établissant un label écologique de l'UE (*JOUE* L. 27, 30 janv. 2010).

ne lui consacre aucune disposition. Les circonstances [1], outre la logique d'un marché unifié [2], vont pourtant conduire la CEE à se préoccuper des problèmes énergétiques ; mais les actions qu'elle engagera se couleront plus, initialement, dans un ensemble de politiques sectorielles concernant les diverses sources d'énergie qu'elles ne formeront une véritable politique énergétique globale. Dans le silence du Traité, la Commission va néanmoins s'attacher à dégager les bases d'une politique cohérente en s'appuyant sur les dispositions générales de celui-ci, relatives aux libertés de circulation et au droit de la concurrence, ainsi que sur la procédure subsidiaire de l'article 235. Elle va d'une part veiller à étendre les règles du marché unique au secteur de l'énergie et d'autre part proposer l'élaboration d'une politique générale appréhendant les divers aspects de la fourniture aux États membres d'une « énergie sûre, compétitive et durable » [3].

Le Traité CE ne s'ouvrira à l'énergie, et encore de manière très ponctuelle, qu'avec le Traité de Maastricht qui introduit un nouvel objectif, la création des réseaux transeuropéens de l'énergie (art. 154 CE/170 TFUE), mais il faudra attendre le Traité de Lisbonne pour qu'un titre spécifique lui soit consacré (titre XXI).

L'article unique de ce titre (art. 194 TFUE) confirme, sans innover, la politique antérieurement suivie. Il en reprend les divers objectifs - assurer le fonctionnement du marché de l'énergie et de la sécurité d'approvisionnement des États membres, promouvoir l'efficacité énergétique, les économies d'énergie et le développement des énergies nouvelles et renouvelables, favoriser l'interconnexion des réseaux énergétiques - et fixe la procédure à utiliser, la procédure législative ordinaire avec la double consultation du comité économique et social et du comité des régions. Prudent (la compétence de l'UE n'est que l'une des compétences partagées énumérées à l'article 4 TFUE), il réaffirme le droit des États à « déterminer les conditions d'exploitation de (leurs) ressources énergétiques » et leur liberté de choisir entre les diverses sources d'énergie afin de fixer « la structure générale de (leur) approvisionnement énergétique » [4].

Ainsi la politique énergétique de l'UE consiste-t-elle pour l'essentiel à instaurer un marché intérieur de l'énergie et à garantir l'approvisionnement des États membres ; elle comporte aussi une dimension internationale, la Communauté ayant conclu certains accords internationaux.

1. Principalement la crise du pétrole à partir de 1973, qui accentue d'autant plus la dépendance énergétique de l'Europe vis-à-vis du monde extérieur que le charbon est en déclin et que la coopération dans le domaine nucléaire, projetée au sein d'Euratom, est un échec.

2. Impliquant l'égalité des conditions de concurrence dans les échanges entre États membres, cette logique conduit à traiter les produits énergétiques comme les autres marchandises dont la liberté de circulation est garantie mais aussi à veiller à ce que le régime de ces produits, qui sont un élément du prix de revient des marchandises fabriquées dans les États membres, ne soit pas un facteur de distorsion entre eux.

3. Livre vert de la Commission sur l'orientation de la politique énergétique du 8 mars 2006.

4. Droit déjà mentionné par le Traité de Maastricht dans le titre sur l'environnement.

§ 1. L'instauration du marché intérieur de l'énergie

La création d'un marché unifié de l'énergie doit permettre de décloisonner des marchés nationaux qui demeurent encore trop souvent en marge de la liberté des échanges entre les États membres. Elle implique l'extension au secteur de l'énergie des règles du marché intérieur mais aussi la réalisation d'un vaste réseau européen de transport et de distribution.

A. L'extension des règles du marché intérieur

770 ***La liberté de circulation*** ◇ Prévue par les traités sectoriels pour le charbon et pour l'énergie nucléaire, la liberté de circulation bénéficie en principe à toutes les sources d'énergie. Son application au gaz et à l'électricité a obligé les États membres à renoncer, on l'a vu, à leur monopole de distribution, sans garantir pour autant jusqu'à présent les chances d'une véritable égalité d'accès au marché des divers opérateurs. La législation communautaire n'est qu'imparfaitement appliquée mais l'objectif n'est pas remis en cause : en dernier lieu, a été créée une agence de coopération des régulateurs nationaux de l'énergie [1] qui doit aider la Commission à prendre des mesures favorisant l'intégration des marchés. De même, les monopoles pétroliers existants ont-ils été aménagés, comme en France [2] en vertu des règles sur les monopoles commerciaux, ce qui n'exclut pas d'éventuelles autorisations ponctuelles dictées par des motifs de sécurité d'approvisionnement [3]. Les conditions d'octroi des autorisations de prospecter et d'extraire des hydrocarbures ont par ailleurs été harmonisées par une directive du 30 mai 1994 [4]. Celle-ci vise à garantir un accès non discriminatoire de tous les opérateurs intéressés à ces activités. Les États doivent délivrer les autorisations nécessaires sur la base de critères objectifs et non-discriminatoires et veiller à ce qu'elles soient réparties entre plusieurs opérateurs. Les informations relatives aux procédures d'octroi de ces autorisations doivent être publiées au *JOUE* 90 jours au moins avant l'ouverture de ces procédures et un rapport annuel des activités pétrolières menées sur leur territoire, ainsi que l'état de leurs réserves, est publié par les États.

L'application des principes fondamentaux du Traité ne suffit pas cependant à créer un marché unifié de l'énergie. Il faut d'autres mesures d'harmonisation des conditions concurrentielles, en particulier en matière fiscale ou en matière de prix.

1. Règl. 713/2009, 13 juill. 2009, *JOUE* L. 211, 12 août 2009.

2. Abrogation de la L. du 30 mars 1928 instaurant le monopole des importations de produits pétroliers par le Décr. du 26 juin 1979.

3. Cas, notamment, du monopole grec : CJCE 13 déc. 1990, *Commission c. Grèce*, aff. C-347/88, Rec. p. I-4747.

4. Dir. 94/22 sur les conditions d'octroi et d'exercice des autorisations de prospecter, d'explorer et d'extraire des hydrocarbures (*JOCE* L. 164, 30 juin 1994).

771 ***L'harmonisation des conditions de concurrence*** ◇ Si l'harmonisation de la fiscalité pesant sur l'énergie qu'avait proposée la Commission n'a pu être réalisée, un effort de rapprochement partiel a toutefois été réalisé par l'application de la TVA « commune » au gaz et à l'électricité. Les produits énergétiques et l'électricité sont par ailleurs soumis à des droits d'accise dans les conditions précisées par la directive 2003/96 du 27 octobre 2003 [1] : un régime global de taxation est institué, qui comporte des taux minimaux frappant ces produits lorsqu'ils sont utilisés comme carburants ou produits de chauffage ; le but est de réduire les distorsions de concurrence entre les huiles minérales et les autres produits énergétiques.

Le rapprochement des prix de l'énergie d'un État à l'autre, souhaitée par la Commission, n'a en revanche guère progressé. Il se heurte en effet à trop d'obstacles pour qu'il en aille différemment : de l'impossibilité pour les États membres de maîtriser le prix de ressources (pétrole, gaz naturel) largement importées et payées de surcroît dans une monnaie, le dollar, sujet à de fréquentes variations, à la diversité des coûts des sources énergétiques utilisées (l'électricité d'origine nucléaire est, par exemple, moins chère que celle produite à partir d'autres sources). À défaut de pouvoir réaliser ce rapprochement, les institutions s'attacheront du moins à rendre les prix transparents. Une directive du 29 juin 1990 a ainsi instauré une procédure communautaire assurant la transparence des prix au consommateur final industriel du gaz et de l'électricité [2].

B. La réalisation d'un réseau énergétique européen

772 ***L'objectif à atteindre*** ◇ Il est énoncé par l'article 194 TFUE qui charge l'UE de « promouvoir l'interconnexion des réseaux énergétiques », Cet objectif a été précisé dans le Livre vert de la Commission de 2008 « Vers un réseau d'énergie européen, sûr, durable et compétitif » [3]. La Commission y souligne la nécessité de renforcer l'intégration des réseaux transeuropéens d'énergie qui ont été créés en 1996 et de mieux les relier aux voies d'importations des hydrocarbures en provenance d'Asie centrale, de la mer Caspienne, du Moyen-Orient et de l'Afrique. La coordination et la gestion de ces réseaux sont confiées à l'agence de coopération des régulateurs de l'énergie. Des plans des infrastructures à réaliser sont établis pour dix ans, leur financement pouvant être partiellement pris en charge par l'UE dans les conditions qui ont été vues précédemment (v. la politique de cohésion économique, sociale et territoriale). Les projets qui seront soutenus financièrement doivent répondre aux critères fixés par l'UE ; celle-ci arrête ceux d'entre eux qu'elle juge prioritaires [4].

1. *JOCE* L. 283, 31 oct. 2003.
2. Dir. 90/377, *JOCE* L. 185, 17 juill. 1990.
3. COM(2008)782 final
4. V. par ex. la Décis. 1229/2003 du 26 juin 2003 sur les orientations relatives aux réseaux transeuropéens d'électricité et de gaz naturel (*JOCE* L. 176, 15 juill. 2003).

§ 2. La garantie d'approvisionnement

773 ***Généralités*** ◇ C'est l'objectif premier de toute politique énergétique que de veiller à l'approvisionnement réguler du marché en ressources énergétiques suffisantes, notamment en période de crise comme la crise pétrolière en 1973 qui a conduit les États à entreprendre un double effort : effort d'abord, à long terme, pour assurer autant que possible leur indépendance énergétique, effort ensuite, à court terme, pour se prémunir contre le risque de rupture de leur approvisionnement

La Communauté a contribué à ces efforts en encourageant les États membres à utiliser leurs ressources le plus rationnellement possible et à les répartir en cas de crise.

A. L'utilisation rationnelle des ressources

La première réaction devant la crise réside dans une meilleure utilisation des ressources disponibles. Celle-ci implique en premier lieu des économies d'énergie et en second lieu la recherche d'autres sources énergétiques.

774 ***Les économies d'énergie*** ◇ Elles ont été l'un des premiers et des plus efficaces efforts que les États se sont imposés. La Communauté les a fortement poussés dans cette voie en adoptant diverses mesures.

Ces mesures ont été énoncées dans des programmes dont l'idée directrice est d'assurer un meilleur rendement énergétique et d'éliminer les gaspillages sans compromettre le développement. Elles ont fait l'objet d'un Livre vert de la Commission en 2005 sur l'« efficacité énergétique » dans lequel les pouvoirs publics ont été incités à développer des actions en faveur des économies d'énergie [1]. L'objectif à atteindre est de réduire de 20 % la consommation d'énergie d'ici 2020. Un programme d'action (2007-2012) a été présenté à cet égard par la Commission, le 19 octobre 2006 [2], qui détaille les actions à entreprendre : améliorer la performance énergétique des produits, bâtiments et services, améliorer le rendement de la production et de la distribution de l'énergie, faciliter le financement des investissements dans le secteur énergétique.

Les mesures ainsi fixées sont mises en œuvre au moyen de directives prescrivant aux États membres les dispositions à prendre, telle la directive du 16 décembre 2002 sur la performance énergétique des bâtiments [3] ou celle du 5 avril 2006 sur l'efficacité énergétique dans les « utilisations finales » et sur les services énergétiques [4]. Ces textes fixent les normes de rendement énergétique auxquelles doivent répondre les bâtiments, produits ou services qu'ils visent.

1. *L'efficacité énergétique ou comment consommer mieux avec moins*, COM(2005)265.
2. COM(2006)545.
3. Dir. 2002/91, *JOCE* L. 1, 4 janv. 2003.
4. Dir. 2006/32, *JOUE* L. 114, 27 avr. 2006.

L'UE intervient enfin financièrement. Elle définit dans ses programmes pluriannuels les actions engagées par les États membres qu'elle peut cofinancer [1]. En matière pétrolière, une forme d'aide particulière permet en outre un soutien financier à des projets présentant un intérêt primordial pour la sécurité de l'approvisionnement ; elle couvre l'ensemble des projets qui sont « directement liés » à l'exploration, l'exploitation, le stockage et le transport des hydrocarbures. Elle a été créée en 1973 et est actuellement régie par un règlement du 20 décembre 1985 [2]. En vue d'éviter les gaspillages, elle s'efforce d'assurer une certaine cohérence des investissements nationaux en examinant et confrontant les projets d'investissements intéressant aussi bien la production que les transports ou la distribution. À cette fin, les États membres doivent communiquer à la Commission leurs projets d'investissement dans le domaine du pétrole, de l'électricité ou du gaz naturel [3].

775 ***La recherche de ressources nouvelles*** ◇ Elle implique d'abord le développement de la prospection pour découvrir de nouveaux gisements de combustibles fossiles mais surtout, compte tenu de la relative pauvreté de la plupart des États membres à cet égard, est davantage orientée vers l'utilisation d'énergies alternatives, renouvelables, comme l'énergie éolienne. La production d'électricité à partir de sources renouvelables a ainsi été encouragée par une directive du 27 septembre 2001 qui fixait comme objectif à l'horizon 2010 que 12 % de la consommation annuelle d'électricité dans la CE proviennent de ces sources. Cet objectif a été ensuite modifié et globalisé. Dans une communication du 13 novembre 2008 [4], la Commission a proposé l'objectif « 20.20.20 » pour 2020, à savoir la réduction de 20 % d'énergie primaire, une réduction du même montant des émissions de gaz à effet de serre et l'inclusion de 20 % d'énergie renouvelable dans la consommation totale d'énergie et de 10 % pour les transports pour l'ensemble des États membres. Accepté par le Conseil européen, cet objectif a été repris par la directive 2009/28 du 23 avril 2009 relative à la promotion de l 'énergie produite à partir de sources renouvelables [5]. Celle-ci définit un cadre commun pour la promotion de la production de ce type d'énergie et prescrit l'établissement de plans d'action nationaux destinés à atteindre ces objectifs. Ces plans sont établis sur la base d'un modèle élaboré par la Commission et lui sont communiqués. Un objectif de production d'énergie renouvelable est assigné à chaque État, qui tient compte à la fois de ses efforts antérieurs et des caractéristiques de son système de production énergétique.

1. Par ex., le programme-cadre pour l'innovation et la compétitivité (2007-2013) que le PE et le Conseil ont adopté le 24 octobre 2006 et qui porte notamment sur les sources d'énergie renouvelables (*JOUE* L. 310, 9 nov. 2006).
2. Règl. 3639/85, *JOCE* L. 350, 27 déc. 1985.
3. Règl. 736/96, 22 avr. 1996, *JOCE* L. 102, 25 avr. 1996.
4. Intitulée « Effort énergétique : atteindre l'objectif des 20 % », COM(2008)772.
5. *JOUE* L. 410, 5 juin 2009, cette directive abroge la Dir. du 27 sept. 2001.

La France, par exemple, qui avait un taux de 10,3 % d'énergie renouvelable en 2005 devra atteindre 23 % en 2020.

B. La prévention du risque de rupture de l'approvisionnement

776 ***Les éléments de cette prévention*** ◇ Au cours des années soixante-dix et jusqu'au début des années quatre-vingt, les États de la Communauté ont vécu sous la menace d'une crise soudaine de l'approvisionnement pétrolier. Il leur appartenait sans doute de répondre par des mesures nationales à ces menaces mais l'expérience de 1973 a montré qu'ils pouvaient réagir en ordre dispersé et sans aucun souci de la solidarité communautaire. C'est pourquoi la Communauté a décidé d'instituer un mécanisme propre à assurer cette solidarité. Un dispositif « anti-crise » a été en conséquence organisé. Complété par d'autres mesures, il se compose de divers éléments, de nature variable, qui ont pour point commun de garantir la sécurité d'approvisionnement en cas de tension sur les marchés : constitution de stocks minimaux d'hydrocarbures, restriction provisoire des exportations, voire de la consommation d'hydrocarbures, élaboration de plans nationaux pour le gaz et l'électricité.

777 ***La constitution de stocks minimaux d'hydrocarbures*** ◇ Depuis une directive du 20 décembre 1968, les États membres ont l'obligation de constituer des stocks de sécurité permettant de couvrir, en cas de crise d'approvisionnement, les besoins de consommation pendant une période minimale. En 1973, pour parer aux menaces que l'envolée des prix du pétrole décidée par l'OPEP faisait planer sur l'approvisionnement des pays européens, a été adoptée la directive 73/228 prévoyant que, en cas de difficulté d'approvisionnement, des mesures seront prises par les États membres selon un plan concerté, tels les prélèvements sur les stocks de sécurité, des restrictions de la consommation ou la réglementation des prix. Elles doivent être adoptées dans le cadre de plans d'intervention et être communiquées à la Commission. Un mécanisme de consultation est d'autre part institué sous l'autorité de la Commission. Si des difficultés d'approvisionnement surviennent, celle-ci convoque, à son initiative ou à celle des États membres, un groupe de délégués des États afin de procéder aux consultations nécessaires pour coordonner les mesures prises ou envisagées.

Les directives de 1968 et de 1973 sont abrogées et remplacées, à partir du 31 décembre 2012, par une directive de codification du 14 septembre 2009 [1] qui impose aux États le maintien de stocks de pétrole brut et/ou de produits pétroliers représentant soit 90 jours d'importation soit 61 jours de consommation, le montant le plus élevé devant être retenu par l'État.

1. Dir. 2009/119, *JOUE* L. 265, 9 oct. 2009.

778 ***La restriction provisoire des exportations ou de la consommation*** ◇ Si, en temps normal, les produits énergétiques circulent librement, il est à craindre qu'une menace sur les approvisionnements n'incite les États membres à entraver, chacun à son profit, la circulation des produits. C'est pour éviter qu'une crise n'affecte inégalement certains États, ne mette en péril certaines régions, qu'une restriction des importations a été instaurée par une décision du 14 février 1977 [1].

Plusieurs situations sont envisagées par celle-ci : difficultés survenant dans l'approvisionnement en pétrole, déficit dans l'approvisionnement réel ou imminent, déficit de nature à mettre gravement en péril l'approvisionnement d'un État membre ou crise soudaine dans un État membre entraînant le risque d'un préjudice grave pour son économie.

Ces situations justifient les mesures que la Commission doit prendre après consultation du groupe de délégués précité. Elle peut placer sous surveillance les exportations de pétrole des États membres, essentiellement par l'obligation pour ceux-ci de délivrer des autorisations automatiques d'exportation. Elle peut aussi prendre des « mesures complémentaires » (que la décision ne précise pas).

Mais dans certains cas (si, par exemple, le déficit met gravement en péril l'approvisionnement d'un État membre) la Commission peut, en différant l'obligation de délivrer les autorisations automatiques d'exportation, suspendre provisoirement les exportations.

Une autre décision, en date du 7 novembre 1977 [2] va plus loin que les textes précédents en permettant des interventions plus rigoureuses de la Communauté. Elle prévoit qu'en cas de difficultés d'approvisionnement dans un ou plusieurs États membres les institutions communautaires peuvent, après consultation du groupe de délégués nationaux, imposer des réductions de consommation pour l'ensemble de la Communauté. Une répartition équitable de ces réductions entre tous les utilisateurs doit être assurée. Les premières mesures (réduction de 10 %) sont prises par la Commission pour une durée de deux mois. En cas de nécessité, à l'expiration de ces deux mois, celle-ci proposera au Conseil d'autres mesures. Si le déficit a augmenté, l'objectif de réduction pourra dépasser 10 % et les réductions pourront être appliquées à d'autres énergies. Les quantités de pétrole économisées seront réparties entre les États membres.

779 ***La garantie d'approvisionnement en gaz et en électricité*** ◇ Elle s'inscrit dans un contexte différent de celui des mesures précédentes, à savoir la réalisation du marché intérieur pour ces deux sources d'énergie. Deux directives applicables respectivement au gaz et à l'électricité – la directive 2004/67 du 26 avril 2004 et la directive 2005/89 du 18 janvier

1. Décis. 77/186 (*JOCE* L. 61, 5 mars 1977). V. un ex. d'application de cette décision (à l'Italie) au *JOCE* L. 299, 8 nov. 1980.
2. Décis. 77/706, *JOCE* L. 292, 16 nov. 1977.

2006 [1] - prescrivent aux États membres de prendre les dispositions nécessaires pour que l'ouverture de ces secteurs énergétiques à la concurrence, donc l'abandon des droits exclusifs détenus par les opérateurs publics, ne risque pas de perturber l'approvisionnement régulier du marché dans ces deux sources d'énergie.

§ 3. La dimension internationale de la politique de l'énergie

780 ***La nature de la compétence internationale de l'UE*** ◇ L'importance des importations d'énergie dans l'UE justifie la participation de l'organisation européenne aux négociations internationales portant sur les questions énergétiques et, partant, son adhésion aux conventions internationales conclues en la matière, alors même qu'aucune disposition spécifique des traités ne lui attribue une compétence internationale [2]. Ne détenant qu'une compétence partagée, l'UE, comme précédemment la CE, ne peut en principe se substituer à ses membres. La Commission participe ainsi, par exemple, au côté des États membres aux travaux de l'Agence internationale de l'énergie, organe subsidiaire autonome de l'OCDE, avec laquelle la Communauté a conclu quelques accords portant sur la recherche et le développement de l'énergie. Elle joue pourtant parfois un rôle plus important lorsqu'elle prend l'initiative d'ouvrir des négociations en vue de conclure des traités, telle sa proposition de conclure la *charte de l'énergie* ou de créer la *communauté de l'énergie*.

781 ***La charte de l'énergie*** ◇ Issue d'une proposition de la Commission, qui reprenait une idée émise par les Pays-Bas lors du Conseil européen de Dublin (juin 1990), une charte européenne de l'énergie a été signée le 17 décembre 1991 par l'ensemble des États du continent et les Communautés européennes. Elle vise à développer la coopération en Europe dans le domaine de l'énergie et, en particulier, à favoriser le rapprochement industriel entre l'Est et l'Ouest. Complétée par un protocole sur l'efficacité énergétique et les aspects environnementaux connexes, elle a été transformée en traité, le 17 décembre 1994, et est entrée en vigueur le 16 avril 1998 [3].

Le Traité établit un cadre juridique permettant de promouvoir la coopération à long terme dans le domaine de l'énergie sur la base des principes fixés par la charte. Il soumet, en premier lieu, le commerce des produits énergétiques aux règles de l'OMC, chaque partie garantissant notamment la liberté de transit sur son territoire. Il garantit, en deuxième lieu, la protection des investissements qui bénéficient soit du traitement national soit de la clause

1. *JOUE* L. 127, 29 avr. 2004 et L. 33, 4 févr. 2006.
2. Le nouvel art. 194 TFUE est muet sur ce point.
3. La CE et la CEEA sont liées par les deux conventions en vertu de la Décis. 98/181 du 23 sept. 1997 (*JOCE* L. 69, 9 mars 1998).

L'existence d'une Union à caractère politique, tout en rendant nécessaire la mise en place d'une coopération de plus en plus étroite entre les États membres (Titre 1), devait en effet également se traduire par une plus grande participation des citoyens européens à la vie de l'UE (Titre 2).

TITRE 1
LA PARTICIPATION POLITIQUE

784 Si la participation politique s'adresse en priorité à ceux qui bénéficient de la « citoyenneté européenne » (Chapitre 1), elle joue aussi en faveur de certains ressortissants non européens dont la situation est de plus en plus prise en compte par le droit de l'UE (Chapitre 2).

CHAPITRE 1
LA « CITOYENNETÉ EUROPÉENNE »

785 ***La nécessité d'une politique civique*** ◇ Afin de donner à la Communauté européenne la dimension politique qui lui avait toujours fait défaut jusque-là, le Traité de Maastricht a inséré en 1992 dans le Traité CE (et non dans le Traité UE) des dispositions d'un objet nouveau, qui s'efforcent de fonder une « citoyenneté de l'Union » (art. 17 à 22 CE).

Cette innovation marque la volonté de poursuivre la construction européenne sur de nouvelles bases, moins exclusivement économiques et plus directement politiques. Il s'agissait désormais également d'associer les « citoyens » à la construction européenne.

Depuis longtemps, il était en effet reproché à la CEE de n'être qu'une entité purement économique, juridique et technique, ne se souciant apparemment pas des citoyens européens. Ce grief visait d'ailleurs particulièrement - est souvent abusivement - la Commission, accusée de « technocratie » ou d'« eurocratie »... Il convenait donc de rapprocher l'Union des citoyens. Mais existe-t-il une « citoyenneté européenne » ?

La notion de citoyenneté, généralement indissociable de celle de nationalité [1], s'accompagne en effet d'un certain nombre de droits « civiques » (droit de vote et d'éligibilité, accès à la fonction publique, droits économiques et sociaux, etc.) mais également d'obligations (service national militaire ou civil, obligation de témoigner, parfois vote obligatoire...) [2], difficiles à transposer comme tels dans l'ordre juridique communautaire. Après avoir rappelé les origines de la notion de « citoyenneté européenne », nous pourrons en analyser le contenu.

SECTION 1. LES ORIGINES DE LA NOTION

§ 1. Les origines antérieures au Traité de Maastricht

786 La notion de citoyenneté, implicitement présente dans les traités originaires, a été précisée pour la première fois lors du Conseil européen de Fontainebleau (25-26 juin 1984).

1. Comme le précise, par ex., l'art. 3 Constit. fr. 4 oct. 1958 (« sont électeurs (...) tous les nationaux français » jugé contraire à l'art. 8 B-1 ajouté au Traité de Rome par l'art. 6 Traité de Maastricht (cf. Cons. const., décis. 92-308 DC, 9 avr. 1992, *Rec.* p. 55). Il existe toutefois certaines exceptions comme le prouve l'existence d'une « citoyenneté britannique d'outre-mer » (TPI, 21 mars 1996, *Farrugia*, aff. T. 230/94, *Rec.* p. II-195).
2. Cf. R. Pelloux, *Le citoyen devant l'État*, PUF, coll. « Que sais-je ? », 3e éd., 1966.

A. Les traités originaires

787 ***L'objectif politique des Communautés*** ◇ Dès 1951, le Traité CECA affichait déjà un objectif politique : il se proposait en effet de mettre un terme définitif aux affrontements franco-allemands. La Communauté européenne de défense (CED) en 1952 [1], tout comme le premier projet de la Communauté européenne (de caractère supranational), en 1953, avaient également des ambitions d'ordre politique. Il ne faut pas non plus oublier que les Traités de Rome furent, au départ, un recours contre l'échec de la CED (dû au refus du Parlement français du 30 août 1954 de débattre de la ratification de ce Traité, signé à Paris le 27 mai 1952) et de la Communauté politique [2].

À l'origine, la construction européenne se voulait donc également politique et ne pouvait par conséquent que susciter une assez large adhésion populaire tant elle était associée à l'idée de réconciliation franco-allemande et par conséquent de paix [3]. Jean Monnet qui fut à l'origine de la déclaration Schuman du 9 mai 1950 qui constitue l'acte fondateur de la construction européenne ne rêvait-il pas d'une Europe d'abord destinée aux peuples quand il déclarait « Nous ne coalisons pas des États, nous unissons des hommes » ? Le soutien de l'opinion a d'ailleurs aidé la Communauté à affronter les graves crises qui, particulièrement dans les années soixante-dix (crise monétaire, crise de l'énergie...), l'avaient par ailleurs durement affectée.

788 ***L'abandon progressif de l'objectif initial*** ◇ Mais la construction européenne est progressivement devenue de plus en plus technique et s'est alors éloignée de l'opinion. Le manque d'information, lié à la complexité de plus en plus grande du droit communautaire a d'ailleurs beaucoup contribué à cette désaffection. La première élection du Parlement européen au suffrage universel (7 et 10 juin 1979), qui avait pourtant été la première véritable manifestation de l'Europe des citoyens, n'a pas suffi à les en rapprocher (près de 40 % d'abstentions [4]).

Dans les années quatre-vingt, il était donc devenu indispensable de rechercher à nouveau l'adhésion des « citoyens » de la Communauté. Dès

1. Instituée par le Traité de Paris (27 mai 1952), la CED ne verra jamais le jour faute de ratification par le Parlement français (refus de l'Assemblée nationale de se prononcer, 30 août 1954).

2. Il s'agit du « projet de Traité portant statut de la Communauté européenne » du 9 mars 1953, qui reprenait les propositions du ministre hollandais des affaires étrangères Johan Willem Beyen, visant à la création d'une autorité politique européenne qui aurait eu pour vocation d'englober la CECA et la CED. Cette Communauté dotée de la personnalité juridique devait aboutir à la création d'un État fédéral.

3. Cf. préambule CECA qui précise que l'instauration d'une communauté économique devra fonder « les premières assises d'une communauté plus large et plus profonde entre des peuples longtemps opposés par des divisions sanglantes, et à jeter les bases d'institutions capables d'orienter un destin désormais partagé ».

4. Le nombre d'abstentions sera d'ailleurs en constante augmentation, en passant de 38,01 % en 1979, à 41,02 % en 1984, 41,59 % en 1989, 43,33 % en 1994, 50,49 % en 1999, 54,53 % en 2004 et 57 % en 2009...

cette époque la Cour de justice avait en effet tenu à interpréter de façon restrictive l'article 48-4 (devenu 45 § 4 TFUE) qui exclut du bénéfice de la libre circulation des travailleurs les titulaires d'un emploi dans l'administration publique. N'a-t-elle pas contribué à instaurer un droit d'accès général à la fonction publique sur l'ensemble du territoire de la Communauté, à l'exception des « emplois qui comportent une participation, directe ou indirecte, à l'exercice de la puissance publique et l'attribution de responsabilités pour la sauvegarde des intérêts généraux de l'État » [1] ? Ses décisions ont pu constituer l'amorce d'une citoyenneté de l'Union.

Une politique du citoyen s'imposait donc, avec comme fil conducteur la volonté de susciter un « civisme européen », une conscience et un désir d'appartenir à une commune collectivité fondée sur une longue histoire et sur un même projet. Cette nouvelle « citoyenneté » ne devait naturellement pas se créer au détriment des civismes nationaux, des patriotismes, ni de l'attachement aux régions ou aux provinces d'origine.

Une telle conception avait d'ailleurs été très tôt consacrée par la Cour de justice qui affirmait dès 1963, dans le célèbre arrêt *Van Gend en Loos*, que la Communauté constitue « plus qu'un accord qui ne créerait que des obligations mutuelles entre États contractants » et qu'elle est à l'origine d'un nouvel ordre juridique, dont les sujets sont non seulement les États membres, mais également leurs ressortissants [2].

B. Le Conseil européen de Fontainebleau (25-26 juin 1984)

789 Les premières initiatives globales d'une politique du citoyen datent du Conseil européen de Fontainebleau en juin 1984 [3].

790 ***Les « conclusions de la présidence »*** ◇ avaient défini un mandat en trois points :

– la *mission générale* de la Communauté devait être de prendre des « mesures propres à renforcer et promouvoir son identité et son image auprès de ses citoyens et dans le monde » ;

– en second lieu, était institué un *comité ad hoc* sur « l'Europe des citoyens » (le comité Adonnino) pour préparer ces mesures ;

– enfin, une série de *tâches précises* étaient assignées à la Communauté (passeport, drapeau, facilitations diverses à la circulation, etc.).

Les travaux de ce « comité ad hoc » ont abouti à la rédaction de deux textes essentiels : un *rapport intérimaire* présenté au Conseil de Bruxelles (29 et

1. CJCE 17 déc. 1980, *Commission c. Belgique*, aff. 149/79, *Rec.* p. 3881.
2. CJCE 5 févr. 1963, *Van Gend en Loos*, aff. 26/62, *Rec.* p. 6.
3. Après avoir, le 26 juin 1984, rejeté le projet Spinelli de Traité d'« Union européenne » (approuvé par l'Assemblée européenne le 14 févr. 1984), les Dix avaient en effet décidé de relancer la dimension politique de la Communauté.

30 mars 1985) et un *rapport final* rendu public le 26 juin 1985 [1]. Ces documents ne se contentaient d'ailleurs pas de préconiser certains droits pour les citoyens, puisqu'ils proposaient également l'adoption de mesures plus symboliques comme celle d'un drapeau (cercle de douze étoiles d'or sur fond bleu azur) [2] ou d'un hymne européen (l'« Hymne à la joie » prélude du quatrième mouvement de la 9e symphonie de Ludwig van Beethoven) inaugurés officiellement le 29 mai 1986 devant le bâtiment des Communautés à Bruxelles [3].

Ces différentes initiatives constituent le véritable point de départ politique de « l'Europe du citoyen ». De très nombreuses dispositions ont en effet ensuite été adoptées sur ces bases.

791 ***L'amorce d'une politique du citoyen*** ◇ Il est possible de dégager les grandes lignes de l'ensemble de ces propositions, à l'origine d'une véritable politique du citoyen :

– il semble tout d'abord nécessaire de déterminer un statut du citoyen de l'Union et d'énumérer les droits qui lui sont attachés : certains, plus traditionnels, ayant un caractère essentiellement économique (liberté d'accès à l'emploi ou d'établissement dans le pays de son choix) et d'autres, plus directement politiques, apparaissant au contraire comme entièrement nouveaux (droit à la protection de l'environnement) ;

– il convient ensuite de renforcer la participation des citoyens aux institutions communautaires et plus particulièrement au Parlement européen et de sensibiliser à cette occasion les opinions publiques européennes aux politiques non économiques de la Communauté (santé, culture, communication, information, jeunesse, éducation, formation professionnelle, échanges, sports, etc.) ;

– il est enfin indispensable d'améliorer et de simplifier l'organisation et le fonctionnement de ces institutions, afin de les rendre plus transparentes [4] et par conséquent plus proches des citoyens, tout en donnant un nouvel essor à la coopération politique mise en place par l'Acte unique européen en 1986.

Il faudra cependant attendre le tout début des années quatre-vingt-dix, pour qu'à l'initiative du Premier ministre espagnol, Felipe Gonzales, et avec le soutien de la Commission européenne, les Douze acceptent d'inclure dans le futur Traité de Maastricht la « citoyenneté européenne », qui s'avère être une idée beaucoup plus ambitieuse que celle de l'« Europe des citoyens » et qui devait constituer une première étape dans l'évolution de cette notion.

1. V. BCE suppl. 7-85.
2. Qui était celui du Conseil de l'Europe, depuis le 9 déc. 1955.
3. Ces symboles qui avaient été consacrés par le projet de « Traité établissant une Constitution pour l'Europe » en 2004 (art. I.8) ont été abandonnés par le Traité de Lisbonne du 13 déc. 2007.
4. Conformément aux souhaits du Conseil européen d'Edimbourg des 11 et 12 déc. 1992.

§ 2. L'évolution consécutive au Traité de Maastricht

792 La notion de citoyenneté européenne s'est construite progressivement par strates successives. Les premières dispositions la concernant ont en effet été introduites à l'initiative de l'Espagne, en 1992 par Maastricht dans le Traité CE, avant d'être complétées par le Traité d'Amsterdam, puis par le Traité de Lisbonne.

A. L'apport initial du Traité de Maastricht

793 ***La notion de citoyenneté de l'Union*** ◇ Il peut sembler paradoxal que la citoyenneté européenne, qui présente pourtant un lien très étroit avec l'Union européenne, instaurée par Maastricht, ait été plutôt mise en place dans le Traité CE (art. 17 à 22 devenus 20 à 25 TFUE) que dans le Traité UE : « est citoyen de l'Union toute personne ayant la nationalité d'un État membre » (art. 20 § 1 TFUE). La « citoyenneté » de l'Union, comme a tenu ensuite à le préciser le Traité d'Amsterdam [1], est seulement appelée à compléter et non à remplacer la citoyenneté nationale. Elle est donc automatiquement conditionnée par l'appartenance à l'un des État membres, qui restent naturellement les seuls habilités à déterminer si une personne a ou non sa nationalité [2]. Il était en effet essentiel que, conformément au droit international, cette question puisse être « réglée uniquement sur la base de la législation de l'État membre concerné » (déclaration des chefs d'État et de Gouvernement d'Édimbourg des 11 et 12 décembre 1992 annexée au Traité de Maastricht). Il s'agissait en tout cas d'une conception entièrement nouvelle de la citoyenneté, qui diffère en effet sensiblement de celle qui est en vigueur dans la plupart des États membres [3].

Un certain nombre de droits, dont certains existaient déjà depuis longtemps en droit communautaire, et de devoirs, dont le Traité se contente d'ailleurs seulement de prévoir l'existence, sans jamais en énumérer un seul (art. 20 § 2 TFUE), sont attachés à cette nouvelle citoyenneté.

794 ***Les droits attachés à la citoyenneté de l'Union*** ◇ Ces droits sont toutefois seulement définis d'une manière générale par les articles 21 à 24 TFUE et leur mise en œuvre a nécessité par conséquent l'adoption de mesures spécifiques, dont certaines existaient d'ailleurs déjà auparavant, comme l'élection des représentants de l'Assemblée au suffrage universel direct (Acte

1. Sur ce point, cf. *infra*.
2. Cf. Déclaration (n° 2) relatives à la nationalité d'État membre annexée au Traité de Maastricht, *Grands textes de droit communautaire op. cit.*, p. 197.
3. Comme en témoigne par ex. la déclaration unilatérale annexée à l'acte danois de ratification du Traité de Maastricht, qui avait tenu à préciser que la « citoyenneté de l'Union est un concept politique et juridique qui diffère complètement de celui de citoyenneté au sens que lui attribuent la Constitution du Royaume du Danemark et le système juridique danois ».

20 sept. 1986) [1]. Ces différentes dispositions s'efforcent de mettre en place un véritable statut du citoyen, qui à côté des droits civiques dont il bénéficie désormais, devrait pouvoir s'appuyer sur des institutions représentatives plus démocratiques (renforcement des pouvoirs du Parlement européen). Ces droits étaient d'ailleurs conçus pour avoir un caractère évolutif. Il était en effet prévu que, sur la base d'un rapport qui devrait être présenté tous les trois ans par la Commission au Parlement européen, au Conseil et au Comité économique et social, le Conseil, statuant à l'unanimité, sur proposition de la Commission et après consultation du Parlement, pourrait prendre des dispositions destinées à « compléter » ces droits (mais pas les devoirs !) et en recommander l'adoption par les États membres conformément à leurs règles constitutionnelles respectives (art. 25 TFUE). Cette disposition essentielle, qui était destinée à faciliter l'évolution de cette nouvelle citoyenneté européenne, sans qu'il soit pour autant besoin de procéder à une quelconque révision du Traité, reprenait en fait le processus de transposition des directives en droit national.

795 ***Les droits civiques*** ◇ Traité de Maastricht, dans sa version initiale (art. 8 à 8E), avait en effet tenu à associer à la nouvelle citoyenneté de l'Union un certain nombre de droits (art. 20 § 2 TFUE), dont la liste a pu ensuite être étendue :

– les premiers concernent le *droit de circuler et de séjourner* librement sur le territoire des États membres, même en dehors d'une activité professionnelle, mais sous réserve des limitations et conditions prévues par le Traité (art. 21 § 1 TFUE) [2]. Le Conseil pourra par ailleurs prendre, conformément à la procédure législative ordinaire mais à l'unanimité [3], toute décision susceptible de faciliter l'exercice de ces droits (art. 21 § 2). La Cour après avoir considéré le principe de non discrimination comme l'un des attributs indissociables de la citoyenneté européenne (CJCE 12 mai 1998, *Martinez Sala*, aff. C-85/96, *Rec.* I-2691), a d'ailleurs tenu à consacrer le droit pour tout citoyen de circuler et de séjourner librement sur le territoire des États membres, tel qu'il résulte de cette disposition (CJCE 24 nov. 1998, *Bickel et Franz,* aff. C-274/96, *Rec.* I-7650). Ce droit, qui existe en fait depuis l'origine des Communautés européennes [4], a été réaffirmé par le Traité de Lisbonne (art. 20 § 2, a TFUE) ;

– les citoyens de l'Union qui résident dans un État membre dont ils n'ont pas la nationalité bénéficient ensuite du *droit de vote et d'éligibilité aux élections municipales et aux élections au Parlement européen*, dans l'État membre dans lequel ils sont installés, dans les mêmes conditions que les natio-

1. Qui avait même été prévue par les traités originaires ; sur ce point, cf. *supra*.
2. Sur ce point, cf. *infra*.
3. Le Traité de Nice lui substituera la majorité qualifiée, sauf pour l'attribution de passeports, de cartes d'identité ou pour les questions de sécurité ou de protection sociale ; sur ce point, cf. *infra*.
4. Mais qui n'exclut pas les contrôles d'identité (CJCE 21 sept. 1999, *Wijsenbeek*, aff. C-378/97, *Rec.* I-6207).

naux, sous réserve des modalités arrêtées par le Conseil à l'unanimité sur proposition de la Commission et après consultation du Parlement européen (art. 20 § 2b) [1]. Les mesures d'application de cette disposition essentielle dans la définition d'une citoyenneté européenne ont été adoptées, comme prévu, avant le 31 décembre 1993 pour les élections européennes, et, avant le 31 décembre 1994, pour les élections municipales [2]. Cette disposition, qui requiert l'unanimité du Conseil, admet la possibilité de dérogations en raison de « problèmes spécifiques à un État membre », dans le cas où « la proportion de citoyens de l'Union qui y résident sans en avoir la nationalité et qui ont atteint l'âge de voter, dépasse 20 % de l'ensemble des citoyens de l'Union en âge de voter et qui y résident » (art. 14 Dir. 93/109/CE Conseil, 6 déc. 1993 préc.). Il s'agit bien là d'un droit entièrement nouveau, même s'il constitue l'aboutissement d'une ancienne revendication de nombreux responsables politiques européens. Lors du sommet de Paris (10 et 11 décembre 1974), les Neuf avaient en effet déjà souhaité que les étrangers « communautaires » ne soient pas écartés des élections municipales. Certains pays (Pays-Bas, Danemark, Irlande) n'avaient d'ailleurs pas attendu Maastricht pour accorder ce droit à certains ressortissants étrangers. La Slovénie et la Lituanie, qui ont rejoint l'Union depuis le 1er mai 2004, avaient également de leur côté préalablement modifié leur Constitution pour permettre aux étrangers de voter et d'être élus aux élections locales. Dans certains États, la reconnaissance de ce droit a parfois pu se heurter à certaines dispositions constitutionnelles qui réservaient au contraire les droits de vote et d éligibilité aux seuls nationaux. Tel était par exemple le cas de la France, dont la Constitution du 4 octobre 1958, prévoyait conformément à la tradition républicaine : « sont électeurs (...) tous les nationaux français majeurs, des deux sexes, jouissant de leurs droits civils et politiques » (art. 3) [3]. En Belgique, où la Constitution réserve aux seuls nationaux l'exercice des droits « politiques » (art. 8), la loi du 27 janvier 1999 n'accorde le droit de vote et d'éligibilité qu'aux citoyens de l'Union européenne qui en auraient fait expressément la demande.

Pourtant aux élections européennes de juin 1999, qui ont immédiatement suivi cette réforme, moins de 6 % des électeurs (4,35 % en France) concernés par ces dispositions s'étaient inscrits sur les listes électorales de leur État de résidence et un seul a été élu à cette occasion ! De même, seuls 16 % des citoyens européens installés en France avaient participé aux élections municipales de 2001 !

1. Cette disposition contraire à l'art. 3 Constit. fr. 4 oct. 1958 a nécessité une révision pour pouvoir ratifier le Traité de Maastricht (Cons. const. 9 avr. 1992, 92-308 DC, *Rec.* p. 55).

2. Dir. 93/109 Conseil, 6 déc. 1993 fixant les modalités des élections au Parlement européen (*JOCE* L. 329, 30 déc. 1993) et Dir. 94/80 Conseil, 19 déc. 1994 concernant les élections municipales (*JOCE* L. 368, 31 déc. 1994).

3. Cf. *supra*. Il a d'ailleurs été nécessaire de modifier également la Constitution pour l'adapter au Traité CE, cf. Révision 25 juin 1992 qui a inséré dans le texte de la Constitution un Titre XIV (art. 88 § 1 à 4), intitulé « Des Communautés européennes et de l'Union européenne ».

La Cour a même ensuite accepté que ce droit puisse être étendu à des ressortissants d'États tiers « ayant des liens étroits » avec l'État membre concerné (CJCE 12 sept. 2006, *Espagne c. Royaume-Uni*, aff. C-145/04, *Rec.* p. I-143) ;

– les citoyens de l'Union bénéficient en outre de la *protection diplomatique et consulaire* sur le territoire des pays tiers, dans lesquels l'État membre dont ils sont ressortissants n'est pas représenté. Cette protection, qui doit être organisée par des accords conclus, tant entre les États membres qu'avec des pays tiers, doit être assurée dans les mêmes conditions que pour les nationaux de cet État (art. 20 § 2c TFUE) [1] ;

– *le droit de pétition* devant le Parlement européen, qui avait été prévu dès 1953 par le règlement intérieur de l'Assemblée CECA, puis, dès 1958 par celui de l'Assemblée parlementaire européenne (art. 174 à 176 Règl. int.), avait d'abord fait l'objet d'un accord inter-institutionnel du 12 avril 1989, conclu entre le Parlement européen, le Conseil et la Commission [2]. Ce droit n'a pourtant été inscrit dans le Traité, parmi les dispositions relatives à la citoyenneté européenne (art. 21 al. 1er qui renvoie à l'art. 227 TFUE), que depuis Maastricht en 1992 [3]. Il permet à tout citoyen de l'Union (ainsi d'ailleurs qu'à « toute personne physique ou morale résidant ou ayant son siège statutaire dans un État membre » [4]), à titre individuel ou en association avec d'autres, d'attirer l'attention du Parlement européen « sur un sujet relevant des domaines d'activité de la Communauté » [5] et qui le concerne directement (art. 227). Il ne pourra donc pas porter sur les compétences de l'Union visées par les 2e et 3e piliers (politique étrangère et de sécurité commune, et coopération policière et judiciaire en matière pénale) [6] du Traité et suppose également l'existence d'un « intérêt à agir ». Ces deux conditions avaient toutefois été interprétées de manière extensive par le Parlement européen. Pour être recevable, la pétition devra mentionner le nom, la qualité, la nationalité et le domicile de chaque signataire et être rédigée dans l'une des 23 langues officielles de la Communauté [7]. Tout citoyen doit en effet pouvoir écrire à toute institution ou organe communautaire dans toutes les langues de l'Union et se voir répondre dans la même

1. Sur ce point, cf. *infra*.
2. *JOCE* C. 120, 12 avr. 1989, p. 90.
3. Depuis de 1 000 à 2 500 pétitions en moyenne sont déposées chaque année devant le Parlement européen.
4. Ces derniers, qui constituent moins de 4 % des pétitions, font l'objet d'un relevé séparé et d'un classement spécifique.
5. Les sujets les plus fréquemment retenus concernent l'emploi et la politique sociale, puis l'environnement, la protection des consommateurs, la reconnaissance des diplômes et des qualifications professionnelles, ainsi que la libre circulation des personnes, la fiscalité et le marché intérieur.
6. Le Traité de Lisbonne a, depuis, supprimé ces piliers.
7. Depuis le 1er janv. 2007, le bulgare, le roumain et l'irlandais sont également devenus langues de la Communauté européenne. À la suite d'un accord réalisé au sein du COREPER, le 13 juin 2006, l'irlandais ou « langue gaëlique » est en effet devenu la 23e langue officielle de l'Union européenne.

langue (art. 24 al. 4 TFUE). Il n'est pas exigé de conditions particulières de forme pour la présentation de la pétition, qui devra seulement être écrite de façon claire et lisible et pourra éventuellement comporter des annexes. Il pourra le plus souvent s'agir d'une demande traduisant un besoin d'intérêt général, d'une requête individuelle ou d'une proposition faite au Parlement pour qu'il prenne position sur un sujet déterminé. Si la pétition est jugée recevable [1], elle sera alors inscrite au rôle général et transmise par le président du Parlement européen à la *commission des pétitions*, qui pourra ensuite soumettre aux députés des projets de résolution ou demander que son avis soit communiqué par le président du Parlement au Conseil ou à la Commission. Les plus importantes sont annoncées en séance plénière et sont inscrites au procès-verbal de la séance. Les signataires la pétition sont ensuite informés par le président du Parlement européen des suites qui leur ont été données ;

– la possibilité de s'adresser à un *médiateur* européen, en cas de mauvaise administration de la part d'une institution ou d'un organe communautaire (à l'exception de la Cour de justice) constitue en revanche un droit entièrement nouveau (institué par l'art. 228 TFUE), reconnu par Maastricht aux citoyens de l'Union (ainsi d'ailleurs qu'aux personnes résidant dans un État membre) [2], puis confirmé par le Traité de Lisbonne (art. 24 al. 3 TFUE).

796 ***Le renforcement des pouvoirs du Parlement européen*** ◇ Pour tenter de rendre plus réelle et plus efficace la participation des citoyens de l'Union aux décisions prises par les institutions, le Traité de Maastricht a posé un principe, formulé dans son article A (devenu art. 1er TUE) :

« Le présent Traité marque une nouvelle étape dans le processus créant une union sans cesse plus étroite entre les peuples de l'Europe [3], dans laquelle les décisions sont prises le plus près possible des citoyens ». Cette disposition essentielle est à rapprocher de l'introduction par ce Traité (art. 3 B devenu 5 § 3 TUE) du principe de subsidiarité qui peut également s'interpréter comme un principe de proximité [4].

Ce Traité s'est en effet efforcé d'introduire un certain nombre de dispositions nouvelles, principalement destinées à renforcer les attributions du Parlement européen, qui depuis son élection au suffrage universel direct, est l'institution la plus représentative de l'opinion.

Il s'agit essentiellement des pouvoirs suivants :

– participation à la désignation des membres de la Commission ;

1. Les décisions d'irrecevabilité sont notifiées à leurs signataires et doivent être motivées.

2. Sur le statut du médiateur, cf. Décis. 94-262/CEE PE, 9 mars 1994 (*JOCE* L. 113, 4 mai 1994). Le grec Nikiforos Diamandouros réélu par le Parlement européen le 20 janv. 2010 avait succédé, le 1er avr. 2003 au finlandais Jacob Söderman, qui avait été élu (le 12 juill. 1995), puis réélu (le 30 sept. 1999), premier médiateur européen sur tous ces points, cf. *supra*.

3. Cette formule a remplacé, à la demande des délégations britannique et danoise celle de « processus graduel menant à une Union à vocation fédérale », présente dans la première version du Traité, examinée à Maastricht, lors d'un Conseil européen, les 9 et 10 déc. 1991.

4. Sur ce point cf. *supra*.

- désignation d'un médiateur ;
- droit de pétition ;
- création de commissions d'enquête ;
- et surtout codécision [1].

Ces dispositions ont été complétées par le Traité d'Amsterdam.

797 ***Le droit d'accès des citoyens à l'information*** ◇ La déclaration (n° 17) relative au droit d'accès à l'information annexée au Traité de Maastricht en 1992, en demandant à la Commission de faire des propositions susceptibles d'accroître la transparence de la législation communautaire, s'était efforcée de répondre à un besoin [2], dont la nécessité avait été rappelée à plusieurs reprises par les Conseils européens de Birmingham (16 octobre 1992), d'Édimbourg (11 décembre 1992) et de Copenhague (21 et 22 juin 1993). Elle autorisait en effet pour la première fois les citoyens européens et d'ailleurs plus largement le « public », à bénéficier d'un droit d'accès à l'information et aux documents de l'Union. Après la publication par le Conseil et par la Commission, le 6 décembre 1993 d'un *Code de conduite concernant l'accès du public aux documents du Conseil et de la Commission* [3], le Conseil, le 20 décembre 1993 [4], puis la Commission, le 8 février 1994 [5], prirent les décisions destinées à rendre ces mesures effectives. Il s'agit bien là d'un réel progrès [6], qui « renforce le caractère démocratique du processus décisionnel ainsi que la confiance du public envers l'administration » (Décis. 94/90 CECA/CE/Euratom relative à « *l'accès du public aux documents de la Commission* » [7]). Ces différents textes allaient donc permettre au public de consulter tout « document » émanant du Conseil ou de la Commission, qui conservent toutefois le droit de ne pas communiquer ceux dont la divulgation pourrait être susceptible de porter atteinte à la protection d'un intérêt public, notamment dans le cadre d'une procédure juridictionnelle, ou même dans le domaine privé (protection de la vie privée, du secret en matière commerciale ou industrielle). Il en sera d'ailleurs de même quand il s'agira de protéger le secret des délibérations du Conseil. Tout refus devra toutefois être suffisamment motivé, sous peine d'annulation (TPICE 19 oct. 1995, *John Carvel and Guardian Newspapers Ltd c. Conseil,* aff. T-194/94, *Rec.* p. II-2765).

1. Devenue, avec le Traité de Lisbonne, procédure législative ordinaire (art. 294 TFUE) ; sur ce point, cf. *supra.*
2. Rappelée en son temps par le Conseil d'État français, dans son Rapport public 1992, *Doc. fr.*, p. 55 à 60.
3. *JOCE* L. 340, 31 déc. 1993, p. 41.
4. *JOCE* L. 340, 31 déc. 1993, p. 43.
5. *JOCE* L. 46/60, 18 févr. 1994, p. 60.
6. Même si le Danemark avait souhaité appliquer sa propre législation, jugée beaucoup plus libérale, cf. à ce propos, conclusions du Conseil européen d'Édimbourg du 12 déc. 1992, après le rejet par le Danemark, suite au référendum du 2 juin 1992, du Traité sur l'Union européenne (*JOCE* C., 31 déc. 1992, p. 1).
7. *Ibid.*

798 ***La transparence des travaux du Conseil*** ◇ Devant les critiques portant sur le caractère secret de ses délibérations qui se sont toujours déroulées à huis clos, le Conseil, conformément aux souhaits formulés par le Conseil européen d'Édimbourg (11 et 12 décembre 1992), a modifié son règlement intérieur le 6 décembre 1993 [1] et adopté un Code de conduite, le 2 octobre 1995, afin de pouvoir donner une certaine publicité à ses travaux. Le Traité de Maastricht avait en effet prévu que le Conseil, après avoir déterminé les cas dans lesquels il agissait en qualité de législateur [2], devait rendre publics les résultats et les explications de ses votes, ainsi que les déclarations inscrites au procès-verbal de ses travaux (art. 240 § 3 TFUE).

Ces dispositions ont depuis été confirmées lors des modifications qui ont suivi [3]. Le règlement intérieur du Conseil (Décis. Conseil 2004/338/CE Euratom, 22 mars 2004, portant adoption de son règlement intérieur) a encore renforcé la publicité de ses délibérations, qui relèvent pourtant toujours en principe du secret professionnel et ne sont pas publiques, sauf quand elles portent sur des actes adoptés selon la procédure de codécision (devenue procédure législative ordinaire de l'art. 294 TFUE). La discussion est alors ouverte au public toutes les fois que la Commission présente ses principales propositions législatives et qu'un débat a lieu ensuite au sein du Conseil et à condition qu'il s'agisse des délibérations finales du Conseil aboutissant à un vote, du vote ou des explications qui l'accompagnent. Le Conseil « affaires générales », est en outre tenu d'organiser une fois par an un débat public sur son programme opérationnel ou, le cas échéant sur celui de la Commission. Ces sessions publiques sont également diffusées par des moyens audiovisuels. Les résultats des votes, leur explication et les déclarations sont publiés dans le cadre de l'activité législative du Conseil, de l'adoption des positions communes, de la réunion d'un comité de conciliation et de l'établissement d'une convention dans le domaine de la coopération policière et judiciaire en matière pénale. Le règlement intérieur a même prévu la publicité des votes, des explications de vote et du procès-verbal :

– quand le Conseil agit en sa qualité de législateur ou dans le cadre de la Politique étrangère et de sécurité commune par décision unanime du Conseil ou du COREPER prise à la demande d'un de leurs membres ;

– quand il adopte une position commune dans le domaine de la coopération policière et judiciaire en matière pénale, par décision unanime du Conseil ou du COREPER prise à la demande d'un de leurs membres ;

– dans les autres cas, par décision du Conseil ou du COREPER prise à la demande d'un de leurs membres (art. 9).

Depuis, un certain nombre d'initiatives émanant de l'ensemble des institutions communautaires ont encore renforcé cette exigence de transpa-

1. *JOCE* L. 304, 10 déc. 1993, p. 43.

2. La Cour évoque le « système législatif du Traité » (CJCE 17 déc. 1970, *Köster*, aff. 25/70, *Rec.* p. 1161) ou le « pouvoir législatif de la Communauté » (CJCE 9 mars 1978, *Simmenthal*, aff. 106/77, *Rec.* p. 629).

3. Cf. Règl. int. Conseil, 31 mai 1999, *JOCE* L. 147, 12 juin 1999, p. 13.

rence [1], que devait d'ailleurs ensuite confirmer le Traité de Lisbonne, en décidant que le Conseil devrait désormais siéger en public toutes les fois qu'il est appelé à délibérer et à voter sur un projet d'acte législatif (art. 15 § 2 TFUE) [2].

B. L'apport du Traité d'Amsterdam

799 Ce Traité, dont la conclusion avait été prévue par le Traité de Maastricht (art. N2) et avait été préparée par une conférence intergouvernementale (CIG), ouverte à Turin, le 29 mars 1996, a été adopté par le Conseil européen d'Amsterdam, le 17 juin 1997, avant d'être signé par les Quinze, le 2 octobre suivant [3]. Il est entré en vigueur le 1er mai 1999. Il a contribué à renforcer la citoyenneté européenne, dont il a par ailleurs précisé le contenu. Certaines de ses dispositions ont ensuite été complétées par le Traité de Nice, puis par le Traité de Lisbonne.

800 ***Le renforcement des droits liés à la citoyenneté européenne*** ◇ Parmi les objectifs que ce Traité assignait à l'Union européenne, avait en effet été placée au tout premier rang la défense de l'emploi [4] et de « la protection des droits et des intérêts des ressortissants de ses États membres par l'instauration d'une citoyenneté de l'Union », qu'il avait même prévu de « renforcer » (art. 2 UE, 3e tiret [5]).

Après avoir rappelé que toute personne ayant la nationalité d'un État membre est citoyen de l'Union, il a tenu à rajouter que « la citoyenneté de l'Union complète la citoyenneté nationale et ne la remplace pas » (art. 20 § 1 TFUE). Malgré cette limitation apparente, il est clair qu'il s'agit d'une notion appelée à se développer [6].

801 ***L'élargissement de la protection des citoyens européens*** ◇ Dans la mesure où « l'Union est fondée sur les principes de la liberté, de la démocratie, du respect des droits de l'homme et des libertés fondamentales, ainsi que de l'État de droit » et où elle respecte les droits fondamentaux garantis par la Convention européenne des droits de l'homme du 4 novembre 1950 et par les traditions constitutionnelles communes aux États membres, en

1. Qu'il s'agisse de l'Accord interinstitutionnel, 16 déc. 2003, Mieux légiférer (*JOCE* C. 321, 31 déc. 2003, p. 1), du Livre vert consacré par la Commission, 3 mai 2006, à l'initiative européenne en matière de transparence (COM(2006)194 final), de la proposition résol. n° 3399, 30 oct. 2006, tendant à modifier le règlement de l'Assemblée nationale pour établir des règles de transparence concernant les groupes d'intérêts ou encore de la Communication Commission, 21 mars 2007 (COM(2007) 127 final).
2. Sur ce point, cf. *infra*.
3. Ce Traité est entré en vigueur le 1er mai 1999.
4. Un nouveau Titre VIII (ex-Titre VI A) est d'ailleurs tout particulièrement consacré à l'emploi (art. 125 à 130, ex-109N à 109S).
5. Cette disposition a été modifiée par le Traité de Lisbonne.
6. Sur tous ces points, cf. *supra*.

tant que principes généraux du droit communautaire (art. 6 UE, 1 et 2) [1], il est donc devenu possible depuis Amsterdam de sanctionner les États qui ne respecteraient pas ces règles. Le Conseil européen statuant à l'unanimité sur proposition d'un tiers des États membres ou de la Commission, et après approbation du Parlement européen peut dans un premier temps, constater l'existence d'une violation grave et persistante par un État membre des valeurs visées à l'article 2 (respect de la dignité humaine, liberté, démocratie, égalité, État de droit, respect des droits de l'homme, y compris des droits des personnes appartenant à des minorités, etc.), non sans avoir préalablement invité son gouvernement à présenter ses observations. En cas de « violation grave et persistante » de ces principes par un État membre, le Conseil statuant cette fois à la majorité qualifiée, pourra, après avoir invité l'État responsable à présenter ses observations, décider de le priver de certains de ses droits, y compris de son droit de vote au sein du Conseil (art. 7 TUE). Il devra tenir compte des conséquences de ces mesures « sur les droits et obligations des personnes physiques et morales ». Le Traité de Nice avait d'ailleurs sensiblement modifié cette procédure en y ajoutant une étape préliminaire : le Conseil, sur proposition motivée d'un tiers des États membres, du Parlement européen ou de la Commission, peut à la majorité des quatre cinquièmes de ses membres et après avis conforme du Parlement européen, constater l'existence d'un « risque clair de violation grave » de ses principes par un État membre qu'il devra préalablement avoir entendu. Il devra alors lui adresser des « recommandations appropriées » (art. 7 § 1 TUE). Il s'agit avant tout d'une procédure dissuasive destinée à convaincre l'État concerné à modifier son comportement et à lui éviter les sanctions.

802 ***La reconnaissance de garanties découlant de la citoyenneté européenne*** ◇ Elle impose désormais à l'Union d'accorder certaines garanties à ses citoyens :

– il s'agit tout d'abord du droit à la différence qui implique l'interdiction de « toute discrimination exercée en raison de la nationalité » (art. 18 TFUE) ou « fondée sur le sexe, la race ou l'origine ethnique, la religion ou les convictions, un handicap, l'âge ou l'orientation sexuelle » (art. 19 TFUE) [2]. Chaque État membre doit également faire « application du principe de l'égalité des rémunérations entre travailleurs masculins et travailleurs féminins pour un même travail ou un travail de même valeur » (art. 157 TFUE) ;

– l'Union contribue également à la protection de la santé publique (art. 168 TFUE) et des consommateurs (art. 169 TFUE).

Pour améliorer l'information des citoyens, dont la Cour avait montré les insuffisances (CJCE 30 avr. 1996, *Pays-Bas c. Conseil*, aff. C-58/94, *Rec.*

1. Cette disposition a été modifiée par le Traité de Lisbonne.

2. L'art. 13 autorise le Conseil à prendre les mesures nécessaires en vue de combattre ces discriminations à l'unanimité sur proposition de la Commission et après consultation du Parlement européen : quand il s'agit d'adoption de « mesures d'encouragement communautaires », le Traité de Nice autorise le Conseil à statuer selon la procédure de codécision de l'art. 251 CE (art. 13-2 nouveau CE).

I-2169), le Traité d'Amsterdam avait tenu à ajouter un article 255 dans le Traité CE [1]. Tout citoyen de l'Union et toute personne physique ou morale résidant ou ayant son siège dans un État membre pourra désormais avoir accès aux documents des institutions, organes et organismes de l'Union et ce quel que soit leur support (art. 15 § 3 TFUE) [2] ; le Conseil, en codécision (devenue procédure législative ordinaire) avec le Parlement européen, se réservait également le droit, dans les deux ans suivant l'entrée en vigueur de ce Traité [3], de fixer les principes généraux et les limites qui, pour des raisons d'intérêt public ou privé, lui seront applicables [4]. Le Conseil devant prévoir dans son règlement intérieur les conditions d'accès du public à ses documents (art. 240 § 3 TFUE). Le règlement 1049/2001/CE du Parlement européen et du Conseil du 30 mai 2001 relatif à l'accès du public aux documents du Parlement européen du Conseil et de la Commission (applicable depuis le 3 décembre 2001) [5], adopté sur la base de l'article 255 § 2 CE (remplacé par art. 15 § 2 TFUE) a donc défini les principes, les conditions et les limites de ce droit. Seule la protection d'un intérêt public (sécurité publique, défense, relations internationales, politique financière, monétaire ou économique de la Communauté ou d'un État membre), de la vie privée ou de l'intégrité de l'individu pourra justifier le refus d'accès à un document. La protection des intérêts commerciaux d'une personne physique ou morale, ainsi que des procédures juridictionnelles ou d'enquête, pourra également être invoquée à l'appui du rejet d'une demande, à moins qu'un intérêt supérieur n'en justifie la divulgation (art. 4). Un État membre devra consulter l'institution à l'origine d'un document en sa possession, avant d'en permettre l'examen (art. 5). La demande d'accès, qui pourra n'être que partielle, devra être formulée par écrit, mais n'aura pas forcément à être justifiée. L'accès aux documents peut s'effectuer sur place ou donner lieu à l'envoi de copies (art. 10).

Le Conseil est également tenu de porter à la connaissance des citoyens les résultats et les explications de vote, relatifs aux actes unilatéraux qu'il adopte en sa qualité de « législateur communautaire » [6].

Ces dispositions sont à rapprocher de la faculté ouverte par le Traité d'Amsterdam à tout citoyen de l'Union d'écrire aux institutions ou organes visés à l'article 21 (médiateur) ou à l'article 7 (Parlement européen, Conseil, Commission, Cour de justice, Cour des comptes) dans l'une des (vingt et une) langues officielles de l'UE et de recevoir une réponse rédigée dans la même langue (art. 21 al. 3 CE). Il s'agit avant tout du droit d'obtenir des informations officielles concernant le fonctionnement de l'UE.

1. Cette disposition sera remplacée par l'art. 15 TFUE.

2. Le Traité d'Amsterdam limitait ce droit d'accès aux documents du Parlement européen, du Conseil et de la Commission et aux supports traditionnels (art. 255 CE).

3. À savoir le 1er mai 2001 (le Traité d'Amsterdam étant entré en vigueur le 1er mai 1999).

4. Ces limites ont d'ailleurs été reprises par l'art. 15 § 3 TFUE.

5. *JOCE* L. 145, 31 mai 2001, p. 43.

6. Selon l'expression même de la Cour qui parle du « pouvoir législatif de la Communauté » (CJCE 9 mars 1978, *Simmenthal*, préc.).

Le Traité d'Amsterdam a donc sensiblement renforcé les droits déjà reconnus aux citoyens européens, d'autant que le « protocole n° 9 sur le rôle des parlements nationaux dans l'Union européenne » impose à la Commission de les informer régulièrement de ses activités et de leur transmettre ses propositions législatives (point 1) [1].

C. L'apport du Traité de Lisbonne

803 ***L'extension de la protection des citoyens*** ◇ En affirmant que « dans ses relations avec le reste du monde, l'Union affirme et promeut ses valeurs et ses intérêts et contribue à la protection de ses citoyens » (art. 3 § 5 TUE), le Traité de Lisbonne entend tout d'abord rassurer les citoyens contre les risques de la mondialisation. Cette disposition, dont la portée est avant tout symbolique et dont on voit en effet difficilement quel pourrait être l'impact, a été insérée dans le Traité à la demande de la France. Il tient également à rappeler que toute personne ayant la nationalité d'un État membre est citoyen de l'Union et que « la citoyenneté de l'Union s'ajoute à la citoyenneté nationale et ne la remplace pas » (art. 9 TUE). Ce Traité entend également rappeler que le fonctionnement de l'Union est fondé sur la « démocratie représentative » qui veut que les citoyens soient directement représentés, au niveau de l'Union, au Parlement européen, et qui repose sur des institutions (Conseil européen et Conseil), dont les membres sont démocratiquement responsables, soit devant leurs parlements nationaux, soit devant leurs citoyens ; la « démocratie représentative » implique également que tout citoyen puisse participer à la vie démocratique de l'Union, dont les décisions doivent être prises aussi ouvertement et aussi près que possible des citoyens (principe de subsidiarité), dont les partis politiques, appelés à contribuer à la formation de la conscience politique européenne, sont censés exprimer la volonté (art. 10 § 4 TUE).

En conférant une valeur contraignante à la *charte des droits fondamentaux de l'Union* (art. 6 § 1 TUE) et en prévoyant également l'adhésion de l'Union à la *Convention européenne de sauvegarde des droits de l'homme et des libertés fondamentales* [2] (art. 6 § 2 TUE), ce Traité qui accorde également, soit directement (droit d'initiative citoyenne), soit indirectement (clause de retrait ou renforcement du rôle des Parlements nationaux) de nouveaux droits aux citoyens européens, s'inscrit clairement dans la continuité des Traités de Maastricht et d'Amsterdam.

804 ***La charte des droits fondamentaux de l'Union acquiert une force juridique contraignante*** ◇ Ce texte, signé et proclamé par le Parlement européen, le Conseil et la Commission à Nice, le 7 décembre 2000, puis

1. Dans chaque parlement national, devra exister une commission parlementaire spécialisée dans les affaires européennes.

2. Mais contrairement à ce qu'avait prévu le Traité constitutionnel, la ratification se fera à l'unanimité (et non à la majorité qualifiée) et prendra effet après ratification par tous les États membres (Prot. n° 8).

modifié par le Parlement européen, à Strasbourg, le 12 décembre 2007, n'avait pas jusque-là de valeur juridique contraignante. Avec le Traité de Lisbonne, il devient donc désormais obligatoire (art. 6 § 1 TUE), mais contrairement à ce qu'avait pourtant prévu la conférence intergouvernementale (CIG) de 2004, il ne figurera pas en tant que tel dans le Traité qui se contentera seulement de le mentionner dans l'article 6 § 1 TUE relatif aux droits, libertés et principes reconnus par l'Union... Selon la déclaration n° 1 annexée à ce Traité : la charte des droits fondamentaux de l'Union européenne, juridiquement contraignante, confirme les droits fondamentaux garantis par la Convention européenne de sauvegarde des droits de l'homme et des libertés fondamentales et tels qu'ils résultent des traditions constitutionnelles communes aux États membres. La charte n'étend pas le champ d'application du droit de l'Union au-delà des compétences de l'Union, ni ne crée aucune compétence ni aucune tâche nouvelle pour l'Union et ne modifie pas les compétences et tâches définies par les traités ». Elle n'est toutefois pas opposable au Royaume-Uni [1] et à la Pologne [2], qui ont en effet obtenu de bénéficier d'une dérogation quant à son application (Prot. n° 30), ainsi qu'à la République tchèque [3], notamment en ce qui notamment en ce qui concerne son Titre IV (Solidarité) (déclaration n° 53).

Cette charte, dont le préambule affirme que « l'Union se fonde sur les valeurs indivisibles et universelles de dignité humaine, de liberté, d'égalité et de solidarité [et] repose sur le principe de la démocratie et le principe de l'État de droit », s'efforce de consacrer un certain nombre de valeurs citoyennes qui constituent la base même d'une Europe politique [4]. Son Titre V [5], consacré à la « citoyenneté » (art. 39 à 46) vise en effet à garantir à tout

1. Le Royaume-Uni, pays de *Common Law*, s'est toujours montré particulièrement réticent vis-à-vis de cette Déclaration écrite des droits à portée générale, qui emprunte pour l'essentiel aux traditions juridiques française et allemande et dont il craint en plus qu'elle ne prime sur leur droit et leur interdise certaines pratiques, auxquelles les britanniques sont particulièrement attachés, telles que certains travaux exercés par des enfants. Cf. sur ce point, S. Lefèvre, « Le Royaume-Uni et la charte des droits fondamentaux », *in Le Traité de Lisbonne*, op. cit., p. 165 à 177.

2. La Pologne, qui craignait en effet que la charte ne les empêche de légiférer en matière de « moralité publique » ou du « droit de la famille », a déclaré unilatéralement que « la charte ne porte atteinte en aucune manière au droit des États membres de légiférer dans le domaine de la moralité publique, du droit de la famille ainsi que de la protection de la dignité humaine et du respect de l'intégrité physique et morale »).

3. Qui a également obtenu, lors du Conseil européen de Bruxelles des 29 et 30 oct. 2009, de bénéficier d'une clause dérogatoire indispensable à l'achèvement du processus de ratification par la République tchèque. Il s'agissait pour le président Vaclav Klaus d'empêcher ainsi que les Allemands des Sudètes expulsés en 1945 puissent obtenir réparation... Les chefs d'État et de Gouvernement ont donc accepté d'annexer, lors de la conclusion du prochain Traité d'adhésion, le Prot. (annexe 1) au TUE et au TFUE, qui étend à la République tchèque, le Prot. n° 30 sur l'application de la charte des droits fondamentaux de l'UE à la Pologne et au Royaume-Uni (concl. présidence, Bruxelles, 29 et 30 oct. 2009, art. 3).

4. Cf. à ce propos F. Benoit Rohmer, « Valeurs et droits fondamentaux dans le Traité de Lisbonne », *in Le Traité de Lisbonne* dir. E. Brosset, C. Chevallier-Govers, V. Edjaharian et C. Schneider, Bruylant, 2009, p. 143 à 164.

5. Sur le contenu de la charte, cf. *supra*.

citoyen européen, ainsi d'ailleurs qu'à « toute personne physique ou morale résidant ou ayant son siège statutaire dans un État membre » des droits fondamentaux dont la plupart étaient déjà consacrés par les traités antérieurs [1] :

– tout citoyen européen dispose du droit de vote et d'éligibilité aux élections du Parlement européen et aux élections municipales (art. 39 § 1 et 40) ;

– toute personne a droit à une bonne administration qui doit lui permettre de voir ses affaires traitées impartialement, équitablement et dans un délai raisonnable par les institutions et organes de l'Union (droit à être entendu par l'administration, droit d'accès aux dossiers, obligation pour l'administration de motiver ses décisions, droit à réparation, droit à communiquer avec les institutions de l'Union dans sa propre langue) (art. 41) ;

– tout citoyen européen ou toute personne physique ou morale résidant ou ayant son siège statutaire dans un État membre dispose d'un droit d'accès aux documents des institutions, organes et agences de l'Union, quelle que soit la forme sous laquelle ils sont produits (transparence) (art. 42) ;

– tout citoyen européen ou toute personne physique ou morale résidant ou ayant son siège statutaire dans un État membre a le droit de saisir le médiateur européen (art. 43) ;

– tout citoyen européen ou toute personne physique ou morale résidant ou ayant son siège statutaire dans un État membre a le droit de pétition devant le Parlement européen (art. 44) ;

– tout citoyen européen a le droit de circuler et de séjourner librement sur le territoire des États membres. La liberté de circulation peut également être accordée aux ressortissants des pays tiers résidant légalement sur le territoire d'un État membre (art. 45) ;

– tout citoyen de l'Union bénéficie enfin, sur le territoire d'un pays tiers où l'État membre dont il est ressortissant n'est pas représenté du droit à la protection diplomatique et consulaire, dans les mêmes conditions que les nationaux de cet État (art. 46).

805 ***Le droit d'initiative citoyenne*** ◇ Les citoyens européens auront également désormais le droit, sans doute assez théorique, d'« inviter » la Commission européenne (qui n'est donc pas tenue de donner suite), dans le cadre de ses attributions, à soumettre une proposition appropriée au Parlement européen et au Conseil de l'Union européenne (art. 11 § 4 TUE et 24 al. 1er TFUE). Il sera toutefois nécessaire de recueillir préalablement l'approbation d'un million de citoyens de l'Union, ressortissants d'un nombre « significatif » d'États membres. Il faudra également que l'acte juridique demandé soit « nécessaire aux fins de l'application des traités » (art. 11 § 4 TUE). Il reste au Parlement européen et au Conseil à adopter des règlements destinés à fixer les modalités pratiques relatives à la mise en œuvre de cette procédure, comme le nombre minimum d'États membres dont les citoyens

1. Cf. *supra*.

à l'origine de cette initiative doivent provenir (art. 24 al. 1er TFUE). Cette disposition, relativement imprécise et difficile à mettre en œuvre aurait, semble-t-il, assez peu de chances d'aboutir en pratique.

806 ***La clause de retrait*** ◇ Elle confère pour la première fois à tout État membre le droit de se retirer de l'Union européenne, conformément à ses règles constitutionnelles (art. 50 TUE). Il devra tout d'abord notifier son intention au Conseil européen, avant de négocier (conformément à l'art. 218 § 3 TFUE) et de conclure avec le Conseil, au nom de l'Union, à la majorité qualifiée et après approbation du Parlement, un accord fixant les modalités de son retrait, en tenant compte de ses relations futures avec elle. Les traités ne sont alors plus applicables à cet État, à partir de la date d'entrée en vigueur de cet accord, ou à défaut, deux ans après sa notification, sauf si le Conseil européen, en accord avec lui, décide à l'unanimité de prolonger ce délai. Le membre du Conseil européen et du Conseil représentant l'État membre qui se retire ne participe ni à leurs délibérations, ni à leurs décisions. Il restera toutefois toujours possible à l'État qui s'est retiré de demander à nouveau à adhérer. Il s'agit d'une avancée particulièrement intéressante, dans la mesure où pour la première fois un traité reconnaît aux peuples européens un droit qui n'est pas sans rappeler le droit à l'autodétermination [1], qui permet à toute collectivité de décider souverainement de son destin.

807 ***La consécration du rôle des parlements nationaux*** ◇ Le Traité de Lisbonne a également tenu à consacrer le rôle essentiel des parlements nationaux qui sont directement l'expression du suffrage universel et donc de la volonté des citoyens (art. 12 TUE). Il rappelle en effet qu'ils « contribuent activement au bon fonctionnement de l'Union », en étant informés par ses institutions et en recevant notification de ses actes législatifs, conformément au protocole (n° 1) sur le rôle des parlements nationaux dans l'Union européenne. Ainsi tous les documents non obligatoires de la Commission (Livres verts, livres blancs et communications), ainsi que les projets d'actes législatifs adressés au Parlement européen et au Conseil, devront-ils leur être directement transmis lors de leur publication (art. 1er et 2). Mais surtout ce texte met en place un mécanisme de contrôle renforcé du respect du *principe de subsidiarité*. Ce mécanisme permet en effet aux Parlements nationaux, en adressant un « avis motivé » aux présidents du Parlement européen, du Conseil et de la Commission, de faire échouer les propositions de la Commission qui ne seraient pas conformes à ce principe (art. 3), selon la procédure prévue par le protocole (n° 2) sur l'application des principes de subsidiarité et de proportionnalité. Les parlementaires nationaux disposeront donc d'un délai de huit semaines, à compter de la transmission d'un

1. Cf. J. Andrassy, « Le droit des peuples à l'autodétermination », *Rev. politique int.* 1965, n° 273-3, p. 7.

projet d'acte législatif, pour adresser aux présidents du Parlement européen, du Conseil et de la Commission un avis motivé sur le non-respect du principe de subsidiarité. Les parlements nationaux pourront d'ailleurs également examiner dans les mêmes conditions les propositions émanant d'un groupe d'États membres, de la Cour de justice, de la Banque centrale européenne ou de la Banque européenne d'investissement (art. 6 Prot.) [1], qui devront alors obligatoirement en tenir compte (art. 7 § 1). Il s'agit en effet d'inciter les parlements nationaux, qui disposent chacun de deux voix [2], à se saisir le plus tôt possible des propositions d'actes législatifs, avant même leur transposition en droit national. Le projet devra en effet être réexaminé, si le tiers au moins [3] des voix attribuées aux parlements nationaux l'a jugé non conforme au principe de subsidiarité (« mécanisme d'alerte précoce »). L'institution ou le groupe d'États membres à l'origine du projet pourra choisir, soit de maintenir le projet, soit de le modifier, soit de le retirer et devra motiver sa décision. Si la Commission, dans le cadre de la procédure législative ordinaire, persistait malgré tout, à maintenir sa proposition, le Parlement européen ou le Conseil devraient alors décider s'il convient de poursuivre ou non la procédure législative. Si 55 % des membres du Conseil ou une majorité des suffrages exprimés au Parlement européen estiment que la proposition n'est pas compatible avec le principe de subsidiarité, elle devrait alors être purement et simplement abandonnée (art. 7).

Après l'adoption d'un acte législatif, un État membre pourra en outre toujours demander à la Cour de justice de l'Union européenne de se prononcer, au nom de son parlement national, sur un recours pour violation du principe de subsidiarité (art. 8).

SECTION 2. LES CONSÉQUENCES DE LA RECONNAISSANCE DE LA CITOYENNETÉ EUROPÉENNE

808 La reconnaissance de la citoyenneté européenne, qui constitue un facteur essentiel d'intégration [4], s'accompagne de conséquences directes, mais également de conséquences indirectes.

1. Dès 2006, à l'initiative du président de la Commission européenne, José Manuel Barroso, les parlements nationaux pouvaient d'ailleurs déjà procéder à de tels contrôles de subsidiarité. Ainsi à l'Assemblée nationale française, « sept ou huit contrôles » de ce type ont déjà eu lieu depuis cette date.

2. En France, une voix pour l'Assemblée nationale et une pour le Sénat.

3. Le quart s'il s'agit d'un projet d'acte législatif présenté sur la base de l'art. 76 TFUE relatif à l'espace de liberté, de sécurité et de justice.

4. Comme en témoigne par ex. le programme « L'Europe pour les citoyens », qui a pour objet d'analyser les moyens les plus efficaces d'améliorer le niveau de participation civique des citoyens européens et de montrer son importance pour l'intégration européenne. Ce programme participe au cofinancement de projets (215 millions d'euros pour la période 2007-2013) portant sur quatre sujets : « Des citoyens actifs pour l'Europe », « Une société civile active en Europe », « Tous ensemble pour l'Europe », « Une mémoire européenne active ».

§ 1. Les conséquences directes

809 Outre l'extension, plus ou moins sensible selon les domaines, des libertés déjà contenues dans les traités, la reconnaissance d'une citoyenneté européenne a eu pour effet de sensiblement renforcer les droits qui s'y sont progressivement attachés.

A. L'extension des libertés reconnues aux citoyens

810 ***La reconnaissance progressive des libertés du citoyen*** ◇ Les traités originaires, qui reposaient essentiellement sur un fondement libéral impliquant nécessairement la suppression totale des frontières, ont imposé aux États membres d'abolir l'ensemble des obstacles à la liberté de circulation (art. 3 c CE, abrogé). Ils se limitaient en effet à réglementer les activités strictement économiques et se contentaient de reconnaître cette liberté aux seuls « travailleurs », ce qui semblait en exclure les autres catégories de personnes. Ces restrictions comportaient toutefois certaines possibilités d'extension. Ils devaient d'ailleurs être complétés par le droit dérivé à l'origine de nombreuses mesures d'harmonisation destinées à faciliter la libre circulation des citoyens.

1. Les dispositions des traités originaires

811 ***Le droit des « travailleurs »*** ◇ Il n'est donc pas étonnant, qu'à l'origine le Traité de Rome, dont le contenu était presque exclusivement économique, reconnaisse seulement aux « travailleurs », sans d'ailleurs jamais en donner une quelconque définition, le droit de demeurer dans l'État membre dans lequel ils avaient exercé leur emploi, et ce même après avoir cessé de l'occuper (art. 45 § 3 d TFUE). Les libertés contenues dans les traités ont ensuite progressivement pu être étendues à d'autres catégories que celles initialement concernées.

812 ***Des possibilités d'extension*** ◇ Une résolution [1] du Conseil du 15 mai 1984 sur *l'informatisation des procédures administratives dans les échanges intracommunautaires* [2], suivie d'une résolution du 19 juin 1984 du Conseil des représentants des gouvernements des États membres réunis au sein du Conseil relative à la *libre circulation des personnes à l'intérieur de la Communauté* [3] avaient en effet préconisé des mesures destinées à faciliter et à accélérer la circulation des personnes au sein de la Communauté. La Cour de justice s'est pour sa part également efforcée d'accorder ces libertés à d'autres catégories d'individus. Elle a ainsi d'abord décidé que la liberté de prestation

1. Sans valeur juridique contraignante.
2. *JOCE* C. 137, 24 mai 1984, p. 1.
3. *JOCE* C. 159, 19 juin 1984.

de services devait permettre à tous les destinataires de bénéficier dans tous les États membres d'un service, sans pour autant être gênés par des restrictions, même en matière de paiements (CJCE 31 janv. 1984, *Luisi et Carbone*, aff. 286/82 et 26/83, *Rec.* 377, concl. F. Mancini). Elle a ensuite progressivement accepté d'étendre à certaines catégories d'étudiants [1] le droit à la liberté d'établissement, dans la mesure où leurs activités pouvaient se rattacher à la formation professionnelle et donc à la politique sociale (CJCE 2 févr. 1988, *Blaizot*, aff. 24/86, *Rec.* p. 379, concl. G. Slynn). Elle a également reconnu à un ressortissant britannique victime d'une agression lors d'un séjour en France, la qualité de touriste, qui est « celle d'un prestataire de service », de façon à ce qu'il puisse bénéficier d'une indemnisation, au même titre que les nationaux (CJCE 2 févr. 1989, *Ian William Cowan c. Trésor Public*, aff. 186/87, *Rec.* 195, concl. C.O. Lenz). Un touriste doit également pouvoir bénéficier de la gratuité des musées dans les mêmes conditions que les nationaux (CJCE 15 mars 1994, *Commission c. Espagne*, aff. C-45/93, *Rec.* p. I-911, concl. C. Gulman).

813 ***L'apport des accords de Schengen*** ◇ Des textes spécifiques, tels que les *accords de Schengen* [2] en 1985, qui n'avaient pourtant pas à l'origine un caractère communautaire, ont par ailleurs permis de compléter les traités et d'en étendre les effets. Ces accords ont en effet très largement contribué à faciliter le passage des frontières internes à la Communauté et ont progressivement abouti à la disparition de toutes les formes de contrôles à l'intérieur de « l'espace Schengen », du moins pour les particuliers. Maastricht a ensuite étendu le droit de circuler et de séjourner librement sur le territoire des États membres à « tout citoyen de l'Union » (art. 21 TFUE) [3].

2. Les dispositions de droit dérivé

L'extension des libertés contenues dans les traités a bien souvent nécessité l'adoption par les institutions communautaires de mesures destinées à harmoniser les droits nationaux afin d'en faciliter l'exercice et parfois même de le rendre possible.

814 ***L'harmonisation des unités de mesure*** ◇ Les législations des États membres relatives à l'emploi d'unités de mesure étaient très différentes d'un pays à l'autre de la Communauté, entravant ainsi les transactions commerciales, il s'est rapidement avéré nécessaire de procéder à leur harmonisation. Une directive 80/181/CEE du Conseil, du 20 décembre 1979, concernant le *rapprochement des législations des États membres relatives aux unités de mesure* [4]

1. Sur ce point, cf. *infra*.
2. Cf. *infra*.
3. Sur ce point, cf. *infra*.
4. *JOCE* L. 039, 15 févr. 1980, p. 40.

(plusieurs fois modifiée depuis [1]), s'est donc efforcée de fixer des règles communes dans ce domaine [2], en ce qui concerne les instruments de mesure utilisés, les mesurages effectués et les indications de grandeur exprimées en unités de mesure, dans le circuit économique, dans les domaines de la santé et de la sécurité publique, ainsi que les opérations à caractère administratif. Seules les unités de mesure fixées en annexe de ce texte pourront donc désormais être employées par les États membres. Cette réglementation ne s'applique toutefois pas à la navigation maritime et aérienne et au trafic par voie ferrée, qui restent autorisés à se servir des unités prévues par des conventions ou accords internationaux liant la Communauté ou les États membres.

815 ***L'harmonisation de l'heure d'été*** ◇ Une première directive 80/737/CEE du Conseil du 22 juillet 1980 concernant les dispositions relatives à *l'heure d'été* [3] a décidé d'harmoniser les dates et les heures de début et de fin de la période d'été, pour faciliter les transports et les communications, particulièrement sensibles aux différences d'horaires entre États membres. Une deuxième directive 82/399/CEE du Conseil, du 10 juin 1982 [4], a ensuite fixé une date commune du début de période (le dernier dimanche de mars), mais deux dates différentes de fin (le dernier dimanche de septembre pour l'Europe continentale et le quatrième dimanche d'octobre pour le Royaume-Uni et l'Irlande). La septième directive 94/21/CE du Parlement européen et du Conseil du 30 mai 1994 concernant les dispositions relatives à l'heure d'été [5], en insistant sur l'importance « pour le fonctionnement du marché intérieur, de fixer une date et une heure communes pour le début et la fin de la période de l'heure d'été valables dans l'espace communautaire « a totalement harmonisé, à compter de 1996, les dates des modifications horaires sur l'ensemble du territoire de l'Union en optant pour le choix britannique des derniers dimanches de mars et d'octobre. La neuvième directive 2000/84/CE du Parlement européen et du Conseil du 19 janvier 2001 concernant les dispositions relatives à l'heure d'été [6], prévue pour une durée indéterminée, définit l'heure d'été, comme la « période de l'année pendant laquelle l'heure est avancée de soixante minutes par rapport à l'heure du reste de l'année » (art. 1) et qui « commence, dans chaque État membre, à 1 heure du matin, temps universel, le dernier dimanche de mars » (art. 2), pour se terminer, à la même heure, le dernier dimanche d'octobre (art. 3). La Commission est pour sa part tenue de publier tous les cinq ans au *JOUE* une communication contenant le calen-

1. *JOCE* L. 034, 9 févr. 2000, p. 17.
2. Après une première Dir. 71/354/CEE Conseil, 18 oct. 1971 visant à harmoniser les législations des États membres afin d'éliminer les entraves aux échanges en faisant adopter au niveau communautaire le système international d'unités.
3. *JOCE* L. 205, 7 août 1980, p. 17.
4. *JOCE* L. 173, 19 juin 1982, p. 17.
5. *JOCE* L. 164, 30 juin 1994, p. 33.
6. *JOCE* L. 31, 2 févr. 2001, p. 21.

drier des dates de début et de fin de la période de l'heure d'été pour les cinq années suivantes (art. 4).

816 ***La création d'un passeport européen*** ◇ Lors du sommet de Paris des 9 et 10 décembre 1974, les chefs d'État et de Gouvernement des Neuf avaient mis en place un comité d'experts chargé de préparer une uniformisation des passeports, avant de mettre en œuvre une union des passeports, de supprimer le contrôle des passeports à l'intérieur de la Communauté et d'harmoniser les conditions d'admission et de séjour dans chaque État membre. Le Conseil européen de Rome des 3 et 4 décembre 1975 avait ensuite décidé d'instaurer à partir de 1978 un passeport d'un modèle uniforme, dont le premier modèle devait être adopté, le 23 juin 1981, par les représentants des Gouvernements des Dix [1], avant d'être présenté à la presse, lors du Conseil européen de Fontainebleau, les 25 et 26 juin 1984, par le président François Mitterrand, président en exercice de la Communauté. Mis en circulation à partir du 1er janvier 1985, les premiers passeports européens, de format unique et de couleur grenat, associent les signes de reconnaissance nationale et communautaire. Ainsi, la mention « Communauté européenne » (désormais remplacée par « Union européenne ») figure-t-elle dans la ou les langues de l'État membre qui a émis le passeport, dont le nom est également mentionné sur la couverture. Mais le coût, la durée de validité et les conditions d'octroi du passeport européen restent en revanche de la compétence nationale. Le passeport européen constitue néanmoins un signe de reconnaissance et un document d'identité commun à tous les citoyens de la Communauté européenne. Il est introduit progressivement au fur et à mesure du remplacement des passeports nationaux. Il a depuis été sécurisé [2].

817 ***L'adoption d'un permis de conduire selon un modèle communautaire*** ◇ La directive 91/439/CEE du Conseil, du 29 juillet 1991, relative au permis de conduire [3] (modifiée par Dir. 96/47/CE Conseil, 23 juill. 1996 [4]), imposait aux États membres de délivrer, à compter du 1er juillet 1996 [5], un permis de conduire conforme au « modèle communautaire » (il ne s'agissait donc pas encore d'un véritable « permis communautaire »), destiné à faciliter la compréhension et donc la reconnaissance réciproque des permis

1. Cf. à ce propos, Résol. représentants des Gouvernements des États membres des Communautés européennes, 23 juin 1981 (*JOCE* C. 214, 19 sept. 1981, p. 1) et Résol. Conseil, 30 juin 1982 (*JOCE* C. 179, 16 juill. 1982, p. 1).

2. Cf. Règl. 2252/2004/CE Conseil, 13 déc. 2004 établissant des normes pour les éléments de sécurité et les éléments biométriques intégrés dans les passeports et les documents de voyage délivrés par les États membres (*JOCE* L. 385, 29 déc. 2004, p. 1 à 6).

3. *JOCE L.* 237, 24 août 1991 p. 1.

4. *JOCE L.* 235, 17 sept. 1996, p. 1 à 5.

5. Pour les permis délivrés avant le 1er juill. 1996, la directive avait prévu des tableaux d'équivalence soumis à l'accord de la Commission (accord conclu sous la forme juridique d'une décision et adopté le 21 mars 2000 par la Commission).

délivrés par les États membres [1]. Tout permis de conduire délivré par l'un d'entre eux devra en effet être reconnu par l'ensemble de ses partenaires, même si le permis est ancien et ne correspond pas au modèle communautaire, à condition toutefois qu'il soit encore valide. Cette première directive, très souvent modifiée depuis, a été remplacée par la directive 2006/126/CE du Parlement européen et du Conseil du 20 décembre 2006 relative au permis de conduire [2]. Ce texte, qui veut que tous les permis de conduire délivrés par les États membres puissent être mutuellement reconnus (art. 2 § 1), leur impose également de prendre les mesures nécessaires pour éviter les risques de falsification, y compris pour les modèles de permis délivrés avant l'entrée en vigueur de la directive, et d'en informer la Commission (art. 3 § 1). Les États membres devront veiller à ce que tous les permis de conduire délivrés ou en circulation remplissent toutes les exigences prévues par cette directive, au plus tard le 19 janvier 2033 (art. 3 § 3). La carte du modèle communautaire, qui devra être conforme aux normes ISO 7810 et ISO 7816-1, devra être réalisée en polycarbonate (annexe 1-1). Le permis se compose de deux faces. Ainsi la page 1 devra comprendre la mention « permis de conduire » imprimée en gros caractères dans la ou les langues de l'État membre qui l'aura délivré, dont le nom pourra toutefois ne pas être mentionné, mais dont le signe distinctif devra par contre obligatoirement être imprimé en négatif dans un rectangle bleu et entouré de douze étoiles jaunes ; elle devra également comprendre des informations spécifiques au permis délivré (identité, photo et signature du titulaire, date de délivrance du permis), ainsi que la mention « modèle des Communautés européennes » dans la ou les langues de l'État membre qui délivre le permis et la mention « permis de conduire » dans les autres langues de la Communauté, imprimées en rose afin de constituer la toile de fond du permis. La page 2 devra mentionner les informations relatives à la catégorie de véhicules que le titulaire a le droit de conduire, aux capacités (vision, audition, motricité) du conducteur, ainsi qu'aux caractéristiques techniques et administratives du véhicule (annexe I-3). Les États membres devront par ailleurs prendre les dispositions nécessaires pour s'assurer que les futurs conducteurs possèdent effectivement les connaissances, les aptitudes et les comportements liés à la conduite d'un véhicule à moteur (annexe II). Il s'agit d'encourager les États à aboutir à la création d'un modèle unique de permis européen [3].

Malgré les progrès réalisés en matière d'harmonisation des règles dans ce domaine, il reste en effet encore trop de différences entre eux, comme en ce qui concerne les dispositions relatives à la périodicité des renouvellements du permis ou aux sous catégories de véhicules. La possession d'un permis de conduire dûment reconnu par l'État d'accueil, qui constitue une condition

1. Ce principe de reconnaissance mutuelle, considéré par la Cour comme étant d'effet direct, est donc applicable dès la date d'application de la directive (1er juill. 1996) (CJCE 29 oct. 1998, *Ibiyinka Awoyemi*, aff. C-230/97, *Rec.* I-6781).
2. *JOUE* L. 403, 30 déc. 2006, p. 18 à 60.
3. Qui ne devra pas s'ajouter aux 110 modèles déjà en circulation !

indispensable à la libre circulation et la liberté d'établissement des personnes, permettrait en outre d'éviter bien des conflits [1].

B. L'affirmation des droits attachés à la citoyenneté européenne

À côté de la libre circulation et du droit de séjour les citoyens européens bénéficient du droit à la protection diplomatique et consulaire.

1. La libre circulation et le droit de séjour (art. 21 et 45 à 48 TFUE)

La libre circulation et le droit de séjour couvrent un domaine de plus en plus large (*a*), qui connaît toutefois certaines limites (*b*) et fait l'objet de nombreuses, compte tenu de la diversité de certaines situations (*c*).

a) Domaine : la libre circulation qui constitue un droit fondamental de l'UE, s'applique d'abord aux travailleurs et implique également le droit de séjourner dans le pays de son choix.

818 ***La libre circulation des personnes constitue un droit fondamental de l'Union européenne*** ◇ Le Traité de Maastricht avait été le premier texte communautaire à poser clairement le principe de la liberté de circulation et de droit de séjour des actifs mais également des non actifs.

Il ressort en effet de l'article 21 TFUE, modifié par le Traité de Lisbonne, que tout citoyen de l'Union a le droit de circuler et de séjourner librement sur le territoire des États membres, sous réserve des limitations et conditions prévues par les traités et par les dispositions prises pour son application (art. 21 § 1 TFUE). Le Parlement européen et le Conseil ont en outre la possibilité de prendre, conformément à la procédure législative ordinaire et à la majorité qualifiée (depuis le Traité de Nice), toute disposition visant à faciliter l'exercice de ces droits (art. 21 § 2). Le Conseil pourra également, en l'absence de disposition expresse des traités, à l'unanimité et après consultation de Parlement européen, arrêter des mesures concernant la sécurité sociale ou la protection sociale (art. 21 § 3).

1. À l'origine d'une jurisprudence abondante relative à l'application de Dir. 91/439/CEE (CJCE 29 avr. 2004, Felix Kapper, aff. C-476/01, *JOCE* C. 118, 30 avr. 2004, p. 16 ; CJCE 9 sept. 2004, *Commission c. Espagne*, aff. C-195/02, *JOCE* C. 191, 23 oct. 2004, p. 3 ; CJCE 26 juin 2008, *Wiedermann*, aff. jtes C-329/06 et C-343/06, *JOUE* C. 209, 15 août 2008, p. 5 ; CJCE 26 juin 2008, *Zerche, Seuke, Mittweida et Schubert c. Landkreis Mittlerer Erzgebirgskreis*, aff. jtes C-334/06 à C-336/06, *JOUE* C. 209, 15 août 2008, p. 6 ; CJCE 20 nov. 2008, *Procédure pénale c. Weber*, aff. C-107, *JOUE* C. 6, 10 janv. 2009, p. 2 ; CJCE 19 févr. 2009, *Procédure pénale c. Scwartz*, aff. C-321/07, *JOUE* C. 90, 18 avr. 2009, p. 3 ; Ord. CJCE 9 juill. 2009, *Wierer c. Land Baden-Württemberg*, aff. C-445/08, *JOUE* C. 282, 21 nov. 2009, p. 17).

819 ***La libre circulation des personnes*** ◇ Elle s'applique d'abord aux travailleurs (art. 45 § 1 TFUE). Elle implique, sauf pour les emplois dans l'administration publique, l'abolition de toute discrimination, fondée sur la nationalité, en ce qui concerne l'emploi, la rémunération et les autres conditions de travail (art. 45 § 2) et comporte un certain nombre de droits (répondre à des emplois effectivement offerts, se déplacer librement sur le territoire des États membres, séjourner dans un des États membres afin d'y exercer un emploi et y demeurer même après avoir occupé un emploi), sous réserve des limitations justifiées par des raisons d'ordre public, de sécurité publique et de santé publique (art. 45 § 3) [1]. Le Parlement européen et le Conseil, adoptent, conformément à la procédure législative ordinaire et après consultation du Comité économique et social, par voie de directives ou de règlements, les mesures nécessaires à la réalisation de la libre circulation des travailleurs (art. 46), notamment, dans le domaine de la sécurité sociale, en instituant un système permettant aux travailleurs migrants salariés et non salariés et à leurs ayants droit de continuer à bénéficier de leurs prestations (art. 48). Les États membres sont pour leur part tenus de favoriser, dans le cadre d'un programme commun, l'échange de jeunes travailleurs (art. 47).

820 ***La liberté de circulation implique également le droit de séjour des ressortissants des États membres*** ◇ La directive 2004/38/CE du Parlement européen et du Conseil du 29 avril 2004 relative au droit des citoyens de l'Union et des membres de leurs familles de circuler et de séjourner librement sur le territoire des États membres, avait d'ailleurs repris l'ensemble des dispositions concernant la libre circulation des personnes, disséminées jusque-là dans un certain nombre de textes [2]. Elle ne vise plus les « ressortissants » des États membres, mais les « citoyens » de l'Union et se réfère expressément au principe de non discrimination en raison de la nationalité (art. 24). Après sa transposition par tous les États membres de l'Union (le 30 avril 2006), cette directive, qui ne devait pas affecter les dispositions nationales plus favorables et se référait expressément à la charte des droits fondamentaux de l'Union européenne (à l'époque sans valeur juridique contraignante), s'efforçait également de simplifier les conditions et les formalités administratives liées à l'exercice par les citoyens de l'Union

1. Sur ce point, cf. *infra*.

2. Il s'agissait en effet de rassembler dans un seul document l'ensemble des textes existant jusqu'alors en matière de droit d'entrée et de séjour des citoyens de l'Union, qui était régi par deux règlements (1612/68/CEE et 307/99/CE) et par neuf directives (64/221/CEE, 68/360/CEE, 72/194/CEE, 73/148/CEE, 75/34/CEE, 75/35/CEE, 90/364/CEE, 90/365/CEE et 93/96/CEE). Cette simplification vise à aider non seulement les citoyens mais aussi les administrations nationales dans l'application de ces droits. Cette directive simplifie également au maximum les formalités pour l'exercice du droit de séjour des citoyens de l'UE et de leur famille ; *JOCE* L. 158, 30 avr. 2004, p. 77.

et par leur famille [1], du droit de circuler et de séjourner librement dans l'Union européenne, dans les mêmes conditions que celles des nationaux [2]. Elle distinguait deux catégories de séjour selon leur durée :

1) Le droit pour tout citoyen de l'Union de séjourner sur le territoire d'un autre État membre pour une période allant jusqu'à trois mois, sans autre condition ou formalité que l'exigence d'être en possession d'une carte d'identité ou d'un passeport en cours de validité. Cette faculté est également accordée à tous les membres de la famille munis d'un passeport en cours de validité qui n'ont pas la nationalité d'un État membre et qui accompagnent ou rejoignent le citoyen de l'Union (art. 6).

2) Au-delà de trois mois, seuls les citoyens justifiant d'un emploi, qu'il soit ou non salarié, ou qui seront inscrits dans un établissement public ou privé pour y suivre des études ou une formation professionnelle, à condition toutefois de disposer de ressources suffisantes pour ne pas devenir une charge pour le système d'assurance sociale de l'État membre d'accueil, ainsi que d'une assurance-maladie complète dans l'État membre d'accueil, seront autorisés à séjourner sur le territoire de cet État. Ce droit est également reconnu aux membres de sa famille qui l'accompagnent ou le rejoignent, dès lors qu'ils satisfont également aux conditions de ressources ou d'assurances exigées pour lui (art. 7 § 2 et 3). Ils seront seulement tenus de demander à l'État d'accueil de leur délivrer « une carte de séjour de membre de la famille d'un citoyen de l'Union » (art. 10), valable pour une durée qui ne pourra dépasser cinq ans (art. 11).

b) Limites : il existe un certain nombre de restrictions à la liberté de circulation, les unes présentent un caractère général, alors que les autres ne s'appliquent temporairement qu'aux pays qui ont récemment rejoint l'UE.

821 ***Les restrictions à la liberté de circulation*** ◇ D'abord visées par le Traité, ces restrictions ont ensuite été précisées par la jurisprudence [3] et strictement encadrées par la directive 204/38/CE. Le *Traité* a en effet prévu que seules des *raisons d'ordre public*, de *sécurité publique* ou de *santé publique* pouvaient être susceptibles d'interdire le droit d'entrée des travailleurs sur le territoire d'un État membre de l'Union (art. 45 § 3 TFUE) et également de restreindre la liberté d'établissement des ressortissants étrangers (art. 52 § 1 TFUE). Toute restriction à la liberté de circulation, de même que toute expulsion, devra donc être justifiée au regard des conditions posées par cette disposition. La libre circulation est pourtant loin d'être inconditionnelle,

1. Prise au sens large du terme, à savoir le conjoint, les descendants et ascendants directs du migrant et de son conjoint, mais également les partenaires, dès lors qu'il s'agit d'un « partenariat enregistré », considéré par le droit de l'État d'accueil comme un « équivalent au mariage ».

2. Cette directive a donné lieu à l'adoption d'une Résol. PE, 2 avr. 2009 sur l'application de la Dir. 2004/38/CE relative au droit des citoyens de l'Union et des membres de leurs familles de circuler et de séjourner librement sur le territoire des États membres, 2008/2184(INI).

3. Cf. par ex. CJCE 17 févr. 2005, aff. C-215/03, *Oulane*, *Rec*. p. I-1215 : un étranger qui n'est pas en mesure de présenter des papiers non périmés ne peut se voir interdit de circuler sur le territoire d'un État qui n'a pas les mêmes exigences pour ses nationaux.

notamment en raison des craintes d'un certain nombre de pays de voir affluer des ressortissants de certains États membres attirés par les avantages sociaux dont bénéficient leurs nationaux.

Pour la directive 2004/38/CE du 29 avril 2004 [1], seules des raisons liées à la protection de l'ordre public, de la sécurité publique ou de la santé publique [2], qui ne pourront pas être invoquées à des fins économiques, sont susceptibles de limiter le droit d'entrée ou de séjour d'un citoyen de l'Union ou d'un membre de sa famille (art. 27 § 1). Les mesures d'ordre public ou de sécurité publique devront par ailleurs respecter le principe de proportionnalité et être fondées exclusivement sur le comportement personnel de l'individu concerné [3], qui doit représenter une menace réelle, actuelle et suffisamment grave pour un intérêt fondamental de la société [4]. Des justifications non directement liées au cas individuel concerné ou tenant à des raisons de prévention générale ne pourront par conséquent pas être invoquées (art. 27 § 2). L'État membre d'accueil dispose en outre d'un délai de trois mois à compter de l'entrée du migrant sur son territoire ou de la date à laquelle il a signalé sa présence, ou encore lors de la délivrance de sa carte de séjour, pour se renseigner sur son passé judiciaire auprès de l'État membre d'origine ou éventuellement, d'autres États membres (art. 27 § 3). Les décisions dans ce domaine devront obligatoirement être motivées et notifiées à l'intéressé (art. 30).

822 ***La situation des nouveaux pays membres*** ◇ Pour permettre aux États déjà membres de l'Union de pouvoir maîtriser une trop forte pression migratoire consécutive à la plus importante vague d'élargissement jamais réalisée [5], les traités d'adhésion du 16 avril 2003 ont soumis ces pays qui ont rejoint la Communauté, le 1er mai 2004 [6], à un système en trois étapes, dit « 2+3+2 » :

– durant les deux premières années suivant leur adhésion (du 1er mai 2004 au 30 avril 2006), les États membres de l'« UE 15 » [7], qui ne souhaitaient pas ouvrir leur marché du travail aux travailleurs originaires de ces

1. Cf. *supra*.
2. Seules les maladies potentiellement épidémiques définies par l'Organisation mondiale de la santé, ainsi que d'autres maladies infectieuses ou parasitaires contagieuses pour autant qu'elles fassent, dans le pays d'accueil, l'objet de dispositions de protection à l'égard des ressortissants de l'État membre d'accueil, pourront être retenues (art. 29 § 1).
3. CJCE 7 juill. 2007, *Commission c. Pays-Bas*, *Rec.* p. I-4383.
4. Cf. CJCE 10 juill. 2007, *Jipa*, aff. C-33/07, *Rec.* p. I-5157.
5. Le rapport sur la première étape des dispositions provisoires, remis par la Commission européenne au Conseil de ministres, le 8 février 2006, conformément à ce qu'avait prévu le Traité d'adhésion, montre pourtant qu'en réalité très peu de citoyens des nouveaux États membres ont choisi d'aller travailler dans les pays de l'UE des 15. Seul moins de 1 % de la population en âge de travailler dans tous les anciens États membres, à l'exception de l'Autriche (1,4 %) et de l'Irlande (3,8 %).
6. Cf. *supra*.
7. À savoir les 15 États appartenant à l'UE avant le 1er mai 2004.

pays [1], ont conservé la possibilité de leur appliquer leur droit national, en exigeant d'eux l'obtention d'un permis de travail [2] ;

– les États de l'UE 15 avaient en outre, jusqu'au 1er mai 2006, pour décider de prolonger de trois ans l'application de ces « restrictions transitoires » [3], ou pour les supprimer progressivement [4] ;

– ce n'est donc que cinq ans après leur adhésion (1er mai 2009), que les nouveaux pays membres devraient donc pouvoir totalement bénéficier de la libre circulation, sauf dans les États de l'« UE 15 », qui invoqueraient de graves perturbations de leur marché du travail (comme un taux de chômage en forte progression) et qui seraient alors autorisés à prolonger une nouvelle fois la période transitoire de deux ans. La libre circulation ne devrait donc pas être effective dans l'ensemble de l'Union avant le 1er mai 2011, soit sept ans après l'adhésion de ces dix nouveaux États.

Les traités d'adhésion du 25 avril 2005 concernant la Bulgarie et la Roumanie ont également prévu que pendant les deux années qui suivront leur entrée dans l'Union (du 1er janvier 2007 au 31 décembre 2008), l'accès au marché du travail des États membres de l'UE 25 [5] dépendra exclusivement de leur législation nationale, ainsi que des accords bilatéraux qu'ils pourraient avoir conclus avec la Bulgarie et la Roumanie [6]. Il nécessitera donc généralement la délivrance d'un permis de travail En cas de graves perturbations de leur marché du travail, les États membres de l'UE 25 auront toutefois la possibilité de demander à la Commission l'autorisation de prolonger à nouveau ces mesures transitoires de deux années supplémentaires. À l'issue de cette première période, qui s'achèvera donc au plus tard, le 31 décembre 2010, la Commission, qui devra être informée de la volonté des États de maintenir ou non ces restrictions pour une durée maximale de trois ans (1er janvier 2011-31 décembre 2013), rédigera un rapport qui permettra au Conseil d'examiner le fonctionnement de ces dispositions transitoires, qui devraient donc prendre fin, le 1er janvier 2014, soit sept ans après l'adhésion de ces pays. À cette date, toutes les restrictions à l'emploi devraient donc totalement avoir disparu au sein de l'Europe des 27.

1. À l'exclusion de Chypre et de Malte qui ont bénéficié de la libre circulation, dès leur adhésion en 2004.

2. Seuls l'Irlande, le Royaume-Uni et la Suède avaient décidé de ne pas imposer de mesures transitoires pour les huit nouveaux pays et de garder ouvert leur marché du travail.

3. Comme l'Autriche et l'Allemagne.

4. La Grèce, l'Espagne et le Portugal y ont mis fin dès le 1er mai 2006 et l'Italie en juillet 2006. D'autres comme la Belgique, le Danemark, la Finlande, la France, le Luxembourg et les Pays-Bas ont préféré y mettre fin plus progressivement.

5. À savoir les 25 États appartenant à l'UE avant le 1er janv. 2007.

6. Les bulgares et les Roumains se sont vus opposer des restrictions dans tous les pays de l'UE des 15, à l'exception de la Suède et de la Finlande. L'Italie a ainsi subordonné l'accueil des travailleurs à l'adoption d'un accord européen sur la lutte contre le crime organisé, la France a choisi d'ouvrir aux ressortissants de ces deux pays 62 métiers, pour lesquels elle avait du mal à recruter. Par contre l'ensemble des Pays d'Europe centrale et orientale, déjà dans l'Union, contrairement à Malte et à la Hongrie, ont décidé d'ouvrir leur marché du travail.

*c) **Applications*** : concernent plusieurs catégories de personnes, *demandeurs d'emploi, retraités, étudiants* ou *patients.*

823 ***Les demandeurs d'emploi*** ◇ Le citoyen de l'Union qui n'exerce plus d'activité professionnelle conserve la qualité de travailleur, en cas d'incapacité de travail temporaire résultant d'une maladie ou d'un accident, de chômage involontaire dûment constaté après avoir été employé pendant plus d'un an et s'être fait enregistrer en qualité de demandeur d'emploi auprès du service de l'emploi compétent, ou de chômage volontaire à la fin d'un contrat de travail à durée déterminée de moins d'un an et à condition d'être enregistré en qualité de demandeur d'emploi auprès du service de l'emploi compétent, ou d'entreprendre une formation professionnelle (art. 7 § 3 Dir. 2004/38/CE, 29 avr. 2004 préc.). Cette disposition va plus loin que le Traité qui se contentait en effet d'envisager le « droit (...) de répondre à des emplois effectivement offerts [et] de se déplacer à cet effet librement sur le territoire des États membres » (art. 45 § 3, a et b TFUE). Le demandeur pourra même rester dans le pays d'accueil pour y rechercher un emploi (CJCE 26 févr. 1991, *Antonissen*, aff. C292/89, *Rec.* I-745, pts 9 à 12) pour une période qui ne peut être arbitrairement limitée par la législation de cet État (CJCE 20 févr. 1997, *Commission c. Belgique,* aff. C-344/95, *Rec.* I-1035). Ce statut permet donc aux demandeurs d'emploi de ne pas se faire expulser faute de moyens suffisants. La Cour, en jugeant contraire au droit communautaire la législation belge qui conditionnait l'octroi et le paiement des allocations d'interruption de carrière à ses seuls nationaux, a tenu à consacrer le droit pour tout citoyen de l'Union, même non actif, de bénéficier sur le territoire du pays où il réside de l'égalité de traitement et du droit au minimum de moyens d'existence à défaut de disposer de ressources suffisantes (CJCE 7 sept. 2004, *Trojani c. CPAS Bruxelles*, aff. C-456/02, *Rec.* I-7573).

Les citoyens européens, ainsi que les membres de leur famille ayant séjourné légalement pendant au moins cinq ans sur le territoire de l'État membre d'accueil acquièrent le droit de séjour permanent sur son territoire. Ce droit n'est ensuite susceptible de se perdre que par des absences supérieures à une durée supérieure à deux ans consécutifs de l'État membre d'accueil (art. 16 § 4 Dir. 2004/38/CE, préc.). Les membres de la famille qui n'ont pas la nationalité d'un État membre et qui bénéficient d'un droit de séjour permanent peuvent obtenir d'une « carte de séjour permanent » renouvelable de plein droit tous les dix ans (art. 20 Dir. 2004/38/CE, préc.).

824 ***Les retraités*** ◇ Tout travailleur ayant le droit de « demeurer (...) sur le territoire d'un État membre, après y avoir occupé un emploi » (art. 45 § 3d TFUE), tout retraité, c'est-à-dire tout ressortissant d'un État membre ayant exercé une activité salariée ou non dans la Communauté européenne,

pourra également continuer à séjourner dans l'État membre de son choix [1]. Si la directive 2004/38/CE [2] ne vise pas expressément les travailleurs ayant cessé leur activité, les assimilant à ceux qui bénéficient de ressources de « niveau suffisant » [3] et d'une couverture sociale, elle leur permet par contre d'accéder plus rapidement au droit de séjour permanent, en réduisant la durée de résidence sur le territoire de l'État membre d'accueil de cinq, trois ou dcux ans selon les cas.

825 ***Les étudiants*** ◇ La première directive 90/366/CEE du Conseil du 28 juin 1990, qui avait été annulée par la Cour de justice en 1992 pour avoir été adoptée sur une base juridique erronée [4], a été remplacée par une nouvelle directive 93/96/CEE du Conseil 29 octobre 1993 relative au droit de séjour des étudiants [5], qui a d'ailleurs repris l'essentiel de ses dispositions [6], qui a ensuite été abrogée par la directive 2004/38/CE du 29 avril 2004, précitée, qui reprend l'essentiel de ses dispositions. Les États membres doivent accorder le droit de séjour à tout étudiant ressortissant d'un État membre qui ne dispose pas de ce droit sur la base d'une autre disposition du droit communautaire et « au choix de l'étudiant », par « déclaration » ou par tout autre moyen « au moins équivalent », doit assurer à l'autorité nationale concernée qu'il dispose de ressources suffisantes pour ne pas devenir une charge pour l'État membre d'accueil. Il devra, en outre être inscrit dans un établissement agréé pour y suivre, à titre principal, une formation professionnelle et disposer d'une assurance-maladie couvrant l'ensemble des risques dans l'État membre d'accueil [7]. Le droit de séjour doit en effet s'insérer « dans un ensemble de mesures cohérentes visant à promouvoir la formation professionnelle ». Ce droit bénéficie également à son conjoint et à ses enfants à charge, mais pas à ses ascendants. Il est toutefois limité à la durée de la formation et ne constitue pas pour autant le fondement d'un droit à l'obtention d'une bourse par l'État d'accueil. On peut se demander si cette formule n'exclut pas de ce droit les étudiants de disciplines purement universitaires, qui ne se rattacheraient pas à une formation profession-

1. Ce droit, qui s'applique même à ceux qui « n'ont pas exercé le droit à la libre circulation pendant leur vie professionnelle », a été confirmé par Dir. 90/365/CEE Conseil, 28 juin 1990 relative au droit de séjour des travailleurs salariés et non salariés ayant cessé leur activité professionnelle (*JOCE* L. 380, 13 juill. 1990, p. 28).

2. Cf. *supra*.

3. Définies par l'art. 1 § 1 Dir. 90/364 Conseil, 28 juin 1990 relative au droit de séjour (*JOCE* L. 180, 13 juill. 1990, p. 26).

4. À savoir l'art. 235 (devenu 308 CE), qui ne peut en effet servir de base juridique à un acte institutionnel qu'en l'absence de disposition appropriée. Les effets de cette directive avaient toutefois été maintenus en vigueur jusqu'à l'adoption d'une directive contenant des dispositions identiques (CJCE 7 juill. 1992, *Parlement c. Conseil*, aff. 295-90, *Rec.* I-4230).

5. *JOCE* L. 317, 18 déc. 1993, p. 59.

6. À ne pas confondre avec Dir. 2004/114 Conseil, 13 déc. 2004 relative aux conditions d'admission des ressortissants de pays tiers à des fins d'études, d'échanges d'élèves, de formation non rémunérée ou de volontariat (*JOUE* L. 375, 23 déc. 2004, p. 12).

7. Sur ce point, cf. *infra*.

nelle [1]. Les États membres délivrent une carte de séjour dont la validité est limitée à la durée réelle de la formation poursuivie ou à un an (si la durée de la formation excède un an) et est renouvelable annuellement. Lorsqu'un membre de la famille de l'étudiant n'a pas la nationalité d'un État membre, il lui est délivré un document de séjour ayant la même validité que celui délivré au ressortissant dont il dépend. Le conjoint et les enfants à charge d'un ressortissant d'un État membre ont le droit d'accéder à toute activité salariée ou non sur l'ensemble du territoire de cet État (même s'ils n'ont pas la nationalité d'un État membre). Les États membres ne sont autorisés à déroger aux dispositions de cette directive que pour des raisons d'ordre public, de sécurité publique ou de santé publique. Au plus tard trois ans après l'entrée en vigueur de la directive, puis tous les trois ans, la Commission, qui sera tenue d'élaborer un rapport sur son application et le présenter au Conseil et au Parlement européen, devra, en cas de difficultés relatives à l'octroi du droit de séjour, soumettre au Conseil des propositions destinées à y remédier.

Il faudra pourtant attendre 2001 pour que la Cour tire les conséquences de la citoyenneté européenne, en reconnaissant que les articles 12 et 17 CE s'opposent à ce qu'une prestation sociale, telle que le minimum de moyens d'existence (prévu par l'art. 1er L. belge 7 août 1974), soit réservée aux seuls étudiants belges et ne puisse par conséquent être accordée à un étudiant originaire d'un autre État membre, résidant régulièrement en Belgique. Elle affirme d'ailleurs à cette occasion pour la première fois que le « statut de citoyen de l'Union a vocation à être le statut fondamental des ressortissants des États membres permettant à ceux parmi ces derniers qui se trouvent dans la même situation d'obtenir, indépendamment de leur nationalité et sans préjudice des exceptions expressément prévues à cet égard, le même traitement juridique » (CJCE 20 sept. 2001, *Rudy Grzelczyk c. Centre public d'aide sociale Ottignies-Louvain-la-Neuve*, aff. C-184/99, *Rec.* p. I-6193, pt 31). La Cour a tenu ensuite à rappeler qu'un étudiant européen, qui a effectué une partie importante de ses études dans un autre État membre de l'Union et a par conséquent « établi un lien réel avec la société de cet État », est placé « en situation d'attente légitime pour l'accès à certains droits sociaux » (CJCE 15 mars 2005, aff. *Dany Bidar*, C-209/03, *Rec.* I-2119).

826 ***Les patients*** ◇ La mobilité des patients au sein de l'Union européenne est organisée par le règlement 883/2004/CE du 29 avril 2004 du Conseil et du Parlement européen portant sur la *coordination des systèmes de sécurité*

1. Les études de médecine vétérinaire relevant de la notion de « formation professionnelle » ne doivent par conséquent faire l'objet d'aucune discrimination en raison de la nationalité (CJCE 2 févr. 1988, *Blaizot*, aff. 24/86, *Rec.* p. 379). Il en est de même pour les écoles supérieures (CJCE 13 févr. 1985, *Gravier*, aff. 293/83, *Rec.* p. 593) ou pour l'enseignement secondaire (CJCE 27 sept. 1988, *Humbel*, aff. 263/86, *Rec.* p. 5365).

sociale [1], ainsi que par la jurisprudence de la Cour qui se fonde sur les dispositions du Traité relatives à la liberté de circulation [2].

Le règlement 883/2004 et son règlement d'application 987/2009 [3] du 16 septembre 2009, entrés en vigueur, le 1er mai 2010, ont abrogé pour l'essentiel [4] le règlement 1408/71 [5] du Conseil du 14 juin 1971, qui a longtemps été la référence en la matière. Ce nouveau texte vise essentiellement à simplifier et à moderniser les procédures de remboursement des soins. Il permet aux ressortissants des États membres, mais également aux apatrides et aux réfugiés, ainsi qu'aux membres de leur famille et à leurs descendants (art. 2 § 2), de se faire ensuite régler par leur organisme de sécurité sociale les soins dont ils bénéficient dans un autre pays de l'Union européenne. Il procède à une distinction entre la résidence et le séjour temporaire dans un État autre que celui d'affiliation. En vertu du principe d'égalité de traitement, il est en effet possible de bénéficier de prestations en nature dans l'État de résidence du patient, comme s'il s'agissait de l'un de ses ressortissants (art. 17). En cas de séjour temporaire dans un État membre autre que celui d'affiliation, il conviendra de distinguer entre les soins imprévus et les soins programmés. S'agissant des soins imprévus, les patients ont la possibilité d'accéder aux prestations en nature de l'État de séjour pour des raisons personnelles ou professionnelles, si cela s'avère nécessaire « *du point de vue médical au cours du séjour, compte tenu de la nature des prestations et de la durée prévue du séjour* » (art. 19). Il ne sera toutefois pas utile de démontrer le caractère urgent des soins reçus pour se faire rembourser [6]. Le patient pourra même prétendre au remboursement immédiat des soins, sans avoir à en avancer le paiement, s'il présente la *carte européenne d'assurance-maladie* [7], sinon, il devra déposer une demande de remboursement devant l'organisme auquel il est affilié. Pour les soins programmés, le patient qui désire se rendre dans un autre État membre pour se faire soigner, peut

1. *JOUE* L. 166, 30 avr. 2004.
2. Cf. J.-L. Clergerie et C. Karathanasi, « La mobilité des patients et le remboursement des dépenses médicales dans l'Union européenne », *RDSS* 2009. 463 et s.
3. Règl. 987/2009 PE et Conseil, 16 sept. 2009 fixant les modalités d'application du Règl. (CE) 883/2004 portant sur la coordination des systèmes de sécurité sociale, *JOUE* L. 284, 30 oct. 2009.
4. Le Règl. 1408/71 restera en effet en vigueur pour certaines situations.
5. Règl. 1408/71 Conseil, 14 juin 1971 relatif à l'application des régimes de sécurité sociale aux travailleurs salariés, aux travailleurs non salariés et aux membres de leur famille qui se déplacent à l'intérieur de la Communauté.
6. Le Règl. 1408/71 avait déjà abandonné le critère d'urgence (CJCE 25 févr. 2003, *IKA c. Ioannidis*, aff. C-326/00, Rec. p. I-703).
7. La carte européenne d'assurance maladie a été introduite dans les systèmes nationaux de sécurité sociale par trois décisions de la CASSTM (Décis. 189, 18 juin 2003 visant à remplacer par la carte européenne d'assurance maladie les formulaires nécessaires à l'application des Règl. Conseil (CEE), 1408/71 et 574/72 en ce qui concerne l'accès aux soins pendant un séjour temporaire dans un État membre autre que l'État compétent ou de résidence, *JOUE* L. 276, 27 oct. 2003 ; Décis. 190, 18 juin 2003 concernant les caractéristiques techniques de la carte européenne d'assurance maladie, *JOUE* L. 276, 27 oct. 2003 et Décis. 191, 18 juin 2003 relative au remplacement des formulaires E 111 et E 111B par la carte européenne d'assurance maladie, *JOUE* L. 276, 27 oct. 2003).

également recevoir des prestations en nature correspondant à son état de santé. Le remboursement des soins [1] est subordonné à l'autorisation préalable de l'organisme d'affiliation, lorsque le traitement envisagé ne peut être dispensé dans l'État de résidence « *dans un délai acceptable sur le plan médical compte tenu de l'état actuel de santé et de l'évolution probable de la maladie* » (art. 20).

Les difficultés d'application de l'ancien *règlement 1408/71* ont conduit la Cour à ouvrir une nouvelle voie de prise en charge des soins transfrontaliers ou des produits achetés dans un autre État, sur la base des dispositions du Traité concernant la libre circulation des marchandises et des personnes, ainsi que sur la libre prestation des services [2]. Cette abondante jurisprudence n'a d'ailleurs pas été remise en cause par le règlement 883/2004. Il en résulte qu'un patient pourra se faire rembourser les frais avancés pour l'achat de produits médicaux dans un autre État membre, sans délivrance d'une autorisation [3], qui ne sera pas non plus nécessaire pour les soins non hospitaliers, désormais en libre accès [4]. Par contre pour le remboursement des frais [5] des soins reçus dans un centre hospitalier [6], même à titre gratuit [7], la Cour a maintenu l'exigence d'une autorisation préalable, toutes les fois qu'il s'agit de répondre à des besoins d'intérêt général, telles que la maîtrise des coûts et la planification de l'accès aux soins [8], mais elle en subordonne la délivrance à certaines garanties procédurales [9]. Or, cette autorisation ne pourra pas être refusée, à partir du moment ou un traitement identique ou présentant le même degré d'efficacité ne pourra être obtenu en temps opportun dans le pays d'origine et les autorités devront également prendre en considération la situation médicale générale du patient [10], y compris « *le degré de la douleur ou la nature du handicap de ce dernier, qui pourrait, par exemple, rendre impossible ou excessivement difficile l'exercice d'une activité professionnelle* » [11].

La coexistence de deux régimes distincts du remboursement des frais médicaux pose un problème en termes de sécurité juridique, dans la mesure

1. Selon l'art. 26 Règl. d'application sont désormais remboursés les frais médicaux et les frais du voyage et de séjour indissociables du traitement du patient et si nécessaire d'un accompagnateur.

2. Cf. CJCE 28 avr. 1998, *Kohll*, aff. C-158/96, *Rec.* p. I-1931 et CJCE 28 avr. 1998, *Decker*, aff. C-120/95, *Rec.* p. I-1831.

3. CJCE 28 avr. 1998, *Decker*, préc.

4. CJCE 13 mai 2003, *Müller-Fauré et Van Riet*, aff. C-385/99, *Rec.* p. I-4509.

5. Cf. CJCE 15 mai 2006, *Acereda Herrera*, aff. C-466/04, *Rec.* p. I-5341.

6. La Cour, qui ne définit pas la notion du centre hospitalier, qui doit toutefois être interprétée restrictivement, a refusé de considérer comme un hôpital un centre de cure thermale (CJCE 18 mars 2004, *Leichtle*, aff. C-8/02).

7. CJCE 16 mai 2006, *Watts*, aff. C-372/04, *Rec.* p. I-4325.

8. CJCE 12 juill. 2001, *Geraets Smits et Peerbooms*, aff. C-167/99, *Rec.* p. I-5473.

9. Pour qu'un régime d'autorisation administrative préalable soit justifié, il doit être fondé sur des *critères objectifs*, non discriminatoires et connus à l'avance, de manière à encadrer l'exercice du pouvoir d'appréciation des autorités nationales, afin qu'il ne soit pas exercé de manière arbitraire.

10. Cf. arrêts *Geraets Smits et Peerbooms* préc.

11. CJCE 13 mai 2003, *Müller-Fauré et Van Riet*, aff. C-385/99, Rec. p. I-4509, pt 90 ; CJCE 23 oct. 2003, *Inizan*, aff. C-56/01, *Rec.* p. I-12403.

où il n'est pas toujours évident de savoir lequel des deux systèmes est applicable. Le nouveau règlement, qui se limite pour l'essentiel à transposer une grande partie de la jurisprudence relative à l'octroi de l'autorisation préalable, ne permet pas de donner des réponses suffisantes à cet égard. C'est pourquoi une proposition de directive, présentée par la Commission le 2 juillet 2008 [1], s'efforce de remédier à ces difficultés et de définir cependant un cadre juridique conforme à la jurisprudence de la CJCE qui permette la mobilité des patients sans remettre en cause l'organisation des systèmes de santé par les États membres [2].

2. Le droit à la protection diplomatique et consulaire (art. 23 TFUE)

827 ***Un droit fondamental pour tout citoyen de l'UE*** ◇ Tout citoyen de l'Union doit [3] pouvoir bénéficier « sur le territoire d'un pays tiers où l'État membre dont il est ressortissant n'est pas représenté, de la protection de la part des autorités diplomatiques et consulaires de tout État membre, dans les mêmes conditions que les nationaux de cet État ». Les États membres sont d'ailleurs tenus de prendre les dispositions nécessaires pour assurer cette protection (art. 23 al. 1er TFUE) et le Conseil, statuant conformément à une procédure législative spéciale et après consultation de Parlement pourra adopter des directives permettant de faciliter cette protection (art. 23 al. 2).

Les modalités de ce droit, confirmé par la charte des droits fondamentaux de l'UE du 7 décembre 2000 (art. 46) [4], avaient d'ailleurs été précisées, quelque temps plus tôt, par la décision 95/553 des représentants des Gouvernements des États membres, réunis au sein du Conseil, du 19 décembre 1995, concernant la protection des citoyens de l'Union européenne par les représentations diplomatiques et consulaires (entrée en vigueur le 3 mai 2002) [5]. Cette protection ne jouera toutefois qu'en l'absence dans le pays d'accueil d'une représentation permanente et accessible (ambassade ou consulat), voire même d'un consul honoraire de l'État membre auquel appartient le citoyen européen, qui sera en outre tenu de fournir la preuve de sa nationalité (passeport, titre d'identité ou autre moyen de preuve). La représentation diplomatique ou consulaire qui accorde la protection devra alors traiter le citoyen demandeur comme un ressortissant de l'État membre qu'elle représente. La protection couvre obligatoirement « l'assistance en

1. COM(2008)414 final. Ce projet de directive n'est pas encore adopté, car lors de sa première lecture, le 23 avr. 2009, le Parlement européen a procédé à un très grand nombre d'amendements (ec.europa.eu/prelex/detail_dossier_real.cfm ?CL=fr&Dosld=19193) et le Conseil, lors de son réunion du 1er déc. 2009, n'a pas réussi de conclure un accord sur ce texte.

2. Cf. J.-L. Clergerie et C. Karathanasi, « La proposition de directive sur les droits des patients dans les soins transfrontaliers », *LPA* 2009, n° 14, p. 6 et s.

3. Un arrêt, certes isolé, a en effet parlé du « devoir de protection diplomatique » (TPI 6 juill. 1995, *Odigitria*, aff. T-572/1993, *Rec.* p. II-2025, pt 85).

4. Sur ce point, cf. *supra*.

5. Cette décision devait être réexaminée cinq ans après son entrée en vigueur, *JOCE* L. 314, 28 déc. 1995, p. 73.

cas de décès, l'assistance en cas de maladie ou d'accident grave, l'assistance en cas d'arrestation ou de détention, l'assistance aux victimes de violences, l'aide et le rapatriement des citoyens de l'Union européenne en difficulté » (art. 5) [1]. Il ne s'agit d'ailleurs pas d'une liste limitative, dans la mesure où le citoyen de l'UE peut être victime de n'importe quelle situation dans un pays n'appartenant pas à l'UE et où les représentations diplomatiques pourront par conséquent également lui venir en aide « pour d'autres cas ». Sauf en cas d'extrême urgence, les représentations diplomatiques ou consulaires ne peuvent accorder au citoyen aucune aide financière sans l'autorisation des autorités compétentes de l'État membre (ministre des affaires étrangères ou mission diplomatique) dont il a la nationalité et qu'il devra s'engager à payer intégralement, sauf décision contraire de ces dernières. Le bénéficiaire devra alors directement rembourser le gouvernement de l'État membre dont il a la nationalité, qui réglera ensuite tous les frais à la demande du gouvernement de l'État membre qui prête assistance. Le Livre vert de la Commission européenne, du 28 novembre 2006 sur la protection diplomatique et consulaire du citoyen de l'Union dans les pays tiers [2], proposait de mieux informer les citoyens sur leurs droits en matière de protection diplomatique tout en invitant les États membres à leur offrir une meilleure protection, en créant entre eux des « bureaux communs » et en développant les rapports avec les autorités des pays tiers. En cas de violation du droit communautaire par un État membre, le citoyen peut déposer une plainte auprès du Secrétariat général de la Commission européenne.

§ 2. Les conséquences indirectes

Plus encore qu'avec le Traité de Maastricht, qui a marqué le début d'une véritable politique du citoyen, c'est sans aucun doute avec l'élection du Parlement européen au suffrage universel direct, décidée en 1976 et effective en 1979, qu'a pu se développer une véritable « opinion politique européenne » [3], déjà sensible immédiatement après la signature des traités fondateurs avec l'apparition des premiers *groupes de pression*. Il faudra pourtant attendre les années soixante-dix [4] pour voir se constituer les premières *fédérations européennes de partis*, qui constituent également une conséquence indirecte de la citoyenneté européenne et participent avec une multitude d'associations, de partenaires sociaux, d'organisations non gouvernementales, à la « société civile organisée ».

1. Cf. aussi Décis. 96/409/PESC des représentants des gouvernements des États membres, réunis au sein du Conseil du 25 juin 1996 organisant l'établissement d'un titre de voyage provisoire (*JOCE* L. 168, 6 juill. 1996, p. 4).

2. *JOUE* C. 30, 10 févr. 2007, p. 8.

3. Cf. à ce propos, B. Cautrés, D. Reynié, *L'opinion européenne,* Presses Science-Po, Annuaire (à partir de 2000).

4. Même si dès 1952 l'art. 33 *bis* du règlement de l'Assemblée CECA prévoyait la possibilité pour les délégués des Parlements nationaux de se réunir en groupes politiques.

A. Les groupes de pression européens

1. La multiplication des groupes de pression européens

828 ***L'apparition des premiers groupes de pression européens date de la création de la CECA*** [1] ◇ Mais c'est surtout après la mise en place de la CEE (1er janv. 1958), qu'ils ont véritablement commencé à se développer. Ont ainsi été créés, l'*Union of Industrial and Employeurs Confederation of Europe (UNICE)* qui représente 32 fédérations, le *Comité des organisations professionnelles agricoles (COPA)* et le *Comité général de la coopération agricole de la CEE (COGEGA)*. De 1958 à 1959 plus d'une centaine de groupes d'intérêts se sont ainsi installés à Bruxelles et de 1957 à 1963, 34 avaient vu le jour en moyenne chaque année, contre seulement 10 par an, de 1975 à 1985. Les années soixante, largement dominées par la crise entre la France du Général de Gaulle et ses partenaires européens, ont ensuite été l'occasion pour les groupes de pression d'accroître leur influence, du fait du relatif effacement des institutions communautaires. L'arrivée du Royaume-Uni, à l'origine du lobbying, dans la Communauté européenne (1er janvier 1973) a d'ailleurs largement contribué à encourager cette tendance. Ces groupes se sont en effet assez rapidement multipliés, en partie sous l'influence de la Commission européenne, qui tenait à encourager la formation de fédérations d'associations nationales [2], espérant obtenir une meilleure coordination de leur action et renforcer ainsi leur efficacité. C'est en 1973 qu'a par exemple, été fondée la *Confédération européenne des syndicats (CES)*, qui regroupe 82 organisations membres de 36 pays européens, ainsi que 12 fédérations syndicales, soit plus de 60 millions de personnes, afin de défendre les intérêts des travailleurs européens et de les représenter devant les instances européennes. Mais c'est surtout grâce à l'Acte unique européen (17 et 28 février 1986), pour qui « le dialogue entre partenaires sociaux au niveau communautaire peut conduire, si ces derniers le souhaitent, à des relations conventionnelles, y compris des accords » (art. 139 al. 2 CE), que les groupes de pression ont pu vraiment se développer [3]. Mais en l'absence de répertoire exhaustif des lobbyistes présents à Bruxelles, il est bien difficile d'en connaître le chiffre exact et de savoir avec précision combien ils comptent de salariés. On peut toutefois estimer qu'à raison de 2 à 20

1. Certains, comme le comité d'action pour les États-Unis d'Europe, fondé le 13 oct. 1955 par Jean Monnet pour soutenir la création d'une nouvelle Communauté européenne avaient un caractère essentiellement politique ; d'autres, comme la Confédération européenne des industries du bois (CEI-Bois) se sont ensuite spécialisés dans la défense d'intérêts économiques et commerciaux.

2. Il en existe actuellement plus de 500 aux côtés des quelques 200 groupes représentant les entreprises.

3. Comme en témoigne par ex. l'accord-cadre 6 sept. 1990 sur la formation et la mobilité dans les secteurs du transport ferroviaire et de distribution d'énergie ; cf. J.-L. Clergerie, « La dimension sociale de l'Union européenne », *LPA* 2002, n° 173, p. 4 à 15.

personnes par bureau, ils emploient de 15 à 20 000 personnes [1] (soit presque autant que de fonctionnaires européens !), faisant rapidement de Bruxelles la capitale mondiale du lobbysme.

2. L'action des groupes de pression européens

Les groupes de pression, plus particulièrement spécialisés dans la défense de certaines catégories socio-professionnelles ou dans celle des régions européennes, ont rapidement réussi à infiltrer les instances communautaires et à peser ainsi sur leurs décisions.

829 ***La défense d'intérêts sectoriels*** ◇ Les *groupes de pression* (« *Pressure Groups* »), ou *lobbies* se présentent le plus souvent sous forme d'organisations plus ou moins bien structurées [2], constituées autour de la défense de convictions ou d'intérêts communs en vue d'obtenir des responsables politiques des décisions conformes à leurs désirs. Les plus actifs représentent de grands cabinets spécialisés dans la comptabilité ou les relations publiques, comme dans la défense de la profession d'avocat. Certaines régions d'Europe se montrent également très actives dans ce domaine. Mais contrairement aux partis politiques, qu'ils s'efforcent d'ailleurs également d'influencer, ils ne visent jamais à exercer le pouvoir. Considérés comme une expression de la société civile, ils permettent de créer un lien direct entre les « décideurs » et tous ceux qui se sentent concernés par les mesures qui seront adoptées. Ces groupes qui ne présentent aucune unité organisationnelle et qui défendent des intérêts souvent divergents, ont, dès l'origine des Communautés, contribué à l'élaboration du droit communautaire (notamment grâce à l'apport de leurs compétences techniques), permis l'obtention de subventions et participé aux appels d'offres dans le cadre de la gestion des programmes communautaires. Au début de la construction européenne, leur action était beaucoup plus dirigée vers les États membres que vers les institutions communautaires [3]. Elle s'est ensuite concentrée sur la Commission, puis sur le Parlement européen, sans pour autant se désintéresser du Conseil des ministres (par l'intermédiaire du COREPER), ni du Comité économique et social ou du comité des régions, qui ont progressivement pris l'habitude de commander des études techniques à des cabinets de consultants plus ou moins liés à ces groupes.

1. Selon les chiffres tirés d'une étude présentée le 9 oct. 2007 à Bruxelles par le professeur David Cohen de la University College of London.

2. Ce critère permet d'opérer une intéressante distinction entre « groupes organisés » et actions « non organisées » ; cf. à ce propos A. Potter, *Organized Groups in British National Politics*, Londres, 1961.

3. Selon une étude présentée par David Cohen, le 9 oct. 2007 (University College of London), les 60 entreprises européennes les plus importantes consacrent trois fois plus de moyens financiers pour tenter d'influencer la Commission européenne (63 %) et les députés européens (19 %), que les gouvernements (9,5 %) et les parlements nationaux (2,5 %).

830 ***La présence de lobbyistes au sein des instances européennes*** ◇ De nombreux lobbyistes, souvent officiellement rémunérés par des entreprises privées, siègent en effet en tant qu'« experts » dans les quelque 450 comités chargés d'encadrer la *Commission* dans son pouvoir d'exécution des règles établies par le Conseil. Ils sont d'ailleurs à l'origine de plus de 4 700 décisions, avis ou propositions de la Commission, en vertu de son pouvoir d'initiative. Nombreux sont ceux qui donnent également des consultations, au travers desquelles s'exerce encore leur influence. Ces groupes sont plus particulièrement nombreux et actifs dans le domaine agricole où ils s'efforcent de convaincre la Commission de consacrer une part importante du budget à la politique agricole commune. Le Parlement européen, très souvent appelé à auditionner des experts issus des lobbys, demande aux représentants des grandes entreprises, moyennant parfois le versement d'une participation financière, de présenter à des journalistes et des responsables économiques politiques et sociaux, leur point de vue concernant des débats d'actualité dans lesquelles elles sont impliquées. Il charge également régulièrement des agences spécialisées d'organiser des rencontres entre les membres de ces groupes et les députés européens. Le *Comité des représentants permanents (COREPER)* qui a pour mission de préparer les travaux du Conseil des ministres, comporte à côté des représentants des États membres un certain nombre d'experts nationaux, souvent très proches des lobbys. Ils sont également présents au *Comité économique et social*, « composé de représentants des organisations d'employeurs, de salariés et d'autres acteurs représentatifs de la société civile, en particulier dans les domaines socio-économique, civique, professionnel et culturel » (art. 300 § 2 TFUE) et au *comité des régions*, composé de représentants des collectivités régionales et locales qui sont soit titulaires d'un mandat électoral au sein d'une collectivité régionale ou locale, soit politiquement responsables devant une assemblée élue (art. 300 § 3) [1].

831 ***L'influence des lobbys sur la législation communautaire*** ◇ Le *Conseil des barreaux européens* s'est par exemple opposé à l'adoption des *directives sur le blanchiment d'argent* [2], à qui il reprochait de porter atteinte au secret professionnel, et a soutenu les amendements proposant d'exclure la profession du champ d'application de la directive 2006/123/CE du 12 décembre 2006 relative aux services dans le marché intérieur. Les groupes de pression « pro-brevets », qui avaient investi plusieurs millions d'euros pour tenter de peser sur le vote des députés européens, ont également contribué au rejet de la *directive sur les brevets logiciels*, adoptée le 7 mars 2005 par le Conseil des ministres. Mais c'est surtout le projet de réglementation REACH (*Registration, Evaluation, Authorisation of Chemicals*), visant à contrôler

1. Sur tous ces points, cf. *supra*.
2. Cf. par ex. Dir. 91/308/CEE Conseil, 10 juin 1991 relative à la prévention de l'utilisation du système financier aux fins du blanchiment de capitaux et Dir. 2005/60/CE PE et Conseil, 26 oct. 2005 (*JOUE* L. 309, 25 nov. 2005, p. 15).

30 000 substances chimiques utilisées dans la fabrication de nombreux produits (parfums, jouets, produits de nettoyage, meubles, etc.), qui a donné lieu au plus grand nombre d'interventions des lobbies. L'élaboration de ce texte [1] a suscité plus de 6 000 commentaires de la part des différents acteurs concernés par ce projet (industrie chimique et organisations de défense des consommateurs), qui ont abouti à en réduire assez sensiblement les exigences (abandon de l'obligation de substitution).

3. La reconnaissance des groupes de pression européens

832 ***La Commission européenne*** ◇ Dans sa Communication du 2 décembre 1992 (« Un dialogue ouvert et structuré entre la Commission et les groupes d'intérêt » [2]), la Commission européenne avait souhaité clarifier et mieux structurer ses relations avec les groupes d'intérêt, dont elle avait distingué deux catégories principales : les *organisations sans but lucratif* (associations/fédérations européennes et internationales) et les *organisations à but lucratif* (conseillers juridiques, agences de relations publiques, consultants). Elle leur a demandé d'adopter leurs propres *Codes de conduite*, en respectant des critères minimaux qu'elle avait par contre souhaité fixer. Elle a aussi mis en place un *répertoire unique* réunissant l'ensemble des informations sur les représentants de ces groupes. Une première version de ce répertoire, rassemblant plus de 600 organisations, a d'abord été publiée en janvier 1997, avant d'être remplacée en 1999 par une version électronique et, à partir de l'été 2001, ce répertoire a été transféré dans une base de données qui permet désormais aux organisations d'effectuer enregistrements et mises à jour directement sur Internet. Ce nouvel instrument juridique appelé *CONECCS* (« *Consultation, the European Commission and Civil Society* » [3]), qui recense environ 700 organisations, contient des informations relatives aux organes consultatifs de la Commission, auxquels participent les organisations de la société civile. Conformément à la proposition du Commissaire européen alors chargé de l'Administration, de l'audit et de la lutte anti-fraude, l'estonien *Siim Kallas* (3 mars 2005), la Commission, après avoir adopté, le 9 novembre 2005, une communication proposant le lancement d'une initiative européenne en matière de transparence, publie, le 3 mai 2006, un *Livre vert* [4] intitulé « Initiative européenne en matière de transparence » (COM[2007]127), qui a permis de lancer jusqu'au 31 août 2006, un vaste débat sur le *lobbying* qui recouvre « toutes

1. Règl. 1907/2006/CE PE et Conseil, 18 déc. 2006 concernant l'enregistrement, l'évaluation et l'autorisation des substances chimiques ainsi que les restrictions applicables à ces substances (REACH), *JOUE* L. 396, 30 déc. 2006, p. 1.
2. Cf. *JOCE* C. 63, 5 mars 1993, p. 7.
3. Sur internet : ec.europa.eu/civil_society/coneccs/.
4. Rappelons qu'il s'agit d'un document purement consultatif qui permet à la Commission d'exposer ses idées et de présenter ses possibilités d'action avant même de faire des propositions formelles. Le Livre vert permet également de fixer le cadre à l'intérieur duquel les groupes d'intérêt peuvent lui faire connaître leur point de vue.

les activités qui visent à influer sur l'élaboration des politiques et les processus décisionnels des institutions européennes ». La Communication sur le suivi du Livre vert (« Initiative européenne en matière de transparence : la Commission invite lobbyistes et groupes d'intérêt à s'inscrire dans un registre public »), du 21 mars 2007 a permis à la Commission européenne de mettre en ligne, à compter du 23 juin 2008, un « Registre des représentants d'intérêts » qui a remplacé la base de données CONECCS. Il est ouvert à tous les représentants d'intérêts qui souhaitent influer sur l'élaboration des politiques communautaires. Ceux qui acceptent d'y figurer devront également s'engager à respecter le Code de conduite adopté le 28 mai 2008 par la Commission européenne.

833 ***Le Comité économique et social*** ◇ Dans son avis du 25 avril 2001 sur « La société civile organisée et la gouvernance européenne - contribution du Comité à l'élaboration du Livre Blanc » [1], le Comité économique et social avait proposé de fixer des critères de représentativité « pour avoir un droit de participation reconnu au niveau européen ».

834 ***Le Parlement européen*** ◇ Son règlement intérieur fait obligation « aux personnes qui souhaitent accéder fréquemment aux locaux du Parlement européen en vue de fournir des informations aux députés dans le cadre de leur mandat parlementaire, et ce pour leur propre compte ou celui d'un tiers » de « respecter le Code de conduite figurant en annexe au règlement et de s'inscrire dans un registre tenu par les questeurs » (art. 9 § 4). Ce registre, dans lequel tout député doit déclarer « personnellement et avec précision » ses activités professionnelles ou toute autre fonction ou activité dès lors qu'elles sont rémunérées, ainsi que tous les « soutiens financiers » dont il dispose (art. 2 Annexe I), est mis à la disposition du public dans tous les lieux de travail du Parlement, ainsi que dans ses différents bureaux d'information dans les États membres. L'inscription au registre donne droit à un « laissez-passer » nominatif, délivré pour un an par les questeurs et qui devra comporter « une photographie d'identité du titulaire, ses nom et prénoms, et le nom de l'entreprise, de l'organisation ou de la personne pour laquelle il travaille » (art. 1 § 1), pour pouvoir accéder à l'ensemble des bâtiments du Parlement européen. Il devra être porté de manière permanente et visible, dans tous les locaux du Parlement européen, sous peine d'être retiré à son propriétaire.

B. Les partis politiques européens

835 ***La reconnaissance du rôle des partis politiques*** ◇ Depuis Maastricht, les partis politiques européens sont censés constituer un facteur d'intégration au sein de l'Union et contribuer à la « formation d'une cons-

1. *JOCE* C. 193, 10 juill. 2001, p. 117.

cience européenne ainsi qu'à l'expression de la volonté politique des citoyens de l'Union » (art. 10 § 4 TUE). Devant l'absence de véritables partis européens, le Conseil est autorisé depuis le Traité de Nice, à fixer, par voie de règlements, conformément à la procédure législative ordinaire le « statut des partis politiques au niveau européen (...) et notamment des règles relatives à leur financement » (art. 224 TFUE). L'adoption du règlement 2003/2004/CE du Parlement européen et du Conseil du 4 novembre 2003 relatif au statut et au financement des partis politiques au niveau européen [1], devait ensuite contribuer à favoriser leur développement. Sans aller jusqu'à leur accorder la personnalité juridique, ce texte s'efforce en effet de définir les partis politiques (art. 2) et de fixer les conditions à remplir pour pouvoir bénéficier d'un financement communautaire (art. 3), dont l'attribution s'accompagnera d'un certain nombre d'obligations (art. 6). Il n'en demeure pas moins que les partis politiques ont bien du mal à s'adapter au système institutionnel de l'Union européenne, dépourvu d'un véritable gouvernement, qui aboutit ainsi à les priver de leur fonction traditionnelle de contrôle de l'exécutif [2]. Ils sont en outre composés de formations qui ont des conceptions idéologiques parfois radicalement différentes, surtout depuis qu'ils se sont ouverts aux partis des pays d'Europe centrale et orientale. Ils n'entretiennent par ailleurs que très peu de liens avec leurs électeurs et seules les élections européennes leur permettent de se faire un peu mieux connaître de l'opinion publique [3].

836 ***La formation de fédérations européennes de partis nationaux*** ◇

Les démocrates chrétiens, les socio-démocrates, puis les libéraux et plus récemment les Verts ont constitué des fédérations européennes de partis qui ont vocation à devenir à plus ou moins long terme de véritables partis politiques européens [4].

1) Le Parti populaire européen et des démocrates européens (PPE-DE), a été fondé le 29 avril 1976, sous le nom de *Parti populaire européen, fédération des partis démocrates-chrétiens de la Communauté européenne,* par des membres de formations issues de la démocratie chrétienne et favorables à une Europe fédérale, tels que la *CDU-CSU* allemande, le *Centre des démocrates sociaux (CDS)* français ou la *Démocratie chrétienne* italienne, dans la perspective des premières élections au suffrage universel du Parlement européen [5]. Ses statuts, adoptés le 8 juillet 1976, se prononçaient d'ailleurs expressément en faveur d'une union politique de l'Europe sur la base d'une

1. *JOUE* L. 297, 15 nov. 2003, p. 1.
2. Sur tous ces points, cf. P. Delwit, *Est-il possible de qualifier les partis européens de partis politiques ? Tentatives de définition et de comparaison,* Paris, 1998 ; P. Magnette, *Le régime politique de l'Union européenne,* Paris, Presses Science Po, 2003, p. 220 à 227.
3. Rappelons qu'aux élections de juin 2004, 348 824 000 citoyens de 25 États membres étaient appelés aux urnes.
4. Cf. P. Delwit, *Les fédérations européennes de partis,* Éd. Univ. Bruxelles, 2001.
5. Aux élections des 7 et 10 juin 1979, les candidats du PPE avaient d'ailleurs remporté 29,6 % des suffrages exprimés et 107 sièges sur 410.

Constitution fédérale. Lors de son premier congrès (Bruxelles les 6 et 7 mars 1978), il a clairement exprimé sa volonté de parvenir à une Fédération européenne, conformément à la déclaration Schuman du 9 mai 1950. Le PPE, dont le siège est à Bruxelles, est certainement la formation politique européenne la mieux structurée [1]. La *conférence permanente des groupes parlementaires et des partis démocrates-chrétiens des États membres de la Communauté européenne* [2], qui a été créée le 27 avril 1970, a donné naissance un an plus tard à un *comité politique des partis démocrates-chrétiens de la Communauté européenne.* Il appartient à l'*Internationale démocrate centriste (IDC)* [3] et a également intégré, le 6 février 1999, l'*Union européenne des démocrates-chrétiens (UEDC)* [4], fondée le 3 mai 1965, lors du congrès de Taormina. Il a accueilli dès le début des années quatre-vingt-dix d'autres formations politiques ne partageant pas nécessairement ses idéaux fédéralistes, tels que le *Parti populaire espagnol* (1991), *Forza Italia* (1998) ou le *Rassemblement pour la République* (1999). En s'ouvrant à ces partis conservateurs et libéraux, il est devenu le groupe du *Parti populaire européen et des Démocrates européens (PPE-DE)*, supprimant de ses statuts, en 1991 toute référence aux « États-Unis d'Europe ». Le PPE est actuellement composé de 40 partis membres à part entière (seules les formations politiques d'États membres de l'Union européenne peuvent avoir le statut de membres à part entière), qui conservent d'ailleurs entièrement leur autonomie, de 9 membres associés, qui ont un droit de vote sur les questions ne concernant pas l'UE, et de 17 membres observateurs sans droit de vote, comme l'*Adalet ve Kalk&inodot ;nma Partisi* (Parti pour la justice et le développement) turque. Le groupe du PPE est présidé depuis le 9 janvier 2007 par le français Joseph Daul (réélu le 23 juin 2009). Après avoir obtenu 233 sièges [5] sur 626 aux élections européennes du 13 juin 1999, le *Groupe du parti populaire européen (Démocrates-chrétiens) et des Démocrates européens* est devenu premier groupe du Parlement européen. Malgré le départ des Démocrates européens (conservateurs britanniques, polonais et tchèques), qui ont créé, le 22 juin 2009, le *Groupe des conserva-*

1. Les décisions y sont prises à la majorité simple. Un bureau politique mensuel, un secrétariat permanent, un congrès semestriel, des publications et des réunions au sommet des chefs de gouvernement membres du PPE en assurent le bon fonctionnement. Des structures spécialisées destinées aux jeunes, aux femmes et aux différentes catégories socioprofessionnelles ont rapidement été créées.

2. Comme l'Union chrétienne-démocrate allemande (CDU/CSU), le Parti social-chrétien wallon (PSC) et le Parti chrétien du peuple flamand (CVP), le Centre des démocrates sociaux en France (CDS), le *Fine Gaël* irlandais, la Démocratie-chrétienne italienne (DC) et le *Südtiroler Volkspartei* (SVP), le Parti chrétien-social luxembourgeois (PCS-CSV), l'Appel des chrétiens-démocrates néerlandais (CDA) et la Nouvelle démocratie grecque (ND).

3. Qui s'est appelée jusqu'en 1999, l'Internationale démocrate-chrétienne.

4. L'UEDC, qui groupe 18 partis des pays de la Communauté européenne mais aussi de Suisse (dont le *Mouvement fédéraliste pro-européen* fondé en 1947 et les *Nouvelles équipes internationales (NEI)*), se présente comme l'aile européenne de l'*Union mondiale de la démocratie-chrétienne (UMDC)*.

5. Devant le PSE, qui avec 180 élus, totalisait 29 % de l'effectif total du Parlement européen (contre 36 % pour le PPE).

teurs et réformistes européens (CRE), afin d'assurer à l'Europe un avenir « non-fédéraliste » [1], le *Groupe du parti populaire européen (PPE)*, reste toujours, avec 265 députés [2] sur 736, la formation la plus importante devant l'*Alliance progressiste des socialistes et des démocrates* (ASPD).

2) Le Parti socialiste européen (PSE), créé, sous le nom de *Parti des socialistes européens (PSE)*, lors du Congrès de la Haye (9 et 10 novembre 1992) est beaucoup plus récent. Il succède en effet à la *Confédération des partis socialistes de la Communauté européenne (CPSCE)*, qui avait été fondée par des socialistes essentiellement français (comme Michel Rocard ou Jean-Pierre Cot), le 5 avril 1974, et dont le premier président avait été l'Allemand Wilhelm Dröscher. Elle s'était d'abord attachée à l'élaboration d'un programme commun qui servira de base aux engagements des socialistes européens pour la première élection du Parlement européen au suffrage universel en 1979. Lors du « Printemps des socialistes européens », qui avait rassemblé à Paris, en mai 1979, 200 candidats et 20 000 militants, François Mitterrand et Willy Brandt s'étaient alors prononcés pour la création d'un grand parti socialiste, capable de transcender les clivages nationaux, avec un vrai pouvoir d'impulsion et qui ne soit donc plus seulement un simple cadre de coordination. La victoire de la gauche aux élections européennes de 1979 fit du groupe socialiste, le premier groupe du Parlement européen [3]. Le Traité de Maastricht en 1992, en donnant à la construction européenne la dimension politique qui lui faisait défaut, a rendu indispensable la transformation de la CPSCE. Le PSE, dont le premier président a été jusqu'en 1995, le Belge Willy Claes, comprend, en plus des membres de l'ancienne confédération, les partis suédois, finlandais et le parti démocrate socialiste italien. Il a tenu à instaurer la parité dans ses instances dirigeantes et à accorder des droits plus importants aux partis observateurs. Membre de l'« Internationale socialiste », il s'est toujours montré favorable à une Europe plus sociale et plus politique. Il a soutenu en 2005 le projet de Traité constitutionnel. Présidé depuis avril 2004 par le danois Poul Nyrup Rasmussen [4], le PSE, devenu ASPD, compte aujourd'hui 34 partis membres des 27 pays de l'Union européenne, ainsi que de Norvège. S'y ajoutent six partis associés et sept partis observateurs. Après avoir été longtemps le premier groupe du Parlement européen (de 1979 à 1995), le PSE devenu, depuis le 23 juin 2009, l'*Alliance progressiste des socialistes et des démocrates (ASPD)* [5], est toujours resté, avec 184 députés [6] sur 736 aux élections du 7 juin 2009, la formation la plus importante après le PPE.

1. Le « Manifeste de Prague » insiste en effet sur la nécessité urgente de réformer l'Union européenne sur la base de l'euro-réalisme, de l'ouverture, de la crédibilité et de la démocratie.
2. Issus de 26 États membres de l'UE.
3. Aux élections européennes de 1994 il était encore le premier parti au Parlement européen.
4. L'allemand Martin Schultz étant le président du groupe au Parlement européen.
5. Pour répondre à la demande des députés du parti démocrate italien, dont une partie siégeait jusque-là dans l'ADLE ou dans le PSE, qui a ainsi rejoint l'ASPD.
6. Les seuls à être issus des 27 États membres.

3) Le Parti européen des libéraux, démocrates et réformateurs (ELDR) a remplacé la *Fédération des partis libéraux, démocrates et réformateurs*, qui avait été créée à Stuttgart, le 26 mars 1976, sous forme d'association internationale sans but lucratif de droit belge, en vue des premières élections du Parlement européen au suffrage universel. Il visait à rassembler les formations politiques européennes partageant les mêmes idéaux libéraux, démocrates et réformateurs. Devenu un véritable parti transnational, lors du Congrès de Torquay (9 et 10 décembre 1993), il regroupe actuellement 56 partis libéraux et démocrates, qui peuvent avoir le statut de parti de membre « effectif », « associé » ou « individuel », personne physique ou morale et qui sont issus de 40 États ou régions européens, dont certains ne font d'ailleurs pas partie de l'Union européenne [1]. Ce parti, qui réunit des députés appartenant aux formations membres du parti ELDR, ainsi que des parlementaires français, italiens et lituaniens, a vocation à accueillir l'ensemble des députés européens indépendants qui adhérent aux valeurs libérales, démocratiques et réformatrices et qui souhaitent contribuer à les promouvoir [2]. Il bénéficiait déjà du concours de la *Fondation Robert Schuman* créée en 1991 après la chute du mur de Berlin et reconnue d'utilité publique en 1992, et est désormais partiellement financé par le Parlement européen [3]. L'ELDR, dont les nouveaux statuts ont été adoptés, le 30 avril 2004, et qui est présidé, depuis le 24 septembre 2007, par la députée européenne belge, Annemie Neyts Uyttebroeck, dispose depuis 1976 d'une organisation de jeunesse, le *Mouvement de la jeunesse libérale de l'Union européenne (LYMEC)*, qui revendique plus de 250 000 jeunes libéraux européens et a également créé un *réseau européen de femmes libérales (ELWN)*.

Il est représenté au Parlement européen (PE) par le *Groupe alliance des démocrates et des libéraux pour l'Europe (ADLE)*, qui rassemble depuis le 13 juillet 2004 le *Parti européen des libéraux, démocrates et réformateurs (ELDR)* et le *Parti démocrate européen (PDE)* [4]. Cette formation, présidée depuis le 30 juin 2009 par le Belge, Guy Verhofstadt, se fonde sur un certain nombre de valeurs (fédéralisme, démocratie, protection de l'environnement, défense des minorités, dialogue, etc.). Avec 84 députés [5] sur 736, l'ADLE demeure le troisième groupe du Parlement européen.

1. Comme l'Albanie, l'Azerbaïdjan, Andorre, la Bosnie-Herzégovine, la Catalogne, la Croatie, la Géorgie, le Kosovo, la Macédoine, la Russie, la Serbie et le Monténégro, ou encore la Suisse.

2. L'ELDR coopère ainsi avec l'*Union démocratique européenne (UDE)*, créée le 3 avr. 1978 afin de regrouper les partis européens de droite, d'inspiration démocrate-chrétienne, conservatrice ou libérale.

3. Conformément à la nouvelle réglementation européenne qui établit un cadre de financement par le budget communautaire (Règl. 2003/2004/CE préc.).

4. Il s'agit d'un mouvement politique transnational créé, le 16 avr. 2004 par le français François Bayrou et l'italien Francesco Rutelli, afin de bâtir une démocratie européenne qui s'ancre dans les valeurs partagées de paix, de liberté, de solidarité et d'éducation. Les six députés français du Modem siègent ainsi au sein du groupe ADLE.

5. Issus de 19 États membres.

837 ***La formation d'un véritable parti européen ?*** ◇ Contrairement au PPE, au PSE ou à l'ELDR, qui ne sont en effet constitués que de coalitions de partis nationaux, les Verts se veulent clairement un véritable parti à l'échelle européenne, bénéficiant de financements spécifiques de l'Union européenne.

4) Le Parti Vert européen, qui a pris la succession de la *Fédération européenne des partis Verts (FEPV)* (ou *Verts européens*), fondée le 20 juin 1993 [1], dans la perspective des élections européennes de 1994, a poussé son intégration beaucoup plus loin que les autres formations présentes au Parlement européen. Ce nouveau mouvement, dont les statuts avaient été adoptés à Malte en mai 2003 et à Luxembourg en novembre 2003, a été officiellement créé lors du quatrième congrès des partis Verts, qui s'est tenu à Rome du 20 au 22 février 2004, en présence de plus de 1 000 délégués. Il regroupe actuellement trente-deux partis écologistes nationaux (sur une centaine environ) issus de 29 pays d'Europe, dont quatre n'appartiennent pas à l'Union européenne (Suisse, Russie, Géorgie et Ukraine) et dont les adhérents sont également membres de droit. Il compte également onze formations ayant la qualité d'observateurs [2] et une quinzaine d'autres ont déposé des demandes d'adhésion (Verts d'Andorre, d'Albanie, de Pologne, de Macédoine, etc.). Il fonctionne comme une fédération, qui s'appuie sur une structure relativement bien organisée au niveau européen [3]. Cette nouvelle formation, à l'instar de tous les autres partis, dits européens, n'en reste pourtant pas moins essentiellement une fédération de représentants des partis nationaux, qui conservent d'ailleurs leurs propres statuts, leur propre mode de fonctionnement et leurs propres orientations politiques, même s'ils sont tous signataires des « *Guiding Principes*/Programme Politique » de la Fédération européenne des partis Verts/Verts européens/Parti Vert européen et ont également ratifié la charte des Verts mondiaux [4]. Il n'est en effet toujours pas autorisé à être candidat aux élections européennes, sans passer par eux. Il n'est pas non plus encore possible, ni même souhaitable pour nombre de ses responsables, notamment en France, d'y adhérer directement. Une telle démarche, difficilement conciliable avec le respect du principe fédéral, qui veut que les Verts adhèrent à leur région et sont alors

1. Qui était elle-même issue de la *Coordination européenne des partis Verts* (*CEPV*) créée en avril 1984, qui avait pris la suite de la *Coordination européenne des partis Verts et radicaux* fondée en 1979.

2. Dont la plupart sont issues de pays extérieurs à l'UE (Andorre, Azebaïdjan, Belarus, Croatie, Russie, Serbie, Turquie, etc.), à l'exception du Parti socialiste populaire (SV) danois, du *Zelenite* bulgare et du LMP hongrois.

3. Les organes de décision des Verts européens sont le *Conseil* (composé de un à trois délégués pour chaque parti membre), le *Conseil élargi* appelé *Congrès*, qui se tient tous les trois ans, l'organe de décision par excellence de la fédération et le *comité* composé de neuf membres (le comité exécutif de la fédération). Son secrétariat est installé à Bruxelles. Les lettres d'information bimestrielles et le site des verts européens constituent les principaux canaux d'information vers les partis membres et autres intéressés, groupes et individus. Ils disposent au Parlement européen d'une centaine de salariés.

4. Adoptée à Camberra (Australie) par 800 délégués des partis Verts, venus de 70 pays, lors du 1er congrès des « Verts mondiaux » en avril 2001.

automatiquement membres du parti « les Verts, parti écologiste, confédération écologiste » et qu'une même logique doit prévaloir au niveau européen.

Au Parlement européen, où ils sont entrés pour la première fois en 1984, les Verts siègent avec les députés régionalistes de l'*Alliance libre européenne (ALE)* [1] au sein du *groupe Verts/ALE* [2]. En Europe les Verts sont donc représentés par les *partis nationaux* (qu'ils appartiennent ou non à la Fédération/Parti Vert européen), par le *groupe Verts/ALE* au Parlement européen et par la *Fédération européenne des partis Verts/Parti Vert européen*. Avec 55 députés [3] sur 785, le *Groupe des Verts/Alliance libre européenne*, coprésidé par Daniel Cohn-Bendit et Rebecca Harms, est devenu depuis les élections de juin 2009, la 4e formation du Parlement européen.

838 ***Perspectives liées à la citoyenneté européenne*** ◇ La création d'une *Agence des droits fondamentaux de l'Union européenne* par le règlement 168/2007/CE du Conseil du 15 février 2007 [4] vise à fournir aux institutions communautaires, ainsi qu'aux États membres, une assistance et des compétences en matière de droits fondamentaux, afin de les aider à les respecter pleinement lorsque, dans leurs domaines de compétence respectifs, ils prennent des mesures ou définissent des actions. Cette Agence qui a remplacé, depuis le 1er mars 2007 l'*Observatoire européen des phénomènes racistes et de xénophobes (EUMC)* [5] et qui a également son siège à Vienne, est désormais compétente pour tout ce qui concerne les droits contenus dans la *charte des droits fondamentaux de l'Union européenne* [6]. Il s'agit d'abord d'un organe de collecte de données et d'analyse, habilité à formuler des avis. Cette instance est également chargée de mettre en place un réseau de coopération (une « plate-forme des droits fondamentaux ») avec les organisations non gouvernementales et les institutions de la société civile, en liaison étroite avec le *Conseil de l'Europe* et doit enfin s'efforcer de sensibiliser les citoyens européens à l'existence de ces droits fondamentaux. La décision 2007/252/CE du Conseil du 19 avril 2007, établissant pour la période 2007-2013, dans le cadre du programme général « Droits fondamentaux et justice », le programme spécifique « Droits fondamentaux et citoyenneté » [7] vise à promouvoir le développement d'une société européenne fondée sur le respect

1. L'Alliance libre européenne (ALE) a été créée, en 1981 comme une association de coopération réunissant des partis politiques favorables à un régionalisme intégral et à une Europe fondée sur des communautés de peuples, et non sur un modèle centralisé et unitaire. En 1994, elle s'est officiellement constituée en une fédération de partis conformément à l'art. 138 A Traité CE, avant de devenir le 26 mars 2004 un parti politique européen, partiellement financé par le budget communautaire en application de la nouvelle réglementation européenne qui établit un cadre de financement par le budget communautaire (Règl. 2003/2004/CE préc.).
2. Qui compte six Verts français et cinq membres de l'*Alliance libre européenne (ALE)*.
3. Issus de 15 États membres.
4. *JOUE* L. 53, 22 févr. 2007, p. 1.
5. Qui avait été créé par un Règl. 1035/97/CE, 2 juin 1997, *JOUE* L. 151, 10 juin 1997, p. 1.
6. Sur ce point, cf. *supra*.
7. *JOUE* L. 110, 27 avr. 2007, p. 33.

des droits fondamentaux, à renforcer la société civile et à encourager un dialogue ouvert et transparent, tout en combattant le racisme et la xénophobie, ainsi qu'à améliorer la compréhension mutuelle entre les autorités judiciaires et administratives et les professions juridiques. Elle met en place un programme qui tend tout particulièrement à renforcer les droits liés à la citoyenneté européenne, que ce soit en matière d'information, de participation à la vie démocratique de l'Union ou de respect des droits fondamentaux lors de la mise en œuvre du droit communautaire. Ce programme, qui s'adresse en priorité aux ressortissants communautaires et aux nationaux des pays tiers résidant légalement sur le territoire de l'Union européenne, ainsi qu'aux citoyens des pays « participants » (pays en voie d'adhésion, pays candidats et pays des Balkans participant au processus de stabilisation et d'association, est financé par le budget de l'Union et placé sous le contrôle de la Commission. Dans son *cinquième rapport sur la citoyenneté européenne*, adopté le 15 février 2008 [1], la Commission a d'ailleurs procédé à une évaluation des droits accordés aux citoyens de l'Union par le Traité CE (art. 21 à 24 TFUE), au cours de la période comprise entre le 1er mai 2004 et le 30 juin 2007. Ainsi, au 1er janvier 2006, environ 8,2 millions de citoyens européens résidaient-ils dans un autre État membre, soit pour y poursuivre leurs études, pour s'y marier ou pour y travailler, ce qui traduit incontestablement une évolution encourageante. Le rapport dresse également l'inventaire des progrès réalisés dans des domaines étroitement liés à la citoyenneté au sens large, comme l'égalité de traitement fondée sur la nationalité ou la protection des droits fondamentaux. Le sondage, paru dans un Flash Eurobaromètre 2007 et publié avec ce rapport, montre que 78 % des citoyens européens considèrent que l'expression « citoyen de l'Union » leur est familière et que 90 % d'entre eux savent qu'ils sont à la fois citoyens de l'Union et ressortissants d'un État membre. Il n'en reste pourtant pas moins que 31 % seulement des personnes interrogées s'estiment « bien informées » de leurs droits en tant que citoyens de l'Union européenne.

1. L'art. 25 TFUE prévoit en effet que la Commission européenne présente tous les trois ans au Parlement européen, au Conseil et au Comité économique et social un rapport sur l'application des dispositions du Traité concernant la citoyenneté de l'UE.

CHAPITRE 2
LA SITUATION DES RESSORTISSANTS NON COMMUNAUTAIRES

839 Les traités communautaires n'avaient naturellement pas prévu de réglementation spécifique concernant la situation des ressortissants non communautaires, c'est-à-dire des étrangers, qui même lorsqu'ils résident sur le territoire de l'un des pays membres ne pourront par exemple prétendre à bénéficier de la citoyenneté européenne, dont l'obtention est en effet strictement subordonnée à la possession ou à l'acquisition de la nationalité d'un État membre (art. 20 § 2 TFUE). Il n'en reste pas moins que les étrangers peuvent également comme tout citoyen européen, mais à certaines conditions, entrer et séjourner librement sur le territoire de la Communauté et y bénéficier de certains droits. Il devient par ailleurs de plus en plus nécessaire de définir pour ceux d'entre eux qui souhaiteraient s'installer dans l'un des pays membres et qui sont de plus en plus nombreux une véritable politique communautaire de l'immigration.

SECTION 1. LE DROIT D'ENTRÉE ET DE SÉJOUR DES RESSORTISSANTS NON COMMUNAUTAIRES

840 Malgré une certaine imprécision des dispositions communautaires, les ressortissants des pays tiers qui se trouvent sur le territoire d'un État membre de l'Union se sont vus reconnaître un certain nombre de droits, qu'ils partagent pour certains avec les citoyens européens.

§ 1. L'imprécision des dispositions communautaires

841 Le droit d'entrée et de séjour des étrangers peut être déduit de plusieurs dispositions des traités originaires, mais il est le plus souvent régi par certains accords communautaires conclus avec des pays tiers.

A. Les traités originaires

842 ***L'absence de restriction générale*** ◇ Contrairement au Traité CECA qui avait clairement choisi de réserver aux seuls « *travailleurs nationaux d'un des*

(art. 4) et en libéralisant la libre circulation des personnes (3e partie) sur le modèle du Traité de Rome, confère à des ressortissants non communautaires d'Islande, de Norvège et du Lichtenstein, des droits comparables à ceux des « citoyens » européens [1]. La libre circulation des personnes a été étendue par la suite aux citoyens suisses par l'accord de Luxembourg du 21 juin 1999 entre l'Union européenne et ses États membres et la Confédération helvétique, qui avait refusé de ratifier l'accord de Porto sur l'EEE.

§ 2. Les droits accordés aux ressortissants non communautaires

845 Il était devenu inévitable d'accorder à certains « étrangers » présents sur le territoire de la Communauté les mêmes droits civiques et sociaux que ceux qui ont été reconnus aux citoyens européens [2], à partir du moment où ils se trouvent naturellement placés dans une situation identique. Le droit communautaire ne s'oppose donc pas à l'extension du bénéfice de l'égalité de traitement au profit de ressortissants d'États tiers.

A. Les droits civiques

846 ***Les étrangers bénéficient de la plupart des droits accordés aux citoyens européens*** ◇ **1°)** Le droit de pétition, qui permet d'attirer l'attention du Parlement européen sur un sujet relevant des domaines d'activité de la Communauté, peut, rappelons-le, émaner de « tout citoyen de l'Union, ainsi que de *toute personne physique ou morale* », la pétition peut en outre être présentée « à titre individuel ou en association avec d'autres citoyens ou *personnes* ». La seule condition requise pour l'exercer étant donc d'être directement concerné par l'objet de la pétition (art. 227 TFUE et 174 à 176 Règl. int. Parlement). Il est vrai que ce droit, qui existait déjà depuis 1953 dans le règlement intérieur du Parlement européen (commission des pétitions), ne concernait à l'origine que les seuls citoyens de la Communauté (ancien art. 128-1 Règl. int.) et qu'il a fallu attendre Maastricht en 1992 pour qu'il soit intégré dans le Traité et qu'il soit par la même occasion également étendu aux « étrangers » (art. 227). Il est clair que la plupart des thèmes abordés par les pétitions, dont près de 4 % seulement émanent de ressortissants des pays tiers, ne concernent pas seulement les « nationaux », qu'il s'agisse des affaires sociales, de l'environnement, de la libre circulation, voire même de la liberté religieuse au Vietnam, de l'exploitation sexuelle des enfants dans le monde ou du rôle d'organisation criminelle favorisant l'immigration clandestine par le détroit de Gibraltar [3] ...

1. Sur tous ces points, cf. *infra*.
2. Sur les droits accordés aux citoyens européens, cf. *supra*.
3. Cf. Agence Europe, 9 avr. 1999, n° 7441, p. 9.

2°) Le médiateur, également institué par le Traité de Maastricht (art. 228 TFUE), peut être saisi par tout citoyen de l'Union, ainsi que par « *toute personne physique ou morale résiliant ou ayant son siège statutaire dans un État membre* ». Le domaine d'application de ce droit est en tout point comparable à celui prévu en matière de pétition devant le Parlement européen [1]. La mauvaise administration dans l'action des institutions ou organes communautaires que le médiateur est habilité à constater et à tenter de résoudre peut en effet tout aussi bien concerner les citoyens européens que les ressortissants non communautaires, comme en témoignent certains sujets de plaintes ayant donné lieu à une enquête (annulation de contrats sans dédommagement, droits de la défense, manque de transparence et d'information...).

B. Les droits sociaux

847 ***L'extension de certains droits aux travailleurs et à leur famille en dehors de toute condition de nationalité*** ◇ **1)** *Les travailleurs étrangers* : le droit communautaire a permis d'étendre le bénéfice de certaines dispositions du Traité relatives à la libre circulation des personnes qui ne semblaient pourtant s'appliquer qu'aux travailleurs des États membres (art. 45 TFUE) au-delà de son domaine initial. La Cour a en effet tenu à préciser que la reconnaissance du droit à l'emploi découlait de celle du droit de séjour qui nécessite la possession d'un *titre de séjour*, c'est-à-dire d'une autorisation délivrée par les autorités d'un État membre et permettant à un ressortissant d'un pays tiers de séjourner légalement sur son territoire. Le règlement 1030/2002/CE du Conseil du 13 juin 2002 établissant un modèle uniforme de titre de séjour pour les ressortissants de pays tiers [2] a prévu que les titres de séjour délivrés par les États membres aux ressortissants des pays tiers devront être établis selon un modèle uniforme et réserver un espace suffisant pour les informations mentionnées en annexe. Ce modèle devra en outre pouvoir être utilisé sous forme de vignette adhésive ou de document séparé. Chaque État membre étant libre d'ajouter, dans l'espace du modèle uniforme prévu à cet effet, toute information importante concernant la nature du titre et le statut juridique de la personne concernée, notamment pour indiquer si l'intéressé est ou non autorisé à travailler (art. 1er) [3]. Elle a également pu fonder ses décisions concernant la situation des ressortissants étrangers en s'appuyant sur certains accords conclus par la Communauté et ses États membres avec des pays tiers [4].

La notion de travailleur qui n'a été définie ni par le droit conventionnel, ni par le droit dérivé, a été précisée par la Cour pour qui elle ne relève pas du

1. D'autant que l'art. 21 CE, plus restrictif que les art. 194 et 195 CE ne semble reconnaître de droit de pétition et le droit de s'adresser au médiateur qu'au profit des citoyens de l'Union.
2. *JOCE* L. 157, 15 juin 2002, p. 1.
3. CJCE 17 avr. 1997, *Selma Kadiman*, aff. C. 391/95, *Rec.* p. I-2133.
4. Sur ce point cf. *supra*.

droit interne des États [1]. Elle « revêt une portée communautaire et ne doit pas être interprétée de façon restrictive » : est considéré comme travailleur, toute personne qui exerce ou a l'intention d'exercer « une activité économique » entendue au sens large du terme [2] ; elle devra en outre avoir accompli « pendant un certain temps, en faveur d'une autre personne et sous la direction de celle-ci des prestations en contrepartie desquelles elle touche une rémunération » [3]. Toute personne qui exerce une prestation, touche une rémunération et est placée sous la subordination d'un employeur devra donc être considérée comme travailleur et pourra donc bénéficier de prestations sociales, au même titre que les ressortissants nationaux [4].

De même, des travailleurs originaires d'un pays extérieur à l'Union (le Maroc) recrutés en vertu de permis de travail par une entreprise communautaire (en Belgique) qui effectue ses activités dans un autre État membre (en France), sont autorisés à séjourner sur le territoire de ce dernier le temps de terminer leur chantier [5].

2) La famille des travailleurs étrangers : l'article 18 TFUE, qui interdit toute forme de discrimination en raison de la nationalité, ne concernait à l'origine que les ressortissants des États membres de la Communauté. La Cour, afin d'élargir la portée du principe de l'égalité de traitement, n'a toutefois pas exclu d'en étendre les effets aux ressortissants des États tiers. Elle a par exemple décidé, en se fondant sur le règlement 1612/68/CE du Conseil du 15 octobre 1968 relatif à la libre circulation des travailleurs à l'intérieur de la Communauté [6], d'accorder à l'ensemble des membres de la famille d'un travailleur étranger venu s'installer avec lui au titre du regroupement familial, le bénéfice de légalité de traitement en matière d'avantages sociaux [7] ou d'éducation [8]. La Cour entendait ainsi certainement éviter les répercussions négatives sur la liberté de circulation, garantie par l'article 45 TFUE.

Ce règlement autorise en effet les membres de la famille du travailleur, *quelle que soit leur nationalité*, à venir s'installer avec lui dans l'État membre dans lequel il exerce son activité, à condition toutefois qu'il dispose pour pouvoir les accueillir d'un logement décent (« considéré comme normal pour les travailleurs nationaux dans la région où il est employé ») (art. 10-3).

1. CJCE 19 mars 1964, *Unger*, aff. 75/63, *Rec.* p. 349.
2. Il en est ainsi des travailleurs indépendants (art. 1er Dir. 73/148, 21 mai 1973).
3. CJCE 26 févr. 1992, aff. C 3/90, *Bernini*, *Rec. p.* I-1071.
4. Soc. 7 mai 1991, *Mazari c. CPAM Grenoble*, *D.* 1991. IR 163.
5. CJCE 9 août 1994, *Vander Elst c. Office migrations internationales*, aff. C 43/93, *Rec.* p. I-3803.
6. Cf. *JOCE* L. 257, 19 oct. 1968 et L. 295, 7 déc. 1968.
7. CJCE 30 sept. 1975, *Cristini c. SNCF*, aff. 32/75, *Rec.* p. 1098.
8. Ainsi les enfants de travailleurs migrants, même handicapés, doivent-ils être admis aux cours d'enseignement général, dans les mêmes conditions que les nationaux (CJCE 11 avr. 1973, *Michel S.*, aff. 76/72, *Rec.* p. 457).

La composition de la famille du travailleur a d'ailleurs été précisée par les articles 10 à 12 de ce texte [1]. Elle comprend :

– son conjoint et leurs descendants de moins de 21 ans ou à sa charge (art. 10-1 a), qui devront pouvoir accéder librement à n'importe quelle activité salariée sur l'ensemble du territoire de l'État membre où le travailleur est employé, « *même s'ils n'ont pas la nationalité d'un État membre* » (art. 11) ;

– ainsi que ses ascendants ou ceux de son conjoint également à sa charge (art. 10-1 b).

Les membres de la famille du travailleur, visés par l'article 10-1, bénéficient également en vertu de la directive 73/148/CEE du Conseil du 23 mai 1973 [2], du droit de déplacement et de séjour à l'intérieur de la Communauté, et ce « *quelle que soit leur nationalité* » (art. 1er l c et d) [3].

Les autres membres de la famille à la charge ou vivant sous le toit du travailleur sont seulement en droit d'attendre des États membres qu'ils favorisent leur admission (art. 10-2).

L'article 39, paragraphe 1 de l'accord de coopération signé le 26 avril 1976 entre la Communauté européenne et l'Algérie et approuvé par le règlement 2210/78 du Conseil du 26 septembre 1978 interdit par exemple toute forme de discrimination fondée sur la nationalité dans le domaine de la sécurité sociale des travailleurs migrants algériens et des membres de leur famille résidant avec eux, par rapport aux ressortissants communautaires [4]. Des dispositions identiques se retrouvent également dans les accords liant la Communauté au Maroc et à la Tunisie.

848 ***Le droit au regroupement familial*** ◇ La directive 86/2003/CE du Conseil du 22 septembre 2003 relative au droit au regroupement familial [5], difficilement adoptée après trois ans de négociations, vise à établir les conditions dans lesquelles est exercé le droit au regroupement familial pour les ressortissants de pays tiers résidant légalement sur le territoire des États membres et souligne l'importance de développer une politique d'intégration ayant l'ambition de leur offrir des droits et des obligations comparables à ceux des citoyens de l'Union européenne [6]. La directive 109/2003/CE du Conseil du 25 novembre 2003 relative au statut des ressortissants de pays

1. Complété par Dir. CE 68/360, 15 oct. 1968 relative à la suppression des restrictions au déplacement et au séjour des travailleurs des États membres et de leur famille à l'intérieur de la Communauté (*JOCE* L. 257, 19 oct. 1968).

2. Relative à la suppression des restrictions au déplacement et au séjour des ressortissants des États membres à l'intérieur de la Communauté en matière d'établissement et de prestations de services.

3. CJCE 7 juill. 1992, *The Queen c. Immigration Appeal Tribunal et Surinder Singh*, aff. C. 370/9, *Rec. p.* I-4265.

4. Cf. CJCE 15 janv. 1998, *Henia Babahenini c. État Belge*, aff. C-113/97, *LPA* 5 août 1998. p. 25, note J.-L. Clergerie.

5. *JOCE* L. 251, 3 oct. 2003.

6. A fait l'objet d'un recours en annulation de la part du Parlement européen devant la CJCE.

De 1994 à 2005 le nombre de migrants entrant dans l'UE est passé de 590 000 personnes à 1,85 million. Ces chiffres officiels [1] sont bien loin de la réalité, dans la mesure où ils ne tiennent pas compte de l'immigration clandestine.

En 2000, la Communauté a connu un solde migratoire positif de 816 000 personnes, (contre 720 000 en 1999). Il s'établissait à plus d'un million de personnes par an au début des années quatre-vingt-dix, où le nombre total d'immigrés représentait 15,4 % de sa population totale, contre seulement 7,2 % en 1980 !

En 2002, ce serait en réalité 2,5 millions d'étrangers qui seraient légalement entrés dans l'Europe des Quinze, soit plus qu'aux États-Unis et au Canada réunis. Il convient d'ajouter à ce chiffre les quelque 500 000 immigrés clandestins entrant chaque année sur le territoire de l'Union européenne.

L'Allemagne qui a accueilli en 1998, 605 500 étrangers, est le pays d'Europe dans lequel le pourcentage d'immigrés est le plus élevé, suivi du Royaume-Uni (236 900) et de la France (138 100). Le Danemark, où l'on compte seulement 32 000 immigrés sur 5,5 millions d'habitants à au contraire le taux le plus faible de toute l'Europe [2]. C'est actuellement, l'Espagne et l'Italie, qui avec respectivement 610 100 et 558 300 immigrés accueillis en 2004, ont le taux le plus élevé de toute l'UE.

Avant le 1er mai 2004 l'Union européenne comptait officiellement 25 millions d'étrangers sur 379 millions d'habitants. Avec l'arrivée de dix, puis de deux nouveaux États et de près de 115 millions de personnes supplémentaires, il est à craindre de voir s'amplifier, les mouvements migratoires. Le potentiel de migration à long terme (regroupement familial compris) pourrait, selon les experts, atteindre 1 % de la population totale de l'Union (soit près de 5 millions de personnes). C'est pourquoi, sous la pression de l'Autriche et de l'Allemagne, qui ont des frontières communes avec cinq de ces nouveaux pays membres, le Traité d'adhésion a prévu des périodes de transition au libre accès à l'emploi des travailleurs de l'Est pour une période de deux ans, qui pourra être prolongée de trois, puis encore de deux nouvelles années supplémentaires (en cas de « sérieuses perturbations » sur le marché du travail). Ces nouveaux États devront en outre avoir sécurisé leurs frontières extérieures (celles qui touchent des pays n'appartenant pas à l'Union) pour pouvoir rejoindre l'espace Schengen [3]. Il reste toutefois bien difficile de chiffrer avec précision le nombre d'immigrés, tant il est impossible de connaître avec exactitude le nombre de clandestins. De nombreux étrangers ont en outre obtenu la nationalité de leur pays d'accueil (la France compte ainsi près de deux millions d'étrangers naturalisés).

1. Selon l'Office statistique des Communautés européennes cf. *L'Europe en chiffres*, Annuaire Eurostat, 2006-2007, Commission européenne, Bruxelles, mai 2007, p. 75.

2. Dans la plupart des États membres les étrangers représentent moins de 10 % de la population totale. Seules exceptions le Luxembourg (39 % en 2003) et la Lettonie (22,2 % en 2004).

3. Sur ce point cf. *infra*.

Ces chiffres ont d'ailleurs donné lieu à de nombreuses polémiques. L'Office statistique des Communautés européennes affirme par exemple, dans son rapport publié en mai 2007, que l'immigration pourrait bien compenser le faible taux de natalité qui caractérise depuis déjà longtemps l'ensemble des pays européens. Elle permettrait donc de remédier à la pénurie de main-d'œuvre à laquelle, d'ici à 2050, certains pays pourraient être confrontés, en raison du départ à la retraite de la population issue du baby-boom et du peu de bébés qui, nés aujourd'hui seront alors en âge de travailler [1].

851 ***Les différents types d'immigration*** ◇ Il convient de distinguer trois grands types de flux migratoires :

– les migrations pour motif économique (recherche d'un travail et d'avantages sociaux qui leur sont refusés dans leur pays d'origine) ;

– les migrations pour motif humanitaire (demandeurs d'asile, réfugiés politiques, personnes déplacées, etc.) ;

– les migrations dues au regroupement familial (les plus importantes depuis les années quatre-vingt).

852 ***L'évolution de l'immigration*** ◇ Jusqu'à la fin des années quatre-vingt, la plupart des immigrés étaient issus, soit du continent africain (Afrique noire et surtout Maghreb), soit des pays du Sud de l'Europe (principalement Espagne et Portugal, avant qu'ils ne fassent partie de la Communauté). Or, depuis la disparition de l'URSS et l'effondrement du communisme en Europe, une nouvelle tendance est apparue du fait de l'afflux massif de populations venues des pays de l'Est (plus de 10 millions de personnes, dont 6 millions viendraient de l'ex-Union Soviétique), auxquelles il convient de rajouter les 3 millions d'Allemands « ethniques » (« *Aussiedler* ») d'Europe centrale et orientale, à qui l'Allemagne accorde automatiquement la nationalité allemande dès leur arrivée sur son territoire...

La nature même de l'immigration s'est également modifiée. Le nombre des demandeurs d'asile, qui ont aussi des motivations d'ordre économique, a en effet augmenté beaucoup plus vite que celui des autres catégories d'immigrés. L'immigration temporaire, qui conduisait un étranger à ne rester que quelques mois ou quelques années en Europe pour pouvoir rassembler suffisamment d'argent avant de le dépenser ensuite dans son pays d'origine a peu à peu cédé la place à une immigration durable, voire définitive, qui s'accompagne presque toujours de l'arrivée des autres membres de la famille dans le cadre du « regroupement familial ». Les enfants de ces immigrés ont d'ailleurs très souvent automatiquement acquis la nationalité de leur pays d'accueil et ne sont donc plus considérés comme des immigrés.

La population immigrée est surreprésentée tant dans les emplois les moins bien rémunérés que dans les emplois précaires, ainsi que parmi les chô-

1. *L'Europe en chiffres op. cit.*, p. 75.

meurs. Cette situation n'est pas seulement la conséquence de l'insuffisance du niveau de qualification des ressortissants des pays tiers, elle tient également aux difficultés qu'ils ont bien souvent pour trouver un emploi qualifié ou tout simplement pour trouver un travail.

La présence de ces étrangers suscite, particulièrement dans les milieux défavorisés les plus touchés par la crise, des réactions hostiles, parfois violentes [1], qui ont conduit les États membres à prendre, le plus souvent sans se concerter, des mesures plus ou moins efficaces.

B. L'insuffisance des réponses nationales

853 ***Les conséquences de la suppression des frontières*** ◇ Le contrôle des flux migratoires a été rendu encore plus difficile du fait de la mise en place d'une « Europe sans frontières » par l'Acte unique européen et par les accords de Schengen.

– L'AUE (17 et 28 février 1986), en créant à compter du 1er janvier 1993 un « espace sans frontières intérieures, dans lequel la libre circulation des marchandises, des personnes, des services et des capitaux est assurée selon les dispositions du présent Traité » (art. 8A modifié), a rendu plus difficile le contrôle de l'immigration par les États membres. Avant même son entrée en vigueur (le 1er juillet 1987), avait d'ailleurs été créé, à l'initiative des douze ministres chargés de l'Immigration, un groupe « immigration », chargé de réfléchir sur les conséquences de l'ouverture des frontières [2].

– Il a également été indispensable de prévoir l'harmonisation des règles nationales relatives à l'entrée des étrangers sur le territoire de l'Union, depuis que les accords de Schengen (14 juin 1985 et 19 juin 1990), qui lient désormais 22 des 27 membres de l'Union, ainsi que l'Islande, la Norvège et la Suisse [3], ont supprimé les contrôles systématiques aux frontières intérieures (depuis le 26 mars 1995).

854 ***La diversité des politiques nationales*** ◇ L'absence de cohérence et donc d'efficacité des politiques nationales visant à contenir l'immigration a conduit certains États à présenter des propositions communes, dont certaines ont d'ailleurs parfois été reprises par les institutions communautaires.

Ainsi les efforts de la France pour inciter les immigrés à rejoindre volontairement leurs pays d'origine en les y aidant financièrement, n'auraient, selon l'OCDE, abouti qu'au retour d'à peine 100 personnes ! Les premières mesures destinées à lutter contre l'immigration clandestine, comme celles

1. Surtout en Allemagne, principal pays d'immigration, où les agressions contre les immigrés (principalement turcs), se sont soldées en 1992 par 17 tués et 2 500 blessés !

2. Sur ce point cf. *infra*.

3. Le Royaume-Uni, l'Irlande et Chypre, n'appliquent en effet que partiellement ces accords, alors que la Bulgarie et la Roumanie, qui les ont signés 2009, ne les appliquent toujours pas ; cf. *supra*.

contenues dans la circulaire du 24 juin 1997 [1], n'ont pas eu beaucoup plus de succès... Il a donc ensuite été nécessaire de sensiblement durcir la politique migratoire française, qui vise désormais à substituer l'« immigration choisie » à l'« immigration subie » et s'accompagne d'une augmentation des reconduites à la frontière des étrangers en situation irrégulière (15 500 en 2004, 20 000 en 2005 et 25 000 prévues en 2006).

En Autriche, où 14 % des chômeurs recensés début 1997 étaient des étrangers, le Parlement, qui dès 1992, avait pourtant fait adopter par le Parlement les premières mesures déjà controversées de lutte contre l'immigration, a pris, dès mars 1997, des décisions encore plus radicales : diminution des quotas d'immigrés autorisés à s'installer sur le territoire national, restriction du regroupement familial et retrait du permis de séjour aux étrangers sans travail.

L'Allemagne, qui est le pays de l'Union qui compte le plus grand nombre d'étrangers sur son territoire (7 millions) et où 8 % des salariés sont des immigrés, est également celui qui accueille le plus grand nombre de réfugiés. Elle a pourtant adopté, le 22 mars 2002, une loi en faveur d'une « immigration de qualité » destinée à adapter l'immigration aux nécessités du marché du travail et aux besoins des régions. Ce texte applicable depuis le 1er janvier 2005 prévoit en effet de faciliter l'installation des immigrés les plus qualifiés (scientifiques, techniciens spécialisés, créateurs d'entreprises, etc.) qui recevront un permis de résidence illimité à partir du moment où un travail effectif leur aura été proposé. Il s'est également efforcé de restreindre parallèlement le droit d'asile. Un Office des migrations et des réfugiés devrait être créé pour gérer ce système et pour favoriser l'intégration de ces étrangers.

L'Espagne, qui depuis le 1er août 2001 a rendu plus difficile la régularisation des clandestins, a, tout comme l'Italie qui a été longtemps l'un des pays les plus ouverts, été conduite à durcir sa position vis-à-vis de l'immigration.

Ce pays qui compte à terme sur l'immigration pour compenser la baisse de sa natalité, a pourtant régularisé, entre février et mai 2005, plus de 700 000 étrangers en situation irrégulière, mais qui étaient en mesure de justifier d'un contrat de travail d'une certaine durée [2]. Il est vrai que durant cette même période, le gouvernement a renforcé les contrôles aux frontières et appréhendé un nombre croissant d'immigrés qui tentaient d'entrer illégalement.

En Italie, où de nombreuses régularisions de clandestins ont également eu lieu (635 000 en 2003), les lois « *Turco-Napolitano* » (1998) et « *Bossi-Fini* » (2002) autorisent le président du Conseil à fixer chaque année par décret le nombre maximum de travailleurs étrangers admis sur le territoire [3]. Il s'agit en fait d'un système de « quotas préférentiels » par nationalités, qui sont déterminés par des accords bilatéraux de lutte contre l'immigration

1. Circ. relative au réexamen de la situation de certaines catégories d'étrangers en situation irrégulière (*JO* 26 juin 1997, p. 9819).

2. Six mois dans le BTP, l'industrie ou les services, trois mois dans l'agriculture et trente heures hebdomadaires dans les services domestiques.

3. Ainsi 170 000 devraient être admis en 2006 (contre seulement 159 000 en 2005).

clandestine et varient également selon les régions et les secteurs professionnels. Les autorités italiennes, qui s'efforcent dans le même temps de lutter contre l'immigration clandestine, ont ainsi intercepté en 2005, près de 15 000 arrivants clandestins et arrêté plus de 500 d'entre eux.

Le Royaume-Uni, qui connaît l'un des taux de chômage parmi les plus faibles de toute l'Union européenne (moins de 5 %), accepte au contraire de recevoir chaque année près de 150 000 immigrés. Il est également l'un des rares pays à ne pas avoir refusé d'accueillir les quelque 170 000 travailleurs en provenance des dix nouveaux États membres qui s'y sont installés depuis mai 2004. Le gouvernement entend par contre décourager les demandeurs d'asile, qui de 116 000 en 2002, n'étaient plus que 40 000 en 2004, principalement du fait du renforcement des contrôles à l'entrée du tunnel sous la Manche.

Dans la perspective du Conseil européen de Tampere (15 et 16 octobre 1999), la France, l'Allemagne et le Royaume-Uni, avaient rédigé, à partir de propositions françaises et avec le soutien de l'Espagne et de l'Italie, un projet commun qui fera ensuite l'objet d'une assez large approbation par l'ensemble de leurs partenaires européens. Cette proposition, qui refusait tout arrêt brutal de l'immigration, mais entendait lutter contre l'immigration clandestine, a préféré y substituer une réponse économique (aide au développement) et sociale (soutien financier aux immigrés qui accepteraient de retourner volontairement dans leur pays d'origine), tout en prônant le dialogue avec les pays d'émigration.

§ 2. L'amorce d'une politique européenne de l'immigration

855 Les initiatives communautaires prises dans le domaine de l'immigration n'ont pas permis de dégager une politique commune de l'immigration, que seule la communautarisation des dispositions du Traité de Rome relatives à la libre circulation des personnes, effectuée par Amsterdam, permettra peut-être de réaliser.

A. L'absence d'efficacité des initiatives communautaires

856 ***1) Les initiatives prises par les Conseils européens*** ◇ Avant même que le Conseil européen d'Hanovre (27 et 28 juin 1988) ne fasse de l'immigration un objectif prioritaire, les ministres des Douze avaient décidé à Londres, dès le 20 octobre 1986, de créer un groupe *ad hoc* « immigration ». Cet organisme, composé de leurs plus proches collaborateurs et de membres de la Commission et dont les attributions correspondaient aux domaines couverts par les accords de Schengen, a également été à l'origine de la convention de Dublin du 15 juin 1990 ; ce Traité, signé par tous les

États membres, à l'exception notable du Danemark, propose l'uniformisation des procédures d'asile au sein de l'Union : désormais, une décision de refus prise par l'État auprès duquel le réfugié aura présenté sa demande, sera automatiquement applicable dans tous les pays liés par la convention.

Le Conseil européen d'Hanovre (27 et 28 juin 1988), principalement consacré aux questions économiques et monétaires, a pourtant tenu pour la première fois à encourager les États membres à mener une réflexion commune face aux problèmes posés par l'immigration et par le droit d'asile, du fait de la suppression des contrôles aux frontières intérieures consécutive aux accords de Schengen.

Le Conseil européen de Rhodes (2 et 3 décembre 1988) a ensuite décidé de créer un groupe chargé de coordonner les organes spécialisés dans la libre circulation et d'informer régulièrement le Conseil des ministres des difficultés qui pourraient en résulter et des mesures susceptibles d'y remédier...

Le Conseil européen de Maastricht (9 au 10 décembre 1991), qui devait adopter les grandes lignes du UE, a également approuvé le programme de travail mis au point par les États en ce qui concerne la politique commune de l'immigration, conformément aux grandes orientations fixées à Hanovre. Il ne s'agira plus seulement de s'assurer des conséquences de la suppression des frontières intérieures, mais encore faudra-t-il jeter les bases d'une véritable politique de l'immigration.

Mais c'est surtout le Conseil européen de Tampere (15 et 16 octobre 1999), consacré à la création d'un espace de liberté, de sécurité et de justice dans l'Union européenne, qui s'est efforcé de définir pour la première fois les grands axes d'« une politique européenne commune en matière d'asile et de migration », qui bien que distincts sont étroitement liés [1] :

– développer le partenariat avec les pays d'origine de l'immigration afin de les aider à lutter contre la pauvreté et contre les atteintes aux droits de l'homme (notamment les droits des minorités, des femmes et des enfants) ;

– travailler à la mise en place d'un régime d'asile européen commun, fondé sur la convention de Genève relative au statut des réfugiés du 28 juillet 1951 ;

– assurer un traitement équitable aux ressortissants des pays tiers qui résident légalement sur le territoire des États membres ;

– gérer de façon plus efficace les flux migratoires en s'attaquant aux responsables de l'immigration clandestine et en renforçant la coopération entre les services de contrôle aux frontières des États membres [2].

857 ***2) Les initiatives prises par les institutions et organes communautaires*** ◇ À l'initiative du Parlement européen et du Comité économique et social a été organisée à Luxembourg, les 3 et 4 juin 1991 une

1. Cf. pts 10 à 27 Concl. présidence, secrétariat général Commission, Bruxelles, 16 oct. 1999, S.I. (1999) 800.

2. Comme l'Italie et la Grèce l'ont déjà fait pour contrôler les activités des passeurs dans l'Adriatique et la mer Ionnienne.

« conférence sur les travailleurs migrants des pays tiers », pour essayer de trouver des solutions face aux conséquences de la suppression des frontières prévue par l'AUE pour le 1er janvier 1993. Il conviendrait d'abord de lutter contre l'immigration clandestine, qui encourage le travail au noir et le « dumping » social (baisse des salaires) et favorise le racisme et l'exclusion. Il faudrait donc, en accord avec les pays d'immigration, qu'il serait préférable d'aider financièrement, favoriser le retour volontaire d'une partie des travailleurs installés en Europe. Il serait enfin nécessaire de faciliter l'intégration de ceux d'entre eux qui resteraient, en leur garantissant par exemple un niveau minimum de protection sociale [1], tout en sauvegardant leur identité culturelle.

858 ***La définition des contours d'une politique de l'immigration*** ◇
Dans une communication (sans portée normative), rendue publique en octobre 1991, la Commission, qui refuse de ne prendre en compte que la seule question de la suppression des frontières internes, s'est efforcée pour la première fois de définir les contours d'une politique européenne de l'immigration. Elle ne voudrait pas que le droit d'asile puisse désormais être perçu comme un moyen détourné d'immigration, tout en estimant que l'arrivée de nombreux étrangers au titre du regroupement familial ou de l'asile politique justifie un contrôle de l'immigration, en particulier de l'immigration clandestine, ce qui constitue d'ailleurs la seule chance réelle de permettre l'intégration des immigrés en situation régulière. Elle estime que ce problème ne pourra trouver de solution satisfaisante qu'au niveau international, en concertation étroite avec les pays d'origine de l'immigration. Tout en considérant qu'il est indispensable de fournir à ces États l'aide nécessaire à leur développement, la Commission se montre persuadée de l'utilité de prendre en considération l'immigration dans la politique extérieure de la Communauté. On peut toutefois regretter que la Commission, qui a raison d'aborder globalement toutes les questions posées par l'immigration, se soit contentée de poser de grands principes, sans vraiment préconiser des solutions concrètes.

B. La communautarisation des dispositions du Traité relatives à l'immigration

La communautarisation des dispositions relatives à l'immigration voulue par le Traité d'Amsterdam, aura permis un certain nombre d'avancées, dont il est désormais possible de dresser le bilan et les perspectives.

1. Sur ce point cf. *supra* section 1.

1. Les fondements conventionnels de la communautarisation

Le Traité d'Amsterdam a procédé à la communautarisation d'une grande partie des dispositions du 3e pilier, dont certaines devaient ensuite être modifiées par le Traité de Nice et qui sera abrogé par le Traité d'Amsterdam.

859 ***L'impossibilité de mettre en place une véritable politique européenne de l'immigration*** ◇ Le troisième pilier du Traité de Maastricht (« Dispositions sur la coopération dans les domaines de la justice et des affaires intérieures ») [1], qui restait placé dans la sphère de compétence des États, n'a pas permis de développer une véritable politique européenne de l'immigration. C'est pourquoi ces dispositions ont dû ensuite être en grande partie communautarisées par Amsterdam. 1° Ces articles se fondaient en effet sur la coopération intergouvernementale, qui devait se traduire par une information et une consultation mutuelle entre États au sein du Conseil, ainsi que par une collaboration entre les services compétents de leurs administrations. La politique d'asile, les règles régissant le franchissement des frontières extérieures des États membres et l'immigration font partie des questions que les États doivent considérer d'« intérêt commun » [2] et pour lesquelles ils sont seulement tenus de *« coordonner leur action »*. Il reste toutefois toujours possible à ceux qui le souhaiteraient d'instituer ou de développer entre eux une coopération plus étroite (« coopération renforcée »). Le Conseil, qui constitue le cadre dans lequel s'inscrit leur action qui se traduit essentiellement par des « positions communes » et des « actions communes », se prononce généralement sur toutes ces questions à l'*unanimité.*

Mais les actes « décisionnels » du Conseil ou de la Commission, pris en application de ces dispositions ont été peu nombreux et n'ont concerné que certains aspects de la politique d'immigration [3]. Le Conseil préférant parfois, comme pour lutter contre l'immigration clandestine, utiliser la recommandation [4].

Le Conseil a ainsi arrêté plusieurs *positions communes* [5] et adopté une quinzaine d'*actions communes* [6] ; il a également établi des *conventions*, comme celle du 10 mars 1995, qui institue une procédure simplifiée d'extradition entre les États membres de l'Union européenne [7].

1. Abrogé depuis par le Traité de Lisbonne
2. Sur tous ces points, cf. *infra*.
3. Cf. Règl. Conseil 165/95/CE, 29 mai 1995 (*JOCE* L. 164/1, 1er juill. 1995) et 231/95/CE, 25 sept. 1995 (*JOCE* L. 234/1, 3 oct. 1995) relatifs aux visas et conditions d'entrée des étrangers sur le territoire des États membres.
4. Cf. Recomm. 96/C 5/01 et 96/C 5/02, 22 déc. 1995, *JOCE* C. 5/3, 10 janv. 1996.
5. Comme celle du 4 mars 1996 sur l'application harmonisée de la définition du terme de « réfugié » (*JOCE* L. 63/2, 12 mars 1996).
6. Comme celle du 30 nov. 1994 concernant les facilités de déplacement des écoliers ressortissants des États tiers (*JOCE* L. 327/1, 19 déc. 1994).
7. *JOCE* C. 78, 30 mars 1995.

Mais il ne s'agit pas encore d'une véritable politique communautaire de l'immigration. Le Parlement européen n'a d'ailleurs jamais cessé de dénoncer le choix du caractère intergouvernemental effectué par les rédacteurs du Traité de Maastricht et a toujours réclamé la communautarisation de son troisième « pilier » ; il ne regrettait pas seulement sa rigidité, censée être la cause principale de son échec, mais il lui reprochait surtout de l'empêcher d'exercer son contrôle dans des domaines étroitement liés à la liberté de circulation.

860 ***La nécessité de considérer l'immigration comme une politique à part entière*** ◇ Il n'est donc pas étonnant que le Traité d'Amsterdam du 2 octobre 1997, ait pu transférer à la Communauté, à compter du 1er mai 2004, soit cinq ans après son entrée en vigueur (art. 67 § 2 CE abrogé), la plupart des politiques liées à la suppression des frontières internes à l'Union, dont celle de l'immigration. Jusqu'au début de l'année 2005, la plupart des mesures concernant l'immigration, l'asile ou le contrôle des frontières devaient donc toujours rester décidées à l'unanimité du Conseil, à l'exception d'une partie de celles relatives à la politique des visas votée à la majorité qualifiée. Le Traité d'Amsterdam permettant ensuite au Conseil de décider à l'unanimité après consultation du Parlement européen, de soumettre la totalité ou une partie de ces domaines à la procédure de codécision (« clause passerelle »).

Le Titre IV du Traité CE (« Visas, asile, immigration et autres politiques liées à la libre circulation des personnes ») a donc été communautarisé ; seules les « Dispositions relatives à la coopération policière et judiciaire en matière pénale » (art. 29 à 42 UE, remplacées ou abrogées) demeuraient toujours placées dans la sphère intergouvernementale [1]. Le Traité considère donc l'immigration comme une politique à part entière. Ces dispositions sont toutefois beaucoup moins précises que celles qui étaient contenues dans le « Cadre général pour un projet de révision des traités », présenté le 5 décembre 1996 par la conférence des représentants des États membres au Conseil européen de Dublin, qui aurait souhaité inclure dans le futur traité un chapitre 2 intitulé « Libre circulation des personnes, asile et immigration ». Le Conseil s'était engagé à adopter avant le 1er mai 2004 un certain nombre de normes communes concernant la politique d'immigration, qu'il s'agisse des conditions d'entrée et de séjour des ressortissants des pays tiers ou de l'immigration clandestine.

2. Les conséquences de la communautarisation

La communautarisation de ces dispositions a permis l'élaboration de politiques communes dans le domaine de l'immigration et du droit d'asile, ainsi qu'en matière de visas.

1. Sur tous ces points, cf. *infra*.

861 ***L'élaboration de politiques communes dans le domaine de l'immigration et de l'asile*** ◇ Quel bilan peut-on désormais dresser de la communautarisation des politiques en matière d'immigration et d'asile ? Lors du Conseil européen de Tampere (15-16 octobre 1999), les Quinze avaient en effet estimé qu'il ne fallait pas réserver aux seuls citoyens communautaires la liberté de circulation au sein de l'Union et qu'il fallait promouvoir « l'intégration dans nos sociétés des ressortissants des pays tiers qui résident légalement dans l'Union ». Ils avaient, à cette occasion, souhaité l'élaboration de politiques communes dans le domaine de l'immigration et dans celui de l'asile [1], qui devront se fonder sur le respect de la convention de Genève. Le Groupe de haut niveau asile et migrations avait d'ailleurs été chargé par le Conseil, dès 1999, d'établir des « plans d'action » en vue de réduire l'immigration venant de cinq pays « cibles » (Afghanistan, Albanie, Irak, Somalie et Sri Lanka). Ces objectifs ont d'ailleurs été confirmés par la Commission dans un certain nombre de documents :

– communication COM(2000)757 final du 22 novembre 2000, *Politique communautaire en matière d'immigration,* qui estime que l'ouverture des canaux de l'immigration légale à destination de l'Union, ne pourrait que lui être bénéfique, tant sur un plan économique que démographique ;

– communication COM(2001)672 final du 15 novembre 2001 *concernant une politique commune en matière d'immigration clandestine* ;

– *rapport entre la sauvegarde de la sécurité intérieure et le respect des obligations et des instruments internationaux en matière de protection* (5 décembre 2001), ce document de travail, qui intervient après les attentats du 11 septembre 2001 et se situe dans le cadre du « plan d'action relatif à la lutte contre le terrorisme » défini par le Conseil, s'efforce d'associer à la protection de la sécurité intérieure les politiques d'asile et d'immigration ;

– Livre vert COM(2002)175 final du 10 avril 2002 *relatif à une politique communautaire en matière de retour des personnes en séjour irrégulier ;*

– communication COM(2002)233 final du 7 mai 2002 « *Vers une gestion intégrée des frontières extérieures des États membres de l'UE* ».

Mais faute de mesures suffisantes, il n'est plus désormais question que « d'essayer de progresser sur la voie de l'harmonisation »...

862 ***La réglementation du droit d'asile*** ◇ Après la création d'un *fonds européen pour les réfugiés* (Décis. 2000/596/CE Conseil, 28 sept. 2000 [2]), regroupant en un seul instrument [3] les actions en matière d'intégration et celles relatives à l'accueil et au rapatriement volontaire [4] le *règlement* 2725/2000/CE du Conseil du 11 décembre 2000 concernant la création du

1. Cf. Communication Commission, 22 nov. 2000, « Vers une procédure d'asile commune et uniforme, valable dans toute l'Union, pour les personnes qui se voient accorder l'asile ».

2. *JOCE* L. 252, 6 oct. 2000.

3. D'abord prévu pour cinq ans (2000-2004), il a été renouvelé pour la période 2005-2010 (Décis. 596/2000/CE, 2 déc. 2004, *JOUE* L. 381, 28 déc. 2004).

4. Qui avaient fait l'objet de l'« action commune », 26 avr. 1999.

système « Eurodac » pour la comparaison des empreintes digitales aux fins de l'application efficace de la convention de Dublin [1] est entré en vigueur depuis le 15 janvier 2003 [2]. La directive 40/2001/CE du Conseil, du 28 mai 2001, relative à la reconnaissance mutuelle des décisions d'éloignement des ressortissants de pays tiers [3] s'est ensuite efforcée de mettre en place une politique européenne commune en matière d'asile et d'immigration. Tout en garantissant le respect des obligations découlant de la convention d'application de l'accord de Schengen, cc texte visait à permettre la reconnaissance d'une décision d'éloignement prise par un État membre (« État membre auteur ») à l'encontre d'un ressortissant d'un pays tiers se trouvant sur le territoire d'un autre État membre (« État membre d'exécution »). Elle a été complétée par la directive 55/2001/CE du Conseil du 20 juillet 2001 relative à des normes minimales pour l'octroi d'une protection temporaire en cas d'afflux massif de personnes déplacées et à des mesures tendant à assurer un équilibre entre les efforts consentis par les États membres pour accueillir ces personnes et supporter les conséquences de cet accueil [4] (dispositif d'urgence et dérogatoire à la convention de Genève). La directive 9/2003/CE du Conseil du 27 janvier 2003 relatif à des normes minimales pour l'accueil des demandeurs d'asile dans les États membres, qui laisse pendant un an aux États membres le soin de décider d'accorder ou non un travail aux demandeurs d'asile nouvellement arrivés sur leur territoire, a par exemple été complétée par la directive 85/2005/CE du Conseil du 1er décembre 2005 relative à des normes minimales concernant la procédure d'octroi et de retrait du statut de réfugié dans les Étals membres [5]. La directive 83/2004/CE du 29 avril 2004 concernant les normes minimales relatives aux conditions que doivent remplir les réfugiés des pays tiers ou les apatrides pour pouvoir prétendre au statut de réfugié ou les personnes qui pour d'autres raisons ont besoin d'une protection internationale [6] a finalement pu être adoptée après des négociations qui avaient débuté en 2001. Le règlement 343/2003/CE du Conseil du 18 février 2003 établissant les critères et mécanismes de détermination de l'État membre responsable de l'examen d'une demande d'asile présentée dans l'un des États membres par un ressortissant d'un pays tiers [7], qui s'efforce de clarifier et de simplifier les règles en vigueur dans ce domaine, a été complété par le règlement 1560/2003 de la Commission du 2 septembre 2003 [8] (applicable depuis le 6 septembre 2003), qui en précise les modalités d'application. Le Traité de Nice du 26 février 2001 avait ensuite prévu de rendre automatique le passage

1. *JOCE* L. 187, 10 juill. 2001.
2. Ses modalités d'application ayant ensuite été précisées par Règl. 407/2002/CE Conseil, 28 févr. 2002.
3. *JOCE* L. 149, 2 juin 2001.
4. *JOCE* L. 212, 7 août 2001.
5. *JOCE* L. 326, 13 déc. 2005, p. 13.
6. *JOCE* L. 304, 30 sept. 2004, p. 12.
7. *JOCE* L. 050, 25 févr. 2003, p. 1.
8. *JOCE* L. 222, 5 sept. 2003, p. 3.

à la codécision et au vote à la majorité qualifiée pour tout ce qui a trait au droit d'asile, à partir du moment où le Conseil « aura arrêté préalablement (...) une législation communautaire définissant les règles communes et les principes essentiels régissant ces matières » (art. 67 § 5, a CE abrogé), comme en témoigne la réglementation qui se met progressivement en place en matière de procédure d'asile [1].

863 ***La lutte contre l'immigration clandestine*** ◇ La lutte contre l'immigration clandestine avait été l'une des priorités du Conseil européen de Tampere (15 et 16 octobre 1999), puis des Conseils européens de Séville (21 et 22 juin 2002) et de Thessalonique (19 et 20 juin 2003), qui avaient également souhaité mettre en place une gestion coordonnée et intégrée des frontières extérieures de l'Union. Ces rencontres ont permis l'adoption d'un certain nombre de textes, tels que la directive 51/2001/CE du Conseil du 28 juin 2001 [2] relative à l'harmonisation des sanctions imposées aux transporteurs, qui auraient manqué à leur obligation de contrôle des documents de voyage ou la directive 90/2002/CE du 28 novembre 2002 définissant l'aide à l'entrée, au transit et au séjour irréguliers [3], qui prévoit des sanctions pour les États. On peut également citer le règlement 377/2004/CE du Conseil du 19 février 2004 relatif à la création d'un réseau d'officiers de liaison « immigration » [4], chargés à l'étranger par les services d'immigration d'établir et d'entretenir des contacts avec les autorités du pays d'accueil, en vue de contribuer à la prévention et à la lutte contre l'immigration illégale, au retour des immigrés illégaux et à la gestion de l'immigration légale. La directive 81/2004/CE du Conseil du 29 avril 2004 relative au titre de séjour délivré aux ressortissants de pays tiers qui sont victimes de la traite des êtres humains ou ont fait l'objet d'une aide à l'immigration clandestine et qui coopèrent avec les autorités compétentes [5], vise enfin à renforcer la lutte contre la traite des êtres humains en accordant un titre de séjour aux victimes acceptant de coopérer avec les autorités policières et judiciaires pour démanteler les filières.

Dans la déclaration n° 5 annexée au Traité de Nice, les gouvernements des États membres s'étaient par ailleurs engagés à recourir à cette « clause passerelle » pour appliquer également, à compter du 1er mai 2004, la procédure de codécision aux mesures relatives à l'immigration clandestine, ainsi que, sous réserve d'un accord sur leur champ d'application, aux mesures relatives aux contrôles aux frontières extérieures. Les Pays-Bas, encouragés par la Commission, le Parlement européen et un certain nombre d'États membres (dont la France) avaient d'ailleurs proposé, lors de leur présidence de l'Union européenne (second semestre de 2004), d'utiliser cette clause

1. Cf. *infra*.
2. *JOCE* L. 187, 10 juill. 2001.
3. *JOCE* L. 328, 5 déc. 2002, p. 17.
4. *JOUE* L. 64, 2 mars 2004, p. 1.
5. *JOUE* L. 261, 6 août 2004, p. 19.

pour étendre la codécision à l'ensemble des mesures relatives à l'asile, à l'immigration et aux contrôles des frontières extérieures. Le Conseil européen de Bruxelles (4 et 5 novembre 2004) a finalement décidé de recourir à la « clause passerelle » pour soumettre, dès le 1er janvier 2005, à la procédure de codécision et au vote à la majorité qualifiée du Conseil, les seules mesures relatives aux contrôles des frontières, tant intérieures qu'extérieures, ainsi qu'à l'immigration clandestine, l'immigration légale continuant toujours en effet à relever de l'unanimité du Conseil [1]. Cet accord a ensuite été entériné par la décision 2004/927/CE du Conseil du 22 décembre 2004 visant à rendre la procédure définie à l'article 251 du Traité instituant la Communauté européenne applicable à certains domaines couverts par la troisième partie, titre IV dudit Traité [2].

864 ***La création d'équipes d'intervention rapide aux frontières (RABIT)*** ◇ Pour mieux lutter contre l'immigration clandestine [3], le règlement 863/2007/CE du Parlement européen et du Conseil du 11 juillet 2007 instituant un mécanisme de création d'équipes d'intervention rapide aux frontières [4] s'est efforcé d'instaurer une gestion intégrée des frontières, susceptible de garantir un niveau élevé et uniforme de contrôle des personnes et de surveillance aux frontières extérieures. Il prévoit la création d'équipes d'intervention rapide aux frontières, dénommées RABIT (« *Rapid Border Intervention Teams* »), qui devraient être en mesure d'assister directement et efficacement les corps de gardes-frontières nationaux des États membres et pourraient être provisoirement envoyées dans l'un d'entre eux, notamment en cas d'arrivée en certains points des frontières extérieures d'un grand nombre de ressortissants de pays tiers tentant d'entrer clandestinement dans l'Union européenne. Ces équipes pourront également s'appuyer sur l'Agence européenne pour la gestion de la coopération opérationnelle aux frontières extérieures des États membres de l'Union européenne (FRONTEX).

865 ***La création d'une Agence européenne pour la gestion de la coopération opérationnelle aux frontières extérieures (FRONTEX)*** ◇ Conformément aux orientations prises par les Conseils européens de Séville et de Thessalonique [5], un règlement 2007/2004/CE du Conseil du 26 octobre 2004 portant création d'une Agence européenne pour la gestion et la coopération opérationnelle aux frontières extérieures des États membres de

1. De même que la levée des contrôles aux frontières intérieures des États ayant rejoint la Communauté de 1er mai 2004.
2. *JOUE* L. 396, 31 déc. 2004, p. 45 ; sur ce point, cf. *infra*.
3. Selon les chiffres fournis par l'UE, 500 000 immigrés illégaux pénètrent dans l'Union européenne (UE) chaque année, et 14 % d'entre eux choisissent la voie maritime parfois au péril de leur vie. En 2008, plus de 170 000 d'entre eux auraient été interpellés.
4. *JOUE* L. 199, 31 juill. 2007, p. 30.
5. Cf. *supra*.

l'Union européenne [1] a mis en place une instance, qualifiée d'« organisme de la Communauté », destinée à améliorer la gestion intégrée des frontières extérieures des États membres de l'Union européenne. Cette agence, dont le siège a été fixé à Varsovie [2] et qui est opérationnelle depuis le 3 octobre 2005, vise « à faciliter l'application des mesures communautaires existantes ou futures relatives à la gestion des frontières extérieures en assurant la coordination des dispositions d'exécution correspondantes prises par les États membres ». Dotée de la personnalité juridique, et dirigée, depuis le 25 mai 2005, par le général de brigade finlandais, Ilkka Laitinen, elle jouit dans chaque État membre, de la capacité juridique la plus large reconnue aux personnes morales par la législation nationale et peut notamment acquérir ou aliéner des biens mobiliers et immobiliers et ester en justice. Elle dispose d'un effectif de 105 personnes et d'un budget d'environ 42 millions d'euros, qui provient de subventions de l'UE, de cotisations des États associés dans le cadre des accords de Schengen, ainsi que de frais perçus pour des prestations de service et de cotisations volontaires. Elle a pour mission de coordonner la coopération opérationnelle entre les États membres en matière de gestion des frontières extérieures et de les assister pour la formation des gardes-frontières nationaux, y compris dans l'établissement de normes communes de formation ; elle doit également effectuer des analyses de risques, suivre l'évolution de la recherche dans les domaines présentant de l'intérêt pour le contrôle et la surveillance des frontières extérieures ; elle est enfin tenue d'accorder aux États membres une assistance technique et opérationnelle renforcée aux frontières extérieures, ainsi que l'appui nécessaire pour organiser des opérations de retour conjointes. Elle doit agir en liaison étroite avec d'autres partenaires de la Communauté et de l'UE également chargés de la sécurité aux frontières extérieures (comme Europol, le CEPOL ou l'OLAF [3]), de la coopération douanière et de la coopération en matière de contrôles phytosanitaires et vétérinaires, afin de promouvoir la cohérence générale de cette politique. Les États membres pourront toutefois poursuivre leur coopération dans ce domaine, à condition toutefois qu'elle complète l'action de l'Agence, qu'ils seront alors seulement tenus d'informer. Elle devrait pouvoir fournir à tout pays de l'Union qui aurait à subir des « pressions urgentes et exceptionnelles » à ses frontières et pour une « durée limitée », de 500 à 600 gardes-frontières, venus de tous les États membres, à l'exception toutefois de ceux qui seraient confrontés à « une situation affectant sérieusement l'exécution des tâches nationales », et qui seraient alors choisis en fonction de leurs compétences dans ce domaine.

Le *pacte européen sur l'immigration* [4] adopté par le Conseil européen de Bruxelles des 15 et 16 octobre 2008, a prévu « de donner à l'agence FRON-

1. *JOUE* L. 349, 25 nov. 2004, p. 1.
2. Décis. 2005/358/CE Conseil, 26 avr. 2005, portant désignation du siège de l'Agence européenne pour la coopération opérationnelle aux frontières extérieures des États membres de l'Union européenne (*JOUE* L. 114, 4 mai 2005).
3. Sur tous ces points, cf. *infra*.
4. Sur ce point, cf. *infra*.

TEX, dans le respect du rôle et des responsabilités qui incombent aux États membres, les moyens d'exercer pleinement sa mission de coordination dans la maîtrise de la frontière extérieure de l'Union européenne, de faire face à des situations de crise et de mener à la demande des États membres les opérations nécessaires, temporaires ou permanentes ». L'évaluation dont elle devra faire l'objet permettra, le cas échéant, de renforcer son rôle et ses moyens opérationnels et de créer des bureaux spécialisés, compte tenu de la diversité des situations, en particulier pour les frontières terrestres de l'est et maritimes du sud.

866 ***La politique des visas*** ◇ Les accords de Schengen avaient déjà permis d'instituer un visa commun pour les séjours de courte durée et de mettre en place du Système d'Information Schengen (SIS), permettant notamment l'échange de signalements aux fins de non-admission entre les États membres [1]. Les règlements 539/2001/CE du Conseil du 15 mars 2001 et 2414/2001/CE du Conseil du 7 décembre 2001 ont ensuite fixé la liste des pays soumis à l'obligation de visa [2] et le règlement 2133/2004/CE du Conseil du 13 décembre 2004 concernant l'obligation pour les autorités compétentes des États membres de procéder au compostage systématique des documents de voyage des ressortissants des pays tiers lors du franchissement des frontières extérieures des États membres [3] adopté. Il a également été prévu d'introduire, au plus tard en 2008, dans les passeports et les visas des citoyens des États membres des identifiants bio métriques (photographies numériques et empreintes digitales).

3. Bilan et perspectives

a. Bilan

867 ***Un bilan en demi-teinte*** ◇ Malgré ces différentes initiatives, les actions menées dans ces domaines demeurent encore insuffisantes, d'autant que le Royaume-Uni, l'Irlande et le Danemark, qui bénéficient de régimes dérogatoires, ont toujours refusé d'y participer [4]. C'est pourquoi les chefs d'État ou de Gouvernement ont adopté à la Haye, le 5 novembre 2004, un programme pluriannuel visant à réaliser l'« espace de liberté, de sécurité et de justice ». Ce programme, dit « de La Haye », précise les nouvelles orientations de la politique européenne en matière d'asile, d'immigration et de contrôle des frontières.

Il prévoyait de mettre en place au plus tard en 2010 un « système européen d'asile », impliquant un statut uniforme d'asile et de protection subsidiaire,

1. Sur tous ces points, cf. *infra*.
2. *JOCE* L. 81, 21 mars 2001 et L. 327, 12 déc. 2001.
3. *JOCE* L. 369, 16 déc. 2004, p. 5.
4. Il s'agirait même pour C. Wihtol de Wenden d'une « communautarisation à géométrie variable », *Doc. fr.*, 2001.

ainsi qu'un système commun de protection temporaire. Des centres communs pour la délivrance des visas devraient également être créés.

Il s'agira ensuite de parvenir progressivement à l'élaboration d'un « système intégré de gestion des frontières extérieures », dont le principe avait été retenu par le Traité établissant une Constitution pour l'Europe. Cette initiative devrait être complétée par la création d'une « force de réaction rapide » formée d'experts nationaux, susceptible de fournir aux États membres une assistance technique et un soutien opérationnel en cas de crise aux frontières extérieures, en liaison avec l'*Agence européenne pour la gestion de la coopération opérationnelle aux frontières extérieures* [1]. La création d'une « notice européenne des frontières » [2] n'a pas été envisagée du fait de l'hostilité de plusieurs États membres, qui comme la Pologne, s'opposent à toute forme d'intervention sur leur territoire de gardes-frontières d'une autre nationalité.

La Commission européenne dans un Livre Vert (COM(2004)811 final) « Sur une approche communautaire de la gestion des migrations économiques » du 11 janvier 2005 s'est clairement prononcée en faveur d'une approche utilitaire de la politique d'immigration, appelée à compenser le déclin démographique et le vieillissement de la population. Elle s'est par ailleurs engagée à proposer avant 2009, quatre directives concernant les conditions d'entrée et de séjour des travailleurs hautement qualifiés, des travailleurs saisonniers, des personnes transférées au sein de leur entreprise et des stagiaires rémunérés.

b. Perspectives

868 ***Les perspectives ouvertes par le Traité de Lisbonne (art. 77 à 86 TFUE)*** ◇ La suppression du 3e pilier devrait permettre une plus grande intégration des politiques de l'Union, en matière de *contrôle des frontières*, d'*asile* et d'*immigration*, qui sont régies par le principe de solidarité et de partage équitable de responsabilités entre les États membres, y compris sur le plan financier (art. 80). L'Union qui développe une politique visant à assurer l'absence de tout contrôle des personnes, quelle que soit leur nationalité, lorsqu'elles franchissent les frontières extérieures, devra toutefois d'abord s'attacher à surveiller efficacement les personnes franchissant les frontières extérieures de l'Union, pour lesquelles un *système intégré de gestion* sera progressivement mis en place (art. 77 § 1). Le Parlement et le Conseil, statuant conformément à la procédure législative ordinaire, adoptent les mesures portant sur la politique commune des visas et sur les contrôles auxquels sont soumises les personnes franchissant les frontières extérieures, ainsi que sur les conditions dans lesquelles les ressortissants des pays tiers peuvent circuler librement dans l'Union pendant une courte durée (art. 77

1. Cf. *supra*.
2. Cf. à ce propos, proposition Règl. Conseil portant création d'une « Agence européenne pour la gestion de la coopération opérationnelle aux frontières extérieures », 20 nov. 2003 (COM/0687/2003).

§ 2). Le Conseil, à l'unanimité et après consultation du Parlement européen, pourra même en cas de besoin arrêter, conformément à une procédure législative spéciale, des dispositions concernant les passeports, les cartes d'identité, les titres de séjour ou tout autre document assimilé (art. 77 § 3). L'Union devra mener une politique commune en matière d'*asile*, de *protection subsidiaire* et de *protection temporaire*, visant à offrir aux ressortissants étrangers une protection internationale et à leur garantir le droit à ne pas être refoulé hors de son territoire. Cette politique devra en outre être conforme à la convention de Genève du 28 juillet 1951 et au protocole du 31 janvier 1967 relatifs au statut des réfugiés (art. 78 § 1). Le Parlement européen et le Conseil, statuant conformément à la procédure législative ordinaire, ont pouvoir d'adopter les mesures relatives à un système européen d'asile, qu'il s'agisse de la mise en place des statuts, des systèmes et des procédures communes à l'ensemble des pays de l'Union ou d'établir des partenariats avec les pays tiers pour gérer les flux de personnes demandant l'asile ou une protection subsidiaire ou temporaire (art. 78 § 2). Au cas où un ou plusieurs États membres se trouveraient dans une situation d'urgence caractérisée par un afflux soudain de ressortissants de pays tiers, le Conseil, sur proposition de la Commission et après avis du Parlement européen, pourra enfin adopter des mesures provisoires au profit du ou des États membres concernés (art. 78 § 3). L'Union devra également développer une *politique commune de l'immigration* visant à assurer une gestion efficace des flux migratoires et un traitement équitable des ressortissants des pays tiers séjournant régulièrement dans les États membres (art. 79 § 1) ; elle devra parallèlement lutter plus efficacement contre l'immigration illégale et la traite des êtres humains. Elle devient désormais compétente pour adopter selon la « procédure législative ordinaire » des mesures concernant les conditions d'entrée et de séjour, ainsi que les conditions de délivrance des visas et des titres de séjour de longue durée, y compris aux fins de regroupement familial, la définition des droits des ressortissants des pays tiers en séjour régulier dans un État membre, l'immigration clandestine et le séjour irrégulier, ainsi que la lutte contre la traite des êtres humains, en particulier des femmes et des enfants, tout en encourageant et en aidant les États à favoriser l'intégration des immigrés en situation régulière. Elle pourra conclure avec des pays tiers des accords destinés à assurer le retour de ceux de leurs ressortissants, qui ne rempliraient plus les conditions d'entrée, de présence ou de séjour sur le territoire de l'un des États membres, qui de leur côté restent compétents pour fixer leurs propres critères concernant les conditions relatives à l'immigration (art. 79 § 2).

869 ***L'adoption du pacte européen sur l'immigration et l'asile (25 sept. 2008)*** ◇ Ce pacte adopté, le 25 septembre 2008, par les ministres européens chargés de l'Immigration, à l'initiative de la France qui en avait fait une priorité de sa présidence (1er juillet 2008 - 31 décembre 2008), a ensuite été approuvé par le Conseil européen de Bruxelles des 15 et 16 octobre 2008. Il traduit la volonté des États membres d'avancer vers une

gestion globale de l'immigration et de la politique d'asile en Europe et définit les grands objectifs d'une future politique commune dans ce domaine. Mais pour pouvoir être accepté par l'ensemble des pays, en particulier l'Espagne, il a pourtant dû être profondément remanié par rapport à la version initiale soumise, le 7 juillet 2008 par le ministre français de l'Immigration. Ce texte, qui n'a aucune valeur juridique contraignante et ne modifie donc en rien les politiques des États membres qui restent en effet seuls compétents en matière d'immigration, comprend cinq « engagements politiques » qui visent tous des objectifs, définis comme « concrets » et « stratégiques » :

1) *Organiser l'immigration légale en tenant compte des priorités, des besoins et des capacités d'accueil déterminés par chaque État membre et favoriser l'intégration :* la présidence française de l'Union a réussi à faire accepter par le Conseil européen le principe d'une « immigration choisie », définie selon « les priorités, les besoins et les capacités d'accueil de chaque État membre ». Les États membres se sont par ailleurs engagés à « favoriser l'intégration » des immigrés concernés. Ils seront donc tenus d'adopter des « politiques d'immigration professionnelle », prenant en compte des besoins du marché du travail de chaque État membre, de « faciliter l'accueil des étudiants et des chercheurs et leur circulation dans l'UE » et d'« encourager la migration temporaire tout en évitant la fuite des cerveaux ».

2) *Lutter contre l'immigration irrégulière, notamment en assurant le retour dans leur pays d'origine ou vers un pays de transit des étrangers en situation irrégulière :* la France qui, contrairement à l'Espagne, aurait souhaité obtenir de ses partenaires l'interdiction de principe de toute régularisation massive des « sans-papiers » a par contre dû se contenter de limiter les régularisations « au cas par cas », « dans le cadre des législations nationales » et pour des motifs humanitaires ou économiques. Par contre, les États pourront se doter d'« outils juridiques pour assurer l'éloignement des étrangers en situation irrégulière ».

3) *Renforcer l'efficacité des contrôles aux frontières :* les États membres ont accepté sans difficulté de collaborer pour renforcer l'efficacité des contrôles aux « frontières extérieures terrestres maritimes et aériennes », de généraliser, « au plus tard au 1er janvier 2012 », grâce au système d'information sur les visas (VIS), « la délivrance de visas biométriques » et de mettre en place, « progressivement, sur la base du volontariat », des « services consulaires communs ». Ils ont même envisagé « la création d'un système européen de gardes frontières ».

4) *Bâtir une Europe de l'asile :* le Conseil a décidé de mettre ne place d'ici au 1er trimestre 2009, un « bureau européen d'appui d'asile [1] », qui devrait avoir pour mission « de faciliter les échanges d'informations, d'analyses et d'expériences entre États membres et de développer des coopérations

1. Le 18 févr. 2009, la Commission européenne a présenté une proposition de règlement créant cette agence européenne qui devrait contribuer à réduire les écarts qui persistent entre les pratiques des différents États membres en matière d'asile. Le Conseil « justice et affaires intérieures » du 30 nov. à Bruxelles a fixé son siège à Malte où arrivent de nombreux demandeurs d'asile et de clandestins venant en majorité de la Corne de l'Afrique et transitant par la Libye.

concrètes entre les administrations chargées de l'examen des demandes d'asile ». Il aurait également un rôle d'information, d'« anticipation des demandes d'asile en coordination avec le HCR » et de « coordination des projets communs de formation de personnels ». Cette instance devrait jouer un rôle équivalent à celui de Frontex [1] (dont les moyens d'action seront renforcés) en matière de contrôle de l'immigration irrégulière. Les États ont également demandé à la Commission européenne de « présenter des propositions en vue d'instaurer, si possible en 2010 et au plus tard en 2012 » « une procédure d'asile unique » et des « statuts uniformes de réfugié ».

5) *Créer un partenariat global avec les pays d'origine et de transit favorisant les synergies entre les migrations et le développement* : le Conseil européen qui s'est engagé « à soutenir le développement des pays concernés et à bâtir avec eux un partenariat étroit favorisant les synergies entre les migrations et le développement », a également encouragé les États membres à conclure avec les pays d'origine et de transit des flux d'immigration légale ou illégale des accords destinés à encadrer ces flux et à lutter contre l'immigration irrégulière

Enfin, le Conseil européen a demandé au Parlement européen, au Conseil, à la Commission et bien sûr aux États membres de prendre les décisions indispensables à la mise en œuvre de ce pacte, en vue de développer une politique commune d'immigration et d'asile qui n'a, rappelons-le, aucune valeur contraignante...

1. Sur ce point, cf. *supra*.

TITRE 2

LA COOPÉRATION POLITIQUE

870 À mesure que la Communauté se développait, il devenait de plus en plus évident que ses compétences ne pouvaient rester limitées à celles que le Traité de Rome lui avait attribuées. D'abord, parce que dans l'économie elle-même, des secteurs essentiels n'avaient pas été prévus (énergie, recherche, environnement, etc.). Ensuite, parce qu'il était devenu de moins en moins possible d'isoler l'économie de la politique. Les relations avec de grandes puissances tierces (États-Unis, Japon, naguère l'URSS) ne pouvaient d'ailleurs être exclusivement économiques. L'attitude de la Communauté devant les grandes crises mondiales ne pouvait être limitée à leurs seuls aspects économiques (telle la crise pétrolière dans les années soixante-dix). Il a également été nécessaire de prendre position face aux conflits internationaux (invasion de l'Afghanistan par les Soviétiques, attaque américaine contre l'Irak, guerre du Kosovo, conflit israélo-palestinien, massacres au Rwanda...).

Les États membres furent ainsi progressivement entraînés dans des domaines qui, selon le Traité de Rome, ne relevaient pas de la Communauté.

Dans tous ces secteurs, ils entreprirent une coopération. Mais celle-ci, en raison des problèmes qu'elle devait aborder (et aussi en raison des réticences du général De Gaulle à l'égard de la CEE) ne put être organisée selon les procédures communautaires.

Plusieurs formes de coopération ont donc été mises en place dès le début des années soixante.

Le Traité de Maastricht a systématisé cette coopération en particulier dans le domaine de la politique étrangère et de sécurité commune (PESC) et dans celui de la Justice et des Affaires intérieures.

La coopération politique dont les origines remontent en réalité au tout début des années soixante (Chapitre 1) a été institutionnalisée par le Traité de Maastricht en 1992 (Chapitre 2). Elle a également abouti à la coopération judiciaire en matière pénale et civile, qui constituait jusqu'à son abolition par le Traité de Lisbonne un « pilier », partiellement communautarisé (Chapitre 3).

CHAPITRE 1
LES ORIGINES DE LA COOPÉRATION POLITIQUE

871 De bilatérale (accord franco-allemand du 22 janvier 1963), la coopération politique européenne a été étendue à partir de 1969 à l'ensemble des États membres de la Communauté.

SECTION 1. LA COOPÉRATION FRANCO-ALLEMANDE

872 La coopération franco-allemande, qui aboutit au Traité signé à Paris, le 22 janvier 1963, par le Général de Gaulle et le Chancelier Konrad Adenauer, s'inscrit dans un contexte particulier et constitue la première expérience de coopération politique au sein de la Communauté européenne.

§ 1. Les origines de la coopération franco-allemande

873 La coopération franco-allemande répond d'abord à la nécessité de la réconciliation entre deux États qui furent longtemps opposés, et qui avaient d'ailleurs été à l'origine de la construction européenne. Elle s'inscrit ensuite dans le cadre de la crise qui a opposé la France à ses partenaires au tout début des années soixante.

A. La réconciliation franco-allemande

874 ***L'axe franco-allemand*** ◇ La construction européenne s'est depuis toujours effectuée autour de l'axe franco-allemand, à partir duquel devait se constituer en 1951 la toute première expérience d'intégration sectorielle avec la création de la CECA. Le Chancelier Konrad Adenauer, avait en effet, peu après son arrivée au pouvoir (15 septembre 1949-16 octobre 1963), choisi de se tourner vers le Gouvernement français pour demander, dès le 15 janvier 1950, le remplacement du contrôle interallié sur la Ruhr par une « association de droit international à base coopérative » et la Déclaration Schuman, qui lui avait officiellement répondu, le 9 mai suivant, s'adressait en priorité à la France et à l'Allemagne. Le Général de Gaulle avait d'ailleurs tenu à sceller solennellement cette réconciliation en recevant personnellement à son domicile de Colombey-les-Deux-Églises, les 14 et 15 septembre 1958, le Chancelier allemand, qui avait alors évoqué la nécessité d'instaurer entre leurs deux peuples une « cordiale coopération ». Le futur chef de l'État

français estimait pour sa part que l'union de l'Europe, qui permettrait seule de réconcilier la France et l'Allemagne, exigeait avant tout la coopération de Paris et de Bonn. Une association étroite entre les deux pays, qui représentaient à l'époque plus de 100 millions d'habitants et une force économique substantielle, était également nécessaire à l'Europe face à la menace représenté par l'Union soviétique. Les deux hommes avaient donc logiquement décidé à cette occasion d'établir entre leurs deux peuples et dans tous les domaines des rapports « directs et préférentiels ». Ils se sont ensuite rencontrés, entre 1958 et 1962, une quinzaine de fois pour préparer ce qui sera l'Accord franco-allemand.

B. La crise entre la France et l'Europe

875 Cet accord (22 janvier 1963) intervient dans des circonstances particulièrement difficiles, après le rejet par les partenaires de la France du « plan Fouchet » (le 17 avril 1962) et après le premier veto français à l'adhésion de la Grande-Bretagne (le 14 janvier 1963).

876 ***Le rejet du plan Fouchet*** ◇ Ce projet de traité [1], qui s'efforçait pour la première fois d'organiser une coopération politique entre les Six, reprenait pour l'essentiel les idées du Général de Gaulle sur l'Europe. Il entendait respecter le système institutionnel existant et prévoyait l'institution d'une « Union » d'États indissoluble, mais sans personnalité juridique internationale, fondée « sur le respect de la personnalité des peuples et des États membres » et dont les compétences se seraient limitées à la politique étrangère, au domaine scientifique et culturel, à la défense des droits de l'homme, ainsi qu'à la sécurité et à la défense. Malgré quelques retouches, le plan Fouchet fut finalement rejeté par le Conseil des ministres [2], le 17 avril 1962, qui redoutait en effet que ce texte ne rompe, la solidarité entre les États européens et qui déplorait le maintien de l'unanimité au Conseil des ministres (contrairement à ce que prévoyaient les traités) et l'absence de référence à la supranationalité.

877 ***Le refus français de l'adhésion de la Grande-Bretagne*** ◇ La France, contrairement à l'ensemble de ses partenaires, s'était montrée résolument hostile à l'entrée du Royaume-Uni dans la Communauté européenne [3]. Le Général de Gaulle, qui craignait en effet que ce pays dont la situation économique n'était guère brillante (crise industrielle, faiblesse de la livre sterling...) et qui refusait la supranationalité, ne serve de « cheval de Troie »

1. Préparé à l'initiative de la France, par une « Commission d'études intergouvernementales », présidée par l'ambassadeur C. Fouchet, à partir du 9 sept. 1961.
2. À l'initiative de l'Italie, des Pays-Bas et de la Belgique.
3. Officiellement candidat depuis le 9 août 1961, suivi de l'Irlande, de la Norvège et du Danemark.

aux États-Unis avec lesquels elle entretient depuis la guerre des relations privilégiées, avait fait connaître officiellement son veto à l'occasion d'une conférence de presse, le 14 janvier 1963, quelques mois après le rejet du plan Fouchet par le Conseil des ministres [1].

Après l'échec de la tentative d'un « directoire » à trois entre la France, l'Allemagne et l'Italie, la France, de plus en plus isolée au sein de la Communauté européenne, a donc alors délibérément choisi de se tourner vers une coopération privilégiée avec l'Allemagne. La coopération politique, qui n'avait pu être réalisée par les Six, allait pouvoir l'être au niveau bilatéral.

§ 2. Le Traité franco-allemand du 22 janvier 1963

878 Ce Traité, qui avait principalement pour objet de consacrer le rapprochement franco-allemand et qui avait prévu des garanties pour les autres membres de la Communauté, se limitait à des dispositions assez générales qui ont pourtant donné des résultats non négligeables.

A. Objet

879 ***Déclaration commune du 22 janvier 1963*** ◇ Le Général de Gaulle avait tenu à profiter d'un voyage officiel en RFA (du 4 au 9 septembre 1962) pour proposer publiquement au Chancelier Adenauer la conclusion d'un accord destiné à consacrer le rapprochement qu'ils avaient déjà amorcé depuis quelque temps entre leurs deux pays. Ce Traité, qui allait être solennellement signé, après seulement quelques mois de négociations, à l'issue de la conférence qui s'était tenue à Paris, les 21 et 22 janvier 1963, était accompagné d'une Déclaration commune rédigée par le président français et par le Chancelier allemand. Ses auteurs, qui après avoir rappelé que la réconciliation franco-allemande constitue un événement historique qui devrait permettre de transformer profondément les relations entre les deux peuples et que la jeunesse devrait être appelée à jouer dans ce domaine un rôle déterminant, se déclarent convaincus que le renforcement de la coopération entre la France et l'Allemagne constitue une étape indispensable sur la voie d'une Europe unie.

B. Garanties

880 ***Traité entre la République française et la République fédérale d'Allemagne sur la coopération franco-allemande du 22 janvier 1963*** ◇ Cet accord qui s'inspirait directement des conceptions contenues dans le plan Fouchet [2], entendait « resserrer effectivement les liens qui

1. Sur tous ces points, cf. J.-L. Clergerie, V. Faure-Tronche, *Le système juridique de l'Union européenne*, Ellipses, 2004, p. 45 et s.
2. Sur ce point cf. *supra*.

existent déjà dans un certain nombre de domaines » entre la France et l'Allemagne. Il se limitait pourtant seulement à mettre en place des mécanismes classiques de coopération entre les deux pays (I), dont il définissait ensuite le programme, dans le domaine des Affaires étrangères (A), de la Défense (B) et de l'Éducation et de la Jeunesse (C) (II). Son objet était donc très large et portait sur des matières qui n'entraient pas encore à cette époque dans les compétences communautaires (questions de politique étrangère considérées comme « d'intérêt commun », politique économique, politiquc commune de défense, etc.), et concernait également les domaines déjà couverts par les traités (politique agricole, politique énergétique, communications et transports, développement industriel). Il existait donc un risque d'empiétement susceptible d'inquiéter les autres États membres, qui auraient pu voir dans ce traité une entente visant à imposer les vues de la France et de l'Allemagne au reste de la Communauté, ainsi qu'un procédé destiné à contourner les institutions communautaires. C'est pourquoi les parlementaires allemands avaient tenu à faire précéder la loi de ratification du 16 mai 1963, d'un préambule.

881 ***Préambule à la loi de ratification adopté par la Commission des affaires étrangères du Bundestag, le 8 mai 1963*** ◇ Les députés allemands ont tenu à rappeler à cette occasion à l'ensemble de leurs partenaires la fidélité de leur pays, tant à l'Alliance atlantique, qu'à la construction européenne, particulièrement en ce qui concerne les efforts accomplis pour favoriser l'adhésion à la Communauté de la Grande-Bretagne et de tous les États qui le souhaiteraient. Ils ont également réaffirmé leur volonté de parvenir un jour à la réunification de l'Allemagne, tout en se déclarant convaincus que la coopération franco-allemande ne pourra être que bénéfique pour l'ensemble des peuples européens et servira le maintien de la paix dans le monde. De Gaulle, qui avait pourtant vu dans le Traité du 22 janvier 1963 le point de départ d'une « Europe européenne », indépendante de l'URSS comme les États-Unis, s'était inquiété du texte de ce préambule, qui s'était clairement prononcé pour « étroite association entre l'Europe et les États-Unis d'Amérique »...

C. Contenu

882 Le Traité du 22 janvier 1963 comporte deux parties principales, qui ont trait à l'organisation et au programme de la coopération franco-allemande.

1. L'organisation de la coopération

883 ***L'accord prévoit une organisation très légère, absolument classique, diplomatique*** ◇ Elle repose sur les directives données par les *chefs d'État et de Gouvernement* à la suite de leurs réunions qui doivent avoir lieu

régulièrement et au moins deux fois par an [1]. L'exécution de ces directives est assurée ou coordonnée par les *ministres des Affaires étrangères* qui se réunissent au moins tous les trois mois. Les *hauts fonctionnaires* chargés des affaires politiques, économiques et culturelles dans les ministères des Affaires étrangères font chaque mois le point des problèmes et préparent les réunions des ministres. Les *missions diplomatiques et consulaires* et les *représentants permanents* auprès des organisations internationales prennent tous les contacts nécessaires sur les problèmes d'intérêt commun. Dans deux domaines (Défense et Éducation) les rencontres entre les autorités responsables (ministres et hauts fonctionnaires) sont organisées selon un rythme différent. Dans chacun des États, une *commission interministérielle* suit la coopération. Elle est composée de représentants des administrations intéressées et présidée par un haut fonctionnaire des Affaires étrangères. Elle a pour mission de coordonner l'action des ministères intéressés, de rédiger un rapport périodique sur l'état de la coopération et de présenter toutes suggestions utiles sur l'exécution ou l'extension du *programme de coopération*.

2. Le programme de la coopération

884 Un *programme* a en effet été défini dans *trois domaines :* affaires étrangères, défense, éducation et jeunesse.

885 ***Pour les affaires étrangères*** ◇ Toute décision portant sur des questions importantes doit être précédée de consultations permettant de définir une position analogue. Cette coopération porte notamment sur les problèmes relatifs aux Communautés et à la coopération européenne, sur les relations Est-Ouest, sur les affaires traitées au sein de diverses organisations internationales (OTAN, ONU, institutions spécialisées, Conseil de l'Europe, OCDE, etc.). La coopération concerne aussi les problèmes d'information (notamment entre les missions dans les États tiers), à l'aide aux pays en voie de développement, aux divers secteurs économiques importants qu'intéressent les relations internationales (agriculture, énergie, transports, etc.) [2].

886 ***Dans le domaine de la défense*** ◇ La coopération doit s'appliquer aux doctrines en matière de stratégie et de tactique, aux échanges de personnels, à l'armement (préparation de projets communs d'armement, de plans de financement) [3]. Des commissions mixtes devront étudier les recherches en cours et soumettre des propositions aux ministres concernés. Les gouvernements pourront également décider d'étendre la coopération franco-allemande au domaine de la défense civile.

1. Communiqué franco-allemand 7 sept. 1962, cité par C. Zorgbibe, *Histoire de la construction européenne*, PUF, Paris, 1993, p. 162.
2. Accord FD, § II-A.
3. *Ibid.* § II-B.

887 ***En ce qui concerne l'éducation et la jeunesse*** ◇ La coopération devait surtout intéresser l'enseignement des langues, les équivalences de diplômes et la recherche. Elle devait aussi développer les liens entre la jeunesse des deux États en multipliant les échanges. Pour cela a été créé, le 5 juillet 1963, l'office franco-allemand de la jeunesse, doté d'un conseil d'administration autonome et financé par un fonds commun franco-allemand [1].

La coopération franco-allemande, dont il convient de ne pas exagérer la portée, a cependant abouti à des résultats importants.

D. Résultats

Le couple franco-allemand a permis d'obtenir des résultats positifs aussi bien dans le domaine politique que dans le domaine culturel.

1. Des résultats positifs dans le domaine politique

888 ***Des sommets franco-allemands aux Conseils des ministres franco-allemands*** ◇ Conformément à ce qu'avait prévu le Traité du 22 janvier 1963, les chefs d'État et de Gouvernement français et allemand ont pris l'habitude de se retrouver « chaque fois que cela sera nécessaire et, en principe, au moins deux fois par an » (art. I, I). Ils ont ainsi tenu, en un peu plus de quarante ans, plus de quatre-vingts réunions [2], dont les résultats ont en grande partie été fonction des liens personnels existant entre les responsables français et allemands [3]. Malgré quelques différends [4], ces rencontres auront au moins permis d'entretenir « de bonnes relations » entre les deux pays [5].

Lors de la célébration du quarantième anniversaire du Traité de l'Élysée (le 22 janvier 2003), le président Chirac et le Chancelier G. Schroeder, qui avaient souhaité « inscrire la coopération franco-allemande au cœur de la construction européenne », et « tout mettre en œuvre pour promouvoir le renforcement de l'Union » ont décidé, pour symboliser le rapprochement entre leurs deux pays de faire du 22 janvier de chaque année la « journée franco-allemande » [6]. Ils ont également décidé, de ne plus désormais parler de sommets, mais de « Conseils des ministres franco-allemand ». Ils ont

1. Qui a contribué à favoriser les échanges (7 000 rencontres pour 200 000 jeunes chaque année) et qui se réunit régulièrement ; cf. réunion 18 au 20 janv. 2003 à l'occasion de son 40e anniversaire.

2. Le sommet franco-allemand de Berlin (18 sept. 2003) a été le 81e à se tenir en un peu plus de quarante ans depuis la signature du Traité de l'Élysée (22 janv. 1963).

3. Ainsi, Ch. de Gaulle et K. Adenauer, V. Giscard d'Estaing et H. Schmidt, F. Mitterrand et H. Kohl, ont-ils permis de renforcer le rapprochement franco-allemand.

4. Comme à propos des Euromissiles, le 24 nov. 1983, ou de la navette européenne Hermès, le 17 janv. 1985.

5. Selon B. Brigouleix, *Le Monde* 25 nov. 1983, p. 4.

6. À cette occasion, en France et en Allemagne, les écoles et les établissements du second degré sont invités à organiser des activités pluridisciplinaires autour de la langue du partenaire chaque année un thème particulier est choisi pour cette journée (en 2007 comme en 2008 il s'agissait pour

également prévu la tenue de « Conseils des ministres restreints » sur des sujets spécifiques [1], tout en conviant leurs ministres respectifs « à présenter des projets de législation commune franco-allemande ». Ces « Conseils des ministres franco-allemands », dont le premier devait se tenir à Berlin le 18 septembre 2003 [2], seront semestriels et se dérouleront alternativement en Allemagne et en France. Dans chacun des deux pays devait également être créé un poste de « secrétaire général pour la coopération franco-allemande (...) qui coordonnera la préparation, la mise en œuvre et le suivi des décisions des instances politiques de concertation, ainsi que le rapprochement des deux pays dans les instances européennes » et qui sera rattaché au Chancelier allemand et au premier ministre français. Ces secrétaires généraux pour la coopération franco-allemande [3] participent aux Conseils des ministres franco-allemands et président la « commission interministérielle de coopération France-Allemagne ». Si l'ordre du jour concerne les deux États, un ministre français pourra même assister au Conseil des ministres allemand et réciproquement et « présenter des projets de législation commune franco-allemande ». Le président français Jacques Chirac et le chancelier allemand Gerhard Schröeder ont en outre décidé, le 31 janvier 2001 à Blaesheim (en Alsace), d'instituer des « *réunions dites de Blaesheim* », sorte de sommets informels, qui en principe ont lieu tous les deux mois entre le président de la République français et le chancelier allemand, accompagnés de leurs seuls ministres des Affaires étrangères. Ces rencontres régulières viennent en complément des deux *Conseils des ministres franco-allemands* annuels. Entre deux de ces réunions, les ministres des affaires étrangères des deux pays ont également pris l'habitude de se retrouver avec seulement quelques membres de leur cabinet. Pour des sujets bien précis, concernant le plus souvent un autre ministère, le ministre concerné pourra aussi être appelé à participer à ces rencontres [4].

889 ***Des réussites dans de nombreux domaines*** ◇ Après quelques années difficiles, la coopération franco-allemande a permis d'obtenir des résultats positifs, sensibles dans de nombreux domaines. Elle a d'abord abouti à

la France de « l'Allemagne, un pays à redécouvrir » et pour l'Allemagne de « la France, un pays à redécouvrir »).

1. Le premier fut le Conseil franco-allemand de défense et de sécurité qui s'est réuni, dès le 22 janv. 2003. Une réunion commune des députés français et allemand eut lieu le même jour sous la présidence commune de M. J.-L. Debré et W. Thierce, au château de Versailles. Un deuxième Conseil franco-allemand de défense et de sécurité s'est tenu à Berlin, le 26 oct. 2004. Le 16ᵉ Conseil franco-allemand de l'environnement s'est également tenu à Goslar (Basse-Sace) le 4 févr. 2008.

2. Puis le 22 janv. 2004, le 13 mai 2004, le 26 oct. 2004, le 26 avr. 2005, le 8 déc. 2005, le 14 mars 2006, le 12 nov. 2007, le 9 juin 2008, le 24 nov. 2008, le 12 mars 2009 et le 4 févr. 2010.

3. Actuellement, Günter Gloser, le ministre allemand délégué aux Affaires européennes et Catherine Colonna son homologue française.

4. Les deux ministres français et allemand se sont ainsi joints, le 13 mars 2001, à une réunion pour discuter de la politique agricole commune (PAC).

plusieurs réformes importantes, comme l'institution du Système monétaire européen par le Conseil européen de Bruxelles (4 et 5 décembre 1978), à la suite d'une proposition des ministres français et allemand lors du Conseil européen de Brême (6 et 7 juillet 1978). La conférence intergouvernementale qui a préparé l'Acte unique européen en 1985 avait été réunie à la suite d'une demande conjointe de François Mitterrand et d'Helmut Kohl, qui avaient également convaincu le président de la Communauté, dans une lettre du 6 décembre 1990, de l'utilité de rédiger le Traité de Maastricht, tout comme Jacques Chirac et Helmut Kohl obtiendront quelque temps plus tard l'introduction dans le Traité d'Amsterdam du mécanisme des « coopérations renforcées »... La mise en place d'un « conseil franco-allemand de défense et de sécurité » et d'un « conseil économique et financier » a été décidée par les responsables français et allemands, lors du 50e sommet de Karlsruhe (13 novembre 1987). C'est également la France et l'Allemagne qui ont été à l'origine de la création de la brigade franco-allemande, installée à Boeblingen en Allemagne (1er octobre 1988), puis du corps européen [1] (22 mai 1992) [2], c'est aussi au « couple franco-allemand » que l'Europe doit la construction d'Airbus et d'Eurocopter ou encore de la fusée Ariane.

2. Des résultats positifs dans le domaine culturel

Cette coopération a surtout eu des résultats positifs en matière culturelle avec, par exemple, la création de la chaîne de télévision ARTE ou dans le domaine de l'éducation.

890 ***La création d'une chaîne de télévision franco-allemande*** ◇ L'idée d'une télévision européenne est née d'un projet franco-allemand, défendu par le président français, François Mitterrand et par le chancelier allemand, Helmut Kohl, dans la *Déclaration commune du 4 novembre 1988*, à l'issue du cinquante-deuxième sommet franco-allemand. Cette idée, conforme au *Traité de l'Élysée du 22 janvier 1963* [3], a été à l'origine de la création de la chaîne de télévision *ARTE* (« *Association relative à la télévision européenne* » [4]). Les ministres présidents des onze Länder de la République fédérale d'Allemagne [5] et les représentants du Gouvernement français [6], ont signé, le 2 octobre 1990, un Traité qui donne un véritable cadre juridique à

1. Sur ces points, cf. *infra*.
2. Sur tous ces points, cf. *infra*.
3. Cf. *supra*.
4. Le 27 févr. 1986 avait été créée la *Société d'édition de programmes de télévision* (la SEPT) qui allait devenir, en mars 1989, la *Société européenne de programmes de télévision* (la *SEPT*). Le 27 septembre 1993, la SEPT prend le nom de La Sept ARTE puis le 1er août 2000, la Sept ARTE devient ARTE France. En janvier 1989, J. Clément devenait le premier président de la SEPT en France. Le 1er janvier 2007, l'allemand G. Langenstein a été nommé président pour quatre ans, avec J. Clément comme vice-président, conformément au principe de la présidence tournante prévu par les statuts de la chaîne.
5. Les cinq nouveaux Länder ont adhéré au Traité interétatique dans les années suivantes. Les Länder ont une compétence exclusive en matière audiovisuelle

cette « Chaîne culturelle européenne » (CCE) franco-allemande, dont le siège a été fixé à Strasbourg. Afin de respecter les différences relatives à la forme juridique des deux États, ce Traité a donné des garanties de stabilité et d'indépendance vis-à-vis du pouvoir politique. La chaîne franco-allemande exercera ses responsabilités « sous la surveillance et le contrôle des deux seuls sociétaires et, partant, à l'exclusion de toute intervention d'autorités publiques, y compris d'autorités indépendantes chargées de la régulation de l'audiovisuel dans le pays du siège » (art. 1er Traité). Le Conseil supérieur de l'audiovisuel français n'aura donc aucun pouvoir de contrôle sur cette chaîne.

Ce projet a définitivement pris corps, le 30 avril 1991, avec la signature du *contrat portant la création d'une structure commune franco-allemande sous la forme d'un groupement européen d'intérêt économique*, qui a pris le nom d'« ARTE GEIE ». Ce groupement est composé d'une structure commune, la « Centrale », qui se trouve à Strasbourg et qui est constituée sous forme de « Groupement européen d'intérêt économique » (GEIE) [1], composé de deux pôles nationaux : l'un français, « ARTE France », dont le siège est à Issy-les-Moulineaux, et l'autre allemand, « ARTE Deutschland TV Gmbh [2] », situé à Baden-Baden, qui détiennent chacun 50 % de son capital. Ce cadre juridique permet aussi bien à des personnes morales de droit public (ARD et SDF), que de droit privé (La SEPT), ainsi qu'à des personnes physiques issues de différents États de l'Union de créer des coopérations et des collaborations transfrontières, au sein d'une structure chargée « de faciliter ou de développer l'activité économique de ses membres, d'améliorer ou d'accroître les résultats de cette activité ; [et non] de réaliser des bénéfices pour lui-même » (art. 3 Règl. 2137/85/CEE). Ce sera la loi de l'État du siège [3] qui s'appliquera au contrat de groupement (sauf pour les questions relatives à l'état et à la capacité des personnes physiques et à la capacité des personnes morales) et à son fonctionnement interne (art. 2 al. 1er).

« ARTE GEIE » a pour objet social « de concevoir, réaliser et diffuser, ou faire diffuser (...) des émissions de télévision ayant un caractère culturel et international (...) propres à favoriser la compréhension et le rapprochement des peuples » (art. 2 Contrat de formation). Cette chaîne doit donc contribuer à mieux connaître pour mieux comprendre et ainsi rapprocher les peuples européens et internationaux (préambule Traité 2 oct. 1990). Elle vise également à offrir aux citoyens européens une chaîne de télévision commune qui soit un instrument de présentation du patrimoine culturel et

6. J. Lang, ministre de la Culture, de la Communication, des Grands travaux et du Bicentenaire et C. Tasca, Ministre délégué auprès du ministre de la Culture.

1. Cf. Règl. 2137/85/CEE Conseil, 25 juill. 1985 relatif à l'institution d'un groupement européen d'intérêt économique (applicable depuis le 1er juill. 1989), *JOCE L.* 199/1, 31 juill. 1985.

2. Qui regroupe les chaînes publiques allemandes ARD et ZDF

3. En France, la loi applicable est L. relative aux GEIE 89-377, 13 juin 1989 (*JO* 15 juin 1989, p. 7440 et s.) et Arrêté 20 juin 1989 relatif à l'immatriculation du GEIE (*JO* 30 juin 1989, p. 8101 et s.).

894 ***Le rôle moteur du « couple franco-allemand » dans la construction européenne*** ◇ Le « couple franco-allemand » a toujours joué un rôle moteur dans la construction européenne et par conséquent dans l'évolution de la coopération politique au sein de l'Union. Sa cohésion reste pourtant largement tributaire de l'entente entre les dirigeants de ces deux pays. Après une période de crise, particulièrement sensible depuis le sommet d'Avignon (6 et 7 mai 1998), semble en effet se dessiner unc amorce de rapprochement [1], en partie sans doute pour des raisons d'ordre tactique (position face au conflit irakien, accord sur l'avenir de la politique agricole commune ou sur les perspectives budgétaires), qui ne peut faire oublier les tensions récentes (rejet français du projet de Constitution, désaccord sur les taux de la TVA, mauvaise entente entre le président français et la chancelière allemande [2] ...). Plusieurs responsables politiques allemands s'étaient pourtant prononcés en 1994 en faveur de la création d'un « noyau dur » franco-allemand [3], destiné à relancer la dynamique européenne. Cette idée avait d'ailleurs été reprise en juillet 2002 par le président de l'Union chrétienne sociale (CSU), Edmund Stoiber, dont Wolfgang Schäuble était le conseiller pour la politique étrangère. Il avait même été question, en 2003, d'un projet d'« union franco-allemande », impliquant la fusion de la diplomatie des deux pays, le partage du siège de membre de représentant permanent au Conseil de sécurité de l'ONU attribué à la France et la création d'un Congrès, formé des membres des deux Parlements nationaux, ainsi qu'une harmonisation budgétaire et fiscale, avait même reçu le soutien en 2003 des commissaires européens français et allemand, Pascal Lamy et Günther Verheugen. Certains ont même été jusqu'à proposer l'institution d'une « union franco-allemande », notamment grâce à une coopération renforcée dans un certain nombre de domaines, qui selon ses promoteurs devrait se concentrer sur « ce que l'Europe et les *Länder* allemands ne font pas, c'est-à-dire deux domaines essentiels : la politique étrangère et la défense, pour lesquelles il faudrait disposer, selon lui, d'un budget fédéral, ainsi que la politique économique et sociale et une partie de la recherche [4] ». Il est désormais plus souvent question d'un « ministère commun entre la France et l'Allemagne », qui pourrait être celui du Développement économique entre les deux pays. Ce projet défendu à l'automne 2009 par le président français a été rejeté par les allemands, dans la mesure où la loi fondamentale de Bonn prévoit que seuls des ressortissants allemands peuvent être nommés à des postes ministériels en Allemagne et où il semble également difficile de permettre à un français de prendre des décisions concernant des citoyens allemands... Pour compen-

1. Depuis le sommet informel de Rambouillet du 19 mai 2000 et surtout depuis le 75e somet franco-allemand de Mayence du 9 juin 2000.

2. Comme en témoigne le report de la rencontre prévue entre les deux principaux responsables français et allemands le 3 mars 2008 à Straubing (Bavière).

3. Selon l'expression utilisée par le rapport Schauble-Lamers ; cf. J.-L. Clergerie, « La conception allemande d'une Europe à géométrie variable », *LPA* 1996, n° 3, p. 14 à 18.

4. Cf. P. Lamy, *Le Monde* 13 nov. 2003, p. 2.

ser cet échec le Conseil des ministres franco-allemand [1] du 4 février 2010 a mis en place une nouvelle procédure de coopération, qui permet désormais à des ministres français de participer à des Conseils des ministres allemands et à des ministres allemands de participer à des Conseils des ministres français [2].

Il n'en demeure pas moins que les modalités de la coopération instaurée entre les deux pays par le général de Gaulle et le chancelier Adenauer en 1963, ont très largement inspiré la coopération politique, qui devait par la suite être progressivement étendue à l'ensemble de la Communauté.

SECTION 2. L'EXTENSION DE LA COOPÉRATION POLITIQUE EUROPÉENNE (AVANT MAASTRICHT)

La mise en place progressive de la coopération politique européenne a permis d'en déterminer l'organisation.

§ 1. La mise en place progressive de la coopération politique européenne

895 Après avoir progressivement été mise en place, la coopération politique a été consacrée en 1986 par l'Acte unique européen, avant d'être ensuite étendue en 1992 par le Traité de Maastricht.

A. Les premières étapes

896 Après une première initiative en 1961, il faudra attendre le départ du général de Gaulle en 1969 pour que la coopération politique puisse être progressivement mise en place par toute une série de textes, qui se sont d'ailleurs peu à peu accumulés sans une réelle cohérence, qu'il s'agisse des « rapports » de Luxembourg (1970), de Copenhague (1973), de Londres (1981) ou des décisions prises par le sommet de Paris (1974).

897 ***La déclaration de Bad GodesBerg (18 juillet 1961)*** ◇ Le général de Gaulle, hostile à toute évolution fédérale de l'Europe, ne pouvait que proposer à ses partenaires une simple coopération politique, qui devrait prendre la forme d'un « concert organisé, régulier des gouvernements responsables »

1. Sur ce point, cf. *supra*.
2. Ainsi a-t-il par exemple été décidé à cette occasion d'inviter la ministre française de l'Économie et des Finances, C. Lagarde, à siéger, le 31 mars 2010, au Conseil des ministres allemands et de permettre à son homologue allemand, le ministre des Finances, W. Schäuble, de participer à son tour, le 7 avr. 2010, puis le 21 juill. 2010 au Conseil des ministres français.

(déclaration du 31 mai 1960) [1] et dont on retrouvait d'ailleurs les grandes lignes dans le « plan Fouchet » [2]. Les ministres des Affaires étrangères des Six, réunis à Strasbourg, le 23 novembre 1959, avaient d'ailleurs décidé, quelque temps plus tôt, d'organiser tous les trimestres des consultations, qui porteraient « à la fois sur les prolongements politiques de l'activité des Communautés européennes et sur les autres problèmes internationaux », tout en précisant qu'elles « seraient conduites sans préjudice de celles qui ont lieu à l'OTAN et à l'UEO », ce qui réduisait sérieusement la portée de cette coopération. Le 18 juillet 1961, les chefs d'État ou de Gouvernement des Six, réunis à Bad Godesberg, près de Bonn, à l'occasion du troisième sommet européen, avaient alors tenu à adopter une Déclaration solennelle dans laquelle ils se prononçaient en faveur de la mise en place d'une véritable coopération politique et s'engageaient à organiser régulièrement des réunions de concertation [3]. Du fait du rejet par le Conseil des ministres du plan *Fouchet* (17 avril 1962), qui avait essayé d'organiser la coopération politique et de la crise qui a opposé la France à l'ensemble de ses partenaires européens jusqu'en 1969, la signature du Traité franco-allemand (22 janvier 1963) [4] a été la seule nouvelle initiative dans le domaine de la coopération politique.

898 ***Le sommet de la Haye (1er et 2 décembre 1969)*** ◇ Après le départ du général de Gaulle, les chefs d'État et de Gouvernement des Six, qui souhaitaient relancer la construction européenne et lui donner également une dimension plus politique, ont pris un certain nombre d'initiatives. La France de Pompidou n'entendait en effet désormais plus s'opposer à l'adhésion de la Grande-Bretagne et se montrait également plus favorable à la coopération politique européenne. Ainsi les Six ont-ils demandé à leurs ministres des Affaires étrangères d'étudier « la meilleure manière de réaliser des progrès dans le domaine de l'unification politique ». Ils ont alors confié au directeur des affaires politiques au ministère belge des Affaires étrangères, Étienne Davignon, le soin de consacrer un rapport à cette question. Le comité de hauts fonctionnaires, dont il assumera la présidence, à partir de mars 1970, rédigera en réalité non pas un mais deux rapports.

899 ***Le premier rapport Davignon (27 octobre 1970)*** ◇ Ce premier rapport sur les « progrès réalisables dans le domaine de l'union politique de l'Europe », adopté à Luxembourg, le 27 octobre 1970, par le Conseil des ministres des Six, affirmait la nécessité d'« assurer par une information et des consultations régulières une meilleure compréhension mutuelle sur les

1. Qui devait se traduire par les « sommets européens », dont le premier se tiendra à Paris, les 10 et 11 févr. 1961.
2. Cf. *supra*.
3. Communiqué officiel adopté à Bonn le 18 juill. 1961 par les six chefs d'États ou de Gouvernements, *in Assemblée parlementaire européenne - Documents de séance 1961-1962,* 18 déc. 1961, n° 110, p. 11-12.
4. Cf. *supra*.

grands problèmes de politique internationale, [de] renforcer la solidarité [des États] en favorisant une harmonisation des points de vue, la concertation des attitudes et, lorsque cela apparaîtra possible et souhaitable, des actions communes ». Il ne constitue pourtant pour les États membres qu'un simple engagement de réunir régulièrement (au moins deux fois par an) et dans le cadre des institutions existantes, leurs ministres des Affaires étrangères qui devront seulement se concerter sur les grandes questions de politique internationale. Une première réunion consacrée aux problèmes du Proche-Orient et au projet de conférence sur la sécurité en Europe a ainsi été organisée, le 19 novembre 1970, à Munich. Ce premier texte avait d'ailleurs prévu d'être complété par un second rapport concernant cette fois la coopération politique dans son ensemble, que le sommet de Paris (21 et 22 octobre 1972) avait demandé aux ministres de présenter avant le 30 juin 1973.

900 ***Le second rapport Davignon (23 juillet 1973)*** ◇ Ce nouveau texte qui sera finalement adopté à Copenhague, le 23 juillet 1973, demandait à chaque État de s'engager sur les questions de politique étrangère et surtout « à ne pas fixer définitivement sa propre position sans avoir consulté ses partenaires ». Les rencontres entre les ministres des Affaires étrangères devront avoir lieu non plus deux fois, mais au moins quatre fois par an, ces derniers pourront également discuter de ces questions de politique étrangère à l'occasion des réunions du Conseil des ministres ou dans les grandes conférences internationales, comme la conférence pour la sécurité et la coopération en Europe (CSCE), toutes les fois qu'une « prise de position commune devient nécessaire et souhaitable ». Les résultats de ce second « rapport Davignon », qui constituait pourtant un certain progrès par rapport au précédent, restent malgré tout décevants, principalement du fait de la crise de l'énergie, qui a provoqué un repli des États membres et un recul de l'intégration européenne. Les chefs d'État et de Gouvernement n'en ont pas moins considéré dans la « déclaration sur l'identité européenne », adoptée quelque temps plus tard à Copenhague, le 14 décembre 1973 qu'ils « ont établi un système de coopération politique afin d'aboutir à des attitudes concertées, et autant qu'il est possible et souhaitable, à des actions communes [et qu']ils entendent développer cette coopération ».

901 ***Le rapport de Londres (13 octobre 1981)*** ◇ Les rapports de Luxembourg et de Copenhague contenaient déjà les grandes lignes de la future coopération politique européenne, dont il restait toutefois à préciser certains aspects. Ils ont donc ensuite été complétés par le rapport de Londres (13 octobre 1981), qui s'est en effet efforcé d'aménager la coopération politique de manière à ce qu'elle puisse plus facilement permettre de « façonner le cours » des événements. Ce troisième rapport s'est donc surtout attaché à renforcer l'efficacité des mécanismes et des procédures déjà mis en place, afin de permettre à la coopération politique de fonctionner avec plus de souplesse et de ne plus seulement se limiter à réagir aux événements extérieurs, afin de la doter d'une réelle capacité d'initiative. Ce rapport a donc

prévu la possibilité de procéder à des études prévisionnelles sur certains problèmes et a également instauré une procédure de crise.

902 ***Le sommet de Paris (9 et 10 décembre 1974)*** ◇ Grâce à une initiative conjointe du président français Valéry Giscard d'Estaing et du chancelier allemand Helmut Schmidt, destinée à relancer la coopération politique [1], les chefs d'État et de Gouvernement, lors du dernier sommet de Paris des 9 et 10 décembre 1974, ont souhaité institutionnaliser les sommets européens en les transformant en « Conseils européens » [2]. Ainsi ont-ils « décidé de se réunir, accompagnés des ministres des Affaires étrangères, trois fois par an et chaque fois que nécessaire en Conseil de la Communauté et au titre de la coopération politique », compte tenu de la « nécessité d'une approche globale des problèmes internes que pose la construction européenne et de ceux avec lesquels l'Europe est confrontée à l'extérieur » [3]. Il était en effet devenu indispensable de prévoir également, en plus des rendez-vous réguliers [4], des réunions des chefs d'État et de Gouvernement « lorsque les circonstances les rendront opportunes et lorsque des impulsions ou la définition de nouvelles orientations pour la construction européenne apparaîtront nécessaires » [5]. Les « Conseils européens » [6], qui auront vocation à devenir l'instrument privilégié de la « coopération politique », pourront donc également aborder les questions de politique étrangère.

B. La consécration par l'Acte unique européen des 17 et 28 février 1986

903 Prévue par la déclaration de Stuttgart sur l'Union européenne du 19 juin 1983, la coopération politique a été consacrée en 1986 en droit positif par l'Acte unique européen qui met en place une « coopération européenne dans le domaine de la politique étrangère » (Titre III), et institutionnalise les Conseils européens [7].

904 ***La déclaration de Stuttgart sur l'Union européenne du 19 juin 1983*** ◇ À l'issue du Conseil européen de Stuttgart (17 au 19 juin 1983), les Dix, soucieux de relancer à nouveau la construction européenne, ont

1. Malgré les nombreuses tentatives pour organiser ou améliorer cette coopération, qu'il s'agisse du rapport Vedel (1972) ou par la suite des rapports Tindemans (1975), des « Trois Sages » (Biesheuvel, Dell et Marjolin) (1978), les plans Genscher, puis Genscher-Colombo (1981) ; *Bull.* CE 12/74, n° 27.

2. Bien que ce terme n'ait pas été expressément mentionné, sinon ensuite par la pratique.

3. *Bull.* CE 12/74, n° 27.

4. Contrairement aux sommets européens qui se tenaient de manière irrégulière : plusieurs années se sont ainsi écoulées entre le sommet de Bonn (18 juill. 1961) et le sommet de Rome (29 et 30 mai 1967).

5. Selon l'expression utilisée par le communiqué final du sommet de Copenhague, 14 et 15 déc. 1973.

6. Dans lesquels J. Monnet pensait voir l'esquisse d'un gouvernement européen.

7. Sur ce point, cf. *supra*.

adopté une « déclaration sur l'Union européenne », qui chargeait les instances européennes de définir une « conception politique commune, globale et cohérente » de son rôle, afin de pouvoir affirmer son identité sur la scène internationale. Il s'agira donc de « renforcer et [de] développer la coopération politique européenne par l'élaboration et l'adoption de positions communes et d'une action commune, sur la base d'une intensification des consultations, dans le domaine de la politique étrangère, y compris la coordination des positions des États membres sur les aspects politiques et économiques de la sécurité, afin de promouvoir et de faciliter le développement progressif de telles positions et d'une telle action dans un nombre croissant de domaines de politique étrangère ». Pour pouvoir renforcer la coopération politique européenne, il conviendrait d'abord d'approfondir la concertation entre États membres, afin de rendre possible les actions communes pour toute question de politique étrangère présentant un intérêt pour les Dix. Il sera donc nécessaire de définir progressivement des principes et des objectifs communs dans ce domaine et d'harmoniser les positions des États membres sur les aspects politiques et économiques de la sécurité. Les chefs d'État et de Gouvernement ont également tenu à souligner à cette occasion l'importance d'une meilleure coordination à tous les niveaux des structures communautaires existantes et de la coopération politique, afin de leur permettre de mener une action globale et cohérente en vue de la réalisation de l'Union européenne, qui suppose « l'approfondissement et l'extension du champ d'action des activités européennes pour couvrir d'une manière cohérente, bien que sur des bases juridiques différentes, une part croissante des rapports entre les États membres et leurs relations extérieures ». Les questions relevant de la coopération politique devant être réglées conformément aux procédures mises en place par les rapports de Luxembourg (1970), de Copenhague (1973) et de Londres (1981) [1]. Le *Conseil européen*, réunissant les chefs d'État ou de Gouvernement et le président de la Commission, assistés des ministres des Affaires étrangères des États membres, ainsi que d'un membre de la Commission, sera plus particulièrement chargé d'organiser et de définir les grandes lignes de la coopération politique et devra à ce titre exprimer de manière solennelle la position commune de l'Union sur toutes les questions de politique étrangère [2].

905 ***La coopération européenne en matière de politique étrangère*** ◇ Le titre III de l'Acte unique européen (art. 30) [3], entré en vigueur le 1er juillet 1987, s'était en réalité seulement contenté d'institutionnaliser, sans les communautariser, les pratiques intergouvernementales, qui s'étaient développées depuis l'adoption du « rapport Davignon ». Conformément aux souhaits exprimés en 1983 par la déclaration de Stuttgart, il a toutefois étendu la coopération aux aspects politiques et économiques de la sécurité,

1. Cf. *supra.*
2. *Bull.* CE 6/83, p. 26 à 31.
3. Abrogé en 1992 par l'art. 50 § 2 TUE.

qui comme le suggérait le rapport Tindemans en 1975 [1], constitue désormais une obligation pour les États, même si elle demeure formulée en termes très généraux (art. 30 § 6.a) Les États membres sont tout d'abord tenus, de manière certes assez floue, « de formuler et de mettre en œuvre en commun une politique étrangère européenne » et s'engagent « à s'informer mutuellement et à se consulter sur toute question de politique étrangère ayant un intérêt général, afin d'assurer que leur influence combinée s'exerce de la manière la plus efficace par la concertation, la convergence de leurs positions et la réalisation d'actions communes » (art. 30 § 1 et 2 a). Dans leurs politiques nationales, les États membres devront tenir compte de la position de leurs partenaires, avant de définir des principes communs et d'adopter des positions communes, dont ils ne devront pas risquer mettre en cause ni l'efficacité, ni la cohérence. Ils seront également tenus de s'engager à ne pas s'opposer « à la formation d'un consensus et à l'action conjointe qui pourra en résulter ». Ces dispositions n'empêchent d'ailleurs pas la mise en place de « coopérations renforcées [2] », dans la mesure où elles « ne font pas obstacle à l'existence d'une coopération plus étroite dans le domaine de la sécurité [entre certains Étals] dans le cadre de l'Union de l'Europe occidentale et de l'Alliance atlantique » (art. 30 § 6 c). Les États devaient en outre s'efforcer d'adopter des positions communes dans les institutions et dans les conférences internationales. Ils étaient également tenus, chaque fois qu'ils le jugeaient nécessaire, d'organiser « un dialogue politique avec les pays tiers et les groupements régionaux » (art. 30 § 7 et 8). Il est intéressant de noter que l'Acte unique européen a expressément tenu à mentionner que l'ensemble de ces dispositions (à l'exception du titre II et de l'article 32) échappaient à la compétence de la Cour (art. 31).

§ 2. L'organisation de la coopération politique européenne

906 De l'ensemble de ces textes, il est possible de déterminer l'organisation de la coopération politique, qui sera réformée par le Traité de Maastricht, qui mettra en place une véritable « Politique étrangère et de sécurité commune » (PESC), dont l'organisation sera par ailleurs profondément modifiée. À côté des instances chargées de gérer la coopération politique européenne, il convient d'accorder une place toute particulière à la présidence du Conseil, dont le rôle a été renforcé à cette occasion.

1. Sur tous ces points, cf. *supra*.
2. Sur ce point, cf. *supra*.

A. Les instances chargées de la coopération politique européenne

907 ***Le rôle des ministres des Affaires étrangères*** ◇ Les ministres des Affaires étrangères, assistés d'un membre de la Commission étaient chargés de la coopération politique européenne. Ils pouvaient d'ailleurs également débattre des questions de politique étrangère, à l'occasion des sessions du Conseil des Communautés européennes et à laquelle la Commission et le Parlement européen devaient être très étroitement associés (art. 30 § 3 et 4). Les directeurs politiques des ministères des Affaires étrangères se réunissaient une fois par mois au sein d'un *comité politique*, afin de donner l'impulsion nécessaire, d'assurer la continuité de la coopération politique européenne et de préparer les discussions des ministres (art. 10 c). Un *groupe de correspondants européens* (composé d'un fonctionnaire du ministère des affaires étrangères de chaque pays) était chargé de suivre, conformément aux directives du comité politique, la mise en œuvre de la coopération politique européenne ; il devait à ce titre s'occuper des problèmes d'organisation, préparer les travaux du comité politique. Une vingtaine de *groupes de travail* composés de différents experts se réunissaient environ deux à trois fois par semestre à la demande du comité politique.

908 ***Le rôle de la présidence*** ◇ La présidence de la coopération politique européenne était assurée par le pays qui présidait le Conseil des Communautés européennes. Le président en exercice était chargé de l'initiative, de la coordination et de la responsabilité de l'action des États membres vis-à-vis des pays tiers pour l'ensemble des activités relevant de la coopération politique européenne, dont il était également responsable de la gestion. Il devait en particulier fixer le calendrier des réunions, dont il se chargeait par ailleurs de la convocation et de l'organisation. Il était assisté d'un secrétariat établi à Bruxelles, dont la mission était de l'aider dans la préparation et dans la mise en œuvre de ses activités et qui avait également la responsabilité, sous son autorité, de l'ensemble des questions administratives (art. 30 § 10) Les membres de ce secrétariat bénéficiaient des mêmes privilèges et immunités que ceux des personnels des missions diplomatiques en poste à Bruxelles (art. 30 § 11).

B. Le fonctionnement de la coopération politique européenne

909 ***Le déroulement des réunions*** ◇ Les réunions des ministres des Affaires étrangères, qui avaient généralement lieu dans le pays de la présidence du Conseil, étaient préparées par le comité politique. Pour remplir les objectifs assignés à la coopération, les gouvernements devaient se consulter sur toutes les questions importantes de politique étrangère ainsi que sur « toute question de leur choix ». Les réunions peuvent avoir lieu à *deux niveaux*. Les

ministres des Affaires étrangères devraient se retrouver régulièrement (au moins quatre fois par an selon le 2e rapport et l'AUE, art. 30-3 a et b). Si les circonstances le justifiaient, une *conférence des chefs d'État* pouvait se substituer à eux. Des consultations pouvaient également avoir lieu au sein du *comité politique* et des *réunions extraordinaires pouvaient enfin toujours être organisées en cas de crise grave ou d'urgence particulière.*

Le rapport de Londres avait en effet institué des *procédures de crise*. Le comité politique ou une réunion ministérielle pouvaient être convoqués dans les 48 heures à demande de trois États membres. La même procédure était organisée pour les chefs de mission dans les pays tiers. Pour permettre à la coopération de réagir en cas de crise, les groupes d'experts devaient analyser les zones de crise possibles et prévoir une « gamme de réactions possibles des Dix ».

910 ***L'intervention de la Commission et du Parlement européen*** ◇ La Commission européenne devait donner son avis sur les travaux des ministres qui auraient des effets sur les activités communautaires. Enfin, pour associer le *Parlement européen* à cette coopération politique, le *rapport de Luxembourg* avait prévu la réunion de colloques « informels » réunissant les ministres et les membres de la commission politique du Parlement afin de « permettre aux parlementaires et aux ministres d'exprimer librement leur opinion ».

Les rapports entre le Parlement et la coopération politique européenne avaient également pris la forme de rencontres informelles entre ministres et dirigeants de groupes politiques. Tenant compte de l'élection du Parlement au suffrage universel, le rapport de Londres a proposé une association plus étroite de l'Assemblée et de la coopération politique européenne (notamment en reprenant plus souvent, dans les délibérations, communiqués, déclarations, les résolutions adoptées par les députés européens).

911 ***Des résultats insuffisants*** ◇ Ces dispositions n'étaient malgré tout pas très ambitieuses. Elles ont d'ailleurs montré très rapidement leur insuffisance, dès que sont survenus de graves événements : la guerre du Golfe, le conflit israélo-arabe ou dans une moindre mesure la guerre civile Yougoslave [1].

La coopération politique devait être institutionnalisée par le Traité de Maastricht qui l'avait placée dans le pilier concernant la Politique étrangère et de la sécurité commune (PESC), qui devait ensuite être supprimé par le Traité de Lisbonne.

1. Malgré la reconnaissance de la Croatie et de la Slovénie par l'Allemagne.

CHAPITRE 2
L'INSTITUTIONNALISATION DE LA COOPÉRATION POLITIQUE

912 Après la chute du Mur de Berlin (le 9 novembre 1989), la réunification allemande (le 3 octobre 1990) et la dissolution du pacte de Varsovie (le 25 janvier 1991) consécutive à la fin de l'empire soviétique (le 8 décembre 1991), l'Union européenne a souhaité se doter d'une politique de sécurité et de défense [1].

Le Traité de Maastricht en instituant la politique étrangère et de sécurité commune (PESC) s'inscrit dans la continuité de la coopération politique européenne (CPE). Il apporte une innovation en étendant la coopération politique aux domaines de la justice et des affaires intérieures, que le Traité d'Amsterdam devait ensuite partiellement « communautariser ». Depuis le Traité de Lisbonne, en conférant à l'Union européenne la personnalité juridique (art. 47 TUE), a supprimé ces piliers, même si des dispositions particulières pourront toujours s'appliquer à ce qui constituait antérieurement les deuxième et troisième piliers.

SECTION 1. LA « POLITIQUE ÉTRANGÈRE ET DE SÉCURITÉ COMMUNE » (PESC)

913 ***Les origines de la PESC*** ◇ La PESC, avait été instituée en 1992 par le « deuxième pilier » du Traité de Maastricht [2], complété par le protocole (n° 1) annexé à ce Traité et par un certain nombre de déclarations, dont la *déclaration relative à l'UEO* (Union de l'Europe occidentale). La PESC, qui « inclut l'ensemble des questions relatives à la sécurité de l'Union » et vise sans autre précision à « la définition progressive d'une politique de défense commune » est susceptible de « conduire à une défense commune, si le Conseil européen en décide ainsi » (ex-17-1 TUE). Elle comprend également « des missions humanitaires ou d'évacuation de ressortissants, des missions de maintien de la paix et des missions de forces de combat pour la gestion des crises, y compris des opérations de maintien de la paix » (ex-17-2 UE) telles qu'elles avaient été définies par les ministres des Affaires étrangères et de la Défense à Petersberg (Allemagne), le 19 juin 1992. Les rédacteurs du Traité

1. Une politique de sécurité s'inscrit dans le cadre d'un dispositif de sécurité collective défini par le président américain T. Woodrow Wilson (1856-1924). Une politique de défense qui suppose une armée européenne reste un objectif de l'Union.

2. L'Acte unique européen souhaitait seulement que les États réunis au sein de la CEE « s'efforcent de parvenir à des positions communes » dans ce domaine.

d'Amsterdam avaient ensuite accepté de maintenir les dispositions du Traité de Maastricht prévoyant que la PESC ne devait pas affecter « le caractère spécifique de la politique de sécurité et de défense de certains États membres » (neutralité, dissuasion nucléaire, appartenance au Traité de l'Atlantique Nord ou au Traité de Bruxelles...) (ex-17-1 al. 3), offrant même la possibilité à ceux qui le souhaiteraient de développer entre eux une coopération plus étroite dans le cadre de l'UEO ou de l'Alliance atlantique (ex-17-4) ; ils avaient par contre refusé d'inclure dans le Traité la garantie de défense collective prévue par le Traité de Bruxelles entre les membres de l'UEO.

Ces textes définissaient les *objectifs* et les *méthodes* de la PESC, qui pouvaient parfois comporter des mesures de *défense*, ainsi que les *procédures* utilisées. Ce deuxième pilier, qui avait ensuite été partiellement modifié par le Traité de Nice, est toujours resté placé dans la sphère de compétences des États membres, appelés à se prononcer dans ce domaine généralement à l'unanimité [1]. Le Traité de Lisbonne, qui a fait disparaître ce pilier, mais a tenu à laisser la PESC dans le TUE [2], alors que toutes les autres politiques sont placées dans le TFUE, a également maintenu la plupart de ses dispositions [3], dont nous analyserons le *contenu* avant de voir les conditions de sa *mise en œuvre*, puis ses *limites*.

§ 1. Le contenu de la PESC

Le Traité de Lisbonne a considérablement renforcé le contenu de la PESC et singulièrement celui de la *Politique européenne de sécurité et de défense (PESD)*. Le titre V (« Dispositions concernant une politique étrangère et de sécurité commune ») devient en effet désormais « *Dispositions générales relatives à l'action extérieure de l'Union et dispositions spécifiques concernant la politique étrangère et de sécurité commune* » et une section 2 consacrée aux « *Dispositions concernant la politique de sécurité et de défense commune* » a même été ajoutée. La PESC comprend un certain nombre de *dispositions générales*, qui incluent également la définition progressive d'une *politique de défense commune*.

1. Ce qui est d'ailleurs conforme à l'idée de Jean Monnet selon laquelle « on ne peut pas envoyer des jeunes gens mourir sur une terre étrangère par un vote à la majorité qualifiée ».

2. D'autant que « la mise en œuvre de la PESC n'affecte pas l'application des procédures et l'étendue respective des attributions des institutions prévues par les traités pour l'exercice des compétences de l'Union visées aux articles 3 à 6 du TFUE » (art. 40, al. 1er TUE).

3. Nous nous référerons donc, sauf exception, à la nouvelle numérotation.

A. Les dispositions générales relatives à la PESC

1. Les caractères de la PESC (art. 21 à 41 TUE)

914 ***La diversité des principes et des objectifs de la PESC*** ◇ L'action internationale de l'Union repose sur les principes qui ont présidé à sa création, à son développement et à son élargissement et qu'elle vise à promouvoir dans le reste du monde : la démocratie, l'État de droit, l'universalité et l'indivisibilité des droits de l'homme et des libertés fondamentales, le respect de la dignité humaine, les principes d'égalité et de solidarité et le respect des principes de la charte des Nations unies et du droit international (art. 21 § 1 TUE). Ses objectifs sont très larges : sauvegarde des valeurs communes et de la sécurité, soutien de la démocratie et des droits de l'homme, maintien de la paix et prévention des conflits, aide au développement durable sur le plan économique, social et environnemental des pays en développement, suppression progressive des obstacles au commerce international, amélioration de la qualité de l'environnement et de la gestion durable des ressources naturelles mondiales, aide aux populations des pays et régions confrontés à des catastrophes naturelles ou d'origine humaine, renforcement de la coopération multilatérale (art. 21 § 2). L'Union doit enfin veiller à la cohérence entre les différents domaines de son action extérieure et entre ceux-ci et ses autres politiques. Le Conseil et la Commission, assistés par le Haut représentant de l'Union pour les affaires étrangères et la politique de sécurité, sont chargés d'assurer cette cohérence et sont également tenus de coopérer à cet effet (art. 21 § 3). Le Conseil européen est tenu de se fonder sur ces principes et sur ces objectifs pour identifier les intérêts et les objectifs stratégiques de l'Union. Ses décisions dans ce domaine portent sur la politique étrangère et de sécurité commune, ainsi que sur les autres aspects de l'action extérieure de l'Union. Elles pourront même concerner les relations de l'Union avec un pays ou une région déterminés, ou avoir une approche thématique. Elles définissent leur durée et les moyens que devront fournir l'Union et les États membres (art. 22 § 1).

915 ***L'étendue de la compétence de l'Union*** ◇ La compétence de l'Union dans ce domaine, qui doit reposer sur ces principes et sur ces objectifs, entend couvrir « tous les domaines de la politique étrangère et de sécurité commune, ainsi que l'ensemble des questions relatives à la sécurité de l'Union, y compris la définition progressive d'une *politique de défense commune* [1] qui peut conduire à une défense commune ». Elle reste toutefois toujours soumise à des procédures spécifiques. Elle est en effet définie et mise en œuvre par le Conseil européen et par le Conseil qui se prononcent en principe à l'unanimité [2]. L'adoption d'actes législatifs est exclue, mais l'Union peut définir des orientations générales en adoptant des décisions qui

1. Sur ce point, cf. *infra*.
2. Sur ce point, cf. *infra*.

précisent les actions à mener, les positions à prendre et les modalités de leur mise en œuvre, et en renforçant la coopération systématique entre les États membres pour la conduite de leur politique (art. 25). Le *Haut représentant de l'Union pour les affaires étrangères et la politique de sécurité* et les États membres sont chargés de l'exécution de la PESC, conformément à ce que prévoient les traités (art. 24 § 1 al. 2 TUE). Sa mise en œuvre suppose une large solidarité entre les États membres (art. 24 § 2), qui seront tenus de s'abstenir de toute action contraire aux intérêts de l'Union ou susceptible de nuire à son efficacité (art. 24 § 3) et qui devront coordonner leur action au sein des organisations et des conférences internationales, au sein desquelles ils seront par ailleurs tenus de défendre les positions de l'Union (art. 34 § 1). Il revient au Conseil européen d'identifier les intérêts stratégiques de l'Union, de fixer les objectifs et de définir les orientations générales de la politique étrangère et de sécurité commune, y compris pour les questions ayant des implications en matière de défense et d'adopter ensuite les décisions nécessaires (art. 26 § 1). Il restera alors au Conseil à élaborer la politique étrangère et de sécurité commune et à prendre les décisions nécessaires à sa définition et à sa mise en œuvre, sur la base des orientations générales et des lignes stratégiques définies par le Conseil européen (art. 26 § 2) et au Haut représentant de l'Union pour les affaires étrangères et la politique de sécurité à en assurer l'exécution (art. 26 § 3). L'Union, qui, depuis le Traité de Lisbonne, dispose d'une très large capacité juridique (art. 47 TUE), peut enfin conclure des accords avec un ou plusieurs États ou organisations internationales [1] dans l'ensemble des domaines relevant de la PESC (art. 37).

916 ***L'extension des « coopérations renforcées » à la PESC*** ◇ Contrairement au Traité d'Amsterdam, qui avait tenu à limiter la possibilité pour les États membres de n'instaurer entre eux de coopérations renforcées que dans le premier et le troisième pilier, le Traité de Nice les avait également rendues possibles dans le cadre du deuxième pilier. Les rédacteurs du Traité d'Amsterdam avaient en effet considéré que du fait de « l'abstention constructive » [2], qui autorise un État à ne pas s'associer à une action de l'Union, sans pour autant la remettre en cause, il était inutile de prévoir, en matière de PESC, l'existence d'un tel mécanisme.

Outre les conditions générales requises par ailleurs par le Traité (art. 326 à 334 TFUE), les coopérations renforcées dans le deuxième pilier devaient avoir « pour but de sauvegarder les valeurs et de servir les intérêts de l'Union dans son ensemble en affirmant son identité en tant que force cohérente sur la scène internationale » ; elles devaient également respecter les principes, objectifs, orientations générales et la cohérence de la PESC, ainsi que les décisions prises dans ce cadre et les compétences de la Communauté, tout comme la cohérence entre les politiques de l'Union et son action extérieure

1. Sur ce point, cf. *infra*.
2. Cf. *supra*.

(ex-art. 27A) [1]. Ces coopérations renforcées ne pouvaient porter que sur la mise en œuvre d'une action commune ou d'une position commune et pas sur des questions ayant des implications militaires ou dans le domaine de la défense (ex-art. 27B). Ce mécanisme était destiné à permettre à certains États membres de préserver les liens existant entre la Politique européenne de sécurité et de défense (PESD) [2] et l'OTAN. La procédure prévue pour l'instauration d'une coopération renforcée dans ce domaine était donc très différente de celle qui s'appliquait aux autres piliers.

Seul le Conseil, statuant à la majorité qualifiée après avis de la Commission (cohérence de la coopération renforcée envisagée avec les politiques de l'Union) et information du Parlement européen, est en effet habilité à donner l'autorisation aux États qui en ont fait la demande (ex-art. 27C). Chaque État membre pourra toujours s'y opposer « pour des raisons de politique nationale importante » et le Conseil pourra demander à la majorité qualifiée que le Conseil européen soit saisi de la question en vue d'une décision à l'unanimité (ex-art. 23-2 al. 2 UE). Le Haut représentant pour la PESC devait veiller à ce que le Parlement européen et tous les membres du Conseil soient pleinement informés de la mise en œuvre des coopérations renforcées (ex-art. 27D). Tout État membre pouvait enfin notifier au Conseil son intention de se joindre à une coopération renforcée ; il devait également en informer la Commission. Le Conseil disposait ensuite de quatre mois pour se prononcer. Sa décision était réputée approuvée, à moins qu'il ne décide, à la majorité qualifiée, « de la tenir en suspens », avant de l'examiner à nouveau dans un délai qu'il devra alors fixer (ex-art. 27E). Ce type de disposition, qui se retrouvait également dans les coopérations renforcées du premier pilier, s'expliquait par la volonté d'éviter la constitution de groupes d'États au sein de l'Union.

Le Traité de Lisbonne a sensiblement modifié les procédures relatives aux coopérations renforcées [3]. Les États membres qui souhaitent instaurer entre eux une coopération renforcée dans le cadre de la politique étrangère et de sécurité commune doivent adresser leur demande au Conseil ; elle est alors transmise au *Haut représentant de l'Union pour les affaires étrangères et la politique de sécurité*, qui donne son avis sur la cohérence de la coopération renforcée envisagée avec la politique étrangère et de sécurité commune de l'Union ; la Commission est également appelée à donner un avis, notamment sur la cohérence de la coopération renforcée envisagée avec les autres politiques de l'Union. Cette demande est enfin communiquée au Parlement européen pour information. L'autorisation de procéder à une coopération renforcée est alors accordée par une décision du Conseil, statuant à l'unanimité (art. 329 § 2 TFUE). Comme dans tous les autres domaines, la

1. Les art. 27A à 27E, ont été insérés par le Traité de Nice dans le Traité d'Union européenne.

2. Concept défini lors du sommet franco-britannique de Saint-Malo (4 déc. 1998). La PESD repose sur un objectif « global » qui prévoit de mettre en place une force de réaction rapide de 69 000 hommes à partir de juill. 2003 ; sur ce point cf. *supra*.

3. Il existe également dans le cadre de la *politique de défense commune* des *coopérations structurées permanentes* ; sur ce point, cf. *infra*.

Commission et, le cas échéant, le Haut représentant de l'Union pour les affaires étrangères et la politique de sécurité sont tenus d'informer régulièrement le Parlement européen et le Conseil de l'évolution des coopérations renforcées (art. 328 § 2).

2. Les instruments juridiques de la PESC

Les instruments juridiques propres au deuxième « pilier » ont disparu au profit des actes unilatéraux de droit commun.

917 ***Les actes supprimés par le Traité de Lisbonne*** ◇ À côté des « positions communes », des « actions communes » et des « stratégies communes », on trouvait également les instruments classiques de la diplomatie (déclarations, dialogue politique, démarches, accords internationaux). La PESC se limitant à une coopération entre États membres, la politique étrangère restait d'abord et avant tout nationale, leur laissant ainsi une certaine liberté d'action. Cette collaboration, qui se traduisait essentiellement par une concertation au sein du Conseil, devait favoriser la « convergence » de leurs actions et assurer « l'influence combinée » des États membres, à qui elle imposait également de « coordonner » leur action dans les conférences et organisations internationales. Elle pouvait pourtant parfois, en cas de besoin, aller, jusqu'à la définition par le Conseil, d'une « *position commune* » (art. 15 UE abrogé), qui ne pouvait toutefois qu'imposer aux États membres de veiller à la conformité à cette position commune de « leurs politiques nationales » [1] ; dans le cadre des orientations générales fixées par le Conseil européen dans les domaines où existent des « intérêts importants en commun », le Conseil pouvait décider que certaines questions feraient l'objet d'*actions communes* [2] (art. 14 UE abrogé), dont il fixait, en principe à l'unanimité, la portée, les objectifs, les moyens, les procédures, la durée (qui pouvaient ensuite être modifiés en cas de changement de circonstances) et désignait les questions qui seront ensuite décidées à la majorité qualifiée. Les actions communes engageaient les États membres dans leurs prises de position et dans la conduite de leur action. Ils devaient informer leurs partenaires des initiatives prises pour leur exécution, de manière à permettre une éventuelle « concertation préalable ». L'État qui rencontrait des difficultés majeures pour l'appliquer pouvait en saisir le Conseil, qui recherchait alors des « solutions appropriées », ne contrariant ni les objectifs, ni l'efficacité de l'action ; en cas de nécessité impérieuse et en l'absence de décision

1. Cf. Décis. Conseil, 22 nov. 1993, relative à la réduction des relations économiques avec la Libye (*JOCE* L. 295, 30 nov. 1993).

2. Les premières d'entre elles ont été consacrées au soutien du processus de paix engagé au Moyen-Orient, à l'encouragement des efforts en faveur de la transition démocratique en Afrique du Sud ou encore à l'acheminement de l'aide humanitaire en Bosnie-Herzégovine ; cf. Décis Conseil, 8 nov. 1993 relative à l'action commune concernant le soutien à l'acheminement de l'aide humanitaire en Bosnie-Herzégovine, 93/1601 PESC, adoptée par le Conseil sur la base de l'art. 53 UE (*JOCE* L. 286, 20 nov. 1993).

expresse du Conseil, tout État membre pouvait prendre d'urgence les décisions qui s'imposaient, dans le respect des objectifs généraux de l'action commune dont il devait aussitôt informer le Conseil ; enfin les « *stratégies communes* » (art. 12 et 13-2 UE abrogés) introduites par le Traité d'Amsterdam, qui pouvaient être mises en œuvre « par l'Union dans le domaine où les États membres ont des intérêts communs importants », devaient préciser « leurs objectifs, leur durée et les moyens que devront fournir l'Union et les États membres ». Le Conseil les recommandait au Conseil européen et les mettait principalement en œuvre grâce à des actions communes et à des positions communes [1].

918 ***Le recours aux actes juridiques généraux*** ◇ Le Traité de Lisbonne, en supprimant les piliers, a également fait disparaître les différentes catégories d'actes unilatéraux propres à la PESC [2] et n'a par conséquent laissé subsister que les instruments juridiques généraux, à savoir les *règlements*, les *directives*, les *décisions*, les *recommandations* et les *avis* (art. 288 TFUE), qui sont désormais applicables à l'ensemble des politiques prévues par le Traité, donc à la PESC. Malgré cette apparente unification, certaines particularités demeurent. Ainsi la « décision », qui définit les « actions à mener » et les « positions à prendre par l'Union », ainsi que les modalités de leur mise en œuvre (art. 25 b TUE) « se voit promue au rang d'acte juridique principal » [3]. La mention « PESC » ou « PESD » devra en outre être indiquée après toute décision prise dans ce domaine. Le Traité de Lisbonne n'a pas non plus fait disparaître certains actes spécifiques, tels que les « orientations générales » (art. 25 a) ou les « approches communes » (art. 32 TUE), dont il n'est d'ailleurs pas donné de définition. Enfin le protocole (n° 11) sur les dispositions transitoires, précise bien que « les effets juridiques des actes des institutions, organes et organismes de l'Union adoptés sur la base du Traité sur l'Union européenne avant l'entrée en vigueur du Traité de Lisbonne sont préservés aussi longtemps que ces actes n'auront pas été abrogés, annulés ou modifiés en application des traités », ce qui laisse subsister encore quelque temps les actes propres à la PESC [4].

919 ***Les limites de la compétence de la Cour*** ◇ La Cour de justice qui, d'une manière générale, n'est pas compétente en ce qui concerne les dispositions

1. La première a eu pour objet le « partenariat euro-méditerranéen » (« processus de Barcelone ») ; cf. stratégie commune 2000/458/PESC Conseil, 19 juin 2000, à l'égard de la région méditerranéenne (*JOCE* L. 183, 22 juill. 2000) ; modifiée par Décis. 2004/763/PESC Conseil, 5 nov. 2004 (*JOUE* L. 337, 13 nov. 2004).

2. Cette simplification avait été souhaitée par la déclaration de Laeken du 15 décembre 2001, qui à l'issue du Conseil européen, avait décidé de réunir la *convention pour l'avenir de l'Europe* qui devait préparer le « Traité constitutionnel ».

3. C. Blumann, *Projet de Constitution pour l'Europe, Droit institutionnel*, JurisClasseur Europe Traité, Fasc. 120, 2005, pt 143.

4. Sur tous ces points, cf. E. Brosset, « Clartés et obscurités des actes de l'UE », *in Le Traité de Lisbonne*, dir. E. Brosset, C. Chevallier-Govers, V. Edjaharian et C. Schneider, Bruylant, Bruxelles, 2009.

relatives à la PESC, à l'exception de certaines d'entre elles (art. 24 § 1 TUE), ne l'est donc pas non plus pour les actes adoptés sur cette base, si ce n'est pour les décisions prévoyant des mesures restrictives à l'encontre de personnes physiques ou morales adoptées dans ce domaine par le Conseil (art. 275 TFUE).

3. Les moyens à la disposition de la PESC

920 La PESC dispose de moyens non négligeables, qui ont encore été renforcés par le Traité de Lisbonne, qu'il s'agisse du personnel, principalement avec *le Haut représentant de l'Union pour les affaires étrangères et la politique de sécurité*, des procédés juridiques ou des ressources financières.

a. Les moyens en personnel

921 ***Le Haut représentant de l'Union pour les affaires étrangères et la politique de sécurité (art. 18 et 27 TUE)*** ◇ Il remplace, depuis, le 1er décembre 2009, le *Haut représentant pour la PESC* qui exerçait en même temps la fonction de *secrétaire général du Conseil* et dont la mission principale consistait à formuler, élaborer et mettre en œuvre les décisions prises dans le domaine de la PESC. Il avait également pour tâche de conduire, au nom du Conseil et à la demande de la présidence, les négociations avec des pays tiers [1].

Le *Haut représentant de l'Union pour les affaires étrangères et la politique de sécurité* [2], institué par le Traité de Lisbonne, qui est nommé par le Conseil européen à la majorité qualifiée, avec l'accord du président de la Commission et pourra être révoqué selon la même procédure (art. 18 § 1 TUE), dispose d'attributions sensiblement plus importantes que son prédécesseur. Il est d'ailleurs appelé à remplir les fonctions préalablement exercées par le *Haut représentant pour la PESC* et par le *commissaire aux relations extérieures*. Il est en même temps membre du Conseil, où il préside le Conseil des affaires étrangères (art. 18 § 3) et de la Commission, dont il est également l'un des vice-présidents plus particulièrement chargé de veiller à la cohérence de l'action extérieure de l'Union ; il y est donc chargé des responsabilités qui lui incombent dans le domaine des relations extérieures et de la coordination

1. L'ancien secrétaire général de l'OTAN (1995-1999), l'espagnol J. Solana, nommé pour la première fois à ce poste par le Conseil (à l'unanimité), le 21 juin 1999, conformément à la décision du Conseil européen de Cologne (3 et 4 juin 1999), puis renouvelé par le Conseil européen de Bruxelles du 29 juin 2004, statuant désormais à la majorité qualifiée (art. 207-2 modifié par Traité de Nice) pour une période de cinq ans, à compter du 18 oct. 2004, aura occupé ce poste jusqu'à la prise de fonction de la Haute représentante de l'Union pour les affaires étrangères et la politique de sécurité, le 1er déc. 2009. Il était assisté d'un secrétaire général adjoint, le français P. de Boissieu, futur secrétaire général du Conseil européen. Il sera également nommé secrétaire général de l'UEO, à compter du 25 nov. 1999, ce qui facilitera le rapprochement de cette organisation avec l'UE ; sur ce point, cf. *infra*.

2. Le Royaume-Uni, la Pologne et le République tchèque ayant refusé l'appellation de ministre des Affaires étrangères de l'Union.

des autres aspects de l'action extérieure de l'Union (art. 18 § 4). Il est également tenu de contribuer par ses propositions à l'élaboration de la PESC qu'il devra exécuter en tant que mandataire du Conseil. Il agit de même pour la politique de sécurité et de défense commune (art. 18 § 2). Il devra donc contribuer par ses propositions à l'élaboration de la politique étrangère et de sécurité commune et assurer la mise en œuvre des décisions adoptées par le Conseil européen et par le Conseil (art. 27 § 1). En tant que représentant de l'Union pour la PESC, il devra aussi conduire le dialogue politique avec les pays tiers et exprimer la position de l'Union dans les organisations internationales et au sein des conférences internationales (art. 27 § 2).

Il aura enfin pour rôle de veiller, sous l'autorité du Conseil et en contact étroit et permanent avec le *comité politique et de sécurité* [1], à la coordination des aspects civils et militaires des missions de maintien de la paix, de prévention des conflits et de renforcement de la sécurité internationale. Le Conseil peut autoriser ce comité à prendre toute décision utile concernant le contrôle politique et la direction stratégique d'une opération de gestion et ce pour toute sa durée (art. 38).

Il sera tenu de consulter régulièrement le Parlement européen sur les principaux aspects et les choix fondamentaux de la PESC et de la politique de sécurité et de défense commune et de l'informer de l'évolution de ces politiques et veillera ensuite à ce que les positions du Parlement européen soient effectivement prises en considération. De son côté le Parlement européen pourra lui adresser, ainsi d'ailleurs qu'au Conseil, des questions ou formuler des recommandations. Il procédera deux fois par an à un débat sur les progrès réalisés dans la mise en œuvre de la politique étrangère et de sécurité commune, y compris la politique de sécurité et de défense commune (art. 36).

Pour lui permettre d'accomplir l'ensemble de ces missions, il pourra par ailleurs disposer d'un important service diplomatique, le *service européen pour l'action extérieure,* composé de fonctionnaires des services compétents du secrétariat général du Conseil et de la Commission, ainsi que du personnel détaché des services diplomatiques nationaux (art. 27 § 3) [2].

La Britannique *Catherine Ashton* a été la première à être nommée à ce poste par le Conseil européen du 19 novembre 2009 ; elle a pris ses fonctions le 1er décembre 2009.

922 ***La nomination d'un représentant spécial (art. 33 TUE)*** ◇ Le Conseil peut également, sur proposition du *Haut représentant de l'Union pour les affaires étrangères et la politique de sécurité,* nommer un représentant

1. Sur ce point, cf. *infra.*

2. L'organisation et le fonctionnement de ce service seront fixés par une décision du Conseil, prise sur proposition du Haut représentant, après consultation du Parlement européen et approbation de la Commission (art. 13 *bis* § 3).

spécial « auquel est confié un mandat en liaison avec des questions politiques particulières ». Il exerce son mandat sous l'autorité du Haut représentant.

923 ***La création d'un comité politique et de sécurité (COPS) (art. 38 TUE)*** ◇ Cet organe créé par le Traité de Maastricht, sous le nom de « comité politique » (ex-art. 25 UE), puis de « comité politique et de sécurité » depuis le Traité de Nice, avait été mis en place, le 22 janvier 2001 [1] pour suivre, sous la responsabilité du Conseil des ministres, la situation internationale dans les domaines relevant de la PESC, ainsi que les opérations de gestion de crise.

Le COPS dont le siège se trouve à Bruxelles, est formé des ambassadeurs de chaque État membre. Il est chargé de suivre la situation internationale dans les domaines relevant de la PESC et doit également contribuer à la définition des politiques en émettant des avis à l'intention du Conseil, à sa demande, à celle du *Haut représentant de l'Union pour les affaires étrangères et la politique de sécurité*, ou de sa propre initiative. Il exerce également sous la responsabilité du Conseil et du Haut représentant le contrôle politique et la direction stratégique des opérations de crise. Son président n'est toutefois pas autorisé à participer aux réunions du « comité militaire de l'Union européenne » (CMUE) [2], ni à celles du Conseil. Dans une *déclaration annexée au Traité d'Amsterdam*, avait également été prévue la création d'une « cellule d'analyse et d'alerte rapide », placée sous la responsabilité du secrétaire général du Conseil. Cette « unité de planification et d'alerte rapide » devait être chargée d'alléger le *Comité politique et de sécurité (COPS)* sur la nécessité d'une action européenne de gestion de crise, tout en participant pleinement, sous sa direction, à l'élaboration du conseil de gestion de crise ainsi qu'à la définition des options stratégiques à caractère civil. Il est formé d'ambassadeurs de chaque État membre et siège à Bruxelles.

b. Les techniques de votes

924 ***Le maintien du vote à l'unanimité (art. 31 § 1)*** ◇ Le Traité de Lisbonne a maintenu pour la plupart des dispositions relatives à la PESC le vote à l'unanimité, compte tenu des dissensions entre États membres à l'occasion de la crise irakienne, qui ont montré la difficulté d'étendre à la PESC le vote à la majorité qualifiée, susceptible d'entraîner certains pays de l'Union dans un conflit dans lequel ils n'auraient pas voulu être entraînés. Le vote à la majorité qualifiée n'est donc toujours la règle que dans un

1. Cf. Décis. 78/2001/PESC Conseil, 22 janv. 2001 (*JOCE* L. 27. 30 janv. 2001, p. 1). Il avait succédé au comité politique et de sécurité intérimaire, créé conformément à Décis. 143/2000/PESC Conseil, 14 févr. 2000 (*JOCE* L. 49, 22 févr. 2000, p. 1), qui fait suite aux conclusions du Conseil européen d'Helsinki des 10 et 11 déc. 1999.

2. Sur ce point, cf. *infra*.

nombre restreint de cas [1] et comporte en outre des garanties pour les États minoritaires (art. 31 § 2) :

– décision qui définit une action ou une position de l'Union sur la base d'une décision du Conseil européen portant sur les intérêts et objectifs stratégiques de l'Union ;

– décision qui définit une action ou une position de l'Union sur proposition du Haut représentant de l'Union pour les affaires étrangères et la politique de sécurité présentée à la suite d'une demande spécifique que le Conseil européen lui a adressée de sa propre initiative ou à l'initiative du Haut représentant [2] ;

– lorsqu'il adopte toute décision mettant en œuvre une décision qui définit une action ou une position de l'Union ;

– lorsqu'il nomme un représentant spécial.

Mais si un membre du Conseil déclare que pour des raisons de politique nationale vitales, qu'il est d'ailleurs tenu d'exposer, il a l'intention de s'opposer à l'adoption d'une décision devant être prise à la majorité qualifiée, il ne sera pas procédé au vote. Le Haut représentant devra alors rechercher, en étroite consultation avec cet État, une solution acceptable pour celui-ci. En l'absence de résultat, le Conseil, toujours à la majorité qualifiée, pourra demander que le Conseil européen soit saisi de cette question, en vue d'une décision à l'unanimité (art. 31 § 2 al. 2).

Le Conseil statue également à la majorité qualifiée pour les questions de procédure (art. 31 § 5).

925 ***Le maintien du principe de l'abstention constructive (art. 31 § 1 al. 2)*** ◇ Le Traité de Lisbonne a également tenu à conserver l'un des traits caractéristiques de la PESC qui permet à un État de s'abstenir, sans que son geste ne fasse obstacle au vote, mais surtout sans qu'il soit ensuite tenu d'appliquer la décision ainsi adoptée. Il devra seulement assortir son abstention d'une déclaration formelle. Il ne sera donc pas tenu d'appliquer la décision, mais devra accepter qu'elle engage l'Union. Dans un esprit de solidarité mutuelle, il devra également s'abstenir de toute action susceptible d'entrer en conflit avec l'action de l'Union fondée sur cette décision ou d'y faire obstacle et les autres États membres seront alors tenus de respecter sa position. Si les membres du Conseil qui assortissent leur abstention d'une telle déclaration représentent au moins un tiers des États membres réunissant au moins un tiers de la population de l'Union, la décision ne sera pas adoptée.

926 ***L'existence d'une « clause passerelle » (art. 31 § 3)*** ◇ Le Conseil pourra en effet en cas de besoin adopter à l'unanimité une décision permet-

1. Il sera toutefois exclu pour tout ce qui concerne les décisions ayant des implications militaires ou dans le domaine de la défense (art. 31 § 4).
2. Tel est le seul cas nouveau de vote à la majorité qualifiée.

tant d'étendre le domaine du vote à la majorité qualifiée, sauf pour les décisions ayant des implications militaires ou dans le domaine de la défense (art. 31 § 4), sans qu'il soit donc nécessaire de procéder à une révision formelle du Traité. La présence d'une telle clause, dans un domaine aussi essentiel que celui de la PESC, pourrait bien représenter pour tous ceux qui craignent une orientation fédérale de l'Union européenne un risque de « communautarisation » progressive de ses dispositions...

c. Les ressources financières

927 ***Les dépenses liées à la PESC (art. 41 TUE)*** ◇ Les dépenses administratives et opérationnelles liées à la mise en œuvre de la PESC sont à la charge du budget de l'Union européenne, ce qui devrait sans doute permettre d'aboutir à un contrôle parlementaire. Toute dépense qui n'est pas mise à sa charge est à celle des « États membres selon la clé du produit national brut, à moins que le Conseil, statuant à l'unanimité, n'en décide autrement ». Les États membres dont les représentants au Conseil ont fait une déclaration formelle au titre de l'article 31 § 1 alinéa 2 TUE ne sont pas tenus de contribuer au financement des dépenses afférentes à des opérations ayant des implications militaires ou dans le domaine de la défense (art. 41 § 2 al. 2). Un mécanisme administratif et financier, baptisé « Athéna » avait d'ailleurs été mis en place à cet effet par une décision 197/2004 PESC du Conseil du 23 février 2004 créant un mécanisme de gestion du financement des coûts communs des opérations de l'UE ayant des implications militaires ou dans le domaine de la défense (Athéna) [1], afin de pouvoir gérer ces coûts communs, de la phase préparatoire à la liquidation de l'opération.

B. Les dispositions relatives à la politique de sécurité et de défense commune

928 ***L'extension du domaine d'application de la PESD (art. 42 à 46 TUE)*** ◇ La politique de défense commune, qui fait partie intégrante de la PESC, est devenue avec le Traité de Lisbonne la politique de sécurité et de défense commune, à laquelle une section 2 (« Dispositions concernant la politique de sécurité et de défense commune ») est désormais consacrée et dont le contenu a d'ailleurs été renforcé. En plus des missions dites de Petersberg (missions humanitaires, opérations de maintien de la paix et de gestion des crises) [2], elle inclut en effet désormais les actions conjointes en matière de désarmement, les missions de conseil et d'assistance en matière militaire, les missions de prévention des conflits, les opérations de stabilisation à la fin des conflits, ainsi que la lutte contre le terrorisme.

1. *JOUE* L. 27, 29 janv. 2005, p. 59 et 60, décision modifiée par Décis. 925/2004 Conseil, 22 déc. 2004 et 68/2005, 24 janv. 2005.
2. Sur ce point, cf. *supra*.

929 ***La spécificité de la politique de sécurité et de défense commune*** ◇ la politique de sécurité et de défense commune, qui fait partie intégrante de la politique étrangère et de sécurité commune, vise à assurer à l'Union une capacité opérationnelle s'appuyant sur des moyens civils et militaires, auxquels elle pourra avoir recours dans des missions destinées à assurer le maintien de la paix, la prévention des conflits et le renforcement de la sécurité internationale, conformément aux principes de la charte des Nations unies (art. 42 § 1). Ces missions, qui pourront également contribuer à la lutte contre le terrorisme, incluent les actions conjointes en matière de désarmement, les missions humanitaires et d'évacuation, les missions de conseil et d'assistance en matière militaire, les missions de prévention des conflits et de maintien de la paix, les missions de forces de combat pour la gestion des crises, y compris de rétablissement de la paix et les opérations de stabilisation à la fin des conflits. Elles devront toutes être adoptées par le Conseil, qui devra également s'assurer que le Haut représentant de l'Union pour les affaires étrangères et la politique de sécurité en contact étroit et permanent avec le Comité politique et de sécurité (COPS) [1] veille à la coordination des aspects civils et militaires de ces missions (art. 43 § 2). La politique de sécurité et de défense, qui implique la définition progressive d'une politique de défense commune de l'Union, dont l'existence dépendra d'une décision unanime du Conseil européen, doit respecter les obligations du Traité de l'Atlantique Nord pour les États membres appartenant à l'OTAN (art. 42 § 2), qu'ils sont par ailleurs tenus de considérer comme « le fondement [2] de leur défense collective et l'instance de sa mise en œuvre » (art. 42 § 7 al. 2) [3]. Elle repose uniquement sur les capacités civiles et militaires mises à la disposition de l'Union par les États membres, qu'ils sont tenus d'améliorer progressivement, en s'appuyant sur l'agence européenne de défense (art. 42 § 3 al. 2).

930 ***Le rôle de l'agence européenne de défense (art. 42 § 3 et 45 TUE)*** ◇ Conformément aux conclusions du *Conseil européen de Thessalonique des 19 et 20 juin 2003*, avait été créée par une action *commune du Conseil du 12 juillet 2004* une *Agence européenne de défense (AED)* [4]. Cette instance qui réunit tous les pays membres de l'Union, à l'exception du Danemark, est opérationnelle depuis le 1er janvier 2005. Elle était à l'origine dirigée par le Haut représentant pour la PESC, également secrétaire général du Conseil de l'UE et Haut responsable de l'UEO, entouré d'un comité directeur et d'un directeur, l'allemand Alexandre Weis, depuis le 1er octobre 2007, et placée sous l'autorité et le contrôle du Conseil. Depuis le 1er décembre 2009, cette agence a pour chef Catherine Ashton, en sa qualité de *Haut représentant de*

1. Sur ce point, cf. *supra*.
2. Et non plus comme avant « dans le cadre » de l'OTAN (art. 17 § 1 al. 2 UE).
3. Sur les liens entre l'UE et l'OTAN, cf. *infra*.
4. L'art. 4 de l'action commune permettait en effet à chaque État membre d'y participer ou non.

l'Union pour les affaires étrangères et la politique de sécurité. Son existence a ensuite été consacrée par le Traité de Lisbonne sous le nom d'*agence dans le domaine du développement des capacités de défense, de la recherche, des acquisitions et de l'armement (Agence européenne de défense)*. Elle a pour mission d'identifier les besoins opérationnels et de promouvoir les mesures pour les satisfaire ; elle doit également prendre les mesures nécessaires pour renforcer la base industrielle et technologique du secteur de la défense et participer à la définition d'une politique européenne des capacités et de l'armement et à assister le Conseil dans l'évaluation de l'amélioration des capacités militaires (art. 42 § 3 al. 2 TUE). Cette agence européenne de défense, ouverte à tous les États qui souhaitent y participer (art. 45 § 2), aura également pour mission de proposer des projets multilatéraux pour remplir les objectifs en terme de capacités militaires et d'assurer la coordination des programmes exécutés par les États membres et la gestion de programmes de coopération spécifiques, de soutenir la recherche en matière de technologie de défense et de contribuer à identifier et à mettre en œuvre toute mesure susceptible de renforcer la base industrielle et technologique du secteur de la défense et d'améliorer l'efficacité des dépenses militaires (art. 45 § 1). Elle comporte quatre divisions : la *division capacités* qui a pour objectif de développer les capacités militaires européennes en liaison avec les autres structures existantes ; la *division recherche* qui doit renforcer essentiellement l'efficacité de la recherche et du développement de la défense européenne ; la *division armement* qui s'efforce de promouvoir les acquisitions d'équipements militaires de défense ; la *division marché et industrie* qui vise à favoriser la création d'un marché européen des équipements de défense compétitifs et met en œuvre des politiques visant à renforcer la base industrielle et technologique de défense (BITD).

L'AED a procédé, le 23 mai 2005, à l'intégration du *Groupe armement de l'Europe occidentale (GAEO)*, qui avait été mis en place par le Conseil des ministres de Bonn du 4 décembre 1992, et qui se définissait comme un « forum européen de coopération en matière d'armement » [1]. L'*Organisation de l'armement de l'Europe occidentale (OAEO)* avait ensuite été créée par le Conseil des ministres d'Ostende du 19 novembre 1996, afin de permettre la mise en pratique des décisions prises au sein du GAEO ; dotée de la personnalité juridique, elle pouvait conclure des contrats. Cette instance, qui n'a toutefois jamais pas pu dépasser le stade d'une simple Cellule de recherche a également disparu en 2006.

1. Issu à l'origine du *Groupement européen indépendant de programme (GEIP)* créé en 1976 par les États européens membres de l'OTAN, puis transféré en 1992 dans l'UEO, cet organe a réuni jusqu'à 19 pays : Allemagne, Belgique, Danemark, Espagne, France, Grèce, Italie, Luxembourg, Norvège, Pays-Bas, Portugal, Royaume Uni et Turquie, rejoints en 2000 par six nouveaux membres : Autriche, Finlande, Hongrie, Pologne, République tchèque et Suède. Seules la Norvège et la Turquie appartenaient au GAEO sans pour autant être membres de l'UE. Sa présidence était assurée pour deux ans à tour de rôle par chacun de ces États.

931 ***Le recours à l'unanimité du Conseil*** ◇ Comme en matière de PESC [1], les décisions relatives à la politique de sécurité et de défense, restent toujours soumises à l'unanimité du Conseil, sur proposition du Haut représentant de l'Union pour les affaires étrangères et la politique de sécurité ou d'un État membre (art. 42 § 4).

932 ***La possibilité de mettre en place des coopérations structurées permanentes (art. 42 § 6 et 46 TUE)*** ◇ Le Conseil, qui peut confier la réalisation d'une mission, dans le cadre de l'Union, à un groupe d'États membres, qui le souhaitent et disposent des capacités nécessaires, afin de préserver les valeurs de l'Union et de servir ses intérêts (art. 42 § 5 et 44), se réserve également le droit de charger un groupe d'États membres qui le souhaitent et qui disposent de capacités militaires suffisantes de la mission de préserver les valeurs de l'Union et de servir ses intérêts. Ils seront alors tenus d'agir en association avec le Haut représentant de l'Union pour les affaires étrangères et la politique de sécurité et d'en informer régulièrement le Conseil, qui pourra toujours prendre les décisions rendues nécessaires par la situation (art. 42 § 6). Les États membres qui remplissent des critères plus élevés de capacités militaires et qui ont souscrit des engagements plus contraignants en vue des missions les plus exigeantes [2] établissent une *coopération structurée permanente* dans le cadre de l'Union (art. 42 § 6). Ils notifient leur intention au Conseil et au Haut représentant de l'Union pour les affaires étrangères et la politique de sécurité. Le Conseil dispose alors d'un délai de trois mois pour adopter, à la majorité qualifiée, après consultation du Haut représentant, une décision établissant la *coopération structurée permanente* et fixant la liste des États y participant, qui pourront ensuite être rejoints par d'autres dans les mêmes conditions. La participation d'un État qui ne remplirait plus les conditions requises ou qui souhaiterait quitter la *coopération structurée permanente* pourrait également être suspendue par le Conseil selon la même procédure (art. 46).

933 ***L'existence d'une clause d'assistance mutuelle et de solidarité (art. 42 § 7)*** ◇ Au cas où un État membre serait l'objet d'une agression armée sur son territoire, les autres États membres lui doivent aide et assistance par tous les moyens en leur pouvoir, conformément à l'article 51 de la charte des Nations unies. Cela n'affecte pas le caractère spécifique de la politique de sécurité et de défense de certains d'entre eux. Les engagements et la coopération dans ce domaine demeurent conformes aux engagements souscrits au sein de l'OTAN, qui reste, pour ceux qui en sont membres, le *fondement* de leur défense collective et l'instance de sa mise en œuvre (art. 42 § 7). Certains ont considéré qu'une telle disposition faisait double emploi avec l'article 5 du Traité OTAN, qui prévoit qu'une attaque armée contre

1. Sur ce point, cf. *supra*.
2. Repris au Prot. n° 10 sur la coopération structurée permanente établie par l'art. 42 TUE.

l'un de ses membres survenant en Europe ou en Amérique du Nord sera considérée comme dirigée contre toutes les parties.

§ 2. La mise en œuvre de la PESC

La mise en œuvre de la PESC repose sur différentes *initiatives d'ordre politique*, qui ont à leur tour débouché sur un certain nombre d'*initiatives d'ordre militaire*.

A. Les initiatives d'ordre politique

1. La politique européenne de sécurité et de défense (PESD)

934 ***L'accord sur une politique européenne de sécurité et de défense (PESD)*** ◇ Après le sommet franco-britannique de Saint-Malo, le 4 décembre 1998, les Anglais ont pour la première fois accepté de voir l'Union européenne se doter « d'une capacité autonome d'action appuyée sur des forces militaires crédibles (...) afin de répondre aux crises internationales ». Cette rencontre, qui traduit un changement d'attitude de la Grande-Bretagne, est à l'origine de la PESD, qui confère à l'UE le droit de prendre directement en charge la responsabilité des questions de sécurité et de défense, en s'appuyant sur des forces militaires autonomes, afin de pouvoir mener des opérations hors des zones de l'OTAN. Le « rapport de la présidence sur le renforcement de la politique européenne commune en matière de défense et de sécurité », publié le 4 juin 1999 à l'issue du Conseil européen de Cologne, qui a marqué la naissance officielle de l'Europe de la défense, souligne la nécessité de mettre progressivement en place une politique européenne de défense commune tout en procédant à une intégration rapide de l'UEO dans l'UE (d'ici la fin de l'année 2000). Ces objectifs confirmés par les Conseils européens d'Helsinki (11 et 12 décembre 1999) et de Feira (19 et 20 juin 2000) ont permis la constitution d'une force de réaction rapide et la création de structures politiques et militaires qui seront approuvées par le Conseil européen de Nice (7 au 11 décembre 2000). Les Quinze ont décidé à cette occasion de confier directement à l'Union la gestion des missions de l'UEO. Ils ont souhaité renforcer la capacité de l'Union à gérer les crises et à conduire des opérations militaires, en s'appuyant sur trois organes politiques et militaires permanents placés sous l'autorité du Conseil et dont la création avait été décidée lors du Conseil européen d'Helsinki des 10 et 11 décembre 1999 [1].

1. Leur existence sera consacrée par trois décisions du Conseil du 22 janv. 2001 et sont opérationnels depuis le 22 janv. 2001 (COPS), le 9 avr. 2001 (COMUE) et le 11 juin 2001 (EMUE) ; cf. *JOCE* L. 027, 30 janv. 2001 p. 1 ; Décis. modifiée par Décis. Conseil 2005/395/PESC, *JOCE L.* 132, 26 mai 2005.

935 ***La mise en place d'organes politiques et stratégiques*** ◇ À côté du COPS, ont été mis en place, également à compter du 22 janvier 2001, un « Comité militaire de l'Union européenne » (CMUE) et un « État-major de l'Union européenne » (EMUE), auxquels a ensuite été adjoint un « QG européen » :

– *le « Comité militaire de l'Union européenne » (CMUE)*, qui est l'organe militaire le plus élevé au sein du Conseil est également basé à Bruxelles. Il est chargé de donner des avis et de formuler des recommandations à l'intention du COPS, mais sera surtout chargé de diriger les opérations militaires de l'Union, comme en Bosnie, au Kosovo, au Congo, ainsi que dans tous les pays où l'Europe entend être présente, il pourra également adresser des directives militaires à l'État-major des armées. Il se compose des chefs d'état-major des armées représentés par leurs délégués permanents et peut se réunir au niveau des chefs d'état-major des armées (CEMA) ou des représentants militaires (Repmil) au moins deux fois par an. Il est dirigé par le général français Henri Bentégeat (depuis le 6 novembre 2007), désigné pour trois ans par le Conseil sur recommandation du CEMA. Il représente le CMUE auprès du comité politique et de sécurité (COPS) et du Conseil, et préside les réunions du CMUE au niveau des Repmil et du CEMA ;

– l'« État-major de l'Union européenne » (EMUE), composé d'une centaine d'officiers détachés des États membres auprès du secrétariat général du Conseil, est la principale source d'expertise militaire de l'Union européenne. Il doit pouvoir fournir une capacité d'alerte rapide. Il adresse à ce titre des recommandations relatives au concept de gestion des crises et à la stratégie militaire générale. Il doit également mettre ses compétences militaires au service de la PESC, tant en ce qui concerne la conduite des opérations militaires que la planification stratégique des « missions de Petersberg ». Le général Rainer Schuwirth sera le premier à le diriger de 2001 à 2004 [1]. La « déclaration d'opérationnalité de l'UE » rendue publique, à l'issue du Conseil européen de Laeken (14 et 15 décembre 2001) consacre la capacité de l'Union à mener des opérations militaires dans les secteurs où l'OTAN n'est pas présente et de conclure des accords avec l'OTAN [2] ;

– lors du Conseil européen de Bruxelles du 12 décembre 2003, les Quinze avaient approuvé un document de la présidence italienne sur la défense européenne, qui proposait de mettre en place un « QG européen », dont l'idée avait été lancée quelque temps plus tôt par la France, l'Allemagne, la Belgique et le Luxembourg, lors du sommet de Bruxelles du 29 avril 2003, consacré à la défense. Il s'agissait en effet de relancer la PESD, après les dissensions européennes consécutives aux opérations menées par les États-Unis en Irak. Après quelques hésitations, le Royaume-Uni s'était finalement rallié à cette proposition visant à créer une « capacité de planification et de

1. Il sera remplacé par le général français J.-P. Perruche, jusqu'en 2007, puis par le lieutenant général britannique D. Leakey, remplacé en 2010 par le lieutenant général néerlandais T. Van Osch.

2. Cf. Accord de partenariat stratégique, 16 déc. 2002 et pacte de sécurité, 14 mars 2003.

conduite des opérations militaires » autonome, sous la forme d'un QG européen multinational, capable de mener des opérations conjointes à partir des QG nationaux existants et surtout indépendants de l'Alliance atlantique. Le Haut représentant pour la PESC, M. Javier Solana, avait été chargé de mener à bien ce projet, dont la réalisation était prévue pour 2004, mais qui ne verra finalement le jour que le 1er janvier 2008. Basé à Bruxelles, ce QG européen se compose seulement de huit permanents mais pourra s'appuyer sur 89 personnes en temps de crise. Il ne pourra pas toutefois conduire d'opérations de plus de 2000 hommes et dispose toujours d'un système provisoire de liaisons satellitaires.

2. L'intégration de l'Union de l'Europe occidentale (UEO) au sein de l'Union européenne

L'UEO, même après son intégration dans le cadre de l'Union européenne en novembre 2000, a longtemps joué un rôle de tout premier ordre dans la politique étrangère et de sécurité commune mais, depuis l'entrée en vigueur du Traité de Lisbonne (1er décembre 2009), elle n'a plus aucune raison de subsister. Elle doit donc être dissoute en juin 2011.

936 ***L'évolution de l'UEO*** ◇ Le Traité de Maastricht en 1992 avait souhaité confier la gestion des questions relatives à la politique de défense européenne à l'Union de l'Europe occidentale (UEO) (ex-art. J 4) sans toutefois préciser les modalités pratiques de son intervention.

Cette organisation, née des alliances de la deuxième guerre mondiale, avait à l'origine été créée par le Traité de Bruxelles (17 mars 1948), qui avait dû par la suite être modifié par les accords de Paris (23 octobre 1954) après l'échec de la CED. Il s'agissait d'une alliance qui organisait entre ses membres (France, Royaume-Uni, Benelux, RFA et Italie) et dans le cadre de l'OTAN, un système d'assistance mutuelle en cas d'agression. Elle comprenait un Conseil constitué des ministres des Affaires étrangères et de la Défense, un secrétariat général et une assemblée parlementaire. Elle était présidée à tour de rôle et pour six mois par chaque pays membre.

L'UEO regroupait, avant la dissolution de son État-major militaire, en novembre 2000, 10 des 15 États membres de l'Union européenne également membres de l'OTAN (Allemagne, Belgique, Royaume-Uni, France, Luxembourg, Pays-Bas, Italie, Espagne, Portugal, Grèce), plus un certain nombre de *membres associés* (membres de l'OTAN mais pas encore de l'UE [1]). Les États membres de l'Union n'appartenant à l'OTAN (à l'exception du Danemark membre des deux organisations) ont la qualité d'observateurs (Danemark, Irlande, Autriche, Finlande et Suède).

Les États qui à l'époque n'appartenaient ni à l'UE, ni à l'OTAN, étaient des partenaires associés [2]. Ils ont depuis tous rejoint les deux organisations, à

1. Turquie, Norvège, Islande, Pologne, République tchèque et Hongrie.
2. Estonie, Lettonie, Lituanie, Slovaquie, Bulgarie, Roumanie et Slovénie.

l'exception de la Bulgarie et de la Roumanie (qui font désormais partie de l'Union depuis le 1er janvier 2007).

Le Traité d'Amsterdam, sans remettre en cause le rôle de l'UEO dans le domaine de la PESC, avait ensuite prévu la possibilité pour le Conseil européen de décider de son intégration dans l'Union (ex-art. 17-1 al. 2 UE). Ainsi les ministres des Affaires étrangères et les ministres de la Défense des Quinze ont-ils, à la demande du Conseil européen de Cologne (3 et 4 juin 1999) et du Conseil européen d'Helsinski (10 et 11 décembre 1999), fait part de leur intention de créer une « Union européenne de défense ». Les États membres de l'UEO ont donc ensuite logiquement décidé à Marseille, le 13 novembre 2000, de faire progressivement disparaître l'UEO [1] et de l'intégrer au sein de l'Union. Entre-temps le Conseil statuant à l'unanimité (ex-art. 207 § 2 CE) avait désigné, le 19 novembre 1999, l'espagnol Javier Solana, déjà Haut représentant pour la politique étrangère et de sécurité commune, secrétaire général de l'UEO (à compter du 25 novembre 1999). Il était en effet devenu nécessaire de renforcer la Politique européenne de sécurité et de défense (PESD) [2] et de pouvoir offrir à l'OTAN un seul interlocuteur, même si en pratique l'UEO n'a toujours pas complètement disparu. Elle conserve en effet à Bruxelles son *secrétariat général* avec des effectifs réduits (29 agents au lieu de 120) et son *assemblée parlementaire*. Elle a ensuite intégré le *centre satellitaire*, situé à Torrrejon (Espagne) et chargé d'interpréter et d'analyser les données recueillies à partir d'images numériques [3] ainsi que l'*institut d'études de sécurité*, dont le siège est à Paris et dont la mission principale est de promouvoir l'identité européenne de sécurité et de défense.

Le Traité de Nice avait d'ailleurs supprimé dans la nouvelle version de l'ex-article 17 UE toute référence au rôle de l'UEO dans la gestion de la PESC. Il restait toutefois toujours possible aux États qui le souhaiteraient de coopérer de façon plus étroite dans le cadre de l'UEO (comme dans celui de l'OTAN) (art. 17-4 UE).

937 ***Les relations entre l'UEO et l'UE*** ◇ Les relations entre l'UEO et l'UE ont été progressivement définies par les États membres à partir du Conseil européen de Maastricht en 1991, avant d'être ensuite précisées par les traités. À l'occasion du Conseil européen de Maastricht, les ministres de l'UEO avaient en effet adopté, le 10 décembre 1991, deux déclarations définissant les relations entre l'UEO et l'Union européenne :

1. En supprimant son état-major militaire et en mettant fin à sa dimension opérationnelle. Seule subsistance une structure institutionnelle réduite, ainsi qu'une assemblée parlementaire et le groupement d'armement de l'Europe occidentale.

2. Sur ce point cf. *infra*.

3. Action commune 555/2001/PESC Conseil, 25 juill. 2001, *JOCE* L. 200, 25 juill. 2001, p. 5 à 9, qui prévoit son intégration opérationnelle à compter du 1er juill. 2002.

– l'UEO appelée à devenir une composante de défense de l'UE, doit renforcer le pilier européen de l'Alliance atlantique [1] ;

– les États membres de l'Union européenne et les États européens de l'OTAN, qui n'appartiennent pas encore à l'UEO, sont invités à y adhérer ;

– par la suite, l'Alliance atlantique, consciente de l'intégration progressive de l'UEO au sein de l'UE, a peu à peu pris acte du fait que son interlocuteur sera désormais non seulement l'Union européenne, mais désormais également l'UEO.

938 ***Les fondements de l'action de l'UEO au sein de l'UE*** ◇ Le protocole (n° 1) sur l'ex-article 17 du Traité sur l'Union européenne reprend tout en les complétant les dispositions des articles 17-1, alinéa 2 et 17-3 et charge l'Union européenne, en collaboration avec l'UEO, d'élaborer des arrangements visant à améliorer la coopération entre les deux institutions, dans le délai d'un an après l'entrée en vigueur du Traité d'Amsterdam (1er mai 1999).

La déclaration (n° 3) de l'Union de l'Europe occidentale sur le rôle de l'Union de l'Europe occidentale et sur ses relations avec l'Union européenne et avec l'Alliance atlantique, adoptée par le Conseil des ministres de l'UEO du 22 juillet 1997 et annexée au Traité, apporte à cet égard certaines précisions supplémentaires :

– l'UEO constitue un élément essentiel du développement de l'identité européenne au sein de l'Alliance atlantique ;

– l'UEO est également appelée à jouer un rôle actif dans la prévention des conflits et la gestion des crises (« missions de Petersberg ») ;

– l'UEO doit contribuer à la définition progressive d'une politique européenne de défense commune.

939 ***La dissolution de l'UEO*** ◇ Le 31 mars 2010, a été officiellement annoncée la dissolution de l'UEO, le 1er juin 2011. Cette organisation, dont le siège est situé à Bruxelles et dont l'assemblée interparlementaire se tient à Paris, compte 10 adhérents (Allemagne, Belgique, Espagne, France, Grèce, Italie, Luxembourg, Pays-Bas, Portugal et Royaume-Uni) et 18 pays « associés », « observateurs » ou « partenaires associés », qui sont tous à la fois membres de l'UE et de l'OTAN. Elle dispose encore d'une soixantaine de salariés et d'un budget annuel global de 13 millions d'euros qui n'est plus consacré qu'à financer des analyses et dont le maintien ne se justifie donc plus. Depuis que le Traité de Lisbonne est applicable, le rôle de l'UEO est par ailleurs totalement assumé par l'UE qui a désormais en charge toutes les responsabilités qui lui incombaient jusque-là en matière de sécurité européenne, du fait des attributions reconnues au Parlement européen pour

1. Lors du sommet de Rome de l'Alliance atlantique (7 et 8 nov. 1991), l'idée d'une « identité européenne de sécurité et de défense qui soit compatible et complémentaire à l'Alliance » avait en effet été développée par la France et l'Allemagne.

mettre en place une défense commune efficace. De plus l'existence d'une *clause d'assistance mutuelle et de solidarité* juridiquement contraignante (art. 42 § 7 TUE) [1] rend son intervention totalement inutile.

L'UEO, même après son intégration dans l'Union, a pourtant continué à occuper une place importante au sein de la PESC et a été à l'origine d'un certain nombre d'initiatives d'ordre militaire.

B. Les initiatives d'ordre militaire

Les États membres ont déjà réussi à trouver un accord pour mettre en place des *forces relevant de l'UEO*, ainsi que *de l'UEO et de l'Otan* et même pour créer une *force de réaction rapide de l'UE*

1. Les « Forces relevant de l'UEO » (FRUEO)

Le Corps européen, qui existe depuis le 22 mai 1992, constitue avec l'*EUROFOR* et l'*EUROMARFOR*, dont la création avait été décidée à Lisbonne le 15 mai 1995 par les ministres de l'UEO (à l'initiative de la France, de l'Italie, et de l'Espagne, auxquels se joindra plus tard le Portugal) et avec le *Groupe aérien européen (GAE)*, mis en place à l'initiative de la France et du Royaume-Uni, lors du sommet bilatéral de Chartres, le 18 novembre 1994, les *Forces relevant de l'Union de l'Europe occidentale (FRUEO)*. Elles sont chargées de contribuer à doter les Européens d'une capacité militaire propre, en vue de la gestion des crises en Méditerranée. Elles ont également pour tâche d'intervenir dans des missions humanitaires dans l'évacuation des ressortissants européens et dans les opérations de maintien de la paix.

940 ***Le corps européen (« Eurocorps »)*** ◇ À côté du corps européen (« Eurocorps ») l'UEO peut également s'appuyer sur d'autres forces dont certaines sont également mises à la disposition de l'OTAN. L'UEO peut s'appuyer sur un certain nombre de forces armées, qui n'ont toutefois pas de caractère permanent. Les États membres se limitent en effet pour l'instant à désigner des unités militaires susceptibles d'être appelées à participer à des opérations spécifiques [2].

Le « corps européen » a été créé le 22 mai 1992 à La Rochelle, à partir de la brigade franco-allemande de 5 000 hommes, qui existait déjà depuis le 12 janvier 1989 (mais n'était opérationnelle que depuis de 1er octobre 1990), afin de « servir de noyau à un corps européen, auquel les forces armées d'autres pays membres de l'UEO pourraient se joindre » [3]. Il re-

1. Sur ce point, cf. *supra*.

2. Comme lors de la guerre du Golfe (1990-1991) ou dans l'Adriatique en coopération avec l'OTAN pour faire respecter l'embargo décidé par les Nations unies contre la Serbie et le Monténégro (1993-1996), ou encore en Bosnie-Herzégovine à Mostar (1993-1996).

3. Selon les vœux exprimés par MM. Mitterrand et Kohl (le 14 oct. 1991) qui en avaient annoncé la création dès le 13 nov. 1987 à l'occasion du cinquantième sommet franco-allemand.

groupe désormais, outre la France et l'Allemagne, la Belgique (25 juin 1993), l'Espagne (1er juillet 1994) et le Luxembourg (7 mai 1996), qui constituent les « nations cadres », et compte environ 60 000 hommes, 700 chars et 2 700 blindés [1], qui sont à la disposition de l'UEO depuis la décision prise le 19 mai 1993 à Rome par les États membres Eurocorps. Conformément au « concept 5+x », peuvent également s'y associer des contributions ponctuelles des pays tiers, appelés « nations contributives », dont certains sont membres de l'Union (Autriche, Finlande, Grèce, Italie, Pays-Bas et Royaume-Uni) et d'autres pas (Turquie, États-Unis ou Canada, soit en y détachant un officier de liaison, soit en y intégrant des personnels) [2]. Le corps européen a, depuis juillet 1992, son siège à Strasbourg. Son quartier général, devenu depuis le 1er janvier 2001, « quartier général du corps de réaction rapide » au service de l'Union européenne et de l'OTAN, se compose de 900 militaires et d'une centaine de civils, issus des cinq États membres, mais aussi d'Autriche, du Canada, de Finlande, de Grèce, d'Italie, des Pays-Bas, de Pologne, du Royaume-Uni et de Turquie. L'Eurocorps est dirigé par un « général commandant », qui est obligatoirement un général de corps d'armée issu de l'une des cinq « nations cadres », à l'exception du Luxembourg, et désigné pour deux ans, selon un ordre établi d'avance [3]. Il est assisté d'un « général commandant adjoint » [4] et d'un « chef d'état-major » [5].

Cette nouvelle « force multinationale européenne » est préparée à mener des missions humanitaires et d'assistance aux populations victimes de catastrophes naturelles ou d'agressions, ainsi que des opérations de maintien ou de restauration de la paix dans le cadre de l'ONU ou de l'OSCE. Elle est également entraînée à mener des combats de haute intensité, en vue d'assurer la défense commune des alliés, en application du Traité de Bruxelles du 17 mars 1948 (à l'origine de l'UEO) et du Traité de l'Atlantique Nord du 4 avril 1949 (art. V).

Le corps européen est en effet lié à l'OTAN depuis l'accord SACEUR signé le 21 janvier 1993 par les chefs d'état-major français et allemand et par le commandant suprême des alliés en Europe (SACEUR). Ce texte définit les missions et les conditions d'emploi de l'Eurocorps dans le cadre de l'OTAN, ainsi que les relations entre le commandant en chef de l'OTAN et le commandement de l'Eurocorps en temps de paix. L'Eurocorps doit également adopter les procédures de l'OTAN afin de lui permettre de s'intégrer

1. Il comprend la brigade franco-allemande, deux divisions blindées (une française et une allemande), une division mécanisée belge, une division d'infanterie espagnole et une unité luxembourgeoise.

2. Une « déclaration commune fixant les conditions d'emploi du corps européen dans le cadre de l'UEO » a d'ailleurs été signée le 20 sept. 1993.

3. Le général allemand H.-L. Domröse a ainsi succédé, le 25 sept. 2009, au général espagnol P. Pitarch. Le premier général commandant avait été le lieutenant général H. Willmann, nommé le 1er oct. 1993.

4. Depuis sept. 2009, le général belge P. Martin.

5. Depuis sept. 2009, le général espagnol A. Ramirez.

dans sa structure en cas de conflit. Il n'est opérationnel que depuis le 30 novembre 1995 et constitue depuis le 23 septembre 2002 (à l'issue de l'exercice « *Common Effort* » mené dans le cadre de l'OTAN) une « force de réaction rapide » de 60 000 soldats professionnels encadrés par un véritable état-major européen, « pour en faire un corps de réactions européennes disponible pour des actions européennes ou de l'OTAN » (conformément aux principes adoptés par le Conseil européen de Cologne, le 4 juin 1999). Il n'a malheureusement toujours pas de statut juridique et institutionnel, ce qui nuit à sa capacité opérationnelle et demeure beaucoup trop dépendant des États-Unis [1].

941 ***L'EUROFOR ou Force opérationnelle rapide européenne*** ◇ Il s'agit d'une force terrestre non permanente de réaction rapide qui regroupe environ 10 000 soldats professionnels et dont seuls le commandement et l'état-major (94 personnes) ont un caractère permanent et siègent à Florence. Quatre pays (France, Italie, Espagne et Portugal) mettent à sa disposition des forces légères rapidement projetables. Cette force, mise en place à partir du 1er octobre 1996 et opérationnelle depuis le 9 juin 1998, s'appuie principalement sur une *unité italienne de quartier général* appelée à former le « noyau dur » utilisé en cas d'opération, dispose en outre d'une réserve de 25 000 hommes, qui correspond à une division. Capable d'envoyer dans un délai de cinq jours un premier détachement, en attendant de déployer le reste des troupes qui pourra s'effectuer avant la fin de la seconde semaine et en moins de 25 jours pour les dernières troupes, l'EUROFOR répond incontestablement à l'exigence de réactivité pour la gestion des crises modernes.

942 ***L'EUROMARFOR ou Force maritime européenne*** ◇ Cette force, qui se présente comme la version maritime de l'EUROFOR, est une coordination de forces maritimes aéronavales et amphibies dont la composition varie selon les missions à effectuer ; basée à Toulon, elle doit être capable d'agir seule ou conjointement avec l'EUROFOR. Activée pour la première fois en 1996, cette force, susceptible d'intervenir dans un délai de cinq jours, ne bénéficie toutefois d'aucune structure permanente. Elle dispose en effet seulement d'un commandant (*COMEUROMARFOR*), qui lui est affecté pour un an suivant un système de rotation entre AILFLOT (Espagne), CECMED (France), CINCNAV (Italie) et COMINAV (Portugal) et qui ne peut compter que sur son état-major national et sur une cellule d'état-major de quatre membres, détachés par chaque pays participant. Cette force, qui possède « un porte-avions, quatre bâtiments amphibies, onze frégates et corvettes à vocations diverses, deux sous-marins dont un à propulsion nucléaire, deux ravitailleurs, une composante de soutien anti-mine et une autre d'aviation de patrouille maritime, auxquels peuvent s'ajouter d'autres

1. Cf. à ce propos A. de Decker, *Les forces armées européennes*, Rapport présenté au nom de la Commission de défense de l'UEO, 12 juin 1995, doc. 1648.

unités » [1], parait la mieux adaptée pour participer à la gestion des crises avec l'*EUROFOR*, avec laquelle n'existe pourtant aucun lien organique.

943 ***Le Groupe aérien européen (GAE)*** ◇ Ce groupe aérien a été mis en place lors du sommet bilatéral de Chartres, le 18 novembre 1994, à l'initiative de la France et du Royaume-Uni [2], qui seront ensuite rejoints entre 1998 et 1999 par l'Allemagne, la Belgique, l'Espagne, l'Italie et les Pays-Bas, est basé à High Wycombe (Royaume-Uni), d'où il pourra organiser des raids aériens grâce aux moyens matériels et humains fournis par ces pays. Il s'agit en effet d'une structure de coordination des forces aériennes des États participants, destinée à faciliter les actions communes. Le GAE est chargé d'établir les besoins en capacités et en moyens, de définir les procédures relatives pour des missions conjointes et de mettre en place un entraînement commun des pilotes d'avions de combat. Il peut d'ailleurs s'appuyer, depuis février 2002, sur une *cellule européenne de coordination du transport aérien*, basée à Eindhoven (Pays-Bas).

2. Les « Forces relevant de l'UEO » (FRUEO) et de l'OTAN

Certaines ont un caractère multinational, comme la division multinationale (centre), d'autres n'ont au contraire qu'un caractère binational et leur action doit alors être complétée par des unités et des états-majors désignés par les États membres.

944 ***La division multinationale (centre) (DMN(C))*** ◇ Elle qui réunit l'Allemagne, la Belgique, les Pays-Bas et le Royaume-Uni, vise essentiellement à répondre au nouveau concept stratégique [3] défini par les chefs d'État et de Gouvernement de l'Alliance atlantique réunis à Rome, les 7 et 8 novembre 1991, et à l'exigence de réactivité dans la gestion des crises. Elle est en effet intégrée au *corps de réaction rapide de l'OTAN (ARRC)* [4], tout en se voulant également, depuis 1993, « à la disposition » de l'UEO. Son quartier général relève d'ailleurs en temps de paix du commandement opérationnel du commandant de l'*ARRC*, ce qui signifie son intégration au commandement atlantique. Cette division de 20 000 hommes fonctionne à partir d'un état-major établi à Münchengladbach (Allemagne), grâce à quatre brigades nationales, dont deux sont aéromobiles [5] et deux aéropor-

1. Cf. « Les forces multinationales européennes », ministère Défense, France, *www.defense-.gouv.fr*.
2. Qui formaient à l'origine le *Groupe aérien franco-britannique*.
3. Qui vise à « encourager l'Europe à assumer une identité en matière de sécurité et jouer un rôle propre dans le domaine de la défense, dans le cadre de la construction d'un pilier européen au sein de l'Alliance, en vue de créer un partenariat transatlantique d'égal à égal et mieux équilibré ».
4. Qui constitue l'élément terrestre des ces nouvelles forces de réaction rapide du système de sécurité transatlantique.
5. La 11e brigade aéromobile néerlandaise basée à Arnheim et la 24e brigade britannique basée à Colchester.

tées [1], qui lui ont été expressément affectées, auxquelles il convient d'ajouter cinq bataillons de troupes divisionnaires.

945 ***La Force amphibie britannico-néerlandaise (FABN)*** ◇ Cette force, qui a été mise en place par le Royaume-Uni et les Pays-Bas, le 19 mai 1993, pour accroître l'efficacité de la Flotte d'intervention maritime de l'Atlantique dans le cadre de l'OTAN (STRIKFLLANT), est également appelée à servir dans le cadre de l'UEO. Bien que n'étant en principe réservée au commandement de l'OTAN qu'en cas de guerre, cette force de débarquement, qui s'appuie sur la 3e brigade commando (Royaume-Uni) et sur le 1er bataillon des troupes de marine (Pays-Bas), est susceptible de rassembler environ 6 500 hommes [2]. Elle n'en demeure pas moins une FRUEO secondaire.

946 ***La Force amphibie hispano-italiennee (FAHI)*** ◇ Créée à l'issue de la réunion des chefs d'état-major des armées, tenue à Bonn, les 27 et 28 octobre 1997, à l'initiative de l'Espagne et de l'Italie, cette force qui est opérationnelle depuis 1999, résulte de la fusion de forces nationales préexistantes et ne nécessite pas la mise en place d'un état-major, mais seulement d'un petit réseau d'officiers. Cette force qui n'a pas un caractère permanent (à l'exception de quelques officiers), peut disposer d'environ 4 000 hommes, soit l'équivalent d'une brigade, et doit être appelée à participer à des opérations de défense commune et aux missions de Petersberg dans le cadre européen et de l'OTAN.

947 ***Un État-major du premier corps germano-néerlandais*** ◇ Ce corps a également été créé le 30 mars 1993 par l'Allemagne et les Pays-Bas, qui l'ont ensuite qualifié de FRUEO, le 6 octobre 1997 [3]. Formé de troupes terrestres pouvant rassembler jusqu'à 40 000 hommes, ce corps d'armée dirigé par un général de corps d'armée allemand a son état-major installé à Munster (Allemagne). Il se compose de la 1re division blindée allemande de Hanovre et de la division mécanisée néerlandaise de Schaarsbergen, assistées d'un groupe binational de soutien de brigade d'Eibergen (Pays-Bas). Également mis à la disposition de l'OTAN, il a su évoluer en corps de réaction

1. La brigade belge de commandos parachutistes basée à Louvain et la 315e brigade aéroportée allemande basée à Oldenburg.
2. Soit quatre bataillons d'infanterie (trois britanniques et un néerlandais), un bataillon d'artillerie anglo-néerlandais et deux compagnies de transbordement.
3. Date à laquelle l'Allemagne et les Pays-Bas déclarent l'état-major de ce 1er corps d'armée comme faisant partie des FRUEO, après avoir mis les unités le composant à la disposition de l'UEO.

rapide [1] pour répondre aux nouvelles exigences de la sécurité internationale [2].

3. La création d'une « Force de réaction rapide de l'Union européenne » (FRRUE)

948 ***La nécessité de donner un contenu réel à la PESD*** ◇ Les Quinze, lors du Conseil européen de Nice (7 décembre 2000), avaient tenu à confirmer la décision qu'ils avaient prise un an plus tôt à Helsinki (11 et 12 décembre 1999) de créer une force de réaction rapide de 60 000 hommes capable de se déployer en moins de 60 jours et de rester sur le terrain pendant plus d'un an. Il s'agissait en effet de donner un contenu réel à la PESD, qui n'avait jusque-là qu'une existence théorique dans la mesure où seule l'UEO avait la capacité de mener les « missions de Petersberg » [3], conformément à ce que prévoyait le Traité (ex-art. 17 § 3 UE). Cette force de réaction rapide, également appelée « objectif global de capacité » (*Headline Goal*), qui est opérationnelle depuis le Conseil européen de Laeken des 14 et 15 décembre 2001, était donc plus particulièrement destinée à mener, à la place de l'UEO, l'ensemble de ces missions humanitaires et de maintien de la paix.

949 ***Les limites de l'action de la FRRUE*** ◇ Il s'agit en effet beaucoup plus d'une force de maintien de la paix que d'une véritable force d'intervention devant permettre à l'Europe de pouvoir répondre aux crises internationales. Elle n'est d'ailleurs ni permanente, ni vraiment rapide... À partir de 2010, il devait pourtant être possible de lancer une opération dans les cinq jours suivant l'approbation du concept de gestion de crise (CMC) et d'envoyer les premières troupes dans les dix jours suivant la validation du plan d'opération (OPLAN). La FRRUE ne pourra donc se limiter de prendre appui sur les seules FRUEO et devra donc pouvoir également compter sur des unités qui lui seront exclusivement affectées. Les chefs d'État et de Gouvernement, à l'initiative de l'Allemagne, de la France et du Royaume-Uni ont ainsi agréé le concept de « groupements tactiques », qui sont des unités de la taille d'un bataillon (800 à 1 000 hommes) susceptibles d'être envoyées en priorité sur les lieux d'une opération militaire dans un délai de 30 à 120 jours [4]. Chaque

1. À l'issue de l'exercice *common effort* mené dans le cadre de l'OTAN, le 23 sept. 2002.

2. Cf. *Le Corps européen*, Rapport présenté au nom de la commission de défense de l'assemblée de l'UEO par M. Zierer, n° 1400, 23 nov. 1993, p. 6 ; *Les Forces armées européennes*, Rapport présenté au nom de la commission défense de l'assemblée de l'UEO par M. de Decker, n° 1468, 12 juin 1995, p. 26 ; *L'organisation opérationnelle de l'UEO*, Rapport de la commission de défense de l'assemblée de l'UEO par M. Schloten, n° 1518, 13 mai 1996, p. 11-12 ; *Une force européenne de réaction aux crises*, Rapport présenté au nom de la commission de défense de l'assemblée de l'UEO par M. Zierer, n° 1668, 10 nov. 1999, p. 22 ; *Les forces multinationales européennes*, Rapport présenté au nom de la commission de défense de l'assemblée de l'UEO par M. Wilkinson, n° 1804, 3 déc. 2002, p. 6 à 8.

3. Qui avaient été intégrées par le Traité d'Amsterdam dans l'art. 17 du Traité sur l'Union européenne, à la demande des Suédois et des Finlandais ; sur ce point, cf. *supra*.

4. L'Union dispose actuellement de treize « groupements tactiques ».

État membre (à l'exception du Luxembourg et du Danemark) a en effet pris l'engagement de mettre à sa disposition une certaine quantité de matériel et de troupes issues de tous les corps d'armées. Les Allemands devraient être les plus nombreux (13 500), suivis des Anglais (12 500) et des Français (12 000), puis des Italiens et des Espagnols (6 000 chacun), des Hollandais (5 000), des Grecs (3 500), des Belges (3 000), des Autrichiens et des Finlandais (2 000 chacun), des Suédois (1 500), des Irlandais et des Portugais (1 000 chacun). Plusieurs États européens n'appartenant pas encore pour certains à l'Union mais dont certains sont membres de l'OTAN (Norvège, Islande, Turquie, République tchèque, Pologne et Hongrie) [1] pourront également y participer.

Mais si l'UE a toujours clairement affiché sa volonté de donner à la FRRUE les moyens nécessaires à son fonctionnement indépendant, elle ne s'est pas pour autant moins nettement engagée à ne déployer ces troupes que si l'OTAN renonçait à intervenir. La faiblesse des moyens logistiques dont disposent toujours à l'heure actuelle les Vingt-sept [2] rend en effet la défense européenne encore très dépendante des forces de l'OTAN [3] avec laquelle il conviendrait pourtant bien de clarifier les relations.

§ 3. Limites

Les limites de l'action de l'Union en matière de défense tiennent essentiellement à sa dépendance vis-à-vis de l'OTAN et à l'absence de vision commune des dirigeants de l'ensemble des États membres.

A. La dépendance vis-à-vis de l'OTAN

950 En demandant à l'Union de respecter les « obligations découlant du Traité de l'Atlantique Nord pour certains États membres qui considèrent que leur défense commune est réalisée dans le cadre de L'organisation du Traité de l'Atlantique Nord (OTAN) » (art. 42 § 2 al. 2 TUE), le Traité a souhaité maintenir les liens de dépendance existant depuis toujours entre la politique de défense européenne et l'OTAN. Les pays européens pourront même, en vertu des arrangements technico-militaires, dits de « Berlin Plus », arrêtés le 16 décembre 2002, recourir aux moyens et capacités de l'OTAN pour les opérations qu'ils seraient conduits à mener seuls dans le cadre de l'Union.

1. Depuis la République tchèque, la Pologne et la Hongrie ont rejoint l'UE (le 1er mai 2004).
2. Malgré la création par la France, le Royaume-Uni, l'Allemagne et l'Italie en nov. 1996 de l'« Organisation conjointe de coopération en matière d'armement » (OCCAR).
3. Les Européens fournissent actuellement 70 à 80 % de forces conventionnelles de l'OTAN (chiffres de l'Institut d'études et de sécurité de l'UEO).

951 ***Le poids de l'histoire*** ◇ L'appartenance quasi systématique des pays membres de la Communauté européenne de l'OTAN [1], créée en 1949 [2] dans un contexte de guerre froide, a pu se justifier tant que l'Union soviétique et ses dépendances ont présenté un danger plus ou moins réel pour l'Europe de l'Ouest et tant que la plupart des États de l'Union ne possédaient pas de moyens de défense suffisamment efficaces (problème de l'arme nucléaire). La défense européenne a donc été, dès cette époque, organisée dans un cadre strictement atlantique, avec le soutien économique, politique et militaire américain. Seule la France, qui a d'ailleurs depuis reconsidéré son attitude, avait refusé d'accepter une telle hégémonie [3].

Depuis la chute de l'Empire soviétique et la réunification de l'Europe, l'Alliance atlantique qui depuis qu'elle s'est élargie à l'Est et est passée de 19 à 26 membres (le 29 mars 2004) [4], s'est efforcée de devenir une organisation de sécurité collective [5]. Elle apparaît pourtant encore trop souvent et particulièrement depuis les attentats du 11 septembre 2001, comme un moyen de maintenir la domination des États-Unis sur l'ensemble du monde [6]. L'ancien secrétaire d'État à la défense du président Bill Clinton n'hésitait d'ailleurs pas à affirmer en 1996 : « les États-Unis étant le seul pays avec des intérêts globaux sont le leader naturel de la Communauté internationale. ». Le Traité de Lisbonne, qui reprend d'ailleurs mot pour mot le projet de Traité constitutionnel, estime que l'OTAN « reste pour les États qui en sont membres, le fondement de leur défense collective et l'instance de sa mise en œuvre » (art. 42 § 7 al. 2 TUE). Cette référence aux liens existant entre l'OTAN et l'UE a d'ailleurs été critiquée par tous ceux qui font remarquer que l'article 8 du Traité de l'Atlantique Nord impose à chacune des parties d'assumer « l'obligation de ne souscrire aucun engagement international en contradiction avec le Traité ».

L'Europe a de son côté, malgré sa volonté de se doter d'une défense efficace, toujours bien du mal à se détacher de la tutelle américaine (références à l'OTAN dans les traités communautaires, alignement de la plupart

1. Qui explique que l'Espagne, pour pouvoir adhérer à la Communauté le 1er janv. 1986, ait dû préalablement accepter, le 10 déc. 1981, de rejoindre l'OTAN, à partir du 1er janv. 1982.

2. Le Traité d'Alliance atlantique, signé le 4 avr. 1949, par les Cinq du Traité de Bruxelles (France, Grande-Bretagne, Belgique, Pays-Bas et Luxembourg), les États-Unis, le Canada, la Norvège, le Danemark, l'Islande, le Portugal et l'Italie, a donné naissance, le 20 sept. 1951, à l'Organisation du Traité de l'Atlantique Nord, dotée de quatre commandements suprêmes par région, dont le « commandement suprême des alliés en Europe » (*Supreme Allied Commander in Europe*) pour l'Europe, toujours dirigé par un américain, avec un Européen comme adjoint.

3. Sur ce point, cf. *infra*.

4. L'Albanie, la Croatie, et l'ex-République Yougoslave de Macédoine, qui ont tous vocation à rejoindre à terme l'Union (Conseil européen de Thessalonique, 20 juin 2003) sont membres du plan d'action pour l'adhésion (MAP) lancé par l'OTAN pour aider les pays partenaires qui souhaitent rejoindre l'Alliance à répondre aux normes de l'OTAN et à se préparer à une éventuelle adhésion.

5. En particulier depuis le sommet de Bruxelles en janvier 1994.

6. En 1999, les dépenses mondiales étaient de 800 milliards, dont 280 milliards pour les États-Unis et seulement 140 pour l'Union européenne (dont 80 % pour la France, le Royaume-Uni, l'Allemagne, l'Italie et l'Espagne).

des pays membres sur la politique extérieure américaine, nomination à l'unanimité, le 21 juin 1999, de l'ancien secrétaire général de l'OTAN, Javier Solana, en tant que Haut représentant pour la PESC [1]).

Plusieurs États membres de l'Union n'appartiennent pourtant toujours pas à l'OTAN (Irlande, Autriche, Finlande, Suède, Chypre et Malte). Même si, depuis Amsterdam, il leur est toujours possible de s'abstenir lorsque le Conseil européen est appelé à se prononcer sur une question relative à la PESC, qu'ils ne seront pas non plus ensuite tenus d'appliquer, mais qui engageront pourtant l'Union (art. 31 § 1 al. 2 TUE) [2], ces pays ne pourront longtemps rester dans cette situation. Il ne faudrait pas non plus oublier que l'une des raisons qui furent à l'origine de la création des Communautés avait été la volonté de constituer une Europe indépendante des deux blocs alors existants.

952 ***La création d'une « Identité européenne de sécurité et de défense » (IESD)*** ◇ Lors du Conseil de l'Atlantique Nord de Berlin (3 juin 1996), les États-Unis, soucieux de se désengager d'un certain nombre de conflits, avaient fini par accepter de soutenir la création d'une « Identité européenne de sécurité et de défense » (IESD), appelée à constituer le pilier européen de l'Alliance atlantique et dont le principe avait été défini quelque temps plus tôt par le Conseil atlantique (10 et 11 janvier 1994). Les 16 pays, alors membres de l'OTAN, avaient également souhaité mettre les moyens et les capacités de l'Alliance à la disposition de l'UEO, afin de lui permettre de mener des opérations militaires dans le cadre de la PESC. Cette coopération devait aboutir à la formation de « groupes de forces interarmées multinationales » (GFIM).

Le communiqué publié par les chefs d'État et de Gouvernement participant à Washington, le 24 avril 1999, au cinquantième anniversaire de l'Alliance atlantique, s'est d'ailleurs félicité « du nouvel élan donné au renforcement d'une politique européenne commune de sécurité et de défense », avant de prendre officiellement « acte de la résolution de l'UE à se doter d'une capacité d'action autonome » vis-à-vis de l'Alliance. Ce texte a ensuite insisté sur la complémentarité entre l'UEO et l'OTAN, qui devra « permettre l'accès aisé de l'Union européenne aux moyens et capacités collectifs de l'Alliance pour des opérations dans lesquelles l'Alliance dans son ensemble ne serait pas engagée militairement en tant qu'Alliance ». Face à la montée du risque terroriste un peu partout dans le monde, le secrétaire d'État américain à la Défense Donald Rumsfeld a d'ailleurs invité ses partenaires européens de l'Alliance atlantique, lors du sommet de Bruxelles du 6 juin 2002, à mettre sur pied des unités de réaction rapide, capables d'intervenir efficacement et rapidement pour faire face à des attentats auxquels les forces de l'OTAN ne seraient pas forcément adaptées.

1. Dont le mandat sera ensuite renouvelé le 29 juin 2004, sur ce point cf. *supra*.
2. Sur ce point, cf. *supra*.

Même si les Américains voyaient surtout dans ces propositions une occasion de renforcer l'OTAN, alors que les Européens pensaient au contraire qu'elles serviraient plutôt à encourager la défense européenne, il s'agit donc bien d'un réel changement d'attitude.

Les États-Unis et la Grande-Bretagne ne sont pourtant inquiétés de la décision prise par le « sommet des Quatre » tenu, le 29 avril 2003, par les chefs d'État et de Gouvernement de la France, de l'Allemagne, de la Belgique et du Luxembourg, de créer avant 2004 un « noyau » de pays désireux de constituer une force militaire capable de mener des opérations en dehors de l'OTAN et un « quartier général européen ». Ce projet qui ne sera d'ailleurs suivi d'aucun effet, s'inspirait de la proposition franco-allemande, présentée en novembre 2002 à la convention pour l'avenir de l'Europe, d'instituer des « coopérations structurées » entre « les États membres qui remplissent des critères de capacités militaires élevés et qui ont souscrit entre eux des engagements plus contraignants (...) en vue des missions les plus exigeantes ».

Les Américains ont également déploré la création d'une capacité de planification européenne, qui pourrait constituer l'amorce d'un « quartier général européen » susceptible de concurrencer celui de l'OTAN. Cette idée avait été définie lors du sommet consacré à la défense entre la France, l'Allemagne, la Belgique et le Luxembourg du 29 avril 2003 et reprise dans l'accord tripartite conclu, le 29 septembre 2003, entre la France, l'Allemagne et le Royaume-Uni. Les États-Unis seraient par contre prêts à accepter la création de cellules de planification [1], débouchant sur des « coopérations structurées », après mise en place de « groupements tactiques » (forces de réaction rapides). À cette dépendance vis-à-vis des États-Unis, vient s'ajouter une absence de vision commune de la politique de défense.

B. L'absence de vision commune des pays de l'Union

953 Faute de moyens suffisants (pas de véritable armée européenne), les pays de l'Union, qui n'ont toujours pas de vision commune de la défense (problème de l'indépendance par rapport à l'OTAN et aux États-Unis), ne sont toujours pas parvenus, depuis la mise en place de la PESC par le Traité de Maastricht en 1992, à s'imposer sur la scène internationale.

954 ***Les dissensions entre États membres*** ◇ Certains, comme le Royaume-Uni, l'Espagne, qui avait dû rejoindre l'OTAN pour pouvoir adhérer à la Communauté, ou encore la Pologne [2] et l'ensemble des PECO ne conçoivent toujours pas une défense européenne en dehors de l'OTAN et des États-

1. Comme la cellule civilo-militaire mise en place au sein de l'État-major européen par le Conseil européen de Bruxelles des 16 et 17 juin 2005, qui devrait permettre la création d'un centre d'opérations permettant de conduire des actions autonomes européennes.

2. Devenue membre de l'OTAN, avec la Hongrie et la République tchèque, à la suite des accords du 16 déc. 1997, entrés en vigueur, le 12 mars 1999.

Unis ; d'autres, comme la France ou l'Allemagne souhaitent au contraire développer une politique étrangère indépendante. Ces dissensions ont été particulièrement sensibles lors de la guerre en Irak où face à la France, à l'Allemagne ou à la Belgique hostiles à l'intervention militaire américaine, les dirigeants de huit pays européens (Danemark, Espagne, Italie, Portugal, Royaume-Uni, Hongrie, Pologne et République tchèque) avaient tenu, le 31 janvier 2003, à manifester leur soutien au président Bush et où, quelques jours plus tard (5 février 2003), les dix anciens pays communistes du « groupe de Vilnius » (Lettonie, Lituanie, Estonie, Slovaquie, Slovénie, Bulgarie, Roumanie, Albanie, Croatie et Macédoine) s'étaient même déclarés prêts à participer à l'intervention américaine. Tous ces pays, à l'exception de l'Albanie, de la Croatie (officiellement candidate, depuis le 21 février 2003) et de la Macédoine (qui a obtenu le statut d'État candidat lors du Conseil européen de Bruxelles, le 17 décembre 2005) qui ont depuis intégré l'Union européenne, avaient d'ailleurs été invités, dès novembre 2002, à rejoindre à partir de 2004 l'OTAN, à laquelle l'Estonie, la Lituanie, la Lettonie, la Roumanie, la Slovaquie et la Slovénie et la Bulgarie ont effectivement adhéré, le 29 mars 2004. Le maintien de l'unanimité pour l'essentiel des décisions relatives à la PESC (art. 23 § 1 UE) [1] constitue en outre une source supplémentaire de blocage.

955 ***Le changement d'attitude de la France*** ◇ La France, après avoir longtemps pris ses distances avec l'OTAN, s'en est depuis quelque temps progressivement et discrètement rapprochée [2]. Le général de Gaulle avait en effet souhaité affranchir la France, qui venait de se doter de l'arme nucléaire, de la tutelle militaire américaine et entendait également se rapprocher de l'URSS. Il ne voulait pas non plus risquer voir les troupes françaises entraînées dans la guerre du Vietnam, ou dans un conflit mondial. Il devait donc décider, le 21 février 1966, de retirer la France des structures militaires intégrées de l'OTAN afin de recouvrer « l'entier exercice de sa souveraineté », sans pour autant quitter l'Alliance Atlantique[3]. La France allait ensuite de nouveau se rapprocher de l'OTAN au début des années quatre-vingt-dix, en admettant, lors du sommet de l'OTAN (10 et 11 janvier 1994) que l'Europe de la défense devait se développer à partir de l'OTAN et en affirmant que « l'Alliance atlantique doit devenir le lieu où puisse s'affirmer aussi l'identité européenne de défense » (Livre blanc sur la défense, 1994). Suite à la crise Yougoslave, le président français Jacques Chirac avait d'ailleurs décidé, le 5 décembre 1995, de se rapprocher des instances mili-

1. Le Traité de Lisbonne a également maintenu le vote à l'unanimité (art. 31 § 1 TUE) ; sur ce point, cf. *supra*.

2. La France est le 4e contributeur de l'OTAN en troupes (3 000 hommes sur les 64 000 hommes commandés en Afghanistan) et le 3e pour les budgets militaires et civils.

3. La France qui ne participe plus, depuis le 7 mars 1966, aux commandements intégrés de l'OTAN continuera à participer aux réunions du Conseil atlantique et à certains organes de l'OTAN, comme la *conférence des directeurs nationaux d'armements* ou le *comité de la défense aérienne*, mais exigera le retrait des 28 000 soldats américains de son territoire, à compter du 1er janv. 1967.

taires de l'OTAN [1], sans toutefois revenir dans le commandement intégré [2], contrairement à son successeur, qui sera à l'origine du retour de la France dans la structure militaire intégrée de l'OTAN [3]. Annoncée le 11 mars 2009 et approuvée par l'Assemblée nationale, le 17 mars suivant, cette décision sera officialisée à Strasbourg, le 4 avril 2009, lors du sommet de l'OTAN.

956 ***Le retour de l'Allemagne sur la scène internationale*** ◇ Depuis sa réunification (3 octobre 1990), l'Allemagne, qui a été avec la France à l'origine de la création du corps européen et dont les troupes peuvent désormais être engagées dans des opérations militaires avec l'accord du Bundestag [4], entend bien exercer une « nouvelle responsabilité internationale », estimant que le rôle secondaire qu'elle avait été contrainte de jouer depuis la fin de la guerre était « irrémédiablement révolu » [5]. Elle a d'ailleurs participé en 1996, dans le cadre de la brigade franco-allemande, à la force de stabilisation de l'OTAN (SFOR) en Bosnie, en 1999 à la KFOR au Kosovo, puis en 2001 aux troupes de l'OTAN en Macédoine ainsi qu'aux opérations militaires en Afghanistan, mais cette fois en dehors de l'Alliance atlantique. Elle n'hésitera d'ailleurs pas par la suite à se désolidariser des bombardements américains sur l'Irak, allant même jusqu'à s'opposer avec la France et la Belgique, lors de la réunion des 19 membres de l'OTAN le 10 février 2003, aux mesures demandées par les États-Unis pour protéger la Turquie en cas d'attaques venues de l'Irak. Elle a accepté avec la France la création d'un état-major européen au sein de l'OTAN.

957 ***Le revirement de la Grande-Bretagne*** ◇ Depuis l'arrivée de Tony Blair (le 2 mai 1997) la Grande-Bretagne, bien que toujours inféodée aux États-Unis [6], semble, depuis le sommet franco-britannique de Saint-Malo (4 dé-

1. La structure militaire (13 000 personnes) comporte deux commandements suprêmes : le *commandement suprême allié « opérations »*, (*Supreme Headquarters Allied Powers Europe, Shape*), basé au quartier général des puissances alliées en Europe à Mons (Belgique) et le *commandement allié « transformation »* (*Supreme Allied Commander Transformation, SACT*), basé à Norfolk (États-Unis).

2. Le ministre français de la Défense a alors été autorisé à siéger au Conseil atlantique et le chef d'état-major des armées au comité militaire. En 2004, la France a également envoyé des officiers au *Shape*, le quartier général allié en Europe, mais n'était pas encore autorisée à participer, ni au « comité des plans de défense » (DPC), ni au « groupe des plans nucléaires » (NPG).

3. En contrepartie les Américains accepteront de confier, à compter du 10 septembre 2009 et pour trois ans, au général français S. Abrial (ancien chef d'état-major de l'armée de l'air), le commandement suprême allié « transformation » (SACT), basé à Norfolk (États-Unis). Près de 600 officiers et sous-officiers français font désormais partie de la structure intégrée, dont 94 sont affectés au SACT.

4. Depuis une décision de la cour constitutionnelle de Karlsrube en juillet 1994, qui met fin à l'interdiction contenue dans la loi fondamentale de 1949.

5. Selon le chancelier G. Schröder dans un discours prononcé devant le Bundestag, le 11 oct. 2001.

6. Avec lesquels elle participera aux premières opérations de la campagne « Liberté pour l'Irak », le 20 mars 2003.

cembre 1998), désormais plus ou moins acquise à la constitution d'une « capacité autonome de décision et d'action, s'appuyant sur des forces militaires crédibles (...), afin de répondre aux crises internationales ». À l'issue du sommet franco-britannique du 25 novembre 1999, le premier ministre britannique s'est même déclaré « disposé, le moment venu et après accord des membres du corps européen, à mettre des forces britanniques à disposition de l'état-major du corps européen pour des opérations données, comme les nations du corps européen l'ont fait dans le cas de l'ARRC[1] sous direction britannique ». Un tel changement d'attitude de la part d'un pays longtemps hostile à une politique de sécurité indépendante de celle des Américains [2], a très certainement marqué le début de l'Europe de la défense. Ainsi, lors du sommet franco-britannique du Touquet (4 février 2003), les deux pays ont-ils souhaité coordonner leurs capacités aéronavales au service de la force européenne de réaction rapide, de façon à pouvoir disposer en permanence d'un porte-avions européen. Le premier ministre britannique a enfin fini par se rallier, en septembre 2003, à l'idée d'une unité de planification autonome pour les opérations militaires dans l'Union européenne susceptible de concurrencer l'OTAN.

§ 4. **Bilan**

958 L'Union européenne s'efforce toujours de mener des missions de sécurité assez larges, qui la conduisent à développer un modèle original de gestion des crises alliant opérations civiles et militaires, en rupture avec les exemples classiques et particulièrement complexes. Après des débuts difficiles, l'Europe de la défense a pourtant réussi, à partir de 2003, à mener plusieurs opérations de police dans le cadre de la politique européenne de sécurité et de défense (PESD).

A. **Les débuts difficiles de l'Europe de la défense**

959 ***Les premières opérations militaires de l'Union européenne*** ◇ L'Europe a longtemps été incapable d'affirmer son existence sur la scène internationale. Cette impuissance a été particulièrement manifeste durant la guerre de Bosnie (1992-1995), quand l'Union, déjà mise à l'écart des accords de Paris (14 décembre 1995), a dû laisser à la Force de stabilisation de l'OTAN (SFOR) de 60 000 hommes dirigée par les Américains, le soin d'organiser seule le retour à la paix, après avoir été incapable d'intervenir auparavant pour tenter d'empêcher les massacres.

1. Cf. *infra*.
2. En raison de la « *special relationship* » préconisée par W. Churchill dans son discours de Fulton (Missouri), le 5 mars 1946, dans lequel il mettait en garde les Occidentaux contre l'avancée du communisme dans les pays d'Europe centrale et orientale et souhaitait étroitement associer le Commonwealth et l'Empire britanniques aux États-Unis face à un tel danger.

Les pays de l'Union européenne participeront ensuite, mais séparément, à l'intervention militaire des forces de l'OTAN, déclenchée du 24 mars au 10 juin 1999 au Kosovo par les États-Unis, sans l'accord des Nations Unies et en dehors de toute concertation avec les instances européennes. La « Force multinationale de sécurité au Kosovo » (KFOR) de près de 50 000 hommes, chargée ensuite par le conseil de sécurité de l'ONU (résolution 1244) de rétablir la paix, comprenait des soldats issus de contingents de plusieurs pays, dont seulement quatre appartenaient à l'Union européenne (anglais, allemands, italiens et français) ; ces troupes sont d'ailleurs placées sous l'autorité unique du général britannique Michaël Jackson, qui commande habituellement l'*Allied Rapid Reaction Corps* (ARRC) de l'OTAN. Les pays européens n'ont d'ailleurs fourni que 25 % des avions et n'ont participé qu'à 10 % des bombardements, avec l'appui logistique des militaires américains, tant en matière de transport aérien, qu'en matière de renseignement. Il s'agissait d'ailleurs d'une intervention de plusieurs pays européens et non de l'Union européenne en tant que telle. Il faudra attendre la mise en place de la PESD pour voir l'Europe commencer à s'affirmer sur la scène internationale.

B. Le développement de la politique européenne de sécurité et de défense (PESD)

960 Depuis que la PESD est devenue opérationnelle (4 juin 1999), l'Union européenne a mené un certain nombre d'opérations de sécurité, dont la première a eu lieu en Bosnie en 2003.

961 ***Les opérations de maintien de la paix et de la sécurité*** ◇ La première opération de maintien de la paix engagée par l'Union européenne dans le cadre de la politique européenne de sécurité et de défense (PESD) [1] a permis d'organiser, à compter du 1er janvier 2003 et pour trois ans, la relève de la Mission de police des Nations Unies en Bosnie-Herzégovine (MPUE) [2]. Les 500 policiers de la mission de police de l'Union ayant pour mission d'assurer la formation des forces de police en cours de constitution et de leur permettre ensuite de prendre le relais.

L'Union européenne a peu de temps après envoyé pour six mois, le 31 mars 2003, une force militaire de 400 soldats issus de 26 nationalités, dans l'ancienne république yougoslave de Macédoine (ARYM). Cette opération « Concordia », engagée à la demande du président Trajkovski, sur le fondement de la résolution 1371 du conseil de sécurité de l'ONU, avait pour objectif d'assurer une présence internationale dans les zones albanophones

1. Sur ce point, cf. *supra*.
2. Elle y mènera également sous commandement britannique l'opération « Althea », le 2 déc. 2004, qui se substituera à la « force de stabilisation » ou « *Stabilisation Force* » (SFOR), déployée en vertu de l'annexe 11 des accords de Dayton, Paris (1995).

déchirées par de violents affrontements ethniques. Le 30 septembre 2003, la force militaire européenne a alors cédé la place à l'EUROFOR, dirigée par le général portugais Dos Santos.

L'Union européenne a ensuite envoyé, toujours dans l'ancienne République yougoslave de Macédoine (ARYM), du 15 décembre 2003 au 15 décembre 2005 [1], une nouvelle mission de police, conformément aux objectifs fixés par l'accord-cadre d'Ohrid de 2001 et à la demande du premier ministre de l'ARYM (16 septembre 2003) [2]. Cette mission, dont le nom de code était « Proxima », avait pour objectif d'encadrer et de conseiller la police de l'ARYM dans sa lutte contre la criminalité organisée, tout en contribuant à mettre concrètement en œuvre la réforme de la police et du ministère de l'intérieur. Cette opération, dirigée par le commissaire belge Bart d'Hoodge [3], a mobilisé environ 200 personnes (policiers en uniforme et personnel civil international) provenant des États membres de l'Union européenne, mais également d'autres pays. Elle entendait ainsi encourager les efforts accomplis par le gouvernement de l'ARYM pour pouvoir rejoindre un jour la Communauté [4] et promouvoir la paix et la sécurité dans le monde [5].

L'UE, à l'initiative de la France et à la suite d'une résolution des Nations Unies, a également envoyé une force multinationale européenne d'urgence de 1 500 hommes, baptisée « Artemis » (du 12 juin au 1er septembre 2003), afin de rétablir la paix dans le Nord-Est de la République démocratique du Congo (à Bunia, dans la région d'Ituri), divisé par de sanglantes querelles tribales, avant de céder la place aux Casques bleus de l'ONU. Il s'agit là d'une toute première opération menée par les troupes de l'Union hors d'Europe et sans le renfort de l'OTAN. Elle y a conduit une mission de police à Kinshasa (EUPOL « Kinshasa »), le 9 décembre 2004.

L'*EUFOR* (force de l'Union européenne), qui rassemble 7 000 hommes venus de 33 pays, dont 22 sont membres de l'Union, est la force opérationnelle de l'UE, qui a succédé, en Bosnie-Herzégovine, à la force de stabilisation (SFOR) de l'OTAN, le 2 décembre 2004. Elle est commandée respectivement par un Britannique, un Finnois et un Espagnol, en alternance avec un Italien ou un Français. Elle a d'abord été déployée en Macédoine, au Gabon et en République démocratique du Congo (environ 1 000 hommes dans chaque pays), puis à Kinshasa (depuis le 20 août 2006). Depuis le 17 mars 2008, elle est également opérationnelle dans l'est du Tchad et le

1. Cf. action commune 2003/681/PESC Conseil.

2. Suite au rôle actif joué par J. Solana, le Haut représentant de la PESC et par A. Brouhns, le représentant spécial de l'UE dans l'ARYM.

3. Nommé par Décis. 2003/682/PESC Conseil.

4. Le Conseil européen de Thessalonique (20 juin 2003) s'est prononcé en faveur de l'intégration des États composant l'ex-Yougoslavie et la Macédoine a depuis acquis le statut de « pays candidat » (Conseil européen de Bruxelles 17 déc. 2005).

5. Qui lassera la place à une « équipe consultative de l'UE chargée des questions de police » (EUPAT) du 15 déc. 2005 au 15 juin 2006.

Nord-Est de la Centrafrique, pour lutter, à la demande des Nations Unies [1] et aux côtés des forces de l'ONU, aux violences consécutives au conflit du Darfour soudanais et protéger les 450 000 réfugiés du Darfour et déplacés tchadiens et centrafricains. L'*EUFOR Tchad-RCA* est composée de 3 700 militaires détachés par 16 pays européens, dont environ 2 100 Français.

Conformément à la décision prise le 14 décembre 2007 par les chefs d'État et de Gouvernements européens, l'UE a décidé, le 16 février 2008, d'envoyer une mission civile au Kosovo, afin d'aider ce pays devenu indépendant (le 17 février 2008) à faire face à la criminalité organisée et aux affrontements entre les communautés albanophone et serbe. Baptisée *EULEX*, cette mission, la plus importante de l'histoire de l'UE, se traduira par le déploiement de quelque 2 000 personnes sur place (dont 1 500 policiers et 250 juges et procureurs) venues de tous les États membres (à l'exception de Malte, pour des raisons logistiques) et de pays tiers, comme la Turquie et les États-Unis. Prévue en principe pour deux ans, elle bénéficie d'un budget de 205 millions d'euros pour les 16 premiers mois.

962 ***L'aspect civil de la gestion des crises (maintien de l'ordre, sécurité publique, police judiciaire)*** ◇ Un *comité civil (CIVCOM)*[2], placé sous l'autorité du *Comité politique et de sécurité (COPS)*[3], est chargé de participer à la gestion des crises en s'appuyant sur près de 12 000 hommes [4] qui ont permis à l'Union de multiplier les opérations civiles, d'assistance et de conseil, telles que la *mission « État de droit »* en Géorgie (*EUJUST Thèmis*), ou l'*opération EUSEC RD Congo* menée en République démocratique du Congo depuis le 8 juin 2005, afin de favoriser la réforme dans le secteur de la sécurité [5]. L'Union européenne participe également à l'opération de maintien de la paix (AMIS II) menée au Darfour, depuis le 20 octobre 2004 par l'Union africaine, en supervisant l'application des accords signés entre les parties après le cessez-le-feu intervenu le 8 avril 2004. Les chefs d'État et de Gouvernement, lors du Conseil européen de Bruxelles des 16 et 17 décembre 2004, conformément au *plan d'action sur les aspects civils de la politique européenne de sécurité et de défense* (17 et 18 juin 2004) ont d'ailleurs souhaité que l'Union puisse être en mesure de fournir d'ici à 2008 l'instrument de gestion approprié à chaque crise, ce qui suppose des efforts principalement

1. Cf. Résol. 1778(2007), 25 sept. 2007.
2. Décis. 2000/354/PESC, 22 mai 2000, *JOCE* L. 127, 27 mai 2000, p. 1.
3. Cf. *supra*.
4. 5 761 policiers (dont 1 400 peuvent être déployés dans un délai de 30 jours), 631 juges, procureurs, experts en matière pénitentiaire, 562 spécialistes en matière d'administration civile et 4 988 professionnels de la protection civile.
5. Comme la *mission intégrée « État de droit » pour l'Irak* (*EUJUST Lex*), 13 juin 2005, la *mission de police pour les territoires palestiniens* (*EUPOL COPPS*), prévue par l'action commune 757/2005/PESC du 14 nov. 2005, la *mission d'assistance à la frontière au point de passage de Rafah dans les territoires palestiniens* (*EU BAM Rafah*), prévue par l'action commune 889/2005/PESC, ou encore *la mission de surveillance* menée à Aceh (Indonésie), en collaboration avec certains pays de l'association des Nations de l'Asie du Sud-est (ANASE).

en termes de mobilité, de fonctionnalité et de flexibilité impliquant la formation d'équipes de réaction rapide. C'est ainsi qu'à l'initiative de la France [1], le mécanisme civil de gestion des crises dispose maintenant d'une *Force de gendarmerie européenne (FGE)* pour répondre au problème de garantie de la sécurité publique et de l'ordre public.

963 ***La force de gendarmerie européenne (FGE) ou EUROGENDFOR***

◇ Cette force, qui a officiellement été créée à Noordwijk (Pays-Bas), le 17 septembre 2004, par une « déclaration d'intention » des ministres de la Défense français, italien, espagnol, néerlandais et portugais, possède une capacité initiale de réaction rapide de 800 personnes dans un délai de 30 jours, mises à sa disposition pour six mois par les cinq pays signataires [2] et susceptibles d'intervenir dans un délai de trente jours pour gérer les sorties de conflit. Elle pourra être mobilisée pour des opérations de maintien de l'ordre et de sécurité dans les régions en fin de conflit, y compris en dehors de l'Union. Elle devra aussi bien exercer ses missions sous commandement militaire en se substituant progressivement aux forces armées en fin de conflit, que sous autorité civile lors de la mise en place d'un régime démocratique.

L'EUROGENDFOR comporte quatre modules : un *état-major multinational* de 30 personnes, installé depuis le 15 février 2005 à Vicenza (Italie), qui est chargé de la planification, du déploiement et du commandement de ces forces et qui est le seul à avoir un caractère permanent ; un *groupement opérationnel*, formé d'escadrons de gendarmerie mobile ou d'unités équivalentes [3] et orienté sur des missions de sécurité publique et de maintien de l'ordre ; *une compagnie de personnels spécialisés* dans les missions de police judiciaire, de lutte contre la criminalité organisée et le terrorisme, ainsi que dans la recherche et l'exploitation du renseignement ; une *unité logistique* appelée à soutenir l'ensemble de ces forces.

Le *comité politico-militaire* d'EUROGENDFOR, où siègent les représentants des ministres des cinq pays signataires et qui est chargé de la coordination politique des opérations, a d'abord été dirigé par un français, le Brigadier-Général de gendarmerie Gérard Déanaz, nommé le 21 janvier 2005, premier commandant de la FGE pour deux ans et demi (25 janvier 2005-25 juin 2007) [4].

1. À l'occasion d'une réunion des ministres de la Défense de l'Union européenne, à Rome en automne 2003.

2. Auxquels pourront se joindre des États tiers dotés de capacités de police appropriées. L'Allemagne et le Royaume-Uni, qui ne disposent pas de forces de police à statut militaire, ne se sont donc pas associés à ce projet, auquel la Roumanie, la Turquie, l'Estonie et la Pologne (qui a seule obtenu le statut de « pays participant ») ont demandé à être associés.

3. Tous les États n'ont pas en effet de gendarmerie.

4. Avant d'être remplacé, le 26 juin 2007, par le colonel italien G. Truglio, puis, depuis le 26 juin 2009, par le colonel portugais J. Esteves,

La FGE, qui est opérationnelle depuis juin 2005 [1] et a officiellement été inaugurée le 23 janvier 2006 par Javier Solana, secrétaire général du Conseil et Haut représentant pour la PESC, n'est pourtant pas un organe de l'Union européenne ; elle devrait toutefois, conformément aux souhaits des cinq États à l'origine de sa création, être mise en priorité à sa disposition et serait alors placée sous la direction stratégique et le contrôle politique du *Comité politique et de sécurité (COPS)*. Elle pourrait également, dans le cadre d'un mandat ou d'accords internationaux, mener des opérations pour le compte de l'ONU, de l'OTAN ou de l'OSCE (Organisation pour la sécurité et la coopération en Europe), voire même d'une coalition ad hoc. Avec un budget, fourni par les seuls États participants et proportionnel à leur implication [2], mais qui est en diminution constante, l'avenir d'EUROGENDFOR ne semble pas assuré. Le 18 octobre 2007, le Traité instituant la « Force de gendarmerie européenne » (FGE) a pourtant officiellement été signé par la France, l'Italie, l'Espagne, le Portugal, l'Italie et les Pays-Bas à Velsen (Pays-Bas).

SECTION 2. LA JUSTICE ET LES AFFAIRES INTÉRIEURES

§ 1. La mise en place d'un espace de liberté, de sécurité et de justice

964 Avec l'ouverture de plus en plus large des frontières, il est assez rapidement devenu nécessaire de mettre en place un *espace de liberté, de sécurité et de justice*, qui regroupe tout ce qui concerne directement la vie quotidienne des citoyens, appelés à se déplacer à l'intérieur de l'espace européen. Il s'agissait également de se donner les moyens de lutter efficacement contre la criminalité. Avant Maastricht, les États membres avaient progressivement créé un certain nombre de mécanismes de coopération dans le domaine de la justice et des affaires intérieures, tant en matière de sécurité (« groupe des coordonnateurs », groupe « Trevi » [3], comité européen de lutte anti-drogue), qu'en matière douanière (« groupe d'assistance mutuelle ») ou judiciaire (« coopération politique européenne »). Ces mesures constituaient en effet le complément indispensable à la liberté de circulation au sein de la Communauté. Le Traité de Maastricht en institutionnalisant cette collaboration a malheureusement assez vite montré ses limites et a dû être modifié sur ce point par les Traités d'Amsterdam, de Nice et surtout de Lisbonne.

1. À l'issue d'un exercice cadre organisé du 17 au 25 juin 2005 au centre national d'entraînement des forces de gendarmerie de Saint-Astier (CNEFG) en France.
2. La France est le plus important contributeur.
3. « Terrorisme, radicalisme, extrémisme et violence internationale » associait à la fin des années quatre-vingt plusieurs États à ceux de la Communauté pour instaurer une coopération policière entre ses membres.

A. L'apport du troisième pilier du Traité de Maastricht

965 ***Le choix de la coopération intergouvernementale*** ◇ Le Traité de Maastricht en 1992 en instituant un « troisième pilier » s'était efforcé de développer dans le domaine de la justice et des affaires intérieures (c'est-à-dire à la police) [1] une coopération intergouvernementale, beaucoup plus contraignante que toutes celles qui pouvaient déjà exister par ailleurs en droit communautaire (anciens art. K à K9 Titre VI). Les États membres étaient donc désormais tenus de considérer comme d'« intérêt commun », les questions relatives à la politique d'asile, au franchissement des frontières intérieures, à l'immigration, à la lutte contre la toxicomanie et contre la « fraude de dimension internationale », à la coopération judiciaire en matière civile et pénale, à la coopération douanière et à la coopération policière, en particulier pour pouvoir lutter efficacement contre la grande criminalité internationale (y compris le terrorisme et le trafic de drogue) en liaison avec l'« office européen de police » (Europol)[2] (ancien art. K1).

Toutes ces questions devront être traitées dans le respect de la Convention européenne de sauvegarde des droits de l'homme et des libertés fondamentales du 4 novembre 1950 [3] et de la convention relative au statut des réfugiés du 28 juillet 1951, et ne pas porter atteinte aux RESPONSABILITÉS des États membres en matière de maintien de l'ordre public et de sauvegarde de la sécurité intérieure (ancien art. K2-1).

Dans tous ces domaines, les États étaient seulement tenus de s'informer et de se consulter mutuellement au sein du Conseil en vue de coordonner leur action et d'instituer une collaboration entre les services compétents de leurs administrations (ancien art. K3-1). Il est par ailleurs créé un comité de coordination composé de hauts fonctionnaires [4], qui outre « un rôle de coordination », est appelé à formuler des avis à l'intention du Conseil et à en préparer les travaux (ancien art. K4-1). Ce « comité K4 », qui sera maintenu par le Traité d'Amsterdam, se compose de trois groupes directeurs (coopération judiciaire, coopération policière et libre circulation des personnes). La Commission, qui partage avec les États membres le droit d'initiative, doit être « pleinement associée » à ses travaux (ancien art. K4-2) et le Parlement est régulièrement informé et consulté sur toutes ces questions.

1. Ce Traité était en outre accompagné d'une déclaration (n° 32) relative à la coopération policière, qui énumérait certaines mesures à adopter en priorité (assistance aux autorités nationales chargées des poursuites pénales et de la sécurité, constitution de banques de données, collecte des informations, etc.).

2. Sur ce point, cf. *infra*.

3. Après l'avis CJCE qui concluait à l'impossibilité d'une adhésion formelle de la Communauté à la CEDH (28 mars 1996, aff. 2/94, *Rec.* p. I-1759), le Traité d'Amsterdam avait tenu à réaffirmer son attachement aux principes qu'elle contient. À l'instar du projet de constitution pour l'Europe, qui avait prévu l'adhésion de l'Union à la CEDH (art. I-7 § 2), le Traité de Lisbonne devrait également conduire l'Union à y adhérer (art. 6 § 2).

4. Qui sera mis en place le 30 nov. 1993.

Il s'agissait donc avant tout de soutenir les différentes initiatives des États, en leur donnant une certaine cohérence entre elles et en mettant à leur disposition un certain nombre de moyens nouveaux (positions communes, actions communes, élaboration de conventions).

B. La refonte du troisième pilier par le Traité d'Amsterdam

966 ***Les limites de la coopération intergouvernementale*** ◇ Mais cette coopération, placée dans la sphère intergouvernementale, a rapidement montré ses limites et il s'est par conséquent assez vite avéré nécessaire de procéder à une réforme de ce troisième pilier. Comme l'avait justement fait remarquer le rapport sur l'Union européenne (29 décembre 1975) [1], « le premier bilan de l'application de ces dispositions nouvelles est insuffisant, bien que l'on souligne combien les questions faisant l'objet de ce titre (asile, contrôle aux frontières, immigration, lutte contre la criminalité internationale et coopération policière) sont sensibles (...). Il a été fait un usage extrêmement réduit des instruments prévus par le titre VI. Ces dysfonctionnements tenaient également en grande partie à la délimitation imprécise des compétences propres à la Communauté. En outre, le Traité n'avait pas défini d'objectifs précis ni de délais contraignants ». Ce texte a toutefois permis, depuis son entrée en vigueur (1er novembre 1993), l'adoption d'environ 200 actes unilatéraux pour la plupart non contraignants (position commune sur l'application harmonisée du terme de « réfugié », actions communes contre le racisme et la xénophobie [2], échange de magistrats de liaison, création d'un modèle uniforme de permis de séjour [3] ou coopération douanière contre le trafic de drogues pour la seule année 1996) ; il a aussi servi de cadre à l'élaboration de plusieurs conventions (comme celle qui a été à l'origine de la création d'Europol) [4], qui devaient être ratifiées par tous les États membres pour pouvoir entrer en vigueur, ce qui a souvent freiné leur mise en application.

Faute d'efficacité suffisante, une grande partie de ce troisième pilier a donc été communautarisée en 1997 par le Traité d'Amsterdam, qui dans un protocole (n° 2), a également procédé à l'intégration de « l'acquis de Schengen dans le cadre de l'Union européenne » [5].

Seules les *dispositions relatives à la coopération policière et judiciaire en matière pénale*, dont l'efficacité a par ailleurs été sensiblement améliorée et

1. Rendu public par le Premier ministre belge L. Tindemans, en vertu du mandat confié par les Neuf, lors du Conseil européen de Paris (9 et 10 déc. 1974), cf. *Bull. Communautés européennes* 1976, suppl. 1/76, p. 11 à 36.
2. Cf. à ce propos règlement du Conseil du 2 juin 1997 qui crée un « observatoire européen des phénomènes racistes et xénophobes » (*JOCE* L. 151, 10 juin 1997, p. 1).
3. Sur ce point, cf. *supra*.
4. Sur ce point cf. *infra*.
5. Sur ce point cf. *supra*.

qui peuvent faire l'objet d'une coopération renforcée, demeuraient donc toujours placées dans un cadre strictement intergouvernemental [1]. Tout ce qui concernait les *visas, l'asile, l'immigration et les autres politiques liées à la libre circulation des personnes* (ex-art. 61 à 69 Titre IV CE) était par contre désormais transféré à la Communauté, c'est-à-dire soumis aux règles et aux procédures propres au Traité CE. Le troisième pilier a été systématiquement divisé par Amsterdam entre les deux Traités UE et CE.

Une telle réforme n'avait toutefois pas été acceptée par tous les États dans la mesure où le Royaume-Uni et l'Irlande ont refusé de se voir appliquer ce titre IV (*protocole n° 4 sur la position du Royaume-Uni et de l'Irlande*) et où des mesures dérogatoires ont également été prévues pour le Danemark, qui reste en dehors de ce nouveau domaine, mais participe au système Schengen (*protocole n° 5 sur la position du Danemark*).

§ 2. **L'approfondissement de l'espace de liberté, de sécurité et de justice**

967 L'ensemble des dispositions de ce troisième pilier, à l'exception de la coopération policière et judiciaire en matière pénale (art. 29 à 42 Titre VI), échappe désormais à la coopération intergouvernementale (A). Tout ce qui concerne la libre circulation des personnes a en effet été communautarisé (B).

A. **La communautarisation de la majeure partie du domaine de la justice et des affaires intérieures par le Traité d'Amsterdam**

1. **La communautarisation des dispositions relatives à la libre circulation des personnes**

968 ***La volonté de renforcer l'intégration au sein de l'espace européen*** ◇ La communautarisation de l'ensemble de ces questions, déjà implicitement prévue par le Traité de Maastricht [2], s'explique en grande partie par les difficultés liées à l'application de la coopération dans le domaine de la justice et des affaires intérieures, mise en place par ce Traité [3]. Elle traduit également une volonté d'intégration encore plus poussée et s'accompagne enfin de

1. Cf. G Soulier, « Le Traité d'Amsterdam et la coopération policière et judiciaire en matière pénale », *Rev. sc. crim.* 1998, n° 2, p. 237 à 254.

2. L'art. K9 permettait en effet au Conseil, statuant à l'unanimité, à l'initiative de la Commission ou d'un État membre, de rendre applicable l'art. 100-2, qui autorise le Conseil, en cas d'urgence, à décider, à la majorité qualifiée, de rendre obligatoire pour six mois le visa pour les ressortissants de certains pays tiers.

3. Cf. H. Labayle, « La coopération européenne en matière de justice et d'affaires intérieures et la conférence intergouvernementale », *RTD eur.* 1997. 1.

fois directement et par l'intermédiaire d'Europol, dont le rôle est ensuite précisé par le Traité [1] ;

– à une coopération plus étroite entre les autorités judiciaires et autres autorités compétentes des États membres (y compris par l'intermédiaire d'Eurojust [2]), en particulier pour faciliter l'exécution des décisions de justice et l'extradition entre États membres ou pour prévenir les conflits de compétences entre plusieurs pays ;

– au rapprochement, en tant que besoin, des règles de droit pénal des États membres.

La poursuite de cet objectif ne saurait en tout cas porter atteinte à l'exercice des responsabilités qui incombent aux États membres pour le maintien de l'ordre public et la sauvegarde de la sécurité intérieure.

Le Conseil (statuant à l'unanimité à l'initiative de la Commission ou d'un État membre et après consultation du Parlement européen) pouvait transférer certaines de ces actions relevant du domaine intergouvernemental de la coopération policière et judiciaire en matière pénale dans celui de la libre circulation des personnes, qui échappe désormais à la compétence des États membres et a été communautarisé [3].

971 ***Le recours à des actes spécifiques*** ◇ Les États membres, sont tenus de s'informer et de se consulter mutuellement au sein du Conseil en vue de coordonner leur action. Cette coopération doit être favorisée par le Conseil qui pouvait (à l'unanimité), à l'initiative d'un État membre ou de la Commission adopter certains actes propres à ce troisième « pilier », qu'il s'agisse de « positions communes », de « décisions-cadres », de « décisions », ou encore de « conventions » [4] qui disparaîtront avec le Traité de Lisbonne :

– les *positions communes* avaient pour objet de définir l'approche de l'Union sur une question déterminée. Les États membres étaient alors tenus de les défendre dans les organisations internationales et dans les conférences internationales ;

– les *décisions cadres* étaient utilisées pour permettre un rapprochement des dispositions législatives et réglementaires des États membres, qu'elles ne lient qu'en ce qui concerne le résultat à atteindre, leur laissant le choix de la forme et des moyens, ce qui impliquait, comme pour les directives, leur transposition en droit interne. Elles ont un caractère contraignant, mais étaient dénuées d'effet direct ;

– les *décisions*, qui n'étaient pas sans rappeler les décisions (individuelles), pouvaient intervenir dans tous les domaines (à l'exception du rappro-

1. Sur ce point cf. *infra*.

2. La référence à l'Unité européenne de coopération judiciaire (Eurojust) a été ajoutée par le Traité de Nice, sur ce point cf. *infra*.

3. Sur ce point cf. *supra*.

4. Le Traité d'Amsterdam, avait en effet supprimé les *actions communes*, dont le contenu était beaucoup trop imprécis, pour y substituer deux nouvelles catégories d'actes, les *décisions cadres* et les *décisions*.

chement des dispositions législatives et réglementaires), étaient obligatoires, mais dépourvues d'effet direct, et nécessitaient l'intervention du Conseil (majorité qualifiée), pour prendre les mesures destinées à leur mise en œuvre ;

– des *conventions* établies par le Conseil pouvaient, enfin, être adoptées par les États membres selon leurs règles constitutionnelles respectives. Sauf dispositions contraires, elles entraient en vigueur dans les États membres qui les ont conclues, dès qu'elles l'ont été par la moitié au moins d'entre eux. Les mesures d'application de ces conventions seront adoptées au sein du Conseil à la majorité des deux tiers des États parties.

Le Traité d'Amsterdam avait par ailleurs maintenu l'existence du « comité de coordination », mis en place par Maastricht afin d'assister le Conseil dans tous ces domaines [1], auxquels la Commission est toujours « pleinement associée ». Il avait également renforcé le rôle du Parlement européen, qui devait être systématiquement consulté par le Conseil avant l'adoption de ces mesures.

972 ***L'étendue du contrôle exercé par la Cour*** ◇ La Cour pouvait statuer à titre préjudiciel sur la validité et l'interprétation des « décisions-cadres » et des « décisions », ainsi que sur l'interprétation des « conventions », à condition toutefois que l'État membre, auquel appartient la juridiction, ait préalablement déclaré accepter cette compétence (soit pour l'ensemble de ses juridictions, soit seulement pour celles statuant en dernier ressort).

Elle pouvait également contrôler la légalité des « décisions-cadres » et des « décisions », à la demande exclusive d'un État membre ou de la Commission.

Elle pouvait enfin statuer sur tout différend entre États membres concernant l'interprétation ou l'application des « positions communes », des « décisions-cadres », des « décisions » et des « conventions » [2].

973 ***La possibilité de recourir aux coopérations renforcées*** ◇ ***a) Le Traité d'Amsterdam*** avait autorisé les États membres, qui souhaiteraient instaurer entre eux une coopération renforcée [3] à utiliser les institutions, les procédures et les mécanismes prévus par les traités, à condition toutefois que la coopération envisagée respecte les compétences de la Communauté et les objectifs fixés par le Traité et qu'elle « ait pour but de permettre à l'Union de devenir plus rapidement un espace de liberté de sécurité et de justice » (ex-art. 40-1 UE). L'autorisation d'y recourir était accordée par le Conseil statuant à la majorité qualifiée à la demande des États membres concernés, après que la Commission ait été invitée à donner son avis ; chaque État bénéficie toutefois d'une clause de sauvegarde, qui l'autorise à bloquer le

1. Sur ce point cf. *supra*.
2. Cf. sur ce point J.-L. Clergerie, *Le renvoi préjudiciel*, Ellipses, 2000.
3. Le Traité de Maastricht évoquait seulement la possibilité d'instituer ou de développer « une coopération plus étroite entre deux ou plusieurs États membres » (art. K7).

recours au vote « pour des raisons de politique nationale importante » (ex-art. 40-2). Les États qui seraient restés en dehors pourraient toujours ensuite se joindre à eux, après avoir préalablement notifié leur intention à la Commission qui formulera alors au Conseil, à qui appartient toujours la décision finale, un avis qu'elle pourra assortir d'une communication concernant les conditions de leur participation (ex-art. 40-3).

b) Le Traité de Nice avait ensuite apporté quelques modifications concernant le mécanisme de ces coopérations renforcées, auxquelles il est désormais devenu possible de recourir dans les trois piliers [1]. La Commission, qui après avoir été saisie par les États qui ont l'intention d'instaurer entre eux une coopération renforcée, partage désormais avec eux le droit de présenter une proposition dans ce sens au Conseil, a vu son rôle sensiblement renforcé (ex-art. 40 A-1). L'autorisation d'y avoir recours était ensuite accordée par le Conseil à la majorité qualifiée, sur proposition de la Commission ou à l'initiative d'au moins huit États membres et après consultation du Parlement européen. Tout membre du Conseil pourra cependant demander que le Conseil européen en soit d'abord saisi (ex-art. 40 A-2). Il reste enfin toujours possible aux autres États de se joindre à une coopération renforcée, à condition d'avoir préalablement notifié leur intention au Conseil et à la Commission, qui transmet au Conseil, à qui appartient toujours la décision finale, un avis éventuellement assorti d'une recommandation relative à cette participation ; le Conseil peut également, à la majorité qualifiée, surseoir à statuer et fixer un délai pour le réexamen de la demande (ex-art. 40 B).

B. Les modifications apportées par le Traité de Lisbonne

Le Traité de Lisbonne a apporté des modifications non négligeables à l'espace de liberté, de sécurité et de justice (art. 67 à 89 TFUE).

1. Les conséquences de la suppression du troisième « pilier »

La suppression du troisième pilier a entraîné la disparition des actes qui lui étaient propres, l'extension du domaine de compétence de la Cour et a rendu possible le recours aux coopérations renforcées, mais a laissé subsister certaines règles qui lui étaient propres.

974 ***La disparition des actes propres au troisième « pilier »*** ◇ La disparition des « piliers », mis en place en 1992 par le Traité de Maastricht, a eu pour conséquence, comme pour la PESC [2], de mettre fin pour l'essentiel au traitement spécifique, qui caractérisait jusqu'à maintenant l'*espace de*

1. Ce sujet, qui n'avait pas été prévu par la CIG avait en effet été ajouté lors du Conseil européen de Feira (19 et 20 juin 2000).

2. Cf. *supra*.

liberté de sécurité et de justice et de le placer désormais dans le droit commun. Elle a également eu pour conséquence de faire disparaître les actes propres à ce troisième « pilier », qu'il s'agisse des « positions communes », des « décisions-cadres », des « décisions », ou encore des « conventions », au profit des instruments juridiques classiques (règlements, directives ou décisions). Elle a enfin rendu possible l'intervention de la Cour dans ce domaine.

975 ***L'extension du domaine de compétence de la Cour*** ◇ À partir du moment où la structure en « piliers » introduite par le Traité de Maastricht a disparu et où les articles 35 UE et 68 CE qui prévoyaient des restrictions à la compétence de la Cour de justice ont été supprimés par le Traité de Lisbonne, la compétence de la Cour de justice de l'Union européenne s'étend à l'ensemble du droit de l'Union européenne, à moins que les Traités n'en disposent autrement. Ainsi, la Cour de justice a-t-elle désormais une compétence préjudicielle générale dans le domaine de l'espace de liberté, de sécurité et de justice (art. 67 à 81 TFUE). En ce qui concerne la coopération policière et judiciaire en matière pénale, la compétence de la Cour de justice pour statuer à titre préjudiciel devient obligatoire et n'est plus subordonnée à une déclaration de chaque État membre reconnaissant cette compétence et précisant quelles seront les juridictions nationales autorisées à la saisir. De la même manière, le domaine de la police et de la justice pénale entre dans le droit commun et toutes les juridictions peuvent saisir la Cour de justice. Ensuite, en ce qui concerne les visas, l'asile, l'immigration et les autres politiques liées à la circulation des personnes (notamment la coopération judiciaire en matière civile, la reconnaissance et l'exécution des jugements) la Cour peut être maintenant saisie par toutes les juridictions nationales et plus seulement par les seules juridictions supérieures ; elle est désormais compétente pour se prononcer sur des mesures d'ordre public dans le cadre de contrôles transfrontaliers. Elle pourra également être saisie par la Commission d'un recours en manquement à l'encontre d'un État membre qui aurait manqué à ses obligations dans ce domaine (art. 258 TFUE). Le contrôle de la Cour est toutefois limité dans le temps, dans la mesure où, en vertu du protocole (n° 36) sur les dispositions transitoires, ses attributions concernant les actes adoptés dans le domaine de la coopération policière et judiciaire avant l'entrée en vigueur du Traité de Lisbonne (1er décembre 2009), resteront inchangées encore pendant cinq ans (art. 10). Il l'est également dans l'espace, puisque dans l'exercice de ses attributions concernant les dispositions relatives à la « coopération judiciaire en matière pénale » (art. 82 à 86 TFUE) et à la « coopération policière » (art. 87 TFUE), la Cour de justice n'est pas compétente pour vérifier la validité ou la proportionnalité d'opérations menées par la police ou d'autres services répressifs dans un État membre, ni pour statuer sur l'exercice des responsabilités qui incombent aux États membres pour le maintien de l'ordre public et la sauvegarde de la sécurité intérieure (art. 276 TFUE).

976 ***La possibilité de recourir aux « coopérations renforcées »*** ◇ Les États pourront désormais instaurer des coopérations renforcées dans le cadre de l'ensemble des *compétences non exclusives* de l'Union. Que ce soit donc en matière de coopération policière, d'harmonisation minimale des infractions pénales et des sanctions en matière de criminalité transfrontalière ou pour la création d'un « parquet européen », l'instauration d'une « coopération renforcée » pourra en effet être considérée comme étant « de droit », toutes les fois que le Conseil européen, saisi par un État membre opposé à l'adoption d'un texte, ne parviendra pas à trouver une solution, et à condition qu'au moins neuf États membres y participent (art. 82 § 3, 86 § 1 et 87 § 3 TFUE). Les nombreuses dérogations, dont bénéficient toujours dans ce domaine le Royaume-Uni, l'Irlande et le Danemark [1], ne devraient toutefois pas faciliter la mise en place d'une telle procédure.

977 ***Le maintien du caractère spécifique de certaines règles*** ◇ Mais comme pour la PESC, le Traité de Lisbonne a tenu à maintenir certaines règles propres à l'espace de liberté, de sécurité et de justice. Ainsi, contrairement au droit commun et conformément à une pratique bien établie, c'est au Conseil européen qu'il revient de définir « les orientations stratégiques de la programmation législative et opérationnelle dans l'espace de liberté, de sécurité et de justice » (art. 68 TFUE). Dans le cadre de la « coopération judiciaire en matière pénale » (art. 82 à 86 TFUE) et dans celui de la « coopération policière » (art. 87 à 89 TFUE), un tiers au moins des États membres, peut en l'absence d'unanimité du Conseil, demander que le Conseil européen soit saisi d'un projet de mesures portant sur la coopération opérationnelle entre États membres, ou instaurer une « coopération renforcée » sur cette même base (art. 86 § 1 et 87 § 3). De même, un État membre qui estimerait qu'un projet de directive établissant des règles minimales en matière d'infractions pénales et de sanctions dans le domaine de la criminalité transfrontalière serait susceptible de porter « atteinte aux aspects fondamentaux de son système de justice pénale » pourra directement saisir le Conseil européen, entraînant automatiquement la suspension de la *procédure législative ordinaire* en cours. Si ce dernier ne parvient pas à trouver une solution dans les quatre mois, neuf États membres au moins pourront toujours alors mettre en œuvre une *coopération renforcée* sur la base du projet de directive concerné (art. 82 § 3 TFUE).

1. Le Royaume-Uni et l'Irlande bénéficient même de dérogations supplémentaires concernant les politiques relatives à la libre circulation des personnes, aux politiques d'asile et d'immigration et à la coopération en matière civile, qui aboutissent désormais à les écarter de l'ensemble de la coopération judiciaire et policière, ainsi que du développement de l'acquis de Schengen et à les soustraire au contrôle de la Cour de justice !

2. L'extension du contenu de l'espace de liberté, de sécurité et de justice

978 ***Une définition plus précise des objectifs et des méthodes de l'Union*** ◇ La constitution d'un « espace de liberté, de sécurité et de justice » devra tout d'abord s'effectuer dans le respect des droits fondamentaux et des systèmes et traditions juridiques des États membres (art. 67 § 1 TFUE). Le développement d'une « politique commune en matière d'asile, d'immigration et de contrôle des frontières extérieures (...) fondée sur la solidarité entre États membres et (...) équitable à l'égard des ressortissants des États tiers » (auxquels sont assimilés les apatrides) fait partie des objectifs assignés à l'Union (art. 67 § 2 TFUE). Il lui reviendra également d'assurer un « niveau élevé de sécurité » en adoptant des mesures de prévention et de lutte contre la criminalité, le racisme et la xénophobie, en encourageant la coordination et la coopération entre les autorités policières et judiciaires nationales, ainsi que par la reconnaissance mutuelle des décisions de justice en matière pénale et civile et, si nécessaire par le rapprochement des législations pénales (art. 67 § 3 et 4 TFUE).

979 ***La nécessité de renforcer la coopération entre États membres*** ◇ Les États membres sont d'abord encouragés à organiser entre eux et sous leur responsabilité des formes de coopération et de coordination qu'ils jugent appropriées entre les services compétents de leurs administrations chargées d'assurer la sécurité nationale (art. 73 TFUE). Le Conseil (sur proposition de la Commission et après consultation du Parlement européen) est également tenu d'adopter des mesures destinées à assurer dans tous ces domaines une coopération administrative entre les services compétents des États membres, ainsi qu'entre ces services et la Commission (art. 74 TFUE). Toutes les fois que pour atteindre ces objectifs, il sera nécessaire de lutter contre le terrorisme, le Parlement européen et le Conseil, pourront adopter des règlements, conformément à la procédure législative ordinaire, destinés à définir un cadre de mesures administratives concernant les mouvements de capitaux et les paiements (gel des fonds, des avoirs financiers ou des bénéfices économiques appartenant à des personnes physiques ou morales) (art. 75 TFUE). Concernant la coopération judiciaire en matière pénale, qui se fonde sur le principe de reconnaissance mutuelle des jugements et des décisions judiciaires, les États sont enfin tenus de procéder au rapprochement de leurs législations (art. 82 § 1 TFUE).

3. Les réformes institutionnelles

980 ***L'institution d'un « comité permanent »*** ◇ Un comité permanent de coopération opérationnelle en matière de sécurité intérieure, composé de l'ensemble des autorités responsables de la sécurité intérieure, a été créé par

une décision 2010/131/UE du Conseil du 25 février 2010 [1] ; des représentants d'Eurojust, d'Europol, de l'agence européenne pour la gestion de la coopération opérationnelle aux frontières extérieures des États membres de l'Union européenne (Frontex) et d'autres organismes concernés pourront éventuellement être invités à assister, en qualité d'observateurs, à ses réunions (art. 5). Le Traité de Lisbonne avait en effet prévu l'institution au sein du Conseil d'un comité permanent afin d'assurer à l'intérieur de l'Union la promotion et le renforcement de la coopération opérationnelle en matière de sécurité intérieure et de favoriser la coordination de l'action des autorités compétentes des États membres. Les parlements nationaux doivent également être tenus informés, au même titre que le Parlement européen, des travaux du « comité permanent » (art. 71 TFUE).

981 ***Le renforcement du rôle des parlements nationaux*** ◇ Les parlements nationaux qui « contribuent activement au bon fonctionnement de l'Union » (art. 12 TUE) [2], sont désormais associés au contrôle du respect du *principe de subsidiarité* (art. 12, b) [3], à l'évaluation de la mise en œuvre des politiques de l'Union concernant l'*espace de liberté, de sécurité et de justice*, ainsi qu'au contrôle politique d'Europol et à l'évaluation des activités d'Eurojust (art. 12, c).

Ils sont en effet désormais tenus de vérifier que les propositions et les initiatives législatives présentées dans ce domaine respectent le principe de subsidiarité, conformément aux dispositions du protocole (n° 2) sur l'application des principes de subsidiarité et de proportionnalité (art. 69 TFUE) [4]. Ils doivent également être informés, au même titre que le Parlement européen, de la teneur et des résultats de l'évaluation de la mise en œuvre, par les autorités des États membres, des politiques de l'Union dans ce secteur, en particulier de celles qui tendent à favoriser la pleine application du principe de reconnaissance mutuelle (art. 70 TFUE), ainsi que des travaux du *comité permanent* [5] (art. 71 TFUE). Ils sont enfin tenus au courant des règlements du Parlement européen et du Conseil qui fixent les modalités de contrôle des activités d'Europol par le Parlement européen (art. 88 § 2 b al. 2 TFUE), avec lequel ils sont aussi appelés à procéder à l'évaluation d'Eurojust (art. 85 § 1 al. 3 TFUE).

982 ***La création d'un parquet européen*** ◇ Le Traité de Lisbonne a prévu qu'un règlement du Conseil, adopté conformément à une procédure législative spéciale, à l'unanimité et après approbation du Parlement européen, pourra instituer un parquet européen à partir d'Eurojust (art. 86 § 1 al. 1 TFUE). Ce *parquet européen* (ou « procureur européen ») serait habilité à

1. *JOUE* L. 52, 3 mars 2010, p. 50.
2. Sur ce point, cf. *supra*.
3. Cf. J.-L. Clergerie, *Le principe de subsidiarité*, Ellipses, 1997.
4. Sur la consécration du rôle des parlements nationaux, cf. *supra*
5. Sur ce point, cf. *supra*.

déclencher, de sa propre initiative et en liaison avec Europol, des recherches et des poursuites dans l'ensemble des États membres contre les auteurs et complices d'*infractions portant atteinte aux intérêts financiers de l'Union* et à exercer devant les juridictions nationales l'action publique relative à ces infractions (art. 86 § 2 TFUE). Le Conseil devra ensuite, selon la même procédure, fixer le statut, les conditions d'exercice de ses fonctions, les règles de procédure, de preuve et de contrôle juridictionnel qui lui seront applicables (art. 86 § 3). Le Conseil européen aura toutefois toujours la possibilité, à l'unanimité, après approbation du Parlement européen et après consultation de la Commission, d'étendre les attributions du parquet européen à la « lutte contre la criminalité grave ayant une dimension transfrontalière » (art. 86 § 4 TFUE). Pour tenir compte de l'opposition du Royaume-Uni et de l'Irlande [1] à ce projet, le Traité a prévu qu'en l'absence de décision mettant en place à l'unanimité un parquet européen, dont la compétence serait pourtant limitée aux infractions portant atteinte aux finances de l'Union, neuf États membres pourront alors demander au Conseil européen de se saisir de ce projet, qui en cas de consensus disposera d'un délai de quatre mois pour le lui renvoyer pour adoption, ou, en cas de désaccord, pour les autoriser à instaurer entre eux une « coopération renforcée » dans ce domaine précis [2] (art. 86 § 1 TFUE). Ce mécanisme n'est toutefois pas prévu pour permettre un éventuel élargissement de ses compétences.

983 ***Le vote à la majorité qualifiée du Conseil devient la règle*** ◇ La plupart des décisions dans ce domaine, qu'il s'agisse de la politique commune de visas et titres de séjour de courte durée, des contrôles aux frontières extérieures, des conditions dans lesquelles les ressortissants des pays tiers peuvent circuler librement dans l'Union pendant une courte durée, de l'établissement progressif d'un système intégré de gestion des frontières extérieures, de l'absence de contrôle aux frontières intérieures (art. 77 § 2 TFUE), des politiques communes en matière d'asile (art. 78) ou d'immigration (art. 79), de la coopération judiciaire en matière civile et pénale (art. 81 et 82), du statut d'Eurojust ou d'Europol (art. 85 et 88), devraient donc maintenant être prises à la *majorité qualifiée* et selon la procédure « *procédure législative ordinaire* » [3]. Le rôle du Parlement européen, qui partage en effet

1. Dont le système de *Common Law* ignore la notion de parquet.

2. Pour tous les autres le droit commun des coopérations renforcées serait en effet applicable (art. 20 TUE).

3. Il s'agit de l'une des raisons qui ont justifié la révision de la Constitution française, dans la mesure où « toute disposition du Traité qui, dans une matière inhérente à l'exercice de la souveraineté nationale mais relevant déjà des compétences de l'Union ou de la Communauté, modifie les règles de décision applicables, soit *en substituant la règle de la majorité qualifiée à celle de l'unanimité* au sein du Conseil, privant ainsi la France de tout pouvoir d'opposition, soit en conférant un pouvoir de décision au Parlement européen, lequel n'est pas l'émanation de la souveraineté nationale, soit en privant la France de tout pouvoir propre d'initiative » (Décis. 2007-560 DC, 20 déc. 2007, Traité modifiant le Traité sur l'UE et le Traité instituant la Communauté européenne, pt 20).

désormais avec le Conseil le pouvoir législatif et budgétaire (art. 14 UE), devrait s'en trouver encore renforcé.

Par contre, si une action apparaît nécessaire pour faciliter le droit de circuler et de séjourner librement sur le territoire d'un État membre, le Conseil devra se prononcer à l'unanimité (après consultation du Parlement européen) dans le cadre d'une *procédure législative spéciale*, pour arrêter les dispositions concernant les passeports, les cartes d'identité et les titres de séjour (art. 77 § 3). De même, concernant la *coopération judiciaire en matière civile*, les « mesures relatives au droit de la famille ayant une incidence frontalière », restent encore soumises à l'unanimité, malgré la possibilité pour le Conseil d'établir, toujours à l'unanimité, la liste des questions qui, dans ce domaine, pourraient ultérieurement être adoptées selon la *procédure législative ordinaire*, à condition toutefois qu'un parlement national n'ait pas fait valoir, dans un délai de six mois, son droit à opposition sur le contenu de cette liste (art. 81 § 3 TFUE). Les décisions portant sur les conditions de la *coopération policière* entre les autorités compétentes des États membres (art. 87 et 89 TFUE) restent également toujours adoptées à l'unanimité.

CHAPITRE 3
LA COOPÉRATION JUDICIAIRE EN MATIÈRE PÉNALE ET CIVILE

984 La coopération judiciaire pourtant prévue dès l'origine par le Traité de Rome, n'a en réalité véritablement débuté qu'à la fin des années soixante-dix, d'abord dans le domaine pénal, avant d'être ensuite progressivement étendue, à partir de la fin des années quatre-vingt-dix, dans le domaine civil.

SECTION 1. LA COOPÉRATION JUDICIAIRE EN MATIÈRE PÉNALE

985 Les origines de la coopération judiciaire en matière pénale permettent d'en apprécier les résultats.

§ 1. Les origines de la coopération judiciaire en matière pénale

986 Après plusieurs tentatives pour essayer de mettre en place, dès la fin des années soixante-dix, un espace judiciaire européen, les accords de Schengen (1985 et 1990) et surtout le Conseil européen de Tampere (1999), ont été à l'origine de la coopération judiciaire en matière pénale.

A. Les tentatives de mise en place d'un espace judiciaire européen

987 ***Une initiative française*** ◇ La décision prise, le 10 octobre 1978, par les ministres de la Justice des Neuf d'instaurer une coopération destinée à mettre progressivement en place un espace judiciaire européen, d'abord en matière pénale, puis dans le domaine civil, constitue la première tentative réelle de coopération judiciaire. Il s'agissait à l'origine d'une proposition du président français Giscard d'Estaing, lors du Conseil européen de Bruxelles (5 et 6 décembre 1977), qui n'avait d'ailleurs pas suscité l'enthousiasme de ses partenaires [1] : « la construction de l'Europe devrait s'enrichir d'un nouveau concept, celui de l'espace judiciaire européen. Je suggère donc que par l'adoption d'une convention d'extradition automatique assortie de garan-

1. Tout comme la proposition française de 1982 de création d'une Cour pénale européenne.

ties appropriées pour les cas de crimes particulièrement graves, quels qu'en soient les mobiles, les Neuf mettent en place les premiers éléments d'un espace judiciaire unique ». Il s'agissait donc d'étendre progressivement au domaine pénal l'espace que les traités avaient créé vingt ans plus tôt dans le secteur de l'économie. La suppression des contrôles aux frontières internes de la Communauté devait en effet être compensée par le renforcement de la coopération pénale, ne serait-ce que pour sanctionner les infractions aux règlements communautaires, pour lutter contre la fraude ou contre le terrorisme.

988 ***La lutte contre le terrorisme*** ◇ Cette initiative s'inscrit dans le cadre de la lutte contre le terrorisme qui, dès la fin des années soixante, a surtout touché en Europe l'Allemagne et l'Italie [1]. Elle se plaçait d'ailleurs dans la continuité d'une démarche qui avait quelque temps plus tôt abouti à la conclusion de la convention de Strasbourg du 27 janvier 1977 sur la répression du terrorisme (entrée en vigueur le 22 décembre 1987). Signé par huit des neuf États membres de la Communauté (à l'exception de l'Irlande) dans le cadre du Conseil de l'Europe, ce texte prévoyait l'extradition automatique des personnes responsables d'actes de terrorisme, même si elles avaient agi pour des motifs d'ordre politique. Cette coopération a permis d'aboutir à la convention de Dublin du 4 décembre 1979 sur la répression du terrorisme qui vise à appliquer aux États membres de la Communauté la convention de Strasbourg, dont elle reprend d'ailleurs l'essentiel des dispositions. Elle autorise toutefois les États à refuser l'extradition, s'ils estiment que l'infraction présente un caractère politique et à condition qu'ils engagent eux-mêmes des poursuites contre son auteur et ce conformément à leur législation nationale [2].

Un projet de convention de coopération pénale, rédigé par les Neuf à l'initiative de la France à partir de 1977 et prêt à la signature le 19 juin 1980, avait dû être abandonné du fait de l'hostilité des Pays-Bas. Il prévoyait pourtant l'obligation d'extrader ou de poursuivre tous les auteurs d'infractions passibles d'au moins un an de prison, ainsi que les délinquants en fuite condamnés dans leur pays d'origine à une peine d'au moins quatre mois de prison, sauf en cas d'infraction politique. Il s'agissait d'un texte beaucoup plus large que les précédents, qui allait au-delà de la lutte contre le terrorisme.

989 ***La lutte contre la délinquance*** ◇ Sous l'impulsion de l'Italie, le « groupe d'experts de coopération judiciaire des Douze » a ensuite facilité, dès la fin des années quatre-vingt, l'élaboration de plusieurs conventions

1. Selon le ministère de l'Intérieur italien, de 1969 à 1980, 362 personnes seront tuées tant par le terrorisme d'extrême gauche que d'extrême droite.
2. Ces deux traités ont été jugés conformes à la Constitution française au regard du respect du droit d'asile par le Conseil constitutionnel, le 16 juill. 1987.

pénales [1], plus simples et plus efficaces que celles qui avaient été quelque temps plus tôt élaborées sous l'égide du Conseil de l'Europe.

Même après l'adoption du Traité de Maastricht en 1992, il restait malgré tout encore difficile, pour ne pas dire impossible d'engager avec succès des poursuites à l'égard d'un particulier incarcéré dans un autre État membre de l'Union européenne que celui où il avait commis un crime ou un délit. Un acte du Conseil du 10 mars 1995, adopté sur la base de l'article K3 du Traité sur l'Union européenne, avait bien établi une convention relative à la procédure simplifiée d'extradition entre les États membres de l'Union européenne des 9 et 10 mars 1995 [2]. Mais cet accord, qui liait pourtant tous les pays membres de la Communauté, se limitait à faciliter l'application de la convention européenne d'extradition du 13 décembre 1957 en simplifiant et en améliorant les procédures prévues (art. 1) ; il subordonnait toujours la décision d'extradition au consentement exprès des personnes concernées, ainsi qu'à l'accord formel de l'État requis (art. 2). Ce texte, déjà relativement ancien, qui avait été remplacé par la décision-cadre du Conseil des ministres du 13 juin 2002 relative au mandat d'arrêt européen[3], permettait en effet aux États de n'autoriser l'extradition qu'à certaines conditions bien précises [4].

990 ***L'Appel de Genève*** ◇ Il n'était donc pas étonnant que le juge italien Gherardo Colombo ait publiquement déploré, début 1997, que sur près de 400 demandes de renseignements adressées par ses services à des autorités judiciaires étrangères, un tiers seulement ait reçu une réponse favorable, avec parfois près de cinq ans de délai... De telles insuffisances avaient d'ailleurs été dénoncées, quelque temps plus tôt (le 1er octobre 1996) par sept magistrats européens (un Suisse, deux Italiens, deux Espagnols, un Belge et un Français), dans le célèbre *appel de Genève*, qui devait recueillir par la suite plus d'un millier de signatures de juges de tous les pays d'Europe : « pour avoir une chance de lutter contre une criminalité qui profite largement des réglementations en vigueur dans les différents pays européens, il est urgent d'abolir les protectionnismes dépassés en matière policière et judiciaire. Il devient nécessaire d'instaurer un véritable espace judiciaire européen au sein duquel les magistrats pourront, sans entraves autres que celles de l'État de droit, rechercher et échanger les informations utiles aux enquêtes en cours ».

1. Cf. Accord entre les États membres des Communautés européennes relatif à la simplification et à la modernisation des modes de transmission des demandes d'extradition (dit accord de San Sébastian), signé à San Sébastian le 26 mai 1989 ; convention de Rome 6 nov. 1990 « sur la transmission des procédures répressives » ; ou encore convention de Bruxelles, 13 nov. 1991 sur l'exécution des condamnations pénales étrangères.
2. *JOCE* C. 78, 30 mars 1995.
3. Cf. *infra*.
4. Par ex. le Portugal n'acceptera jamais l'extradition d'un individu qui risque dans le pays où il a commis un crime, une peine supérieure à 30 ans de réclusion ; cf. sur ce point, J.-L. Clergerie, « L'Europe judiciaire se fait attendre », *La Croix* 25 juill. 2000, p. 18.

La seule règle véritablement commune en matière pénale résidait dans l'obligation faite aux États membres d'abolir la peine capitale, conformément à la déclaration adoptée à Turin, le 22 mars 1996, par la conférence des représentants des Gouvernements des États membres, en application de l'article 6 § 2 TUE, qui fait expressément référence à la Convention européenne de sauvegarde des droits de l'homme et des libertés fondamentales, signée à Rome, le 4 novembre 1950 [1]. Cette interdiction a d'ailleurs été nettement consacrée par la charte des droits fondamentaux de l'Union, qui a désormais acquis une force juridique contraignante (art. 6 § 1 TUE). Une telle situation peut sans doute sembler paradoxale, dans la mesure où l'Europe n'est toujours pas une fédération et où, même aux États-Unis, qui ont adopté un régime fédéral depuis 1787, 13 États seulement sur 50 sont officiellement abolitionnistes et 15 ne l'utilisent plus !

B. Les accords de Schengen (14 juin 1985 et 19 juin 1990)

1. La spécificité de ces accords

991 ***Des accords internationaux qui seront ensuite intégrés au droit communautaire*** ◇ Les Douze n'ayant pas réussi à s'entendre au niveau communautaire pour régler la question de la libre circulation des personnes au sein de l'Union européenne, la France, l'Allemagne et le Benelux ont alors pris l'initiative de recourir à des accords internationaux, qui ont ensuite été intégrés au droit de l'Union européenne par protocole annexé au Traité d'Amsterdam en 1999. Ces accords signés à Schengen (Luxembourg) le 14 juin 1985 (« accord relatif à la suppression graduelle des contrôles aux frontières communes ») et le 19 juin 1990 (convention d'application de l'accord de Schengen du 14 juin 1985) et entrés en vigueur le 26 mars 1995, autorisent la libre circulation des personnes, harmonisent les contrôles aux frontières extérieures de ce qui constitue désormais l'« espace Schengen » et renforcent la coopération policière et judiciaire. Ils constituent avec leurs protocoles, ainsi qu'avec les accords d'adhésion des États et les différentes mesures de mise en œuvre l'« acquis de Schengen ». Bien que de droit international, ils « ne sont applicables que dans la mesure où [ils] sont compatibles avec le droit communautaire » (art. 134 Conv. application 19 juin 1990). Le préambule de la convention de Schengen (19 juin 1990) avait d'ailleurs tenu à préciser que son but « coïncide avec l'objectif communautaire d'un marché intérieur ».

Ces accords, qui s'apparentent à des traités internationaux et qui par conséquent échappaient au droit communautaire, ont donc été incorporés

1. Qui renvoie à l'art. 1 Prot. (n° 6) 28 avr. 1983 qui prévoit l'abolition, sauf « en temps de guerre ou de danger imminent de guerre » (art. 2). À noter que le Prot. (n° 13) 3 mai 2002 ira encore plus loin en abolissant désormais la peine capitale « en toutes circonstances ». La charte européenne des droits fondamentaux du 7 déc. 2000 est également abolitionniste (art. 2 § 2).

par le Traité d'Amsterdam (2 octobre 1997) dans le cadre de l'Union européenne (protocole n° 2 intégrant l'acquis de Schengen dans le cadre de l'Union européenne). En 1999, le *comité exécutif*, créé par ces accords, a été intégré au Conseil des ministres et le *secrétariat général Schengen* a rejoint le secrétariat général du Conseil. Des groupes de travail spécialisés ont alors été mis en place pour assister le Conseil. Chaque décision prise en application de la convention de Schengen est désormais tenue de se fonder sur le Traité [1]. Certaines dispositions de ces accords ont d'ailleurs été, à cette occasion, « communautarisées » et l'ensemble de ces accords a trouvé place dans le cadre spécifique des « coopérations renforcées » (art. 20 TUE et 326 à 334 TFUE), permettant ainsi à la Cour de justice de devenir compétente pour procéder à leur examen, à l'exception toutefois de tout ce qui concerne les opérations de police, de maintien de l'ordre public et la sauvegarde de la sécurité intérieure, incombant aux États membres (art. 276 TFUE).

Les accords de Schengen lient désormais 25 États, dont 22 appartiennent à l'Union européenne et trois lui sont extérieurs.

992 ***Des accords qui ne lient pas que des États membres de l'Union*** ◇

Ces accords avaient à l'origine seulement été signés par la *France*, l'*Allemagne* et les *trois pays du Benelux* (14 juin 1985). Ils ont ensuite été rejoints par l'*Italie* (27 novembre 1990), l'*Espagne* et le *Portugal* (25 juin 1991), la *Grèce* (6 novembre 1992), l'*Autriche* (28 avril 1995), le Danemark [2], la *Finlande* et la *Suède* (19 décembre 1996), puis par l'*Estonie*, la *Hongrie*, la *Lettonie*, la *Lituanie*, *Malte*, la *Pologne*, la *Slovaquie*, la *Slovénie* et la *République tchèque* (21 décembre 2007). Mais certains de leurs signataires, comme l'*Islande*, la *Norvège* ou la *Suisse*, n'appartiennent pas à l'Union (art. 6 Prot. n° 2 intégrant l'acquis de Schengen dans le cadre de l'Union européenne), alors que ces accords sont partiellement applicables à certains pays, tels que *Monaco*, le *Vatican* ou la *République de Saint Marin*, qui ne sont pas non plus membres de l'Union et ne sont même pas signataires de ces accords.

Ainsi, l'*Islande* et la *Norvège* [3] qui, après avoir été associés au développement de ces accords (depuis le 19 décembre 1996), ont choisi de rejoindre officiellement l'espace Schengen, le 18 mai 1999 [4]. Depuis le 25 mars 2001 les accords de Schengen sont donc totalement applicables aux cinq pays membres de l'*union nordique des passeports*, qui accorde des droits supplé-

1. Cf. Décis. 1999/435/CE et 1999/436/CE Conseil, 20 mai 1999, déterminant, conformément aux dispositions permanentes du Traité instituant la Communauté européenne et du Traité sur l'Union européenne, la base juridique de chacune des dispositions ou décisions constituant l'acquis de Schengen, *JOCE* L. 179, 10 juill. 1999.

2. À l'exception des îles Féroé qui avaient pourtant rejoint l'*Union nordique des passeports* (UNP), le 1er janvier 1966 ; sur ce point, cf. note page suivante.

3. En tant que membres, avec le Danemark, la Finlande et la Suède, de « l'union nordique des passeports » (dès sa création, le 12 juill. 1957), qui permettait (à compter du 1er janv. 1958) aux citoyens des pays nordiques (Danemark, Finlande, Suède, Norvège et Islande) de franchir sans passeport leurs frontières communes.

4. *JOCE* L. 176, 10 juill. 1999.

mentaires à ses citoyens (comme moins de formalités administratives pour déménager d'un pays à l'autre ou plus de facilités pour obtenir la naturalisation) [1].

La *Suisse*, après avoir trouvé un accord avec l'UE sur la fiscalité de l'épargne, le 19 mai 2004, avait pour sa part décidé de ne pas rejoindre l'espace Schengen [2], avant le 1er novembre 2008, tant que la nouvelle version de la banque de données commune d'avis de recherche, « Système d'Information Schengen » (SIS) ne serait pas opérationnelle et que tous les pays membres n'auraient pas ratifié l'accord passé le 26 octobre 2004 entre l'UE et la Suisse [3]. Elle en fait donc désormais partie depuis le 12 décembre 2008 (et depuis le 29 mars 2009, pour les frontières aéroportuaires).

Les accords de Schengen sont enfin partiellement applicables à certains pays non signataires, tels que la principauté de *Monaco*, en raison de l'Union douanière qui lie la Principauté à la France depuis le 18 mai 1963 [4], le *Vatican* et la *République de Saint-Marin* ou le *Liechtenstein* en raison de leurs frontières ouvertes, respectivement avec l'Italie et la Suisse. Le *Liechtenstein* qui avait demandé à adhérer à l'automne 2005, a conclu le 28 février 2008 avec l'UE et la Suisse un protocole relatif à la mise en œuvre de l'acquis de Schengen, préalable à son adhésion.

993 ***Des accords qui ne lient pas tous les États membres de l'Union*** ◇ Ces accords, qui ne lient toujours pas cinq (Irlande, Royaume-Uni, Chypre, Bulgarie et Roumanie) des 27 États membres de l'Union européenne, constituent par conséquent l'une des premières manifestations de « l'Europe à géométrie variable » ou de « l'Europe différenciée ». Ils sont d'ailleurs fort opportunément placés dans le cadre des « coopérations renforcées » [5]. Certains de ses membres refusent toujours d'en faire partie (*Irlande, Royaume-Uni*), alors que d'autres (*Danemark*) bénéficient d'un régime dérogatoire (art. 3 Prot. intégrant l'acquis de Schengen dans le cadre de l'UE [6]), ou ne sont pas encore autorisés à y rentrer (Chypre, Bulgarie et Roumanie)...

994 ***Le cas de l'Irlande, du Royaume-Uni et du Danemark*** ◇ L'*Irlande* et le *Royaume-Uni*, qui en raison de leur situation insulaire tiennent à pouvoir

1. *JOUE* L. 309, 9 déc. 2000.
2. Suite au référendum du 5 juin 2005 (54,6 % de oui). Cet accord concerne aussi le Liechtenstein dont la mesure où la Suisse s'occupe depuis 1924 du contrôle de la frontière entre le Liechtenstein et l'Autriche et où le Liechtenstein a également demandé l'ouverture de négociation en vue de son intégration dans l'espace Schengen.
3. *JOUE* L. 370, 17 déc. 2004.
4. Sous forme de six conventions : fiscale, douanière, de voisinage, sur les pharmacies, sur les assurances, sur les relations postales et téléphoniques et de quatre échanges de lettres : réglementation bancaire, transports routiers, urbanisme, eaux territoriales.
5. Sur ce point, cf. *supra*.
6. Sur leur situation actuelle, cf. Prot. (n° 19) sur l'acquis de Schengen intégré dans le cadre de l'UE.

contrôler les personnes entrant sur leur territoire, n'en font pas partie [1], tout en étant pourtant autorisés à participer à la structure d'ensemble de Schengen, et en conservant la possibilité de maintenir les contrôles sur leur territoire [2] ... Ils peuvent en effet, conformément au *protocole joint au Traité d'Amsterdam*, participer à tout ou partie des dispositions de l'« acquis Schengen », après un vote du Conseil à l'unanimité des États parties aux accords et du représentant du Gouvernement de l'État concerné. Le Royaume-Uni a ainsi demandé, en mars 1999, à participer aux dispositions de l'« acquis Schengen » concernant la *coopération policière et judiciaire en matière pénale, la lutte contre les stupéfiants et le système SIS* (Décis. 2000/365/CE Conseil, 29 mai 2000). Le Conseil a ensuite accepté que le Royaume-Uni puisse mettre en œuvre certaines parties de l'« acquis Schengen » (Décis. 2004/926/CE, 22 déc. 2004 [3]). En juin 2000, l'Irlande avait demandé à son tour à participer à ces mêmes dispositions (à une exception près) (Décis. 2002/192/CE Conseil, 28 févr. 2002 [4]).

Le *Danemark* avait pour sa part été autorisé à refuser d'appliquer toute nouvelle mesure en matière de « visas, asile, immigration et autres politiques liées à la libre circulation des personnes », tout en étant lié par certaines mesures concernant la politique des visas (art. 1 Prot. position du Danemark).

995 ***L'intégration des nouveaux États membres*** ◇ Parmi les douze États qui ont rejoint l'Union, le 1er mai 2004 et le 1er janvier 2007, et qui ont tous signé ces accords, seuls *Chypre*, la *Bulgarie* et la *Roumanie* [5] ne sont pas encore membres à part entière de l'espace Schengen. Les contrôles aux frontières entre ces pays et l'espace Schengen ont donc été maintenus, jusqu'à ce que le Conseil de l'Union européenne ait décidé que toutes les conditions de leur suppression soient remplies [6]. Chypre entend pour sa part toujours maintenir ces contrôles, qui ne pourront être levés en Bulgarie

1. Ces deux pays, qui bénéficient en réalité d'un statut particulier, conservent en effet le droit d'effectuer des contrôles sur les personnes à leurs frontières et de ne pas intégrer dans leur législation, dès leur adoption, les mesures relatives aux visas, à l'asile et à l'immigration. Le Royaume-Uni est toutefois autorisé à participer à la coopération policière et judiciaire en matière pénale, à lutte contre le trafic de stupéfiants et au *Système informatique Schengen (SIS)*. La participation de l'Irlande se limite pour l'essentiel su SIS.

2. Le Royaume-Uni a par exemple demandé en mars 1999 de participer à la coopération policière et judiciaire en matière pénale, à la lutte contre les stupéfiants et au Système d'information Schengen (SIS), ce que le Conseil a accepté le 29 mai 2000 (*JOUE* L. 131, 1er juin 2000). L'Irlande a ensuite présenté au Conseil, en juin 2000, des demandes presque identiques, qu'il a également approuvées le 28 févr. 2002 (*JOUE* L. 64, 7 mars 2002). La Commission avait toutefois souhaité que la participation partielle de ces deux États à l'« acquis Schengen » ne puisse entraver la cohérence de l'ensemble de ces dispositions.

3. *JOUE* L. 395, 31 déc. 2004, p. 70 à 80.

4. *JOCE* L. 64, 7 mars 2002, p. 20 à 23.

5. La Bulgarie et la Roumanie ont fait connaître leur souhait de rejoindre l'espace Schengen en 2011 (Déclaration commune signée par ces deux pays le 25 janv. 2010).

6. À savoir, contrôle de leurs frontières aériennes, visas, coopération policière et protection des données, qui font préalablement l'objet de vérifications par des experts de l'UE.

comme en Roumanie, que lorsque ces deux pays, dans lesquels des missions d'évaluation sont en cours, rempliront à leur tour l'ensemble des critères permettant d'appliquer l'*acquis de Schengen* [1] et que le SIS y sera devenu opérationnel [2]. Le retard pris dans la mise en œuvre du *Système d'information Schengen II (SIS II)*, considéré comme la condition préalable à toute extension de la zone de libre circulation, a d'ailleurs retardé l'intégration des neuf autres pays (*Estonie, Hongrie, Lettonie, Lituanie, Pologne, République tchèque, Slovaquie, Slovénie* et *Malte*) au sein de l'espace Schengen, qui avait en effet initialement été prévue pour début 2007. Le Conseil a donc finalement adopté, le 7 décembre 2007, une décision autorisant la levée des contrôles aux frontières de ces États, à compter du 21 décembre 2007, en ce qui concerne les frontières terrestres et maritimes, et du 30 mars 2008 pour les liaisons aériennes [3]. Il était en effet indispensable que tous ces États aient préalablement accepté d'intégrer dans leur législation l'intégralité de l'*acquis de Schengen*[4] et rejoint le SIS, pour qu'il puisse être enfin possible d'envisager la levée des contrôles aux frontières communes [5]. Tous ces pays ont d'ailleurs bénéficié, entre 2004 et 2006, d'une aide substantielle de l'Union européenne de près d'un milliard d'euros, appelée « facilité Schengen », afin de les aider à mettre en place des contrôles efficaces à leurs frontières extérieures et de pouvoir également se connecter au SIS.

996 ***Un espace intégrant 25 pays membres*** ◇ Depuis que l'*Estonie*, la *Hongrie*, la *République tchèque*, la *Lituanie*, la *Lettonie*, la *Pologne*, la *Slovaquie*, la *Slovénie* et *Malte* l'ont rejoint, 25 pays font donc désormais partie de l'espace Schengen, à savoir la plupart des États membres de l'Union (à l'exception du *Royaume-Uni*, de l'*Irlande*, de *Chypre*, de la *Bulgarie* et de la *Roumanie*), ainsi que la *Norvège*, l'*Islande* et la *Suisse* [6]. Dans l'ensemble de cette zone, où tous les contrôles aux frontières intérieures ont été supprimés, la liberté de circulation des personnes est devenue une réalité pour plus de 400 millions d'habitants. La surveillance a par contre été renforcée tout au

1. Ce qui suppose qu'ils aient été soumis, comme tous les États ayant adhéré à Schengen, à une évaluation prouvant le respect des conditions nécessaires à l'application des mesures « compensatoires » permettant la levée des contrôles aux frontières intérieures.
2. Sur ce point, cf. *supra*.
3. Conformément aux conclusions du Conseil des ministres de la Justice et des affaires intérieures des 8 et 9 nov. 2007 sur le bilan de l'évaluation Schengen des nouveaux États membres, estimant que tous les pays candidats remplissaient désormais les critères fixés dans l'acquis de Schengen.
4. À savoir l'accord de Schengen du 14 juin 1985 et ses protocoles, ainsi que les accords d'adhésion des États, qui ont abouti à l'adoption de la convention d'application du 19 juin 1990, puis de leurs différentes mesures d'application. L'acquis de Schengen, intégré dans le cadre de l'UE par un protocole annexé au Traité d'Amsterdam en 1997, a été repris par Décis. 1999/435/CE et 1999/435/CE Conseil, 20 mai 1999, qui constituent la base juridique de l'ensemble des dispositions constituant l'acquis de Schengen que les pays candidats devront reprendre dans leur législation nationale (*JOCE* L. 179, 10 juil. 1999 et L. 239, 22 sept. 2000).
5. Effectif pour neuf d'entre eux depuis le 21 déc. 2007 ; sur ce point, cf. *infra*.
6. Sur ce point, cf. *supra*.

long des 4 278 kilomètres de frontières extérieures à l'Est de l'Union, avec la Russie, le Belarus, l'Ukraine, la Serbie et la Croatie, grâce à une harmonisation des contrôles et un renforcement de la coopération policière et judiciaire.

2. Le contenu de ces accords

997 ***La création d'un espace sans frontières intérieures*** ◇ Ces accords visent à permettre le libre franchissement des frontières intérieures par tous les ressortissants des pays signataires et par conséquent « à supprimer les contrôles aux frontières communes et à les transférer à leurs frontières externes » (art. 17 Accord 14 juin 1985). Les États seront préalablement tenus d'harmoniser les dispositions législatives et réglementaires relatives aux interdictions et aux restrictions à l'origine de ces contrôles et de prendre les mesures nécessaires à la lutte contre l'immigration illégale en provenance des pays tiers. Ces dispositions devront concerner l'harmonisation des règles pour le franchissement des frontières[1], qu'elles soient terrestres, aériennes ou maritimes, la politique des visas, le droit d'asile et la circulation des étrangers, ainsi que le trafic d'armes et de stupéfiants. Pour lutter contre le terrorisme, le Conseil a adopté, le 25 avril 2002, trois décisions (2002/352 à 354) modifiant l'acquis Schengen en ce qui concerne le franchissement des frontières extérieures [2].

Ces accords, qui sont à l'origine d'une véritable coopération policière et judiciaire entre les pays signataires, autorisent par exemple les officiers de police de tous les pays de « l'espace Schengen » à poursuivre librement un délinquant sur le territoire d'un autre pays, que ce soit pour les besoins d'une enquête judiciaire, ou en cas de flagrant délit ou d'évasion [3]. La plupart des États membres (à l'exception notable de l'Allemagne) ont toutefois tenu à encadrer ce droit de poursuite en le limitant à certains types d'infractions, à certaines mesures de police ou à certaines zones géographiques (20 kilomètres de la frontière) et en exigeant de placer directement son exercice sous leur contrôle. Ils ont également abouti à la création de commissariats communs à plusieurs États membres, puis à des Centres de Coopération policière et douanière (CCDP), regroupant des policiers et des douaniers luxembourgeois, belges, français et allemands, comme celui qui a été installé à Luxembourg.

998 ***L'existence d'une clause de sauvegarde*** ◇ Ces accords pourront toutefois être temporairement suspendus à la demande de l'une des parties

1. La Cour de justice a tenu en 2006 à préciser les liens entre la convention d'application de l'accord de Schengen du 19 juin 1990 et la libre circulation des personnes (CJCE 31 janv. 2006, *Commission c. Espagne*, aff. C-503/03, Rec. p. I-1097).

2. *JOCE* L. 123, 9 mai 2002.

3. La Décis.-cadre 2002/584/JAI Conseil, 13 juin 2002 relative au mandat d'arrêt européen et aux procédures de remise entre États membres (*JOCE* L. 190, 18 juill. 2002, p. 1 à 20) a encore accru ces pouvoirs.

contractantes, si « l'ordre public ou la sécurité nationale l'exigent » (art. 2 § 2 Conv. application accord Schengen 19 juin 1990). Cette « clause de sauvegarde » permet en effet à tout État confronté à ce genre de situation de réintroduire, pour une durée certes limitée, des contrôles sur une partie ou la totalité de ses frontières avec les autres pays participants. Ces mesures, qui ne pourront toutefois concerner que des individus et non des groupes d'individus, devront par ailleurs être conformes à la Convention européenne de sauvegarde des droits de l'homme et des libertés fondamentales, respecter le principe de proportionnalité et être justifiées par une menace réelle et suffisamment grave pour un intérêt fondamental de l'État. Elles peuvent ainsi être appelées à jouer en cas d'état d'urgence ou de guerre déclarée ou civile, de catastrophe naturelle ou industrielle ou d'épidémies susceptibles de menacer la paix ou la sécurité intérieure des pays membres ou de leurs voisins. Elles ont déjà assez souvent été utilisées, notamment lors de grandes rencontres sportives (comme par l'Allemagne, lors de la coupe du monde de football en juin 1996, pour éviter l'intrusion de hooligans, fichés sur des listes préétablies par les services de police), de sommets de politiques pouvant donner lieu à des rassemblements susceptibles d'engendrer des troubles à l'ordre public (comme les réunions du G8, voire même de certains Conseils européens) ou encore pour lutter contre le terrorisme ou le trafic de drogue (comme l'a fait la France, de juin 1995 à mars 1996, vis-à-vis des Pays-Bas).

999 ***Le système de « visa Schengen »*** ◇ Tout citoyen européen pourra pénétrer et circuler sur le territoire d'un État membre de l'espace Schengen pour une période qui ne pourra toutefois pas dépasser trois mois et à condition de respecter un certain nombre d'exigences. Il devra en effet pouvoir justifier d'un titre de transport valide, d'un visa et être en mesure de démontrer l'objet du déplacement ; il devra également avoir des moyens de subsistance suffisants pour la période du séjour et le retour, être couvert par une assurance voyage [1], ne pas figurer dans le système d'information de Schengen (SIS) aux fins d'un refoulement et ne pas être considéré comme une menace pour l'ordre public ou la sécurité nationale pour tous les États de Schengen. Pour un séjour de plus de trois mois, il conviendra de présenter soit un visa national de longue durée, soit un permis de séjour valide émis par un État membre de Schengen, accompagné d'un titre de transport. La demande de visa devra être effectuée auprès de l'ambassade ou du consulat compétent, au moyen d'un formulaire harmonisé qui devra être accompagné d'un passeport et des documents qui justifient l'objet et les conditions du séjour envisagé. Le visa Schengen est matérialisé par l'apposition d'une vignette sur le passeport, un titre de voyage ou tout autre document valable

1. Qui couvre à hauteur de 30 000 € les frais de rapatriement sanitaire ainsi que les soins médicaux d'urgence pouvant survenir à l'occasion du séjour. Elle donne lieu à une *attestation d'assistance rapatriement*, qui doit en principe être fournie à la fin de la procédure, lorsqu'une décision positive relative à l'octroi du visa a été prise.

et qui permet le franchissement des frontières. Tout visa ainsi délivré par un État membre de l'espace Schengen, pour une durée qui ne pourra pas dépasser 90 jours par semestre, sera valable pour l'ensemble du territoire Schengen. Il en existe quatre sortes :

– le *visa de transit*, qui permet de se rendre une ou plusieurs fois d'un État tiers (hors Schengen) à un autre État tiers (hors Schengen) en traversant l'espace Schengen, pour une période de cinq jours au plus ;

– le *visa de transit aéroportuaire*, nécessaire pour passer une à deux fois par la zone internationale de transit d'un aéroport d'un pays membre de l'espace Schengen, sans pour autant permettre à son titulaire de pénétrer sur le territoire des pays de l'espace Schengen. Ce visa n'est valable que pour la durée du voyage ;

– les *visas de court séjour* pour se rendre, une ou plusieurs fois (« entrées multiples ») dans un ou plusieurs pays de l'Espace Schengen pour une durée inférieure à 90 jours et sur une période de six mois ;

– les *visas de circulation*, qui pourront éventuellement être accordés aux résidents du Royaume-Uni effectuant plusieurs voyages au cours de l'année pour des raisons professionnelles ou personnelles, pour une période de 1 à 90 jours par semestre, pendant un à trois ans et pour un nombre d'« entrées multiples ».

1000 ***Le « Système d'information Schengen » (SIS)*** ◇ La « convention d'application de l'accord de Schengen » a parallèlement mis en place un dispositif destiné à renforcer la lutte contre la criminalité grâce au « Système d'information Schengen » (SIS) (Titre IV), qui est opérationnel depuis le 26 mars 1995, date à laquelle ont été levés l'ensemble des contrôles aux frontières intérieures des États membres de l'« espace Schengen ». Il s'agit d'un système d'information permettant aux autorités compétentes des États membres de disposer de toute information utile concernant certaines catégories de personnes ou de biens. Il se présente comme une banque de données informatisée destinée à recenser aussi bien les personnes recherchées que les objets volés (voitures, bijoux, papiers d'identité, etc.), afin de « remplacer les frontières réelles internes à l'Europe par des frontières électroniques » [1]. Ce système, que même l'Irlande [2] et le Royaume-Uni, pourtant non signataires des accords, devraient partiellement adopter, a été étendu aux cinq pays de l'« union nordique des passeports », depuis le 1er janvier 2000. Il est principalement appelé à être utilisé en cas de délivrance de visa ou de surveillance d'étrangers en situation irrégulière ou pour rechercher des mineurs disparus ou toute personne réclamée par la justice comme en cas de mandat d'arrêt européen [3]. Le SIS doit en effet permettre de

1. Selon l'expression de C. Vincent, L'échec des frontières électroniques, *Le Monde* 15 févr. 1994, p. 10.

2. Cf. Décis. 2002/192/CE Conseil, 28 févr. 2002 relative à la demande de l'Irlande de participer à certaines dispositions de l'acquis Schengen (*JOCE* L. 064, 7 mars 2002, p. 20 à 23).

3. Sur ce point, cf. *infra*.

répertorier pour l'ensemble des pays signataires la liste des personnes « devant faire l'objet d'un refus d'admission pour les motifs d'ordre public et de sécurité ». Il est donc présent dans tous les États membres (N.SIS), ainsi qu'au niveau européen dans une structure centrale (C.SIS), installée à Strasbourg et placée sous la responsabilité de la France (qui compte quelque 15 000 terminaux d'ordinateurs à la disposition de la police et de la gendarmerie, des douanes, des préfectures et des services des ministères de l'Intérieur et des Affaires étrangères). Toutes les informations nationales (douze millions de données en 2000) seront alors obligatoirement transmises à l'échelon central qui les diffusera aussitôt dans tous les États membres.

Dans sa forme actuelle, le SIS, a dû céder la place à un nouveau système, appelé SIS II pour permettre aux États membres entrés depuis dans l'Union de participer à un espace de sécurité sans frontières intérieures.

3. L'évolution de ces accords

1001 ***Le « Système d'information Schengen de deuxième génération » (SIS II)*** ◇ Compte tenu des progrès réalisés dans le domaine des technologies d'information depuis que le SIS est opérationnel [1] et de la nécessité d'y associer les États appelés à rejoindre l'Union à partir du 1er mai 2004 [2], il a été nécessaire de mettre en place un nouveau système doté de fonctionnalités plus avancées et basé sur des technologies de pointe. C'est donc essentiellement pour ces deux raisons que le Conseil, qui, après avoir affirmé, les 28 et 29 mai 2001, la priorité accordée à la mise en œuvre du SIS II, initialement prévue pour 2006, a logiquement été conduit à adopter, le 6 décembre 2001, une décision 2001/886/JAI relative au développement du système d'information de Schengen de deuxième génération (SIS II) [3], ainsi qu'un règlement 2424/2001/CE relatif au développement du *système d'information Schengen de deuxième génération (SIS II)* [4]. Ces deux textes [5] constituent la base juridique du *Système d'information Schengen II (SIS II)*, dont la

1. Cf. *supra*.
2. Cf. à ce propos Décis. 2002/83 à 2002/94/CE Conseil, 28 janv. 2002 concernant les principes, priorités, objectifs intermédiaires et conditions du partenariat pour l'adhésion de la Bulgarie, de Chypre, de la République tchèque, de l'Estonie, de la Hongrie, de la Lettonie, de la Lituanie, de Malte, de la Pologne, de la Roumanie, de la Slovaquie et de la Slovénie (*JOCE* L. 44, 14 févr. 2002, p. 1 à 101).
3. *JOCE* L. 328, 13 déc. 2001, p. 1.
4. *JOCE* L. 328, 13 déc. 2001, p. 4.
5. Complétés par de très nombreux textes, dont une communication de la Commission au Conseil et au Parlement du 11 déc. 2003, concernant le développement du système d'information Schengen II et les synergies possibles avec un futur système d'information sur les visas (VIS), dans laquelle elle présente un rapport sur l'état d'avancement des travaux du système d'information Schengen de deuxième génération (SIS II) pour le premier semestre 2003, ainsi que les futures étapes de son développement et estime son coût à 28 millions d'euros (*JOUE* C. 32, 21 avr. 2004) et une décision-cadre du 24 févr. 2005, relative aux attaques visant le système d'information, visant à renforcer la coopération judiciaire en matière pénale relative aux attaques contre les systèmes d'information, en mettant au point des outils et des procédures efficaces (*JOUE* L. 69, 16 mars 2005).

Commission, assistée d'un comité de gestion (composé des représentants des États membres et présidé par son représentant) et éventuellement d'un *comité de réglementation*, sera chargée d'assurer le développement [1] et dont les dépenses seront intégralement mises à la charge du budget général de l'Union européenne. La Commission a toutefois tenu à mener ce projet en étroite collaboration avec les États membres, les pays candidats, le Conseil, le Parlement européen et l'*Autorité de contrôle commune Europol (ACC)* [2]. L'unité centrale de SIS II sera installée à Strasbourg (France) et l'unité centrale de sauvegarde se trouvera à Sankt Johann im Pongau (Autriche), pendant la période de développement du système. Le Conseil et le Parlement européen ont ensuite adopté, le 20 décembre 2006, un règlement 1986/2006/CE sur l'accès des services des États membres chargés de l'immatriculation des véhicules au système d'information Schengen de deuxième génération (SIS II) [3] et un règlement 187/2006/CE sur l'établissement, le fonctionnement et l'utilisation du système d'information Schengen de deuxième génération (SIS II) [4], dont l'objet doit être « d'assurer un niveau élevé de sécurité dans l'espace de liberté, de sécurité et de justice de l'Union européenne, y compris la préservation de la sécurité publique et de l'ordre public et la sauvegarde de la sécurité sur les territoires des États membres » (art. 1er). Ces deux nouveaux textes ont ensuite été complétés par la décision 2007/533/JAI du Conseil du 12 juin 2007 sur l'établissement, le fonctionnement et l'utilisation du système d'information Schengen de deuxième génération (SIS II) [5]. Le Conseil « Justice et affaires intérieures » (JAI) des 4 et 5 décembre 2006, après avoir rappelé que le développement du SIS II restait une priorité absolue, a toutefois donné son aval au projet « SISone4all ». Ce système provisoire, proposé par le Portugal, devait en effet permettre à 9 des 10 pays [6] ayant rejoint l'Union en 2004 de se connecter à la version existante de SIS I+ (avec quelques adaptations techniques), en attendant que le SIS II soit opérationnel. Il s'agissait en effet de les aider à compléter le plus rapidement possible les évaluations de Schengen, en vue de la suppression des contrôles aux frontières internes et de leur intégration au sein de l'espace Schengen.

1002 ***Le Traité de Prüm du 27 mai 2005*** ◇ Un nouveau Traité (également appelé « Schengen III » ou « Schengen plus ») a été conclu, le 27 mai 2005, à Prüm (Allemagne), par les premiers pays signataires des accords de Schen-

1. En vertu de ses compétences en matière d'exécution du budget communautaire (art. 317 TFUE).

2. Il s'agit d'une autorité indépendante des gouvernements des États membres, composée de représentants des autorités nationales de protection des données de chacun des pays concernés. Mise en place depuis novembre 1998, elle se réunit régulièrement à Bruxelles ; sur ce point, cf. *infra*.

3. *JOUE* L. 381, 28 déc. 2006, p. 1.

4. *JOUE* L. 381, 28 déc. 2006, p. 4.

5. *JOUE* L. 205, 7 août 2007, p. 63.

6. Chypre ayant demandé à en être temporairement exclu.

gen (Allemagne, France, Pays-Bas, Belgique et Luxembourg), puis par l'Espagne et par l'Autriche [1]. Il reste bien sûr ouvert à « tout État membre de l'Union », sans pour autant préciser si l'adhésion des trois pays qui n'en font pas partie [2] pourrait être envisageable. Le Benelux, l'Autriche et l'Allemagne « désireux de jouer un rôle pionnier » en matière de coopération policière dans le domaine de la lutte contre le terrorisme, la criminalité transfrontalière et l'immigration illégale, avaient d'ailleurs été à l'origine de cette initiative. Il s'agit donc d'un *accord international de coopération*, qui autorise pour la première fois les pays signataires à procéder à des échanges d'information sur les profils ADN, les empreintes digitales et les plaques d'immatriculation des véhicules [3]. Seule la partie non codante des *données ADN* pourra toutefois faire l'objet d'une exploitation. Les données personnelles resteront détenues dans une autre base de données et ne pourront être communiquées qu'à certaines conditions, par ailleurs limitativement fixées par ce Traité [4]. Il sera également possible de disposer des *empreintes digitales*, appelées « données dactyloscopiques », qui seront répertoriées dans un index de référence ne permettant pas non plus, comme pour l'ADN, de pouvoir identifier directement la personne concernée (art. 8). Pour lutter plus efficacement contre le *terrorisme* et la *criminalité*, la transmission de données personnelles relatives aux individus susceptibles de commettre des attentats ou des crimes devient possible et des gardes armés (les « *Sky Marshalls* ») pourront monter à bord des aéronefs. Pour lutter contre l'*immigration illégale*, des *conseillers en faux documents* pourront être envoyés dans les pays d'origine ou de transit de l'immigration illégale et le rapatriement des étrangers en situation illégale sera facilité. En cas de « danger imminent », des *patrouilles communes* à plusieurs États pourront être créées et des agents d'un pays pourront traverser sans autorisation préalable les frontières communes. Afin d'éviter tout risque de conflit, ce Traité, qui reste soumis au droit international, reconnaît la *primauté du droit communautaire* et prévoit la possibilité d'y apporter des modifications en cas d'incompatibilité. Conçu comme temporaire, il devrait d'ailleurs, tout comme les accords de Schengen, être intégré dans le cadre de l'Union européenne dans les trois ans après son entrée en vigueur, qui suppose sa ratification par tous les États signataires [5].

1. La Finlande ayant été l'un des premiers à manifester son intention de les rejoindre.
2. Islande, Norvège et Suisse ; sur ce point, cf. *supra*.
3. Cf. à ce propos, T. Balzacq, D. Bigo, S. Carrera, E. Guild, *Security and the Two-Level Game : The Treaty of Prüm, the EU and the Management of Threats*, Brussels, CEPS, 2006.
4. Qui se réfère d'ailleurs expressément à plusieurs textes de droit européen, comme la convention du Conseil de l'Europe 28 janv. 1981, relative à la protection des données à l'égard du traitement automatisé des données à caractère personnel ; et le protocole additionnel du 8 nov. 2001, ainsi qu'à la recommandation [R(87)] du comité des ministres du Conseil de l'Europe aux États membres relatif à l'utilisation de données à caractère personnel dans le domaine policier du 17 nov. 1987.
5. La France, après l'Allemagne, l'Autriche et l'Espagne, l'a ratifié à son tour par l'adoption de la L. 2007-1160, 1er août 2007 (*JO* 2 août 2007).

Le 12 juin 2007, le *Conseil « justice et affaires intérieures »* a ainsi adopté une décision concernant le renforcement de la coopération transfrontalière, notamment en matière de lutte contre le terrorisme et la criminalité transfrontalière, qui intègre dans la législation de l'Union d'importantes dispositions de ce Traité. Il devient donc désormais possible à des points de contact, désignés au sein des services répressifs des États membres, d'avoir directement accès aux données relatives aux profils ADN, aux empreintes digitales et aux plaques d'immatriculation, contenues dans les systèmes d'information de leurs homologues des autres États membres. Il a également été décidé à cette occasion que le *système d'information des visas (SIV)*, prévu par le Traité de Prüm, et qui avec 70 millions d'empreintes digitales devrait constituer la plus grande base de données biométriques du monde, soit opérationnel dès le printemps 2009 [1]. Ainsi en France [2], une première patrouille policière commune a été installée à Versailles, le 1er juillet 2008 avec un détachement sur place d'un policier allemand et d'un policier hollandais, afin de prêter assistance à des touristes étrangers.

C. Le Conseil européen de Tampere (15-16 octobre 1999)

1003 ***La création d'un « Espace de liberté, de sécurité et de justice »*** ◇ Ce Conseil exceptionnel, placé sous présidence finlandaise, a réellement permis de relancer la *coopération politique européenne dans le domaine de la Justice et des affaires intérieures (JAI)*, quelques mois après la mise en œuvre du Traité d'Amsterdam (1er mai 1999). Il s'agissait en effet de la première véritable étape de l'« *espace de liberté, de sécurité et de justice* », voulu par les Traités de Maastricht et d'Amsterdam et esquissé par l'institution d'Europol en 1995. Les Quinze avaient en effet demandé à cette occasion au Conseil de l'UE d'adopter des instruments juridiques destinés à renforcer la lutte contre les formes les plus graves de la criminalité organisée, en particulier en prévoyant la création de l'unité « Eurojust », dont le dispositif destiné à la mettre en place devrait être arrêté avant la fin 2001 (point 46). Plusieurs États ont donc, à la suite de ces propositions et sur la base de l'article 34 § 2 UE (abrogé), proposé au Conseil l'adoption de projets de décisions cadres. La Commission, dans une communication COM(2000)485 du 22 novembre

1. Dès mai 2008, trois pays de l'espace Schengen, également signataires du Traité de Prüm, la France, l'Allemagne et les Pays-Bas ont d'ailleurs décidé d'ouvrir à Dubaï un centre de traitement commun des demandes de visas habilité à délivrer quelque 60 000 visas par an en provenance de Dubaï et des Émirats du nord (Al Sharjah, Ajman, Umm Al Quwain, Ras Al Khaimah et Al Fujairah).

2. La France a ratifié ce Traité en adoptant la L. 2007-1160, 1er août 2007 autorisant la ratification du Traité entre le Royaume de Belgique, la République fédérale d'Allemagne, le Royaume d'Espagne, la République française, le Grand-duché de Luxembourg, le Royaume des Pays-Bas et la République d'Autriche, relatif à l'approfondissement de la coopération transfrontalière, notamment en vue de lutter contre le terrorisme, la criminalité transfrontalière et la migration illégale, *JO* 2 août 2007.

2000 [1], avait estimé pour sa part que les compétences d'Eurojust ne devraient pas se limiter à la seule lutte contre les formes graves de criminalité organisée, mais devraient s'étendre à toutes les infractions importantes.

Dans une précédente *communication des 24 et 29 mars 2000* [2], la Commission avait d'ailleurs fait part au Conseil et au Parlement européen des progrès réalisés en vue de la création d'un « *espace de liberté, de sécurité et de justice* », comme l'avait d'ailleurs demandé le Conseil européen de Tampere.

§ 2. Les résultats de la coopération judiciaire en matière pénale

1004 Les premiers résultats vraiment probants de la coopération judiciaire en matière pénale datent des années quatre-vingt-dix, avec l'introduction par le Traité de Maastricht des dispositions concernant la « coopération dans les domaines de la justice et des affaires intérieures ». Avec l'amorce d'une *police fédérale européenne (Europol)* et l'institution d'une *unité provisoire de coopération judiciaire (Eurojust)*, les Quinze ont en effet depuis peu multiplié les initiatives en faveur de la création d'un espace de sécurité et de liberté.

A. L'amorce d'une police fédérale européenne (Europol)

1005 Les Neuf, qui craignaient que les organisations internationales de coopération telles que l'Interpol ne leur permettent pas de lutter efficacement contre la délinquance, avaient décidé, lors du Conseil européen de Rome (1er et 2 décembre 1975), la création du groupe TREVI (Terrorisme, radicalisme, extrémisme et violence internationale), qui préfigure celle d'EUROPOL[3]. Il faudra cependant attendre le Traité sur l'Union européenne du 7 février 1992 pour prendre conscience de la nécessité de créer à l'échelle de l'Union un système d'échanges d'informations au sein d'un office européen de police (Europol).

1. L'originalité d'Europol

1006 ***La création d'Europol par une convention*** ◇ Europol qui est une organisation policière de type intergouvernemental [4], indépendante des États membres et des institutions communautaires et dont le siège est à la

1. Cf. aussi le programme établi par la Commission et le Conseil (*JOCE* C. 12, 15 janv. 2001).
2. « Tableau de bord pour l'examen des progrès réalisés en vue de la création d'un espace de liberté, de sécurité et de justice », COM(2000)167, 24 mars 2000.
3. Cette organisation intergouvernementale, à laquelle participaient également le Canada, les États-Unis, le Maroc, la Norvège, la Suisse, l'Autriche et la Suède, s'est longtemps limitée à organiser des rencontres entre les ministres de l'Intérieur de ces États.
4. Ce qui signifie que les États qui agissent en coopération, n'ont pas consenti d'abandon de souveraineté, dans la mesure où Europol n'a pas de caractère supranational et où les décisions sont prises à l'unanimité.

Haye (Pays-Bas), a été créée par la convention du 26 juillet 1995, entrée en vigueur le 1er octobre 1998, et n'est opérationnel que depuis le 1er juillet 1999. D'abord limitées à la lutte contre la drogue, ses activités ont ensuite été étendues par le Conseil à la lutte contre le terrorisme (Décis. 3 déc. 1998), puis à la lutte contre le « faux monnayage » et la « falsification des moyens de paiement » (Décis. 29 avr. 1999) avant de lui confier la lutte contre le « blanchiment de l'argent » (Décis. 30 nov. 2000). Le Traité d'Amsterdam (2 octobre 1997) avait tenu à le charger de la protection des citoyens aux côtés des forces de police et des autorités douanières (ex-art. 29 UE) et à préciser son rôle, tant en matière de collecte et de traitement d'informations que de pouvoirs d'enquête (ex-art. 30 UE), tout en facilitant ses interventions sur le territoire des États membres (ex-art. 32 UE). Un *Collège européen de police (Cepol)*, destiné à assurer la formation des plus hauts responsables des services de police des États membres et des pays candidats à l'adhésion, a d'ailleurs été instauré par une décision du Conseil du 22 décembre 2000. Le Traité de Nice (26 février 2001) a souhaité ensuite associer Europol et Eurojust [1] dans la lutte contre la criminalité afin « d'offrir aux citoyens un niveau élevé de protection dans un espace de liberté, de sécurité et de justice » (ex-art. 29 à 31 UE). Europol, dont la convention a été signée et ratifiée par tous les États membres de l'Union, exerce désormais sa compétence dans les 27 pays appartenant à la Communauté [2].

1007 ***L'institution d'une organisation communautaire centrale*** ◇ Europol est responsable devant le Conseil de ministres chargé de la justice et affaires intérieures, qui nomme ses dirigeants et adopte son budget. À sa tête est placé un *conseil d'administration* de 27 membres (un par État), qui se réunit au moins deux fois par an (en présence du directeur d'Europol et d'un représentant de la Commission) et statue généralement à l'unanimité (au risque de conduire au blocage de l'institution). Il participe à l'élargissement des objectifs d'Europol, intervient dans la nomination et la révocation du directeur, exerce des tâches d'ordre administratif (adoption du statut du personnel, nombre d'officiers de liaison) et financier et peut statuer sur certains litiges entre un État membre et Europol ou entre plusieurs États membres.

Le *directeur* et les *directeurs adjoints* d'Europol sont nommés par le Conseil pour cinq ans et renouvelables une seule fois [3] et peuvent être révoqués par

1. Cette unité provisoire de coopération judiciaire dont la création avait été décidée par le Conseil européen de Tampere (15 et 16 oct. 1999) et qui sera composée de procureurs ou de magistrats devrait constituer « la contrepartie judiciaire d'Europol ».

2. Conformément à Décis. 2007/543/CE Conseil, 23 juill. 2007 concernant l'adhésion de la Bulgarie et de la Roumanie à la convention portant création d'un office européen de police (convention Europol) (*JOUE* L. 200, 1er août 2007, p. 47).

3. Le premier directeur d'Europol a été l'allemand J. Storbeck, assisté du Belge W. Bruggeman, du français G. Leclair, de l'italien E. Marotta et de l'anglais D. Lawrence Valls-Russel, nommés le 29 avr. 1999. Il a été remplacé le 25 janv. 2006 par un autre allemand, M.-P. Ratzel, puis, le 6 avr. 2009, par l'anglais R. Wainwright, nommé à l'unanimité pour un mandat de quatre ans, à compter du 15 avr. 2009.

le Conseil après avis du conseil d'administration. Ils sont essentiellement chargés de l'exécution des tâches confiées à Europol, de l'administration et de la gestion courante et des décisions de son conseil d'administration, et constituent la seule structure permanente de l'institution.

Les agents d'Europol, nommés et révoqués par son directeur, font l'objet d'un recrutement très sélectif. Issus des différents services de police des États membres, ils n'ont pas la qualité de fonctionnaires, mais bénéficient de privilèges et d'immunités spécifiques (Prot. 19 juin 1997). Ils sont tenus à une obligation de réserve et de confidentialité. Ils sont désormais 620 (dont 130 officiers de liaison).

1008 ***La mise en place d'unités nationales et d'officiers de liaison*** ◇ Ces unités nationales sont relayées par des officiers de liaison qui transmettent leurs informations à Europol, auquel chaque unité est étroitement liée.

a) Les unités nationales. Chaque État membre est tenu de créer ou de désigner une unité nationale, qui constituera le seul organe de liaison entre Europol et les services nationaux compétents et dont les chefs, dont le rôle a d'ailleurs été sensiblement renforcé depuis qu'Europol est devenu une agence de l'Union européenne [1], pourront être appelés à assister Europol de leurs conseils. Leur composition est laissée à la discrétion des autorités nationales (principe de subsidiarité), qui doivent seulement recruter un personnel hautement qualifié et expérimenté. Les relations de chaque Unité nationale Europol (UNE) avec les services compétents sont régies par le droit national.

Ces unités nationales sont principalement chargées de coordonner les informations entre les États membres et Europol. Elles pourront toutefois refuser de transmettre à Europol les informations susceptibles de porter atteinte à des intérêts nationaux essentiels en matière de sécurité ou encore de compromettre le succès d'enquêtes en cours ou la sécurité d'une personne.

Chaque État membre doit également désigner une *autorité de contrôle national*, chargée de s'assurer de la régularité de l'introduction, de la consultation et de la transmission à Europol des données à caractère personnel et de vérifier qu'elles ne portent pas atteinte au droit des personnes.

b) Les officiers de liaison Europol (OLE). Chaque unité nationale doit également envoyer auprès d'Europol au moins un officier de liaison qui reste placé sous la dépendance de son État d'origine [2], mais ne pourra être nommé qu'avec l'accord du directeur et du conseil d'administration d'Europol. Ils devront obligatoirement être choisis parmi les fonctionnaires des services compétents en matière de prévention et de répression des délits relevant de la compétence d'Europol.

1. Cf. *infra*.
2. Qui endossera par exemple la responsabilité des dommages qu'ils pourraient causer dans l'exercice de leurs fonctions.

Ces officiers de liaison, dont la principale mission est de représenter les intérêts de leur unité nationale au sein d'Europol et d'échanger des informations avec Europol, doivent également se prêter assistance mutuelle afin de pouvoir coordonner leurs actions. Ils sont donc tout naturellement autorisés à consulter les différents fichiers d'Europol et sont tenus à ce titre au devoir de confidentialité et à l'obligation de réserve et bénéficient, comme tous les agents d'Europol, des privilèges et immunités nécessaires à l'accomplissement de leur mission.

1009 ***La transformation d'Europol en une agence de l'Union européenne*** ◇ Le Conseil de l'Union européenne, « justice et affaires intérieures », lors de sa réunion de Luxembourg, le 6 avril 2009, a décidé de transformer Europol en une *agence de l'Union européenne* [1], à partir du 1er janvier 2010, afin de lui donner les moyens d'élargir ses missions à la criminalité transfrontalière et de faciliter le travail d'enquête des policiers (grâce à la création de bases de données spécialisées). Ce changement de statut, qui fait suite à l'accord politique dégagé au sein du Conseil en avril 2008 [2], vise en effet à améliorer le fonctionnement opérationnel et administratif d'Europol, qui bénéficie désormais de la personnalité juridique, lui permettant de disposer de moyens financiers et en personnel beaucoup plus importants. Ce nouveau cadre devrait ainsi conduire Europol à se doter plus rapidement des moyens nécessaires pour répondre plus efficacement à l'apparition de nouvelles formes de criminalité. Europol, qui était financé jusqu'au 31 décembre 2009 par une contribution volontaire des États membres proportionnelle à leur PNB [3], l'est désormais par le budget général de l'Union européenne. Les recettes d'Europol sont en effet directement inscrites au budget général de l'Union et 334 millions d'euros ont été affectés à Europol, pour les années 2010-2013, conformément à son dernier plan financier quinquennal. Il est également soumis aux mêmes règles financières que les autres agences. Sa transformation en une agence de l'Union européenne contribuera également à rationaliser ses règles de fonctionnement et à lui assurer une meilleure cohérence avec les politiques de l'Union dans ce domaine. Cette décision étend enfin le mandat d'Europol à toutes les formes graves de criminalité transfrontalière, qui ne sont pas strictement liées à la criminalité organisée, afin de faciliter le soutien apporté aux États membres, lors des enquêtes pénales transfrontières, toutes les fois que l'implication de la criminalité organisée n'est pas démontrée dès le départ. Il pourra créer de nouvelles banques de données et sera autorisé à coopérer avec des structures privées. La présidence du Conseil d'administration est désormais assurée par une seule personne, déléguée par les trois États

1. Cf. à ce propos J.-F. Couzinet (dir.), *Les agences de l'Union européenne - Recherche sur les organismes communautaires décentralisés*, Études IREDE, PU Sciences sociales Toulouse, 2002.

2. Conformément à la proposition de décision présentée par la Commission, le 20 déc. 2006 [COM(2006)final] et approuvée par le Parlement européen, le 18 janv. 2008.

3. En France il était prélevé sur le budget de la Police nationale.

membres qui assurent conjointement la présidence (ou *troïka*) [1] pendant 18 mois, pour toute la durée de cette période. Le Parlement européen et les parlements nationaux devraient être encore plus étroitement associés au contrôle des activités d'Europol, conformément aux dispositions du Traité de Lisbonne (art. 88 § 2 al. 2 TFUE). Le nouveau statut d'Europol, qui dispose maintenant d'un budget propre devrait aussi permettre de renforcer les contrôles exercés par la Commission européenne tant sur un plan budgétaire que financier.

2. Les missions d'Europol

1010 ***Des objectifs relativement ambitieux*** ◇ Europol a pour mission d'« améliorer (...) dans le cadre de la coopération entre les États membres (...) l'efficacité des services compétents des États membres et leur coopération en ce qui concerne la prévention et la lutte contre le terrorisme, le trafic illicite de stupéfiante et d'autres formes graves de criminalité internationale, pour autant que des indices concrets révèlent l'existence d'une structure ou d'une organisation criminelle et que deux États membres ou plus sont affectés par ces formes de criminalité d'une manière telle que, au vu de l'ampleur, de la gravité et des conséquences des infractions, une action commune des États membres s'impose » (art. 2 § 2 Conv. Europol, 26 juill. 1995). Ces objectifs devront toutefois être réalisés progressivement. Europol devra en effet d'abord se consacrer à la lutte contre le trafic illicite de stupéfiants, de matières nucléaires et radioactives, des filières d'immigration clandestine et du trafic de véhicules volés, avant de pouvoir s'attaquer ensuite au terrorisme[2] et à la lutte contre le faux monnayage et la falsification des moyens de paiement (infractions liées à l'euro) [3]. La convention a également prévu que le Conseil puisse à l'unanimité le charger de s'occuper d'autres formes de criminalité, parmi celles énumérées dans son annexe (homicides volontaires, trafic illégal d'œuvres d'art, d'armes ou de munitions, crimes contre l'environnement, etc.).

Ses attributions devraient d'ailleurs progressivement être élargies et les principales décisions pourraient également être prises à la majorité, d'autant que le Royaume-Uni, l'Irlande et le Danemark bénéficient d'un régime dérogatoire (Décis. 2001/C/362/01 et 02 Conseil, 6 déc. 2001 [4] et 2003/170/JAI Conseil, 27 févr. 2003 relative à l'utilisation commune des officiers de liaison détachés par les autorités répressives des États membres [5]). Le Traité de Lisbonne rend désormais possible l'extension de ses compétences.

1. En concertation avec la Belgique et la Hongrie, la délégation espagnole préside le Conseil d'administration et la Belgique (P. De Buysscher, directeur CGI) en assure la vice-présidence.
2. Décis. Conseil, 3 déc. 1998.
3. Décis. Conseil, 29 avr. 1999.
4. *JOCE* C. 362, 18 déc. 2001, p. 1.
5. *JOUE* L. 67, 12 mars 2003, p. 27.

1011 ***Des attributions étendues par le Traité de Lisbonne*** ◇ Europol, dont la mission consiste à appuyer et à renforcer l'action des autorités policières et des autres services répressifs des États membres, ainsi que leur collaboration mutuelle dans la prévention et dans la répression de la criminalité grave affectant au moins deux États membres, du terrorisme et des autres formes de criminalité portant atteinte à un intérêt commun, objet d'une politique de l'Union (art. 88 § 1 TFUE), pourra voir ses attributions étendues. Un règlement du Parlement européen et du Conseil, adopté selon la procédure législative ordinaire, pourra en effet confier à Europol la collecte, le stockage, le traitement, l'analyse et l'échange des informations transmises par les autorités des États membres ou de pays tiers, ainsi que la coordination, l'organisation et la réalisation d'enquêtes et d'actions opérationnelles menées conjointement avec les États membres ou en liaison avec Eurojust (art. 88§ 2 TFUE).

1012 ***Des moyens non négligeables*** ◇ Pour réaliser l'ensemble de ces objectifs, Europol dispose de la personnalité juridique la plus large, qui lui permet de conclure des accords avec les États, la Communauté européenne ou l'OIPC-Interpol et de bénéficier de moyens financiers non négligeables [1].

a) Les conditions de l'intervention d'Europol. L'intervention d'Europol qui ne se conçoit pas indépendamment de celle des États (principe de subsidiarité) est soumise à deux conditions strictement définies par l'article 2 de la convention :

– la première tient à l'existence d'une « structure ou d'une organisation criminelle ». Le terme de *structure* renvoie à l'organisation des éléments d'un système, qui en assure en même temps la cohérence et la permanence. Celui d'*organisation* peut se définir comme un ensemble de personnes qui se proposent d'atteindre un but déterminé. Il en découle qu'Europol ne pourrait poursuivre un individu agissant totalement seul ;

– l'intervention d'Europol n'est ensuite possible que lorsque « deux États membres ou plus sont affectés par ces formes de criminalité ». Il peut alors lui être utile de coopérer avec des pays tiers pour pouvoir réaliser les objectifs visés par la convention.

Europol n'a toutefois pas de mandat exécutif et ne peut par conséquent pas procéder à l'arrestation de suspects, qui demeure donc de la compétence exclusive des polices et des douanes des États membres. Il se contente seulement de coordonner et de transmettre les informations qui leur sont nécessaires et reste placé sous leur contrôle et leur responsabilité juridique.

b) L'utilisation d'un système de recueil d'informations informatisé : The Europol Computer System (TECS). Il s'agit d'un système de recueil d'informations informatisé (TECS) permettant l'introduction, l'accès et l'analyse de données fournies par les États membres et par Europol. Ce dispositif général, qui constitue sans aucun doute l'instrument principal de la convention, comporte trois recueils : un *système d'informations*, opéra-

1. Cf. *supra*.

tionnel depuis le 1er janvier 2002, ainsi que des *fichiers de travail à des fins d'analyse* et un *système d'index*, qui existent déjà :

– le *système d'information*, alimenté par les États membres et par les États ou instances tiers, comme Interpol, pourra être consulté par les unités nationales, les officiers de liaison et pour les directeurs et les agents d'Europol habilités. Toutes les données nécessaires au bon fonctionnement d'Europol pourront y être stockées y compris certaines données à caractère personnel, à l'exception de celles qui concernent les infractions connexes. Il recense les personnes « devant faire l'objet un refus d'admission pour des motifs d'ordre public et de sécurité » dans les pays de l'« espace Schengen » ;

– les *fichiers de travail à des fins d'analyse* peuvent contenir des informations relatives aux infractions connexes, ainsi qu'aux témoins, aux victimes, aux accompagnateurs ou à toute personne pouvant fournir des informations sur les infractions. Ils se composent de fichiers d'analyse de type général ou stratégique et des fichiers de type opérationnel qui ont pour objet de fournir à Europol les éléments destinés à faciliter le déroulement de l'enquête criminelle et dont certains existent déjà depuis l'automne 1999 ;

– le contenu de ces fichiers est ensuite regroupé dans le *système d'index*, qui pourra être consulté par le directeur, les directeurs adjoints et les agents d'Europol habilités, ainsi que par les officiers de liaison.

3. Le fonctionnement d'Europol

1013 ***Le contrôle des activités d'Europol*** ◇ Une *autorité de contrôle commune (ACC) Europol*, est une autorité indépendante chargée de superviser le système d'information Europol (EIS). Elle siège à Bruxelles. Indépendante des États membres, elle ne doit recevoir d'instruction d'aucun organe. Elle est chargée, depuis novembre 1998, de s'assurer que le stockage, le traitement ou l'utilisation des données dont dispose Europol ne porte pas atteinte aux droits des personnes et devra par exemple être consultée sur tout projet de création de fichier informatique. Elle est composée de deux représentants (avec éventuellement un suppléant) de chacune des *autorités nationales de protection des données*, nommés pour cinq ans par les États membres et présidée par l'anglais David Smith [1].

Elle comporte un *comité des recours* constitué d'un membre de chaque délégation nationale et d'un suppléant, nommés pour cinq ans par leur État d'origine parmi les membres de l'ACC. Ce comité, qui est indépendant et impartial et n'est pas tenu par les instructions de l'ACC, est chargé d'examiner les recours formés par les personnes qui ont eu accès aux fichiers d'Europol et qui ont droit d'obtenir la rectification ou l'effacement des données erronées les concernant.

Un « *comité de sécurité Europol* », composé de représentants des États membres et d'Europol, pourra enfin être consulté par le directeur d'Europol

1. La portugaise I. Cerqueira Da Cruz en est la vice-présidente.

et par son conseil d'administration pour toutes les questions relatives à la bonne utilisation des données stockées.

1014 ***Le bilan des activités d'Europol*** ◇ Europol, qui coopère avec Eurojust [1] et avec la Banque centrale européenne (BCE) et entretient d'étroites relations avec certains pays tiers comme l'Islande, la Norvège [2], la Colombie, la Russie ou les États-Unis [3], ou organisations internationales comme Interpol ou l'Organisation mondiale des douanes a déjà permis de démanteler plusieurs réseaux criminels. Ainsi dès 2004, avait-il déjà participé à 2 300 enquêtes, dont 60 % concernaient le trafic de stupéfiant, 15 % le démantèlement de filières d'immigration clandestine, 15 % les réseaux de voitures volées, 8 % le blanchiment d'argent et 4 % le trafic d'êtres humains.

Europol a par exemple permis d'interpeller, le 14 juin 2005 près de 30 personnes dans le cadre d'une vaste opération de police, lancée en août 2004 dans 13 pays européens, afin de lutter contre des réseaux pédophiles sur Internet. Il a également facilité l'arrestation simultanée en France, aux Pays-Bas et au Royaume-Uni, d'un groupe responsable de transport illégal de clandestins iraniens à destination de Royaume-Uni et du Canada. C'est encore grâce à Europol qu'il a été possible d'arrêter des trafiquants de drogue italiens, néerlandais et sud-américains, opérant depuis l'Italie et les Pays-Bas ou d'enquêter sur un trafic de voitures volées en Espagne et vendues en Allemagne...

Mais en l'absence d'harmonisation des législations pénales nationales, Europol demeure toujours « une police intégrée dans un cadre intergouvernemental » [4], qui se heurte encore bien souvent à la résistance des États membres, soucieux de conserver leurs prérogatives dans un domaine aussi essentiel que celui de la sécurité intérieure. Il est clair qu'Europol, qui a moins de pouvoirs qu'Interpol, ne pourrait pleinement remplir les missions qui lui ont été assignées que dans le cadre d'une Europe véritablement fédérale qui impliquerait alors l'existence d'un parquet et d'une justice européenne. Europol qui serait alors communautarisé pourrait alors se voir confier les affaires les plus importantes, pour ne laisser aux polices locales que les affaires secondaires [5].

Trois nouveaux protocoles modifiant la convention de la Haye du 26 juillet 1995 sont entrés en vigueur le 29 mars 2007, pour les deux

1. Sur ce point, cf. *infra*.
2. Membres de l'espace Schengen.
3. Avec lesquels un accord permettant l'échange de données à caractère personnel a été signé le 20 déc. 2002.
4. Selon P. Berthelet, *Police et justice dans l'Union européenne*, Parlement européen, Direction générale des études, avr. 2000, p. 75.
5. Sur tous ces points, cf. J.-L. Clergerie, « Europol ou l'amorce d'une police fédérale européenne », *in Mélanges G. Isaac, 50 ans de droit communautaire*, PU Sciences sociales, Toulouse, 2004, t. I, p. 333 à 371.

premiers [1], et le 18 avril 2007, pour le troisième [2]. Le premier étend le mandat d'Europol au blanchiment d'argent, alors que les deux suivants renforcent les pouvoirs de l'office dans son activité de soutien aux États membres en lui donnant notamment la possibilité d'y coordonner des équipes d'enquête communes, de demander l'ouverture d'enquêtes, ou de permettre la participation des pays tiers, avec lesquels Europol a conclu des accords opérationnels [3], à certains groupes d'analyse, etc.

B. La création d'une unité de coopération judiciaire (Eurojust)

1015 Eurojust, appelée à collaborer avec Europol, a principalement pour mission de renforcer la lutte contre les formes les plus graves de criminalité.

1. Origines

1016 ***La coordination judiciaire entre les autorités nationales compétentes*** ◇ Le Conseil « Justice, affaires intérieures et protection civile » des 6 et 7 décembre 2001 est, conformément à l'échéancier fixé par le Conseil européen de Tampere [4], parvenu à un accord sur la création d'une unité de coopération judiciaire. Comme le prévoyait en effet la « déclaration relative à l'article 31, paragraphe 2 du Traité UE », annexée au Traité de Nice, « la décision de créer une entité composée de procureurs, de magistrats (ou d'officiers de police ayant des compétences équivalentes) détachés par chaque État membre (Eurojust), ayant pour mission de contribuer à une bonne coordination entre les autorités nationales chargées des poursuites et d'apporter son concours dans les enquêtes relatives à la criminalité organisée a été prévue par les conclusions de la présidence du Conseil européen de Tampere des 15 et 16 octobre 1999 ». Eurojust, dont l'existence avait d'ailleurs été consacrée par le Traité de Nice en 2001, aura donc pour tâche de promouvoir et d'améliorer la coordination entre les autorités nationales compétentes en ce qui concerne les enquêtes et les poursuites dans les États membres et de faciliter l'exécution des demandes d'extradition. Cette instance aura principalement pour mission de lutter contre les formes les plus graves de criminalité et en particulier contre la criminalité organisée. Eurojust devra fonctionner en étroite collaboration avec les magistrats de liaison, le réseau judiciaire européen (créé par l'action commune du Conseil du 29 juin 1998 [5]), Europol et le Bureau antifraude européen (OLAF). Cette

1. Cf. Actes Conseil, 30 nov. 2000 relatif au blanchiment d'argent (*JOCE* C. 358, 13 déc. 2000) et 28 nov. 2002 relatif aux équipes d'enquête communes (*JOCE* C. 312, 16 déc. 2002).

2. Cf. Acte Conseil, 27 nov. 2003 établissant un protocole modifiant la convention Europol (*JOUE* C. 2, 6 janv. 2004).

3. Cf. *supra*.

4. Cf. *supra*.

5. Cf. *infra*.

Unité de coopération judiciaire est appelée à remplacer, à partir du 6 mars 2002 (date de la publication de Décis. Conseil, 28 févr. 2002 au *JOCE*), l'« unité provisoire de coopération judiciaire » (Pro-Eurojust), mise en place par la décision du Conseil du 14 décembre 2000 [1] (à la suite d'une première initiative de l'Allemagne [2], puis d'une seconde émanant du Portugal, de la France, de la Suède et de la Belgique [3]). « Pro-Eurojust », composée d'un procureur, d'un juge ou d'un officier de police par État membre, avait été conçue pour faciliter la coopération judiciaire entre les États, en attendant la mise en place de l'unité définitive. De sa création en mars 2001, à sa disparition en mars 2002, Pro-Eurojust, dont le siège avait été fixé à Bruxelles dans les locaux du Conseil de l'Union européenne, a tout de même été saisie de plus de 180 dossiers.

1017 ***La décision du Conseil de l'UE du 28 février 2002*** ◇ La création effective d'Eurojust résulte de la décision 2002/187/JAI du Conseil du 28 février 2002 [4], acquise à l'unanimité, qui en a défini la composition et les modalités de fonctionnement. Eurojust est doté de la personnalité juridique, afin de lui donner l'autonomie nécessaire à l'accomplissement de ses missions. Il devient un organe communautaire qui reste intergouvernemental, mais qui vote le plus souvent à la majorité et qui est financé par le budget général de l'Union, à l'exception des salaires et des émoluments de ses membres nationaux et de leurs assistants, qui sont à la charge de leur État d'origine. Eurojust, qui bénéficie d'ailleurs, depuis l'entrée en vigueur du Traité de Nice (1er février 2003), d'un fondement juridique dans le Traité (act. art. 85 et 86 § 1 TFUE), est officiellement entré en fonction, le 29 avril 2003, le jour même de son inauguration par les ministres de la Justice des Quinze, auxquels s'étaient d'ailleurs joints les représentants des dix nouveaux États membres également appelés à y participer. Il a trois missions principales :

– promouvoir et améliorer la coordination entre les autorités judiciaires nationales compétentes, dans leur lutte contre les formes graves de criminalité organisée transfrontalière ;

– améliorer leur coopération en facilitant la mise en œuvre de l'entraide judiciaire ;

– aider les autorités nationales à renforcer l'efficacité de leurs enquêtes et de leurs poursuites.

Il doit également devenir l'interlocuteur privilégié du Conseil, de la Commission [5] et du Parlement européen dans tous ces domaines.

Son siège, après avoir été très provisoirement installé à Bruxelles (le 1er mars 2002), dans les locaux du Conseil de l'Union européenne, est

1. *JOCE* L. 324/2, 21 déc. 2000.
2. *JOCE* C. 206, 19 juill. 2000.
3. *JOCE* C. 243, 24 août 2000.
4. *JOCE* L. 63, 6 mars 2002, p. 1. Décis. modifiée par Décis. 2003/659/JAI Conseil, 18 juin 2003 (*JOUE* L. 245, 29 sept. 2003, p. 44).
5. Sur ce point, cf. *infra*.

depuis décembre 2002 désormais fixé à La Haye (où se trouvent déjà les locaux d'Europol), dans les locaux de la Cour pénale internationale. Eurojust a d'ailleurs signé avec Europol, le 9 juin 2004, un accord de coopération étroite [1].

Sa composition et son fonctionnement sont en grande partie définis par son règlement intérieur.

2. Composition

1018 ***Des représentants du système judiciaire de chaque État membre*** ◇ Eurojust est composé d'un représentant national « ayant la qualité de procureur, de juge ou d'officier de police ayant des prérogatives équivalentes », détaché par chaque État membre conformément à son système juridique. Ces membres sont obligatoirement choisis parmi les magistrats du siège ou du parquet [2], ainsi que parmi les officiers de police, particulièrement expérimentés et de haut niveau. Certains bénéficient de l'aide d'adjoints et d'assistants. Ils pourront également être révoqués dans les mêmes conditions. L'ensemble du collège choisit alors parmi ses membres, par un vote à bulletin secret à la majorité des deux tiers, son président et ses deux vice-présidents pour un mandat de trois ans renouvelable une seule fois. Chaque élection doit ensuite être approuvée par le Conseil de l'Union européenne. Le premier président du collège d'Eurojust a été l'anglais Michael G. Kennedy (de 2003 à 2007). Après l'arrivée de la Bulgarie et de la Roumanie, le 1er janvier 2007, les 27 membres nationaux ont ensuite élu, le 6 novembre 2007, le portugais José Luis Lopes da Mota, à la présidence du collège, avec comme vice-présidents, l'estonien Raivo Sepp et la Belge Michèle Coninsx. Le président transmet au Conseil puis au Parlement européen un rapport annuel retraçant toutes les activités exercées par le collège, ainsi que les propositions destinées à améliorer la coopération judiciaire en matière pénale, qui permet au Conseil de contrôler l'activité d'Eurojust. Ils peuvent avoir un assistant ou même plusieurs, mais avec l'accord de l'ensemble du collège, qui seront appelés à les remplacer en cas d'empêchement lors des réunions ou à les aider dans l'accomplissement de leurs missions. Eurojust exerce ses missions par l'intermédiaire de ses membres ou en tant que collège.

1019 ***L'assistance de services administratifs et de comités techniques*** ◇ L'unité est soutenue par une équipe administrative réduite, dirigée par l'allemand Ernst Merz, depuis sa nomination pour un premier mandat de cinq ans en septembre 2002 [3] à l'unanimité des membres du collège parmi

1. Qui aura par exemple permis l'interpellation d'un vaste réseau de pédophiles sur l'ensemble du territoire européen, en nov. 2007 (opération « Koala »).

2. Ou pour les pays qui, comme l'Irlande ou le Royaume-Uni, ne connaissent pas cette institution, parmi les magistrats responsables en matière de poursuite.

3. Réélu à ce poste le 24 juill. 2007.

les personnalités préalablement choisies par un comité de sélection constitué à l'initiative d'Eurojust. Le directeur administratif, qui doit obligatoirement être ressortissant d'un État membre, peut à tout moment être révoqué à la majorité des deux tiers des membres du collège. Il est responsable de l'organisation administrative et du fonctionnement d'Eurojust, sous l'autorité du président d'Eurojust. Il est également chargé du recrutement du personnel d'Eurojust dont il est le supérieur hiérarchique. Il établit chaque année l'avant-projet de budget qui devra être ensuite adopté par l'ensemble des membres du collège avant le 1er mars, avant d'être transmis à la Commission qui établit le projet définitif. Il est également chargé de son exécution, conformément à l'article 248 CE. Le directeur administratif est également appelé à choisir, en accord avec le président, parmi le personnel d'Eurojust, le secrétaire général, qui assiste aux réunions du collège et a essentiellement des attributions d'ordre administratif (rédaction des procès-verbaux des réunions) et qui est directement placé sous son autorité.

Le collège d'Eurojust peut enfin, à la majorité des deux tiers de ses membres, créer des comités pour l'assister dans l'ensemble de ses missions et pour l'aider à préparer ses décisions. Ont d'abord été mis en place des comités de stratégie, de communication ou d'évaluation.

3. Fonctionnement

Eurojust se réunit une fois par semaine à la Haye sur un ordre du jour préparé par le président et transmis à tous les membres du collège par le secrétaire général, trois jours au moins avant chaque séance et vingt-quatre heures seulement avant les sessions extraordinaires, qui pourront avoir lieu à la demande du président ou d'un membre national. Après approbation de l'ordre du jour (auquel pourront toujours être rajoutées des questions urgentes) par l'ensemble des membres du collège, la réunion se déroule à huis clos, avec toutefois la possibilité pour le président, également avec l'accord de l'ensemble du collège, d'inviter des personnalités qualifiées, des représentants de la Commission ou d'États tiers, du bureau antifraude européen (OLAF)[1], d'Europol ou du réseau judiciaire européen à y assister. Dès lors que le quorum des deux tiers des membres du collège est atteint, les décisions sont généralement adoptées à la majorité simple et, dans les cas prévus par le règlement intérieur, à la majorité des deux tiers ou à l'unanimité. Le vote a lieu à main levée ou en cas de contestation par appel nominal.

1020 ***L'organe de contrôle commun*** ◇ Eurojust fonctionne en s'appuyant sur un organe de contrôle commun, composé de trois membres permanents désignés pour dix-huit mois au moins par les États membres, qui sont

1. Les relations de l'OLAF et d'Eurojust sont établies par l'art. 26 Décis. 28 févr. 2002 et précisées par Prot. d'accord signé à Bruxelles, le 14 avr. 2003. L'OLAF a d'ailleurs créé une unité « magistrats » pour renforcer l'efficacité des enquêtes et des poursuites qu'ils sont appelés à exercer en commun.

également appelés à nommer des juges *ad hoc*, juste pour le temps nécessaire à l'examen des recours (art. 4 Décis. 2002/187/JAI Conseil, 27 févr. 2002). Ces personnalités doivent exclusivement être choisies parmi les juges ou les personnes exerçant une fonction équivalente et, afin de préserver leur indépendance, ne peuvent pas appartenir en même temps à Eurojust. Sa présidence est assurée par le juge, dont l'État d'origine assume la présidence du Conseil de l'Union. L'organe de contrôle commun a principalement pour mission d'assurer, conformément au respect des droits de l'homme et des libertés fondamentales, la protection des données personnelles contenues dans les fichiers d'Eurojust, dont il doit en particulier garantir la confidentialité.

1021 ***Les relations d'Eurojust et de la Commission européenne*** ◇ La Commission, qui doit être pleinement associée aux travaux concernant la coopération policière et judiciaire en matière pénale, est représentée lors de toutes les réunions d'Eurojust par le commissaire en chargé de la justice et des affaires intérieures, qui peut y exposer son point de vue sur les questions relevant de sa compétence. La Commission est appelée à donner son avis sur les ordres du jour, qui doivent lui être soumis une semaine avant chaque réunion ; elle peut également leur apporter des modifications. Le collège est pour sa part tenu d'informer la Commission des problèmes majeurs qu'il peut rencontrer dans l'exercice de ses fonctions, afin qu'elle puisse émettre des avis ou des recommandations ou présenter au Conseil des propositions de règlements ou de directives.

4. Attributions

1022 ***Favoriser et améliorer la coordination entre les autorités judiciaires des États membres en matière d'enquêtes et de poursuites*** ◇ Eurojust est appelé à intervenir pour lutter contre les formes graves de criminalité, notamment contre les « organisations criminelles » [1], et ce dans tous les domaines couverts par Europol (terrorisme, trafic de stupéfiants et de main-d'œuvre, traite des êtres humains en vue de se livrer à l'exploitation sexuelle des enfants, blanchiment d'argent, association de malfaiteurs...) [2]. Il convient toutefois que ces infractions concernent au moins deux États, dont l'un pourra d'ailleurs ne pas appartenir à la Communauté, mais à condition qu'il ait préalablement signé avec elle une convention de coopération judiciaire (art. 27 Décis. 27 févr. 2002).Tous les pays touchés par ce type de délinquance pourront par conséquent coordonner leur action, en mettant à la disposition des services nationaux chargés de mener les enquêtes et les poursuites l'ensemble des personnels et des moyens

1. Selon la définition donnée par le Conseil JAI du 21 sept. 1998.
2. Cf. O. de Baynast, « Eurojust : une nouvelle organisation de l'Union européenne pour renforcer la lutte contre les formes graves de criminalité », *in L'Europe du droit*, CNUE, Bruxelles, 2002, p. 129 à 133.

dont dispose Eurojust. Cette unité, qui a l'obligation de prendre en compte toutes les demandes émanant des autorités compétentes des États membres, est tenue d'aider les juges nationaux à coordonner leurs investigations et leurs enquêtes, ce qui peut d'ailleurs souvent conduire à la mise en place d'équipes d'enquêtes communes à plusieurs ou à l'ensemble des États, préalable indispensable à la création d'un parquet européen. Eurojust peut pour sa part demander aux autorités nationales de lui donner les informations nécessaires à l'accomplissement de ses missions. Il peut également inviter, sans jamais pouvoir le contraindre, un État membre à entreprendre une enquête ou à engager des poursuites, s'il considère que les instances judiciaires de ce pays sont plus compétentes que lui pour résoudre une affaire donnée.

1023 ***Développer la coopération judiciaire en matière pénale et dans le domaine de l'extradition*** ◇ Eurojust, qui est un organe permanent dont l'action s'inscrit dans la durée, devrait pouvoir permettre de favoriser l'exécution effective des demandes d'entraide judiciaire et d'extradition, qui se sont toujours heurtées jusque-là à des obstacles d'ordre juridique, politique ou tout simplement linguistique. Ses membres, qui sont tous de parfaits connaisseurs de leurs systèmes judiciaires, sont en effet appelés à se tenir constamment informés de leurs particularismes, ce qui ne peut que contribuer à faciliter leur coopération. Ils travaillent en ce sens en harmonie avec les « magistrats de liaison », installés en dehors de leur État d'origine et surtout avec le « réseau judiciaire européen ». Présent dans tous les pays membres, il participe aux travaux et aux réunions du collège, auquel il doit fournir des informations, tant en ce qui concerne les modalités de saisine des tribunaux, que l'organisation et le fonctionnement des institutions judiciaires de chaque État membre [1]. Ces renseignements sont ensuite retransmis aux autorités qui présentent une demande d'assistance ou aux équipes d'enquêtes communes (commissions rogatoires). Eurojust pourra intervenir à la demande de n'importe quelle autorité judiciaire nationale ou de sa propre initiative.

5. Bilan et perspectives

1024 ***Les limites de l'action d'Eurojust*** ◇ Eurojust, qui dispose pourtant de prérogatives relativement importantes, comme la possibilité de demander directement aux autorités judiciaires d'un État de déclencher des enquêtes ou de constituer des commissions d'enquêtes communes[2], ne joue pour l'instant qu'un rôle encore assez limité. Il ne peut par exemple pas directement conduire des enquêtes et encore moins procéder à l'harmonisation des législations nationales dans ce domaine, ce qui serait pourtant nécessaire

1. Le RJE peut également inviter Eurojust à participer à ses travaux (comme lors de sa réunion plénière du 3 au 5 déc. 2003), conformément à l'action commune 96/277/JAI.
2. Cf. *supra*.

pour pouvoir lutter efficacement contre la criminalité organisée transfrontalière. Il ne s'agit en effet que d'une instance de coopération, qui n'exerce pas non plus de contrôle judiciaire sur Europol, dont il se contente seulement de soutenir et de compléter l'action. Sa mission se limite donc pour le moment à orienter la coopération judiciaire pénale. Il est vrai que la segmentation des moyens de lutte contre la délinquance dans le Traité entre le premier et le troisième pilier n'est pas pour faciliter sa tâche. Ainsi la lutte contre la fraude portant atteinte aux intérêts financiers de la Communauté (art. 280 CE), qui fait partie des politiques intégrées (premier pilier) a-t-elle été confiée à l'OLAF depuis 1999, alors que la coopération policière et judiciaire en matière pénale (art. 29 à 42 UE), qui demeure toujours placée dans la sphère intergouvernementale, est incluse dans le troisième pilier. La mise en place par la Commission d'une « unité magistrat » au sein de l'OLAF complique encore un peu plus cette architecture institutionnelle et ne facilite pas la collaboration entre ces deux organes. Seule la création d'un parquet européen permettrait sans doute de renforcer l'autorité d'Eurojust à l'égard des autorités judiciaires des États membres, qui ne pourraient alors plus refuser de donner suite à une demande d'ouverture d'une enquête ou de poursuites [1]. Il reste que les États membres, soucieux de préserver leur souveraineté dans le domaine de la coopération judiciaire, ont encore bien du mal à transmettre à Eurojust des demandes tendant à déclencher des enquêtes. Enfin le maintien de la règle de l'unanimité dans encore bien des domaines est très souvent synonyme de blocage dans une Europe désormais à vingt-sept, où il sera particulièrement difficile, pour ne pas dire impossible d'obtenir l'accord de tous les États. C'est pourquoi Eurojust a vu ses pouvoirs sensiblement étendus par le Traité de Lisbonne.

1025 ***L'extension des attributions d'Eurojust*** ◇ Eurojust, dont la mission est d'appuyer et de renforcer la coordination et la coopération entre les autorités nationales chargées des enquêtes et des poursuites relatives à la criminalité grave affectant au moins deux États membres ou exigeant une poursuite sur des bases communes, pourra voir ses attributions renforcées par des règlements adoptés par le Parlement européen et le Conseil, conformément à la procédure législative ordinaire. Il pourra ainsi être autorisé à déclencher des enquêtes pénales et à proposer aux autorités nationales d'engager des poursuites et à en assurer la coordination (art. 85 § 1 TFUE). Le Conseil, par un simple règlement adopté conformément à une procédure législative spéciale (à l'unanimité et après approbation du Parlement européen) aura même la possibilité d'instituer un parquet européen [2], à partir d'Eurojust (art. 86 § 1 al. 1 TFUE).

1. C'est bien pourquoi les ministres des 27 chargés de la Justice et des Affaires intérieures (JAI) ont décidé, les 24 et 25 juin 2008 à Bruxelles, de renforcer les pouvoirs dont bénéficie Eurojust (possibilité de détacher des magistrats de liaison dans les pays tiers afin de suivre les « équipes communes d'enquête » – ECE – ; création d'un mécanisme de coopération d'urgence ; amélioration des échanges d'information entre les autorités nationales et Eurojust, etc.).

2. Sur ce point, cf. *infra*.

C. Les autres initiatives en faveur de la création d'un espace de sécurité et de liberté

1026 La Commission qui déplorait, dans une communication du 29 septembre 2000 « le morcellement de l'espace judiciaire européen » ainsi que le « caractère lourd et inadapté des méthodes classiques de la coopération judiciaire entre les États membres », a depuis longtemps encouragé les initiatives en faveur de la coopération dans le domaine pénal.

1. L'harmonisation progressive du droit pénal des États membres

1027 ***L'échec du projet de « corpus juris »*** ◇ Le « *corpus juris* » avait été conçu comme une sorte de code criminel européen. Ce projet avait été rédigé à la demande du Parlement européen par un groupe d'experts, placé sous l'égide de la Commission européenne, qui l'avait officiellement présenté à la conférence de l'institut espagnol européen, qui avait eu lieu à Saint Sébastien, les 17 et 18 avril 1997. Ce « code », qui est toujours jusqu'à maintenant resté à l'état de projet, avait pour principal objectif de proposer d'établir pour certaines infractions des définitions et des règles communes de procédure pénale. Il avait même prévu de créer des infractions spécifiques au droit communautaire, comme l'interdiction d'exporter de la viande bovine en cas de contamination. Son adoption par les États membres aurait en outre permis de faciliter la mise en place d'un parquet européen, dont la création avait d'ailleurs déjà été prévue par le projet de Constitution européenne, avant d'être reprise par le Traité de Lisbonne [1]. Même si la Grèce avait été le seul pays à s'y montrer hostile lors de la réunion préparatoire du Conseil européen de Tampere, il semble bien que ce projet ait implicitement été abandonné depuis la réunion du Conseil de l'Union européenne du 14 décembre 2000.

1028 ***Le recours aux « décisions-cadre » mises en place par le Traité d'Amsterdam*** ◇ Même en l'absence de codification du droit pénal, il n'en demeure pas moins que les États membres restent tenus de procéder au rapprochement de leur législation dans le domaine du droit pénal (ex-art. 29 al. 2 3e tiret UE), ne serait-ce qu'en adoptant progressivement des mesures instaurant des règles minimales relatives aux éléments constitutifs des infractions et aux sanctions applicables en matière de criminalité organisée, de terrorisme et de trafic de drogue (ex-art. 31, e UE). Après avoir eu d'abord recours à des conventions [2] pour y parvenir, les États ont pu utiliser la « décision-cadre » (ex-34 § 2 b), créée par le Traité d'Amsterdam, juste-

1. Sur ce point, cf. *infra*.
2. Cf. Conv. 27 sept. 1996 relative à l'extradition entre les États membres de l'UE (*JOCE* C. 313/12, 23 oct. 1996) ou Conv. 29 mai 2000 relative à l'entraide judiciaire en matière pénale (*JOCE* C. 197/3, 12 juill. 2000).

ment pour permettre le rapprochement de leurs législations [1]. Certaines peuvent même leur imposer de fixer des sanctions minimales pour les infractions les plus graves. De nombreuses « décisions-cadre » ont déjà été adoptées, plus particulièrement dans le domaine financier ou en matière de lutte contre le terrorisme [2] ou contre la traite des êtres humains [3].

2. Le réseau judiciaire européen en matière pénale

1029 ***Les liens avec les « magistrats de liaison »*** ◇ Après l'institution de « magistrats de liaison » par une « action commune » [4] 96/277/JAI du 22 février 1996, qui n'a fait en réalité qu'entériner l'habitude déjà prise par les États membres d'affecter des magistrats dans d'autres pays de l'Union [5], le Conseil devait adopter, le 29 juin 1998, deux nouvelles actions communes. La première (98/427/JAI), qui avait trait aux « bonnes pratiques d'entraide judiciaire en matière pénale » [6], a permis d'aboutir à la conclusion de la convention du 29 mai 2000 relative à l'entraide judiciaire en matière pénale entre les États membres de l'UE, et la seconde (98/428/JAI), entrée en vigueur, le 7 août 1998, allait être à l'origine de la création du réseau judiciaire européen[7], qui devrait pouvoir s'appuyer sur ces « magistrats de liaison », qui seront également appelés à participer au réseau judiciaire européen en matière civile et commerciale, dont l'existence devait ensuite être confirmée par une décision du Conseil du 28 mai 2001 [8].

1030 ***La lutte contre la criminalité organisée*** ◇ Ce réseau, placé sous la tutelle des États membres, réunit les autorités nationales centrales responsables de la coopération judiciaire internationale, ainsi qu'un ou plusieurs points de contact créés dans chacun d'entre eux [9] et le point de contact désigné par la Commission, auxquels pourront également être associés les « magistrats de liaison ». Il s'agit ainsi de faciliter l'établissement de liens entre tous ces relais en organisant entre eux des rencontres régulières afin de

1. Sur ce point, cf. *supra*.
2. Sur ce point cf. *infra*.
3. Cf. Décis.-cadre 2002/629/JAI Conseil, 19 juill. 2002, relative à la lutte contre la traite des êtres humains (*JOCE* L. 203, 1er août 2002), qui impose aux États de prévoir des sanctions « effectives, proportionnées et dissuasives », dont la durée maximale ne devra pas être inférieure à huit ans.
4. Qui avaient été instituées par l'art. K3 du Traité sur l'Union européenne afin de coordonner les positions des États membres, les actions communes ont été supprimées par Amsterdam, cf. *supra*.
5. Depuis qu'en mars 1993, la France a nommé un premier magistrat auprès des autorités judiciaires italiennes pour améliorer la coopération judiciaire entre les deux pays, avant de faire de même aux Pays-Bas, en Espagne, en Allemagne, au Royaume-Uni...
6. *JOCE* L. 191/1, 7 juill. 1998.
7. *JOCE* L. 191/4, 7 juill. 1998.
8. Cf. *infra*.
9. Qui devront avoir une connaissance suffisante d'une langue de l'UE autre que leur langue nationale (art. 2).

transmettre aux autorités judiciaires locales les informations nécessaires à lutter contre la criminalité organisée, en particulier grâce à la mise en place d'un réseau de télécommunication efficace. Ce réseau a donc pour principal objectif d'améliorer sur un plan juridique et pratique l'entraide judiciaire entre les États membres de l'UE, mais seulement en ce qui concerne les formes graves de criminalité (crime organisé, corruption, trafic de drogue, terrorisme, etc.). Il doit également permettre de coordonner l'exécution des demandes des autorités judiciaires de plusieurs États membres.

Le RJE est administré par le Secrétaire général du Conseil. Depuis sa première réunion, qui a eu lieu à Bruxelles, le 25 septembre 1998, ses membres ont pris l'habitude de se rencontrer périodiquement et autant de fois que nécessaire afin de permettre aux différents points de contact de se connaître et d'échanger leurs expériences en matière de coopération judiciaire.

Depuis une première évaluation qui a eu lieu en août 1999, le Conseil est tenu de procéder tous les trois ans, à l'initiative de la présidence, à l'évaluation du fonctionnement du réseau judiciaire européen sur la base d'un rapport établi par ce dernier. Il doit principalement examiner à cette occasion la place et le rôle qu'il pourrait remplir à l'égard d'Europol.

3. Le mandat d'arrêt européen

1031 Il était devenu indispensable de remplacer la convention des 9 et 10 mars 1995, relative à la procédure simplifiée d'extradition entre les États membres de l'Union européenne, qui avait en effet rapidement montré ses limites [1].

1032 ***Le principe de reconnaissance mutuelle*** ◇ Suite aux attentats du 11 septembre 2001 et après seulement quelques mois de discussion, le Conseil des ministres a donc adopté, le 13 juin 2002, la décision-cadre 2002/584/JAI relative au mandat d'arrêt européen[2], dont le principe avait d'ailleurs été arrêté lors du Conseil européen de Tampere (15 et 16 octobre 1999). Il s'agissait ainsi de mettre en place un « système simplifié de remise entre États membres », fondé sur un « degré élevé de confiance entre les États membres », ainsi que sur le principe de « reconnaissance mutuelle », que le Conseil européen de Tampere avait qualifié de « pierre angulaire » de l'espace de liberté, de sécurité et de justice [3]. Le mandat d'arrêt européen, qui est applicable à l'ensemble du territoire de l'Union, se substitue à la procédure d'extradition qui laissait aux États une assez large marge d'appréciation.

Ce texte, dont le champ d'application pourra toujours être étendu par le Conseil, ne concerne actuellement que trente-deux infractions clairement

1. Cf. *supra*.
2. *JOCE* L. 190, 18 juill. 2002.
3. Cf. à ce propos communication COM(2000)495 Commission, ainsi que le programme de mesures établi par la Commission et le Conseil à ce propos (*JOCE* C., 15 janv. 2001).

définies telles que le terrorisme, la traite des êtres humains ou les homicides volontaires, qui ne devront d'ailleurs pas nécessairement constituer une infraction dans le pays dans lequel la remise ou l'arrestation a fait l'objet d'une demande. Le mandat d'arrêt européen pourra d'ailleurs être diffusé grâce au « système d'information Schengen » (SIS) [1]. Il devra donc permettre aux autorités judiciaires de l'État membre qui en fera la demande, d'obtenir automatiquement, dans n'importe quel pays de l'Union et dans un délai de 90 jours, l'arrestation et l'extradition de tout individu faisant l'objet de poursuites ou d'une condamnation, sauf « s'il existe des raisons de croire » que le mandat est motivé pour des raisons discriminatoires, tenant à la race, à la religion ou aux opinions politiques. Il ne jouera toutefois que si les faits poursuivis dans le pays à l'origine de la demande sont également réprimés dans celui auquel s'adresse la demande. Toujours est-il que le refus d'extrader ne devrait plus être la règle, comme c'est encore trop souvent le cas actuellement, mais l'exception. Le mandat européen, qui aurait normalement dû entrer en vigueur le 1er janvier 2004, n'est applicable en France que depuis le 1er mars 2004 et ne l'était toujours pas à l'époque dans la plupart des pays (Allemagne, Royaume-Uni, Espagne, Italie), qui s'étaient pourtant engagés à le mettre les premiers en place... Seuls huit États membres l'avaient en effet transposé à cette date dans leur législation. Le mandat d'arrêt européen a pourtant permis au juge espagnol Baltasar Garzon de faire arrêter un peu partout en Europe les auteurs présumés des attentats de Madrid du 11 mars 2004 et de les faire ensuite remettre à la justice espagnole.

1033 ***La nécessité de renforcer la lutte contre le terrorisme*** ◇ La décision-cadre 2002/475/JAI du Conseil du 13 juin 2002, relative à la lutte contre le terrorisme [2], adoptée peu après les attentats du 11 septembre 2001, constitue une avancée notable dans la création d'un espace européen de liberté, de sécurité et de justice. Ce texte impose en effet aux États membres de sanctionner le meurtre, l'enlèvement et la prise d'otages en tant qu'infractions terroristes si elles sont commises dans des circonstances spécifiques, par exemple si elles visent à intimider une population. Il les oblige également à punir la direction et la participation à un groupe terroriste, ainsi que l'incitation, la complicité et même la tentative de commettre une infraction terroriste. Il prévoit enfin des sanctions « effectives, proportionnées et dissuasives », qui devront être plus sévères que celles encourues pour des faits similaires commis sans mobiles terroristes.

Les attentats de Madrid du 11 mars 2004 ont ensuite conduit l'Union européenne à prendre des mesures destinées à renforcer la coopération judiciaire en matière pénale dans la lutte contre le terrorisme. Le Conseil européen de Bruxelles a donc décidé, le 25 mars 2004, d'entériner la décision du Conseil des ministres du 19 mars, de nommer, à compter du 29 mars

1. Cf. *supra*.
2. *JOCE* L. 164, 22 juin 2002.

2004, un « coordinateur de l'action communautaire contre le terrorisme ». Le premier à occuper ce poste (mars 2004-mars 2009) aura été le néerlandais Gijs de Vries (ancien secrétaire d'État à l'Intérieur de 1998 à 2002), qui sera remplacé, le 20 Septembre 2007, par le Belge Gilles de Kerchove. Son rôle consistait, en collaboration avec Javier Solana, alors Haut représentant de l'Union pour la PESC, à coordonner la riposte communautaire en cas d'attaque terroriste visant un ou plusieurs États membres. Il devait aussi animer au sein du Conseil des ministres une cellule opérationnelle d'échange de renseignements. Le Conseil avait également décidé à cette occasion d'anticiper l'application de la « clause de solidarité » prévue par le projet de Constitution européenne et reprise par le Traité de Lisbonne (art. 42 § 7 al. 1er TUE) [1], qui impose aux États membres, en cas d'agression armée contre l'un d'entre eux, de mettre à la disposition de l'Union tous les instruments nécessaires, y compris militaires (art. 47 § 3 al. 1er). Il a enfin choisi d'avancer à la fin 2005, au lieu de 2007, l'intégration de données biométriques (empreintes digitales, iris de l'œil) dans les passeports des ressortissants communautaires.

SECTION 2. LA COOPÉRATION JUDICIAIRE EN MATIÈRE CIVILE

1034 L'évolution de la coopération judiciaire en matière civile, qui débute par une simple coordination des systèmes juridiques nationaux, permet d'espérer des perspectives beaucoup plus ambitieuses.

§ 1. Évolution

1035 Le Traité de Rome avait souhaité encourager les États membres à procéder à l'*harmonisation de leurs systèmes juridiques nationaux* dans le cadre d'une coopération strictement intergouvernementale (décisions prises à l'unanimité du Conseil, recours aux procédés conventionnels). Le Traité d'Amsterdam, en communautarisant l'essentiel du troisième pilier[2], a en outre permis l'*adoption de mesures destinées à faciliter la coopération judiciaire entre États membres*.

A. L'harmonisation des systèmes juridiques nationaux

1036 ***Le recours aux procédés conventionnels*** ◇ Le Traité de Rome avait prévu la possibilité pour les États membres d'avoir recours à des conventions

1. Sur ce point, cf. *supra*.
2. Cf. *supra*.

internationales afin de leur permettre de coordonner leurs systèmes juridiques dans un certain nombre de matières (essentiellement de droit international privé). Ils pourront d'ailleurs également utiliser de tels procédés dans des domaines autres que ceux qui avaient été limitativement prévus par le Traité de Rome. Ces accords, qui ne pourront naturellement être assimilés ni au droit originaire, ni au droit dérivé, resteront soumis au droit international et échapperont par conséquent en principe à la compétence de la Cour de justice des Communautés européennes, en particulier en matière de renvoi préjudiciel, même si leur objet présente des liens évidents avec le droit communautaire (CJCE 15 janv. 1986, *Hurd*, aff. 44/84, *Rec.* p. 29) [1]. La Cour a cependant reconnu le droit pour un État membre de refuser le transfert du siège d'une entreprise dans un autre État membre, tant que les conventions prévues par l'article 293 CE (à l'époque 220 Traité) ne sont pas entrées en vigueur.

1037 ***Les conventions prévues par le Traité de Rome (ex-art. 293 CE)***

◇ Cet article énumérait les quatre domaines dans lesquels les États membres devaient engager des négociations en vue de rapprocher leurs systèmes juridiques :

– la protection des personnes et des droits individuels dans les mêmes conditions que celles accordées à leurs propres ressortissants ;

– l'élimination de la double imposition à l'intérieur de la Communauté ;

– la reconnaissance mutuelle des sociétés de droit civil ou commercial, y compris les sociétés coopératives, et les autres personnes morales de droit public ou privé, dès lors qu'elles poursuivent un but lucratif (conformément à art. 54 TFUE, ex-48 CE) ;

– la simplification des formalités relatives à la reconnaissance et à l'exécution des décisions judiciaires et des sentences arbitrales.

Certaines ont trait au droit commercial et d'autres au droit judiciaire privé :

– la *convention de Bruxelles du 29 février 1968 sur la reconnaissance mutuelle des sociétés et des personnes morales* [2] (complétée par le protocole du 3 juin 1971 relatif à l'interprétation de la convention par la Cour) [3], qui n'a jamais pu entrer en vigueur du fait du refus de ratification des Pays-Bas, avait pourtant été la première à donner une définition de la société (art. 58 al. 2) et à permettre aux États de ne pas reconnaître une société, dont le siège était installé à l'extérieur du territoire de la Communauté et qui n'avait pas de lien réel avec l'économie d'un pays membre [4]. Ce sera donc la Cour, en se

1. Sauf si l'accord l'a expressément prévu (cf. art. 43 Conv. 23 nov. 1995) ou si un protocole spécial autorise l'interprétation de la Cour, mais réticences des États membres (Décl. solennelle Stuttgart, 19 juin 1983) ; cf. à ce propos deux Prot. 3 juin 1971 relatifs aux conventions des 29 févr. et 27 sept. 1968.

2. Cf. *JOCE* L. 204/28, 2 août 1975.

3. Cf. *Bull. CE*, suppl. 2/69.

4. Cf. *RTD eur.* 1968. 405.

fondant sur une interprétation extensive de l'article 48 CE (devenu 54 TFUE), qui permettra finalement de consacrer la reconnaissance mutuelle des sociétés (CJCE 5 nov. 2002, *Uberseering BV*, aff. C-208/00, *Rec.* p. I-9919). Il existe également dans le même domaine une *convention du 23 juillet 1990 relative à l'élimination des doubles impositions en cas de correction des bénéfices d'entreprises associées* [1] ;

– la *convention de Bruxelles du 27 septembre 1968*[2] *(entrée en vigueur le 1er février 1973) concernant la compétence judiciaire et l'exécution des décisions en matière civile et commerciale*, complétée par le protocole (90/C. 189/03) du 3 juin 1971 relatif à l'interprétation par la Cour de cette convention [3], permet la libre circulation des jugements dans la Communauté et écarte les conflits de compétence entre les juridictions (civiles, répressives ou administratives) de tous les États membres. Elle couvre ainsi toutes les matières civiles et commerciales, à l'exclusion de l'état et de la capacité des personnes, des régimes matrimoniaux, testaments et successions, des procédures collectives, de la sécurité sociale et de l'arbitrage (art. 1er). Elle a surtout le mérite d'accorder aux décisions rendues dans l'un des États contractants de bénéficier dans tous les autres d'une reconnaissance de plein droit, qui permettra à ses bénéficiaires de s'en prévaloir auprès de tout intéressé (particulier, administration ou juridiction), sans qu'il soit nécessaire de recourir à aucune procédure (art. 26). Une décision pourra toutefois ne pas être reconnue en cas de risque d'atteinte à l'ordre public ou de contradiction avec une décision rendue entre les mêmes parties dans l'État requis (art. 27). Ces décisions sont alors exécutoires dans tous les États contractants, dès lors que toute partie intéressée en a fait la demande (art. 31). La convention prévoit en outre pour chaque pays la juridiction compétente pour statuer (par une ordonnance sur requête) sur la demande d'exequatur et fixe les conditions de son intervention (art. 37 à 45).

Autre texte fondé sur l'article 293 CE (abrogé), la *convention de Bruxelles du 23 novembre 1995 relative aux procédures d'insolvabilité*, signée le 20 mars 1996 par 13 des 15 États membres, devait permettre de soumettre les personnes concernées à la législation de l'État contractant sur le territoire duquel la procédure collective a été ouverte (« État d'ouverture ») (art. 4 § 1). Toute décision prise par une juridiction d'un État contractant d'ouvrir une procédure d'insolvabilité aurait également été reconnue dans tous les autres (art. 16). À noter que la Cour était compétente pour statuer sur l'interprétation de cette convention (art. 43). Celle-ci, qui n'est jamais entrée en vigueur, a été remplacée par le *règlement 1346/2000/CE du Conseil du 29 mai 2000 relatif aux procédures d'insolvabilité* [4].

1. Cf. *JOCE* L. 225, 20 août 1990, p. 10.
2. Cf. *JOCE* C. 27, 26 janv. 1998.
3. Cf. *JOCE* C. 198, 28 juill. 1990, p. 25.
4. Cf. *infra*.

1038 ***Les conventions prévues par Maastricht (ex-art. K 3 § 2 c UE)*** ◇ Cette disposition permettait au Conseil d'établir dans le domaine de la justice et des affaires intérieures, des conventions dont il recommandera l'adoption par les États membres. Le Conseil a ainsi adopté le 26 mai 1997, sur cette base une *convention (97/C. 261/01) relative à la signification et à la notification dans les États membres de l'Union européenne des actes judiciaires et extrajudiciaires en matière civile et commerciale* [1]. Ce texte visait à simplifier dans les rapports entre États contractants les mécanismes mis en place par la *convention de la Haye du 15 novembre 1965*, ainsi qu'à compléter et à améliorer les dispositions de la *convention de Bruxelles du 27 septembre 1968*, en facilitant les rapports entre autorités judiciaires et en prévoyant l'utilisation des moyens modernes de transmission des actes. Il s'agissait en effet de renforcer l'efficacité des procédures judiciaires dans l'ensemble des domaines de l'état et de la capacité des personnes, des régimes matrimoniaux, des testaments et des successions. Un protocole additionnel, également du 26 mai 1997, prévoyait les conditions et les modalités dans lesquelles la Cour pourra procéder à son interprétation à titre préjudiciel. Cette convention, qui ne sera pourtant jamais ratifiée par tous les États membres, sera remplacée par un *règlement 1348/2000/CE du Conseil du 29 mai 2000, entré en vigueur le 31 mai 2001* [2].

La *convention de Bruxelles II du 28 mai 1998* [3], également prise sur le fondement de l'article 31 UE (abrogé) a procédé à l'extension des règles prévues par la convention de Bruxelles du 27 septembre 1968 au droit de la famille (contentieux relatif à la nullité du mariage, divorce, séparation de corps, garde et droit de visite des enfants, etc.). Elle prévoit la possibilité pour chaque époux d'introduire une demande de divorce auprès de la juridiction de leur résidence habituelle ou d'une de celles de l'État signataire dont ils ont tous les deux la nationalité. La décision prise par le tribunal sera alors valable de plein droit dans tous les autres pays membres sans qu'il soit nécessaire de recourir à aucune procédure, sauf en cas de contestation de la régularité de la décision de divorce ou de demande d'exécution forcée d'une mesure relative à l'autorité parentale. Un protocole additionnel donne compétence à la Cour de justice pour statuer à titre préjudiciel sur son interprétation. Mais faute de ratification par les États membres, cette convention ne sera jamais appliquée et sera remplacée par le règlement 1347/2000/CE du Conseil du 29 mai 2000 [4].

1039 ***Les conventions non prévues par le Traité*** ◇ Il peut parfois être nécessaire pour faciliter l'exécution des traités de conclure également des conventions dans d'autres matières que celles limitativement énumérées par l'article 293 CE. Sans être assimilées au droit communautaire, elles dérogent

1. Cf. *JOCE* C. 261, 27 août 1997, p. 1.
2. Cf. *infra*.
3. Cf. *JCP* 1998. III. 20099.
4. Cf. *infra*.

toutefois au droit international, dans la mesure où le Conseil et la Commission, très souvent associés à toutes les étapes de leur élaboration, sont appelés à se prononcer sur leur contenu avant même leur signature par les États. Elles sont également conclues la plupart du temps pour une durée illimitée et n'entreront en vigueur que ratifiées par tous les États membres. Elles prévoient enfin la possibilité pour la Cour de procéder à leur interprétation à titre préjudiciel.

Il en existe d'ailleurs un certain nombre d'exemples à commencer par la *convention de Naples du 7 septembre 1967 pour l'assistance mutuelle entre les administrations douanières* ou encore la *convention de Luxembourg du 15 décembre 1975 relative au brevet communautaire pour le Marché commun*[1], modifiée par l'accord du 15 décembre 1989 en matière de brevets communautaires [2]. On peut également citer la *convention de Rome du 19 juin 1980 sur la loi applicable aux obligations contractuelles*[3], qui laisse aux parties le soin de choisir la loi qui régira le contrat qui les lie (art. 3), ou la *convention de Bruxelles du 25 mai 1987 relative à la suppression de la législation des actes dans les États membres*.

La *convention de Lugano du 16 septembre 1988 (88/592/CEE) concernant la compétence judiciaire et l'exécution des décisions en matière civile et commerciale*[4], signée par 18 États, dont les 12 membres de l'Union de l'époque et les six pays appartenant alors à l'AELE (Autriche, Finlande, Suède [5], Islande, Norvège, Suisse) vise à étendre les principes contenus dans la convention de Bruxelles du 27 septembre 1968 concernant la compétence judiciaire et l'exécution des décisions en matière civile et commerciale [6], aux pays membres de l'AELE. Elle complète la convention de Bruxelles du 27 septembre 1968 ou encore la convention de Rome du 6 novembre 1990 sur la simplification des procédures relatives au recouvrement des créances alimentaires, entrant également dans cette catégorie.

La *convention d'application des accords de Schengen du 19 juin 1990*, qui constitue à l'origine un accord international, mais dont le préambule précise que son but « coïncide avec l'objectif communautaire d'un marché intérieur », appartient également à cette catégorie [7].

B. L'adoption de mesures destinées à faciliter la coopération judiciaire entre États membres

1040 ***L'apport du Traité d'Amsterdam*** ◇ Le Traité d'Amsterdam en communautarisant à compter du 1er mai 2004 (ex-art. 63 CE) l'essentiel du

1. Cf. *JOCE* L. 217, 26 janv. 1976.
2. Cf. *JOCE* L. 401, 30 déc. 1989.
3. Cf. *JOCE* L. 266, 9 oct. 1980 et C. 277, 4 oct. 1994, p. 1.
4. Cf. *JOCE* 319, 27 nov. 1988, p. 9.
5. Qui ont depuis le 1er janv. 1995 rejoint l'Union.
6. Cf. *supra*.
7. Cf. *supra*.

troisième pilier (ex-art. 61 à 69), a d'ores et déjà permis d'adopter un certain nombre de règlements (unanimité sur proposition de la Commission ou à l'initiative d'un État membre et après consultation du Parlement européen) (ex-art. 67) dans le domaine de la coopération judiciaire civile (ex-art. 61 c CE) [1]. Les États étaient en effet tenus de prendre des mesures destinées à améliorer et à simplifier le système de signification et de notification transfrontière des actes judiciaires et extrajudiciaires, ainsi que de coopérer en matière d'obtention de preuves, de reconnaissance et d'exécution des décisions en matière civile et commerciale. Ils doivent également adopter des décisions tendant à favoriser la compatibilité des règles applicables en matière de conflits de lois et de compétence et à éliminer les obstacles au bon déroulement des procédures civiles (art. 65 CE, devenu 81 TFUE).

1041 ***Le recours aux règlements*** ◇ La plupart de ces règlements ont d'ailleurs permis de pallier au défaut de ratification de conventions conclues antérieurement.

Un premier *règlement 1346/2000/CE du Conseil du 29 mai 2000, relatif aux procédures d'insolvabilité* [2], a pris la place de la convention de Bruxelles du 23 novembre 1995, jamais entrée en vigueur [3]. Il s'agit d'améliorer et d'accélérer les procédures collectives (faillites, concordats et procédures analogues), fondées sur l'insolvabilité du débiteur, en permettant par exemple de reconnaître dans tous les États membres toute décision d'ouverture d'une procédure d'insolvabilité, quel que soit l'État où elle a été prise, sans toutefois écarter la possibilité d'engager des procédures secondaires limitées au territoire de l'État membre concerné.

Un deuxième règlement 1347/2000/CE *du Conseil du 29 mai 2000, dit Bruxelles II* (entré en vigueur le 1er mars 2001) *relatif à la compétence, la reconnaissance et l'exécution des décisions en matière patrimoniale et en matière de responsabilité parentale des enfants communs* [4], est venu remplacer la convention dite Bruxelles II du 28 mai 1998, jamais ratifiée dont il se contente d'ailleurs de reprendre le contenu [5]. Ce règlement sera d'ailleurs abrogé par le règlement 2201/2003/CE du Conseil du 27 novembre 2003 *relatif à la compétence, la reconnaissance et l'exécution des décisions en matière matrimoniale et en matière de responsabilité parentale* [6].

Un troisième *règlement 1348/2000/CE du Conseil du 29 mai 2000* (entré en vigueur le 31 mai 2001) [7], *relatif à la signification et à la notification dans les États membres des actes judiciaires et extrajudiciaires en matière civile et commerciale*, s'est substitué à la convention du 26 mai 1997, qui n'avait

1. Sur tous ces points, cf. *supra*.
2. Cf. *JOCE* L. 160/1, 30 juin 2000.
3. Cf. *supra*.
4. Cf. *JOCE* L. 160/19, 30 juin 2000.
5. Cf. *supra*.
6. Cf. *JOCE* L. 338, 23 déc. 2003, p. 1.
7. Cf. *JOCE* L. 160, 30 juin 2000, p. 37.

également jamais pu être ratifiée [1]. Ce texte s'efforce, sans toujours y parvenir, de régler la difficile question de la notification des pièces nécessaires au déroulement d'une instance.

Certains sont appelés à remplacer des conventions existantes. Tel est par exemple le cas du *règlement Bruxelles I 44/2001/CE du Conseil du 22 décembre 2000, concernant la compétence judiciaire, la reconnaissance et l'exécution des décisions en matière civile et commerciale* [2], appelé à prendre la suite de la convention de Bruxelles I du 27 septembre 1968, à compter du 1er mars 2002, pour l'ensemble des États membres à l'exception du Danemark, pour qui la convention continuera donc à s'appliquer. Ce règlement, qui ne recouvre toutefois pas les matières fiscales, douanières ou administratives, ni l'état et la capacité des personnes, les régimes matrimoniaux, les procédures collectives, la sécurité sociale ou l'arbitrage, s'applique quelle que soit la nature de la juridiction en cause (art. 1er). Il prévoit que les décisions et les actes authentiques, qui sont exécutoires dans un État membre, le seront également dans tous les autres sur simple requête de toute partie intéressée, sauf si leur exécution est « manifestement » contraire à l'ordre public (art. 38 et 57). Ce texte a le mérite de simplifier et d'accélérer encore les procédures d'exequatur mises en place par la convention de Bruxelles I et pourrait même bien déboucher à terme sur une suppression pure et simple de l'exequatur, au profit d'un titre exécutoire européen pour les créances incontestées (conformément à la proposition de règlement présentée au Conseil par la Commission, le 18 avril 2002).

D'autres constituent enfin une avancée réelle en matière de coopération judiciaire civile, conformément aux objectifs clairement fixés par le *plan d'action de Vienne du Conseil et de la Commission sur l'Espace de liberté, de sécurité et de justice* de décembre 1988, puis par le Conseil européen de Tampere (15 et 16 octobre 1999). Ainsi le *règlement 1206/2001/CE du Conseil du 28 mai 2001 relatif à la coopération entre les juridictions des États membres dans le domaine de l'obtention des preuves en matière civile et commerciale* [3] (applicable au 1er janvier 2004) a-t-il pour but de faciliter l'obtention des preuves à l'étranger dans le cadre d'une instance civile ou commerciale. Il permet à certaines conditions à une juridiction d'un État membre (à l'exception du Danemark) de demander à une juridiction d'un autre État membre de prendre elle-même toute mesure d'instruction ou d'y procéder directement elle-même, afin de rassembler les preuves nécessaires.

1042 ***Le réseau judiciaire européen en matière civile et commerciale*** ◇

Ce réseau créé, conformément aux engagements pris lors du Conseil européen de Tampere (15 et 16 octobre 1999), à l'initiative de la Commission (septembre 2000), par une décision du Conseil du 28 mai 2001 [4] (applica-

1. Cf. *supra*.
2. Cf. *JOCE* L. 12, 16 janv. 2001, p. 1.
3. Cf. *JOCE* L. 174, 27 juin 2001, p. 1.
4. Cf. *JOCE* L. 174, 27 juin 2001, p. 25.

ble à compter du 1er décembre 2002), constitue le corollaire de celui qui existait déjà depuis le 29 juin 1998 dans le domaine pénal [1]. Tous les États membres de l'Union, à l'exception du Danemark, ont accepté d'y participer.

Il comporte des représentants des autorités judiciaires et administratives des États membres, qui doivent se réunir plusieurs fois par an afin d'échanger informations et expériences et de renforcer la coopération dans le domaine civil et commercial entre les États membres qui ont tous des systèmes juridiques différents. Il se compose donc d'au moins un « point de contact » par État membre (qui pourra en tant que besoin en désigner un ou quelques-uns de plus), des autorités compétentes aux fins des actes communautaires ou des instruments internationaux relatifs à la coopération judiciaire en matière civile et commerciale, des « magistrats de liaison », prévus par l'action commune du 22 avril 1996 [2], et le cas échéant de toute autorité judiciaire ou administrative ayant des responsabilités dans ce domaine [3]. Les « points de contact » se réunissent au moins une fois par semestre à l'initiative de la Commission et en étroite coopération avec la présidence du Conseil et les États membres. Des réunions ouvertes à l'ensemble des membres du réseau ont également lieu périodiquement sous la responsabilité de la Commission.

Le réseau, qui siège à Bruxelles, a pour mission essentielle de faciliter la coopération judiciaire entre les États membres en matière civile et commerciale, en mettant progressivement en place un système d'information destiné aux membres du réseau et dont certaines données seront également mises à la disposition du public (site du réseau, actes et arrêts communautaires relatifs à la coopération judiciaire en matière civile et commerciale, instruments internationaux, droit interne des États membres, fiches d'information, etc.). Il s'agit en effet de faciliter le bon déroulement des procédures ayant une incidence « transfrontalière », c'est-à-dire qui concernent plus d'un État membre, en particulier lorsque ni un acte communautaire, ni un instrument international n'est applicable.

§ 2. Perspectives

Plusieurs initiatives émanant des institutions communautaires visent à l'instauration progressive d'un droit civil, commercial et social européen. Le projet de Constitution européenne se limite pourtant à favoriser la « coopération judiciaire » en matière civile.

A. Vers un droit privé européen

Le Conseil européen de Tampere (15 et 16 octobre 1999) avait chargé les instances communautaires de réaliser une étude sur « la nécessité de rap-

1. Cf. *supra*.
2. Cf. *supra*.
3. Comme par exemple le Conseil supérieur du notariat français.

procher les législations des États membres afin d'éliminer les obstacles au bon déroulement des procédures civiles », avant la fin de l'année 2001. Il s'agissait en effet de faciliter la vie des personnes confrontées à toutes sortes de litiges, qui présentent des aspects transfrontaliers c'est-à-dire qui impliquent plusieurs États membres.

1043 ***Les premières initiatives communautaires dans le domaine civil et commercial*** ◇ Dès le 6 novembre 2000, le député allemand Klaus-Heiner Lehne (PPE) avait tenu à présenter à la commission juridique et du marché intérieur du Parlement européen un « document de travail » (DT/424755FR.doc) sur le *rapprochement du droit civil et commercial des États membres* [1]. Cette initiative, encouragée par la Commission (Comm. 11 juill. 2001) aboutira, le 6 mars 2001, au rapport sur le *rapprochement du droit civil et commercial des États membres*, assorti d'une proposition (COM-2001-398 - CS-0471/2001 - 2001/2187-COS) de résolution, qui devait être à l'origine de la résolution du Parlement européen du 15 novembre 2001 (COM-2001-398 - CS-047/2001 - 2001/2187-COS) concernant le *rapprochement du droit civil et commercial des États membres*.

Le rapport du Conseil de l'Union européenne du 16 novembre 2001 sur la *nécessité de rapprocher les législations des États membres en matière civile* a jugé « nécessaire que la Commission soit invitée à entreprendre une étude permettant l'identification des divergences entre les droits nationaux qui, en matière de droit de la famille pourraient être susceptibles de porter atteinte au principe de libre circulation des personnes et à [lui] en communiquer les résultats au plus tard le 30 juin 2003 ».

Le *Livre Vert de la Commission (COM(2002)654) du 14 janvier 2003 sur la transformation de la convention de Rome du 19 juin 1980 sur la loi applicable aux obligations contractuelles en instrument communautaire*, ainsi que la proposition de règlement sur la loi applicable aux obligations non contractuelles, soumise, le 22 juillet 2003, au Parlement européen et au Conseil, constituent des exemples d'initiatives visant à la constitution d'un droit civil européen.

1044 ***L'harmonisation progressive du droit des sociétés*** ◇ Le règlement 2137/85/CEE du Conseil du 25 juillet 1985 relatif à l'*institution d'un groupement européen d'intérêt économique (GEIE)*[2] (applicable à partir du

1. Cf. par ex. Règl. 44/2001/CE Conseil, 22 déc. 2000 concernant la compétence judiciaire, la reconnaissance et l'exécution des décisions en matière civile et commerciale ; 1347/2000/CE Conseil, 29 mai 2000 relatif à la compétence, la reconnaissance et l'exécution des décisions en matière matrimoniale et en matière de responsabilité parentale des enfants communs ; 1346/2000/CE Conseil relatif aux procédures d'insolvabilité ; 2201/2003 Conseil, 27 nov. 2003 relatif à la compétence, la reconnaissance et l'exécution en matière matrimoniale et en matière de responsabilité parentale abrogeant Règl. 1347/2000/CE ; cf. aussi Décis. 2001/470/CE Conseil, 28 mai 2001, relative à la création d'un réseau judiciaire européen en matière civile et commerciale (*JOCE* L. 174, 27 juin 2001).

2. *JOCE* L. 1999, 31 juill. 1985.

1er juillet 1989) a été le tout premier texte visant à l'harmonisation du droit des sociétés au niveau européen [1]. Il permet en effet de rendre applicable au groupement la loi interne de l'État du siège fixé par le contrat qui est à l'origine de sa constitution (art. 2-1) et préfigure la création de sociétés européennes, désormais possible grâce à un règlement et à une directive du Conseil du 8 octobre 2001. Plus récemment la Commission européenne a adopté, le 25 juin 2008, une proposition de règlement (COM[2008]396) visant à établir un *statut de société privée européenne (« SPE »)*, qui devrait permettre aux petites et moyennes entreprises (PME) d'exercer leurs activités dans toute l'Union européenne tout en réduisant leurs coûts et en encourageant la croissance dans ce secteur. Les PME exerçant des activités transfrontalières doivent en effet créer des filiales sous forme de sociétés différentes dans chaque État membre dans lequel elles veulent exercer leur activité. Elles pourront désormais se constituer en une seule société, qu'elles exercent une activité transfrontalière ou seulement dans leur État membre d'origine, ce qui devrait leur permettre de réduire leurs coûts de fonctionnement en conseil juridiques administratifs et de gestion et de gagner également du temps.

1045 ***La création de la société européenne*** ◇ Il faudra en effet attendre [2] le règlement 2157/2001/CE du Conseil du 8 octobre 2001, *approuvant le statut de la société anonyme européenne (SE)* et la directive 2001/86/CE du Conseil du 8 octobre 2001, *complétant le statut de la société anonyme européenne pour ce qui concerne l'implication des travailleurs* [3] pour voir véritablement se dessiner l'amorce d'un droit européen des sociétés. Le règlement 2157/2001/CE du Conseil (entré en vigueur le 8 octobre 2004), prévoit en effet, à côté des sociétés commerciales de droit national, la possibilité de former des sociétés de dimension européenne, dont la création [4], la gestion et le fonctionnement seront désormais exclusivement réglementés par le droit communautaire, directement applicable dans tous les États membres. La directive 2001/86/CE du Conseil ayant pour but, conformément aux souhaits du Conseil européen de Nice (7 au 9 décembre 2000), d'associer les salariés à la vie de la société européenne (droit d'information, de consultation et de participation à l'assemblée générale). Tous les pays de l'Union

1. À noter que la Commission avait présenté une première proposition de règlement relative à la société européenne, en juin 1970...

2. La France avait en effet incité la Commission, dès le 15 mars 1965, à former un groupe d'experts, présidé par le professeur de droit néerlandais P. Sanders, afin de préparer un avant-projet de statut de société européenne, remis sous forme de rapport en 1967 (P. Sanders, *Projet de statut des sociétés anonymes européennes*, coll. « Études », série « Concurrence », n° 6, Bruxelles, 1967). La Commission a ensuite présenté en 1970 une première proposition de règlement CEE du Conseil portant statut de la société anonyme européenne (*JOCE* C. 124, 10 oct. 1970). Aucune législation communautaire n'aura mis autant d'années (plus de 30 ans) à voir le jour !

3. *JOCE* L. 207, 18 août 2003.

4. Un capital minimum de 120 000 euros sera par exemple exigé.

européenne et de l'Espace économique européen (EEE) [1] ont progressivement introduit en droit interne ce nouveau statut [2]. La société européenne (ou « *Societas Europaea* »), qui constitue pour la Cour de justice, une « forme juridique européenne, de nature spécifique et communautaire » [3], permet à des entreprises présentes dans plusieurs États membres de former une seule société européenne, soumise aux mêmes règles de gestion, de fonctionnement [4] et de publicité des informations financières. Elles devront en effet seulement avoir leur siège statutaire et leur administration centrale dans l'UE (art. 2 § 1). Il ne sera toutefois pas possible de créer une société européenne à partir de rien, mais seulement à partir de sociétés anonymes déjà existantes, que ce soit par fusion, par constitution d'une société holding, par détention d'une filiale ou d'une succursale commune, ou encore par transformation d'une société anonyme. Ce type de société n'est pourtant que partiellement régie par le droit communautaire, qui ne s'applique en effet que pour compléter les statuts et la loi de l'État dans lequel elle a fixé son siège social [5]. La société européenne, qui reste encore assez largement méconnue, n'a pas connu le succès escompté [6]. Ainsi pour l'ensemble de l'Union européenne, au 31 janvier 2010, seules 504 entreprises, dont 40 % en Allemagne et seulement 12 en France (Allianz, BASF, Porsche, Fresenius et MAN en Allemagne ; Viel et Compagnie Finances et SCOR en France ; Elcoteq au Luxembourg ; Strabag en Autriche, etc.) auraient opté pour ce statut. Mais parmi ces 504 sociétés, 69 seraient des « coquilles vides » [7] ...

1046 ***La création de la société coopérative européenne*** ◇ Après de longues et difficiles tractations, qui avaient débuté dès 1992, le Conseil a finalement adopté, le 22 juillet 2003, un règlement 1435/2003/CE relatif au *statut de la société coopérative européenne (SCE)* (entré en vigueur le 21 août 2003) et une directive 2003/72/CE *complétant le statut de la société coopérative européenne pour ce qui concerne l'implication des travailleurs* (entrée en vigueur le 18 août 2003) [8]. Ces deux textes, qui devaient en principe être transposés dans le

1. .Sur ce point, cf. *infra*.
2. La France a été le 11e pays de l'UE à transposer cette directive par L. 2005-842, 26 juill. 2005, art. L. 225-245-1 à L. 229-15 C. com.) et Décr. 2006-448, 14 avr. 2006.
3. Cf. à ce propos, CJCE 13 déc. 2005, *Sevic Systems*, aff. C-411/03, *Rec.* p. I-10805 ; CJCE 12 sept. 2006, *Cadbury Scweppes*, aff. C-196/04, *JOUE* C. 168, 26 juin 2004 ; CJCE 13 mars 2007, *Test Claimants in the Thin Cap Group Litigation c. Commisdsioners of Irland Revenue*, aff. C-524/04, *JOUE* C. 57, 5 mars 2005.
4. Qui relèvent pour l'essentiel des droits nationaux et singulièrement du « droit de l'État membre dans lequel la SE a son siège statutaire » (art. 10 Règl. 2157/2001/CE) et qui sont en réalité très proches de celles de la SA française (art. 10).
5. Cf. N. Lenoir, « La société européenne, premier bilan et perspectives d'évolution », *RLDA* juin 2007. p. 74 à 86.
6. La Commission reconnaît elle même que dans certains pays « le statut de la société européenne n'a pas pris » ; cf. *Study on the operation and the impacts of the Statute for a European Company (SE)*, 2008/S 144-192482, Final Report, 9 dec. 2009.
7. Selon les chiffres fournis par la chambre de commerce et d'industrie de Paris.
8. Ces deux textes ont été publiés au *JOCE* L. 207, 18 août 2003.

droit interne des États membres avant le 18 août 2006 (pour entrer en vigueur le 19 août 2006) s'inspirent pour l'essentiel de ceux qui régissent les sociétés anonymes européennes, tout en tenant compte du caractère social des coopératives [1]. Mais contrairement aux sociétés de capitaux, pour lesquelles s'appliquaient déjà certaines directives communautaires, il n'existait jusque-là aucune harmonisation préalable du statut des coopératives, qui était par ailleurs très différent dans chacun des États membres (en particulier en matière fiscale), dont certains n'avaient d'ailleurs même pas prévu de les soumettre à un régime spécifique. Le règlement 1435/2003/CE met donc en place un véritable statut juridique unique de la SCE permettant la création d'une coopérative par des personnes résidant dans plusieurs États membres ou par des entités juridiques implantées dans des États membres différents. Elle doit avoir pour objet « la satisfaction des besoins et/ou le développement des activités économiques et/ou sociales de ses membres notamment par la conclusion d'accords avec ceux-ci en vue de la fourniture de biens ou de services ou de l'exécution de travaux dans le cadre de l'activité que la SCE exerce ou fait exercer » (art. 1er). Ces coopératives pourront désormais exercer leurs activités sur l'ensemble du territoire de l'Union avec une personnalité juridique, une réglementation et une structure uniques, sans avoir pour autant à mettre en place tout un réseau de filiales particulièrement onéreux. Les coopératives de plusieurs pays pourront également fusionner pour former une SCE. La directive 2003/72/CE, qui vise à garantir les droits d'information, de consultation et de participation des travailleurs, s'efforce par ailleurs de protéger tout particulièrement ceux des salariés des sociétés participant à de tels regroupements. Ces dispositions ont donné lieu à une communication de la Commission au Conseil, au Parlement européen, au Comité économique et social et au comité des régions (COM(2004)18 final) du 23 février 2004 sur la promotion des sociétés coopératives en Europe, afin d'encourager les États à développer ce type de structure.

1047 ***La nécessité de renforcer la sécurité juridique des entreprises européennes et de leurs actionnaires*** ◇ Plusieurs textes se sont ensuite efforcés de renforcer la sécurité juridique des entreprises européennes et de leurs actionnaires. La directive 2004/25/CE du Parlement européen et du Conseil du 21 avril 2004, concernant les *offres publiques d'acquisition* vise en effet à offrir aux entreprises européennes une plus grande sécurité juridique face aux offres publiques d'achat (OPA) transfrontalières. Elle s'efforce ainsi de mieux protéger les intérêts des actionnaires (particulièrement des actionnaires minoritaires), en leur donnant des informations précises (durée d'acceptation, contreparties, financement, etc.), ainsi que ceux des salariés et de toute personne concernée. Elle entend également encourager la restructuration des entreprises, afin de rendre le marché européen plus compétitif. Elle impose aux États membres de respecter un certain nombre de

1. Ainsi le capital social minimum est seulement de 30 000 euros.

principes communs et d'exigences générales, que les États membres devront mettre en œuvre conformément à leurs systèmes nationaux et à leur contexte culturel [1]. La communication de la Commission au Conseil et au Parlement européen du 27 septembre 2004, « *Prévenir et combattre les malversations financières et pratiques irrégulières des sociétés* » a souhaité ensuite présenter une approche globale de la réduction des risques de malversations financières et de pratiques irrégulières des sociétés, en y intégrant également leurs dimensions fiscales [2], judiciaire et policière [3]. La directive 2005/56/CE du Parlement européen et du Conseil du 26 octobre 2005 sur les *fusions transfrontalières des sociétés de capitaux* [4] se donne pour objectif de faciliter les fusions transfrontalières entre les sociétés de capitaux de la Communauté, relevant de la législation de plusieurs pays de l'Union européenne. Elle prévoit des mesures destinées à réduire le coût de telles opérations en mettant en place un cadre législatif simplifié, à en garantir la sécurité juridique et à permettre au plus grand nombre d'entreprises (particulièrement celles qui ne désirent pas se constituer en « société européenne ») d'en bénéficier.

Mais l'unification du droit des sociétés des pays de l'Union européenne suppose d'abord celle de leurs droits contractuels.

1048 ***Le projet de code civil européen*** ◇ À l'initiative du Parlement européen, la Commission a proposé dans une *communication du 11 juillet 2001* de procéder à une codification européenne du droit des contrats, grâce à l'élaboration de principes communs (« *Restatament* »), à la révision et à l'amélioration de la législation existante (« *Review* ») et à l'adoption de nouvelles réglementations beaucoup plus larges. Il existe en effet déjà une trentaine de directives concernant le droit des contrats, particulièrement en matière de protection des consommateurs (ventes à domicile, normes de sécurité, clauses abusives, commerce électronique, délai de paiement, etc.). Dans ses résolutions (A2-157/89) du 26 mai 1989 [5] et (A3-0329/94) du 6 mai 1984 [6], le Parlement a même exigé que soient entrepris des travaux préparatoires à l'élaboration d'un Code civil européen, avant de demander à la Commission, dans une nouvelle résolution (B5-0228 à 0230/2000) du 16 mars 2000 [7], « d'élaborer une étude dans ce domaine »... Le rapport Lehne du 6 mars 2001[8], après avoir invité la Commission à présenter « après une consultation scientifique approfondie, une proposition législative

1. *JOUE* L. 142, 30 avr. 2004, p. 12.
2. La Commission, désireuse de moderniser la législation relative aux services financiers et aux services d'assurance, a également adopté, le 28 nov. 2007, une proposition de directive visant à moderniser les règles applicables à la TVA des services financiers et des services d'assurance.
3. [COM(2006)254], non publiée au *JOUE*.
4. *JOUE* L. 310, 25 nov.2005, p. 1.
5. *JOCE* C. 158/400, 26 juin 1989.
6. *JOCE* C. 205/518, 25 juill. 1994.
7. *JOCE* C. 377/323, 29 déc. 2000.
8. Cf. *supra*.

consolidée dont l'objectif est d'harmoniser le mieux possible les directives de droit civil et de réduire dans la mesure du possible les problèmes résultant de la coexistence des systèmes juridiques nationaux », a donné un certain nombre d'indications quant au contenu de ce futur Code civil européen :

– codification des règles prévues par les directives existantes en matière de droit des contrats civils et commerciaux, particulièrement dans le domaine de la protection des consommateurs (responsabilité du fait des produits défectueux, clauses abusives, vente à temps partiel des biens immobiliers, etc.), afin d'écarter les difficultés consécutives à la coexistence de régimes nationaux souvent incompatibles ;

– unification progressive du droit des obligations contractuelles et extra-contractuelles, y compris en matière de responsabilité civile et de droit des biens mobiliers (transfert de propriété, garanties de crédit) et immobiliers. Il sera donc nécessaire de dégager, sur la base de l'article 114 TFUE (rapprochement des législations en vue de l'établissement du marché intérieur), des principes juridiques généraux et uniformes, applicables aux activités nationales et transfrontalières et qui devront être rédigés dans une langue aussi simple que possible.

Le Parlement européen, dans une nouvelle résolution du 15 novembre 2001, tout en reprenant ces objectifs et en invitant la Commission à établir au plus vite un « plan d'action » dans ce domaine, estimait toutefois qu'il ne serait pas possible de créer un Code civil aussi complet que celui qui existe actuellement dans la plupart des États membres [1].

1049 ***L'amorce d'une harmonisation du droit du travail*** ◇ Le 22 novembre 2006 la Commission européenne a présenté un Livre Vert intitulé « Moderniser le droit du travail pour relever les défis du XXIe siècle » [2]. Cette initiative visait d'abord à « lancer un débat public dans l'Union européenne afin de réfléchir à la manière de faire évoluer le droit du travail dans le sens de l'objectif de la stratégie de Lisbonne, à savoir parvenir à une croissance durable génératrice d'emplois plus nombreux et de meilleure qualité ». La Commission estimait en effet que la modernisation du droit du travail constitue l'une des conditions essentielles de la capacité d'adaptation des travailleurs et des entreprises et qu'il est par conséquent indispensable de toujours poursuivre ce but, à la lumière des objectifs poursuivis par la Communauté en matière de plein-emploi, de productivité de la main-d'œuvre et de cohésion sociale. Conformément à ce que prévoit l'article 154 TFUE, la Commission, qui entendait d'ailleurs se placer dans le contexte

1. Comme en témoigne la jurisprudence restrictive de la Cour, à propos de l'harmonisation des législations en matière de publicité et de parrainage en faveur des produits du tabac (CJCE 5 oct. 2000, *RFA c. Parlement européen et Conseil*, aff. C-376/98, *Rec.* p. I-8419, concl. M.-N. Fennely).

2. COM(2006)708, final.

beaucoup plus large de la « flexicurité [1] », a ensuite engagé une consultation publique des « partenaires sociaux au niveau communautaire » [2], par l'intermédiaire d'un site Internet, avant de présenter des propositions plus précises dans ce domaine. Le 27 juin 2007, la Commission a alors adopté une communication sur la flexicurité [3], afin que le Conseil européen puisse se mettre d'accord, avant la fin de l'année 2007, sur un ensemble de principes communs de réforme des marchés du travail. Mais dans un rapport sur la flexicurité du 13 juillet 2007, le Parlement européen a vivement critiqué ce texte, en exigeant par exemple que les contrats de travail à durée indéterminée soient désormais la règle, avant de se mettre d'accord le 30 novembre 2007 sur les huit principes communs dégagés par la Commission afin de permettre de définir la flexicurité [4].

1. Il s'agit d'une notion apparue en 1995 aux Pays-Bas, puis dans les pays scandinaves, qui s'efforce de concilier flexibilité de la main-d'œuvre et du temps de travail, avec la sécurité nécessaire au maintien d'un niveau de vie et de conditions de travail décents.

2. Prévue pour durer quatre mois, à savoir jusqu'au 31 mars 2007.

3. Dans laquelle elle proposait l'établissement de huit principes communs de flexicurité et définissait leurs principaux domaines d'application. Elle présentait également quatre « parcours » classiques permettant aux États membres de définir une stratégie de flexicurité adaptée aux défis qu'il leur faut relever sur leur territoire national.

4. Qui seront également approuvés par les ministres européens des affaires sociales.

QUATRIÈME PARTIE

LES RELATIONS EXTÉRIEURES DE L'UNION EUROPÉENNE

L'institution de l'Union européenne par le Traité de Maastricht a permis le développement des relations extérieures dans les domaines nouveaux essentiellement politiques qui ne relèvent d'ailleurs pas directement des procédures communautaires. Il reste que les relations extérieures des Communautés demeurent toujours essentiellement de nature économique et se sont développées autour de la politique tarifaire et de la politique commerciale. Après avoir examiné les *caractères de la politique extérieure de l'UE*, nous nous attacherons donc à l'étude de ces *relations avec les pays tiers* qu'il sera toutefois nécessaire de distinguer des *relations extérieures privilégiées* que la Communauté a établies avec certains États pour des raisons diverses de nature historique ou géographique.

CHAPITRE 1
LES CARACTÈRES DE LA POLITIQUE EXTÉRIEURE DE L'UNION EUROPÉENNE

1050 ***La capacité juridique de l'UE*** ◇ Les Communautés européennes avaient été dotées dès l'origine d'une assez large capacité juridique, qui leur a permis d'exercer les compétences extérieures dont elles avaient besoin pour assurer leur développement dans le domaine de leurs attributions.

La mise en œuvre de cette compétence extérieure, dont elles ont fait un assez large usage, a eu des effets tant pour l'Union que pour les États membres.

SECTION 1. LE CONTENU DE LA COMPÉTENCE EXTÉRIEURE DE L'Union Européenne

Les fondements de la compétence extérieure de l'UE en déterminent l'exercice.

§ 1. Les fondements de la compétence extérieure de l'Union européenne

La compétence extérieure de l'Union qui avait d'abord été prévue par les *dispositions initiales* des traités, qui ont ensuite fait l'objet d'une interprétation extensive de la part de la jurisprudence de la Cour, se fondent désormais sur un seul instrument juridique, *le Traité de Lisbonne.*

A. Les dispositions initiales

1. Les traités originaires

1051 ***Le Traité de Paris*** ◇ Le Traité de Paris, qui avait d'ailleurs été le seul à faire apparaître une distinction assez nette entre la personnalité internationale (« dans les relations internationales, la Communauté jouit de la capacité juridique nécessaire pour exercer ses fonctions et atteindre ses buts ») et la personnalité interne (« dans chacun des États membres ») de la CECA (art. 6), réservait toutefois aux seuls États la responsabilité de la politique commerciale (art. 71). Il n'est donc pas étonnant que les accords conclus par la CECA avec des pays tiers soient restés très rares [1]. Le plus souvent, il s'agissait d'ailleurs d'accords conclus conjointement par les États membres et par la CECA [2].

1052 ***Les Traités de Rome*** ◇ Le Traité Euratom a prévu l'existence d'accords concernant les « relations extérieures » (art. 101 à 106), ainsi que l'existence d'« accords d'association » (art. 206). Les États doivent par ailleurs associer la Commission à la négociation des accords qu'ils pourraient conclure concernant les matières visées par le Traité : si elle craint qu'ils ne risquent d'affecter l'intérêt communautaire dans le domaine de l'utilisation pacifique de l'énergie nucléaire, les États concernés devront saisir la Cour (art. 103) [3] : Ces accords sont toutefois beaucoup moins nombreux que dans le Traité CE.

Le Traité CE habilite en effet la Communauté à conclure des traités dans trois séries de domaines :

a) *politique commerciale commune* (art. 206 et 207 TFUE). Ces accords, soumis à la procédure définie par l'article 216 TFUE, devront toutefois respecter un certain nombre d'exigences ; il appartiendra à cet égard au Conseil et à la Commission de veiller à ce qu'ils « soient compatibles avec les politiques et les règles internes de la Communauté » (ex-art. 133-3) ;

b) accords d'association, soit avec « les pays et territoires non européens entretenant » avec les pays membres « des relations particulières » (ex-art. 182 à 188) [4], soit « avec un État tiers, une union d'États ou une organisation internationale » (ex-art. 238) ;

c) accords avec certains « organes des Nations unies, de leurs institutions spécialisées » ou avec le GATT, ainsi qu'avec « toutes organisations internationales » (art. 217 TFUE) et avec le Conseil de l'Europe ou encore l'OCDE (art. 220 TFUE) [5].

– Les articles ex-24 UE et 38 UE, introduits en 1997 par le Traité d'Amsterdam, entendaient permettre à l'Union de conclure des accords dans des domaines non strictement communautaires. Ces dispositions nouvelles autorisent en effet le Conseil à conclure des accords négociés par la présidence (à l'unanimité et sur recommandation de la présidence), tant en matière de PESC, que de coopération policière et judiciaire internationale. Ces articles qui « n'entraînent aucun transfert de compétence des États membres vers l'Union européenne » (Décl. 4 relative aux art. 24 et 38 UE),

1. Cf. avec la Suisse, le 28 juill. 1956, *JO CECA* 17/57, p. 223.

2. Cf. avec la Norvège, le 14 mai 1973, *JOCE* L. 348/74, p. 17.

3. Cf. Délib. CJCE 14 nov. 1978, aff. 1/78, *Rec.* p. 2151 à propos du projet d'adhésion de la Belgique à la convention « sur la protection des matières, installations et transports nucléaires », préparé sous l'égide de l'AIEA.

4. Cf. accords avec la Grèce du 9 juill. 1961, la Turquie du 12 sept. 1963 ou avec Chypre du 19 déc. 1972.

5. Certains articles des traités originaires (111, 113, 114, 238 et 231) ont été modifiés ou supprimés par le Traité de Maastricht.

n'en constituent pas moins un recul de l'influence des États membres [1]... Le Traité de Nice s'était efforcé d'aller encore plus loin en ne réservant désormais, dans le domaine de la PESC, le vote à l'unanimité que « lorsque l'accord porte sur une question pour laquelle l'unanimité est requise pour l'adoption de décisions internes » (ex-art. 24 UE).

2. L'extension jurisprudentielle

1053 ***L'apport de l'arrêt AETR du 31 mars 1971*** [2] ◇ La pratique des relations extérieures a soulevé le problème de l'étendue des compétences communautaires. Celles-ci doivent-elles être strictement ou largement interprétées ? Ainsi, lorsqu'un secteur de l'économie entre dans le domaine des compétences communautaires celles-ci s'exercent-elles sur les prolongements extérieurs de ce secteur, même si aucun texte ne les prévoit expressément ? La question s'est posée à l'occasion de la négociation d'un accord international dans le domaine des transports (l'« accord européen relatif au transport des équipages de véhicules effectuant des transports internationaux par route », AETR). Dans ce tout premier recours formé par la Commission contre le Conseil, il s'agissait de déterminer qui était compétent pour négocier et pour signer ce texte. La Commission, qui estimait d'une part que les transports, pour lesquels avait été prévue dès l'origine une politique commune (ex-art. 74 à 84) [3], échappaient au domaine de la compétence des États et que la Communauté disposait d'autre part d'une large capacité juridique internationale, soutenait que l'AETR aurait dû être négocié et conclu par les instances communautaires, selon la procédure définie par l'ex-article 228-1. Le Conseil considérait de son côté que, faute de dispositions conventionnelles spécifiques [4], la conclusion d'un tel accord incombait aux seuls États membres selon les règles du droit international (sous réserve d'une concertation préalable). La Cour de justice, qui a refusé de considérer que la Communauté n'aurait que les compétences que les traités lui auraient expressément attribuées, a statué dans le même sens que la Commission en faveur de l'intervention des institutions communautaires et a tenu à cette occasion à poser deux grands principes [5] :

a) toutes les fois qu'un domaine entre, sous quelque forme que ce soit, dans le cadre des compétences communautaires, ces compétences s'étendent aux *prolongements extérieurs* de ce domaine ;

b) la *compétence* des Communautés s'exerce soit selon les *procédures prescrites par des règles spéciales* (par exemple celle des articles 75 pour les

1. Rapport Commission CE 1992, p. 267.
2. CJCE 31 mars 1971, *Commission c. Conseil*, aff. 22/70, *Rec.* p. 263 ; *GACJCE I*, 38. V. à ce propos réponse de la Commission à une question écrite (M. Carpentier), *JOCE* C. 132, 2 juin 1977 sur les « bureaux extérieurs » de la Communauté.
3. Sur ce point cf. *supra*.
4. Le Traité n'autorise en effet la Communauté à ne conclure que des accords commerciaux, des accords d'association ou des accords avec certaines institutions internationales.
5. Cf. aussi CJCE 14 juill. 1976, *Kramer*, aff. 3/76, *Rec.* 1279.

transports ou 113 pour les accords commerciaux ou tarifaires devenus respectivement 71 et 133 CE), soit selon les *règles générales définies* par l'article 228 du Traité de Rome (devenu 300 CE).

1054 ***Les conséquences de l'arrêt AETR du 31 mars 1971*** ◇ L'arrêt du 31 mars 1971, *Commission c. Conseil*, dit AETR [1], est à l'origine d'une extension des compétences communautaires dans le domaine des relations extérieures. Cette décision avait, en effet, considéré que la Communauté européenne avait une compétence exclusive pour conclure des accords internationaux en matière de transports, même en l'absence d'une attribution explicite dans le Traité, à partir du moment où, s'agissant d'une politique commune, elle avait déjà exercé sur cette même question sa compétence interne, privant ainsi les États membres du droit d'agir individuellement ou collectivement pour contracter avec des États tiers des obligations affectant ces règles communes. Pour aboutir à cette conclusion, la Cour a estimé que toutes les fois que la Communauté « sous quelque forme que ce soit » institue des règles communes, les États membres n'ont plus le droit « individuellement ou collectivement » de contracter des obligations affectant ces règles ; qu'à mesure de l'instauration de ces règles, la Communauté seule est en mesure d'« assumer et d'exécuter, avec effet pour l'ensemble du domaine d'application de l'ordre juridique communautaire, les engagements contractés à l'égard des tiers » ; que l'on ne saurait dans la mise en œuvre du Traité séparer le régime des mesures internes à la Communauté de celui des relations extérieures : l'article 75 (devenu 95 TFUE) donne compétence à la Communauté pour établir des règles communes en matière de transports en provenance ou à destination des pays tiers. La Cour estime enfin que la Communauté est mieux placée que les États pour exécuter certains engagements vis-à-vis des pays tiers (« subsidiarité positive »). La Cour qui devait d'ailleurs étendre par la suite l'application du principe du « parallélisme des compétences » aux autres politiques communes [2], admettra même qu'une compétence externe puisse être exercée par la Communauté, à condition toutefois qu'elle puisse être nécessaire à la réalisation de l'un des objectifs prévus par le Traité, même en l'absence de l'adoption préalable de mesures internes (fonds européen d'immobilisation de la navigation sur le Rhin, avis 1/76, 26 avr. 1977, R. 754).

B. Le Traité de Lisbonne

1055 ***La reconnaissance de la personnalité juridique de l'Union européenne*** ◇ Le Traité de Lisbonne, qui ne fait d'ailleurs que reprendre dans ce domaine comme dans bien d'autres, l'une des dispositions essentielles du

1. Aff. 22/70, *Rec.* p. 263.
2. D'abord à la politique commerciale commune (11 nov. 1975, avis 1/75, R. 1355), puis à la politique agricole commune (14 juill. 1976, *Kramer*, aff. 3, 4 et 6/76, p. 1277).

« Traité constitutionnel », a entraîné la disparition de la Communauté européenne, qui a été intégrée au sein de l'Union européenne, instituée en 1992 par le Traité de Maastricht, avec pour vocation d'englober et de dépasser les trois Communautés alors existantes [1], qu'elle était en effet appelée à remplacer. L'Union, qui s'y est donc substituée et lui a succédé (art. 1er al. 3 TUE), s'est vue reconnaître la *personnalité juridique* (art. 47 TUE), entraînant ainsi la disparition des trois « piliers », qui avaient également été mis en place par le Traité de Maastricht en 1992 [2]. Mais l'Union ne sera pas pour autant autorisée à légiférer ou à agir au-delà des compétences que les États membres lui ont attribuées dans les traités et la Communauté européenne de l'énergie atomique (Euratom) ne disparaît pas pour autant et demeure donc compétente pour conclure des accords dans son domaine [3].

1056 ***Les conséquences de la reconnaissance de la personnalité juridique*** ◇
Il en résulte d'abord que dans chacun des États membres, l'Union, qui « possède la capacité juridique la plus large reconnue aux personnes morales par les législations nationales », pourra acquérir ou aliéner des biens immobiliers et ester en justice (art. 335 TFUE). L'Union est par ailleurs également seule habilitée à conclure des accords internationaux qui lient les institutions de l'Union et les États membres (art. 216 TFUE) et ce dans l'ensemble du champ de ses compétences (à l'exclusion de celles concernant l'énergie nucléaire qui resteront de la compétence de l'Euratom) et pourra désormais devenir membre d'organisations internationales. Le Traité permet en effet à l'Union d'adhérer à la Convention européenne de sauvegarde des droits de l'homme et des libertés fondamentales (art. 6 § 2 TUE). Elle devrait également pouvoir adhérer à l'*OTAN* (art. 42 § 2 al. 2 et 42 § 7 al. 2 TUE). Ainsi l'Union est-elle par exemple habilitée à conclure des accords avec un ou plusieurs États ou organisations internationales dans les domaines relevant de la politique étrangère et de sécurité commune [4] (art. 37 TUE). Elle est également compétente pour établir toute coopération utile avec les organes des Nations unies et leurs institutions spécialisées, le Conseil de l'Europe, l'Organisation pour la sécurité et la coopération en Europe et l'Organisation de coopération et de développement économiques, ainsi que pour assurer les liaisons opportunes avec d'autres organisations internationales (art. 220 § 1 TFUE).

1. Après la disparition de la CECA, le 23 juill. 2002, il ne subsistera plus que deux Communautés (la CE et la CEEA). Cette dernière, qui n'a d'ailleurs pas disparu et demeure donc distincte de l'UE avec sa propre personnalité juridique, fait l'objet d'un *protocole modifiant le Traité instituant la Communauté européenne pour l'énergie atomique*.
2. Sur ce point, cf. *supra*.
3. Les modifications techniques du Traité Euratom et des différents protocoles, qui avaient été adoptés par la CIG de 2004, seront repris dans plusieurs protocoles annexés au Traité de Lisbonne.
4. Sur ce point, cf. *supra*.

§ 2. L'exercice de la compétence extérieure de l'Union européenne

La procédure relative à l'exercice de la conclusion d'accords avec les pays tiers [1] avait été initialement prévue par le Traité de Rome, avant d'être modifiée par les Traités de Maastricht, d'Amsterdam, de Nice, puis de Lisbonne. Elle est placée sous le contrôle de la Cour de justice.

A. La procédure d'élaboration des accords internationaux

Les règles prévues par les articles 216 à 219 TFUE, sont applicables à l'ensemble des accords internationaux conclus par l'Union, sous réserve des dispositions spécifiques à certains d'entre eux, comme en matière de politique commerciale commune (art. 207 § 3 TFUE) ou dans le domaine monétaire (art. 219 TFUE).

1057 ***Le domaine d'application des accords*** ◇ L'Union peut conclure un accord avec des pays tiers ou des organisations internationales, lorsque les traités le prévoient ou lorsque cet accord est nécessaire pour réaliser, dans le cadre des politiques de l'Union, l'un des objectifs visés par les traités, ou est prévu dans un acte juridique contraignant de l'Union, ou est susceptible d'affecter des règles communes, ou d'en altérer la portée. Ces accords lient les institutions de l'Union et les États membres (art. 216 TFUE). Ils peuvent dans certains cas créer une association caractérisée par des droits et obligations réciproques, des actions en commun et des procédures particulières (art. 217).

1058 ***Le déroulement de la procédure*** ◇ Le texte initial était général et imprécis. Sa rédaction actuelle, qui est le résultat d'une longue évolution, met en place une procédure beaucoup plus précise, tant en ce qui concerne la *négociation* que la *conclusion* de ces accords, le Conseil autorise l'ouverture des négociations, puis la signature de ces accords, qu'il est par ailleurs seul habilité à conclure (art. 218 § 1 et 2) :

– quand l'accord concerne exclusivement ou principalement la politique étrangère et de sécurité commune, l'initiative en revient à la *Commission*, ou au *Haut représentant de l'Union pour les affaires étrangères et la politique de sécurité*, qui présente des recommandations au Conseil, qui adopte une décision autorisant l'ouverture des négociations et désignant, en fonction de la matière de l'accord envisagé, le négociateur ou le chef de l'équipe de négociation de l'Union (art. 218 § 3) ;

1. Cf. J. Raux et C. Flaesh-Mougin, « Les accords externes de la CEE (1er janv. 1973 - 31 déc. 1974) », *RTD eur.* 1975. 227.

– le Conseil peut adresser des directives au négociateur et désigner un *comité spécial*, qui devra alors obligatoirement être consulté durant toute la durée des négociations (art. 218 § 4) ;

– le Conseil, sur proposition du négociateur, décide ensuite d'autoriser la signature de l'accord et, le cas échéant, son application provisoire avant l'entrée en vigueur (art. 218 § 5) ;

– toujours selon la même procédure, le Conseil en autorise également la conclusion, sauf lorsque l'accord porte exclusivement sur la politique étrangère et de sécurité commune. Il devra obtenir l'approbation du Parlement européen pour un certain nombre d'accords (accords d'association ; accord portant adhésion de l'Union à la Convention européenne de sauvegarde des droits de l'homme et des libertés fondamentales ; accords créant un cadre institutionnel spécifique en organisant des procédures de coopération ; accords ayant des implications budgétaires notables pour l'Union ; accords couvrant des domaines auxquels s'applique la procédure législative ordinaire ou la procédure législative spéciale lorsque l'approbation du Parlement européen est requise). Dans tous les autres cas, il sera seulement tenu de consulter le Parlement européen (art. 218 § 6) ;

– le Conseil pourra, lors de la conclusion d'un accord, habiliter, le cas échéant à certaines conditions, le négociateur à approuver, au nom de l'Union, des modifications, à condition toutefois que l'accord ait permis leur adoption selon une procédure simplifiée ou par une instance créée à cet effet (art. 218 § 7) ;

– durant toute la procédure, le Conseil se prononce en principe toujours à la majorité qualifiée. L'unanimité est pourtant exigée pour les accords portant sur un domaine où l'unanimité est requise pour l'adoption d'un acte de l'Union, ainsi que pour les accords d'association et les *accords relatifs à la coopération économique, financière et technique* (prévus par art. 212 TFUE) avec les États candidats à l'adhésion. Le Conseil statue également à l'unanimité pour l'accord portant adhésion de l'Union à la Convention européenne de sauvegarde des droits de l'homme et des libertés fondamentales ; la décision portant conclusion de cet accord entre en vigueur après son approbation par les États membres, conformément à leurs règles constitutionnelles respectives (art. 218 § 8) ;

– le Conseil, sur proposition de la *Commission* ou du *Haut représentant de l'Union pour les affaires étrangères et la politique de sécurité*, peut décider de suspendre l'application d'un accord et d'adopter les positions à prendre au nom de l'Union dans une instance créée par un accord, lorsque cette instance est appelée à adopter des actes ayant des effets juridiques, à l'exception des actes complétant ou modifiant le cadre institutionnel de cet accord (art. 218 § 9). Il devra alors immédiatement et pleinement en informer le Parlement, à toutes les étapes de la procédure (art. 218 § 10).

1059 ***Les accords portant sur le taux de change de l'euro vis-à-vis des monnaies d'États tiers*** ◇ Le Conseil, sur recommandation de la Banque centrale européenne, ou de la Commission et après consultation de la

Banque centrale européenne, en vue de parvenir à un consensus compatible avec l'objectif de la stabilité des prix, peut conclure des accords formels portant sur un système de taux de change pour l'euro vis-à-vis des monnaies d'États tiers. Le Conseil statue à l'unanimité, après consultation du Parlement européen et conformément à une procédure qui déroge à celle prévue par l'article 218 pour les accords internationaux :

– le Conseil, conformément à cette procédure, peut adopter, modifier ou abandonner les cours centraux de l'euro dans le système des taux de change. Son président est alors tenu d'en informer le Parlement européen (art. 219 § 1 TFUE) ;

– en l'absence d'un système de taux de change vis-à-vis d'une ou de plusieurs monnaies d'États tiers au sens du paragraphe 1, le Conseil, statuant, sur recommandation de la Commission et après consultation de la Banque centrale européenne, ou sur recommandation de la Banque centrale européenne, peut formuler les orientations générales de politique de change vis-à-vis de ces monnaies, qui ne devront toutefois pas affecter l'objectif principal du SEBC, à savoir le maintien de la stabilité des prix (art. 219 § 2) ;

– dans le cas où ces accords doivent faire l'objet de négociations entre l'Union et un ou plusieurs États tiers ou organisations internationales, le Conseil, sur recommandation de la Commission et après consultation de la Banque centrale européenne, décide des arrangements relatifs à leurs négociations, auxquelles la Commission devra être pleinement associée, et à leur conclusion. Ces arrangements doivent assurer que l'Union exprime une position unique (art. 219 § 3).

Sans préjudice des compétences et des accords de l'Union dans le domaine de l'Union économique et monétaire, les États membres conservent toujours le droit de négocier dans les instances internationales et de conclure des accords internationaux (art. 219 § 4).

B. Le contrôle exercé par la Cour de justice

1060 ***L'étendue du contrôle exercé par la Cour*** ◇ La Cour exerce un double contrôle sur les accords internationaux conclus par l'Union européenne avec des pays tiers ou des organisations internationales. Elle peut en effet d'abord être appelée à vérifier que l'accord envisagé est compatible avec les dispositions du Traité ; elle peut également avoir à se prononcer sur la compétence de l'Union ou de l'une de ses institutions pour conclure l'accord (art. 107 § 2 Règl. procédure) [1]. La Cour de justice s'est également reconnue compétente pour connaître des questions préjudicielles relevant de l'article relatif aux accords communautaires [2]. Ceux-ci sont en effet, selon la jurisprudence, des « actes communautaires » au sens de l'article 288 TFUE. La Cour est également compétente pour interpréter à titre préjudiciel la décision d'organismes créés par certains accords d'association qui « font, au

1. Cf. CJCE 26 avr. 1977, avis 1/76, *Rec.* p. 74 ; 7 oct. 1979, avis 1/78, *Rec.* p. 2871.
2. Cf. J.-L. Clergerie, *Le renvoi préjudiciel*, Ellipses, 2000, p. 79 et s.

même titre que l'accord lui-même, partie intégrante, à partir de leur entrée en vigueur, de l'ordre juridique communautaire » (CJCE 20 sept. 1990, *Sevince*, aff. C. 192/89, *Rec.* p. I-3461) [1].

1061 ***L'appréciation de la compatibilité de l'accord avec le Traité*** ◇ À la demande d'un État membre, du Parlement européen, du Conseil ou de la Commission, la Cour peut être appelée à se prononcer sur la compatibilité d'un accord envisagé [2] avec les traités. Ce contrôle *a priori*, qui doit obligatoirement intervenir avant la conclusion du Traité, ne se limite pas à la compatibilité de l'accord, défini comme « tout engagement pris par des sujets de droit international et ayant force obligatoire quelle qu'en soit la qualification », il porte en effet également indirectement sur l'appréciation de la compétence de la Communauté à le conclure (avis 1/75, 11 nov. 1975, *Arrangement OCDE*, *Rec.* p. 1355 ; avis 1/78, 4 oct. 1979, *Accord international sur le caoutchouc naturel*, *Rec.* p. 2871).

1062 ***Les conséquences de l'appréciation de la Cour*** ◇ En cas d'avis négatif de la Cour [3], l'accord envisagé ne pourra entrer en vigueur, à moins qu'il ne soit modifié ou que les traités ne soient révisés (art. 218 § 11) [4]. Si la Cour s'est prononcée avant ou pendant les négociations, son avis n'aura d'autre effet que de les interrompre ou de les arrêter, ou plus simplement d'en modifier le contenu. Mais si elle statue après, il aura pour effet d'en empêcher la conclusion.

SECTION 2. LES EFFETS DE LA COMPÉTENCE EXTÉRIEURE DE L'UNION EUROPÉENNE

Il convient d'en distinguer les effets pour l'UE et pour les États membres.

§ 1. Pour l'Union européenne

Il s'agit de la coercition économique, des liens avec les organisations internationales et des relations diplomatiques avec les États tiers.

1. Cf. J.L. Clergerie, *Le renvoi préjudiciel*, *op. cit.*
2. avis 1/75, 11 nov. 1975, *Arrangement OCDE*, *Rec.* p. 1355.
3. De 1957 à 1999 la Cour a ainsi rendu 10 avis dont trois négatifs (avis 1/76, 1/91 et 2/94), un a été jugé irrecevable (avis 3/94) et six positifs (avis 1/75, 1/78, 2/91, 1/92, 2/92, 1/94), soit trois de 1957 à 1980, aucun de 1980 à 1990 et sept de 1990 à 1999 ; cf. à ce propos P.-Y. Monjal, *Les normes de droit communautaires*, coll. « Que sais-je ? », PUF, 2000, p. 93 à 99.
4. CJCE 30 avr. 1974, *Haegemann*, aff. 181/73, *Rec.* p. 449 ; CJCE 21 janv. 1993, *Deutsche Shell*, aff. C. 188/91, *Rec.* p. I-363.

A. Les liens entre l'Union européenne et les organisations internationales [1]

1063 ***Les dispositions du Traité*** ◇ Le Traité de Rome avait, dès l'origine, confié à la Commission le soin, d'établir, pour le compte de la Communauté européenne, des liens avec les *organisations internationales*. La Communauté ne devait par ailleurs pas avoir pour effet de porter atteinte à certaines institutions internationales : les dispositions du Traité de Rome ne devaient en effet pas modifier celles du Traité CECA, notamment en ce qui concerne les droits et obligations des États membres, les pouvoirs des institutions communautaires et les règles relatives au marché commun du charbon et de l'acier, ni celles du Traité Euratom (ex-art. 305 CE). Elles ne devaient pas non plus faire obstacle aux diverses unions régionales entre la Belgique, le Luxembourg et les Pays-Bas [2], « dans la mesure où les objectifs de ces unions régionales ne sont pas atteints en application du présent Traité » (ex-art. 306) [3].

1064 ***Le rôle essentiel du Haut représentant de l'Union pour les affaires étrangères et la politique de sécurité et de la Commission*** ◇ Le Haut représentant de l'Union pour les affaires étrangères et la politique de sécurité et la Commission sont en effet désormais chargés, au nom de l'Union, d'établir toute coopération utile avec les organes des *Nations unies* et de leurs institutions spécialisées, le *Conseil de l'Europe*, l'*organisation pour la sécurité et la coopération en Europe* et l'*organisation de coopération et de développement économiques*. Ils ont également pour mission d'assurer les liaisons opportunes avec les autres organisations internationales (art. 220 § 1 et 2 TFUE). L'Union entretient ainsi des relations avec l'ONU ou l'OMC, ainsi qu'avec de nombreux groupements régionaux tels que l'ASEAN (Association des nations de l'Asie du Sud-est), l'OUA (Organisation de l'unité africaine) ou les pays du MERCOSUR [4]. Elle est membre de certaines organisations internationales, comme l'OMC (aux côtés ou à la place de ses États membres) et participe à de très nombreuses conventions internationales comme le protocole de Kyoto, la convention des Nations unies contre le trafic de stupéfiants et de substances psychotropes.

1. G. Le Tallec, « Quelques aspects internationaux des rapports entre la CEE et les organisations internationales », *RMC* sept. 1972, n° 157, p. 636 à 644. Sur les relations avec l'ONU, cf. questions écrites de M. Glinne n° 813-74 (*JOCE* C. 126, 6 juin 1975), n° 687-75 (*JOCE* C. 139, 21 juin 1976) et n° 688-74 (*JOCE* C. 158, 12 juill. 1975).

2. Liés depuis les accords de Londres (signés le 5 avr. 1944, ratifiés le 29 oct. 1947 et entrés en vigueur le 1er janv. 1948) dans une *union économique et douanière* qui a constitué un véritable « laboratoire » d'intégration européenne légitimé par l'art. 233 (devenu 350 TFUE) dès la création de la CEE. La Belgique et le Luxembourg avaient en effet conclu le 22 déc. 1921 une convention d'union douanière pour une durée de cinquante ans étendue le 15 avr. 1944 aux Pays-Bas. Après l'adhésion de ces trois États à la CEE, le Traité de La Haye du 3 févr. 1958 a renforcé cette union douanière.

3. Cf. à ce propos CJCE 16 mai 1984, *Pakvries*, aff. 105/83, *Rec.* p. 2101.

4. Sur ce point, cf. *infra*.

B. Les relations diplomatiques avec les États tiers

1065 ***Les fondements*** ◇ L'Union européenne entretient également des relations diplomatiques avec la plupart des États tiers, qui ont des représentants auprès des Communautés européennes. La représentation de l'Union dans les pays tiers et auprès des organisations internationales est assurée par les *délégations de l'Union*, qui sont placées sous l'autorité du Haut représentant de l'Union pour les affaires étrangères et la politique de sécurité et agissent en étroite coopération avec les missions diplomatiques et consulaires des États membres (art. 221 § 1 et 2 TFUE). Elle découle directement de la personnalité juridique reconnue dès l'origine à chaque Communauté [1] par les traités originaires (art. 65 CECA, ex-281 CE et 184 Euratom), puis ensuite à l'Union européenne, depuis le Traité de Lisbonne [2]. Elle se fonde également sur l'article 17 du *protocole sur les privilèges et immunités du 8 avril 1965*, qui prévoit que « l'État membre sur le territoire duquel est situé le Siège des Communautés accorde aux missions des États tiers accréditées auprès des Communautés les immunités et privilèges diplomatiques d'usage » (droit de légation passif).

1066 ***L'établissement des relations diplomatiques*** ◇ La plupart des États ont désormais des représentants auprès de l'Union européenne [3], qui entretient actuellement des relations diplomatiques avec la quasi-totalité des pays ou des groupes de pays du monde. Seuls sont exclus ceux qui ne respectant pas les exigences minimales en matière de démocratie ou de droit de l'homme, avec lesquels la plupart des États membres n'ont d'ailleurs pas non plus de relations [4]. Les ambassadeurs ou les délégations auprès de l'Union européenne sont accrédités auprès du président de la Commission et auprès de la présidence du Conseil. La décision d'établir des relations diplomatiques revient au Conseil statuant à l'unanimité. Les missions diplomatiques et consulaires des États membres et les délégations de l'Union dans les pays tiers et dans les conférences internationales, ainsi que leurs représentations auprès des organisations internationales, sont d'ailleurs appelées à coopérer pour assurer le respect et la mise en œuvre des décisions qui définissent des positions et des actions de l'Union adoptées dans ce domaine. Elles doivent intensifier leur coopération en échangeant des informations et en procédant à des évaluations communes et contribuer à la protection des citoyens de l'Union sur le territoire des pays tiers (art. 35 TUE).

1. Ainsi la Haute autorité de la CECA a-t-elle ouvert sa première mission diplomatique à Londres en 1955.

2. Sur ce point, cf. *supra*.

3. 165 États avaient en 1998 des représentants auprès des Communautés européennes qui sont elles-mêmes présentes, par l'intermédiaire de la Commission, dans 122 pays étrangers.

4. Comme les Bahamas, le Royaume du Bhoutan, la Birmanie, la Dominique, la Grenade, la République de Kiribati, les Maldives, les îles Marshall, la Micronésie, la République de Palau, la Fédération de Saint-Kitts et Nevis, la Somalie, Tonga Tuvalu, la République Sahraouie, etc.

1067 ***L'existence de relations différenciées*** ◇ Dans ses relations extérieures l'Union n'accorde pas la même importance à tous les États. Elle dispose par exemple de représentants spéciaux auprès de certains d'entre eux, comme par exemple auprès du Gouvernement américain [1]. Le Vatican, qui ne saurait appartenir à l'Union européenne en raison de sa vocation non seulement économique mais aussi politique, est représenté à Bruxelles par un nonce apostolique [2]. Elle adopte également une stratégie régionalisée dite des « cercles concentriques », qui se fonde sur une logique historique et/ou géographique impliquant des relations plus ou moins étroites et se traduit par l'existence de 7 zones géographiques avec lesquelles l'Union développe des relations différenciées :

- les Balkans ;
- La Russie et les « Nouveaux États indépendants » (NEI) [3] ;
- le pourtour méditerranéen ;
- les pays d'Afrique, des Caraïbes et du Pacifique (ACP) [4] ;
- l'Amérique latine ;
- l'Asie ;
- les pays industrialisés.

1068 ***Le rôle du « service européen pour l'action extérieure »*** ◇ Le Traité de Lisbonne a mis en place, pour assister le Haut représentant, un « *service européen pour l'action extérieure* », appelé à travailler en collaboration avec les services diplomatiques des États membres et composé de fonctionnaires des services compétents du secrétariat général du Conseil et de la Commission, ainsi que de personnel détaché des services diplomatiques nationaux. Son organisation et son fonctionnement seront fixés par une décision du Conseil, qui statue sur proposition du Haut représentant, après consultation du Parlement européen et approbation de la Commission (art. 27 § 3 TUE). Ce service, qui devrait être opérationnel à partir de 2012 et dont les décisions devront être prises conjointement par le Haut représentant et par la Commission, devrait être chargé de la gestion des relations extérieures de l'Union, qui étaient préalablement confiées à la *direction générale des relations extérieures* de la Commission européenne.

§ 2. Pour les États membres

1069 ***Les traités conclus par les États membres ont forcément une incidence sur leur appartenance à l'Union européenne*** ◇ Les Communautés européennes, puis l'Union européenne exercent sur les trai-

1. Les États-Unis ont été parmi les premiers à envoyer un ambassadeur auprès de la CECA.
2. Cf. sur ce point J.-L. Clergerie, « Le statut juridique et diplomatique de l'État de la Cité du Vatican », *LPA* 31 août 1994, p. 15.
3. savoir, la Biélorussie, l'Ukraine, la Moldavie, l'Arménie, la Géorgie, l'Azerbaïdjan, le Kazakhstan, l'Ouzbékistan, le Turkménistan, le Tadjikistan et le Kirghizstan.
4. Sur ce point, cf. *infra*.

tés conclus par les États membres un véritable pouvoir de contrôle fondé sur leur capacité à exercer des compétences extérieures. Ce régime était organisé selon des modalités différentes dans la CE, l'Euratom, la CECA. Il convient de distinguer les accords conclus avant l'entrée en vigueur du Traité de Rome, de ceux conclus après son entrée en vigueur.

A. Les accords conclus avant l'entrée en vigueur du Traité de Rome

1070 ***Le principe du maintien en vigueur des accords conclus avant l'entrée en vigueur du Traité*** ◇ Les droits et obligations résultant des accords conclus entre un ou plusieurs États membres avec un ou plusieurs États tiers [1], avant le 1er janvier 1958, ou pour les nouveaux États avant la date de leur adhésion, ne sont pas affectés par les dispositions des traités. Ils restent donc en vigueur, à condition toutefois de ne pas être contraires au Traité. Les États membres seront en effet tenus de prendre toutes dispositions utiles pour éliminer les incompatibilités qui pourraient exister entre ces traités [2], en utilisant si nécessaire l'assistance des autres États membres [3]. Ils pourront alors être conduits à réviser ou à dénoncer un tel accord, à condition de respecter les droits des tiers (CJCE 14 sept. 1999, *Commission c. Belgique*, aff. C-170/98, *Rec.* p. I-5493). Les États tiers ne pourront pas non plus réclamer le bénéfice des avantages découlant de leur appartenance à l'Union européenne, en invoquant soit la « clause de la nation la plus favorisée », soit l'interdiction des discriminations (art. 351 TFUE). Pour certains une telle disposition ne peut aboutir à transférer à l'Union des engagements contractés avant l'entrée en vigueur du Traité de Rome par les États membres ; pour d'autres il serait au contraire possible de parler de substitution ou de succession pour les engagements ayant une influence sur l'exercice des compétences attribuées à l'Union. La Cour a ainsi pu considérer que le GATT (créé le 30 octobre 1947), auxquels tous les États membres étaient liés et que la Communauté a entendu respecter, tant du fait de certaines dispositions du Traité (ex-art. 131 et 307 CE) qu'en pratique, liait également la Communauté (CJCE 12 déc. 1972, *International Fruit Company*, aff. 21 à 24/72, *Rec.* p. 1226) [4]. De même, « les dispositions des traités

1. Sur le problème des accords conclus par les États membres avant l'entrée en vigueur des Traités européens, v. art. 234 Traité CEE ; cf. CJCE 27 févr. 1962, *Commission c. Italie*, aff. 10/61, *Rec.* p. 22 ; J. Boulouis et R.-M. Chevalier, *op. cit.*, p. 6.

2. Le Traité s'inspire des règles dégagées dans ce domaine par l'art. 30 Conv. Vienne sur le droit des traités du 23 mai 1969 (applicable depuis le 27 janv. 1980).

3. Arrêt 14 oct. 1980. *Burgoa*, 812-79, *Rec.* 1980.2787. Dans un arrêt du 28 oct. 1982, la Cour de justice a fait prévaloir des règles communautaires contre un Traité antérieur (*directeur des affaires du littoral du Sud-ouest*, aff. jtes 138 et 139/81, *Rec.* p. 3819). Il s'agissait de pêcheurs espagnols qui invoquaient un accord franco-espagnol de 1967. La Cour a fait prévaloir les règlements communautaires intérieurs sur la pêche.

4. La Cour a ensuite étendu cette jurisprudence aux conventions douanières de Bruxelles du 15 déc. 1950 (CJCE 19 mars 1975, *Nederlandse Spporwegen*, aff. 38/75, *Rec.* p. 1439).

ne font pas obstacle à l'existence et à l'accomplissement des unions régionales entre la Belgique et le Luxembourg, ainsi qu'entre la Belgique, le Luxembourg et les Pays-Bas [1], dans la mesure où les objectifs de ces unions régionales ne sont pas atteints en application des traités » (art. 350 TFUE). Les États membres ne sont pas enfin autorisés à se prévaloir des traités, conventions ou déclarations qui pourraient exister entre eux avant l'entrée en vigueur des Traités communautaires pour ne pas soumettre leurs différends relatifs à leur interprétation et à leur application, aux modes de règlements qu'ils ont eux-mêmes expressément prévus (art. 344 TFUE).

B. Les accords conclus après l'entrée en vigueur du Traité de Rome

1071 ***Les obligations des États membres*** ◇ Les accords conclus par les États membres *après l'entrée en vigueur du Traité*, ne devront en aucun cas porter atteinte aux obligations découlant de leur appartenance à l'Union européenne, sous peine d'avoir à répondre d'un manquement devant la Cour de justice, conformément aux articles 258 à 260 TFUE. Si la Commission estime en effet qu'un État membre a manqué à une des obligations qui lui incombent en vertu des traités, elle pourra saisir la Cour de justice après avoir mis l'État en mesure de présenter ses observations. Ce type de recours est également ouvert à chaque État membre, qui devra toutefois en avoir préalablement saisi la Commission. Il résulte de ces dispositions qu'un accord conclu par un État membre dans des conditions contraires à ses obligations serait menacé d'une véritable *insécurité juridique* (CJCE 5 nov. 2002, *Commission c. Suède*, aff. C-468/98, *Rec.* p. I-5575, pt 108). Le Traité Euratom a mis en place des procédures particulières qui imposent aux États membres et aux particuliers de soumettre à la Commission tout projet d'accord ou de convention avec un État tiers avant sa conclusion. En cas de doute sur la conformité de l'accord au regard du Traité, la Commission pourra alors saisir la Cour de justice, dont la délibération liera l'État ou le particulier (103 à 105 Euratom).

1072 ***Le rôle de l'Union européenne*** ◇ D'une manière générale, l'Union s'efforce d'assurer la cohérence des accords interétatiques signés par les États membres, comme le montre par exemple, la décision 98/249/CE du Conseil du 7 octobre 1997 relative à la *conclusion de la convention pour la protection du milieu marin de l'Atlantique du Nord-est* [2], qui reprend l'intégralité de cet accord qui avait d'ailleurs également été signé par la Commission, à Paris le 22 septembre 1992, au nom de la Communauté (art. 1er). Ce texte, entré en vigueur le 25 mars 1998, vise à prévenir et à éliminer la pollution ainsi qu'à protéger la zone maritime contre les effets préjudiciables des activités hu-

1. Sur ce point, cf. *supra*.
2. *JOCE* L. 104, 3 avr. 1998, p. 1.

maines. La Communauté considère que le Traité CE contribue, entre autres, à la poursuite des objectifs de préservation, de protection et d'amélioration de la qualité de l'environnement, de protection de la santé des personnes et d'utilisation prudente et rationnelle des ressources naturelles. Elle estime par ailleurs qu'elle a déjà adopté des mesures dans le domaine couvert par la convention, dans lequel il lui appartient par conséquent de prendre également des engagements sur le plan international. Elle considère en outre que son action constitue le complément nécessaire à celle des États membres directement concernés, avec lesquels elle coopère, dans le cadre de leurs compétences respectives, avec les pays tiers et les organisations internationales compétentes. Elle en déduit donc que sa participation à la convention est tout à fait conforme au principe de subsidiarité.

CHAPITRE 2
LES RELATIONS AVEC LES PAYS TIERS

Le fondement essentiel des relations extérieures de l'Union européenne repose sur la *politique commerciale commune*, qui est elle-même indissociable de la *politique douanière*. Ces deux aspects des relations avec les pays tiers sont en effet très étroitement liés, dans la mesure où il n'est pas contestable que la politique douanière dépend très largement du commerce extérieur.

SECTION 1. LA POLITIQUE DOUANIÈRE DE L'UNION EUROPÉENNE

1073 ***La mise en place d'une union douanière*** ◇ Le premier objet du Marché commun avait été de créer entre les États membres une union douanière [1], à l'intérieur de laquelle les échanges devaient être progressivement libérés de toute forme d'entrave, et qui à l'extérieur de ses frontières devait être protégée par la mise en place d'une politique douanière. La Communauté européenne, contrairement à l'AELE [2], n'était donc pas une simple zone de libre-échange. Elle constitue également en effet, comme le « *Zollverein* » allemand [3], une *union douanière* composée à l'origine des territoires des six États membres fondateurs et des Pays et territoires d'Outre-mer (PTOM), qui lui sont associés (art. 198 TFUE) [4]. Elle est définie par l'article 28 TFUE, qui est d'applicabilité directe, dès la fin de la période de transition, ce qui crée « pour les justiciables des droits que les juridictions nationales doivent sauvegarder » (CJCE 8 nov. 1979, *Firma Denkavit*, aff. 251/78, *Rec.* p. 3369) et « implique la suppression des disparités nationales, de nature fiscale et commerciale, affectant les échanges avec les pays tiers » (CJCE 5 oct. 1995, *Aprile Srl*, aff. C-125/95, *Rec.* p. I-2919, pt 33). Ce *territoire douanier* est

1. Contrairement à une simple zone de libre-échange où sont progressivement abolis droits de douane et contingentements, une union douanière se caractérise non seulement par la suppression des droits de douane (du 1er janv. 1961 au 30 juin 1968) et des contingentements (du 1er janv. 1959 au 31 déc. 1960), mais aussi par une politique commerciale commune qui suppose la mise en place d'un tarif douanier commun.

2. Créée le 20 nov. 1959, à l'initiative des États européens qui ne faisaient pas partie de la CEE et qui envisageaient d'y adhérer. Seuls, l'Islande, la Norvège, la Suisse et le Liechtenstein en sont encore membres.

3. Union douanière, formée par une majorité des États de la Confédération allemande, sous la direction de la Prusse, et entrée en vigueur le 1er janv. 1834, avait une monnaie unique et constituait la première étape d'une union politique.

4. Cf. question 2000/169/CE, 27 nov. 2001.

protégé par un *tarif douanier (ou extérieur) commun* et par un certain nombre de règles rassemblées dans le *Code des douanes communautaire* (qui avait été précédé d'une harmonisation des législations douanières nationales) [1].

§ 1. Le territoire douanier

1074 ***L'étendue du territoire douanier*** ◇ L'étendue du territoire douanier de la Communauté a été fixée par le règlement 1496/68/CEE du Conseil du 27 septembre 1968 *définissant le territoire douanier de la Communauté*, puis par l'article 3 du *règlement 2913/92/CEE du Conseil du 12 octobre 1992 établissant le Code des douanes communautaire* [2]. Le territoire douanier de la Communauté correspond au domaine d'application du Traité de Rome (art. 299 CE supprimé) [3]. Il comprend le territoire des États membres, leur mer territoriale, leurs eaux intérieures maritimes et leur espace aérien (art. 3 § 3 Règl. 2913/92/CEE).

1075 ***Le domaine d'application du territoire douanier*** ◇ Il s'applique :

– au royaume de Belgique ;

– au royaume de Danemark, à l'exception des îles Féroé et du Groënland ;

– à la république fédérale d'Allemagne, à l'exception, d'une part, de l'île de Helgoland et, d'autre part, du territoire de Büsingen (Traité 23 nov. 1964 entre République fédérale d'Allemagne et Confédération Helvétique) [4] ;

– au royaume d'Espagne : le Traité n'est que partiellement applicable à Ceuta, Melilla et aux Canaries (avec possibilité d'évolution vers une application complète) (art. 25 Acte d'adhésion de l'Espagne et du Portugal, 16 février 1985) ;

– à la République hellénique ;

– à la République française, à l'exception des territoires d'outre-mer ;

– à l'Irlande ;

– à la République italienne, à l'exception des communes de Livigno et Campione d'Italia ainsi que des eaux nationales du lac de Lugano comprises entre la rive et la frontière politique de la zone située entre Ponte Tresa et Porto Ceresio ;

– au Grand-duché de Luxembourg ;

– au Royaume des Pays-Bas en Europe ;

– à la République d'Autriche ;

– à la République portugaise ;

1. *JOCE* L. 302, 19 oct. 1992.

2. Cf. *infra*.

3. Le champ d'application du Traité CEE diffère de celui des autres Traités communautaires : l'art. 79 CECA parle des « territoires européens » des États membres (de même que l'art. 198 Euratom) alors que l'art. 299.1 CE vise les « États ».

4. Le Conseil européen de Dublin du 28 avr. 1990, a décidé d'intégrer au sein de la Communauté le territoire de l'ancienne RDA sans révision des traités.

– à la République de Finlande ainsi qu'aux îles Aaland (conformément au Prot. n° 2 figurant en annexe du Traité d'adhésion, 24 juin 1994) ;

– au Royaume de Suède ;

– au Royaume-Uni de Grande-Bretagne et d'Irlande du Nord, ainsi qu'aux îles Anglo-Normandes et à l'île de Man (sous réserve des dispositions prévues par le Traité d'adhésion du 22 janvier 1972).

– à la République tchèque ;

– à la République de Pologne ;

– à la République de Hongrie ;

– à la République Slovaque ;

– à la République d'Estonie ;

– à la République de Lituanie ;

– à la République de Lettonie ;

– à la République de Slovénie ;

– à la partie grecque de la République de Chypre (à l'exception des zones de souveraineté du Royaume-Uni sur le Sud de l'île [1]) ;

– à la République de Malte

– à la République de Bulgarie ;

– à la Roumanie.

En font également partie, les territoires qui entretiennent avec les États membres des relations privilégiées, comme la Principauté de Monaco (Conv. Douanière, 18 mai 1963 [2]) (art. 3 § 2), les territoires de Jungholtz et de Mittelberg (Allemagne) et San Marin (Italie), en vertu de conventions douanières, conclues avec ces pays avant l'entrée en vigueur du Traité (art. 351 TFUE), conformément à l'article 2 du règlement 2151/84/CEE du Conseil du 23 juillet 1984 *relatif au territoire douanier de la Communauté*, abrogé depuis [3]. La Principauté d'Andorre n'est liée à la Communauté par une union douanière que pour les produits manufacturés [4] et Gibraltar est soumis à un régime particulier.

Ne font par contre pas partie les possessions britanniques, Hong Kong, avant son rattachement à la Chine ou les Bermudes, ainsi que l'État du Vatican. Ces territoires, qui faisaient autrefois partie du territoire douanier de certains États membres, ont en effet été intégrés au territoire douanier de la Communauté, en s'appuyant sur l'article 351 TFUE (relatif aux accords conclus par les États membres avant l'entrée en vigueur du Traité) [5].

§ 2. Le Tarif extérieur commun (TEC)

1076 ***Le TEC est un élément caractéristique du marché commun*** ◇ Le tarif extérieur commun, qui constitue avec la liberté de circulation des

1. À savoir les bases militaires d'Akrutiri et de Dhekelia.
2. *JO* 27 sept. 1963, p. 8679
3. *JOCE* L. 197, 27 juill. 1994, p. 1.
4. *JOCE* L. 324, 21 déc. 1990
5. Art. 2 Règl. 2151/84, *JOCE* L. 197, 27 juill. 1994.

marchandises l'un des deux traits caractéristiques du *marché commun* [1], a été instauré à partir du 1er juillet 1968, à l'issue de la période de transition fixée par le Traité. Il permet tout d'abord de distinguer le « marché commun », visant « à l'élimination de toutes les entraves aux échanges intracommunautaires en vue de la fusion des marchés nationaux dans un marché unique réalisant des conditions aussi proches que possible de celles d'un véritable marché intérieur » (CJCE 5 mai 1982, *Schul*, aff. 15/81, *Rec.* p. 1409), d'une simple zone de libre-échange, qui se bornerait à la suppression des droits de douane et des contingentements. Il constitue le préalable indispensable à l'existence d'une politique commerciale commune.

A. L'instauration d'un TEC

1077 ***L'instauration d'une politique douanière moderne*** ◇ L'Union européenne, qui est membre, depuis le 1er juillet 2007, de l'*Organisation mondiale des douanes (OMD)* [2], s'efforce de mettre en œuvre une politique douanière moderne, qui vise à garantir des contrôles efficaces à ses frontières extérieures, tout en souhaitant faciliter et développer ses échanges avec les pays tiers. Elle s'appuie sur un TEC, dont il s'agira d'étudier la *mise en place*, la *fixation* et les *conséquences*.

1. La mise en place du TEC

Le TEC, mis en place à partir du 1er juillet 1968, pouvait être complété par des prélèvements agricoles.

1078 ***Les origines de sa mise en place*** ◇ Le *Tarif douanier commun (TDC)*, ou *Tarif extérieur commun (TEC)*, a été mis en place, conformément aux arti-

1. Qui vise « à l'élimination de toutes les entraves aux échanges intracommunautaires en vue de la fusion des marchés nationaux dans un marché unique réalisant des conditions aussi proches que possible de celles d'un véritable marché intérieur » (CJCE 5 mai 1982, *Schul*, 15/81, *Rec.* 1409).

2. Le 30 juin 2007, (OMD) avait en effet accepté la demande d'adhésion de la Communauté européenne. L'Union ne sera toutefois membre à part entière de l'OMD, que lorsque la convention qui a donné naissance à l'OMD (la convention portant création d'un conseil de coopération douanière) aura été modifiée, avec l'accord de ses 172 membres actuels, afin de permettre l'adhésion d'unions douanières et économiques. Créée en 1952, par une convention signée à Bruxelles, le 15 déc. 1950, le « Conseil de coopération douanière » (CCD), devenu, à partir de juin 1994, l'Organisation mondiale des douanes (OMD) est la seule organisation intergouvernementale mondiale qui soit compétente en matière douanière. Elle entend ainsi favoriser la coopération douanière à l'échelle mondiale et contribue à relever les nouveaux défis auxquels les douanes et les échanges commerciaux sont confrontés. Elle est également fortement impliquée dans la conception et la mise en œuvre de stratégies mondiales visant à garantir la sécurité de la chaîne logistique, à lutter contre la contrefaçon, à encourager le commerce et le développement, tout en veillant à l'efficacité de la collecte des droits de douane. L'adhésion de l'UE à l'OMD constitue la preuve de sa volonté de participer activement aux discussions internationales relatives aux douanes et singulièrement à la réforme de ce secteur.

cles 18 à 29 (abrogés) du Traité de Rome (Décis. Conseil, 13 févr. 1960), par le règlement 950/68/CEE du Conseil du 28 juin *1968* [1], entré en vigueur le 1er juillet 1968, (dix-huit mois avant la fin de la période de transition prévue par le Traité [2]). Le TDC est constitué par un ensemble de droits qui s'appliquent aux importations sur le territoire de la Communauté de produits en provenance d'États tiers, qui se substituent aux tarifs nationaux en vigueur jusqu'au 30 juin 1968. Ce premier règlement (remplacé par Règl. 2658/57/CEE Conseil, 23 juill. 1987, relatif à la nomenclature tarifaire et statistique et au tarif douanier [3]), n'avait pas prévu de supprimer les taxes autres que les droits de douane, mais interdisait aux États membres d'en introduire unilatéralement de nouvelles ou de relever celles déjà en vigueur (CJCE 13 déc.1973, *Sociaal Fonds voor Diamantarbeiders,* aff. jtes 37 et 38/73, *Rec.* p. 1609). Il résulte de son « essence même » que « les diverses positions de ce tarif doivent avoir dans tous les États membres la même portée [et] qu'une telle exigence serait compromise si, en cas de difficulté dans le classement tarifaire d'une marchandise, chaque État membre pouvait fixer lui-même cette portée par voie d'interprétation » (CJCE 18 févr. 1970, *Bollmann,* aff. 40/69, *Rec.* p. 69). Les autorités nationales ont donc perdu toute compétence au profit des autorités communautaires pour tout ce qui concerne l'interprétation du TDC (CJCE 8 déc. 1970, *Deutsche Bakels,* aff. 14/70, *Rec.* p. 1001), même si les administrations nationales restent toujours compétentes pour l'appliquer (CJCE 30 sept. 1982, *Howe et Bainbridge,* aff. 317/81, *Rec.* p. 3257) et si les juridictions nationales peuvent être appelées à en vérifier les conditions d'application (CJCE 14 déc. 1972, *Arend van de Poll,* aff. 38/72, *Rec.* p. 1329). La mise en œuvre uniforme des dispositions relatives aux échanges commerciaux (certificats d'origine) supposait également l'existence d'une approche commune de la notion d'origine des marchandises, en raison des nombreux régimes préférentiels dont bénéficiaient alors certains pays tiers. Cette définition a été précisée par le règlement 802/68/CEE du Conseil du 27 juin 1968 *relatif à la définition commune de la notion d'origine des marchandises,* qui a mis en place une procédure autorisant la Commission à prendre, après avoir consulté un « comité spécial de l'origine », des décisions spécifiques dans ce domaine (CJCE 26 janv. 1977, *Gesellschaft für Uberseehandel,* aff. 49/76, *Rec.* p. 41) [4].

Pour les produits agricoles, le TEC pouvait être complété ou remplacé par des « prélèvements », dont l'existence a été remise en cause par l'OMC.

1079 ***L'existence de prélèvements agricoles*** ◇ Le TEC, qui s'applique en principe également aux produits agricoles, pouvait pour ceux d'entre eux qui sont soumis aux organisations communes de marché (OCM) être complété

1. *JOCE* L. 172, 22 juill. 1968.
2. Suite aux décis. Conseil, 12 mai 1960 et 15 mai 1962.
3. *JOCE* L. 256, 7 sept. 1987.
4. Sur tous ces points, cf. J.-L. Clergerie, *Les politiques communes de l'Union européenne,* Ellipses, 2006, p. 85 et s.

ou remplacé par des *prélèvements* [1], qui permettaient de compenser les différences entre les prix communautaires et ceux des cours mondiaux, toutes les fois que ces derniers leur étaient inférieurs. Il s'agissait de « redevances régulatrices des échanges extérieurs », qui aboutissaient à une hausse du prix des produits importés à un niveau sensiblement supérieur à celui du produit communautaire équivalent. Ces prélèvements étaient un moyen très efficace de faire respecter le principe de la « préférence communautaire [2] », qui visait à donner priorité à la production des États membres par rapport aux importations à bas prix en provenance des pays tiers [3]. Les prélèvements, qui ne sont en effet pas des droits de douane mais des taxes différentielles appliquées aux produits agricoles importés, dans le but d'assurer une certaine péréquation entre les prix mondiaux et les prix communautaires, correspondaient en principe à la différence entre les cours mondiaux (généralement moins élevés) et les prix de seuil [4]. Ils étaient déterminés pour chaque produit par les dispositions du règlement qui en organise le marché et fixés par la Commission, qui les publiait sous forme de règlements au Journal officiel des Communautés européennes. Le prélèvement à percevoir est celui qui est appliqué le « jour de l'importation » (art. 30 TFUE).

Après que leur existence même ait depuis déjà longtemps été remise en cause par les très nombreux accords préférentiels conclus par la Communauté (conventions ACP...), l'accord de Marrakech du 15 avril 1994 a prévu une baisse de 36 % de l'ensemble de ces prélèvements, qui se sont ensuite progressivement transformés en droits de douane après le 1er janvier 1995. Ils ne s'appliquent plus actuellement qu'à la production et au stockage du sucre et de l'isoglucose et ne représente plus qu'à peine 1 % des ressources propres de l'Union...

2. La fixation du TEC

1080 ***À l'origine*** ◇ À l'origine, le tarif douanier commun correspondait à la moyenne arithmétique des droits nationaux en vigueur dans les six pays membres (« position tarifaire ») [5] au 1er janvier 1957, avec des possibilités de dérogations. Pour les produits limitativement énumérés sur les listes A à G annexées au Traité de Rome, le TEC avait été déterminé selon d'autres critères. Pour les produits visés par les listes A à F, les droits avaient été

1. Cf. CJCE 10 mars 1971, *Deutsche Tradux*, aff. 38/70, *Rec.* p. 145.

2. La Cour, après avoir estimé que la préférence communautaire, bien que seulement prévue par l'art. 44 § 2 CEE, constituait l'« un des principes du Traité et a trouvé, en matière agricole, une expression à l'art. 44 § 2 » (CJCE 13 mars 1968, *Beus*, aff. 5/67, *Rec.* p. 126), en a fait ensuite un élément susceptible d'être pris en compte par les institutions communautaires dans le cadre de la PAC, avant de considérer qu'il « ne constitue pas pour autant une exigence légale dont la violation entraînerait l'invalidité d'un acte » (CJCE 14 juill. 1994, *Grèce c. Conseil*, aff. C-353/92, *Rec.* p. I-3411).

3. Sur tous ces points, cf. *supra*.

4. Cf. CJCE 13 déc. 1967, *Neuman*, aff. 17/67, *Rec.* p. 571 ; 18 juin 1970, *Krhon*, aff. 74/69, *Rec.* p. 451 ; 14 juill. 1971, *Henck*, aff. 12/71, *Rec.* p. 743.

5. Afin de tenir compte des engagements pris par le Communauté dans le cadre du GATT.

initialement fixés, soit, par les listes elles-mêmes (pour ceux des listes A et F), soit, en fonction d'un taux maximum applicable (pour les listes B, C, D, E). Enfin, pour les produits de la liste G, les droits avaient été établis, conformément au Traité, en vertu d'un accord tarifaire signé à Rome, le 2 mars 1960.

1081 ***Depuis le 1er juillet 1968*** ◇ Après la fin de la période transitoire (1er juillet 1968), ce tarif qui relève désormais de la compétence exclusive de la Communauté, s'exerce dans la plupart des cas de façon unilatérale, ou conventionnelle, dans le cadre d'accords préférentiels [1]. Ces droits, dont le niveau moyen ne dépasse pas 5,5 % et va de 5 à 9 % selon les produits, pourront toujours faire l'objet d'une augmentation, mais à condition d'offrir aux partenaires de l'Union des compensations financières. Si en principe l'intégralité du commerce communautaire (plus de 190 États et près de 25 zones non souveraines) est soumise au TDC, il ne concerne en pratique que six pays (Afrique du Sud, Australie, Canada, États-Unis, Japon et Mexique).

Ces droits sont fixés par le Conseil, à la majorité qualifiée (depuis l'AUE en 1986), sur proposition de la Commission (art. 26 CE devenu 31 TFUE). Ils pourront ensuite être modifiés ou même suspendus, soit pour tenir compte de décisions autonomes de la Communauté, soit en vertu d'accords tarifaires et commerciaux conclus sur la base de l'article 133 CE (devenu 207 TFUE) [2].

Enfin, pour les produits agricoles, les droits de douane ont pu longtemps être complétés ou remplacés par des « prélèvements ».

3. **Les conséquences du TEC**

L'unification douanière suppose l'*harmonisation des législations douanières de l'ensemble des pays* membres ; elle a également rendu nécessaire l'*établissement d'un Code des douanes* communautaires ; ses recettes constituent enfin l'une des quatre « ressources propres » destinées à financer le budget de l'Union.

1082 ***La nécessité d'une harmonisation des législations douanières*** ◇ La mise en place d'un TEC à partir du 1er juillet 1968 a rendu nécessaire l'accélération de l'harmonisation douanière entreprise par les États membres, dès le 1er janvier 1968 [3]. Les produits importés de pays tiers dans la Communauté sont en effet considérés comme « en libre pratique » à partir du moment où ils ont subi les formalités douanières requises pour pénétrer sur le territoire de la Communauté. Or si chaque État avait appliqué le TEC

1. Cf. *infra.*

2. Procédure utilisée pour négocier les accords de l'Uruguay-Round (*JOCE* L. 336, 23 déc. 1994).

3. P. Dailler, *L'Harmonisation des législatives douanières des États membres de la CEE,* préf. P.-H. Teitgen, Paris, 1972.

selon ses propres dispositions législatives, réglementaires ou administratives, il n'aurait jamais été possible de mettre en place une barrière douanière unique, ce qui aurait inévitablement eu pour effet d'entraîner des discriminations ou des distorsions. Il s'est donc rapidement avéré indispensable de procéder au rapprochement, puis à l'harmonisation complète de leurs législations douanières, ce qui a donné lieu à des très nombreux règlements ou directives, touchant à tous les aspects de la réglementation applicable dans ce domaine. Il a ensuite été nécessaire de rassembler tous ces actes unilatéraux dans un document unique, le Code des douanes communautaire.

1083 ***L'établissement d'un Code des douanes communautaire*** ◇ Le règlement 2913/92/CEE du Conseil du 12 octobre 1992 [1], en établissant le *Code des douanes communautaires* (applicable à partir du 1er juin 1994), a ensuite procédé à l'unification de tous les textes relatifs à la réglementation douanière. Ce Code, souvent modifié depuis (en 1994, 1997, 1999, 2000) [2], s'efforce de rassembler la totalité des droits et des obligations des personnes au regard de la législation douanière, les différents tarifs applicables, les règles concernant la détermination de l'origine et de la valeur en douane des marchandises, les procédures et les régimes douaniers en vigueur... Il regroupe également l'ensemble des règles relatives aux mesures tarifaires concernant les échanges entre la Communauté et les pays tiers.

1084 ***Les droits de douane font partie des ressources propres de l'Union européenne*** [3] ◇ Ils sont d'abord prélevés par les États membres avant d'être ensuite reversés au budget communautaire, après déduction des frais de perception. La part de cette ressource n'a toutefois cessé de diminuer depuis que l'Organisation mondiale du commerce (OMC) a imposé à ses adhérents une baisse généralisée des droits de douane, dont le montant se situe désormais entre 5 et 9 % selon les produits. En 2010, ils ne représentaient en effet plus que 11 % des recettes communautaires (10,1 milliards d'euros), contre un peu plus de 25 % en 1971.

L'unification douanière supposait naturellement l'harmonisation des différentes législations nationales dans ce domaine et l'adoption de règles communes qui seront ensuite réunies dans un Code des douanes de l'Union européenne.

1. *JOCE* L. 302, 19 oct. 1992.
2. *JOCE* L. 311, 12 déc. 2000, p. 17.
3. Les règles fondamentales du système des ressources propres sont établies dans une Décis. Conseil 2007/436/CE, Euratom, 7 juin 2007, relative au système des ressources propres des Communautés européennes, adoptée à l'unanimité par le Conseil et ratifiée par tous les États membres.

B. Le contenu du TEC

Le tarif douanier commun, qui se fonde sur la *nomenclature combinée (NC)*, permet à la Commission d'établir le *Tarif intégré des Communautés européennes (TARIC)*.

1085 ***La « Nomenclature combinée » (NC)*** ◇ La « nomenclature combinée » (NC) comporte une liste de tous les types de marchandises susceptibles de rentrer sur le territoire de la Communauté, afin de déterminer les droits de douane qui leur sont applicables, en fonction des taux prévus pour chaque catégorie de produits (CJCE 20 nov. 1997, *Wiener c. Hauptzollamt Emmerich*, aff. C-338/95, *Rec.* p. I-6495, à propos de la classification des « chemises de nuit »). Pour certains d'entre eux, comme pour les objets de collection, il ne sera pas toujours facile de procéder à une classification précise (CJCE 3 déc. 1998, *Clees*, aff. C-259/97, *Rec.* p. I-8127, à propos de l'« intérêt historique » de certains véhicules).

Elle a d'abord été fixée par le règlement 950/68/CEE du Conseil du 28 juin 1968 relatif au tarif douanier commun [1], qui se fondait sur la « nomenclature de Bruxelles », instituée par la convention sur la nomenclature pour la classification des marchandises dans les tarifs douaniers, adoptée dans le cadre du « conseil de la coopération douanière » du 15 décembre 1950. Ce texte a été remplacé par le règlement 2658/87/CEE du Conseil du 23 juillet 1987, relatif à la nomenclature tarifaire et statistique et au tarif douanier commun, qui applique à compter du 1er janvier 1988, la convention sur le système harmonisé de désignation et de codification des marchandises, dit « Système harmonisé » (SH) du 14 juin 1983, approuvée par la décision 87/369/CEE du Conseil du 7 avril 1987 (*JOCE* L. 198, 20 juill. 1987).

La NC, qui concerne actuellement environ 5 000 groupes de produits, remplit à la fois les exigences du Tarif douanier commun et des statistiques du commerce extérieur de la Communauté. Elle intègre la *nomenclature tarifaire* et les *nomenclatures statistiques*, juridiquement nécessaires « aux fins de déclaration des marchandises à l'importation », de manière à unifier les nomenclatures du tarif douanier et des statistiques du commerce extérieur. Elle reprend la *nomenclature du système harmonisé*, les *subdivisions communautaires* de cette nomenclature (dénommées « sous-positions NC ») lorsque les taux de droits sont spécifiés en regard de celles-ci, et éventuellement les *subdivisions établies par les États membres* pour répondre à leurs besoins nationaux, les *dispositions préliminaires* (définissant notamment les règles générales d'interprétation de la nomenclature), les *notes complémentaires* de section ou de chapitres et les notes de bas de page se rapportant aux sous-positions NC. La nomenclature combinée figure à l'annexe I, qui recense les taux des droits autonomes et conventionnels du TDC, les unités supplémentaires statistiques, ainsi que les autres éléments

1. *JOCE* C. 190, 20 juill. 1987.

requis. Les autres annexes contiennent les différents tableaux de droits, qui sont établis par section (section I : « animaux vivants », section II : « produits du régime végétal », etc.).

La NC est gérée par la Commission, assistée d'un *comité de la nomenclature tarifaire et statistique*, composé de représentants des États membres et présidé par un représentant de la Commission. Pour certaines décisions limitativement énumérées par le règlement du 23 juillet 1987 [1], l'intervention de ce comité est soumise à une procédure comparable à celle prévue pour les comités de gestion en matière agricole (Décis. 87/373/CEE Conseil, 13 juill. 1987) [2] : en cas d'avis négatif du comité de la nomenclature, l'application de la décision prise par la Commission est différée de trois mois, durant lesquels le Conseil pourra alors imposer sa propre décision.

La mise à jour de la NC est effectuée chaque année par la Commission, qui doit ensuite en assurer la publication avant le 31 octobre précédant son application (le 1er janvier), sous forme de règlement au *Journal officiel de l'Union européenne* (Règl. 1789/2003/CE Conseil relatif à la nomenclature tarifaire et statistique et au TDC [3]).

En France la *nomenclature de dédouanement des produits (NDP)* comporte douze chiffres et une lettre, renvoyant aux mesures réglementaires et fiscales propres à ce pays (« code-barres »). Elle comporte huit premiers chiffres, dont les six premiers [4] correspondent au *Système harmonisé* (SH Code), défini par l'« Organisation mondiale des douanes » [5] et commun aux 186 États signataires de la convention internationale sur le système harmonisé de désignation et de codification des marchandises du 14 juin 1983, et les deux derniers correspondent aux sous positions de la nomenclature combinée. La NC, qui est utilisée pour les flux intracommunautaires dans le cadre de la Déclaration d'échanges de biens (DEB), se compose également de quatre autres chiffres : les 9 et 10e correspondant au tarif intégré des Communautés européennes (TARIC) [6], le 11e étant destiné au traitement statistique national (Nomenclature générale des produits - NGP) et le 12e étant destiné au traitement douanier national (Nomenclature de dédouanement des produits - NDP).

1086 ***Le Tarif intégré des Communautés européennes (TARIC)*** ◇ Le TARIC, qui est établi par la Commission sur la base de la nomenclature combinée, se retrouve dans les 9e et 10e chiffres de la NC : le 9e étant réservé aux États membres pour les subdivisions statistiques nationales et le 10e pour identifier les « sous-positions TARIC ». Il s'agit d'un système de

1. Comme pour le classement des marchandises ou les modifications de la nomenclature combinée (art. 9 et 11).
2. *JOCE* L. 197, 18 juill. 1987, p. 33.
3. *JOCE* L. 281, 30 oct. 2003.
4. Éventuellement réduit à quatre pour les pays en voie de développement.
5. Sur ce point, cf. *supra*.
6. Cf. *infra*.

codification qui permet d'intégrer l'ensemble des subdivisions communautaires complémentaires (les « sous-positions TARIC ») nécessaires à la désignation de marchandises faisant l'objet des mesures communautaires spécifiques et figurant à l'annexe II : taux des droits de douane et des autres éléments de perception, numéros de code, ainsi que tous les éléments d'information requis pour l'application ou la gestion de ces mesures. Ces dernières constituent un assouplissement du TEC, qu'il s'agisse de *suspensions* ou de *contingents tarifaires*, de *prohibitions*, de *licences* ou de *droits anti-dumping*, de *dérogations temporaires*, de *régimes préférentiels*. La Commission, qui assure également la gestion, la publication et les mises à jour du TARIC, doit immédiatement communiquer aux États membres les modifications relatives aux « sous-positions » et aux codes numériques.

Le TARIC fait l'objet d'une publication annuelle au 1er janvier, à l'exception des chapitres 19 à 24, qui pourront être réactualisés le 1er juillet de chaque année. Le TEC peut en effet être modifié ou suspendu temporairement, soit à la suite d'une décision du Conseil, à la majorité qualifiée (art. 31 TFUE), soit à la suite d'accords tarifaires (art. 207 TFUE) [1]. Ces aménagements du TEC, qui permettent soit de faciliter, soit au contraire de limiter ou d'interdire l'entrée de certains produits sur le marché communautaire et font l'objet d'une mention dans le TARIC se présentent essentiellement sous forme de *contingents tarifaires* [2] et de *régimes préférentiels* [3].

Il sera enfin dans certains cas nécessaire de protéger certaines productions communautaires, en limitant ou en interdisant l'entrée de certaines importations sur le territoire de l'Union, comme l'avait fait, de 1974 au 31 décembre 1994, l'« accord multifibres » pour les produits en provenance de pays à bas salaires.

C. L'assouplissement du TEC

1087 ***Procédures*** ◇ Le TEC, qui n'a jamais été considéré comme intangible, peut en effet être modifié ou suspendu temporairement, soit par décision de la Communauté (art. 31 TFUE), soit à la suite d'accords tarifaires (art. 207 TFUE) [4] :

a) la Communauté peut procéder à des modifications ou à des suspensions autonomes, en se fondant sur l'article 31 TFUE, qui prévoit qu'il

1. Cf. *supra*.
2. Les *contingents tarifaires* correspondent à des quantités dans la limite desquelles les produits qui en bénéficient sont importés avec des droits réduits ou nuls. Contrairement aux restrictions quantitatives, ils n'interdisent pas le droit d'importer des produits excédent le contingent, qui sont alors seulement soumis aux droits normaux du TEC. Ces contingents tarifaires sont actuellement accordés et gérés par l'ensemble des États membres.
3. Sur ce point, cf. *infra*.
4. Cf. *supra*.

appartient au Conseil statuant à la majorité qualifiée [1], sur proposition de la Commission de fixer les droits du TDC ;

b) ces modifications peuvent également résulter de négociations tarifaires conclues sur la base de l'article 207 TFUE, qui permet à la Commission, pour la mise en œuvre de la politique commerciale commune de présenter des recommandations au Conseil, qui l'autorise à ouvrir les négociations nécessaires (art. 207 § 3 TFUE). À noter que le Traité de Nice a confié au Conseil et à la Commission le soin de veiller à ce que ces accords soient compatibles avec les politiques et règles internes de la Communauté (art. 207 § 3 al. 3 TFUE). Cette nouvelle disposition a également étendu à ces négociations l'application des « dispositions pertinentes de l'article 300 (remplacé par art. 218 TFUE) » (concernant la « conclusion d'accords entre la Communauté et un ou plusieurs États ou organisations internationales » [2]. Ces négociations sont conduites par la Commission en consultation avec un « comité spécial » désigné par le Conseil et dans le cadre des directives qu'il peut lui adresser. La Commission est tenue d'informer régulièrement ce comité de l'état d'avancement des négociations. Il a été fait usage de cette procédure dans l'affaire de l'*Uruguay Round* [3].

1088 ***Formes*** ◇ Ces aménagements du TEC, qui permettent de faciliter, ou au contraire de limiter voire même d'interdire l'entrée de certains produits sur le marché communautaire et font l'objet d'une mention dans le TARIC se présentent essentiellement sous forme de *régimes préférentiels*, de *préférences généralisées* et de *contingents tarifaires*.

De nombreux *régimes préférentiels* comportant une application de droits réduits ou nuls ont également été accordés par la Communauté à des pays ou des groupes de pays tiers dans le cadre de régimes à association (art. 217 TFUE) ou d'accords commerciaux, comme ceux qui ont été conclus en 1992 avec les pays de l'AELE (EEE) ou surtout ceux qui lient la Communauté depuis 1975 aux États *Afrique-Caraïbes-Pacifique (ACP)* [4].

Sous la pression des pays les plus libéraux comme le Royaume-Uni ou les Pays-Bas, des *Systèmes de préférences généralisées (SPG)* ont également été accordés, à partir du 1er juillet 1971, par la Communauté d'abord en faveur de l'ensemble des pays latino-américains (à l'exception de Taïwan et de la Corée du Nord), puis de certains pays de l'Est, mais surtout des quarante-neuf « Pays les moins avancés » (PMA), qui bénéficient ainsi d'un accès préférentiel au marché intérieur pour un certain nombre de produits, ainsi qu'à certains pays tiers (Australie, Nouvelle-Zélande, Canada ou Argen-

1. L'Acte unique européen avait remplacé, à compter du 1er juill. 1987, l'unanimité par la majorité qualifiée (art. 16).
2. Sur ce point, cf. *supra*.
3. Cf. à ce propos, *JOCE* L. 336, 23 déc. 1994.
4. Sur tous ces points, cf. *infra*.

tine), sous forme de droits réduits ou de contingents tarifaires [1]. Les *contingents tarifaires* correspondent à des quantités dans la limite desquelles les produits qui en bénéficient sont importés avec des droits réduits ou nuls. Il ne s'agit pourtant pas de restrictions quantitatives, dans la mesure où ils ne suppriment pas le droit d'importer des produits excédent le contingent, qui sont alors seulement soumis aux droits normaux du TEC. Ces contingents tarifaires sont actuellement accordés et gérés en commun par tous les États membres, entre lesquels ils font ensuite l'objet d'une reparution communautaire.

SECTION 2. **LA POLITIQUE COMMERCIALE COMMUNE**

L'action de la Communauté comporte « une politique commerciale commune » (art. 3-1 e TFUE) qui vise « à la suppression progressive des restrictions aux échanges internationaux » (al. 6 Préambule) et qui « est fondée sur des principes uniformes » (207 § 1 TFUE) [2]. Cette compétence exclusive de l'Union exclut d'ailleurs toute intervention « parallèle » des États membres, « dans l'ordre communautaire aussi bien que dans l'ordre international » (CJCE 11 nov. 1975, *Arrangement OCDE*, avis 1/75, *Rec.* p. 1364). Il s'agissait dès l'origine de déposséder les États de leurs compétences en matière commerciale afin de les transférer progressivement à titre exclusif à la Communauté [3].

La politique commerciale fait en effet partie avec la politique agricole (art. 38 à 44 TFUE) et avec la politique des transports (art. 90 à 100 TFUE) de ce que le Traité de Rome appelle, sans d'ailleurs jamais les définir les « politiques communes ». Elles concernent en tout cas toutes des secteurs, considérés comme essentiels, dont la gestion ne pouvait être laissée aux États, tant leurs politiques pourraient être différentes, et devait donc être confiée aux instances communautaires [4].

Après en avoir dégagé les principaux caractères, nous pourrons en étudier les diverses formes.

1. Les premiers textes instituant des préférences généralisées (Règl. 1314/71/CEE Conseil, 21 juin 1971, établissant pour certains produits des chapitres 1 à 24 du tarif douanier commun, un système de préférences généralisées en faveur des pays en voie de développement) avaient été publiés au *JOCE* L. 142, 28 juin 1971, p. 76.

2. P. Gilsdorf, « Portée et délimitation des compétences communautaires en matière de politique commerciale », Rev. Marché commun avr. 1989, p. 595.

3. CJCE 11 nov. 1975, *Arrangement OCDE*, avis 1/75, *Rec.* p. 1355.

4. Sur ce point, cf. J.-L. Clergerie, *Les politiques communes de l'Union européenne*, préc., p. 3 et 5.

§ 1. Caractères

A. Étendue

Pendant longtemps, la politique commerciale a constitué avec la politique douanière l'essentiel des relations extérieures de la Communauté, qui se sont largement développées par la suite.

1089 ***Les finalités de la politique commerciale commune*** ◇ Les finalités de la politique commerciale commune avaient été fixées dès l'origine par le Traité de Rome, qui précisait que « par l'établissement d'une union douanière (...), l'Union contribue, dans l'intérêt commun, au développement harmonieux du commerce mondial, à la suppression progressive des restrictions aux échanges internationaux et aux investissements étrangers directs, ainsi qu'à la réduction des barrières douanières et autres » (art. 206 TFUE) [1]. La politique commerciale de l'Union repose par conséquent sur une politique douanière commune et sur des règles commerciales communes vis-à-vis des États tiers. Les bases de cette politique avaient été précisées par un programme adopté par le Conseil, le 26 septembre 1962 qui prévoyait également les modalités de sa mise en œuvre [2]. Cette politique concerne principalement les échanges de produits et partiellement les services [3]. Depuis la fin de la période de transition (1er juillet 1968), la politique commerciale est passée de la compétence des États à celle de l'Union.

1090 ***L'existence de principes uniformes*** ◇ Elle est « fondée sur des principes uniformes notamment en ce qui concerne les modifications tarifaires, la conclusion d'accords tarifaires et commerciaux relatifs aux échanges de marchandises et de services, et les aspects commerciaux de la propriété intellectuelle, les investissements étrangers directs, l'uniformisation des mesures de libéralisation, la politique d'exportation, ainsi que les mesures de défense commerciale, dont celles à prendre en cas de dumping et de subventions. La politique commerciale commune est menée dans le cadre des principes et objectifs de l'action extérieure de l'Union » (art. 207 § 1 TFUE).

1091 ***Les différentes procédures de mise en œuvre*** ◇ Le Parlement européen et le Conseil, statuant par voie de règlements, conformément à la procédure législative ordinaire, sont chargés d'adopter les mesures définissant le cadre dans lequel elle sera mise en œuvre (art. 207 § 2 TFUE). Les accords passés dans ce domaine avec un ou plusieurs pays tiers ou organisations internationales sont négociés et conclus conformément à la procédure

1. Sur tous ces points cf. *supra* 2e partie.
2. *JOCE* 90, 5 oct. 1962, p. 2358.
3. CJCE 15 nov. 1994, avis OMC, aff. 1/94, *Rec.* p. I-5276.

de droit commun (prévue par l'art. 218 TFUE), avec toutefois quelques règles spécifiques. La Commission présente des recommandations au Conseil, qui l'autorise à ouvrir les négociations nécessaires. Il appartient ensuite au Conseil et à la Commission de veiller à ce que les accords négociés soient compatibles avec les politiques et règles internes de l'Union. Ces négociations sont conduites par la Commission en consultation avec un « comité spécial » désigné par le Conseil pour l'assister dans cette tâche et dans le cadre des directives que le Conseil peut lui adresser. La Commission fait régulièrement rapport à ce comité, ainsi qu'au Parlement européen, sur l'état d'avancement des négociations (art. 207 § 3). Pour la négociation et la conclusion de ces accords, le Conseil statue à la majorité qualifiée. Par contre, pour ceux qui ont trait au commerce de services et aux aspects commerciaux de la propriété intellectuelle, ainsi qu'aux investissements étrangers directs, il devra se prononcer à l'unanimité, lorsque ces accords comprennent des dispositions pour lesquelles l'unanimité est exigée pour l'adoption de règles internes. L'unanimité est également requise pour les accords conclus dans le domaine du commerce des services culturels et audiovisuels, lorsque ces accords risquent de porter atteinte à la diversité culturelle et linguistique de l'Union, ainsi que dans le domaine du commerce des services sociaux, d'éducation et de santé, lorsqu'ils risquent de perturber gravement l'organisation de ces services au niveau national et porter atteinte à la responsabilité des États membres pour la fourniture de ces services (art. 207 § 4). Les accords internationaux dans le domaine des transports relèvent des dispositions spécifiques prévues dans le cadre de cette politique [1] (art. 207 § 5). L'exercice de ces compétences n'affecte pas la délimitation des compétences entre l'Union et les États membres et n'entraîne pas une harmonisation des dispositions législatives ou réglementaires des États membres dans la mesure où elle est exclue par les traités (art. 207 § 6).

B. Limites

En excluant partiellement les services et la propriété intellectuelle de la politique commerciale commune, la Cour de justice devait donner en 1994 un coup d'arrêt à l'extension des compétences communautaires dans ce domaine, qui devait ensuite être partiellement remise en cause par le Traité de Nice.

1. La position de la Cour

1092 ***L'exclusion partielle des services et de la propriété intellectuelle*** ◇
Appelée par la Commission (le 6 avril 1994) à se prononcer sur la validité des accords de Marrakech du 15 avril 1994 [2] au regard du Traité (ex-art. 300

1. Sur ce point, cf. *supra*.
2. *JOCE* L. 336, 23 déc. 1994.

§ 6 CE), la Cour a, dans son *avis rendu sur la compétence de la Communauté pour conclure des accords internationaux en matière de services et de propriété intellectuelle* (avis 1/94, 15 nov. 1994, *Rec.* p. 5267), posé pour la première fois les limites de la compétence communautaire en matière de politique commerciale [1]. Contrairement à la Commission [2], elle estimait en effet que ces accords qui concluent le cycle de l'Uruguay Round (1986-1994) ne relèvent que partiellement de la compétence exclusive de la Communauté. La Cour, qui ne conteste pas que les *Accords multilatéraux sur le commerce des marchandises* puissent relever, conformément à sa jurisprudence antérieure [3], de l'article 133CE et que la Communauté soit seule compétente pour les conclure, a refusé de considérer que cette disposition puisse s'appliquer aux *fournitures de services impliquant franchissement des frontières* (GATS) et que les *droits de propriété intellectuelle* entrent dans le commerce international de marchandises (TRIPS).

a) *Les fournitures transfrontalières de service* (GATS), qui supposent que le service soit rendu par un prestataire établi dans un pays déterminé à un bénéficiaire résidant dans un autre pays et qui n'impliquent par conséquent aucun déplacement de personnes, sont à rapprocher d'un échange de marchandises et doivent donc relever de la politique commerciale commune (pt 44). Par contre, la *consommation à l'étranger* qui implique le déplacement du bénéficiaire du service sur le territoire du pays de l'OMC où le prestataire est établi, la *présence commerciale* (filiale ou succursale) sur le territoire du membre de l'OMC où le service doit être rendu ou la *présence de personnes physiques* appartenant à un membre de l'OMC et permettant à un prestataire de fournir des services sur le territoire d'un autre pays appartenant à l'OMC, et qui concernent plutôt la libre circulation des personnes, ne font pas partie de la politique commerciale commune. Contrairement à ce qu'affirmait également la Commission, les accords internationaux à caractère commercial en matière de transport ne sont pas non plus couverts par la politique commerciale commune. Sans aller jusqu'à remettre en cause le principe même du *parallélisme des compétences internes et externes*, qui interdit aux États membres, individuellement ou collectivement de contracter avec des États tiers des obligations susceptibles d'affecter les règles communes définies par la Communauté (CJCE 31 mars 1971, *Commission c. Conseil*, aff. dite AETR 22/70, *Rec.* p. 263 ; CJCE 14 juill. 1976, *Kramer*, aff. jtes 3, 4 et 6/76, *Rec.* p. 1308), la Cour tend à en limiter la portée [4].

1. Cf. sur ce point, T. Flory et F.-P.Martin, « Remarques à propos des avis 1/94 et 2/92 de la CJCE au regard de l'évolution de la notion de politique commerciale commune », *Cah. dr. eur.* 1996, p. 78 et s ; D. Simon, *La compétence de la Communauté pour conclure l'accord OMC : l'avis 1/94 de la Cour de justice*, éd. Techniques, Europe, déc. 1994, p. 8.

2. Ce que contestaient le Conseil, les États membres et le Parlement européen.

3. Cf. *supra*.

4. En conditionnant sa mise en œuvre à l'adoption de mesures législatives préalables (CJCE 24 mars 1995, avis 2/92, *Rec.* p. I-521).

b) Malgré les liens qu'elle peut avoir avec le commerce des marchandises [1] et qui autorisent ses titulaires à interdire l'usage d'une marque, la reproduction d'un produit ou la copie d'un modèle, la *propriété intellectuelle* (TRIPS) ne saurait non plus être admise dans le domaine d'application de la politique commerciale commune. Les droits qui lui sont attachés ne portent pas spécifiquement sur les échanges internationaux et touchent tout autant et sinon plus au commerce interne qu'au commerce international. Il existe par ailleurs des dispositions spécifiques concernant la propriété intellectuelle (art. 94 et 95 CE), qui ont leurs propres règles de fonctionnement (unanimité, codécision). Il en résulte, qu'à l'exception des dispositions relatives à l'interdiction de la mise en libre pratique de marchandises de contrefaçon, la propriété intellectuelle n'entre pas non plus dans le domaine de la politique commerciale commune.

Qu'il s'agisse par conséquent des *fournitures de services* [2] ou des *droits de propriété intellectuelle* (TRIPS), la compétence pour conclure le GATS ou le TRIPS sera donc partagée entre la Communauté et les États membres (pts 98 et 105), qui devront coopérer étroitement, tant dans le processus de négociation et de conclusion que dans l'exécution des engagements qui en découleront [3]. Cette jurisprudence, qui limite l'étendue du domaine d'application de l'ex-art. 133 CE (devenu 207 TFUE), a fait l'objet de nombreuses critiques, dont les rédacteurs du Traité de Nice ont certainement tenu compte.

2. La remise en cause de la jurisprudence de la Cour

Le Traité de Nice est partiellement revenu sur cette jurisprudence, que le Traité de Lisbonne allait totalement abandonner.

1093 ***Les modifications apportées par le Traité de Nice*** ◇ En changeant cette disposition, le Traité de Nice (26 février 2001), est en effet partiellement revenu sur la solution dégagée par la Cour [4]. Sans aller jusqu'à remettre en cause le principe même de la compétence partagée, qui permet aux « États membres de maintenir et de conclure des accords avec des pays tiers ou des organisations internationales, pour autant que lesdits accords respectent le droit communautaire et les autres accords internationaux pertinents » (ex-art. 133 § 5 al. 4 CE), cet article, dans sa nouvelle rédaction, a étendu la compétence de la Communauté en matière de politique commer-

1. Règl. 3842/86/CEE Conseil, 1er déc. 1986, fixant des mesures en vue d'interdire la mise en libre pratique des marchandises de contrefaçon (*JOCE* L. 357, p. 1), qui se fondait sur l'art. 133 CE (devenu 207 TFUE).

2. Cf. P. Vigneron et A. Smith, « Le fondement et la compétence communautaire en matière de commerce international de services », *Cah. dr. eur.* 1992, p. 515 et s.

3. Conformément à l'exigence d'unité de représentation internationale de la Communauté (Délib. 1/78, 14 nov. 1978, *Rec.* p. 2151, pts 34 à 36).

4. Cf. W.-C.Hermann, « *Common Commercial Poilicy after Nice : Sisyphus would have done a Better Job* », *Common Market Law Review* 2009, n° 39, p. 7 et s.

ciale [1]. Elle est en effet désormais habilitée à négocier et à conclure des accords dans les domaines du commerce des services et des aspects commerciaux de la propriété intellectuelle (art. 133 § 5 al. 1er), à l'exception toutefois des accords dans le domaine du commerce des services culturels et audiovisuels, des services d'éducation, ainsi que des services sociaux et de santé humaine, qui relèvent de la compétence partagée entre la Communauté et les États membres et constituent par conséquent des accords mixtes (art. 133 § 6 al. 2) ; la négociation de ces accords requiert donc le « commun accord des États membres ». Il s'agissait sans doute ainsi de respecter l'« exception culturelle » défendue, non sans difficultés par la France lors des négociations qui ont abouti à la naissance de l'OMC. Sur tous ces points, le Conseil se prononce en principe à la majorité qualifiée (art. 133 § 4), sauf en ce qui concerne les accords commerciaux comprenant des dispositions pour lesquelles l'unanimité est requise pour l'adoption de règles internes, ou portant sur un domaine dans lequel la Communauté n'a pas encore exercé ses compétences (art. 133 § 5 al. 2).

Le Traité de Lisbonne s'est ensuite efforcé de préciser et de simplifier ces dispositions, que le Traité de Nice avait rendues particulièrement complexes.

1094 ***Les précisions apportées par le Traité de Lisbonne*** ◇ Dans sa rédaction actuelle, l'article 133 (devenu 207 TFUE) étend la compétence de l'Union aux *accords relatifs aux échanges de marchandises et de services et aux aspects commerciaux de la propriété intellectuelle, ainsi qu'aux investissements étrangers directs* (art. 207 § 1), qui relèvent donc désormais également de la politique commerciale commune. Si le Conseil se prononce en principe à la majorité qualifiée pour la négociation et la conclusion de ces accords (art. 207 § 4 al. 1er), l'unanimité est cependant la règle pour les accords conclus dans les domaines du commerce de services et des aspects commerciaux de la propriété intellectuelle, ainsi que des investissements étrangers directs, lorsqu'ils comprennent des dispositions pour lesquelles l'unanimité est requise pour l'adoption de règles internes (art. 207 § 4 al. 2). L'unanimité est également exigée pour la négociation et la conclusion d'accords dans le domaine du commerce des services culturels et audiovisuels, susceptibles de porter atteinte à la diversité culturelle et linguistique de l'Union, ainsi que dans celui du commerce des services sociaux, d'éducation et de santé, quand ils risquent de perturber gravement leur organisation au niveau national et de porter atteinte à la responsabilité des États membres pour la fourniture de ces services (art. 207 § 4 al. 3). Le Traité de Lisbonne entend enfin rappeler que ces dispositions n'affectent en rien la délimitation des compétences entre l'Union et les États membres et n'entraîne pas une

1. Sur la nature de cette compétence, qui ne serait ni une compétence exclusive, ni une compétence parallèle, mais plutôt une compétence concurrence, qui ne permet aux États membres d'agir que pour autant que, et dans la mesure où, la Communauté n'exerce pas sa compétence, cf. concl. de l'avocat général J. Kokott, présentées le 26 mars 2009, dans *Commission c. Conseil*, aff. C-13/07 (pts 53 à 85).

harmonisation des dispositions législatives ou réglementaires des États membres dans la mesure où elle est exclue par les traités (art. 207 § 6).

§ 2. Formes

La politique commerciale commune de l'Union européenne a pris la forme d'une politique de l'importation, d'une politique de l'exportation et d'accords communautaires.

A. La politique de l'importation

L'Union européenne n'a pas attendu d'être devenue le deuxième importateur du monde (18,5 %), juste derrière les États-Unis (20 %), mais très loin devant le Japon (8,7 %) pour libéraliser ses importations.

La politique d'importation définit son propre *régime* qui s'accompagne d'un certain nombre de moyens destinés à protéger les intérêts communautaires de moyens communautaires de *défense* face au dumping, aux pratiques déloyales ou à la contrefaçon.

1095 ***Le régime des importations*** ◇ Les importations ont été soit *libérées*, soit pour certaines *contingentées*, avant d'être soumises aux règles de l'OMC.

a) Pour les *produits libérés, les importations en provenance de pays tiers* sont soumises aux dispositions prévues par un règlement 3285/94/CE du Conseil du 22 décembre 1994 relatif au régime commun applicable aux importations et abrogeant le règlement 518/94/CE [1], pour tenir compte de la mise en place de l'*Organisation mondiale du commerce* (OMC), le 1er janvier 1995. Ce texte organise tout d'abord la *libération des importations* au profit des produits et des pays tiers énumérés dans ses annexes [2], lesquelles ne sont en principe plus soumises à aucune restriction quantitative. Cette liberté ne concerne toutefois ni les produits textiles qui sont soumis à un régime spécifique, ni les produits originaires de certains pays à commerce d'État, tels que la Chine. Il est en effet possible d'établir pour certains d'entre eux des *contingents quantitatifs*, soit à la suite d'accords commerciaux, soit par décision autonome de l'Union européenne [3].

Une série de mesures de *précaution* est également prévue par ce règlement pour éviter les dangers que pourrait susciter cette libération. Ces précautions prennent la forme de mesures progressives : *procédure communautaire d'information et de consultation, procédure communautaire d'enquête ; mise sous surveillance des importations ; mesures de sauvegarde.* Ce règlement n'exclut pas en effet certaines interdictions ou restrictions d'importation quand elles

1. *JOCE* L. 349, 31 déc. 1994, p. 53 à 70.
2. Cf. *infra*.
3. Sur tous ces points, cf. J.-L. Clergerie, *op. cit.*, p. 101 et s.

sont justifiées pour les raisons prévues par l'article 36 TFUE (moralité publique, ordre public, sécurité publique, protection de la santé et de la vie des personnes et des animaux, etc.).

b) Pour les marchandises qui ne sont pas libérées à l'importation ou à l'exportation, des *contingents communautaires* peuvent être établis soit par accord commercial avec les tiers, soit par décision autonome de la Communauté. Ces contingents quantitatifs sont *fixés et répartis en commun* selon les règles définies par un règlement 520/94/CE du Conseil du 7 mars 1994 portant établissement d'une procédure de gestion communautaire des contingents quantitatifs [1]. Le Conseil fixe le contingent par décision prise à la majorité qualifiée sur proposition de la Commission et définit les critères de répartition entre les États membres. Il appartient alors à la Commission d'assurer la répartition effective de ces contingents.

c) Pour répondre aux exigences fixées par l'OMC, le règlement 3285/94/CE qui est applicable à la plupart des importations (à l'exception de certains produits textiles et des produits originaires de certains pays tiers), interdit désormais toute restriction quantitative, mais n'exclut toutefois pas pour autant la possibilité d'adopter des *mesures de surveillance et de sauvegarde.*

Ce texte a d'abord prévu une *procédure communautaire d'information et de consultation*, qui impose aux États membres d'informer la Commission de l'évolution des importations qui pourrait nécessiter le recours à des *mesures de surveillance ou de sauvegarde.* À la demande d'un État membre ou de la Commission, des négociations, concernant les éventuelles mesures à prendre, pourront alors avoir lieu au sein d'un « comité consultatif » et pourront déboucher sur l'ouverture d'une *procédure communautaire d'enquête* chargée de déterminer si les importations du produit concerné menacent de causer ou causent un dommage grave aux producteurs concernés. Les informations relatives à l'ouverture, la clôture et aux résultats de l'enquête feront obligatoirement l'objet d'une publication au *Journal officiel de l'Union européenne.* Lorsque l'évolution des importations d'un produit originaire d'un pays tiers menace de causer un dommage aux producteurs communautaires, la Commission pourra décider de prendre des *mesures de surveillance*, pour une durée en principe limitée, qui devra s'achever à la fin du second semestre suivant celui au cours duquel elles ont été prises. Il pourra s'agir, soit d'une surveillance communautaire a posteriori, sous forme d'informations statistiques du produit, soit d'une surveillance communautaire préalable.

Lorsqu'un produit importé est susceptible de causer un dommage grave aux producteurs de l'Union, la Commission pourra, à la demande d'un État membre ou de sa propre initiative prendre des *mesures de sauvegarde.* Elle pourra abréger la durée de validité des documents d'importation (nécessaires à la mise en libre pratique des produits sous surveillance communautaire préalable), visés après l'entrée en vigueur de cette mesure, ou subordonner l'importation du produit à une autorisation préalable. La durée des mesures,

1. *JOCE* L. 66, 10 mars 1994.

qui ne devra en principe pas excéder quatre ans, mais pourra faire l'objet d'une prorogation exceptionnelle, devra se limiter à la période strictement nécessaire pour prévenir ou réparer le dommage et faciliter l'ajustement des producteurs communautaires. Aucune nouvelle mesure de sauvegarde ne pourra être appliquée à l'importation d'un produit qui en aurait déjà fait l'objet, pendant une période égale à la durée d'application de la mesure précédente et qui ne pourra être inférieure à deux ans. Lorsque les intérêts de la Communauté l'exigent, le Conseil pourra toujours prendre (majorité qualifiée sur proposition de la Commission) les mesures nécessaires à l'exercice des droits ou des obligations internationales de la Communauté ou de ses États membres, notamment en matière de commerce de produits de base.

1096 ***Les moyens de défense*** ◇ Toute libération des importations doit obligatoirement être accompagnée de mesures de défense contre les pratiques déloyales alors inévitablement appelées à se développer. Il était donc logique que la Communauté se dote de tels moyens, notamment contre le *dumping et les subventions*, les *pratiques commerciales illicites* ou la *contrefaçon*.

a) ***Les dispositions antidumping et antisubventions.*** Un premier règlement visant à lutter contre le dumping et les subventions avait été adopté par le Conseil, en 1968 [1].

Le *dumping* consiste à vendre un produit moins cher sur les marchés étrangers que dans son pays d'origine : « un produit est considéré comme faisant l'objet d'un dumping lorsque son prix à l'exportation vers la Communauté est inférieur à la valeur normale d'un produit similaire » (art. 2A2 Règl. 2176/84/CEE Conseil, 23 juill. 1984, relatif à la défense contre les importations qui font l'objet d'un dumping ou de subventions) [2]. Le *dumping* qui émane toujours d'opérateurs privés, pourra parfois trouver son origine dans des subventions publiques [3], qui s'entendent de toute aide dont pourrait bénéficier directement ou indirectement un produit de la part des autorités publiques de son pays d'origine. Le dumping ne donnera lieu à réparation que s'il cause un préjudice à une industrie de la Communauté, qui sera alors fondée à agir.

Le règlement 3283/94/CE du Conseil, du 22 décembre 1994 relatif à la défense contre les importations qui font l'objet d'un dumping de la part de pays non membres de la Communauté européenne [4], a prévu la mise en œuvre de mesures destinées à lutter contre le dumping, quand l'« intérêt

1. Le premier code anti-dumping, découlant du Règl. 459/68/CEE Conseil, date de 1968 (*JOCE* L. 93, 17 avr. 1968).

2. Il s'agit pour le *GATT* d'introduire un produit sur un marché étranger à un prix inférieur à sa valeur « normale », cette dernière étant comprise comme celle auquel le produit est offert sur le marché national de l'exportateur.

3. C'est pourquoi le Règl. 2423/88/CEE Conseil, 11 juill. 1988, relatif à la défense contre les importations qui font l'objet d'un dumping ou de subventions de la part de pays non membres de la CEE (*JOCE* L. 330, 21 déc. 1994, p. 15) s'était efforcé de lutter contre ces deux types de pratiques.

4. *JOCE* L. 330, 21 déc. 1994, p. 15.

communautaire » rejoint ceux de l'industrie utilisatrice et des consommateurs. Il donne à la Commission, qui bénéficiait déjà dans ce domaine d'un très large pouvoir d'appréciation (CJCE 4 oct. 1983, *Fediol*, aff. 191/82, *Rec.* p. 2913), des attributions relativement importantes (particulièrement dans le cadre du Traité CECA en vertu du Règl. 2424/88/CEE Conseil, 11 juill. 1988). La Commission pourra ainsi être saisie d'une plainte déposée par toute personne physique ou morale ayant un intérêt à agir, telle qu'une association de consommateurs (CJCE 27 janv. 2000, *BEUC*, aff. T-256/97, *Rec.* p. II-101) ou pourra se saisir d'office. Si le « comité anti-dumping [1] », qu'elle est alors tenue de consulter, estime que les faits ne sont pas suffisamment établis, la procédure aboutira à une clôture. Par contre, lorsqu'elle estime que les faits sont suffisamment établis, elle devra alors ouvrir une enquête (avis d'ouverture publié au *JOUE*). La Commission, après vérification des documents en sa possession et après audition des parties, pourra, soit ne pas juger nécessaire de prendre des mesures de défense et rendre une décision négative (obligatoirement publiée au JOUE), soit adopter des mesures anti-dumping, sous forme de droits compensateurs frappant les produits importés. Ces mesures, obligatoirement prises sous forme de règlements susceptibles de recours en annulation [2], pourront avoir un caractère provisoire (de 4 à 6 mois) ou définitif (5 ans avec réexamen et possibilité de suspension temporaire), auquel cas elles devront obligatoirement être confirmées dans le mois par une décision du Conseil (à la majorité qualifiée) indiquant les produits concernés, le pays d'origine ou d'exportation et si possible le nom du fournisseur.

Le règlement 3285/94/CE [3], permet également de réprimer plus particulièrement les subventions contraires au Traité.

Les *mesures de protection*, qui avaient été prévues par l'article 134CE (abrogé par le Traité de Lisbonne) [4], visaient à éviter que des détournements de trafic n'empêchent l'exécution des mesures de politique commerciale prises, conformément au Traité, par un État membre, ou que des disparités dans ces mesures n'entraînent des difficultés économiques dans un ou plusieurs États de la Communauté. C'est pourquoi la Commission était fondée à recommander les méthodes susceptibles de permettre aux autres États membres de lui apporter la coopération nécessaire. À défaut, elle pouvait les autoriser à prendre les mesures de protection qui s'imposent, dont elle définissait ensuite les conditions et les modalités. Ces mesures devaient, autant que possible, apporter le moins de perturbations au fonctionnement du marché commun.

1. Composé de représentants des États membres et présidé par un fonctionnaire de la Commission.

2. Arrêt *Fédiol*, préc.

3. *JOCE* L. 349, 31 déc. 1994, p. 53 à 70.

4. Disposition à rapprocher des mesures de sauvegarde qui avaient par ailleurs été prévues dans de nombreux domaines soit par le Traité (ex-art. 59, 95, 100, 119, 120, 296, b), soit par les actes d'adhésion, les accords commerciaux avec les pays tiers ou certains règlements du Conseil.

En cas d'urgence, les États membres pouvaient demander à la Commission l'autorisation de prendre les mesures nécessaires, qu'ils étaient ensuite tenus de notifier à leurs partenaires La Commission, qui devait se prononcer dans les meilleurs délais, se réservait ensuite le droit de décider ensuite à tout moment d'exiger des États concernés la modification ou la suppression des mesures en cause.

b) ***Les mesures de défense contre les pratiques commerciales illicites.*** Le règlement 2641/84/CEE du Conseil du 17 septembre 1984 relatif au renforcement de la politique commerciale commune en matière de défense contre les pratiques commerciales illicites [1] entend lutter contre la concurrence déloyale émanant d'un pays tiers. Ce texte, qui s'applique aux pratiques déloyales qui ne sont pas visées par des textes antérieurs, a principalement pour objet « de répondre à toute pratique commerciale illicite dans le but d'éliminer le préjudice en résultant ; d'assurer le plein exercice des droits de la Communauté eu égard aux pratiques commerciales des pays tiers ». Il n'entend pas en effet se limiter à la défense des intérêts du territoire de la Communauté, mais s'efforce également de protéger les activités communautaires sur les marchés extérieurs. Il autorise les producteurs et les États membres, après une enquête préliminaire, à prendre toute mesure de rétorsion « compatible avec les obligations et les procédures internationales existantes » (suspension, retrait de concession, relèvement des droits de douanes, ou restrictions quantitatives).

c) ***La lutte contre la contrefaçon,*** qui résulte de l'exploitation d'une marque par un tiers non autorisé impliquant la plupart du temps un risque de confusion [2], a été mise en place en plusieurs étapes. Après un premier règlement 3842/86/CEE du Conseil du 1er décembre 1986 interdisant l'introduction et la commercialisation sur le territoire de l'Union de produits contrefaits [3], le règlement 3295/94/CE du Conseil du 22 décembre 1994 fixant des mesures en vue d'interdire la mise en libre pratique, l'exportation, la réexportation et le placement sous un régime suspensif des marchandises de contrefaçon et des marchandises pirates [4] a posé le principe de l'interdiction des marchandises de contrefaçon sur le territoire de l'Union et encouragé les autorités douanières et les titulaires des droits à coopérer et à coordonner leurs actions dans ce domaine [5]. Il a été à son tour remplacé par le règlement 1383/2003/CE du Conseil du 22 juillet 2003 concernant l'intervention des autorités douanières à l'égard de marchandises soupçonnées de porter atteinte à certains droits de propriété intellectuelle [6], qui permet aux autorités douanières d'intervenir sur le terrain de nouveaux

1. *JOCE* L. 252, 20 sept. 1984.
2. J. Schmidt-Szalewski, *Le droit des marques*, Dalloz, 1997, p. 28 à 36.
3. *JOCE* L. 357, 18 déc. 1986.
4. *JOCE* L. 341, 30 déc. 1994, p. 8.
5. Lorsque la contrefaçon est établie, des mesures relativement sévères sont alors prises qui peuvent aller de l'exclusion de la marchandise des circuits commerciaux, jusqu'à sa destruction, entraînant la privation des profits attendus par les auteurs de ce type de pratique.
6. *JOUE* L. 196, 2 août 2003, p. 7.

C. Les accords conclus par l'Union européenne

La Communauté, est naturellement appelée à conclure avec les tiers de nombreux *accords commerciaux*, ainsi d'ailleurs que des *accords de coopération* ou des accords d'*autolimitation*.

1. Le régime juridique des accords conclus par l'Union européenne

1099 ***À l'origine*** ◇ Du 1er janvier 1958, jusqu'à à la fin de la période de transition (31 décembre 1969), les États membres étaient restés compétents pour négocier et conclure les accords commerciaux avec les pays tiers. Mais ces négociations étaient « encadrées » par la décision du Conseil du 9 octobre 1961 relative à l'uniformisation de la durée des accords commerciaux avec les pays tiers [1], qui en limitait la durée et imposait aux États de procéder à des consultations préalables.

Le régime de ces accords allait ensuite être également défini par la décision 64/494/CEE du Conseil du 16 décembre 1969 concernant l'uniformisation progressive des accords relatifs aux relations commerciales des États membres avec les pays tiers et la négociation des accords communautaires [2] (applicable au 1er janvier 1970). Ce texte, qui est à l'origine du développement de la politique commerciale de la Communauté, comprenait deux séries de mesures prévoyant la prorogation des accords internationaux en vigueur au moment de la période de transition et la négociation d'accords commerciaux avec les pays tiers après la fin de la période de transition.

a) ***La prorogation des accords internationaux en vigueur*** au moment de la période de transition, de manière à permettre aux accords communautaires de pouvoir s'y substituer progressivement. De telles reconductions restaient toutefois subordonnées à des consultations préalables, destinées à montrer que ces actes bilatéraux ne constituaient pas une entrave à la mise en œuvre de la politique commerciale commune (art. 1 à 4).

b) ***La négociation d'accords commerciaux avec les pays tiers*** après la fin de la période de transition est devenue de la compétence des États membres, qui étaient tenus d'en informer la Commission qui en avisait à son tour les autres pays de la Communauté. La Commission, qui pouvait également proposer une telle négociation, était de son côté chargée d'instruire le dossier de ces négociations, de les préparer, puis de les conduire dans le cadre des directives fixées par le Conseil, qui devait ensuite conclure ces accords à la majorité qualifiée. La procédure prévue par l'article 133 CE (devenu 207 TFUE), qui renvoie aux « dispositions pertinentes de l'article 300 (remplacé par art. 218 TFUE) », s'applique à ces accords [3] (art. 5 à 8).

1. *JOCE* L. 71, 4 nov. 1961, p. 1274.
2. *JOCE* L. 326, 29 déc. 1969, p. 39.
3. Ces dispositions avaient ensuite été modifiées par le Traité de Nice.

1100 ***À l'heure actuelle*** ◇ Depuis le 1er janvier 1970, la Communauté, puis l'Union européenne, est seule habilitée à conduire la politique commerciale. Les accords commerciaux relèvent donc désormais de la compétence de l'Union européenne et sont soumis aux dispositions relatives aux accords internationaux (art. 216 à 219 TFUE), sous réserve des dispositions propres à la politique commerciale commune (art. 207 § 3 TFUE). La Commission présente des recommandations au Conseil, qui l'autorise à ouvrir les négociations nécessaires. Il appartient alors au Conseil et à la Commission de veiller à ce que ces accords soient compatibles avec les politiques et règles internes de l'Union. Ces négociations sont conduites par la Commission en consultation avec un « comité spécial » désigné par le Conseil pour l'assister dans cette tâche et dans le cadre des directives qu'il peut lui adresser. La Commission fait régulièrement rapport au « comité spécial », ainsi qu'au Parlement européen, sur l'état d'avancement des négociations. Pour la négociation et la conclusion de ces accords le Conseil statue en principe à la majorité qualifiée [1].

2. La diversité des accords commerciaux

Ces accords peuvent se fonder, soit sur l'article 207 § 3 TFUE, qui concerne plus particulièrement la *politique commerciale commune*, soit sur l'article 217 TFUE, qui a trait aux accords d'association avec des pays tiers ou des organisations internationales, voire même sur l'article 352 TFUE (« compétences subsidiaires »). Certains de ces accords conclus également par la Communauté sont considérés comme des accords mixtes.

1101 ***Les accords avec des pays tiers et les organisations internationales*** ◇ Ces accords peuvent prendre des formes très diverses.

a) ***Les accords tarifaires et commerciaux*** : les accords commerciaux conclus par l'Union européenne, qui étaient d'abord limités à des questions tarifaires, ont ensuite été progressivement étendus à l'ensemble des domaines commerciaux, qu'il s'agisse naturellement des marchandises ou des services, mais également de la concurrence, de la propriété intellectuelle, de la protection de l'environnement ou encore des questions sociales. Ces accords concernent désormais presque tous les États, ainsi qu'un certain nombre d'organisations internationales. Certains ont eu pour objet de régler des différends commerciaux (accord relatif à l'entrée d'automobiles japonaises sur le territoire de la Communauté conclu avec le Japon, 31 juill. 1991), d'autres ont, au contraire, été à l'origine de conflits, comme avec les États-Unis (accord Blair-House 1, 20 novembre 1992). Ils peuvent avoir un caractère préférentiel comme avec l'Algérie (26 avril 1976), le Maroc (27 avril 1976), l'Égypte (18 janvier 1977), Israël (11 mai 1977) ou le Liban (3 mai 1977), ou non préférentiel, comme avec la Jordanie (18 janvier 1977). Ces accords, qui se limitaient à prévoir la liberté d'accès à certains

1. Sur tous ces points, cf. *supra*.

produits industriels et à consentir des avantages tarifaires sur certains produits agricoles, avant d'être ensuite élargis à la coopération économique et financière, ont été remplacés dans les années quatre-vingt-dix par des accords « euro-méditerranéens d'association » [1]. Certains ont enfin pour objectif de limiter les exportations vers certains pays.

b) ***Les accords d'autolimitation des exportations*** : ces accords se sont surtout développés dans les années soixante-dix du fait de la crise économique mondiale et de la concurrence de plus en plus dure des produits provenant des pays en voie de développement. Par de tels accords, les États s'engageaient à limiter eux-mêmes leurs exportations vers certains pays importateurs, afin d'éviter que ces derniers ne soient tentés par le protectionnisme en leur appliquant des mesures restrictives. De nombreux accords de ce type ont ainsi été conclus par la Communauté avec des pays comme le Japon, l'Inde ou les États-Unis. Ils pouvaient concerner des produits aussi différents que l'acier (arrangement avec les États-Unis concernant l'acier [2]) ou le fromage (accord avec la Norvège concernant les échanges mutuels de fromages [3]). La Cour avait d'ailleurs prévu d'accorder un Système de préférences généralisées (SPG), en faveur de ces pays en voie de développement (CJCE 26 mars 1987, *Commission c. Conseil*, aff. 45/86, *Rec.* p. 1493) [4].

c) ***Les accords d'association (art. 217 TFUE)*** : certains concernent les États tiers ou les organisations internationales (art. 217 TFUE), d'autres visent à associer à l'Union les pays et territoires non européens entretenant avec les pays membres des relations particulières (art. 198 à 204 TFUE). Ils ne sont que partiellement des accords commerciaux.

Les accords, conclus avec des États tiers ou des organisations internationales [5], ne sont en effet que partiellement des accords commerciaux, mais n'en font pas moins partie du « bloc de la légalité communautaire », avec d'ailleurs une autorité supérieure au droit dérivé (CJCE 12 déc. 1972, *International Fruit Company*, aff. jtes 21 à 24/72, *Rec.* p. 1219). Il s'agit d'accords mixtes [6], qui se caractérisent par « des droits et obligations réciproques, des actions en commun et des procédures particulières » (ex-art. 310 CE). Ils prévoyaient généralement la libération progressive des échanges et comportaient des dispositions concernant la libre circulation des travailleurs. Ils mettaient également en place des mécanismes de coopération économique et politique, susceptibles d'aboutir au rapprochement des législations. Certains (Grèce, 9 juillet 1961, Turquie, 12 septembre 1963, Malte, 5 décembre 1970 ou Chypre, 19 décembre 1972), avaient même envisagé une adhésion à la Communauté, quand ils n'en consti-

1. Sur ce point, cf. *infra*.
2. *JOCE* L. 307, 1er déc. 1982.
3. *JOCE* L. 345, 6 déc. 1982.
4. Sur ce point, cf. *infra*.
5. À ne pas confondre avec les accords d'association prévus par les art. 182 à 188 CE et qui concernent les PTOM et qui ont un caractère « préférentiel » ; sur ce point, cf. *infra*.
6. Cf. G. Testa, *L'intervention des États membres dans la procédure de conclusion des accords d'association avec la CEE, Cah. de. eur.* 1966.

tuaient pas le préalable indispensable. Il s'agira alors d'« Accords de stabilisation et d'association » (ASA)[1]. Leur absence d'applicabilité directe a toutefois pour effet d'en limiter assez sensiblement la portée (CJCE 30 sept. 1987, *Démirel*, aff. 12/86, *Rec.* p. 3719, à propos de l'accord conclu avec la Turquie).

Les accords qui visent à associer à l'Union les pays et territoires non européens entretenant avec les pays membres des relations particulières (art. 198 à 204 TFUE) ne sont également que partiellement des accords commerciaux. Ils ne le sont en effet que dans la mesure où les États membres appliquent à leurs échanges commerciaux le même régime qu'ils s'accordent entre eux en vertu des traités (art. 199 § 1) et où ces pays ou territoires appliquent à leurs échanges commerciaux avec les États membres et les autres pays et territoires le régime qu'ils appliquent à l'État européen avec lequel il entretient des relations particulières (art. 199 § 2).

d) ***Les accords de coopération*** : les États membres ont souvent pris l'habitude de conclure avec des pays tiers des accords dits de « coopération », qui n'étant pas assimilés à des accords commerciaux, échappaient par conséquent aux procédures prévues dans ce cadre et restaient donc soumis à des négociations bilatérales interétatiques. Mais pour éviter que de tels accords ne puissent être contraires à la politique commerciale commune, il s'est rapidement avéré nécessaire de les soumettre à un contrôle communautaire, qui a été mis en place par la décision 74/393/CEE du Conseil du 22 juillet 1974 instaurant une procédure de consultation pour les accords de coopération des États membres avec des pays tiers. Conformément à ce texte, les consultations devaient avoir lieu au sein d'un « comité restreint », composé de représentants des États membres et de la Commission, ou dans le cadre d'un « groupe de coordination des politiques d'assurance-crédit ». Elles devaient notamment avoir pour objet de garantir la conformité des engagements des États membres au regard des politiques communes et particulièrement de la politique commerciale. Il s'agissait également de faciliter, grâce à une information mutuelle, la coordination des actions des États membres à l'égard des tiers et de donner à la Communauté l'opportunité de favoriser entre eux des actions de coopération. L'Acte unique européen a ensuite autorisé la Communauté à conclure des accords de coopération avec des pays tiers ou des organisations internationales, en matière de recherche, de développement technologique et de démonstration communautaire (art. 186 TFUE), ainsi qu'en matière d'environnement (art. 191 § 4 TFUE).

1. Comme l'« accord de stabilisation et d'association » avec la Serbie signé le 7 nov. 2007 à Bruxelles avec la Communauté européenne, préalable à l'ouverture de négociations d'adhésion, ou dans une moindre mesure le « pacte de stabilisation et d'association » conclu, le 9 avr. 2001 entre la Macédoine et les Quinze ; cet accord qui mettait en place une coopération interrégionale dans des secteurs essentiels (protection de l'environnement, développement culturel, amélioration des conditions de vie) s'inscrit également dans une logique d'intégration économique et politique. Des accords de ce type ont également été conclus avec la Croatie (qui bénéficie aussi du statut officiel de « candidat à l'Union »), le Monténégro et l'Albanie. Sur ce point, cf. *infra*.

CHAPITRE 3
LES RELATIONS EXTÉRIEURES PRIVILÉGIÉES

1103 ***Origines*** ◇ À côté des relations extérieures de droit commun, la Communauté a depuis déjà longtemps pris l'habitude de nouer avec un nombre croissant d'États tiers des relations privilégiées [1], qui se traduisent le plus souvent par une assistance financière. L'Union européenne a ainsi pris l'habitude de verser ainsi chaque année une aide moyenne de six milliards d'euros à des bénéficiaires des cinq continents [2].

a) Ces liens ont tout naturellement pris la suite des relations de l'époque coloniale, d'abord avec les Pays et territoires d'outre-mer (PTOM) qui dépendaient des États membres (art. 198 à 204 TFUE). Si certains de ces PTOM sont restés soumis à ce régime, la plupart, une fois devenus indépendants, ont conservé avec eux des relations privilégiées de nature contractuelle avec les conventions de Yaoundé. Des liens d'association ont été étendus à des pays d'outre-mer qui n'avaient pas été des dépendances coloniales des États membres (comme l'accord d'Arusha du 24 septembre 1969, qui intègre trois États membres du Commonwealth dans la convention de Yaoundé [3]). Enfin, à la suite de l'adhésion de nouveaux membres aux Communautés, les relations avec les pays d'outre-mer ont été étendues aux États d'Afrique, des Caraïbes et du Pacifique qui ont conclu avec la CEE les conventions de Lomé [4], qui céderont la place à la convention de Cotonou.

b) Les relations privilégiées se sont étendues ensuite à une région du monde dans laquelle les intérêts de la CEE sont importants : la Méditerranée. Ces liens furent d'abord établis au « coup par coup » par des accords d'association (avec la Grèce et la Turquie) avant d'être généralisés sous diverses formes : accords d'association, accords commerciaux privilégiés ou non. La Communauté a entrepris de les intégrer dans une politique méditerranéenne d'ensemble.

1. V. la liste de régimes tarifaires préférentiels appliqués par la Communauté. *JOCE* C. 22, 30 janv. 1984.

2. Principalement pour soutenir les objectifs de la politique extérieure de l'UE au Moyen Orient et dans la Méditerranée du Sud (752 millions d'euros) et dans le Balkans (10 milliards d'euros de 1991 à 2006), pour aider les pays ACP (plus d'un milliard d'euros) ; pour permettre à la Turquie, à la Bulgarie et à la Roumanie de pouvoir rejoindre les vingt-cinq (deux milliards d'euros) ; pour l'aide humanitaire (510 milliards d'euros). La plupart de ces accords comportent une clause relative aux droits de l'homme, dont le non-respect permet de suspendre tout ou partie de l'aide accordée.

3. Sur ce point, cf. *infra*.

4. Les États liés à la Communauté par les conventions de Yaoundé étaient appelés EAMA (États Africains et Malgache associés). Les associés des conventions de Lomé sont les ACP (pays d'Afrique, des Caraïbes, du Pacifique).

c) L'entrée, au 1er janvier 1973, de trois États européens (Royaume-Uni, Danemark et Irlande) dans la CEE eut pour effet d'étendre les relations privilégiées à de nouveaux États : ceux de l'Europe occidentale, membres de l'Association européenne de libre-échange (AELE) mais non candidats à l'adhésion. Avec ces États, un Traité a été conclu pour constituer un « *Espace économique européen* » [1].

d) Les relations extérieures spéciales ont pris un tour nouveau à la suite de la réunification allemande (3 octobre 1990), de la disparition de l'URSS (8 décembre 1991) et de l'effondrement des « démocraties populaires ». Des relations spéciales ont alors été établies avec les pays de l'Europe de l'Est.

1104 ***Fondements*** ◇ Les relations privilégiées de la CEE avec les tiers :

a) sont fondées sur des raisons diverses ; maintien de *liens préexistants* entre les tiers et certains États membres (EAMA, devenus ACP, États membres de l'AELE non candidats) : *volonté de concevoir une politique extérieure commune cohérente* (Méditerranée ; pays en voie de développement) ;

b) sont organisées par des moyens juridiques variés :

- accords commerciaux (art. 207 TFUE) ;
- accords culturels (art. 167 TFUE) ;
- accords internationaux sans référence dans le Traité (Yaoundé, Arusha, Lomé, Cotonou) ;

c) comprennent aussi les dépendances d'outre-mer des États membres (départements français d'outre-mer - PTOM).

SECTION 1. LES PAYS OU TERRITOIRES EN DÉVELOPPEMENT

Sous-Section 1. Les départements français d'outre-mer et les pays et territoires d'outre-mer

1105 ***La notion de dépendance des États membres*** ◇ Les dépendances d'outre-mer des États membres qui ne sont pas devenus des États indépendants restent soumises aux dispositions des Traités. Il s'agit des *départements français d'outre-mer (DOM)* et des *pays et territoires d'outre-mer (PTOM)* [2].

§ 1. Les départements français d'outre-mer (DOM)

1106 ***La soumission au Traité*** ◇ Les départements français d'outre-mer sont soumis à l'ensemble des dispositions du Traité avec toutefois certaines limites.

1. Accord de Porto sur l'Espace économique européen, 2 mai 1992 ; sur ce point, cf. *infra*.
2. V. G. Feuer et H. Cassan, *Droit international du développement*, Précis Dalloz, 1985.

A. Régime

1107 ***Les règles applicables*** ◇ Pour les *départements d'outre-mer* [1], le Traité (art. 227-2) [2] a déclaré de plein droit applicables, dès son entrée en vigueur, les dispositions relatives à la libre circulation des marchandises, à la politique agricole (sauf art. 40, § 4), à la libération des services, aux règles de concurrence, à certaines mesures de sauvegarde (108, 109, 226, devenus respectivement 109 et 111, l'art. 226 ayant été abrogé), aux institutions. Le reste du Traité devait devenir applicable dans les conditions que le Conseil, sur proposition de la Commission, devait établir dans un délai de deux ans à compter de l'entrée en vigueur du Traité [3].

Les institutions de la Communauté devront veiller, au développement économique et social de ces régions [4].

B. Limites

La Cour a estimé, en se fondant sur l'article 227-1 (devenu 399 TFUE), que les DOM français faisaient bien partie intégrante de la République française et qu'il convenait donc de leur appliquer de plein droit les dispositions du Traité et du droit dérivé ; il est toutefois nécessaire de les y soumettre progressivement (l'ancien art. 227-2 al. 2 avait prévu un délai de deux ans) et de prévoir des « mesures spécifiques » pour répondre à leurs besoins [5].

§ 2. Les pays et territoires d'outre-mer (PTOM)

Les PTOM sont soumis à un régime d'association qui a progressivement évolué.

A. Régime

1108 ***L'application d'un régime dérogatoire*** ◇ Les dispositions les plus importantes à l'égard des pays et territoires d'outre-mer étaient celles de la

1. À savoir la Guadeloupe, la Guyane française, la Martinique et la Réunion créés par L. 46-451, 19 mars 1946 (et qui, depuis L. 82-1171, 31 déc. 1982, constituent également des régions), ainsi que Saint-Barthélemy et Saint-Martin, auxquels le Traité d'Amsterdam a ajouté les Açores, Madères et les îles Canaries (« régions ultrapériphériques »).

2. Modifié par TUE, 7 févr. 1992, qui a supprimé toute référence à l'Algérie, et devenu art. 299-2 CE lors du Traité d'Amsterdam.

3. À titre d'ex. Règl. 1439/74 Conseil, 4 juin 1974, relatif au régime commun applicable aux importations est suivi d'un Règl. 1440/74 du même jour l'appliquant aux DOM. Les dispositions de l'art. 227 ont été légèrement modifiées par le Traité de Maastricht.

4. Saint-Pierre-et-Miquelon, après avoir été territoire, puis département d'outre-mer, constitue actuellement une collectivité locale « sui generis ». Il en est de même pour Mayotte...

5. CJCE 10 oct. 1978, *Hansen c. Haultzollamt Flensburg*, aff. 148/77, *Rec.* p. 1787.

4e partie du Traité CEE (art. 131 et s., devenus 198 à 204 TFUE) qui s'appliquaient aux dépendances d'outre-mer des États membres énumérées par l'annexe IV au Traité, qui a depuis été remplacée par l'annexe II *Pays et territoires d'outre-mer* auxquels s'appliquent les dispositions de la quatrième partie du Traité sur le fonctionnement de l'Union européenne. Il s'agissait à l'origine des pays qui constituaient l'Afrique occidentale française, l'Afrique équatoriale française, le Togo, le Cameroun, Madagascar, le Congo belge et le Ruanda-Urundi, la Somalie italienne, la Nouvelle-Guinée néerlandaise et divers territoires d'outre-mer de l'Union française (les Comores, Saint-Pierre et Miquelon [1] etc.). Ils ne sont plus aujourd'hui que 20.

Avec ces pays d'outre-mer le Traité de Rome avait organisé un *régime d'association* composé de deux éléments : *l'application de certaines dispositions du Traité* aux relations entre le Marché commun et les territoires d'outre-mer : *une contribution* des États du Marché commun au financement des investissements dans les territoires. Ces dispositions définies par les articles 131 et suivants du Traité (devenus 198 à 204 TFUE) étaient précisées par une *convention d'application* conclue pour une durée de cinq ans et signée en même temps que le Traité de Rome. Le but de l'association étant « la promotion du développement économique et social des pays et territoires, et l'établissement de relations économiques étroites entre eux et la Communauté dans son ensemble » (art. 131 al. 2 devenu 198 TFUE).

B. Évolution

1109 ***La diminution du domaine d'application des dispositions relatives aux PTOM*** ◇ Par suite de l'indépendance de la plus grande partie des pays d'outre-mer depuis la signature du Traité de Rome (comme le Congo, Belge, l'Afrique occidentale française, la Nouvelle Guinée néerlandaise, etc.) le régime de la quatrième partie du Traité ne s'applique plus aujourd'hui qu'aux PTOM qui dépendent d'États membres de l'Union européenne, sans pour autant faire partie de son territoire. La Cour n'avait pourtant pas hésité à assimiler le tribunal administratif de Papeete (Polynésie française) à une juridiction d'un État membre au sens de l'article 177 (devenu 267 TFUE) [2]. Leurs ressortissants, qui ont la nationalité des États membres dont ils relèvent et sont pour la plupart des citoyens de l'Union [3], sont actuellement moins d'un million.

1. Cf. déclaration relative aux « régions ultrapériphériques » de la Communauté (DOM français, Açores et Madère et îles Canaries) qui permet d'adopter des mesures spécifiques à ces régions qui restent soumises aux dispositions du Traité et du droit dérivé (déclaration annexée au Traité d'Union européenne).

2. CJCE 12 déc. 1990, *Kaefer et Procacci c. France*, aff. jtes C. 100/89 et C. 101/89, *Rec.* p. 4647 ; sur ce point cf. J.-L. Clergerie, *Le renvoi préjudiciel*, *op. cit.*, p. 31 et 32.

3. Sur ce point cf. développement sur la citoyenneté.

Les dispositions du Traité relatives aux modalités et à la procédure de l'association sont précisées par des décisions d'application prises par le Conseil statuant à l'unanimité (art. 203 TFUE) [1].

Les PTOM bénéficient (comme les États ACP) du Fonds européen de développement (FED)[2] et de l'aide de la Banque européenne d'investissement (BEI). Ils participent également à certains programmes communautaires (comme en matière d'éducation).

La liste des PTOM auxquels sont applicables les articles 198 à 204 TFUE est fixée par l'annexe II « *Pays et territoires d'outre-mer auxquels s'appliquent les dispositions de la quatrième partie du Traité sur le fonctionnement de l'Union européenne* » :

- **Un seul dépend du Danemark :**
  Le Groënland
- **Six de la France :**
  La Nouvelle-Calédonie et ses dépendances (TOM)
  La Polynésie française (TOM)
  Les Terres australes et antarctiques françaises (TOM)
  Les îles Wallis-et-Futuna (TOM)
  Mayotte (collectivité territoriale)
  Saint-Pierre-et-Miquelon (collectivité territoriale)
- **Deux des Pays-Bas :**
  Aruba
  Les Antilles néerlandaises (dont dépend également Bonaire, Curaçao, Saba, Saint Eustache et Saint Martin)
- **Douze du Royaume-Uni :**
  Anguilla
  Les îles Caïmans
  Les îles Falkland
  La Géorgie du Sud et les îles Sandwich du Sud
  Montserrat
  Pitcairn
  Sainte-Hélène et ses dépendances
  Le territoire de l'Antarctique britannique
  Les territoires britanniques de l'océan Indien
  Les îles Turks et Caicos
  Les îles Vierges britanniques
  Les Bermudes

Les Traités TFUE et CEEA ne s'appliquent pas aux PTOM entretenant des relations particulières avec la Grande-Bretagne et qui ne figurent pas sur cette liste (art. 26-2 Acte adhésion, 22 janv. 1972).

1. V. Décis. 86/823, 30 juin 1986, *JOCE* L. 175, 1er juill. 1986, mod. Décis. 90/146, 3 mars 1990 (*JOCE* L. 84, 30 mars 1990), remplacée Décis. 91/482, 25 juill. 1991 (*JOCE* L. 263, 19 sept. 1991), révisée le 14 févr. 1996 et modifiée Décis. 97-803, 24 mars 1997 (*JOCE* L. 329, 29 nov. 1997). Est actuellement en vigueur Décis. 2001/882, 27 nov. 2001, relative à l'association des PTOM à la Communauté (*JOCE* L. 314, 30 nov. 2001, p. 1). Cette « décision d'association outre-mer », conclue pour la période 2001-2007 a été modifiée à deux reprises (*JOCE* L. 324, 7 déc. 2001, p. 1 et L. 64, 7 mars 2002, p. 39).

2. 175 millions d'euros pour la période 2002-2007 (contre seulement 16,4 pour les pays ACP).

Le Groënland, après avoir fait partie intégrante de la Communauté depuis l'adhésion du Danemark (1er janvier 1973), obtient l'autonomie interne (1er mai 1979) et demande à s'en retirer (référendum du 3 février 1982), pour devenir, à compter du 1er janvier 1985, un TOM, soumis aux articles 131 et suivant du Traité de Rome [1]. Les dispositions qui lui sont applicables ont été précisées par le protocole (n° 15) annexé au Traité d'Amsterdam (art. 204 TFUE) [2].

Sous-Section 2. **Les pays ACP (Afrique, Caraïbes, Pacifique)**

La Communauté, conformément aux principes définis le 9 mai 1950 dans la déclaration R. Schuman qui avait souhaité que l'Europe puisse, « avec des moyens accrus, poursuivre la réalisation de l'une de ses tâches essentielles : le développement du continent africain » (point 8), s'est efforcée de conduire une politique d'aide au développement qui tout en privilégiant l'Afrique s'est également intéressée aux autres continents. Elle entretient des relations privilégiées avec les États d'Afrique, des Caraïbes et du Pacifique. Ces pays sont soumis à un régime et à des modalités de fonctionnement particulières.

§ 1. **Régime applicable**

Ce régime, qui se fonde sur de nombreux textes, respecte certains principes qui sont à la base de son fonctionnement.

A. **Les conventions initiales**

1110 ***Une grande diversité de conventions*** ◇ La plus grande partie des dépendances d'outre-mer des États membres a accédé à l'indépendance postérieurement à l'entrée en vigueur des Traités de Rome.

Ces nouveaux États ont conservé des relations privilégiées avec l'UE, qui devaient donc désormais s'inscrire dans le cadre de *conventions d'association*.

Ces textes furent successivement :

– pour les États africains et malgaches associés (les EAMA) les conventions de Yaoundé (Cameroun) (23 juillet 1963, 29 juillet 1969), entre les Six et 18 de ces États, ont permis d'établir des zones de préférence douanière

1. Traité 13 mars 1984 modifiant les traités instituant les Communautés européennes en ce qui concerne le Groenland (*JOCE* L. 29, 1er févr. 1985).

2. Lors du Conseil européen d'Amsterdam (16-17 juin 1997) les Quinze ont adopté une « déclaration relative aux PTOM » qui a également été annexée au Traité d'Amsterdam et qui déplore que « le régime spécial d'association tel qu'il a été conçu en 1957 ne peut plus répondre efficacement aux défis que pose le développement des PTOM ».

entre la CEE et chacun de ces pays et de leur fournir une assistance technique et financière ;

– pour les États anglophones (Tanzanie, Ouganda, Kenya) la convention d'Arusha (ne comportant pas d'aide financière) du 24 septembre 1969.

L'*entrée de la Grande-Bretagne* dans la Communauté (le 1er janvier 1973) a eu pour effet de transformer et d'étendre considérablement les relations avec les États d'outre-mer, particulièrement ceux du Commonwealth.

Ces États, qui sont alors devenus les ACP (pays d'Afrique, des Caraïbes et du Pacifique), ont alors établi de nouvelles relations avec la Communauté, qui se sont traduites par cinq conventions, dont quatre ont été signées à Lomé (Togo) de 1975 à 1989 [1], et la cinquième à *Cotonou* (Bénin), le 23 juin 2000.

Cette coopération Nord-Sud, qui a débuté le 6 juin 1975, avec la signature de la première convention de Lomé (Lomé I), concerne désormais, 105 pays : les 27 de l'Union européenne et 78 des 79 pays ACP [2].

Après la mise en place de l'Organisation mondiale du commerce (OMC) le 1er janvier 1995, consécutive à la signature à Marrakech, le 15 décembre 1994 des accords de l'*Uruguay Round* les pays ACP ont été, en octobre 1996, temporairement exemptés des règles de l'OMC jusqu'au 29 février 2000 [3].

1111 ***Des principes généraux*** ◇ Ces différentes conventions et leur pratique ont permis de formuler quelques grands principes sur lesquels repose encore actuellement l'association. Ils résultent toujours pour l'essentiel de la première partie de la convention de Lomé III (1984) :

1. À savoir les accords de Lomé I, signés à Georgetown (Guyana) le 28 févr. 1975 entre la CEE et 46 États ACP, de Lomé II, conclus le 31 oct. 1979 entre la CEE et 57 États ACP, de Lomé III (8 déc. 1984) avec 66 États ACP et de Lomé IV (15 déc. 1989, *JOCE* L. 229, 17 août 1991) conclus pour la 1re fois pour une période décennale du 1er mars 1990 au 29 févr. 2000 (et non plus quinquennale), avec 68 puis 71 ACP (depuis le 4 nov. 1995), complétés par l'accord interne relatif au financement et à la gestion des aides de la Communauté du 16 juill. 1990 (*JOCE* L. 229, 17 août 1991) ; le Règl. Financier, 29 juill. 1991 (*JOCE* L. 266, 21 sept. 1991).

2. Depuis que Cuba, qui n'a pas signé l'accord de Cotonou, a été admis à en faire partie (le 14 déc. 2000), les ACP sont actuellement au nombre de 79 : 48 pays d'Afrique subsaharienne, 16 pays des Caraïbes et 15 pays du Pacifique. Afrique du Sud, Angola, Antigua et Barbuda, Bahamas, Barbades, Belize, Bénin, Botswana, Burkina Faso, Burundi, Cameroun, Cap Vert, République Centre Africaine, Comores, Congo (Brazzaville), Congo (Kinshasa), Iles Cook, Côte d'Ivoire, Cuba, Djibouti, Dominique, République Dominicaine, Erythrée, Ethiopie, Fidji, Gabon, Gambie, Ghana, Grenade, Guinée- Bissau, Guinée équatoriale, République de Guinée, Guyane, Haïti, Jamaïque, Kenya, Kiribati, Lesotho, Libéria, Madagascar, Malawi, Mali, Iles Marshall, Maurice, Mauritanie, États fédérés de Micronésie, Mozambique, Namibie, Nauru, Niger, Nigeria, Niue, Ouganda, Palau, Papouasie Nouvelle Guinée, Rwanda, Saint Christophe et Nevis, Sainte Lucie, Saint Vincent et Grenadines, Iles Salomon, occidentales, Timor Oriental, Samoa occidentales, Sao Tome et Principe, Sénégal, Seychelles, Sierra Leone, Somalie, Soudan, Suriname, Swaziland, Tanzanie, Tchad, Timor oriental, Togo, Tonga, Trinité et Tobago, Tuvalu, Vanuatu, Zambie, Zimbabwe. Le gouvernement cubain a ensuite retiré, le 16 mai 2003, sa candidature d'adhésion à l'Accord de Cotonou, après que la Commission européenne ait exprimé ses inquiétudes, quant à la situation des droits de l'homme dans l'île et décidé de reporter l'examen de sa demande.

3. Date d'expiration de cette convention, qui prévoyait la possibilité d'une prolongation de huit ans, cf. *Le Monde* 28 et 29 nov. 1999, p. 4.

Un premier chapitre définit les *principes de base*. Outre les principes traditionnels (souveraineté, égalité, etc.) ce chapitre souligne le *principe de l'auto-développement* fondé sur les valeurs et les ressources locales. Ce principe conduit à favoriser le développement rural, la sécurité alimentaire fondée sur la production agricole locale. Enfin le chapitre I prescrit le renforcement de la *coopération régionale entre ACP*.

Ces conventions, qui ont permis de mettre en place une véritable coopération commerciale et économique avec ces États, n'ont pourtant pas suffisamment pris en compte leur dimension institutionnelle et politique et ont souvent eu des résultats décevants [1]. Ainsi la part des pays ACP sur le marché de l'UE est-elle passée de 6,7 % en 1976 à seulement 3 % en 1998. Il a donc été nécessaire de les revoir et de les remplacer par un nouveau texte.

Un second chapitre définit - en insistant sur les responsabilités propres aux États ACP - les *objectifs de divers secteurs* : préservation des valeurs culturelles, environnement (et notamment lutte contre la « désertification » et la sécheresse), coopération agricole, développement industriel etc.

Un troisième chapitre contient les *principes relatifs aux instruments* de la coopération dont le rôle est d'accroître les échanges, de favoriser le développement autonome, d'aider les ACP à accéder aux marchés de capitaux, de remédier à l'instabilité des recettes d'exportation des produits de base.

Un quatrième chapitre énumère les *institutions* qui prolongent celles des conventions antérieures : Conseil des ministres, comité des ambassadeurs, assemblée paritaire.

B. La convention de Cotonou (23 juin 2000)

1112 ***Un texte destiné à remplacer les conventions en vigueur*** ◇ Les négociations destinées à remplacer certaines dispositions des conventions de Lomé et qui avaient débuté le 30 septembre 1998 ont fini par aboutir à un accord conclu à Bruxelles, le 3 février 2000, entre l'Union européenne (malgré l'hostilité de l'Autriche et les réticences des Pays-Bas et de l'Allemagne) et 78 des 79 pays ACP [2]. La signature de la nouvelle convention de partenariat ACP-CE (« Accord de Cotonou ») est ensuite intervenue à l'issue de la conférence ACP-UE qui s'est tenue à Cotonou dans la capitale du Bénin [3] du 19 au 23 juin 2000. Cet accord qui concerne plus d'un milliard de personnes est entré en vigueur le 1er avril 2003, après avoir été, conformément à ce qu'il prévoyait (art. 93), ratifié par tous les États membres de la Communauté et par les deux tiers des pays ACP, ainsi que par l'Union

1. Fin 1999, des responsables ivoiriens ont ainsi détourné 18 milliards de francs CFA destinés aux services de santé.

2. Cuba, qui a rejoint les pays ACP (le 14 déc. 2000), est en effet le seul de ses membres qui ne participe pas à la coopération avec l'UE.

3. La candidature du Bénin avait en effet été préférée à celle des neuf autres pays ACP, dont le Togo que l'UE ne jugeait pas suffisamment respectueux des principes démocratiques.

européenne (art. 93) [1]. Conclu pour une période de 20 ans (au lieu de 10 auparavant), cet accord qui repose sur cinq piliers indépendants, et poursuit des objectifs ambitieux, doit être révisé tous les cinq ans [2].

1. Contenu

1113 ***Les « cinq piliers » du programme de développement*** ◇ Ce programme prévu par la convention de Cotonou concerne « cinq piliers » considérés comme essentiels : le dialogue politique, l'approche participative, la lutte contre la pauvreté, la coopération économique et commerciale et le soutien financier.

a) ***Le dialogue politique***, qui devra prioritairement porter sur toutes les questions considérées comme d'intérêt commun (renforcement de la paix, prévention et résolution des conflits, respect des droits de l'homme et de la démocratie, État de droit et bonne gestion des affaires publiques), devra s'instaurer avec beaucoup de souplesse à tous les niveaux (national, régional ou au sein du groupe ACP). Il s'accompagne de procédures particulières en cas de violation de droits de l'homme ou de corruption.

b) ***L'approche participative*** permet de mettre en place, à l'intention de l'ensemble des populations concernées, une politique générale d'information et de consultation pour tout ce qui a trait à la convention et à sa mise en œuvre. Il s'agit en effet d'associer plus étroitement que par le passé à la réalisation de ces projets, les membres de la société civile et les acteurs économiques et sociaux locaux.

c) ***La lutte contre la pauvreté***, qui constitue le principal objectif de la convention, repose sur une stratégie globale de développement, basée sur l'interaction de facteurs économiques (développement du secteur privé, réformes structurelles et sectorielles), politiques (coopération politique), sociaux (actions en faveur des jeunes et de l'égalité des chances), culturels et environnementaux de chaque pays et dont les résultats seront mesurés par des indicateurs qualitatifs et quantitatifs.

d) ***La coopération économique et commerciale***, qui concerne les services, la concurrence, la propriété intellectuelle, la normalisation et la certification, les normes sanitaires, le droit du travail, l'environnement, la santé publique et la défense des consommateurs, devra s'effectuer dans un cadre juridique nouveau, conforme aux exigences de l'Organisation mondiale du commerce et destiné à faciliter l'insertion de ces pays dans l'économie mondiale. Elle se fonde essentiellement sur des *Accords de partenariat économique (APE)* qui intègrent aux accords de libre-échange les avantages douaniers, qui leur étaient préalablement accordés unilatéralement, leur permettant ainsi de faire disparaître les autorisations spéciales de l'OMC, qui leur étaient alors nécessaires (et qui leur avaient seulement été accordées jusqu'à la fin de

1. Au 11 févr. 2002, seuls cinq États de l'Union sur 15 et 44 pays ACP sur 78 l'avaient ratifié.
2. Sur ce point, cf. *infra*.

2007). Le contenu de ces APE [1] devra être axé en priorité sur la défense des intérêts des pays ACP en matière de développement, afin de les aider à obtenir un accès au marché de l'UE, plus avantageux que les préférences qui pouvaient leur être antérieurement accordées. Ils devraient également bénéficier de délais transitoires suffisants pour procéder à la libéralisation de leurs économies, ainsi que d'obligations réduites dans ce domaine. Cette coopération devra parallèlement conduire à une augmentation significative de leurs capacités de production et au développement de leurs investissements.

e) ***Le soutien financier***, qui leur est également accordé, devra permettre à chaque pays ACP, en fonction de leur situation respective, de disposer d'une enveloppe de base, destinée à couvrir l'aide programmée sur le fondement d'une *Stratégie de coopération nationale* (SCN), définie en commun par l'Union européenne et par les pays bénéficiaires, ainsi que d'un programme indicatif opérationnel contenant les opérations envisagées et leurs sources de financement. Une seconde enveloppe a même été prévue afin de pouvoir éventuellement répondre aux besoins imprévus. Des critères d'évaluation des besoins et des résultats obtenus (effectivité de la mise en œuvre, bonne utilisation des ressources, réduction de la pauvreté, réformes institutionnelles, mesures prises en faveur du développement durable et du développement sectoriel, etc.) par chacun d'entre eux ont d'ailleurs été mis en place à cet effet. Leur financement, qui sera essentiellement assuré par le Fonds européen de développement (FED)[2] et dans une moindre mesure par la Banque européenne d'investissement (BEI)[3], devra respecter un certain nombre de principes directeurs (cohérence, efficacité, flexibilité et adaptation continue de l'aide) et aura lieu selon des procédures simplifiées.

2. Objectifs

1114 ***Des objectifs particulièrement ambitieux*** ◇ Ce nouveau protocole de coopération, qui se situe dans le prolongement des conventions de Yaoundé (1963, 1969) et des conventions de Lomé (1975, 1979, 1984 et 1989), a cependant des objectifs beaucoup plus ambitieux. Il comporte en effet un volet politique, commercial et financier et met également en place des dispositions novatrices en matière de lutte contre la pauvreté et de « développement participatif ».

a) Ce texte, plus encore que Lomé IV, fait du respect des droits de l'homme, des principes démocratiques et de l'État de droit qui « inspire la structure de l'État et les compétences des divers pouvoirs » (art. 9 al. 2) une

1. Sur ce point, cf. *infra*.
2. Son financement ne provient pas du budget de l'UE, mais des contributions des États membres. Les fonds sont destinés en priorité à la promotion de programmes à long terme. L'Allemagne contribue à raison de 23 % au FED, ce qui la place en deuxième position dans la liste des pays contributeurs, après la France.
3. Pour la période 2000-2005, les ressources financières de 9e FED s'élevaient à 13,5 milliards d'euros et les ressources propres de la BEI, à 1,7 milliard d'euros.

condition « essentielle » pour pouvoir bénéficier de l'octroi d'aides (clause « de conditionnalité »). La bonne gestion des affaires publiques est également considérée comme « fondamentale » (art. 10 al. 3). Il a d'ailleurs prévu de nouvelles procédures à appliquer tant dans les cas les plus flagrants de violation des droits de l'homme, que dans les « cas graves de corruption active et passive », avec la possibilité de prononcer des sanctions à l'encontre des États responsables (suspension de la coopération).

b) La nouvelle convention comporte des dispositions commerciales particulièrement importantes, qui avaient prévu la négociation, entre septembre 2002 et janvier 2008, d'accords de partenariat économique (APE)[1] entre l'Union et des « sous-ensembles régionaux ACP » [2] ou pays par pays. À cette date, 35 pays ACP avaient signé un accord de ce type avec l'UE. Parmi les autres, 32 bénéficiaient d'un accès au marché européen sans droit de douane, ni contingentement, conformément à la règle « tout sauf les armes » (TSA). Ces accords prévus pour être mis en place entre janvier 2008 et décembre 2020 sont alors appelés à déboucher, sur la création de zones de libre-échange d'ici à 2020 [3]. Il s'agissait en effet de mettre fin au système actuel, qui en autorisant le libre accès au marché communautaire de prés de 99 % des produits importés des pays ACP et en soumettant les exportations européennes vers ces mêmes pays à des droits de douane, n'était pas conforme aux règles de l'OMC, pourquoi, seuls des critères objectifs (revenu par habitant) pourraient justifier cette situation. Ceux d'entre eux qui n'auraient pas signé d'accord « OMC compatible » avec l'UE bénéficieraient du « Système de préférences généralisées » (SPG), moins favorable que le TSA, mais plus avantageux que le régime de droit commun des exportateurs membres de l'OMC.

c) Chaque pays ou région ACP devrait désormais bénéficier d'un instrument unique de programmation, qui devra faire l'objet de réexamens réguliers destinés à l'adaptation des financements, compte tenu des performances qui auront été réalisées [4]. Il s'agit en effet de mettre fin au principe de l'allocation automatique de l'aide. L'ensemble des fonds disponibles du FED [5] sera distribué par deux nouveaux instruments, le *fonds de soutien au développement à long terme* (financement de projets sectoriels, allégement de

1. Selon A. Bénassy-Quéré et L. Fontagné du Centre d'études prospectives et d'informations internationales (Cepii) les simulations montreraient qu'un accord avec l'UE serait, à terme, susceptible d'augmenter d'environ 10 % les exportations des pays ACP vers l'UE et de 18 % leurs importations en provenance de l'UE.

2. Comme l'UEMOA (Union économique et monétaire ouest africaine), qui bénéficie d'une monnaie unique, le franc CFA qui est en parité fixe avec l'euro, ou la SADC (communauté de développement de l'Afrique australe).

3. Les 49 pays les moins avancés (PMA), qui estiment que « leur situation ne leur permet pas de signer des APE », continueront à bénéficier même après 2008 du régime de Lomé.

4. Sur les 13,5 milliards d'euros du IXe fonds européen de développement, 1 milliard ne sera libéré qu'après évaluation des performances effectuée en 2004.

5. Soit 13,5 milliards d'euros sur cinq ans, auxquels il convient d'ajouter 9,9 milliards d'euros correspondants aux reliquats d'engagement non utilisés.

la dette, aide humanitaire, etc.) et la *Facilité d'investissement*, gérée par la Banque européenne d'investissement, qui doit remplacer les « capitaux risques » et les « bonifications d'intérêt » [1]. Ce nouveau dispositif devrait permettre d'associer de nouveaux acteurs à la conception et à la programmation de la coopération avec l'UE (secteur privé, société civile, syndicats, etc.).

Les systèmes de stabilisation des recettes d'exportation des produits agricoles (Stabex), mis en place le 28 janvier 1975 par la convention de Lomé I, et des produits miniers (Sysmin), mis en place le 8 décembre 1984, par la convention de Lomé III, afin d'aider les ACP (et aussi les PTOM) à « remédier aux effets néfastes de l'instabilité des recettes d'exportations (...) de produits dont leurs économies dépendent et qui sont affectés par des fluctuations de prix, de quantités ou de les deux facteurs » (art. 114 § 1 Décis. 91/482 Conseil, 25 juill. 1991) seront également remplacés par une compensation financière additionnelle beaucoup plus souple et qui devrait par conséquent être plus efficace.

3. Révisions

1115 ***La première révision (25 juin 2005)*** ◇ Cet accord, qui avait été conclu le 23 juin 2000 pour 20 ans [2], comportait une clause de révision (art. 95), permettant son adaptation tous les cinq ans (à l'exception des dispositions concernant la coopération économique et commerciale qui sont soumises à une procédure séparée). C'est pourquoi, fin février 2004, les pays ACP et l'UE ont notifié les dispositions qu'ils souhaitaient voir réviser. Les négociations, qui avaient officiellement débuté, les 6 et 7 mai 2004, lors de 29e session du Conseil de ministres ACP-UE de Gaborone (Botswana), ont abouti, le 23 février 2005, à l'accord, qui sera ensuite signé à Luxembourg, le 25 juin 2005, à l'issue de la 30e session du Conseil des ministres ACP-CE, et qui est entré en vigueur le 1er juillet 2008. Cette première révision, qui a ouvert la voie au cadre financier 2007-2013 de l'aide au développement [3], portait principalement sur les points relatifs à :

1. Ainsi le Conseil de l'UE a-t-il par exemple décidé d'allouer un montant de 500 millions d'euros pour une « Facilité » ACP-UE pour l'eau, qui a fait ensuite l'objet d'un accord lors des réunions de Gaborone (Botswana) en mai 2004 et de Luxembourg en juin 2005 du Conseil des ministres ACP-UE. Cette première tranche a ensuite été suivie d'une seconde d'un montant de 250 millions d'euros.

2. Cf. *supra*.

3. Le Conseil européen des 15 et 16 déc. 2005, en adoptant les perspectives financières 2007-2013, a décidé que la coopération géographique avec les ACP (à l'exception de l'Afrique du Sud) ne serait pas intégrée dans le budget communautaire, comme l'avait proposé la Commission (budgétisation), mais qu'elle continuerait, pour la période 2008-2013, à être financée par le biais du *Fonds européen de développement (FED)* intergouvernemental. Le Conseil le 17 juill. 2006, a ensuite adopté l'accord interne sur le 10e FED, complété par un Règl. Application, 14 mai 2007. Le 30 oct. 2007, la Commission a ensuite pris les mesures nécessaires à l'attribution des aides pour les programmes indicatifs nationaux. Le 10e FED a bénéficié d'un budget de 22,682 milliards d'euros (soit une augmentation de 65 % par rapport au 9e FED, dont le montant initial s'élevait à 13,8 milliards pour la période 2000-2007).

– l'approfondissement du dialogue politique, qui devra désormais être plus systématique et plus formel, pour tout ce qui concerne les droits de l'homme (introduction d'une disposition relative à la Cour pénale internationale), les principes démocratiques et l'État de droit ;

– l'insertion dans la convention d'une référence à la coopération dans le domaine de la lutte contre la prolifération des armes de destruction massive (ADM), ainsi que d'une clause relative à la coopération internationale entre les signataires dans la lutte contre le terrorisme et les activités mercenaires ;

– l'adoption d'amendements portant sur des stratégies sectorielles, qu'il s'agisse de la réaffirmation des « objectifs du millénaire pour le développement » [1], de l'environnement durable, du droit d'accès pour tous à l'enseignement primaire, de la promotion de l'égalité des sexes et de la condition féminine (protection de la santé sexuelle et reproductive et des droits des femmes), de la réduction de la mortalité infantile, de la lutte contre le sida, le paludisme et les autres épidémies, ainsi que contre les maladies liées à la pauvreté ;

– l'amélioration de la coopération régionale, des facilités d'investissement, des politiques sociales et de la situation de la jeunesse, ainsi que la nécessité d'accomplir des progrès dans le domaine de la connaissance ou des technologies de l'information et des communications, etc. ;

– l'introduction d'une plus grande flexibilité dans la répartition des ressources (grâce en particulier à la création d'une plus grande réserve), la simplification des procédures de versement des aides, ainsi que la mise en place de financements propres aux situations de crise ou de conflit. L'UE s'est par ailleurs engagée à maintenir un seul financier au moins équivalent à celui du 9e Fonds européen de développement (FED), augmenté du montant de l'inflation et révisé en fonction de la croissance et des conséquences de l'élargissement intervenu le 1er mai 2004.

Certaines de ces mesures pourront d'ailleurs être appliquées avant la ratification de ces révisions.

1116 ***La deuxième révision (19 mars 2010)*** ◇ Cette deuxième révision, qui s'est efforcée d'adapter le partenariat aux changements intervenus depuis 2005, insiste plus particulièrement sur les points suivants :

– l'importance croissante de l'intégration régionale dans les pays ACP et dans la coopération UE-ACP, dont le rôle dans la promotion de la coopération, de la paix et de la sécurité, dans le développement de la croissance et dans la résolution des problèmes transfrontaliers, est souligné. La dimension continentale de l'Afrique est également reconnue et l'Union africaine devient un partenaire de l'ensemble UE-ACP. ;

– l'interdépendance entre sécurité et développement et la nécessité de lutter contre les menaces qui pèsent sur la sécurité (consolidation de la paix et prévention des conflits), en associant diplomatie, sécurité et coopération au développement ;

1. Sur ce point, cf. note suivante.

– le rappel des objectifs du « millénaire pour le développement » (réduction de l'extrême pauvreté et de la faim, assurer l'éducation primaire pour tous, promouvoir l'égalité des femmes, réduire la mortalité infantile, améliorer la santé maternelle, lutter contre le sida et le paludisme, assurer un environnement durable, mettre en place un partenariat mondial pour le développement) [1] ;

– l'UE et les pays ACP, qui reconnaissent pour la première fois que le défi mondial du changement climatique constitue un aspect important de leur partenariat, s'engagent à mettre davantage l'accent sur le changement climatique dans leur coopération au développement et à soutenir les efforts des pays ACP pour atténuer les effets du changement climatique et s'y adapter ;

– la réaffirmation du rôle des accords de partenariat économique dans la promotion du développement économique et de l'intégration à l'économie mondiale (importance des stratégies d'adaptation commerciale et de l'aide au commerce) ;

– la reconnaissance du rôle des parlements nationaux, des autorités locales, de la société civile et du secteur privé des pays membres de l'UE dans la promotion d'un partenariat large et solidaire avec les pays ACP ;

– la nécessité d'aider financièrement les pays ACP de manière efficace, conformément aux principes internationalement approuvés (coordination des donateurs), afin de réduire les coûts des transactions ;

– l'Union reconnaît pour la première fois le rôle essentiel des autres politiques de l'UE dans le développement des pays ACP et s'engage à en renforcer la cohérence.

La convention de Cotonou a conservé les institutions mises en place par Lomé, dont elle a parfois même renforcé les attributions.

§ 2. **Les institutions**

1117 ***La coopération entre les organes ACP et les ACP-UE*** ◇ Les organes ACP sont appelés à collaborer avec les institutions communautaires dans le cadre d'organes conjoints ACP-UE, avec l'assistance d'un certain nombre d'instances spécialisées.

a) ***Les organes ACP*** : le *Conseil des ministres ACP*, qui se compose d'un membre du Gouvernement (ou de son représentant) de chaque État ACP, se réunit en session ordinaire deux fois par an et en cas de besoin en session extraordinaire (sur décision du président et après consultation de tous les membres du bureau). Il élit, à la fin de chacune de ses sessions ordinaires et pour un an, un bureau, dirigé par un président (un système de rotation est

1. À savoir les huit objectifs, fixés par la « *déclaration du millénaire* » adoptée lors de l'Assemblée générale des Nations Unies, qui s'est tenue à New York du 6 au 8 sept. 2000, et que les États ont convenu d'atteindre d'ici à 2015 et dont un premier bilan a pu être fait lors d'une réunion des 192 États membres de l'ONU, du 20 au 22 sept. 2009.

assuré pour garantir la succession de représentants des six régions ACP [1] à la présidence du Conseil). Il tient régulièrement des réunions ministérielles sectorielles, principalement consacrées au commerce, à la culture [2] ou à l'environnement. Ainsi le Conseil des ministres du Commerce joue un rôle de plus en plus important, tant en ce qui concerne les négociations commerciales entre les pays ACP et l'Union européenne que dans celui des relations multilatérales dans le cadre de l'OMC [3]. Le Conseil des ministres ACP est donc le principal organe de décision du groupe et est chargé de mettre en œuvre les orientations définies par le sommet. Il détermine des positions communes sur les questions de la compétence du groupe ACP et se prononce sous forme de décisions, de résolutions ou de recommandations. Ses délibérations sont préparées par le *comité des ambassadeurs ACP*, qui se compose d'un ambassadeur ou d'un représentant de chaque pays ACP et qui est le second organe de décision du groupe ACP, après le Conseil des ministres, qu'il est chargé d'assister dans l'accomplissement de ses missions et dont il exécute les mandats qu'il peut lui confier. Ses travaux sont préparés par le *bureau du comité des ambassadeurs*, qui se compose de neuf membres : quatre représentants Africains (un représentant de chaque région), un des Caraïbes, un du Pacifique, un issu de la rotation entre les quatre régions d'Afrique, les Caraïbes et le Pacifique, ainsi que le président sortant et le président entrant, en qualité de membres de droit, et qui peut s'appuyer *sur six sous-comités techniques* spécialisés [4]. Le *secrétariat ACP*, qui siège à Bruxelles, assure la gestion administrative du Groupe. Il est ainsi chargé, sous l'autorité des organes politiques du groupe ACP, d'exécuter les tâches qui lui pourront lui être confiées par le sommet des chefs d'État et de Gouvernement ACP-UE, le Conseil des ministres, le comité des ambassadeurs ou l'assemblée parlementaire ACP. Il doit aussi contribuer à la bonne exécution de leurs décisions, suivre la mise en œuvre de l'accord de partenariat ACP-UE et assister les organes ACP et les institutions mixtes créées dans le cadre des accords de partenariat ACP-UE. Il est dirigé par un *secrétaire général*, nommé pour quatre ans par le Conseil des ministres ACP, en raison de ses compétences et de son intégrité, et doté de véritables pouvoirs exécutifs. Le secrétaire général a principalement pour tâche de mettre en œuvre la politique internationale du groupe ACP et doit également animer et coordonner la politique de coopération. Il doit également veiller à la qualité de l'assistance

1. À savoir l'Afrique centrale, l'Afrique de l'Ouest, plusieurs pays d'Afrique orientale et australe (AOA), les Caraïbes, sept membres de la Communauté de développement de l'Afrique australe (SADC) et le Pacifique.

2. Les ministres de la Culture ACP ont tenu leur première réunion en mai 2003 à Dakar (Sénégal).

3. Un *Comité ministériel commercial (CMC)*, qui est un *Task Force* de ministres de Commerce (18 dont trois par région) est par ailleurs chargé de piloter, de coordonner ou de suivre certaines négociations commerciales.

4. Dans les questions politiques, sociales, humanitaires et culturelles, le commerce, les investissements et le secteur privé, le développement durable, le financement et le développement, l'administration et les finances.

technique et administrative et des services fournis aux membres et organes du groupe ACP par le Secrétariat. Il a enfin la responsabilité du recrutement du personnel du secrétariat ACP, qui s'effectue selon des critères de compétence et en tenant compte d'un certain équilibre entre les différentes régions ACP. Une *assemblée consultative*, composée de parlementaires ACP, a été créée au mois d'avril 2005. Elle est principalement chargée d'adopter des positions communes, afin de préparer les travaux de l'assemblée parlementaire paritaire ACP-UE [1]. Elle doit aussi encourager les rencontres entre les membres des Parlements des différents pays ACP.

b) ***Les organes conjoints ACP-UE*** : le *sommet des chefs d'État et de Gouvernement ACP-UE*, qui depuis une première réunion qui s'est tenue à Libreville (Gabon), les 6 et 7 novembre 1997 [2], rassemble régulièrement les chefs d'États et de Gouvernement des pays membres pour définir les grandes orientations de la politique générale du Groupe ACP et donner au Conseil des ministres les directives relatives à sa mise en œuvre, est désormais l'organe suprême ACP-UE. Présidé par le Chef d'État ou de Gouvernement du pays invitant et dirigé par un bureau, composé du président en exercice, du président sortant et éventuellement du futur président (quand il a été désigné), il définit les grandes lignes de la politique générale du groupe ACP-UE et donne au Conseil des Ministres les directives relatives à leur mise en œuvre. Le *Conseil des ministres ACP-UE*, est composé d'un représentant de chaque État ACP et de l'UE, ainsi que d'un représentant de la Commission européenne. Il se réunit une fois par an avec pour mission de favoriser le dialogue entre les différentes composantes du groupe ACP-UE. Il peut également adopter des directives politiques et prendre des décisions concernant la mise en œuvre des accords de coopération entre les ACP et l'UE. Il est assisté d'un *comité des ambassadeurs ACP-UE*, composé de représentants de chaque État membre de l'UE et du chef de mission de chaque ambassade ACP auprès de l'UE, ainsi que d'un représentant de la Commission européenne, qui se trouve ainsi pleinement associée à ses travaux. Ce comité se réunit une fois par mois pour superviser la mise en œuvre des accords de coopération et pour préparer les décisions du Conseil des ministres ACP-UE. L'*assemblée parlementaire paritaire* composée d'un nombre égal de parlementaires ACP et UE, se réunit deux fois par an alternativement dans un pays ACP et dans un pays de l'UE. Elle est chargée de promouvoir les processus démocratiques, de garantir le respect des Droits de l'homme et des valeurs communes à

1. Cf. *infra*.
2. Il s'est ensuite réuni le 26 nov. 1999 à Saint-Domingue (République dominicaine), le 18 juill. 2002 à Nadi (îles Fidji), les 23 et 24 juin 2004 à Maputo (Mozambique), le 7 déc. 2006 à Khartoum (Soudan) et les 2 et 3 oct. 2008 à Accra (Ghana). Lors de cette rencontre, dominée par la crise financière internationale et la question du commerce avec l'Union européenne, les pays ACP, particulièrement touchés par la hausse des prix pétroliers et alimentaires, se sont montrés divisés sur la question de la conclusion d'Accords de partenariat économique (APE) avec l'UE, une partie d'entre eux seulement ayant conclu ces accords, qui impliquent l'accès libre des produits ACP (sauf le riz et le sucre) au marché européen, en échange d'une ouverture progressive d'au moins 80 % des marchés ACP aux produits européens.

l'humanité à travers le dialogue et les consultations, d'adopter des résolutions [1] et de formuler des recommandations au Conseil des ministres ACP-CE. Elle envoie des missions d'étude ou d'enquête pour apprécier les progrès réalisés dans ces pays [2]. Elle élit un bureau, composé de deux coprésidents (un ACP et un UE) et de quatorze vice-présidents (12 européens et 12 ACP). Depuis mars 2003, des commissions permanentes [3], composées de parlementaires ACP et européens, ont été mises en place pour élaborer des propositions qui sont ensuite soumises au vote des membres de l'Assemblée parlementaire paritaire. Un *comité ministériel commercial mixte ACP-UE*, composé de représentants des États ACP et de la CE, a été institué par la convention de Cotonou. Afin de surveiller les négociations commerciales multilatérales en cours, d'examiner l'incidence des initiatives de libéralisation sur le commerce et le développement des économies ACP-UE, de formuler les recommandations nécessaires au maintien des avantages des accords commerciaux ACP-CE. Le règlement intérieur de ce comité, qui se réunit au moins une fois par an est arrêté par le Conseil des ministres ACP-UE.

c) ***Les organes spécialisés.*** À côté de ces institutions, dotées de compétences générales, certains organes, qui ne sont d'ailleurs pas forcément propres aux pays ACP-UE, sont investis d'attributions particulières. Ainsi le *comité économique et social de l'Union européenne* permet-il par exemple d'organiser des rencontres annuelles entre les représentants des secteurs socio-économiques des pays ACP et ceux de l'UE. Ont par contre été créés par ces accords, un *comité de coopération industrielle* et un *centre pour le développement industriel*, devenu depuis la convention de Cotonou, le *centre pour le développement des entreprises*, qui a pour mission de contribuer à lutter contre la pauvreté par la création de richesses, en aidant les différents acteurs du secteur privé des pays ACP, notamment avec l'appui des entreprises des pays de l'UE. Un *centre technique de coopération agricole et rurale (CTA)*, existe également depuis 1983, pour améliorer l'accès à l'information pour le développement agricole et rural et pour renforcer les capacités des pays ACP à produire, à acquérir, à échanger et à exploiter l'information dans ce domaine.

1. Comme la résolution sur les expériences du processus d'intégration régionale européenne pertinentes pour les pays ACP adoptée le 28 mars 2008 à Ljubljana : *www.europarl.europa.eu/intcoop/acp/60_15/pdf/re_integration_fr.pdf.*

2. Ainsi, le 20 mars 2008 à Ljubljana, l'assemblée parlementaire paritaire ACP-UE a-t-elle adopté une résolution sur les expériences du processus d'intégration régionale européenne pertinentes pour les pays ACP (Afrique, Caraïbes, Pacifique) ; cf. Assemblée parlementaire paritaire ACP-UE, Résol sur les expériences du processus d'intégration régionale européenne pertinentes pour les pays ACP (ACP-UE/100.203/08/déf.).

3. À savoir la commission des affaires politiques, la commission du développement économique, des finances et du commerce et la commission des affaires sociales et de l'environnement.

§ 3. Le fonctionnement

Il concerne principalement les échanges et la coopération (industrielle et agricole) entre la Communauté et les ACP.

A. Les échanges

1118 ***Les différents aspects des échanges entre l'Union et les pays ACP***

◇ Les échanges entre l'Union et les pays ACP n'ont pas tous le même contenu :

a) la *liberté d'accès* dans la CE est accordée à la quasi-totalité des produits provenant des ACP, sans droits de douane, ni restrictions quantitatives. Quelques réserves intéressent des produits soumis à la politique agricole commune, qui bénéficient toutefois sur régime préférentiel par rapport aux pays tiers ;

b) les règles définissant l'*origine* des produits ont été assouplies de manière à considérer les ACP comme un territoire douanier unique et à favoriser la transformation successive des produits entre plusieurs de ces États ;

c) *il n'existe pas d'obligation de réciprocité* à la charge des ACP qui ne sont pas obligés d'accorder à l'UE des avantages correspondants à ceux qui leur sont ainsi consentis. Ils ne sont tenus qu'au respect de la non-discrimination entre les États de la Communauté et à l'octroi de clause de la nation la plus favorisée (sous réserve d'avantages accordés à d'autres pays en voie de développement). Ce système a, nous l'avons vu, été abandonné par l'accord de Cotonou [1] ;

d) des *dispositions spécifiques* s'appliquent à quelques produits : riz, rhum, bananes, viande bovine ;

e) les systèmes des échanges sont complétés d'un *régime de stabilisation des recettes d'exportation* des ACP contre les fluctuations de prix de certains produits (café, coton, cacao, arachides, etc.). Ce régime a d'abord été réglementé (à partir de 1975) [2] par le « *Stabex* », dont l'objectif consistait à aider les ACP (et aussi les PTOM) à « remédier aux effets néfastes de l'instabilité des recettes d'exportation (...) de produits dont leurs économies dépendent et qui sont affectés par des fluctuations de prix, de quantités ou de ces deux facteurs » (art. 114-1 Décis. 91/482 Conseil, 25 juill. 1991, relative à l'association des pays et territoires d'outre-mer à la Communauté économique européenne [3]). Ce système d'échanges, qui avait ensuite profondément été réformé par la convention de Lomé IV du 15 décembre 1989,

1. Sur ce point cf. *supra*.
2. Il datait en effet de Conv. Lomé I, 28 févr. 1975.
3. Cf. *JOCE* L. 263, 19 sept. 1991, p. 1 à 153.

a été remplacé par l'accord de Cotonou par une compensation financière additionnelle [1].

B. La coopération industrielle et agricole

1119 ***La coopération se présente selon des modalités différentes par secteurs et par « thèmes »*** ◇ Elle ne se limite pas aux secteurs industriels et agricoles et est également complétée par un certain nombre d'« actions thématiques ».

a) Une coopération a été organisée dans de nombreux secteurs industriels. Elle vise à développer la production industrielle des pays en voie de développement et à accroître leur participation aux échanges industriels. *Les actions à entreprendre* sont prévues par la convention : développement des infrastructures industrielles, création d'entreprises, valorisation des matières premières, formation industrielle, accès à la technologie, etc.

À la coopération industrielle générale sont venus se joindre des secteurs plus particuliers. Ainsi pour les *produits miniers*, la Communauté avait mis en place une aide destinée à développer le potentiel de production et d'exportation des ACP. Il s'agissait du Sysmin créé par la convention de Lomé III du 8 décembre 1984 sur le modèle du Stabex (qui datait de la convention de Lomé I du 28 février 1975), dont il différait pourtant sensiblement. Ce système, applicable aux ACP (et aussi aux PTOM), pour lesquels le secteur minier est déterminant pour leur économie et a connu de graves difficultés, a été supprimé par à l'accord de Cotonou.

Le *transport maritime* est également entré dans le domaine de la coopération (Lomé III).

Cette politique de coopération industrielle repose sur les moyens généraux mis en place par la convention (notamment le financement par le FED) mais en outre comporte l'action de deux organismes spéciaux : le *comité de coopération industrielle* et le *centre pour le développement industriel* dont le rôle doit être d'assurer l'application pratique de la coopération [2].

b) La coopération a ensuite été étendue dans les secteurs de l'*agriculture* et a donné lieu à la création d'un *centre technique de coopération agricole et rurale* (Lomé III) [3]. Les « produits de base agricoles » dont l'économie de nombreux ACP est étroitement dépendante font l'objet d'une attention particulière. Un *comité paritaire des produits de base agricole a été institué* (Lomé III). Enfin la dernière extension de la coopération agricole a été la *politique de la pêche* (Lomé III).

c) La coopération n'est pas restée limitée étroitement aux secteurs industriels et agricoles. Elle a été étendue à des activités moins étroitement liées à

1. Sur ce point cf. *supra*.
2. Sur ce point, cf. *supra*.
3. Sur ce point, cf. *supra*.

l'économie. Lomé III a amorcé une *coopération culturelle* destinée à préserver l'« identité culturelle » et les ressources des ACP en ce domaine.

d) Aux coopérations sectorielles sont venues s'ajouter des « *actions thématiques* ». Les principaux « thèmes » envisagés sont la lutte contre la sécheresse, la désertification, les épidémies, etc. (Lomé III).

e) Lomé IV a intégré dans la coopération la protection de l'*environnement* (que devront respecter les projets de développement) et les *problèmes démographiques*.

1120 ***La coopération technique et financière*** ◇ La coopération économique est appuyée par une coopération financière et technique qui définit des *objectifs* et s'appuie sur des *moyens* spécifiques. À l'aide technique et financière de la Communauté s'ajoutent des moyens de favoriser les investissements privés.

a) Les *objectifs* se sont élargis depuis les premières conventions. Ils comprennent : le renforcement des infrastructures économiques et sociales, le développement rural, industriel, la commercialisation des produits, la formation des hommes, la coopération régionale, l'aide aux PME, des « microréalisations » notamment en milieu rural. Aux multiples objectifs Lomé III a ajouté l'aide aux actions de « maintenance », d'entretien et de prolongement de réalisations antérieures.

b) Les *moyens* sont d'abord les aides financières dont la charge est répartie entre les États membres. Les moyens financiers ont été portés à 12 milliards d'écus pour les cinq premières années (Lomé IV). Cette aide est accordée par le *Fonds européen de développement* (FED) et la *Banque européenne d'investissement* (BEI) [1].

D'autres aides financières ont été accordées par des instruments d'un caractère plus particulier : le *Stabex* et le *Sysmin*, que la convention de Cotonou a remplacé par des protocoles relatifs aux produits de base.

Le *Stabex* finançait la *stabilisation des recettes d'exportation* des ACP dans les cas de pertes de recettes dues notamment aux baisses de prix ou d'exportations des produits agricoles.

Le *Sysmin* contribuait au financement de la « viabilité » des exploitations minières des ACP (rationalisation, maintenance, réhabilitation) [2].

Une aide particulière à l'*ajustement structurel* a été instituée par Lomé IV.

1. La BEI peut leur fournir des prêts assortis d'une bonification d'intérêt ajustée automatiquement pour garantir un taux d'intérêt de 3 à 6 % ; elle peut également conclure avec ces pays trois types de contrats : prise de participation directe « au nom, pour le compte et aux risques » de la Communauté européenne, prise de prêts subordonnés et prises de prêts conditionnels. Ces concours sont fréquemment mis en œuvre parallèlement avec d'autres financements tels que des subventions du Fonds européen de développement (FED).

2. Sur ces deux points cf. *supra*.

Désormais, les ressources du FED (22,7 milliards d'euros pour la période 2007-2013 [1]) sont reparties sous forme d'aides non remboursables, pour le développement à long terme et pour faciliter, avec l'aide de la BEI, les opérations d'investissement privé. Elles sont par ailleurs largement tributaires des performances réalisées par les ACP.

c) Des dispositions ont aussi été prises pour encourager les *investissements privés* à se porter dans les ACP notamment par l'engagement d'assurer la sécurité des investissements.

Sous-Section 3. **Les accords préférentiels**

L'Union européenne, qui s'efforce d'être présente dans toutes les parties du monde, a été la première à adopter dès 1971 le « *Système des préférences généralisées* » (*SPG*), essentiellement destiné aux pays d'Amérique latine et du Sud-est asiatique, avant de multiplier, depuis le début des années quatre-vingt les accords de « *partenariat stratégique* » avec les pays latino-américains.

§ 1. **Le « Système des préférences généralisées » (SPG)**

Ce système, issu du droit international, qui permet à l'UE de définir des politiques commerciales spécifiques avec plusieurs zones géographiques et avec certains pays, n'a jamais cessé d'évoluer depuis sa mise en place en 1971.

A. **Les caractères du SPG**

1121 ***Les origines du SPG*** ◇ La Communauté européenne a institué le « Système des préférences généralisées » (SPG), dès 1er juillet 1971, conformément aux recommandations de la « conférence des Nations Unies pour le commerce et le développement » (CNUCED), qui s'est tenue à New Delhi en février et mars 1968 [2], afin de venir en aide aux *pays en développement* [3],

1. Sur ce point, cf. *supra*.

2. Dans ce texte, les pays du Tiers-monde s'étaient prononcés pour la libre disposition des ressources nationales, la fixation d'une aide publique minimum de la part des pays développés (1 % du PNB, mise en place de mécanisme visant à éviter la détérioration des termes de l'échange...).

3. Le terme de « pays sous développé » (*Underdeveloped Country*) a été utilisé pour la première fois par le président américain Hardy Truman, lors de son discours d'investiture, le 20 janv. 1949, pour désigner les pays qui n'avaient pas atteint le niveau économique et technique des pays occidentaux. Il a ensuite cédé la place à celui de « pays en voie de développement », selon l'expression introduite par l'OCDE en 1957, avant d'être remplacé par celui de « pays en développement »...

dont la part dans les échanges mondiaux était en diminution constante, alors même que leur volume global avait augmenté [1]. Il s'agissait donc de permettre aux pays les plus pauvres de se développer par leurs propres moyens, en leur ouvrant l'accès au marché de l'Union à des conditions préférentielles. Ce système, qui était initialement destiné à l'ensemble des pays latino-américains et asiatiques (à l'exception de Taïwan et de la Corée du Nord), a ensuite été étendu à l'Albanie, à la Lituanie et à la Lettonie [2], puis à partir de 1995 aux anciens États membres de l'ex-Union soviétique, bénéficie désormais à 178 pays. D'abord réservé aux produits industriels, il a été ensuite appliqué à certains produits agricoles par décision du Conseil de l'UE, le 20 juin 1996, pour la période 1997-1999.

1122 ***Les objectifs du SPG*** ◇ Ce système vise à permettre l'accès au marché européen des produits manufacturés et de certains produits agricoles en provenance des pays en voie de développement (PVD), en exonération totale ou partielle des droits de douane (en 2002, la moitié était exempte de droits de douanes et l'autre moitié soumise à des droits réduits). Il constitue donc en même temps pour l'Union un instrument de politique commerciale et de politique de développement [3]. Il s'agit pourtant d'un mécanisme transitoire appelé à ne plus s'appliquer aux pays qui n'en auraient plus besoin. Grâce à ce système de préférences tarifaires généralisées, fondé sur le principe de non réciprocité, la Communauté, a donc pu, sur la base de l'article 133 CE (devenu 207 TFUE), accorder unilatéralement des exemptions ou des réductions de droits de douane sur tous les produits industriels ou agricoles en provenance de ces pays. Ces importations restent toutefois contingentées, sauf exceptions en faveur des 50 *pays les moins avancés (PMA)*[4], c'est-à-dire d'une pauvreté absolue, ainsi que du Timor-Est. Il s'agissait de leur permettre de bénéficier d'une augmentation de leurs recettes d'exportation nécessaire à leur industrialisation, tout en contribuant à leur développement économique [5].

1123 ***Le caractère temporaire du SPG*** ◇ D'abord prévu pour s'appliquer seulement de 1971 à 1980, ce système n'a pourtant cessé depuis d'être reconduit, tout en subissant un certain nombre d'aménagements. Pour tenir

1. Selon les chiffres de la CNUCED, leur part est en effet passée de 31,1 % en 1950 à 21,6 % en 1960, pour tomber à seulement 18,4 % en 1970, avant l'instauration de ce système.
2. La Lituanie et la Lettonie ont rejoint depuis l'UE (le 1er mai 2004).
3. 1/5 des exportations de l'Union vise les pays en développement et 40 % de ses importations proviennent de ces pays. L'UE est également le plus grand importateur mondial de produits agricoles des pays en développement, avant même les États-Unis, le Canada et le Japon réunis.
4. Parmi lesquels 31 disposent également d'un siège à l'OMC et qui ne représentent que 1 % du commerce mondial.
5. Cf. Communication (COM(2004)461 final) Commission au Conseil, au Parlement européen et au Comité économique et social européen, 7 juill. 2004, « Pays en développement, commerce international et développement soutenable : le rôle du système de préférences généralisées (SPG) de la Communauté pour la décennie 2006-2015 » (*JOCE* C. 242, 29 sept. 2004).

compte des changements intervenus dans le commerce international depuis sa création en 1971 (multiplication des accords préférentiels conclus par l'UE, réduction généralisée des droits de douane dans le cadre du GATT, extension du libre-échange, etc.), le système des SPG a ainsi été modifié une première fois pour sa troisième décennie d'application (1991-2000) [1]. Le *comité économique et social* dans un avis du 29 septembre 1997, en reprenant ensuite les conclusions de la Commission européenne [2], qui avait envisagé la disparition progressive du SPG, sauf pour les pays les moins avancés (PMA), au profit de relations fondées sur une « réciprocité différenciée » dans le cadre du système ACP, s'était à son tour prononcé pour sa suppression. Le SPG a malgré tout été maintenu au-delà de cette période, avec toutefois certains aménagements, qui ont permis son évolution.

B. L'évolution du SPG

1124 ***Les modifications apportées au SPG*** ◇ Depuis sa création, un certain nombre de modifications, mises en place à partir de 1991 pour sa troisième décennie d'application, ont permis à ce système d'évoluer :

Les pays bénéficiaires, dont la liste a dû être revue pour tenir compte de leur évolution (certains sont désormais industrialisés où vivent des revenus du pétrole) et de leur niveau de développement (pays les moins avancés), ont été incités à se conformer à certaines clauses sociales ou environnementales [3] et à respecter les droits de l'homme pour pouvoir bénéficier de ces avantages [4].

L'Union européenne s'est pour sa part réservée la possibilité de mettre en œuvre une clause de sauvegarde en cas d'urgence ou de graves perturbations sur le marché communautaire.

Les droits préférentiels ont été modulés selon quatre degrés de réduction tarifaire, allant de 15 % pour les produits les plus sensibles à 100 % pour les moins sensibles.

Par la suite, le règlement 980/2005/CE du Conseil du 27 juin 2005, portant application d'un schéma de préférences tarifaires généralisées [5], *concernant le schéma de préférences tarifaires généralisées applicable pour la période allant du 1er janvier 2006 au 31 décembre 2008*, s'est également efforcé

1. Sur ce point, cf. *infra*.

2. Livre vert sur les relations entre l'Union européenne et les pays ACP à l'aube du XXIe siècle. Défis et options pour un nouveau partenariat, 20 nov. 1996.

3. La Commission européenne a proposé au Conseil, le 30 oct. 1997, d'accorder des avantages tarifaires supplémentaires aux pays bénéficiaires qui accepteraient d'appliquer, dans le domaine social, les conventions de l'Organisation internationale du travail (OIT) relatives à la liberté d'association, au droit de négociations collectives et à l'âge minimum du travail, et dans le domaine environnemental, un plan national de protection des bois tropicaux.

4. Ainsi l'Union a-t-elle décidé, le 24 mars 1997, de retirer temporairement au Myanmar (Birmanie), accusé d'avoir recours au travail forcé, le bénéfice du SPG industriel et agricole.

5. *JOUE* L. 169, 30 juin 2005, p. 1. Ce règlement a été modifié par Règl. 566/2007/CE, 28 mai 2007 et 606/2007, 5 juin 2007 (*JOUE* L. 133, 25 mai 2007 et L. 141, 2 juin 2007).

ments régionaux et institutionnels de la zone Amérique latine-Caraïbes [1]. Elle a donc eu l'idée de mettre progressivement en place un « *partenariat stratégique* » birégional avec ces États, qui a débouché sur la conclusion d'un certain nombre d'*accords commerciaux ou de partenariat.*

A. La spécificité du « partenariat stratégique »

1. Origines

1127 ***La nécessité pour l'Union de renforcer ses liens avec l'Amérique latine et les Caraïbes*** ◇ En se fondant sur des relations très anciennes entre les deux régions, l'Union européenne a tenu à renforcer ses liens avec l'Amérique latine dès le début des années soixante, puis avec les Caraïbes dans les années soixante-dix [2]. Les relations politiques et économiques entre ces deux ensembles régionaux, qui regroupent plus d'un milliard d'habitants et représentent près du quart de l'ensemble des États du monde, se sont depuis beaucoup approfondies, du fait de la conclusion de très nombreux accords dans plusieurs domaines (association, dialogue politique et coopération, partenariat économique, etc.). Il est donc rapidement apparu nécessaire pour l'UE de renforcer sa coopération avec cette région [3], avec laquelle elle partage un certain nombre de valeurs. En effet, en 2000, sur les 11 milliards d'euros qu'elle consacrait à l'aide au développement dans le monde, seulement 664 millions étaient destinés à l'Amérique latine, qui aurait pourtant eu besoin d'une aide substantielle pour espérer réduire ses inégalités qui restent parmi les plus fortes du monde. L'intérêt manifesté par l'UE pour cette région, qui entretient des relations privilégiées avec les États-Unis, est en effet relativement récent et reste avant tout commercial [4]. Il pourrait en tout cas permettre à ces pays de s'affranchir partiellement de la tutelle américaine [5], tout en favorisant la présence européenne dans cette partie du monde.

1. Comme le *MERCOSUR*, la *communauté sud-américaine des Nations* (rassemble, depuis sa création en 2008 les 12 pays d'Amérique du Sud), le *CARICOM* (regroupe depuis 1973 plusieurs États anglophones de la zone caraïbe, en plus du Suriname néerlandophone et d'Haïti), le *CARIFORUM* (créé en 1993, regroupe les États membres du *CARICOM* : Antigua-et-Barbuda, les Bahamas, la Barbade, le Belize, la Dominique, Grenade, le Guyana, Haïti, la Jamaïque, Saint-Christophe-et-Niévès, Sainte-Lucie, Saint-Vincent-et-Grenadines, le Suriname, Trinité-et-Tobago, et la République dominicaine).

2. Sur la stratégie de l'UE à l'égard des Caraïbes : ec.europa.eu/development/geographical /regionscountries/eucaribbean_fr.cfm

3. L'UE est également liée à certains de ces États par les accords de Cotonou ; sur ce point, cf. *supra*.

4. La Commission estime en effet qu'« il n'y a pas de zone géographique au monde qui offre de meilleures perspectives pour l'UE »...

5. Comme en témoigne la signature du Traité commercial des peuples (TCP) à la Havane, le 29 avr. 2006, à l'initiative du président cubain Fidel Castro, qui réunit également les présidents vénézuélien Hugo Chavez et bolivien Evo Morales et se présente comme une alternative au libre-échangisme dirigé par Washington.

2. Évolution

1128 ***Les étapes de l'implantation de l'Union avec l'Amérique latine et les Caraïbes*** ◇ Le partenariat stratégique entre l'UE et les pays d'Amérique latine et des Caraïbes a été lancé lors du premier sommet des chefs d'État et de Gouvernement des deux régions, qui s'est tenu à Rio en 1999. Il a ensuite été consolidé à Madrid en 2002, à Guadalajara en 2004, à Vienne en 2006, à Lima en 2008 et à Madrid en 2010. Le premier sommet entre les chefs d'État et de Gouvernement de l'Union, des pays latino-américains et des Caraïbes, qui a eu lieu, les 28 et 29 juin 1999, à Rio de Janeiro, a abouti à la « Déclaration de Rio ». Ce texte signé par les 48 dirigeants présents (les quinze de l'UE et trente-trois des trente-quatre de ceux des pays d'Amérique latine et des Caraïbes) lors de cette rencontre a fixé 55 « priorités d'action » à ce nouveau type de coopération (dialogue politique, intensification des relations économiques et sociales, renforcement des actions de la *Banque européenne d'investissement*, relance des échanges culturels, scientifiques et technologiques, défense de l'environnement, lutte contre les trafics de drogue, etc.). Ce « partenariat stratégique », entré en vigueur des le 1er juillet 1999 visait à terme à aboutir à un accord général sur les tarifs douaniers, l'agriculture et les services, destiné à libéraliser totalement les échanges dans cette zone. Les Quinze et les 33 pays latino-américains (tous moins Cuba) réunis à Madrid, les 17 et 18 mai 2002, lors du deuxième sommet « UE-Amérique latine et Caraïbes », avaient ensuite souhaité donner un nouvel élan à leur « partenariat stratégique » établi en 1999. Cette coopération ne devrait pas seulement être économique, mais également politique et culturelle [1]. Le troisième sommet UE-ALC a rassemblé pour la première fois à Guadalajara (Mexique), les 28 et 29 mai 2004, les chefs d'État et de Gouvernement des 25 pays de l'Union et des 33 pays ALC [2]. Il avait tenu à renforcer encore les relations existant entre ces deux zones partenaires, sans pour autant renoncer à créer entre elles une zone de libre-échange prévue pour être effective en 2010 [3]. Il est apparu en tout cas comme l'un des forums mondiaux les plus importants, ce qu'a d'ailleurs confirmé le quatrième sommet qui s'est déroulé du 11 au 13 mai 2006 à Vienne. Le cinquième sommet UE-ALC, réuni à Lima, les 16 et 17 mai 2008, qui avait été plus particulièrement consacré à la lutte contre la pauvreté, à la protection de l'environnement et à la crise alimentaire, a vu certains pays d'Amérique latine, comme le Venezuela, s'éloigner de l'UE et prendre leurs distances par rapport au partenariat. Le sixième sommet « UE-Amérique latine et Caraïbes », qui a eu lieu à Madrid du 16 au 19 mai 2010, s'est orienté vers un « partenariat stratégique birégional », dont les grandes lignes ont été définies par la « déclaration de Madrid » du 18 mai 2010.

1. Le programme de coopération avec l'Amérique latine jusqu'en 2006, présenté le 16 mai 2002 par la Commission vise en effet l'aide à la formation des étudiants, la défense des droits de l'homme, la lutte contre la pauvreté ou encore le développement de l'information.
2. Tous à l'exception de Cuba ; sur l'attitude de ce pays, v. *supra*.
3. *Bull. UE* 5/2004, 1, 06186.

1129 ***La « déclaration de Madrid » (« Vers une nouvelle étape dans le partenariat birégional : l'innovation et la technologie au service du développement durable et de l'inclusion sociale »)*** ◇ Ce texte a tenu à réaffirmer la volonté des chefs d'État et de Gouvernement « de continuer à promouvoir et à consolider [leur] partenariat stratégique birégional fondé sur [les] principes, valeurs et intérêts communs ». Ces derniers se sont donc engagés « à renforcer [leur] dialogue et [leur] coopération dans les domaines prioritaires (...) définis d'un commun accord lors des cinq sommets précédents tenus depuis celui de Rio de Janeiro en 1999, en accordant une place privilégiée dans le cadre du présent sommet à l'innovation et à la technologie au service du développement durable et de l'inclusion sociale ». Cette déclaration a permis de faire évoluer le partenariat dans trois domaines spécifiques : 1) signature d'un accord de libre-échange entre l'UE et la Colombie et le Pérou, qui est en principe ouvert aux deux autres pays de la communauté andine (Bolivie et Équateur), hostiles à l'ouverture de certains secteurs de leur économie ; 2) signature d'un accord d'association, comprenant un large volet commercial de libre-échange, par l'UE et l'Amérique centrale (Costa Rica, Salvador, Guatemala, Honduras, Nicaragua et Panama) ; 3) décision de relancer les négociations (ouvertes en 1999, mais suspendues depuis 2004) en vue d'un accord d'association entre l'UE et le MERCOSUR, qui unirait les 500 millions d'Européens et les 250 millions de sud-américains des 4 pays du MERCOSUR [1] et près de 280 millions d'habitants si le Venezuela venait également à y adhérer.

B. La conclusion d'accords de « partenariat stratégique »

L'existence d'accords de « partenariat stratégique » se traduit plus ou moins directement par la conclusion d'un certain nombre d'*accords de coopération entre l'UE et l'Amérique latine* et par la mise en place de programmes de coopération entre les entreprises de l'UE et d'Amérique latine.

1. Les accords de coopération entre l'UE et l'Amérique latine

1130 ***La diversité de ces accords*** ◇ L'Union semble vouloir privilégier la coopération avec des entités régionales déjà constituées sur une base de libre-échange, tout en complétant ce dispositif plus général par des accords commerciaux bilatéraux, ainsi que par des accords de partenariat, tant sur la base de l'article 207 TFUE que sur celle de l'article 272 TFUE.

a) ainsi les négociations qui s'étaient ouvertes, le 1er juillet 2001, ont-elles abouti en 2004 à un *accord général sur les tarifs douaniers, l'agriculture et les services*, visant à libéraliser dans un délai maximum de dix ans les échanges entre l'Union européenne, les pays du Marché commun du Sud, le *MERCO-*

1. Sur ce point, cf. *infra*.

SUR [1] et le Chili (soit en tout un peu plus de 230 millions d'habitants). L'UE était d'ailleurs déjà liée aux pays du MERCOSUR depuis le 15 décembre 1995 par l'*accord-cadre interrégional de coopération entre la Communauté européenne et ses États membres, d'une part, et le Marché commun du Sud (MERCOSUR) et ses États parties, d'autre part*. Cet accord, entré en vigueur le 1er juillet 1999, prévoyait déjà à terme de libéraliser les échanges entre les pays de l'UE et ceux du MERCOSUR, qui représentait alors et à lui seul 210 millions d'habitants, soit 4,2 % du PIB mondial et qui était déjà à cette époque le premier partenaire de l'Union européenne (avec en 2001, 24 milliards d'euros d'exportations et 23,6 milliards d'euros d'importations). La Communauté avait également signé un Accord-cadre de coopération, le 12 novembre 1985 avec les pays membres du Traité général d'intégration économique centre-américaine, l'*Isthme centre-américain* (Costa Rica, Salvador, Guatemala, Honduras, Nicaragua) et Panama (soit 32,4 millions d'habitants) et le 28 avril 1993, (entré en vigueur la 1er mai 1998) avec la Communauté andine des Nations (Bolivie, Colombie, Équateur, Pérou, Venezuela), soit 113 millions d'habitants. Elle entretient également des relations du même type avec le *groupe de San-José* (Costa-Rica, El Salvador, Guatemala, Honduras, Nicaragua et Panama) ou avec le groupe de Rio, qui rassemble la totalité des pays d'Amérique latine, plus le Mexique et Panama.

b) De nombreux accords-cadres bilatéraux de coopération ont en outre été signés avec certains pays d'Amérique du Sud, comme avec l'Argentine (2 avril 1990), l'Uruguay (4 novembre 1991), le Paraguay (3 février 1992), le Brésil (26 juin 1992) ou encore le Chili (21 juin 1996)...

c) Un premier accord (dit « accord global ») commercial de partenariat entre la Communauté européenne et un pays d'Amérique latine a été conclu avec le Mexique (23 mars 2000). Un second accord du même type, destiné à libéraliser 95 % des échanges avec le Chili, a ensuite été signé avec la Communauté (17 mai 2002). Plus récemment un *accord de partenariat économique* a également été signé, le 15 octobre 2008 par la Communauté européenne et certains membres du CARIFORUM [2] (Antigua et Barbuda, Bahamas, Barbade, Belize, Dominique, Grenade, Jamaïque, République dominicaine, Saint Kitts et Nevis, Saint-Vincent et les Grenadines, Sainte-Lucie, Suriname, Trinité et Tobago), puis par la Guyane, le 20 octobre 2008.

L'Union européenne, qui a réalisé en 2000, plus de 54 milliards d'euros d'exportation et plus de 49 milliards d'euros d'importation, est devenue le deuxième partenaire commercial de l'Amérique latine et des Caraïbes (après les États-Unis). Elle est également le premier investisseur dans cette région,

1. Le « *Mercado comun del Sur* » (MERCOSUR) qui a été créé par le Traité d'Asunción (26 mars 1991) constitue un accord de libre-échange entré en vigueur le 1er janv. 1995. Il regroupe actuellement l'Argentine, le Brésil, le Paraguay, l'Uruguay et le Venezuela (auxquels sont associés le Chili, la Bolivie, le Pérou, la Colombie et l'Équateur) soit un peu plus de 241 millions de personnes (43 % de la population sud-américaine), s'étend sur 11 millions de km^2 et représente 1175,5 milliards de dollars de PIB (4,2 % du PIB mondial) et constitue désormais le premier partenaire de l'UE.

2. Sur ce point, cf. *supra*.

à qui elle fournit 60 % de l'aide mondiale. Elle est aussi le premier partenaire du MERCOSUR et du Chili [1].

L'Union européenne est désormais liée par des accords commerciaux ou de partenariat (en vigueur, ou en cours d'adoption) avec tous les pays d'Amérique latine, à l'exception toutefois du Venezuela, de Cuba, de la Bolivie et de l'Équateur, qui sont tous dirigés par des gouvernements proches de la gauche radicale. Elle a parallèlement mis en place des programmes de coopération entre les entreprises de l'UE et celles d'Amérique latine.

2. Les programmes de coopération entre les entreprises de l'Union européenne et d'Amérique latine

1131 ***La mise en place des programmes de coopération économique AL INVEST*** ◇ La Commission européenne a pris l'initiative de mettre en place à partir de 1994 un *programme de coopération économique AL INVEST*, dont le principal objectif était de soutenir l'internationalisation des petites et moyennes entreprises (PME) d'Amérique latine. Il s'agissait en s'appuyant sur des partenaires européens de contribuer à la cohésion sociale de cette région. Grâce à des projets soutenus par des organisations qui favorisent le développement du secteur privé (chambres de commerce, associations d'industrie, agences de promotion d'exportations, etc.), le programme *Al-INVEST*, qui a d'abord donné lieu à une phase pilote de deux ans en 1994, a pu rapidement contribuer à faciliter le processus d'internationalisation des PME de l'UE et de l'Amérique latine. Le succès de cette toute première expérience a été à l'origine de son renouvellement, mais également de son évolution, d'abord avec *AL INVEST I* (1995-1999), *AL INVEST II* (1999-2004), *AL INVEST III* (2004-2007), puis *AL INVEST IV* (2009-2012). Au départ, ce programme se limitait en effet principalement à financer les « rondes d'affaires », avant de s'intéresser progressivement à des activités de plus en plus nombreuses, qui s'étendent désormais des actions d'appui institutionnel aux opérateurs de réseau, jusqu'à la formation et aux services d'assistance technique aux PME. Parmi ces différentes phases, le *programme AL INVEST III* (2004-2007) a sans doute été le plus novateur. Il s'était en effet donné comme objectif de développer une coopération économique durable entre les entreprises des deux continents. Ce programme, contrairement aux précédents qui s'étaient limités jusque-là à organiser des rencontres entre les entreprises, s'est en effet efforcé pour la première fois de leur apporter une assistance directe. Avec un budget global de 42 millions d'euros, financé à 80 % par la Commission européenne, il bénéficiait en outre d'un financement plus conséquent. Il concernait tous les secteurs d'activité des 25 membres alors dans l'Union européenne et de 18 pays d'Amérique latine (Argentine, Bolivie, Brésil, Chili, Colombie, Costa Rica, Cuba, Salvador, Équateur, Guatemala, Honduras, Mexique, Nicaragua, Pa-

1. Vers lesquels elle exporte pour 57,5 milliards d'euros par an et elle importe pour 53,7 milliards d'euros par an, soit une augmentation de 100 % de ses échanges depuis 1990.

nama, Paraguay, Pérou, Uruguay et Venezuela). Il soutenait des actions à destination des PME afin de les aider à développer une stratégie internationale, organisait des rencontres entre les entreprises des deux continents et fournit une assistance personnalisée à celles qui entendent développer des échanges entre l'Europe et l'Amérique latine. Il fonctionnait de façon décentralisée en s'appuyant sur un réseau constitué autour des *Eurocentres* en Amérique latine et des *COOPECO Network*[1] dans l'Union européenne, qui devaient être capables de se mobiliser pour participer aux manifestations organisées tous les deux mois par la Commission européenne. Cette dernière était par ailleurs chargée d'administrer et de suivre les projets, dont elle devait également approuver la gestion financière. La phase IV de ce programme (2009-2019), qui bénéficie d'un financement de 50 millions d'euros fournis par la Commission européenne (80 % du coût total), a été mise en œuvre par trois consortiums régionaux d'organisations représentatives des intérêts des entreprises appartenant à trois régions différentes d'Amérique latine et dont les projets ont reçu une subvention versée par la Commission européenne. Ces trois consortiums recevront le soutien de services horizontaux de la part d'une unité de coordination.

1132 ***Le bilan des programmes de coopération économique AL INVEST***

◇ Depuis leur mise en place, en 1994, plus de 1 000 projets ont ainsi été mis en œuvre dans plus de 25 secteurs commerciaux et plus particulièrement dans l'agro-industrie, l'environnement et les télécommunications. On ne dénombre pas moins de 87 000 participations de PME dans les nombreuses activités d'Al INVEST. Depuis le début de ce programme, l'UE y a consacré 144 millions d'euros, qui ont produit plus de 500 millions d'euros de chiffre d'affaires et d'investissements intra-régionaux.

SECTION 2. LES PAYS D'EUROPE CENTRALE ET ORIENTALE (PECO)

1133 ***Les conséquences des changements intervenus en Europe de l'Est***

◇ Les événements qui, à partir de 1989[2], ont affecté les pays d'Europe de l'Est, ont entraîné un bouleversement complet de la politique de l'Union, qui a d'ailleurs depuis intégré la plupart d'entre eux (en 2004 et 2007). Outre les relations traditionnelles qu'elle s'est toujours efforcée d'entretenir avec ces États, elle a également pris une large part dans la création de la *Banque européenne de reconstruction et de développement (BERD)*, qui était destinée à leur venir en aide.

1. Qui regroupent quelque 300 chambres de commerce et d'industrie, associations professionnelles, fédérations d'industries, agences de développement régional, et consultants spécialisés dans le secteur industriel.
2. Après la chute du mur de Berlin (9 nov. 1989) et la réunification allemande (3 oct. 1990).

§ 1. Les relations avec les pays d'Europe centrale et orientale

Les origines des relations entre la Communauté et les PECO, dont la plupart ont adhéré depuis à l'Union européenne, ont conditionné les formes qu'elles ont pu prendre par la suite, afin de préparer leur intégration.

A. Des origines relativement récentes

1133-1 ***Le rapprochement avec les PECO*** ◇ Le G24 [1], qui avait réuni, en juillet 1989, 24 pays occidentaux à Paris, à l'Arche de la Défense (« sommet de l'Arche ») s'était efforcé de définir les contours d'une stratégie de rapprochement vis-à-vis des pays de l'Est, aussitôt après l'établissement des relations officielles avec l'ex-Union soviétique le 25 juin 1988 [2].

Elle avait abouti à l'adoption d'un certain nombre de mesures concrètes :

– une aide d'urgence avait d'abord été accordée à ces pays par les occidentaux et notamment par la Communauté. Il s'agissait également de développer les échanges commerciaux avec ces PECO et de leur fournir l'assistance économique indispensable à la réussite de la transition démocratique qui venait de débuter ;

– des programmes et des moyens d'aide au développement avaient alors été établis ;

– l'aide à la restructuration de l'économie à moyen et à long terme mise en place à cette occasion devait déboucher sur des accords avec les pays de l'Est.

Mais l'appui de l'Union était subordonné au respect par ces États des engagements qu'ils avaient pris dans le cadre de la « *conférence sur la sécurité et la coopération en Europe* » [3] (*CSCE*), ainsi qu'au choix d'une démocratie pluraliste et d'une économie de marché. Il était également adapté à la situation de chacun d'entre eux, afin de prendre en compte leurs besoins réels.

B. Des formes diverses

Ces relations privilégiées avec l'UE se sont traduites non seulement par une assistance essentiellement mais pas exclusivement d'ordre économique, mais également par des accords de coopération et d'adhésion dans le but de préparer les PECO à l'adhésion.

1. Sur ce point cf. *infra*.
2. Suite à la déclaration conjointe signée à Luxembourg, le 25 juin 1988 entre la Communauté européenne et les États membres du COMECON, rendue possible par l'arrivée de Gorbachev au pouvoir en URSS (11 mars 1985).
3. Devenue en déc. 1994 à Budapest « Organisation pour la sécurité et la coopération en Europe » (OSCE).

1134 ***La diversité des aides de l'UE*** ◇ À côté des aides d'urgence, l'UE s'est efforcée de fournir des aides plus conséquentes à ces pays dont il s'agissait principalement d'assurer le développement, en vue de leur éventuelle adhésion.

a) Des *aides d'urgence* avaient été rapidement accordées aux pays de l'Est (fournitures de céréales, de matières grasses, de viande, etc.).

b) L'aide la plus importante devait évidemment porter sur le *développement* de tous ces pays.

Cette aide a pris initialement (en juillet 1989) la forme d'un programme global impliquant 24 pays [1] : le programme PHARE (Pologne-Hongrie, Assistance à la reconstruction des économies) qui a ensuite été étendu à la Bulgarie, la RDA, la Roumanie, la Tchécoslovaquie, la Yougoslavie, puis à l'ensemble des PECO, plus l'Albanie (depuis décembre 1991) [2].

Le programme PHARE n'était d'ailleurs pas strictement communautaire. Il avait en effet à l'origine été défini dans le cadre du G24, mais sa gestion et sa coordination avaient été confiées à la Commission européenne et son financement était exclusivement assuré par le budget communautaire (soit 6 636,11 millions d'euros en engagements et paiements pour la seule période 1990-1996).

Le programme avait défini des priorités concernant l'agriculture, l'accès aux marchés, les investissements, la formation professionnelle et l'environnement. Les États candidats à cette aide devaient en contrepartie s'engager à respecter la primauté du droit, les droits de l'homme, l'économie de marché, la démocratie et le multipartisme. [3]

Plusieurs initiatives importantes ont été prises dans le cadre de ce programme PHARE, qu'il s'agisse du règlement 1360/90/CEE du Conseil du 7 mai 1990 portant création d'une Fondation européenne pour la formation [4], ou de la décision 90/233/CEE du Conseil du 7 mai 1990 établissant le programme TEMPUS [5], relatif à la mobilité transeuropéenne de l'enseignement supérieur dans les PECO.

1135 ***La conclusion d'accords de coopération*** ◇ Les aides accordées unilatéralement aux pays de l'Est ont permis d'établir progressivement entre l'Union et les PECO des relations fondées sur des *accords de coopération*, dits de la « première génération ». Ces accords non préférentiels, qui se limi-

1. Les 12 membres de l'Union plus l'Australie, l'Autriche, le Canada, les États-Unis, la Finlande, l'Islande, le Japon, la Norvège, la Nouvelle-Zélande, la Suède, la Suisse et la Turquie, formant le G24.

2. Cf. Règl. 3906/89, Conseil 18 déc. 1989, *JOCE* L. 375, 23 déc. 1989 ; Règl. 2698/90, 17 sept. 1990, *JOCE* L. 257, 21 sept. 1990. Ce programme a ensuite été étendu à l'Albanie, l'Estonie, la Lettonie, la Lituanie. Cf. Règl. 3800/91, 23 déc. 1991 (*JOCE* L. 357, 28 déc. 1991).

3. Qui devaient constituer l'essentiel des « critères de Copenhague » ; sur ce point, cf. *infra*.

4. *JOCE* L. 131, 23 mai 1990.

5. Cf. L. Cartou, *LPA* 25 juill. 1990, p. 41. Ce programme a été suivi de TEMPUS II (Décis. 93/246, 29 avr. 1993, *JOCE* L. 112, 6 mai 1993).

taient généralement à habiliter la Commission à étendre à ces États certains avantages de la politique commerciale commune, se fondaient sur les articles 133 (politique commerciale commune), 300 (accords internationaux) et 308 (« compétences subsidiaires ») du Traité CE (devenus respectivement 207, 218 et 352 TFUE).

Les premiers accords de coopération économique et commerciale (« accords de première génération ») ont d'abord été conclus avec la Hongrie (1988), la Pologne (1989), la Bulgarie, la Roumanie et la Tchécoslovaquie (1990), puis avec l'Estonie, la Lettonie et la Lituanie (1992). Ils prévoyaient la suppression des contingentements imposés par la Communauté à ces pays depuis 1974. Certains d'entre eux avaient même prévu la création de zones de libre-échange pour les produits industriels, ainsi que la liberté d'établissement pour les entreprises dans l'Union européenne.

Ces premiers accords ont ensuite cédé la place à des accords d'association, dont la conclusion a constitué la phase préparatoire à l'adhésion des PECO, qui en était le principal objectif.

C. Des objectifs de plus en plus précis

1136 ***La stratégie de préadhésion*** ◇ Dès qu'un pays est officiellement candidat, une stratégie de préadhésion est mise en œuvre, afin de familiariser cet État avec les procédures et les politiques de l'UE, tout en lui permettant de participer à certains programmes communautaires et en lui accordant une aide financière [1]. Cette stratégie porte donc sur un ensemble de mesures et d'accords destinés à aider les pays candidats à se préparer à l'adhésion : accords d'association, rapports d'avancement annuels de la Commission, partenariats pour l'adhésion, dans lesquels l'UE formule les priorités pour les réformes supplémentaires à mener, programmes nationaux des candidats pour l'adoption de l'acquis communautaire, aides de l'Union européenne [2]. Des accords d'association d'un type nouveau ont donc constitué le préalable indispensable à l'adhésion des PECO [3], qui rassemblent 110 millions d'habitants (près du cinquième de la population totale de l'Union), dont la part employée dans l'agriculture est cinq fois plus élevée (26,5 %) que la moyenne de l'Union (5,7 %) et dont le PIB atteignait à peine 5 % de celui de l'ensemble des États membres.

1. Ainsi la Commission européenne a-t-elle accordé en 2009 un total de 81.2 millions d'euros à l'Albanie, qui a officiellement déposé sa candidature, le 28 avr. 2009, et continuera de soutenir financièrement les réformes au moins jusqu'en 2011.

2. Le coût des *dépenses liées à la préadhésion et à l'adhésion de ces pays* a été estimé par la Commission européenne à 21,840 milliards d'euros (préadhésion) et à 58,070 milliards d'euros (adhésion), soit en tout 79,910 milliards d'euros (près de 10 % du total de l'ensemble des politiques européennes), soit un coût net de 10,3 milliards d'euros sur les trois premières années, soit 9,15 € par citoyen.

3. La Pologne, la Hongrie, la Slovaquie, la République tchèque, la Slovénie ont rejoint l'UE le 1er mai 2004, avec les trois pays baltes ainsi que Chypre et Malte ; sur ce point cf. *supra*.

1. Les « accords européens »

1137 ***La prise en compte de la spécificité des PECO*** ◇ À l'initiative de la Commission européenne et sur décision du Conseil européen de Dublin (28 avril 1990), des accords d'association, dits de la deuxième génération, « les accords européens », ont pu être conclus avec les PECO dans la perspective de leur adhésion, à partir de décembre 1991, sur la base de l'article 310 CE (devenu 217 TFUE), afin de concrétiser « la spécificité d'une relation fondée sur la proximité géographique, les valeurs partagées et une interdépendance accrue ». Ces accords mixtes à durée indéterminée visaient à favoriser l'intégration économique mutuelle en respectant les « principes démocratiques et les droits de l'homme » ainsi que les « principes de l'économie de marché » (art. 6 Accords). Leur préambule prévoit que « l'objectif ultime [de ces pays] est de devenir membre de la Communauté » et que l'association devra les aider « à atteindre cet objectif ». Ils comportaient également un certain nombre de règles communes :

– création, après une période transitoire de dix ans au plus, d'une zone de libre-échange pour les produits industriels, assortie de clauses de sauvegarde destinées à protéger le marché communautaire ;

– mise en place d'une aide financière substantielle de 75 milliards d'euros, distribuée dans le cadre du programme PHARE (qui a d'ailleurs ensuite fait l'objet d'un réexamen lors du Conseil européen de Copenhague des 21 et 22 juin 1993 [1]) ;

– instauration d'une large concertation et d'un dialogue politique multilatéral, incluant tous les sujets d'intérêt commun (politique étrangère et de sécurité, justice et affaires intérieures, libre circulation, transports, culture, énergie, environnement, etc.) ;

– rapprochement des législations (en matière de concurrence, industrielle et commerciale, agricole, culturelle, etc.) ;

– création de *conseils d'association paritaires* (art. 109 Accords) : ces Conseils, qui se composent d'un membre du Conseil de l'UE, de membres de la Commission et de membres nommés par le Gouvernement du pays associé, se réunissent au niveau ministériel une fois par an et « chaque fois que les circonstances l'exigent ». Ils sont assistés de *comités d'association* (hauts fonctionnaires) et d'une *commission parlementaire d'association* (députés européens et des PECO).

De tels accords [2] ont été signés avec la Pologne et la Hongrie le 16 décembre 1991 (entré en vigueur le 1er février 1994), avec la Roumanie, le 1er février 1993 (entré en vigueur le 1er février 1995), avec la Bulgarie, le 8 mars 1993 (entré en vigueur le 1er février 1995), avec la république Tchèque et la Slovaquie, le 4 octobre 1993 (entré en vigueur le 1er février

1. Qui a décidé que cette aide devrait désormais être concentrée sur la formation des cadres (30 %) et sur les investissements qui seraient cofinancés par les pays candidats (70 %), afin de permettre à ces États d'être prêts pour l'adhésion.

2. Sur ce point, cf. *supra*.

1995) [1], avec l'Estonie, la Lettonie et la Lituanie, le 12 juin 1995 (entré en vigueur le 1er février 1998) et avec la Slovénie, le 10 juin 1996 (entré en vigueur le 1er février 1999), qui ont d'ailleurs actuellement tous rejoint depuis la Communauté. Depuis, plusieurs nouveaux accords de stabilisation et d'association ont également été conclus, comme avec la République de Macédoine, le 9 avril 2001 (en remplacement de l'accord de coopération du 29 avril 1997) [2], la Croatie, le Monténégro, l'Albanie ou encore la Serbie.

2. Les demandes d'adhésion

1138 ***La nécessité de remplir certaines conditions*** ◇ Les dix PECO liés à l'UE par ces accords d'association avaient, entre mars 1994 et juin 1996 [3], tous fait connaître leur intention d'adhérer à l'Union. Le Conseil européen de Copenhague (21 et 22 juin 1993) a donc décidé que « les pays associés de l'Europe centrale et orientale qui le désirent pourront devenir membres de l'UE » dès qu'ils seront en mesure de remplir « les conditions économiques et politiques requises » [4]. Le Conseil européen d'Essen (9 et 10 décembre 1994) après avoir rappelé la nécessité de « créer les conditions de l'intégration harmonieuse des pays candidats », a ensuite défini la stratégie de la préadhésion, désormais applicable à tous les pays candidats. Le Conseil européen de Thessalonique (19 et 20 juin 2003) a ensuite décidé d'intégrer tous les États de l'ex-Yougoslavie. Conformément à l'article 49 TUE, ils devront également respecter « les principes énoncés à l'article 6, paragraphe 1 » (liberté, démocratie, respect des droits de l'homme et des libertés fondamentales). Il convenait également que l'Union soit capable d'assimiler ces nouveaux pays, « tout en maintenant l'élan de l'intégration européenne ». Cet élargissement, qui n'avait d'ailleurs pas un caractère automatique, ne pouvait donc que se faire par étapes. Certains, comme l'ancienne République yougoslave de Macédoine (ARYM ou FYROM en anglais) et la Croatie (avec laquelle les négociations se sont engagées le 3 octobre 2005) [5] se sont vu accorder le statut de « pays candidat [6] ». D'autres, comme l'Albanie (28 avril 2009) et la Serbie (21 décembre 2009), qui ont d'ailleurs déjà officiellement déposé leur candidature, ou comme la Bosnie-Herzégovine, le Monténégro et le Kosovo, bénéficient seulement du statut de « candidat potentiel » [7].

1. À la place de l'accord conclu, le 16 déc. 1991 avec la Tchécoslovaquie.
2. Cet accord instaure la libre circulation des marchandises entre l'Union et ce pays, qui depuis le Conseil européen de Bruxelles du 17 déc. 2005, a désormais le statut officiel de candidat.
3. La Hongrie avait été la première à poser sa candidature, le 31 mars 1994.
4. Sur ces conditions cf. *infra* introduction.
5. Tel est également, le cas de la Turquie.
6. C'est le Conseil de l'UE qui accorde le statut de candidat officiel à un pays, à partir des recommandations de la Commission européenne. Ce statut ne préjuge d'ailleurs en rien de l'admission de ce pays dans l'Union.
7. Auxquels il convient de rajouter l'Islande qui a officiellement déposé sa candidature, le 27 juill. 2009.

1139 ***Les partenariats pour l'adhésion*** ◇ À la demande du Conseil européen de Madrid (15 et 16 décembre 1995), la Commission européenne dans son « Agenda 2000 » (16 juillet 1997) avait été conduite à se prononcer sur les progrès accomplis par chaque pays candidat dans le cadre de ces accords d'association ; elle a également défini à cette occasion pour chacun d'entre eux des *partenariats pour l'adhésion* présentés comme l'« axe essentiel de la stratégie renforcée » et destinés à les aider financièrement à mettre en œuvre les tâches prioritaires définies par la Commission. Le règlement 622/98/CE du Conseil du 16 mars 1998 relatif à l'assistance en faveur des États candidats dans le cadre de la stratégie de préadhésion et, en particulier, à l'établissement de partenariats pour l'adhésion [1] autorise le Conseil (sur proposition de la Commission et à la majorité qualifiée) de décider « des principes, des priorités, des objectifs intermédiaires et des conditions de chacun des partenariats pour l'adhésion » (art. 2). Le *comité de gestion* du programme PHARE [2], composé de représentants des États membres et présidé par un membre de la Commission, devra approuver les différentes propositions de financement présentées par les autorités nationales. Cette assistance pourra toutefois être supprimée par le Conseil (statuant à la majorité qualifiée sur proposition de la Commission) en cas de non respect des accords européens (art. 4 Règl. 622/98).

1140 ***L'ouverture de négociations*** ◇ Conformément à la décision du Conseil européen de Luxembourg (12 et 13 décembre 1997), des négociations se sont donc d'abord ouvertes, le 30 mars 1998, avec la Pologne, la Hongrie, la République tchèque, la Slovénie et l'Estonie (et Chypre), qui ont d'ailleurs tous depuis rejoint l'UE ; elles ont ensuite partiellement débuté pour la Roumanie, la Bulgarie, la Slovaquie, la Lettonie et la Lituanie (le 28 mars 2000), mais également avec la Malte, qui en sont également désormais membres et avec la Turquie [3]. Chaque pays candidat a été traité « sur un pied d'égalité » dans le cadre de conférences bilatérales.

Peu de temps avant, le Conseil de Luxembourg, avait, à l'initiative de la France, mis en place à Londres, le 12 mars 1998, une première [4] *conférence européenne* réunissant tous les chefs d'État ou de Gouvernement des États membres de l'Union et l'ensemble des pays ayant vocation à adhérer (à l'exception de la Turquie qui avait refusé de s'y rendre). L'objet de cette large consultation étant de permettre à tous les participants de « développer et d'intensifier leur coopération dans le domaine de la politique étrangère et de sécurité, de la Justice et des affaires intérieures, ainsi que dans d'autres

1. *JOCE* L. 85, 20 mars 1998 p. 1.
2. Ce programme a été complété par deux instruments de préadhésion, l'un en matière agricole (SAPARD) et l'autre en matière structurelle (ISPA).
3. Cf. sur ce point J.-L. Clergerie, Le rejet européen de la candidature de la Turquie, *RD publ.* 1991. 1567 et s.
4. Outre une réunion annuelle organisée au niveau des chefs d'État et de Gouvernement, la conférence tient une à deux réunions intermédiaires par an au niveau des ministres des Affaires étrangères.

domaines d'intérêt commun notamment en matière économique et de coopération régionale ».

Un *protocole sur l'élargissement de l'Union européenne* annexé par le Traité de Nice au Traité UE et aux Traités de Rome avait d'ailleurs tiré les conséquences de l'adhésion de ces pays, en ce qui concerne le Parlement européen, le Conseil et la Commission.

La déclaration (n° 20) relative à l'élargissement de l'Union européenne, annexée au Traité de Nice, avait également prévu de modifier la répartition des sièges au Parlement européen, la pondération des voix au Conseil, la composition du Comité économique et social et du comité des régions, en fonction d'une Union à 27 États membres [1].

Depuis les négociations d'adhésion avec la Turquie et la Croatie ont débuté le 3 octobre 2005.

1141 ***L'ouverture de négociations*** ◇ Le *Conseil européen de Copenhague des 12 et 13 décembre 2002*, qui a mis un point final aux négociations d'élargissement, l'Estonie, la Hongrie, la Lettonie, la Lituanie, la Pologne, la République tchèque, la Slovaquie et la Slovénie, ainsi que Chypre et Malte, a également tenu à définir à cette occasion une politique de « nouveau voisinage » avec les pays frontaliers de l'Union qui n'ont pourtant actuellement aucune perspective d'adhésion. Il s'agit de la Russie et des nouveaux États indépendants d'Europe orientale (Ukraine, Moldavie et Biélorussie), mais également des pays du sud méditerranéen (Algérie, Égypte, Israël, Jordanie, Liban, Libye, Maroc, Autorité palestinienne, Syrie et Tunisie) [2]. L'objectif de cette politique est d'assurer entre ces États et l'Union des relations étroites et pacifiques fondées sur la coopération. Il s'agit en effet de réaliser à terme une vaste zone assurant la libre circulation des marchandises, des personnes, des services et capitaux.

§ 2. La Banque européenne de reconstruction et de développement (BERD)

1142 ***Ses origines*** ◇ Conformément à la *décision du Conseil européen de Strasbourg* du 9 décembre 1989, qui avait d'ailleurs repris une proposition française du président François Mitterrand, la BERD a été créée le 29 mai 1990 par l'accord de Paris, consacré par la décision 90/674/CEE du Conseil du 19 novembre 1990 [3]. Après la chute du communisme et la fin de l'Union soviétique, il s'agissait pour les chefs d'État et de Gouvernement d'aider financièrement les pays de l'Est à accéder à la démocratie et à l'économie de marché. Cette décision permet de déterminer ses *caractères*, de préciser son *fonctionnement* et de mieux comprendre son *bilan*.

1. *JOCE* C. 80/80, 10 mars 2001.
2. Sur ces pays, cf. *infra*.
3. Elle a été officiellement inaugurée le 15 avr. 1991.

A. Caractères

1143 ***Sa structure*** ◇ La BERD a son siège à Londres (où ont été adoptés ses statuts, le 30 mai 1990) et fonctionne depuis le 1er avril 1991. Il ne s'agit pas d'un organisme communautaire, mais d'une banque internationale, dont le capital, d'un montant de vingt milliards d'euros, est réparti entre 63 actionnaires : 61 États [1] (y compris les 27 de l'UE), l'Union européenne (qui détient 51 % de son capital) et la Banque européenne d'investissement (BEI). Chacun de ces membres désigne un gouverneur et un suppléant, qui forment le « Conseil des gouverneurs ». La Banque est dirigée par un Conseil d'administration de 23 membres, avec un président (l'allemand Thomas Mirow, depuis le 3 juillet 2008 [2]) élu par le conseil d'administration pour un mandat de quatre ans renouvelable et quatre vice-présidents [3]. Son assemblée générale, qui rassemble les représentants de ses actionnaires et qui se tient chaque année, généralement en avril ou en mai [4], est ouverte à tous les investisseurs potentiels de la région. La BERD travaille en contact étroit avec l'ensemble des institutions de l'Union et tient le Parlement européen régulièrement informé de ses activités.

1144 ***Son rôle*** ◇ L'article 1er de l'*accord constitutif du 29 mai 1990* lui confie une mission *générale* dans un *champ d'application géographiquement limité* : le but de la Banque est, « en contribuant au progrès et à la reconstruction économique des PECO qui s'engagent à respecter et à mettre en pratique les principes de la démocratie pluraliste, du pluralisme et de l'économie de marché, de favoriser la transition de ces économies vers des économies de marché, ainsi que d'y promouvoir l'initiative privée et l'esprit d'entreprise » (« conditionnalité »). Elle est d'ailleurs la seule institution financière et la seule institution internationale à subordonner l'attribution des prêts au respect de ces exigences.

L'*objectif* de la Banque, qui s'efforce d'appliquer le principe d'une bonne gestion financière, est donc de favoriser la transition vers l'économie de marché en aidant aux réformes et notamment au démantèlement des monopoles, à la décentralisation, à la privatisation, en tenant compte des besoins propres de chaque pays et en fonction du stade atteint dans le processus de transition.

Pour pouvoir réaliser ces objectifs, elle est conduite à remplir de multiples fonctions : favoriser le secteur concurrentiel (notamment le développement des PME), mobiliser les capitaux nationaux ou étrangers, fournir l'assistance technique, encourager les réformes structurelles ou sectorielles, renforcer les institutions financières et les systèmes juridiques.

1. Depuis l'adhésion du Monténégro (3 juin 2006).
2. Il a succédé aux Français J. Attali (1991-1993) et J. de Larosière (1993-1998), à l'allemand H. Köhler (1998-2001) et au français J. Lemierre (2001-2008).
3. À savoir, V. Freeman, premier vice-président, B. Schmögnerova, M. Schepers et H. Reichenbach.
4. En 2010, elle a par ex. eu lieu, les 14 et 15 mai, à Zagreb en Croatie.

la principale mesure au programme de l'assemblée générale de la Berd des 14 et 15 mai 2010 [1]. Grâce à ces moyens supplémentaires, la Banque a ainsi pu placer environ 50 millions de dollars dans un nouveau fonds d'investissements directs (*Alpha Russia & CIS Secondary LP*), destiné à financer des projets en Russie, dans d'autres pays de la Communauté des États Indépendants (CEI) et en Turquie et qui compte attirer 300 millions de dollars d'investissements.

SECTION 3. LES PAYS TIERS MÉDITERRANÉENS (PTM)

La situation géographique de l'Europe, qui avait toujours entretenu des relations très étroites avec les pays méditerranéens, ne pouvait manquer d'amener la Communauté à concevoir une politique méditerranéenne visant à mettre en œuvre un partenariat avec une trentaine d'États, représentant plus de 800 millions d'habitants. Après avoir débuté par une série d'*accords bilatéraux conclus* séparément avec les riverains de la Méditerranée, cette politique a conduit l'UE, à partir de 1972, à mettre en place une véritable « *politique méditerranéenne* ».

§ 1. La conclusion d'accords bilatéraux

Ces accords qui sont très divers, contiennent des dispositions qui varient en fonction de chacun d'entre eux.

A. La diversité des accords bilatéraux

À côté des *accords de coopération classiques*, sont apparus des accords beaucoup plus ambitieux.

1149 ***Les accords de coopération classiques*** ◇ Il s'agit d'accords d'association et d'accords tarifaires et commerciaux.

a) *Les accords d'association.* Dès le début des années soixante, la Communauté a pris l'habitude de conclure avec certains de ces pays des accords d'association fondés sur l'article 310 CE (devenu 217 TFUE), qui prévoyaient tous la formation d'une union douanière avec la Communauté et dont certains constituaient la première étape d'une éventuelle adhésion [2]. Le premier accord de ce type avait été conclu, le 19 juillet 1961, avec la Grèce, qui rejoindra l'Union, le 1er janvier 1981. Il en fut ensuite de même avec la

1. Sur ce point, cf. *supra*.

2. Seuls les accords d'association conclus avec la Grèce et la Turquie avaient expressément envisagé leur adhésion à la Communauté.

Turquie (12 septembre 1963), puis avec Malte (5 décembre 1970) et Chypre (10 décembre 1972), qui, à l'exception de la Turquie ont depuis rejoint l'UE. Certains comportaient seulement une aide financière.

b) *Les accords tarifaires et commerciaux.* La Communauté a également pris l'habitude d'établir, à partir des années soixante-dix, avec les PTM des liens contractuels, sous forme d'accords tarifaires et commerciaux préférentiels à durée déterminée ou indéterminée, comme avec l'Algérie (26 avril 1976), le Maroc (27 avril 1976), l'Égypte (18 janvier 1977), Israël (11 mai 1977) ou le Liban (3 mai 1977) ou non préférentiels, comme avec la Jordanie (18 janvier 1977), fondés sur l'article 133 CE (devenu 207 TFUE). Ces accords se sont d'abord limités à prévoir la liberté d'accès à certains produits industriels et à consentir des avantages tarifaires sur certains produits agricoles, avant d'être ensuite élargis au cours des années soixante-dix à la coopération économique et financière. Ces premiers accords, qui comportaient des dispositions financières et qui avaient par conséquent « des implications budgétaires notables pour la Communauté », devaient pour pouvoir être adoptés recueillir l'*avis conforme* du Parlement européen à la majorité absolue de ses membres (art. 300-3, al. 2 CE, remplacé par art. 218 TFUE) [1].

1150 ***L'apparition d'accords beaucoup plus ambitieux*** ◇ Ces accords bilatéraux de coopération seront remplacés dans les années quatre-vingt-dix par une nouvelle génération d'accords, les « *accords euro-méditerranéens d'association* », qui prévoyaient un renforcement des relations dans les domaines politique, économique, agricole, social, financier et culturel...

Le Conseil européen d'Essen (9 et 10 décembre 1994) avait en effet souhaité instaurer progressivement, dans le cadre d'un futur partenariat euro-méditerranéen, une zone de libre-échange entre les pays méditerranéens et l'UE, et avait mis l'accent sur la nécessité de leur fournir une assistance financière substantielle, d'où l'apparition de ce nouveau type d'accord.

Les *accords euro-méditerranéens établissant une association entre la Communauté européenne et ses États membres et les PTM* sont des accords mixtes, qui prévoient l'instauration d'un dialogue politique régulier, l'établissement progressif d'une zone de libre-échange (au cours d'une période transitoire de douze ans), la liberté d'établissement, la libre circulation de capitaux, le renforcement de la coopération économique et la mise en place d'une coopération sociale, culturelle et financière. De tels accords, conclus pour une durée illimitée [2] sur la base de l'article 310 CE (devenu 217 TFUE), ont été signés à partir de 1995, d'abord avec la Tunisie (17 juillet 1995), puis avec Israël (20 novembre 1995), le Maroc (26 février 1996), l'OLP au

1. Ainsi le Parlement a-t-il refusé le 15 janv. 1992 de voter l'avis conforme concernant les accords avec la Syrie, pour non respect des droits de l'homme et le Maroc, à cause de la situation au Sahara occidental, cf. *Le Monde* 17 janv. 1992, p. 5.

2. À noter la similitude avec les traités CE (art. 312) et Euratom (art. 208) également conclus pour une durée illimitée.

bénéfice de l'Autorité palestinienne (24 février 1997) et la Jordanie (24 novembre 1997). Depuis, l'Union européenne a conclu, entre 1998 et 2005, sept nouveaux *accords euro-méditerranéens d'association* avec la République arabe d'Égypte, l'État d'Israël, le Royaume hachémite de Jordanie, la République libanaise, le Royaume du Maroc, la République tunisienne et la République algérienne démocratique et populaire. Ces accords fournissent un cadre approprié au dialogue politique Nord-Sud et servent également de base à la libéralisation progressive des échanges au sein de l'espace méditerranéen. Ils permettent enfin de fixer les conditions de la coopération entre l'UE et ces pays, dans les domaines économique, social et culturel [1].

B. Le contenu des accords bilatéraux

1151 ***Dispositions générales*** ◇ Le *contenu* des accords bilatéraux varie en fonction des caractères spécifiques de chaque État contractant. Tous les accords comportent naturellement des dispositions intéressant les *échanges*. Celles-ci définissent les concessions mutuelles, fondées sur l'idée de préférence, en ce qui concerne les biens, les capitaux, les services et les personnes ; elles prévoient éventuellement un régime particulier consacré à l'agriculture, avec un tarif extérieur commun (en cas d'union douanière) et des clauses de sauvegarde, etc. Certains accords règlent le régime de *participation des associés* à des secteurs relevant de politiques communes, en particulier en ce qui concerne le rapprochement des politiques économiques (Turquie).

1152 ***Dispositions relatives aux droits de l'homme*** ◇ Les accords euro-méditerranéens comportent tous des dispositions relatives au respect des droits de l'homme et des principes démocratiques, qui en constituent l'un des éléments essentiels. Il existe même une clause de non exécution, qui permet unilatéralement à l'une des parties qui considère que l'autre n'a pas rempli ses obligations de prendre, en cas d'urgence et sans consultation préalable, toutes les mesures qu'elle estime nécessaires. Certains prévoient des clauses plus spécifiques. Ainsi les accords conclus avec Israël ou avec l'OLP visent-ils par exemple à contribuer au processus de paix au Moyen Orient en rappelant l'attachement de l'Union à la démocratie et à son refus du terrorisme.

1153 ***Dispositions institutionnelles*** ◇ Les accords contiennent des *dispositions institutionnelles* : les accords commerciaux créent des comités mixtes, les accords d'association des comités d'association. Les accords euro-

1. Décis. 2006/356/CE, 2005/690/CE, 2004/635/CE, 2002/357/CE, 2000/384/CE, 2000/204/CE et 98/238/CE concernant la conclusion d'un accord euro-méditerranéen établissant une association entre les Communautés européennes et leurs États membres, d'une part, et, respectivement, la République libanaise, la République algérienne démocratique et populaire, la République arabe d'Égypte, le Royaume hachémite de Jordanie, l'État d'Israël, le Royaume du Maroc et la République tunisienne.

méditerranéens d'association mettent en place soit un Conseil d'association au niveau ministériel et un comité d'association au niveau des fonctionnaires (accord du 17 juillet 1995 avec la Tunisie), soit une Commission mixte (accord du 26 février 1996 avec le Maroc). Certains accords, comme celui conclu en 1963 avec la Turquie, organisaient même des *mécanismes financiers d'aide* [1]. Enfin les accords pouvaient contenir des clauses prévoyant l'*évolution des relations* entre les partenaires : parfois sous forme de l'organisation de périodes de transition ou d'adaptation et dans certains cas sous forme de dispositions préparant l'union douanière ou l'adhésion ultérieure de l'État associé (Grèce et Turquie).

§ 2. **L'émergence d'une « politique méditerranéenne »**

Après avoir étudié les fondements et le domaine de la politique méditerranéenne, nous pourrons voir qu'elle a été son évolution.

A. **Les origines de la « politique méditerranéenne »**

1154 ***Vers une politique méditerranéenne d'ensemble*** ◇ La multiplication des accords bilatéraux conclus entre la Communauté européenne et les pays méditerranéens a fait prendre conscience aux dirigeants européens de la nécessité d'appliquer en Méditerranée une politique d'ensemble. Une série de travaux préparatoires ont abouti à l'invitation adressée par le Conseil à la Commission (27-28 juillet 1972) de présenter des propositions concrètes en vue « d'une approche globale des relations entre la Communauté européenne et les pays du bassin méditerranéen ». Ces propositions ont pris la forme d'une communication de la Commission au Conseil du 27 septembre 1972 [2]. Lors du sommet de Paris (les 19 et 20 octobre 1972), les Six ont alors tenu à faire part de leur volonté de mener une action politique commune en Méditerranée (pt 11 Communiqué final) [3].

Les relations de la Communauté avec les États du bassin méditerranéen devaient en principe être limitées aux aspects économiques et commerciaux en raison de la nature même des compétences communautaires. Mais des considérations beaucoup plus larges s'imposaient nécessairement, dans la

1. La Banque européenne d'investissement (BEI) a ainsi accordé en 1996 pour 681 millions d'écus de prêts aux pays du bassin méditerranéen, principalement à travers des protocoles financiers de cinq ans.

2. Doc. SEC(72)3111 final, 27 sept. 1972. V. un résumé dans une note d'information NI P 48, oct. 1972.

3. V. CES, avis sur la politique de la Communauté dans le bassin méditerranéen (*JOCE* C. 62, 15 mars 1975).

mesure où les États riverains de la Méditerranée ont de nombreux intérêts communs, souvent nés de la situation de voisinage de ces pays [1].

Ainsi, tous ces pays ont des intérêts étroitement liés dans le domaine des *échanges agricoles et industriels*, dans le domaine de *l'énergie*, de la *main-d'œuvre*, du *tourisme*, de la *coopération économique et technique*. D'autre part la Méditerranée et l'Afrique du Nord unissent l'Europe et l'Afrique. Les États de la Méditerranée connaissent les *conditions climatiques et écologiques* identiques ce qui n'est pas sans conséquence sur les productions et sur les échanges. La Méditerranée est aussi une *région politique troublée* et les *problèmes de sécurité* qui s'y posent *intéressent tous les États qui la bordent*. De nombreuses raisons ont donc imposé à la Communauté une « approche globale » des problèmes méditerranéens.

1155 ***La création d'un espace euroméditerranéen*** ◇ La politique méditerranéenne est appelée à s'appliquer dans une zone limitée aux pays riverains [2]. Elle vise à créer à terme un espace euroméditerranéen de plus de 800 millions d'habitants répartis dans une trentaine d'États.

Dans cette zone, l'objectif général de la Communauté a toujours été de « définir, dans le cadre d'une *approche globale* pour tous les pays désireux de mieux s'assurer le développement de leurs relations avec la Communauté, des régimes répondant à leurs *besoins spécifiques* ». Cette politique tout en se fondant sur une conception d'ensemble doit tenir compte des caractères propres à chacun des membres de la zone méditerranéenne. Il existe en effet entre les États de la Méditerranée à la fois des caractères communs et de grandes différences. Il faut tenir compte aussi des relations particulières qui lient certains États méditerranéens à des pays tiers, ce qui les conduit à rechercher de solutions spécifiques. Il existe également entre les États méditerranéens de grandes différences relatives aux données économiques de base, au degré de développement, à l'orientation politique.

Ces constatations ont inspiré la *méthode* que la Commission a proposé de suivre. Elle consistait à transformer et à adapter les accords existants ou en cours de négociations en un système global d'accords, dont les *modèles* seraient, pour certains États la *convention d'association conclue avec le Portugal* [3] (avant son adhésion, le 1er janvier 1986) et pour d'autres, moins développés, les propositions de la Commission contenues dans une *communication du 14 juin 1972 relative aux pays du Maghreb* (Algérie, Maroc, Tunisie, Libye, Mauritanie) [4]. Les accords ainsi revus devaient contenir des dispositions adaptées aux caractères propres à chacun des États intéressés, mais dans une perspective d'ensemble que la Commission devrait définir pour chaque secteur. Ces accords, devaient également définir les conditions

1. Ces raisons sont étudiées dans Communication Commission, 27 sept. 1972.
2. Communication 27 sept. 1972, pt 6.
3. Publiée par Règl. 284/72 Conseil, 19 déc. 1972, *JOCE* L. 301, 31 déc. 1972.
4. Avec lesquels des accords de coopération ont été conclus en 1976 pour le Maroc, la Tunisie et l'Algérie puis en 1994 et 1995.

relatives aux *échanges industriels*, à *l'agriculture*, à la *coopération* technique et financière, à l'emploi, à la protection de l'environnement... Il prévoyait enfin des dispositions particulières en matière de pétrole.

1156 ***La rénovation de la politique méditerranéenne*** ◇ Les premières propositions faites, le 23 novembre 1989, par la Commission européenne pour rénover la politique méditerranéenne de la Communauté, ont été adoptées par le Conseil européen de Strasbourg (8 et 9 décembre 1989) et ont donné lieu à plusieurs décisions adoptées par le Conseil des ministres en 1990 et applicables à partir de 1992. Il s'agissait avant tout d'améliorer les instruments de coopération existant et d'augmenter sensiblement les moyens déjà mis à la disposition de ces pays par la Banque européenne d'investissement, tout en soutenant les réformes économiques et structurelles engagées par certains d'entre eux.

Depuis le 1er janvier 1993, la plupart des exportations agricoles en provenance de ces États sont dispensées de droits de douane et des protocoles financiers, en vigueur depuis 1992 (et jusqu'en 1996), ont permis à la Communauté de consacrer près de 53 millions d'euros, rien qu'en 1993, à l'environnement et à la recherche.

La Commission européenne a lancé le 19 octobre 1994 l'idée d'un « partenariat euro-méditerranéen », qui devra aboutir, grâce à des *accords euro-méditerranéens d'association* [1], à établir un jour à la création d'une vaste zone de libre-échange entre les États de la Communauté et l'ensemble des pays méditerranéens.

B. L'évolution de la « politique méditerranéenne »

Ce qu'il convient d'appeler le « *processus de Barcelone* » (Euromed) a été suivi de la mise en place d'une « *politique européenne de voisinage* ».

1. Le « processus de Barcelone » (ou « partenariat euroméditerranéen » ou « Euromed »)

1157 ***Le sommet de Barcelone (27 et 28 novembre 1995)*** ◇ Suite au Conseil européen de Cannes (26 et 27 juin 1995), qui avait décidé de consacrer, de 1995 à 1999, 4 685 millions d'euros à la coopération financière avec ces États, une première conférence a réuni à Barcelone les 27 et 28 novembre 1995, les ministres des Affaires étrangères de 27 pays : les Quinze de l'UE et 12 pays méditerranéens (Algérie, Chypre, Égypte, Israël, Jordanie, Liban, Malte, Maroc, Autorité Palestinienne, Syrie, Tunisie et Turquie). Il s'agissait de libéraliser progressivement les échanges de produits manufacturés et de services, conformément aux règles définies dans le cadre du GATT, puis de l'OMC, afin d'aboutir à la création d'un espace commun

1. Sur ce point cf. *supra*.

de paix et de stabilité et d'une zone de libre-échange en 2010. Cette politique s'est accompagnée d'un soutien financier de la Communauté se traduisant par un premier programme financier, le *MEDA*, mis en place par le règlement 1488/96/CEE du Conseil du 23 juillet 1996 relatif à des mesures d'accompagnement financières et techniques (MEDA) à la réforme de structures économiques et sociales dans le cadre du partenariat euro-méditerranéen [1]. Ce premier programme, qui bénéficiait des fonds de la *Banque européenne d'investissement (BEI)* et qui était entré en vigueur le 2 août 1996, avait été adopté par le Conseil sur la base de l'article 179 § 1 CE (devenu 209 TFUE). Prévu pour aller jusqu'en 1999, il entendait soutenir la transition économique des PTM et la réalisation d'une zone euro-méditerranéenne de libre-échange ainsi que leur développement socio-économique durable. Le financement de ces programmes était conditionné par le respect des droits de l'homme et des libertés fondamentales (« conditionnalité »). Des conférences ministérielles devaient avoir lieu tous les deux ans pour faire le point sur les résultats obtenus. Leur suivi était assuré chaque année par des Réunions ministérielles, dont certaines ont un caractère sectoriel (commerce, industrie, économie et finances, transports, culture, etc.). Un « *comité euro-méditerranéen de Barcelone* » avait également été créé à cette occasion afin de contrôler l'évolution de ce projet et de faciliter les rencontres entre les ministres des Affaires étrangères de cette nouvelle zone de libre-échange. Cette instance était composée de hauts fonctionnaires et d'un représentant de chaque pays méditerranéen. Ce premier programme a ensuite été modifié en 2000 par le programme MEDA II [2].

1158 ***L'intervention du Parlement européen*** ◇ Le Parlement européen, qui avait déjà eu l'occasion de rappeler à certains de ces pays ses exigences en matière de droits de l'homme [3] a pour sa part tenu à inviter à plusieurs reprises certains États du Maghreb (Algérie, Libye, Maroc, Mauritanie et Tunisie) à respecter la démocratie et les droits de l'homme (résolutions de 19 janvier, 16 mars et 14 décembre 1995). Il a également rappelé aux pays du Mashreq (Irak, Syrie, Liban, Jordanie, Israël, Koweït, et Autorité palestinienne) sa condamnation du terrorisme (Résol. 16 févr. 1995) et a adressé au Conseil sur la base de l'article 17 UE (devenu 42 TUE), le 15 décembre 1995 une recommandation sur l'élection du Conseil et du président de l'Autorité palestinienne et le rôle de l'Union [4].

1159 ***La conférence de Marseille : « Barcelone IV » (15 et 16 novembre 2000)*** ◇ L'une des tâches prioritaires de la commission Prodi aura été de revoir les modalités de fonctionnement du partenariat euro-

1. *JOCE* L. 189, 30 juill. 1996.
2. Sur ce point, cf. *infra*.
3. Comme en témoigne son refus, entre janv. 1992 et déc. 1993, de voter l'avis conforme aux 3e et 4e protocoles financiers de l'accord de coopération avec la Syrie, puis le Maroc, tant que la défense des droits de l'homme ne serait pas inscrite à l'ordre du jour du conseil de coopération.
4. *JOCE* C. 17, 22 janv. 1996, p. 457.

méditerranéen [1] afin d'en renforcer l'efficacité [2]. Le Parlement européen (Résol. 29 mars 2000), le Conseil de l'UE (22 mai 2000), puis le Conseil des ministres des Affaires étrangères des 27 pays membres du partenariat (25 et 26 mai 2000) ont également regretté ces difficultés d'application. Le Conseil européen de Feira-Porto (19-20 juin 2000), qui avait déploré la mauvaise gestion des accords de coopération et souhaité à son tour une relance du partenariat euro-méditerranéen, avait adopté, conformément à l'article 13 UE (abrogé), concernant la PESC, une « *stratégie commune de l'Union européenne à l'égard de la région méditerranéenne* ». Ce texte qui dresse un bilan relativement sévère de cette politique et qui propose des solutions pour les quatre années suivantes, a servi de base aux travaux de la conférence de Marseille « Barcelone IV » (15 et 16 novembre 2000), qui s'était fixée comme objectif de relancer ce partenariat a été à l'origine du *programme MEDA II*, adopté par le règlement 2698/2000/CE du Conseil du 27 novembre 2000 pour la période 2000-2006 [3] et devait d'ailleurs être le dernier de ce type [4].

1160 ***Le sommet de Barcelone (27 et 28 novembre 2005)*** ◇ À l'occasion du dixième anniversaire de la Déclaration de Barcelone (les 27 et 28 novembre 1995), les participants à ce sommet avaient souhaité donner un nouvel élan au dialogue engagé depuis entre l'Union européenne et les États de la rive sud de la Méditerranée, en vue de définir une aire commune de paix et de stabilité, de construire une zone de prospérité partagée et de rapprocher les peuples de l'ensemble de ces pays. En vue de ces nouvelles orientations qui auraient en principe dû être effectives à l'horizon 2010, ils avaient adopté une déclaration et un plan de travail pour les cinq années suivantes, ainsi qu'un Code de conduite en matière de terrorisme ; ils avaient également tenu à donner une impulsion nouvelle à leurs futurs engagements financiers et, sur proposition de l'Espagne, de la France et du Maroc, à renforcer le dialogue et la coopération en matière de migrations et d'intégration ; ils s'étaient enfin clairement prononcés en faveur d'une beaucoup plus grande implication des sociétés civiles.

La présence dans ce partenariat de trois pays, dont certains (Chypre et Malte) ont déjà rejoint l'Union européenne et dont le troisième (la Turquie) pourrait peut-être bien également adhérer et qui bénéficient par conséquent d'avantages supplémentaires vient encore un peu plus compliquer une situation déjà dominée par des rivalités internes entre Arabes et Israéliens ou entre l'Algérie et le Maroc...

1. Cf. Proposition Règl. COM(99)494, 19 oct. 1999, destiné à modifier le règlement de base du programme MEDA.

2. Du fait de la complexité des procédures, 26 % seulement des fonds du MEDA avaient pu être utilisés !

3. De 5,35 milliards d'euros (contre 3,435 pour MEDA I), auxquels il convient d'ajouter 7,4 milliards d'euros de la BEI, soit un total de 12,75 milliard d'euros.

4. Cf. *infra*.

processus d'élargissement) dans le domaine de la sécurité, de l'économie et de la culture. Cette politique sera donc fondée sur des relations privilégiées, basées sur un engagement mutuel en faveur de valeurs communes (démocratie et droits de l'homme, primauté du droit, bonne gouvernance, économie de marché et développement durable).

1163 ***Le choix des pays concernés*** ◇ Le *Conseil européen de Thessalonique des 19 et 20 juin 2003* a approuvé les grandes orientations définies par la Commission européenne et a souhaité la préparation, à partir de 2004, de *plans d'action* [1] d'une durée minimale de trois ans renouvelables, pour tous les pays concernés, en commençant par l'Ukraine, la Moldavie et les partenaires du Sud de la Méditerranée ayant conclu des *accords d'association* (Maroc, Tunisie, Jordanie, Israël et Autorité palestinienne). Cette démarche, qui devait ensuite être consacrée solennellement le 12 décembre 2003 [2] par le *Conseil européen de Bruxelles* des 12 et 13 décembre 2003 dans un document intitulé « *Une Europe sûre dans un monde meilleur* ». *Stratégie de sécurité européenne*, s'est donc d'abord adressée en priorité aux pays de l'Est, avant de se tourner ensuite plus particulièrement, à la demande de la France, vers ceux du sud de la Méditerranée. Dans une nouvelle communication du 12 mai 2004, intitulée *Politique européenne de voisinage. Document d'orientation* [3], la Commission a ensuite précisé ses intentions dans ce domaine et proposé d'établir de nouveaux accords de voisinage avec l'ensemble des pays concernés. Il doit en effet s'agir pour l'Union de créer un « cercle d'amis », en proposant à l'ensemble de ses voisins une relation privilégiée, fondée sur un engagement mutuel en faveur de valeurs communes (respect des droits de l'homme, des libertés fondamentales, de la démocratie, de l'économie de marché, du développement durable, etc.). En juin 2004, le Conseil, qui avait souhaité d'abord examiner les progrès restant à accomplir par ces États dans le cadre des accords existants, avant d'envisager de les élargir à d'autres, a donc décidé d'inclure l'Arménie, l'Azerbaïdjan et la Géorgie dans la *politique européenne de voisinage* et de permettre également à la Biélorussie d'en bénéficier, mais seulement lorsque les autorités de ce pays auront clairement démontré leur volonté de respecter les valeurs démocratiques et l'État de droit [4]. Après l'adoption en février 2005 par le Conseil des ministres de plans d'actions avec l'Ukraine, la Moldavie, le Maroc, la Tunisie, la Jordanie, Israël et l'Autorité palestinienne, il a été décidé d'ouvrir à partir d'avril 2005 des négociations avec un deuxième groupe de pays (Arménie, Azerbaïdjan,

1. Sur ce point, cf. *infra*.
2. Cf. à ce propos, J. Solana, « Stratégie de sécurité de l'Union européenne », *Défense nationale* mai 2004, p. 5.
3. COM(2004)373 final.
4. Le rythme de l'approfondissement des relations avec chaque pays dépend en effet de leur capacité à répondre à leurs priorités de politique extérieure reprises dans les plans d'action (principes de *différenciation* et de conditionnalité).

Géorgie, Égypte et Liban) [1]. Depuis que la Russie est liée à l'Union européenne par un *partenariat stratégique spécifique* [2], cette politique ne concerne donc plus que 16 pays méditerranéens (Algérie, Arménie, Azerbaïdjan, Biélorussie, Égypte, Géorgie, Israël, Jordanie, Liban, Libye, Moldavie, Maroc, Autorité palestinienne, Syrie, Tunisie et Ukraine).

1164 ***Les plans d'action PEV*** ◇ La politique européenne de voisinage repose sur un ensemble d'*accords* conclus d'une part entre la Communauté et ses États membres, et d'autre part avec les pays voisins, en vertu de décisions adoptées par le Conseil à l'unanimité, sur proposition de la Commission européenne et après avis conforme (devenu « procédure législative ordinaire ») du Parlement européen. Ces accords constituent le socle juridique de la relation entre l'UE et ses partenaires [3]. Ils mettent en place des *plans d'action PEV* bilatéraux, qui devront ensuite être approuvés par l'Union européenne et par chacun de ses partenaires, auxquels ils devront être adaptés pour tenir compte tant de leurs besoins que de leurs capacités, sans d'ailleurs pour autant négliger ceux de l'Union. Ils définissent un programme de réformes politiques, économiques et sociales, pour lesquelles ils établissent des priorités à court et moyen terme (3 et cinq ans), particulièrement en matière de renforcement du dialogue, de développement économique et social ou d'approfondissement des relations commerciales. Ils s'attachent par exemple à mieux réglementer le marché et à améliorer la coopération dans le domaine de la justice et des affaires intérieures. Ils s'intéressent également aux secteurs des transports, de l'énergie, de l'information, de l'environnement, de l'éducation, de la recherche et du développement, ou encore de la santé publique... En contrepartie des progrès réalisés dans ces tous ces domaines, ils prévoient d'associer progressivement ces « pays amis » au marché intérieur et de mieux les intégrer à certains programmes et réseaux communautaires, tout en restant dans le cadre institutionnel existant (accords de partenariat et de coopération avec les pays de l'Est, accords d'association avec les pays du Sud). De tels plans d'action ont d'ores et déjà été adoptés avec 12 d'entre eux, l'Ukraine, la Moldavie, le Maroc, la Tunisie, la Jordanie, l'Autorité palestinienne et Israël en 2005, l'Arménie, la Géorgie et l'Azerbaïdjan en 2006, l'Égypte et le Liban, fin 2006, début 2007. La mise en œuvre de ces engagements mutuels et de ces objectifs communs est encouragée et surveillée régulièrement par des *sous-comités*

1. Cf. Communication CE, Mettre en œuvre et promouvoir la politique européenne de voisinage, 22 nov. 2005, SEC (2005) 1521.

2. Développé dans le cadre de quatre espaces communs (espace économique, espace de liberté, de sécurité et de justice, espace de sécurité extérieure et espace de recherche et d'éducation), adoptés lors du sommet UE-Russie, qui s'est tenu à Moscou, le 10 mai 2005.

3. Ils établissent un cadre institutionnel (conseils et comités de coopération ou d'association) destiné à permettre leur mise en œuvre. L'UE y est représentée par le Conseil, la Commission et le Parlement.

spécialisés, en étroite collaboration avec chacun de ces pays [1]. En cas de progrès significatifs, les mesures incitatives proposées par l'UE pourront être réexaminées et déboucher sur de nouvelles propositions.

1165 ***Les programmes liés à la PEV*** ◇ La politique européenne de voisinage offre à tous ces pays la possibilité de bénéficier d'une assistance technique à court terme dans le cadre du *programme TAIEX* (*Technical Assitance Information EXchange*) [2]. Il s'agit d'un *instrument d'assistance technique et d'échange d'information* financé par la Commission européenne et destiné initialement aux autorités publiques nationales des pays candidats à l'adhésion et des pays adhérents dans le cadre de la stratégie de pré-adhésion, avant d'être élargi aux pays bénéficiant des *mesures d'accompagnement financières et techniques (MEDA)* [3]. Opérationnel depuis 1996, ses compétences et son domaine d'intervention se sont ensuite assez sensiblement élargis. Il s'efforce de recenser les demandes d'assistance, émanant tant du secteur public que du secteur privé et sert de trait d'union entre les pays demandeurs et les États membres. Il s'appuie sur des experts indépendants et organise des visites d'études, des séminaires, des ateliers de travail et de formation. Il fournit également une assistance à la traduction des législations et des bases de données, ainsi que des informations sur le rapprochement des législations. Placé sous la responsabilité de la Commission européenne, ce programme a bénéficié d'un financement communautaire, qui s'est élevé, pour la période 2000-2006, à environ 8,4 milliards d'euros [4] et à 1,4 milliard d'euros pour la seule année 2007. Pour la période budgétaire 2007-2013 [5], le financement communautaire atteint 12 milliards d'euros, soit une augmentation de 32 % en valeur réelle par rapport à la période de programmation précédente (2000-2006).

1. Après avoir présenté, le 4 déc. 2006, ses premiers *rapports sur les progrès réalisés*, la Commission a publié en 2007 une deuxième série de rapports de suivi sur la mise en œuvre de la PEV, avant d'adopter, le 3 avr. 2008 une communication tirant des conclusions de ces rapports et un rapport de suivi sectoriel.

2. Cf. Règl. 1488/96/CE Conseil, 23 juill. 1996 relatif à des mesures d'accompagnement financières et techniques, à la réforme des structures économiques et sociales dans le cadre du partenariat euro méditerranéen (MEDA) (*JOCE* L. 189, 30 juill. 1996, p. 1) ; sur ce point, cf. *supra*.

3. Cf. Décis. 2006/62/CE Conseil, 23 janv. 2006, permettant aux pays visés par la politique européenne de voisinage, ainsi que la Russie, de bénéficier du programme d'assistance technique et d'échange d'informations TAIEX (*JOCE* L. 32, 4 févr. 2006).

4. Dont 5,3 milliards d'euros pour MEDA et 3,1 milliards d'euros pour TACIS, auxquels il convient de rajouter 2 milliards d'euros environ prêtés par la *Banque européenne d'investissement* pour les pays bénéficiaires du programme MEDA et 500 millions d'euros pour les bénéficiaires du programme TACIS.

5. Cf. Règl. 1905/2006/CE Parlement européen et Conseil, 18 déc. 2006, portant établissement d'un instrument de financement de la coopération au développement, *JOUE* L. 378, 27 déc. 2006, p. 41.

La PEV a également permis de mettre en place des jumelages pour des actions à plus long terme [1]. Les fonds alloués à ces programmes dépendent en effet essentiellement de leurs besoins, de leur capacité d'absorption et de la progression des réformes prévues. Les priorités de l'aide européenne sont en effet définies pour chaque pays concerné dans des *documents généraux de stratégie* prévus pour une période de sept ans, dans des *programmes indicatifs nationaux (PIN)* pour trois ans, et dans des *programmes annuels* détaillés. Les appels d'offres lancés dans le cadre des programmes d'aide communautaires sont non seulement ouverts aux entreprises des 27 États membres de l'Union, mais également à celles des pays ayant officiellement le statut de candidat [2], comme aux candidats potentiels [3] ou aux partenaires PEV, et sont attribués conformément aux règles d'octroi des marchés publics européens. Les 15 programmes de coopération transfrontalière (ENPI CBC), qui couvrent les frontières extérieures de l'UE, bénéficient d'une aide de 1,18 milliard d'euros pour la période 2007-2013.

1166 ***Le financement de la PEV*** ◇ Jusqu'au 31 décembre 2006, l'aide de l'UE aux pays concernés par la politique européenne de voisinage était fournie dans le cadre de différents programmes géographiques, tels que les *programme TACIS* (pays de l'Est et Russie) et *MEDA* (pays du Sud de la Méditerranée), ou encore certains programmes thématiques, comme l'*Initiative européenne pour la démocratie et les droits de l'homme* (*IEDDH*). Depuis le 1er janvier 2007, tous ces programmes ont été remplacés par un instrument unique, l'*Instrument européen de voisinage et de partenariat (IEVP)* [4]. Il s'agit d'un outil politique beaucoup plus souple destiné à encourager le développement durable et à rapprocher ces pays des normes et des politiques européennes, en soutenant les priorités prévues dans les plans d'action PEV (ainsi que le partenariat stratégique avec la Russie, également couvert par le programme TACIS). Il devrait aussi permettre d'améliorer sensiblement la coopération transfrontalière tout au long des frontières maritimes et terrestres de l'UE avec ces pays. Pour la période budgétaire 2007-2013, le financement communautaire mis à disposition pour soutenir les réformes des partenaires PEV s'élève à 12 milliards d'euros, soit une augmentation de 32 %. Les fonds alloués aux programmes des différents pays sont fonction de leurs besoins, de leur capacité d'absorption et de la progression des réformes convenues. Le partenariat stratégique avec la Russie vise à améliorer sensiblement la coopération transfrontalière le long de ses frontières terrestres et maritimes communes avec les pays de l'UE. L'*IEVP* soutient donc les

1. Cf. Règl. 1638/2006/CE Parlement européen et Conseil, 24 oct. 2006, arrêtant les dispositions générales instituant un instrument européen de voisinage et de partenariat, *JOUE* L. 310, 9 nov. 2006, p. 1 ; sur ce point, cf. *infra*.

2. Croatie, Turquie et Macédoine.

3. Albanie, Bosnie-Herzégovine, Monténégro, Serbie et Kosovo.

4. Cf. Règl. 1638/2006/CE (CE) Parlement européen et Conseil, 24 oct. 2006, arrêtant des dispositions générales instituant un instrument européen de voisinage et de partenariat (*JOUE* L. 310, 9 nov. 2006).

contacts et la coopération transfrontaliers entre les acteurs locaux et régionaux et la société civile. Durant cette même période (2007-2013), les 15 programmes de coopération transfrontalière (ENPI CBC) bénéficient d'une aide de 1,18 milliard d'euros. Un nouvel instrument, la « *facilité de financement consacrée à la gouvernance* », dotée à titre indicatif d'une enveloppe annuelle de 50 millions d'euros, vise à apporter un soutien supplémentaire aux pays partenaires ayant le plus progressé dans la mise en œuvre des priorités en matière de gouvernance convenues dans leurs plans d'action. En 2007, ce sont le Maroc et l'Ukraine qui ont bénéficié des premiers fonds de cet instrument.

1167 ***Bilan et perspectives*** ◇ La « *facilité d'investissement dans le cadre de la politique de voisinage* », mise en place fin 2007, a permis de financer, dès 2008, des prêts destinés à aider les pays partenaires à réaliser des projets d'intérêt commun portant essentiellement sur l'énergie, l'environnement et les transports. La Commission, qui, pour la période 2007-2013, doit leur consacrer environ 700 millions d'euros, a également demandé aux États membres de fournir progressivement un effort équivalent à la contribution communautaire, afin d'améliorer encore les effets positifs de cette politique. La mise en œuvre de plans d'action avec l'ensemble des pays concernés par la politique de voisinage constitue donc désormais le principal enjeu à moyen terme, en vue d'une approche volontariste qui permette à la *politique européenne de voisinage* de prendre toute sa dimension. La conclusion d'*accords renforcés* constitue enfin une perspective qui pourrait être envisagée à plus long terme. Mais le caractère bilatéral de cette politique, qui permet seulement de favoriser le libre-échange au sein de cette région, ne facilite pas la prise en compte des autres conditions nécessaires à l'intégration de tous ces pays en dehors de l'Union européenne. Il n'a toujours pas non plus encore été possible de mettre en place une *Banque de la Méditerranée*, qui serait pourtant très utile pour que puisse se développer une véritable politique de codéveloppement euro-maghrébine. Ces difficultés sont à l'origine du projet d'« union pour la Méditerranée ».

3. L'« union pour la Méditerranée »

1168 ***Origines*** ◇ Lors du *Conseil européen de Bruxelles des 13 et 14 mars 2008*, les 27 chefs d'État et de Gouvernement de l'Union européenne se sont finalement mis d'accord pour mettre officiellement en place, lors de la conférence de Paris le 13 juillet 2008, l'« *union pour la Méditerranée* », conformément à la proposition commune franco-allemande du 3 mars 2008. Ce projet EuroMED+, qui vise en réalité à relancer l'intégration euro-méditerranéenne et qui s'inscrit donc dans la continuité des politiques européennes menées au sein du *dialogue 5+5* [1] et du *processus de Barcelone* [2],

1. Sur ce point, cf. *supra*.
2. Sur ce point, cf. *supra*.

devrait être intégré dans le cadre des relations extérieures de l'Union, plus particulièrement dans celui de la *Politique européenne de voisinage (PEV)*. Ainsi deviendrait-il par exemple possible de mettre en place des *coopérations renforcées*, toutes les fois qu'il sera nécessaire d'avancer plus rapidement sur certains points. Elle devrait permettre de faciliter la démocratisation des pays du sud et de l'est de la Méditerranée et de favoriser une meilleure gestion des flux économiques et sociaux de cette région.

1169 ***Objectifs*** ◇ Cette union, conçue dans le cadre de l'UE et avec l'ensemble de ses membres [1], a reçu le soutien du Maroc, de l'Algérie, de la Tunisie, de l'Égypte, de la Jordanie, d'Israël, de l'Autorité palestinienne, puis de la Mauritanie et de l'Albanie, de la Turquie [2], de la Syrie et du Liban [3]. Conformément aux souhaits exprimés par la Commission, l'UPM devrait être coprésidée pour deux ans par un tandem composé d'un pays du sud de la Méditerranée et par les représentants de l'UE, qui auront principalement pour tâche de préparer des sommets qui devraient avoir lieu tous les deux ans, ainsi que des réunions ministérielles [4]. L'UPM, qui regroupe 43 pays euro-méditerranéens (dont les 27 de l'UE) devrait, « dans un premier temps » se consacrer aux six projets annexés à la déclaration du 13 juillet 2008 et considérés comme prioritaires (dépollution de la Méditerranée, autoroutes de la mer et autoroutes terrestres, protection civile, plan scolaire méditerranéen, université euro-méditerranéenne, initiative méditerranéenne de développement des entreprises), auxquels se sont ensuite ajoutés les projets déjà initiés dans le cadre du « processus de Barcelone ». Il s'agit en effet de conduire tous ces États à travailler ensemble sur des « projets concrets », de manière à les inciter à dépasser les antagonismes régionaux. Son financement reste pourtant encore très incertain...

1170 ***Financement*** ◇ Le financement de ces projets, qui doivent être négociés individuellement reste pourtant encore bien incertain... Ainsi sur les 130 opérations qu'implique la dépollution de la Méditerranée, seules 44 bénéficient d'un financement de la *Banque européenne d'investissement* (BEI), réparti dans sept pays de la région (Algérie, Égypte, Israël, Liban, Maroc, Autorité palestinienne, Syrie, Tunisie). La BEI, également chargée de financer les « autoroutes de la mer » et le « plan solaire », n'est pas en mesure de

1. Et plus seulement les pays riverains de la Méditerranée, comme l'aurait souhaité la France, qui aurait également voulu ne pas placer ce projet dans le cadre de l'UE, contrairement à l'Allemagne.

2. La Turquie voulant obtenir l'assurance qu'un tel projet n'a pas pour but de lui faire renoncer à adhérer à l'Union.

3. Pourraient être concernées par ce projet, plus de 800 millions de personnes, réparties dans une quarantaine de pays et deux organisations internationales, dont 280 millions dans les pays de l'est et du sud de la méditerranée (plus la Mauritanie, la Jordanie et l'Albanie), 500 millions dans l'UE et 21 millions dans les Balkans.

4. Avec l'aide du « comité permanent euro-méditerranéen », composé de 44 hauts fonctionnaires installés à Bruxelles.

donner la moindre estimation des dépenses engagées pour les mener à bien. Pour tenter de remédier à cette situation, la *Caisse des dépôts et consignations* (*CDC*) française, et ses homologues italienne, marocaine et égyptienne ont lancé, le 26 mai 2010, un fonds, baptisé « *Inframed* », destiné à soutenir les projets concernant les infrastructures urbaines, l'énergie et les transports et rentrant dans le cadre de l'UPM. Ce fonds, qui dispose de 385 millions d'euros, devrait disposer à terme d'1 milliard d'euros. La *Caisse des dépôts et consignations* et la *Cassa depositi e prestiti* (*CDP*) italienne, ont en effet apporté chacune 150 millions d'euros à ce fonds. La *Caisse de dépôt et de gestion* (Maroc) a versé 20 millions d'euros et *EFG Hermès* (Egypte), 15 millions d'euros. Enfin, la *Banque européenne d'investissement* (*BEI*) finance *Inframed* à hauteur de 50 millions d'euros.

SECTION 4. L'ESPACE ÉCONOMIQUE EUROPÉEN (EEE)

Après en avoir étudié les caractères et le contenu, nous nous arrêterons sur ses institutions.

§ 1. Caractères

Les caractères de l'EEE tiennent essentiellement à ses origines et à son objet.

A. Les origines de l'EEE

1171 ***L'AELE*** ◇ Un certain nombre d'États européens, qui avaient pourtant eu, selon l'article 237 (abrogé) du Traité CEE, vocation à adhérer à la Communauté, n'avaient pu ou voulu la rejoindre. Mais de crainte de subir des discriminations de la part de la CEE (union douanière avec un tarif extérieur commun), ils avaient constitué dès 1960 [1], autour du Royaume-Uni [2], une *association européenne de libre-échange* (*AELE*) qui avait donc d'abord essentiellement été créée pour se protéger du marché commun [3], mais qui visait également à préparer ces pays à rejoindre un jour la CEE. Ainsi, après l'adhésion du Royaume-Uni, de l'Irlande et du Danemark (1er janvier 1973), puis du Portugal (1re janvier 1986) à la Communauté, l'AELE s'est trouvée réduite à l'Autriche, la Finlande, la Norvège, la Suède et la Suisse,

1. Conv. Stockholm, 4 janv. 1960, entrée en vigueur le 3 mai 1960.
2. Qui avait refusé, le 27 mai 1951, de placer certaines de ses ressources (charbon et acier) sous contrôle d'une autorité, à laquelle seraient transférées des compétences souveraines (« Haute-Autorité »), mais qui s'était rapprochée des Six en signant les accords de Paris du 23 oct. 1954 et en concluant avec la CECA un accord de coordination, le 21 déc. 1954.
3. Cf. AELE : Association européenne de libre-échange, secrétariat de l'AELE, Genève 1987.

l'Islande et au Lichtenstein. Après que l'Autriche, la Finlande et la Suède aient à leur tour rejoint l'Union (1re janvier 1995), l'AELE ne se composait alors plus que de la Norvège, de la Suisse, de l'Islande [1] et du Lichtenstein [2].

Les relations entre l'AELE et la CEE ont été, dans un premier temps, fondées sur les accords du 22 juillet 1972, dont l'objet était d'organiser entre les États des deux organisations un libre-échange soumis à quelques règles communes de discipline, tout en préservant l'autonomie institutionnelle de la CEE.

1172 ***Le rapprochement avec la CEE*** ◇ À partir de 1984, les relations entre la CEE et l'AELE ont profondément évolué. Le 9 avril 1984, une *déclaration commune dite de Luxembourg* avait en effet exprimé la volonté des deux organisations de substituer au simple libre-échange, un *Espace économique européen (EEE)* [3], qui se traduira par un accord entre ces deux institutions et non entre les États et qui aboutira à créer un grand marché qui comptait alors un peu plus de 380 millions de consommateurs (dont seulement 32 millions pour les États de l'AELE). Il s'agissait en effet pour Jacques Delors, alors président de la Commission européenne, de mettre en place « une nouvelle forme d'association plus structurée sur le plan institutionnel avec des organes communs de décision et de gestion » (17 janvier 1989).

Cette volonté fut ensuite plusieurs fois réaffirmée par un certain nombre de travaux et de réunions postérieurs, telles, par exemple que la déclaration d'Oslo du 15 mars 1989, dans laquelle les chefs de Gouvernement des États membres de l'AELE se sont déclarés prêts à étudier avec la Communauté européenne les moyens « de réaliser une forme d'association plus structurée avec des organes communs de décision et de gestion ».

La méthode adoptée qui reposait essentiellement sur la création de groupes de travail et sur des réunions ministérielles, avait été plutôt empirique.

Ainsi furent constitués des *groupes de travail spécialisés* (qui ont d'abord été au nombre de cinq), créés et animés par un « *groupe d'orientation de haut niveau* » composé de représentants des États membres de la CEE et de l'AELE.

Du côté de la CEE, les travaux avaient pour objectif la définition par le Conseil à l'usage de la Commission, d'un mandat de négociation (prévu pour juin 1990).

L'objet de l'ensemble de ces travaux était la préparation de l'*Espace économique européen.*

La création de l'EEE a fait l'objet d'un Traité dit « *accord de Porto* », conclu, le 2 mai 1992 [4], sur la base de l'article 310 CE (devenu art. 317 TFUE), avec

1. Qui attendra le 27 juill. 2009 pour demander officiellement à rejoindre l'UE...

2. La Suisse qui avait pourtant fait acte de candidature à la Communauté le 26 mars 1992 a finalement renoncé, la Norvège a refusé de ratifier le Traité d'adhésion (28 nov. 1994) et l'Islande qui grâce à l'EEE a accès au marché européen, tout en gardant la libre disposition de ses zones de pêche, n'a guère intérêt à faire acte de candidature.

3. Sur la préparation de l'EEE, v. CES, avis 30 mai 1990, *JOCE* C. 182, 23 juill. 1990.

4. *JOCE* L. 1, 3 janv. 1994, p. 3 ; cf. aussi L. 93-1274, 2 déc. 1993, autorisant la ratification de l'accord sur l'EEE et du protocole portant adaptation dudit accord, *JO* 3 déc. 1993.

un certain retard, dû à la difficulté des négociations et à un avis négatif de la Cour, qui déplorait en effet la coexistence de deux systèmes différents de contrôle juridictionnel et d'interprétation du droit communautaire (CJCE 14 déc. 1991, avis 1/91, *Rec.* p. I-6079). Il est finalement entré en vigueur le 1er janvier 1994 [1]. Depuis le 1er janvier 2009, l'Union européenne, qui n'était pas directement partie à l'accord, s'est substituée à la Communauté européenne, pour devenir membre à part entière de l'EEE.

B. L'objet de l'EEE

1173 ***Les États signataires*** ◇ Ce Traité a été signé à l'origine par la Communauté européenne et par ses États membres, ainsi que par les États appartenant à l'association européenne de libre-échange (Autriche, Finlande, Islande, Liechtenstein, Norvège, Suède, Suisse). Après ratification par l'ensemble des pays signataires, à l'exception de la Suisse [2], ce Traité est entré en vigueur, le 1er janvier 1994. Cet accord vise « à contribuer, sur la base d'une économie de marché, à la libéralisation du commerce mondial et à la coopération dans ce domaine, dans le respect notamment des dispositions de l'accord général sur les tarifs douaniers et le commerce et de la convention relative à l'organisation de coopération et de développement économique ».

La constitution d'une simple zone de libre-échange

Cet accord exclut de son domaine d'application les produits agricoles non-transformés, ainsi que la pêche et, contrairement à la CE, ne prévoit pas d'unification des tarifs douaniers. Il ne s'agit donc en aucun cas d'une union douanière. L'EEE, qui représentait alors 40 % du commerce mondial, constitue en effet seulement une simple zone de libre-échange et non un Marché commun : seuls les échanges sont libérés entre ses membres, mais tous ces pays n'ont pas de frontière économique commune. L'EEE constitue par conséquent espace de type particulier qui présente des caractères originaux :

Ses membres sont tout d'abord soumis à des disciplines communes, identiques à celles qui s'appliquent à ceux de l'UE (notamment dans les articles 5 et 7 du Traité de Rome dans sa rédaction antérieure au Traité de Maastricht) : *obligation* de prendre les mesures nécessaires à l'exécution de l'accord, interdiction des mesures susceptibles d'en mettre la réalisation en péril (art. 3 Accord) ; interdiction des *discriminations* en raison de la nationalité (art. 4 Accord).

1174 ***Les obligations des États*** ◇ Cet accord impose ensuite aux pays membres AELE, mais seulement dans les domaines qui relèvent de son champ d'application, *d'intégrer la législation communautaire selon son interprétation jurisprudentielle*, antérieure à sa signature. Les pays de l'AELE, pourtant tenus

1. Le Liechtenstein participe à part entière à l'EEE, depuis le 1er mai 1995.

2. À la suite du référendum du 6 déc. 1992, avec 50,3 % de votes négatifs. Sur la position de la Suisse à l'égard de la Communauté, cf. J.-L. Clergerie, « La Suisse et l'intégration européenne », *AJDA* 1990. 271 et s.

de contribuer financièrement au marché commun, ne sont pas pour autant soumis aux obligations financières des membres l'Union européenne. Ils ne reçoivent pas non plus de financement et de fonds de développement de la part de l'Union européenne. Après l'élargissement de la Communauté européenne du 1er janvier 2004, la contribution financière des États de l'EEE, notamment de la Norvège, a été multipliée par 10 (1167 millions d'euro en plus de cinq ans), afin de maintenir la cohésion sociale et économique du marché intérieur [1].

§ 2. Contenu

1175 ***La création d'un espace de liberté*** ◇ Dans cet accord, particulièrement long et précis (1 500 pages, 129 articles, 22 annexes [2] et 49 protocoles additionnels [3]), l'*accord de Porto* proprement dit n'est pas en lui-même très long, ce sont en effet les protocoles et les annexes, qui l'accompagnent et en font partie intégrante [4], qui constituent à eux seuls l'essentiel de ce très volumineux document [5].

Le Traité se compose ainsi de neuf parties qui regroupent deux grandes catégories de dispositions :

- dispositions de fond (parties 2 à 6) ;
- dispositions institutionnelles (parties 7 et 8).

L'EEE vise à étendre aux trois pays de l'AELE certaines dispositions du marché intérieur de l'UE et à créer un espace de liberté de circulation avec toutefois certaines restrictions. Il prévoit quatre groupes de dispositions qui intéressent :

– les *quatre libertés*, marchandises, personnes, services, capitaux (deuxième et troisième parties), qui constituent l'essentiel de cet accord. Contrairement au marché intérieur de la CE, sont en principe exclus de l'EEE les produits agricoles et piscicoles, ainsi que la fiscalité indirecte (TVA et droits d'accises). Il n'est pas non plus prévu de mettre en place une politique extérieure commune (tarif douanier commun). L'EEE ne peut donc être considéré comme un marché totalement sans frontières, ni même comme une véritable union douanière ;

1. Ainsi, entre 2004 et 2009, 1,3 milliard d'euro a-t-il été consacré au financement de projets dans 15 États de l'EEE (Bulgarie, Chypre, Espagne, Estonie, Grèce, Hongrie, Lettonie, Lituanie, Malte, Pologne, Portugal, République tchèque, Roumanie, Slovaquie et Slovénie).

2. Les annexes font référence à l'« acquis communautaire » applicable à l'EEE, ainsi qu'au « droit secondaire » (environ 1 600 règlements, directives ou décisions communautaires ont ainsi préincorporés).

3. Les protocoles comprennent des dispositions relatives à certaines questions telles que les règles liées à l'origine des biens, aux périodes transitoires pour les États EEE-AELE dans certains domaines et aux procédures douanières simplifiées.

4. La « force impérative des protocoles » (CJCE 23 avr. 1956, *Groupement des industries sidérurgiques luxembourgeoises*, aff. 7 et 9/54, *Rec.* p. 53) a été confirmée par l'art. 311 du Traité CE (abrogé).

5. Sur ce point cf. *supra*.

– les règles de *concurrence* (quatrième partie) ;
– des « *dispositions horizontales liées aux quatre libertés* » (cinquième partie) ;
– la *coopération* en dehors des quatre libertés (sixième partie).

A. Les quatre libertés

Les quatre libertés en vigueur au sein de l'UE, libre circulation de marchandises, des personnes, des services et des capitaux sont également applicables dans l'Espace économique européen [1].

1176 ***La libre circulation des marchandises (art. 8 et s. Accord EEE)*** ◇ La libre circulation des *marchandises*, posée en principe, est organisée par des articles qui le plus souvent reproduisent (en les adaptant) des dispositions pertinentes contenues dans le Traité de Rome (art. 25, 28, 30, 31 et 90 CE, devenus 30, 34, 36, 37 et 110 TFUE). L'accord organise une zone de libre-échange (puisqu'il n'y a pas de frontières communes) soumise aux règles du Traité CE dans sa version initiale. Seuls les produits originaires de l'une des parties contractantes en bénéficient (sur l'origine : cf. protocole 4 particulièrement précis). L'agriculture et la pêche sont exclues de ces dispositions et ne font l'objet que de très vagues engagements qui portent sur la nécessité d'en examiner les difficultés et qui envisagent également les moyens d'y remédier...

1177 ***La libre circulation des personnes (art. 28 et s. et 31 et s. Accord EEE)*** ◇ Les « *travailleurs* » bénéficient de la liberté de circulation *sans qu'il soit envisagé une quelconque distinction entre salariés et non salariés*. Cette libération est organisée par la 3e partie en des termes qui reproduisent la plupart des dispositions du Traité de Rome dans ce domaine (notamment son art. 39 CE devenu 45 TFUE).

La libération des travailleurs est complétée par la *liberté d'établissement* (art. 31 et s. Accord EEE) selon des règles reprises du Traité de Rome (art. 43, 45, 46 et 48 CE devenus 49, 51, 52 et 54 TFUE).

1178 ***La libre circulation des services (art. 36 et s. Accord EEE)*** ◇ La *liberté des prestations de services* complète la liberté d'établissement selon des règles qui reproduisent le Traité de Rome (art. 49 à 55 CE, devenus 56 à 62 TFUE). Les dispositions relatives aux transports rappellent celles du Traité de Rome initial. Elles ne reproduisent pas l'actuelle politique des transports. Limitées aux transports de surface, elles assurent la libération des transports et témoignent surtout du souci d'empêcher les parties contractantes de créer des obstacles et des discriminations dans les échanges par le moyen des tarifs

1. À noter qu'elles pourront faire l'objet de restrictions en cas de menace pour l'ordre public, la sécurité publique ou la santé des personnes.

ou des conditions de transport. Des accords doivent être conclus dans ce domaine (pour le transport des marchandises dangereuses, le cabotage et la sécurité en mer et la dimension des véhicules routiers).

De même, les règles applicables dans l'UE en matière de protection des données et de publicité télévisée devaient être introduites dans l'EEE.

1179 ***La libre circulation des capitaux (art. 40 et s. Accord EEE)*** ◇ La *libération des capitaux* est organisée selon des règles inspirées du Traité de Rome initial, mais aussi des modifications que lui a apportées le Traité de Maastricht (art. 56 à 60 CE, devenus 63 à 66 et 75 TFUE). La libre circulation des capitaux comprend également les transactions foncières. Ainsi les citoyens et les sociétés dont le siège social se trouve sur le territoire de l'EEE bénéficient-ils des mêmes droits d'accès au marché foncier que les ressortissants des pays concernés. L'acquisition de résidences secondaires dans les États de l'EEE/AELE nécessite par contre une dérogation.

B. Les règles relatives à la concurrence

Comme dans le Traité de Rome, les libertés économiques sont assorties de règles destinées à assurer les conditions d'une concurrence « libre et non faussée ».

1180 ***La diversité de ces règles*** ◇ L'accord contient, ainsi reproduites et adaptées, des règles relatives aux *ententes, aux abus de position dominante, aux concentrations* aux aides d'État (art. 53 et 54 reproduisant les articles 81 à 86 CE, devenus 101 à 106 TFUE) [1]. L'accord met en place des procédures qui sont dans l'ensemble beaucoup plus souples pour en assurer l'application et qui se traduisent le plus souvent par de simples « échanges de vues » (art. 55).

Les *aides d'États* sont soumises à des règles (art. 61 à 64 Accord) qui reproduisent et adaptent les articles 87 et 88 CE (devenus 107 et 108 TFUE).

1181 ***L'application de ces règles*** ◇ Les procédures prévues pour assurer l'application de ces dispositions n'aboutissent pas à des décisions aussi rigoureuses que celles de la CE. Elles comportent surtout des « échanges de vues », la saisine du *comité mixte* et éventuellement des mesures de défense unilatérales, qui devront toutefois être proportionnées (art. 64 Accord).

D'autres règles de concurrence concernent les marchés publics (annexe XVI), la propriété intellectuelle industrielle et commerciale (annexe XVII).

1. À noter que depuis le 1er janv. 1994, date l'entrée en vigueur de l'EEE, les opérations de concentrations visées par l'art. 1er § 2 Règl. 4064/89/CEE Conseil, 21 déc. 1989 sont examinées dans le cadre de l'EEE (art. 57 Accord sur l'EEE, 2 mai 1992).

C. Les dispositions horizontales liées aux quatre libertés

Les règles de concurrence contenues dans cet accord sont complétées par des mesures intitulées « dispositions horizontales liées aux quatre libertés ». Il s'agit d'actions hétéroclites qui présentent, pour le fonctionnement des libertés une importance particulière, qui ne permettait pas de les soumettre à une simple coopération.

Les domaines concernés

Ces actions traitent d'abord de la *politique sociale* [1], qui prévoit notamment des prescriptions minimales pour l'amélioration des conditions de vie et de travail, l'égalité des rémunérations des travailleurs masculins et féminins (art. 69, renvoi à l'annexe XVIII).

Les autres dispositions concernent : la politique des transports, l'ouverture des marchés publics à la concurrence des États de l'EEE (art. 65 al. 1), la propriété intellectuelle (art. 65, al. 2), l'*environnement* (art. 73 à 75), l'*information statistique* (Prot. 30, annexe XXI), la protection du *consommateur* (annexe XIX) ou le *droit des sociétés* (annexe XXII). Il ne saurait toutefois être question de permettre aux trois pays de l'AELE appartenant à l'EEE de rejoindre l'Union économique et monétaire. Il ne leur aurait non plus pas été possible de participer à la Politique extérieure et de sécurité commune (PESC) ou à la coopération en matière de justice et d'affaires intérieures, en tout cas tant que la Communauté européenne a été structurée en « piliers » [2].

D. Les coopérations

Pour les secteurs dans lesquels la Communauté a mis en place des « politiques communes » (agriculture, transports, commerce) [3], l'accord a prévu entre les deux organisations une simple *coopération*, fondée surtout sur des *échanges d'informations*, de *consultations* au sein d'un *comité mixte*. Les formes possibles de la coopération sont diverses et peuvent aller au-delà de simples échanges d'informations : *participation* d'États AELE à des actions CE, organisation d'*activités communes*, *adoption simultanée* de dispositions législatives *identiques* ou *similaires*, etc. (art. 80 Accord).

1182 ***La diversité des coopérations*** ◇ Dans plusieurs secteurs (recherche et technologie, information, environnement, politique sociale, éducation, formation et jeunesse, protection du consommateur, PME, audiovisuel, protection civile), dont certains figurent aussi parmi les « dispositions horizon-

1. À noter que la Suisse, qui ne fait toujours pas partie de l'EEE, applique les règlements communautaires en matière de sécurité sociale depuis le 1er juin 2002.
2. Supprimés depuis le 1er déc. 2009 par le Traité de Lisbonne.
3. Sur ce point, cf. *supra*.

tales » de la cinquième partie de l'accord, il a également été prévu de ne mettre en place qu'une simple coopération entre les deux organisations, qui se fonde principalement sur des échanges d'information et des consultations au sein d'un comité mixte.

Les parties contractantes peuvent étendre la coopération dans les domaines d'activité de la CE qui n'ont pas été précisés (art. 87 Accord). En cas de difficultés sérieuses susceptibles de durer, l'un des co-contractants (la *Commission européenne* pour l'*UE* et *l'autorité de surveillance* pour *l'AELE*) pourra prendre de manière unilatérale des mesures limitées dans leur champ d'application et dans leur durée, à condition de respecter le principe de proportionnalité et la procédure prévue par ces accords (information des parties et saisine du comité mixte). Cette coopération implique également la participation des États EEE-AELE à des programmes-cadre, à des programmes spéciaux ou encore à certains projets ou à certaines actions de l'UE [1].

§ 3. Dispositions institutionnelles

L'accord, qui a tenu à maintenir l'autonomie institutionnelle des deux organisations, a également mis en place un certain nombre de procédures spécifiques.

A. L'autonomie institutionnelle des deux organisations

Les deux organisations étant autonomes, il était normal qu'à côté de leurs propres institutions, elles puissent également disposer d'institutions communes.

1183 ***L'existence d'une structure à deux « piliers »*** ◇ Les institutions de l'Union européenne constituent le premier pilier du cadre institutionnel de l'EEE, dont le second pilier est formé par celles des pays EEE-AELE. Les deux organisations étant autonomes, il était en effet logique, qu'à côté de leurs institutions propres, elles puissent également se doter d'organes communs, permettant ainsi aux États membres de participer à la mise en œuvre et au développement de l'EEE. Les institutions de l'EEE ne disposent toutefois d'aucune compétence législative dans ce domaine.

1. Les institutions propres aux deux organisations

a) L'Union européenne dispose de ses institutions traditionnelles, qu'il s'agisse du Conseil, de la Commission, du Parlement européen (qui après

1. Ces pays sont actuellement associés à 28 programmes européens (Prot. 31 Accord EEE), dont l'objectif consiste à soutenir un certain nombre de projets.

avoir voté l'avis conforme préalable à la conclusion de l'*accord de Porto du 2 mai 1992*, a par exemple été à l'origine, dès 1994, de la création de la *commission parlementaire mixte EEE* [1]), ou encore de la CJUE.

b) L'*AELE* se fonde sur sa *commission permanente*, son *autorité de surveillance* et surtout sur sa propre *cour de justice*. La *commission permanente des pays de l'AELE*, composée de représentants de la Norvège, de l'Islande et du Liechtenstein, ainsi que d'observateurs de la Suisse et de l'*autorité de surveillance de l'AELE*, constitue le lieu privilégié des rencontres entre États membres de l'EEE-AELE. C'est en effet dans ce cadre qu'ils établissent des positions communes avant de se réunir avec les pays de l'UE, au sein du *comité mixte de l'EEE* [2]. l'*autorité de surveillance de l'AELE* [3], qui a son siège à Bruxelles et se compose de cinq personnes choisies d'un commun accord par les États, a principalement pour mission de veiller au respect des obligations fixées par l'accord de Porto. Elle coopère étroitement avec la Commission européenne, avec laquelle elle échange en permanence des informations, et avec laquelle elle partage, en cas de désaccord, le droit de saisir le *comité mixte EEE* [4]. Elle a également des compétences en matière de concurrence, d'aides d'État et de marchés publics. La *cour de justice de l'AELE*, créée en 1994 et installée depuis 1996 à Luxembourg, comporte seulement trois juges (un par État membre de l'EEE-AELE : Islande, Liechtenstein, Norvège), nommés d'un commun accord pour six ans. Elle est appelée à juger les litiges entre les parties contractantes, entre l'autorité de surveillance de l'AELE et les parties contractantes et entre l'autorité et le destinataire d'une de ses décisions, comme d'ailleurs toute personne qui pourrait être directement ou indirectement concernée par cette décision. Elle examine également les appels relatifs aux décisions prises par l'Autorité de surveillance de l'AELE. Elle peut aussi, comme la CJCE, procéder à l'interprétation du droit de l'EEE, qui une fois adopté par les États AELE, leur est directement applicable. Ces décisions en interprétation, qui contrairement aux arrêts sont dépourvues de force obligatoire et ne lient pas les juridictions nationales, permettent pourtant aux particuliers d'accéder indirectement à la cour AELE, par le biais des questions adressées par les juges nationaux dans le cadre d'une affaire en cours de traitement. Les prérogatives de la cour AELE ne doivent cependant pas porter atteinte à celles de la Cour de justice de l'Union européenne.

2. Les institutions communes à l'EEE

À côté d'organes habilités à prendre des décisions, l'accord a également mis en place des organes à caractère purement consultatif.

1184 ***Des organes décisionnels*** ◇ Le *conseil EEE* et le *comité mixte EEE* sont les seuls à pouvoir prendre des décisions.

1. Sur ce point, cf. *infra*.
2. Sur ce point, cf. *infra*.
3. Cf. Règl. intérieur Autorité de surveillance, *JOCE L.* 113, 4 mai 1994.
4. Sur ce point, cf. *infra*.

Le conseil EEE, qui se compose des ministres des Affaires étrangères des États de l'UE et de l'EEE-AELE, et qui est présidé alternativement pour six mois par un membre du Conseil des CE, puis par un membre d'un gouvernement AELE, se réunit au moins deux fois par an. Son rôle, qui n'est pas sans rappeler celui des conseils européens, consiste en effet essentiellement à donner à l'EEE une impulsion politique et à fixer à l'intention du comité mixte les orientations générales de sa politique. Ses décisions sont arrêtées d'un « commun accord », c'est-à-dire à l'unanimité, par les membres de la CE et par ceux de l'EEE-AELE.

Le comité mixte EEE est formé de représentants de la Commission européenne et des États membres de l'UE, ainsi que d'ambassadeurs des États de l'EEE-AELE et présidé alternativement pour six mois par un membre de la commission, puis par un représentant d'un État membre de l'EEE-AELE. Il est responsable de la gestion courante de l'EEE et doit à ce titre veiller à la mise en œuvre et au bon fonctionnement de l'Accord, essentiellement par des « échanges de vues » et d'informations. Il se réunit au moins une fois par mois et peut créer des sous-comités [1] et des groupes de travail pour l'assister. Il peut décider d'incorporer la législation communautaire à l'accord de Porto[2], à condition de le faire d'un commun accord entre la CE et les États de l'EEE-AELE (s'exprimant d'une seule voix).

1185 ***Des organes consultatifs*** ◇ La commission parlementaire mixte EEE et le comité consultatif EEE n'ont que des attributions purement consultatives.

La commission parlementaire mixte EEE (CPM EEE)[3] comprend des membres du Parlement européen et des membres des Parlements nationaux des États de l'EEE-AELE (art. 95 Accord). Elle se réunit deux fois par an, alternativement à l'initiative du Parlement européen et des Parlements des pays EE-AELE. Elle est principalement chargée de suivre le fonctionnement de l'accord et doit également favoriser le dialogue et le débat entre les parties contractantes, afin de permettre une meilleure collaboration entre la CE et les États membres de l'AELE dans les domaines de la compétence de l'EEE. Elle rend également des avis concernant la législation sous forme de rapports ou de résolutions et examine le rapport annuel du comité mixte EEE sur le fonctionnement et le développement de l'accord (art. 94 § 4).

Le comité consultatif EEE regroupant des représentants du Comité économique et social (CES) de l'UE et du comité consultatif de l'AELE, s'efforce

1. Il existe, depuis sept. 2003, trois sous-comités (I *sur la libre circulation des marchandises*, II *sur la libre circulation des personnes, des capitaux et des services et sur le droit des sociétés*, III *sur les questions législatives et institutionnelles*) et qui s'est également doté d'un *groupe de travail sur la stratégie de Lisbonne et autres questions de politiques horizontales*.

2. L'incorporation se traduit formellement par l'addition des actes communautaires (actions, programmes, etc.) dans les protocoles et annexes de l'accord. Quelque 4 000 actes communautaires ont déjà ainsi été incorporés dans l'accord EEE, depuis son entrée en vigueur.

3. Sur ce point, cf. *supra*.

de faciliter les contacts entre les partenaires sociaux et de renforcer la coopération entre les deux institutions dans le domaine économique et social.

B. Les procédures

1186 ***La prise de décision*** ◇ En matière de décision, l'accord a tenu à poscr un *principe essentiel, selon lequel chaque partie contractante peut* (sous réserve du principe de non discrimination, et après avoir informé les autres parties contractantes) *modifier sa législation interne* dans les domaines couverts par l'accord, si le *comité mixte* estime que cette modification ne porte pas atteinte au bon fonctionnement de l'accord.

Par ailleurs, les articles 97 et suivants de cet accord comportent des dispositions de *procédure* qui ne concernent que l'adoption des actes CE, dans laquelle les États AELE disposent d'une sorte de droit de regard.

Dans la *phase préparatoire* des décisions CE, la Commission *consulte les experts AELE* (comme elle l'a fait pour des experts des États membres CE). Une partie contractante peut demander un *échange de vues préliminaire* au sein du *comité mixte*. Elle peut également obtenir que des consultations aient lieu, au sein du comité mixte, « aux moments importants de la phrase précédant la décision du Conseil CE » (art. 99).

Ainsi dans la préparation des actes CE, les États AELE ont un *pouvoir d'intervention*, dans *toutes les phases des procédures communautaires*, selon *« un processus continu d'information et de consultation »* (art. 99 § 3), avec pour seule obligation en contrepartie de *coopérer de « bonne foi »*.

Le rôle des experts AELE est d'ailleurs renforcé par les articles 100 et 101 qui prévoient leur présence dans certains comités qui assistent la Commission.

Mais l'intervention des États AELE n'est pas limitée à la phase préparatoire des actes CE. Elle se manifeste en effet également après leur adoption (qu'elle ne semble pas pouvoir bloquer définitivement, comme par un veto).

L'adoption d'un acte communautaire a pour première conséquence que le *comité mixte* doit décider des modifications à apporter aux « annexes » [1] de l'accord. Il s'agit par là de permettre l'application simultanée, dans la CE et l'AELE des nouvelles dispositions.

Mais cette harmonisation peut soulever des problèmes sur lesquels les parties contractantes « s'efforcent » de parvenir à un accord. Le *comité mixte* « s'efforce » de trouver des solutions mutuellement acceptables aux éventuels « problèmes sérieux ».

Si un accord sur les modifications à apporter à une annexe se révèle impossible, le comité mixte prend « toute décision nécessaire » (y compris la reconnaissance de l'équivalence des législations).

1. Les annexes contiennent la législation appliquée aux États AELE, par extension de textes communautaires.

S'il n'y parvient pas dans le délai prescrit (6 mois), l'annexe en cause est suspendue temporairement.

Les décisions du comité mixte, qui sont en principe obligatoires, nécessitent un vote à l'unanimité, ce qui contribue à favoriser leur blocage.

1187 ***L'homogénéité de la législation applicable*** ◇ Le *comité mixte exerce* une autre compétence : assurer l'*homogénéité* de la législation applicable dans tout l'EEE que pouvait compromettre l'autonomie des deux organisations.

L'objectif est d'arriver à une interprétation aussi uniforme que possible de l'accord et des textes communautaires qui lui sont incorporés (notamment dans les annexes).

Il convient de rappeler que la jurisprudence antérieure à la signature de l'action s'impose aux parties contractantes (art. 6).

Le comité mixte suit en permanence l'évolution des jurisprudences des Cours de justice CE et AELE. Si des divergences surviennent sans que le comité mixte puisse y remédier, la procédure de règlement des différents (art. 111) s'applique.

Le comité mixte organise un système d'information entre les juridictions intéressées (CJCE, CJAELE, TPICE, juridictions suprêmes AELE).

Un État AELE peut autoriser ses juridictions à demander à la CJCE l'interprétation de dispositions de l'accord.

1188 ***Le règlement des différends*** ◇ L'application de cet accord étant susceptible d'entraîner des divergences, un régime de règlement des différends a été prévu.

Le *comité mixte* est compétent pour trancher tout litige portant sur son interprétation. Mais faute d'un règlement de ce conflit dans un délai de trois mois, la CJUE pourra à son tour être appelée à se prononcer. Si dans un délai de six mois, le litige n'a pas été réglé et que la CJUE n'a pas été saisie, les parties contractantes pourront adopter des mesures de sauvegarde dans les conditions fixées par l'article 111 (abrogé) et selon la procédure de l'article 117 TFUE.

1189 ***Les mesures de sauvegarde*** ◇ En cas de « difficultés sérieuses » susceptibles de durer, l'une des parties contractantes pourra adopter unilatéralement des mesures limitées dans leur champ d'application et leur durée, applicables à toutes les parties contractantes et soumises au respect du principe de proportionnalité (pour l'UE de telles mesures seront adoptées par la Commission).

Ces mesures de sauvegarde devront obligatoirement être prises conformément à la procédure prévue par l'*accord de Porto* : information des autres parties contractantes, saisine du comité mixte qui s'efforce de trouver des « solutions mutuellement acceptables ».

Si les mesures ainsi adoptées créent pour les autres parties contractantes un déséquilibre entre les droits et les obligations prévus par l'accord, ces dernières pourront alors prendre des mesures de « rééquilibrage », toujours dans le respect du principe de proportionnalité (mesures strictement nécessaires, apportant le moins de perturbations au fonctionnement de l'accord).

1190 ***L'élargissement aux nouveaux membres de l'UE*** ◇ *L'accord de Porto* impose expressément à tout État européen qui devient membre de l'Union européenne de demander également à rejoindre l'Espace économique européen (art. 128). Un accord entre les parties contractantes et l'État membre demandeur fixera alors les modalités et les conditions de son adhésion.

Ainsi les premières négociations relatives à l'élargissement de l'EEE à la *République tchèque*, à l'*Estonie*, à *Chypre*, à la *Lettonie*, à la *Lituanie*, à la *Hongrie*, à *Malte*, à la *Pologne*, à la *Slovénie* et à la *Slovaquie* [1], conduites au nom de l'Union européenne et de ses États membres par la Commission européenne au cours du premier semestre 2003, ont-elles abouti à la signature à Luxembourg, le 14 octobre 2003, de l'accord d'élargissement de l'EEE, qui devait autoriser tous ces pays à rejoindre l'EEE, dès le 1er mai 2004, le jour même de leur adhésion à l'Union européenne [2]. Ce premier élargissement [3] a permis aux pays EEE-AELE d'avoir désormais accès à un marché élargi de 465 millions de personnes et de soumettre leurs entreprises à l'ensemble des règles et des normes en vigueur sur le territoire de l'EEE, contribuant ainsi au développement de leurs économies.

Les négociations sur l'élargissement de l'EEE à la Bulgarie et à la Roumanie, qui devaient rejoindre l'UE le 1er janvier 2007, se sont ensuite déroulées du 6 juillet 2006 au 29 mars 2007. Dans l'attente de l'achèvement des procédures nécessaires à l'entrée en vigueur de *l'accord sur la participation de la République de Bulgarie et de la Roumanie à l'Espace économique européen, du 25 juillet 2007* [4] et en vue de maintenir le bon fonctionnement du marché intérieur de l'EEE, il a donc été décidé, conformément à la décision 2007/56/CE du Conseil du 23 juillet 2007 (art. 2) [5], d'appliquer cet accord

1. Ces négociations portaient principalement sur les contributions financières des pays de l'EEE-AELE, visant à réduire les disparités économiques et sociales au sein de l'EEE, ainsi que sur les questions relatives à l'accès au marché des exportations de poisson des pays EEE-AELE vers l'UE élargie ; cf. sur ce point, les textes de ces accords sur http://secretaria.efta.int.

2. Cf. Décis. 107/2005 comité mixte EEE, 8 juill. 2005, modifiant certaines annexes et Prot. 31 accord EEE, *JOUE* L. 306, 24 nov. 2005, p. 45.

3. L'Autriche, la Finlande et la Suède, qui ont rejoint l'UE le 1er janv. 1995 et qui, en tant que membres de l'AELE, appartenaient déjà à l'EEE depuis sa création, n'ont pas eu à demander à y adhérer. Les dispositions du Traité de l'EEE ne leur ont donc été applicables qu'entre le 1er janv. 1994 et le 31 déc. 1994.

4. Ainsi que quatre accords connexes portant principalement sur des programmes de coopération pour la croissance économique et le développement durable en Bulgarie et en Roumanie (*JOUE* L. 222, 25 août 2007, p. 3, 7, 11, 15 et 46).

5. Selon l'art. 2 : « En attendant leur entrée en vigueur, lesdits accords sont appliqués à titre provisoire à partir du premier jour du premier mois suivant la date à laquelle le dernier de ces échanges de lettres aura été conclu » (*JOUE* L. 221, 25 août 2007, p. 1).

à titre provisoire dès le 1er août 2007 [1], suite à un simple échange de lettres entre la Communauté européenne et chacun des pays EEE-AELE.

L'EEE réunit donc désormais 30 États membres, les 27 de l'UE et trois pays de l'AELE (le Liechtenstein, l'Islande et la Norvège [2]), dans un marché intérieur de près de 505 millions de personnes [3], qui peuvent circuler librement, s'installer, fonder des sociétés et même acquérir des biens fonciers sur toute l'étendue de son territoire

1. La conclusion des échanges de lettres datait en effet du 25 juill. 2007.

2. Comme lors de l'élargissement de 2004, la Suisse, qui est le seul pays de l'AELE à ne pas faire partie de l'EEE, a toutefois souhaité attendre la conclusion des négociations du protocole additionnel avec l'Union européenne et l'achèvement des procédures nécessaires à l'entrée en vigueur de ce texte pour appliquer les dispositions des Règl. 1408/71/CEE et 574/72/CEE dans ses relations avec la Roumanie et la Bulgarie.

3. Soit 499,8 millions d'habitants pour l'UE et 5,1 millions pour les trois des quatre États de l'AELE signataires de l'EEE, Norvège (4,7 millions), Islande (320 000) et Liechtenstein (34 000).

BIBLIOGRAPHIE

I – L'Union européenne : généralités et histoire

A. Ouvrages

ALBONETTI (A.). – *Préhistoire des États-Unis de l'Europe*, Sirey, 1963.
ARMAND (L.), DRANCOURT (M.). – *Le pari européen*, Fayard, 1968.
BARTHE (M.-A.). – *Économie de l'Union européenne*, Economica, 2003.
BRUGHMANS (H.). – *Les origines de la civilisation européenne*, coll. « Recherches européenes », LGDJ, 1958.
CARTOU (L.). – *Le Marché commun et le droit public*, Sirey, 1959.
CHRISTOPHE TCHAKALOFF (M.-F.). – *Les grandes étapes de l'organisation de l'Europe*, coll. « Que sais-je ? », PUF, 1996.
DELMAS (C.). – *La civilisation européenne*, coll. « Que sais-je ? », PUF, 1961.
GERBET (P.). – *La construction de l'Europe*, coll. « U Histoire contemporaine », A. Colin, 2007.
GOUZY (J.-P.). – *Les pionniers de l'Europe communautaire*, Lausanne, Centre de recherches européennes, 1968.
GREILSAMMER (I.). – *Les mouvements fédéralistes en France de 1945 à 1974* (Préf. A. Marc), coll. « Recherches européennes et internationales », Presses d'Europe, 1975.
HÉRAUD (G.). – *Peuples et langues d'Europe*, Denoël, 1968.
– *L'Europe des ethnies*, coll. « Réalités du Présent », Presses d'Europe, 1963.
JABKO (N). – *L'Europe par le marché*, Presses de Sciences Po, 2009.
MASCLET (J.-C.). – *L'union politique de l'Europe*, coll. « Que sais-je ? », PUF, 1994.
RIDEAU (J.), GERBET (P.), TORRELLI (M.), CHEVALLIER (R.-M.). – *La France et les Communautés européennes*, LGDJ, 1975.
SOULIER (G.). – *L'Europe*, A. Colin, 1994.
TEITGEN (P.-H.). – *Les étapes de l'idée européenne*, Études et documents du Conseil d'État, 1963.
TOULEMON (R.). – *La construction européenne*, coll. « Références », Librairie générale française, 1994.
VISINE (F.). – *30 ans d'Europe 1945-1975*. Préf. J. Rueff, Techniques et économiques, 1975.
VOYENNE (B.). – *Histoire de l'idée européenne*, Payot, 1964.
ZORGBIBE (C). – *Histoire de la construction européenne*, PUF, 1993.

B. Thèses

CARDIS (F.). – *Fédéralisme et intégration européenne*, Lausanne, Imprimeries réunies, 1963.
JOUVE (E.). – *Le général de Gaulle et la construction de l'Europe* (1940-1966), LGDJ, 1967.
MELANDRI (P.). – *Les États-Unis et le défi européen*, 1955-58, coll. « Publications de la Sorbonne », PUF, 1975.

C. Articles

GRUBER (A.). – « Les perspectives d'avenir de l'Union européenne », Analyses et réflexions, *LPA* 2000, p. 6 à 17.
– « Le cadre général et particulier de la collaboration de la France à l'intégration de la Macédoine dans l'Union européenne », *LPA* 2004, p. 4 à 20.
– « L'élargissement de l'Union européenne », *Enjeux diplomatiques et stratégiques* 2010, Les défis diplomatiques, Economica, 2010, p. 32 à 47.
– « Où en est l'élargissement de l'Union européenne ? », *LPA* 2010, p. 6 à 15.

D. Essais

ARON (R.). – *Plaidoyer pour l'Europe décadente*, coll. « Libertés 2000 », R. Laffont, 1977.
BONNEVILLE (G.) – *Prophètes et témoins de l'Europe*, coll. « Aspects Européens », Leyde, 1961.
CLERGERIE (J. L.), WASSERMAN (G.). – *Référendum. Les conséquences du non*, Organisation, 2005.
HALLSTEIN (W.). – *L'Europe inachevée*, R. Laffont, 1970.
COUSTÉ (P.B.), VISINE (F.). – *Pompidou et l'Europe*, Librairies techniques, 1975.
DUROSELLE (J.-B.). – *L'idée de l'Europe dans l'histoire* (Préf. J. Monnet), coll. « Europa Una », Denoël, 1965.
KAISER (K.). – *L'Europe et les États-Unis*, coll. « Le Monde qui se fait », R. Laffont, 1973.
LECERF (J.). – *Histoire de l'unité européenne* (Préf. J. Monnet), coll. « Idées », Gallimard, 1979.
MONNET (J.). – *Les États-Unis d'Europe ont commencé*, R. Laffont, 1955.
OLIVI (B.). – *L'Europe difficile. Histoire politique de la Communauté européenne*, coll. « Folio Histoire », Gallimard, 2007.
PERROUX (F.). – *L'Europe sans rivage*, PUF, 1954.
PFLIMLIN (P.). – *Mémoires d'un Européen*, Fayard, 1991.
QUERMONNE (J.-L.). – *L'Europe en quête de légitimité*, coll. « La bibliothèque du citoyen », Presses de Sciences Po, 2001.
RENOUVIN (P.). – *L'idée de fédération européenne dans la pensée politique du XIXe siècle*, Oxford, Clarendon press, 1949.
DE ROUGEMONT (D.). – *Vingt-huit siècles d'Europe*, Esprits, 1961.
SCHUMAN (R.). – *Pour l'Europe*, coll. « Écrits politiques », Nagel, 1963.
SIDJANSKI (D.). – *L'avenir fédéraliste de l'Europe*, coll. « Publications de l'Institut universitaire d'études européennes », PUF, 1992.

II – Fonctionnement de l'Union européenne

A. Droit institutionnel

1. *Ouvrages*

ABRAHAM (R.). – *Droit international, droit communautaire et droit français*, coll. « PES, le politique, l'économique, le social », Hachette, 1989.
BARAV (A.), PHILIP (C.). – *Dictionnaire juridique des Communautés européennes*, PUF, 1993.

BEAUTHIER (G.H.). - *Les droits du citoyen européen*, Doc. fr., 1990.
BERR (C.), TRÉMEAU (H.). - *Le droit douanier, communautaire et national*, coll. « Droit des affaires et de l'entreprise », Economica, 2006.
BIEBER (R.).- *Droit constitutionnel de l'UE*, Baden-Baden, Nomos Verl, 2004.
BLUMANN (C.) (dir.).- *Les aides nationales dans la Communauté européenne*, Université de Tours,1987.
BLUMAN (C.), DUBOUIS (L.). - *Droit institutionnel de l'Union européenne*, Litec, 2010.
BOULOUIS (J.), CHEVALLIER (R.-M.). - *Les grands arrêts de la Cour de justice des communautés européennes*, coll. « Grands arrêts », Dalloz, t. I, 1994.
BOULOUIS (J.). - *Droit institutionnel de l'Union européenne*, coll. « Domat droit public », Montchrestien, 1997.
BOULOUIS (J.), DARMON (M.), HUGLO (J.-G.). - *Contentieux communautaire*, coll. « Précis », Dalloz, 2001.
BRAIBAND (G.). - *La Charte des droits fondamentaux de l'Union européenne - Témoignage et commentaires*, coll. « Points Essais », Seuil, 2001.
CARTOU (L.). - *Droit fiscal international et européen*, coll. « Précis », Dalloz, 1981.
CHAUCHAT (M.). - *Le contrôle politique du Parlement européen sur les exécutifs communautaires*, coll. « Bibliothèque de droit international », LGDJ, 1989.
CHEVALLIER (R.-M.), MAIDANI (D.). - *Guide pratique de l'article 177 CEE*, OPOCE, 1982.
CLAPIE (M.). - *Institutions européennes*, coll. « Champs », Flammarion, 2003.
CLERGERIE (J.-L.). - *Le principe de subsidiarité*, coll. « Le droit en questions », Ellipses, 1997.
- « Droit communautaire », in *Mention Droit*, coll. « Mention », Eyrolles, 2007.
- *Le pouvoir judiciaire communautaire*, PU Limoges, 1999.
- *Le renvoi préjudiciel*, coll. « Le droit en questions », Ellipses, 2000.
CLERGERIE (J.-L.), FAURE-TRONCHE (V.). - *Le système juridique de l'Union européenne*, coll. « Mise au point », Ellipses 2004.
COMMISSION DES COMMUNAUTÉS EUROPÉENNES. - *Trente ans de Droit Communautaire*, Office des publications officielles des Communautés européennes, 1982.
CONSTANTINESCO (V.), GAUTIER (Y.), SIMON (D.). - *Le Traité de Nice, premières analyses*, PU Strasbourg, 2001.
CONSEIL D'ÉTAT. - *L'Europe : l'adaptation du droit français au droit communautaire*, Rapport public 1992, Doc. fr., 1993.
COUZINET (J.-F.). - *Les Agences de l'UE*, PU Sciences sociales de Toulouse, 2002.
DEGRYSE (C.). - *Dictionnaire de l'UE*, De Boeck Université, 1998.
DEHOUSSE (R.). - *La Cour de justice des Communautés européennes*, coll. « Clefs », Montchrestien, 1997.
DE LA FUENTE (F.). - *Dictionnaire juridique de l'Union européenne*, Bruylant, 1999.
DE RUYT (J.-L.). - *L'Acte unique Européen*, Université de Bruxelles, 1987.
DOUTRIAUX (Y.), LEQUESNE (C.). - *Les institutions de l'Union européenne*, coll. « Réflexe Europe », Doc. fr., 2001.
Droit communautaire et droit français. Étude du Conseil d'État, Doc. fr. Notes et études documentaires 4679 à 4681, sept. 1982.
DRUESNE (G.). - *Les recours des individus devant les instances nationales en cas de violation du droit communautaire*, Bruxelles, 1978.
FAVRERT (J.-M.). - *Droit et pratique de l'Union européenne*, coll. « Fac universités », Gualino, 2001.
FERREOL (G.). - *Dictionnaire de l'UE*, A. Colin, 2000.
GAUTRON (J.-C). - *Droit européen*, coll. « Mémento », Dalloz, 2009.

GINERTET (P.), BURBAN (J.-L.). - *Le Parlement européen*, coll. « Que sais-je ? », PUF, 1997.
GROUX (J.), MANIN (P.). - *Les Communautés européennes dans l'ordre international*, coll. « Perspectives européennes », Office des publications officielles des Communautés européennes, 1984.
ISAAC (G.), BLANQUET (M.). - *Droit général de l'Union européenne*, coll. « U », Sirey, 2010.
JACQUÉ (J.-P.). - *Droit institutionnel de l'Union européenne*, coll. « Cours », Dalloz, 2010.
LABOUZ (M.-F.). - *Droit communautaire européen général*, Bruylant, 2003.
DE LA SERRE (F.). - *La Grande-Bretagne et la Communauté européenne*, coll. « Perspectives internationales », PUF, 1987.
- *L'Europe des juges*, Bruylant, 1976.
LECOURT (R.). - *Le juge devant le Marché commun*, coll. « Études et travaux de l'Institut universitaire de hautes études internationales », Genève, 1970.
LOUIS (J.-V.). - *Les règlements de la CEE*, Bruxelles, 2e éd., 1983.
- *L'ordre juridique communautaire*, coll. « Perspectives européennes », Commission des Communautés européennes, 1990.
- *La Commission au cœur du système institutionnel des CE*, Université de Bruxelles, 1989.
- *Le parlement européen dans l'évolution institutionnelle*, Université de Bruxelles, 1989.
MAGNETTE (P.). - *Le régime politique de l'Union européenne*, Presses de Sciences Po, 2006.
MANIN (P.). - *Les Communautés européennes. L'Union européenne*, coll. « Études internationales », A. Pedone, 1997.
MASCLET (J.-C.). - *Les grands arrêts du droit communautaire*, coll. « Que sais-je ? », PUF, 1995.
MEGRET (J.), WAELBROEK (D.), LOUIS (J.-V.), VIGNES (D.), DEWOST (J.-L.) (dir.). - *Droit de la Communauté économique européenne*, PU Bruxelles,15 vol.
MOLINIER (J.), LOTARSKI (J.). - *Droit du contentieux européen*, coll. « Systèmes », LGDJ, 2009.
MONJAL (P.-Y.). - *Les normes de droit communautaire*, coll. « Que sais-je ? », PUF, 2000.
MOUTON (J.-D.), SOULARD (C.). - *La Cour de justice des Communautés européennes*, coll. « Que sais-je ? », PUF, 1998.
NOËL (E.). - *Les rouages de l'Europe. Comment fonctionnent les institutions de la Communauté européenne*, coll. « Europe », Nathan, 1979.
ORSONI (G.). - *La Cour des comptes des Communautés européennes*, coll. « Coopération et développement », Economica, 1983.
PUISSOCHET (J.-P.). - *L'élargissement des CE*, Techniques et économiques, 1974.
QUERMONNE (J.-L.). - *Le système politique de l'UE*, coll. « Clefs », Montchrestien, 1998.
QUERMONNE (J.-L.), CROISAT (M). - *L'Europe et le fédéralisme*, coll. « Clefs », Montchrestien, 1999.
RAMBAUD (P.). - *Aborder le droit communautaire*, coll. « Mémo », Seuil, 1997.
- *Les grandes décisions de la jurisprudence communautaire*, coll. « Les Fondamentaux », Hachette, 2007.
RAMBAUD (T.). - *Institutions européennes et principes généraux de droit européen*, coll. « Panorama du droit », Studyrama, 2005.
REVUE FRANÇAISE DES FINANCES PUBLIQUES. - « Les finances de la Communauté européenne », 1983.

RIDEAU (J.). - *Droit institutionnel de l'Union et des Communautés européennes*, coll. « Manuel », LGDJ, 1999.
- *Le droit de l'Union européenne*, coll. « Que sais-je ? », PUF, 1998.
RODIÈRE (P.). - *Droit social de l'Union Européenne*, LGDJ, 2008.
ROMUS (P.). - *L'Europe et les régions*, coll. « Europe », Nathan, 1979.
ROUSSELOT-PAILLET (G.). - *Guide de l'Europe : panorama de l'Union européenne, 2000-2001*, Delagrave Flammarion, 2000.
SAURON (J.-L.). - *Droit et pratique du contentieux communautaire*, coll. « Réflexe Europe », Doc. fr., 1997.
- *Cours d'institutions européennes, le puzzle européen*, coll. « Fac universités », Gualino, 2004.
SIMON (D.). - *Le système juridique européen*, coll. « Droit fondamental », PUF, 2001.
STRASSER (D.). - *Les Finances de l'Europe*, coll. « Europe », Nathan, 1984.
TERRASSE (Y.). - *Le budget de la Communauté européenne*, coll. « Concours droit », Masson, 1991.
VAN RAEPENBUSCH (S.). - *Droit institutionnel de l'Union et des Communautés européennes*, De Boeck, 2001.
VERHOEVEN (J.). - *Droit de la Communauté européenne*, coll. « Précis de la Faculté de droit de l'Université catholique de Louvain », Larcier, 2001.
WAELBROECK (M.), LOUIS (J.-V.), VIGNES (D.), DEWOST (J.-L), SACCHETINI (A.). - *Le Droit de la Communauté économique européenne*, Université de Bruxelles, 1982.

2. *Articles*

BERCUSSON (B.), OMARJEE (I.). - « Qu'attendre de la promotion de la Charte des droits fondamentaux par le Traité de Lisbonne ? », *RDT* 2008, p. 74 et s.
CHALTIEL (F.). - « Le traité de Lisbonne : le processus de décision », *LPA* 2008, p. 3 et s.
DELCOURT (C.). - « Traité de Lisbonne et acquis communautaire », *RMCUE* 2008, p. 296 et s.
GRUBER (A.). - « Faut-il avoir peur du Traité d'Amsterdam ? », *LPA* 1999, p. 16.
- « La Charte des droits fondamentaux de l'Union européenne : un message clair autrement symbolique », *LPA* 2001, p. 4 à 17.
- « Les trois corbeilles de mariage de l'Union européenne », in *Mélanges P. Sabourin*, Bruylant, Bruxelles, 2001, p. 167.
- « Les principes communs et fondamentaux des institutions européennes », *in* ouvrage collectif : *Les critères de Copenhague*, Istanbul Barosu, 2001, p. 57.
- « Le Traité de Nice : *to be or not to be* », *LPA* 27 juin 2002, p. 15 à 23 et 28 juin 2002, p. 5 à 17.
JACQUÉ (J.-P.). - « Du Traité constitutionnel au Traité de Lisbonne, tableau d'une négociation », *RD publ.* 2008, p. 822 et s.
LOUIS (J.-V.). - « Le Traité de Lisbonne », *JTDE* 2007, p. 289 et s.
MOUSSIS (N.) - « Le Traité de Lisbonne : une constitution sans avoir le titre », *RMCUE* 2008, p. 161.
PONZANO (P.). - « Le Traité de Lisbonne : l'Europe sort de la crise institutionnelle », *ROUE* 2007, p. 569.
RAPOPORT (C.). - « Interrogations sur la réorganisation du droit primaire de l'Union Européenne », *RMCUE* 2008, p. 292.
REVUE DES AFFAIRES EUROPÉENNES. - « La Subsidiarité », numéros spéciaux, 112-1998.
DE ROUX (X.), SCHMIDT (M.-F.). - « L'Acte Unique européen », in *Jurisdictionnaire Joly*, Paris, 1989.
SCHWARZE (J.). - « Le Traité de Lisbonne : quelques remarques d'un observateur allemand », *RMCUE*, 2008, p. 281.

VAN RAEPENBUSCH (S.). – « La réforme institutionnelle du Traité de Lisbonne : l'émergence juridique de l'Union Européenne », *Cah. droit européen* 2007, p. 573.

3. *Thèses*

COLIN (J.-P.). – *Le gouvernement des juges dans les Communautés européennes*, LGDJ, 1966.
MEGRET (C.). – *Le droit de la CEE et l'ordre juridique des États-membres*, coll. « Bibliothèque de droit international », LGDJ, 1967.

B. Droit matériel

1. *Ouvrages*

D'ARCY (F.). – *Les politiques de l'Union européenne*, coll. « Clefs politiques », Montchrestien, 2003.
ATHANASSIOU (G.). – *Aspects juridiques de la concurrence maritime*, coll. « Études internationales », Pédone, 1996.
AUBRY-CAILLAUD (F.). – *Nouvelle approche et normalisation européenne en matière de libre circulation des marchandises*, Pédone, 1998.
AYRAL (M.). – *Le marché intérieur de l'Union Européenne : les règles du jeu*, coll. « Réflexe Europe », Doc. fr., 1995.
– *Droit communautaire de l'énergie*, coll. « Dossiers Joly », GNL Joly, 1997.
BARON (F.), VERNIER (G.). – *Le Fonds européen de développement*, coll. « Que sais-je ? », PUF, 1981.
BEKERMAN (G.), SAINT-MARC (M.). – *L'Écu*, coll. « Que sais-je ? », PUF, 1993.
BELLAYER ROILLE (A.). – *Le transport maritime et les politiques de sécurité de l'Union européenne*, coll. « Publications du Centre de recherches européennes », Apogée, 2000.
BERGER (M.). – *Le droit communautaire des télécommunications*, coll. « Que sais-je ? », PUF, 1999.
BERLIN (D.). – *Droit fiscal communautaire*, coll. « Droit fondamental », PUF, 1988.
– *Contrôle communautaire des concertations*, Pedone, 1992.
BLAISE (J. B.), IDOT (L.), LE TALLEC (G.), SCHAPIRA (J.). – *Droit européen des affaires*, coll. « Thémis », PUF, 1999.
BLANDIN-OBERNESSER (A.). – *Le régime juridique communautaire des télécommunications*, coll. « Collection technique et scientifique des télécommunications », A. Colin, 1996.
BLANPAIN (R.), JAVILLIER (J.-C.). – *Droit du travail communautaire*, coll. « Droit des affaires », LGDJ, 1995.
BLUMANN (C.), DUBOUIS (L.). – *Droit matériel de l'Union européenne*, coll. « Domat droit public », Montchrestien, 2009.
BOULOUIS (J.), CHEVALLIER (R.-M.), FASQUELLE (D.), BLANQUET (M.). – *Les grands arrêts de la jurisprudence communautaire*, Dalloz, 2002.
BRUNET (F.), CANIVET (G.). – *Le nouveau droit communautaire de la concurrence*, LGDJ, 2008.
BOUTAYEB (C.). – *Droit matériel de l'Union européenne*, LGDJ, coll. « Systèmes », 2009.
CAMMILLIERI (A.). – *La protection sociale en Europe : étude de droit public comparé*, GLN-Joly, 1993.
CARTOU (L.). – *Le Droit communautaire et l'innovation juridique*, Jupiter, 1987.
CATALA (N.), BONNET (R.). – *Droit social européen*, Litec, 1991.

CHALLÉAT (M.), THOIN (M.). - *Les fonds structurels européens*, coll. « Territoires en mouvement », Doc. fr., 2001.
CLERGERIE (J.-L.). - « Le pacte de stabilité et de croissance », in *Mélanges Prouteau, Pensée européenne et modernité*, Université François-Rabelais Tours, 2005, p. 73 à 89.
- « La dimension environnementale de la réforme Fischler du 26 juin 2003 », in *Mélanges Prieur, Pour un droit commun de l'environnement*, Dalloz, 2007, p. 705 à 725.
- *Les politiques communes de l'Union européenne*, coll. « Mise au point », Ellipses, 2006.
- « L'influence du lobbying sur les institutions communautaires », in *Mélanges G. Vandersanden, Promenades au sein du droit européen*, Bruylant, 2008, p. 89 à 115.
COMMUNIER (J.-M.), LAVIGNE (S.). - *Droit fiscal communautaire*, coll. « Pratique du droit communautaire », Bruylant, 2001.
DECOCQ (A.). - *Droit européen des affaires*, LGDJ, 2003.
DEHOUSSE (R.) (dir.). - *Politiques européennes*, Presses de Sciences Po, 2009.
DEVE (J.-C). - *Réussir et durer, ou l'Europe des PME*, Liaisons, 1991.
DI MALTA (P.). - *Droit fiscal européen comparé*, coll. « Droit fondamental », PUF, 1995.
DORSCH (H.-J.), MICHELIS (M.), LOUIS (J.-V.). - *L'Union économique et monétaire 1970-1973*, Université de Bruxelles, 1977.
DOUVIER (P.-J.). - *Droit fiscal dans les relations internationales*, coll. « Études internationales », Pédone, 1996.
DRUESNE (G.), KREMLIS (G.). - *La politique de concurrence de la CEE*, coll. « Que sais-je ? », PUF, 1986.
DRUESNE (G.). - *Droit matériel et politiques de la Communauté européenne*, PUF, 2006.
DUTHEIL DE LA ROCHERE (J.). - *Le droit communautaire de l'environnement, mise en œuvre et perspectives*, Doc. fr., 1998.
- *Droit communautaire matériel*, Hachette, coll. « Les Fondamentaux », 2006.
DRUESNE (G.). - *Code européen des personnes*, Dalloz, 1996.
ESTIENNE-HENROTTE (E.). - *L'application des règles générales du Traité de Rome au transport aérien*, Université de Bruxelles, 1988.
FALLON (M.). - *Droit matériel général des communautés européennes*, Bruylant, 2003.
REVUE DES AFFAIRES EUROPÉENNES. - « L'Europe et le consommateur » (*RAE*, 3-1994) ; « L'Europe fiscale » (*RAE*, 2-1995) ; « L'Europe sociale » (*RAE*, 3-1995).
FASQUELLE (D.). - *Droit américain et droit communautaire des ententes*, GLN-Joly, 1993.
FAVRET (J.-M.), *Droit communautaire du marché intérieur*, Gualino, 2004.
GAVALDA (C.), PARLÉANI (G.). - *Droit des affaires de l'Union européenne*, Litec, 2006.
GOHON (J.-P.). - *Les marchés publics européens*, coll. « Que sais-je ? », PUF, 1991.
GOLDMAN (B.), LYON-CAEN (A.), VOGEL (L.). - *Droit commercial européen*, coll. « Précis », Dalloz, 1994.
GRARD (L.). - *Droit communautaire des transports aériens*, coll. « Dossiers Joly », GLN Joly, 1996.
GRYNFOGEL (C.). - *Droit communautaire de la concurrence*, coll. « Systèmes », LGDJ, 1997.
GUILLERMIN (G.), OBERDORFF (H.). - *La cohésion économique et sociale, une finalité de l'Union européenne*, Doc. fr., 2000.
JURGENSEN (P.). - *Écu, naissance d'une monnaie*, Lattès, 1991.
KISS (A.), SHELTON (D.). - *Traité de droit européen de l'environnement*, Frison-Roche, 1995.

KOVAR (R.). - *Code européen de la concurrence*, Dalloz, 1996.
LAMARTHE (B.) - *La défense du consommateur dans l'Union européenne*, coll. « Réflexe Europe », Doc. fr., 2001.
LA SERRE (F.), LEQUESNE (C.), RUPNIK (J.). - *L'Union européenne : ouverture à l'Est*, coll. « Politique d'aujourd'hui », PUF, 1994.
LE MIRE (P.). - *Droit de l'Union européenne et politiques communes*, coll. « Mémentos », Dalloz, 2005.
LEJEUNE (Y.). - *Le traité d'Amsterdam. Espoirs et déceptions*, coll. « Institut d'études européennes de l'Université catholique de Louvain », Bruylant, 1999.
LIGNEUL (N.), TAMBOU (O.). - *Droit européen du marché*, Ellipses, 2005.
LOUIS (J.-V.). - *Du système monétaire européen à l'Union monétaire*, OPOCE, 1990.
LYON-CAEN (G.). - *Droit social international et européen*, coll. « Précis », Dalloz, 1991.
MAESTRIPIERI (C.). - *La libre circulation des capitaux dans la CEE : progrès vers l'union économique et monétaire*, UGA, 1976.
MAITROT DE LA MOTTE (A.). - *Souveraineté fiscale et construction communautaire : Recherche sur les impôts directs*, LGDJ, 2005.
MALAURIE-VIGNAL (M.). - *L'abus de position dominante*, coll. « Systèmes », LGDJ, 2003.
MATTERA (A.). - *Le marché unique européen. Ses règles, son fonctionnement*, Jupiter, 1990.
MOLINIER (J.), DE GROVE-VALDEYRON (N.). - *Droit du marché intérieur européen*, coll. « Systèmes », LGDJ, 2008.
OSMAN (F.). - *Vers un code européen de la consommation*, Bruylant, 1998.
PERTEK (J.). - *La reconnaissance des diplômes en Europe*, coll. « Que sais-je ? », PUF, 1999.
- *Droit matériel de l'Union européenne*, PUF, coll. « Thémis », 2005.
POELMAN (J.). - *L'Europe et les consommateurs*, Nathan,1978.
RAJOT (B.). - *Transports maritimes et concurrence communautaire, la confrontation*, Economica, 2001.
RAUX (J.). - *Politique agricole commune et construction européenne*, Economica, 1984.
RIVALLAND (J.-C.). - *Les entreprises face aux pouvoirs d'enquête de la Commission des Communautés européennes*, Juridictionnaires Joly, 1991.
RODIÈRE (P.). - *Droit social européen*, LGDJ, 2002.
ROMUS (P.). - *Économie régionale européenne*, PUB, 1983.
ROY (M.-P.). - *La Convention de Lomé*, Doc. Fr., 1985.
SARAMITE. - *La politique commune de conjoncture*, Institut d'études politiques, 1966.
SHAPIRA (J.), LE TALLEC (G.), BLAISE (J.-B.). - *Droit européen des affaires*, PUF, 1999.
DE SILGUY (Y.-T.). - *L'euro*, Librairie générale française, 1998.
SINTE (G.). - *La politique sociale de l'UE*, Presses interuniversitaires européennes, 1996.
SOUSI-ROUBI (B.). - *Droit bancaire européen*, coll. « Précis », Dalloz, 1995.
SOUTY (F.). - *Droit et politique de la concurrence de l'UE*, coll. « Clefs », Montchrestien, 2003.
STECKEL-MONTES (M.-C.). - *L'essentiel des finances publiques communautaires*, coll. « Les carrés : droit, science politique », Gualino, 2005.
TERCINET (A.). - *Droit européen de la concurrence*, coll. « B business », Montchrestien, 2000.
TEYSSIÉ (B.). - *Code de droit social européen*, Litec, 2001.
VAN BAEL (I.), BELLIS (J.-F.). - *Droit de la concurrence dans la CEE*, Bruylant, 1991.

VAN YPERSELE (J.), KŒUNE (J.-C.). - *Le Système monétaire européen : Origines, Fonctionnement et perspectives*, OPOCE, 1990.
VANDAMME (J.). - *La réglementation de la concurrence dans la CEE*, PUF, 1975.
VANDAMME (J.), VAN DER MENSBRUGGHE (F.). - *La régulation des services publics en Europe*, coll. « TEPSA », Aspe Europe, 2000.
VANDERSANDEN (G.). - *L'espace audiovisuel européen*, coll. « Études européennes », Université de Bruxelles, 1991.
VILLEMOT (D.). - *L'harmonisation fiscale européenne*, coll. « Que sais-je ? », PUF, 1991.
VOGEL (L.), VOGEL (J.). - *Droit européen des affaires*, coll. « Connaissance du droit », Dalloz, 1993.
VOILLEMOT (D.). - *La réglementation CEE antidumping et antisubvention*, GLN Joly éditions, 1989.
WATHELET (M.). - « La Cour de justice : acteur et objet des réformes du traité d'Amsterdam », in *Le traité d'Amsterdam Espoirs et déceptions*, Bruxelles, Bruylant, 1999.

2. *Articles*

BOURGOIGNIE (T.). - « Vers un droit communautaire de la consommation », *RTD eur.* 1982.
CLERGERIE (J.-L.). - « L'Europe de la connaissance », *LPA* 2007, n° 183.
- « La conception allemande d'une Europe à géométrie variable », *LPA* 1996, n° 3.
- « L'UE et les régions », *LPA* 1997, n° 8.
- « L'absence d'une véritable politique de l'immigration », *RDP* 1999, n° 4.
- « L'apport du traité établissant une Constitution pour l'Europe en matière de réseaux, transeuropéens », in L. GRARD (dir.), *L'Europe des transports*, Doc. fr., 2005, p. 431 à 443.
- « Droit communautaire et monopole de la Sécurité sociale », Point de vue, *D.* 2006, p. 2684 à 2685.
- « L'Europe de la connaissance », *LPA* n° 183, 12 sept. 2007, p. 6 à 14.
- L'Europe silencieuse face à la prostitution, *Politeia*, n° 16, automne 2009, p. 559 à 579.
CLERGERIE (J.-L.), KARATHANASI (C.). - « La proposition de directive sur les droits des patients dans les soins transfrontaliers », *LPA* n° 14, 20 janv. 2009, p. 6.
- « La mobilité des patients et le remboursement des dépenses médicales dans l'Union européenne », *RDSS* 2009, p. 463 à 479.
- « *Ta dikaiomata ton asthenon sti diasinoriaki igionomiki perithalpsi* », Elliniki Epitheorisi Evropaikou Dikaiou, *The Hellenic Review of European Law*, vol. 1, 2009, p. 43.
MENAIS. - « La mobilité des travailleurs », Journée d'étude CEDECE 8 juin 1990, *RMC* 1991.

3. *Thèses*

ARSAC (M.). - *L'appréhension du service public ferroviaire par le droit communautaire*, coll. « Travaux et recherches Panthéon-Assas Paris II », LGDJ, 1997.
LE MORVAN (Y.). - *Le Fonds social européen*, thèse Université de Rennes I, 1981.

III – Textes officiels (traités, jurisprudence, documents divers)

BIBLIOGRAPHIE GÉNÉRALE : voir les bibliographies publiées par la Commission sur les politiques et thèmes de l'Union européenne, service de la Documentation de la Commission (200, rue de la Loi, Bruxelles). Voir également les publication de l'Office des publications officielles de l'Union européenne.
L'Union européenne publie de nombreux documents dont certains ont été fréquemment cités dans le présent ouvrage. Le lecteur se reportera essentiellement aux *rapports annuels* de la Commission et au *Bulletin de l'Union européenne* qu'elle publie chaque mois.

A. Ouvrages

CONSTANTINESCO (V.), JACQUÉ (J.-P.), KOVAR (R.), SIMON (D.). - *Traité instituant la CEE* (commentaire article par article), Economica, 1992.
- *Traité sur l'Union européenne* (commentaire article par article), Economica, 1995.
DUBOUIS (L.), GUEYDAN (C.). – *Les grands textes du droit de l'Union européenne*, coll. « Grands textes », Dalloz, 8e éd., 2010.
LÉGER (P.) (dir.). – *Commentaire article par article des traités UE et CE*, Bruylant/ Dalloz, 2000.
SAURON (J.-L.). - *Comprendre le Traité de Lisbonne*, Gualino, 2007.
TIZZANO (A.), VIGNES (D.). - *Code de l'Union européenne*, Bruylant, 2001.

B. Dictionnaires, répertoires, recueils

- *Dictionnaire permanent du droit européen des affaires*, Éditions législatives, 2 vol.
- *Dictionnaire Joly du Marché commun*, éd. Joly.
- *Encyclopédie de droit communautaire*, Dalloz, 3 vol.
- *Jurisclasseur Europe*, Lexisnexis, 7 vol.
- *Recueil de la jurisprudence de Cour de Justice des Communautés.*
- *Législations nationales et droit communautaire des affaires*, coll. « Jupiter ».
- *Mémento Union européenne*, Francis Lefebvre.
- *Répertoire des actes communautaires en vigueur (actes publiés au JOCE)* (Office des publications officielles des communautés européennes).

C. Revues

- *Annuaire européen*, La Haye.
- *Annuaire français de droit international public*, Paris.
- *Cahiers de droit européen*, Bruxelles.
- *Documentation française*. – Voir les « Notes et études documentaires, Problèmes économiques », etc.
- *Enjeux diplomatiques et stratégiques*, Economica, Paris.
- *Europe*, complément mensuel du Jurisclasseur Europe, 7 vol.
- *Revue trimestrielle de droit européen.*
- *Revue des Affaires européennes*, Paris.
- *Revue du Marché commun et de l'Union européenne*, Paris. La *Revue* publie chaque année un numéro spécial sur un grand sujet (ex. *Coopération, concentrations, fusions d'entreprises dans la CEE ; La coopération entre les universités européennes ; La*

Grèce et le Marché commun ; La Norvège et le Marché commun ; La politique technologique de la CEE ; de l'environnement dans la CEE).
- *Revue du Marché unique européen*, puis *Revue du droit de l'Union européenne* (à partir du 1er janvier 2000), Paris.

D. Sites Internet

1. *Généraux*

- portail français d'information sur les questions européennes : www.touteleurope.fr
- Portail de l'UE : http://europa.eu/index_fr.htm
  http://fr.news.yahoo.com/union_europeenne.html

2. *Spécialisés*

- CJUE : http://curia.europa.eu/
- Commission européenne : http://ec.europa.eu/index_fr.htm
- Conseil de l'UE (page française) : www.consilium.europa.eu/showPage.aspx ?lang=FR

INDEX ALPHABÉTIQUE

(Les chiffres renvoient aux numéros des paragraphes)

E

M

N

O

P

S

T

U

V

TABLE DES MATIÈRES